Handbuch kommunikationswissenschaftliche Erinnerungsforschung

De Gruyter Reference

Handbuch kommunikationswissenschaftliche Erinnerungsforschung

Herausgegeben vom
DFG-Netzwerk Kommunikationswissenschaftliche
Erinnerungsforschung

DE GRUYTER

ISBN 978-3-11-221557-9
e-ISBN (PDF) 978-3-11-062974-3
e-ISBN (EPUB) 978-3-11-062684-1
DOI https://doi.org/10.1515/9783110629743

Library of Congress Control Number: 2022945030

Bibliografische Information der Deutschen Nationalbibliothek
Die Deutsche Nationalbibliothek verzeichnet diese Publikation in der Deutschen Nationalbibliografie;
detaillierte bibliografische Daten sind im Internet über http://dnb.dnb.de abrufbar.

Einbandabbildung: © netopaek / iStock / Getty Images Plus
Satz: jürgen ullrich typosatz, Nördlingen
Druck und Bindung: CPI books GmbH, Leck

www.degruyter.com

Vorwort

Dieses Handbuch geht aus der gemeinsamen Arbeit im Netzwerk „Kommunikations-wissenschaftliche Erinnerungsforschung: Grundlagen und Arbeitsfelder" (Memory and Media Research Network) hervor. Es wurde im Zeitraum von 2018 bis 2022 von der Deutschen Forschungsgemeinschaft unterstützt (DFG 389196641/PE 2436/1-1). Eine Reihe von Beobachtungen gaben Anlass für das Netzwerk:

Die Beschäftigung mit Medien und Kommunikation im Weitergeben von Erinne-rungen und dem Umgang mit Vergangenheit behauptet seit geraumer Zeit einen zen-tralen Platz im wachsenden Feld der interdisziplinär betriebenen *memory studies*. Ob Spiel- und Dokumentarfilme, Radio, Fernsehen, Presse oder zunehmend das Internet und online-mediale Dienste, Datenbanken und Plattformen – dass der mnemonische Rückgriff auf Vergangenes und das Tradieren von Erinnerungen auf Medien und Kom-munikation angewiesen sind, steht außer Frage. Ungeachtet dessen aber spielten kommunikationswissenschaftliche Ansätze und Befunde bei der Auseinandersetzung mit den medialen und kommunikativen Bedingungen des persönlichen wie kollekti-ven Gedächtnisses bislang kaum eine Rolle. Anders gesagt: Die Beschäftigung mit so-zialem Gedächtnis und kommunikativem Erinnern hat in den Sozialwissenschaften fachübergreifend eine enorme Konjunktur erlebt, ohne einen ebensolchen Widerhall in der deutschsprachigen Kommunikationswissenschaft gefunden zu haben. Fragen medial und kommunikativ vermittelter Vergangenheitsbezüge wurden sehr wohl be-arbeitet, jedoch ohne Rückgriff auf kommunikationswissenschaftliche Expertise.

Diese Diskrepanz ist gravierend, da Gedächtnis sowie Erinnern als Prozess des Vergegenwärtigens von Vergangenheit grundsätzlich durch medienbasierte Kom-munikation konstituiert sind. Und die kommunikativen und medientechnologischen Dimensionen von Erinnern und Gedächtnis verweisen auf genuin kommunikations-wissenschaftliche Themenfelder. Ihre vertiefte Bearbeitung macht es möglich, diese um die grundlegende, aber bis dato vernachlässigte Beschäftigung mit dem Ausbil-den von Sinn- und Zeithorizonten durch vergegenwärtigenden Bezug auf Vergangen-heit zu erweitern.

Unter diesen Vorzeichen haben in den letzten 25 Jahren vor allem Kommunikati-onswissenschaftler:innen in den USA, Großbritannien und Israel vermehrt das erinne-rungskulturelle Potenzial des Journalismus und massenmedial zirkulierender Bot-schaften und ikonischer Bilder untersucht. Häufig waren ihre Analysen an mediale Ereignisse geknüpft bzw. an deren wiederkehrendes Gedenken, ob in Freude oder Trauer. Journalistische Medien, so eine Quintessenz dieser Studien, prägen wesent-lich die Form, den Inhalt und die Ausrichtung kommemorativen Rückblickens, was im Umkehrschluss auch bedeutet, dass sie ebenso grundlegend das gesellschaftliche Vergessen bedingen.

Hinweise darauf, dass die internationale Kommunikationswissenschaft das The-menfeld und die damit verbundenen Fragen und Erkenntnismöglichkeiten in den ver-gangenen Jahren verstärkt für sich entdeckt, sind Tagungen der International Association for Media and Communication Research (IAMCR) bzw. der European Communication Research and Education Association (ECREA), die unter den Titeln „Memory, Commemoration and Communication" (2016, Leicester) bzw. „Mediated (Dis)Continuities: Contesting Pasts, Presents and Futures" (2016, Prag) firmierten.

Nur in Ansätzen hat die Auseinandersetzung mit medialem Erinnern und kommunikativer Vergangenheitsbewältigung bisher Eingang in die deutschsprachige Kommunikationswissenschaft gefunden, doch rücken die Themen vermehrt in den Blick von Nachwuchswissenschaftler:innen, die sich in ihren Arbeiten mit der Rückbezüglichkeit und zeitlichen Struktur von Medienangeboten und Kommunikationsvorgängen befassen. Gleichwohl existieren abseits von Pionierarbeiten kaum umfassendere Übersichten, die diesem wachsenden Bereich zur Orientierung dienen könnten.

In der Konsequenz dieser Beobachtungen verfolgte das wissenschaftliche Netzwerk zwei Ziele: Erstens sollte die kommunikationswissenschaftliche Erinnerungsforschung in ihren sozialwissenschaftlich geprägten Grundlagen und ihren schwerpunktmäßigen Arbeitsbereichen reflektiert aufgearbeitet werden. Dazu waren zunächst die disparat vorliegenden, in unterschiedlichen Themenfeldern von Kommunikationsforschung und Medienanalyse vorgenommenen Auseinandersetzungen mit Strukturen und Funktionen sozialen, kollektiven Gedächtnisses sowie mit Prozessen und Handlungsweisen kommunikativen, individuellen wie kollektiven Erinnerns zu erfassen. Weiterhin sollten diese unterschiedlichen Zugänge vergleichend diskutiert und als konstitutive Elemente einer kommunikationswissenschaftlichen Erinnerungsforschung dokumentiert und verbreitet werden. Das Netzwerk systematisierte, integrierte und erweiterte die bestehenden, kommunikationswissenschaftlich fundierten erinnerungsbzw. gedächtnisbezogenen Ansätze in den hierbei maßgeblichen Themenfeldern Journalismusforschung, visuelle Kommunikation und Kommunikationsgeschichte. Zur Entwicklung der Arbeitsbereiche Journalismus und soziales Gedächtnis, Medienbilder in öffentlicher und privater Erinnerung und Erinnerungskultur kommunikationswissenschaftlicher Fachgeschichte setzte es diese in Beziehung zu drei einflussreichen Transformationen: dem fachübergreifenden Diskurs der *memory studies*, der Durchsetzung digitaler vernetzter Medien und der gesellschaftlichen Entwicklung hin zu erinnerungskultureller Selbstreflexion.

Die umfassende Sichtung, geordnete Dokumentation und zugängliche Verbreitung bestehender Ansätze sowie ihre Weiterentwicklung und Integration zum Feld kommunikationswissenschaftlicher Erinnerungsforschung ist erforderlich, denn soziales Gedächtnis wird kommunikativ konstituiert und ist fundamental von Medien des Aufzeichnens, Vermittelns und Speicherns geprägt. Kommunikationsmedien sind Vermittlungsinstanzen zwischen den individuellen und kollektiven Dimensionen des Erinnerns. Sie werden so im deutschsprachigen Raum vor allem in medienwissenschaftlicher Forschung bearbeitet, während kommunikationswissenschaftlich orientierte Perspektiven rar sind. Medien sind Ausgangsbedingung dafür, dass Gesellschaften ihre Vergangenheit vergegenwärtigen können, wobei in der Zivilisationsgeschichte medienkommunikativer Wandel und die Formierung von Erinnerungskulturen in engem Zusammenhang stehen. Dies geschieht durch medienbasierte kulturelle Ausdrucksformen (wie das Erstellen von Fotoalben) und wird bewahrt durch Medienorganisationen als erinnerungskulturellen Institutionen (wie Fernseh- oder Zeitungsarchive). Von stets gegenwärtigen sozialen Problemlagen ausgehend werden durch Medien Vergangenheitsbezüge realisiert.

Zweitens wollte das Netzwerk die ortsübergreifende, themenbezogene Kooperation von Nachwuchswissenschaftler:innen in der Kommunikationswissenschaft etablieren, die in ihren Qualifikationsarbeiten bzw. ihrer postgradualen Forschung auf *memory studies* zurückgreifen und selbst konzeptuelle bzw. empirie-basierte Beiträge zur Ausbildung einer kommunikationswissenschaftlichen Erinnerungsforschung leisten. Dabei sahen sich sie sich mit der Tatsache konfrontiert, dass in der Kommunikationswissenschaft als Bezugs- und Qualifikationsfach kein fachlich definierter Rahmen bzw. keine konzise dokumentierten Bestände an Theorien und Analyseansätze für ihre Forschungsschwerpunkte vorliegen. Das Netzwerk diente demgemäß der Nachwuchsförderung, indem es den Stand und die Perspektive kommunikationswissenschaftlicher Erinnerungsforschung in ihren fachspezifischen und -übergreifenden Bezügen zusammentrug, fortführte und verbreitete. Seine Arbeitstreffen dienten dem institutionenübergreifenden Austausch, der Diskussion mit internationalen Fachvertreter:innen sowie der Planung fortlaufender gemeinsamer Forschungsarbeit. Die Ergebnisse gingen gemäß der Publikations- und Präsentationsstrategie in zwei Formate ein: Erstens werden die Ergebnisse in dem vorliegenden deutschsprachigen Handbuch dokumentiert und der weiteren Fachdebatte zugänglich gemacht. Zweitens soll die programmatische Leistung des Netzwerkes, eine kommunikationswissenschaftliche Erinnerungsforschung zu etablieren, an weiterführende internationale Perspektiven angeschlossen werden. Dazu dienten eine internationale Konferenz, die im Juni und Juli 2022 in Salzburg stattfand, und ein Themenheft der internationalen Fachzeitschrift *Memory, Mind & Media*, das 2023 unter dem Titel „Communicating Memory Matters" erscheinen wird.

Die internationale Anbindung des Netzwerks war geboten, da Erinnerungsstudien als genuines kommunikationswissenschaftliches Forschungsfeld im anglo-amerikanischen Raum bereits durch Studienprogramme und akademische Veranstaltungen institutionalisiert werden, während sie im deutschsprachigen Wissenschaftsfeld derzeit vergleichsweise rudimentär ausgebildet sind (Studienmodule z.B.: „Memory, Media, History" der University of Sussex, GB; „Media and Memory", der Northwestern University, USA; Tagungen z.B.: Pre-Conference „Making Sense of Memory & History" 2014 im Rahmen der Jahrestagung International Communication Association (ICA) in Seattle; Publikationen z.B.: *Memory Studies Series* bei Palgrave Macmillan).

Insgesamt vereinte das Netzwerk 13 Wissenschaftler:innen aus Deutschland, Österreich, Schweden und Dänemark, die sich in ihren Arbeiten mit medialem Gedächtnis und kommunikativem Erinnern beschäftigen. Viele von ihnen haben während der Laufzeit des Vorhabens eigene Qualifikationsprojekte abgeschlossen und die

Institution gewechselt; manche haben das akademische Feld verlassen (Angabe der derzeitigen oder letzten anstellenden akademischen Einrichtung):

- Thomas Birkner (Fachbereich Kommunikationswissenschaft, Universität Salzburg, Österreich)
- Elke Grittmann (Institut für Journalismus, Hochschule Magdeburg Stendal, Deutschland)
- Anne Kaun (School for Culture and Education, Södertörn University, Schweden)
- Christine Lohmeier (Fachbereich Kommunikationswissenschaft, Universität Salzburg, Österreich)
- Judith Lohner (Präsidialbereich, Universität Hamburg, Deutschland)
- Manuel Menke (Department of Communication, Copenhagen University, Dänemark)
- Anke Offerhaus (Zentrum für Medien-, Kommunikations- und Informationsforschung, Universität Bremen, Deutschland)
- Christian Pentzold (Institut für Kommunikations- und Medienwissenschaft, Universität Leipzig, Deutschland)
- Dimitri Prandner (Institut für Soziologie, Johannes-Kepler-Universität Linz, Österreich)
- Christina Sanko (Zentrum für Medien-, Kommunikations- und Informationsforschung, Universität Bremen, Deutschland)
- Andreas M. Scheu (Berlin-Brandenburgische Akademie der Wissenschaften, Berlin, Deutschland)
- Christian Schwarzenegger (Institut für Medien, Wissen und Kommunikation, Universität Augsburg, Deutschland)
- Kaya de Wolff (Fachbereich Neuere Philologien, Goethe-Universität Frankfurt am Main, Deutschland)

Zum erweiterten Kreis des Netzwerks gehörten darüber hinaus mehr als 25 internationale Wissenschaftler:innen, von denen viele auch zum Handbuch beigetragen haben bzw. als Gäste an den Treffen des Netzwerks teilnahmen. Während der Laufzeit des Vorhabens brachten sich folgende assoziierte Mitglieder ein:

- Rieke Böhling (Zentrum für Medien-, Kommunikations- und Informationsforschung, Universität Bremen, Deutschland)
- Oliver Dimbath (Institut für Soziologie, Universität Koblenz-Landau, Deutschland)
- Astrid Erll (Fachbereich Neuere Philologien, Goethe-Universität Frankfurt am Main, Deutschland)
- Paul Frosh (Department of Communication and Journalism, The Hebrew University of Jerusalem, Israel)
- Joanne Garde-Hansen (Centre for Cultural & Media Policy Studies, University of Warwick, GB)

- Karina Horsti (Department of Social Sciences and Philosophy, University of Jyväskylä, Finnland)
- Andrew Hoskins (College of Social Sciences & Global Security, University of Glasgow, GB)
- Carolyn Kitch (Department of Journalism and Media & Communication, Temple University, USA)
- Erik Koenen (Zentrum für Medien-, Kommunikations- und Informationsforschung, Universität Bremen, Deutschland)
- Leif Kramp (Zentrum für Medien-, Kommunikations- und Informationsforschung, Universität Bremen, Deutschland)
- Martin Krieg (Informationsgemeinschaft zur Feststellung der Verbreitung von Werbeträgern e. V., Berlin, Deutschland)
- Katharina Lobinger (Institute of Digital Technologies for Communication (ITDxC), Università della Svizzera italiana, Schweiz)
- Randi Lorenz Marselis (Department of Communication and Arts, University of Roskilde, Dänemark)
- Oren Meyers (Faculty of Social Sciences, Haifa University, Israel)
- Katharina Niemeyer (The Media School, University of Quebec at Montreal, Kanada)
- Jeffrey Olick (Sociology Department, University of Virginia, USA)
- Jefferson Pooley (Muhlenberg College, USA)
- Anna Reading (Department of Culture, Media & Creative Industries, King's College London, GB)
- Philipp Seuferling (Department of Media and Communications, LSE, GB)
- Rik Smit (Media and Journalism Studies, University of Groningen, Niederlande)
- Vivien Sommer (Institut für Soziologie, Technische Universität Berlin, Deutschland)
- Keren Tenenboim-Weinblatt (Department of Communication and Journalism, The Hebrew University of Jerusalem, Israel)
- Martina Thiele (Institut für Medienwissenschaft, Universität Tübingen, Deutschland)
- Sascha Trültzsch-Wijnen (Fachbereich Kommunikationswissenschaft, Universität Salzburg, Österreich)
- Stefanie Trümper (Climate Service Center Germany, Helmholtz-Zentrum Hereon, Deutschland)
- Thomas Wiedemann (Institut für Kommunikationswissenschaft und Medienforschung, Ludwig-Maximilians-Universität München, Deutschland)
- Martin Zierold (Institut für Kultur- und Medienmanagement der Hochschule für Musik und Theater Hamburg, Deutschland)

Herzlich danken wir den studentischen Mitarbeitenden Florian Osterloh in Bremen und Jasmin Buddensiek in Leipzig, welche die Arbeit des Netzwerks und seine Publikationen tatkräftig unterstützt haben.

Die Arbeits- und Organisationsform als wissenschaftliches Netzwerk ermöglichte eine Folge inhaltlich abgestimmter und aufeinander aufbauender Arbeitstreffen. So ergab sich ein produktiver Arbeitszusammenhang für eine personell definierte Kerngruppe an Mitgliedern über Instituts- und Ländergrenzen hinweg. Dieser Arbeitszusammenhang förderte die kontinuierliche ergebnisbezogene Kooperation – auch zwischen den Arbeitstreffen des gesamten Netzwerks. Zugleich wurde ein Austausch mit internationalen Gästen geschaffen, die gemäß der jeweiligen Schwerpunktsetzung zu Impulsvorträgen und Kommentaren eingeladen wurden. Durch den Austausch und Kontakt mit assoziierten Mitgliedern konnte sich das Netzwerk zudem stetig erweitern.

Beim ersten Arbeitstreffen im April 2018 in Bremen wurden als Auftakt die Implikationen der benannten Transformationsbewegungen für die kommunikationswissenschaftliche Beschäftigung mit sozialem Gedächtnis und kommunikativem Erinnern erörtert. Die drei folgenden Arbeitstreffen – Tübingen im Juli 2018, Magdeburg im April 2019, Augsburg im Oktober 2019 – dienten dazu, die herausgearbeiteten Arbeitsbereiche entlang der identifizierten Forschungslücken und -fragen zu bearbeiten. Die Ergebnisse dieser Treffen sind in frei zugänglichen Arbeitspapieren dokumentiert. Aufgrund der pandemischen Lage schlossen sich daran drei als Videokonferenz abgehaltene Arbeitstreffen im März, Juli und September 2021 an. Dabei wurden die Forschungsergebnisse gebündelt und Querschnittsbereiche erörtert. Das letzte Arbeitstreffen wurde als englischsprachige Konferenz im Juni und Juli 2022 an der Universität Salzburg organisiert und diente der Präsentation und Diskussion von Projektergebnissen im weiteren Kreis der internationalen Fachcommunity.

Über diese Treffen hinaus haben die Mitglieder des Netzwerks Überlegungen und Forschungsergebnisse auf verschiedenen Tagungen vorgetragen und in unterschiedlichen Publikationen publiziert. Eine Übersicht hierzu sowie weitere Informationen finden sich auf den Webseiten des Netzwerks unter: memoryandmedia.net

Ein zentrales Ergebnis des Netzwerks ist mit dem vorliegenden Handbuch realisiert. Es erfasst die Theorien, analytischen Ansätze sowie Gegenstände der Auseinandersetzung mit sozialem Gedächtnis und kommunikativem Erinnern in und für die Kommunikationswissenschaft. Es soll die wesentlichen Grundlagen kommunikationswissenschaftlicher Erinnerungsforschung und ihre Arbeitsbereiche in ihren Anschlüssen an kultur- und sozialwissenschaftliche Erinnerungsstudien, medientechnologische Veränderungen und gesellschaftliche Dynamiken kritisch festhalten und zugleich auf Leerstellen und analytische Perspektiven eingehen. Somit realisiert das Handbuch folgende Aufgaben: Als Kompendium fundiert es theoretisch-konzeptuell wie gegenstandsbezogen-analytisch ein kommunikationswissenschaftlich akzentuiertes Feld der Erinnerungsforschung. Es erweitert die Perspektiven kommunikationswissenschaftlicher Forschungsbereiche. Es dient dem fachinternen Austausch der deutschsprachigen Kommunikationswissenschaft und ebenso dem Anschluss an die englischsprachige Kommunikationsforschung und Medienanalyse. Nicht zuletzt unterstützt es die fachübergreifende Anbindung an das Feld der interdisziplinären *memory studies*. Ein Wort zur gendergerechten Sprache: Alle Beiträge versuchen, geschlechtersensible Formulierungen zu gebrauchen, häufig durch die Benutzung des Gender-Doppelpunkts.

Christian Pentzold und Christine Lohmeier für das Netzwerk „Kommunikationswissenschaftliche Erinnerungsforschung"

Leipzig und Salzburg, Juli 2022

Inhaltsverzeichnis

Christian Pentzold, Christine Lohmeier und Anne Kaun

1 Was will, was kann, was soll eine kommunikationswissenschaftliche Erinnerungsforschung?

1. Einleitung: Medien des sozialen Gedächtnisses und kommunikativen Erinnerns

Beschäftigen wir uns mit den Medientechnologien und kommunikativen Formen des Erinnerns, dann liegt das Augenmerk auf der aktiven, an aktuellen sozialen Umständen und kulturellen Sinnbedürfnissen orientierten Auseinandersetzung mit Vergangenheit. Diese kann, so die Prämisse, unmöglich ungeschehen gemacht oder exakt wiederholt werden (Dummett 1964). Jedoch ist die *eine* Vergangenheit nicht ein für alle Mal abgeschlossen und auserzählt, sondern eine Vielzahl retrospektiver Bezüge und somit Vergangenheiten werden in den jeweiligen Gegenwarten, aus diversen Positionen und entlang unterschiedlicher Interessen und Verbindlichkeiten veränderungsoffen rekonstruiert. Das Vergangene ist nicht tot; es ist nicht einmal vergangen – so ließe sich die Grundannahme des *mnemonic turn* in dem von William Faulkner wohl zuerst in seinem Stück *Requiem für eine Nonne* formulierten und später in Christa Wolfs Roman *Kindheitsmuster* aufgegriffenen Bonmot zusammenfassen.

In heutigen Gesellschaften, in denen langfristige zukünftige Entwicklungen, etwa von Klima, Bevölkerung oder Konjunktur, zusehends unüberblickbar erscheinen, wird paradoxerweise die Vergangenheit zum eigentlichen Möglichkeitsraum, der offen ist für neue Erfahrungen und Erkenntnischancen. „Gerade deshalb gehört ihre Umdeutung zu den ersten Amtshandlungen neuer Herrschaftssysteme", so stellt Judith Schalansky (2018, 19) fest und gibt zu bedenken: „Wer einmal wie ich den Bruch der Geschichte erlebt hat, den Bildersturm der Sieger, die Demontage der Denkmäler, dem fällt es nicht schwer, in jeder Zukunftsvision nichts anderes als eine zukünftige Vergangenheit zu erkennen". Erinnern ist somit kein einseitig rückwärtsgewandtes Vorhaben, sondern der Rückblick impliziert Gegenwartsdiagnose und Vorausschau (Koselleck 1979). Plakativer titelte *Der Spiegel* anlässlich des Holocaust-Gedenktages 2019: „Erinnerung ist Kampf um die Zukunft" (Zadoff 2019).

Allgemein kann Gedächtnis verstanden werden als das „Wissen, das im spezifischen Interaktionsrahmen einer Gesellschaft Handeln und Erleben steuert und von Generation zu Generation zur wiederholten Einübung und Einweisung ansteht" (Assmann 1988, 9). Gedächtnis ist demnach keine statische Kategorie, sondern erst im aktiven Zugriff werden archivierte bzw. kanonisierte Wissensbestände einer erinnerungskulturellen Auseinandersetzung zugänglich gemacht, perpetuiert und moduliert (Keightley und Pickering 2014; Lohmeier und Pentzold 2014; Frith und Kalin 2016;

Hand 2016; Burkey 2020). Der Begriff des Erinnerns verweist dann auf den Prozess des sozial verbindlichen und organisierten Vergegenwärtigens von Vergangenheit, der in Erinnerungen resultiert und auf diese wiederum Bezug nimmt (Assmann und Hölscher 1988; Assmann 1992; Zerubavel 2003; Rossington und Whitehead 2007; Augé 2013; Lehmann et al. 2013; Dimbath und Heinlein 2014). Der Begriff der Erinnerungskultur wiederum bezieht sich – bei aller Unterschiedlichkeit der Herangehensweisen – auf konflikthafte Gedächtnisse und Gegen-Gedächtnisse, mittels derer soziale Konstellationen variierender Größe, von Nationen bis zu lokalen Gemeinschaften, vergangene Perioden, Ereignisse bzw. Personen im Bewusstsein halten, vergegenwärtigen oder vergessen. Demnach erklären Bellah und Kolleg:innen (1985, 153), Gemeinschaften hätten „a history – in an important sense they are constituted by their past – and for this reason we can speak of a real community as a ‚community of memory,‘ one that does not forget its past. In order not to forget that past, a community is involved in retelling its story, its constitutive narrative". Zugleich kann Vergemeinschaftung auch die Ablehnung gegenläufiger Vergangenheitsversionen implizieren (Hobsbawm 1972). Kollektive Erinnerungen werden hier zum Katalysator sozialer Integration und Reproduktion, sie stiften Gemeinschaftlichkeit und werden ebenso eingesetzt, um Zugehörigkeiten zu demarkieren (Winter 1995; Cornelißen 2003; Assmann 2007). „Soziale Gedächtnisse", so Sebald und Weyand (2011, 174), „sind ein Schlüssel für das Verständnis von Stabilität und Dynamik von Gesellschaften".

Vergangenheit wird keineswegs vollständig oder ungebrochen zum Leben erweckt, sondern in Erinnerungsbezügen werden vergangene Erlebnisse, Vorkommnisse, Ideen oder soziale Relationen entlang gegenwärtiger Maßgaben und Dringlichkeiten aktualisiert. Die dabei gestifteten temporalen Verhältnisse sind sowohl retrospektiv als auch prospektiv: die Prognose und Gestaltung zukünftiger Ereignisse und Entscheidungen gründen in der Aufarbeitung von Vergangenheit und sie werden reflexiv hinsichtlich ihres zukünftigen Gedächtnisses in kommenden Generationen, also als „antizipierte Retrospektion", wie Schütz (1972 [1959], 261) schreibt, ergriffen und dokumentiert (Crownshaw et al. 2010; Welzer 2010; Tenenboim-Weinblatt 2013; Pentzold et al. 2016). Erinnern bedeutet, wie Zelizer (1995, 218) resümiert, „a graphing of the past as it is used for present aims, a vision in bold relief of the past as it is woven into the present and future". Somit sind Erinnerungsprozesse zeitlich multi-direktional.

Zudem implizieren Prozesse des Erinnerns stets auch Formen des Vergessens, denn die Rekonstruktion von Vergangenheit erfolgt notwendigerweise selektiv (Luhmann 1996; Esposito 2002; Ricœur 2004; Connerton 2008). Nicht alles, was im kulturellen Speichergedächtnis von Archiven verfügbar ist, findet Eingang ins Funktionsgedächtnis und wird damit Teil der aktiven, zum Teil konflikthaften Auseinandersetzung um den adäquaten Gebrauch und die korrekte Deutung des Vergangenen (Assmann 1995, 1999). Dazu erklärt Lowenthal (2015, 320): „Revision and elision complement oblivion. The remembered past is malleable and flexible; what seems to have happened undergoes continual change. Each time a memory is recalled, it is reprocessed. Subsequent experience and need reinterpret past events over and over. We select, distil, and distort, reshaping what we remember to suit present and prepare for future demands". Das Erfordernis zu selektieren wird umso akuter, je mehr Daten potenziell zur Verfügung stehen und abrufbar sind. Gerade die automatisch angelegten digitalen Repositorien von Nutzungsaktivitäten und Kommunikationsvorgängen machen den „curatorial overload" (Van House und Churchill 2008, 297), also die nach menschlichem Maß unüberschaubare Fülle an potenziell Erinnernswertem, evident.

In den verbleibenden Teilen dieser Einleitung sollen die Konturen einer kommunikationswissenschaftlichen Erinnerungsforschung vornehmlich in ihren sozialwissenschaftlich geprägten Grundlagen und schwerpunktmäßigen Arbeitsbereichen skizziert werden. Um diesen Umriss substantiell auszufüllen, dienen die einzelnen Beiträge dazu, erinnerungskulturelle Fragen auszubuchstabieren und aufzuzeigen, in welcher Weise das Vergegenwärtigen von Vergangenheit Gegenstand kommunikationswissenschaftlicher Überlegungen ist, und umgekehrt zu eruieren, was die Kommunikationswissenschaft mit ihren Schwerpunkten zu erinnerungsbezogener Theoriebildung und empirischer Forschung beisteuern kann. Wie die einzelnen Beiträge bestätigen, sind Erinnerungskultur und Erinnerungspraktiken nicht ohne Medien oder Kommunikation denkbar. In diesem Sinne setzt eine eingehende sozialwissenschaftliche Analyse von Erinnerung eine Beschäftigung mit kommunikations- und medienwissenschaftlichen Perspektiven voraus.

Für diesen Überblick ist zunächst die disparat vorliegende, in unterschiedlichen Themenfeldern von Kommunikationsforschung und Medienanalyse vorgenommene Auseinandersetzung mit Strukturen und Funktionen sozialen Gedächtnisses sowie mit Prozessen und Handlungsweisen kommunikativen, individuellen wie kollektiven Erinnerns abzustecken. Die entsprechenden Leitfragen sind:
- Wo finden sich kommunikationswissenschaftlich fundierte, auf Erinnern und Gedächtnis bezogene Arbeitsbereiche?
- Welche fachlichen, technologischen und gesellschaftlichen Entwicklungen sind in der Formierung (medien-) und kommunikationswissenschaftlicher Erinnerungsforschung zu reflektieren?
- Was können Schwerpunkte der Untersuchung von Medien sozialen Gedächtnisses und kommunikativer Erinnerungsarbeit sein?

Diesen Fragen folgend sollen unterschiedliche Zugänge erfasst und als konstitutive Elemente einer kommunikationswissenschaftlichen Erinnerungsforschung dokumentiert werden. Kurzum stellt sich die Frage: Was will, was kann und was soll die Beschäftigung mit Medien sozialen Gedächtnisses und kommunikativem Erinnern? Um sie zu beantworten, werden bestehende Ansätze gesichtet und zum Feld kommunikationswissenschaftlicher Erinnerungsforschung weiterentwickelt. Damit soll nicht nur ein Beitrag zur Ausdifferenzierung der Kommunikationswissenschaft geleistet werden, sondern das Handbuch richtet sich fachübergreifend an alle, die sich über kommunikationswissenschaftlich begründete Zugänge zu Erinnerungskulturen informieren wollen. Das Handbuch komplementiert so Kompendien, die den sozial- bzw. kulturwissenschaftlichen Stand der Forschung zu Gedächtnis und Erinnern bündeln und aufbereiten (Erll und Nünning 2008; Gudehus et al. 2010; Berek et al., im Erscheinen).

Einführend werden Schwerpunkte der kommunikationswissenschaftlichen Erinnerungsforschung in den Bereichen Journalismusforschung, visuelle Kommunikation und Kommunikationsgeschichte verortet. Diese werden in Beziehung gesetzt zu drei zentralen Transformationsbewegungen: dem fachübergreifenden Diskurs der *memory studies*, der Durchsetzung digitaler vernetzter Medien und der gesellschaftlichen Entwicklung hin zu erinnerungskultureller Selbstreflexion. Die Übersicht schließt mit Überlegungen zu Querschnittsthemen der Erforschung medienkommunikativer Vergegenwärtigung, bevor die Beiträge des Handbuchs vorgestellt werden.

2. Ausgangspunkt: Medienkommunikative Vergegenwärtigung

Die Zahl der Studien, die sich mit der „present past" (Terdiman 1993, 8) befassen, sind unüberschaubar – fast ebenso wie die Palette an Termini, mit denen sie operieren – in einer Aufstellung meint Tulving (2007), insgesamt 256 unterschiedliche Arten von ‚memory' zählen zu können. So ist die Rede von kollektivem bzw. kulturellem Gedächtnis; persönlichem und privatem Gedächtnis; kommunikativem Gedächtnis und Erinnerungsarbeit. Daneben kursieren Begrifflichkeiten wie Familiengedächtnis, Nationalgedächtnis und Erinnerungskulturen, Gedächtnisorte und kommemorative Geschehnisse (Erll und Nünning 2008; Olick et al. 2011). Eine Variante, die geistes-, kultur-, sozial- und humanwissenschaftlichen Zugänge zu kollektivem Gedächtnis zu ordnen, ist die Unterscheidung in metonymische Gebrauchsweisen und metaphorische Verständnisse (Erll 2017, 94–98). Erstere setzen beim individuellen, letztlich mental verankerten Erinnern an; ‚kollektiv' ist somit metonymisch gebraucht und deutet auf die soziokulturelle Prägung von Erinnerungsakten hin. Andersherum erweitert der metaphorische Gebrauch den Begriff Gedächtnis auf gesellschaftliche Phänomene. Kurz gesagt geht es also um Gedächtnis als Kulturphänomen oder um Kultur als Gedächtnisphänomen (Assmann 2002).

Diese divergierenden Schwerpunktsetzungen und damit einhergehenden fachlichen Bezüge und vordringlichen analytischen Interessen fasst Olick (1999, 336) in das Begriffspaar von *collected memory* und *collective memory*, die er wie folgt erläutert: „one that sees culture as a subjective category of meanings contained in people's minds versus one that sees culture as patterns of publicly available symbols objectified in society". Die erste Kategorie bezieht sich demnach auf das individuelle Gedächtnis auf der Mikroebene, welches geprägt ist von übersubjektiv geteilten Wissensordnungen und Erfahrungen, die quasi aus zweiter Hand von anderen – und gerade vermittels Medien – weitergegeben werden. Die zweite Kategorie verweist hingegen auf die gesellschaftliche Makroebene und die hier zirkulierenden, kollektiv geteilten Verstehensrahmen, Institutionen und Praktiken. Gedächtnis und Erinnern sind, darauf machen die aufeinander bezogenen Termini aufmerksam, nicht nur kognitive Kategorien; vielmehr gilt es zu untersuchen, wie mentale und soziale Formen des Vergegenwärtigens zusammenspielen (Olick und Robbins 1998). Konsequenterweise umfasst Erlls (2017, 5) Definition von kollektivem Gedächtnis beide Ebenen des individuell-persönlichen und des gesellschaftlich-kulturellen Vergangenheitsbezugs. Kollektives Gedächtnis dient dann als „Oberbegriff für all jene Vorgänge biologischer, psychischer, medialer und sozialer Art, denen Bedeutung bei der wechselseitigen Beeinflussung von Vergangenheit, Gegenwart und Zukunft in kulturellen Kontexten zukommt".

Formen kulturellen Gedächtnisses und Erinnerungspraktiken sind, das ist in Erlls Definition auch angedeutet, durch medienbasierte Kommunikation konstituiert. Soziales Gedächtnis wird kommunikativ ausgedrückt und es ist fundamental von Medien des Aufzeichnens, Vermittelns und Speicherns geprägt (Assmann 1988; Sick und Ochsner 2004). Medien sind, mit anderen Worten, Ausgangsbedingung dafür, dass Gesellschaften ihre Vergangenheit vergegenwärtigen können, wobei medienkommunikativer Wandel und die Formierung von Erinnerungskulturen in engem Zusammenhang stehen: die sich verändernden Kommunikationsmedien sind Bedingung dafür, dass Kulturen ihre lebensweltlichen, kollektiv getragenen Sinn-, Handlungs- und Erfahrungszusammenhänge in Zurück- und Vorausschau reflektieren können. Mit dieser Maßgabe bestimmen Neiger, Zandberg und Meyers (2011, 1) mediales Gedächtnis als „the systematic exploration of collective pasts that are narrated by the media, through the use of media, and about the media". Erinnerungen konkretisieren sich in medialen Texten, gemäß deren Gestaltungskonventionen und medientechnologischen Dispositionen sie materialisiert werden.

Von stets gegenwärtigen sozialen Problemlagen ausgehend werden durch und mittels Medien Vergangenheitsbezüge in variierenden Öffentlichkeitssphären als bedeutungsvoll realisiert. Diese kultur- und medienhistorischen Bedingungsverhältnisse von Repräsentation und Tradierung, Archiv und Kanon werden in sich verändernden medienbasierten Ausdrucksformen realisiert und durch erinnerungskulturelle Institutionen wie Fernseh- oder Zeitungsarchive bzw. heute Internetplattformen und -dienste verwaltet und reguliert (Kramp 2011; Ernst 2012; Kaun und Stiernstedt 2016; Smith Rumsey 2016; Smit 2018). Medientechnologien und mediale Genres fungieren dabei als Vermittlungsinstanzen zwischen individuellen und kollektiven, privaten und öffentlichen, kommunikativen und kulturellen Gedächtnissen (Assmann und Assmann 1994; Welzer 2002; Zierold 2006). Sie tradieren sowohl textbasierte Denk- und Ausdrucksschemata als auch visuelle Bildikonen. Mit Landsbergs (2004) Idee prothetischer Medien gesprochen prägen sie den Erfahrungs- und Erlebnisrahmen von Medienpublika. Sie bringen nicht unmittelbar gemachte Erfahrungen und Erlebnisse den medial Anteil nehmenden Augenzeug:innen nahe. Dies umfasst die kognitiv-intellektuelle Ebene von Verstehen und Memorieren und zugleich sind emotionale und körperlich gebundene Reaktionen darin eingeschlossen.

Diese Überlegungen bündelnd spricht van Dijck (2007, 15) von einer „„mediation of memory'", worunter sie die Idee versteht, „that media and memory increasingly coil beyond recognition". Es bedeutet nicht, dass Medientechnologien und Kommunikationsformen humane Gedächtnisleistungen und Kapazitäten zum Erinnern ersetzten. Vielmehr bedingen die verfügbaren medialen Gegebenheiten die persönliche Erinnerungspraxis und sie sind eine bedeutsame Komponente gesellschaftlicher Erinnerungsinstanzen (Assmann et al. 1983; Krämer 1998; Morris-Suzuki 2005). Entsprechend haben Erinnerungskulturen, wie Erll (2017, 98–100) schreibt, drei miteinander verzahnte Dimensionen: eine mentale Dimension als kognitiv operierende Schemata, die zwar individuell vorliegen, aber zugleich durch kollektive Codes präfiguriert sind; eine soziale Dimension mnemonischer sozialer Praktiken und Institutionen; und eine materiale Dimension der Medien und kulturellen Artefakte, in denen Erinnerungsformen und -inhalte artikuliert und tradiert werden. In heutigen mediengeprägten Gesellschaften wird es des Weiteren schwieriger, mediale von nicht-medialen Dimensionen zu trennen. Es stellt sich also zunehmend die Frage, inwieweit prämediales Gedächtnis und prä-mediale mnemonische Praktiken überhaupt möglich sind.

Erinnerungsprozesse umfassen demnach immer sozio-kulturelle und individuell-kognitiv Vorgänge; sie sind sowohl gemeinschafts- als auch identitätsstiftend; sie haben eine handlungspraktische, situationsgebundene wie eine materielle, raum- und zeitübergreifende Dimension. Dementsprechend bündelt Olick (2010, 157–158) folgende Faktoren: „collective representations (publicly available symbols, meanings, narratives, and rituals), deep cultural structures (generative systems of rules or patterns for producing representations), social frameworks (groups and patterns of interaction), and culturally and socially framed individual memories".

Die Technologien und kulturellen Programme von Medien, mit denen Ereignisse und Erlebnisse aufgezeichnet und weitergetragen, kanonisiert und inszeniert werden, sind Gegenstand von Medien- und Literaturwissenschaft sowie von Altertums- und Geschichtswissenschaft (Huyssen 1995, 2003; Sturken 1998; D'haen 2000; Barash 2016; Borsò et al. 2001; Cannadine 2004; Erll und Nünning 2004; Landsberg 2004, 2015; Zierold 2006; Erll und Rigney 2009; Ebbrecht 2011; Seamon 2015). Unter Betonung der Medialität von Gedächtnis und Erinnern werden hier semiotische Codes, technologische Apparate und Objektivationen betrachtet; das Augenmerk liegt vornehmlich auf literarischen Texten sowie audiovisuellen Produktionen in Fotografie, Film und Fernsehen (Erll 2017, 135–166 m. w. N.; siehe auch Kaun, in diesem Band).

Ein weiterer Horizont eröffnet sich, geht der Blick von materialen und ästhetischen Gesichtspunkten hin zu den sozialen Aspekten des Erinnerns und damit dem prozesshaften, kommunikativ und häufig medienkommunikativ ablaufenden Vergegenwärtigen von Vergangenheit (Pentzold et al., in diesem Band). Diese „mnemonic practices", so Olick und Robbins (1998, 105), sind Gegenstand der *social memory studies*, in denen soziologische, politikwissenschaftliche und ethnologische Beiträge verknüpft werden, um die Vorgänge erinnerungskultureller Institutionalisierung, Sedimentierung, Tradierung und Sozialisation in ihren gesellschaftlichen Bedingungen und Implikationen zu erfassen (Connerton 1989; Fentress und Wickham 1992; Irwin-Zarecka 1994; Welzer 2002; Conway 2010). Dabei geraten Fragen nach Identität und Vergemeinschaftung, nach Machtverhältnissen und Erinnerungskonflikten ebenso in den Fokus wie Überlegungen zu Persistenz und Veränderbarkeit von Vergangenheitsversionen. Jedoch stellen die *social memory studies* bzw. sozialwissenschaftlich fundierten Erinnerungsstudien (noch?) kein eigenständiges Fach dar, sondern sie sind eher ein transdisziplinärer Zusammenfluss von Ansätzen und Konzepten, die sich aus sozial- und kulturwissenschaftlicher Perspektive mit Erinnern und Gedächtnis befassen (Olick 2009). Als Querschnitts- bzw. Integrationswissenschaft ähneln sie damit in gewissem Sinn der Kommunikationswissenschaft, die ebenfalls an der Schnittstelle verschiedener Disziplinen verortet werden kann (Karmasin et al. 2013).

Die prägenden Themen der *social memory studies* schließen an kommunikationswissenschaftliche Forschungsinteressen an und zugleich erfordert ihre Bearbeitung kommunikationswissenschaftliche Kompetenzen, um die kommunikative Repräsentation und Verhandlung von Vergangenheit zu verstehen und um die medienkommunikative Verfasstheit dieser Prozesse ausgehend von ihren Institutionen, Akteuren und Formaten zu erfassen (Zelizer 1995; Garde-Hansen 2011; Maurantonio und Park 2019; Neiger 2020; Erll, in diesem Band). Umgekehrt kann die Beschäftigung mit Erinnerungsprozessen ebenfalls dazu beitragen, stärker als bisher kommunikationswissenschaftliche Analysen für das Ausbilden von Sinn- und Zeithorizonten durch vergegenwärtigenden Bezug auf Vergangenheit zu sensibilisieren.

3. Themenfelder kommunikationswissenschaftlicher Erinnerungsforschung

Bestehende Schwerpunkte der kommunikationswissenschaftlich fundierten Erinnerungsforschung finden sich in Journalismusforschung, in visueller Kommunikation und in der Kommunikationsgeschichte, insbesondere in der sich in diesen drei Bereichen entfaltenden Untersuchung von journalistischer Vergangenheitsaufarbeitung, von Medienbildern in öffentlicher und privater Erinnerung und von Erinnerungskulturen kommunikationswissenschaftlicher Fachgeschichte. In diesen Richtungen – welche die Schwerpunkte des Handbuchs bestimmen – besteht eine kommunikationswissenschaftliche Auseinandersetzung explizit mit Fragen kommunikativen Erinnerns und sozialen Gedächtnisses. Der Fokus auf diese drei Bereiche soll indessen andere Initiativen nicht ausschließen oder marginalisieren. So existieren Studien, die weiteren Feldern zugeordnet werden können, wie Rhetorik und *speech communication* (Aden et al. 2009), Mediendiskursforschung (Katriel 1994) oder politischer Kommunikation (Maurantonio 2017). Ebenfalls umfangreich und weitläufig – und in diesem Handbuch nicht berücksichtigt – ist die kommunikationswissenschaftliche Beschäftigung mit kognitiven Erinnerungsprozessen.

Woran es bislang mangelt, ist eine Systematisierung der teils unterschiedlichen, teils geteilten konzeptuellen Grundlagen für die Auseinandersetzung mit Erinnern, Gedächtnis und Vergessen. Ebenso unklar ist, ob sich bereichsübergreifende Forschungsanliegen identifizieren und programmatisch bündeln ließen. Während bisher die Beschäftigung mit den kommunikativen Prozessen und medialen Formen sozialen Gedächtnisses entlang partikularer, bereichsspezifischer Erkenntnisinteressen stattfindet und zumeist von einzelnen Personen bzw. kleineren Arbeitsgruppen getragen wird, fehlt deren Integration in ein programmatisches Forschungsfeld kommunikationswissenschaftlicher Erinnerungsforschung.

3.1 Themenfeld Journalismusforschung

Ein Schwerpunkt liegt auf der journalistischen Kommemoration historischer Vorkommnisse und generell der Rolle von Massenmedien für das Etablieren kollektiv geteilter und erinnerter Medienereignisse (siehe auch Lohner und de Wolff; Offerhaus und Trümper; Sommer; Trümper; Tenenboim-Weinbatt; Kitch, alle in diesem Band). Neben Zeitungen und Magazinen und ihrem Interesse an Jahres- und Gedenktagen wird dabei besonders das mnemonische Potenzial der live übertragenen Fernsehberichterstattung herausgestellt (Dayan und Katz 1992; Fogu 2009), wobei die kommunikationswissenschaftliche Publikums- und Aneignungsforschung dazu beitragen kann, die sozial integrativen Formen eventuell sogar global geteilter kommemorativer Aufmerksamkeit ebenso zu berücksichtigen wie die sozial differenzierten, kontextuell unterschiedlichen Aneignungsweisen (Kansteiner 2006; Levy 2010). Gerade beim Betrachten lokaler Rezeptions- und Verstehensformen wird die Annahme einheitlicher kollektiver Erinnerungen fraglich, während die Vielfalt multipler Stimmen und Sichtweisen – schon im Rahmen nationaler Publika und noch verstärkt in transnationalen Relationen – in den Vordergrund tritt (Ashuri 2005; Reading 2011, 2014; Lagerkvist 2013; Gustafsson 2020).

Seit den ersten, in den 1990er Jahren entstandenen Arbeiten zur Rolle des Journalismus in der Auseinandersetzung mit bzw. der Konstruktion von gesellschaftlicher Vergangenheit, ist der Zusammenhang zwischen Journalismus einerseits und sozialem Gedächtnis sowie kommunikativem Erinnern andererseits kommunikationswissenschaftlich bearbeitet worden (Zelizer 1992; Schudson 1993; Edy 1999, 2006; Kitch 2005; Volkmer 2006; Arnold et al. 2010; Neiger et al. 2011; Tenenboim-Weinblatt 2013; Kligler-Vilenchik et al. 2014; Lohmeier 2014; Meyen und Pfaff-Rüdiger 2014; Zelizer und Tenenboim-Weinblatt 2014; Meyen 2019; Meyers 2019).

Journalistische Medien werden als Arenen der Vergangenheitsaufarbeitung wahrgenommen, über die es möglich ist, öffentliche Auseinandersetzungen zu erinnerungsbezogenen Themen und gesellschaftlich vorherrschende erinnerungskulturelle Vorstellungen zu erschließen (Schudson 1993; Wilke et al. 1995; Böhme-Dürr 1999; Brockmann 2006; Olick 2007). Den erinnerungskulturellen Beitrag des Journalismus bringt Kitch (2008, 312) so auf den Punkt: „journalism is also the first draft of memory, a statement about what should be considered, in the future, as having mattered today".

Ein Interesse liegt auf Fragen der Authentizität und Faktizität der Darstellung. Innerhalb des Journalismus haben sich organisatorische Einheiten (Redaktionen, z.B. Geo-Geschichte, Spiegel einestages; Ressorts als Zeitgeschichte, Zeitläufe) herausgebildet, in denen erinnerungskulturelle Themen bearbeitet werden (Fischer und Wirtz 2008; Zelizer 2008). Die journalistische Auseinandersetzung mit Vergangenheit konzentriert sich hierbei, neben Rückblicken und Nachrufen, auf Gedenktagsjournalismus (*anniversary journalism*). Dieser erfolgt in Form einer ‚public commemoration' als gegenwärtige Vergangenheitsdeutung in ritualisierter, ereignisbezogener Kommunikation bei Gedenktagen und seltener bei Feiertagen (Schudson 1989; Wilke 1999; Frosh und Pinchevski 2009; Offerhaus 2011; Lagerkvist 2012; Neverla und Lohner 2012; Sanko 2016; Trümper 2018). Hier entwickelten sich speziell gedächtnisreflexive journalistische Darstellungsformen in Print und Fernsehen heraus, wie jährlich ausgestrahlte Jahresrückblicke oder zu Jahrestagen herausgegebene kommemorative Editionen bzw. Sendungen (Grainge 2002; Holly 2003; Kitch 2006; Klemm 2016; Tenenboim-Weinblatt und Neiger 2020). Andere literarische Formen oder „Gedächtnisgattungen" (Erll 2017, 65) wären beispielsweise das Tagebuch, die Autobiografie oder der Entwicklungsroman.

Über kommemorative Rituale hinaus findet sich eine implizitere vergangenheitsbezogene Ebene in journalistischer Berichterstattung, bei der kollektiv geteilte Erinnerungen als verstehensrelevanter Hintergrund vorausgesetzt werden (Lang und Lang 1989; Schudson 1997; Neiger 2020). Der Rückgriff auf Vergangenes macht es möglich, Verbindungen zwischen Ereignissen herzustellen, Schlüsse abzuleiten oder die Bedeutsamkeit eines Geschehens abzuschätzen. Das kann durch historische Analogien erfolgen, wenn aktuelle Geschehnisse mit vergangenen verglichen werden, oder wenn Gegenwärtiges in einen längerfristigen historischen Rahmen eingebettet wird (Edy 1999, 2006). In beiden Formen wird Vergangenheit gebraucht als „scene against which the events are played out" (Carey 1989, 151–152), wobei der Fokus nicht auf kommemorativen Erinnerungsbezügen liegt, sondern diese nur angedeutet bleiben. Dahingehend hat Vinitzky-Seroussi (2011, 48) den Begriff der „banal commemoration" geprägt, während Zelizer (2010, 382) weniger wertend darauf hinweist, dass Vergangenheit nicht nur anlassbezogen explizit vergegenwärtigt werden muss, sondern Erinnerungen auch durch journalistische Textsorten nahegelegt werden – „invoking memory through form and content".

Die medialen Vermittlungsformen sind keine reinen Container; die Weitergabe erfolgt eher im Wechselverhältnis von Re-Kombination und Re-Kreation. Somit ist nicht allein die mnemonische Bedeutung von Inhalten zu untersuchen, sondern das Interesse wendet sich auch Kommunikationsmodi, Textsorten und kommunikativen Gattungen zu (Pentzold et al., in diesem Band). Die sozialen Rahmen des Erinnerns, von denen Halbwachs spricht, vermitteln sich folglich durch die Ausbildung und Differenzierung bzw. Sedimentierung von Gebrauchsmustern und Textformen (Berek 2009; Sebald 2014). Erinnern verläuft also wie Knoblauch (1999, 735) ausführt, in „mehr oder weniger festgelegte[n] Bahnen kommunikativer Formen". In sozial habitualisierten und konventionalisierten Mustern objektivieren sich Erinnerungen. Mnemonische kommunikative Gattungen, wie sie von Knoblauch beschrieben werden, sind mehr oder minder eng mit spezifischen gesellschaftlichen Kontexten und Sphären verkoppelt und sie bedingen, in welchem Typus Vergangenheit erinnert wird – etwa als Mythos oder Augenzeugenbericht – und welcher Modus kommunikativer Erinnerungsarbeit zu erwarten wäre – zum Beispiel imaginativ-narrativ oder wissenschaftlich-systematisierend (Erll 2017, 108–114).

3.2 Themenfeld Visuelle Kommunikation

Über schriftliche Texte hinaus liegt das Augenmerk kommunikationswissenschaftlicher Erinnerungsforschung auf bildlichen und audiovisuellen Formaten (siehe auch Horsti; Grittmann; Keightley und Clini; Kramp; Sanko, alle in diesem Band). Bilder als materialisierte visuelle Phänomene kultureller Bedeutungsproduktion sind wesentlicher Bestandteil erinnerungsbezogener Kommunikationsprozesse (Lury 1998; Kuhn 2002, 2007; Hoskins 2004; Kuhn und McAllister 2006; van Dijck 2008; Ruchatz 2010; Shevchenko 2015). Sie spielen in Erinnerungskommunikation, sowohl in der publizistischen vergangenheitsbezogenen Berichterstattung als auch in institutionalisierter, zum Teil sogar transnationaler Erinnerungspolitik, eine zentrale Rolle (Assmann 2006; Bate 2010; Erll und Rigney 2018).

Dabei erfüllen insbesondere Fotografien und Filmaufnahmen eine doppelte mnemonische Funktion als Externalisierung und als Spur, das heißt als assoziativ gestaltete Repräsentationen von vergangenheitsbezogenen Sinngehalten und Deutungen sowie als deren indexikalisches, quasi dokumentarisches Zeichen (Benjamin 1982; Erll 2017, 154–155). Als solche werden statische Bilder und audiovisuelle Repräsentationen im Journalismus wie in zahlreichen anderen Medienproduktions- und Medienrezeptionszusammenhängen als materialisierte bildhafte Ausdrücke von erinnerungsbezogenen Bedeutungen gebraucht.

Um das Zusammenspiel von kulturellen Objektivationen und medialen Dispositionen zu verstehen, können neben der von Halbwachs (1985 [1925], 1985 [1950]) ausgehenden sozialwissenschaftlichen Tradition auch die kulturtheoretischen Ansätze in der Nachfolge Aby Warburgs (2000) herangezogen werden (Grittmann, in diesem Band). In seinem Mnemosyne-Projekt befasste sich dieser mit Wiederholung und Wiederkehr kultureller Ausdrucksformen, wie sie etwa durch dargestellte Gestiken oder Bildkompositionen vermittelt sowie zeit-, genre- und individualstilspezifisch aktualisiert werden. Hier schließen sich weitergehende Fragen nach Selektion, kultureller Resonanz und Ikonisierung an (Hariman und Lucaites 2007; Leggewie 2009; Boudana et al. 2017). Zu klären wäre dabei unter anderen, was Bildikonen als wiederkehrende ‚Visiotypen' (Pörksen 1997; Marquardt 2005) oder auch als kulturell signifikante ‚Schlagbilder' (Diers 1996) kennzeichnet, und in welchem Spannungsverhältnis zwischen Authentizität und Stilisierung bzw. Monumentalisierung sie stehen (Sontag 2003).

Der Schwerpunkt der Beschäftigung mit gedächtnisprägenden (häufig fotografischen) Repräsentationen im öffentlichen Bildgedächtnis liegt auf der Erforschung der visuellen Verarbeitung des Zweiten Weltkriegs und des Holocaust über stilisierte Ikonen (Shandler 1999; Brink 1998; Adelmann und Keilbach 2000; Knoch 2001; Kansteiner 2006; Wende 2007; Meier 2008; Vatter 2009) sowie allgemein auf Studien visueller Erinnerungskommunikation im Nachgang von Konflikten und Terror der jüngeren Geschichte (Batchen et al. 2012), zum Beispiel zum Vietnamkrieg (Sturken 1998) oder 9/11 (Zelizer 2001; Ammann und Grittmann 2013).

Neben der Zirkulation visueller Repräsentationen in öffentlicher Kommunikation bildet das Herstellen und Nutzen von Bildern im persönlichen Erinnern einen weiteren kommunikationswissenschaftlichen Forschungsbereich (Barthes 1989 [1980]). Entsprechende Arbeiten befassen sich dabei mit der narrativen Kontextualisierung von (Familien-)Fotografien und Fotoalben und dem damit einhergehenden Schaffen von generationenübergreifenden, aber auch generationendefinierenden Erinnerungen (Assmann 2007; Sandby 2014; Pickering und Keightley 2015). Hierzu prägte Hirsch (2012) den Begriff des „postmemory". Er erfasst, schreibt sie (2008, 103), „the relationship of the second generation to powerful, often traumatic, experiences that preceded their births but that were nevertheless transmitted to them so deeply as to seem to constitute memories in their own right". Fotografien dienen in diesen kommunikativen Prozessen des Weitergebens von Erinnerungen als Gedächtnisstütze und erinnerungsevozierende Stimuli bzw. *memory cues*. In ihrer historischen Entwicklung gesehen erweitern Fotografien – und in den letzten Jahren gerade die Möglichkeiten digitaler Fotografie – nicht nur den familiären Bildhaushalt; ebenso tragen sie dazu bei, dass sich alltägliche private Erinnerungspraktiken und der *familial gaze* bestehender visueller Gedenk- und Darstellungspraxis wandeln, auch über den engen Kreis familiärer Verhältnisse hinaus (Hirsch 1998; Marselis 2017). Ein noch wenig bespieltes Subfeld der visuellen Gedächtnisforschung beschäftigt sich zudem mit Fragen von visuellen Methoden zur Untersuchung von Erinnerung. Erste Ansätze sind in praxisorientierten Projekten wie „Doing Memory" geleitet von Tanja Thomas an der Universität Tübingen zu sehen. Das Projekt produzierte eigene Kurzfilme zur Auseinandersetzung mit rechter Gewalt und mit Fragen des Erinnerns und Vergessens.

3.3 Themenfeld Kommunikationsgeschichte

Zur Erforschung kulturellen Gedächtnisses und sozialen Erinnerns gehört die Frage des fachgeschichtlichen Erinnerns, also wie Disziplinen sich ihrer selbst mittels ihres kollektiven Gedächtnisses vergewissern (siehe auch Neverla; Pooley; Scheu; Schwarzenegger; Koenen und Birkner, alle in diesem Band). Disziplinen bilden in diesem Sinn nicht nur Denkkollektive, wie sie Ludwik Fleck (1980 [1935]) nannte, sondern auch Erinnerungskollektive, die auf einen Gedächtnisspeicher gemeinsamen Wissens, geteilter Relevanzkriterien und eines verbindlichen Problembewusstseins in identitätsstabilisierenden Integrationsprojekten zurückgreifen können. Zugleich sind sie geprägt von Kontroversen, etwa um den Sinngehalt von Termini, um Fragen der Kanon- und Traditionsbildung bzw. auch um die leitende methodische Orientierung und das fachliche Selbstverständnis. Fachgeschichtliche Erinnerungsarbeit dient somit auch der disziplinären Grenzziehung, weil im retrospektiven Rückgriff gegenwärtige Konflikte um Themen, Ansätze und Personalien ausgetragen sowie die Weichen für die zukünftige Fachentwicklung gestellt werden. *Memory work* ist so gesprochen auch *boundary work*, wobei diese Erinnerungs- und Grenzziehungsarbeit sowohl innerhalb des festzulegenden fachlichen Rahmens stattfindet wie auch im Verhältnis zu anderen Fächern (Gieryn 1999; Carlson und Berkowitz 2014). Diese Auseinandersetzungen um Prestige und Ressourcen sind geprägt von Machtgefällen und ungleichen Chancen, Vergangenheit erinnernd zu aktualisieren und als Bestandteil des Fachverständnisses zu etablieren, was impliziert, dass im Gegenzug andere Aspekte vergessen bzw. verdrängt werden (Dimbath 2014).

Allgemein lässt sich zu ‚Erinnerungspraktiken' (Bowker 2005) in der Kommunikationswissenschaft festhalten, was Brosius und Esser (1998, 341) stellvertretend für die Wirkungsforschung konstatiert haben: „Die ‚Lehrbuchgeschichte' eines Forschungsbereichs ist in der Regel eine Vereinfachung der tatsächlichen Wissenschaftsgeschichte, sie neigt zur Verzerrung und Mythologisierung" (siehe auch Glotz 1990; Dennis und Wartella 1996; Bohrmann 2002; Hardt 2002; Averbeck und Kutsch 2005; Löblich und Scheu 2011; Koenen und Sanko 2016, 2017). Demgemäß führt Hardt (2008, xi) für die Kommunikationswissenschaft aus: „After all, the perceived need for an identity involves the construction of a fiction that serves to place the institution – or the field of study – in reality". Ebenso betonen Maurantonio und Park (2019a, 4) das imaginative und inventive Element rückblickender Selbstvergewisserung und Fachkonstruktion: „In crafting a story of origins, communication studies would forge a narrative that might grant the field a degree of legitimacy and community afforded its disciplinary relatives, or so was the hope."

Die dahingehend erinnerungskulturell zumindest informierte Forschung hinterfragt diese Verzerrungen und damit den Status der Kommunikationswissenschaft als kohärente Disziplin bzw. als thematisch stringentes Feld (Nordenstreng 2007; Park und Pooley 2008; Löblich 2010; Scheu 2016). Sie stützt sich nicht nur auf archivalische Quellen, sondern macht auch Gebrauch von autobiografischen, häufig in mündlichen

Interviews generierten Aussagen von Zeitzeugen, die als Fachvertreter:innen unterschiedlich positioniert die Entwicklung der Kommunikationswissenschaft begleiten, prägen und ihren Anteil und ihre Perspektive erzählend verarbeiten (Kutsch und Pöttker 1997; Meyen und Löblich 2007; Meyen 2012).

Die Studien zeigen auf, dass sich das Fach nicht auf einen Identitätskern zurückführen lässt, sondern als wissenschaftliches ‚Feld' auf einer Vielzahl von Theorie-, Methoden- und Erkenntnisimporten aus unterschiedlichen Disziplinen gründet (Scheu 2012; Corner 2013). Die bisherige randständige Beschäftigung mit kollektivem Erinnern und Gedächtnis in der Kommunikationswissenschaft wäre demzufolge auch auf die fachliche Erinnerungskultur selbst zurückzuführen. Der Ausdruck „memory" selbst ist daher für Kelshaw und St. John (2007, 46) „an important marker and purveyor of the communication discipline's ideological divisions and theoretical multiplicities". Ihre Meta-Analyse kommunikationswissenschaftlicher Journals seit 1915 ergab, dass der mehrdeutige Begriff in sehr unterschiedlichen Arbeitsfeldern und mit stark abweichenden Bedeutungen verwendet wurde. Statt diese Bereiche zu verbinden, verdeckte die Polysemie eher die epistemologischen und fachgeschichtlichen Bruchlinien zwischen psychologischen, kybernetischen, sozio-kulturellen und phänomenologischen Herangehensweisen (Craig 1999). Statt Zusammenarbeit zu eröffnen, verschleiert der vermeintlich stimmige Begriffsgebrauch die Unterschiede und verstellt so einen tiefergehenden Austausch.

Eine konsequente Hinwendung zu mnemonischen Ansätzen würde in diesem Sinn nicht nur das konzeptuelle Repertoire der Disziplin ergänzen und Anschlüsse an die *social memory studies* ausbauen. Sie wäre zugleich ein Schritt hin zu einer intensiveren Reflexion der prägenden Entwicklungslinien und Verwerfungen des Fachs.

4. Transformationsbewegungen: Erinnerungskulturelle Konjunktur

Die Notwendigkeit, sich aus kommunikationswissenschaftlicher Perspektive eingehender mit sozialem Gedächtnis und kommunikativem Erinnern zu beschäftigen, gründet in drei Transformationsbewegungen, die sich parallel zueinander entfaltet haben. Dies sind die Etablierung einer eigenen wissenschaftlichen Forschungsrichtung, die sich dezidiert mit Formen des Gedächtnisses und Erinnerungsprozessen befasst, der digitale Wandel mnemonisch gebrauchter Medien sowie eine intensiver werdende gesellschaftliche Rückbesinnung und erinnerungskulturelle Selbstreflexion.

4.1 Fachlich-wissenschaftliche Transformation hin zu den *memory studies*

Die Auseinandersetzung mit der Vergegenwärtigung von Vergangenheit hat in den letzten drei Jahrzehnten fachübergreifend in den Geistes-, Sozial- und Kulturwissenschaften ebenso wie in den Humanwissenschaften einen enormen Aufschwung erlebt (Boyer und Wertsch 2009; Radstone und Schwarz 2010; Tota und Hagen 2015; Dutceac und Wüstenberg 2017). Und mit anderen Schwerpunktsetzungen werden Fragen von Gedächtnis und Erinnern auch in den Kognitionswissenschaften, der Psychologie bzw. Sozialpsychologie diskutiert (Bergson 1991 [1908]; Gudehus et al. 2010; Danzinger 2012; Barnier 2018). Derzeit finden sich eine Reihe von Bestrebungen, die fachübergreifende Erinnerungsforschung bzw. *memory studies* zu institutionalisieren. Sie finden ihren Ausdruck in der versuchsweisen Festlegung eines Kanons grundlegender Axiome, maßgeblicher Protagonist:innen und prägender Texte, dem Aufstellen von Curricula und Lehrprogrammen, im turnusmäßigen Abhalten von Tagungen und der Etablierung einschlägiger Publikationsorgane, durch die Widmung von Förderprogrammen und akademischen Abteilungen, schließlich auch durch die Formierung einer internationalen Fachgesellschaft, der Memory Studies Association.

Bei aller Dynamik dieser Bestrebungen hin zu den Gedächtnis- und Erinnerungsstudien bleiben der erreichte Status und ihre programmatische Stoßrichtung unklar: Soll hier ein neues Fach oder neues Paradigma aufgebaut werden? Etwas weniger ambitioniert, aber näher am Anliegen des vorliegenden Handbuchs, ist die Hinwendung zu Formen und Funktionen von Gedächtnis und Erinnerung als transdisziplinäres Forschungsprogramm zu verstehen, welches konzeptuelle Grundlagen und analytische Perspektiven auf das Vergegenwärtigen von Vergangenheit anbietet. Es schließt an verschiedene Disziplinen an bzw. wird es dort nach fachlichen Prioritäten adaptiert und weiterentwickelt. In dieser Hinsicht ermöglicht Erinnerungsforschung die Zusammenarbeit verschiedener Wissenschaftsbereiche und eröffnet Fragen, deren Bearbeitung kooperativ angegangen werden sollte (Pethes und Ruchatz 2001; Assmann 2002). Zugleich bedingt dieser Umstand die Notwendigkeit deutlich zu machen, an welche Begriffsverständnisse angedockt wird, um nicht die Kritik eines „surfeit of memory" zu bestätigen, also eines Übermaßes und einer Überdehnung der Erinnerungsbezüglichkeit, wie Maier (1993, 136) meinte und wie auch andere kritisch bemerkt haben (Confino 1997; Berliner 2005).

Mit der fachübergreifenden Bewegung der *memory studies* einher geht ein Paradigmenwechsel weg von einem Vergangenheitsverständnis im Sinne objektivierten Wissens hin zu einer Sichtweise, die erinnerungsbezogene Vergangenheitsbezüge als kommunikative, sozial geprägte und sozial prägende Konstruktionen begreift (als *mnemo-history*), wobei hier differenzierte Traditionen in Geschichts-, Sozial- und Literaturwissenschaft existieren (Nora 1990 [1984]; LeGoff 1992; Hobsbawm 1997; Feindt et al. 2014; Barash 2016). Eine grundlegende terminologische Unterscheidung ist die in Geschichte und Gedächtnis, wie sie Maurice Halbwachs (1985 [1925], 1985 [1950]) mit dem Begriffspaar *histoire* und *mémoire* vorstellt. Damit ist angedeutet, dass Vergangenheit nicht als Gesamtheit faktischer historischer Ereignisse, Persönlichkeiten und Mentalitäten erinnert wird, sondern dass sich ihre Beschaffenheit aus Sinnbedürfnissen und sozialen Rahmen, den *cadres sociaux*, gesellschaftlicher Gegenwarten ergibt. Gedächtnisse sind also gruppenbezogen, gemeinschaftsstiftend und interaktionsbasiert sowie mit individuell-persönlichen Erinnerungen verbunden (Irwin-Zarecka 1994; Zerubavel 1996; Misztal 2010; Dimbath und Heinlein 2015). Neben dieser subjektiv perspektivierten *remembered history* steht nach Lewis (1975) die *recovered history* der nach geschichtswissenschaftlichen Methoden objektiv festgehaltenen Vergangenheit. Davon wiederum zu unterscheiden wäre die *invented history* der nachträglich zurechtgemachten, ideologisch gefärbten Traditionsbildung (Hobsbawm und Ranger 1983). Oftmals wurde die Opposition zwischen Gedächtnis und Geschichte betont und gegen die vermeintliche Objektivität und das kritische Quellenverhältnis der Historiographie die erinnerungsbezogene Sinngebung, Parteilichkeit, Identitätsstiftung und Wertbindung von Gedächtnis gesetzt.

Anders als diese Unterscheidungen nahelegen, besteht zwischen historiografischen und mnemonischen Zugängen zu Vergangenheit keine absolute oder eindeutige Differenz, weil auch Geschichtsschreibung sozialen Maßgaben und kulturellen Denkmustern unterliegt; sie ist stets relativ und kontextgebunden und ihre Darstellung erfolgt entlang erzählerischer Konventionen (White 1973; Burke 1989; Rüsen 1994; Klein 2011). Vergangenheit wird nicht als Wahrheit aufgedeckt, sondern historiographische Darstellungen sind ein Modus der Vergangenheitskonstruktion unter anderen (Legg 2005; Hartog 2016). Worin sich Geschichte und Gedächtnis indes unterscheiden, ist der Bezugsrahmen und damit die wissenschaftlich-methodischen oder erinnerungskulturellen Erwartungshaltungen und normativen Gefüge, denen sie folgen bzw. wonach sie beurteilt werden. Den Gedanken formulieren Radstone und Hodgkin (2005, 11) wie folgt: „that what is understood as history and memory is produced by historically specific and contestable systems of knowledge and power and what history and memory produce as knowledge is also contingent upon the (contestable) systems of knowledge and power that produce them". Somit ist die dichotome Gegenüberstellung einem integrativeren Verständnis der Gemeinsamkeiten und unterschiedlichen Ausprägungen beider Modi des Vergangenheitsbezugs gewichen (Hutton 1993).

4.2 Technologische Transformation hin zu digitalen vernetzten Medien

Die Formierung sozialen Gedächtnisses steht in unmittelbarem Zusammenhang mit der Entwicklung medialer Technologien. Bislang existieren primär zwei Zugänge, sich mit Formen medial manifestierten Gedächtnisses und mit Praktiken kommunikativ erfolgenden Erinnerns zu befassen (van Dijck 2007; Erll und Nünning 2008; Garde-Hansen 2011; für Perspektiven jenseits deutsch- und englischsprachiger Kontexte Bond et al. 2016).

Zum einen wird die historische Kontinuität und Entwicklung medienkommunikativer Bedingungen des Dokumentierens, Speicherns und Vermittelns von Informationen und Botschaften im Sinne einer Gedächtnisgeschichte als Mediengeschichte untersucht (Cohen und Rosenzweig 2006; Zielinski 2006; Parikka 2012; Hoskins 2015). Die gleichsam symbiotische Verquickung hat also in einer Hinsicht dazu geführt, Medienentwicklung, Kulturgeschichte und die Formierung des sozialen Gedächtnisses zusammen zu betrachten und in medientechnisch bedingte Etappen einzuteilen (Leroi-Gourhan 1980; LeGoff 1992; Esposito 2002). Eine linear gedachte Geschichte verläuft dann, in Anlehnung an geläufige westliche bzw. eurozentristische Periodisierungen (McLuhan 1994 [1964]; Ong 2016 [1982]), von archaischen Kulturen, die ohne schriftliche Überlieferung auf orales Erinnern angewiesen sind, über frühe Hochkulturen und die Herausbildung von literalen mnemonischen Formen hin zu dem im europäischen Mittelalter vorfindlichen Gleichgewicht mündlicher und skripturaler Erinnerungsmodi. Dieses wurde ab dem 16. Jahrhundert abgelöst durch überwiegend textbasierte, institutionell reglementierte und nationalstaatlich separierte Erinnerungskulturen, die schließlich einer Vielfalt an grenz- und kulturübergreifenden Beschäftigungen mit Vergangenheit gewichen sind, wobei digital vernetzte Dienste und Anwendungen eine unüberschaubare Ausdehnung potenziell erinnerbarer Spuren und Aufzeichnungen mit sich gebracht haben. Noch in einer anderen Hinsicht sind Medien und Gedächtnis eng miteinander verbunden. Und zwar dienen die in einer historischen Phase dominierenden Medien, wie Draaisma (1999) gezeigt hat, auch als Bezugsfeld, an dem sich kulturelle Anschauungen zu Gedächtnis und Erinnern festmachen. So nutzt die medial bestimmte Gedächtnismetaphorik einander ablösende Analogien zu Wachstafeln und Schrift, zu Druck, Bibliothek und (Blitzlicht-)Fotografie und ebenso zu Computer und Hologramm (Erll 2017, 71 und 94).

Zum anderen werden mediale Angebote, vor allem Bücher (z. B. *Anne Franks Tagebuch*), Filme (*Schindlers Liste*) und Fernsehprogramme (*Shoa*), als Vergangenheitsrepräsentationen analysiert (Kansteiner 2006; Erll und Rigney 2009; Gray und Bell 2013). Grundlegend gilt, dass Medientechnologien und kommunikative Formen dem Aufzeichnen, Verwahren und Reproduzieren von Erinnerungsspuren und -inhalten dienen. In ihrer doppelten Artikulation als materielle Technologien und als Vermittler von Bedeutungen transportieren sie Erinnerungen und sie können selbst Bezugsobjekte von Erinnerungen sein: „Medien die an etwas erinnern und selbst erinnert werden", bringt Erll (2017, 148) die Doppelfunktion von Speichermedium und Erinnerungsobjekt auf den Punkt. So werden im Kino nicht nur erinnerungstragende bzw. -induzierende Filme gezeigt, sondern das Kino selbst kann zum nostalgischen Erinnerungsort werden, wie in Guiseppe Tornatores *Cinema Paradiso* von 1988. Ebenso hängen nostalgische Erinnerungen nicht nur an den Inhalten ausrangierter Medienerzeugnisse, sondern ebenso an den Gegenständen, Kanälen oder Programmen selbst (Rigney 2010; Menke 2019; Pentzold und Menke 2020).

In beiden Zugängen ist der Einfluss von Digitalisierung und Vernetzung auf die Konstitution, Weitergabe und Veränderung kollektiven Gedächtnisses zu reflektieren (Van House und Churchill 2008; Garde-Hansen et al. 2009; Hein 2009; Meyer 2009; Pentzold 2009; Reading 2011; Pentzold und Lohmeier 2014; Hajek et al. 2016; Hoskins 2018; Reading und Notley 2018; Smit 2018; Sebald und Döbler 2019; Burkey 2020). Dies ist notwendig, denn die Konzepte von kollektivem Gedächtnis und Erinnerungskulturen wurden zunächst in Bezug zu Massenmedien formuliert und orientieren sich an den Gegebenheiten unidirektionaler Kommunikation an disperse Publika. Die populären Massenmedien des 20. Jahrhunderts, allen voran Presse, Fernsehen und Kino, vermitteln kollektive Erinnerungen und ihre Rezeption schafft selbst wiederum geteilte Erinnerungsmomente (Lipsitz 1990; Landsberg 2004; Jacke und Zierold 2015). Vor diesem Hintergrund stellt sich die Frage, inwiefern die medialen Transformationen auch ein konzeptuelles Update erfordern (Hoskins 2018 und in diesem Band).

Digital vernetzte Dienste und Plattformen, welche einen großen Teil gegenwärtiger Interaktions- und Kommunikationsvorgänge organisieren, sind archivalische Infrastrukturen und selbst-generierende Archive (Garde-Hansen 2011; Gehl 2011): Einerseits werden sie gebraucht, um digitale oder digitalisierte Texte, Bilder oder audiovisuelle Dokumente zu speichern und zugänglich zu machen (Koenen et al. 2018). Andererseits erfassen und konservieren sie alle getätigten Aktionen und machen sie für zumeist automatisierte Auswertungsprozesse zugänglich. Digitale vernetzte Medien sind in dieser Hinsicht „paradoxically real-time and dormant memory" (Hoskins 2018a, 88), die einen flexibilisierten Umgang mit aufgezeichneten und gespeicherten vergangenen Daten eröffnen und damit die Kategorien von Funktions- und Speichergedächtnis in ein neues Verhältnis setzen. Dadurch stehen Nutzende permanent in einer zugleich nahen und fernen Relation zur Vergangenheit; die ihnen auf Plattformen und in Anwendungen sichtbar gemachten Informationen werden durch die fortlaufende algorithmische Auswertung vergangener Daten präfiguriert und sie agieren in einem Umfeld, in dem kontinuierlich reaktivierbare Inhalte latent verfügbar sind (Horsti 2017; Ernst 2018; Smit, in diesem Band). So gestaltet sich der Umgang mit Facebook, Twitter oder Instagram im zeitlichen Arrangement von vorgeblich synchroner Gegenwärtigkeit und kompilierten asynchronen Inhalte. Dieser Umstand wird besonders dann augenfällig, wenn die Plattformen und daran angeschossene Dienste selbst erinnerungsbezogene Features anbieten, wie Facebooks „On this day" oder die Timehop App (Humphreys 2018). Durch sie können Nutzende bewusst Erinnerungen abrufen und (erneut) in verschieden zugeschnittenen, verschieden skalierbaren Öffentlichkeiten teilen; sie geraten aber durch derartige Features und Dienste auch unbeabsichtigt mit mehr oder minder freud- bzw. leidvollen Erlebnissen in Kontakt. Mit Verweis auf die „A Year in Review"-Funktion spricht Meyer (2014) von „inadvertent algorithmic cruelty", weil der algorithmisch erzeugte Rückblick auch traumatische Momente wieder hervorholte.

Diese Entwicklungen erfordern es, neu über die Möglichkeiten und Grenzen des Aufbaus, der Kuratierung und Auswahl, der Zugänglichkeit und der Besitzverhältnisse von Gedächtnisinhalten und den erinnerungskulturellen Implikationen der Medientechnologien nachzudenken. Derzeit werden diese offenen Fragen insbesondere in der virulenten Debatte um ein ‚Recht auf Vergessen' bzw. das ‚right to be forgotten' verhandelt (Mayer-Schönberger 2009). Oberflächlich betrachtet steht es gegen die Anstrengungen für ein Recht auf Erinnern und auf Erinnert werden, die prägend waren für die Aufarbeitung der Shoah sowie anderer kultureller Traumata gerade in postkolonialen und migrantischen Kontexten (Margalit 2004; Abu-Lughod und Sa'id 2007; Lee und Thomas 2011; Reading 2011; siehe auch Garde-Hansen; Seuferling, beide in diesem Band).

Beide, also das Recht auf Vergessen wie das Recht auf Erinnern, gründen sich indessen in der Forderung nach einer selbstbestimmten Verfügung über Erinnerungen und Erinnernswertem sowohl auf individueller Ebene als auch im kollektiven Kontext (Tirosh 2017). Die normativen und rechtlichen Probleme übersteigen folglich Entscheidungen über Löschen oder Speichern, sondern berühren erinnerungskulturelle Ansprüche und Berechtigungen und damit eingeschlossen weiterführende Fragen nach privaten und öffentlichen Erinnerungsinhalten und -formen (Ghezzi et al. 2014).

4.3 Gesellschaftliche Transformation hin zu erinnerungskultureller (Rück-)Besinnung

Parallel zu akademischen und technologischen Entwicklungen rücken schließlich erinnerungskulturelle Fragen auch ins Zentrum gesellschaftlicher Selbstvergewisserung und Selbstreflexion (Kammen 1995; Erll 2017, 2–4; Olick et al. 2011a). Wesentlicher Anlass dieses ‚memory boom' (Huyssen 2003) ist das Erleben einer Epochenschwelle, in der Zeitzeug:innen von Holocaust/Shoah verschwinden, zugleich aber deren kulturübergreifende und nicht nur national gebundene Aufarbeitung – sowie die Beschäftigung mit weiteren Traumata und damit verknüpften Personen, Sinn- und Wertordnungen, sozialen und politischen Systemen – als drängende gesellschaftliche Herausforderung behauptet wird (Alexander et al. 2004; Winter 2006). Hinzu kommt durch das Ende des Kalten Krieges die Auflösung binärer Ost/West-Erinnerungskulturen, eine zunehmende „Multi(erinnerungs-)kulturalität westlicher Gesellschaften" (Erll 2017, 3) als Folge von Dekolonialisierung und Migrationsbewegungen sowie die Öffnung von Archiven bzw. Ambitionen, zusehends umfangreichere Archive aufzubauen (Levy und Sznaider 2007; Crownshaw 2013).

Ausdruck findet die gesteigerte Gegenwartsrelevanz geteilter (oder nicht geteilter) Gedächtnisse sowohl in lokalen Bewegungen einer Geschichte ‚von unten' wie alternativen Geschichtswerkstätten, in privat betriebener Genealogie, in der Hinwendung zur *Oral History* als auch in musealen Einrichtungen, Veranstaltungen (vor allem Ausstellungen) und Denkmälern, die auf erinnerungskulturelle Sinnstiftung und Vergangenheitsdeutungen abzielen (Nora 1990 [1984]; Wagner-Pacifici und Schwartz 1991; Rosenzweig und Thelen 2000). Diese Initiativen werden häufig angetrieben von dem

Ansinnen, die erinnerungskulturelle Dominanz nationalstaatlicher, westlicher Vergangenheitsdeutungen abzulösen zu Gunsten der Gegen-Gedächtnisse marginalisierter Gruppen sowie populärkultureller Erinnerungen, die neben oder abseits offiziellen Gedenkens weitergetragen werden (Foucault 1978; Johnson et al. 1982; Wallace 1996). Hinzu kommen Initiativen, in den *heritage industries* kulturelles Erbe durch mediale Angebote zu vermitteln und erlebbar zu machen, sowie die Nostalgie vergangener Zeiten zu beschwören (Boym 2001; Menke 2019; Niemeyer 2014; siehe auch Menke und Birkner, in diesem Band).

5. Arbeitsbereiche

In der Zusammenschau dieser drei prägenden Transformationen ergeben sich für die inhaltliche Entwicklung kommunikationswissenschaftlicher Erinnerungsforschung in den Bereichen Journalismusforschung, visuelle Kommunikation und Kommunikationsgeschichte ein Tableau an Arbeitsbereichen (s. Tabelle 1.). Zunächst eröffnen sie eine Reihe an Aufgaben bzw. Problemstellungen, die hier der Reihe nach summarisch erfasst werden, bevor die Teilabschnitte des Handbuchs im Detail auf sie eingehen. Sie stellen kein abgeschlossenes Register dar, vielmehr bleiben sie erweiterungsbedürftig – sowohl um andere kommunikationswissenschaftlich erforschte Felder als auch um Anregungen anderer Fächer.

5.1 Arbeitsbereich 1: Journalismus und soziales Gedächtnis

Selbstverständnis und Rollenbilder von Journalist:innen als ‚memory agents‘. Im Blick auf die eminente Bedeutung journalistischer Medien in der gesellschaftlichen Konstruktion von Vergangenheit sowie angesichts der konzeptuellen Überlegungen innerhalb der *memory studies,* in denen der Zusammenhang der Mikro-Ebene individuellen Erinnerns und der Makro-Ebene kollektiven sozialen Gedächtnisses verstärkt thematisiert wird (Sebald et al. 2013), ist eine vordringliche Aufgabe, das Selbstverständnis und die Rollenbilder von (Geschichts-)Journalist:innen als „memory agent" (Zelizer und Tenenboim-Weinblatt 2014a, 46) zu untersuchen. Zu klären ist dabei unter anderen, inwiefern sich berufliche Erwartungen an Journalist:innen als Geschichtsvermittler:innen, historische Aufklärer:innen oder Gedächtnisträger:innen institutionalisieren und inwiefern diese professionellen Rollenerwartungen mit der Spezialisierung und Ausdifferenzierung (zeit-)geschichtlicher Redaktionen oder Ressorts einhergehen. In diesem Zusammenhang unterscheidet Neiger (2020) journalistische Medien als Bühne, Akteur und Regisseur von Erinnerungen. Als Bühnen ermöglichen sie anderen Protagonist:innen wie Politiker:innen, NGOs oder staatlichen Einrichtungen, erinnerungsbezogene Aussagen zu machen und zu verbreiten. Als Akteure beziehen sie selbst erinnerungskulturell Stellung und versuchen, ausgehend von evozierten Vergangen-

Tabelle 1.1: Übersicht Themenfelder, Transformationen und Arbeitsbereiche.

		Transformationen			
		Disziplinäre Transformation hin zu den *memory studies*	**Technologische Transformation hin zu digitalen vernetzten Medien**	**Gesellschaftliche Transformation hin zu erinnerungs-kultureller (Rück-) Besinnung**	
Kommunikationswissenschaftliche Felder	**Journalismusforschung**	Selbstverständnis und Rollenbilder von Journalist:innen als ‚memory agents'	Digitale Formate des Erinnerungsjournalismus	Journalistische Entstehensbedingungen und -prozesse transnatio-naler Erinnerungskulturen	**Journalismus und soziales Gedächtnis** — Arbeitsbereiche
	Visuelle Kommunikation	Kommunikatives visuelles Erinnern	Thematische Strukturen und symbolische Darstellungskonventionen digitalen bildbezogenen Erinnerns	Erinnerungskulturelle Formen und Funktionen der Ikonisierung von Bildern	**Medienbilder in öffentlicher und privater Erinnerung**
	Kommunikationsgeschichte	Kanonisierung disziplinären Wissens	Digitale Quellen kommunikationswissenschaftlicher Fachgeschichtsschreibung	Aktualisierung fachinternen Gedächtnisses	**Erinnerungskultur kommunikationswissenschaftlicher Fachgeschichte**

heiten und zu erinnernden Aufgaben die öffentliche und politische Agenda mitzubestimmen (Kliger-Vilenchik 2011; Tenenboim-Weinblatt 2013; Kliger-Vilenchik et al. 2014). Als Regisseure bestimmen sie, wer wann zu welchem Thema auftreten kann. Ausgehend von diesen Funktionen wäre zu überlegen, wie Erinnerungsinteressen mit Vergangenheitsdarstellungen verknüpft sind (Zelizer 1992; Carlson 2007; Zandberg 2010). Wer kann bestimmen, welche Erinnerungsversionen favorisiert, welche abgetan werden? Und woraus speist sich diese mnemonische Autorität?

Digitale Formate des Erinnerungsjournalismus. Angesichts der medientechnologischen Transformation und der veränderten Möglichkeiten und Anforderungen digitaler journalistischer Formate, insbesondere im Blick auf die Nutzung multimodaler und medienübergreifender Darstellungsformen, die Einbindung nutzergenerierter Inhalte sowie die Personalisierung von Inhalten, liegen zwei miteinander verbundene Vorhaben nahe: Zum einen sind die sich ausdifferenzierenden Darstellungsformen, Inszenierungsstrategien und thematischen Schwerpunkte des digitalen Erinnerungsjournalismus im Vergleich zu klassischen Formen zu erfassen. Zum anderen sind die damit einhergehenden Veränderungen in der mediengeprägten Konstitution sozialen Gedächtnisses zu untersuchen. In Frage steht außerdem, wie neben professionellen Formaten auch partizipative Formen der „mass-self communication", als welche Castells (2013, 55) sie bezeichnet, dazu beitragen, kollektives Gedächtnis zu formieren. In dieser Hinsicht bietet Hoskins (2018a, 85) die Idee eines „memory of the multitude" an, womit er ausdrücken will, dass kollektiv geteilte Erinnerungen nicht mehr nur auf der Speicher-, Vermittlungs- und Darstellungsleistung von Massenmedien begründen. Stattdessen muss das Zusammenspiel journalistischer Beiträge mit medienvermittelter Individualkommunikation und neu hinzugekommenen Instanzen des Speicherns, Moderierens und Kommodifizierens von Erinnerungen wie Plattformen und Suchmaschinen studiert werden (Zavadaski und Toepfl 2019).

Journalistische Entstehensbedingungen und -prozesse transnationaler Erinnerungskulturen. Der Schwerpunkt der Forschung zur journalistischen Auseinandersetzung mit Vergangenheit liegt in kollektiven Traumata, vor allem im Holocaust als ‚master narrative‘, wobei sich der Fokus von nationalstaatlichen hin zu kosmopolitischen Erinnerungszusammenhängen verschoben hat (Young 1994; Zelizer 1998; Levy und Sznaider 2007; Kitch und Hume 2008). Dementsprechend erweitert sich das Interesse von territorial und kulturell begrenzter und homogener erinnerungsbezogener Vergemeinschaftung hin zur länder- und kulturübergreifenden medial stattfindenden Aushandlung von Vergangenheitsbezügen (Radstone 2011; Robel 2013; de Wolff 2017). Auf diese Weise werden Erinnerungskonflikte sowie die Bruchlinien zwischen Kulturen bzw. in Teil- oder Gegenöffentlichkeiten gerade auch hinsichtlich raumübergreifender medialer Verknüpfungen sowie raumverbindender wie -trennender Migrationsbewegungen und Diasporas greifbar. Um diese Lokalisierung/Re-Lokalisierung von Erinnerungen zu verstehen, wird die weitere Ausarbeitung von transnational orientierten Ansätzen notwendig. Damit ist es möglich, die Einheitlichkeit bzw. Disparatheit erinnerungsbezogener Diskurse zu analysieren und Ereignisse jenseits des Holocaust als Kristallisationspunkte länder- und kulturübergreifender Gedächtnisse wahrzunehmen, bezüglich derer erinnerungskulturelle Deutungen konkurrieren, aber auch im Sinne von Rothbergs (2009, 11) Überlegung zum „multidirectional memory" mehr oder weniger produktiv miteinander interagieren (siehe Kyriakidou, in diesem Band).

5.2 Arbeitsbereich 2: Medienbilder in öffentlicher und privater Erinnerung

Kommunikatives visuelles Erinnern. Bilder werden in den *memory studies* als Bedeutungsträger analysiert, die Repräsentationen und damit verknüpfte Wissensordnungen weitergeben, und so gesellschaftliche Vergegenwärtigung von Vergangenheit ermöglichen und orientieren (Assmann 2006; Pickering und Keightley 2012). Während Bilder als erinnerungskulturelle Ausdrucks- und Tradierungsform des sozialen Gedächtnisses bereits untersucht werden, besteht eine wichtige Aufgabe in der kommunikationswissenschaftlich reflektierten Konzeptualisierung der visuellen Dimension situativ ablaufender, kommunikativer Erinnerungsarbeit, also der „mnemonic practices", wie Olick und Robbins (1998, 105) sie bezeichnen.

Das einflussreichste Modell des prozesshaften Austauschs über rezente Vergangenheit und des Verstetigens von Strukturen sozialen Gedächtnisses konzentriert sich auf mündliches Alltagsgedächtnis im beschränkten Zeithorizont von Generationen (Knoblauch 1999; Welzer 2002; Berek 2009) und dessen Übergang in kommemorative Traditionen, Rituale und kulturelle Motive (Ricœur 2004). In der Konzentration auf Formen dieses kollektiven Gedächtnisses, das, wie Wertsch (2002, 5) schreibt, immer bereits „textually mediated" ist, wird die Bedeutung bildbezogenen Erinnerns sowie das Zusammenspiel verschiedener Kommunikationsmodi wie Schrift, Bild, Ton und Bewegtbild bisher aber nur am Rande betrachtet.

Thematische Strukturen und symbolische Darstellungskonventionen digitalen bildbezogenen Erinnerns. Mit digitalen Medien sind Möglichkeiten bildbezogenen, zwischen öffentlich und privat changierenden Erinnerns durch die Produktion, Distribution und Archivierung von Aufnahmen entstanden, etwa in Form von Smartphones mit Kamera, bildzentrierten Plattformen (z. B. Instagram) oder Bildarchiven auf sozialen Netzwerkplattformen. Hier müssen visuelle Darstellungen nicht in definierten privaten Zirkeln bleiben, sondern können mit verschiedenen Personenkreisen geteilt und an öffentliche Erinnerungskommunikation angeschlossen werden (Holland 1991; Kuhn 2002; Hirsch 2012; Keightley und Pickering 2014).

Die Herausforderung besteht darin zu klären, wie sich hierbei privates und öffentliches bildbezogenes Erinnern als „hybrid public-personal digitised memory" (Garde-Hansen et al. 2009a, 6) verschränken. Im Neubestimmen der Sphären visueller Erinnerungskommunikation ist zu fragen, ob und inwiefern sich symbolische Ordnungen und Verwendungsformen bildhaften Repräsentierens gewandelt haben, etwa durch Hashtags, Newsfeeds, Verlinkungen und algorithmisch sortierte Galerien (Gehl 2009). Zugleich ist zu prüfen, welchen Stellenwert kollektiv entfaltete Narrationen bei der Kontextualisierung und Tradierung bildbezogenen Erinnerns haben. Das heißt es ist zu fragen, wie in diesen vernetzten, um digitale Bilder zentrierten Kommunikationszusammenhängen gemeinsames Sich-Erinnern stattfindet und ob auf den verschiedenen Plattformen auch je eigene Erinnerungen konkretisiert werden (Burkey 2020).

Erinnerungskulturelle Formen und Funktionen der Ikonisierung von Bildern. Eine Reihe von Studien befasst sich mit prägenden Ikonen kultureller Bildgedächtnisse (Adelmann und Keilbach 2000; Sturken 2007; Grittmann und Ammann 2008; Hariman und Lucaites 2008; Horn 2009; Ammann und Grittmann 2013). Sie sind Fokalpunkte der publizistischen vergangenheitsbezogenen Berichterstattung und der institutionalisierten Erinnerungspolitik (Zelizer 1998).

Die wesentliche Lücke liegt hier in der Beschäftigung mit der Ikonisierung von Bildern in Bezug zu Kommemorationsereignissen abseits national definierter und perspektivierter Traumata (Kriegen bzw. gewaltsamen Konflikten) und der dabei prägenden ‚Ästhetik des Holocaust‘ (Zelizer 2001; Rothberg 2009), wie dem Gedenken an Friedensschlüsse, friedliche Revolutionen oder zivile Widerstandsbewegungen (Andén Papadopoulos 2014; Reading und Katriel 2015). Reflektiert wird damit das kollektive Bewusstsein westlicher Gesellschaften, einer ‚Nachkultur‘ anzugehören, in der die Aufarbeitung und Vergegenwärtigung der historischen Zäsur von Weltkriegen/Holocaust zwar eine fortwährende Aufgabe bleibt, in der aber auch die vorausgehende und nachfolgende Vergangenheit erinnerungskulturell reflektiert werden muss (Caruth 1995). Ebenso offen ist die Frage, inwiefern überhaupt von global resonanten und als erinnerungswürdig anerkannten Bildikonen auszugehen ist (Cohen et al. 2018). Angesichts der medialen Transformationen sowie der sozio-politischen Umwälzungen im 21. Jahrhundert kann nicht selbstverständlich vorausgesetzt werden, dass mnemonisch aufgeladene Bilder global gekannt und in ihrem symbolischen Wert akzeptiert werden.

5.3 Arbeitsbereich 3: Erinnerungskultur kommunikationswissenschaftlicher Fachgeschichte

Kanonisierung disziplinären Wissens. In diesem dritten Bereich interessiert besonders das Gedächtnis der Kommunikationswissenschaft, also Formen und Funktionen von Kanonisierung, Fachgeschichtsschreibung und Traditionsbildung, mittels derer paradigmatische Leitvorstellungen und Axiome aufgestellt werden. Diese erinnerte (und vergessene) disziplinären Vergangenheit hat Anteil an der aktuellen intellektuellen und personellen Aufstellung des Fachs.

Im Blick auf Strömungen der *memory studies*, die sich mit disziplinären Gedächtnissen befassen (Rieger-Ladich et al. 2019) liegt es nahe, fachgeschichtliche Mythologisierungen zu dekonstruieren, um auf diesem Weg den Status der Kommunikationswissenschaft als kohärente Disziplin bzw. als thematisch stringentes Feld zu hinterfragen (Birkner und Schwarzenegger 2016). Zu bedenken wäre, wie disziplinäres Selbstverständnis über die Bestimmung eines Korpus an (Schlüssel-)Werken erfolgt, die zum Kern des Faches gehören sollen bzw. die als fachfremd aussortiert werden. Dahinter steht die Annahme, dass wissenschaftliche Erinnerung tendenziell als Erfolgsgeschichte erzählt wird: erinnert werden erfolgreiche Konzepte und bahnbrechende Studien, während gescheiterte Ansätze vielfach vergessen werden (Donsbach 2006; Wendelin 2008). Konsequenterweise können erinnerungskulturell fundierte Untersuchungen dazu beitragen, in Vergessenheit geratene Minderheitenpositionen aufzuzeigen.

Digitale Quellen kommunikationswissenschaftlicher Fachgeschichtsschreibung. Die medientechnologischen Innovationen und die damit veränderten Formen wissenschaftlichen (Zusammen-)Arbeitens verändern die Beschaffenheit und Zugänglichkeit des Quellenmaterials, das in fachhistorischen Erinnerungen mobilisiert wird (Balbi 2011; Koenen et al. 2018). Der Fokus liegt bisher auf Techniken des Digitalisierens analogen Materials sowie dem adäquaten Umgang mit digitalem Material in dessen Volumen, seiner Veränderbarkeit, Zugänglichkeit und Archivierbarkeit (Manoff 2006).

Außer Acht wurde bis dato gelassen, wie sich die wandelnden Erkenntnisgrundlagen und die Erforschung fachhistorischer Erinnerungskultur wechselseitig bedingen (Jensen 2016; Schwarzenegger 2014). So kommen Quellen wie die alltägliche Kommunikation per E-Mail hinzu und es verändert sich ihre Öffentlichkeit und Zugänglichkeit, indem beispielsweise Papierdokumente digital geteilt oder bei der Digitalisierung von Archiven Dokumente als irrelevant aussortiert werden. Damit adressiert sind die sich neu stellenden Herausforderungen beim zeitlichen und räumlichen Kontextualisieren und Kategorisieren von Quellen, etwa als öffentlich oder geheim, intern oder publik, offiziell oder privat, authentisch oder gefälscht. Zudem müssen die fachhistorischen Erkenntnismöglichkeiten selbst geprüft werden, etwa wenn der Nachvollzug erinnerungskultureller Kanonisierung nicht nur durch die Beschäftigung mit einzelnen Schlüsseldokumenten, sondern durch die quantitative Auswertung von Textmengen erfolgen sollte (Patel 2011; Wettlaufer 2016; Koenen 2017; Pentzold und Gentzel 2017).

Aktualisierung fachinternen Gedächtnisses und Vergessens. Hinsichtlich der Konjunkturen fachlichen Erinnerns und der Frage nach den gesellschaftlichen, fachübergreifenden wie fachinternen Bedingungen der Konstruktion disziplinärer Identität steht schließlich die Aufgabe zu erfassen, wie disziplinäres Erinnern und Vergessen den Aufbau legitimierter Wissensbestände bedingen (Dimbath 2014). Damit wird die Forschungslücke adressiert, fachgeschichtliche Selbstverständnisse und -erzählungen ausgehend von der Aktualisierung fachinternen Gedächtnisses zu rekonstruieren. Das Formieren disziplinärer Identität erfolgt, so ist anzunehmen, durch das Vergegenwärtigen thematischer Mythologien, etwa der War of the Worlds-Episode oder der Magic Bullet-Hypothese, wie sie trotz Kritik an ihrer historischen Faktizität und Stichhaltigkeit in Einführungsbüchern und Vorlesungen weitererzählt werden (Pooley und Socolow 2013; Herbers 2015; Schwartz 2015).

6. Zu den Beiträgen

Die Gliederung des Handbuchs orientiert sich an den benannten Arbeitsbereichen. Den Kern bilden jeweils drei bzw. vier Beiträge, die den gegenwärtigen Stand kommunikationswissenschaftlicher Gedächtnis- und Erinnerungsforschung darstellen und diesen fortführen. Sie behandeln die einschlägigen Theorien und analytischen Ansätze sowie die empirischen Gegenstände und Bereiche der Auseinandersetzung mit kulturellem Gedächtnis und sozialem Erinnern in der deutsch- und englischsprachigen Kommunikationswissenschaft. Arrondiert werden diese Beiträge durch Essays namhafter internationaler Wissenschaftler:innen, deren Arbeiten wesentlich zur Formierung des Feldes der (kommunikationswissenschaftlichen) Erinnerungsforschung beigetragen haben. Neben den drei Schwerpunkten Journalismus und kollektive Erinnerung, visuelle Kommunikation zwischen öffentlicher und privater Erinnerung und Erinnerungskultur kommunikationswissenschaftlicher Fachgeschichte werden in den beiden rahmenden Teilen einerseits die Grundlagen und andererseits Entwicklungsrichtungen kommunikationswissenschaftlicher Erinnerungsforschung erfasst und erörtert.

Mit dem Handbuch sollen die wesentlichen Grundlagen kommunikationswissenschaftlicher Gedächtnis- und Erinnerungsforschung in ihren interdisziplinären Anschlüssen an Sozial- und Kulturwissenschaften und ihren fachlichen Arbeitsfeldern kritisch festhalten und zugleich auf Leerstellen und analytische Perspektiven eingegangen werden. Damit trägt es zu folgenden disziplinären und überdisziplinären Entwicklungen bei:

(a) zur theoretisch-konzeptuellen wie gegenstandsbezogen-analytischen Fundierung des kommunikationswissenschaftlichen Forschungsfelds Gedächtnis- und Erinnerungsforschung;

(b) zur Erweiterung der theoretisch-konzeptuellen wie der gegenstandsbezogen-analytischen Perspektiven damit verbundener kommunikationswissenschaftlicher Forschungsbereiche (Kommunikationsgeschichte, Soziologie der Medienkommunikation, Journalistik/Journalismusforschung, Internationale und Interkulturelle Kommunikation, Visuelle Kommunikation);

(c) zum fachinternen Austausch der deutschsprachigen Kommunikationswissenschaft mit einschlägigen Tendenzen insbesondere der englischsprachigen Kommunikationsforschung und Medienanalyse;

(d) zur fachübergreifenden Anbindung an das Feld der sozial- und kulturwissenschaftlichen *memory studies*.

Der erste Teil des Handbuchs – Grundlagen – umfasst drei Beiträge sowie einen Essay. Der erste Aufsatz von Christian Pentzold, Christine Lohmeier und Thomas Birkner setzt beim Prozess des Erinnerns selbst an, in dem Vergangenheit im Kontext gegenwärtiger sozialer Bedingungen, kultureller Bezüge und Sinnbedürfnisse realisiert und aktualisiert wird. Diese Prozesse des Vergegenwärtigens von Gedächtnisinhalten erfolgen vornehmlich kommunikativ und damit in zeichenbasierten Formen, mittels derer sich Menschen unter Rückgriff auf Vergangenes ausdrücken und verständigen können. Der Beitrag klärt den Begriff kommunikatives Erinnern, diskutiert Konzepte, welche die medienkommunikative Auseinandersetzung mit Vergangenheit erfassen wollen, und er beschäftigt sich mit den sich verändernden Situationen, in denen kommunikatives Erinnern in digital vernetzten Umgebungen stattfindet.

Der sich daran anschließende zweite Aufsatz von Manuel Menke und Elke Grittmann befasst sich mit Öffentlichkeit als kommunikationswissenschaftliche Basiskategorie. Er zeichnet nach, wie sich im Theoriebestand der Gedächtnis- und Erinnerungsforschung Ideen von Öffentlichkeit und Privatheit finden. Dabei geht es ihnen nicht nur darum, Überschneidungen und Konvergenzbewegungen offenzulegen, sondern in Referenz auf neuere Modelle (digitaler) Öffentlichkeiten befasst sich der Beitrag mit Fragen der Identitätsbildung und Vergemeinschaftung sowie der Aushandlungsprozesse und Konfliktlinien divergenter Erinnerungen.

Die Geschichte des Erinnerns ist eng mit der Geschichte der Medien verbunden. Als Vehikel unserer Erinnerungen ermöglichen und begrenzen Medien nicht nur was, sondern auch wie wir erinnern. Der dritte Beitrag von Anne Kaun beschäftigt sich demgemäß mit der historischen Entwicklung von Medientechnologien für Erinnerungskulturen. Mit Ausgangspunkt in den technologischen Affordanzen diskutiert sie zentrale Entwicklungen und fokussiert dabei auf Veränderungen in Erinnerungspraktiken in Relation zum Medienwandel.

Der erste Teil schließt mit einem Essay von Astrid Erll. Er fußt auf der Beobachtung, dass in den *memory studies* Formen des expliziten (kommemorativen, offiziellen, den Akteuren bewussten) Erinnerns in sozialen Kontexten mittlerweile gut untersucht sind. Daneben gibt es aber auch eine weitgehend unsichtbare Welt der ‚impliziten kollektiven Erinnerung‘. Dazu gehören Narrative, Stereotypen, Frames oder Weltmodelle, die unausgesprochen als Gegenstände des kollektiven Gedächtnisses von Generation zu Generation weitergegeben werden, um dann auf neue Situationen angewendet zu werden. Kommunikation spielt hierbei eine zentrale Rolle: Erfahrungen und Handlungen sind in der Regel ‚mnemonisch prämedialisiert‘, d.h. sie sind medial vorgeformt durch das Gedächtnis, an dem wir partizipieren. Gerade die Kommunikationswissenschaft hat sich solchen Fragen bereits gewidmet (von der Frage nach Langzeiteffekten des Medien-Framings bis hin zur Diskussion von Journalismus als Form des *non-commemorative memory*) und der Essay präsentiert darauf bezogen Bausteine einer noch zu entwerfenden transdisziplinären Theorie des impliziten kollektiven Gedächtnisses.

Der zweite Teil ist dem ersten Schwerpunkt des Handbuchs gewidmet: Journalismus und kollektive Erinnerung. Er wird eingeleitet von Carolyn Kitchs Essay, in dem sie dafür plädiert, den Blickwinkel auf erinnerungskulturell relevanten Journalismus zu erweitern. Zwar mögen etablierte Nachrichtenmedien in die Krise geraten sein, doch bedeutet dies nicht das Ende oder Abebben medienöffentlicher Kommemoration und Vergangenheitsbewältigung. Vielmehr treten andere Akteure auf den Plan, beispielsweise Institutionen der öffentlichen Geschichte, Persönlichkeiten der Populärkultur, Aktivist:innen, Künstler:innen und Dokumentarfilmer:innen. Mit Bezug auf die USA betrachtet Kitch die kommemorativen Beiträge dieser Akteure und diskutiert den damit einhergehenden Wandel kultureller und mnemonischer Autorität im Erzählen vergangenheitsbezogener Geschichten.

Der zweite Aufsatz von Anke Offerhaus und Stefanie Trümper lotet das Verhältnis von Journalismus und Erinnerung aus. Zu diesem Zweck wird das Spektrum an Formen des erinnernden Journalismus überblickt und zu drei Typen gedächtnisreflexiver Darstellungsweisen zusammengefasst: Geschichtsjournalismus, Spielarten des Gedenkjournalismus sowie nicht-kommemorativer Journalismus mit unterschiedlichen Zeitbezügen. Nachdem diese systematisiert und beschrieben werden, wirft der Beitrag einen Blick auf die Geschichte des Journalismus selbst.

Im sich anschließenden Beitrag von Judith Lohner und Kaya de Wolff geht es um transnationale Erinnerungskulturen und ihr Verhältnis zum Journalismus. Mit Blick auf den Stand der Forschungen wird festgestellt, dass kritische und theoretisch fundierte empirische Studien von transnationalen Erinnerungskulturen insbesondere unter Einbezug des Journalismus ein Desiderat darstellen. Die Autorinnen stellen im Gegenzug zwei empirische Forschungsprojekte vor, die transnationale Erinnerungskulturen aus kommunikationswissenschaftlicher Perspektive mit einem Fokus auf Journalismus operationalisieren. Das erste Vorhaben entwickelt ein differenziertes Modell von europäisierten Erinnerungsöffentlichkeiten, um die journalistische Berichterstattung der Europäischen Wende zu erforschen. Das zweite formuliert einen kritischen diskursanalytischen Ansatz zur Untersuchung des umkämpften post-/kolonialen Erinnerungsdiskurses um den Ovaherero- und Nama-Genozid in deutschsprachigen Print- und Online-Zeitungen.

Der dritte Beitrag in diesem Part kommt von Vivien Sommer, dessen Thema Grenzverschiebungen im Erinnerungsjournalismus sind. Sie gehen einher mit der Transformation von Öffentlichkeiten durch den digitalen Medienwandel. Neben Journalist:innen tritt zunehmend, so Sommer, eine weitere Gruppe von Memory Agents auf, die sich als partizipative Sprecher:innen charakterisieren lassen. Die damit sich einstellenden Grenzverschiebungen diskutiert sie im Hinblick auf die Relevanz, die Narration und die Archivierung erinnerungskultureller Diskurse. Ausgehend von neuen Kommunikationsangeboten, die bisherige journalistische Kommunikationsformen erweitern, werden außerdem die veränderten Sprecher:innenrollen in erinnerungskulturellen Diskursen untersucht, wobei der Fokus auf den Konstanten wie auf den Veränderungen liegt, die durch partizipative Sprecher:innen herbeigeführt werden.

Stefanie Trümpers Beitrag erweitert die Perspektive hin zu den zeitlichen Dimensionen im erinnernden Journalismus insgesamt. Dazu trägt sie Konzepte und Forschungsbefunde zusammen, welche als Grundlagen einer zeitsensiblen kommunikationswissenschaftliche Erinnerungsforschung dienen. Es zeigt sich, dass sowohl der Bezug auf inaktuelle Zeithorizonte, die Vergangenheit und die Zukunft, wie auch der Bezug auf eine aktuelle Gegenwart zur zeitlichen Einordnungsleistung des Journalismus gehören. Zudem macht Trümper deutlich, dass Erinnerungskonstruktionen und der damit verbundene Rückgriff auf vergangene Wissensbestände dem Vorausblick auf zukünftige Entwicklungen dienen können.

Dieser Gedanke wird auch im abschließenden Essay von Keren Tenenboim-Weinblatt aufgegriffen. Mit dem Begriff des prospektiven Gedächtnisses verweist sie auf den Umstand, dass Erinnern auch in die Zukunft gerichtet sein kann, etwa wenn es darum geht, etwas in ferner oder naher Zukunft Liegendes nicht zu vergessen. Der Journalismus spielt so eine zentrale Rolle beim Aufstellen kollektiver To Do-Listen oder dem Einfordern von einmal gemachten Zusagen und Versprechen.

Der zweite Schwerpunkt zur visuellen Kommunikation zwischen öffentlicher und privater Erinnerung wird von Karina Horsti eröffnet. In ihrem Essay geht sie insbesondere auf die Bedeutung digitaler Zirkulation im Kontext von Partizipationsmöglichkeiten heutiger Plattformen ein. Anhand von Beispielen zur Darstellung der Migrationskrise an Europas Außengrenzen zeigt sie, wie Fotos aus Nachrichtenkontexten weiterverarbeitet, rekontextualisiert und rematerialisiert werden. Damit sind sie zugleich Teil einer Transformation des visuellen kommunikativen Gedächtnisses.

Elke Grittmann nimmt im folgenden Beitrag den Gedanken der Partizipationsmöglichkeit durch und mit digitalen Bildern auf. Zunächst entwickelt sie eine Definition von visueller Kommunikation und Erinnern in mediatisierten Öffentlichkeiten. Darauf aufbauend nutzt die Autorin das Konzept öffentlich visueller Erinnerungskommunikation als analytische Rahmung, um Forschungsansätze zum visuellen Erinnern einzuordnen und zu systematisieren. Abschließend setzt Grittmann die Fotografie als ein zentrales Erinnerungsmedium in Bezug zu anderen beobachtbaren Wandlungsprozessen von Institutionen, Strukturen und Praktiken.

Im nächsten Beitrag untersucht Leif Kramp die Rolle und Bedeutung von Bildarchiven vor dem Hintergrund des (audio-)visuellen Medienerbes, das zur Grundlage für Erinnerungskommunikation wird. Der Autor zeigt die Herausforderungen der Generierung, Erhaltung und Überlieferungsfunktion von Archiven auf. Obwohl technisch die Speicherung von und der Zugang zu visuellem Material jenseits raumzeitlicher Einschränkungen möglich ist, erschweren bestehende Regelungen den Umgang mit rechtlich geschützten Bildern. Somit müssen ebenso Fragen von Machtungleichheiten in der Vergangenheitsrepräsentation hinterfragt werden.

Christina Sanko setzt in ihrem Beitrag den Fokus auf Medienrezeption, -ästhethik und kommunikative Praktiken kollektiven Erinnerns im Alltag. Dabei verortet sie visuelle Kommunikation als Forschungsfeld der Kommunikationswissenschaft und der kommunikationswissenschaftlichen Erinnerungsforschung zugleich. Vor diesem Hintergrund werden drei zentrale Forschungsstränge identifiziert: erstens die Rezeption massenmedialer, vergangenheitsbezogener Bilder; zweitens Ästhetik, formale Eigenschaften und Materialität visueller Medien als Erinnerungstexte und -objekte; drittens personalisierte, visuelle Medienpraktiken als kommunikative Handlungen kollektiven Erinnerns.

Die Rezeption und der personalisierte Umgang mit Fotografien stehen auch im Mittelpunkt des abschließenden Essays von Emily Keightley und Clelia Clini. Ausgangspunkt des vorgestellten Projekts ist die mnemotechnische Verarbeitung postkolonialer Erfahrungen im Umgang mit Fotos. Die Autorinnen befassen sich mit transkulturellen Formen von Verlust und Abwesenheit, denen diasporische Gemeinschaften, insbesondere die südasiatische Diaspora in Großbritannien, in Migrationsprozessen begegnen. Dabei argumentieren sie, dass das kreative Erinnern mit Hilfe von Fotografie Möglichkeiten bietet, sich mit den Machtungleichheiten, welche die postkoloniale Erfahrung strukturieren, auseinanderzusetzen und darauf zu reagieren.

Im dritten Schwerpunkt des Handbuchs sind Beiträge zur Erinnerungskultur kommunikationswissenschaftlicher Fachgeschichte versammelt. Den Auftakt macht Jefferson Pooley mit einem Essay zur abnehmenden Bedeutung des disziplinären Gedächtnisses. Pooley zeigt auf, wie Bezugspunkte des Fachs Kommunikationswissenschaft in den USA ab Mitte der 1990er Jahre zersplittert sind. Die Erzählungen, die in den 1950er Jahren dazu dienten, die US-amerikanische Kommunikationswissenschaft zu vereinen und kontinuierlich zusammenzuhalten, tragen nicht mehr. Stattdessen beschreibt Pooley eine disziplinenübergreifende digitale Wissenschaft, in der nur wenig gemeinsames Wissen vorausgesetzt werden kann.

Andreas M. Scheu nimmt den Faden der Fachgeschichtsschreibung auf und fragt in seinem Beitrag nach Leistungen und Herausforderungen von Fachgeschichte für die deutschsprachige Kommunikationswissenschaft. Fachgeschichte wird dabei als aktive Erinnerungsarbeit verstanden, in der sich disziplinäre Erinnerungskollektive konstituieren.

Im folgenden Beitrag befassen sich Erik Koenen und Thomas Birkner mit Herausforderungen im Umgang mit Quellen zur Erforschung von Fachgeschichte. Dabei gehen sie insbesondere auf das Verhältnis von Fachgeschichte und Quellen ein, definieren den Quellenbegriff und erläutern fünf fachhistorische Quellengruppen differenzierter. Die Quellenlage wird auch durch die fortschreitende Digitalisierung beeinflusst. Die Autoren stellen abschließend mit dem „kategoriengeleiteten Vorgehen" und der „historischen Deskription" zwei Herangehensweisen für eine strukturierte und systematische fachhistorische Quellenauswahl, -bearbeitung und -darstellung sowie Perspektiven der Weiterentwicklung einer fachhistorischen Quellenpraxis vor.

Christian Schwarzenegger beleuchtet im folgenden Beitrag Funktionen, Aktualisierung und Aktivierung fachinterner Erinnerung für die Kommunikationswissenschaft. Mit einer Perspektive auf wissenschaftliche Felder und Disziplinen als Kollektive des Denkens und Erinnerungskollektive zugleich, fragt Schwarzenegger nach dem Wissen und der Erinnerung an das eigene Kollektiv. Aber nicht nur die Inhalte, sondern auch die Kontexte, Formen und Formate durch die Wissen und Erinnerungen aktiv tradiert werden, stehen im Mittelpunkt der Ausführungen. Von Bedeutung ist dabei ebenso das Vergessen – und damit Fragen nach Ein- und Ausschlusslogiken der deutschsprachigen Kommunikationswissenschaft.

Den Abschluss des dritten Schwerpunkts bildet ein Essay von Irene Neverla, in dem sie Überlegungen zur transdisziplinären Weiterentwicklung der kommunikationswissenschaftlichen Erinnerungsforschung anstellt. Geleitet von der Kernfrage „Wie lernen Gesellschaften?" plädiert die Autorin für eine integrative Verflechtung zwischen Kommunikationswissenschaft und anderen Disziplinen, um Aussagen zu Wissensstand, Wahrnehmung und Tradierung z. B. mit Blick auf Pandemien und die Klimakrise machen zu können. Dadurch lassen sich nicht nur fundierte und gesellschaftlich relevante Ergebnisse erbringen, sondern dies liefert letztlich auch wertvolle Impulse für die Kommunikationswissenschaft in ihrer Gesamtheit.

Im dritten Teil des Handbuchs sind Beiträge zu aktuellen Entwicklungen und weiterführenden Perspektiven auf kommunikationswissenschaftliche Erinnerungsforschung versammelt.

Joanne Garde-Hansen plädiert in ihrem Essay zu Liquid Memory für eine breitere Perspektive und die Einbeziehung von Natur und Umwelt im Denken und Forschen zu Erinnerung. Sie nutzt das brasilianische Konzept der „social memory technology", das Dimensionen des Nicht-Menschlichen – also der Umwelt – mit Erinnern, Vergessen und Kommunikation in Beziehung setzt. Mit Rückgriff auf eigene Forschungsarbeiten zu Medien, Erinnerungen, Flut und Dürre zeigt die Autorin Verbindungen zwischen Mediengeschichte, Medienerbe und Kulturpolitik einerseits und Geschichten von Wasser andererseits auf und fordert abschließend eine Neubewertung von nicht-menschlichen Akteuren in der Gedächtnisforschung.

Es folgt Rik Smit mit einem Beitrag zur Plattformisierung des Erinnerns. Vor allem die Logiken und Affordanzen sozialer Medien prägen zunehmend die persönliche und kollektive Erinnerungsarbeit. Zudem bieten Plattformen nicht nur die technischen Gegebenheiten für Erinnerungsarbeit, sie sind zugleich Unternehmen, die Daten über Nutzer:innen sammeln und verkaufen. Damit sind sie keineswegs als neutrale Vermittler zu sehen. Smit zeigt auf, wie unterschiedliche Logiken von Plattformen und Apps digitale Erinnerungsarbeit beeinflussen.

Der folgende Beitrag setzt ebenfalls das Thema digitales Erinnern in den Fokus. Manuel Menke und Thomas Birkner erstellen anhand von vier aus der Literatur abgeleiteten analytischen Kategorien – Speichern, Datafizierung, Vernetzung und Affektivität – einen Überblick zu den zentralen Veränderungen des Erinnerns im digitalen Zeitalter. Gleichzeitig verweisen die Autoren auf Kontinuitäten und blicken abschließend auf zukünftige Entwicklungen digitalen Erinnerns.

Komplementär zu den vorigen Kapiteln und mit Fokus auf Rezipient:innen stellt Maria Kyriakidou die Frage, was die Auseinandersetzung mit dem Leid ferner Anderer für Zuschauende bedeutet. Die Autorin nutzt mediale Erinnerungspraktiken als analytische Kategorie, um das moralische Potenzial von Nachrichten über das Leid anderer Menschen in fernen Gebieten zu untersuchen. Medial vermittelte Erinnerungen eröffnen dabei diskursive Ressourcen, auf die Zuschauende zurückgreifen, um andere relevante Ereignisse zu verstehen und zu deuten.

Die Frage nach moralischem Potenzial und gesellschaftlicher Verantwortung spielt ebenfalls eine Rolle im Beitrag von Philipp Seuferling zu Medien und (post)migrantischem Erinnern. Darin analysiert der Autor den Umgang mit und das Erinnern,

Verdrängen und Vergessen von Migration als sozial verhandeltes Phänomen, welches zahlreiche gesellschaftlich-relevante Fragen aufwirft. Dabei geht Seuferling zunächst auf konzeptuelle Rahmungen von Migration, Medien und Erinnerung ein. Er unterscheidet Diskurse und Repräsentation einerseits und Medienpraktiken und Anwendungen von Medientechnologien zur migrantischen Erinnerung andererseits und diskutiert abschließend die Zukunft medienbasierter (post)migrantischer Erinnerungen.

Der letzte Essay des Handbuchs ist dem Vergessen gewidmet. Andrew Hoskins stellt darin Vergessen als bestimmenden Modus im Umgang mit der Vergangenheit vor. Nichtsdestotrotz wird Vergessen gemieden, was zu einem Übermaß an Vergangenheit – von individuellen digitalen Spuren bis zu institutionellen Archiven – führt. So wird das Vergessen im digitalen Zeitalter unwahrscheinlicher, was schließlich zu einem schwer fassbaren Raum zwischen Vergessen und Erinnern führt. Offen bleibt, wie und von wem dieser genutzt wird, um die Zukunft zu gestalten.

7. Literatur

Adelmann, Ralf, und Judith Keilbach. „Ikonographie der Nazizeit". *Über Bilder sprechen*. Hg. Heinz-B. Heller. Marburg: Schüren, 2000. 137–150.

Aden, Roger, Min Wha Han, Stephanie Norander, Michael E. Pfahl, Timothy P. Kollock, und Stephanie L. Young. „Re-collection: A Proposal for Refining the Study of Collective Memory and Its Places". *Communication Theory* 19.3 (2009): 311–336.

Ammann, Ilona, und Elke Grittmann „Das Trauma anderer betrachten. Zehn Jahre 9/11 im Bild". *Medien und Kommunikationswissenschaft* 61.3 (2013): 368–386.

Andén Papadopoulos, Kari. „Journalism, Memory and the ‚Crowd-Sourced Video Revolution'". *Journalism and Memory*. Hg. Barbie Zelizer, und Keren Tenenboim-Weinblatt. Basingstoke: Palgrave, 2014. 148–167.

Arnold, Klaus, Walter Hömberg, und Susanne Kinnebrock (Hg.). *Geschichtsjournalismus. Zwischen Information und Inszenierung*. Münster: LIT, 2010.

Ashuri, Tamar. „The Nation Remembers. National Identity and Shared Memory in Television Documentaries". *Nations and Nationalism* 11.3 (2005): 423–442.

Assmann. Aleida. „Funktionsgedächtnis und Speichergedächtnis – Zwei Modi der Erinnerung". *Generation und Gedächtnis*. Hg. Kristin Platt, und Mirhan Dabag. Opladen: Leske + Budrich, 1995. 169–185.

Assmann, Aleida. *Erinnerungsräume. Formen und Wandlungen des kulturellen Gedächtnisses*. München: C.H. Beck, 1999.

Assmann, Aleida. „Vier Formen des Gedächtnisses". *Erwägen, Wissen, Ethik* 13.2 (2002): 183–190.

Assmann, Aleida. *Der lange Schatten der Vergangenheit*. München: C.H. Beck, 2006.

Assmann, Aleida. *Geschichte im Gedächtnis. Von der individuellen Erfahrung zur öffentlichen Inszenierung*. München: C.H. Beck, 2007.

Assmann, Aleida, und Jan Assmann. „Das Gestern im Heute. Medien und soziales Gedächtnis". *Die Wirklichkeit der Medien*. Hg. Klaus Merten, Siegfried J. Schmidt, und Siegfried Weischenberg. Opladen: Westdeutscher Verlag, 1994. 114–140.

Assmann, Aleida, Jan Assmann, und Christof Hardmeier (Hg.). *Schrift und Gedächtnis. Beiträge zur Archäologie der literarischen Kommunikation*. München: Fink, 1983.

Assmann, Jan. „Kollektives Gedächtnis und kulturelle Identität". *Kultur und Gedächtnis*. Hg. Jan Assmann, und Tonio Hölscher. Frankfurt a.M.: Suhrkamp, 1988. 9–19.

Assmann, Jan. *Das kulturelle Gedächtnis. Schrift, Erinnerung und politische Identität in frühen Hochkulturen*. München: C.H. Beck, 1992.

Assmann, Jan, und Tonio Hölscher. *Kultur und Gedächtnis*. Frankfurt a.M.: Suhrkamp, 1988.

Augé, Marc. *Die Formen des Vergessens*. Berlin: Matthes & Seitz, 2013.

Averbeck, Stefanie, und Arnulf Kutsch (Hg.). *Zeitung, Werbung, Öffentlichkeit*. Köln: Halem, 2005.

Balbi, Gabriele. „Doing Media History in 2050". *Westminster Papers in Communication & Culture* 8.2 (2011): 113–133.

Barash, Jeffrey A. *Collective Memory and the Historical Past*. Chicago: University of Chicago Press, 2016.

Barnier, Amanda. „Is there Memory in the Head, in the Wild?". *Memory Studies* 11.4 (2018): 386–390.

Barthes, Roland. *Die helle Kammer*. Frankfurt a.M.: Suhrkamp, 1989. (Original 1980)

Batchen, Geoffrey, Mick Gidley, Nancy K. Miller, und Jay Prosser (Hg.). Picturing Atrocity. Photography in Crisis. London: Reaktion Books, 2012.

Bate, David. „The Memory of Photography". photographies 3.2 (2010): 243–257.

Bellah, Robert, Richard Madsen, William M. Sullivan, Ann Swidler, und Steven M. Tipton. *Habits of the Heart*. Berkeley, CA: University of California Press, 1985.

Benjamin, Walter. *Das Passagen-Werk*. Frankfurt a.M.: Suhrkamp, 1982.

Berek, Mathias. *Kollektives Gedächtnis und die gesellschaftliche Konstruktion der Wirklichkeit*. Wiesbaden: Harrassowitz, 2009.

Berek, Mathias, Kristina Chmelar, Oliver Dimbath, Hanna Haag, Michael Heinlein, Nina Leonhard, Valentin Rauer, und Gerd Sebald (Hg.). *Handbuch Sozialwissenschaftliche Gedächtnisforschung*. Wiesbaden: Springer VS, 2021, im Erscheinen.

Bergson, Henri. *Materie und Gedächtnis*. Hamburg: Meiner, 1991. (Original 1908)

Berliner, David. „The Abuses of Memory: Reflections on the Memory Boom in Anthropology". *Anthropological Quarterly* 78.1 (2005): 197–211.

Birkner, Thomas, und Christian Schwarzenegger. „Eine Programmatik für die Kommunikationsgeschichte im digitalen Zeitalter". *medien & zeit* 31.3 (2016): 5–16.

Böhme-Dürr, Karin. „Wie vergangen ist die Vergangenheit?" *Massenmedien und Zeitgeschichte*. Hg. Jürgen Wilke. Konstanz: UVK, 1999. 247–259.

Bohrmann, Hans. „Als der Krieg zu Ende war: Von der Zeitungswissenschaft zur Publizistik". *medien & zeit* 17.2–3 (2002): 12–33.

Bond, Lucy, Stef Craps, und Pieter Vermeulen (Hg.). *Memory Unbound. Tracing the Dynamic of Memory Studies*. Oxford: Berghahn, 2016.

Borsò, Vittoria, Gerd Krummreich, und Bernd Witte (Hg.). *Medialität und Gedächtnis*. Stuttgart/Weimar: J.B. Metzler, 2001.

Boudana, Sandrine, Paul Frosh, und Akiba Cohen. „Reviving Icons to Death: When Historic Photographs Become Digital Memes". *Media, Culture & Society* 39.8 (2017): 1210–1230.

Bowker, Geoffrey. *Memory Practices in the Sciences*. Cambridge, MA: MIT Press, 2005.

Boyer, Pascal, und James V. Wertsch. *Memory in Mind and Culture*. Cambridge: Cambridge University Press, 2009.

Boym, Svetlana. *Future of Nostalgia*. New York: Basic Books, 2001.

Brink, Cornelia. *Ikonen der Vernichtung: Öffentlicher Gebrauch von Fotografien aus nationalsozialistischen Konzentrationslagern nach 1945*. Berlin: Akademie-Verlag, 1998.

Brockmann, Andrea. *Erinnerungsarbeit im Fernsehen. Das Beispiel des 17. Juni 1953*. Köln et al.: Böhlau, 2006.

Brosius, Hans-Bernd, und Frank Esser. „Mythen in der Wirkungsforschung". *Publizistik* 43.4 (1998): 341–361.

Burke, Peter. „History as Social Memory". *Memory, History, Culture and the Mind*. Hg. Thomas Butler. New York: Blackwell, 1989. 97–113.

Burkey, Brant. „Repertoires of Remembering: A Conceptual Approach for Studying Memory Practices in the Digital Ecosystem". *Journal of Communication Inquiry* 44.2 (2020): 178–197.

Cannadine, David (Hg.). *History and the Media*. Basingstoke: Palgrave Macmillan, 2004.

Carey, James. *Communication as Culture*. Boston: Unwin Hyman, 1989.

Carlson, Matt. „Making Memories Matter: Journalistic Authority and the Memorializing Discourse Around Mary McGrory and David Brinkley". *Journalism* 8.2 (2007): 165–183.

Carlson, Matt, und Daniel A. Berkowitz. „The Late News Work: Memory Work as Boundary Work in the Commemoration of Television Journalists". *Journalism and Memory*. Hg. Barbie Zelizer, und Keren Tenenboim-Weinblatt. Basingstoke: Palgrave, 2014. 195–210.

Caruth, Cathy. (Hg.). *Trauma: Explorations in Memory*. Baltimore: Johns Hopkins University Press, 1995.

Castells, Manuel. *Communication Power*. Oxford: Oxford University Press, 2013.

Cohen, Akiba, Sandrine Boudana, und Paul Frosh. „You Must Remember This: Iconic News Photographs and Collective Memory". *Journal of Communication* 68.3 (2018): 453–479.

Cohen, Daniel, und Roy Rosenzweig. *Digital History. A Guide to Gathering, Preserving, and Presenting the Past on the Web*. University Park, PA: University of Pennsylvania Press, 2006.

Confino, Alan. „Collective Memory and Cultural History. Problems of Method". *American Historical Review* 102.5 (1997): 1386–1403.

Connerton, Paul. *How Societies Remember*. Cambridge: Cambridge University Press, 1989.

Connerton, Paul. „Seven Types of Forgetting". *Memory Studies* 1.1 (2008): 59–71.

Conway, Brian. *Commemoration and Bloody Sunday. Pathways of Memory*. Basingstoke: Palgrave Macmillan, 2010.

Cornelißen, Christoph. „Was heißt Erinnerungskultur?". *Geschichte in Wissenschaft und Unterricht* 54.10 (2003): 548–563.

Corner, John. „Is there a ‚field' of media research?". *Media, Culture & Society* 35.8 (2013): 1011–1018.

Crawig, Robert T. „Communication Theory as a Field". *Communication Theory* 9.2 (1999): 119–161.

Crownshaw, Rick (Hg.). *Transcultural Memory*. London: Routledge, 2013.

Crownshaw, Rick, Jane Kilby, und Antony Rowland (Hg.). *The Future of Memory*. Basingstoke: Palgrave Macmillan, 2010.

Dayan, Daniel, und Elihu Katz. *Media Events: The Live Broadcasting of History*. Cambridge, MA: Harvard University Press, 1992.

Dennis, Everette E., und Ellen Ann Wartella. *American Communication Research. The Remembered History*. Hillsdale, NJ: Lawrence Erlbaum, 1996.

Danzinger, Kurt. *Marking the Mind. A History of Memory*. Cambridge: Cambridge University Press.

de Wolff, Kaya. „The *Politics of Cosmopolitan Memory* from a Postcolonial Perspective". *Entangled Memories. Remembering the Holocaust in a Global Age*. Hg. Julia Lange, und Marius Henderson. Heidelberg: Winter, 387–427.

D'haen, Theo (Hg.). *Literature as Cultural Memory*. 9 Bde. Amsterdam/Atlanta: Rodopi, 2000.

Diers, Michael. *Schlagbilder. Zur politischen Ikonografie der Gegenwart*. Frankfurt a. M.: Fischer, 1996.

Dimbath, Oliver. *Oblivionismus*. Konstanz: UVK, 2014.

Dimbath, Oliver, und Michael Heinlein. „Arbeit an der Implementierung des Gedächtniskonzeptes in die soziologische Theorie – eine Einführung". *Die Sozialiät des Erinnerns*. Hg. Oliver Dimbath, und Michael Heinlein. Wiesbaden: Springer VS, 2014. 1– 26.

Dimbath, Oliver, und Michael Heinlein. *Gedächtnissoziologie*. München: Fink, 2015.

Donsbach, Wolfgang. „The Identity of Communication Research". *Journal of Communication* 56.3 (2006): 437–448.

Draaisma, Douwe. *Metaphors of Memory*. Cambridge: Cambridge University Press, 2000.

Dummett, Michael „Bringing About the Past". *The Philosophical Review* 73.3 (1964): 338– 359.

Dutceac, Annamaria S., und Jenny Wüstenberg. „Memory Studies: The State of an Emergent Field". *Memory Studies* 10.4 (2010): 474–498.

Ebbrecht, Tobias. *Geschichtsbilder im medialen Gedächtnis. Filmische Narrationen des Holocaust*. Bielefeld: transcript, 2011.

Edy, Jill. „Journalistic Uses of Collective Memory". *Journal of Communication* 49.2 (1999): 71–85.

Edy, Jill. *Troubled Pasts. News and the Collective Memory of Social Unrest*. Philadelphia: Temple University Press, 2006.

Erll, Astrid. *Kollektives Gedächtnis und Erinnerungskulturen. Eine Einführung*. 3. Aufl. Stuttgart/Weimar: J.B. Metzler, 2017.

Erll, Astrid, und Ansgar Nünning (Hg.). *Medien kollektiven Gedächtnisses. Konstruktivität – Historizität – Kulturspezifik*. Berlin/New York: de Gruyter, 2004.

Erll, Astrid, und Ansgar Nünning (Hg.). *Cultural Memory Studies. An International and Interdisciplinary Handbook*. Berlin/New York: de Gruyter, 2008.

Erll, Astrid, und Ann Rigney (Hg.). *Mediation, Remediation, and the Dynamics of Cultural Memory*. Berlin/New York: de Gruyter, 2009.

Erll, Astrid, und Ann Rigney. „Cultural Memory Studies after the Transnational Turn". *Memory Studies* 11.3. (2018): 272–380.

Ernst, Wolfgang. *Digital Memory and the Archive*. Minneapolis, MN: University of Minnesota Press, 2012.

Ernst, Wolfgang. „Tempor(e)alities and Archive-Textures of Media-connected Memory". *Digital Memory Studies*. Hg. von Andrew Hoskins. London: Routledge, 2018. 143–155.

Esposito, Elena. *Soziales Vergessen*. Frankfurt a. M.: Suhrkamp, 2002.

Feindt, Georg, Félix Krawatzek, Daniela Mehler, Friedemann Pestel, und Rieke Trimçev. „Entangled Memory: Toward a Third Wave in Memory Studies". *History and Theory* 53.1 (2014): 24–44.

Fentress, James J., und Chris Wickham. *Social Memory*. London: Blackwell, 1992.

Fischer, Thomas, und Rainer Wirtz. *Popularisierung der Geschichte im Fernsehen*. Konstanz: UVK, 2008.

Fogu, Claudio. „Digitalizing Historical Conciousness". *History & Theory* 48.2 (2009): 103– 111.

Fleck, Ludwik. *Entstehung und Entwicklung einer wissenschaftlichen Tatsache*. Frankfurt a. M.: Suhrkamp, 1980. (Original 1935)

Foucault, Michel. „Nietzsche, die Genealogie, die Historie". *Subversion des Wissens*. Hg. Walter Seitter. Frankfurt a. M.: Fischer, 1978.

Frith, Jordan, und Jason Kalin. „Here, I Used to Be: Mobile Media and Practices of Place-Based Digital Memory". *Space and Culture* 19.1 (2016): 43–55.

Frosh, Paul, und Amit Pinchevski (Hg.). *Media Witnessing*. Basingstoke: Palgrave Macmillan, 2009.

Garde-Hansen, Joanne. *Media and Memory*. Edinburgh: Edinburgh University Press, 2011.

Garde-Hansen, Joanne, Andrew Hoskins, und Anna Reading (Hg.). *Save as … Digital Memories*. Basingstoke: Palgrave Macmillan, 2009.

Garde-Hansen, Joanne, Andrew Hoskins, und Anna Reading. „Introduction". *Save as … Digital Memories*. Hg. von Garde-Hansen, Joanne, Andrew Hoskins, und Anna Reading. Basingstoke: Palgrave Macmillan, 2009a. 1–21.

Gehl, Robert W. „YouTube as Archive. Who will curate this digital Wunderkammer?" *International Journal of Cultural Studies* 12.1 (2009): 43–60.

Gehl, Robert W. „The Archive and the Processor: The Internal Logic of Web 2.0". *New Media & Society* 13.8 (2011): 1228–1244.

Ghezzi, Alessia, Ângela Guimarães Pereira, und Lucia Vesnić-Alujević (Hg.). *The Ethics of Memory in a Digital Age*. Basingstoke: Palgrave Macmillan, 2014.

Gieryn, Thomas F. *Cultural Boundaries of Science*. Chicago: University of Chicago Press, 1999.

Glotz, Peter. „Von der Zeitungs- über die Publizistik- zur Kommunikationswissenschaft". *Publizistik* 35.3 (1990): 249-256.

Grainge, Paul. *Monochrome Memories. Nostalgia and Style in Retro America*. Westport, CT: Praeger.

Gray, Ann, und Erin Bell. *History on Television*. London: Routledge, 2013.

Grittmann, Elke, und Ilona Ammann. „Ikonen der Kriegs- und Krisenfotografie". *Global, lokal, digital – Fotojournalismus heute*. Hg. Elke Grittmann, Irene Neverla, und Ilona Ammann. Köln: Halem, 2008. 296–325.

Gudehus, Christian, Eichenberg, Ariane, und Harald Welzer (Hg.). *Gedächtnis und Erinnern. Ein interdisziplinäres Handbuch*. Stuttgart/Weimar: J.B. Metzler.

Gustafsson, Karl. „International Reconciliation on the Internet? Ontological Security, Attribution and the Construction of War Memory Narratives in Wikipedia". *International Relations* 34.1 (2020): 3–24.

Hajek, Andrea, Christine Lohmeier, und Christian Pentzold (Hg.). *Memory in a Mediated World*. Basingstoke: Palgrave Macmillan, 2016.

Halbwachs, Maurice. *Das Gedächtnis und seine sozialen Bedingungen*. Frankfurt a. M.: Suhrkamp, 1985. (Original 1925)

Halbwachs, Maurice. *Das kollektive Gedächtnis*. Frankfurt a. M.: Fischer, 1991. (Original 1950)

Hand, Martin. „Persistent Traces, Potential Memories: Smartphones and the Negotiation of Visual, Locative and Textual Data in Personal Life". *Convergence* 22.3 (2016): 269–286.

Hariman, Robert, und John Luis Lucaites. *No Caption Needed. Iconic Photographs, Public Culture, and Liberal Democracy*. Chicago: University of Chicago Press, 2007.

Hardt, Hanno. „Am Vergessen scheitern. Essay zur historischen Identität der Publizistikwissenschaft". *medien & zeit* 17.2-3 (2002): 34–39.

Hardt, Hanno. „Foreword". *The History of Media and Communication Research: Contested Memories*. Hg. Jefferson Pooley, und David W. Park. New York: Peter Lang, 2008. xi–xvii.

Hartog, François. *Regimes of Historicity*. New York: Columbia University Press, 2016.

Hein, Dörte. *Erinnerungskulturen online*. Konstanz: UVK, 2009.

Herbers, Martin R. „The Invasion from Mars. A Study in the Psychology of Panic". *Schlüsselwerke der Medienwirkungsforschung*. Hg. Matthias Potthoff. Wiesbaden: Springer VS, 2015, 13–23.

Hirsch, Marianna (Hg.). *The Familial Gaze*. Hanover: University Press of New England, 1998.

Hirsch, Marianna. *The Generation of Postmemory. Writing and Visual Culture After the Holocaust*. New York: Columbia University Press, 2012.

Hirsch, Hirsch „The Generation of Postmemory". *Poetics Today* 29.1 (2008): 103–128.

Hobsbawm, Eric. „The Social Function of the Past: Some Questions". *Past & Present* 55.1 (1972): 3–17.

Hobsbawm, Eric. *On History*. New York: New Press, 1997.

Hobsbawm, Eric, und Terence Ranger (Hg.). *The Invention of Tradition*. Cambridge: Cambridge University Press, 1983.

Holland, Patricia. „History, Memory, and the Family Album". *Family Snaps: The Meaning of Domestic Photography*. Hg. Jo Spence, und Patricia Holland. London: Virage, 1991. 1–14.

Holly, Werner. „‚Ich bin ein Berliner' und andere mediale Geschichts-Klischees. Multimodale Stereotypisierungen historischer Objekte in einem Fernsehjahrhundertrückblick". *Wissen und neue Medien*. Hg. Ulrich Schmitz, und Horst Wenzel. Berlin/New York: de Gruyter, 2003.

Horn, Sabine. *Erinnerungsbilder*. Essen: Klartext, 2009.

Horsti, Karina „Communicative Memory of Irregular Migration: The Re-circulation of News Images on YouTube". *Memory Studies* 10.2 (2017): 112–129.

Hoskins, Andrew. „Television and the Collapse of Memory". *Time & Society* 13.1 (2004): 109–127.

Hoskins, Andrew. „The Mediatization of Memory". *Mediatization of Communication*. Hg. von Knut Lundby. Berlin/New York: de Gruyter, 2015. 661–680.

Hoskins, Andrew (Hg.). *Digital Memory Studies*. London: Routledge, 2018.

Hoskins, Andrew. „Memory of the Multitude". *Digital Memory Studies*. Hg. Andrew Hoskins. London: Routledge, 2018s. 85–109.

Humphreys, Lee. *The Qualified Self*. Cambridge, MA: MIT Press, 2018.

Hutton, Patrick H. *History as an Art of Memory*. Hanover: University of New England Press, 1993.

Huyssen, Andreas. *Twilight Memories. Marking Time in a Culture of Amnesia*. London: Routledge, 1995.

Huyssen, Andreas. *Present Pasts. Urban Palimpsests and the Politics of Memory*. Stanford: Stanford University Press, 2003.

Irwin-Zarecka, Iwona. *Frames of Remembrance. The Dynamics of Collective Memory*. London: Routledge, 1994.

Jacke, Christoph, und Martin Zierold. „Gedächtnis und Erinnerung". *Handbuch Cultural Studies und Medienanalyse*. Hg. Andreas Hepp, Friedrich Krotz, Swantje Lingenberg, und Jeffrey Wimmer. Wiesbaden: Springer VS, 2015. 79–89.

Jensen, Helle Strandgaard. „Doing Media History in a Digital Age". *Media, Culture & Society* 38.1 (2016): 119–128.

Johnson, Richard, Gregor McLennan, Bill Schwarz, und David Sutton (Hg.). *Making Histories: Studies in History-Writing and Politics*. London: Center for Contemporary Cultural Studies, 1982.

Kammen, Michael. *Contested Values. Democracy and Diversity in American Culture*. New York: St. Martin's Press, 1995.

Kansteiner, Wulf. *In Pursuit of German Memory*. Athens: Ohio University Press, 2006.

Karmasin, Matthias, Matthias Rath, und Barbara Thomaß (Hg.) *Kommunikationswissenschaft als Integrationsdisziplin*. Wiesbaden: Springer VS, 2013.

Katriel, Tamar. „Sites of Memory: Discourses of the Past in Israeli Pioneering Settlement Museums". *Quarterly Journal of Speech* 80.1 (1994): 1–20.

Kaun, Anne, und Fredrik Stiernstedt. „Media Memory Practices and Community of Remembrance". *Memory in a Mediated World*. Hg. Hajek, Andrea, Christine Lohmeier, und Christian Pentzold. Basingstoke: Palgrave Macmillan, 2016. 195–209.

Keightley, Emily, und Michael Pickering. „Practices of Remembering in Analogue and Digital Photography". *New Media & Society* 16.4 (2014): 576–593.

Kelshaw, Todd, und Jeffrey St. John. „Remembering ‚Memory': The Emergence and Performance of an Institutional Keyword in Communication Studies". *Review of Communication* 7.1 (2007): 46–77.

Kitch, Carolyn. *Pages from the Past. History and Memory in American Magazines*. Chapel Hill: University of North Carolina Press, 2005.

Kitch, Carolyn. „‚Useful memory' in Time Inc. Magazines". Journalism Studies 7.1 (2006): 94–110.

Kitch, Carolyn. „Placing Journalism Inside Memory – And Memory Studies". *Memory Studies* 1.3 (2008): 311–320.

Kitch, Carolyn, und Janice Hume. *Journalism in a Culture of Grief*. London: Routledge, 2008.

Klein, Kerwin L. *From History to Theory*. Berkeley, CA: University of California Press, 2011.

Klemm, Michael. „Ritual kollektiven Erinnerns oder diskurspolitisches Instrument? Struktur, Funktion, Wandel und kulturelle Bedeutung von TV-Jahres- und Jahrhundertrückblicken". *Tekst i dyskurs – Text und Diskurs* 9 (2016): 25–42.

Kliger-Vilenchik, Neta. „Memory-Setting: Applying Agenda-Setting Theory to the Study of Collective Memory". *On Media Memory. Collective Memory in a New Media Age*. Hg. Motti Neiger, Eyal Zandberg, und Oren Meyers. Basingstoke: Palgrave Macmillan, 2011. 226–237.

Kligler-Vilenchik, Neta, Yariv Tsfati, und Oren Meyers. „Setting the Collective Memory Agenda". *Memory Studies* 7.4 (2014): 484–499.

Knoblauch, Hubert. „Das kommunikative Gedächtnis". *Grenzenlose Gesellschaft? Verhandlungen des 29. Kongresses der Deutschen Gesellschaft für Soziologie*. Hg. Claudia Honegger, Stefan Hradil, und Franz Traxler. Frankfurt a. M.: Campus, 1999. 733–748.

Knoch, Habbo. *Die Tat als Bild: Fotografien des Holocaust in der deutschen Erinnerungskultur.* Hamburg: Hamburger Edition, 2001.

Koenen, Erik, und Christina Sanko. „Communication Studies as Social Science. Trajectories of the Evolvement and Institutionalization of the Socio-scientific Paradigm in German Communication Studies, 1960–1980s". *Revista Famecos. Mídia, Cultura i Tecnologia,* 23.3 (2016). http://revista seletronicas.pucrs.br/ojs/index.php/revistafamecos/article/view/24478/14613.

Koenen, Erik, und Christina Sanko. „Die Mediengesellschaft und ihre Wissenschaft im Wandel". *Kommunikationswissenschaft im internationalen Vergleich.* Hg. Stefanie Averbeck-Lietz. Wiesbaden: Springer VS. 113–160.

Koenen, Erik. „Kommunikationsgeschichte digitalisieren". *Digitizing Communication History Initiative.* 14. Februar 2017. https://dicommhist.hypotheses.org/1.

Koenen, Erik, Christian Schwarzenegger, Lisa Bolz, Peter Gentzel, Leif Kramp, Christian Pentzold, und Christina Sanko. „Historische Kommunikations- und Medienforschung im digitalen Zeitalter. Ein Kollektivbeitrag der Initiative „Kommunikationsgeschichte digitalisieren" zu Konturen, Problemen und Potentialen kommunikations- und medienhistorischer Forschung in digitalen Kontexten". *medien & zeit* 33.2 (2018): 4–19.

Koselleck, Reinhart. *Vergangene Zukunft. Zur Semantik geschichtlicher Zeiten.* Frankfurt a. M.: Suhrkamp, 1979.

Krämer, Sibylle. „Das Medium als Spur und Apparat". *Medien – Computer – Realität. Wirklichkeitsvorstellungen und Neue Medien.* Hg. Sibylle Krämer. Frankfurt a. M.: Suhrkamp, 1998. 73–94.

Kramp, Leif. *Gedächtnismaschine Fernsehen.* 2 Bde. Berlin: Akademie-Verlag, 2011.

Kuhn, Anette. *Family Secrets: Acts of Memory and Imagination.* London: Verso, 2002.

Kuhn, Anette. „Photography and Cultural Memory: A Methodological Exploration". *Visual Studies* 22.3. (2007): 283–292.

Kuhn, Anette, und Kirsten E. McAllister (Hg.). *Locating Memory. Photographic Acts.* Oxford: Berghahn.

Kutsch, Arnulf, und Horst Pöttker (Hg.). *Kommunikationswissenschaft – autobiographisch. Zur Entwicklung einer Wissenschaft in Deutschland.* Opladen: Westdeutscher Verlag, 1997.

Lagerkvist, Amanda. *Media and Memory in Shanghai.* Basingstoke: Palgrave Macmillan, 2013.

Lagerkvist, Amanda. „9.11 in Sweden: Commemoration at Electronic Sites of Memory". *Television & New Media* 15.4 (2012): 350–370.

Landsberg, Alison. *Prosthetic Memory. The Transformation of American Remembrance in the Age of Mass Media.* New York: Columbia University Press, 2004.

Landsberg, Alison. *Engaging the Past. Mass Culture and the Production of Historical Knowledge.* New York: Columbia University Press, 2015.

Lang, Kurt, und Gladys Engel Lang. „Collective Memory and the News". *Communication* 11 (1989): 123–139.

Lee, Philipp, und Pradip N. Thomas (Hg.). *Public Memory, Public Media, and the Politics of Justice.* Basingstoke: Palgrave Macmillan, 2012.

Legg, Stephen. „Contesting and Surviving Memory". *Environment and Planning* 23.4 (2005): 481–504.

Leggewie, Claus. „Zur Einleitung. Von der Visualisierung zur Virtualisierung des Erinnerns". *Erinnerungskultur 2.0. Kommemorative Kommunikation in digitalen Medien.* Hg. Erik Meyer. Frankfurt a. M./New York: Campus, 2009. 9–29.

LeGoff, Jacques. *History and Memory.* New York: Columbia University Press, 1992.

Lehmann, Gerd, René Lehmann, und Florian Öchsner. „Zur Gedächtnisvergessenheit der Soziologie. Eine Einleitung". *Formen und Funktionen sozialen Erinnerns.* Wiesbaden: Springer VS, 2013. 7–24.

Leroi-Gourhan, André. Hand und Wort. *Die Evolution von Technik, Sprache und Kunst.* Frankfurt a. M.: Suhrkamp, 1980.

Levy, Daniel. „Das kulturelle Gedächtnis". *Gedächtnis und Erinnerung*. Hg. Christian Gudehus, Ariane Eichenberg, und Harald Welzer. Stuttgart/Weimar: J.B. Metzler, 2010. 93–101.

Levy, Daniel, und Natan Sznaider. *Erinnerung im globalen Zeitalter*. Frankfurt a.M.: Suhrkamp, 2007.

Lewis, Bernard. *History. Remembered, Recovered, Invented*. Princeton: Princeton University Press, 1975.

Lipsitz, George. *Time Passages: Collective Memory and American Popular Culture*. Minneapolis, MN: University of Minnesota Press, 1990.

Löblich, Maria. *Die empirisch-sozialwissenschaftliche Wende in der Publizistik- und Zeitungswissenschaft*. Köln: Halem, 2010.

Löblich, Maria, Andreas M. Scheu. „Writing the History of Communication Studies: A Sociology of Science Approach". *Communication Theory* 21.1 (2011): 1–22.

Lohmeier, Christine. *Cuban Americans and the Miami Media*. Jefferson, NC: McFarland, 2014.

Lohmeier, Christine, und Christian Pentzold. „Making Mediated Memory Work: Cuban-Americans, Miami Memory and the Doings of Diaspora Memory". *Media, Culture & Society* 36.6 (2014): 776–789.

Lowenthal, David. *The Past is a Foreign Country*. Cambridge: Cambridge University Press, 2015. (Original 1985)

Luhmann, Niklas. „Zeit und Gedächtnis". *Soziale Systeme* 2.2 (1996): 307–330.

Lury, Celia. *Prosthetic Culture. Photography, Memory and Identity*. London: Routledge.

Maier, Charles S. „A Surfeit of Memory? Reflections on History, Melancholy and Denial". *History and Memory* 5.2 (1993): 136–152.

Manoff, Marlene. *The Materiality of Digital Collections*. Baltimore: Johns Hopkins University Press, 2006.

Margalit, Avishai. *The Ethics of Memory*. Cambridge, MA: Harvard University Press, 2004.

Marselis, Randi. „Bridge the Gap: Multidirectional Memory in Photography Projects for Refugee Youths". *Journal of Intercultural Studies* 38.6 (2017): 665–678.

Marquardt, Editha. *Visiotype und Stereotype. Prägnanzbildungsprozesse bei der Konstruktion von Region in Bild und Text*. Köln: Halem, 2005.

Maurantonio, Nicole. „The Politics of Memory". *The Oxford Handbook of Political Communication*. Hg. Kate Kenski, und Kathleen Hall Jamieson. Oxford: Oxford University Press, 2014. 219–236.

Maurantonio, Nicole, und David W. Park (Hg.). *Communicating Memory & History*. New York et al.: Peter Lang, 2019.

Maurantonio, Nicole, und David W. Park. „Introduction: Remembering Communication History". *Communicating Memory & History*. Hg. Nicole Maurantonio, und David W. Park. New York et al.: Peter Lang, 2019. 1–16.

Mayer-Schönberger, Viktor. *Delete*. Princeton: Princeton University Press, 2009

McLuhan, Marshall. *Die magischen Kanäle. Understanding Media*. Dresden/Basel: Verlag der Kunst, 1994 (Original 1964).

Meier, Stefan. *(Bild-)Diskurs im Netz. Konzept und Methode für eine semiotische Diskursanalyse im World Wide Web*. Köln: Halem, 2011.

Menke, Manuel. *Mediennostalgie in digitalen Öffentlichkeiten. Zum kollektiven Umgang mit Medien- und Gesellschaftswandel*. Köln: Halem, 2019.

Meyen, Michael. „57 Interviews with ICA Fellows". *International Journal of Communication* 6 (2012): 1460–1882.

Meyen. Michael. „Mass Media as Memory Agents: A Theoretical and Empirical Contribution to Collective Memory Research". *Communicating Memory & History*. Hg. Nicole Maurantonio, und David W. Park. New York et al.: Peter Lang, 2019. 77–98.

Meyen, Michael, und Maria Löblich. *„Ich habe dieses Fach erfunden". Wie die Kommunikationswissenschaft an die deutschsprachigen Universitäten kam. 19 biographische Interviews*. Köln: Halem, 2007.

Meyen, Michael, und Senta Pfaff-Rüdiger. „Mass Media and Memory: The Communist GDR in Today's Communicative Memory". *Media Studies* 5.9 (2014): 3–17.

Meyer, Erik. *Erinnerungskultur 2.0. Kommemorative Kommunikation in digitalen Medien*. Frankfurt a. M.: Campus, 2009.

Meyer, Eric. „Inadvertent Algorithmic Cruelty". *Meyerweb Blog*, 24.12.2014. https://meyerweb.com/eric/thoughts/2014/12/24/inadvertent-algorithmic-cruelty/.

Meyers, Oren. „The Critical Potential of Commemorative Journalism". *Journalism* Online first (2019). https://journals.sagepub.com/doi/10.1177/1464884919865717.

Misztal, Barbara. „Collective Memory in a Global Age: Learning How and What to Remember". *Current Sociology* 58.1 (2010): 24–44.

Morris-Suzuki, Tessa. *The Past with Us. Media, Memory, History*. New York: Verso, 2005.

Neiger, Motti. „Theorizing Media Memory: Six Elements Defining the Role of the Media in Shaping Collective Memory in the Digital Age". *Sociology Compass* OnlineFirst (2020). Doi: https://doi.org/10.1111/soc4.12782.

Neiger, Motti, Eyal Zandberg, und Oren Meyers (Hg.). *On Media Memory. Collective Memory in a New Media Age*. Basingstoke: Palgrave Macmillan, 2011.

Neiger, Motti, Eyal Zandberg, und Oren Meyers. „On Media Memory: Editors' Introduction". *On Media Memory. Collective Memory in a New Media Age*. Hg. Motti Neiger, Eyal Zandberg, und Oren Meyers. Basingstoke: Palgrave Macmillan, 2011a. 1–24.

Neverla, Irene, und Judith Lohner. „Gegenwärtige Vergangenheit im Journalismus". *Medien und Journalismus im 21. Jahrhundert*. Hg. Nina Springer, Johannes Raabe, Hannes Haas, und Wolfgang Eichhorn. Konstanz: UVK, 2012. 281–303.

Niemeyer, Katharina (Hg.). *Media and Nostalgia. Yearning for the Past, Present and Future*. Basingstoke: Palgrave, 2014.

Nora, Pierre. *Zwischen Geschichte und Gedächtnis*. Berlin: Wagenbach, 1990. (Original 1984)

Nordenstreng, Kaarle. „Discipline or Field? Soul-searching in Communication Research". *Nordicom Review* 28. Jubilee Issue (2007): 211–222.

Offerhaus, Anke. „Nena rockt die Einheitsfeier". *Urbane Events*. Hg. Gregor Betz, Ronald Hitzler, und Michaela Pfadenhauer. Wiesbaden: VS, 2011. 141–157.

Olick, Jeffrey. „Collective Memory: The Two Cultures". *Sociological Theory* 17.3 (1999): 333–348.

Olick, Jeffrey. *The Politics of Regret: On Collective Memory and Historical Responsibility*. London: Routledge, 2007.

Olick, Jeffrey. „Between Chaos and Diversity: Is Social Memory Studies a Field?" *International Journal of Politics, Culture, and Society* 22.2 (2009): 249–252.

Olick, Jeffrey. „From Collective Memory to the Sociology of Mnemonic Practices and Products". *Cultural Memory Studies*. Hg. Astrid Erll, und Ansgar Nünning. Berlin/New York: de Gruyter, 2010. 151–162.

Olick, Jeffrey, und Joyce Robbins. „Social Memory Studies: From ‚Collective Memory' to the Historical Sociology of Mnemonic Practices". *Annual Review of Sociology* 24 (1998): 105–140.

Olick, Jeffrey, Vered Vinitzky-Seroussi, und Daniel Levy (Hg.). *The Collective Memory Reader*. Oxford: Oxford University Press, 2011.

Olick, Jeffrey, Vered Vinitzky-Seroussi, und Daniel Levy (Hg.) „Introduction". *The Collective Memory Reader*. Hg. Olick, Jeffrey, Vered Vinitzky-Seroussi, und Daniel Levy. Oxford: Oxford University Press, 2011a. 3–62.

Ong, Walter J. *Oralität und Literalität. Die Technologisierung des Wortes*. Wiesbaden: SpringerVS, 2016. (Original 1982)

Patel, Kiran Klaus. „Zeitgeschichte im digitalen Zeitalter". *Vierteljahrshefte für Zeitgeschichte* 59.3 (2011): 331–352.

Parikka, Jussi. *What is Media Archaeology?* Cambridge: Polity, 2012.

Park, Robert, und Jefferson Pooley (Hg.). *The History of Media and Communication Research*. New York: Peter Lang, 2008.

Pentzold, Christian. „Fixing the Floating Gap. The Online Encyclopaedia Wikipedia as a Global Memory Place". *Memory Studies* 2.2 (2009): 255–272.

Pentzold, Christian, und Christine Lohmeier. „Digital Media – Social Memory". Special Section of *Media, Culture & Society* 36.6 (2014): 745–809.

Pentzold, Christian, Vivien Sommer, Stefan Meier, und Claudia Fraas. „Reconstructing Media Frames in Multimodal Discourse: The John/Ivan Demjanjuk Trial". Discourse, Context & Media 12 (2016): 32–39.

Pentzold, Christian, und Peter Gentzel. „Dimensionen und Implikationen historischer Kommunikationsforschung". *Digitizing Communication History Initiative*. 06. Juni 2017. http://dicommhist. hypotheses.org/136.

Pentzold, Christian, und Manuel Menke. „Conceptualizing the Doings and Sayings of Media Practices: Expressive Performance, Communicative Understanding, and Epistemic Discourse". *International Journal of Communication* 14 (2020): 2789–2809.

Pethes, Nicolas, und Jens Ruchatz (Hg.). *Gedächtnis und Erinnerung. Ein interdisziplinäres Lexikon*. Reinbek b. Hamburg: Rowohlt, 2001.

Pickering, Michael, und Emily Keightley. *The Mnemonic Imagination. Basingstoke*: Palgrave Macmillan, 2012.

Pickering, Michael, und Emily Keightley. *Photography, Music and Memory*. Basingstoke: Palgrave Macmillan, 2015.

Pooley, Jefferson, und Socolow, M. „Checking Up on The Invasion from Mars: Hadley Cantril, Paul Lazarsfeld, and the Making of a Misremembered Classic". *International Journal of Communication* 7 (2013): 1920–1948.

Pörksen, Uwe. *Weltmarkt der Bilder. Eine Philosophie der Visiotype*. Stuttgart: Klett-Cotta.

Radstone, Susannah. „Transcultural Memory and the Locations of Memory Studies". *Parallax* 17 (2011): 109–123.

Radstone, Susannah, und Katharine Hodgkin. „Regimes of Memory: An Introduction". *Regimes of Memory*. Hg. Susannah Radstone, und Katharine Hodgkin. London: Routledge, 2005. 1–22.

Radstone, Susannah, und Bill Schwarz (Hg.). *Memory. Histories, Theories, Debates*. New York: Fordham University Press, 2010.

Reading, Anna. „Identity, Memory, and Cosmopolitanism: The Otherness of the Past and a Right to Memory? " *European Journal of Cultural Studies* 14.4 (2011): 379–394.

Reading, Anna. „Seeing Red: A Political Economy of Digital Memory". *Media, Culture & Society* 36.6 (2014): 748–760.

Reading, Anna, und Tamar Katriel (Hg.). *Cultural Memories of Nonviolent Struggles*. Basingstoke: Palgrave Macmillan, 2015.

Reading, Anna, und Tanya Notley. „Globital Memory Capital: Theorizing Digital Memory Economies". *Digital Memory Studies*. Hg. Andrew Hoskins. London: Routledge, 2018. 234–249.

Ricœur, Paul. *Gedächtnis, Geschichte und Vergessen*. München: Fink, 2004.

Rieger-Ladich, Markus, Anne Rohstock, und Karin Amos (Hg.). *Erinnern, Umschreiben, Vergessen*. Weilerswist: Velbrück, 2019.

Rigney, Ann. „The Dynamics of Remembrance: Texts Between Monumentality and Morphing". *A Companion to Cultural Memory Studies*. Hg. Astrid Erll, und Ansgar Nünning. Berlin/New York: de Gruyter, 2010, 345–356.

Robel, Yvonne. *Verhandlungssache Genozid. Zur Dynamik geschichtspolitischer Deutungskämpfe*. München: Fink, 2013.

Rosenzweig, Roy, und David Thelen. *The Presence of the Past. Popular Uses of History in American Life*. New York: Columbia University Press, 2000.

Rossington, Michael, und Anne Whitehead (Hg.). *Theories of Memory: A Reader* Baltimore: Johns Hopkins University Press, 2007.

Rothberg, Michael. *Multidirectional Memory*. Stanford: Stanford University Press, 2009.

Ruchatz, Jens. „The Photograph as Externalization and Trace". *A Companion to Cultural Memory Studies*. Hg. Astrid Erll, und Ansgar Nünning. Berlin/New York: de Gruyter, 2010, 367–378.

Rüsen, Jörn. *Historische Orientierung: Über die Arbeit des Geschichtsbewußtseins, sich in der Zeit zurechtzufinden*. Köln et al.: Böhlau, 1994.

Sandby, Mette. „Looking at the Family Photo Album: A Resumed Theoretical Discussion of Why and How". *Journal of Aesthetics and Culture* 6.1 (2014): 25419.

Sanko, Christina. „New wine in an old bottle? Anniversary Journalism and the Public Commemoration of the End of the War in Vietnam". *Global Media Journal. German Edition* 6.2 (2016): 1–24.

Schalansky. Judith. *Verzeichnis einiger Verluste*. Berlin: Suhrkamp, 2019.

Scheu, Andreas M. *Adornos Erben in der Kommunikationswissenschaft*. Köln: Halem, 2012.

Scheu, Andreas M. „Journalismus aus der Perspektive der Kritischen Theorie". *Handbuch Journalismustheorien*. Hg. Martin Löffelholz, und Liane Rothenberger. Wiesbaden: Springer VS, 2016. 343–356.

Schudson, Michael. „The Present in the Past Versus the Past in the Present". *Communication* 11.2 (1989): 105–113.

Schudson, Michael. *Watergate in American Memory*. New York: Basic Books, 1993.

Schudson. Michael. „Lives, Law, and Language: Commemorative versus Non-Commemorative Forms of Effective Public Memory". *The Communication Review* 2.1 (1997): 3–17.

Schütz, Alfred. „Tiresias oder unser Wissen von zukünftigen Ereignissen". *Gesammelte Aufsätze II. Studien zur soziologischen Theorie*. Hg. Arvid Brodersen. Den Haag: Martinus Nijhoff, 1972. 259–278.

Schwartz, A. Brad. *Broadcast Hysteria. Orson Welles's War of the Worlds and the Art of Fake News*. New York: Hill and Wang, 2015.

Schwarzenegger, Christian. „Herausforderungen des digitalen Gestern". *Das Gedächtnis des Rundfunks. Die Archive der öffentlich-rechtlichen Sender und ihre Bedeutung für die Forschung*. Hg. Markus Behmer, Birgit Bernard, und Bettina Hasselbring. Wiesbaden: VS, 2014. 403–415.

Seamon, John. *Memory and Movies*. Cambridge, MA: MIT Press, 2015.

Sebald, Gerd. *Generalisierung und Sinn. Überlegungen zur Formierung sozialer Gedächtnisse und des Sozialen*. Konstanz: UVK, 2014.

Sebald, Gerd, und Jan Weyand. „Zur Formierung sozialer Gedächtnisse". *Zeitschrift für Soziologie* 40.3 (2011): 174–189.

Sebald, Gerd, René Lehmann, und Florian Öchsner. „Zur Gedächtnisvergessenheit der Soziologie". *Formen und Funktionen sozialen Erinnerns*. Hg. René Lehmann, Florian Öchsner, und Gerd Sebald. Wiesbaden: Springer VS, 2013. 7–24.

Sebald, Gerd, und Marie-Kristin Döbler (Hg.). *(Digitale) Medien und soziale Gedächtnisse*. Wiesbaden: Springer VS, 2019.

Shandler, Jeffrey. *While America Watches. Televising the Holocaust*. Oxford: Oxford University Press, 1999.

Shevchenko, Olga. „‚The Mirror with a Memory': Placing Photography in Memory Studies". *Routledge International Handbook of Memory Studies*. Hg. Anna Lisa Tota, und Trever Hagen. London: Routledge, 2015, 272–287.

Sick, Frankziska, und Beate Ochsner. *Medium und Gedächtnis. Von der Überbietung der Grenze(n)*. Frankfurt a. M. et al.: Peter Lang, 2004.

Smit, Pieter Hendrik. *Platforms of Memory. Social Media and Digital Memory Work.* Unveröff. Dissertation, Rijksuniversiteit Groningen, 2018.

Smith Rumsey, Abby. *When We Are No More. How Digital Memory is Shaping Our Future*. New York et al.: Bloomsbury, 2016.

Sontag, Susan. *Regarding the Pain of Others*. New York: Farrar, Strass & Giroux, 2003.

Sturken, Marita. *Tangled Memories. The Vietnam War, the AIDS Epidemic, and the Politics of Remembering*. Berkeley, CA: University of California Press, 1998.

Sturken, Marita. Tourists of History. *Memory, Kitsch, and Consumerism from Oklahoma City to Ground Zero*. Durham, NC: Duke University Press, 2007.

Tenenboim-Weinblatt, Keren. „Bridging Collective Memories and Public Agendas". *Communication Theory* 23.2 (2013): 91–111.

Tenenboim-Weinblatt, Keren, und Motti Neiger. „Journalism and Memory". *The Handbook of Journalism Studies*. 2. Aufl. London: Routledge, 2020. 420–434.

Terdiman, Richard. *Present Past: Modernity and the Memory Crisis*. Ithaca: Cornell University Press, 1993.

Tirosh, Noam. „Considering the ‚Right to be Forgotten': Memory Rights and the Right to Memory in a New Media Era". *Media, Culture & Society* 39.5 (2017): 644–660.

Tota, Anna Lisa, und Trever Hagen. *Routledge International Handbook of Memory Studies*. London: Routledge, 2015.

Trümper, Stefanie. *Nachhaltige Erinnerung im Journalismus*. Wiesbaden: Springer VS, 2018.

Tulving, Endel. „Are There 256 Different Kinds of Memory?" The Foundations of Remembering. Hg. James S. Nairne. New York: Psychology Press, 2007. 39–52.

van Dijck, José. „Digital Photography: Communication, Identity, Memory". *Visual Communication* 7.1 (2008): 57–76.

van Dijck, José. *Mediated Memories in the Digital Age*. Stanford: Stanford University Press, 2007.

Van House, Nancy, und Elizabeth Churchill. „Technologies of Memory. Key Issues and Critical Perspectives". *Memory Studies* 1.3 (2008): 295–310.

Vatter, Christoph. *Gedächtnismedium Film. Holocaust und Kollaboration in deutschen und französischen Spielfilmen seit 1945*. Würzburg: Königshausen & Neumann, 2009.

Vinitzky-Seroussi, Vered. „‚Round Up the Usual Suspects': Banal Commemoration and the Role of the Media". *On Media Memory. Collective Memory in a New Media Age*. Hg. Motti Neiger, Eyal Zandberg, und Oren Meyers. Basingstoke: Palgrave Macmillan, 2011. 48–61.

Volkmer, Ingrid. *News in Public Memory. An International Study of Memories Across Generations*. New York: Peter Lang, 2006.

Wagner-Pacifici, Robin, und Bill Schwartz. „The Vietnam Veterans Memorial: Commemorating a Difficult Past". *American Journal of Sociology* 97.2 (1991): 376–420.

Wallace, Mike. *Mickey Mouse History and Other Essays on American Memory*. Philadelphia: Temple University Press, 1996.

Warburg, Aby. *Der Bilderatlas Mnemosyne*. Berlin: Akademie Verlag, 2003.

Welzer, Harald. *Das kommunikative Gedächtnis*. München: C.H. Beck, 2002.

Welzer, Harald. „Erinnerungskultur und Zukunftsgedächtnis". *Aus Politik und Zeitgeschichte* 25–26 (2010): 16–23.

Wende, Waltraut (Hg.). *Der Holocaust im Film: Mediale Inszenierungen und kulturelles Gedächtnis*. Heidelberg: Synchron, 2007.

Wendelin, Manuel. „Kanonisierung in der Kommunikationswissenschaft. Lehrbuchentwicklung als Indikator einer ‚kognitiven Identität'". *medien & zeit* 23.4 (2008): 28–36.

Wertsch, James V. *Voices of Collective Remembering*. Cambridge: Cambridge University Press, 2002.

Wettlaufer, Jörg. „Neue Erkenntnisse durch digitalisierte Geschichtswissenschaft(en)? Zur hermeneutischen Reichweite aktueller digitaler Methoden in informationszentrierten Fächern". *Zeitschrift für digitale Geisteswissenschaften*. http://zfdg.de/2016_011.

White, Haydon. *Metahistory*. Baltimore: Johns Hopkins University Press, 1973.

Wilke, Jürgen. „50 Jahre nach Kriegsende". *Massenmedien und Zeitgeschichte*. Hg. Jürgen Wilke. Konstanz: UVK, 1999. 260–276.

Wilke, Jürgen, Birgit Schenk, Akiba Cohen, und Tamar Zemach. *Holocaust und NS-Prozesse. Die Presseberichterstattung in Israel und Deutschland zwischen Aneignung und Abwehr*. Köln et al.: Böhlau, 1995.

Winter, Jay M. *Sites of Memory, Sites of Mourning. The Great War in European Cultural History*. Cambridge: Cambridge University Press, 1995.

Winter, Jay M. „Notes on the Memory Boom". *Memory, Trauma and World Politics*. Hg. Duncan Bell. Basingstoke: Palgrave, 2006. 54–73.

Young, James. *The Texture of Memory. Holocaust Memorials and Meaning*. New Haven, CT: Yale University Press, 1994.

Zandberg, Eyal. „The Right to Tell the (‚Right') Story: Journalism, Authority and Memory". *Media, Culture & Society* 32.1 (2010): 5–24.

Zavadaski, Andrei, und Florian Toepfl. „Querying the Internet as a Mnemonic Practice: How Search Engines Mediate Four Types of Past Events in Russia". *Media, Culture & Society* 41.1 (2019): 21–37.

Zelizer, Barbie. *Covering the Body. The Kennedy Assassination, the Media, and the Shaping of Collective Memory*. Chicago: University of Chicago Press, 1992.

Zelizer, Barbie. „Competing Memories: Reading the Past Against the Grain. The Shape of Memory Studies". *Critical Studies in Mass Communication* 12.2 (1995): 213–239.

Zelizer, Barbie. *Remembering to Forget*. Chicago: University of Chicago Press, 1998.

Zelizer, Barbie (Hg.). *Visual Culture and the Holocaust*. New Brunswick: Rutgers University Press, 2001.

Zelizer, Barbie. „Why Memory's Work on Journalism Does not Reflect Journalism's Work on Memory". *Memory Studies* 1.1 (2008): 79–87.

Zelizer, Barbie. „Journalism's Memory Work". *A Companion to Cultural Memory Studies*. Hg. Astrid Erll, und Ansgar Nünning. Berlin/New York: de Gruyter, 2010. 379–388.

Zelizer, Barbie, und Keren Tenenboim-Weinblatt (Hg.). *Journalism and Memory*. Basingstoke: Palgrave Macmillan, 2014.

Zelizer, Barbie, und Keren Tenenboim-Weinblatt. „Journalism's Memory Work". *Journalism and Memory*. Hg. Barbien Zelizer, und Keren Tenenboim-Weinblatt. Basingstoke: Palgrave Macmillan, 2014a, 1–14.

Zerubavel, Eviatar. „Social Memories: Steps to a Sociology of the Past". *Qualitative Sociology* 19 (1996): 283–299.

Zerubavel, Eviatar. *Time Maps*. Chicago: University of Chicago Press, 2003.

Zielinski, Siegfried. *Deep Time of the Media*. Cambridge, MA: MIT Press, 2006.

Zierold, Martin. *Gesellschaftliche Erinnerung. Eine medienkulturwissenschaftliche Perspektive*. Berlin/New York: de Gruyter, 2006.

I Grundlagen

Christian Pentzold, Christine Lohmeier und Thomas Birkner

2 Kommunikatives Erinnern

1. Einleitung

Vergangenheit zu vergegenwärtigen ist soziale Praxis. Erinnern findet häufig kommunikativ statt und erfolgt sowohl im kollektiven Austausch über das, was zu erinnern ist, als auch über die Art und Weise, wie zu erinnern ist. Entsprechend gehört zu den Grundannahmen der sozial-, geistes- und kulturwissenschaftlichen Erinnerungsforschung, also im weitesten Sinn den *social memory studies*, dass Erinnern ein gegenwartsbezogener (re-)konstruktiver (und rekursiver) Prozess ist, durch welchen selektive, wertende, zeitlich und räumlich begrenzte und kollektiv wie individuell identitätsbildende Erinnerungen ausgedrückt und aktualisiert werden (Erll 2017, 6). Gedächtnis verzahnt, so verstanden, eine individuell-mentale, an Subjekte und ihr Erinnerungsvermögen und -interesse gebundene Kapazität mit einer kulturell-kollektiven, von Institutionen und Medien bedingten Kapazität, sich zu erinnern. Zugleich erfasst der Begriff des Gedächtnisses die veränderlichen kognitiven wie historisch überlieferten materiellen Strukturen, in denen Vergangenheit gespeichert und abrufbar vorliegt. Im kommunikativen Erinnern wird die so verfügbare Vergangenheit im Kontext gegenwärtiger sozialer Bedingungen, kultureller Bezüge und Wissensordnungen re-aktiviert und dadurch erst in einer jeweiligen Gegenwart als bedeutungsvoll und bedeutsam konstituiert (Bal et al. 1999; Lowenthal 2015).

Im Kommunizieren werden, anders gesagt, Erinnerungen lebendig: Prozesse des Vergegenwärtigens von Gedächtnisinhalten, etwa im Kreis einer Familie, zwischen Generationen oder auch in der Aneignung medienkommunikativer Botschaften durch disperse Publika erfolgen vornehmlich kommunikativ und damit in zeichenbasierten Formen, mittels derer sich Menschen unter Rückgriff auf Vergangenes ausdrücken und verständigen können. Die Prozessualität des Erinnerns bringt Olick (2010, 159) so auf den Punkt: „We must remember that memory is a process and not a thing, a faculty rather than a place. Collective memory is something – or rather many things – we do, not something – or many things – we have". Ähnlich gelagert erklärt Irwin-Zarecka (1994, 54–55): „If collective memory is understood [...] not as a collection of individual memories or some magically constructed reservoir of ideas, but rather as a socially articulated and socially maintained ‚reality of the past,' then it also makes sense to look at the most basic and accessible means for memory articulation and maintenance – talk". Wobei zu ergänzen wäre, dass Kommunikation nicht nur als face-to-face Gespräch stattfinden muss, sondern eine Palette an Formen zeichenbasierter Weisen des Vermittelns, Austauschens und Verständigens umfasst.

Trotz dieser fundamentalen Wichtigkeit von Kommunikationsprozessen im Erinnern liegt das Augenmerk bisheriger Theoriebildung und empirischer Forschung auf Formen und Funktionen des kulturellen Gedächtnisses und damit verbunden auf Fragen nach den medialen Formen, Institutionen und Technologien, die das langfristige Tradieren und Kanonisieren von Vergangenheitsbezügen bedingen. Kulturgeschichte und die Geschichte der Erinnerungspraxis wird hier mit Mediengeschichte verzahnt (Kaun, in diesem Band). In diesem Rahmen wird das kommunikative Gedächtnis häufig dem kulturellen Gedächtnis gegenübergestellt und in den zeitlichen Zusammenhang von drei bis vier Generationen gesetzt, in dem der Austausch unmittelbarer lebendiger Erfahrungen der Weitergabe durch vermitteltes Hörensagen und Aufzeichnungen weicht (Vansina 1985; Assmann 1992). Zudem werden zeitlich getrennte Geschichtsphasen hintereinander gesetzt, in denen spezifische mnemonische Medien die für eine Epoche charakteristischen kulturellen Dynamiken und Praktiken geprägt haben (Leroi-Gourhan 1980; LeGoff 1992). In einer solchen *longue durée* steht das kommunikative Erinnern zu Beginn der Zivilisationsgeschichte als Wesenszug oraler Kulturen, in denen keine Schrift und keine Aufzeichnungs- und Speichermedien verfügbar waren, sodass Erinnern auf humane Gedächtnisleistung und mündliche Mnemotechniken wie formularisch gestaltete Gesänge oder metrisch strukturierte Gedichte angewiesen war (Goody 1981 [1968]; Parry 1987; Lord 1991; Havelock 1992).

Kommunikatives Erinnern ist indessen nicht auf historische Phasen reduzierbar, sondern die das kommunikative Erinnern tragenden Kulturtechniken und Formen werden gemäß der jeweils verfügbaren Ausdrucks-, Vermittlungs- und Bewahrensmöglichkeiten bewerkstelligt und weitergegeben. Der vorliegende Beitrag konzentriert sich folglich darauf zu klären, was kommunikatives Erinnern ausmacht, unter welchen Bedingungen es stattfindet und mit welchen Implikationen es einhergeht. Der Beitrag klärt den Begriff des kommunikativen Erinnerns, diskutiert Konzepte, welche die medienkommunikative Auseinandersetzung mit Vergangenheit erfassen wollen, und er beschäftigt sich mit den verändernden Situationen, in denen kommunikatives Erinnern in digital vernetzten Umgebungen stattfindet.

Gerade eine kommunikationswissenschaftlich informierte Perspektive, wie sie in diesem Handbuch eingenommen wird, lenkt den Blick auf das prozesshafte, kommunikativ erfolgende Entstehen und Weitergeben von Erinnerungen. Zugleich machen es die gegenwärtigen Informations- und Kommunikationstechnologien unumgänglich, eine starre Trennung von kommunikativem Gedächtnis versus kulturellem Gedächtnis zu hinterfragen. Die omnipräsenten Anwendungen, Plattformen und mobilen Medien sind nicht nur Leiter oder Kanäle, sondern sie schaffen erstens neue medientechnologisch gestützte Formen kommunikativen Erinnerns und zweitens archivieren und analysieren sie permanent alle über sie ablaufenden Aktionen, um auf dieser Basis den Zuschnitt und die Zuspielung weiterer Angebote an Nutzende zu bestimmen. Entsprechend sind wir fortlaufend mit einem ‚shadow archive' aus gespeicherten Posts und Kommentaren sowie den aus vergangenen Datenspuren aufbereiteten Informationen und Angeboten konfrontiert (Burkey 2020; Neiger 2020). Rückblicke, wie das von Facebook genutzte „On this day"-Feature, bei dem zurückliegende Postings taggenau wieder angezeigt werden, sind nur einer der sichtbareren Ausdrücke dieses Umstands (Birkner und Donk 2020; Prey und Smit 2018; siehe auch Smit sowie Menke und Birkner, beide in diesem Band). „Social networking, messaging and all of life's uploading together", erklärt folglich Hoskins (2018, 88), „casts a continuous, accumulating, paradoxically real-life and dormant memory, of the multitude, lurking in the underlayer of media life awaiting potential rediscovery, reconnection and remediation, to transform past relations through the reactivation of latent and semi-latent connections (with ourselves and with others)". Das disziplinäre Interesse und die gegenstandsbezogene Notwendigkeit, sich mit Kommunikation zu befassen, stellen nicht nur die Unterscheidung von kommunikativem und kulturellem Gedächtnis in Frage. Vielmehr beleuchtet die Beschäftigung mit kommunikativem Erinnern das Verhältnis von längerfristigen, gesellschaftlichen Makroprozessen und situativen Vorgängen auf der Mikroebene und macht es so möglich, auch andere Dichotomien, etwa in persönliches oder kollektives Gedächtnis bzw. in privates oder öffentliches Erinnern, zu problematisieren (Keightley et al. 2019 Kansteiner 2002; vgl. auch Menke und Grittmann, in diesem Band).

2. Grundbegriffe auf dem Prüfstand: Kommunikatives Gedächtnis und kulturelles Gedächtnis

Erinnerungen werden stets als „the present past", wie Terdiman (1993, 8) schreibt, aufgerufen. Sie sind somit nicht Abbilder früherer Ereignisse oder Erlebnisse, sondern gegenwartsbezogene Rückgriffe auf Vergangenheit. In Halbwachs' (1985 [1925], 1991 [1950]) grundlegenden Überlegungen zum sozial geprägten individuellen Gedächtnis vermitteln sich die sozialen, kollektiv geteilten Bezugsrahmen *(cadres sociaux)*, und damit die Sinn- und Deutungshorizonte, in denen und durch die Erinnern sinnhaft möglich wird, vornehmlich im kommunikativen Austausch. In sozialen Gruppen, für Halbwachs allen voran die Familie, Religionsgemeinschaft(en) oder soziale Klassen, konstituiert sich kollektives Gedächtnis in intergenerationeller Interaktion und Kommunikation und Mitglieder dieser Akteurskonstellationen partizipieren durch gemeinschaftliche Praxis, durch Erzählen, durch Bilder und schriftliche Aufzeichnungen an der gelebten Geschichte. „All individual remembering, that is, takes place with social materials, within social contexts, and in response to social cues", fassen Olick, Vinitzky-Seroussi und Levy (2011, 19) zusammen. Das bedeutet nicht, dass Erinnern stets im Konsens ablaufen muss oder einheitliche verbindliche Erinnerungen hervorbringt. Vielmehr liegt das verbindende Element in den kontinuierlich ausgeführten Akten des gemeinsamen, inter- und intragenerationellen Erinnerns, in denen erlebte Vergangenheit weitererzählt und weitergegeben wird (Keppler 2001; Bellah et al. 2007 [1985]; Welzer et al. 2008; Bietti 2014). Soziale Zugehörigkeit, Anteilnahme und Identitätsstiftung gründen folglich in diesem gemeinschaftlichen, aktiv zu bewerkstelligenden Vergegenwärtigen von Vergangenheit. Konsequenterweise liegen die Merkmale von

Erinnerungen in dieser Konstellation begründet. Sie sind, wie Erll (2017, 6) erklärt, „subjektive, hochgradig selektive und von der Abrufsituation abhängige Rekonstruktionen. Erinnern ist eine sich in der Gegenwart vollziehende Operation des Zusammenstellens (re-member) verfügbarer Daten. Vergangenheitsversionen ändern sich mit jedem Abruf, gemäß den veränderten Gegenwarten".

Am prononciertesten wurden persönliche Erinnerungen in Ansätzen der Oral History aufgegriffen (Niethammer 2000). In Opposition zur dominanten Geschichtsschreibung gesellschaftlicher Führungsschichten will Oral History Zeitgeschichte ausgehend von biografischen Interviews und den darin wiedergegebenen Wahrnehmungen und Handlungsweisen schreiben. Der Ursprung dieser Geschichtsschreibung ‚von unten', etwa der Arbeiterbewegung und feministischer Bewegungen, liegt in angelsächsischen History Workshops der 1950er Jahre, wobei noch keine dezidiert erinnerungskulturelle Ausrichtung bestand (Charlton et al. 2007; Perks 2010). Durch den Rückgriff auf kulturwissenschaftliche Erinnerungskonzepte wurde es möglich, persönliche Berichte als Quelle neben anderen perspektivisch beeinflussten Ressourcen wie Dokumenten, Bildern oder Filmen wahrzunehmen. Die Interviews erbrachten keine korrekteren und damit notwendig zu privilegierenden Darstellungen, sondern im Hier und Jetzt der Interviewsituation erinnernd wiedergegebene persönliche Erfahrungen (Dunaway und Baum 1996; Abrams 2010; von Plato 2010). Damit muss keine Täuschungsabsicht einhergehen, sondern sie sind der unhintergehbaren Standortgebundenheit des Erlebens und Erzählens geschuldet (Schütz 1993 [1932]). Auch die autobiografische Erinnerungsbildung und damit eine Grundlage individueller Selbstauffassung, so der sozialpsychologische und neurowissenschaftliche Befund, ist ohne eine Beteiligung an der „gemeinsamen Verfertigung erlebter Vergangenheiten", wie Welzer (2002, 16) darlegt, nicht möglich. So prägt und bestimmt *conversational remembering* auch die mental verankerte Wahrnehmungs- und Gedächtnisbildung (Middleton und Edwards 1990; Fentress und Wickham 1992; Echterhoff 2010).

Die bislang einflussreichste konzeptuelle Bestimmung, was das kommunikative Gedächtnis ist, stammt von Jan Assmann (1988) und Aleida Assmann (1999, 2002, 2006, 2007). Dabei liegt der Fokus eher auf dem Begriff des kulturellen Gedächtnisses – so auch der Titel von Jan Assmanns (1992) wegweisender Studie zu „Schrift, Erinnerung und politischer Identität in frühen Hochkulturen", wobei der Schwerpunkt der Betrachtungen das Alte Ägypten und das Volk Israel sind. Hier dient das kommunikative Gedächtnis als Kontrastfolie und erfährt nicht die gleiche Aufmerksamkeit. Kommunikatives Gedächtnis und kulturelles Gedächtnis werden als zwei unterschiedliche Register kollektiven Gedächtnisses verstanden; ersteres beruht auf Alltagskommunikation, während zweiteres an feste, über die Zeit vermittelbare Objektivationen gebunden ist. „Unter den Begriff kulturelles Gedächtnis", so Jan Assmann (1988, 15), „fassen wir den jeder Gesellschaft und jeder Epoche eigentümlichen Bestand an Wiedergebrauchs-Texten, -Bildern, -und -Riten, in deren ‚Pflege' sie ihr Selbstbild stabilisiert und vermittelt, ein kollektiv geteiltes Wissen vorzugsweise (aber nicht ausschließlich) über die Vergangenheit, auf das eine Gruppe ihr Bewußtsein von

Einheit und Eigenart stützt". Als solches ist es auf materielle Speicher angewiesen. Seine festen Inhalte und Deutungen werden über lange Zeit hinweg in wiederkehrender, ritualisierter Form und durch festgelegte, zeremonialisierte Abläufe abgerufen und bestätigt. Häufig ist diese Aufgabe spezialisierten kulturellen Eliten, im Fall des Alten Ägyptens etwa Priester:innen, vorbehalten. Im Gegensatz dazu umfasst das kommunikative Gedächtnis „Erinnerungen, die sich auf die rezente Vergangenheit beziehen. Es sind dies Erinnerungen, die der Mensch mit seinen Zeitgenossen teilt. [...] Dieser allein durch persönlich verbürgte und kommunizierte Erfahrung gebildete Erinnerungsraum", so Assmann (1992, 50), ist an seine Träger:innen gebunden und wandert mit der Abfolge der Generationen und deren Erfahrungs- und Erinnerungshorizont mit. Jener Prozess, in dem kommunikativ vermittelte Erinnerungen verloren gehen oder als Teil kulturellen Gedächtnisses überformt werden, nennt Vansina (1985, 23) „the floating gap" zwischen den beiden Erinnerungsrahmen (Barnes 1990 [1947]).

In der Assmann'schen Konzeption werden die „Vergangenheitsregister" (1992, 50) kommunikatives und kulturelles Gedächtnis über eine Reihe von Polaritäten voneinander abgegrenzt (Tabelle 2.1). Auf einer Ebene unterscheiden sie sich in ihrem Zeithorizont, was entweder den mitwandernden Zeithorizont der Zeitgenoss:innen von 80 bis 100 Jahren umfasst oder bis zu einer imaginierten Vorzeit reicht. Ein zweiter Zeithorizont verortet das kommunikative Gedächtnis im Alltag und damit in informellen, habitualisierten Zusammenhängen, während das kulturelle Gedächtnis außeralltäglich ist und seinen Platz an Festtagen in gestifteten, liturgisch begangenen, hochgradig reglementierten und wiederholt aufgeführten Ritualen hat. Damit ist ein Unterschied zwischen dem Profanen und dem Sakralen gemacht. Es ergibt sich zudem ein weiterer Kontrast zwischen individuellen lebensgeschichtlichen Erfahrungen *(recent past)* versus Ereignissen in individuell unzugänglicher, mythischer Vergangenheit *(distant past)*. In der damit bedingten Partizipationsstruktur besteht dann die Polarität zwischen einer diffusen Teilhabe am kommunikativen Erinnern, in dem zwar die Teilnehmenden unterschiedliche und verschieden umfangreiche Erinnerungen teilen, in dem sich aber keine Expert:innen vorrangig einbringen können. Dagegen ist die Teilhabe am kulturellen Gedächtnis differenziert und an Spezialist:innen geknüpft, beispielsweise an Gelehrte, Schriftkundige, Geistliche. Schließlich sind die beiden Formen durch ihre Medien voneinander geschieden: Hier stehen mündlich weitergegebene Erfahrungen und Hörensagen symbolisch kodierten und fixierten Objektivationen sowie rituellen Inszenierungen gegenüber.

Tabelle 2.1: Gegenüberstellung kommunikatives und kulturelles Gedächtnis (Assmann 1992, 56)

	Kommunikatives Gedächtnis	Kulturelles Gedächtnis
Inhalt	Geschichtserfahrungen im Rahmen individueller Biografien	mythische Urgeschichte, Ereignisse in einer absoluten Vergangenheit
Formen	informell, wenig geformt, naturwüchsig, entstehend durch Interaktion, Alltag	gestiftet, hoher Grad an Geformtheit, zeremonielle Kommunikation, fest
Medien	Lebendige Erinnerung in organischen Gedächtnissen, Erfahrungen und Hörensagen	feste Objektivationen, traditionelle symbolische Kodierung/Inszenierung in Wort, Bild, Tanz usw.
Zeitstruktur	80–100 Jahre, mit der Gegenwart mitwandernder Zeithorizont von 3–4 Generationen	Absolute Vergangenheit einer mythischen Urzeit
Träger	Unspezifisch, Zeitzeugen einer Erinnerungsgemeinschaft	Spezialisierte Traditionsträger

Mit Blick auf die mediale Differenzierung macht Jan Assmann (1992, 59) indessen deutlich, dass sie nicht in Eins fällt mit der Unterscheidung von Kulturen, die auf Mündlichkeit oder auf Schriftlichkeit basieren. Es kann davon ausgegangen werden, dass oral geprägte Kulturen auf die letztlich kognitiv-organische Gedächtnisleistung ihrer menschlichen Träger:innen angewiesen sind, während es in skripturalen Kulturen möglich wird, Erinnernswertes in mediale, zeichenbasierte Speicher auszulagern, diese in Archiven zu ordnen, zu bewahren und von dort bei Bedarf wieder abzurufen (Ong 2016). In der Konsequenz wird mündlich weitergegebenes Erinnern stets zeit- und ortsgebunden evoziert, während Schriftkulturen in der Lage sind, Aufzeichnungen über zeitliche und räumliche Distanzen zu transportieren (Goody 2000). Das jedoch bedeutet nicht, dass das kommunikative Gedächtnis diachron durch das kulturelle Gedächtnis abgelöst wurde bzw. wird, sobald Gemeinschaften in der Lage sind, ihre Erinnerungen aufzuzeichnen. Stattdessen existieren beide Register synchron nebeneinander, wobei Schriftkulturen für gewöhnlich über einen ausdifferenzierten Apparat an medienbasierten Mnemotechniken und Ausdrucksmitteln verfügen, dieser Unterschied aber hinsichtlich der kollektiven Erinnerungspraxis nicht unbedingt ein Defizit des kommunikativen Austauschs darstellen muss. Zudem laufen auch in Schriftkulturen zahlreiche Formen kulturellen Gedächtnisses kommunikativ ab und schriftlose Kulturen verfügen über Repertoires kommunikativer Überlieferung, die einen kommunikativen oder einen kulturellen Gedächtnisrahmen aufspannen. Mithin sind also kommunikatives und kulturelles Gedächtnis, wie Assmann (1992, 51) ausführt, „zwei Modi des Erinnerns, zwei Funktionen der Erinnerung und der Vergangenheit – ‚uses of the past‘, – die man zunächst einmal sorgfältig unterscheiden muß, auch wenn sie in der Realität einer geschichtlichen Kultur sich vielfältig durchdringen".

Dieser Umstand wird gerade angesichts umfassender Mediatisierungsprozesse evident: Kam kommunikatives Erinnern in Schriftkulturen stets nur zu einem geringen Teil ohne mediale Vermittlung aus, so prägt die durch Digitalisierung und Vernetzung nochmals intensiver werdende mediale Durchdringung aller Lebensbereiche und Gesellschaftssphären den Modus des Erinnerns auch jenseits von Schriftsprachlichkeit (van Dijck 2007; Couldry und Hepp 2016; Birkner 2019; vgl. auch Pentzold et al. in diesem Band). Stattdessen geraten die multimodalen sowie die visuell oder konzeptionell an Mündlichkeit orientierten Weisen des erinnerungsbezogenen Verständigens in den Fokus (Fraas 2004; Pentzold 2009; Pentzold et al. 2016a; Sommer 2018). Noch grundlegender spricht Wertsch (2002, 6) von der medialen Bedingtheit des kollektiven Erinnerns, das stets darauf angewiesen ist, ausgedrückt zu werden. Folglich gibt es kein sozial relevant artikuliertes Erinnern ohne eine oftmals mehrschichtige mediale Übertragung neu formulierter bzw. reformulierter bestehender Überlieferungen: „Memory – both individual and collective – is viewed as ‚distributed' between agents and texts, and the task becomes one of listening for the texts and the voices behind them as well as the voices of the particular individuals using these texts in particular settings".

Die Differenz beider Modi wird an verschiedenen Stellen mit dem metaphorischen Unterschied zwischen ‚flüssig' und ‚fest' greifbar gemacht (z. B. Assmann 1991; Assmann 1992, 58–59). Aleida Assmann (1995, 1999) spricht weiterführend auch von einem ‚bewohnten' Funktionsgedächtnis und einem ‚unbewohnten' Speichergedächtnis. In ihrem Verhältnis ergeben sich Dynamiken des Aktualisierens und Vergessens, wobei dem Funktionsgedächtnis die Aufgabe der selektiven, gegenwartsbezogenen Kommemoration von Gedächtnisinhalten zufällt, während das Speichergedächtnis als Ressource potenziell erinnerbare Inhalte umfasst, die in Kunst, Literatur, Medien, Museen oder Wissenschaft kuratiert und aufgehoben werden. Sie können zwar nicht in ihrer Gesamtheit, jedoch selektiert ins Funktionsgedächtnis übergehen, wo sie angeeignet und rekonfiguriert werden (Assmann und Assmann 1994). In dieser Hinsicht spricht Jan Assmann (1988, 13) vom „Modus der Potentialität als Archiv; als Totalhorizont angesammelter Texte, Bilder, Handlungsmuster" und weiter vom „Modus der Aktualität, als der von einer jeweiligen Gegenwart aus aktualisierte und perspektivierte Bestand an objektiviertem Sinn".

Die eingängige Gegenüberstellung zweier Formen kollektiven Erinnerns findet sich in einer Reihe erinnerungskultureller Konzepte wieder, etwa als *vernacular* und *official memory* (Bodnar 1992), als *lived* und *distant memory* (Hirst und Manier 2002) oder als *fluid* und *crystallized memory* (Pentzold 2009). Die populären Zweiteilungen sind jedoch problematisch, wenn dabei unklar bleibt, ob sie als kulturtheoretische oder als kulturgeschichtliche Kategorien zu verstehen sind. Auf konzeptueller Ebene können die Begriffspaare, wie Erll (2017, 110) erklärt, als Bezeichnungen für zwei voneinander verschiedene *modi memorandi* dienen und mit theoretischen Überlegungen zu differenzierten Weisen des Erinnerns und der Erinnerungsbezüglichkeit verbunden werden. Auf empirischer Ebene können damit aber auch lebensweltliche Phänomene gemeint sein, die als solche für eine historische Situation rekonstruierbar sind. Der Versuch, die abstrakten Kategorien auch empirisch aufzufinden, scheitert dann, so Erll (2017, 111), wenn die Modi auf konkrete temporal verschiedene, sozial etablierte oder materiell verankerte Sachverhalte zurückgeführt werden sollen. Ob ein Ereignis in Formen der Alltagskommunikation oder des Rituals erinnert wird, hängt so gesehen von der Wahl des Modus ab und nicht umgekehrt. So stellen sich die Kategorien kommunikativen und kulturellen Gedächtnisses als Optionen dar, die aufgegriffen werden können, um Erinnerungen im Rahmen des alltagsweltlichen Nahhorizonts oder des kulturellen Fernhorizonts zu artikulieren (Tabelle 2.2). „Das bedeutet", fasst Erll (2017, 111) zusammen, „dass in einem gegebenen historischen Kontext dasselbe Ereignis Gegenstand des kulturellen und des kommunikativen Gedächtnisses zugleich sein kann." Nicht die Zeitstruktur von erlebter und nicht-erlebter Vergangenheit oder der lineare Zeitverlauf sind dabei entscheidend, sondern das Zeitbewusstsein, um Ereignisse in unterschiedlicher Erinnerungsnähe oder Erinnerungsdistanz zu halten (Wodianka 2005).

Tabelle 2.2: Modi memorandi (Erll 2017, 114)

	Kommunikatives Gedächtnis	Kulturelles Gedächtnis
Zeitbewusstsein: Verortung des Ereignisses im	alltagsweltlichen Nahhorizont/ Dimension der ‚Lebenswelt'	kulturellen Fernhorizont/ Dimension des ‚Monuments'
Semantik: Deutung des Ereignisses als	Lebenserfahrung (erster oder zweiter Hand)	Ereignisse mit weitreichender Bedeutung für die gesamte kulturelle Formation
Funktionen der Erinnerung: Produktion von	gruppenspezifischem, sozialem Sinn	kultur- oder nationenspezifischem Sinn

Medien als Kommunikationstechnologien und institutionelle Systeme haben einen wichtigen Anteil daran, in welchem Modus Ereignisse erinnert werden (können) und wie Erinnerungen als kollektiv verbindlich gesetzt werden. Das mnemonische Potenzial von Nachrichtenmedien und dokumentarischen Formaten, aber auch von fiktionalen Aufarbeitungen historischen Geschehens, zeigt sich besonders bei einschneidenden Umbrüchen und Großereignissen wie 9/11 (Simpson 2006; Grusin 2010), dem Fall der Berliner Mauer (Sonnavend 2016), der Ermordung von John F. Kennedy (Zelizer 1992), oder auch beim Tod von Lady Diana (Seidler 2013). Als *media events*, so Dayan und Katz (1992), unterbrechen sie den Alltag; als erinnerungskulturelle Fixpunkte organisieren bzw. monumentalisieren sie öffentliches Erinnern und prägen auch die persönlichen Bezüge zu den vermittelten Ereignissen. Insbesondere das audiovisuelle Massenmedium Fernsehen schafft somit nicht nur die Möglichkeit weltweiter Aufmerksamkeit und Augenzeugenschaft, sondern es eröffnet auch die Rahmen, in denen ein Ereignis überhaupt erinnert werden kann. „Media events endow collective memory not only with a substance but with a frame: they are mnemonics for organizing personal and historical time. To members of the same generation, media events provide shared reference points, the sense of a common past, bridges between personal and collective history", so Dayan und Katz (1992, 212). Entsprechend ist beispielsweise das Erinnern an 9/11 nicht nur vom kommunikativen Erfahrungsaustausch unter Zeitgenoss:innen getragen, sondern wurde bereits kurz danach zum Gegenstand offiziellen Gedenkens, musealer Einrichtungen und baulich manifestierter Denkmäler sowie kommemorativer Erinnerungsarbeit, in denen sich biografische Geschichtserfahrungen verorten und einpassen (Hess und Herbig 2013). Diese Rückkopplung von Formen kultureller Gedächtnisstiftung und kommunikativer Erinnerungsarbeit hat, so ist anzunehmen, in der reflexiven Modernisierung an Geschwindigkeit gewonnen, wenn Lebensweisen und Orientierungen auch in Anbetracht medial angebotener Sinnvorräte beständig hinterfragt und revidiert werden (Giddens 1994; Levy 2010; Pentzold et al. 2016b). Andersherum weist Erll (2017, 113) darauf hin, dass auch weit zurückliegende Geschehnisse wieder Teil kommunikativen Erinnerns werden können, etwa wenn die Bibellektüre nicht als Überlieferung mit einer komplexen Redaktions- und Übertragungsgeschichte, sondern als lebendige Erfahrungsquelle wahrgenommen und an eigene Lebenserfahrung angeschlossen wird.

Indessen unterstreicht Levy (2010), dass die Modi kulturellen und kommunikativen Erinnerns nicht deckungsgleich sind und das öffentlich etablierte Gedächtnis nicht die eher privat stattfindenden mnemonischen Praktiken und Inhalte bestimme. Statt hegemonialer Verhältnisse und einer Dominanz institutionalisierter Erinnerungen, verdeutlicht insbesondere die kommunikationswissenschaftliche Aneignungsforschung in der Tradition der Cultural Studies einerseits den Eigensinn der Mediennutzer:innen, andererseits die Polysemie der medialen Angebote selbst (Fiske 1989; Winter 2001; Göttlich 2006; Pentzold und Lohmeier 2020). Weder lassen sich medial produzierte und vermittelte Erinnerungsformate und -inhalte stets auf eine eindeutige Weise lesen und verstehen, noch findet eine geradlinige Umsetzung in Überzeugungen, Wissensstand und Erfahrungen der Publika statt. Vielmehr eröffnen sich gerade im Abgleich von familiären und persönlichen Erinnerungserfahrungen und -erzählungen Möglichkeiten eigenständiger, kreativer, aber auch widerständiger Lesarten der angebotenen erinnerungskulturellen Deutungen und es ist fraglich, wieviel Aufmerksamkeit und Verbindlichkeit von scheinbar kollektiven Positionen eingefordert werden kann (Welzer et al. 2008). So gibt Kansteiner (2002, 193) zu bedenken: „The more ‚collective' the medium (the larger its potential or actual audience), the less likely it is that its representation will reflect the collective memory of that audience". In diesem Zusammenhang postuliert Levy (2010, 100) – mit direktem Verweis auf kommunikationswissenschaftliche Methoden und Einsichten der Medienrezeptionsforschung – einen „mnemonischen ‚Analphabetismus'". Er zeige sich darin, dass die von gesellschaftlichen Eliten, von Medien, Bildungseinrichtungen und Kulturinstitutionen vorausgesetzten Interpretationsmuster und Symboliken nicht selbstverständlich auch von der Bevölkerung getragen oder überhaupt gekannt werden.

3. Sozialtheoretische Vertiefung: Kommunikatives Erinnern zwischen Institutionalisierung und Pluralisierung

Die Feststellung, dass Erinnern kommunikativ objektiviert und geformt wird, eröffnet zwei auf den ersten Blick entgegengesetzte Fragenkomplexe. In eine Richtung ist zu erklären, in welchen kommunikativen Handlungen der Modus des kommunikativen Erinnerns abläuft, wie sich diese herausbilden und auch als Handlungsmuster kollektiv geteilt werden. Wie kann, anders gefragt, die Verstetigung und Durchsetzung von mnemonischen Praktiken verstanden werden, die nach Olick (2010, 158) solche Tätigkeiten umfassen wie „reminiscence, recall, representation, commemoration, celebration, regret, renunciation, disavowal, denial, rationalization, excuse, acknowledgment, and many others"? In eine andere Richtung ist zu erörtern, was daraus folgt, dass Erinnerungen nicht monolithisch und verbindlich sind, sondern sich in kulturell, ethnisch und religiös pluralen Konstellationen, die nicht unbedingt an nationale Grenzen gebunden sind, aufsplittern und dynamisch ausdifferenzieren (Olick und Robbins 1998). Während in der Tradition von Halbwachs Gruppenidentität und kollektives Erinnern konzeptuell eng miteinander verkoppelt wurden, erodiert in Gegenwartsgesellschaften dieses Bedingungsverhältnis bzw. rekonfigurieren sich Prozesse erinnerungsbezogener Vergemeinschaftung und Vernetzung unter Verhältnissen global ungleicher, medial getragener Erinnerungsinteressen und -konkurrenzen (Erll 2017, 114–117).

3.1 Formen und Ebenen kommunikativen Erinnerns

Kommunikatives Erinnern tradiert und aktualisiert nicht nur Inhalte über Zeit, es habitualisiert auch Formen des erinnerungskulturellen Vergegenwärtigens. Deshalb unterscheidet Connerton (1989) zwischen *inscribing practices* und *incorporating practices*, wobei erstere das Anfertigen medialer Repräsentation, zweitere die korporeale Einübung von Wissen bzw. Können in Bezug zu Vergangenheit umfassen. Mithin sind körperlich verankerte und ausgeführte, medial und material bedingte Praktiken sowohl Träger als auch selbst Bestandteil des kollektiven Gedächtnisses (Wetzel 2016). Um die habitualisierte und inkorporierte Ebene des Erinnerns zu unterstreichen, prägt Schatzki (2010, 219–220) den Begriff des „practice memory", also „a person's memory of how to do something. It is the continuing presence of an ability acquired in the past, not knowledge, belief, or thought about the past". Kommunikative Erinnerungspraktiken sind jedoch nicht nur individuell, sondern sie sind sozial geteilt und reglementiert und sie konstituieren gerade durch ihren Gebrauch, durch Weitergabe und Verregelung erinnerungskulturelle Praxisgemeinschaften (Wagner-Pacifici 1996). Eindrucksvoll zeigt dies zum Beispiel die Entwicklung, Fortdauer und Umgestaltung von Mnemotechniken (*ars memoriae*) in Kunst und Literatur seit der Antike (Carruthers 1990; Yates 2011 [1966]). Diese bestimmen nicht nur die handlungspraktische Umsetzung, wie Erinnern geschieht, sondern sie prägen bis in die Gegenwart grundlegende gesellschaftliche Wissensordnungen und intertextuell wiederkehrende und abgewandelte Topoi (Erll 2017, 60–66; Hutton 1993).

Aus wissenssoziologischer Perspektive kann das in Mustern sich vollziehende und weitergetragene Erinnern über Stufen der Externalisierung, Objektivation und Sedimentierung begriffen werden. Dazu greift Berek (2009) auf das Konzept des Wissensvorrats zurück, der nach Berger und Luckmann (1980 [1966]) sowie Schütz (1993 [1932]) den Bestand individuell-biografischer sowie sozial-gruppenbezogen sedimentierter Objektivationen darstellt. In Objektivationen äußern sich Erfahrungen und Überzeugungen, wobei Symbolsysteme, allen voran Sprache, absichern sollen, dass diese intersubjektiv geteilt und verstanden werden können. Objektivationen sind also externalisierter, explizit gemachter und somit in andere zeitliche oder räumliche Kontexte transferierbarer Sinn. „Im gesellschaftlichen Bereich ‚vergegenwärtigt‘ mir Sprache nicht nur Mitakteure und Zeitgenossen, die zur Zeit abwesend sind, sondern auch Mitmenschen aus der Vergangenheit, sei sie Erinnerung oder Rekonstruktion", fassen Berger und Luckmann (1980 [1966], 41) zusammen. Dass subjektiv gemachte Eindrücke und Erlebnisse ausgedrückt werden, ist Bedingung für die Formierung kollektiver Wissensvorräte, die als Teil der objektiven sozialen Wirklichkeit wahrgenommen werden und Orientierung stiften. Diese sind wiederum mehr als die Summe einzelner manifestierter Wissenselemente, sondern ihre Struktur formt sich gemäß übersubjektiver Relevanzen und Typisierungen (Dimbath und Heinlein 2014, 2015, dort 167–198). Zeichensysteme und ihre medialen Träger sind nicht nur wichtig, damit Sinnbestände geäußert und gleichsam vergegenständlicht werden; ohne sie ist auch die Weitergabe über Generationen hinweg nicht machbar. „Intersubjektive Erfahrungsablagerungen", so nennen Berger und Luckmann (1980 [1966], 72) diese Sedimentierung, „können erst dann als gesellschaftlich bezeichnet werden, wenn ihre Objektivation mit Hilfe eines Zeichensystems vollzogen worden ist [...] Nur dann besteht die Wahrscheinlichkeit, daß solche Erfahrungen von Generation zu Generation und von Gesellschaft zu Gesellschaft überliefert werden".

Aus dieser Perspektive grenzt das Konzept des kollektiven Gedächtnisses, wie es in der Tradition von Halbwachs konzipiert werden kann, über seinen retrospektiven Bezug einen Teilbereich des allgemeinen Wissensvorrats ab. So erklärt Berek (2014, 46–47): „Gedächtnis kann [...] als derjenige Teil des Wissensvorrats verstanden werden, der sich mit der Vergangenheit befasst. Zum Gedächtnis gehören all jene Wissenselemente, mit denen Ereignisse und Erfahrungen der Vergangenheit repräsentiert werden – und zwar auf der Basis gegenwärtiger Relevanzen, Einstellungen und Motive, deren Ziele und Pläne durchaus auch in die Zukunft reichen können". Geschieht die Repräsentation kommunikativ, dann folgt sie Mustern, die etwa erzählerische Konventionen, dramaturgische Schemata und erwartbare Verknüpfungen von zum Beispiel textuellen, visuellen, audio oder audiovisuellen Bestandteilen vorgeben.

Prinzipien der Gestaltung und Durchführung gehen häufig einher mit Erwartungen bezüglich der Kommunikationsrollen sowie der damit etablierten Beziehungsgefüge.

Entsprechende Muster können mit Luckmann (1986, 202) als kommunikative Gattungen verstanden werden. Sie sind „mehr oder minder wirksame und verbindliche ‚Lösungen' von spezifischen kommunikativen ‚Problemen'". In kommunikativen Gattungen verfestigen sich Verlaufsstrukturen und Teilnehmendenkonstellationen, die in konkreten Kommunikationssituationen realisiert werden können. Erinnerungskulturell gewendet nutzen Knoblauch und Günthner (1995) den Begriff der rekonstruktiven kommunikativen Gattungen um darauf hinzuweisen, dass kommunikatives Erinnern ebenfalls auf verfestigte Formen kommunikativen Handelns zurückgreift, durch welche semantische Erinnerungsbezüge hergestellt werden und durch welche Erinnerungspraxis sozial sichtbar wird. Knoblauch (1999, 734–735) kommt auf diesem Weg zu einer begrifflichen Neujustierung, wenn er erklärt, dass kommunikatives Gedächtnis meint, „daß sich Erinnern im kommunikativen Handeln objektiviert". Bedingung kollektiven Erinnerns ist demnach seine zeichenhafte Objektivierung, die stets prozesshaft und rekonstruktiv erfolgt und in den Bahnen kommunikativer Gattungen verläuft. Auf diese Weise verschränken sich mikrostrukturell ablaufende Tätigkeiten mit makrostrukturellen Deutungs- und Handlungsmustern und sind nicht, wie in Luhmanns (1997) oder Espositos (2002) systemtheoretischen Modellen angedacht, voneinander zu trennen.

Wenngleich die Verschränkung von individuellem und kollektivem Erinnern schon bei Halbwachs (1985 [1925], 1991 [1950]) und somit in den Anfängen des sozialwissenschaftlich geprägten Nachdenkens über gesellschaftliches Gedächtnis und Erinnerungspraktiken angelegt war, ist ihr Zusammenhang noch immer erklärungsbedürftig. Daher resümieren Keightley, Pickering und Bisht (2019, 17): „we still know surprisingly little about the ways in which collective memory operates, or rather how individuals and collectives interact in processes and practices of remembering". Ansätze, die versuchen, diese Vorgänge letztlich auf psychologische Abläufe zurückzuführen, verfehlen die Eigengesetzlichkeit sozial ablaufender Prozesse, in denen Erinnerungsbezüge konstruiert, repräsentiert und rezipiert werden (Olick 1999; Kansteiner 2002). Und wiederum die Ansätze, welche die kollektive und individuelle Ebene des Erinnerns einbeziehen, halten häufig an einer dichotomen Trennung von offiziellem, öffentlichem und gemeinschaftlichem Gedächtnis einerseits und privatem, individuellem Gedächtnis andererseits fest. Für Keightley und Kollegen (2019) entgeht ihnen damit, dass Erinnerungsprozesse auf beiden Ebenen nicht spiegelbildlich zueinander stattfinden und sie übersehen den Meso-Level von organisationalen *memory agents*, etwa Museen, NGOs oder auch Medienorganisationen und dort arbeitende Akteure wie Journalist:innen (Kitch 2005; Zelizer und Tenenboim-Weinblatt 2014; siehe auch Kitch, *in diesem Band*). Diese verfügen über andere Möglichkeiten, erinnerungswürdige Inhalte zu mobilisieren und vergangenheitsbezogene Deutungen zu verbreiten und durchzusetzen als Personen ohne Zugang zu den entsprechenden kulturellen, materiellen und sozialen Ressourcen.

Um das Zusammenwirken der unterschiedlichen Dimensionen zu erfassen, schlagen Keightley und Kollegen (2019, 18) vor, den Fokus auf das „interscalar movement" zu legen und damit auf die untereinander rückgekoppelten Austausch- und Bedingungsverhältnisse der Mikro-, Meso- und Makroebenen. Bezugnahmen zwischen den Skalen erfolgen durch das Aktualisieren und durch Darstellungen eigener Erfahrungen in Relation zu anderen und durch das Virtualisieren, bei dem diese Erfahrungen auch ins Verhältnis zu verfügbaren, durch kulturelle Einrichtungen, Medien und öffentliche Institutionen vermittelten mnemonischen Referenzen gestellt werden. Dafür schlagen sie den Begriff der „mnemonic imagination" (26) vor – „the process that enables us to shuttle back and forth between our own experience and that of others in the process of remembering, and in doing so move across and between individual, collective and cultural scales". Dieser Prozess verlaufe in erster Linie kommunikativ und damit als Ausdrucks- und Verständigungsvorgang, bei dem persönliche Perspektiven und vermittelte Darstellungen zueinander in Beziehung gebracht werden (Keightley und Pickering 2012).

3.2 Differenzierung kommunikativen Erinnerns

Kommunikativ artikulierte und zugänglich gemachte Erinnerungen stiften Identität, sowohl auf individueller wie kollektiver Ebene und im Erinnern formieren sich Gruppenzugehörigkeiten und gemeinschaftliche Lebensweisen, Deutungsmuster und Normen. Zum aggregierten gemeinsamen (*common*) Erinnern kommt nach Margalit (2002) die ethische Dimension des kommunikativ geteilten (*shared*) Erinnerns. Über das Faktum der gemeinsamen Erfahrung, ein bestimmtes Ereignis individuell erlebt zu haben, kommt die Forderung des Abgleichs dieser Erlebnisse in eine geteilte Version.

Mag indes die Herstellung geteilter Erinnerung wünschenswert sein, so scheint ihre praktische Umsetzung zusehends schwieriger bzw. ist es überhaupt trügerisch anzunehmen, dass sich in der Vergangenheit mnemonische Bezüge natürlicher oder organischer ergeben hätten. Im Gegensatz finden sich schon im 19. Jahrhundert Versuche, nationale Traditionen zu stiften und sie in Kontinuität zu einer vermeintlichen, nachträglich arrangierten Historie zu setzen (Hobsbawm und Ranger 1983; Olick 2003). Angesichts unüberblickbarer Unsicherheiten, der Auflösung von Traditionen und der Überschreitung nationalstaatlich definierter Erinnerungsräume ergeben sich Ungleichzeitigkeiten, die sich auch auf den Umgang mit historischer Erfahrung auswirken. Nach Gross (2000) können wir eine absolute Ungleichzeitigkeit (*absolute noncontemporaneity*), bei der Vergangenheit nur durch materiale Überbleibsel und Textzeugnisse zugänglich ist, von einer relativen Ungleichzeitigkeit (*relative noncontemporaneity*) unterscheiden, die durch veraltete, aber immer noch re-aktivierbare Vorstellungen und Kulturtechniken abgerufen werden kann. Darüber hinaus finde sich noch eine andauernde Ungleichzeitigkeit (*enduring noncontemporaneity*), also ein Zustand, in dem mehrere Lebensformen und Sinnmuster nebeneinander existieren, wobei sie nicht als gleich gegenwartsaktuell wahrgenommen werden, sondern als unterschiedlich progressiv, anachronistisch oder unzeitgemäß. Es ist also die Gleichzeitigkeit des Ungleichzeitigen (Koselleck 2000; Landwehr 2012). In diesen multiplen zeitlichen Ordnungen – Erll (2017, 115) spricht von synchroner und diachroner Pluralität – kommt es zur Fragmentierung und Pluralisierung kollektiver Gedächtnisse – weder sind sie durch Nationalgrenzen gebunden, noch kann davon ausgegangen werden, dass sich Individuen einer hegemonialen mnemonischen Sicht verschreiben. Vielmehr existieren diverse Erinnerungsinhalte und -formen nebeneinander und es können flexible und reversible Bezüge zur Vergangenheit hergestellt werden (Levy 2010).

Zu fragen ist dann, welche Versionen von Erinnerungen noch Verbindlichkeit beanspruchen können und wie deren Gültigkeit gegen konkurrierende Erinnerungsinteressen kommunikativ zu legitimieren und durchsetzen ist (Blair 2006). Solche Fragen stellen sich noch nachdrücklicher, wenn transkulturelle Erinnerungskontexte in den Blick geraten (siehe Kyriakidou; Seuferling; Garde-Hansen, alle in diesem Band). Die Studien zum postkolonialen, postimperialen oder diasporischen Erinnern zeigen, dass die damit benannten Weisen des Vergegenwärtigens zwar auf mehreren Ebenen von Konflikten geprägt sind, dass sie aber darüber hinaus ein weites Feld an Formen der Bezugnahme, Aneignung und Entgrenzung umfassen (Craps 2011; Silverman 2013; Erll und Rigney 2018). In dieser Hinsicht diskutieren zum Beispiel Levy und Sznaider (2007) die Entkontextualisierung des Holocaust als Form des kosmopolitischen Erinnerns und Rothberg (2009) schlägt den Begriff des *multidirectional memory* vor, um zu erklären, wie Vergangenheitsbezüge nicht nur konträr gegen andere Vergangenheitsbezüge stehen müssen, sondern wie kommunikativ geteilte Erinnerungen in anderen Erinnerungen aufgegriffen und adaptiert werden. Diese wären, so Rothberg (2009, 15), „multidirectional, as subject to ongoing negotiation, cross-referencing, and borrowing". An dieser Stelle ist die Feststellung wichtig, dass diese kulturell produktiven, kommunikativ etablierten bzw. ausgehandelten Verbindungen überwiegend auf mediale Vermittlung angewiesen sind. Dadurch wird es möglich, über die Grenzen eigenen Erlebens hinaus andere Vergangenheiten und daran geknüpfte Erinnerungen aufzugreifen und modifiziert zum Teil eigenen Erinnerns werden zu lassen. Landsberg (2004, 2) nennt dies „prosthetic memory", bei dem Erinnerungen zweiter Hand, die medial aufbereitet und verbreitet wurden, zu Elementen subjektiv getragener und empfundener Vergangenheit werden. Hirsch (2012, 21) spricht ähnlich gelagert von *connective memory* und einem beispielsweise über Fotografien und den von diesen *cues* geknüpften Kommunikationsakten realisierten *postmemory*. Darin vermitteln sich (traumatische) Erinnerungen über Generationen hinweg und prägen Selbstbezüge, Sozialverhältnisse und Weltsicht.

Grundlegend stellt sich die Herausforderung, die Möglichkeitsbedingungen sozial geteilter und sozial gültiger Erinnerungen in der Gegenwart zu umreißen. Für Knoblauch (1999, 735) ist in den gesellschaftlichen Transformationsbewegungen der Individualisierung und Enttraditionalisierung die Auflösung kollektiv verbindlicher Gedächtnisse angelegt, die vermehrt von Erinnerungsinteressen und den darauf bezogenen Aushandlungsprozessen abgelöst werden. Kollektives Gedächtnis verlagere sich so „aus den statischen Institutionen des tradierten Wissens in die dynamischen Prozesse der Kommunikation". Dieser „Strukturwandel des kommunikativen Gedächtnisses" (Knoblauch 1999, 735) wird nicht durch den Medienwandel determiniert, sondern er geht auf die Veränderung kommunikativer Praktiken zurück, die jedoch wiederum nicht losgelöst von medientechnologischen Entwicklungen sind (Pentzold und Menke 2020). Während also Halbwachs noch davon ausging, dass auch größere soziale Konstellationen Kollektivgedächtnisse ausbilden und umgekehrt jene ein Aspekt ihrer Formation sind, löst sich dieser Zusammenhang durch die Differenzierung gesellschaftlicher Handlungsbereiche und der Vervielfältigung von Lebensstilen auf. Demgegenüber konstatieren Sebald und Weyand (2011) die Zunahme von partikularen, bereichs- oder handlungsfeldspezifischen Gedächtnissen, die mit der Pluralisierung und Überlappung von Erfahrungsräumen auch innerhalb von Generationen einhergeht. Ebenso verweisen sie darauf, dass es keine enge Kopplung von erinnerungsbezogenen Medieninhalten und Rezeptionsmustern gibt, sondern eher eine Bandbreite an kongruenten bis divergenten Aneignungsformen besteht.

Dass Vergegenwärtigungen aber nicht beliebig sind, sondern auch gegenwärtig Auseinandersetzungen um korrekte Deutungen stattfinden, kommt für Sebald und Weyand (2011, 183–184) bei der Frage nach Authentizität zum Tragen. Wenn die sachliche Angemessenheit von Rekonstruktionen und ihre Nähe zur historischen Erfahrung erklärt werden, dann geht es darum, bestimmte Deutungen als zutreffend durchzusetzen. Diese Vorgänge des Tradierens und Verhandelns finden wiederum unter den Formationsbedingungen kommunikativer Gattungen statt, wobei Sebald und Weyand (2011, 184–186) hier Erzählungen, d.h. „mehr oder weniger kohärente Darstellungen eines vergangenen Erfahrungszusammenhangs" (185), von Diskursen als „argumentative Aussagen unterschiedlicher Akteure und Institutionen in thematischer Hinsicht gemäß eigenlogischen Regeln gebündelt" (185) unterscheiden. Beide prägen Modi des kommunikativen Verarbeitens, Präsentierens und Weitergebens von Erinnernswertem. Die dadurch eröffneten Rahmen ermöglichen, dass auch unter den Bedingungen stark ausdifferenzierter Handlungsbereiche und Deutungsrahmen Erinnerungen anschlussfähig geteilt werden können (Sebald 2014).

4. Rekonfiguration: Kommunikatives Erinnern in digital vernetzten Medien

Die begriffliche Unterscheidung von kulturellem und kommunikativem Gedächtnis ist nicht nur konzeptuell problematisch und durch gesellschaftliche Entwicklungen überholt – auch durch den medientechnologischen Wandel hin zu digitalen, vernetzten Kommunikationsdiensten und Plattformen verwischen die Grenzen zwischen beiden erinnerungskulturellen Registern. Die zunehmende mediale Durchdringung aller Lebensbereiche und Arbeitskontexte, also die „mediation of everything", wie Livingstone (2009, 1) schreibt, entzieht bestehenden terminologischen Unterscheidungen ihre Plausibilität und führt zugleich vor Augen, wie eng solche Kategoriepaare, zum Beispiel körperlich internalisiertes versus medial externalisiertes Gedächtnis oder private versus öffentliche Erinnerungen, mit den gegebenen medialen, vor allem massenmedialen Bedingungen verquickt waren (Neiger et al. 2011). Daher nennt van Dijck (2007, 15) sie „fallacious binary oppositions" und verweist dagegen auf die grundsätzliche, und im Zuge fortschreitender Mediatisierungsprozesse rekonfigurierte, mediale Ermöglichung und Bedingung von Erinnerung, die nicht klar in kulturelle oder kommunikative Modi separiert werden kann. Sie schlägt stattdessen vor, von „mediated memories" zu sprechen als „activities and objects we produce and appropriate by means of media technologies, for creating and re-creating a sense of past, present, and future of ourselves and in relation to others" (21). Mediatisiertes Erinnern, in welchem Medientechnologien und kommunikative Formate Konstitutionsbedingungen und nicht bloße Hilfsmittel sind, macht es nötig, die Verhältnisse zwischen individuell und kollektiv realisierten Erinnerungsbezügen, zwischen vergangenheitsorientierter Selbstvergewisserung und Vergemeinschaftung sowie zwischen unterschiedlich öffentlichen Formen der Erinnerungskommunikation neu zu bestimmen (Hajek et al. 2016).

Waren also mnemonische Konzepte, wie sie zu Beginn des 20. Jahrhunderts formuliert wurden, eng mit der Durchsetzung von Massenmedien wie Presse, Kino, Radio und Fernsehen verbunden, so erfordert der Aufstieg des Internets und davon ausgehender Dienste sowie die ubiquitäre Nutzung mobiler Medien eine Umorientierung. In diesem Sinn erklärt Hoskins (2018, 85–86): „Collective memory [...] needs upgrading in light of the digital's ushering in of much more complex dialogic modes of communication undermining previous configurations of individual-group-societal relations, and the forging of new flexible community types". Bildeten sich Erinnerungskollektive vormals entlang der gemeinsamen Orientierung an massenmedial transportierten und produzierten Medienereignissen, so erodieren diese zeitlich synchronen, durch privilegierte Kanäle organisierten Kollektiverfahrungen.

In medialer Hinsicht werden sie ergänzt durch automatisierte, algorithmisch gesteuerte Mechanismen des Erfassens, Auswertens, Kuratierens, Moderierens und Personalisierens von Informationen und Botschaften (van Dijck et al. 2018). In erinnerungskultureller Hinsicht bedeutet dieser Wandel, dass sich die Rollenzuordnung von Produzent:innen und Rezipient:innen der Erinnerungskommunikation modifiziert. Ihre Erfahrungen mit und ihre Beteiligung am kollektiven Gedächtnis organisiert sich nicht mehr so sehr über aktive Erzeugung von Inhalten und passiv gedachter Zuschauerschaft, sondern über die ungleichen Teilnahmemöglichkeiten und die vielfältige Teilnahmepraxis an der telekommunikativen, vernetzten Vergegenwärtigung von Vergangenheit (Garde-Hansen et al. 2009; Lohmeier und Pentzold 2014; Birkner und Donk 2020; Prey und Smit 2018; Sebald und Döbler 2019; Neiger 2020). Um diese Verschiebung deutlich zu machen, spricht Hoskins (2018, 86) vom „memory of the multitude", das durch technologische und soziale Konnektivität, nicht aber durch traditionelle Formen der Kollektivität charakterisiert wäre. Was das bedeutet, erklärt Hoskins (2011, 272) an anderer Stelle so: „Memory is not in this way a product of individual or collective remembrances, but is instead generated through the flux of contacts between people and digital technologies and media". Diese Rekonfiguration von kommunikativen und damit auch erinnerungskulturellen Bezügen und Beteiligungsweisen ist nicht mit der Auflösung kollektiv verbindender und verbindlicher Erinnerungen gleichzusetzen. Zu den traditionellen Institutionen und Akteuren der Aufarbeitung von Vergangenheit kommen aber neue hinzu, prominent in Gestalt von Plattformen und transnational emergierenden, nur lose organisierten ad-hoc Bewegungen (Kaun 2016; Smit et al. 2018; Merrill et al. 2020). Auch die hier gebrauchten Dienste und Anwendungen aggregieren und kanalisieren Darstellungen und Berichte; sie folgen aber im Vergleich zu den Agenden von Massenmedien und bestehenden Institutionen kollektiven Erinnerns anderen, an messbarer Aufmerksamkeit und quantifizierbarem Engagement orientierten Kriterien (siehe Menke und Birkner, in diesem Band).

Grundlage hierfür ist die mehrfache archivalische Funktion von digitalen vernetzen Kommunikationsmedien. Die heute populären Plattformen der Big Five (Alphabet-Google, Facebook, Apple, Amazon und Microsoft) sowie die chinesischen Pendants (Tencent, Alibaba, Baidu und JD.com) formen eine umfassende Infrastruktur, durch welche nicht nur große Teile der Kommunikation und jegliche Art von Transaktion stattfinden. Ihr Potenzial liegt eher in der permanenten Aufzeichnung, Akkumulation sowie fortwährenden Auswertung und Reorganisation der erzeugten Datenmengen. Um eine Unterscheidung von Garde-Hansen (2011, 72) aufzugreifen, kann gesagt werden, dass digitale Medien erstens Archive vergangener Aktivitäten schaffen. Als archivalische Instrumente und gewaltige kommerzielle Repositorien kommt ihnen eine machtvolle Position im Prozessieren und Vermitteln sozial relevanter Erinnerung zu. Zweitens sind digitale Medien selbst-archivierend. Als „system that is permanently archiving presence" (Ernst 2018, 144) sind sie nicht nur bloße Leiter, sondern alle von ihnen erfassten Daten werden auch gespeichert, verwertet und rekombiniert. Schließlich sind digitale Medien auch kreative Archive oder „rogue archives", wie De Kosnick (2016) sie nennt; sie ermöglichen Nutzenden, sich mit medialen Zeugnissen ihrer Vergangenheit bzw. ihnen zugänglich gemachten Materialien aufgezeichneter Ereignisse auseinanderzusetzen, wobei diese affirmative oder kritische Beschäftigung von reproduktiver Wiederholung bis kreativer Umgestaltung reichen kann. Dazu gehören beispielsweise die Facebook Memories-Funktionen wie „On this day" oder die Timehop App, die Einträge und Material aus anderen Plattformen und Diensten rückblickend am jeweils passenden Kalendertag hervorholen und dazu einladen, erneut diese *memories* aufzugreifen und wieder Teil von Kommunikations- und Bewertungsvorgängen werden zu lassen (Hoskins 2016).

Die dauerhafte Verfügbarkeit und Reaktualisierbarkeit von Datenspuren steigert deren mnemonisches Potenzial. Gewiss: nicht alle Postings und Kommentare, Bilder oder Videos werden mit explizit mnemonischer Absicht gespeichert und geteilt. Sie stehen jedoch für Erinnerungsarbeit beständig zur Verfügung und werden zudem durch entsprechende Features der Plattformen in retrospektive Kontexte gestellt, in den persönliches und gesellschaftliches Erinnern miteinander in Beziehung gesetzt werden (Holloway und Green 2017; Lohmeier und Böhling 2017). „Products of memory [...] are rarely the result of a simple desire to produce a mnemonic aid or capture a moment for future recall", erklärt dazu van Dijck (2007, 7) und sie fährt fort: „Instead, we may discern different intentions in the creation of memory products: we can take a picture just for the sake of photographing or to later share the photographed moment with friends". Mnemonische Bezüge sind also nicht gegeben, sondern sie werden medial induziert und müssen aktiv hergestellt werden. Datenbanken bilden folglich keine Archive, in denen Informationen gleich sichtbar oder gleich verfügbar abgelegt vorliegen. Ihre Relevanz, Präsenz und Präsentation werden durch das Ineinandergreifen von Selektions-, Filter- und Evaluationsprozessen auf technologischer Seite und Nutzer:innenseite bestimmt (Gehl 2011). Weil dabei Erinnerungsbezüge nicht nur absichtlich und geplant sind, sondern sich auch zufällig und unvorhergesehen ergeben, spricht Schwarz (2014, 7) von „neighborly relations" des Teilens und Ausleihens potenziell erinnerungswürdiger Inhalte, mittels derer Nutzende datenbankvermittelt mit Vergangenheit zu tun bekommen werden und daran wiederum kommunikativ anknüpfen können. Ähnlich verweist Hoskins (2018, 92) auf das „accumulative digital potenial to return (and also transform) past personal, semi-public and public relations through the unforeseeable re-activation of latent and semi-latent connections of shadow archives". Darunter müssen nicht nur positive Reaktionen auf frohe Erinnerungen fallen – algorithmisch ermittelbare Relevanz kann ebenso dazu führen, dass Nutzende mit wichtigen, weil häufig bewerteten, geteilten oder kommentierten, aber schmerzhaften Inhalten konfrontiert werden (Humphreys 2018).

In diesem Kontext verschwimmen schließlich auch die Grenzen zwischen Funktions- und Speichergedächtnis, gerade weil die reziproken Vorgänge des Archivierens und Aktualisierens sich dynamisch vollziehen und ein fast unumgänglicher Aspekt von Kommunikation geworden sind. An die Stelle von zwar durchlässigen, aber voneinander über zeitliche, materiale und soziostrukturelle Register getrennten Modi des kommunikativen und kulturellen Erinnerns treten Erinnerungspraktiken, die rekursiv mit Datenbeständen und daraus aktualisierten Fragmenten umgehen.

5. Literatur

Abrams, Lynn. *Oral History Theory*. New York: Routledge, 2010.
Assmann. Aleida. „Funktionsgedächtnis und Speichergedächtnis – Zwei Modi der Erinnerung". *Generation und Gedächtnis*. Hg. Kristin Platt, und Mirhan Dabag. Opladen: Leske + Budrich, 1995. 169–185.
Assmann, Aleida. *Erinnerungsräume. Formen und Wandlungen des kulturellen Gedächtnisses*. München: C.H. Beck, 1999.

Assmann, Aleida. „Vier Formen des Gedächtnisses". *Erwägen, Wissen, Ethik* 13.2 (2002): 183–190.

Assmann, Aleida. *Der lange Schatten der Vergangenheit.* München: C.H. Beck, 2006.

Assmann, Aleida. *Geschichte im Gedächtnis. Von der individuellen Erfahrung zur öffentlichen Insze-nierung.* München: C.H. Beck, 2007.

Assmann, Aleida, und Jan Assmann. „Das Gestern im Heute. Medien und soziales Gedächtnis". *Die Wirklichkeit der Medien.* Hg. Klaus Merten, Siegfried J. Schmidt, und Siegfried Weischenberg. Opladen: Westdeutscher Verlag, 1994. 114–140.

Assmann, Jan. „Kollektives Gedächtnis und kulturelle Identität". *Kultur und Gedächtnis.* Hg. Jan Assmann, und Tonio Hölscher. Frankfurt a. M.: Suhrkamp, 1988. 9–19.

Assmann, Jan. *Das kulturelle Gedächtnis. Schrift, Erinnerung und politische Identität in frühen Hoch-kulturen.* München: Beck, 1992.

Bal, Mieke, Jonathan Crewe, und Leo Spitzer (Hg.). *Acts of Memory: Cultural Recall in the Present.* Hanover: University Press of New England, 1999.

Barnes, John A. „Structural amnesia". *Models and Interpretation.* Selected Essays. Hg. John A. Barnes. Cambridge: Cambridge University Press. 227–229 (Original 1947).

Bellah, Robert, Richard Madsen, William M. Sullivan, Ann Swidler, und Steven M. Tipton. *Habits of the Heart.* Berkeley: University of California Press, 2007 (Original 1985).

Berek, Mathias. *Kollektives Gedächtnis und die gesellschaftliche Konstruktion der Wirklichkeit.* Wiesbaden: Harrassowitz, 2009.

Berek, Mathias. „Gedächtnis, Wissensvorrat und symbolische Form". *Die Sozialiät des Erinnerns.* Hg. Oliver Dimbath, und Michael Heinlein. Wiesbaden: SpringerVS, 2014. 39–58.

Berger, Peter L., und Thomas Luckmann. *Die gesellschaftliche Konstruktion der Wirklichkeit.* Frankfurt a. M.: Fischer, 1980 (Original 1966).

Bietti, Lucas M. *Discursive Remembering.* Berlin/New York: de Gruyter, 2014.

Birkner, Thomas. *Medialisierung und Mediatisierung.* 2. Aufl. Baden-Baden: Nomos, 2019.

Birkner, Thomas, und André Donk. „Collective Memory and Social Media". *Memory Studies* 14.4 (2020): 367–383.

Blair, Carole. „Communication as Collective Memory". *Communication as ... Perspectives on Theory.* Hg. Gregory J. Shepherd, Jeffrey St. John, und Ted Striphas. London: Sage, 2006. 51–59.

Bodnar, John. *Remaking America: Public Memory, Commemoration, and Patriotism in the Twentieth Century.* Princeton: Princeton University Press. 1992.

Burkey, Brant. „Repertoires of Remembering: A Conceptual Approach for Studying Memory Practices in the Digital Ecosystem". *Journal of Communication Inquiry* 44.2 (2020): 178–197.

Carruthers, Mary. *The Book of Memory. A Study of Memory in Medieval Culture.* Cambridge, Cambridge University Press, 1990.

Charlton, Thomas L., Lois E. Meyer, und Rebecca Sharpless (Hg.). *Handbook of Oral History.* Lanham et al.: AltaMira Press, 2007.

Craps, Stef. *Postcolonial Witnessing. Trauma Out of Bounds.* New York: Palgrave Macmillan, 2011.

Connerton, Paul. *How Societies Remember.* Cambridge: Cambridge University Press, 1989.

Couldry, Nick, und Andreas Hepp. *The Mediated Construction of Reality.* Cambridge: Polity, 2016.

Dayan, Daniel, und Elihu Katz. *Media Events: The Live Broadcasting of History.* Cambridge, MA: Harvard University Press, 1992.

De Kosnick, Abigail. *Rogue Archives: Digital Cultural Memory and Media Fandom.* Cambridge, MA: MIT Press, 2016.

Dimbath, Oliver, und Michael Heinlein. „Arbeit an der Implementierung des Gedächtniskonzeptes in die soziologische Theorie – eine Einführung". *Die Sozialiät des Erinnerns.* Hg. Oliver Dimbath, und Michael Heinlein. Wiesbaden: SpringerVS, 2014. 1– 26.

Dimbath, Oliver, und Michael Heinlein. *Gedächtnissoziologie.* München: Fink, 2015.

Dunaway, David K., und Willa K. Baum (Hg.). *Oral History: An Interdisciplinary Anthology*. Lanham et al.: AltaMira Press, 1996

Echterhoff, Gerald. „Das kommunikative Gedächtnis". *Gedächtnis und Erinnerung*. Hg. Christian Gudehus, Ariane Eichenberg, und Harald Welzer. Stuttgart/Weimar: J.B. Metzler, 2010. 102–108.

Erll, Astrid. *Kollektives Gedächtnis und Erinnerungskulturen. Eine Einführung*. 3. Aufl. Stuttgart/ Weimar: J.B. Metzler, 2017.

Erll, Astrid, und Ann Rigney (Hg.). „Cultural Memory Studies after the Transnational Turn". *Memory Studies* 11.3. (2018): 272–380.

Ernst, Wolfgang. „Tempor(e)alities and Archive-Textures of Media-connected Memory". *Digital Memory Studies*. Hg. Andrew Hoskins. London: Routledge, 2018. 143–155.

Esposito, Elena. *Soziales Vergessen*. Frankfurt a. M.: Suhrkamp, 2002.

Fentress, James J., und Chris Wickham. *Social Memory*. London: Blackwell, 1992.

Fiske, John. *Understanding Popular Culture*. London: Routledge, 1989.

Fraas, Claudia. „Vom kollektiven Wissen zum vernetzten Vergessen? Neue Medien zwischen kultureller Reproduktion und kultureller Dynamik". *Neue Medien – Neue Kompetenzen*. Hg. Franc Wagner, und Ulla Kleinberger-Günther. Frankfurt a. M.: Peter Lang, 2004.

Garde-Hansen, Joanne. *Media and Memory*. Edinburgh: Edinburgh University Press, 2011.

Garde-Hansen, Joanne, Andrew Hoskins, und Anna Reading (Hg.). *Save as … Digital Memories*. Basingstoke: Palgrave Macmillan, 2009.

Gehl, Robert W. „The Archive and the Processor: The Internal Logic of Web 2.0". *New Media & Society* 13.8 (2011): 1228–1244.

Giddens, Anthony. „Living in a Post-Traditional Society". *Reflexive Modernization*. Hg. Ulrich Beck, Anthony Giddens, und Scott Lash. Cambridge: Polity Press, 1994.

Goody, Jack. *Literalität in traditionalen Gesellschaften*. Frankfurt a. M.: Suhrkamp, 1981. (Original 1968)

Goody, Jack. *The Power of the Written Tradition*. Washington, D.C.: Smithsonian Institution Press, 2000.

Göttlich, Udo. *Die Kreativität des Handelns in der Medienaneignung*. Konstanz: UVK, 2006.

Gross, David. *Lost Time: On Remembering and Forgetting in Late Modern Culture*. Amherst: University of Massachusetts Press. 2000.

Grusin, Richard. *Premediation: Affect and Mediality After 9/11*. Basingstoke: Palgrave Macmillan, 2010.

Hajek, Andrea, Christine Lohmeier, und Christian Pentzold (Hg.). *Memory in a Mediated World*. Basingstoke: Palgrave Macmillan, 2016.

Halbwachs, Maurice. *Das Gedächtnis und seine sozialen Bedingungen*. Frankfurt a. M.: Suhrkamp, 1985. (Original 1925)

Halbwachs, Maurice. *Das kollektive Gedächtnis*. Frankfurt a. M.: Fischer, 1991. (Original 1950)

Havelock, Eric A. *Als die Muse schreiben lernte*. Frankfurt a. M.: Suhrkamp, 1992.

Hess, Aaron, und Art Herbig. „Recalling the Ghosts of 9/11: Convergent Memorialization at the Opening of the National 9/11 Memorial". *International Journal of Communication* 7 (2013): 2207–2230.

Hirsch, Marianna. *The Generation of Postmemory. Writing and Visual Culture After the Holocaust*. New York: Columbia University Press, 2012.

Hirst, William, und David Manier. „The Diverse Forms of Collective Memory". *Kontexte und Kulturen des Erinnerns*. Hg. Gerald Echterhoff, und Martin Saar. Konstanz: UVK, 2002. 75–102.

Hobsbawm, Eric, und Terence Ranger (Hg.). *The Invention of Tradition*. Cambridge: Cambridge University Press, 1983.

Holloway, Donell, und Lelia Green. „Mediated Memory Making: The Virtual Family Photograph Album". *Communications* 42.3 (2017): 351–368.

Hoskins, Andrew. „7/7 and Connective Memory: Interactional Trajectories of Remembering in Post-scarcity Culture". *Memory Studies* 4 (2011): 269–280.

Hoskins, Andrew. „Archive me! Memory, Media, Uncertainty". *Memory in a Mediated World*. Hg. Andrea Hajek, Christine Lohmeier, und Christian Pentzold. Basingstoke: Palgrave Macmillan, 2016. 13–35.

Hoskins, Andrew. „Memory of the Multitude". *Digital Memory Studies*. Hg. Andrew Hoskins. London: Routledge, 2018. 85–109.

Humphreys, Lee. *The Qualified Self*. Cambridge, MA: MIT Press, 2018.

Hutton, Patrick H. *History as an Art of Memory*. Hanover: University of New England Press, 1993.

Irwin-Zarecka, Iwona. *Frames of Remembrance. The Dynamics of Collective Memory*. London: Routledge, 1994.

Kansteiner, Wulf. „Finding Meaning in Memory: A Methodological Critique of Collective Memory Studies". *History and Theory* 41.2 (2002): 179–197.

Kaun, Anne. *Crisis and Critique*. London: Zed Books, 2016.

Keightley, Emily, und Michael Pickering. *The Mnemonic Imagination*. Basingstoke: Palgrave Macmillan, 2012.

Keightley, Emily, Michael Pickering, und Pawas Bisht. „Interscalarity and the Memory Spectrum". *Communicating Memory & History*. Hg. Nicole Maurantonio, und David W. Parks. New York: Peter Lang, 2019. 17–38.

Keppler, Angela. „Soziale Formen individuellen Erinnerns. Die kommunikative Tradierung von (Familien-)Geschichte". *Das soziale Gedächtnis*. Hg. Harald Welzer. Hamburg: Hamburger Edition, 2001. 137–159.

Kitch, Carolyn. *Pages from the Past. History and Memory in American Magazines*. Chapel Hill: University of North Carolina Press, 2005.

Knoblauch, Hubert. „Das kommunikative Gedächtnis". *Grenzenlose Gesellschaft? Verhandlungen des 29. Kongresses der Deutschen Gesellschaft für Soziologie*. Hg. Claudia Honegger, Stefan Hradil, und Franz Traxler. Frankfurt a. M.: Campus, 1999. 733–748.

Knoblauch, Hubert, und Susanne Günthner. „Culturally Patterned Speaking Practices – The Analysis of Communicative Genres". *Pragmatics* 5.1 (1995): 1–32.

Koselleck, Reinhart. *Vergangene Zukunft. Zur Semantik geschichtlicher Zeiten*. Frankfurt a. M.: Suhrkamp, 2000.

Landsberg, Alison. *Prosthetic Memory. The Transformation of American Remembrance in the Age of Mass Media*. New York: Columbia University Press, 2004.

Landwehr, Achim. „Von der ‚Gleichzeitigkeit des Ungleichzeitigen'". *Historische Zeitschrift* 295.1 (2012): 1–34.

LeGoff, Jacques. *History and Memory*. New York: Columbia University Press, 1992.

Leroi-Gourhan, André. *Hand und Wort. Die Evolution von Technik, Sprache und Kunst*. Frankfurt a. M.: Suhrkamp, 1980.

Levy, Daniel. „Das kulturelle Gedächtnis". *Gedächtnis und Erinnerung*. Hg. Christian Gudehus, Ariane Eichenberg, und Harald Welzer. Stuttgart/Weimar: J.B. Metzler, 2010. 93–101.

Levy, Daniel, und Natan Sznaider. *Erinnerung im globalen Zeitalter*. Frankfurt a. M.: Suhrkamp, 2007.

Livingstone, Sonia. „On the Mediation of Everything". *Journal of Communication* 59.1 (2009): 1–18.

Lohmeier, Christine, und Rieke Böhling. „Communicating Family Memory: Remembering in a Changing Media Environment". *Communications* 42.3 (2017): 277–292.

Lohmeier, Christine, und Christian Pentzold. „Making Mediated Memory Work: Cuban-Americans, Miami Memory and the Doings of Diaspora Memory". *Media, Culture & Society* 36.6 (2014): 776–789.

Lord, Albert. *Epic Singers and Oral Traditions*. Ithaca: Cornell University Press, 1991.

Lowenthal, David. *The Past is a Foreign Country*. Cambridge: Cambridge University Press, 2015.

Luckmann, Thomas. „Grundformen der gesellschaftlichen Vermittlung des Wissens. Kommunikative Gattungen". *Kultur und Gesellschaft*. Hg. Friedhelm Neidhardt, M. Rainer Lepsius und Johannes Weiß. [= Kölner Zeitschrift für Soziologie und Sozialpsychologie. Sonderheft 27.] Opladen: Westdeutscher Verlag, 1986. 191–213.

Luhmann, Niklas. *Die Gesellschaft der Gesellschaft*. Frankfurt a. M.: Suhrkamp, 1997.

Margalit, Avishai. *The Ethics of Memory*. Cambridge, MA: Harvard University Press, 2002.

Merrill, Samuel, Emily Keightley, und Priska Daphi (Hg.). *Social Movements, Cultural Memory and Digital Media. Mobilising Mediated Remembrance*. Basingstoke: Palgrave Macmillan, 2020.

Middleton, David, und Derek Edwards. „Introduction". *Collective Remembering*. Hg. David Middleton, und Derek Edwards. London: Sage, 1990.

Neiger, Motti. „Theorizing Media Memory: Six Elements Defining the Role of the Media in Shaping Collective Memory in the Digital Age". *Sociology Compass* 14.5 (2020). e12782

Neiger, Motti, Eyal Zandberg, und Oren Meyers (Hg.). *On Media Memory*. Basingstoke: Palgrave Macmillan.

Niethammer, Lutz. *Kollektive Identität. Heimlichen Quellen einer unheimlichen Konjunktur*. Reinbek bei Hamburg: Rowohlt, 2000.

Olick, Jeffrey. „Collective Memory: The Two Cultures". *Sociological Theory* 17.3 (1999): 333–348.

Olick, Jeffrey. „From Collective Memory to the Sociology of Mnemonic Practices and Products". *Cultural Memory Studies*. Hg. Astrid Erll, und Ansgar Nünning. Berlin/New York: de Gruyter, 2010. 151–162.

Olick, Jeffrey, und Joyce Robbins. „Social Memory Studies: From ‚Collective Memory' to the Historical Sociology of Mnemonic Practices". *Annual Review of Sociology* 24 (1998): 105–140.

Olick, Jeffrey, Vered Vinitzky-Seroussi, und Daniel Levy (Hg.) „Introduction". *The Collective Memory Reader*. Hg. Olick, Jeffrey, Vered Vinitzky-Seroussi, und Daniel Levy. Oxford: Oxford University Press, 2011. 3–62.

Ong, Walter J. *Oralität und Literalität*. Wiesbaden: SpringerVS, 2016.

Parry, Milam. *The Making of Homeric Verse*. Oxford: Oxford University Press, 1987.

Pentzold, Christian. „Fixing the Floating Gap. The Online Encyclopaedia Wikipedia as a Global Memory Place". *Memory Studies* 2.2. (2009): 255–272.

Pentzold, Christian, Vivien Sommer, Stefan Meier, und Claudia Fraas. „Reconstructing Media Frames in Multimodal Discourse: The John/Ivan Demjanjuk Trial". *Discourse, Context & Media* 12 (2016): 32–39.

Pentzold, Christian, Christine Lohmeier, und Andrea Hajek. „Introduction: Remembering and Reviving in States of Flux". *Memory in a Mediated World*. Hg. Andrea Hajek, Christine Lohmeier, und Christian Pentzold. Basingstoke: Palgrave Macmillan, 2016b. 1–12.

Pentzold, Christian, und Christine Lohmeier: „Medien, Kultur, Öffentlichkeit". *Kommunikationswissenschaft. Eine Einführung in die kommunikativen und medialen Grundlagen der Gesellschaft*. Hg. Klaus-Dieter Altmeppen, Elisabeth Klaus, und Ulrike Röttger, Wiesbaden: SpringerVS, in Vorb.

Pentzold, Christian, und Manuel Menke: „Conceptualizing the Doings and Sayings of Media Practices: Expressive Performance, Communicative Understanding, and Epistemic Discourse". *International Journal of Communication* 14 (2020): 2789–2809.

Perks, Rob. „The Roots of Oral History: Exploring Contrasting Attitudes to Elite, Corporate and Business Oral History in Britain and the US". *Oral History Review* 37.2 (2010): 215–224.

Prey, Robert, und Pieter Hendrik Smit. „From Personal to Personalized Memory: Social Media as Mnemotechnology". *A Networked Self and Birth, Life, Death*. Hg. Zizi Papacharissi. New York: Routledge, 2018. 209–223.

Rothberg, Michael. *Multidirectional Memory*. Stanford: Stanford University Press, 2009.

Schatzki, Theodore. *The Timespace of Human Activity*. Lanham et al.: Rowman and Littlefield, 2010.

Schütz, Alfred. *Der sinnhafte Aufbau der sozialen Welt*. Frankfurt a. M.: Suhrkamp, 1993. (Original 1932).

Schwarz, Ori. „The Past Next Door: Neighborly Relations with Digital Memory Artefacts". *Memory Studies* 7.1 (2014): 7–21.

Sebald, Gerd. *Generalisierung und Sinn. Überlegungen zur Formierung sozialer Gedächtnisse und des Sozialen*. Konstanz: UVK, 2014.

Sebald, Gerd, und Jan Weyand. „Zur Formierung sozialer Gedächtnisse". *Zeitschrift für Soziologie* 40.3 (2011): 174–189.

Sebald, Gerd, und Marie-Kristin Döbler (Hg.). *(Digitale) Medien und soziale Gedächtnisse*. Wiesbaden: SpringerVS, 2019.

Seidler, Victor J. *Remembering Diana. Cultural Memory and the Reinvention of Authority*. Basingstoke: Palgrave Macmillan, 2013.

Silverman, Max. *Palimpsestic Memory. The Holocaust and Colonialism in French and Francophone Fiction and Film*. Oxford: Berghahn Books, 2013.

Simpson, David. *9/11. The Culture of Commemoration*. Chicago: University of Chicago Press, 2006.

Smit, Pieter Hendrik, Ansgar Heinrich, und Marcel Broersma. „Activating the Past in the Ferguson Protests: Memory Work, Digital Activism and the Politics of Platforms". *New Media & Society* 20.9 (2018): 3119–3139.

Sommer, Vivien. *Erinnern im Internet*. Wiesbaden: SpringerVS, 2018.

Sonnevend, Julia. *Stories Without Borders. The Berlin Wall and the Making of a Global Iconic Event*. Oxford: Oxford University Press, 2016.

Terdiman, Richard. *Present Past: Modernity and the Memory Crisis*. Ithaca: Cornell University Press, 1993.

Vansina, Jan. *Oral Tradition as History*. London: James Currey, 1985.

van Dijck, José. *Mediated Memories in the Digital Age*. Stanford: Stanford University Press, 2007.

van Dijck, José, Thomas Poell, und Martijn de Waal. *The Platform Society*. Oxford: Oxford University Press, 2018.

von Plato, Alexander. „Oral History". *Hauptbegriffe qualitativer Sozialforschung*. 3. Aufl. Hg. Ralf Bohnsack, Winfried Marotzki, und Michael Meuser. Opladen: Westdeutscher Verlag, 2010. 130–132.

Wagner-Pacifici, Robin. „Memories in the Making: The Shapes of Things That Went". *Qualitative Sociology* 19 (1996): 301–321.

Welzer, Harald. *Das kommunikative Gedächtnis*. München: C.H. Beck.

Welzer, Harald, Sabine Moller, und Karoline Tschuggnall. *„Opa war kein Nazi". Nationalsozialismus und Holocaust im Familiengedächtnis*. 6. Aufl. Frankfurt a. M.: Fischer, 2008.

Wertsch, James V. *Voices of Collective Remembering*. Cambridge: Cambridge University Press, 2002.

Wetzel, Dietmar. „Gedächtnis aus kultursoziologischer Perspektive". *Handbuch Kultursoziologie*. Hg. Stephan Moebius, Frithjof Nungesser, und Katharina Scherke. Wiesbaden, SpringerVS, 2016. 1–14.

Winter, Rainer. *Die Kunst des Eigensinns*. Weilerswist: Velbrück, 2001.

Wodianka, Stephanie. „Zeit, Literatur und Gedächtnis". *Gedächtniskonzepte der Literaturwissenschaft. Theoretische Grundlegung und Anwendungsperspektiven*. Hg. Astrid Erll, und Ansgar Nünning. Berlin/New York: de Gruyter, 2005. 179–203.

Yates, Frances. *The Art of Memory*. New York: Vintage, 2011. (Original 1966)

Zelizer, Barbie. *Covering the Body. The Kennedy Assassination, the Media, and the Shaping of Collective Memory*. Chicago: University of Chicago Press, 1992.

Zelizer, Barbie, und Keren Tenenboim-Weinblatt (Hg.). *Journalism and Memory*. Basingstoke: Palgrave Macmillan, 2014.

Manuel Menke und Elke Grittmann

3 Mediatisiertes Erinnern und seine Öffentlichkeiten

1. Einleitung

„Öffentlichkeit" ist ein Kernbegriff der Kommunikationswissenschaft, um die Bedingungen und Funktionen, Strukturen und Prozesse gesellschaftlicher und insbesondere politischer Kommunikation in Bezug auf Kollektive zu analysieren und kritisch zu reflektieren, wie sich beispielsweise lokale Gemeinschaften, soziale Gruppierungen und Gesellschaften bis hin zu (trans-)nationalen Netzwerken über Kommunikation konstituieren. Gleichzeitig sind mit „Öffentlichkeit" auch Raumvorstellungen verbunden, die eine Sphäre für Austausch, Verhandlung und Diskurs ermöglichen. Obwohl in der kultur- wie sozialwissenschaftlich geprägten Gedächtnis- und Erinnerungskulturforschung die Differenzierung von gruppenspezifischem und gesellschaftlichem Erinnern eine grundlegende Perspektive darstellt und in den Analysen gerade die Prozesse und Strukturen öffentlicher Kommunikation damit vorausgesetzt werden, ist der Begriff der „Öffentlichkeit" bzw. öffentlichen Kommunikation selten explizit benannt. Normative sowie funktionale Implikationen, die sich aus unterschiedlichen Öffentlichkeitsverständnissen ableiten, werden selten tiefgehend reflektiert.

Eine ähnliche Diagnose stellen Erll und Nünning interessanterweise ganz grundsätzlich für Gedächtniskonzepte aus, die meist „den Status unausgesprochener Hintergrundannahmen, eines *tacit knowledge*" (2010, 1, Hervorh. im Orig.) hätten. „Implizites Wissen" bleibt aber auch dann bestehen, wenn Gedächtniskonzepte reflektiert werden, denn um nicht in eine infinite Reflexionsschleife über zugrundeliegende Konzepte zu geraten, müssen wieder neue Hintergrundannahmen vorausgesetzt werden. Eine davon ist, dass gesellschaftliches Erinnern Öffentlichkeit braucht und über öffentliche Kommunikation stattfindet. Das wird bislang kaum theoretisch fundiert, eine Auseinandersetzung mit dem Öffentlichkeitsbegriff findet nur vereinzelt statt. Selten sind Beispiele wie das Buch „Geschichte im Gedächtnis" der Erinnerungsforscherin Aleida Assmann (2007), das im Untertitel, „Von der individuellen Erfahrung zur öffentlichen Inszenierung", den Begriff des Öffentlichen führt.

Ausgehend von den meist impliziten und vagen Öffentlichkeitsverständnissen in der Erinnerungsforschung lassen sich zwischen etablierten Konzepten von Öffentlichkeit in der Kommunikationswissenschaft und Konzepten gesellschaftlichen Erinnerns kulturwissenschaftlicher Provenienz Überschneidungen finden. Das umfasst das Verhältnis von Privatheit und Öffentlichkeit, die Bestimmung spezifischer Funktionen verschiedener Öffentlichkeitsebenen bzw. Gedächtnistypen sowie Fragen nach Macht, Ressourcen und Partizipation, die sich um die Teilhabe einzelner, organisierter (zivil)gesellschaftlicher Gruppen und marginalisierter Minderheiten drehen, wie sie die Öffentlichkeitstheorien seit der grundlegenden Arbeit von Jürgen Habermas zum „Strukturwandel der Öffentlichkeit" (1996 [1964]) vielfältig theoretisch problematisiert und analysiert haben.

Hier trägt die sozialwissenschaftliche Erinnerungsforschung, die in Deutschland zunehmend auch in der Kommunikationswissenschaft geleistet wird, mit einer Perspektivverschiebung bei, die Öffentlichkeit und öffentliche Kommunikation als zentrale Konstanten gesellschaftlichen Erinnerns heraushebt und sichtbar macht, welche Prämissen von Öffentlichkeit in Theoretisierungen gesellschaftlichen Erinnerns eingehen. Gleichermaßen ermöglicht die Erweiterung theoretischer Ansätze der kulturwissenschaftlich fundierten Gedächtnis- und Erinnerungsforschung um die theoretische wie empirische Perspektive auf „Öffentlichkeiten", die mit der gruppenspezifischen Modellierung von Gedächtnis und Erinnerung einhergehende Fokussierung auf Identitäts- und Gemeinschaftsfunktionen aufzubrechen und gerade diskursive Aushandlungen, Deutungskämpfe und Konflikte um Erinnerung in und über Gesellschaften hinaus konzeptualisieren zu können. Kommunikationswissenschaftliche Ansätze sensibilisieren daher auch für einen neuen Blickwinkel auf prominente kulturwissenschaftliche Gedächtniskonzepte, die das Feld begründet haben und viele fruchtbare Anknüpfungspunkte bieten. Aufbauend auf der Tradition der Öffentlichkeitsforschung, rücken außerdem der durch digitale Medientechnologien bedingte und insbesondere durch neue soziale Medien geprägte Öffentlichkeitswandel und die mit ihm entstandenen Strukturen und Möglichkeiten der Partizipation an digitaler öffentlicher Kommunikation in den Fokus. Sie in den Blick zu nehmen, gibt Aufschluss darüber, wie sich öffentliches Erinnern gestaltet und wer daran wie teilhat; im zurückliegenden, von massenmedialer Kommunikation geprägten 20. Jahrhundert und heute im von digitaler Kommunikation geprägten 21. Jahrhundert.

Dabei kommt insbesondere eine kommunikationswissenschaftliche Perspektivverschiebung nicht ohne die Betrachtung von Medien und Digitalisierung aus, die konstituierend für massenmediale und digitale Öffentlichkeiten sind. Dieser Prozess von der stärker durch Institutionen geprägten, massenmedialen Kommunikation zur in der Gesellschaft verbreiteten und genutzten digitalen Kommunikation kann nicht allein medientechnologisch betrachtet werden, sondern ist verschränkt mit kulturellem und sozialem Wandel. Mit diesem Zusammenhang zwischen „Medienwandel und dem Wandel von Alltag, Kultur und Gesellschaft" (Hoffmann et al. 2017, 8) befasst sich die Forschung zur „Mediatisierung". Mediatisierung von Gesellschaften kann im Anschluss an Krotz verstanden werden als vielschichtiger Prozess:

> Mediatisierung meint also, dass durch das Aufkommen und durch die Etablierung von neuen Medien für bestimmte Zwecke und die gleichzeitige Veränderung der Verwendungszwecke alter Medien sich die gesellschaftliche Kommunikation und deshalb auch die kommunikativ konstruierten Wirklichkeiten, also Kultur und Gesellschaft, Identität und Alltag der Menschen verändern. (Krotz 2008, 53)

Eine stärker medientechnologische Perspektive vertritt Hjarvard. Er begreift Mediatisierung von Gesellschaften als „the process whereby society to an increasing degree is submitted to, or becomes dependent on, the media and their logic" (Hjavard 2008, 11, zit. n. Lundby 2009, 5). Eine vertiefte Auseinandersetzung mit den unterschiedlichen Ansätzen der Mediatisierungsforschung findet sich bei Hepp, Hjavard und Lundy (2015). Hier ist von Bedeutung, dass der durch die Digitalisierung angestoßene Öffentlichkeitswandel in von Medien durchdrungenen Gesellschaften Fragen danach aufwirft, welche Öffentlichkeiten für wen erreichbar sind, wessen – „mediatisierte" – Erinnerungen wo repräsentiert sind und welche Relevanz ihnen zugeschrieben wird.

In diesem Beitrag wird in einem ersten Schritt dargelegt, wie sich in den zentralen Theorien der kulturwissenschaftlichen Gedächtnis- und Erinnerungsforschung Vorstellungen von Öffentlichkeit und Privatheit zeigen und wie insbesondere die frühen Arbeiten der Assmanns zum kulturellen Gedächtnis auf Annahmen über Öffentlichkeit basieren, die bereits damals Parallelen zu kommunikationswissenschaftlichen Modellen medialer Öffentlichkeiten des 20. Jahrhunderts aufwiesen. Dieser historische Rückblick hat den Anspruch aufzuzeigen, dass Öffentlichkeit nicht erst seit der Digitalisierung ein zentraler Faktor gesellschaftlichen Erinnerns ist, sondern seit jeher ein elementarer Bestandteil ist. Bereits Levy (2010) hat jedoch die Konzeptualisierung eines privat-kommunikativen und kulturell-öffentlichen Gedächtnisses problematisiert. Auf der Grundlage aktueller Öffentlichkeitstheorien soll zunächst gezeigt werden, wie dieses Verhältnis neu bestimmt werden kann. Im nächsten Schritt wird aufgezeigt, warum wir eine Erweiterung der kulturwissenschaftlichen Theorien um Theorien der Öffentlichkeit als dringend notwendig erachten, um die Fokussierung auf Identitätsbildung und Vergemeinschaftung um Fragen der Diskurshaftigkeit, Aushandlung zwischen verschiedenen „Gruppengedächtnissen" und gesellschaftlicher Konflikte um Erinnerung erweitern zu können. Mit der Digitalisierung, Mediatisierung und der damit einhergehenden weiteren Transformation von massenmedialen zu digitalen Öffentlichkeiten haben diese Fragen an weiterer Bedeutung gewonnen. In einem letzten Schritt wird im Beitrag daher gezeigt, wie gesellschaftliches Erinnern in digitalen Öffentlichkeiten des 21. Jahrhundert modelliert werden kann. Die Kommunikationswissenschaft trägt damit insbesondere durch ihren Fokus auf medienvermittelte, öffentliche Kommunikation zur gegenwärtigen Erinnerungsforschung bei.

Die kommunikationswissenschaftliche Schwerpunktsetzung dieses Beitrags auf medienbezogenes kommunikatives Erinnern hat zur Folge, dass andere öffentliche Bereiche des gesellschaftlichen Erinnerns und der Inszenierung von Vergangenheit, wie z. B. durch Denkmäler, Straßennamen und Architektur (Assmann 2007, 2016) oder Museen (Pieper 2010), nicht näher beleuchtet werden, wenngleich der öffentliche Raum in diesen Fällen auch ein entscheidender Faktor für die Repräsentation von Erinnerungen ist, deren Legitimation immer wieder in öffentlichen Debatten diskutiert wird (Schmitz 2005; Birkner und Donk 2020). Somit werden diese Bereiche kulturellen Erinnerns ebenfalls immer wieder zum Gegenstand kommunikativen Erinnerns in medialen bzw. mediatisierten Öffentlichkeiten.

2. Öffentlichkeitsbezüge in zentralen Theorien der sozial- und kulturwissenschaftlichen Erinnerungsforschung

Seit Maurice Halbwachs (1991 [1952]) in seiner grundlegenden Theorie zum kollektiven Gedächtnis die Bildung sozialer und kollektiver Gedächtnisse entlang von Gruppenformationen theoretisch konzeptualisiert hat, gehört der Bezug auf gruppenspezifische Erinnerung zu den Grundlagen der sozial- und kulturwissenschaftlichen Gedächtnis- und Erinnerungsforschung. Damit verbunden sind auch Bezüge zu Vorstellungen von Privatheit, wie sie in Familiengedächtnissen vorausgesetzt werden, gegenüber Öffentlichkeit, beispielsweise kulturellen Institutionen, oder Bezüge von weiteren gesellschaftlichen Gruppierungen zu Alltags- und Lebenswelten, wie sie auch in Theorien der Öffentlichkeit relevant sind. Auch die theoretischen Arbeiten von Jan und Aleida Assmann weisen immer wieder in Rekurs auf Halbwachs auf die soziale Verfasstheit des „kulturellen Gedächtnisses" hin und Astrid Erll (2017) wiederum hat eine „soziale Dimension" in ihrem kulturwissenschaftlichen Modell der Erinnerungskultur konzeptualisiert. Auch (soziale) Raumkonzepte und Metaphern, die diese Gruppenformationen beschreiben, durchziehen dabei seitdem die einschlägigen Theorien. So hat Pierre Nora die Nation zum Bezugspunkt seiner „Erinnerungsorte" Frankreichs gewählt, die er wiederum als Folge des Verlusts von „Milieus der Erinnerung" („milieux de mémoire", Nora 1989, 7) betrachtet hat. Bis ins erste Jahrzehnt des 21. Jahrhunderts lässt sich in den Theorien zum kulturellen Gedächtnis beobachten, dass sie „weitgehend dem Modell des Nationalstaats verschrieben" (Levy 2010, 97) sind, in denen „Erinnerungsräume" verortet, aber auch zunehmend transnationale Raumkonzepte einbezogen werden (Assmann 1999). Welche impliziten Annahmen über Öffentlichkeit und Privatheit damit die Diskussion bestimmen, soll zunächst aufgezeigt und aus kommunikationswissenschaftlicher Perspektive problematisiert werden.

2.1 Privates und öffentliches Erinnern in der sozial- und kulturwissenschaftlichen Gedächtnis- und Erinnerungsforschung

Grenzziehungen und Überschneidungen zwischen privatem und öffentlichem Erinnern offenbaren sich in der Erinnerungsforschung vielleicht am deutlichsten in der Literatur zum Familiengedächtnis. Dort wird untersucht, wie Kindern von ihren Eltern und Großeltern aus ihrer Lebens- und Familiengeschichte erzählt wird, wodurch die Familie zu einer klassischen Erinnerungsgemeinschaft intimer, persönlicher Erinnerung wird. Für Familien ist das Familiengedächtnis ein wichtiger Bestandteil der gemeinsamen Identitätsarbeit (Welzer 2002, 165). Während man daraus schließen könnte, dass es sich beim Familiengedächtnis um einen Bereich handelt, der gänzlich dem

Privaten zugeordnet werden kann, zeigt sich bei näherer Betrachtung, dass das nicht der Fall ist. Familien und ihre Familiengedächtnisse, wie Lohmeier und Böhling feststellen, „cut across the public and the private, the individual and the collective" (2017, 277). In Studien hat sich beispielsweise gezeigt, dass Familiengedächtnisse von öffentlich kommunizierten (fiktionalen) Repräsentationen von Vergangenheiten (z. B. in Filmen, Fernsehsendungen oder Geschichtsbüchern) geprägt sein können und dabei Erinnerungen sogar von den Familienmitgliedern umgedeutet werden. So konnten Welzer, Moller und Tschuggnall (2002, 114) in Interviews mit Familien zeigen, dass einzelne Familienmitglieder die Rolle des Großvaters im Zweiten Weltkrieg an ein heroisches Filmnarrativ anpassten oder manche der Familienmitglieder durch ihr erworbenes Geschichtswissen nicht mehr nach den Erinnerungen der Großeltern fragten, um Verunsicherung über deren Rolle im Nationalsozialismus zu vermeiden (Welzer 2003, 163). Auch wenn Erinnerungen also im privaten Familienkreis kommuniziert werden und damit durchaus „private Zugänge zur Weltgeschichte" (Assmann, 2007, 70) darstellen können, heißt das nicht, dass das Familiengedächtnis von allgegenwärtiger öffentlicher Kommunikation über Vergangenheit unberührt oder gar abgeschottet bleibt.

Und doch unterscheidet sich das Erinnern in Familien in vielerlei Hinsicht von der Kommunikation über Erinnerungen in medialen Öffentlichkeiten. Während in medialen Öffentlichkeiten präsente Erinnerungen über die Mitglieder in den Familienverbund hineingetragen werden können, war das umgekehrte Szenario, dass Erinnerungen aus dem Familiengedächtnis in medialen Öffentlichkeiten aufgegriffen werden, lange deutlich unwahrscheinlicher. Woran das liegt und wieso die Digitalisierung zu einer Zunahme öffentlicher Kommunikation von persönlichen Erinnerungen geführt hat, wird im Weiteren noch näher beleuchtet werden. Vorab soll aber genauer auf gesellschaftliches Erinnern und das Zusammenspiel zwischen öffentlicher und privater Kommunikation über Vergangenheit eingegangen werden.

Eines der wohl bekanntesten Konzepte zur Beschreibung gesellschaftlichen Erinnerns, dass sich dieser Unterscheidung widmet, geht auf Jan Assmann (1988, 1992) und Aleida Assmann (1999, 2004, 2006) zurück. Sie differenzieren zwischen kommunikativem und kulturellem Gedächtnis. In ihrem Ansatz konstituiert sich das kommunikative Gedächtnis, zu dem z. B. das Familiengedächtnis gehört, durch mündliche Alltagskommunikation in sozialen Verbünden und erstreckt sich daher nur über den erlebten Erfahrungshorizont der Mitglieder und nicht darüber hinaus. Durch die Begrenzung auf direkte Kommunikation unter sozial verbundenen Individuen, wird das kommunikative Gedächtnis eher im Bereich des Privaten verortet (Assmann 2007, 70).

Das kulturelle Gedächtnis hingegen ist durch die Überführung von Erinnerung in feste Objektivationen und symbolische Inszenierungen in Riten und Traditionen von individuellen Erfahrungshorizonten losgelöst. Durch die Überwindung ihrer körperlichen Gebundenheit an einzelne Erinnernde, können Erinnerungen über Alltagskommunikation hinaus öffentlich an größere Publika kommuniziert werden (Assmann 1992, 56). Doch nicht alle objektivierten Erinnerungen zirkulieren gleichzeitig in der Öffentlichkeit, nur weil sie potenziell öffentlich kommunizierbar sind. Ein großer Teil dieser Erinnerungen befindet sich im „unbewohnten Speichergedächtnis", das ein Repertoire des „unbrauchbar, obsolet und fremd Gewordene[n]" ist. Öffentlich zirkulierende und gesellschaftlich geteilte Erinnerungen hingegen bilden nach Assmann das „bewohnte Funktionsgedächtnis", bei dem es sich „um ein angeeignetes Gedächtnis [handelt], das aus einem Prozeß der Auswahl, der Verknüpfung, der Sinnkonstruktion" hervorgeht (Assmann 1999, 137).

2.2 Zum Verhältnis von kommunikativ-privatem zu öffentlich-kulturellem Gedächtnis auf der Grundlage von Öffentlichkeitstheorien

Wie bereits angedeutet wurde und auch in der Literatur immer wieder betont wird, ist „die Trennung des öffentlich-kulturellen und privat-kommunikativen Gedächtnisses vor allem eine Trennung analytischer Natur" (Levy 2010, 99). Die Grenze zwischen dem Privaten und dem Öffentlichen wird hier also nicht darüber definiert, dass kommunikative und kulturelle Gedächtnisse in der Praxis hermetisch voneinander getrennt sind. Vielmehr ist das Ineinanderfließen beider Gedächtnistypen im Akt des Erinnerns die Regel. Hier zeigt sich die Parallelität zwischen den Assmann'schen Gedächtnistypen und Ansätzen der Öffentlichkeitsforschung, über die Hans (2017, 80–81) schreibt: „Je elaborierter die Ansätze sind, desto eher wird Privatheit nicht als etwas Abgeschottetes verstanden. [...] Die Grenze zwischen dem Privaten und dem Öffentlichen ist kein starres Gebilde, das zur Abgrenzung taugt".

Und dennoch: Nicht alle Erinnerungen flottieren frei zwischen kommunikativem und kulturellem Gedächtnis. Diese Austauschbeziehungen werden nur dann analytisch fassbar, wenn man über den Gruppenbezug hinaus eine Sphäre voraussetzt, in der der Austausch stattfinden kann – Öffentlichkeit. Deshalb kommt der massenmedialen Kommunikation nicht nur in demokratisch verfassten Gesellschaften als Ort und Forum des Austauschs eine so immanent wichtige Funktion zu, sondern auch für den Teilbereich gesellschaftlicher Erinnerung. Die Hürden der Partizipation an der öffentlichen Aushandlung der Auswahl, Verknüpfung und Sinnkonstruktion von Erinnerung im kulturellen Gedächtnis sind höher als die der Partizipation an kommunikativen Gedächtnissen sozialer Verbünde, in denen die Mitglieder im Modus der Alltagskommunikation erinnern. Die dortige Alltagskommunikation erlaubt es, niederschwellig einen privaten, bestimmbaren Personenkreis zu erreichen. Der Zutritt zu Aushandlungen in massenmedialen Öffentlichkeiten, durch welche ein großes disperses Publikum erreicht werden kann, hängt hingegen von Faktoren wie medialen Aufmerksamkeitslogiken, Ressourcen und öffentlichem Interesse an einer Erinnerungsperspektive ab (Gerhards und Neidhardt 1990, 18; Wimmer 2012, 35). Diese in anderen Zusammenhängen von der Kommunikationswissenschaft intensiv erforschten Faktoren, helfen dabei zu klären, warum bestimmte Erinnerungen im bewohnten

Funktionsgedächtnis verankert und damit in der Öffentlichkeit salient sind und andere vergessen oder bewusst ignoriert werden.

Solche Aushandlungsprozesse, in welchen über die Relevanz von Themen für die Allgemeinheit diskutiert wird, sind nicht spezifisch für Erinnerung und haben bereits Jürgen Habermas in seinem klassischen normativen Modell von Öffentlichkeit beschäftigt. Dabei kam er zu dem Schluss, dass sich Öffentlichkeit aus der Lebenswelt heraus konstituiert und stets an diese angeschlossen ist. Die Lebenswelten von Menschen, in denen sie im Privaten Diskurse über die Relevanz von Themen führen, seien daher die Keimzelle von Öffentlichkeit (Habermas 2016 [1981], 473). Daran zeigt sich, dass sein Öffentlichkeitsmodell der Versuch ist, zu theoretisieren, wie Gesellschaften Aspekte von allgemeinem Interesse identifizieren und in die Öffentlichkeit tragen, um sie dort gemeinsam zu verhandeln und zu Entscheidungen zu gelangen. Doch insbesondere in der Tradition Habermas' und der kritischen Theorie geht es dabei nicht unbedingt darum, wie Öffentlichkeit empirisch zu beobachten ist, sondern wie sie sein sollte, um bestimmte Funktionen in deliberativen Demokratien zu erfüllen. Es werden in dieser Tradition daher normative Prämissen zugrunde gelegt, die bedingen, wie öffentliche Kommunikation ablaufen sollte, damit eine Gesellschaft zu Entscheidungen kommen kann, die der Allgemeinheit dienen. Wie gezeigt wurde, lassen sich im Gedächtniskonzept der Assmanns durchaus Bezüge zum normativen Öffentlichkeitsverständnis herstellen. Erinnerungen, die in privaten Kontexten der Lebenswelten diskutiert werden und Aspekte des gesellschaftlichen Zusammenlebens berühren, werden in der Öffentlichkeit aufgegriffen und anschließend in gemeinsamer Aushandlung über den Umgang mit ihnen entschieden. Für Habermas ist dabei maßgeblich, dass der öffentliche Diskurs darüber herrschaftsfrei, rational, wahrhaftig und verständigungsorientiert abläuft, um zu einer intersubjektiven Wahrheit zu gelangen, von der alle Diskursteilnehmer durch das bessere Argument überzeugt werden können (Habermas 1974, 49).

Auch wenn hiermit vielleicht der wünschenswerte Prozess vom privaten Kontext des Erinnerns, in dem das kommunikative Gedächtnis angesiedelt ist, zur öffentlichen Kommunikation von Erinnerung und ihrer Überführung in das kulturelle Gedächtnis modelliert werden kann, so zeigen sich in der Praxis gesellschaftlichen Erinnerns schnell die Grenzen eines solchen Öffentlichkeitsverständnisses. Die oft wiederholte Kritik lautet, dass Diskurse nicht in dieser idealisierten Form ablaufen und nicht unbedingt das bessere Argument entscheidet; welches das in einem Diskurs über den Umgang und Einsatz von Erinnerungen auch immer sein mag. Darüber hinaus beschränkt sich öffentlicher Diskurs grundsätzlich – aber insbesondere, wenn es um Erinnerungen geht – nicht auf die Funktion der politischen Entscheidungsfindung, wie sie bei Habermas im Zentrum steht. Durch die gegenwartsabhängige Rekonstruktion von Erinnerung (Assmann 1999, 29) und ihre affektiven Dimensionen folgt die Aushandlung von Erinnerungen wohl in den seltensten Fällen dem vermeintlichen Ideal rationaler Diskurse und das gesellschaftliche Erinnern bleibt zudem nicht beschränkt auf den engen Bereich der politischen Entscheidungsfindung (Menke 2019, 93–94).

Es bleibt also bei einem solchen Öffentlichkeitsverständnis weiterhin der Prozess unklar, „wie es ein Thema aus der Nische des Privaten auf die Bühne der Öffentlichkeit" (Hans 2017, 70) schafft. Oder übertragen auf Erinnerung: Wie Erinnerungen von der Ebene des kommunikativen in die des kulturellen Gedächtnisses gelangen, wenn nicht von einem herrschaftsfreien und rationalen Diskurs „von unten" ausgegangen werden kann? Wie ist eine Aushandlung möglich, so dass die unterschiedlichen „Gruppen"-Gedächtnisse in Gesellschaften verhandelt und schließlich unter spezifischen Machtverhältnissen mit spezifischen Ressourcen letztlich durchgesetzt werden können? Diese Fragen stellen sich bereits für das 20. Jahrhundert, in dem Massenmedien und Erinnerungsinstitutionen maßgeblich den Zugang zu Öffentlichkeiten regelten. Heute ist diese Vormachtstellung durch die Digitalisierung aufgeweicht und öffentliche Kommunikation von mediatisierten Erinnerungen durch Bürger:innen im Internet allgegenwärtig geworden. Für ein Verständnis dieser Sphären der Öffentlichkeit, in denen Erinnerungen ausgetauscht und verhandelt werden, sollen zunächst die Beziehungen zwischen den theoretischen Modellierungen der Ebenen von Öffentlichkeit und gruppenbezogenen Erinnerungsformen aufgezeigt werden, um anschließend von der Digitalisierung geprägte erinnerungskulturelle Veränderungen nachzuzeichnen.

3. Öffentlichkeitsebenen und Erinnerung

An dieser Stelle gehen wir zunächst noch einmal zurück zu den Anfängen des Assmann'schen Gedächtniskonzepts, um nachvollziehbar zu machen, wie es zur Ausdifferenzierung der beiden Gedächtnistypen des kommunikativen und kulturellen Gedächtnisses kam und inwiefern das „kulturelle Gedächtnis" mit Vorstellungen des Öffentlichen verbunden ist. Nachfolgend erläutern wir die Ausdifferenzierung von Öffentlichkeit als einfache, mittlere und komplexe Öffentlichkeiten nach dem Drei-Ebenen-Modell von Elisabeth Klaus (2001, 2017). Basierend auf Überarbeitungen traditioneller Öffentlichkeitsverständnisse, wird die Anschlussfähigkeit dieses Öffentlichkeitsmodells zum Assmann'schen Gedächtniskonzept demonstriert. Dabei gilt, dass das nachfolgend herangezogene Drei-Ebenen-Modell ursprünglich vom Zeitalter massenmedialer Öffentlichkeiten ausgeht und erst später eine Aktualisierung hinsichtlich digitaler Öffentlichkeiten erfahren hat (Drüeke und Klaus 2014).

3.1 Ausdifferenzierung des kollektiven Gedächtnisses

Die Frage nach dem Übergang von Erinnerungen aus kommunikativen Gedächtnissen in kulturelle Gedächtnisse setzt zuvorderst die analytische Unterscheidung dieser beiden Ebenen des kollektiven Erinnerns voraus. Noch bei Maurice Halbwachs (1991 [1952]), einem Vordenker der heutigen Erinnerungsforschung, beschränkte sich Erinnerung entweder auf individuelles Erinnern oder auf das Erinnern in sozialen Verbünden, wobei er für letzteres den Begriff des „collective mémoire" prägte. Wie auch beim kommunikativen Gedächtnis im Assmann'schen Ansatz, der auf Halbwachs Ausführungen zurückgeht, ist Erinnerung an die gelebte Vergangenheit sozialer Verbünde geknüpft und geht daher nicht über ihre Mitglieder hinaus (Halbwachs 2011, 144 [1952]). Daneben gab es für Halbwachs nur noch die Geschichte als einzige Form, Vergangenheit zugänglich zu machen, die über das organisch Erinnerbare sozialer Verbünde hinausreicht. Geschichte basiert dabei auf Fakten und wissenschaftlicher Prüfung, die frei sei von den Vergangenheitsdeutungen betroffener Beteiligter, die sich identitätsstiftend der eigenen Vergangenheit erinnern (Halbwachs 2011, 144 [1952]; Russell 2006, 976–978). Es ist diese Unterscheidung, die Pierre Nora (1989, 9) zu der Aussage bewegte: „At the heart of history is a critical discourse that is antithetical to spontaneous memory. History is perpetually suspicious of memory, and its true mission is to suppress and destroy it".[1]

Nun hat die Forschung der Assmanns gezeigt, dass es zwischen dem auf erlebter Vergangenheit basierenden kollektiven Erinnern und Geschichte noch eine weitere Ebene gibt, in der kollektives Erinnern über das kommunikative Gedächtnis hinaus gesellschaftlich eingebettet ist. Für diese zweite Ebene des kollektiven Erinnerns führten sie die Bezeichnung des kulturellen Gedächtnisses ein (Assmann 1992; Assmann 1999). Erst die analytische Sichtbarmachung hat gezeigt, dass sich abhängig von den Kontexten, in denen erinnert wird, den (medialen) Kommunikationsmodi sowie den Partizipationsbedingungen, *zwei* Gedächtnistypen konzeptuell differenzieren lassen.

Durch diese Erkenntnis drängte sich nun die Frage nach deren Verhältnis zueinander und dem Austausch zwischen den Gedächtnistypen auf, die sich bei dem Konzept *eines* kollektiven Gedächtnistyps erst gar nicht stellte. Erst mit dem Ansatz der Assmanns konnte *öffentliches* Erinnern über die Grenzen sozialer Verbünde hinaus als zentraler Bestandteil des kollektiven Erinnerns konzipiert werden.

3.2 Ausdifferenzierung von Öffentlichkeit in Ebenen

Wird nun aus einer kommunikationswissenschaftlichen Perspektive öffentliche Kommunikation in das Zentrum gesellschaftlichen Erinnerns gerückt, dann gilt es die zwei Gedächtnistypen in Modelle von Öffentlichkeit zu integrieren. Wie das aussehen kann, soll nachfolgend exemplarisch anhand des von Elisabeth Klaus (2001, 2017) entwickelten Drei-Ebenen-Modells von Öffentlichkeit gezeigt werden. Dafür wird es vorab in seinen Grundzügen vorgestellt. Klaus kombiniert im Drei-Ebenen-Modell die von Nancy Fraser (1990) formulierte Kritik an Habermas' Öffentlichkeitsverständnis

---

1 Der hier beschriebene Antagonismus von Erinnerung und Geschichte heißt nicht, dass sich die moderne Geschichtswissenschaft nicht mit Erinnerung befassen würde, wie z. B. im Bereich der Alltagsgeschichte unter Verwendung von Methoden der Oral History, wobei sie dabei den Anspruch verfolgt, eine analytische Außenperspektive einzunehmen (Patzel-Mattern 2002).

mit dem Gedanken eines Ebenenmodells von Öffentlichkeit, das auf Jürgen Gerhards und Friedhelm Neidhardt (1990) zurückgeht.

Klaus schließt sich in ihrer theoretischen Herleitung Fraser an, die Habermas vorwirft, er ignoriere die Ungleichheit im Zugang zur bürgerlichen Öffentlichkeit und suggeriere damit fälschlicherweise, es wäre dem Bürgertum im 17. und 18. Jahrhundert die Realisierung eines offenen Diskurses unter Gleichberechtigten gelungen, bei dem das bessere Argument gesellschaftliche Ungleichheiten nivellierte. Darüber hinaus gibt Fraser zu bedenken, dass Habermas die bürgerliche Öffentlichkeit als Ideal des deliberativen Diskurses konzipierte und deren Funktion auf die Entstehung einer öffentlichen Meinung zu politischen Themen reduzierte. Dieses monolithische Öffentlichkeitsverständnis wurde vielfach infrage gestellt, denn es klammert die Bedeutung von Themen des Privaten aus und negiert damit insbesondere die Teilhabe von Frauen und gesellschaftlichen Minderheiten an anderen, aus der Domäne des Privaten entstandenen Öffentlichkeiten (Fraser 1990; Imhof und Schulz 1998; Klaus 2001). Die Folgen dieses Öffentlichkeitsverständnisses seien die Konnotation rationaler Kommunikation als männlich sowie der Ausschluss marginalisierter Gruppen vom öffentlichen Diskurs mit der Argumentation, ihre Belange seien privater Natur, genügten nicht den Diskursansprüchen, besäßen keine gesamtgesellschaftliche Relevanz und müssten daher im Privaten ausgehandelt werden (Fraser 1990, 73).

Auch Gerhards und Neidhardt (1990) sahen eine zu starke Verengung in einem monolithischen Öffentlichkeitsverständnis und identifizierten in ihrem Modell drei Ebenen, auf denen Öffentlichkeiten entstehen können. Die erste und einfachste Ebene sind Encounter-Öffentlichkeiten, die spontane Treffen und Diskussionen über Themen im Alltag darstellen. Auf der zweiten Ebene siedeln sie organisierte Veranstaltungen an, die sowohl Themen aufgreifen und bündeln als auch eine erste Formierung öffentlicher Meinung ermöglichen. Auf der dritten Ebene verorten sie die massenmediale Öffentlichkeit, in der Partizipation nur bestimmten Akteur:innen ermöglicht wird und die Mehrheit in der Rolle des Publikums verharrt, das Diskurse beobachtet und dort seine Positionen in der öffentlichen Meinung repräsentiert sehen will. (Gerhards und Neidhardt 1990, 19–25)

Aufbauend auf diesen Annahmen führt Klaus in ihrem Modell den Ansatz der drei Ebenen von Öffentlichkeit mit der von Fraser vorgebrachten Kritik zusammen und argumentiert, dass „Öffentlichkeit und Privatheit in der Dialektik von Gesellschaftlichkeit und Subjektivität des Menschen miteinander verknüpft [sind]" (Klaus 2001, 26). Privatheit ist daher auch in diesem Modell kein Gegenpol zu Öffentlichkeit, sondern an einfache Öffentlichkeiten gebunden, „die den sozialen Charakter der individuellen Lebensprozesse vermitteln" (Klaus 2001, 26) und darüber hinaus in andere Öffentlichkeiten hineinreichen. Dieses Hineinreichen ist jedoch dadurch erschwert, dass die Kommunikation in einfachen Öffentlichkeiten zwar weniger voraussetzungsreich ist, dadurch aber auch zufällig, flüchtig und unorganisiert. Wie auch Gerhards und Neidhardt argumentieren, braucht es daher die mittlere Ebene, in der eine Bündelung und Artikulation von Themen geleistet wird, die als gesellschaftlich bedeutungsvoll erachtet werden. Gleichzeitig ermöglicht die „mittlere Ebene" in demokratisch verfassten Gesellschaften die Organisation von Gegenöffentlichkeiten, wie die breite Forschung zu sozialen und Protestbewegungen zeigt (vgl. z. B. Zamponi 2013, Daphi et al. 2017). Noch vor dem Web 2.0 und digitalen Öffentlichkeiten war die mittlere Ebene vermittelnd und damit Voraussetzung dafür, dass Themen der einfachen Ebene auch in der komplexen Ebene massenmedialer Öffentlichkeiten selektiert, verarbeitet und verbreitet werden konnten. Nach wie vor gilt, dass Massenmedien als wichtiger Teil komplexer Öffentlichkeiten auf die anderen beiden Ebenen angewiesen sind, „denn diese verfügen im Gegensatz zu jenen über einen direkten Kontakt zum Publikum, der Glaubwürdigkeit, Authentizität, Nähe vermittelt" (Klaus 2001, 23). Umgekehrt waren nach Klaus aber auch einfache und mittlere Öffentlichkeiten, zumindest vor der Digitalisierung, auf komplexe Öffentlichkeiten angewiesen, um ihren Themen breite Aufmerksamkeit zu verschaffen.

3.3 Integratives Modell gesellschaftlichen Erinnerns

Worin liegt nun der Nutzen einer solchen Betrachtung? Durch das Aufdecken von Parallelität in den Prämissen und Strukturen der Modelle wird deutlich, dass sie miteinander kombinierbar sind. Öffentlichkeitstheorien ermöglichen gleichzeitig theoretisch zu modellieren, wie es zum Austausch zwischen den Ebenen, zu Verhandlungen bis hin zur Durchsetzung von Erinnerung auf der komplexen Ebene kommen kann. Der kommunikationswissenschaftliche Zugang hat die Frage aufgeworfen, wie kommunikatives und kulturelles Gedächtnis im Modell der Assmanns über öffentliche Kommunikation ineinandergreifen. Die Integration von Öffentlichkeits- und Gedächtnismodell soll nun zeigen, dass Erkenntnisse über die Kommunikationsbedingungen der drei Ebenen von Öffentlichkeit für eine gedächtnistheoretische Analyse gesellschaftlichen Erinnerns im 20. Jahrhundert herangezogen werden kann. Das daraus entstehende integrative Modell beinhaltet eine prozessuale Komponente, die aufzeigen soll, wie Erinnerung zwischen den Ebenen ausgetauscht wird und welche Hürden dabei unter maßgeblich durch Massenmedien geprägten Bedingungen öffentlicher Kommunikation des 20. Jahrhunderts überwunden werden mussten. Hilfreich ist es dabei, öffentliche Kommunikation über Vergangenheit als Erinnerungspraktiken verschiedener Akteur:innen zu verstehen, die mit ihrem kommunikativen Handeln für den Austausch zwischen den Öffentlichkeitsebenen sorgten (Knoblauch 1999; Menke 2019, 151–157; Pentzold und Menke 2020).

In einem ersten Schritt lässt sich mit Abbildung 3.1 demonstrieren, dass sich kommunikatives und kulturelles Gedächtnis zwischen den Öffentlichkeitsebenen verorten lassen und dabei Scharniere zwischen den Ebenen sind, die eine Zusammenführung kommunikativer Erinnerungspraktiken aus zwei Ebenen darstellen. Einfache und mittlere Öffentlichkeiten sind nicht bzw. wenig organisiert, es wird viel direkt kommuniziert und es gibt keine oder leicht wechselbare Rollen der Teilnehmenden. Die

Funktionen sind die Sinnkonstruktion und Bündelung von Themen – die wiederum von sozialen Gruppierungen artikuliert werden können. Alle diese in der Abbildung aufgeführten Formen, Modi, Rollen und Funktionen treffen auch auf zufälliges oder organisiertes Zusammentreffen von Erinnerungsgemeinschaften zu und basieren auf Alltagskommunikation und der Teilhabe am kommunikativen Gedächtnis. Wenn kollektives Erinnern auf der Ebene einfacher Öffentlichkeiten stattfindet, dann ist es intim und flüchtig. Vollzieht es sich stärker unter den Bedingungen mittlerer Öffentlichkeiten, dann wird die Funktion der Bündelung, Artikulation und damit Bereitstellung von Erinnerungen mithilfe des kommunikativen Gedächtnisses wichtiger. In mittleren Öffentlichkeiten erreichen Erinnerungen des kommunikativen Gedächtnisses, die bereits in einfachen Öffentlichkeiten geteilt und diskutiert werden, eine größere Sichtbarkeit. Die darüber vermittelte Relevanzzuschreibung hat zum einen den Zweck, Aufmerksamkeit für Erinnerungsdiskurse zu generieren, die neu verhandelt werden müssen oder die noch gar nicht in der breiten Öffentlichkeit angekommen sind.

Zum anderen schaffen sie neue Gemeinschaften, wie beispielsweise soziale Bewegungen oder Protestbewegungen, die zur Identitätsstiftung beitragen und die Bewegungen legitimieren. Das bedeutet gleichzeitig, dass diese Erinnerungsdiskurse bereits salient werden, aber die Erinnerungen noch nicht fester Bestandteil des kulturellen Gedächtnisses sind. Sie müssen erst durch die „Vermittlung" von der mittleren zur komplexen Öffentlichkeit gesellschaftlich verhandelt werden, um potenziell in das kulturelle Gedächtnis einfließen können. Hier nehmen die spezialisierten Träger:innen des kulturellen Gedächtnisses, wie Medien, Stiftungen, Museen etc., eine zentrale Rolle ein, wenn sie Erinnerungen aus dem kommunikativen Gedächtnis wahrnehmen und aufgreifen, die bereits von der einfachen auf die mittleren Öffentlichkeitsebene gelangt sind. Sie haben die Ressourcen, dafür zu sorgen, dass die gebündelten und bereitgestellten Erinnerungen für den Zugang zu komplexen Öffentlichkeiten selektiert, medial diskutiert und aufbereitet werden. So erreicht die Identitäts- und Sinnkonstruktion, die über kommunikative Gedächtnisse in sozialen Verbünden geleistet wird, klassische Erinnerungsinstitutionen der komplexen Öffentlichkeit und geht in das kulturelle Gedächtnis ein. Gleichzeitig ist es gerade jene mittlere Ebene der Öffentlichkeit, die nicht nur vermittelt, sondern selbst neue Institutionen kulturellen Gedächtnisses schafft, sei es im Film, in Ausstellungen und Museen oder in Form von Gedenktagen.

	Formen	Medien/Modi	Träger*innen	Funktionen
Einfache Öffentlichkeit	voraussetzungslose, spontane Alltagskommunikation	Direkt, interpersonal und narrativ	Unspezifisch, Mitglieder einer Encounter-Öffentlichkeit	Festlegung der Bedeutung und Wirkung von Themen
Kommunikatives Gedächtnis	Informell, wenig geformt, naturwüchsig, entstehend durch Interaktion, Alltag	Erfahrungen und Hörensagen	Unspezifisch, Zeitzeug*innen einer Erinnerungsgemeinschaft	Identitäts- und Sinnkonstruktion sozialer Verbünde
Mittlere Öffentlichkeit	Organisiert, statuarisch geregelt	Interpersonal, direkt und/oder mediale Vermittlung	Rollendifferenziert, Mitglieder (passiv) und Funktionsträger*innen (aktiv)	Bündelung und Bereitstellung von Themen
Kulturelles Gedächtnis	Gestiftet, hoher Grad an Geformtheit, zeremonielle Kommunikation	Feste Objektivationen, traditionelle symbolische Kodierung/Inszenierung in Wort, Bild, Tanz usw.	Spezialisierte Traditionsträger*innen	Professionelle Kommunikator*innen
Komplexe Öffentlichkeit	Anspruchsvoll professionalisiert, routiniert	Massenmediale Vermittlung	Professionelle Kommunikator*innen	Themenselektion, -verarbeitung und -verbreitung

Abbildung 3.1: Eigene Darstellung der Parallelen zwischen Gedächtnistypen und Drei-Ebenen-Modell (J. Assmann 1992, 56; Klaus 2001, 22)

Diese Prozesse öffentlichen Erinnerns, die in der Praxis dynamisch zwischen den Ebenen ablaufen und in solchen Modellen nur durch Komplexitätsreduktion abbildbar werden, basieren auf partizipativen Erinnerungspraktiken und der Durchlässigkeit der Ebenen für bestimmte Erinnerungen. Dass hierbei Fragen von Macht, Ressourcen und Aufmerksamkeit entscheidend sind, ist bereits angeklungen. Dabei offenbart eine Sensibilität für Bedingungen öffentlicher Kommunikation, dass Macht nicht nur an Advokat:innen bestimmter Erinnerungsperspektiven gebunden ist, die beispielsweise in einer Erinnerungsgemeinschaft besonderes Ansehen erlangt oder eine repräsentative Stellung inne haben, die ihnen Einfluss in Erinnerungsdiskurse sichert. Vielmehr müssen Erinnernde auf den verschiedenen Ebenen von Öffentlichkeit den jeweiligen unterschiedlichen Anforderungen gerecht werden, um Zutritt und Aufmerksamkeit zu erhalten. Wie Klaus (2017, 26) in der grafischen Darstellung ihres Modells zeigt, das die Grundlage von Abbildung 3.2 darstellt, existiert auf der einfachen Ebene eine hohe Zahl an Kommunikationsforen mit offenem Zugang, dafür aber geringem gesellschaftlichen Einfluss. Dieser Zugang wird zunehmend restriktiver und voraussetzungsreicher auf der mittleren und insbesondere der komplexen Ebene, erlaubt gleichzeitig aber zunehmend Einfluss und Macht.

Spezialisieren sich also bestimmte Funktionsträger:innen auf die Objektivierung und Ritualisierung von Erinnerung, um größeren Kollektiven einen gemeinsamen Identifikationsrahmen zur Verfügung zu stellen, dann brauchen sie die richtigen Ressourcen, um diese Aufgabe über öffentliche Kommunikation zu erfüllen. Gleichzeitig erhalten sie damit Macht darüber, was gesellschaftlich erinnert wird. Sie verantworten, welche gemeinsame Vergangenheit im kulturellen Gedächtnis verankert wird und welche Erinnerungen nicht aufgenommen bzw. aktiv ausgeschlossen werden. Diese Machtposition ist heute zwar durch digitale Öffentlichkeiten geschwächt, doch sollte die Bedeutung von finanziellen und politischen Ressourcen zur Herstellung von Aufmerksamkeit, die weiterhin bei klassischen Erinnerungsinstitutionen gebündelt sind, nicht in ihrer Persistenz sowie ihrer Funktion für gesellschaftliches Erinnern unterschätzt werden.

Der Prozess des öffentlichen Erinnerns ist also dynamisch und wird auf den jeweiligen Ebenen durch die Erinnerungspraktiken der verantwortlichen Akteur:innen geleistet, die stets angeschlossen an die anderen Ebenen Vergangenheit verhandeln und konstruieren (s. Abb. 3.2). Erst die Möglichkeiten des öffentlichen Erinnerns erlauben also sowohl den Austausch zwischen den Öffentlichkeitsebenen als auch zwischen kommunikativen und kulturellen Gedächtnissen. Daran beteiligt sind auf der einfachen Ebene Mitglieder von Erinnerungsgemeinschaften über ihre Alltagskommunikation (Halbwachs 1991 [1952]; Assmann 1988; Welzer 2002), auf der mittleren Ebene z. B. zivilgesellschaftliche Organisationen und Bewegungen, in denen sich diese Mitglieder einbringen können und sich einige auch in die Rolle von Funktionsträger:innen begeben, um die Bündelung und Bereitstellung zu übernehmen (Zamponi 2013; Dimbath et al. 2016). Filmemacher:innen und Journalist:innen sind Beispiele für professionelle Kommunikator:innen, die in komplexen Öffentlichkeiten agieren und so zur Kanonisierung von Erinnerungen im kulturellen Gedächtnis beitragen (Zelizer 2008; Arnold et al. 2010; Göttlich 2017).

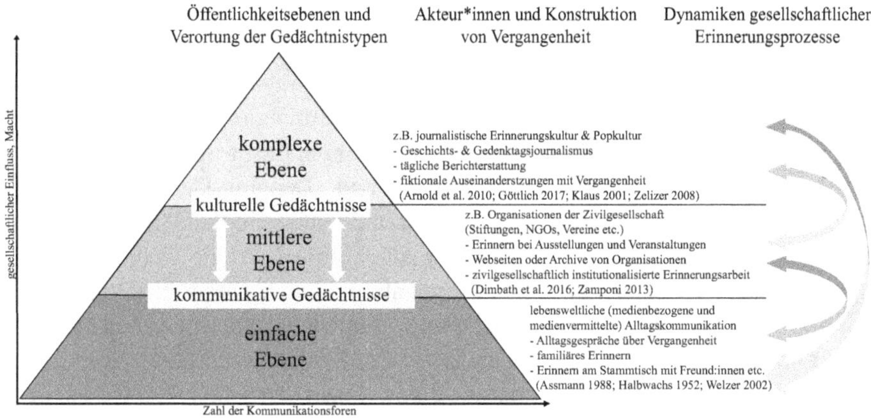

Abbildung 3.2: Darstellung in Anlehnung an Elisabeth Klaus bei Menke (2019, 129)

3.4 Gemeinschaftliche Aushandlung von Erinnerung in Öffentlichkeit(en)

Wie die vergleichende Analyse zwischen dem Modell des privat-kommunikativen und öffentlich-kulturellen Gedächtnisses und dem der Öffentlichkeit (s. Abb. 3.2) gezeigt hat, lassen sich die grundlegende Konzeption von gesellschaftlichem Erinnern der kulturwissenschaftlichen Theorien und die Ebenen von Öffentlichkeit aus kommunikationswissenschaftlicher Perspektive miteinander in Beziehung setzen und damit Austauschprozesse und insbesondere die Diffusion von Erinnerung in Gesellschaften erklären. Öffentlichkeitstheorien können aber noch einen weiteren Beitrag zu einer ganz grundlegenden Frage gesellschaftlicher Erinnerung leisten, wie sie angesichts von Digitalisierungs-, aber auch Transnationalisierungsprozessen virulent geworden ist, nämlich die Frage, welche Qualität und welche diskursive Form dieser Austausch überhaupt annimmt. Bereits Levy hat die Frage aufgeworfen, was eigentlich mit dem nationalen kulturellen Gedächtnis passiert, wenn ‚periphere' und ‚marginale' Vergangenheiten das Zentrum durchdringen und legitime Aufmerksamkeit fordern (Levy 2010, 97). Gerade die grundlegenden Theorien zur Bedeutung von Gruppen für die Konstituierung von Erinnerung von Halbwachs, Nora und insbesondere den Assmanns, aber auch sozialwissenschaftliche Ansätze zum Familiengedächtnis, wie sie Welzer entwickelt hat, heben in ihrer Fokussierung auf ein „kollektives Gedächtnis" insbesondere die Legitimierung und Bildung von Identitäten und Gemeinschaft durch Erinnerung hervor. Auch neuere theoretische Ansätze zu transnationaler Erinnerung von Levy und Sznaider (2007) oder Assmann (2020) betonen die transnationale Gemeinschaftsbildung durch Erinnerung.

Dabei gerät aus dem Blick, dass Erinnerungen eben nicht schon durch Kommunikation Resonanz finden und sich damit eine erweiterte, neue Erinnerungsgemeinschaft bildet. Öffentliche Sichtbarkeit ist keineswegs automatisch mit Anerkennung verbunden (Schaffer 2015). Vielmehr diffundieren Erinnerungen nicht einfach kommunikativ, sie werden im Diskurs verhandelt, ausgehandelt und können damit Gegenstand konfliktärer Auseinandersetzungen und „Deutungskämpfe" werden (Rudolph et al. 2019; sowie Beitrag von de Wolff und Lohner im Band). Neuere Theorien zum „multidirectional memory" (Rothberg 2009) reflektieren die Vielfalt von Erinnerungsthemen und den sie tragenden Gruppenformationen. Diese Vielfalt ist auch mit Konflikten und Kämpfen verbunden. Dabei wird die Konflikthaftigkeit im Modell von Assmann und Assmann (1994) bereits unter den Funktionszuschreibungen des „bewohnten Funktionsgedächtnis" angesprochen: Neben den beiden Funktionen der Legitimation von (national) gestiftetem kulturellem Gedächtnis und der Distinktion im Sinne einer Identitätsstiftung durch gemeinsame Erinnerung bildet die „Delegitimierung, das inoffizielle Gedächtnis, die kritische und subversive Gegenerinnerung eine weitere Variante im Funktionsgedächtnis" (Assmann und Assmann 1994, 124–126). Dieses inoffizielle Gedächtnis fordert damit auch die offiziellen Herrschafts- und Machtverhältnisse heraus (Assmann und Assmann 1994, 125–126).

Hier sei zunächst und erneut an das oben bereits vorgestellte Habermas'sche Verständnis von Öffentlichkeit angeknüpft. Habermas hat mit seiner Theorie Öffentlichkeit nicht nur normativ begründet, sondern den Diskurs als Grundlage öffentlicher Entscheidungsfindung definiert, mit dem Ziel diskursiv und unter Einhaltung spezifischer Regeln zu einem von Allen getragenen Konsens zu gelangen. Die Einführung des Diskurses in die Öffentlichkeit lenkt den Blick auf die Aushandlung. Allerdings haben insbesondere die kritische Diskurs- und Öffentlichkeitsforschung als auch die kritische politische Theorie hier aufgezeigt, dass die Habermas'schen Kategorien als Norm formuliert sein mögen, aber die Idee eines rationalistischen und idealen Diskurses kein geeignetes Modell bietet, um die sozialen Bedingungen und Prozesse ausreichend zu fassen. Vielmehr sei „die freie und ungehinderte öffentliche Deliberation aller zu Fragen gemeinsamen Interesses eine konzeptuelle Unmöglichkeit, da die partikularen Lebensformen, die als ‚Hindernisse' präsentiert werden, in Wahrheit deren eigentlichen Ermöglichungsbedingungen sind. Ohne sie würde es nie zu Kommunikation und nie zu Deliberation kommen" (Mouffe 2010, 100). Machtfragen sollten aus dem öffentlichen Raum eben nicht eliminiert, sondern gerade vorausgesetzt werden (Mouffe 2010, 100). Gesellschaftliche Diskurse werden konflikthaft ausgetragen, von Affekten und Interessen bestimmt sowie von Machtverhältnissen und den damit verbundenen Ressourcen und Positionierungen geprägt.

Wenn im Anschluss an wissenssoziologische Konzeptionen des Diskurses (u. a. Keller 2011) auch die (öffentliche) Kommunikation von Erinnerungen und Erinnerungsthemen als konstruiert begriffen wird, dann sind Erinnerungen und Gegen-Erinnerungen des kommunikativen sowie des kulturellen Gedächtnisses nicht allein nur nebeneinander zirkulierende oder multidirektional sich durchdringende Rekonstruktionen und Deutungen von Vergangenheit unterschiedlicher Träger:innen. Sie sind vielmehr umstritten und umkämpft und streben damit nach einer Diskurshegemonie (Kohlstruck 2004, 185–188). Wenn man Mouffes agonistischen Modell folgt und voraussetzt, dass „Machtverhältnisse für das Soziale konstitutiv sind" (Mouffe 2010, 102), dann lassen sich die Verbreitung von Erinnerungen von der einfachen über die mittlere bis zur komplexen Ebene in (nationalstaatlich konzipierten) Gesellschaften nicht mehr rein unter der Perspektive kollektiver Identität und Vergemeinschaftung fassen. Vielmehr steht im Vordergrund, einen gesellschaftlichen Antagonismus anzuerkennen. Gerade diskursanalytische Zugänge können hier wichtige Befunde zur Aushandlung öffentlicher Erinnerung leisten (z. B. de Wolff 2021).

4. Mediatisiertes Erinnern und vernetzte Öffentlichkeiten

Nach der Integration früherer Ansätze der Gedächtnis- und Öffentlichkeitsforschung, und der Erweiterung um kritische Öffentlichkeitstheorien soll gesellschaftliches Erinnern nun um neuere Ansätze zur Modellierung digitaler Öffentlichkeiten des 21. Jahrhundert weiterentwickelt werden. Es handelt sich dabei um eine Erweiterung, weil die zuvor identifizierten Ebenen, Akteur:innen und Erinnerungsinstitutionen weiterhin existent und relevant geblieben sind. Verändert hat sich, dass der Zugang zu Öffentlichkeit im Internet, insbesondere durch soziale Medien, niederschwelliger geworden ist. Die wohl nachhaltigste Veränderung, die damit einhergeht, ist die Beteiligung von Akteur:innen der einfachen und mittleren Ebene in digitalen Öffentlichkeiten. Wo es vorher meist die Akteur:innen der komplexen Ebene brauchte, um große und disperse Publika zu erreichen, können nun Erinnerungen im Zuge medienvermittelter Alltagskommunikation in digitale Öffentlichkeiten eingebracht und verhandelt werden.

Diese Verschiebung des „mediatisierten Erinnerns" findet sich auch im auf das Internet übertragenen Drei-Ebenen-Modell bei Drüeke und Klaus (2014). Die Autorinnen modellieren, dass z. B. Twitter, Blogs, Kommentare zu Online-Zeitungen und Forumseinträge die einfache Ebene, Protestbewegungen und ihre Kommunikation im Internet die mittlere Ebene und eGovernment sowie Online-Zeitungen die komplexe Ebene konstituieren. Die ersten beiden Ebenen sind dabei für alle Internetnutzer:innen zugänglich für Kommunikation über Erinnerungen und gleichzeitig gilt, dass „diese drei Ebenen nicht überschneidungsfrei" sind (Drüeke und Klaus 2014, 61). Auch wenn das bereits für das ursprüngliche Modell galt, ist die Verschränkung der Ebenen hier noch einmal stärker hervorzuheben, denn im Internet agieren Akteur:innen der verschiedenen Ebenen häufig auf denselben Plattformen, sind gemeinsam an Erinnerungsdiskursen beteiligt und sorgen damit für eine Vernetzung der Ebenen, die eine empirische Trennung zwischen den Ebenen in der Forschungspraxis zunehmend erschwert. Das liegt daran, dass Plattformen nicht mit bestimmten Ebenen von Öffentlichkeit gleichgesetzt werden können, wie es ursprünglich beispielsweise bei Massenmedien und der komplexen Ebene von Öffentlichkeit der Fall war. Deshalb müssen gegenwärtige Modellierungen noch stärker die Rolle von Akteur:innen und ihre Funktionen in digitalen Öffentlichkeiten berücksichtigen, anstatt nur den Zugang zu bestimmten Medien bzw. Plattformen als wichtigstes Distinktionsmerkmal für Macht und öffentliche Aufmerksamkeit zu begreifen. Das wird deutlich, wenn man eine Plattform wie Twitter betrachtet, auf der z. B. am Tag der Deutschen Einheit Journalist:innen Artikel zum Fall der Mauer posten, Politiker:innen kommemorative Statements verfassen und Bürger:innen diese Tweets kommentieren oder auch ihre Erinnerungen teilen.

Hoskins (2014, 662) beschreibt diese Entwicklung aus Perspektive der Erinnerungsforschung als „mediatization of memory" und konkretisiert diese als „medial gathering and splintering of individual, social, and cultural imaginaries, increasingly networked through portable and pervasive digital media and communication devices so that a new living archive is becoming the organizing and habitual condition of memory". Es seien digital vernetzte Medienumgebungen des Alltags, die laut Hoskins (2014, 663) durch ihre „Hyperkonnektivität" mediatisiertes Erinnern in heutiger Form ermöglichten. Kalinina und Menke (2016, 62) verweisen darauf aufbauend auf die Bedeutung digitaler Öffentlichkeiten in „hyperconnected memory cultures", die stärker horizontale als vertikale Modi der Kommunikation erlauben. Internetnutzer:innen können digital vernetzt Erinnerungen austauschen, aber Vergangenheit auch leichter mit Akteur:innen der komplexen Ebenen verhandeln, während ein potenzielles Publikum zwischen den Rollen der Beobachtenden und Teilnehmenden wechseln kann.

Neben diesen Arbeiten zu digitalen Öffentlichkeiten, befasst sich die kommunikationswissenschaftliche Erinnerungsforschung außerdem häufig handlungstheoretisch mit den vielseitigen multimedialen Ausdrucksformen digitalen Erinnerns, um aufzuzeigen, was Akteur:innen überhaupt online beim öffentlichen Erinnern mit ihren Erinnerungen tun, d. h. welche medienbezogenen Praktiken sich bei der Kommunikation von und über Erinnerungen im Internet etablieren (Pentzold und Menke 2020). Digitale Erinnerungspraktiken werden beispielsweise bei Birkner und Donk (2020) im Kontext des Social-Media-Aktivismus zur Umbenennung historischer Straßennamen untersucht, bei Menke (2019) hinsichtlich der Identitätsarbeit nostalgischer Facebookgruppen und bei Lohmeier und Böhling (2017) in einem Special Issue zu familiärem Erinnern in neuen Medienumgebungen.

Diese Beispiele rücken zusätzlich in den Vordergrund, dass digitale Öffentlichkeiten und die dort etablierten Erinnerungspraktiken dem Zweck der Vergemeinschaftung von Gruppen dienen, von denen einige vorher in der Öffentlichkeit marginalisiert waren oder sich schlicht aufgrund örtlicher Distanz oder Unkenntnis gemeinsamer Interessen nicht formieren konnten (Drüeke und Klaus 2014; Menke 2019). Damit öffnet sich gesellschaftliches Erinnern, das häufig in den Grenzen lokaler, regionaler und nationaler Öffentlichkeiten angesiedelt ist, einer potenziell globalen Partizipation und Vergemeinschaftung, was z. B. für Communities in der Diaspora relevant sein kann (Lohmeier und Pentzold 2014). Reading (2011, 242) spricht daher von einem

„globital memory field", in dem persönlich und lokal objektivierte Erinnerungen günstig, global vernetzt und reproduzierbar über verschiedene Medien hinweg zirkulieren und damit letztlich auch in verschiedene digitale Öffentlichkeiten eingehen können. Trotzdem zeigen sich auch weiterhin Begrenzungen durch Faktoren wie die gruppenspezifische Relevanz von Erinnerungen, der häufig themen- oder ortsgebundene Kontexte ihrer Verhandlung oder schlicht die Sprache (Reading 2011, 244). Auch wenn globales Erinnern also technisch vereinfacht wurde, bedeutet das längst nicht, dass es losgelöst von Gruppen stattfindet, die orts- und kulturspezifisch in „ihren" digitalen Öffentlichkeiten kommunizieren.

Gleichzeitig haben sich in den Sozialen Medien und auf Plattformen auch auf der einfachen und mittleren Ebene neue Öffentlichkeiten entwickelt, die nicht nur neue Gemeinschaften und kollektive Identitäten durch Erinnerung ermöglichen, sondern auch delegitimatorischen Erinnerungspraktiken und -politiken Raum bieten.

5. Öffentlichkeitswandel am Beispiel deutscher DDR-Erinnerung

Als anschauliches Beispiel für gesellschaftliches Erinnern im Wandel von Öffentlichkeiten des 20. hin zum 21. Jahrhundert lässt sich die deutsche Auseinandersetzung mit der DDR anführen. Bereits bei Klaus (2017) wird die DDR als Fall genannt, der auch in der öffentlichen Debatte sowie der Erinnerungsforschung eine große Rolle gespielt hat und in der es lange Zeit um die Frage ging, ob die Erinnerungen an den DDR-Alltag im kommunikativen Gedächtnis ehemaliger DDR-Bürger:innen auch Eingang in das kulturelle Gedächtnis eines vereinigten Deutschlands finden dürften. Hier entbrannte ein Diskurs im Spannungsfeld zwischen einem mahnenden, pädagogischen Erinnern an die Gräueltaten des Regimes und dem Erinnern des gelebten Alltags von ehemaligen DDR-Bürger:innen, der bis heute für viele wichtiger Bestandteil ihrer Identität ist und nicht nur aus negativen Erfahrungen besteht (Beattie 2011; Arnold-de Simine und Radstone 2013). Rückblickend kann konstatiert werden, dass Erinnerungen des kommunikativen Gedächtnisses, die anfangs im kollektiven Erinnern westdeutscher Prägung delegitimiert wurden, aufgrund des Aufbegehrens in einfachen Öffentlichkeiten einen Platz im kulturellen Gedächtnis erhalten haben. Was im Privaten mit dem Sammeln von DDR-Gegenständen anfing, wurde mit DDR-Partys und Ostalgie-Shops fortgeführt (Berdahl 1999) und letztlich in komplexen Öffentlichkeiten diskutiert. Heute wird in Museen der Alltag in der DDR gezeigt (Ahbe 2001; Paver 2013) und journalistische Beiträge und Filme wie „Good Bye, Lenin!" widmen sich dem Leben in der DDR (Kapczynski 2007; Barney 2009; Meyen 2019). Massenmedien und klassische Institutionen des Erinnerns wurden mit dem Entstehen des Internet jedoch erweitert und erlauben ehemaligen DDR-Bürger:innen, sich heute gemeinsam über ihre Vergangenheit auszutauschen und ihre Position im wiedervereinigten Deutschland zu verhandeln. In einer ersten Phase wurden Webseiten erstellt (Cooke 2005), später folgten beispielsweise Facebookgruppen mit unterschiedlichem politischen, kulturellen und unterhaltenden Anspruch (Meyen 2013; Menke und Kalinina 2019). Diese digitalen Öffentlichkeiten eröffnen einen Raum, der nicht nur Vergemeinschaftung und Identitätsarbeit erlaubt, sondern auch einer im DDR-Erinnerungsdiskurs historisch marginalisierten Gruppe eine Stimme und Sichtbarkeit verleiht. Dass diese Marginalisierung nach wie vor nicht überwunden wurde, zeigt sich u. a. auch daran, wie erfolgreich die rechtspopulistische Alternative für Deutschland mit ihrer nostalgischen Kampagne „Wende 2.0" im Thüringer Wahlkampf 2019 war (Menke und Wulf 2021). Der kommunikationswissenschaftliche Blick auf die verschiedenen Öffentlichkeiten, die heute in mediatisierten, hyperkonnektiven Erinnerungskulturen bestehen, legt daher offen, wie und von wem gesellschaftliches Erinnern und kulturelles Gedächtnis herausgefordert, verändert und instrumentalisiert werden.

6. Fazit

Das Ziel dieses Beitrags war es, die oft impliziten Annahmen von Öffentlichkeit in Arbeiten über gesellschaftliches Erinnern anhand kommunikationswissenschaftlicher Öffentlichkeitsmodelle aufzuzeigen. Um an einem einflussreichen Konzept im deutschsprachigen Raum Parallelen zum klassischen Gedächtniskonzept von kommunikativem und kulturellem Gedächtnis der Assmanns herauszuarbeiten, wurde das Drei-Ebenen-Modell von Elisabeth Klaus herangezogen. Dabei sollte gezeigt werden, dass Öffentlichkeit, und insbesondere mediale Öffentlichkeit, zentrales Element gesellschaftlichen Erinnerns ist. Des Weiteren bietet dieses Öffentlichkeitsmodell die Möglichkeit, die Austauschprozesse zwischen gesellschaftlichen Gruppen von einfachen bis hin zu komplexen Öffentlichkeiten zu begreifen und gerade die Diskurse und konflikthaften Kämpfe um hegemoniale Erinnerungsdeutungen theoretisch einzubeziehen und damit einer empirischen Analyse mediatisierten Erinnerns zugänglich zu machen.

Nachdem sowohl die Arbeiten der Assmanns als auch die von Klaus in ihrer ursprünglichen Form nicht die Bedingungen digitalisierter Gesellschaften des 21. Jahrhundert berücksichtigten, galt es in einem ersten Schritt, das Erinnern entlang der Öffentlichkeitsebenen von der Alltags- bis zur massenmedialen Kommunikation darzulegen. Erst im Anschluss wurden die Ausführungen erweitert und gesellschaftliches Erinnern auch für digitale Öffentlichkeiten konzeptualisiert, die digitale Formen der Vergemeinschaftung, Partizipation und Zirkulation von Erinnerungen erlaubten. Am Beispiel der DDR wurde gezeigt, wie sich der deutsche Erinnerungsdiskurs von einem ‚top-down'- stärker zu einem ‚bottom-up'-Diskurs verändert hat, in dem sowohl vergemeinschaftende als auch konflikthafte Erinnerungsprozesse zu beobachten sind.

Kritisch angemerkt sei, dass Gedächtnis- und Öffentlichkeitsmodelle bei der Hyperkonnektivität gesellschaftlichen Erinnerns stets unterkomplex bleiben und nur eine Annäherung an die empirischen Gegebenheiten darstellen können. Modelle sind stets komplexitätsreduzierend und fokussieren auf bestimmte Parameter. Auch wenn die vielfältigen, undurchsichtigen und bisweilen chaotischen Prozesse vernetzten, mediatisierten Erinnerns nicht adäquat abgebildet werden, so erlauben es Gedächtnis- und Öffentlichkeitsmodelle jedoch, die unterschiedlichen Rahmen- und Partizipationsbedingungen des gesellschaftlichen Erinnerns zu skizzieren. Sie schärfen damit den Blick auf die nach wie vor zentralen Parameter von Ressourcen und Macht in öffentlichen Erinnerungsdiskursen. Es ist daher weiterhin fruchtbar für die kommunikationswissenschaftliche Erinnerungsforschung, Medien- und Öffentlichkeitswandel mit Erinnerungs- und Gedächtniskonzepten zu verbinden und auch eigene Konzepte zu entwickeln, die den Anspruch haben, gesellschaftliches Erinnern unter medialen Bedingungen des 21. Jahrhundert zu beschreiben und zu erklären.

7. Literatur

Ahbe, Thomas. „„Ostalgie' als eine Laien-Praxis in Ostdeutschland. Ursachen, psychische und politische Dimensionen". *Die DDR in Deutschland: ein Rückblick auf 50 Jahre*. Hg. Heiner Timmermann. Bd. 93. Berlin: Duncker & Humblot, 2001.

Arnold, Klaus, Walter Hömberg, und Susanne Kinnebrock (Hg.). *Geschichtsjournalismus: zwischen Information und Inszenierung*. Münster: Lit, 2010.

Arnold-de Simine, Silke, und Susannah Radstone. „The GDR and the Memory Debate". *Remembering and Rethinking the GDR*. Hg. Anna Saunders und Debbie Pinfold. London: Palgrave Macmillan UK, 2013. 19–33.

Assmann, Aleida. *Erinnerungsräume: Formen und Wandlungen des kulturellen Gedächtnisses*. München: C.H. Beck, 1999.

Assmann, Aleida. „Persönliche Erinnerung und kollektives Gedächtnis in Deutschland nach 1945". *Erinnern: Arbeitstagung zum Thema Erinnern am 31. Januar und 1. Februar 2003 in Freiburg*. Hg. Wolfram Mauser und Joachim Pfeiffer. Würzburg: Königshausen & Neumann, 2004. 81–92.

Assmann, Aleida. *Der lange Schatten der Vergangenheit: Erinnerungskultur und Geschichtspolitik*. München: C.H. Beck, 2006.

Assmann, Aleida. *Geschichte im Gedächtnis: von der individuellen Erfahrung zur öffentlichen Inszenierung*. München: C.H. Beck, 2007.

Assmann, Aleida. „Denkmäler und ihre Paradoxien". *Geteilte Gegenwarten*. Hg. Miriam Lay-Brander, Stephanie Kleiner, Leon Wansleben, und Miriam Lay Brander. Paderborn: Wilhelm Fink Verlag, 2016. 27–41.

Assmann, Aleida. *Das neue Unbehagen an der Erinnerungskultur: eine Intervention*. München: C.H. Beck, 2020.

Assmann, Jan. „Kollektives Gedächtnis und kulturelle Identität". *Kultur und Gedächtnis*. Hg. Jan Assmann und Tonio Hölscher, Frankfurt am Main: Suhrkamp, 1988. 9–19.

Assmann, Jan. *Das kulturelle Gedächtnis. Schrift, Erinnerung und politische Identität in frühen Hochkulturen*. München: C.H. Beck, 1992.

Assmann, Aleida, und Jan Assmann. „Das Gestern im Heute. Medien und soziales Gedächtnis". *Die Wirklichkeit der Medien*. Hg. Klaus Merten, Siegfried J. Schmidt, und Siegfried Weischenberg. Wiesbaden: VS Verlag für Sozialwissenschaften, 1994. 114–140.

Barney, Timothy. „When We Was Red: Good Bye Lenin! And Nostalgia for the 'Everyday GDR'". *Communication and Critical/Cultural Studies* 6.2 (2009): 132–151.

Beattie, Andrew H. „The Politics of Remembering the GDR: Official and State-Mandated Memory since 1990". *Remembering the German Democratic Republic*. Hg. David Clarke und Ute Wölfel. London: Palgrave Macmillan UK, 2011. 3–22.

Berdahl, Daphne. „'(N)Ostalgie' for the Present: Memory, Longing, and East German Things". *Ethnos* 64.2 (1999): 192–211.

Birkner, Thomas, und André Donk. „Collective Memory and Social Media: Fostering a New Historical Consciousness in the Digital Age?". *Memory Studies* 13.4 (2020). 367–383.

Cooke, Paul. *Representing East Germany since unification: from colonization to nostalgia*. Oxford, UK ; New York, NY: Berg, 2005.

Daphi, Priska, Nicole Deitelhoff, Dieter Rucht, und Simone Teune (Hg.). *Protest in Bewegung?: Zum Wandel von Bedingungen, Formen und Effekten politischen Protests*. Baden-Baden: Nomos, 2017.

de Wolff, Kaya. *Post-/koloniale Erinnerungsdiskurse in der Medienkultur. Der Genozid an den Ovaherero und Nama in der deutschsprachigen Presse von 2001 bis 2016*. Bielefeld: transcript, 2021.

Dimbath, Oliver, Hanna Haag, Nina Leonhard, und Gerd Sebald. „Einleitung: Gedächtnisse der Organisationen und die Organisation der Gedächtnisse". *Organisation und Gedächtnis. Über die Vergangenheit der Organisation und die Organisation der Vergangenheit*. Hg. Nina Leonhard, Oliver Dimbath, Hanna Haag, und Gerd Sebald, Wiesbaden: Springer Fachmedien, 2016. 1–14.

Drüeke, Ricarda, und Elisabeth Klaus. „Öffentlichkeiten im Internet: Zwischen Feminismus und Antifeminismus". *Femina politica* 23.2 (2014): 59–71.

Erll, Astrid, und Ansgar Nünning. „Literaturwissenschaftliche Konzepte von Gedächtnis: Ein einführender Überblick". *Gedächtniskonzepte der Literaturwissenschaft: Theoretische Grundlegung und Anwendungsperspektiven*. Hg. Astrid Erll und Ansgar Nünning. Berlin, New York: De Gruyter, 2010. 1–10.

Erll, Astrid. *Kollektives Gedächtnis und Erinnerungskulturen*. Stuttgart: J.B. Metzler, 2017.

Fraser, Nancy. „Rethinking the Public Sphere: A Contribution to the Critique of Actually Existing Democracy". *Social Text* 25/26 (1990): 56–80.

Gerhards, Jürgen, und Friedhelm Neidhardt. *Strukturen und Funktionen moderner Öffentlichkeit. Fragestellungen und Ansätze*. Berlin: Wissenschaftszentrum Berlin für Sozialforschung, 1990.

Göttlich, Udo. „Öffentlichkeit durch Unterhaltung. Krise der Öffentlichkeit oder Herausforderung der Öffentlichkeitstheorie?" *Kritische Öffentlichkeiten - Öffentlichkeiten in der Kritik*. Hg. Kornelia Hahn und Andreas Langenohl, Wiesbaden: Springer Fachmedien, 2017. 115–32.

Habermas, Jürgen. „The Public Sphere: An Encyclopedia Article (1964)". *New German Critique* 3 Herbst (1974): 49–55.

Habermas, Jürgen. *Strukturwandel der Öffentlichkeit. Untersuchung zu einer Kategorie der bürgerlichen Gesellschaft*. Neuwied; Berlin: Hermann Luchterhand Verlag, 1996. (Original 1964)

Habermas, Jürgen. *Theorie des kommunikativen Handelns: Zur Kritik der funktionalistischen Vernunft*. Frankfurt am Main: Suhrkamp, 2016. (Original 1981)

Halbwachs, Maurice. *Das kollektive Gedächtnis*. Frankfurt am Main: Fischer, 1991. (Original 1952)

Halbwachs, Maurice. „On Collective Memory". *The collective memory reader*. Hg. Jeffrey K. Olick, Vered Vinitzky-Seroussi, und Daniel C. Levy. Oxford: Oxford University Press, 2011. 139–149. (Original 1952)

Hans, Barbara. *Inszenierung von Politik. Zur Funktion von Privatheit, Authentizität, Personalisierung und Vertrauen*. Wiesbaden: Springer Fachmedien, 2017.

Hepp, Andreas, Stig Hjavard, und Knut Lundby. „Mediatization: theorizing the interplay between media, culture and society". *Media, Culture & Society* 37.2 (2015): 314–324.

Hoffmann, Dagmar, Friedrich Krotz, und Wolfgang Reißmann. „Mediatisierung und Mediensozialisation. Problemstellung und Einführung." *Mediatisierung und Mediensozialisation: Prozesse – Räume – Praktiken*. Hg. Dagmar Hoffmann, Friedrich Krotz, und Wolfgang Reißmann. Wiesbaden: Springer VS, 2017. 3–18.

Hoskins, Andrew. „The mediatization of memory". *Mediatization of communication*. Hg. Knut Lundby. Berlin; Boston: De Gruyter Mouton, 2014. 661–667.

Imhof, Kurt, und Peter Schulz (Hg.). *Die Veröffentlichung des Privaten, die Privatisierung des Öffentlichen*. Opladen: Westdeutscher Verlag, 1998.

Kalinina, Ekaterina, und Manuel Menke. „Negotiating the Past in Hyperconnected Memory Cultures: Post-Soviet Nostalgia and National Identity in Russian Online Communities". *International Journal of Media & Cultural Politics* 12.1 (2016): 57–72.

Kapczynski, Jennifer M. „Negotiating Nostalgia: The GDR Past in Berlin Is in Germany and Good Bye, Lenin!". *The Germanic Review: Literature, Culture, Theory* 82. 1 (2007): 78–100.

Keller, Reiner. *Wissenssoziologische Diskursanalyse: Grundlegung eines Forschungsprogramms*. Wiesbaden: VS Verlag für Sozialwissenschaften, 2011.

Klaus, Elisabeth. „Das Öffentliche im Privaten — Das Private im Öffentlichen. Ein kommunikationstheoretischer Ansatz". *Tabubruch als Programm: Privates und Intimes in den Medien*. Hg. Friederike Herrmann und Margret Lünenborg. Wiesbaden: VS Verlag für Sozialwissenschaften, 2001. 15–35.

Klaus, Elisabeth. „Öffentlichkeit als gesellschaftlicher Selbstverständigungsprozess und das Drei-Ebenen-Modell von Öffentlichkeit. Rückblick und Ausblick". *Öffentlichkeiten und gesellschaftliche Aushandlungsprozesse: theoretische Perspektiven und empirische Befunde*. Hg. Elisabeth Klaus und Ricarda Drüeke. Bielefeld: transcript, 2017. 17–37.

Knoblauch, Hubert. „Das kommunikative Gedächtnis". *Grenzenlose Gesellschaft?*. Hg. Claudia Honegger, Stefan Hradil, und Franz Traxler. Wiesbaden: VS Verlag für Sozialwissenschaften, 1999. 733–748.

Kohlstruck, Michael. „Erinnerungspolitik: Kollektive Identität, Neue Ordnung, Diskurshegemonie". *Politikwissenschaft als Kulturwissenschaft*. Hg. Birgit Schwelling. Wiesbaden: VS Verlag für Sozialwissenschaften, 2004. 173–193.

Levy, Daniel C.. „Das kulturelle Gedächtnis". *Gedächtnis und Erinnerung*. Hg. Christian Gudehus, Ariane Eichenberg, und Harald Welzer. Stuttgart: J.B. Metzler, 2010. 93–101.

Levy, Daniel C., und Natan Sznaider. *Erinnerung im globalen Zeitalter: der Holocaust*. Frankfurt am Main: Suhrkamp, 2007.

Lohmeier, Christine, und Rieke Böhling. „Communicating family memory: Remembering in a changing media environment". *Communications* 42.3 (2017): 277–292.

Lohmeier, Christine, und Christian Pentzold. „Making Mediated Memory Work: Cuban-Americans, Miami Media and the Doings of Diaspora Memories". *Media, Culture & Society* 36.6 (2014): 776–789.

Lundby, Knut (Hg.). *Mediatization: concept, changes, consequences*. New York: Peter Lang, 2009.

Menke, Manuel. *Mediennostalgie in digitalen Öffentlichkeiten: Zum kollektiven Umgang mit Medien- und Gesellschaftswandel*. Köln: Herbert von Halem Verlag, 2019.

Menke, Manuel, und Ekaterina Kalinina. „Reclaiming Identity: GDR Lifeworld Memories in Digital Public Spheres". *Communicating memory & history*. Hg. Nicole Maurantonio und David W. Park. New York: Peter Lang, 2019. 243–261.

Menke, Manuel, und Tim Wulf. „The Dark Side of Inspirational Pasts: An Investigation of Nostalgia in Right-Wing Populist Communication". *Media and Communication* 9.2 (2021): 237–249.

Meyen, Michael. „*Wir haben freier gelebt*": die DDR im kollektiven Gedächtnis der Deutschen. Bielefeld: transcript, 2013.

Meyen, Michael. „Mass Media as Memory Agents: A Theoretical and Empirical Contribution to Collective Memory Research". *Communicating memory & history*. (Hg.) Nicole Maurantonio und David W. Park. New York: Peter Lang, 2019. 77–98.

Mouffe, Chantal. *Das demokratische Paradox*. Wien: Turia + Kant, 2010.

Nora, Pierre. „Between Memory and History: Les Lieux de Mémoire". *Representations* 26.Frühling (1989): 7–24.

Patzel-Mattern, Katja. „Jenseits des Wissens - Geschichtswissenschaft zwischen Erinnerung und Erleben". *Vom kollektiven Gedächtnis zur Individualisierung der Erinnerung*. Hg. Clemens Wischermann, Stuttgart: Steiner, 2002. 119–157.

Paver, Chloe. „Colour and Time in Museums of East German Everyday Life". *Remembering and Rethinking the GDR*. Hg. Anna Saunders und Debbie Pinfold. London: Palgrave Macmillan UK, 2013. 132–148.

Pentzold, Christian, und Manuel Menke. „Conceptualizing the Doings and Sayings of Media Practices: Expressive Performance, Communicative Understanding, and Epistemic Discourse". *International Journal of Communication* 14 (2020): 2789–2809.

Pieper, Katrin. „Resonanzräume. Das Museum im Forschungsfeld Erinnerungskultur". *Museumsanalyse: Methoden und Konturen eines neuen Forschungsfeldes*. Hg. Joachim Baur. Bielefeld: transcript, 2010. 187–212.

Reading, Anna. „Memory and Digital Media: Six Dynamics of the Globital Memory Field". *On Media Memory Collective Memory in a New Media Age*. Hg. Mordechai Neiger, Oren Meyers, und Eyal Zandberg. Houndmills, Basingstoke, Hampshire; New York: Palgrave Macmillan, 2011. 241–252.

Rothberg, Michael. *Multidirectional memory: remembering the Holocaust in the age of decolonization*. Stanford, Calif: Stanford University Press, 2009.

Rudolph, Steffen, Tanja Thomas, und Fabian Virchow. „Doing Memory and Contentious Participation: Remembering the Victims of Right-Wing Violence in German Political Culture". *Media and participation in post-migrant societies*. Hg. Tanja Thomas, Merle-Marie Kruse, und Miriam Stehling. London; Lanham, Maryland: Rowman & Littlefield International, 2019. 181–96.

Russell, Nicolas. „Collective Memory before and after Halbwachs". *The French Review* 79.4 (2006): 792–804.

Schaffer, Johanna. *Ambivalenzen Der Sichtbarkeit. Über Die Visuellen Strukturen Der Anerkennung*. Bielefeld: transcript, 2015.

Schmitz, Michael. „Ein deutsches Denkmal: Das Holocaust-Denkmal im Brennpunkt deutscher Erinnerungspolitik". *Archiv für Kulturgeschichte* 87.1 (2005): 165–194.

Welzer, Harald. *Das kommunikative Gedächtnis: eine Theorie der Erinnerung*. München: C.H. Beck, 2002.

Welzer, Harald. „Familiengedächtnis. Zum Verhältnis von Familialer Tradierung und Aufklärung über Geschichte". *Jahrbuch für Pädagogik.* 2003.1 (2003): 155–171.

Welzer, Harald, Sabine Moller, und Karoline Tschuggnall. *Opa war kein Nazi: Nationalsozialismus und Holocaust im Familiengedächtnis*. Frankfurt am Main: Fischer Taschenbuch, 2002.

Wimmer, Jeffrey. „Teilhabe an Öffentlichkeit im Wandel. Die Implikationen der Mediatisierung von Partizipation". *merz. medien + erziehung* 56.5 (2012): 35–41.

Zamponi, Lorenzo. „Collective Memory and Social Movements". *The Wiley-Blackwell Encyclopedia of Social and Political Movements*. Hg. David A. Snow, Donatella Della Porta, Bert Klandermans, und Doug McAdam. Oxford, UK: Blackwell Publishing Ltd, 2013. 1–4.

Zelizer, Barbie. „Why Memory's Work on Journalism Does Not Reflect Journalism's Work on Memory". *Memory Studies* 1.1 (2008): 79–87.

Anne Kaun

4 Gedächtnisgeschichte als Mediengeschichte: Technologien, Affordanzen und Zeitregime

1. Einleitung

Seit einigen Jahren sprechen wir am Tag des Gedenkens an die Opfer des Nationalsozialismus, der seit 1996 jährlich am 27. Januar in Deutschland als bundesweiter Gedenktag begangen wird, immer wieder vom Ende der „Era of Witnesses". Die Zeitzeug:innen des Holocaust, die einen wichtigen Teil der Erinnerungskultur bilden, verschwinden langsam. Und was dann? Wie erinnern wir prägende geschichtliche Ereignisse ohne eindringliche Augenzeug:innenberichte von direkt durchlebten Erfahrungen? Die Lösung scheint neben der traditionellen Dokumentation in *oral history*-Projekten in der Technologie zu liegen. Mehrere an Universitäten und Gedenkstätten angesiedelte Projekte beschäftigen sich entsprechend derzeit mit den Möglichkeiten von Augmented Reality (AR) – also der computergestützten Erweiterung der Realitätswahrnehmung – und virtueller Realität (VR) – sprich computergestützten virtuellen Umgebungen. In der Gedenkstätte Bergen-Belsen wird beispielsweise mit einem AR-Tablet experimentiert, das es Besucher:innen ermöglicht, die Gedenkstätte selbständig zu erkunden, während das Tablet den topographischen Ort durch Informationsgrafiken, kurze Zeitzeug:innenberichte und zusätzlichem Bildmaterial erweitert. In anderen Projekten wird an Lösungen mit virtueller Realität gearbeitet, die es Anwender:innen erlauben soll, mit virtuellen Zeitzeug:innen zu interagieren. Anwender:innen können beispielsweise ihre Fragen an Zeitzeug:innen auf Bildschirmen stellen. Passende Antworten der Zeitzeug:innen werden mit Hilfe von künstlicher Intelligenz (KI) aus einem Pool mit über 1.000 Vorschlägen ausgewählt und den Anwender:innen präsentiert.[1]

Die beschriebenen Projekte illustrieren, wie eng unsere Erinnerungspraktiken mit Technologien verwoben sind, aber vor allem verdeutlichen sie die soziotechnischen Vorstellungen von Technologien als Prothesen für Erinnerungserfahrungen, die uns in unserer Erinnerungsleistung unterstützen sollen (Landsberg 2004). Es bedarf allerdings nicht notwendigerweise der neuesten Technologien wie KI, AR und VR. Schon immer haben Medientechnologien inklusive so genannter *legacy media* wie Zeitungen, Bücher und Filme als Träger von Gedächtnis Erinnerungspraktiken sowohl auf indivi-

---

1 https://www.bpb.de/lernen/digitale-bildung/werkstatt/298168/ar-und-vr-in-der-historisch-politi schen-bildung-zum-nationalsozialismus-und-holocaust-interaktives-lernen-oder-emotionale-ueber waeltigung.

dueller als auch kollektiver Ebene ermöglicht. Neben der Frage, wie unsere Erinnerungspraktiken durch Technologien beeinflusst werden, beschäftigt sich ein noch immer wachsendes Feld der *memory studies* mit der Frage nach den sozialen, politischen und kulturellen Folgen der Anwendung so genannter Erinnerungstechniken, sprich des Ausübens und Tradierens von Erinnerungspraktiken mit Hilfe von Medientechnologien. Emily Keightley and Michael Pickering (2016) sprechen beispielsweise von Fotografie als Technologie des Erinnerns oder mnemonischer Technologie. Keightley und Pickering diskutieren vor allem die Bedeutung des historischen Kontextes bei der Auseinandersetzung mit Erinnerungstechnologien. Sie argumentieren, dass wir Veränderungsprozesse nur im Spannungsfeld von Kontinuität und tiefgreifender Veränderung verstehen können. Das bedeutet, auch Erinnerungstechniken und technologischer Wandel sollten in einem breiteren kulturellen, politischen und ökonomischen Kontext situiert werden.

Ich werde in diesem Beitrag dem Prinzip der breiten Kontextualisierung von technologischem Wandel folgen. Der erste Teil beschäftigt sich mit Medienpraktiken des Erinnerns und Affordanzen – also den Gebrauchseigenschaften – von Erinnerungsmedien. Am Beispiel sozialer und digitaler Medien werden institutionelle und technologische Affordanzen von Erinnerungsmedien diskutiert. Teil zwei zeichnet geschichtliche Entwicklungen in Erinnerungskulturen als Geschichte von Medientechnologien nach. Im Zuge dessen betrachtet der Beitrag vier Perioden der Mediengeschichte, die direkte Implikationen für Erinnerungspraktiken und -kulturen hatten bzw. haben, nämlich das Zeitalter der mechanischen Reproduktion, die Ära des „Flow", die Phase der digitalen Unmittelbarkeit und den Moment der Messbarkeit und Automatisierung von Tätigkeiten und Entscheidungsprozessen. Dieser Teil des Beitrages fokussiert vor allem auf die Zeitlichkeit von Medientechnologien als relevant für Erinnerungspraktiken. Der Beitrag versucht insgesamt einen breiten und historisch kontextualisierten Überblick über die Rolle von Medientechnologien für Erinnerungskulturen zu geben. Doch zunächst bedarf es eines kurzen Überblicks über aktuelle Entwicklungen im Feld der *media memory studies* mit Fokus auf Erinnerungstechnologien sowie Erinnerungspraktiken, die der folgenden historisierenden Diskussion zu Grunde liegen.

2. Medienpraktiken des Erinnerns

Alle Arten von Medien inklusive Presse, Film, Fotographie, Radio und dem Internet haben Bedeutung für die Auseinandersetzung mit der Vergangenheit (Zierold 2006; Garde-Hansen 2011; Erll 2017), gleichzeitig werden diese Bedingungsverhältnisse erst allmählich Teil der wissenschaftlichen Beschäftigung mit Erinnerungspraktiken. Joanna Garde-Hansen geht in ihrem bereits im Jahr 2011 erschienen Buch *Media and Memory* auf Arbeiten von Baudrillard, Sturken, Zelizer, Shandler und Cannadine als Beispiele des vergleichsweise neuen Interesses am Zusammenhang zwischen Medien- und Erinnerungskulturen ein. Gleichzeitig unterstreicht sie die Wichtigkeit, zwischen offizieller Geschichtsschreibung (*History with capital H*) und Geschichte als „repository of shared memories" (Schama 2004, 23, zitiert in Garde-Hansen 2011, 3) zu unterscheiden. Garde-Hansen argumentiert für eine Fokusverschiebung von hegemonialer Geschichtsschreibung, die auf der Konstruktion einer allgemeingültigen Erzählung beruht, hin zu einer verstärkten Beschäftigung mit Erinnern und Erinnerungspraktiken. Letzteres impliziert auch einen Fokus auf Geschichte, die als veränderlicher, aktiv gestalteter Prozess verstanden wird. In diesem Sinne fungiert Erinnern als Alternative zu einer totalisierenden Geschichtsschreibung, die als abgeschlossen wahrgenommen und dargestellt wird. Garde-Hansen folgend ist die Konzeptualisierung von Geschichte als Praxis partizipatorisch, da Erinnern das Selbst aktiv an die Vergangenheit bindet; Vergangenheit wird durch individuelle und kollektive Erfahrungen aktualisiert. Vergangenheit ist folglich niemals abgeschlossen, sondern wird beständig durch aktive Erinnerungs- und Identitätsarbeit neu verhandelt. Im Zusammenhang mit der theoretischen Neuorientierung von allgemeingültiger Geschichtsschreibung hin zu Erinnerungspraktiken erfolgte auch eine geänderte Blickrichtung hin zur Rolle von Medien für das Erinnern, wonach Medien immer konstitutiv für Erinnerungspraktiken sind. José van Dijck beispielsweise definiert 2007 in ihrem Buch *Mediated Memories in the Digital Age* mediales Erinnern (*media memories*) als „activities and objects we produce and appropriate by means of media technologies, for creating and re-creating a sense of past, present and future of ourselves in relation to others" (van Dijck 2007, 21). Andrea Hajek erweitert diese Definition und stellt fest: „media allow for public memories to be felt private" (Hajek 2012, 376). Beim medialen Erinnern geht es also auch immer um die Verbindung von individuellen und kollektiven Aspekten.

Wie oben angedeutet, haben digitale Medien die Konstitution von Erinnerungspraktiken wesentlich bedingt. So argumentieren Joanne Garde-Hansen, Andrew Hoskins und Anna Reading (2009, 1), „we may have to rethink how we conceive of memory; that we are changing what we consider to be the past; that the act of recall, of recollection and of remembering is changing itself". Hoskins fasst diese Veränderungen von Erinnerungskultur im Zusammenhang mit digitalen Medien als „connective turn", der die veränderte Sichtbarkeit und Teilhabe im Zusammenhang mit der Verhandlung der Vergangenheit beschreibt. Mit Hilfe von digitalen Medien erinnern wir mehr und mehr gemeinsam und unter den Augen anderer. Hier könnte man also Hajeks Argument auf den Kopf stellen und sagen, dass digitale, vor allem soziale Medien, persönliche Erinnerung in kollektive Erlebnisse wandeln und nicht umgekehrt kollektive Erinnerungen zu privaten werden. Die Möglichkeit der Produktion, Aufbewahrung und Organisation sowie Löschung von Überbleibseln der Geschichte jenseits etablierter Institutionen führt zu neuen individuellen sowie kollektiven Erinnerungspraktiken (Hoskins 2010).

Aufbauend auf diesem *connective turn* haben sich Studien mit der Bedeutung von Konnektivität für mediale Erinnerungspraktiken beschäftigt und betrachten dabei vor allem digitale Medien und soziale Plattformen. Beispielsweise untersuchte Lucas Hilderbrand (2007) YouTube als Archiv des kulturellen Erinnerns und konzeptualisierte die Videosharing- Plattform als ein Forum, in dem individuelle Erfahrungen, Populärkultur und historische, geteilte Narrative in idiosynkratrischer Weise miteinander verwoben sind. Christian Pentzold (2009) wiederum befasste sich mit Wikipedia als Ort des Erinnerns online. Hier werden Versionen von Vergangenheitsdarstellungen öffentlich verhandelt. In einer ähnlichen Art und Weise interessierte sich Joanne Garde-Hansen (2009) für die Rolle von Facebook als offenem Archiv. Digitale Medien figurieren demnach, wie schon analoge Medien, als mnemotechnologische Plattformen (Garde-Hansen 2011). Garde-Hansen (2009) betont indessen auch, dass mediale Erinnerungsforschung neben den technischen Aspekten des Vergegenwärtigens nicht die Rolle von Medieninstitutionen und alltägliche Medienpraktiken vernachlässigen darf.

Wie im Einleitungskapitel des Handbuches ausgeführt, wird in der Forschung zwischen verschiedenen Typen von Erinnerungen und Erinnerungspraktiken unterschieden. Eine klassische, oft herangezogene Einteilung schlagen Jan Assmann (2008) und Aleida Assmann (2013) vor. Sie differenzieren zunächst zwischen individuellem oder persönlichem Erinnern und kollektivem Erinnern. Individuelles Erinnern bezieht sich dabei auf innere Prozesse des neuro-mentalen Systems. Bei kollektivem Erinnern kann zwischen kommunikativem und kulturellem Erinnern unterschieden werden. Kommunikatives Erinnern ist dabei auf dem sozialen Niveau angesiedelt. Erinnern wird hier eine Sache der Kommunikation und entsteht im Zuge sozialer Interaktion. Erinnern erfüllt in diesem Zusammenhang vor allem soziale Funktionen und ermöglicht das Zusammenleben in Gruppen. Kulturelles Erinnern hingegen ist eng mit kulturellen Objekten des Erinnerns – vor allem Medien, aber auch Denkmälern und Museen – verbunden, die als Träger von Erinnerung fungieren. Kulturelle Erinnerung ist geteilte Erinnerung, das heißt für Gruppenidentität und Gemeinschaft konstituierend. Während kulturelle Erinnerung eines institutionellen Rahmens bedarf, ist kommunikative Erinnerung nicht-institutionalisiert und wird vornehmlich nicht von Spezialist:innen kultiviert. Kommunikative Erinnerung lebt in alltäglichen Interaktionen und Kommunikationsprozessen und ist in ihrer Zeitlichkeit und Tiefe begrenzt. Jan und Aleida Assmann sprechen von nicht mehr als 80 Jahren, nämlich der Zeitspanne für eine direkte Interaktion zwischen drei Generationen, die kommunikatives Erinnern konstituiert.

Kulturellem und kommunikativem Erinnern ist gemeinsam, dass Erinnerung in Handlungen und Interaktionen entsteht. Erinnern ist kein abgeschlossener Prozess oder gar ein feststehendes Objekt. Erinnerung wird aktiv produziert. Es erscheint deshalb hilfreich, Theorien kollektiver Erinnerung mit kommunikationswissenschaftlichen Theorien sozialen Handelns – hier insbesondere Medienpraktiken – zu verbinden. Die Analyse von Medienpraktiken erfreut sich in Medien- und Kommunikationswissenschaft zunehmender Beliebtheit. Ausgangspunkt ist häufig Nick Couldrys (2004, 2012) Theoretisierung von Medienpraktiken. Basierend auf Wittgenstein und Merleau-Ponty als auch mit Bezug auf Schatzki definiert Couldry Medienpraktiken als

„open set of practices relating to, or oriented around media" (2004, 117). Er definiert Medienpraktiken als regel- und routinemäßig ablaufende Handlungen, die sich auf Medien beziehen. Für die Analyse von Medienpraktiken ist es des Weiteren wichtig, Regelmäßigkeiten der Kontexte, in denen sie entstehen, sowie die für sie notwendigen Ressourcen zu berücksichtigen. Letztendlich stehen Medienpraktiken dafür, „what people are doing in relation to media in the contexts in which they act" (Couldry 2012, 35). Nach Couldrys Verständnis umfasst dies Praktiken, die sich an Medien richten (z. B. Briefe an die Herausgeber:innen), sowie Handlungen, die Medien betreffen, diese aber nicht unbedingt als Objekt oder Hauptziel ihres Tuns haben (zum Beispiel alltägliche Gespräche, bei denen Medieninhalte als Ausgangspunkt dienen). Schließlich unterscheidet er Handlungen, die von der Existenz oder Funktionsweise von Medien abhängen (zum Beispiel Hacktivismus). Couldry problematisiert zudem die Rolle von Medienpraktiken im Verhältnis zu anderen Praktiken und ob sie im Laufe der Zeit an Bedeutung gewinnen, was im Einklang mit den Argumenten der Mediatisierungsforschung steht (Hepp und Hartmann 2010; Couldry und Hepp 2013; Hepp und Krotz 2014). Couldry (2004) sieht Medienpraktiken als Verankerung für andere soziale Praktiken, so auch für Erinnerungspraktiken. Als Beispiel kann hier kommunikatives Erinnern im Kontext politischen Aktivismus angeführt werden. Teil vieler Protestbewegungen sind unter anderem Medienpraktiken für kollektives Erinnern der eigenen Bewegung, beispielweise eigene Archivierungs- oder *Oral History*-Projekte, die von Aktivist:innen selbst organisiert werden, um eine Bewegungsgeschichte von unten zu produzieren. In diesem Sinne verankern Medienpraktiken kollektives Erinnern innerhalb politischer Bewegungen.

Diese Konzeptualisierung von Medienpraktiken als soziale Verankerung lässt sich ebenfalls auf Erinnerungspraktiken übertragen, die im Folgenden als Medienpraktiken des Erinnerns verstanden werden. In Bezug auf mediale Erinnerungspraktiken in sozialen Medien kann zum Beispiel zwischen Bewahrungspraktiken, Repräsentationspraktiken und konnektiven Praktiken differenziert werden. Erstere beziehen sich auf die Verwendung von Medien als Speicherplattform und deren Archivierungsfunktion. Zum Beispiel dienen soziale Plattformen wie Facebook und Instagram nicht nur dem direkten Austausch, sondern auch als Archive für das Speichern und Ablegen von Fotos und anderen Materialien. Die zweite Kategorie umfasst repräsentative Aspekte der Medien, die der Gedächtnisaktivierung dienen, so etwa, wenn Vorstellungen über historische Ereignisse durch Medienpraktiken in sozialen Medien produziert werden. Die visuelle oder textliche Repräsentation der Ereignisse ist dabei entscheidend. Die dritte Form umfasst unterdessen die interaktive und kollektive Darstellung von Medienerinnerungen, womit Repräsentationen von historischen Ereignissen oder Personen in sozialen Medien kollektiv verhandelt werden (Hoskins 2009a, 2009b, 2010; Pentzold 2009).

Mit medialem Wandel verändern sich Erinnerungspraktiken, während diese umgekehrt auch technologische Infrastrukturen verändern können. Auf diesem Weg werden Erinnerungspraktiken im Zeitalter sozialer Medien zunehmend zu einem „social network memory" (Hoskins 2009b, 30). Bei solchen *social network memories* geht es, wie Hoskins (2009b) feststellt, nicht so sehr darum, dass Ereignisse (Erinnerung, Geschichte, Zeit) direkt durch Medien an ein Publikum vermittelt werden; stattdessen sind Medien maßgeblich an der Produktion von Erinnerung, Geschichte und Zeitlichkeit beteiligt. Diese müssen dementsprechend als tiefgreifend mediatisiert verstanden werden, was bedeutet, dass Medien in vielerlei Hinsicht unsere Möglichkeiten des kulturellen und kommunikativen Erinnerns und unsere Optionen bedingen, uns mit der Vergangenheit, Gegenwart und Zukunft auseinanderzusetzen (Garde-Hansen et al. 2009). Mediale Erinnerungspraktiken entwickeln sich also immer im Zusammenspiel mit technologischen Eigenschaften von Erinnerungsmedien, die im Folgenden näher diskutiert werden.

3. Affordanzen von Erinnerungsmedien

Medientechnologien wie die private Kamera, das Tagebuch und der Kalender erlauben uns die Dokumentation des Jetzt und das Erinnern des Vergangenen. Sie fungieren dabei als Träger kommunikativen und kulturellem Erinnerns. Medien an sich haben keine Erinnerung, aber ermöglichen Erinnern oder rufen als Trägermedien Erinnerungen hervor. Erinnern entsteht dabei in dem Zusammenspiel von erinnerndem Subjekt und Erinnerungsobjekt (van Dijck 2007).

Diese Ausgangspunkte sind entscheidend für die Diskussion der Rolle von Medientechnologien, beispielsweise sozialer Medien, für Erinnerung. Studien, die sich in diesem Kontext mit konnektiven Erinnerungspraktiken durch digitale Medien beschäftigen, teilen häufig einen Fokus auf mediale Genres und Plattformen sowie deren Affordanzen. Der Begriff Affordanz bezeichnet hier Handlungsmöglichkeiten, die von einem Objekt, einer Technologie oder Infrastruktur offeriert werden (Gibson 1979). Ein Ausgangspunkt ist, dass es spezifische, intendierte Anwendungsweisen dieser Objekte gibt. Diese intendierten Anwendungsweisen sind dabei keinesfalls neutral, sondern ergeben sich im Zusammenhang mit dem historischen und kulturellen Kontext, in dem die jeweilige Technologie hervorgebracht und genutzt wurde. Bloomfield et al. (2010, 428) meinen folglich, technologische Affordanzen „are not reducible to their material constitution but are inextricably bound up with specific, historically variable, ways of life". In diesem Sinne sind digitale Medien inklusive sozialer Netzwerkplattformen gemäß bestimmter Normen und Vorstellungen konstruiert und demnach immer auch wertreproduzierend.

Dies hat Konsequenzen für deren Anwendungsmöglichkeiten und den dadurch bedingten Erinnerungspraktiken. Facebook beispielsweise folgt einem Geschäftsmodell, dass Gewinnmaximierung durch das Extrahieren von ökonomischen Mehrwert mittels des kreativen Engagements seiner User:innen und durch die damit einhergehende Generierung von wertvollen Nutzungsdaten anstrebt (Andrejevic 2013; Kaun und Stiernstedt 2014). Diesem Prinzip der Gewinnmaximierung werden institutionelle und technische Affordanzen der Plattform angepasst, die wiederum von den Anwender:innen navigiert werden müssen. In einigen Fällen entwickeln Anwender:innen auch eigene, nicht vorhergesehene Anwendungsweisen der gegebenen technologischen Infrastruktur. Ein beliebtes Beispiel ist hier das Hashtag, das erstmals von Twitter Nutzer:innen verwendet wurde, um verschiedene Posts miteinander zu verbinden. Später wurde diese Art der Verlinkung fester, technologisch implementierter Bestandteil der Plattform. Erinnerungspraktiken in digitalen Plattformen sind dabei keine Ausnahme, sondern markieren einen wichtigen Startpunkt für die Analyse der beschriebenen Affordanzen. Gemeinsam mit Fredrik Stiernstedt (2014) habe ich beispielsweise analysiert, wie Nutzer:innen eine Facebookgruppe für individuelle und kollektive Erinnerungspraktiken anwenden, die später im Beitrag weiter ausgeführt werden. Lee Humphreys (2020) hat ähnlich die zeitlichen Aspekte von Affordanzen der Facebookinfrastruktur anhand des *On this day*-Feature diskutiert. Das Feature erlaubt Nutzer:innen auf Ereignisse, die an diesem Tag stattgefunden haben, zurückzuschauen und diese zu erinnern. Sie gelangt zu dem Schluss, dass Facebook als Plattform bestimmte zeitlich wiederkehrende Rhythmen im täglichen Leben schafft, wodurch sowohl individuelle als auch kollektive Erinnerung erfahrbar gemacht werden. Deshalb erscheint es sinnvoll, die Rolle von Affordanzen im Zusammenhang mit medienbezogenen Erinnerungspraktiken zu betrachten.

3.1 Zeitlichkeit und medientechnologische Affordanzen

Erinnerungspraktiken setzen persönliche und kollektive Erfahrungen in Relation zu einem zeitlichen Horizont. Es geht dabei weniger um die genaue Festschreibung, wann ein Ereignis eingetreten ist, als vielmehr darum, dass Erfahrungen in der Vergangenheit stattgefunden und Bedeutung für das Jetzt haben. In diesem Sinne sind Erinnerungen von vergangenen Ereignissen und Erfahrungen eine spezifische Form der Wahrnehmung von Zeit. Die Verbindung zwischen Erinnern und der Wahrnehmung von Zeit realisiert sich im Zusammenspiel mit den Affordanzen von Medientechnologien. Denn hier wird ersichtlich, inwieweit sich Zeitwahrnehmungen und Erinnerungspraktiken auf der einen Seite und Affordanzen von Medientechnologien auf der anderen gegenseitig bedingen und beeinflussen. Ausgangspunkt ist dabei, dass bestimmte Medientechnologien jeweils spezifische zeitliche Affordanzen haben.

Medientechnologien sind dabei auf eine tiefgreifende Weise mit der Organisation und Entstehung der Erfahrungen von Zeitlichkeit verbunden, was wiederum Bedeutung für Erinnerungserleben und Erinnerungspraktiken hat. Wie der französische Philosoph Henri Lefebvre (2004, 46) in „Rhythmanalysis" argumentierte: „The media occupies days. It makes them. It speaks of them.... Can you imagine this flow that covers the globe, not excluding the oceans and deserts? It has a meaning: time". Verschiedene Medien eröffnen dementsprechend verschiedene Möglichkeiten, Zeitlichkeit inklusive Vergangenheit und Erinnerung zu konstruieren und zu (re-)produzieren (Keightley 2013). Zugleich sind soziokulturelle Erinnerungskonstruktionen von Zeitlichkeit und Vergangenheit eng mit unseren Kommunikationsmitteln, mit unseren Medientechnologien und -formen verwoben.

Überdies haben die Wahrnehmung und Strukturierung von Zeit große Bedeutung für die Organisation sozialen Lebens inklusive für Erinnerungspraktiken, denn wie wir Zeit erleben – schnell, langsam, rhythmisch wechselnd zwischen Langsamkeit und Schnelligkeit – definiert auch den Möglichkeitshorizont für Erinnerungen. Die Veränderungen der Zeiterfahrung im Zusammenhang mit Medientechnologien werden in zahlreichen einflussreichen Veröffentlichungen aufgegriffen. David Harvey (1990) spricht bekanntlich von der Zeit-Raum-Kompression, während Anthony Giddens die Zeit-Raum-Distanzierung erörtert, da unsere Erfahrung von Zeit zunehmend von spezifischen Plätzen entkoppelt wird. Giddens (1994) argumentiert darüber hinaus, dass die Veränderung der Zeit- und Raumkonstellation nicht mit dem Inhalt, sondern mit der reproduzierbaren Struktur und den Eigenschaften des Mediums als Träger zusammenhängt. Paul Virilio (1986) wiederum unterstreicht, dass es in der Politik weniger um die Machtverteilung in Hinblick auf den physischen Raum als um die Zeitregime von Technologien geht. Dies betrachtet er als eine Verschiebung von Geo- zur Chronopolitik. Unter ähnlichen Vorzeichen entwirft Castells (2000) den Begriff der zeitlosen Zeit (*timeless time*), um den gegenwärtigen Fokus auf die Gegenwart zu konzeptualisieren. Infolgedessen verlieren Vergangenheit und Zukunft an Bedeutung für die gesellschaftliche Organisation. Diese zeitlose Zeit, der ewigen Gegenwart, entsteht im Kontext der Informationsgesellschaften, da digitale Medien Zeit und Ort transzendieren. Mit Hilfe digitaler Medien – so argumentiert Castells – wird die Zeit komprimiert, und Raum, als Distanz verstanden, verliert an Bedeutung.

Ähnlich wie oben dargestellt unterstreichen Lash und Urry die Bedeutung von Medientechnologien für Zeitwahrnehmung. In Anlehnung an Barbara Adam argumentieren sie „that time is only conceptualized as a resource in societies like ours, societies which not only have created clock-time, but also relate to that creation as being time and organize their social by it. Or as Lefebvre suggests, with modernity lived time disappears, it is no longer visible and is replaced by measuring instruments, clocks, which are separate from social space" (Lash und Urry 1994, 234).

Demnach ist es nur mit Hilfe von Technologien möglich, Zeit zu erfahren. In ähnlicher Weise hat John Durham Peters (1999) darauf hingewiesen, dass – neben Uhren – Kalender zentrale Medientechnologien sind, die spezifische zeitliche Regime der Moderne schaffen. Frederica Frabetti (2015, 37) argumentiert, dass Medientechnologien unser Zeitgefühl konstituieren, und – in Anlehnung an Bernard Stiegler (1998, 2008) – drückt sie es noch deutlicher aus: „we only gain a sense of time and memory, and therefore of who we are, through technology". Medientechnologien sind aber nicht nur für individuelle Zeiterfahrungen relevant, sondern auch entscheidend für die gemeinsame *structure of feeling* – also die gemeinsam geteilte Wahrnehmung von historischer Strukturierung in einer Gesellschaft sowie die Organisation des politischen Lebens. Fernsehen und Radio trugen auf diese Weise durch die breite Anwendung und ihrem Fokus auf Live-Übertragungen zur Entstehung einer neuen Ära der Gleichzeitigkeit bei. Durch wiederkehrende Live-Übertragungen von Fest- und Feiertagen sowie Events (z.B. The Queen's Speech, The State of the Union, der Super Bowl), die Einteilung des Jahres in Fernsehsaisons und die Strukturierung des Tages durch bestimmte Programmabläufe hat das Fernsehen eine wichtige Rolle bei der Konstituierung dessen gespielt, was Paddy Scannell (2014, 365) als „common public time" bezeichnet hat, Zeit also, die als gemeinsam geteilt wahrgenommen wird. Mit dem Computer wurde die Strukturierung der Zeit und die mnemotechnischen Funktionen der Medien digital und folgt veränderten Prinzipien der Zeitstrukturierung.

Robert Gehl (2011) aktualisiert mehrere dieser Argumente durch seine Analyse des modernen Computers als einer Synthese aus Unmittelbarkeit einerseits, d.h. den Prozessoren, die Informationen in Realzeit bearbeiten, und Archiv andererseits, d.h. dem potenziell unendlichen Speichern von Daten. Im Web 2.0 aber, das vornehmlich von sozialen Medien geprägt ist, liege der Schwerpunkt auf Unmittelbarkeit und der Beschleunigung des Zyklus der Medienproduktion. Um Websites dynamischer zu gestalten, sind beispielsweise ständige Aktualisierungen und neue Inhalte erforderlich. Ähnlich diskutiert Wendy Chun (2008), dass das Konzept „neue Medien" im Zusammenhang mit deren ständigen Erneuerung und damit konstanten Veralterung (*planned obsolescence*). Folglich ist das Social Web vor allem durch Neuheit gekennzeichnet und befindet sich ständig in der Entwicklung. Entscheidende Veränderungen der Zeitlichkeit beruhen vor allem auf der Verringerung der Umlaufzeit von Informationen mit Hilfe sozialer Medien in Richtung Echtzeit und Unmittelbarkeit. Es fallen Produktion und Konsumption zusammen. Unmittelbarkeit wird hier im Sinne einer Beschleunigung der Zirkulation hin zur instantanen Verbreitung und Verfügbarkeit von Informationen verstanden. In ähnlicher Weise erfasst Echtzeit den Zugang zu Medieninhalten ohne wahrnehmbare Verzögerung (Weltevrede et al. 2014). Die Überbetonung von Unmittelbarkeit verdeckt jedoch den Vermittlungsprozess von Medien, also wie Bedeutung und Erfahrung im Zusammenspiel mit Medientechnologien entstehen. Medientechnologien im Allgemeinen und soziale Medien im Besonderen haben mithin bestimmte Eigenschaften, die eine spezifische Inhaltsproduktion und Vermittlung ermöglichen, beispielsweise werden visuelle und kurze Inhalte begünstigt. Digitale Unmittelbarkeit beinhaltet eine Beschleunigung der Produktions-, Verbreitungs- und Konsumzeit, wobei Vermittlungsprozesse und Erfahrungen von Verzögerung jenseits des Unmittelbaren aber nicht ausgeschlossen sind (Thompson 1995; Silverstone 2007).

Christian Fuchs (2014) betont darüber hinaus, dass soziale Medien auf verschiedene Weise Zeit ordnen und strukturieren, um ökonomischen Mehrwert zu akkumulieren. Die zeitlichen Strukturen von Facebook zum Beispiel sollten daher mit dem Geschäftsmodell, dem die Plattform folgt, in Verbindung gebracht werden. Das Geschäftsmodell der sozialen Netzwerkmedien ist auf kommerzieller Überwachung aufgebaut: Soziale Netzwerkmedien sind „profiling machines" (Elmer 2003), die Daten sammeln und verarbeiten, um Wissen über die Nutzer:innen an Werbetreibende zu verkaufen (Andrejevic 2013). Gesammelt und verwertet wird Wissen, das sich aus dem Engagement von Anwender:innen, den veröffentlichten, geteilten und gelikten Inhalten, konstituiert (Dean 2008). Das Geschäftsmodell von Facebook ist entscheidend auf der Enteignung der privaten Fotos, der Kommunikation, der Freundesnetzwerke usw. der Nutzer:innen unter dem Deckmantel der „networked production" oder „networked sociality" aufgebaut. Kommunikation und Sozialität, die früher zu den „cultural commons" gehörten, werden durch Plattformen privatisiert (Jakobsson und Stiernstedt 2010). Soziale Netzwerkmedien stellen somit eine verstärkte Kommodifizierung von Sozialität und Kommunikation dar. Deshalb wurden soziale Netzwerkaktivitäten auch als Formen von Arbeit (*playbor*) konzeptualisiert. Vor diesem Hintergrund hat u.a. Christian Fuchs (2014) argumentiert, dass kommerzielle Plattformen ein Monopol auf zeitliche Erfahrungen und zeitliche Organisation beanspruchen, indem sie eine Vielzahl von zeitlichen Ebenen etablieren, mit dem Ziel, die Nutzenden länger und häufiger an sich zu binden. Die wachsende Anzahl wissenschaftlicher Arbeiten zu free labour, digitaler Arbeit und „Playbor" spiegelt dieses Argument wider. Hier wird vorgeschlagen, dass die Ausbeutungsrate und damit die Gewinne umso größer sind, je länger die Nutzungszeit der Anwender:innen ist (Gershuny 2002; Fuchs und Sevignani 2013; Fuchs 2014).

Zeitlichkeit wird folglich als Social-Media-Zeit neu verhandelt. Bei dem Versuch, die Nutzer:innen länger und häufiger zu binden, stützt sich Facebook auf das Prinzip der ständigen Veränderung und permanenter Updates mit neuen Posts. Dies wurde in früheren Studien als Unmittelbarkeit und „Liveness" von sozialen Medien bezeichnet (Bolter et al. 2012; Gerlitz 2012). Diese Studien eint der Grundgedanke neuer Standards von Zeit als Social-Media-Zeit, wonach die Zeitlichkeit sozialer Medien vorrangig von der Erfahrung von Unmittelbarkeit und Geschwindigkeit geprägt ist und diese Zeitwahrnehmung zunehmend soziale Beziehungen und soziale Praxen, hier individuelles und kollektives Erinnern eingeschlossen, generell prägt (Crow und Heath 2002; Davis 2013). Dementsprechend kann argumentiert werden, dass der Möglichkeitshorizont von Erinnerungspraktiken in sozialen Medien zunehmend von der Erfahrung von Unmittelbarkeit und Schnelligkeit geprägt ist.

4. Gedächtnisgeschichte als Mediengeschichte

Wenn man der Annahme folgt, dass bestimmte Medientechnologien mit spezifischen Formen der Zeitstrukturierung einhergehen, die Bedeutung für Erinnerungspraktiken haben, kann der Wandel von Erinnerungspraktiken durch Medienwandel nachgezeichnet werden. Dies folgt der Idee, dass Zeitstrukturen bestimmter Medientechnologien – oder auch die Eigenzeit der Medien – von Bedeutung für die Formen und den Charakter von Erinnerungspraktiken sind. Dem oben skizzierten Ansatz gemäß werden Medientechnologien nicht vorrangig als Institutionen oder Formen der Repräsentation verstanden, sondern in ihrer Eigenschaft der technischen Zeitstrukturierung analysiert, d.h. auf welche Art und Weise Medientechnologien und deren Affordanzen Zeitlichkeit produzieren. Dies ermöglicht einen diachronen Vergleich von historischen Medienarrangements, die jeweils mit konkreten Formen von Zeitstrukturierung oder Zeitregimen durch ihre technologischen Affordanzen einhergehen. Dies wiederum ermöglicht es die historische Entwicklung von Erinnerungspraktiken anhand von medientechnologischem Wandel nachzuvollziehen.

Periodisierungen sind immer Vereinfachungen komplexer Zusammenhänge und Entwicklungen. Sie werfen nicht nur Fragen nach Abgrenzungen, Kontinuitäten und Veränderungen auf, sondern auch die Verortung eines „Anfangs" und „Endes" von Entwicklungen. Diese Einteilung und Identifikation eines Beginns sind dabei einer historischen Systematik geschuldet, unterliegen aber zugleich letztlich einer gewissen Willkür. Die Periodisierung von Mediengeschichte und damit Erinnerungsgeschichte baut im Folgenden auf dominanten Medien in bestimmten geschichtlichen Phasen auf. Dabei gibt es immer ein davor und danach und die Übergänge zwischen den Perioden sind weniger markant als hier aufgezeichnet, aber konstituieren wichtige analytische Abgrenzungen.

4.1 Zeitbezogene Perioden der Mediengeschichte

Im Folgenden wird die Verbindung zwischen der Eigenzeit zentraler Medientechnologien und Erinnerungspraktiken beispiel- und ausschnitthaft anhand von vier Phasen skizziert, nämlich der Ära der mechanischen Reproduktion, der Phase des permanenten Flow, dem Moment digitalen Unmittelbarkeit und der Situation des Datenoperationalismus. Die sich anschließende Diskussion soll nicht den Versuch darstellen eine systematische Mediengeschichte oder gar *Deep Time* der Medien nachzuzeichnen (siehe beispielsweise Zielinski 2006 oder Parikka 2015). Vielmehr handelt es sich um historisch eingebettete Beispiele, die den Zusammenhang zwischen medialen Zeitstrukturen und Erinnerungspraktiken illustrieren sollen. Im Gegensatz dazu fokussieren andere Beiträge in diesem Band auf spezifische Bereiche (Journalismus), Praktiken (partizipative Erinnerungspraktiken) oder neuere Erinnerungstechnologien (Digitalisierung von Erinnerung). Für eine eingehendere Beschäftigung mit der Rolle journalistischer Medien für Erinnerungskulturen und -praktiken siehe die Beiträge von Offerhaus und Trümper sowie von Trümper (beide in diesem Band), für die Veränderung partizipativer Erinnerungspraktiken siehe Sommer (in diesem Band) und zum Verhältnis von Digitalisierung bzw. Datafizierung und Erinnern siehe Menke und Birkner (in diesem Band).

Anhand der Historisierung von mechanischer Reproduktion, über den permanenten Flow und die digitale Unmittelbarkeit bis hin zum Datenoperationalismus im Zeitalter umfassender Automatisierung lassen sich Veränderungen medialer Erinnerungspraktiken nachzeichnen. Waren mediale Erinnerungspraktiken der 1930er Jahre noch von manueller Anstrengung und einer maschinell und menschlich bedingten

Langsamkeit geprägt, werden sie im Laufe der Zeit zunehmend beschleunigt. Für Erinnerungspraktiken im Zeitalter der Automatisierung und des Datenoperationalismus bedeutet dies zum Beispiel – um zu den einführenden Anmerkungen zu neuen Erinnerungspraxen zurückzukehren –, dass wir zwar Zugang zu vermeintlich direktem Austausch mit Zeitzeug:innen mit Hilfe von künstlicher Intelligenz, Augmented Reality und virtueller Realität haben. Gleichzeitig werden in vorverfassten Antwortclustern Erinnerungen „eingefroren" und entstehen nicht im kommunikativen Austausch mit Zeitzeug:innen, die ihre Erfahrungen situativ neuverhandeln und bewerten. Auch auf individueller Ebene bedeutet der Überfluss an Informationen, dass wir in größerem Ausmaß auf Applikationen angewiesen sind, die uns bei der Organisation unserer Erinnerung helfen, beispielsweise Cloud-Dienste, welche uns automatisiert Erinnerungsbilder in unserer Sammlung vorschlagen und diese in Slideshows nach automatischer Gesichts- und Standorterkennung organisieren. Es fehlt jedoch der gemeinsame Nenner, die Geschichte hinter den Bildsammlungen, ein Narrativ, dass die einzelnen Bilder miteinander verknüpft.

4.2 Mechanische Geschwindigkeit

Die erste Periode, die ich hier diskutieren möchte, bezeichne ich im Anschluss an Walter Benjamin als Ära der mechanischen Reproduktion. Auch wenn die 1930er Jahre bereits durch elektronische Medien gekennzeichnet waren, so liegt vor allem für selbstproduzierte Medien der Fokus noch immer auf gedruckten Produkten. Mit Hilfe kostengünstiger Druckmaschinen – so genannter Mimeographen – wurden Druckerzeugnisse vor allem von politischen Gruppen für das Erstellen von Broschüren, Flugblätter und Geschäftspapiere schnell, einfach und kostengünstig auch von Laien vervielfältigt. Der Einsatz von Maschinen zur Vervielfältigung beschleunigte den Produktions- und Distributionsprozess und ermöglichte es so, eine größere Anzahl von Leser:innen zu erreichen. Die ersten Mimeographen wurden bereits in den 1880er Jahren patentiert und setzten sich zunehmend in den frühen 1910er Jahren für eine breitere Anwendung durch. Besonders soziale und politische Bewegungen wie die internationale Arbeiterbewegung konnten von diesen kostengünstigen Mimeographen Gebrauch für die politische Mobilisierung machen (Kaun 2016).

Für Walter Benjamin bedeutete die mechanische Reproduzierbarkeit, dass Medienbilder nicht länger nur einen einzelnen, spezifischen Platz in der Zeit hatten. Ganz im Gegensatz wurden sie durch ihre Reproduzierbarkeit mobiler. Er argumentierte: „[...] die technische Reproduktion kann die Kopie des Originals in Situationen versetzen, die das Original selbst nicht erreichen kann. Vor allem aber ermöglicht sie es dem Original, den Rezipienten auf halbem Wege entgegenzukommen [...]" (Benjamin 1936/2011, 21). Diese Argumentation verspricht eine Demokratisierung von Medienbildern durch ihre Reproduktion, aber auch ein politisches Potenzial, um sie für die politische Mobilisierung der Masse einzusetzen. Damit einhergehend werden auch mediale Erinnerungspraktiken für eine breitere Masse potenziell zugänglich und durch massenhaft reproduzierte Medieninhalte kann kollektives Erinnern neuverhandelt werden.

In Benjamins Argumenten schwingt die Erfahrung der Beschleunigung durch die Möglichkeiten der mechanischen Reproduktion in den 1930er Jahren mit. Obwohl Benjamin auf die Gefahren einer unausgereiften Nutzung der Technologie und der zunehmenden Entfremdung der Rezipient:innen hinweist, bleibt er hoffnungsvoll in Bezug auf das Potenzial, das mit der Reproduzierbarkeit für die politische Mobilisierung der Massen im Zeitalter der mechanischen Geschwindigkeit einhergeht.

4.3 Ewiger Flow

Während die erste oben skizzierte Periode von Druckerzeugnissen geprägt war, ist die zweite hier präsentierte Periode von audiovisuellen Medien geprägt. In den 1970er Jahren kommt es zu einer weiteren Beschleunigung des Prozesses der (Re-)Produktion von Medieninhalten, die sich mit der zunehmenden Kommerzialisierung und Globalisierung der eingesetzten audiovisuellen Medientechnologien vor allem des Fernsehens überschneidet.

Bei der Analyse des Fernsehens als der dominierenden Medientechnologie der 1970er Jahre geht es Raymond Williams (1974) vor allem um einen Wechsel von Sequenz als Form der Programmierung zu ständigem „Flow". Mit dem Begriff „Flow" spielt er auf die Integration von zuvor getrennten Segmenten, z. B. eines Theater- oder eines Musikstücks, durch Werbeunterbrechungen und Trailer an. Werbeunterbrechungen und Trailer für kommende Sendungen schaffen einen konstanten „Flow" paralleler Erzählungen, die den Zuschauenden den ganzen Abend über fesseln sollen. Bereits Raymond Williams, der an der Schwelle zum 24-Stunden-Nachrichtenzyklus schrieb, beschreibt die Erfahrung eines ständigen Stroms neuer Erfahrungen, die das Fernsehen bot, während es gleichzeitig die Anfänge und Enden der präsentierten Programmelemente verschwimmen ließ.

Mit Bezug Erinnerungskultur kann argumentiert werden, dass Erinnerungspraktiken in Zeiten permanenten „Flow" zunehmend auf Medienspektakel und Dramatisierung von Erinnerung aufbauen. Um den 24-Stunden-Flow medialer Bilder zu durchbrechen, bedarf es zunehmender Dramatisierung. Beispielsweise organisierten New York-basierte Aktivist:innen Schauprozesse, um an soziale Ungerechtigkeiten gegenüber benachteiligten Gruppen zu erinnern (für eine ausführliche Diskussion siehe Kaun 2016). Die großangelegten Prozesse generierten breite mediale Aufmerksamkeit, die sonst für die Aktivist:innen schwer zu erreichen war. Erinnerungspraktiken sind dementsprechend zunehmend von durch spektakelorientierten Medienkultur geprägt (siehe für ähnliche Argumentation Kitch in diesem Band).

4.4 Digitale Unmittelbarkeit

Die dritte Periode ist grundlegend durch die breite Adaption von digitalen Medien geprägt. Von Interesse sind in dieser Phase aber vor allem soziale Medien, die sich seit den 2010er Jahren durchsetzten und neue Formen der Sozialität ermöglichen. Soziale Medien und ihre digitalen Inhalte betrachtet Jodi Dean (2008, 2012) als konstitutiv für kommunikativen Kapitalismus. Kommunikativer Kapitalismus stützt sich in erster Linie auf die Zirkulation von Nachrichten und die Logik, dass der „Tauschwert der Nachrichten" und nicht ihr „Gebrauchswert" dominiert. Dean vertritt die Auffassung, dass die Netzwerkkommunikationstechnologien, die auf den Idealen der Deliberation und Teilhabe beruhen, Kapitalismus und Demokratie miteinander verbinden. Der kommunikative Kapitalismus, der sich mit dem Wachstum der globalen Telekommunikation ausbreitet, wird somit zur dominanten ideologischen Formation (Dean 2012). Gleichzeitig wird der Inhalt oder der Nutzwert der ausgetauschten Nachrichten zweitrangig oder sogar irrelevant aufgrund der Geschäftsmodelle, auf denen kommerzielle soziale Medien aufbauen, wie auch Christian Fuchs (2014) diskutiert. Folglich wird auch jede Reaktion auf gepostete Inhalte nur relevant als messbare Einheit, nicht aber in Bezug auf ihren Nutzwert. Jegliches politische Potenzial verschwindet damit im ständigen Fluss der Kommunikation (Dean 2009, 2010, 2012). Eines der Hauptprinzipien des kommunikativen Kapitalismus ist es außerdem, die Geschwindigkeit der Zirkulation zu beschleunigen, um die Umlaufzeit zu minimieren und die Produktion von Mehrwert zu erhöhen (Manzerolle und Kjøsen 2012). Die Personalisierung von Inhalten als Organisationsprinzip der digitalen Medien verstärkt außerdem die bereits erhöhte Geschwindigkeit der Zirkulation von Inhalten. Information ist auf individuelle Nutzer:innen zugeschnitten und wird in Echtzeit vermittelt. Es wird keine Zeit für Transport oder Vermittlung verloren.

Von Bedeutung für Erinnerungspraktiken ist hier, dass sich die archivarische Funktion von Medien mit der Digitalisierung verändert. Wolfgang Ernst (2008) schlägt vor, dass mit digitalen Technologien die Rolle der Archive nicht länger die Akkumulation von Einträgen und Dokumenten darstellt, sondern vielmehr die medial vermittelte Erfahrung von Zeitlichkeit. Das bedeutet, dass das digitale Archiv sich nicht vordergründig um Inhalte organisiert, sondern stattdessen vorrangig auf den Prozess der Produktion, des Sammelns und der Verarbeitung von Daten fokussiert ist. Das Sammeln und Archivieren findet dabei unmittelbar und gleichzeitig mit der Produktion von Inhalten statt (siehe auch Hoskins 2010; Menke und Birkner in diesem Band). Gleichzeitig verliert das offizielle und institutionalisierte Archiv seine Aura als Hauptinstitution für das Erinnern. Alles ist immer und unmittelbar archivierbar und damit potenziell für Erinnerungspraktiken zugänglich. Erinnern wird in Folge zu einem gewissen Grad beliebig und zunehmend personalisiert.

4.5 Datenoperationalismus und Automatisierung

Gegenwärtig befinden wir uns im Zeitalter automatisierter Medien (Andrejevic 2020). Gesellschaftliche und kulturelle Erfahrung sowie Erinnerungspraktiken waren immer begrenzt, unvollständig und selektiv. In ihrer Begrenztheit sind sie jedoch Ausdruck des zunehmend personalisierten Charakters von Erinnerung. Allgemein betrachtet haben gesellschaftliche und kulturelle Erfahrungen zum Großteil der menschlichen Geschichte in einem Kontext von Begrenzungen operiert, sowohl was die Produktion von als auch die Kosten für den Zugang zu kulturellen Inhalten betraf. Mit der breiten Durchsetzung des Internets und dann vor allem sozialer Medien bewegten wir uns jedoch von begrenzten Inhalten zum Überfluss von Information. Mit wachsenden Informationsströmen erscheint es zunehmend unmöglich, die zugänglichen Informationen manuell zu organisieren. Im Zuge dessen bedarf es automatisierter Medien, die die Inhaltsorganisation übernehmen. Dies hat wiederum zur vermehrten Übertragung kultureller Aufgaben wie der Organisation und Kategorisierung von Inhalten an algorithmische Systeme geführt. Ted Striphas (2015) spricht in diesem Zusammenhang von algorithmischer Kultur und Taina Bucher (2018) von automatisierter Sozialität. Mark Andrejevic (2020) entwickelt beide Ansätzen in seinem Begriff von Operationalismus weiter. Operationalismus bezeichnet die Verschiebung von Narrativen und Erklärung als Grundlage für gesellschaftliche und individuelle Sinnstiftung hinzu automatisierten Operationen. Bei automatisierten Systemen geht es nicht um das Verstehen oder Erklären von Sachverhalten, sondern allein um Handeln und darum, Entscheidungen zu treffen. Entscheidungen folgen dabei nicht mehr erklärbaren Abläufen, sondern basieren auf Datenanalysen. Datenanalysen sind darauf fixiert Korrelationen und Muster zu erkennen, diese aber nicht zu erklären. Die Umsetzung von Entscheidungen ist dabei immer häufiger automatisiert und geschieht ohne menschliche Einmischung. Dieser kulturelle Wandel von Repräsentation hin zu Operationalismus erschwert es Menschen, Entscheidungen nachvollziehen zu können und damit ihre Konsequenzen abzuschätzen.

Dieser Logik folgend verändern sich die Voraussetzungen für Erinnerungspraktiken in Relation zu Medientechnologien, die sich zunehmend von einer sinnstiftenden Logik hinzu einer handlungsorientierten Logik entwickeln. Mediale Erinnerung wird dementsprechend zufällig und zusammenhangslos. Als Beispiel können hier Erinnerungstrigger in sozialen Medien dienen. Regelmäßig werden Posts oder Bilder als Erinnerungsartefakte vorschlagen. Es ist den Nutzer:innen oft nicht begreiflich, warum gewisse Bilder oder Posts im Newsfeed wieder auftauchen (außer es handelt sich um explizite Angebote wie *On this day*). Ohne konkrete Anknüpfungspunkte zum Hier und Jetzt dienen die re-posts dazu die Anwender:innen in der Plattform zu halten und zu engagieren.

5. Abschließende Bemerkungen

In diesem Beitrag habe ich auf medientechnologische Aspekte von Erinnerungspraktiken fokussiert. Zunächst habe ich dafür Erinnerungspraktiken in Relation zu Medienpraktiken gesetzt. Mit einem Fokus auf die zeitliche Strukturierung von Medientechnologien habe ich darauffolgend vier Perioden der Mediengeschichte – das Zeitalter der mechanischen Reproduzierbarkeit, das Zeitalter des Flow audiovisueller Medien, das Zeitalter digitaler Unmittelbarkeit und das Zeitalter des Datenoperationalismus – entwickelt, die Konsequenzen für Erinnerungspraktiken und damit deren historischen Wandel haben. Im letzten, abschließenden Teil des Beitrages fokussiere ich auf den Begriff der Affordanzen, um die Bedingtheit von Erinnerungspraktiken in Verbindungen mit Medientechnologien herauszuarbeiten.

Wie einleitend skizziert, stellen sich Medientechnologien oft als Prothesen, Erweiterungen oder gar Lösungen unseres begrenzten Erinnerungsvermögens dar. Vergessen wird dabei oft, in welcher Art und Weise Medientechnologien Erinnerungspraktiken strukturieren, ermöglichen, aber eben auch begrenzen. Dieser Beitrag versucht, diesen Zusammenhang sichtbar zu machen.

Medientechnologien und technologischer Wandel, im Moment insbesondere künstliche Intelligenz und Algorithmen, sind häufig mit Hoffnungen auf gesellschaftliche Veränderung verbunden. Diese hoffnungsvollen Zukunftsvorstellungen werden oft auch und gerade für Erinnerungspraktiken aktualisiert. In Zukunft, so die Erwartung, können wir nicht nur Erinnerungsarbeit beispielsweise die Kategorisierung und Archivierung von Inhalten an technische Systeme delegieren, sondern auch ganz neue Erinnerungserfahrungen durch beispielsweise Augmented Reality und Virtual Reality erleben. Offen bleibt dabei die Frage nach den Grenzen der technologischen Automatisierung von Erinnerungspraktiken und dem Verhältnis von menschlicher und maschineller Agens.

6. Literatur

Andrejevic, Mark. *Infoglut. How too much information is changing the way we think and know.*
    New York, London: Routledge, 2013.
Andrejevic, Mark. *Automated Media.* London: Routledge, 2020.
Assmann, Aleida. *Ist die Zeit aus den Fugen?* München: Hanser, 2013.
Assmann, Jan. „Communicative and Cultural Memory". *Cultural Memory Studies. An International and
    Interdisciplinary Handbook.* Hg. Astrid Erll und Ansgar Nünning. Berlin, New York: de Gruyter,
    2008. 109–118.
Benjamin, Walter. *Das Kunstwerk im Zeitalter seiner technischen Reproduzierbarkeit.* Stuttgart:
    Reclam, 1936/2011.
Bloomfield, Brian. P., Yvonne Latham, und Theo Vurdubakis. „Bodies, Technologies and Action
    Possibilities: When is an Affordance?". *Sociology* 44.3 (2010): 415–433.

Bolter, Jay. D., Blair MacIntyre, Michael Nitsche, und Kathryn Farley. „Liveness, Presence, and Performance in Contemporary Digital Media". *Throughout. Art and Culture Emerging with Ubiquitous Computing*. Hg. Ulrik Ekman. Cambridge: MIT Press, 2012. 279–310.

Bucher, Taina. *If... then: algorithmic power and politics*. New York: Oxford University Press, 2018.

Castells, Manuel. *The Rise of the Network Society Vol. 1*. Oxford, Malden: Blackwell, 2000.

Chun, Wendy. „The Enduring Ephemeral or the Future is a Memory". *Critical Inquriy* 35.1 (2008): 148–171.

Couldry, Nick. „Theorising Media as Practice". *Social Semiotics* 14.2 (2004): 115–132.

Couldry, Nick. *Media, Society, World. Social Theory and Digital Media Practice*. Cambridge, Malden: Polity Press, 2012.

Couldry, Nick, und Andreas Hepp. „Conceptualizing Mediatization: Contexts, Traditions, Arguments". *Communication Theory* 23.3 (2013): 191–202.

Crow, Graham, und Sue Heath. „Introduction". *Social Conceptions of Time. Structure and Process in Work and Everyday Life*. Hg. Graham Crow, und Sue Heath. Basingstoke: Palgrave Macmillan, 2002. 1–8.

Davis, Mark. „Hurried lives: Dialectics of time and technology in liquid modernity". *Thesis Eleven* 118.1 (2013): 7–18.

Dean, Jodi. „Communicative Capitalism: Circulation and the Foreclosure of Politics". *Digital Media and Democracy*. Hg. Megan Boler. Cambridge, London: MIT Press, 2008. 101–121.

Dean, Jodi. *Democracy and Other Neoliberal Fantasies: Communicative Capitalism and Left Politics*. Durham: Duke University Press, 2009.

Dean, Jodi. *Blog Theory: Feedback and Capture in the Circuits of Drive*. Cambridge: Polity Press, 2010.

Dean, Jodi. *The Communist Horizon*. London, New York: Verso, 2012.

Elmer, Greg. *Profiling Machines. Mapping the Personal Information Economy*. Cambridge: MIT Press, 2003.

Erll, Astrid. *Kollektives Gedächtnis und Erinnerungskulturen. Eine Einführung*. Stuttgart: J.B. Metzler, 2017.

Ernst, Wolfgang. *Sorlet från arkiven. Ordning ur oordning [Stiring in the archives: Order from Disorder]*. Munkedal: Glänta, 2008.

Frabetti, Federica. *Software Theory*. London: Rowman and Littlefield International, 2015.

Fuchs, Christian. „Digital prosumption labour on social media in the context of the capitalist regime of time". *Time & Society* 23.1 (2014): 97–123.

Fuchs, Christian, und Sebastian Sevignani „What is Digital Labour? What is Digital Work? What's their Difference? And why do these Questions Matter for Understanding Social Media? ". *TripleC* 11.2 (2013): 237–293.

Garde-Hansen, Joanne. „MyMemories?: Personal Digital Archive Fever and Facebook". *Save As... Digital Memories*. Hg. Joanne Garde-Hansen, Andrew Hoskins, und Anna Reading. Basingstoke Palgrave Macmillan, 2009. 135–150.

Garde-Hansen, Joanne. *Media and Memory*. Edinburgh: Edinburgh University Press, 2011.

Garde-Hansen, Joanne, Andrew Hoskins, und Anna Reading. „Introduction ". *Save as...Digital Memories*. Hg. Joanne Garde-Hansen, Andrew Hoskins, und Anna Reading. New York: Palgrave Macmillan, 2009. 1–21.

Gehl, Robert. W. „The archive and the processor: The internal logic of Web 2.0". *New Media & Society* 13.8 (2011): 1228–1244.

Gerlitz, Carolin. „Acting on Data. Temporality and Self-Evaluation in Social Media". *tbc* (2012): 1–18.

Gershuny, Jonathan. „Service Regimes and the Political Economy of Time". *Social Conceptions of Time. Structure and Process in Work and Everyday Life*. Hg. Graham Crow, und Sue Heath. Basingstoke: Palgrave Macmillan, 2002. 24–37.

Gibson, James. J. *The Ecological Approach to Visual Perception*. Boston: Houghton Mifflin, 1979.

Giddens, Anthony. *Beyond Left and Right*. Cambridge: Polity Press, 1994.

Hajek, Andrea. „Mmmmm quanti, ma quanti ricordi mi evocano queste foto …': Facebook and the 1977 Family Album: The Digital (R)evolution of a Protest Generation". *Italien Studies: Cultural Studies* 67.3 (2012): 375–396.

Harvey, David. *The condition of postmodernity : an enquiry into the origins of cultural change*. Oxford: Blackwell, 1990.

Hepp, Andreas, und Maren Hartmann. „Mediatisierung als Metaprozess: Der analytische Zugang von Friedrich Krotz zur Mediatisierung der Alltagswelt (Mediatisation as meta-process: Friedrich Krotz' analytical approach to mediatisation of the everyday) ". *Die Mediatisierung der Alltagswelt (The mediatisation of the everyday)*. Hg. Maren Hartmann, und Andreas Hepp. Wiesbaden: Verlag für Sozialwissenschaften, 2010. 9–22.

Hepp, Andreas, und Friedrich Krotz (Hg.). *Mediatized Worlds*. London: Palgrave, 2014.

Hilderbrand, Lucas. „Where Cultural Memory and Copyright Converge". *Film Quarterly* 61.1 (2007): 48–57.

Hoskins, Andrew. „Flashbulb memories, psychology and media studies: Fertile ground for interdisciplinarity?". *Memory Studies* 2.2 (2009a): 147–150.

Hoskins, Andrew. „The Mediatisation of Memory". *Save As… Digital Memories*. Hg. Joanne Garde-Hansen, Andrew Hoskins, und Anna Reading. Basingstoke, New York: Palgrave Macmillan, 2009b. 27–43.

Hoskins, Andrew. „Media, Memory, and Emergence". *Media Development* 2 (2010): 15–18.

Humphreys, Lee. „Birthdays, anniversaries, and temporalities: Or how the past is represented as relevant through on-this-date media". *New Media & Society* 22.9 (2020): 1663–1679.

Jakobsson, Peter, und Frederik Stiernstedt. „Pirates of Silicon Valley. State of Exception and Dispossession in Web 2.0". *First Monday* 15.7 (2010).

Kaun, Anne. *Crisis and Critique. A Brief History of Media Participation in Times of Crisis*. London: Zedbooks, 2016.

Kaun, Anne, und Frederik Stiernstedt. „Facebook time: Technological and institutional affordances for media memories". *New Media & Society* 16.7 (2014): 1154–1168.

Keightley, Emily. „From immediacy to intermediacy: The mediation of lived time". *Time & Society* 22.1 (2013): 55–75.

Keightley, Emily, und Michael Pickering. „Technologies of memory: Practices of remembering in analogue and digital photography". *New Media & Society* 16.4 (2016): 576–593.

Landsberg, Alison. *Prosthetic Memory: The Transformation of American Remembrance in the Age of Mass Culture*. New York: Columbia University Press, 2004.

Lash, Scott, und John Urry. *Economies of Signs and Space*. London, Thousand Oaks, New Delhi: Sage, 1994.

Lefebvre, Henri. *Rhythmanalysis*. London: Continuum, 2004.

Manzerolle, Vincent, und Alte M. Kjøsen. „The Communication of Capital: Digital Media and the Logic of Acceleration". *TripleC* 10 (2012): 214–229.

Parikka, Jussi. *A Geology of Media*. University of Minnesota Press, 2015.

Pentzold, Christian. „Fixing the floating gap: The online encyclopaedia Wikipedia as a global memory place". *Memory Studies* 2.2 (2009): 255–272.

Scannell, Paddy. „The Historicality of Central Broadcasting Institutions". *A History of Swedish Broadcasting. Communicative Ethos, Genres and Institutional Change*. Hg. Monika Djerf-Pierre, und Mats Ekström. Gothenburg: Nordicom, 2014.

Silverstone, Roger. *Media and Morality. On the Rise of Mediapolis*. Cambridge: Polity, 2007.

Stiegler, Bernard. *Technics and Time, Vol. 1*. Stanford: Stanford University Press, 1998.

Stiegler, Bernard. *Technics and Time, Vol. 2*. Stanford: Stanford University Press, 2008.

Striphas, Ted. „Algorithmic culture". *European Journal of Cultural Studies* 18.4–5 (2015): 395–412.

Thompson, John B. *Media and Modernity: A Social Theory of the Media*. Cambridge: Polity Press, 1995.
van Dijck, José. *Mediated Memories in the Digital Age*. Stanford: Stanford University Press, 2007.
Virilio, Paul. *Speed and Politics. An Essay on Dromology*. New York: Semiotext(e), 1986.
Weltevrede, Esther, Anne Helmond, und Carolin Gerlitz. „The Politics of Real-time: A Device Per-
    spective on Social Media Platforms and Search Engines". *Theory, Culture & Society* 31.6 (2014):
    125–150.
Williams, Raymond. *Television. Technology and Cultural Form*. New York: Schocken Books, 1974.
Zielinski, Siegfried. *Deep Time of the Media: Toward an Archaeology of Hearing and Seeing by Tech-
    nical Means*. Cambridge: MIT Press, 2006.
Zierold, Martin. *Gesellschaftliche Erinnerung: Eine medienkulturwissenschaftliche Perspektive*. Berlin,
    New York: De Gruyter, 2006.

Astrid Erll

5 *Essay* Auf der Suche nach der verborgenen Kraft der impliziten kollektiven Erinnerung

1. *Unusual Suspects*: Von nicht-kommemorativer zu impliziter Erinnerung

„Round up the Unusal Suspects!" Vered Vinitzky-Seroussis (2011) unmissverständliche Empfehlung für die Gedächtnisforschung ist der Ausgangspunkt dieses Essays. Mittlerweile sind bestimmte Ausprägungen kollektiven Erinnerns gut untersucht. Zu den *usual suspects* der interdisziplinären Gedächtnisforschung (*memory studies*) gehören Formen des expliziten, den Akteur:innen bewussten, zumeist offiziellen und identitätsstiftenden Gedenkens. Hierbei handelt es sich um einen wichtigen, sichtbaren und viel diskutierten Bereich der Erinnerungskultur. Er umfasst aber bei weitem nicht die gesamte Bandbreite möglicher Relationen von Erinnerung, (sozialer) Umwelt und Medienkommunikation. Gedächtnisforschung ausschließlich als Gedenkforschung zu betreiben, erinnert ein wenig, wie Michael Schudson (1977, 3) einmal angemerkt hat, an den Betrunkenen, der nur unter dem Lichtkegel der Straßenlaterne nach seinem Autoschlüssel sucht.

Die Kommunikationswissenschaft hat einen besonderen Zugang zu jenen nicht im Rampenlicht stehenden Bereichen kollektiver Erinnerung, weil es sich bei ihrem Material zumeist nicht um Gedächtnismedien im starken Sinne handelt (also um Speichermedien wie Denkmäler und Geschichtsschreibung), sondern um ‚Gegenwartslieferanten' – *purveyors of the present* (Zelizer 2008, 18). In seinen Überlegungen zum Journalismus als Medium des kollektiven Gedächtnisses betont Schudson (2014, 85) daher: „Not all of what societies remember is recalled through or in relation to self-conscious or dedicated memory projects. Instead, the past is often incorporated into the present in ways that do not aim at commemoration." Schudson trifft hier eine grundlegende Unterscheidung zwischen einer ganz bestimmten Konstellation von kommemorativer Erinnerung, die als explizit, ‚kollektiv-autobiographisch' und identitätsbezogen bezeichnet werden kann (*commemorative memory*) und vielfältigen weiteren Spielarten kollektiver Erinnerung, die er unter dem Begriff des *non-commemorative memory* subsumiert.

Für die interdisziplinäre Gedächtnisforschung (*memory studies*) rücken als Formen nicht-kommemorativer Erinnerung vor allem zwei Bereiche in den Blick. Dabei handelt es sich erstens um das *explizite*, aus der Perspektive der Erinnerungsakteur:innen jedoch nicht zeit- oder vergangenheitsbezogene und auch zumeist nicht sonderlich identitätskonkrete *semantische* Erinnern in sozialen Kontexten (vgl. zu explizitem und implizitem, kollektiv-autobiographischem und kollektiv-semantischen Erinnern auch das Modell in Erll 2017a, 104). Kurz, *memory studies* können und sollten mit ihrer reichhaltigen interdisziplinären Toolbox auch Wissenskulturen und Wissensgeschichte adressieren. Zweitens, und das ist der Fokus dieses Beitrags, hat die Gedächtnisforschung kaum begonnen, die zumeist verborgen bleibende, aber wirkungsvolle Dynamik *impliziter* kollektiver Erinnerung zu untersuchen. Im Folgenden geht es daher um die Rolle medialer Kommunikation für auf sozialer Ebene nicht-bewusste Erinnerungsprozesse.

2. Was ist das implizite Gedächtnis? Psychologische Perspektiven

Geprägt wurde der Begriff des ‚impliziten Gedächtnisses' in der Kognitionspsychologie. Es werden damit individuelle Erinnerungsprozesse bezeichnet, die Proband:innen nicht bewusst sind. Die Kognitionspsychologie geht von verschiedenen Gedächtnissystemen aus. Im Gegensatz zum expliziten Gedächtnis, das den bewussten (deklarativen oder intentionalen) Abruf von Erinnerungen ermöglicht und seit Tulving (1972) weiter in semantisches (‚wissen, dass') und episodisches (‚erinnern') Gedächtnis unterschieden wird, werden dem impliziten Gedächtnis jene nicht-bewussten Formen des Erinnerns zugeschlagen, die vom prozeduralen Gedächtnis (etwa für Schuhe binden oder Radfahren: ‚wissen, wie') bis zu Effekten perzeptuellen und konzeptuellen Primings reichen. Über die heute breit ausdifferenzierten Forschungsrichtungen hinweg geht es bei dem impliziten Gedächtnis stets um den nicht-bewussten Einfluss vergangener Erfahrungen auf aktuelles Denken, Fühlen und Handeln.[1]

Priming ist eine psychologische Methode, um das implizite Gedächtnis unter Laborbedingungen beobachtbar zu machen. Es bedeutet, dass Proband:innen Wörter oder Bilder gezeigt werden, die den nachfolgenden Abruf ähnlicher Wörter oder Bilder erleichtern oder zu bestimmten Handlungen führen, ohne jedoch dass sich die Erinnernden dieses Zusammenhangs bewusst wären. In seinem berühmten ‚Florida-Experiment' zeigte der Sozialpsychologe John A. Bargh (1996) Proband:innen mit ‚Alter' assoziierte Wörter, wie ‚vergesslich', ‚Glatze' oder eben ‚Florida', die Residenz vieler amerikanischer Rentner. Er ließ die jungen Studierenden dann durch den Raum gehen und bemerkte, dass sie es langsamer taten als die Kontrollgruppe, denen zuvor jugendbezogene Wörter gezeigt worden waren.

Zu den für die interdisziplinäre Gedächtnisforschung besonders relevanten Effekten von Priming gehören Vertrautheitseffekte (*mere exposure effects*) und Wahrheits-

---

1 „Although measured in a variety of ways, implicit memory has been defined fairly consistently as influences of past experience on later performance, in the absence of conscious memory for the earlier experience" (Carlston 2010, 4).

effekte (*validity effects*),[2] also die Tatsache, dass das, was unbewusst immer wieder gehört und gesehen wird, vertraut erscheint, gemocht und sogar für wahr gehalten wird. Der Psychologe Daniel Kahneman (2011, 85) erläutert: „Eine zuverlässige Methode Menschen dazu zu bringen, falsche Aussagen zu glauben, ist häufiges Wiederholen, weil Vertrautheit sich nicht leicht von Wahrheit unterscheiden lässt." Priming kann auch zu ‚mentaler Kontamination' (Schacter 2001, 301) durch sexistische und rassistische Stereotypen führen sowie zu unbewusstem Plagiat.[3]

Ein Grund für all die genannten Effekte ist, dass implizite Erinnerung stets mit Quellenamnesie einher geht. Weil die Quelle einer Information und ihr Status (eigene Erfahrung oder Hörensagen; zuverlässig oder unzuverlässig; fiktional oder faktual) beim nicht-intentionalen Abruf von Erinnerungen keine Rolle zu spielen scheinen, wirkt das, was so erinnert wird, als bekannt (angenehm, selbstverständlich, wahr) und kann sogar mit der subjektiven ‚episodischen' Qualität selbst erlebter Vergangenheit besetzt sein.[4]

Aus psychologischer Perspektive ist das implizite Gedächtnis ein Apparat des automatischen, ‚schnellen Denkens', wie Kahneman in seinem Buch *Schnelles Denken, Langsames Denken* (2011) betont. Im Sinne eines psychologischen Zwei-Systeme-Modells (*double process model*) wird zwischen kontrollierten (d. h. bewussten) und automatischen (d. h. nicht-bewussten und damit kognitive Ressourcen sparenden) Prozessen menschlicher Informationsverarbeitung unterschieden. Für Bargh weisen automatische kognitive Prozesse vier Merkmale auf: „lack of awareness, lack of intentionality, lack of controllability, and high efficiency (nonreliance on cognitive resources)" (Carlston 2010, 40; Bargh 1994).

Hocheffizient – das ist ein zentrales Attribut des impliziten Gedächtnisses. Doch zugleich bleiben diese wirkungsvollen, ‚schnellen' Form des Erinnerns den Erinnernden oft vollkommen verborgen. Sie sind nicht-bewusst, nicht-intentional, nicht-kontrollierbar. Daher spricht Daniel Schacter in *Wir sind Erinnerung* (2001, 263) auch von der ‚verborgenen Welt des impliziten Gedächtnisses'. Mit Blick auf die in diesem Beitrag zur Diskussion stehenden nicht-bewussten Akte *kollektiver* Erinnerung und deren vorwärtstreibende, Zukunft gestaltende *Wirksamkeit* soll daher im Folgenden von der ‚verborgenen Kraft impliziter kollektiver Erinnerung' die Rede sein.

---

2 Vgl. dazu Renner (2017) sowie Bornstein und Craver-Lemley (2017).

3 Speziell zur Kryptomnesie als scheinbare Neuschöpfung bereits wahrgenommener Inhalte, vgl. Schacter (2002, 107).

4 „The experience of familiarity has a simple but powerful quality of ‚pastness' that seems to indicate that it is a direct reflection of prior experience." (Whittlesea et al. 1990, 716).

3. Eine verborgene Kraft: Implizites Erinnern kollektiv denken

Wie aber kann man implizite Erinnerung als *kollektives* Phänomen denken? Dazu ist zunächst noch einmal darauf hinzuweisen, was ‚Erinnern‘ und ‚Vergessen‘ bedeuten, wenn man diese Prozesse (und generell die Funktion des ‚Gedächtnisses‘) nicht rein individualpsychologisch betrachtet, sondern in ihrer (tatsächlichen) Distribution zwischen Assemblagen biologischer, mentaler, sozio-kultureller und materieller Elemente. Gedächtnis, das für die *memory studies* grundsätzlich in dieser erweiterten Form als ‚Ökologie des Gedächtnisses‘ besteht (und das ich nur der Klarheit halber und mit Blick auf die Begriffstradition ‚kollektives Gedächtnis‘ nenne), entsteht dann als dynamische Ko-konstruktion, als Sympoiesis von Elementen dieser Dimensionen.

Kollektives *Erinnern* bedeutet nicht, dass alle Individuen identische mentale Repräsentation in ihren Köpfen hätten. Es heißt vielmehr, dass bestimmte Vergangenheitsversionen in sozialen Gruppen über Diskurse, Medien und Praktiken immer wieder aktualisiert werden und gut mit anderen Themen vernetzt sind. Ebenso bedeutet kollektives *Vergessen* nicht, wie Aleida Assmann (2016) und Guy Beiner (2018) gezeigt haben, dass sämtliche Spuren eines vergangenen Ereignisses verloren wären. Es bedeutet nur, dass Erinnerungsakte in bestimmten sozialen Rahmen fehlen. So können Ereignisse in der öffentlichen Erinnerung vermieden, verschwiegen und tabuisiert werden oder schwer artikulierbar erscheinen. Oft können dieselben Ereignisse jedoch in familialer oder lokaler Erinnerung weiterleben – oder in wissenschaftlichen Spezialdiskursen (wie etwa im Fall der Spanischen Grippe, vgl. Beiner 2021). Die Logik des kollektiven Gedächtnisses impliziert, in Barry Schwartz’ (2009, 23) Worten, also: „remembering and forgetting are distributed unevenly among different communities, groups, and individuals“.

In dieser Logik muss auch ‚implizite kollektive Erinnerung‘ gedacht werden. Was für die Mehrheit unbewusst bleibt oder automatisch abläuft, kann für einige Beobachter:innen recht offensichtlich sein. Kulturelle Stereotypen, nicht-thematisierte Vergangenheiten, emotionale Régimes, unbewusste Masternarrative – die tagtäglich Wirkung entfaltende, aber nur selten thematisierte oder auch nur ins Bewusstsein vordringende Welt eines verborgenen kollektiven Gedächtnisses springt manchen geradezu ins Auge. Dazu gehören Neuankömmlinge in einer Kultur, die Wissenschaften und andere Instanzen der kritischen Beobachtung. Bestimmte Akteur:innen können zudem bewusst mit impliziter kollektiver Erinnerung arbeiten (Journalistinnen etwa mit Framings, Politiker mit historischen Anspielungen). Und nicht zuletzt gehört es zu den Aufgaben von kritischen Medien, Kunst und Literatur, die Dynamiken impliziten Erinnerns sichtbar zu machen (zu James Joyces *Ulysses*, vgl. etwa Erll 2019).

Gerade mit Blick auf die ökologischen Dimensionen impliziten Erinnerns ist eine funktionale Definition wichtig: In sozialen Gruppen sind explizite und implizite Erinnerungen Funktionalisierungen und Wirkungsweisen des kollektiven Gedächtnisses und nicht separate Gedächtnissysteme. (Die biologische Dissoziierbarkeit dieser Systeme entlang verschiedener Hirnregionen wird noch diskutiert, vgl. Carlston 2011.) Das heißt, bestimmte Medien können sowohl Gegenstand offizieller expliziter Kommemoration sein als auch unbemerkt wirken. Die Präsenz kolonialer Denkmäler oder rassistischer Begriffe in postkolonialen Gesellschaften etwa ist ein gutes Beispiel für implizite Formen kollektiven Erinnerns – zumindest so lange, bis deren unbemerkt erinnerungsstabilisierende Kraft durch Aktivisten (etwa im Rahmen von *Black Lives Matter*) wieder explizit gemacht wird.

Implizite kollektive Erinnerung bezeichnet damit jene biologischen, mentalen, sozio-kulturellen und materialen Faktoren, aus deren Zusammenwirken Formen des Erinnerns hervorgehen, die für die Mehrheit der Akteur:innen nicht intentional und nicht bewusst sind. Bei den wirkungsvollsten Gegenständen impliziter kollektiver Erinnerung handelt es sich um schematisierte Memorata, wie etwa Bildformeln, Narrative, Stereotypen, Weltmodelle, Wertvorstellungen oder bestimmte Verhaltensweisen (zu *habit memory* vgl. schon Connerton, 1989), die – oft affektiv aufgeladen – unbewusst als Teil des kollektiven Gedächtnisses von Mensch zu Mensch und von Generation zu Generation weitergegeben werden. Medien in ihrer gesamten Bandbreite spielen dabei eine zentrale Rolle: Implizite kollektive Erinnerung wird vermittelt durch Primärmedien wie Gestik und Mimik, durch Oralität und Schriftlichkeit, durch Analogmedien und digitale Medien.

Ein Beispiel für die verborgene Kraft implizit wirkender schematisierter Memorata sind die von dem Anthropologen James Wertsch in seinem Buch *How Nations Remember* (2021) untersuchten nationalen Narrative. In interdisziplinärer Kollaboration mit Kognitionspsychologen zeigt er, wie sich das nationale Narrativ Russlands zum Zweiten Weltkrieg grundlegend von dem der meisten anderen Nationen unterscheidet. In einer Studie (Abel et al. 2019) wurden über jeweils hundert Proband:innen aus elf Ländern zu den ihrer Meinung nach den zehn wichtigsten Ereignissen des Zweiten Weltkriegs befragt. Die Ergebnisse sind frappierend. Selbst in China und Japan produzierten die Proband:innen einen Erinnerungskonsens mit der amerikanischen Perspektive auf den Krieg: Die wichtigsten Ereignisse sind für sie Pearl Harbor, D-Day und der Holocaust. In Russland fällt das Ergebnis ganz anders aus: Mit außerordentlich hoher Übereinstimmung nennen russische Proband:innen folgendes ‚Minimalset‘ von Ereignissen: der Überfall der deutschen Wehrmacht auf die Sowjetunion (22. Juni 1941), die Schlacht um Moskau (Winter 1941–42), Stalingrad (Winter 1942–43), die Schlacht von Kursk (Sommer 1943), die Öffnung der zweiten Front (= D-Day) (6. Juni 1944) und die Schlacht von Berlin (Frühjahr 1945).

Wie kommt es zu diesen Unterschieden? Und was hält dieses stabile Set von erinnerten Ereignissen zusammen? Wertsch argumentiert: Es ist eine zugrunde liegende russische Opfererzählung, in der Russland immer wieder von äußeren Feinden angegriffen wird. Dies ist ein narratives Muster, das den meisten Proband:innen wohl gar nicht bewusst ist, das aber sowohl die Auswahl erinnerter historischer Ereignisse leitet als auch die Deutung zukünftiger Ereignisse bereits vorformt. Für Putin, so

Wertsch, ist dieses nationale Opfernarrativ ein ‚schnelles' kognitives Werkzeug: „It is a narrative tool that could almost be said to be doing some of his thinking and speaking for him". (Wertsch 2021, 24) Wertschs Buch erschien nur wenige Monate vor Russlands Überfall auf die Ukraine. Es zeigt, dass die *memory studies* viel zu einem besseren Verständnis davon beitragen können, wie implizite Gedächtnisbestände gezielt für Aggressionspolitik ausgenutzt werden.

Auf welche Weise zirkulieren unsichtbare Geschichtsnarrative in sozialen Gruppen? In Russland beobachtet Wertsch eine nationale Dynamik: ein alle gesellschaftlichen Sphären und Kommunikationsmedien (Familienerzählungen, Schulbücher, Presse) durchdringendes Erzählmuster. Aber auch die transnationale Zirkulation von Narrativen beeinflusst implizite kollektive Erinnerung: Den meisten Menschen in den USA, in Italien oder Deutschland bleibt wohl unbewusst, warum sie sich an ‚Pearl Harbor' erinnern, nicht aber an die Schlacht von Kursk. Zumindest Teil der Antwort ist die weltweite mediale Dissemination amerikanischer Geschichtsnarrative, nicht zuletzt durch Hollywood-Spielfilme wie *Pearl Harbor* (2001, Regie: Michael Bay), deren enormer Einfluss auf Geschichtsbilder, auch als Resultat einer ‚sozialen Quellenamnesie', häufig jedoch unterbewertet bleibt (zur Logik des Erinnerungsfilms, vgl. Erll und Wodianka 2008).

Ebenfalls nicht bewusst ist dabei den meisten Akteur:innen die Ausschnitthaftigkeit, Narrativität und Perspektivität des eigenen Geschichtsbilds. Wertsch (2021, 13) betont: „narrative tools often operate under the radar of conscious reflection, leaving us with the impression that we have a direct, unmediated picture of reality". Frei nach dem narrativen Psychologen Jerome Bruner: Narrative sind keine transparenten Panoramafenster auf die vergangene Wirklichkeit, sondern eher Keksausstecher, die komplexe Realitäten in eine ganz bestimmte Form bringen.[5] Meist sehen wir die (Ausstech-)Formen nicht, mit denen wir operieren, doch die Tatsache, dass wir sie gestern und heute erfolgreich benutzt haben, macht es wahrscheinlicher, dass wir auch morgen wieder von ihnen Gebrauch machen werden. Das ist die vorwärtstreibende Kraft impliziter kollektiver Erinnerung.

---

5 Wertsch (2021, 13); „Common sense stoutly holds that the story form is a transparent window on reality, not a cookie cutter imposing a shape on it" (Bruner 2003, 6–7). Grundlegend für ein Verständnis von narrativen Mustern für Zeiterfahrung und Geschichtsschreibung sind White (1973) und Ricœur (1988).

4. Soziologische und kommunikationswissenschaftliche Perspektiven: Framing und Priming

Auf der Suche nach der verborgenen Kraft impliziter kollektiver Erinnerung können die Kulturwissenschaften ihr Wissen um die Zirkulation von Narrativen einbringen. Aus dem Bereich der Sozialwissenschaften gerät insbesondere die Forschung zu Framing und Priming in den Blick. Während mit Priming auf die psychologische Forschung Bezug genommen wird, hat der Begriff des Frames eine eigene soziologische Tradition, die über Erving Goffman zurückreicht bis auf Maurice Halbwachs, Emile Durkheim und Georg Simmel (Dimbath 2013). Metaphern des Rahmens und der Rahmung werden heute vielfältig verwendet: in der Kommunikationswissenschaft (Medien-Frames), in der politischen Philosophie (Judith Butlers *frames of war*, 2009) und nicht zuletzt in den *memory studies*, wo Halbwachs' *cadres sociaux*, die sozialen Rahmen der Erinnerung, bis heute ein Schlüsselkonzept darstellen.

Für Erving Goffman, den Begründer der soziologischen Rahmenanalyse, bedeutet *framing* „the organization of experience" (Goffman 1986 (1974), 11). Frames sind Erfahrungsschemata, die durch Sozialisation erworben werden: „Observers actively project their frames of references into the world immediately around them" (Goffman 1986 (1974), 39). Wirklichkeitserzeugung durch Rahmung ist ein aktiver, aber nicht unbedingt ein bewusster Vorgang. Im Gegenteil, unser Funktionieren im Alltag hängt davon ab, dass dieser Prozess automatisch abläuft.

In der Mediensoziologie wurde auf Goffman Bezug genommen, um die wirklichkeitserzeugende Kraft der Fernsehberichterstattung zu verstehen. So erläutert Todd Gitlin (1980, 6): „What makes the world beyond direct experience look natural is a media *frame*". Medien-Frames sind „principles of selection, emphasis, and presentation composed of little tacit theories about what exists, what happens and what matters". *Tacit theories*: Frames basieren auf unausgesprochenem – implizitem – Wissen.

Diese Perspektiven sind durchaus mit Maurice Halbwachs' Theorie des kollektiven Gedächtnisses und dem Konzept der *cadres sociaux* vereinbar. Über die ‚sozialen Kader', also die Menschen, die uns umgeben, erwerben wir mentale ‚Rahmen', die die Teilhabe am kollektiven Gedächtnis ermöglichen, Erinnerungen prägen und zugleich (hierauf legen Goffmann und Gitlin den Akzent) neue Erfahrungen in bestimmte Bahnen lenken. Das Konzept der sozialen Rahmen war Halbwachs so wichtig, dass er ihm ein ganzes Buch widmete: *Les cadres sociaux de la mémoire* (1925). Auch für Halbwachs sind mentale Rahmen eine verborgen bleibende Kraft: „Eine soziale ‚Denkströmung' ist gewöhnlich ebenso unsichtbar wie die Luft, die wir einatmen. Im normalen Leben spürt man ihre Existenz nur, wenn man ihr Widerstand leistet" (Halbwachs 1991 (1950), 19). Obwohl der Soziologe seinen Fokus auf die soziale Dimension des Erinnerns richtet, exemplifiziert Halbwachs mit seiner berühmten Anekdote über einen fiktiven Spaziergang durch London (Halbwachs 1991 (1950), 3) doch etwas, das die *media memory studies* (z. B. Edy 2006; Erll 2017: 150) immer wieder hervorheben: *Cadres sociaux* sind in hohem Maße vermittelt durch *cadres médiaux*, also durch mediale Rahmen. Und diese sind nicht nur für das Erinnern zentral, sondern sie haben auch eine stark vorformende Kraft: In Halbwachs' Anekdote sind es Medien wie die Worte des befreundeten Architekten oder Charles Dickens' Romane, die seine aktuelle Erfahrung des Londoner Stadtbildes unbewusst prägen (Erll 2002).

Für die Kommunikationswissenschaft hat insbesondere Robert M. Entman (1993) das Konzept des Framing popularisiert und dabei auch auf psychologische Forschung Bezug genommen. Entman zufolge gehören Auswahl und die Erzeugung von Salienz zu den Schlüsseloperationen des Framing.[6] Der Begriff der Salienz umfasst Wahrnehmbarkeit, Bedeutsamkeit und Erinnerbarkeit: „it means making a piece of information more noticeable, meaningful, or memorable to audiences" (Entman 1993, 53). Kommunikationswissenschaftliche Framing-Konzepte lenken somit die Aufmerksamkeit auf Möglichkeiten der bewussten und strategischen Arbeit mit dem impliziten kollektiven Gedächtnis.

In Kommunikationswissenschaft und Medienwirkungsforschung sind Framing und Priming Schlüsselbegriffe,[7] die implizite Phänomene in den Blick bringen, dabei aber einer unterschiedlichen Logik folgen: Zunächst einmal ist festzuhalten, dass es sich bei beiden Konzepten um Metaphern handelt. John Sonnett (2019, 227) bemerkt, dass Framing auf einer räumlichen und visuellen Metapher beruht (das Rahmen oder Arrangieren von Gemälden), während Priming auf einer zeitlichen und sequentiellen Metaphorik basiert: Erst *nach* der Präsentation einer Information kann es zu bestimmten Effekten kommen. Daher interessieren sich Studien zu Framing tendenziell für die Frage nach dem ‚Wie' der Kommunikation, Studien zum Priming hingegen für die Frage nach dem ‚Was'.

Priming lenkt den Fokus eher auf die automatische Aktivierung von unbewusst vorhandenen Inhalten, Framing eher auf die Art, wie Medienprodukte bei ihren Adressaten Überzeugungen formen und verändern können. Zentral ist dabei die von Vincent Price und David Tewksbury (1997) eingeführte Unterscheidung von Anwendbarkeit (*applicability*) und Zugänglichkeit (*accessibility*). *Applicability* verweist eher auf die semantische Nutzbarkeit eines Frames (wie?), *accessibility* eher auf die zeitlich begrenzte Aktivierungsmöglichkeit eines Primes (was? wann?) (s. auch Scheufele 1999).

---

6 Entman (1993, 52): „Framing essentially involves selection and salience. To frame is to select some aspects of a perceived reality and make them more salient in a communicating text in such a way as to promote a particular problem definition, causal interpretation, moral evaluation, and/or treatment recommendation for the item described".

7 Zur Einführung, s. Roskos-Ewoldsen et al. (2009), Tewskbury und Scheufele (2009), Scheufele (2016); und Lecheler und De Vreese (2019).

5. Mediale (Vor-)Formung in der *Longue Durée*

Die Verknüpfbarkeit der psychologischen und kommunikationswissenschaftlichen Forschung zu Framing und Priming mit den *memory studies* hängt an Fragen der Zeit. Denn nur wenn Effekte der (Vor-)Formung durch Medien eine Langzeitwirkung entfalten, können sie Veränderungen im kollektiven Gedächtnis bewirken. Genau hier, im Bereich der zeitlichen Stabilität, liegt eigentlich auch das Interesse der Kommunikationswissenschaften. Christian Baden und Sophie Lecheler (2012, 359) betonen, dass Framings erst dann sozial relevant werden, wenn sie nachhaltig wirken („the social relevance of framing effects hinges upon their ability to persist") und entwerfen daher ein theoretisches Modell zur Analyse der Dauer von Framing-Effekten.

Die meisten kognitionspsychologischen Experimente zu Framing und Priming rechnen in Minuten und Stunden. Dagegen versucht die kommunikationswissenschaftliche Forschung, die zeitliche Stabilisierung von Frames als ‚dauerhafte Zugänglichkeit' (*chronic accessibility*) zu modellieren, zu der etwa *frequent priming* oder *repetitive framing* beitragen (Roskos-Ewoldsen et al. 2009, 83). Schemer (2013, 161) spricht Framing-Effekten in diesem Zusammenhang zwar eine „eine gewisse Halbwertszeit" zu, doch in empirischen Studien konnten letztlich nur Wirkungen im Bereich von zehn Tagen bis maximal drei Wochen nachgewiesen werden.

Aus der Perspektive der *memory studies* klingt das ernüchternd. Denn hier geht es um ganz andere Zeithorizonte, um die Frage wie mediale (Vor-)Formungen über Jahre, Jahrzehnte, Jahrhunderte – und damit über zahlreiche Generationenschwellen hinweg – Wirkung entfalten können. Das Narrativ der Odyssee oder des Exodus, die Bildformel der Pietà oder antisemitische Stereotypen können eine ‚chronische Zugänglichkeit' im Bereich von Jahrtausenden vorweisen. Welche Verknüpfungen müssen also gemacht werden, um die hier vorgestellten psychologischen, soziologischen und kommunikationswissenschaftlichen Konzepte für die Langzeit-Dynamiken des kollektiven Gedächtnisses fruchtbar zu machen?

Erstens zeigen Beispiele von den Homerischen Mythen über die christliche Ikonographie bis hin zu Verschwörungstheorien, dass solche ‚Langzeit-Primes und -Frames' immer *plurimedial* aufgebaut sind.[8] Es sind transmediale Phänomene, die über die gesamte Bandbreite der verfügbaren Medien hinweg immer wieder remedialisiert (und damit in gewissem Sinne ‚kultiviert') werden.[9] Neben dieser plurimedialen Dynamik basieren die Frames, die implizites kollektives Erinnern ermöglichen,

---

8 Zum Konzept der Plurimedialität von Erinnerungskonstellationen s. Erll und Wodianka (2008).

9 Zur ‚Remedialisierung' als grundlegender Operation kultureller Erinnerung, vgl. Erll und Rigney (2009) und Erll (2017b). Zum kommunikationswissenschaftlichen Konzept der ‚Kultivierung', vgl. die Studien von George Gerbner (Gerbner und Gross 1976). Scheufele (2016, 67) verweist darauf, dass die Kultivierungsforschung die nötige Langzeitperspektive für die Kommunikationswissenschaft bietet und durchaus mit dem kognitionspsychologischen Konzept der ‚chronischen Zugänglichkeit' vereinbar sein könnte. Kultivierung ist ein „kumulativer, eher langfristiger Prozess", bei dem die „wiederhol-

zweitens auf einer sozialen Dynamik. Kognitionspsychologische Studien zum impliziten Gedächtnis konzentrieren sich jedoch auf individuelle Gedächtnisleistungen und nicht auf die Frage, wie Frames geteilt und damit Gegenstand des kollektiven Gedächtnisses werden können.[10]

Implizite Erinnerung wird also gebildet und stabilisiert in komplexen sozio-medialen Konstellationen – und oft in der *longue durée*. Das wirft ganz neue Fragen auf: Wie bauen sich kulturelle Felder auf, die kontinuierlich eine starke mediale (Vor-)Formung erzeugen? Welche Mediengattungen sind mit Autorität ausgestattet? Welche Formen der Institutionalisierung, der Kanonisierung, Bildungspolitik, aber auch des Marketing ermöglichen die ‚chronische Zugänglichkeit' bestimmter kultureller Primes und Frames? Diese Fragen verweisen auf eine medienkulturhistorische Methodik, die im Folgenden daher exemplarisch anhand der Dynamik ‚mnemonischer Prämedialisierung' dargestellt sei.

6. Medienkulturhistorische Perspektiven: ‚Mutiny!' Journalismus und Prämedialisierung

Journalismus ist eine treibende Kraft impliziter kollektiver Erinnerung. Das wird bereits in Barbie Zelizers Wortwahl deutlich, als sie die Journalismusforschung im Jahr 2008 auf die Agenda der *memory studies* setzt. Über Journalist:innen schreibt sie: „As purveyors of the present, they tend (...) to display both *obliviousness* and *disregard* for what is in effect their *unstated* role as agents of memory" (Zelizer 2008, 18; meine Hervorhebung). Die Rolle des Journalimus als hoch relevanter Erinnerungs-Akteur, so scheint es, kann nur mit dem Vokabular des impliziten Gedächtnisses beschrieben werden: Vergessenheit, Gleichgültigkeit, Unausgesprochenheit.

Tatsächlich ist Journalismus in modernen Gesellschaften jedoch ‚memory's precondition' (Zelizer 2014, 42). Seit dem 18. Jahrhundert gehören journalistische Texte zu den ersten Medien, in denen historische Ereignisse aufgezeichnet werden. Sie liefern, mit den Worten von Carolyn Kitch (2008, 312), „the first draft of history". Im Unterschied zu historischen Chroniken jedoch, die explizit als Speichermedien daherkommen, sind journalistische Texte Verbreitungsmedien, die unbemerkt Speichermedien-Effekte ausüben (und dies schon lange vor der Zeit der Pressearchive und der digitalen Archive). Diese Speicherfunktion bleibt jedoch den meisten Akteur:innen unbewusst. Sie ist ein Phänomen des impliziten kollektiven Gedächtnisses.

---

te Rezeption einer gleichförmigen Fernsehrealität über längere Zeit zu Kultivierungseffekten führt". Allerdings hat die Kultivierungsforschung weitgehend monomedial nur zum Fernsehen gearbeitet.

10 Es gibt aber eine reiche kognitionspsychologische Forschung zum kollektiven Gedächtnis, die sich allerdings zumeist mit expliziten Formen beschäftigt. Für einen Überblick, s. Hirst, Yamashiro und Coman (2018).

Zunächst sind journalistische Texte Medien des *instant history making*, deren wichtigste Operationen (aufzeichnen und verbreiten) gegenwartsorientiert sind. Aber manchmal ist die Präsenz früherer Pressetexte mitsamt deren Framing des Geschehens (Auswahl, Akzentuierung, Wortwahl, narrative Struktur usw.) noch Jahrzehnte, gar Jahrhunderte später spürbar.

Ein solcher Fall ist die Presseberichterstattung in Großbritannien über die Rebellion in Nordindien in den Jahren 1857/58. Diese Rebellion, die Soldaten, Bauern und Prinzen verschiedener Ethnien und Religionen verband und so erfolgreich war, dass sie die Briten fast ihre Kronkolonie gekostet hätte, wurde als ‚Indian Mutiny' (d. h. mit dem Frame der ‚Meuterei') an die Öffentlichkeit der imperialen Metropole vermittelt. Bereits die ersten Berichte in *The London Times* über die Rebellion in Indien, die zumeist als tatsächliche oder vorgebliche Augenzeugenberichte daherkamen, etablierten ein äußerst einseitiges Framing: Die Rebellion wurde als hinterhältige Meuterei undankbarer, religiös fanatischer und grausamer Subjekte gegen die gerechte Kolonialherrschaft der Briten dargestellt. Gewalt gegenüber britischen Frauen und Kindern wurde besonders hervorgehoben, wild ausgeschmückt – und häufig ganz erfunden. Obwohl schon Karl Marx solche Gräuelgeschichten als erlogen entlarvte (s. Erll 2007, 45–46.), wanderten diese frühen Framings der britischen Presse in die imperiale Geschichtsschreibung, in die englische Romanliteratur des 19. Jahrhunderts, in die Melodramen britischer Bühnen, in den Film sowie – nach der indischen Unabhängigkeit 1947 – in die postimperiale Geschichtsschreibung.

Im Jahr 2005 brachen diese Framings schließlich in einer Debatte um eine Bollywood-Verfilmung der Rebellion (*Mangal Pandey: The Rising*, 2005; Regie: Ketan Mehta) wieder hervor. Die *Daily Mail* kritisierte den Spielfilm als ‚auf *fanatische* Weise anti-Britisch' (Erll 2007, 286). Genau dies war seit über einhundertfünfzig Jahren ein Standard-Attribut, mit dem Formen des Widerstands gegen die britische Kolonialherrschaft charakterisiert wurden. Eine Verfilmung der ‚Meuterei' des 19. Jahrhunderts wurde so zu einer weiteren ‚Meuterei'im 21. Jahrhundert.

Was hier nur kurz skizziert werden kann, ist die Dynamik der Remedialisierung, der immer neuen Transkription von Gedächtnisinhalten in neue Medien, bei der die Spuren älterer Medialisierungen mitwandern (Erll und Rigney 2009). Remedialisierungen sind Teil komplexer und dynamischer plurimedialer Konstellationen, die sich um erinnerte Ereignisse herum aufbauen.[11] Mit der Zeit führen Remedialisierungen zu mnemonischer Prämedialisierung: Die durch Remedialisierung stabilisierten Frames (bzw. Schemata, narrative und visuelle Muster) verselbständigen sich, haften sich

---

11 Soziologen wie Jeffrey Alexander würden hier einen typischen Fall für die Produktion eines ‚kulturelles Traumas' sehen. Aber abgesehen davon, dass der Trauma-Begriff an dieser Stelle zynisch wirken würde, weil sich imperiale ‚Täter' zu ‚Opfern' stilisieren, geht es in der soziologischen Theorie des kulturellen Traumas um „collective consciousness" sowie um „publicly available narratives of collective suffering" (Alexander 2012, 29). Es geht um die Vorderseite des explizit sozial konstruierten ‚Traumas', dessen Rückseite der implizit weiter wirkenden Schemata hier Gegenstand des Interesses sind.

an neue Erfahrungen und überformen sie.[12] Das können Debatten um Spielfilme im 21. Jahrhundert sein. Zu den durch die ‚Mutiny' prämedialisierten Ereignissen gehört aber vermutlich auch das Amritsar Massaker von 1919. Vor dem sich anschließenden Untersuchungsausschuss wurde deutlich, dass der verantwortliche General Reginald Dyer auf (für den friedlichen Protest von Zivilisten im Jallianwala Bagh eigentlich unpassende) Schemata von ‚Rebellion', ‚Mutiny' und ‚1857' zurückgegriffen hatte, bevor er in die unbewaffnete Menge schießen ließ (Thompson 1925: 53 nennt das „inherited thought"; Erll 2007, 191). Aus der Rückschau betrachtet sind die Framings von Journalisten des neunzehnten Jahrhunderts also bis heute – 150 Jahre später – noch spürbar. Sicherlich waren sie selbst das Ergebnis jahrhundertealter Prämedialisierungen. So wurden indische Bauernaufstände bereits seit dem 18. Jahrhundert von den Briten als religiös-fanatischer Aufruhr geframed (Guha 1983).

‚Implizitheit' auf kollektiver Ebene bedeutet nicht Unwissenheit bei allen. Vielleicht zieht der ein oder andere Historiker absichtsvoll Analogien. Vielleicht schauen einzelne Journalistinnen zielgerichtet im Archiv nach und finden alte *Times*-Artikel. Vielleicht sind sich einige sogar der plurimedialen Erinnerungsgeschichte des Geschehens wohl bewusst und kennen die Logik der ‚Ausstechform Mutiny'. Entscheidend ist vielmehr, dass die Mehrheit der Akteur:innen in der Erinnerungskultur sich der Ketten (oder besser: Kaskaden) der Remedialisierung nicht bewusst ist und eine Begriffswahl wie ‚fanatisch' zur Beschreibung widerständiger Kolonialsubjekte sich für sie natürlich und schlüssig – und im Sinne der Logik impliziter Erinnerung damit auch ‚wahr' – anfühlt. Es handelt sich um Automatismen und ‚Vertrautheitseffekte' auf kollektiver Ebene, die sich in der *longue durée* aufgebaut haben.

Die prämedialisierende Kraft von journalistischen Frames bleibt also weitgehend verborgen. Wir haben es mit einer nicht-intentionalen und den meisten Akteur:innen auch nicht bewussten Weiterwirkung, einer *path-dependence* (Olick 2016, 60) bestimmter Bedeutungskonstruktionen in den frühesten Medialisierungen des Ereignisses zu tun. Diese unsichtbare, langanhaltende Wirkkraft beruht auf einer Art sozialer Quellenamnesie – ist also weit entfernt von dem, was Zelizer ‚naming journalism' (2014, 45) nennen würde. Es ist eine Form impliziter kollektiver Erinnerung.

Für die medienkulturhistorische Erinnerungsforschung sind Framing und Priming also durchaus relevante Konzepte. Sie müssen jedoch im Sinne der komplexen Ökologie des Gedächtnisses übersetzt werden: etwa in ‚Remedialisierung' (als Form eines plurimedialen *repetitive framing* in der *longue durée*) und ‚mnemonische Prämedialisierung' (als eine Form des Medienpriming, die auf solchen *longue durée*-Prozessen beruht). Mnemonische Prämedialisierung hat zum einem eine kollektiv-kognitive Dimension (schnelle Zugänglichkeit und Passung von Frames, Stereotypen oder narrativen Mustern für viele Subjekte in der Erinnerungskultur) und wird zum anderen

---

12 Ich benutze den Begriff Prämedialisierung nicht im Sinne von Grusins (2010) wichtigem Ansatz, bei dem es um die explizite Darstellung zukünftiger Desaster geht.

beobachtbar als medialer Effekt, wenn bestimmte Frames erkennbar zu neuen Themen wandern.

7. Perspektiven für die *memory studies*

Welche Konsequenzen hat die Suche nach der verborgene Kraft der impliziten kollektiven Erinnerung für die interdisziplinären *memory studies*? Implizite Erinnerung bleibt weitgehend unsichtbar. Im Alltag fallen weder ihre vorstellungs- und handlungsprägende Kraft auf noch die manchmal erheblichen Unterschiede zwischen den impliziten Repertoires verschiedener sozialer Gruppen. Implizite Erinnerung zu untersuchen bedeutet, das Unsichtbare sichtbar machen – sich also aus dem Lichtkegel der Straßenlampe hinaus zu bewegen.

Implizite Erinnerung ist – viel mehr als explizite Erinnerung – vorformend und damit zukunftsgerichtet. Sie hat eine vorwärtstreibende Dynamik. In Studien zu Priming betonen Kognitionspsychologen den Einfluss vergangener Erfahrungen auf nachfolgende Handlungen. Und aus medienkulturhistorischer Perspektive erweisen sich neue Erfahrungen und Handlungsentscheidungen oft als implizit mnemonisch prämedialisiert. Das heißt, sie sind medial vorgeformt durch das kollektive Gedächtnis, an dem wir partizipieren. Worum es bei dem Begriff der impliziten kollektiven Erinnerung letztlich geht, sind die sozialen, medialen und nicht (allen jederzeit) bewussten Aspekte eines kulturellen *Remembering-Imagining-System* (Conway et al. 2016).

Welche Rolle spielt bei dieser Sichtweise auf das Gedächtnis die bestehende Forschung zur expliziten und kommemorativen Erinnerung? Sie ist unverzichtbar, denn Langzeiteffekte im Bereich des auf sozialer Ebene Nicht-Bewussten sind vor allem über die erinnerungskulturellen Strategien der Kanonisierung, Institutionalisierung, Remedialisierung und wiederholten Kommemoration zu erzielen (s. grundlegend dazu J. Assmann 1992). Es ist wenig verwunderlich, dass die einflussreichsten Langzeit-Frames kanonischen Texten wie der Bibel, nationalen Mythen oder klassischen Hollywood-Filmen entstammen. So entstehen aus expliziter Erinnerung die Ressourcen des impliziten Gedächtnisses.

Implizite kollektive Erinnerung bringt einen transdisziplinären Phänomenbereich auf den Begriff und eröffnet damit die Möglichkeit, unterschiedliche Forschungsansätze und -traditionen unter einer Fragestellung zusammenzubringen. Dazu gehören nicht nur die in diesem Beitrag besprochenen psychologischen, soziologischen und kommunikationswissenschaftlichen Konzepte von Priming und Framing, anthropologische Ansätze zu nationalen Narrativen sowie die medienkulturhistorische Forschung zu Remedialisierung und Prämedialisierung. Implizites kollektives Erinnern gehört auch zu den Interessen der Bewegungsforschung (Lorenzo Zamponis *repertoires* 2018), Theorien neuer Medien (*the digital unconscious*, Monk 1998), Studien zur Dynamik von Verschwörungstheorien (van Prooijen und Douglas 2017), neuere geschichtsphilosophische Diskussionen zur ‚Präsenz' der Vergangenheit in der Gegenwart (Bevernage und Lorenz 2013) oder die post- und dekolonialen Debatten um die Frage nach der anhaltenden Wirkung imperialer Denkweisen und Praktiken (*imperial durabilities*, Stoler 2016)

Auch in den *memory studies* selbst hat die Untersuchung von impliziten Formen des Erinnerns eine lange Tradition – vielleicht eine längere als die Erforschung kommemorativer Erinnerung. Aby Warburgs erinnerungsauslösende Symbolik ist alles andere als ein bewusster Rückgriff auf antike Vorbilder. Maurice Halbwachs' *cadres sociaux* sind ‚so unsichtbar wie Luft' (vgl. Halbwachs 1991, 19). William James, Vertreter der Gestalttheorie sowie Hermann von Helmholtz haben bei ihren Studien zu Wahrnehmung und Erinnerung implizite Prozesse in den Blick genommen (Whittlesea et al. 1990, 717).

Sicher deutet der Begriff des Unbewussten auch auf psychoanalytische Ansätze hin, etwa auf Sigmund Freuds Massenpsychologie oder auf C.G. Jungs nicht unproblematisches ‚kollektives Unbewusstes'. In den *memory studies* haben psychoanalytische Denkfiguren bei dem Versuch, die Dynamik schwieriger nicht-bewusster kollektiver Erinnerung zu beschreiben, eine zentrale Rolle gespielt – von Theodor W. Adornos Überlegungen zum unbewussten Nachleben des Faschismus (z.B. Adorno 1959) bis hin zu Marianne Hirschs (2012) Postmemory als Form nicht-intendierter transgenerationeller Übertragung von traumatischer Erinnerung (vgl. auch Rüsen und Straub 1998).

Warum also ‚implizite kollektive Erinnerung' und nicht etwa ‚das soziale Unbewusste'? Das Implizite ist eine Begriffswahl, die auf die Forschung der Psychologie und der Kognitionswissenschaften verweist. Damit lenkt sie die Aufmerksamkeit auf einen möglichen Dialog der *memory studies* etwa mit aktuellen Ansätzen in den Kognitionswissenschaften zum ‚neuen Unbewussten'.[13] In Hinwendung zu den Posthuman Studies eröffnet der Begriff zudem die Möglichkeit, die biologisch-technologische Koproduktionen von Formen nicht-bewussten Erinnerns zu untersuchen.[14]

Der eigentliche Vorteil des Begriffs der impliziten Erinnerung ist aber ein pragmatischer. Daniel Schacter betont: „Die nichtbewußte Welt des impliziten Gedächtnisses, die uns die kognitive Neurowissenschaft enthüllt, unterscheidet sich erheblich vom Freudschen Unbewußten". Sie ist „weit prosaischer" als das Freud'sche Drama um Verdrängungen und entsteht „als Konsequenz so natürlicher Tätigkeiten wie Wahrnehmen, Verstehen und Handeln" (Schacter 2001, 311). Es geht also um ein Verständnis der quantitativ am häufigsten anzutreffenden Gedächtnisleistungen. Es geht um

---

13 Solche neuen Ansätze in den Kognitionswissenschaften haben ihre Beschränkung auf das individuelle Gedächtnis und auf die Computermetapher aufgegeben und öffnen sich ökologischen Perspektiven auf das Gedächtnis im Sinne der *memory studies*. Vgl etwa *The New Unconscious* (Hassin et al. 2005) sowie Bargh (2018).

14 Dafür steht etwa Katherine Hayles' *cognitive non-conscious* (2017). Hayles macht das nicht-Bewusste in menschlicher Kognition, aber auch in technischen Systemen sowie in der Tier- und Pflanzenwelt aus und theoretisiert eine *planetary cognitive ecology*.

die verborgene Kraft ganz alltäglicher, automatisch ablaufender Erinnerungsprozesse. Und es geht um ihre sozialen und medialen Dimensionen.

Worum es nicht geht, ist das Ausspielen eines (kognitionswissenschaftlich geprägten) Ansatzes gegen einen anderen (psychoanalytisch geprägten), sondern um eine Erweiterung des Blicks der *memory studies* auf erinnerungskulturelle Alltagsphänomene: auf jene *unusal suspects*, die nicht unter der Freud'schen Straßenlaterne zu finden sind. Der Akzent auf dem kognitionspsychologischen Konzept des Unbewussten ist eine Setzung. Sie ist aber besonders gut vereinbar mit der kommunikationswissenschaftlichen Erinnerungsforschung, denn die Kommunikationswissenschaft kann mit der Medienwirkungsforschung und ihren Studien zu Priming und Framing bereits eine starke Tradition in diesem Bereich vorweisen.

Die größte Herausforderung auf der Suche nach der impliziten kollektiven Erinnerung ist eine methodische. Denn wie kann man das Verborgene sichtbar machen? Vielleicht zunächst durch eine Verbindung des reichen Repertoires von Methoden, das über die Disziplinen der *memory studies* hinweg bereits vorhanden ist und das von experimentellen und quantitativen Methoden über medienkulturhistorische Studien bis zu den neuen Möglichkeiten der Digital Humanities reicht. Ein Grund mehr also, aus dem multidisziplinären Feld der *memory studies* einen Ort interdisziplinärer Zusammenarbeit zu machen.

8. Literatur

Abel, Magdalena, Sharda Umanath, Beth Fairfield, Masanobu Takahashi, Henry L. Roediger, und James V. Wertsch. „Collective Memories Across 11 Nations for World War II: Similarities and Differences Regarding the Most Important Events". *Journal of Applied Research in Memory and Cognition* 8.2 (2019): 178–188.

Adorno, Theodor W. „Was bedeutet: Aufarbeitung der Vergangenheit?" [1959]. *Gesammelte Schriften.* Bd. 10.2. Frankfurt a. M.: Suhrkamp, 1977. 555–572.

Alexander, Jeffrey C. *Trauma: A Social Theory.* Cambridge: Polity, 2012.

Assmann, Aleida:: *Formen des Vergessens.* Göttingen: Wallstein, 2016.

Assmann, Jan. *Das kulturelle Gedächtnis: Schrift, Erinnerung und politische Identität in frühen Hochkulturen.* München: Beck, 1992.

Baden, Christian, und Sophie Lecheler: „Fleeting, Fading, or Far-Reaching? A Knowledge-Based Model of the Persistence of Framing Effects". *Communication Theory* 22 (2012): 359–382.

Bargh, John A. „The Four Horsemen of Automaticity: Awareness, Intention, Efficiency, and Control in Social Cognition". *Handbook of Social Cognition.* Bd. 1: *Basic Processes.* Hg. Robert S. Wyer, und Thomas K. Srull. New York: Erlbaum, 1994. 1–40.

Bargh, John A., Mark Chen, und Lara Burrows. „Automaticity of Social Behavior: Direct Effects of Trait Construct and Stereotype Priming on Action". *Journal of Personality and Social Psychology* 71 (1996): 230–244.

Bargh, John. *Vor dem Denken: Wie das Unbewusste uns steuert.* München: Droemer, 2018.

Beiner, Guy. *Forgetful Remembrance: Social Forgetting and Vernacular Historiography of a Rebellion in Ulster.* Oxford and New York: Oxford University Press, 2018.

Beiner, Guy (Hg.). *Pandemic Re-Awakenings.* Oxford/New York: Oxford University Press, 2021.

Bevernage, Berber, und Chris Lorenz (Hg.) *Breaking Up Time: Negotiating the Borders between Present, Past, and Future*. Göttingen: Vandenhoeck & Ruprecht, 2013.

Bornstein, Robert F., und Catherine Craver-Lemley. „Mere Exposure Effect". *Cognitive Illusions: Intriguing Phenomena in Thinking, Judgment and Memory*. Hg. Rüdiger F. Pohl. London/New York: Routledge, 2017. 256–275.

Bruner, Jerome. *Making Stories. Law, Literature, Life*. Boston: Harvard University Press, 2003.

Butler, Judith. *Frames of War: When is Life Grievable?* London: Verso, 2009.

Carlston, Don. „Models of Implicit and Explicit Mental Representation". *Handbook of Implicit Social Cognition: Measurement, Theory, and Applications*. Hg. Bertram Gawronski, und B. Keith Payne. New York: Guilford Press, 2010. 38–61.

Connerton, Paul: *How Societies Remember*. Cambridge: Cambridge University Press, 1989.

Conway, Martin A., Catherine Loveday, und Scott N. Cole. „The Remembering–Imagining System". *Memory Studies* 9.3 (2016) 256–265.

Dimbath, Oliver. „Soziologische Rahmenkonzeptionen. Eine Untersuchung der Rahmenmetapher im Kontext von Erinnern und Vergessen". *Formen und Funktionen sozialen Erinnerns. Sozial- und kulturwissenschaftliche Analysen*. Hg. René Lehmann, Florian Öchsner, und Gerd Sebald. Wiesbaden: Springer VS, 2013. 25–48.

Edy, Jill A. *Troubled Pasts: News and the Collective Memory of Social Unrest*. Philadelphia: Temple University Press, 2006.

Entman, Robert M. „Framing: Toward Clarification of a Fractured Paradigm". *Journal of Communication* 43.4 (1993): 51–58.

Erll, Astrid. „‚Mit Dickens spazieren gehen.' Kollektives Gedächtnis und Fiktion". *Kontexte und Kulturen des Erinnerns. Maurice Halbwachs und das Paradigma des kollektiven Gedächtnisses*. Hg. Gerald Echterhoff, und Martin Saar. Konstanz: uvk, 2002. 253–266.

Erll, Astrid. *Prämediation – Remediation. Repräsentationen des indischen Aufstands in imperialen und post-kolonialen Medienkulturen (von 1857 bis zur Gegenwart)*. Trier: WVT, 2007.

Erll, Astrid. *Kollektives Gedächtnis und Erinnerungskulturen. Eine Einführung*. 3.A. Stuttgart: Metzler, 2017a [2005].

Erll, Astrid. „Media and the Dynamics of Memory: From Cultural Paradigms to Transcultural Premediation". *The Oxford Handbook of Culture and Memory*. Hg. Brady Wagoner. Oxford: Oxford University Press, 2017b. 305–324.

Erll, Astrid: „Homer, Turko, Little Harry: Cultural Memory and the Ethics of Premediation in James Joyce's *Ulysses*". *Partial Answers* 17.2 (2019): 227–253.

Erll, Astrid und Ann Rigney (Hg.). *Mediation, Remediation, and the Dynamics of Cultural Memory*. Berlin/New York: De Gruyter, 2009.

Erll, Astrid, und Stephanie Wodianka (Hg.). *Film und kulturelle Erinnerung: Plurimediale Konstellationen*. Berlin/New York: De Gruyter, 2008.

Freud, Sigmund. *Massenpsychologie und Ich-Analyse. Die Zukunft einer Illusion*. Frankfurt a. M.: Fischer, 2005.

Gitlin, Todd. *The Whole World is Watching: Mass Media in the Making and Unmaking of the New Left*. Berkeley: University of California Press, 1980.

Goffman, Erving. *Frame Analysis*. Boston: Northeastern UP, 1986 [1974].

Grusin, Richard. *Premediation: Affect and Mediality after 9/11*. New York, NY: Palgrave Macmillan, 2010.

Guha, Guha. *Elementary Aspects of Peasant Insurgency in Colonial India. Delhi*: Oxford, 1983.

Halbwachs, Maurice. *Das Gedächtnis und seine Sozialen Bedingungen*. Frankfurt a. M.: Suhrkamp, 1985 (orig.: *Les cadres sociaux de la mémoire*. Paris: Alcan, 1925).

Halbwachs, Maurice. *Das kollektive Gedächtnis*. Frankfurt a. M.: Fischer, 1991 (orig.: *La mémoire collective*. Paris: Presses universitaires de France, 1950).

Hassin, Ran R., James S. Uleman, und John A. Bargh (Hg.). *The New Unconscious*. New York: Oxford University Press, 2005.

Hayles, Katherine. *Unthought: The Power of the Cognitive Nonconscious*. Chicago: University of Chicago Press, 2017.

Hirsch, Marianna. *The Generation of Postmemory. Writing and Visual Culture After the Holocaust*. New York: Columbia University Press, 2012.

Hirst, William, Jeremy K. Yamashiro, und Alin Coman. „Collective Memory from a Psychological Perspective". *Trends in Cognitive Sciences* 22.5 (2018): 438–449.

Kahnemann, Daniel. *Schnelles Denken, Langsames Denken*. München: Siedler, 2011.

Kitch, Carolyn. „Placing Journalism Inside Memory – And Memory Studies". *Memory Studies* 1.3 (2008): 311–320.

Lecheler, Sophie, und Claes H. de Vreese. *News Framing Effects*. London: Routledge, 2019.

Monk, John. „The Digital Unconscious". Virtual/Embodied Presence/Practice/Technology. Hg. John Wood. London: Routledge, 1998. 30–44.

Olick, Jeffrey K. *The Sins of the Fathers: Germany, Memory, Method*. Chicago: The University of Chicago Press, 2016.

Price, Vincent, und David Tewksbury. „News Values and Public Opinion: A Theoretical Account of Media Priming and Framing". *Progress in the Communication Sciences* 13. Hg. George A. Barnett, und Franklin J. Boster. New York: Ablex, 1997. 173–212.

Renner, C. Hackett. „Validity Effect". *Cognitive Illusions: Intriguing Phenomena in Thinking, Judgment and Memory*. Hg. Rüdiger F. Pohl. London/New York: Routledge, 2017. 201–213.

Ricœur, Paul. *Zeit und Erzählung*. Band 1: *Zeit und historische Erzählung*. München: Fink 1988 [1983].

Roskos-Ewoldsen, David R., Beverly Roskos-Ewoldsen, und Francesca R Dillman Carpentier. „Media Priming: An Updated Synthesis". *Media Effects: Advances in Theory and Research*. Hg. Jennings Bryant, und Mary Beth Oliver. 3.A. New York, NY: Routledge, 2009. 74–93.

Rüsen, Jörn, und Jürgen Straub (Hg.). *Die dunkle Spur der Vergangenheit. Psychoanalytische Zugänge zum Geschichtsbewusstsein*. Frankfurt a. M.: Suhrkamp, 1998.

Schacter, Daniel L. *Wir sind Erinnerung. Gedächtnis und Persönlichkeit*. Reinbek: Rowohlt, 2001.

Schacter, Daniel L. *The Seven Sins of Memory: How the Mind Forgets and Remembers*. Boston, Mass: Houghton Mifflin Harcourt, 2002.

Schemer, Christian. „Priming, Framing, Stereotype". *Handbuch Medienwirkungsforschung*. Hg. von Wolfgang Schweiger, und Andreas Fahr. Wiesbaden: Springer VS, 2013. 153–169.

Scheufele, Dietram A. „Framing as a Theory of Media Effects." *Journal of Communication* 49.1 (1999): 103–22.

Scheufele, Bertram. *Priming*. Baden-Baden: Nomos, 2016.

Schudson, Michael. „Lives, Law, and Language: Commemorative versus Non-Commemorative Forms of Effective Public Memory". *The Communication Review* 2.1 (1997): 3–17.

Schudson, Michael. „Journalism as a Vehicle of Non-Commemorative Cultural Memory". *Journalism and Memory*. Hg. Barbie Zelizer, und Keren Tenenboim-Weinblatt. Basingstoke: Palgrave Macmillan, 2014. 85–96.

Schwartz, Barry. „Collective Forgetting and the Symbolic Power of Oneness: The Strange Apotheosis of Rosa Parks". *Social Psychology Quarterly* 72.2 (2009): 123–42.

Sonnett, John. „Priming and Framing: Dimensions of Communication and Cognition". *The Oxford Handbook of Cognitive Sociology*. Hg. Wayne H. Brekhus, und Gabe Ignatow. Oxford/New York: Oxford UP, 2019. 226–240.

Stoler, Ann L. *Duress: Colonial Durabilities in Our Times*. Durham/London: Duke University Press, 2016.

Tewksbury, David, und Dietram A. Scheufele. „News Framing Theory and Research". *Media Effects: Advances in Theory and Research*. Hg. Jennings Bryant und Mary Beth Oliver. New York, NY: Routledge, 2009. 17–33.

Thompson, Edward. *The Other Side of the Medal*. London: Hogarth Press 1925.

Tulving, Endel. „Episodic and Semantic Memory“. *Organization of Memory*. Hg. Endel Tulving, und Wayne Donaldson. New York, NY: Academic Press, 382–402.

Van Prooijen, Jan-Willem, und Karen M. Douglas. „Conspiracy Theories as Part of History: The Role of Societal Crisis Situations“. *Memory Studies* 10.3 (2017): 323–333.

Vinitzky-Seroussi, Vered. „‚Round Up the Usual Suspects’: Banal Commemoration and the Role of the Media“. *On Media Memory. Collective Memory in a New Media Age*. Hg. Mottti Neiger, Eyal Zandberg, und Oren Meyers. Basingstoke: Palgrave Macmillan, 2011. 48–61.

Wertsch, James V. *How Nations Remember: A Narrative Approach*. New York: Oxford University Press, 2021.

White, Hayden. *Metahistory: The Historical Imagination in Nineteenth-Century Europe*. Baltimore: Johns Hopkins University Press, 1973.

Whittlesea, Bruce W. A., Larry L. Jacoby, und Krista Girard. „Illusions of Immediate Memory: Evidence of an Attributional Basis for Feelings of Familiarity and Perceptual Quality.“ *Journal of Memory and Language* 29.6 (1990): 716–732.

Zamponi, Lorenzo. *Social Movements, Memory and Media. Narrative in Action in the Italian and Spanish Student Movements*. Basingstoke: Palgrave Macmillan, 2018.

Zelizer, Barbie. „Why Memory’s Work on Journalism Does not Reflect Journalism’s Work on Memory“. *Memory Studies* 1.1 (2008): 79–87.

Zelizer, Barbie. „Memory as Foreground, Journalism as Background“. *Journalism and Memory*. Hg. Barbie Zelizer, und Keren Tenenboim-Weinblatt. Basingstoke: Palgrave Macmillan, 2014. 32–49.

II Schwerpunkte

Carolyn Kitch

6 *Essay* Brücken statt Grenzen: Neue Modelle für erinnerungsbezogenen Journalismus

1. Einleitung

In den letzten Jahrzehnten hat ein beträchtlicher Teil der Journalismusforschung die Rolle von Nachrichtenmedien als „vital and critical agent" des öffentlichen Gedächtnisses untersucht, wie Barbie Zelizer (2008, 80) in der ersten Ausgabe der Zeitschrift *Memory Studies* feststellte. Die meisten dieser Arbeiten haben sich auf die Berichterstattung elitärer Nachrichtenmedien über die dramatischen Ereignisse der Geschichte konzentriert und sind dabei der in der Profession vorherrschenden Definition von Journalismus gefolgt: die Berichterstattung über unerwartete Ereignisse, die in der Regel von einflussreichen oder als problematisch erachteten Personen verursacht oder verschlimmert werden und die täglich oder stündlich von bestimmten Institutionen produziert werden.

In diesem Essay plädiere ich dafür, diese Definition zu überdenken, da wir gegenwärtig in einer Zeit leben, in der Mainstream-Nachrichtenmedien einen Großteil ihrer Autorität aus dem 20. Jahrhundert eingebüßt haben, wenn es darum geht, einem großen Publikum die Welt zu erklären. Ökonomische und technologische Transformationen haben die Dominanz großer Nachrichtenunternehmen verringert, die bislang ihre Marke auf der Behauptung ihrer historischen Relevanz gründeten. In der Zwischenzeit sind zahlreiche andere öffentliche Interpreten/Welterklärer hinzugekommen, die einige der Funktionen der Nachrichtenmedien übernommen und gleichzeitig ihre eigenen Formen des Mediengedächtnisses entwickelt haben. Zu diesen Akteuren gehören nicht nur andere journalistische Medien, sondern auch Institutionen der öffentlichen Geschichte, Persönlichkeiten der Populärkultur sowie Aktivist:innen für soziale Gerechtigkeit und Dokumentarfilmer:innen, die faktische Informationen und Geschichten liefern, um Nachrichtenereignisse innerhalb einer breiteren und längeren sozialen Erfahrung zu kontextualisieren.

Die damit verbundene Diffusion von Narrativen hat sich in den jüngsten öffentlichen Diskussionen über ethnische Gerechtigkeit (*racial justice*) in den Vereinigten Staaten besonders deutlich gezeigt. Dies ist die thematische Brille, durch die im Folgenden eine Reihe jener faktenbasierten, erinnerungskulturell bedeutsamen Darstellungen analysiert werden. Obwohl sie einst eine führende Stimme in dieser Diskussion waren, waren Mainstream-Nachrichtenmedien im Jahr 2020 nicht mehr in der Lage, hier einen effektiven Beitrag zu leisten. Die Erosion ihrer Führungsrolle ist zum

Teil auf die Herausforderungen zurückzuführen, mit denen der Journalismus konfrontiert ist, darunter der Zusammenbruch des wirtschaftlichen Fundaments der Nachrichtenproduktion, die Verbreitung von Fehlinformationen in den sozialen Medien und ein wachsendes öffentliches Misstrauen gegenüber gesellschaftlichen Institutionen. Da diese Bedingungen nicht nur in den USA anzutreffen sind, wirft dieser Essay Fragen auf, die in Bezug auf Nachrichtenmedien vieler Länder gestellt werden können. Die Problematisierung des Mediendiskurses über ethnische Gerechtigkeit ist von globaler Bedeutung. Das Argument, dass wir unsere Definition von Journalismus auf der Grundlage journalistischer Funktionen und nicht journalistischer Formen erweitern sollten, wurde bereits von anderen vorgebracht (Dahlgren 1992; Meijer 2001; Fürsich 2012; Hanusch 2012; Sjøvaag 2015). Doch die meisten der in diesem Beitrag besprochenen Darstellungen dienten der Verbesserung und Überarbeitung einer bestimmten *public memory*-Erzählung, nämlich der Geschichte der amerikanischen Bürgerrechtsbewegung, die eine neue Form und neue Erzählende benötigte. Daher konzentriere ich mich in diesem Beitrag auf amerikanische Vermittler:innen und Ereignisse.

2. Normen und Formen des US-amerikanischen Journalismus und ihre Grenzen im Umgang mit Erinnerungen

In den letzten Jahren hat die Mainstream-US-Nachrichtenindustrie, die lange Zeit für ihren Mangel an ethnischer Vielfalt kritisiert wurde, die Notwendigkeit erkannt, ihre Perspektiven und Praktiken zu diversifizieren, wenngleich dies kaum zu strukturellen Veränderungen geführt hat. Stattdessen hat sich die Branche angesichts politischer Angriffe und wirtschaftlicher Konkurrenz große Mühe gegeben, sich von anderen – insbesondere populärkulturellen – Medien und Kommunikationsformen abzugrenzen. Diese Haltung hat die Journalismusforschung inspiriert, sich neben ihrer Treue zu Praxisnormen, die sich kaum verändert hat seit Soziolog:innen in den 1970er Jahren erstmals Redaktionen untersuchten (Tuchman 1978; Gans 1979; Fishman 1980), nun mit der rhetorischen „Grenzarbeit" (*boundary work*) des Berufsstandes (siehe Carlson und Lewis 2015) zu befassen.

Journalist:innen verwenden immer noch routinemäßig Quellen, deren Expertise die bürokratischen Strukturen der Gesellschaft widerspiegeln; sie definieren Nachrichtenwert als Abweichung, die den ‚Moderatismus' der *einfachen Leute* bedroht; ihre Berichterstattungsprozeduren resultieren nicht in Fakten, sondern in ‚Faktizität' als einer Reihe von Behauptungen von Nachrichtenmachenden über Themen anstatt einer Bewertung der Themen selbst. Sie verzichten auf Interpretation aus Rücksicht auf Quellen, die traditionelle Statushierarchien repräsentieren und die scheinbar für ‚Ausgewogenheit' sorgen, indem sie sich gegenseitig widersprechen. Nachrichten werden eher als eine Ansammlung unvorhergesehener Episoden von Störungen verstanden, die von Nachrichtenmachenden erklärt werden, anstatt als eine Reihe von zusammenhängenden Episoden kontinuierlicher Probleme, die von Journalist:innen erklärt werden. Zusammengenommen hemmen diese Normen die Fähigkeit des Journalismus, soziale Probleme in ihrer zeitlichen Entwicklung zu verstehen und zu erklären – eine Beobachtung, die der Journalismusforscher James Carey (1986) schon vor mehr als drei Jahrzehnten gemacht hat.

Während die Normen des Journalismus bestehen geblieben sind, haben sich seine Formen verändert. Zeitungen werden kaum noch auf Papier gelesen. Zeitschriften hatten eine etwas höhere materielle Überlebensrate. Sie waren erfolgreicher darin, ihr visuelles Erscheinungsbild auf digitalen Plattformen zu replizieren. Doch Studien über Zeitschriften als ‚Journalismus‘ haben sich eher auf Nachrichtenmagazine konzentriert, ein Genre, das heute weitgehend ausgestorben ist. Fernsehnachrichten sind immer noch zu den üblichen Tageszeiten im Fernsehen und Radio verfügbar, werden aber immer häufiger digital und asynchron konsumiert. Diese Zeitverschiebung stellt die Annahme in Frage, dass ein großes Publikum Nachrichten ‚kollektiv‘ wahrnimmt und darauf reagiert – rassifizierende ein Grundsatz, der lange Zeit grundlegend für die theoretischen Überlegungen zur gedächtnisprägenden Funktion des Journalismus war. Über alle Formate hinweg ist Journalismus zu einem weniger vorhersehbaren und weniger dauerhaften Vehikel für die Erinnerungskonstruktion geworden. Da Nachrichtenprodukte immer kurzlebiger geworden sind, ist die Aufmerksamkeit und das Vertrauen des Publikums in ihre Inhalte gesunken. Aufgrund dieser Probleme haben sich Nachrichtenunternehmen und Wissenschaftler:innen bemüht, die Beziehungen von Journalist:innen zu den Bürger:innen, denen erstere dienen sollen, zu verstehen. Forscher:innen, die solche Initiativen vor Ort untersucht haben, argumentieren jedoch, dass ein ‚gemeinschaftsorientierter Journalismus‘ nur dann erfolgreich sein kann, wenn die Mitglieder der Gemeinschaft und nicht die Journalist:innen im Mittelpunkt des Prozesses stehen – ein Wandel, der von Journalisten verlangt, „über journalistische Normen wie Objektivität nachzudenken, die Hierarchien von Rasse, Klasse und Geografie verstärken“, schreibt Andrea Wenzel (2020, 4). Sue Robinson (2017, 6) hat herausgefunden, dass selbst in progressiven Städten gemeinschaftsorientierte Projekte, die von ‚wohlmeinenden‘ Journalist:innen ins Leben gerufen werden, darin enden, dass sich bereits marginalisierte Bürger:innen weiter entfremden und sich rassifizierende Spaltungen eher verschärfen als schließen. Dies ist eine ironische Quintessenz für einen Berufsstand, der einen Großteil seines Rufs durch seine Rolle im amerikanischen ethnopolitischen Fortschritt (*racial progress*) aufgebaut hat.

3. Die Konstruktion journalistischer Erinnerungsautorität im Kontext der Bürgerrechtsgeschichte

Das ganze zwanzigste Jahrhundert hindurch erhielten US-Nachrichtenmedien ihre kulturelle Bedeutung dadurch, dass sie vor Ort Zeugen von Großereignissen waren und die ersten Berichte und Bilder von Katastrophen oder Zeremonien lieferten, die für die Zuschauenden zur eigenen ‚Erinnerung' an diese Ereignisse wurden. Später verpackten diese Nachrichtenmarken ihre ursprüngliche Berichterstattung in ‚Gedenk'-Ausgaben und -Programmen, verwandelten somit ihre frühere Berichterstattung in eine historische Aufzeichnung und erhöhten infolgedessen die Wahrscheinlichkeit, dass die Geschichte in der Zukunft auf die gleiche Weise erzählt werden würde. Solche medialen Erinnerungsprodukte betonten die Rolle des Journalismus in Geschichte und Demokratie – ein großartiger Anspruch, den auch der wenig subtile Ansatz des von der Wirtschaft finanzierten und Ende 2019 geschlossenen Newseum in Washington, D. C. verfolgte, dessen größte Artefakte ein Wachturm der Berliner Mauer und die Sendeantenne des World Trade Centers waren.

Zu den letzten Angeboten des Newseums gehörte eine Reihe von Jubiläumsausstellungen mit dem Titel „Civil Rights at 50", die die Schlüsselrolle des Journalismus bei den Ereignissen dieser Bewegung hervorhob. Viele Fotografien, die heute in Museen und Lehrbüchern als bloße Bilder ‚amerikanischer Geschichte' erscheinen, stammten aus jener Berichterstattung, die visuelle Beweise für Unterdrückung ethnischer Gruppen lieferte und international verbreitete. Diese Bilder tauchten als Vorspann in Erinnerungsprodukten anlässlich der Feier zur Amtseinführung des ersten afroamerikanischen Präsidenten, Barack Obama, wieder auf. Seine Wahl 2008 wurde vom Herausgeber der *Newsweek* als „redemption for our anguished racial history" beschrieben (Meacham 2008–2009, 28; Stiles und Kitch 2011).

In den 2010er Jahren markierten US-Nachrichteninstitutionen die fünfzigsten Jahrestage von Meilensteinen der Bewegung mit multimedialen Fanfaren. Fernsehnachrichtensender übertrugen 2013 die Nachstellung des Marsches auf Washington aus dem Jahr 1963 per Livestream und ermutigten die Teilnehmenden, Fotos und Kommentare in den sozialen Medien unter Hashtags wie #DreamDay des Senders NBC zu veröffentlichen. Das *Time*-Magazin porträtierte noch lebende Anführende des Marsches von 1963 und kombinierte seine eigene historische Berichterstattung mit „informal, amateur photographs that *Time* culled from submissions by people who were there" (Cosgrove 2013) – eine Formulierung, die viel darüber aussagt, wie traditionelle Nachrichtenmedien ihr Publikum sehen, von denen in diesem Fall viele *People of Color* waren. Um den Voting Rights March von 1965 nachzustellen, begab sich Präsident Obama 2015 zusammen mit dem US-Abgeordneten John Lewis auf die Edmund-Pettus-Brücke in Selma, Alabama, auf der Lewis ein halbes Jahrhundert zuvor als junger Aktivist verprügelt worden war. Mit erhobenen Armen standen sie inmitten anderer überlebender ‚Fußsoldaten' der Bewegung in einer triumphalen Szene, die am nächsten Tag als großes Farbfoto auf der Titelseite der *New York Times* erschien. In dem einspaltigen Nachrichtentext daneben wurde über die laufenden Ermittlungen im Zusammenhang mit der Erschießung des Schwarzen[1] Teenagers Michael Brown in Ferguson, Missouri, im vergangenen Jahr berichtet.

Die Black Lives Matter-Bewegung stellt ein Problem für das von der Nachrichtenindustrie angebotene Narrativ der Geschichte von Presse und Bürgerrechten dar, weil die nationalen Nachrichtenmedien hierbei nicht im Mittelpunkt standen. Kurz vor dem Jahrestag der Ermordung von Martin Luther King Jr. im Jahr 2018 versuchten die Nachrichtenmedien, die neuere Bewegung in die ältere Geschichte einzubinden. Ein Versuch war *Hope & Fury: MLK, the Movement and the Media*, ein NBC News-Special, das von Lester Holt moderiert wurde, dem ersten Afroamerikaner, der allein eine nationale Nachrichtensendung übernahm. Die Produktion begann und endete in der Gegenwart und zeigte junge Schwarze Demonstrierende, die Mobiltelefone in der Hand hielten. Das Hauptthema von *Hope & Fury* war allerdings Kings enge Beziehung zur Presse. Durch die Betonung der nationalen Fernsehnachrichten erinnerte die Sendung an eine Zeit, in der „powerful images beamed into living rooms haunted Americans and ... brought about historic change" (NBC Universal 2018).

Am Abend des Jahrestages selbst, dem 4. April, berichtete Holt live vom Ort des Attentats, dem Lorraine Motel in Memphis, TN, das heute das National Civil Rights Museum beherbergt. Es war eine große Geste, aber Holts Einleitung wurde weitgehend übertönt. Die Zuschauenden sahen den Moderator vor dem ikonischen Schild des Motels sprechen, hörten aber stattdessen die Geräusche der Aktivitäten darunter – einen probenden Gospelchor und eine Gruppe singender Demonstrierender – und lenkten so von der historischen Würdigung ab, die Holt ernsthaft zu leisten versuchte. Diese Szene war eine Metapher für die Auflösung der Partnerschaft zwischen „der Bewegung und den Medien", oder, genauer gesagt, für die schwindende Fähigkeit der alten Nachrichtenmedien im Namen der Bewegung zu sprechen.

Im Mai 2020, als die Ermordung von George Floyd durch die Polizei von Minneapolis nächtliche Demonstrationen im ganzen Land auslöste, berichteten die Mainstream-Nachrichtenmedien über sie als städtische Unruhen – ein sehr altes Nachrichtenbild (Gans 1979), mit dramatischen Szenen von schreienden Demonstrierenden, Fenster einschlagenden Randalierenden und Polizeikolonnen, die mit verschränkten Armen vorrücken. Einen anderen Ansatz verfolgte eine im Fernsehen übertragene ‚nationale Bürgerversammlung zum Thema Rassismus‘, die im Juni zwei Nächte lang ausgestrahlt wurde. Unter dem Titel *Where Do We Go from Here?* wurde sie nicht von Lester Holt oder einem anderen nationalen Fernsehmoderator moderiert, sondern von Oprah Winfrey, der wohl einflussreichsten Berühmtheit des Landes.

---

1 In diesem Beitrag wird gemäß der Schreibweise "Black" im Englischen in der deutschen Übersetzung die Schreibweise "Schwarz" gewählt, mit der eine selbstermächtigende Haltung ausgedrückt werden soll.

4. Das Gespräch neu verankern: Führung durch Populärkultur

Oprah Winfrey begann ihre Karriere als Fernsehjournalistin und arbeitet gelegentlich immer noch als solche. Dennoch wird sie als öffentliche Person nicht in dieser Rolle betrachtet und ihre vielen Medienprojekte werden selten als Journalismus angesehen. Der Grundstein für Winfreys Ruhm war ihre gleichnamige tägliche Talkshow, die unzählige gesellschaftliche Themen, darunter auch Rassismus, behandelte, und die 25 Jahre lang jeden Werktag von durchschnittlich zehn Millionen Zuschauenden gesehen wurde. Ihr Einfluss wuchs mit der Gründung anderer Medien, darunter *O, The Oprah Magazine*, das Oprah Winfrey Network im Kabelfernsehen, eine Videoserie auf Facebook Watch und eine neue Talkshow auf dem Streaming-Dienst Apple TV+ mit dem Titel *The Oprah Conversation*.

Es war in der Tat ein Gespräch, das Winfrey im Juni 2020 moderierte und in dem sie Videokonferenztechnologie nutzte, um Schwarze ,Vordenker:innen' zu versammeln, die die heutige Gewalt und den Protest als Auswüchse eines jahrhundertelangen systemischen Rassismus bewerteten, der von den Mainstream-Nachrichtenmedien lange ignoriert wurde. Die Teilnehmenden waren Geistliche, Historiker:innen, Politiker:innen, Aktivist:innen, Filmschaffende und Schauspieler:innen, darunter die Regisseurin Ava DuVernay und der Schauspieler David Oyelowo aus dem Film *Selma*, einer anderen Form der Nachstellung des Voting Rights March von 1965, den Winfrey produziert hatte. An dem Panel nahmen auch zwei Journalist:innen teil, eine davon Nikole Hannah-Jones (siehe unten). Es waren jedoch weder Nachrichtenorganisationen an der Produktion der Sendung beteiligt, noch wurde sie auf einem Nachrichtensender ausgestrahlt. Die Sendung wurde auf Winfreys Kabelfernsehnetzwerk und seinen Partnern, einer Gruppe von Lifestyle-Kanälen, die dem Fernsehkonzern Discovery gehören, ausgestrahlt. Fast elf Millionen Menschen sahen sich das Zwei-Nächte-Ereignis auf den verschiedenen Fernsehkanälen an, und weitere 6,7 Millionen sahen sie auf ihren Facebook- und YouTube-Plattformen (Maas 2020).

Winfrey ist vielleicht das beste Beispiel für eine berühmte Persönlichkeit, deren Arbeit viele der Kernfunktionen des Journalismus erfüllt, und zwar auf viel größeren Plattformen, als es die Nachrichtenmedien vermögen. Dennoch ist sie nicht die einzige Persönlichkeit des öffentlichen Lebens, die in eine nationale Führungsrolle eintritt, die normalerweise sonst von Journalist:innen und Politiker:innen eingenommen wird. Dutzende von Prominenten gaben Erklärungen zur Unterstützung der Black-Lives-Matter-Bewegung ab, und obwohl viele von ihnen als pure Selbstdarstellung kritisiert wurden, hatten einige eine enorme Reichweite. Die Sängerin Beyoncé, deren Netflix-Dokumentation *Homecoming* aus dem Jahr 2019 eine Hommage an die afroamerikanische Geschichte war, verbreitete Petitionen für eine Anti-Rassismus-Gesetzgebung an ihre 157 Millionen Instagram-Follower. Professionelle Athlet:innen aller Sportarten trugen die Namen der Opfer auf ihren Trikots und knieten vor Wettkämpfen gemeinsam nieder; einige Teams und Spieler:innen verließen die Spiele ganz. Die Tennisspielerin Noami Osaka trug während der U. S. Open im September 2020, die sie schließlich auch gewann, bei Interviews vor und nach den Spielen Masken mit den Namen Schwarzer Opfer von Gewalt. Solche Aussagen wurden zusätzlich verstärkt, indem sie jenseits und über die Nachrichtenkanäle hinaus, über soziale Medien in die Fankulturen gelangten.

Seit mehr als einem Jahrhundert bilden Fankulturen das treue Publikum für einen großen Teil journalistischer Medien, die jedoch aufgrund ihrer Themen in den definitorischen Randbereichen des ‚Journalismus‘ angesiedelt sind. Sie fallen aus dem Rahmen, nicht obwohl, sondern *weil* sich so viele Menschen für sie interessieren – sie sind ‚populär‘. Diese Medien berichten über die Welt von Prominenten und des Sports, aber auch über Interessen wie Essen, Mode, Reisen und Wohndesign für ein Publikum, das durch gemeinsame Identitäten und Aktivitäten verbunden ist. Wie Nachrichtenmedien berichten sie Informationen, aber im Gegensatz zu Nachrichtenmedien vermitteln sie diese auf eine Art und Weise, die eher ein Gefühl der ‚Bestätigung‘ als eins der ‚Störung‘ erzeugt, schreibt die Journalismusforscherin Helle Sjøvaag (2015, 105). Die Konsequenz daraus beschreibt Sjøvaag so: „Because lifestyle or soft journalism enjoys lower regard within the field, it also captures less interest among scholars“. Doch gerade weil sie einem stark interessierten Publikum Bestätigung bieten, können sogenannte ‚Lifestyle‘-Medien in Zeiten des Umbruchs wirksame Kommunikatoren und Erinnerungsagenten sein.

5. Erklären, Bewerten und Aufwerten: Die Rolle von Magazinen

Magazine sind für diese Art von erinnerungsbezogener Darstellung besonders gut geeignet. Sie bieten in regelmäßiger Form Beratung und Bewertung, und ihre thematischen Schwerpunkte können Vehikel zum Vermitteln historischer Zusammenhänge sein. Die Ausgabe von *Food & Wine* vom September 2020 erzählte etwa die Geschichte der Freedom Food Cooperative, die von der Aktivistin Fannie Lou Hamer in den 1960er Jahren im ländlichen Mississippi gegründet wurde, als Schwarze Bauern kein eigenes Land kaufen konnten (N. Smith 2020). Während des Black History Month im Februar 2021 empfahl *Travel + Leisure* seinen Lesenden Montgomery in Alabama zu besuchen, wo es zahlreiche historische Stätten gibt, die mit Rosa Parks und Martin Luther King Jr. in Verbindung gebracht werden sowie eine eindrucksvolle neuen Gedenkstätte für die Opfer von Lynchjustiz (Leasca 2021). Als die *Sports Illustrated* 2020 ihre „Sportsperson of the Year“ kürte, fasste sie fünf Gewinner:innen zu einem historischen Konzept zusammen: „The Activist Athlete“ (Cannella 2020). Die von anderen Sportler:innen verfasste Serie von Porträts wies auf ihre Pionierarbeit für die Vielfalt im Sport hin.

Zeitschriften machen oft erinnerungswürdige Gesten und sprechen ihr Publikum als Gemeinschaft an (Kitch 2005). Die Titelseite bleibt die wichtigste Aussage eines Magazins, nicht nur in gedruckter Form, sondern auch als Markenbild, das über Social-Media-Plattformen verbreitet wird. Die Wahl der Illustration ist eine Entscheidung, die Wichtigkeit suggeriert und die Themen zu mehr als nur Nachrichten macht. *Sports Illustrated* und *Vogue*, die beide in der Regel mit Fotos arbeiten, beauftragten Schwarze Künstler:innen mit der Illustration von Titelbildern und gaben redaktionelle Erklärungen über die Bedeutung von mehr Vielfalt und Veränderungen in der Darstellung von Sport und Mode ab (Editors *Sports Illustrated* 2020; Wintour 2020). *Vanity Fair* beauftragte die Künstlerin Amy Sherald, deren Gemälde der ehemaligen First Lady Michelle Obama in der National Portrait Gallery hängt, mit der Gestaltung des Titelbilds zum Gedenken an Breonna Taylor, der Frau aus Kentucky, die von der Polizei in ihrem Haus erschossen wurde (Pope 2020).

Umgekehrt muss eine Titelseite von *The New Yorker*, da sie immer mit Illustrationen arbeitet, eine besonders herausragende Aussage machen, um als historisch gewichtig wahrgenommen zu werden. Dies geschah in der Ausgabe vom 22. Juni 2020, die George Floyd mit vielen anderen zeigte, und die Bilder von versklavten und eingekerkerten Menschen früherer Jahrhunderte mit Gesichtern von in jüngerer Zeit getöteten Schwarzen Männern und Frauen vermischte. In dieser Montage mit dem Titel „Say Their Names" erschien Breonna Taylor neben Emmett Till, dem 14-jährigen Jungen, der 1955 in Mississippi gelyncht wurde. Der Künstler Kadir Nelson beschrieb seine Arbeit als „a memorial of sorts, and a history lesson" (Nelson 2020). Diese Ausgabe enthielt den Rückblick der Historikerin Jill Lepore (2020) auf ein Jahrhundert rassistischer Gewalt und den Essay der Schriftstellerin Edwidge Danticat (2020) über die ‚Brutalität‘ die sie als haitianische Einwanderin beim Aufwachsen in Brooklyn erlebte.

Hier waren es Elemente des literarischen Journalismus, die aktuelle Ereignisse in die Muster der amerikanischen Vergangenheit einordneten. Wie Lifestyle-Medien werden auch Literaturmagazine in den herkömmlichen Definitionen des Journalismus oft ausgeklammert. Zwar enthalten solche Publikationen auch belletristische Texte, doch steht das Wort „literarisch" in diesem Genre im Allgemeinen für lange Sachbücher, die in einem erzählenden Stil präsentiert werden, der Geschichte, Erfahrungen und Kunst einbezieht und von Autor:innen mit unterschiedlichem kulturellen Hintergrund verfasst wurde. Um die Nachrichten aus dem Jahre 2020 zu erklären, stützten sich solche Magazine stark auf die Vergangenheit, indem sie Episoden der Geschichte wieder aufgriffen und neue Bilder und Chroniken der Erinnerung konstruierten. In *Vanity Fair* interviewte zum Beispiel die Filmregisseurin Ava DuVernay die Bürgerrechtsveteranin Angela Davis, die die aktuellen Proteste als Höhepunkt der Vorarbeit früherer Aktivist:innen erklärte:

> These are the same arguments that we've been making for such a long time. It was as if all of these decades of work by so many people, who received no credit at all, came to fruition. If we don't do the work continuously and passionately, even as it appears as if no one is listening, if we don't

help to create the conditions of possibility for change, then a moment like this will arrive and we can do nothing about it. (DuVernay 2020, 116)

In Davis' eigener Erinnerung war die Bewegung eine lange und kontinuierliche basisaktivistische Anstrengung gewesen, und nicht eine Welle von medial vermittelten, dramatischen Ereignissen mit ikonischen Anführenden. Ihre Ansichten erschienen zusammen mit denen anderer Schwarzer Autor:innen und weiteren als ‚Schwarz‘ apostrophierten Themen in einer Ausgabe, die von dem öffentlichen Intellektuellen Ta-Nehisi Coates als Gastredakteur herausgegeben wurde. Er hatte 2014 mit seiner Titelgeschichte für *The Atlantic*, „The Case for Reparations", Bekanntheit erlangt.

In der März-Ausgabe 2021 des Magazins führte Herausgeber Jeffrey Goldberg Coates zusammen mit Frederick Douglass und W. E. B. Du Bois in seinem Rückblick auf das langjährige Engagement von *The Atlantic* in der Veröffentlichung von Ansichten Schwarzer Denker:innen auf. Goldberg stellte ein Multimedia-Projekt namens „Inheritance: Black Life and American History" vor, eine Serie von Print- und Webartikeln sowie einen Podcast über die amerikanische Geschichte, die „die leeren Seiten der schwarzen Geschichte ausfüllen" sollten (Goldberg 2021, 8). Die Titelgeschichte der Erstausgabe war der Auftakt zu dieser Arbeit. Sie zeigte Fotos und Worten von ehemals versklavten Menschen, ‚vergessenen‘ Überlebenden, deren „voices floated through the air like ghosts" (Smith 2021, 30) im National Museum of African American History and Culture (NMAAHC) in Washington, DC. Die Stimmen waren zwar digital nachgesprochen, aber die Berichte waren alt und original, ausgewählt aus mündlichen Erzählungen, die von Arbeitern für das Federal Writers Project in den 1930er Jahren angefertigt und in der Slave Narratives Collection der Library of Congress archiviert wurden.

6. Geteilte Autorenschaft: Mitarbeitende und Federführende beim Umschreiben von Geschichte

Im Rahmen traditioneller Nachrichtennormen würde Material wie mündliche Überlieferungen als Information betrachtet werden – als Wissen, das Journalist:innen ausfindig machen, manchmal mit Hilfe von Spezialist:innen, die Quellen darstellen, und dieses dann zurückbringen und darüber ‚berichten‘. Doch die im *The Atlantic* vorgestellten Geschichten würden ohne diese Informationen und Quellen nicht existieren; sie haben „die leeren Seiten der schwarzen Geschichte ausgefüllt". Zusammen mit Aktivist:innen sind Archive materielle Teilnehmende an der „co-construction of news", die zu oft in der Journalismusforschung (Domingo und Le Cam 2015, 137–138) wie auch im Journalismus selbst ignoriert werden. Historische Institutionen und Organisationen für soziale Gerechtigkeit sind nicht nur zu Quellen, sondern auch zu Produzenten von Inhalten für das neu erwachte Interesse des Journalismus an *racial history* geworden.

Das gilt auch für das journalistische Werk, das als das kühnste ethnopolitische Statement der Nachrichtenbranche der letzten Zeit gilt: Das „1619 Project" der *New York Times*, das im August 2019 anlässlich des 400. Jahrestages der Ankunft des ersten Schiffes mit versklavten Afrikaner:innen in den amerikanischen Kolonien erschien. Sein redaktionelles Herzstück war eine gedruckte und eine digitale Ausgabe des Sonntagsmagazins sowie eine Bildungsbeilage, die seine Mission so formulierte: „to reframe American history, making explicit how slavery is the foundation on which this country is built. For generations we have not been adequately taught this history. Our hope is to paint a fuller picture of the institution that shaped our nation" (Elliott und Hughes 2019, 3).

Als Unterfangen einer großen Nachrichtenorganisation war das „1619 Project" aus mehreren Gründen bemerkenswert. In gedruckter und digitaler Form kombinierte das Magazin sachliche Essays mit Belletristik, Poesie und Kunst. Die Artikel basierten zwar auf einer großen Menge an faktischen Informationen basierten, doch die meisten Autor:innen waren keine Journalist:innen. Fast alle von ihnen waren *People of Color*, „a nonnegotiable aspect of the project that helps underscore its thesis", so die Times-Journalistin Nicole Hannah-Jones, die das Projekt ins Leben rief und leitete (Gyarkye 2019, A2). Eine Podcast-Serie erweiterte die Themen der Artikel. Die Unterrichtsbeilage wurde Lehrer:innen zur Verfügung gestellt und wurde bis Ende 2019 in mehr als 3500 Schulen eingesetzt (Jesuthasan 2019).

Jedoch existierte die Idee hinter dem Vorhaben bereits in anderen Formen öffentlicher Kommunikation, die sich mit der Revision des amerikanischen öffentlichen Gedächtnisses der ‚Rassenpolitik' beschäftigten. Obwohl vom Journalismus als visionär angepriesen, folgte das „1619 Project" der *Times*, wie auch das „Inheritance"-Projekt von *The Atlantic* zwei Jahre später, der interpretativen Vorreiterrolle von Nicht-Nachrichteninstitutionen und stützte sich auf deren Inhalte und Autorität. Ihre überarbeitete historische Zeitleiste hatte 2014 das National Civil Rights Museum in Memphis vorgestellt, wo sich Besucher:innen beim Betreten der renovierten Eröffnungsgalerie auf einer Karte des Atlantischen Ozeans im Jahr 1619 wiederfanden. In ähnlicher Weise betreten die Besuchenden des NMAAHC, das 2016 eröffnet wurde, seinen historischen Bereich, indem sie ein restauriertes transatlantisches ‚Sklavenschiff' betreten. Das Museum zeigte Artefakte, die für die Bildungsbeilage der *Times* fotografiert und von der Kuratorin der „Slavery and Freedom"-Galerie mitverfasst wurde (Elliott und Hughes 2019), und es übertrug ein Gespräch mit Nikole Hannah-Jones live aus dem Oprah Winfrey Theater.

Das Projekt der *Times* erschien auch im Windschatten der enormen Presseaufmerksamkeit für das neue National Memorial for Peace and Justice in Montgomery, Alabama. Es ist ein Projekt der Equal Justice Initiative (EJI), einer Initiative, die vor mehr als drei Jahrzehnten von dem Anwalt Bryan Stevenson gegründet wurde, um an Projekten zur Gefängnisreform und zur Rehabilitierung unschuldig Verurteilter zu arbeiten. Die Gedenkstätte ist ein Zeugnis der Wiedergutmachung für mehr als 4.000 Opfer von Lynchjustiz und listet Namen, Daten und Orte der Gewalt auf, die durch ein

Forschungsprojekt ermittelt wurden, um ein ‚vergessenes' Jahrhundert der Gewalt nach der Ära der *reconstruction* zu dokumentieren. Ein weiterer, dazugehöriger Gedenkort ist das „Legacy Museum" der EJI, in dem Besucher:innen den digitalen Darstellungen von versklavten Menschen der Vergangenheit und inhaftierten Menschen der Gegenwart begegnen. Zur Eröffnung im Mai 2018 schickten NBC Lester Holt und CBS Oprah Winfrey, um mit Stevenson durch die auf einem Hügel gelegene Gedenkstätte zu gehen. Ein Jahr später war Stevenson (2019) nicht mehr als Quelle, sondern als Autor für die *Times* tätig. Er steuerte einen Essay zum „1619 Project" bei, der die Botschaft des Legacy Museums wiederholte: die Versklavung endete nie wirklich, sondern wird durch systematische Gewalt und Masseninhaftierung fortgesetzt.

Diese neuen Arten von *public history*-Institutionen, die Aktivismus einbeziehen und beherbergen, sind zu einem wichtigen Ort für die Rekonstruktion von Erinnerung geworden. Ihre Neuinterpretation hat Eingang in den Journalismus gefunden, und zwar nicht nur in Form von speziellen Projekten großer Nachrichtenmarken, sondern auch in Form von regulären Nachrichteninhalten wie dem Reisejournalismus, der großes Interesse an neuen Touren zu rassenhistorisch relevanten Stätten gezeigt hat (einschließlich der Häuser mehrerer früher US-Präsidenten). Historische Stätten selbst bieten Besuchenden eine Mischung aus physischer Erfahrung, auf geschichtsträchtigem Boden oder mit Hilfe von Artefakten, die eine materielle Verbindung zu vergangenem Unrecht schaffen, sowie durch digitale Technologie vermittelte Erfahrung, die die Anwesenheit von Menschen der Vergangenheit heraufbeschwört. Solche Stätten bieten auch Online-Ressourcen, die ähnliche Formen wie im Journalismus annehmen. Die NMAAHC-Website bietet Artikel darüber, wie über *race* gesprochen werden kann; die Recherchen der EJI zur Lynchjustiz-Dokumentation sind selbst eine Art investigativen Journalismus, und ihre forschungsbasierten Lehrvideos sind kurze Dokumentarfilme.

7. Standpunkt: Perspektive und die „Nachricht" von Kontinuität

Wie der literarische Journalismus wird auch die dokumentarische Form gewöhnlich als Grauzone zwischen Journalismus und etwas anderem betrachtet. Dokumentarfilme befassen sich in der Regel mit komplexen, langfristigen Problemen, ein Ansatz, der durch das Tempo und die Ressourcen der meisten Nachrichtenformen ausgeschlossen ist. Außerdem neigen sie dazu, einen Standpunkt einzunehmen, was die Antithese zur herkömmlichen Definition von Journalismus darstellt. Einige Nachrichtenunternehmen haben die Produktion von Dokumentationen in ihre digitalen Inhalte integriert, wenn auch in einer Weise, die sie von den Nachrichten unterscheidet. Die Website der *New York Times* enthält zum Beispiel unabhängig produzierte Kurzdokumentationen, die sie als „Op-Docs" bezeichnet, eine Anspielung auf den Begriff

„Op-Ed", der früher ihre Meinungskolumnen bezeichnete. Die älteste Dokumentarserie auf einer herkömmlichen Medienplattform, dem Public Broadcasting Service, heißt eigentlich „POV", für „Point of View", also Blickwinkel oder Standpunkt.

Im Jahr 2020 erwarb PBS einen Film mit dem Titel *And She Could Be Next* für seine „POV"-Dokumentationsreihe und plante, ihn in eine Sendung über den 100. Jahrestag des 19. Verfassungszusatzes aufzunehmen, der Frauen in den USA das Wahlrecht gewährte. Die in den Jahren 2018 und 2019 gedrehte Produktion wurde im Juni 2020 auf PBS ausgestrahlt (und anschließend auf Amazon gestreamt), und zwar unter unvorhergesehenen Umständen, die ihre Wirkung veränderten. Der Dokumentarfilm erzählte die Geschichten von *women of color*, die während der Zwischenwahlen 2018 für politische Ämter kandidierten und die meisten von ihnen gewannen. Die Regisseurinnen Grace Lee und Marjan Safinia hatten anfangs Schwierigkeiten, Finanzierung und Vertrieb zu sichern, weil der Film nicht alle Kandidatinnen umfasste, aber die Regisseurinnen ihren Fokus angesichts der demografischen Veränderungen unter den US-Wähler:innen als „nonnegotiable point of clarity" betrachteten (Phillips 2020, C1).

Eine der Protagonistinnen des Films war Stacey Abrams aus dem US-Bundesstaat Georgia, die in einer von Vorwürfen der Wählerunterdrückung geprägten Wahl als erste Schwarze Gouverneurin des Landes kandidiert und verloren hatte. Sie wurde zu einer führenden Aktivistin für das Wahlrecht und gründete eine Organisation namens *Fair Fight*, die in der Amazon-Dokumentation *All In: The Fight for Democracy* der Filmemacherinnen Liz Garbus und Lisa Cortés, beleuchtet wurde. Als der Kongressabgeordnete John Lewis, ebenfalls aus Georgia, im Juli 2020 starb, erinnerten sich die Medien in einer rückblickenden Berichterstattung voller 1960er-Jahre-Fernsehnachrichten an den Erfolg des Wahlrechtsaktivismus seiner Generation. Tatsächlich nahm die Unterdrückung von Wähler:innen zusammen mit rassistisch motivierter Gewalt im Jahr 2020 zu, und der Aktivismus zu beiden Themen hatte nie aufgehört.

Stacey Abrams' Wahlrechtsprojekt dauerte bis zur US-Präsidentschaftswahl 2020, und eine Zeit lang waren sowohl *And She Could Be Next* als auch *All In* auf der PBS-Website und auf YouTube frei verfügbar. Fast eine Woche lang beschäftigten sich die prominentesten Fernsehjournalisten der Nation im November 2020 mit farbigen elektronischen Karten und grübelten über die unerwarteten Nachrichten aus Georgia, wo traditionell rote (konservative) Bezirke blau wurden. Zuerst beschrieben sie diese Anomalie als einen Tribut an den kürzlich verstorbenen Bürgerrechtshelden und wiederholten die Schlagzeile von CNN: „In Georgia, John Lewis's District Delivers Poetic Justice" (Tensley 2020). Doch eine ähnliche Entwicklung vollzog sich in Arizona und in Städten einiger nördlicher Bundesstaaten. *The Root*, eine Schwarze Nachrichtenseite, lieferte die Erklärung, welche die Mainstream-Nachrichtenmedien erst einen Monat später aufgriffen, und berichtete, „this victory clearly arrives on the backs of advocates and organizers who relentlessly activated voters across battleground states, registering hundreds of thousands of Americans who would prove to be the tipping point in the 2020 presidential election" (Branigin 2020). Dieses Ergebnis war, mit anderen Worten, historisch im weitesten Sinne des Wortes: Es war *nicht* neu, oder noch nie dagewesen. Es war das Ergebnis einer kontinuierlichen Organisationsarbeit von Schwarzen und lateinamerikanischen Aktivist:innen, die meisten von ihnen Frauen, die von den großen Nachrichtenmedien jahrzehntelang übersehen worden waren. Während historische und sozialrechtliche Institutionen die Zeitachse der US-Bürgerrechtsbewegung in eine fernere Vergangenheit zurückverlegt hatten, so bezogen diese Geschichten über die Bemühungen um das Wahlrecht die Gegenwart in die ‚Geschichte‘ ein, wobei sie diese Geschichte auch regional und ethnisch diversifizierten. Ein Ergebnis ihrer Arbeit war ein berichtenswerter Meilenstein: die Wahl der US-Senatorin Kamala Harris als erste Frau und erste *Person of Color* in das Amt der Vizepräsidentin. Die meisten der *grassroot*-Aktivist:innen wurden, wie Angela Davis über ihre Vorgänger:innen bemerkte, in der Mainstream-Berichterstattung kaum gewürdigt, aber Dokumentarfilmer:innen hatten sie ins Bild gesetzt und eine Aufzeichnung für das zukünftige amerikanische Gedächtnis geschaffen.

8. Diskussion: Erinnerungsbrücken bauen

In diesem Essay wurden Veränderungen im Mediengedächtnis mit Fokus auf *racial justice* betrachtet, ein Thema, bei dem der Mainstream US-Journalismus viel von seiner einst enormen erzählerischen Autorität verloren hat. Anstatt diesen Verlust jedoch nur zu beklagen, habe ich mich auf andere Kommunikator:innen konzentriert, die die Autorität erlangt haben, nationale Diskussionen über ethnopolitische und ‚rassenpolitische‘ Themen zu führen. Dabei handelt es ich um Geschichtenerzählende, deren Arbeit die traditionellen ‚Nachrichtenmedien‘ an den Rand schieben. Jedoch sind gerade sie es, welche die Möglichkeiten erweitern, was Journalismus erreichen könnte.

Die hier vorgestellten Darstellungen zur *racial justice* in den USA sind Lektionen oder zumindest Denkanstöße für Journalist:innen und Journalismusforschung. Sie ermutigen uns, freier darüber nachzudenken, welche Kulturformen als Formen des Journalismus zählen oder die Funktionen des Journalismus erfüllen. Sie erinnern uns daran, dass Nachrichtenmedien, selbst wenn sie gut funktionieren, nur eine mögliche kulturelle Quelle für bedeutungstragende Erklärungen und Lösungen darstellen. Die Darstellungen legen nahe, dass eine vielfältigere Gruppe von Autor:innen und Künstler:innen Quellen und Themen aufspüren kann, die in der routinemäßigen Berichterstattung eher unberücksichtigt bleiben. Sie zeigen, wie Menschen befähigt werden können, ihre eigenen Geschichten zu erzählen und wie solche Quellen als Autor:innen anerkannt werden können. Sie unterstreichen den Wert von Erzählungen, die Vergangenheit, Gegenwart und Zukunft als zusammenhängend erklären und uns daran erinnern, dass historischer Fortschritt nicht unvermeidlich ist. Sie schlagen vor, dass die scheinbar separaten, dramatischen Ereignisse in den Nachrichten eigentlich schon seit langer Zeit ‚auf uns zugekommen‘ sind, und dass es uns helfen kann, einen dezidierten Standpunkt einzunehmen, um sie näher zu sehen.

Im Rahmen dieses Beitrags habe ich ein breites Spektrum öffentlicher Kommunikation untersucht, die aufgrund schrecklicher Umstände und eines dringenden Bedarfs an produktiveren Gesprächen über *race* in Amerika entstanden ist. Die Nachrichtenmedien haben diese Gespräche nicht geführt, aber sie können sie in ein Netzwerk von Vermittlungsversuchen einbinden, das die Vergangenheit nutzt, um einer beunruhigenden Gegenwart einen Sinn zu geben. Dieser mediale Moment könnte also auch Journalist:innen und Journalismusforschung dazu ermutigen, sich weniger um die Wahrung von Grenzen zu kümmern als vielmehr Brücken zu bauen, um der Gegenwart einen Sinn zu geben und Erinnerungen für die Zukunft zu gestalten.

9. Literatur

All In: The Fight for Democracy. Dir. Lisa Cortés und Liz Garbus. Amazon Studios, 2020.
And She Could Be Next. Dir. Grace Lee und Marjan Safinia. Public Broadcasting Service, 2020.
Branigin, Anne. *Voters of Color Are Helping Flip GOP Strongholds. We Know Exactly Who Should Get Their Flowers for That*. https://www.theroot.com/voters-of-color-are-helping-flip-gop-strong holds-we-kn-1845594185. The Root, 6. November 2020.
Cannella, Stephen. „The Activist Athlete". *Sports Illustrated* 12 (2020): 46–49 und Cover.
Carey, James W. „The Dark Continent of American Journalism". *Reading the News*. Hg. Robert Karl Manoff, und Michael Schudson. New York: Pantheon, 1986. 146–196.
Carlson, Matt, und Seth C. Lewis (Hg.). *Boundaries of Journalism: Professionalität, Praktiken und Partizipation*. London und New York: Routledge, 2015.
Coates, Ta-Nehisi. „The Case for Reparations". *The Atlantic*, 6 (2014): 54–71.
Cosgrove, Ben. *Time Presents One Dream: The March on Washington. Lightbox*. https://time.com/3801522/time-presents-one-dream-the-march-on-washington/. Weblog (15. August 2013).
Dahlgren, Peter. „Introduction". *Journalism and Popular Culture*. Hg. Peter Dahlgren und Colin Sparks. London: Sage, 1992. 1–23.
Danticat, Edwidge. „So brutal a death". *The New Yorker* 96.17 (2020): 18–19.
Domingo, David, und Florence Le Cam. „Journalism beyond the Boundaries: The Collective Construction of News Narratives". *Boundaries of Journalism: Professionalism, Practices, and Participation*. Hg. Matt Carlson, und Seth C. Lewis. New York: Routledge, 2015. 137–151.
DuVernay, Ava. „The Herald". *Vanity Fair* 9 (2020): 114–117.
Editors *Sports Illustrated*. „Editor's Letter: Ties that Bind". *Sports Illustrated* 12 (2020): 9.
Elliott, Mary, und Jazmine Hughes. „We've Got to Tell the Unvarnished Truth". *The New York Times*, [Bildungsbeilage], 18. August 2019.
Fishman, Mark. *Manufacturing the News*. Austin: University of Texas Press, 1980.
Fürsich, Elfriede. „Lifestyle Journalism as Popular Journalism". *Journalism Practice* 6.1 (2012): 12–25.
Gans, Herbert J. *Deciding What's News: A Study of CBS Evening News, NBC Nightly News, Newsweek, and Time*. New York: Vintage Books, 1979.
Goldberg, Jeffrey. „The Atlantic and Black History". *The Atlantic* 3 (2021): 8.
Gyarkye, Lovia. „How The 1619 Project Came Together". *The New York Times*, 18. August 2019, A2.
Hanusch, Folker. „Broadening the Focus: The Case for Lifestyle Journalism as a Field of Scholarly Enquiry". *Journalism Practice* 6.1 (2012): 2–11.

Jesuthasan, Meerabelle. *The 1619 Project Sparks Dialogue and Reflection in Schools Nationwide.* https://pulitzercenter.org/blog/1619-project-sparks-dialogue-and-reflection-schools-nationwide. The Pulitzer Center, 20. Dezember 2019.

Kitch, Carolyn. *Pages from the Past: History and Memory in American Magazines.* Chapel Hill: University of North Carolina Press, 2005.

Leasca, Stacey. „How to Celebrate Black History Month in Montgomery, Home of the Civil Rights Movement". *Travel + Leisure*, 24. Jan. 2021, https://www.travelandleisure.com/trip-ideas/educational-travel/celebrate-black-history-month-montgomery-alabama.

Lepore, Jill. „The Riot Report". *The New Yorker*, 22. Juni 2020: 24–29.

Maas, Jennifer. „Oprah's *Where Do We Go from Here?* Special Draws Nearly 11 Million TV Viewers". www.thewrap.com. *The Wrap*, 12. Juni 2020.

Meacham, Jon. „The American Soul". *Newsweek* (2008–2009): 28. Meijer, Irene Costera. „The Public Quality of Popular Journalism: Developing a Normative Framework". *Journalism Studies* 2.2 (2001): 189–205.

NBCUniversal. *NBC News Premieres Hope & Fury: MLK, the Movement and the Media.* https://www.nbcuniversal.com/press-release/nbc-news-premieres-hope-fury-mlk-movement-and-media. Pressemitteilung (12. März 2018).

Nelson, Kadir. „Artist Kadir Nelson's Inspiration behind 'Say their Names'." Amanpour & Co. Public Broadcasting System, 24. Juni 2020.

Phillips, Maya. „On the Trail, Faces of Change". *The New York Times*, 29. Juni 2020, C1.

Robinson, Sue. *Networked News, Racial Divides How Power and Privilege Shape Public Discourse in Progressive Communities.* Cambridge, UK: Cambridge University Press, 2017.

Pope, Miles. „Living Memory". *Vanity Fair* 9 (2020): 48.

Sjøvaag, Helle. „The Hierarchy of Genres and the Boundaries of the Profession". *Boundaries of Journalism: Professionalism, Practices, and Participation.* Hg. Matt Carlson, und Seth C. Lewis. New York: Routledge, 2015. 101–117.

Smith, Clint. „We Mourn for All We Do Not Know". *The Atlantic*, März 2021, 28–41.

Smith, Nia-Raquelle. „Fannie Lou Hamer's Pioneering Food Activism is a Model for Today". https://www.foodandwine.com/news/fannie-lou-hamer-food-activism-pioneer. *Food & Wine* (15. September 2020).

Stiles, Siobahn, und Carolyn Kitch. „,Redemption for Our Anguished Racial History': Race and the National Narrative in Commemorative Journalism about Barack Obama." *Journal of Communication Inquiry* 35.2 (2011): 115–133.

Stevenson, Bryan. „Slavery Gave American a Fear of Black People and a Taste for Violent Punishment. Both Still Define our Criminal-Justice System". *The New York Times Magazine: The 1619 Project*, 18. August 2019: 80–81.

Tensley, Brandon. „In Georgia, John Lewis's District Delivers Poetic Justice". https://www.cnn.com/2020/11/08/politics/john-lewis-voting-legacy-atlanta-joe-biden-kamala-harris/index.html. CNN (Cable News Network), 8. November 2020.

Tuchman, Gaye. *Making News: A Study in the Construction of Reality.* New York: Free Press, 1978.

Wenzel, Andrea. *Community-Centered Journalism: Engaging People, Exploring Solutions, and Building Trust.* Urbana: University of Illinois Press, 2020.

Winfrey, Oprah (Produzent und Interviewer). *Where Do We Go from Here?* Oprah Winfrey Network, 9. Mai und 10. Mai 2020.

Wintour, Anna. „Letter from the Editor: High Hopes". *Vogue* 9 (2020): 86.

Zelizer, Barbie. „Why Memory's Work on Journalism Does Not Reflect Journalism's Work on Memory". *Memory Studies* 1.1 (2008): 79–87.

Anke Offerhaus und Stefanie Trümper

7 Die Erinnerung in der Gegenwart: Zum Verhältnis von Journalismus und gesellschaftlicher Erinnerung

1. Einleitung

Journalismus ist dafür zuständig – so die gängige Erwartung, die mit der Selbstbeschreibung unserer Gesellschaft als Informations- und Mediengesellschaft verbunden ist – uns immerzu mit den aktuellsten Nachrichten zu versorgen. Das Primat der Aktualität lenkt jedoch davon ab, dass sich Journalist:innen in den unterschiedlichsten Varianten immer wieder auch auf Vergangenes berufen: So erfreuen sich Rückblicke anlässlich politisch und gesellschaftlich relevanter Jubiläen wie der 30. Jahrestag der Deutschen Einheit großer Beliebtheit.[1] Auch die journalistischen Medien selbst halten regelmäßig in Jubiläumsausgaben oder Sondersendungen Rückschau auf ihre eigene Geschichte und rufen uns alte Fernsehsendungen, Titelseiten oder Pressetexte wieder ins Gedächtnis. Weniger offenkundig ist der Rückgriff auf Vergangenheit, wenn Journalist:innen in der aktuellen Berichterstattung an ähnliche Ereignisse der Vergangenheit erinnern. So waren zu Beginn der Corona-Krise zahlreiche Verweise auf und Presseberichte über die zuvor völlig in Vergessenheit geratene Spanische Grippe Anfang des 20. Jahrhunderts zu finden.[2] Und in der Berichterstattung über die *Black Lives Matter*-Bewegung wurde daran erinnert, dass der als Slogan verwendete Ausruf „*I can't breathe*" nicht erst von George Floyd in seinem Kampf ums Überleben ausgerufen wurde, sondern dass es sich gleichermaßen um die letzten Worte des unbewaffneten Schwarzen Eric Garner handelt, der 2014 durch den Würgegriff eines New Yorker Polizisten getötet worden war.[3]

Mit diesen unterschiedlichen und nahezu selbstverständlichen Formen von Rückgriffen auf die Vergangenheit prägen Journalist:innen als Chronisten der Gegenwart auch die kollektive Erinnerung von Gesellschaft(en). Dennoch wurden die Rolle und Relevanz journalistischer Erinnerungsarbeit sowohl in der Journalismusforschung als auch im Kontext erinnerungswissenschaftlicher Diskussionen lange Zeit vernachlässigt (Tenenboim-Weinblatt und Neiger 2019, 420). Seit dem programmatischen Beitrag der amerikanischen Journalismusforscherin Barbie Zelizer *Why memory's work on journalism does not reflect journalism's work on memory* im Jahre 2008 hat sich dies zu-

---

1 https://www.zdf.de/politik-gesellschaft/30-jahre-deutsche-einheit-100.html [Diese wie alle folgenden URL-Adressen wurden zuletzt am 24.4.2022 aufgerufen].
2 https://www.sueddeutsche.de/bayern/pandemien-bayern-historie-spanische-grippe-1.4878530.
3 https://www.nytimes.com/interactive/2020/06/28/us/i-cant-breathe-police-arrest.html.

mindest auf internationaler Ebene deutlich verändert. In der deutschsprachigen Kommunikations- und Medienwissenschaft erscheint das Forschungsfeld indes noch immer vergleichsweise wenig etabliert und die bereits existierende Forschung kaum theoretisch integriert (zuletzt angemahnt in Trümper 2018, 20; zuvor auch Donk 2009, 13; Lohner 2014, 2; u.v.a.). Daher möchten wir mit diesem Handbuchbeitrag eine Einführung in und einen Überblick über dieses wichtige Themenfeld kommunikationswissenschaftlicher Erinnerungsforschung geben. Zum einen wird insbesondere der Stand der deutschsprachigen Forschung zum Verhältnis von Journalismus und gesellschaftlicher Erinnerung beschrieben und systematisiert. Die Darlegungen erfolgen jeweils auch unter Berücksichtigung des internationalen Forschungsstands, der jedoch nur dort detaillierter dargestellt wird, wo es zur Skizzierung der zentralen Forschungslinien und Einordnung der deutschsprachigen Forschung von Bedeutung ist (zur internationalen Forschungsstandbeschreibung vgl. Kitch 2018 sowie Tenenboim-Weinblatt und Neiger 2019). Zum anderen werden theoretisch-konzeptionelle Schnittstellen und Forschungspotenziale der journalismusbezogenen Erinnerungsforschung zur Kommunikations- und Medienwissenschaft im Allgemeinen und der Journalismusforschung im Besonderen aufgezeigt.

Diese Ziele vor Augen reflektieren wir einführend einige begriffliche und konzeptionelle Grundlagen, die für die Entwicklung des Gegenstandsfelds und die Analyse des Verhältnisses von Journalismus und kollektiver Erinnerung zentral sind (Abschnitt 2). Was wir zusammenfassend hinsichtlich seiner Funktion als erinnernden Journalismus bezeichnen, umfasst ein großes Spektrum bereits identifizierter und untersuchter, teils aber auch noch wenig erforschter gedächtnisreflexiver Darstellungsformen. Diese werden mittels einer aus drei Betrachtungsebenen bestehenden Heuristik einerseits in Typen des Journalismus unterschieden, die in jeweils charakteristischer Weise erinnernde Zeitbezüge zum Gegenstand der Berichterstattung haben. Andererseits werden mit Zeitbezügen und verschiedenen Formen der Vergegenwärtigung übergreifende Darstellungsweisen integriert (Abschnitt 3). Auf Grundlage dieser Systematik tragen wir in den weiteren Abschnitten erinnerungsrelevante Merkmale, Forschungsstand und Forschungsperspektiven entlang der Typen Geschichtsjournalismus (Abschnitt 4), verschiedener Spielarten des Gedenkjournalismus (Abschnitt 5) sowie dem nicht-kommemorativen Journalismus (Abschnitt 6) zusammen. Anschließend nehmen wir die Geschichte des Journalismus selbst und die damit verbundene Erinnerungsleistung in Bezug auf seine berufliche Identität in den Blick (Abschnitt 7). Wir schließen den Beitrag, indem wir die aktuellen Forschungsdesiderate zusammenfassen und Perspektiven für eine erinnerungswissenschaftliche Journalismusforschung aufzeigen (Abschnitt 8).

2. Erinnerung und Journalismus: theoretische und begriffliche Grundlagen

Ausgangspunkt des Forschungsinteresses der Beziehung von Journalismus und gesellschaftlicher Erinnerung ist das ihr inhärente wechselseitige Abhängigkeitsverhältnis und die besondere Vermittlerrolle, die Journalist:innen im gesellschaftlichen Erinnerungsprozess einnehmen. Barbie Zelizer (1992) bezeichnet Journalist:innen als Erinnerungsagenten (*memory agents*) und verdeutlicht damit, dass – je nach empirischer Perspektive – Journalist:innen als handelnden Akteuren ebenso wie Journalismus als gesellschaftlicher Institution bei der Interpretation gesellschaftlich relevanter Ereignisse eine starke Autorität und kommunikative Macht zugesprochen wird. Eine solche Etikettierung betont zum einen die aktive Erinnerungsarbeit im Kontext journalistischer Berichterstattung (*memory's work on journalism*) und zum anderen den Beitrag von Journalist:innen zur Generierung und Transformation des kollektiven (sozialen, kulturellen, öffentlichen) Gedächtnisses[4] (*journalism's work on memory*).[5]

Darüber hinaus ist Journalismus nicht nur ein an der Erinnerungskonstruktion beteiligter Akteur oder ein für kollektive Erinnerung relevantes Objekt, sondern journalistisch arbeitende Medien sind auch ein wichtiges Forum für die öffentliche Aushandlung unterschiedlicher Perspektiven im gesellschaftlichen Erinnerungsprozess (Kitch 2008, 317).[6] Die Unterscheidung und das Zusammenspiel von ‚Erinnerung im Journalismus' und ‚Erinnerung an Journalismus' machen deutlich, dass Journalismus auf unterschiedliche Weise an der Konstruktion von gesellschaftlicher Erinnerung beteiligt ist. Warum aber wurden diese Zusammenhänge, wenn Journalismus einen so zentralen Referenzpunkt für gesellschaftliche Erinnerungsprozesse darstellt, lange Zeit weder in der Journalismus- noch in der Erinnerungsforschung (*memory studies*) berücksichtigt?

Zelizer (2008) und Olick (2014) sehen eine Ursache in der Arbeitsteilung zwischen Journalist:innen bzw. Journalismusforscher:innen, die sich qua Funktion mit der Gegenwart, und Historiker:innen bzw. Erinnerungsforscher:innen, die sich mit der Ver-

---

4 Wir verwenden in unserem Beitrag der Einheitlichkeit halber den Begriff des kollektiven Gedächtnisses bzw. der kollektiven Erinnerung, möchten aber an dieser Stelle darauf hinweisen, dass – je nach fachlicher Provenienz und theoretisch-konzeptioneller Überlegungen die unterschiedlichen genannten Begrifflichkeiten zu finden sind. Sie stimmen jedoch dahingehend überein, dass es im Kontext von Journalismus zumeist um die überindividuelle Erinnerungsleistung einer Gesellschaft geht.

5 In ähnlicher Weise bezeichnen Reinhardt und Jäckel (2005, 96101) Medien als Gedächtnis- und Erinnerungsgeneratoren.

6 Auch Trümper und Neverla (2013, 10) benennen drei Funktionen, die man nicht nur für Medien allgemein, sondern auch für Journalismus im Spezifischen fassen kann: (a) Medien bzw. Journalismus ermöglichen kollektive Erinnerung (Erinnerung durch Medien), (b) Medienprodukte bzw. journalistische Produkte sind kollektive Erinnerungsprodukte (Medien als Erinnerung) und (c) kollektive Erinnerung ist Thema in Medien bzw. im Journalismus (Erinnerung in Medien).

gangenheit beschäftigen. Mnemotechnische Praktiken wie die Recherche in Archiven, oder die Einordnung des aktuellen Nachrichtengeschehens in einen zeitlichen Verlauf vorausgegangener Ereignisse, stellen für Journalist:innen selbstverständliche Handlungsabläufe dar, die vor allem auf ein Ziel gerichtet sind: eine aktuelle und auf Neuigkeiten ausgerichtete Berichterstattung. Die journalistischen Leitkategorien der Aktualität und Neuwertigkeit von Informationen prägen somit das Selbstverständnis und Handeln von Journalist:innen und nicht der Bezug zur Vergangenheit. Historiker:innen als Experten für Vergangenheit, ist wiederum die Aufarbeitung von Vergangenem durch Journalist:innen suspekt. Auch wenn für beide Wahrheit und Faktentreue als anzustrebende Qualitätskriterien ihrer Arbeit von zentraler Bedeutung sind, gelten journalistische Produkte über vergangene Ereignisse durch ihren vorläufigen Charakter eben ‚nur' als *„first draft of history"* (Kitch 2008, 312). Infolgedessen richtet die Journalismusforschung, die vor allem an der Rekonstruktion der journalistischen Berufspraxis und deren Rahmenbedingungen interessiert ist, den Blick primär auf die Gegenwart. Aus der Sicht von Historiker:innen und Erinnerungsforscher:innen ist Journalismus für Geschichtsschreibung und gesellschaftliche Erinnerungskonstruktion indes lediglich eine unter vielen Quellen.

Eine bis heute zentrale Herausforderung für das Forschungsfeld, ist die Tatsache, dass es sich sowohl bei ‚Erinnerung' als auch bei ‚Journalismus' um schwer fassbare Kategorien handelt (Olick 2014, 19). Wenn es um theoretische Konzeptualisierungen unterschiedlicher Verbindungen von Erinnerung und Journalismus geht, verwundert es daher nicht, dass die zentralen Begriffe Erinnerung und Journalismus mitunter sehr unterschiedlich definiert und verwendet werden. In der Synopse von deutsch- und englischsprachiger Forschungsliteratur kommt hinzu, dass der Begriff ‚*memory*' im Deutschen sowohl mit ‚Gedächtnis' als auch mit ‚Erinnerung' übersetzt werden kann, die Bedeutungen aber jeweils divergieren. Während Gedächtnis typischerweise als die Gesamtheit des gesellschaftlichen Wissens über die Vergangenheit verstanden und als statischer Speicher gedacht wird, ist Erinnerung mit dem dynamischen Prozess der Reproduktion und Aktualisierung des vorhandenen Wissens assoziiert. Wie in der Einleitung dieses Handbuchs betont, steht hinter dem zuletzt favorisierten Begriff der Erinnerung ein Paradigmenwechsel, der sich von einem Vergangenheitsverständnis im Sinne objektivierten Wissens hin zu einer Sichtweise wendet, die erinnerungsbezogene Vergangenheitsbezüge als kommunikative Konstruktionen betrachtet (Pentzold et al. i.d.B.). In einer solchen konstruktivistischen Perspektive ist Erinnerung nicht nur eine geistige Fähigkeit, Informationen zu kodieren, zu speichern und abzurufen, wie sie typischerweise mit dem Gedächtnisbegriff verknüpft wird. Vielmehr handelt es sich bei Erinnerung um das Ergebnis eines dynamischen und komplexen Prozesses der ständigen Selektion sowie Neukomposition und -bewertung von Wissen und Erfahrungen, der durch die sozialen Rahmenbedingungen und der gegenwärtigen Sichtweise auf vergangene Ereignisse beeinflusst wird. Demnach kann Gedächtnis aus einer sozialkonstruktivistischen Perspektive als veränderliche Wissensgrundlage verstanden werden, vor dessen Hintergrund Erinnern als prozessuale Konstruktion von

Vergangenem stattfindet, und aus der Erinnerung als ein Ergebnis bzw. Produkt dieses Erinnerns resultiert. Der Begriff der Erinnerung als Produkt des Erinnerns ist insofern anschlussfähig an die Frage nach der Konstruktion von Erinnerung im Journalismus, als dass er sich auf den gesamten Prozess der journalistischen Bedeutungsproduktion bezieht (Trümper 2018, 98).

An der Schnittstelle von Erinnerung und Journalismus wurden bislang verschiedene Phänomene und Arten von Erinnerung untersucht, die entlang von Zeiträumen, Zeitspannen und zeitlichen Perspektiven variieren. Während sich zunächst ein Großteil der Forschung journalistischen Erinnerungspraktiken in Bezug auf vergangene historische Ereignisse wie dem Holocaust widmet (z.B. Böhme-Dürr 1999; Bösch 2010), analysieren andere Studien die Praktiken journalistischer (Augen-)Zeugnisse (sog. *witnessing*) und konzentrieren sich somit auf mnemonische Praktiken im Kontext gegenwärtiger Ereignisse (z.B. Reading 2009; Andén-Papadopoulos 2014). Darüber hinaus haben Wissenschaftler:innen wie Keren Tenenboim-Weinblatt (2011, 2013 und i.d.B.) und Stefanie Trümper (2018 und i.d.B.) in Abgrenzung zur retrospektiven Erinnerungsarbeit in jüngster Zeit die prospektive Rolle der Erinnerungsarbeit im Journalismus zum Gegenstand ihrer theoretischen Überlegungen gemacht (vgl. dazu genauer Abschnitt 6).

Auch im Hinblick auf Journalismus als der zweiten theoretischen Kategorie im Verhältnis von Erinnerung und Journalismus, ist die Gegenstandsbestimmung aus zweierlei Gründen eine Herausforderung. Zum einen hat sich von den auf die retrospektive Vergangenheit konzentrierten Anfängen journalismusbezogener Erinnerungsforschung seit dem für die Sozialwissenschaften geforderten ,*prospective turn*‘ (Welzer 2010) und der intensiveren Beschäftigung mit der Kategorie ,Zeit‘ im Journalismus das Gegenstandsfeld deutlich erweitert (Neverla 2010; Neverla und Trümper 2019; Trümper i.d.B.). So sind praktisch alle Formen des Journalismus für die gesellschaftliche Erinnerungskonstruktion relevant, wie im Folgenden noch zu zeigen sein wird. Zum anderen steht die Journalismusforschung angesichts des dynamischen Medienwandels und der damit einhergehenden zunehmenden Entgrenzung selbst vor der Frage, worin der Kern des Journalismus besteht (Loosen 2007; Deuze und Witschge 2018). Bevor wir jedoch die sich daraus für die weitere Forschung ergebenden Herausforderungen thematisieren (vgl. Abschnitt 8), sollen zunächst die vielfältigen, für die Bestimmung des Verhältnisses von Journalismus und kollektiver Erinnerung relevanten Erscheinungsformen entlang ihrer charakteristischen Merkmale systematisiert werden.

3. Gedächtnisreflexive Darstellungsformen: Typen, Zeitbezüge und Formen der Vergegenwärtigung

Hinsichtlich der Frage, welche ‚Journalismen' überhaupt in den Gegenstandsbereich eines Erinnerungsjournalismus oder erinnernden Journalismus fallen, werden in der englisch- und deutschsprachigen Forschungsliteratur zahlreiche Phänomene benannt. Vor dem Hintergrund ihrer besonderen Bedeutung für Erinnerungsprozesse bezeichnen wir diese zusammenfassend als ‚gedächtnisreflexive Darstellungsformen' (Pentzold et al. i.d.B.). Um sowohl Systematik als auch Einheitlichkeit und Anschluss an international verwendete Begriffe herzustellen, schlagen wir eine Heuristik vor, die unsere Überlegungen dazu auf verschiedenen Ebenen bündelt (vgl. Abbildung 7.1). Auf einer ersten Ebene werden zunächst drei Typen unterschieden: Während Geschichtsjournalismus und Gedenkjournalismus ursprünglich und lange Zeit im Zentrum der retrospektiv orientierten Erinnerungsforschung standen, ist das Forschungsinteresse am Erinnerungspotenzial des dritten Typus, dem nicht-kommemorativen Journalismus, erst mit der prospektiven Wende der Erinneru=ngsforschung gestiegen (Trümper i.d.B.). Gemeinsam ist allen drei Typen, dass sie im Sinne eines ‚erinnernden' Journalismus eine gesellschaftliche Erinnerungsfunktion haben. Was sie dabei im Einzelnen voneinander unterscheidet und weshalb sie zwischen Erinnerungsjournalismus und erinnerndem Journalismus changieren, ist das Maß, wie explizit ‚Erinnerung' thematisiert, also das Vergangene zum Gegenstand gegenwärtiger Berichterstattung gemacht wird. Auf einer zweiten Ebene werden Zeitbezüge unterschieden, die einerseits charakteristisch für die jeweiligen Typen sind, andererseits grundsätzlich in journalistischen Beiträgen aller Typen vorkommen können. Ebenso verhält es sich mit der dritten Ebene, den innerhalb der Berichterstattung angewandten Formen der Vergegenwärtigung.[7]

---

7 Insbesondere im Kontext von Geschichts- und Gedenkjournalismus werden diese auch als Aktualisierungsstrategien bezeichnet (vgl. u. a. exemplarisch Arnold 2010, 96; Lohner 2014, 40–42). Unter Berücksichtigung von Zeitbezügen in Richtung Zukunft erscheint es jedoch sinnvoller, von Vergegenwärtigung zu sprechen, da der Begriff der Aktualisierung ausschließlich die Re-Thematisierung von Vergangenem, also die Aktualisierung von Inaktuellem in der Gegenwart impliziert.

<table>
<tr><td colspan="3" align="center">Typen zwischen Erinnerungsjournalismus und erinnernden Journalismus</td></tr>
<tr>
<td align="center">Geschichtsjournalismus
(‚history journalism')</td>
<td align="center">Gedenkjournalismus
(‚commemorative journalism')

zyklisch
Gedenktagsjournalismus
(‚anniversary journalism')
Jubiläumsjournalismus
(‚milestone anniveraries')

chronologisch
Rückblicksjournalismus
(‚summary journalism')

anlassbezogen
(‚by chance commemorations')
Nachrufe
(‚obituaries')</td>
<td align="center">Nicht-kommemorativer Journalismus
(‚non-commemorative journalism')

zyklisch
Jahrestagsjournalismus
erinnert nicht an die Vergangenheit, sondern an ein Thema

chronologisch
Rückblicksjournalismus
mittels Zeitreihen (‚timeline')

anlassbezogen
variierende Zeitbezüge in der Routineberichterstattung</td>
</tr>
<tr>
<td align="center">Erinnerungsjournalismus
Zeitbezug auf <u>Vergangenheit</u> ist explizit; Gegenwarts- und Zukunftsbezüge eher implizit</td>
<td align="center">enthält sowohl explizite wie implizite Zeitbezüge</td>
<td align="center">Erinnernder Journalismus
Zeitbezug auf die <u>Gegenwart</u> ist explizit; Vergangenheits- und Zukunftsbezüge eher implizit</td>
</tr>
<tr><td colspan="3" align="center">Zeitbezüge</td></tr>
<tr><td colspan="3">

Anachrone Darstellung (‚anachrony'): Hauptfokus ist die Vergangenheit

Diachrone Darstellung (‚diachrony')

- Verknüpfung von Vergangenheit und Gegenwart
- Verknüpfung von Gegenwart und Zukunft
- Verknüpfung von Vergangenheit und Zukunft

Synchrone Darstellung (‚synchrony'): Hauptfokus ist die Gegenwart

</td></tr>
<tr><td colspan="3" align="center">Formen der Vergegenwärtigung</td></tr>
<tr><td colspan="3">

Reihung (‚sequences')

- zeitlich, z.B. bei Jahresrückblicken (‚temporal sequences')
- thematisch, z.B. alle Zugunglücke der letzten 10 Jahre (‚case sequences')

Historische Analogiebildung (‚historical analogies')

Historische Kontextualisierung (‚historical contextualisation')

Kommemorierung (‚commemoration')

Projektion (‚projection')

</td></tr>
</table>

Abbildung 7.1: Gedächtnisreflexive Darstellungsformen (eigene Darstellung)

Im Zentrum des *Geschichtsjournalismus* steht die abgeschlossene, als historisch bezeichnete Vergangenheit, weshalb er auch als Erinnerungsjournalismus bezeichnet werden kann. In Deutschland als Fachjournalismus kategorisiert, ist damit eine fachlich fundierte und informierte Berichterstattung über als gesellschaftlich relevant erachtete historische Ereignisse und Zusammenhänge gemeint. Das Spektrum journalistischer Angebote reicht im Printbereich von einem ausdifferenzierten Markt populärer Geschichtsmagazine (z. B. *PM History*), über zahlreiche geschichtsbezogene Ableger etablierter Universalmedien (z. B. *ZEIT Geschichte, Spiegel Geschichte*) bis hin zu eigenständigen Ressortseiten der Tages- und Wochenpresse (z. B. Geschichtsseite in *DIE ZEIT*). Die mediale Bandbreite der Angebote umfasst eigenständige Programme im Fernsehen (z. B. *ZDF history*), regelmäßige Sendungen (z. B. *MDR Zeitreise, Bayern 2 radioWissen Alles Geschichte*) und Einzeldokumentationen in Radio und Fernsehen sowie Online-Angebote (z. B. das wissenschaftsnahe journalistische Projekt *zeitgeschichte/online*) und Podcasts (z. B. *WDR ZeitZeichen, SWR2 Archivradio, Eine Stunde History* von Deutschlandfunk Nova). Die auf historische Themen spezialisierten Fachjournalist:innen haben in der Regel entweder ein Studium der Geschichtswissenschaften absolviert oder sich im Laufe ihrer Berufsjahre auf die Berichterstattung über historische Themen spezialisiert. Interessanterweise gibt es zu diesem im deutschen Journalismus fachjournalistisch definierten Expertisefeld auf internationaler Ebene offenbar keine Entsprechung.

Die Thematisierung von Journalismus und kollektiver Erinnerung wird zumeist in Zusammenhang mit dem Typus des *Gedenkjournalismus (‚commemorative journalism')* (Prandner 2016) gebracht. Darunter fällt vor allem der sogenannte *Gedenktagsjournalismus (‚anniversary journalism', Kitch 2002)* (Amman 2010). Als i. w. S. termingetriebener Journalismus beschäftigt er sich anlässlich von Jahrestagen oder wiederkehrenden Geburts- oder Sterbedaten bekannter Persönlichkeiten, mit vergangenen Ereignissen und stellt deren Bedeutung für die Gegenwart heraus. Eine spezifische Variante des Gedenktagsjournalismus ist der *Jubiläumsjournalismus*, der insbesondere die runden Jubiläen *(‚milestone anniversaries', Kitch 2002, 46)* gesellschaftlich relevanter Ereignisse in den Blick nimmt. Gegenstand der Berichterstattung sind hier zumeist öffentlich organisierte und inszenierte Festveranstaltungen sowie in einem weiteren Sinne alle mit dem vergangenen Ereignis oder dem gegenwärtigen Jubiläum in Verbindung stehenden Themen. In vielen Universalmedien ist diese an ein bestimmtes Datum gebundene Rückschau durch eine eigene Rubrik verankert (wie *„Heute vor 50 Jahren"*). Neben solchen zyklisch wiederkehrenden Anlässen führen auch unvorhergesehene Ereignisse *(‚by chance commemorations', Edy 1999, 75)* wie der Todesfall von prominenten Persönlichkeiten zu einer Form des gedenkenden Journalismus. Diese hat sich in der Darstellungsform des *Nachrufs (‚obituary', Fowler 2007)* (Brunn 1999) etabliert. Auf kalendarische Daten, aber nicht in zyklischer, sondern chronologisch rückblickender Form stützt sich der sogenannte *Rückblicksjournalismus (‚retrospective journalism', in Form von Sonderausgaben auch ‚summary journalism', Kitch 2006)*. Hierunter fallen gedenkende Chroniken in Form journalistisch aufbereiteter Wochen-, Monats- und Jahresrückblicke, die im Sinne einer kommentierten Retrospektive den Verlauf einer zeitlich linear geordneten und abgegrenzten Entwicklung in Erinnerung rufen. Die zyklischen, chronologischen und anlassbezogenen Erscheinungsformen machen deutlich, dass innerhalb des Gedenkjournalismus unterschiedliche zeitliche Strukturierungsprinzipien zum Tragen kommen. Allen Varianten gemeinsam ist jedoch eine ritualisierte, also eine feierlich und symbolisch aufgeladene Verbindung von Vergangenheit und Gegenwart.

Auch innerhalb des dritten Typus, dem *nicht-kommemorativen Journalismus* (*,non-commemorative forms of journalistic memory'*, *Trümper und Broer 2021*), üblicherweise als Normal- bzw. Routinejournalismus bezeichnet, kommen die erwähnten zeitlichen Strukturierungsprinzipien und erinnerungsrelevanten Aspekte zum Tragen. Ein ebenfalls planbarer – weil in Zyklen wiederkehrender – Anlass für Berichterstattung ist der *Jahrestagsjournalismus*. Im Unterschied zum Gedenktagsjournalismus wird hier jedoch nicht an vergangene Ereignisse, sondern an ein bestimmtes Thema erinnert. Das jährliche Aufgreifen von Aktionstagen wie beispielsweise dem Weltwassertag oder dem Welt-Aids-Tag dient in vielen Fällen dazu, auf soziale und ökologischen Problemlagen aufmerksam zu machen, zum Nachdenken anzuregen, und wird nicht selten mit dem Aufruf zum politischen Handeln verknüpft. Auch innerhalb des nicht-kommemorativen Journalismus sind Formen des *Rückblicksjournalismus* zu finden: In zeitlicher oder thematischer Reihung werden Vergangenheit und Gegenwart in chronologischer Abfolge miteinander verknüpft. Darstellungen dieser Art haben – im Unterschied zur gedenkenden Retrospektive – einen stärker funktionalen Charakter und dienen dazu, in der Berichterstattung das aktuell berichtete Ereignis einzuordnen. Zeitliche Reihungen haben dabei das Ziel, gegenwärtige Ereignisfolgen nicht nur zu erklären, sondern in ihrem Ablauf auch erleb- und nachvollziehbar zu machen.[8] Im Fall von thematischen Reihungen, die typischerweise im Kontext von Katastrophenereignissen verwendet werden (z. B. Flugzeugabstürze der letzten 10 Jahre), wird Rezipient:innen hingegen vermittelt, dass es sich bei dem gegenwärtigen Ereignis um keinen Einzelfall handelt, sondern dass es derlei Fälle immer schon gegeben hat. Diese grundsätzliche Einordungsleistung von Journalist:innen im Rahmen der auf die Gegenwart bezogenen *Routine- und Ereignisberichterstattung* legt somit nahe, dass prinzipiell jegliche anlassbezogene Form der Berichterstattung über soeben vergangene oder gerade stattfindende Ereignisse zeitlich strukturiert ist. Neben zeitlichen Rück- und Gegenwartsbezügen werden zusehends auch in der Berichterstattung enthaltene Zukunftsbezüge in den Blick genommen (vgl. dazu genauer Abschnitt 6). Gemeinsam

---

8 Zeitliche Reihungen in der Gestalt von Zeitleisten gehören zur Darstellungsform der Infografik. Aufgrund der im Digitalen multimodalen Verknüpfungsmöglichkeiten von Sprache, Bild, Bewegtbild, Zahl, Ton etc. nehmen sie mittlerweile hybriden Charakter an. Interaktive Zeitleisten im Online-Journalismus suggerieren durch den Begriff der Chronologie und entsprechende Navigationspfeile zwar eine lineare Nutzungsweise, Nutzer:innen sind jedoch nicht auf diesen Navigationsvorschlag festgelegt.

ist demnach allen Varianten eines in dieser Weise ‚erinnernden' Journalismus eine Erinnerungsfunktion in zeitflexibler Formierung um die Gegenwart.

3.1 Zeitbezüge

Alle drei skizzierten Typen samt ihrer Subformen verknüpfen Journalismus und kollektives Erinnern miteinander. Sie tun dies jedoch mit unterschiedlicher Gewichtung und Explizitheit der jeweiligen zeitlichen Ebenen und Bezüge. Während sich Geschichtsjournalismus dominant der abgeschlossenen Vergangenheit widmet, als Erinnerungsjournalismus den thematischen Bezug auf Vergangenheit explizit macht, folgt der nicht-kommemorative Journalismus gemäß Aktualitätsprinzip den aktuellen bzw. jüngst vergangenen Ereignissen der Gegenwart. Er kann dabei sowohl implizite zeitliche Rück- als auch Zukunftsbezüge aufweisen, hat aber im Sinne eines erinnernden Journalismus vielmehr die Funktion, Vergangenes oder Zukünftiges in die kollektive Erinnerung zu rufen. Der gedenkende Journalismus nimmt die Verbindung von Vergangenheit und Gegenwart in den Blick und weist sowohl explizite als auch implizite Zeitbezüge auf.

Um die Varianz von Zeitbezügen in der Berichterstattung deutlich und der empirischen Inhaltsforschung zugänglich zu machen, ist die Zeitebenensystematik von Jan und Aleida Assmann (1994) hilfreich, die bereits in verschiedenen kommunikations- und medienwissenschaftlichen Erinnerungsstudien adaptiert wurde (z. B. Klein 1996, 91; Amman und Grittmann 2013; Lohner 2014, 226–230). Die Systematik unterscheidet *anachrone*, *diachrone* und *synchrone* Zeitbezüge, mittels derer Vergangenheit und Gegenwart in Beziehung zueinander gesetzt werden können. Berichterstattung auf einer anachronen Zeitebene bezieht sich auf die abgeschlossene Vergangenheit, also die Zeit, in der ein historisches Schlüsselereignis stattgefunden hat. Die diachrone Darstellung verbindet Vergangenheit und Gegenwart durch rituelle Formen der Erinnerung. Ebenfalls möglich sind, wie der zyklische Jahrestagsjournalismus nahelegt, diachrone Zeitbezüge zwischen Gegenwart und Zukunft oder auch diachrone Zeitbezüge zwischen Vergangenheit und Zukunft. Die synchrone Darstellung bezieht sich auf die Zeitebene der absoluten Gegenwart. Hier werden zeitgenössische Ereignisse in den Mittelpunkt gestellt, die mit der Vergangenheit verbunden sind, aber nicht direkt aus vergangenen Ereignissen resultieren.

3.2 Formen der Vergegenwärtigung

Die für den inhaltlichen Gegenstand der Berichterstattung charakteristischen Zeitebenen nun einfach mit den drei Typen des erinnernden Journalismus gleichzusetzen (etwa den Geschichtsjournalismus als rein anachrone Darstellung zu betrachten), wäre jedoch verkürzt. Da Berichterstattung immer zum gegenwärtigen Zeitpunkt stattfindet, leisten Journalist:innen durch verschiedenen Erzählstrategien Erinnerungsarbeit, indem sie vergangene und vermehrt auch zukünftige Ereignisse vergegenwärtigen und damit relevant machen. In ihrem mittlerweile als Klassiker avancierten Beitrag *Journalistic Uses of Collective Memory* hat Jill A. Edy (1999) bereits darauf verwiesen, dass in der Berichterstattung neben der *Kommemorierung* (‚*commemoration*‘) zwei weitere Formen der Thematisierung von Vergangenheit vorkommen, mit jeweils spezifischen Funktionen. Die Herstellung einer *historischen Analogie (‚historical analogies‘)* zu einem vergangenen Ereignis dient Journalist:innen als Mittel zur Analyse und Vorhersage des Ausgangs einer aktuellen Situation. Eine *historische Kontextualisierung (‚historical contexualisation‘)* verwenden Journalist:innen, wenn sie die Entwicklungsgeschichte bis hin zu einer gegenwärtigen Situation bzw. zeitaktueller Ereignisse aufzeigen, um sie dadurch zu erklären.[9]

Darüber hinaus können mit der *Reihung* (‚*sequence*‘) stattgefundener Ereignisse und der *Projektion* (‚*projection*‘) von zu erwartenden Ereignissen und Entwicklungen zwei weitere Formen der Vergegenwärtigung von Vergangenheit und Zukunft ergänzt werden. Eine Vergegenwärtigung vergangener Ereignisse durch Reihungen sind – wie oben gezeigt – charakteristisch für den Rückblicksjournalismus. Sie können sowohl zeitlich (z.B. im Gedenkjournalismus: Die wichtigsten politischen Ereignisse des Jahres im Jahresrückblick; im nicht-kommemorativen Journalismus: Chronologie der Ereignisse im Ukrainekrieg) als auch thematisch (z.B. im nicht-kommemorativen Journalismus: Terroranschläge in Europa der letzten 10 Jahre) erfolgen. Eine Vergegenwärtigung zukünftig zu erwartender Ereignisse durch Projektionen sind journalistische Vorhersagen im Kontext aktueller Ereignisse. Diese Form der vorausschauenden Erinnerung an potenziell mögliche gesellschaftliche Entwicklungen und Szenarien ist häufig verbunden mit der Zuschreibung von Verantwortlichkeiten. Während Journalist:innen aufgrund des damit verbundenen hohen Maßes an Unsicherheit solche Aussagen typischerweise eher meiden, ermöglicht die Ausdifferenzierung des Datenjournalismus seitdem solche Vorhersagen auf der Basis statistisch abgesicherter Wahrscheinlichkeitsmodelle und Simulationen zu treffen.

Bilanziert man die journalistische Erinnerungsarbeit entlang der unterschiedlichen gedächtnisreflexiven Darstellungsformen, wird schnell deutlich, dass Journalismus nahezu in seiner gesamten Bandbreite in den Gegenstandsbereich kommunikationswissenschaftlicher Erinnerungsforschung fällt. Anhand der erläuterten Systematik (vgl. Abbildung 7.1) werden im Folgenden nun Forschungsstand und Herausforderungen für die jeweiligen Typen im Einzelnen skizziert.

---

9 In ähnlicher Weise benennt Horst Pöttker (erstmals 1997) mit kritischer, genetischer und analogischer Erzählweise drei von Geschichtsjournalist:innen anzuwendende Darstellungsstrategien, um einem Publikum die Vergangenheit näherzubringen.

4. Erinnerung im Geschichtsjournalismus

Geschichtsjournalismus kann aus einer fachjournalistischen Perspektive als thematisches Berichterstattungsfeld im Journalismus definiert werden, das darauf zielt, historisches Wissen an eine mediale Öffentlichkeit zu vermitteln. Aus der Perspektive einer kommunikations- und medienwissenschaftlichen Erinnerungsforschung muss jedoch danach gefragt werden, ob und inwieweit dies gelingt, bzw. wie und unter welchen Bedingungen, und mit welchen Folgen sich die Erinnerungsarbeit von Geschichtsjournalist:innen vollzieht.

Auch wenn der deutschsprachigen Kommunikations- und Medienwissenschaft im Allgemeinen und der Journalismusforschung im Besonderen lange kein großes Interesse erinnerungskulturellen Fragestellungen nachgesagt wurde, tragen zahlreiche Veröffentlichungen zur Konturierung dieses thematischen Berichterstattungsfelds bei. Bis in die 1990er Jahre hinein wurde Geschichtsjournalismus vor allem aus der Binnenperspektive der Journalistik betrachtet. Im Zentrum standen Fragen der journalistischen Ausbildung (z. B. hinsichtlich des 1984 an der Universität Gießen eingerichteten Studiengangs Fachjournalismus Geschichte, z. B. Quandt und Schichtel 1995) sowie Erfahrungsberichte aus der journalistischen Praxis im Umgang mit dem Thema Geschichte (z. B. Borowsky et al. 1976; Knopp und Quandt 1988; Schiller 1999). Eine kommunikations- und medienwissenschaftliche Analyseperspektive findet man im selben Zeitraum in Beiträgen und Studien, die aus kommunikationshistorischer Sicht das Verhältnis von Geschichte und Massenmedien bzw. Geschichte in Journalismus und Medien thematisieren (z. B. Feil 1974; Wilke 1999). Zudem sind in diesem Zusammenhang auch Publikationen aus der Geschichtswissenschaft (z. B. Classen 1999; Bösch 2010), der Geschichtsdidaktik und dem Bereich der Public History relevant, die wiederum Medien bzw. Journalismus ins Zentrum ihrer Betrachtungen stellen (z. B. Popp et al. 2010). Geschichtswissenschaftliche Untersuchungen, die Medien als Teil der Public History verstehen, fokussieren dabei typischerweise die Korrektheit und Authentizität der dargestellten geschichtlichen Ereignisse, nicht selten werden Massenmedien dabei als verzerrend eingestuft. Für die kommunikationswissenschaftliche Verortung des Geschichtsjournalismus ist der gleichnamige Tagungsband der DGPuK-Fachgruppe Kommunikationsgeschichte (Arnold et al. 2010) einschlägig, der neben theoretischen Beiträgen auch empirische Studien auf Produktions-, Inhalts- und Rezeptionsebene enthält.

Bilanziert man die bisherige Forschung einschließlich der bis heute veröffentlichten Qualifikationsarbeiten und Einzelstudien im Feld des Geschichtsjournalismus, kann festgehalten werden, dass es sich um „ein eigenständiges Berichterstattungsfeld mit eigenen Strukturen" (Arnold 2010, 90) handelt. Während Geschichtsjournalismus seit Beginn des 21. Jahrhunderts durch einen rasanten Anstieg insbesondere auf dem Markt der Special-Interest-Magazine prominent vertreten ist (Popp et al. 2016, 454), ist er in den übrigen Medienbranchen als Schwellenressort lediglich in größeren Medienunternehmen ausdifferenziert und institutionalisiert. Auf der Basis einer explorativen

Befragung von leitenden Geschichtsredakteuren konstatiert Klaus Arnold (2010, 89) den offenkundigen Widerspruch zwischen medialem Geschichtsboom und einem geringem Professionalisierungs- und Institutionalisierungsgrad. Mit Blick auf die Auswahl und Präsentation historischer Inhalte ist festzuhalten, dass diese etablierten journalistischen Handlungsroutinen wie der Herstellung von Aktualität im Sinne gegenwärtiger Relevanz und der Orientierung an Nachrichtenfaktoren folgen.

Entscheidend sind lediglich zwei Merkmale, die Geschichtsjournalismus von Gegenwartsjournalismus unterscheiden: Da der inhaltliche Gegenstand ohnehin in der historischen Vergangenheit liegt, ist die Berichterstattung zum einen weitestgehend planbar. Zum anderen muss die Aktualität von historischen Inhalten durch die Geschichtsjournalist:innen erst konstruiert werden. Neben der Re-Thematisierung von Vergangenheit anlässlich von wiederkehrenden Gedenktagen, oder dem Aufgreifen neu entdeckter oder bislang noch nicht thematisierter Aspekte, sind es spezifische Darstellungsstrategien, mittels derer Berichterstattung ein Gegenwartsbezug verliehen werden kann. Dazu zählen die bereits erläuterten charakteristischen Formen der Vergegenwärtigung von Vergangenheit (Edy 1999 bzw. Pöttker 1997).

Ein weiteres Merkmal von Geschichtsjournalismus im engeren Sinne, das noch deutlicher in Bezug auf Geschichte in anderen nicht-fiktiven medialen Formaten wie Dokumentationen, Geschichtssendungen bis hin zu Internet hervortritt, ist seine Unterhaltungsorientierung. Hieraus resultiert ein Spannungsverhältnis bzw. die als *Histotainment* bezeichnete Vermischung historischer Faktizität und publikumsorientierter Aufbereitung (Arnold 2010, 91; Popp et al. 2016).

Dass geschichtsjournalistische Formate in allen Medien zu finden sind, spiegelt sich in der langen Tradition themen- und einzelmedienzentrierter Forschung wider. Im Spektrum historischer Themen fällt sowohl in Bezug auf die journalistische Thematisierung als auch die wissenschaftliche Erforschung eine deutliche Fokussierung auf zeitgeschichtliche Ereignisse des 20. Jahrhunderts und hier nochmals insbesondere auf den Nationalsozialismus, Zweiten Weltkrieg und Holocaust auf (Arnold 2010, 97–98; Springkart 2016, 254). Hinsichtlich der untersuchten Medien liegt neben inhaltsanalytischen Untersuchungen von Printmedien (z. B. Böhme-Dürr 1999; Wassermann 2000) ein starker Fokus auf Fernsehinhalten, wobei hier häufig fiktionale und non-fiktionale Angebote zusammen untersucht werden (z. B. Feil 1974; Classen 1999). Neben der Genrevielfalt des Fernsehens lässt sich dies vor allem damit begründen, dass geschichtliche Inhalte lange Zeit auch dominant über das Fernsehen rezipiert wurden (Klingler et al. 1999, 318).

Mittlerweile sind die mit dem Radio und Internet verbundenen medialen Distributions- und Partizipationsmöglichkeiten ebenfalls in den Fokus der Forschung gerückt. Exemplarisch hierfür stehen die Qualifikationsschriften von Susanne Wegner (2020) zur journalistischen Darstellung des Holocausts im Radio und dessen Aneignung sowie von Andrea Kolpatzik (2017) zur Produktion, Vermittlung und Aneignung medialer Geschichtskonstruktionen anhand von Internetprojekten traditioneller Medienmarken. Insbesondere neue digitale Geschichtsvermittlungsformate wie *@ichbinso-*

phiescholl, dem Instagram-Projekt von SWR und BR anlässlich des 100. Geburtstags der Widerstandskämpferin, legen nahe, dass Geschichtsjournalismus immer wieder auf der Suche nach neuen Formaten ist, um Historisches unterhaltsam zu erzählen, und dass große Verlage und Medienunternehmen dabei zunehmend crossmedial agieren. An dieser Stelle wird es auch zukünftig eine zentrale Aufgabe kommunikations- und medienwissenschaftlicher Forschung sein, solche Projekte mit entsprechenden Methoden im Hinblick auf ihre erinnerungskulturelle Beschaffenheit zu erschließen.

Ein immer noch festzustellendes Desiderat sind genauere Kenntnisse der Aneignungsprozesse und der nachhaltigen Erinnerung von geschichtsjournalistischen Inhalten. Ausnahmen sind neben den o.g. beiden Studien die Untersuchungen von Meyen und Pfaff (2006) und Finger (2017). Zurückzuführen ist dies auf die methodische Herausforderung, die Bedeutung von Medien generell und von Geschichtsjournalismus im Speziellen für individuelle und kollektive Erinnerungen zu erfassen, denn: Geschichtsjournalismus ist eben auch nur ein *memory agent* neben anderen. Aus Sicht eines Publikums gilt diese Feststellung sowohl innerhalb ihres individuell genutzten Medienrepertoires, in dem neben faktischen zumeist auch fiktionale Darstellungen von historischen Ereignissen Eindrücke hinterlassen, als auch über ihr medial vermitteltes historisches Geschichtswissen hinaus. Hier wären im Sinne einer akteurszentrierten Forschung Erinnerungsrepertoires zu untersuchen, die alte und neue Medien auch zu anderen erinnerungsprägenden Einflüssen wie beispielsweise Familie, Schulen, Museen und Gedenkstätten ins Verhältnis setzen.

5. Erinnerung im Gedenkjournalismus

Gedenkjournalismus nimmt seinen Ausgangspunkt in der gesellschaftlichen Erinnerungskultur, die zumeist zyklisch und anlassbezogen an Gedenktagen (Jahres-, Jubiläums-, Geburts- oder Todestagen) aktualisiert wird. Dabei konstituiert sich Erinnerungskultur im gegenwärtigen Rückblick auf Vergangenheit nicht durch die Rekonstruktion historischer Fakten, sondern durch die Zuschreibung einer kulturellen Bedeutung dieser Fakten für die Gegenwart (Ammann 2010, 155). Unabhängig davon, ob es sich um Gedenkanlässe aufgrund traumatischer Ereignisse (z. B. Kriege, Terroranschläge, Unglücke, Naturkatastrophen) oder positiv konnotierter Ereignisse (z. B. Geburts- und würdigende Todestage bedeutender Persönlichkeiten, soziale und politische Umbrüche wie die Deutsche Wiedervereinigung) handelt: Jahrestage und insbesondere Jubiläen veranlassen gesellschaftliche Akteure und Institutionen regelmäßig dazu, festliche Gedenkereignisse zu schaffen, die zur Stärkung der Identität und Werte einer Gemeinschaft beitragen können (Kitch 2002, 48).

Während Geschichtsjournalismus als Fachjournalismus klare Konturen hat, die in Ausbildung, in thematischer Spezialisierung von Journalist:innen und teils in redaktionellen Strukturen erkennbar sind, ist dies bei Gedenkjournalismus nicht der

Fall. Gleichwohl sind Gedenktage auch für Geschichtsjournalist:innen immer ein willkommener Anlass, historische Themen wieder ins Gedächtnis ihres Publikums zu rufen (Pöttker 2010, 38–40). Dennoch werden erinnerungsrelevante journalistische Beiträge anlässlich von Gedenktagen oder Nachrufe auf verstorbene Persönlichkeiten nicht nur von Fachjournalisten produziert, sondern sind als aktuell aufzugreifendes Thema für potenziell *alle* Journalist:innen relevant. Empirische Studien zum Gedenkjournalismus setzen daher in erster Linie an den Inhalten an und fragen nach den ihnen zugrundeliegenden Strukturen journalistischer Erinnerungskonstruktion. Angesichts der doppelten Funktion von Journalist:innen als Erinnerungsagenten und von Journalismus als Forum gesellschaftlich verhandelter Erinnerungen, können hier sowohl typische Muster journalistischer Nachrichtenselektion und -präsentation als auch variierende Muster gesellschaftlichen Gedenkens ausgemacht werden.

Wie im Geschichtsjournalismus lassen auch die im Gedenktagsjournalismus erinnerten Ereignisse (z.B. Klein 1996 zum D-Day; Striegel 1999 zum Luftangriff auf Guernica; Günther 2008 zum Gedenken an Sigmund Freud; Löser 2008 zur Friedlichen Revolution 1989; Donk und Herbers 2010 zu 9/11; Bembnista und Heimann zur Oderflut 2020) darauf schließen, dass hier Nachrichtenfaktoren wie Negativität, Reichweite, kulturelle Nähe oder Personalisierung wirken. Zudem teilen negative wie auch positive Gedenkanlässe das Charakteristikum, dass sie – solange regelmäßig an sie erinnert wird – für eine Gesellschaft als Erinnerungsgemeinschaft von Bedeutung sind. Das Merkmal der – auch gegenwärtigen – sozialen Relevanz ist somit ein zentraler Faktor, der Gedenkereignisse für Journalist:innen zu Berichterstattungsanlässen mit hohem Nachrichten- bzw. Erinnerungswert macht (zur Parallelität von Nachrichten- und Erinnerungswerten vgl. Trümper 2018, 75–79).

Dass gängige Prinzipien der Nachrichtenselektion auch in der Darstellungsform des Nachrufs zur Anwendung kommen, zeigt Stefan Brunn (1999). Die von ihm als „Nachruffaktoren" (1999, 117) bezeichneten Auswahlkriterien wie der Grad der Prominenz und Bedeutung der verstorbenen und zu würdigenden Person entscheiden, ob und in welcher Weise an sie erinnert wird. Neben Formen und Funktionen von Nachrufen, verweist Brunn auch auf typische Strukturen der Produktion: Zwar ist der Zeitpunkt für die Veröffentlichung eines Nachrufs nicht planbar wie die Berichterstattung über anstehende Gedenktage. Gleichwohl ist für die Gestaltung von Nachrufen die Praxis der Präventivproduktionen (Brunn 1999, 106–116) sowie die Praxis des journalistischen Gedenktagsrecyclings (Brunn 1999, 190–194) charakteristisch. Es ist daher nicht unüblich, dass Porträts zu runden Geburtstagen bekannter Persönlichkeiten im Falle ihres Todes inhaltlich kaum verändert, als Nachruf oder noch später, anlässlich runder Todes- oder Geburtstage wiederverwertet werden.

Im Hinblick auf charakteristische Muster gesellschaftlichen Gedenkens, die sich auch in der Berichterstattung niederschlagen, ist auffällig, dass – wie etwa Donk und Herbers (2010) in ihrer Studie der Gedenktagsberichterstattung zum 11. September zwischen 2002 und 2008 feststellen – runden Gedenktagen eine deutlich größere mediale Aufmerksamkeit zukommt. Entsprechend ist auch das Forschungsinteresse von

Kommunikations- und Medienwissenschaftler:innen vor allem auf die Jubiläumsjahre einzelner Ereignisse in spezifischen gesellschaftlichen Kontexten gerichtet (z. B. Klein 1996 zum 50. Jahrestag des D-Day; Löser 2010 zum 20. Jahrestag der Friedlichen Revolution von 1989; Sanko 2016 zum 40. Jahrestag des Kriegsendes in Vietnam).

Dass gesellschaftliche Erinnerungen an einzelne Ereignisse in hohem Maße lokal und kulturell variieren können, belegen ländervergleichende Studien. Bembnista und Heimann (2020, 46) stellen beispielsweise fest, dass die in den lokalen deutschen und polnischen Medien erinnerten Deutungen zur Bewältigung der Oder-Flut variierten. Norman W. Striegel (1999) zeigt in seiner Analyse von Jubiläumsgedenktagen an den Luftangriff auf Guernica, dass zwar in beiden Ländern an das Ereignis erinnert wird. Im Unterschied zur spanischen Presse erfolgt die Verankerung im deutschen Kollektivgedächtnis lediglich über den Verweis auf das gleichname Picasso-Gemälde.

Das Ausmaß kultureller Variabilität kollektiver Erinnerungskonstruktionen und die Frage, wie sich Erinnerungsgemeinschaften in einer zunehmend global vernetzten und agierenden Welt bilden, ist insbesondere bei Ereignissen mit transnationaler Reichweite und Öffentlichkeit von Interesse (Lohner und de Wolff i.d.B.). An Ereignissen wie dem Fall des Eisernen Vorhangs („Europäische Wende“, Lohner 2014) oder den Terroranschlägen vom 11. September (Donk und Herbers 2010; Ammann und Grittmann 2013; Ammann 2015) wird untersucht, ob und inwieweit es zu einem Globalgedächtnis kommt. Judith Lohner (2014) zeigt in ihrer Studie zum 20-jährigen Jubiläum der Europäischen Wende einerseits auf, dass es sich bei der beobachteten Transnationalisierung um eine Europäisierung der Erinnerung handelt. Andererseits bilanziert sie, dass trotz aller Europäisierungstendenzen nationale und subnationale Räume, Perspektiven, Kollektive und Rahmungen im Sinne einer ‚domestizierten Europäisierung‘ eine zentrale Bezugsebene in der Erinnerung bleiben. Ilona Amman (2015, 452) verweist hingegen auf die Ebene des Globalen. Demnach sei 9/11 nicht nur ein kosmopolitischer Moment der Weltrisikogesellschaft gewesen, auch der Gedenktag habe sich zu einem Phänomen kosmopolitischer Erinnerung entwickelt, das sich aus dem Zusammenspiel nationaler Deutungen und universeller Werte ergebe.

Zur genauen Rekonstruktion der Dynamik von Entstehung, Nachhaltigkeit und Wandel kollektiver Erinnerungen ist jedoch eine längerfristige zeitliche Perspektive notwendig. Daher sind neben ereignisbezogenen Querschnittsstudien Zeitverlaufsuntersuchungen von Bedeutung (z. B. Striegel 1999; Krieg et al. 2010; Krieg et al. 2016). An dieser Stelle ist insbesondere die Langzeituntersuchung zur Erinnerung an das Hitler-Attentat von Martin Krieg hervorzuheben. Die in diesem Zusammenhang durchgeführten zwei Teilstudien zeichnen die Entwicklung der Berichterstattung über den 20. Juli 1944 über sechs (Krieg 2010) bzw. sieben Jahrzehnte (Krieg et al. 2016) hinweg nach. Im Fokus steht die Frage, welche Veränderungen sich im medial vermittelten Geschichtsbewusstsein und auch in der gesellschaftlichen Wahrnehmung des Ereignisses feststellen lassen. Die Zunahme des Umfangs der Gedenkberichterstattung im Verlauf der Jahrzehnte – mit Ausnahme des Gedenkjahres 1974, in dem außenpolitische Themen dominierten –, wird damit erklärt, dass eine Re-Thematisierung von Vergangenem im doppelten Sinne ereignisabhängig ist, nämlich sowohl von der Wichtigkeit des Erinnerungsereignisses als auch von der Ereignislage in der Gegenwart (Krieg 2010, 175). Ein weiteres interessantes Ergebnis ist, dass sich die Zunahme der Gedenkberichterstattung in der jüngeren Vergangenheit vor allem auf die Vorberichterstattung zu den Gedenktagen bezog (Krieg 2010, 177). Im Hinblick auf die Re-Thematisierung zeigt die Untersuchung außerdem, dass sich die Schwerpunkte und Bewertungen in der Berichterstattung im Zeitverlauf verändert haben, was als Ausdruck und Ergebnis eines langfristigen Wertewandels interpretiert wird (Krieg et al. 2016, 152). Aus den Befunden ließe sich die Hypothese ableiten, dass Journalist:innen umso mehr Erinnerungsarbeit (im Sinne einer informierenden und einordnenden Wissensvermittlung) vor dem eigentlich zu gedenkenden Ereignis leisten müssen, je länger ein historisches Ereignis zurückliegt. Die beiden zusammenhängenden Studien sind im deutschsprachigen Forschungskontext bisher die Einzigen, welche sich auch der Erforschung eines möglichen Einflusses von Gedenktagsberichterstattung auf das Wissen und die Wahrnehmung eines Erinnerungsereignisses widmen. So konnte im Abgleich von Medienagenda und repräsentativen Befragungsergebnissen ein temporäres ‚*Collective-Memory-Setting*' durch die Medien festgestellt werden. Zudem wurde deutlich, dass sich im Zeitverlauf die Bewertungen des Ereignisses in den Medien und in der Bevölkerung in ähnlicher Weise änderten (Krieg et al. 2016, 151–152). Da derartige Vergleiche keine Kausalzusammenhänge belegen können, bleibt jedoch offen, inwieweit diese Bewertungen durch die Bevölkerung ursächlich auf die mediale Berichterstattung zurückgehen, oder ob nicht sowohl Medien als auch Bevölkerungsmeinung dieselben gesellschaftlichen Wertvorstellungen widerspiegeln.

Ein weiterer wichtiger Aspekt der Erforschung von Gedenkjournalismus bezieht sich auf die visuelle Dimension journalistischer Auseinandersetzung mit Vergangenheit. Bilder sind nicht nur wichtige Träger kollektiver Erinnerung mit werte- und gemeinschaftsstiftendem Potenzial, sondern für Journalist:innen auch Mittel zum Zweck der Inszenierung von Erinnerungsritualen als einem rituellen Medienereignis (zur Bedeutung von Bildern Sanko i.d.B). So kann Krieg (2010, 182–183) auch anhand von Bildern Veränderungen der Berichterstattung nachweisen. Diese nahmen im Untersuchungszeitraum nicht nur zu, sondern schlossen auch in emotionalisierender Weise an Nachrichtenfaktoren wie Personalisierung, Human Touch und Konflikt an. Auf der Basis einer ländervergleichenden Bildanalyse von Pressefotos, die anlässlich verschiedener Jahrestage zum 11. September veröffentlicht wurden, kann Amman (2015, 450) zeigen, dass die Erinnerungsikonografie länderspezifische Funktionen erfüllt. Weitere identifizierte Bildtypen stellten Andacht, Trauer und Mitgefühl in den Mittelpunkt, wodurch die menschliche Katastrophe für die geteilte humanistische Weltanschauung einer kosmopolitischen Solidargemeinschaft anschlussfähig wird (Ammann 2015, 451).

Über Pressebilder hinaus gewinnen digitale und vernetzte Medien und damit einhergehende Veränderungen für die Erforschung von Gedenkjournalismus aus mindestens zwei Gründen an Relevanz: Zum einen partizipieren über soziale Medien zunehmend mehr Akteure an öffentlichen Erinnerungsdiskursen (Birkner und Donk 2020; Sommer i.d.B.); zum anderen eröffnet die Vielfalt und Multimodalität digitaler Plattformen neue Formen der Kommunikation von Erinnerung. Künftige Forschung wird sich also der Frage widmen müssen, ob und wenn ja, wie in einer solchen Medienumgebung noch kollektiv relevante Erinnerungen entstehen können. Darüber hinaus bleibt nach wie vor die Frage spannend, ob und inwieweit Gedenkjournalismus tatsächlich die ihm zugeschriebene identitätsstiftende und integrierende Funktion erfüllt.

6. Erinnerung im nicht-kommemorativen Journalismus

Ausgangspunkt für Erinnerung im nicht-kommemorativen Journalismus ist die für Journalismus grundlegende Konstruktion von Aktualität, die sich durch eine formal-zeitliche Nähe zwischen Ereignis und Berichterstattung und eine thematisch-inhaltliche Relevanz für die Gesellschaft kennzeichnet (Neverla und Lohner 2010, 282). Beide Komponenten unterliegen sozialen Konstruktionsprozessen, d.h. es muss erst in der öffentlichen Kommunikation ausgehandelt werden, was ‚aktuell‘ im Sinne von ‚sozial relevant‘ und ‚inhaltlich bedeutungsvoll‘ ist. Demzufolge kann Aktualität als Teil einer ‚systemischen Begründungspragmatik des Journalismus‘ (Neverla und Lohner 2012, 284) verstanden werden. Für Journalist:innen heißt das konkret, dass sie im Zuge einer kontextualisierenden Darstellung von Ereignissen routinemäßig auf Vergangenes zurückgreifen. Demnach handelt es sich – wie in Abschnitt 3 darstellt – bei ‚historischer Analogiebildung‘ und ‚historischer Kontextualisierung‘ (Edy 1999) ebenso wie bei den drei geschichtsjournalistischen Erzählweisen (Pöttker 1997) um Aktualisierungs- bzw. Vergegenwärtigungsstrategien, mittels derer vergangenen Themen und Ereignissen gegenwärtige Relevanz zugeschrieben wird, oder die umgekehrt verstehen lassen, warum ein gegenwärtiges Ereignis aus einer historischen Betrachtung von Bedeutung ist. Indem Journalist:innen auf diese Weise Ereignisse und Themen zeitlich einordnen, erbringen sie eine wichtige Informations- und soziale Orientierungsleistung. Die Herstellung eines Aktualitätsbezugs ist somit nicht nur ein zentrales Merkmal journalistischen Handelns, sondern in dem Maße, wie diese thematisch-zeitliche Einordnungsleistung gelingt, auch eine zentrale Qualitätsdimension im Journalismus (Trümper 2018, 61–62). Während ein Forschungszweig im nicht-kommemorativen Journalismus die Aktualität der Vergangenheit in der Gegenwart betont (Neverla und Lohner 2012), richtet ein weiterer Forschungszweig seinen Blick auf die zunehmende Relevanz der Zukunft in der gegenwärtigen Berichterstattung. Diese Verschiebung der Aufmerksamkeit von der retrospektiven zur prospektiven Erinnerungsfunktion im Journalismus wird im Konzept der mediatisierten prospektive Erinnerung

(Tenenboim-Weinblatt 2011, 2013) sowie im Modell der nachhaltigen Erinnerung (Trümper und Neverla 2013; Trümper 2018) deutlich.

Keren Tenenboim-Weinblatt (2011, 216) argumentiert, dass Nachrichten nicht nur dazu dienen, die Aufmerksamkeit auf bestimmte, relevante Themen zu lenken, sondern auch dazu, an kollektive Verpflichtungen, Versprechen und Absichten zu erinnern. An das Konzept des Agenda-Settings anknüpfend untersucht sie nicht abgeschlossene Nachrichtengeschichten am Beispiel der israelischen Berichterstattung über politische Entführungen und Gefangenschaften (Tenenboim-Weinblatt 2013; Tenenboim-Weinblatt i.d.B.). Medienvermittelte prospektive Erinnerungen (‚*mediated prospective memory*') stellen demnach öffentliche Handlungsagenden mit bislang unerledigten Aufgaben dar, wie etwa die ausstehende Befreiung von politischen Gefangenen.

Stefanie Trümper (2018) synthetisiert mit ihrem Modell der nachhaltigen Erinnerung die Überlegungen zur Konstruktion von Aktualität als thematisch-zeitliche Einordnungsleistung des Journalismus und die Annahme, dass sich Medienaufmerksamkeit immer sowohl auf Vergangenes als auch auf Zukünftiges richtet. Nachhaltig ist journalistische Erinnerung dann, wenn es sich um einen Prozess der fortlaufenden und langfristigen Re-Thematisierung von Ereignissen handelt, deren thematisch-zeitliche Kontextualisierung in der gegenwärtigen Berichterstattung nachweisbar ist (Trümper 2018, 127).

An beide genannten Konzepte und deren empirische Anwendungen schließen grundlegendere Überlegungen zur zeitlichen Affordanz des Journalismus und von Medien im Allgemeinen an (z.B. Tenenboim-Weinblatt und Neiger 2018; Trümper und Neverla 2019; Trümper, i.d.B.). Zudem konnten anhand von Experteninterviews mit Journalist:innen strategische Beweggründe für die Erinnerungsarbeit identifiziert werden (Trümper und Broer 2021). Hierbei wurde deutlich, dass Journalist:innen erinnernde Elemente und damit folglich implizite zeitliche Bezüge in ihre Berichte integrieren, um die eigene Einschätzungen in Bezug auf künftige Entwicklungen besser zu fundieren und im Zuge wahrgenommener Unsicherheit (z.B. Flüchtlings- oder Klimakrise) Orientierung zu geben.

Empirische Studien zum nicht-kommemorativen Journalismus sind im deutschsprachigen Raum noch vergleichsweise selten, setzen bislang vornehmlich an Medieninhalten an und untersuchen die Aktualisierung dramatischer Ereignisse in der Gegenwartsberichterstattung. Beispielhaft hierfür ist zum einen die ländervergleichende Inhaltsanalyse deutscher und niederländischer nationaler und regionaler Tageszeitungen von Stefanie Trümper (2018), welche die langfristige Medienaufmerksamkeit für zwei traumatische Flutkatastrophe und deren Relevanz hinsichtlich der Darstellung potenzieller Risiken des Klimawandels fokussiert. Zum anderen zeigt die Studie von Lucas Tratschin (2020) mittels einer Inhaltsanalyse deutschschweizer Tages- und Sonntagszeitungen im Zeitraum von 1993 bis 2018, dass die Erinnerung an die Spanische Grippe mit der grundsätzlichen Furcht vor einer zukünftigen Grippe-Pandemie verbunden, d.h. auf mögliche Pandemien in der Zukunft projiziert wird.

Im Bereich des nicht-kommemorativen Journalismus scheint das Forschungspotenzial in empirischer Hinsicht somit vor allem in der Exploration der zukunftsgerichteten Erinnerungsfunktion und damit journalistischer Projektionen zu bestehen. Journalist:innen stehen regelmäßig vor der Frage, wie sie über Ereignisse berichten sollen, über deren Folgen man allenfalls spekulieren oder demnach lediglich unsichere Prognosen abgeben kann. Relevant ist dies, da gerade in solchen Fällen ein erhebliches öffentliches Interesse an Informationen besteht, weil sich gesellschaftliche Akteure auf die zukünftigen Entwicklungen vorbereiten oder diese verhindern wollen. Andererseits lehnen Journalist:innen, deren Berichterstattung auf Faktizität beruht, solche Prognosen häufig aufgrund der Unsicherheit ab. Im Zuge des sich rasant entwickelnden Datenjournalismus (auch computergestützter und algorithmischer Journalismus) ist jedoch vermehrt die datengestützte Nutzung der Vergangenheit für Vorhersagen zu beobachten. Solche Aussagen sind trotz ihres Vorhersageanspruchs in der Vergangenheit verankert, da sie auf der Extrapolation von Archivdaten beruhen (Pentzold und Fechner 2020).

Im Bereich des nicht-kommemorativen Journalismus sind hinsichtlich der theoretisch-konzeptionellen Perspektiven auf die prospektiven bzw. prädiktiven Erinnerungsfunktionen, neben der o.g. Verknüpfung von mediatisierter prospektiver Erinnerung und Agenda-Setting, auch bei anderen Theorien mittlerer Reichweite Potenziale identifizierbar. Anschlussmöglichkeiten bietet etwa die ursprünglich aus der politischen Kommunikations- und Mobilisierungsforschung stammende Framingtheorie. Demnach können in der Berichterstattung sowohl Frames analysiert werden, die ihren zeitlichen Bezug eher auf die Vergangenheit richten und Probleme beschreiben (diagnostische Frames) oder ihr Zustandekommen moralisch bewerten (motivationale Frames) als auch Frames, die eher zukunftsgerichtet lösungsorientierte Handlungsempfehlung in den Mittelpunkt stellen (prognostische Frames) (Entman 1993).

Ähnlich strukturiert ist die ebenfalls in der politischen Kommunikationsforschung (z. B. bei Wahlen oder in der EU-Berichterstattung) zur Anwendung kommende Attributionstheorie, die ihren Ursprung in der Sozialpsychologie hat. Dieser Theorie zufolge schreiben sich Akteure typischerweise Erfolge selbst zu, während sie ihre Misserfolge anderen zuschreiben. Ein Akteur kann einen anderen Akteur aber auch zur Lösung eines Problems auffordern. In der daraus folgenden Varianz möglicher Adressierungen wird einerseits zwischen Kausalattributionen und Zuständigkeitsattributionen sowie andererseits zwischen faktischen und prognostischen Attributionen unterschieden – Adressierungen, die sich somit jeweils auch einer retrospektiven und prospektiven zeitlichen Orientierung zuordnen lassen (Gerhards et al. 2007).

Beide Ansätze eignen sich für die Analyse komplexer zeitlicher Verschränkungen von Gegenwart mit Vergangenheit und Zukunft in der Berichterstattung und sind somit anschlussfähig für erinnerungswissenschaftliche Fragestellungen und Reflexionen. Aussichtsreich scheint dies insbesondere mit Blick auf die Analysen der journalistischen Berichterstattung im Konflikt-, Kriegs- und Krisenmodus, in denen ein hohes gesellschaftliches Bedürfnis nach Erklärung, Regulierung und bisweilen auch Vorhersehbarkeit sozialer Wirklichkeit besteht.

7. Die Geschichte des Journalismus

Journalismus ist nicht nur ein Chronist von Ereignissen und Zeitverläufen sowie einflussreicher Gestalter gesellschaftlicher Erinnerung, sondern schreibt als Profession[10] auch seine eigene Geschichte (z.B. Pöttker und Toepser-Ziegert 2010). Professionsbezogene Erinnerungen dienen Journalist:innen dazu, ihre Legitimität, ihre berufliche Identität und die Grenzen des Journalismus zu manifestieren oder gelegentlich auch neu zu verhandeln. Hierin liegt ein eigenständiger Gegenstandsbereich der Journalismusforschung, der – neben klassischen, von ‚außen‘ konstruierten Geschichtsschreibungen (z.B. Blöbaum 1994) – bislang kaum in Bezug auf das Verhältnis von Journalismus und Erinnerung reflektiert wurde. Nachfolgend werden daher Bereiche aufgezeigt, die für eine erinnerungswissenschaftliche Forschung anschlussfähig sind.

Indem Organisationen und Akteure des Journalismus bestimmte berufsbezogene Ereignisse und damit verbunden, sich und ihre Arbeit wechselseitig zu bestimmten Anlässen besonders würdigen, setzen sie ihre eigenen Erinnerungsmarken: Routinemäßig werden im Journalismus Jubiläen von Medienhäusern (z.B. 75 Jahre *Radio Bremen* im Jahre 2020), von Medienprodukten (z.B. 70 Jahre *DIE ZEIT* im Jahre 2016; 30 Jahre *arte* im Jahre 2020) oder von einzelnen Formaten und Sendungen mit langjähriger Tradition (20.000ste Ausgabe der *tagesschau* am 31.12.2010) gefeiert. Ebenfalls im rituellen Repertoire fest verankert sind nationale und internationale Journalistenpreise für besonders erinnerungswürdige Leistungen. Wenngleich in der Öffentlichkeit kaum wahrgenommen, haben sie für den Journalismus eine wichtige Orientierungsfunktion. In der Journalismusforschung sind diese Art von Würdigungen üblicherweise Gegenstand der Qualitätsforschung (z.B. Wellbrock und Wolfram 2019).

Auch journalistische Persönlichkeiten bzw. ihre vorbildhafte Arbeitsweise können Gegenstand journalistischer Gedächtnisbildung sein. Einerseits sind im professionellen Gedächtnis des Journalismus diejenigen Personen präsent, die innerhalb der Berufsgruppe selbst als erinnernswert definiert und mittels umfangreicher Nachrufe und Porträts gewürdigt werden.[11] Andererseits tragen auch diejenigen, die ihre persönlichen Erinnerungen im Rahmen ihrer journalistischen Tätigkeit in Form von Auto-

---

10 Auch wenn das Berufsfeld des Journalismus bekanntermaßen nicht den Kriterien klassischer Professionen im professionssoziologischen Sinne entspricht, soll der Begriff hier dennoch verwendet werden, um die im Journalismus entwickelten Berufsstrukturen sowie dessen berufliches Selbstverständnis zu betonen (zur theoretischen Auseinandersetzung vgl. Offerhaus 2011, 41–80).

11 Zahlreiche Journalistenpreise tragen die Namen von Journalisten, wodurch ihre Vorbild- und Erinnerungsfunktion nochmals manifestiert wird.

biographien und Memoiren veröffentlichen, selbst zur Konstruktion eines kollektiven Berufsgedächtnisses bei. Der Pressehistoriker Jürgen Wilke verweist auf das bislang nicht ausgeschöpfte Erkenntnispotenzial in Bezug auf Autobiographien von Journalist:innen: „So problematisch eine Verobjektivierung autobiographischer Quellen ist, so unzweifelhaft instruktiv können sie sein für die Rekonstruktion subjektiver Intentionen, Wahrnehmungen und Einschätzungen" (2011, 89). Aus einer fachgeschichtlichen Perspektive wären hier Anschlüsse an die zahlreichen Versuche des Instituts für Publizistik- und Kommunikationswissenschaft der Universität Wien möglich, eine auf ein modernes Konzept der ‚journalistischen Persönlichkeit' gründenden Journalismusforschung zu entwerfen (Duchkowitsch et al. 2009).

Ein weiterer bedeutender Kristallisationspunkt journalistischer Identitätsbildung und -behauptung sind einschneidende Medienereignisse. Sie haben das Potenzial, die Profession als Meilensteine im Positiven oder in Form von Skandalen im Negativen zu einer Manifestation oder Neuverhandlung ihrer Qualitätsstandards nach innen sowie der Untermauerung ihrer gesellschaftlichen Relevanz nach außen zu veranlassen. Zu den positiv erinnerten Ereignissen zählt beispielsweise die erfolgreiche Aufdeckung von Korruption und Misswirtschaft durch eine – unter deutscher Beteiligung – transnational agierende Gruppe von Investigativjournalisten, die dadurch indirekt die Europäische Kommission im Jahre 1999 zum Rücktritt zwang. Zu den großen Skandalen in der Geschichte des deutschen Journalismus gehören Fälschungen wie die aus ökonomischem Kalkül veröffentlichten vermeintlichen Hitler-Tagebücher im *stern* 1983 (zu Betrachtungen zeitgenössischer Journalisten: z. B. Bissinger 1984; Seuffert 2008) oder die 2018 als fiktiv enttarnten Reportagen des Spiegeljournalisten Claas Relotius. In Bezug auf journalistisches Fehlverhalten kann die Beteiligung von Journalisten im Zusammenhang des Geiseldramas von Gladbeck angeführt werden. Auch hier wurden jeweils medien- und professionsethische Richtlinien sowie das Selbstverständnis von Journalismus neu verhandelt. Solche Skandale wurden bislang in wissenschaftlichen Betrachtungen primär unter medienethischer Perspektive untersucht und beurteilt (z. B. Pöttker 2019; Schicha 2010).

Eine nicht ereignisorientierte, sondern kontinuierliche Form der professionellen Selbstbeschreibung ist das, was in der Journalistik gemeinhin als Medienjournalismus bezeichnet wird (Krüger und Müller-Sachse 1998; ähnlich: ‚Journalismusjournalismus' Malik 2014). Dieser auf Selbstbeobachtung spezialisierte Fachjournalismus birgt das Potenzial, durch Selbstbeobachtung und -reflektion eine Reihe prospektiver Erinnerungsfunktionen zu erfüllen. Indem Journalismus vor dem Hintergrund interner und externer Erwartungen unerwünschte Zustände und Entwicklungen kritisiert, verweist er auf bereits gemachte Fehler, noch zu lösende Probleme und Konflikte oder (bereits bekannte) Maßnahmen zur Verbesserung der eigenen Leistungsfähigkeit.

Neben solchen Fremd- und Selbstbeschreibungen stellen schließlich interne Verlags- und Redaktionsarchive ebenso wie öffentlich zugängliche Medien-Sammlungen und Pressearchive Erinnerungsspuren des Journalismus in institutionalisierter Form dar, die es weiter zu erschließen gilt. Der Umfang und die Struktur von Verlags-

und Redaktionsarchiven können insofern für gegenwärtige Berichterstattung prägend sein, als dass die dort verwahrten bzw. digital gespeicherten Beiträge jederzeit zu Recherchezwecken zur Verfügung stehen. Recherchearbeiten sind routinierte Abläufe, die unter Rückgriff etablierter Routinen und zugänglicher Ressourcen durchgeführt werden. So ist es für die meisten Journalist:innen selbstverständlich, zu Beginn ihrer Recherche zunächst einmal (äquivalent zum einstigen Redaktionsarchiv) im hausinternen Redaktionsdatenbanksystem zu prüfen, welche Beiträge zum jeweiligen Thema bereits veröffentlicht wurden. Darüber hinaus können auch andere Archive und Datenbanken in Betracht kommen. An dieser Stelle ist für die journalistische Erinnerungsarbeit und deren Erforschung entscheidend, dass sich im Zuge der Digitalisierung durch zahlreiche, leicht zugängliche und online vernetzte Datenbanken der erinnerte Informationsbestand erheblich vergrößert hat.

Nicht zuletzt dokumentieren auch öffentlich zugängliche Presse- und Medienarchive die Geschichte des Journalismus anhand seines Outputs. Als Gedächtnisinstitutionen waren sie daher immer schon interessant für die historische Presse- und Medienforschung. Aktuell von Bedeutung ist jedoch, dass sich im Zuge der Digitalisierung die Ausgangslage ebenso wie die Grundlagen kommunikations- und medienhistorischer Forschung stark verändert haben (Birkner et al. 2018; Bødker 2018). Mit der archivarischen Anordnung und Aufbereitung wachsender digitaler und digitalisierter Medienbestände, neuen Möglichkeiten der Zugänglichkeit und systematischen Erschließung derselben (bspw. mittels digitaler Auswertungsmethoden), ergeben sich neue Erkenntnisoptionen (Koenen 2018), die auch für eine erinnerungswissenschaftliche Journalismusforschung genutzt werden können.

All diese Erinnerungskommunikate bilden zusammen einen metajournalistischen Diskurs, dessen Basis eine auf Vergangenheit gestützte Konstruktion journalistischer Identität bildet. In der Journalismusforschung manifestiert sich die Geschichte des Journalismus bislang primär als Institutionalisierungsgeschichte im Kontext gesellschaftlicher Differenzierung und beruflicher Professionalisierung. Die Analyse des historischen Verlaufs journalistischer Selbstbeschreibungen birgt hingegen großes erinnerungswissenschaftliches Erkenntnispotenzial.

8. Zwischen Erinnerungsjournalismus und erinnerndem Journalismus

Dieser Beitrag zielte auf die Einführung in das Forschungsfeld Journalismus und gesellschaftliche Erinnerung. Die hierzu vorgeschlagene Heuristik fasst ein breites Spektrum gedächtnisreflexiver Darstellungsformen zusammen und kann sowohl fachhistorisch als auch systematisch gelesen werden. Fachhistorisch skizziert sie die Entwicklung des Forschungsfeldes von der anfänglichen Aufmerksamkeit für Geschichtsjournalismus, über die spezifische Betrachtung der erinnerungskulturell bedeutsamen Form des

Gedenkjournalismus bis hin zu erinnerungsrelevanten Zeitstrukturen im nicht-kommemorativen Journalismus. In systematischer Hinsicht identifiziert sie die nebeneinander existierenden erinnerungsstrukturellen Merkmale als Typen, Zeitbezüge und Formen der Vergegenwärtigung in der Berichterstattung und macht sie somit der empirischen Analyse zugänglich. Auf diese Weise konnte gezeigt werden, dass in allen journalistischen Typen für die Erinnerungskonstruktion bedeutsame Elemente zu finden sind: Erinnerung im Journalismus ist somit immer eine durch Journalismus hergestellte Vergegenwärtigung von Vergangenheit oder Zukunft in der Gegenwart, was man zusammenfassend auch als zeitflexible Formierung von Journalismus um die Gegenwart bezeichnen kann.

Zur Bestimmung des hier explorierten Forschungsfeldes ist also nicht eine spezifische Form des Journalismus, sondern der spezifische Blick auf seine zeitliche Struktur von Bedeutung. Diese lässt sich einerseits im Hinblick auf unterschiedliche Zeitebenen als inhaltlich-thematische Dimension von Berichterstattung und andererseits auf seine unterschiedlichen Zeitbezüge und formal-handwerklichen Strategien der Vergegenwärtigung differenzieren. Dementsprechend changiert Erinnerung im Journalismus zwischen Erinnerungsjournalismus (als Journalismus, der Erinnerung explizit zum Gegenstand hat) und erinnerndem Journalismus (in dem Erinnerung eine implizite Funktion des Journalismus ist). Wenn wir mit dem zusammenfassenden Begriff des erinnernden Journalismus einen weiteren X-Journalismus (Loosen et al. 2022) einführen, dann aus dem Grund, dass es hierbei um das Forschungsinteresse an einer ganz spezifischen Qualität von Journalismus geht, nämlich um die Frage, welchen Beitrag Journalismus zum Prozess gesellschaftlichen Erinnerns und zur Konstruktion von kollektiver Erinnerung leistet.

Dass zur Beantwortung dieser Frage eine auf Journalismus bezogene Erinnerungsforschung als nunmehr erinnerungswissenschaftlich fundierte Journalismusforschung bereits an eine Fülle im Fach gängiger Terminologien, Theorien und Konzepte anschließen kann, wurde ebenfalls deutlich. Nochmals hervorzuheben sind die Analogie von Nachrichten- und Erinnerungswerten sowie die Relevanz der grundlegenden Prinzipien journalistischer Nachrichtenselektion und -konstruktion für jegliche Form von Erinnerungsproduktion im Journalismus. Zudem wurde das zeittheoretische Potenzial von Agenda-Setting-, Framing- und Attributionstheorie für die Rekonstruktion erinnernder Berichterstattungsmuster sichtbar. An dieser Stelle ist die Bedeutung der sicherlich auch zukünftig noch weiter zu elaborierenden Kategorie ,Zeit' im Journalismus zu betonen (Trümper i.d.B.). Darüber hinaus verweist die Parallelität von Medien- und Erinnerungsereignissen auf das bereits einer Reihe von internationalen Erinnerungsstudien zugrunde gelegte Konzept von Medienevents (z. B. Sonnevend 2016). Vor dem Hintergrund des bislang vergleichsweise geringen Wissensstands hinsichtlich gesellschaftlicher Folgen journalistischer Geschichts- und Gedenkberichterstattung wäre das gesellschaftliche Integrationspotenzial, welches Medienevents zugeschriebene wird, auch für medial vermittelte Erinnerungsevents zu prüfen und theoretisch weiterzuentwickeln. Als ebenfalls fruchtbar für eine erinnerungswissenschaftlich fundierten Journalismusforschung könnte sich angesichts des dynamischen Wandels journalistischer Medien das Konzept von Re- und Pre-Mediation erweisen (Grusin 2010). Ausgehend von der zentralen Bedeutung, die Medien für gesellschaftliche Erinnerungsarbeit haben, verweist der Begriff Re-Mediation darauf, dass erinnerungswürdige Ereignisse im Lauf der Jahrhunderte immer wieder in unterschiedlichen bzw. den gerade dominierenden Medien repräsentiert werden. Der Begriff Pre-Mediation folgt der Annahme, dass die jeweils aktuelle Medienumgebung einer Gesellschaft wiederum Schemata für zukünftige Erinnerungen und deren Repräsentation bereitstellt. Auch Öffentlichkeit als ein weiteres für die Kommunikations- und Medienwissenschaft grundlegendes theoretisches Konstrukt lässt sich mit erinnerungswissenschaftlichen Überlegungen verbinden, wie André Donk (2009) in einem theoretischen Beitrag gezeigt hat. Demnach fungieren sogenannte ‚memoriale Öffentlichkeiten' als erwartbarer thematischer Rahmen mit Bezug zur Vergangenheit ebenso wie als Raum für den gemeinsamen Austausch über Vergangenheit. Ein solcher Ansatz wäre sowohl auf Ebene der öffentlichen Kommunikation über Vergangenheit als auch auf Ebene der Individuen empirisch operationalisierbar – also zweier Felder, in denen bereits Befunde vorliegen, die sich aus einer solchen Theorieperspektive erinnerungswissenschaftlich re-interpretieren ließen.

Forschungsperspektiven bestehen nicht nur in einer weiteren theoretischen Durchdringung des Gegenstands und Integration bisheriger empirischer Befunde. Auch aus der eingangs genannten Herausforderung, das Wesen des Journalismus präzise zu fassen, ergeben sich Anknüpfungspunkte für künftige Forschung. Was unter Medien im Allgemeinen und Journalismus im Besonderen zu fassen ist, unterliegt einem dynamischen Wandel. Sich verändernde Medientechnologien – als Produktionsbedingung wie auch als Distributionsform journalistischer Inhalte – erfordern weiterführende konzeptionelle Überlegungen und empirische Analysen. Die Digitalisierung sowie die Entstehung und Verbreitung des Internet haben neue Möglichkeiten für die gesellschaftliche Produktion und Konstruktion von Erinnerungen eröffnet, die mit journalistischen Entgrenzungsprozessen einhergehen. So sind im Rahmen einer erinnerungswissenschaftlich fundierten Journalismusforschung technologische Entgrenzungsprozesse zu beachten, die eng mit inhaltlichen, räumlichen, sozialen und zeitlichen Entgrenzungsprozessen im Journalismus verbunden sind.

Zunehmende Medienkonvergenz im Digitalen sowie die Entstehung neuer digitaler Medien und Formate fordern innovative methodische Herangehensweisen, um die Multimedialität und Multimodalität journalistischer Erinnerungskonstruktion angemessen untersuchen zu können. Bislang kaum Gegenstand empirischer Untersuchungen sind inhaltliche Entgrenzungen wie die Verschränkung von redaktioneller und automatisierter journalistischer Inhalteproduktion sowie die in digitalen Formaten vollzogene Entgrenzung fiktionaler und nicht-fiktionaler Darstellungsformen. Die räumliche Entgrenzung aufgrund global vernetzter Onlinekommunikation birgt das Potenzial einer weltweiten öffentlichen Wahrnehmung von (Erinnerungs-)Ereignissen. Daher rücken theoretische wie empirische Zugänge in den Vordergrund, die die

Frage nach Entstehungsbedingungen und Merkmalen sich neuformierenden transnationalen Erinnerungskulturen ins Zentrum ihrer Analyse stellen (De Wolff und Lohner i.d.B.). Als soziale Entgrenzung kann die neben Journalist:innen als professionellen Kommunikatoren zunehmende Sichtbarkeit und Bedeutung anderer Akteure und Akteursgruppe beschrieben werden, die sich über Social Media Plattformen an der öffentlichen Erinnerungskommunikation beteiligen. Damit verschiebt sich der Analysefokus hin zu der Frage, wie sich Bedeutung und Rolle des Journalismus als Erinnerungsagent verändert, wenn sich weitere Akteur:innen mittels ähnlicher Praktiken in den (Gestaltungs-)Prozess gesellschaftlichen Erinnerns einbringen (Sommer i.d.B., Kitch i.d.B.). Nicht zuletzt wirft die Digitalisierung und die damit verbundene zeitliche Entgrenzung journalistischer Praktiken und Produkte alte wie neue Fragen der Vergegenwärtigung und Langlebigkeit gesellschaftlicher Erinnerung auf. Wenngleich digitale Redaktionsarchive für Journalist:innen und das Internet potenziell für alle Menschen einen zeitlich und quantitativ erweiterten Zugriff auf Erinnerungskommunikate erlauben, so dürfen die Bedingungen ihrer Re-Thematisierung nicht außer Acht gelassen werden. Maßgeblich sind hier Informationsvielfalt, Informationsflut, Informationsgeschwindigkeit und Informationsüberlastung. Für zukünftige Forschung zum Verhältnis von Journalismus und gesellschaftlichem Erinnern und damit verbundener Analysen journalistischer Selektionsprozesse wird daher ebenso das bislang kaum wissenschaftlich untersuchte gesellschaftliche Vergessen von Interesse sein.

9. Literatur

Ammann, Ilona. „Gedenktagsjournalismus. Bedeutung und Funktion in der Erinnerungskultur". *Geschichtsjournalismus. Zwischen Information und Inszenierung*. Hg. Klaus Arnold, Walter Hömberg, und Susanne Kinnebrock. Berlin: LIT, 2010. 153–168.

Ammann, Ilona. „Im Bilde gedacht. Der Gedenktag 9/11 in der deutschen und US-amerikanischen Pressefotografie". *SCM – Studies in Communication Media* 4.4 (2015): 437–54.

Ammann, Ilona, und Elke Grittmann. „Das Trauma Anderer Betrachten – 10 Jahre 9/11 im Bild. Eine Empirische Analyse zur rituellen Funktion des Journalismus im transnationalen Gedenken an ein Medienereignis". *Medien & Kommunikationswissenschaft* 61.3 (2013): 368–86.

Andén-Papadopoulos, Kari. „Journalism, Memory and the 'Crowd-Sourced Video Revolution'". *Journalism and Memory*. Hg. Barbie Zelizer, und Keren Tenenboim-Weinblatt. London: Palgrave Macmillan UK, 2014. 148–163.

Arnold, Klaus. „Geschichtsjournalismus – Ein Schwellenressort? Arbeitsweisen, Themen und Selbstverständnis von Geschichtsjournalisten in Deutschland". *Geschichtsjournalismus. Zwischen Information und Inszenierung*. Hg. Klaus Arnold, Walter Hömberg, und Susanne Kinnebrock. Berlin: LIT, 2010. 87–108.

Arnold, Klaus, Walter Hömberg, und Susanne Kinnebrock, Hg. *Geschichtsjournalismus Zwischen Information und Inszenierung*. Berlin [u. a.]: Lit Verlag, 2010.

Assmann, Jan, und Aleida Assmann. „Das Gestern im Heute. Medien und soziales Gedächtnis". *Die Wirklichkeit der Medien. Eine Einführung in die Kommunikationswissenschaft*. Hg. Merten, Klaus, Siegfried J. Schmidt, und Siegfried Weischenberg. Opladen: Westdeutscher Verlag, 1994. 114–140.

Bembnista, Kamil, und Thorsten Heimann. „Zur diskursiven Konstruktion des Erinnerns. Resilienz-konstruktionen in öffentlichen Medien und bei Bewohnern in Hochwasserquartieren 20 Jahre nach der Oderflut von 1997". *Katastrophen zwischen sozialem Erinnern und Vergessen: Zur Theorie und Empirie sozialer Katastrophengedächtnisse.* Hg. Michael Heinlein, und Oliver Dimbath. Wiesbaden: Springer Fachmedien, 2020. 21–49.

Birkner, Thomas, und André Donk. „Collective Memory und Social Media: Fostering a New Historical Consciousness in the Digital Age?". *Memory Studies* 13.4 (2020): 367–383.

Birkner, Thomas, Erik Koenen, und Christian Schwarzenegger. „A Century of Journalism History as Challenge. Digital Archives, Sources, and Methods". *Digital Journalism* 6.9 (2018): 1121–1135.

Bissinger, Manfred. *Hitlers Sternstunde. Kujau, Heidemann und die Millionen.* Hamburg: Rasch und Röhring, 1984.

Blöbaum, Bernd. *Journalismus als soziales System. Geschichte, Ausdifferenzierung und Verselbständigung.* Opladen: Westdeutscher Verlag, 1994.

Bødker, Henrik. „Introduction: Journalism History and Digital Archives". *Digital Journalism (Special Issue: Journalism History and Digital Archives)* 6.9 (2018): 1113–1120.

Böhme-Dürr, Katrin. „Wie vergangen ist die Vergangenheit? Holocaust-Erinnerungen in amerikanischen und deutschen Nachrichtenmagazinen". *Massenmedien und Zeitgeschichte.* Hg. Jürgen Wilke. Konstanz: UVK Verlagsgesellschaft, 1999. 247–259.

Borowsky, Peter, Barbara Vogel, und Gerd Wunder (Hg). *Gesellschaft und Geschichte I: Geschichte in Presse, Funk und Fernsehen. Berichte aus der Praxis.* Opladen: Westdeutscher Verlag, 1976.

Bösch, Frank. „Entgrenzte Geschichtsbilder? Fernsehen, Film und Holocaust in Europa und den USA 1945–1980". Massenmedien im Europa des 20. Jahrhunderts. Hg. Ute Daniel, und Axel Schildt. Köln: Böhlau, 2010. 413–437.

Brunn, Stefan. *Abschieds-Journalismus. Die Nachrufkultur der Massenmedien.* Münster: Lit-Verlag, 1999.

Classen, Christoph. *Bilder der Vergangenheit. Die Zeit des Nationalsozialismus im Fernsehen der Bundesrepublik Deutschland 1955–1965.* Köln: Böhlau, 1999.

Deuze, Mark, und Tamara Witschge. „Beyond Journalism: Theorizing the Transformation of Journalism". Journalism 19.2 (2018): 165–181.

Donk, André. „Kommunikation über Vergangenheit – Soziales Gedächtnis in kommunikationswissenschaftlicher Perspektive". *Konstruktion von Kommunikation in der Mediengesellschaft.* Hg. Klaus Merten. Wiesbaden: VS Verlag für Sozialwissenschaften, 2009. 13–29.

Donk, André, und Martin R. Herbers. „Journalismus zwischen öffentlichem Erinnern und Vergessen. 9/11 in deutschen und amerikanischen Tageszeitungen". *Geschichtsjournalismus. Zwischen Information und Inszenierung.* Hg. Klaus Arnold, Walter Hömberg, und Susanne Kinnebrock. Berlin: LIT, 2010. 195–216.

Duchkowitsch, Wolfgang, Fritz Hausjell, Horst Pöttker, und Bernd Semrad (Hg). *Journalistische Persönlichkeit. Fall und Aufstieg eines Phänomens.* Köln: Von Halem, 2009.

Edy, Jill A. „Journalistic Uses of Collective Memory". *Journal of Communication* 49.2 (1999): 71–85.

Entman, Robert M. „Framing: Towards Clarification of a Fractured Paradigm". Journal of Communication 43.4 (1993): 51–58.

Feil, Georg. *Zeitgeschichte im deutschen Fernsehen. Analyse von Fernsehsendungen mit historischen Themen (1957–1967).* Osnabrück: Verlag A. Fromm, 1974.

Finger, Juliane. *Langfristige Medienwirkungen aus Rezipientenperspektive. Zur Bedeutung des Fernsehens für mentale und kollektive Repräsentationen des Holocaust.* Baden-Baden: Nomos Verlagsgesellschaft, 2017.

Fowler, Bridget. *The Obituary as Collective Memory. Routledge Advances in Sociology.* New York: Routledge, 2007.

Gerhards, Jürgen, Anke Offerhaus, und Jochen Roose. „Die Öffentliche Zuschreibung von Verantwortung. Zur Entwicklung eines inhaltsanalytischen Instrumentariums". *Kölner Zeitschrift für Soziologie und Sozialpsychologie* 59.1 (2007): 105–124.

Günther, Cordula. „Jahrestage – Gedenkrituale in den Medien am Beispiel der Sigmund Freud-Ehrung 2006". *Medienrituale. Rituelle Performanz in Film, Fernsehen und Neuen Medien*. Hg. Fahlenbrach, Kathrin, Ingrid Brück, und Anne Bartsch. Wiesbaden: VS Verlag für Sozialwissenschaften, 2008. 187–199.

Kitch, Carolyn. „Anniversary Journalism, Collective Memory, and the Cultural Authority to Tell the Story of the American Past". *The Journal of Popular Culture* 36.1 (2002): 44–67.

Kitch, Carolyn. „'Useful Memory' in Time Inc. Magazines. Summary Journalism and the Popular Construction of History". *Journalism Studies* 7.1 (2006): 94–110.

Kitch, Carolyn. „Placing Journalism inside Memory – and Memory Studies". *Memory Studies* 1.3 (2008): 311–320.

Kitch, Carolyn. „9. Journalism as Memory". *Journalism*. Hg. Tim P. Vos. Berlin, Boston: De Gruyter, 2018. 169–186.

Klein, Ulrike. *Das Internationale Medienereignis D-Day: Presse und kollektives Erinnern nach 50 Jahren*. Bochum: Universitätsverlag Brockmeyer, 1996.

Klingler, Walter, Andreas Grajczyk, und Gunnar Roters. „Fernsehen und unser Erinnerungsinteresse an zeitgeschichtlichen Ereignissen". *Massenmedien und Zeitgeschichte*. Hg. Wilke, Jürgen. Konstanz: UVK Medien, 1999. 317–332.

Knopp, Guido, und Siegfried Quandt (Hg). *Geschichte im Fernsehen. Ein Handbuch*. Darmstadt: Wissenschaftliche Buchgesellschaft, 1988.

Koenen, Erik. „Digitale Perspektiven in der Kommunikations- und Mediengeschichte. Erkenntnispotentiale und Forschungsszenarien für die Historische Presseforschung". *Publizistik: Vierteljahreshefte für Kommunikationsforschung* 63.4 (2018): 535–556.

Kolpatzik, Andrea. *Zeitgeschichte wird gemacht. Geschichtskulturelle Analyse von Produktion, Vermittlung und Aneignung medialer Geschichtskonstruktionen im Web 2.0 Am Beispiel Von FAZ, Spiegel Online, ZDF*. Schwalbach/Ts: Wochenschau Verlag, 2017.

Krieg, Martin. „'Collective-Memory-Setting' Durch Gedenktagsjournalismus? Eine Untersuchung Langfristiger Agenda-Setting-Effekte Am Beispiel Der Berichterstattung Von 1954 Bis 2004 Über Den Widerstand Des 20. Juli 1944". *Geschichtsjournalismus. Zwischen Information und Inszenierung*. Hg. Klaus Arnold, Walter Hömberg, und Susanne Kinnebrock. Berlin: LIT, 2010. 169–195.

Krüger, Udo Michael, und Karl H. Müller-Sachse. *Medienjournalismus: Strukturen, Themen, Spannungsfelder*. Wiesbaden: VS Verlag für Sozialwissenschaften, 1998.

Lohner, Judith. *Journalistische Erinnerung als Dimension europäisierter Öffentlichkeit: Theoretische Grundlegung und empirische Anwendung Am Beispiel der „Europäischen Wende"*. Staats- und Universitätsbibliothek Hamburg, 2014.

Loosen, Wiebke. „Entgrenzung des Journalismus. Empirische Evidenzen ohne theoretische Basis". *Publizistik: Vierteljahreshefte für Kommunikationsforschung* 52.1 (2007): 63–79.

Loosen, Wiebke, Julius Reimer, und Paul-Philip Solbach. „'X Journalism'. Exploring Journalism's Diverse Meanings through the Names We Give It". *Journalism* 23.1 (2022): 39–58.

Löser, Martin. *Wende und Wiedervereinigung in der Presse. Untersuchungen zur Berichterstattung in regionalen und überregionalen Tageszeitungen anlässlich des zwanzigsten Jahrestages der friedlichen Revolution von 1989*. Berlin: Köster, 2013.

Malik, Maja. *Journalismusjournalismus: Funktion, Strukturen und Strategien der journalistischen Selbstthematisierung*. Wiesbaden: VS Verlag für Sozialwissenschaften, 2004.

Meyen, Michael, und Senta Pfaff. „Rezeption Von Geschichte Im Fernsehen. Eine Qualitative Studie Zu Nutzungsmotiven, Zuschauererwartungen und Zur Bewertung Einzelner Darstellungsformen". *Media Perspektiven* 2006.2 (2006): 102–106.

Neverla, Irene. „Journalismus in der Zeit – Zeit im Journalismus. Über Aktualität als Leitkategorie". *Vom Vorwort bis zum Friedhofsgespräch. Randlinien gesellschaftlicher Kommunikation. Festschrift Für Walter Hömberg (= Communicatio Socialis, Beiheft 11).* Hg. Renate Hackel-de Latour, Christian Klenk, und Michael Schmolke. Ostfildern-Ruit: Grünewald, 2010. 83–94.

Neverla, Irene, und Judith Lohner. „Gegenwärtige Vergangenheit im Journalismus. Erinnerung als Element in der Konstruktion von Aktualität". *Medien und Journalismus Im 21. Jahrhundert. Herausforderungen für Kommunikationswissenschaft, Journalistenausbildung und Medienpraxis.* Hg. Nina Springer, Johannes Raabe, Hannes Haas, und Wolfgang Eichhorn. Konstanz; München: UVK, 2012. 281–303.

Neverla, Irene, und Stefanie Trümper. „As Time Goes By: Tracking Polychronic Temporalities in Journalism and Mediated Memory". *Mediated Time: Perspectives on Time in a Digital Age.* Hg. Maren Hartmann, Elizabeth Pommer, Karin Deckner, und Stephan O. Görland. Cham: Springer International Publishing, 2019. 219–237.

Offerhaus, Anke. *Die Professionalisierung des deutschen EU-Journalismus. Institutionalisierung, Expertisierung und Inszenierung der europäischen Dimension im deutschen Journalismus.* Wiesbaden: VS Verlag für Sozialwissenschaften, 2011.

Olick, Jeffrey K. „Reflections on the underdeveloped Relations between Journalism and Memory Studies". *Journalism and Memory.* Hg. Barbie Zelizer, und Keren Tenenboim-Weinblatt. London: Palgrave Macmillan UK, 2014. 17–31.

Pentzold, Christian, und Denise Fechner. „Data Journalism's Many Futures: Diagrammatic Displays and Prospective Probabilities in Data-Driven News Predictions". *Convergence* 26.4 (2020): 732–751.

Popp, Susanne, Michael Sauer, Bettina Alavi, Marko Demantowsky, und Gerhard Paul (Hg.). *Zeitgeschichte – Medien – Historische Bildung.* Göttingen: V & R Unipress, 2010.

Popp, Susanne, Jutta Schumann, Fabio Crivellari, Michael Wobring, und Claudius Springkart (Hg). *Populäre Geschichtsmagazine in internationaler Perspektive. Interdisziplinäre Zugriffe und ausgewählte Fallbeispiele.* Frankfurt am Main: Peter Lang, 2016.

Pöttker, Horst. „Aktualität und Vergangenheit. Zur Qualität von Geschichtsjournalismus". *Aktuelle Entstehung von Öffentlichkeit: Akteure – Strukturen – Veränderungen.* Hg. Günter Bentele, und Michael Haller. Konstanz: UVK Medien Verlagsgesellschaft, 1997. 335–346.

Pöttker, Horst. „Gegenwartsbezüge. Über die Qualität von Geschichtsjournalismus". *Geschichtsjournalismus. Zwischen Information und Inszenierung.* Hg. Klaus Arnold, Walter Hömberg, und Susanne Kinnebrock. Berlin: LIT, 2010. 31–43.

Pöttker, Horst. „Gladbeck Revisited. (Selbst-)Kritik am Journalismus – Eine kritische Analyse". *Communicatio Socialis* 52.1 (2019): 36–50.

Pöttker, Horst, und Gabriele Toepser-Ziegert (Hg). *Journalismus, der Geschichte schrieb: 60 Jahre Pressefreiheit in der Bundesrepublik Deutschland. Vol. 65.* Berlin/Boston: De Gruyter Saur, 2010.

Prandner, Dimitri. „Commemorative Journalism (Gedenkjournalismus)". *Journalistische Genres.* Hg. Deutscher Fachjournalisten-Verband. Konstanz: UVK Verlagsgesellschaft, 2016. 27–36.

Quandt, Siegfried, und Horst Schichtel (Hg). *Fachjournalismus Geschichte. Das Gießener Modell.* Marburg: Hitzeroth, 1995.

Reading, Anna. „Memobilia: Mobile Phones Making New Memory Forms". *Save As... Digital Memories.* Hg. Joanne Garde-Hansen, Andrew Hoskins, und Anna Reading. Basingstoke: Palgrave Macmillan, 2009. 81–95.

Reinhardt, Jan D., und Michael Jäckel. „Massenmedien als Gedächtnis- und Erinnerungsgeneratoren – Mythos und Realität einer Mediengesellschaft". *Mythen der Mediengesellschaft.* Hg. Friedrich Krotz, und Patrick Rössler. Konstanz: UVK Verlagsgesellschaft, 2005. 93–112.

Sanko, Christina. „'New Wine in an Old Bottle'? Anniversary Journalism and the Public Commemoration of the End of the War in Vietnam". *Global Media Journal – German Edition* 6.2 (2016).

Schicha, Christian. „Medienskandale". *Handbuch Medienethik*. Hg. Christian Schicha, und Carsten Brosda. Wiesbaden: VS Verlag für Sozialwissenschaften, 2010. 373–390.

Schiller, Thomas. „Uhrwerk Erinnerung. Geschichte in der Agentur". *Journalismus in Theorie und Praxis: Beiträge zur universitären Journalistenausbildung*. Hg. Ulrich P. Schäfer, Thomas Schiller, und Georg Schütte. Konstanz: UVK Medien Verlags-Gesellschaft, 1999.

Springkart, Claudius. „Populäre Geschichtsmagazine in Deutschland. Marktüberblick und Themenschwerpunkte". *Populäre Geschichtsmagazine in Internationaler Perspektive. Interdisziplinäre Zugriffe und ausgewählte Fallbeispiele*. Hg. Susanne Popp, Jutta Schumann, Fabio Crivellari, Michael Wobring, und Claudius Springkart. Frankfurt am Main: Peter Lang, 2016. 237–275.

Striegel, Norman W. „Guernica – 60 Jahre Kontroverse und kollektives Erinnern. Untersuchung der Jahrestags-Berichterstattung ausgewählter deutscher und spanischer Tageszeitungen von 1947–1997". *Massenmedien und Zeitgeschichte*. Hg. Jürgen Wilke. Konstanz: UVK Medien, 1999. 296–308.

Tenenboim-Weinblatt, Keren. „Journalism as an Agent of Prospective Memory". *On Media Memory: Collective Memory in a New Media Age*. Hg. Motti Neiger, Oren Meyers, und Eyal Zandberg. London: Palgrave Macmillan UK, 2011. 213–225.

Tenenboim-Weinblatt, Keren. „Bridging Collective Memories und Public Agendas: Toward a Theory of Mediated Prospective Memory". *Communication Theory* 23.2 (2013): 91–111.

Tenenboim-Weinblatt, Keren, und Motti Neiger. „Temporal Affordances in the News". *Journalism (Special Issue: The Shifting Temporalities of Journalism)* 19.1 (2018): 37–55.

Tenenboim-Weinblatt, Keren, und Motti Neiger. „Journalism and Memory". *The Handbook of Journalism Studies*. Hg. Karin Wahl-Jorgensen, und Thomas Hanitzsch. *International Communication Association (ICA) Handbook Series*. New York, NY: Routledge, 2019. 420–434.

Tratschin, Luca. „Katastrophenerinnerung im Spannungsfeld zwischen Vergangenheits- und Zukunftsorientierung. Zur Erinnerung der Spanischen Grippe in deutschschweizer Zeitungen, 1993–2018". *Katastrophen Zwischen Sozialem Erinnern und Vergessen: Zur Theorie und Empirie sozialer Katastrophengedächtnisse*. Hg. Michael Heinlein, und Oliver Dimbath. Wiesbaden: Springer Fachmedien, 2020. 303–335.

Trümper, Stefanie. *Nachhaltige Erinnerung Im Journalismus: Konzept und Fallstudie Zur Medienaufmerksamkeit für vergangene Flutkatastrophen*. Wiesbaden: Springer Fachmedien, 2018.

Trümper, Stefanie, und Irene Broer. „Non-Commemorative Memory in News Production: Discovering underlying Motivations for Journalists' Memory Work". *Memory Studies* 14.2 (2021): 257–274.

Trümper, Stefanie, und Irene Neverla. „Sustainable Memory. How Journalism Keeps the Attention for Past Disasters Alive". *Studies in Communication/Media* 2.1 (2013): 1–37.

Wassermann, Heinz P. „Zuviel Vergangenheit tut nicht gut!". *Nationalsozialismus im Spiegel der Tagespresse der Zweiten Republik*. Innsbruck: Studien-Verlag, 2000.

Wegner, Susanne. „Abwehr und Aneignung von Geschichte: Vom Umgang mit dem Holocaust im Radio. Narrative Strukturen und Deutungsmuster der NS-Verbrechen in der Berichterstattung des öffentlich-rechtlichen Rundfunks". *Dissertation*. Katholische Universität Eichstätt-Ingolstadt, 2020.

Wellbrock, Christian-Mathias, und Marvin Wolfram. „Der Grimme-Preis als Qualitätssignal. Eine quantitative Analyse in der Kategorie »Information & Kultur«". *Medienqualität: Diskurse aus dem Grimme-Institut zu Fernsehen, Internet und Radio*. Hg. Frauke Gerlach. transcript Verlag, 2020. 57–74.

Welzer, Harald. „Erinnerung und Gedächtnis. Desiderate und Perspektiven". *Gedächtnis und Erinnerung. Ein interdisziplinäres Handbuch*. Hg. Christian Gudehus, Ariane Eichenberg, und Harald Welzer. Stuttgart: J.B. Metzler, 2010. 1–10.

Wilke, Jürgen (Hg). *Massenmedien und Zeitgeschichte*. Konstanz: UVK Medien, 1999.

Wilke, Jürgen. „Autobiographien als Mittel der Journalismusforschung. Quellenkritische und metho-
dologische Überlegungen". *Methoden der Journalismusforschung*. Hg. Olaf Jandura, Thorsten
Quandt, und Jens Vogelgesang. Wiesbaden: VS Verlag für Sozialwissenschaften, 2011. 83–105.
Zelizer, Barbie. *Covering the Body. The Kennedy Assassination, the Media, and the Shaping of Col-
lective Memory*. Chicago, London: University of Chicago Press, 1992.
Zelizer, Barbie. „Why Memory's Work on Journalism Does Not Reflect Journalism's Work on Memory".
Memory Studies 1.1 (2008): 79–87.

Judith Lohner und Kaya de Wolff

8 Transnationale Erinnerung im Journalismus

1. Einleitung: Zum „transcultural turn" in der Erinnerungsforschung

Räumliche Entgrenzungsprozesse, die als Globalisierung, Transnationalisierung, Transkulturalisierung und auch spezifisch als Europäisierung beschrieben werden, finden auf ganz unterschiedlichen Ebenen statt – in der Politik, der Wirtschaft oder auch der Kultur. Vor diesem Hintergrund besitzt die Frage, inwieweit und in welchen Formen auch Kommunikation bzw. mediale Öffentlichkeiten und Erinnerungshandeln als soziale Praxis (Sommer 2018) nationale Grenzen überschreiten können, empirisch-analytische Relevanz, wie auch Aleida Assmann und Sebastian Conrad formulieren: „Today, nations no longer construct their past in a totally self-contained fashion. Instead, they find themselves increasingly under the observation and subject to the criticism of other nations" (Assmann und Conrad 2010a, 4–5).

Gleichzeitig ist auf die normative Notwendigkeit von transkulturellen Formen der Erinnerung hingewiesen worden: „It is difficult to realize the promise of a new peaceful and democratic globe without a mnemonic community that transcends the nation-state and enhances cultural diversity and global solidarity" (Misztal 2010, 41).

Während das konventionelle Konzept des ‚kollektiven Gedächtnisses' stark im Container des Nationalstaats eingebettet war und die Forschung v.a. in den 80er- und 90er-Jahren gewissermaßen auch als „nationaler Reflex auf den Globalisierungsdiskurs" (Levy und Sznaider 2007a, 25) verstanden wurde, bedarf es im neuen Jahrtausend einer „transkulturellen Wende" (Erll 2012, 146) bzw. eines „transnational turn" (De Cesari und Rigney 2014, 3; Erll und Rigney 2018) in der Erinnerungsforschung. Notwendig sind die Entwicklung neuer theoretischer Ansätze und methodischer Instrumente sowie der Identifizierung neuer Orte und Archive, um Erinnerungspraktiken jenseits des Nationalstaats zu erforschen (De Cesari und Rigney 2014, 2).

Kommunikation und Medien spielen hierbei eine zentrale Rolle. So hält Andreas Huyssen in Bezug auf die spezifische Bedeutung der Nachrichtenmedien für eine globale Kultur der Erinnerung fest:

> The voraciousness of the media and their appetite for recycling seems to be the sine qua non of local memory discourses crossing borders, entering into a network of cross-national comparisons, and creating what one might call a global culture of memory. (Huyssen 2003, 95)

Dieser Beitrag nimmt den „transcultural turn" oder „transnational turn" der Erinnerungsforschung als Ausgangspunkt für die Diskussion des Forschungsstandes und der Nutzbarkeit der entwickelten Ansätze für die Kommunikations- und Medienwissenschaft. Das besondere Interesse liegt dabei in der Rolle des Journalismus für die

Entstehung und Konstruktion transnationaler Erinnerungskulturen – und damit eines in der Forschung lange kaum berücksichtigten zentralen sozialen Systems und der Journalist:innen als zentrale Erinnerungsakteur:innen, wie Barbie Zelizer und Keren Tenenboim-Weinblatt in ihrem Sammelband *Memory and Journalism* (2014) ausführen:

> Ever since memory studies coalesced as a recognizable field of inquiry, its reliance on a wide array of institutional settings has been an implicit part of understanding how collective memory works. Journalism's relative absence from those settings, however, has left journalism's status as a primary recorder of a shared past both unsettled and unarticulated. (Zelizer und Tenenboim-Weinblatt 2014, 1–2)

Im Mittelpunkt des Beitrags stehen folgende Fragen zum Zusammenhang transnationaler Erinnerungskulturen und Journalismus:
- Wie lassen sich Prozesse transnationaler Erinnerungskulturen beschreiben und was sind die gesellschaftlichen, kulturellen und (geo-)politischen Entstehungsbedingungen? Welche Rolle spielen der Journalismus und journalistische Produkte in diesen Prozessen?
- Inwiefern können diese Prozesse anhand von theoretischen Konzepten und Analyseinstrumenten bestehender Forschung erklärt werden? Welche Forschungsdesiderata existieren?
- Wie können sich Forschung zu transkultureller Erinnerung einerseits und Journalismus- und Kommunikationsforschung andererseits gegenseitig befruchten?

Der Beitrag diskutiert zunächst die bestehende theoretische Forschung zu transnationaler bzw. transkultureller Erinnerung im interdisziplinären Feld der Erinnerungsforschung und stellt zentrale Konzepte als auch die mit ihnen verbundene Kritik vor (Kapitel 2.2). Dabei wird aufgezeigt, dass Konzepte wie „cosmopolitan memory" (Levy und Sznaider 2001), „multidirectional memory" (Rothberg 2009) oder „travelling memory" (Erll 2011b) unter dem Oberbegriff des „transcultural memory" zusammengefasst werden können, während das Konzept des „transnational memory" (De Cesari und Rigney 2014) die ambivalente Rolle von Grenzen, sowie Fragen von Macht im Kontext von global zirkulierenden Erinnerungen und Diskursen zur historischen Gerechtigkeit problematisiert. Im Anschluss wird ein Überblick über Ergebnisse sowie Desiderata solcher empirischer Forschungsarbeiten gegeben, die die Rolle von Medien und Journalismus im Kontext transnationaler bzw. transkultureller Erinnerungsformen untersuchen (Kapitel 2.3) Darauf aufbauend erfolgt in Kapitel 3 die Vorstellung zweier Forschungsprojekte, die Lücken bisheriger und Herausforderungen zukünftiger Forschung adressieren. Abschließend werden die Ergebnisse und Desiderata bisheriger Forschung zu grenzüberschreitenden Erinnerungskulturen im und durch Journalismus zusammengefasst und daraus Vorschläge für die zukünftige Forschung abgeleitet (Kapitel 4).

2. Theoretische Perspektiven zu transnationaler bzw. transkultureller Erinnerung: Das interdisziplinäre Feld der Erinnerungsforschung

2.1 Beiträge der verschiedenen Disziplinen zum Forschungsfeld: Ein Überblick

In den letzten zwei Jahrzehnten ist die Globalisierung medialer Erinnerung im interdisziplinären Feld der Erinnerungsforschung zu einem zentralen Thema geworden. Zahlreiche Studien nehmen transnationale bzw. transkulturelle Dimensionen der gesellschaftlichen Erinnerung in verschiedenen Kontexten in den Blick. Prominentes Fallbeispiel ist dabei die Globalisierung bzw. Kosmopolitisierung der Erinnerung an den Holocaust.

Als Beispiel für interdisziplinäre Veröffentlichungen kann u. a. auf den von Aleida Assmann und Sebastian Conrad herausgegebenen Sammelband *Memory in a Global Age* (Assmann und Conrad 2010b) verwiesen werden, der theoretische und empirische Beiträge aus unterschiedlichen Disziplinen (Geschichte, Cultural Studies, Literaturwissenschaft etc.) zusammen bringt. 2011 veröffentlichte die interdisziplinäre Zeitschrift *Parallax* ein Sonderheft zum Thema „Transcultural Memory" (Crownshaw 2011, 2). Das forschungsfeldbezogene Journal *Memory Studies* publizierte eine „Roundtable Discussion" zu den zukünftigen Dynamiken der Erinnerungsforschung, zu denen es auch die transkulturelle Erinnerung zählt (Vermeulen et al. 2012). 2018 veröffentlichte die Zeitschrift ein Sonderheft zu „Cultural Memory Studies after the Transnational Turn", herausgegeben von Astrid Erll und Ann Rigney (2018). Verschiedene Sammelbände präsentieren Studien zu Erinnerungsprozessen zwischen und über Grenzen in verschiedenen historischen und kulturellen Kontexten z. B. *Transnational memory: Circulation, articulation, scales* (De Cesari und Rigney 2014), *The Transcultural Turn* (Bond und Rapson 2014), und *Scales of Memory* (Kennedy und Nugent 2017).[1]

Auch innerhalb einzelner Disziplinen kann eine zunehmende Beschäftigung mit transkulturellen und transnationalen Formen der Erinnerung beobachtet werden. Aktiv ist die Forschung z. B. in der Geschichtswissenschaft: Spezifisch auf Europa beziehen sich hier die Sammelbände *Europas Gedächtnis* von König et al. (2008) und *Erinnerungskulturen im Dialog* von Lenz et al. (2002). Einen historiographischen Ansatz verfolgen auch die Bände *Disputed territories and shared pasts* (Frank und Hadler 2011) und *Europäische Erinnerungsräume* (Buchinger et al. 2009). Geschichtsphiloso-

---

[1] Für eine theoretische Diskussion der Entwicklungen im Feld der Erinnerungsforschung im Zuge der „third wave" vgl. Erll 2011b; Feindt et al. 2014a.

phische Überlegungen präsentiert Huyssen (2003). Weitere geschichtswissenschaftliche Veröffentlichungen liegen z. B. von Engel et al. (2012) und Feindt et al. (2014b) vor.

Die Politikwissenschaft beschäftigt sich v. a. mit der (transnationalen) Erinnerungspolitik in Europa bzw. der EU (Lebow et al. 2006; Kroh 2008; Kübler 2012; Schwelling 2012). Leggewie und Lang (2011) nehmen mit ihrem Buch *Der Kampf um die europäische Erinnerung* v. a. die inner- und zwischenstaatlichen Erinnerungskonflikte an den Peripherien der EU in den Blick. Auch der Sammelband von Kissel und Liebert (2010b) beschäftigt sich u. a. mit den Erinnerungskonflikten im postsowjetischen Raum, aber auch mit transnationalen Erinnerungsdynamiken in Westeuropa sowie mit den Problemen von Recht und Gerechtigkeit als Grundlagen für Vergangenheitsaufarbeitung und Versöhnung in einer Reihe von EU-Mitgliedsstaaten (vgl. auch Liebert und Müller 2012).

An den Zusammenhang von Vergangenheitsbewältigung und globalen Prozessen normativer Strukturbildung bzw. globalen rechtlichen Normen schließen Veröffentlichungen der Rechtssoziologie wie die von Kastner (2011) an. Ein Zusammenhang besteht auch zu den Veröffentlichungen der Forschergruppe um Daniel Levy, Nathan Sznaider und Ulrich Beck, die mit ihren Überlegungen zum „kosmopolitischen Gedächtnis" bzw. zur „kosmopolitischen Erinnerung" nicht nur die soziologische Forschung geprägt haben (Hauptwerk Levy und Sznaider 2001 bzw. Levy und Sznaider 2007a; englische Übersetzung Levy und Sznaider 2006; außerdem Levy und Sznaider 2002; Beck et al. 2004; Levy und Sznaider 2007b, 2007c; Sznaider 2008; Beck et al. 2009; Levy 2010, Levy und Sznaider 2010). Ein Sammelwerk zu *Collective memory and European identity* haben die Soziologen Klaus Eder und Wilfried Spohn vorgelegt (2005).

Auch aus der Literatur- und Kulturwissenschaft sind zentrale Arbeiten zur transkulturellen Erinnerung bzw. dem *Travelling Memory* von Astrid Erll (2012, 2011b) vorgelegt worden. Zu nennen sind auch der Sammelband zu *World Memory* von Bennett und Kennedy (2003) und v. a. die Überlegungen zum „Multidirectional Memory" des amerikanischen Literaturwissenschaftlers Rothberg (2009).

Debatten um gesellschaftliche Erinnerung und Versöhnung (*reconciliation*) haben ein interdisziplinäres Forschungsfeld begründet, welches auf öffentliche Gedenkakte und Entschuldigungspolitik im Zusammenhang mit historischem Unrecht, Massengewalt und Genozid fokussiert (Barkan 2000; Barkan und Karn 2006; Olick 2007) und damit den Zusammenhang von Erinnerung und Gerechtigkeit thematisiert. Exemplarisch zu nennen sind hier die jüngeren kommunikationswissenschaftlichen Studien von Alexandra Herfroy-Mischler (2016) zur Rolle der Schweizer Presseagenturen im Zweiten Weltkrieg und dem „Holocaust transitional justice"-Prozess. Die Rolle von chilenischen Journalist:innen als „agents of memory" betont Catalina Gaete Salgado (2018) in ihrer Studie zur Aufarbeitung der „Colonia Dignidad"-Archive in Berlin.

In einem von ihr editierten Sonderheft der Fachzeitschrift *Memory Studies*, welches dem Thema „Remembering and reconciliation" (2012) gewidmet ist, zeigt Ann Rigney mit Blick auf das „reconciliation scenario" auf, dass sich die *memory studies* vielfältigen Formen von Erinnerung widmen, die oftmals mit dem Begriff der „Transitional Justice" gefasst werden:

> The challenge for memory studies is to analyse from a multidisciplinary perspective the narratives and discourses underlying the reconciliation scenario, the repertoire of mnemonic practices that have accompanied its emergence, and the political mechanisms at work in its application. Truth commissions and inquiries, compensation settlements and state apologies have become part of the fixed repertoire of reconciliatory remembrance and are key instruments in managing the transition between a divisive past and new forms of co-existence. (Rigney 2012, 252)

Das wachsende Feld der vergleichenden Genozidforschung beschäftigt sich mit gesellschaftlichem Erinnern und Vergessen, sowohl in sozio-politischen, kulturellen und juristischen Kontexten und oftmals mit starkem Bezug zum Holocaust (für einen Überblick vgl. Robel 2013). Wie Stef Craps und Michael Rothberg (2011, 517) herausgestellt haben, stellt der Holocaust innerhalb der *memory studies* eine zentrale Referenz insbesondere mit Blick auf die Transnationalisierung oder Globalisierung von Erinnerungskulturen dar: „arguments about the transnationalization orglobalization of memory typically reference the Holocaust, still the primary, archetypical topic in memory studies".

Mittlerweile liegen somit zahlreiche Publikationen zum Thema transnationale Erinnerungskulturen vor. Bei näherer Betrachtung fällt jedoch auf, dass viele dieser Untersuchungen vergleichende Perspektiven einnehmen und dabei lediglich nationale Erinnerungskulturen in Kontrast setzen, anstatt Prozesse der Transnationalisierung oder Kosmopolitisierung in den Blick zu rücken.

2.2 Theoretischen Konzeptualisierungen von transnationalen und transkulturellen Formen von Erinnerung

In diesem Abschnitt werden wir einige der elaboriertesten und bekanntesten theoretischen Konzeptionen von Erinnerungskulturen diskutieren, die den ‚nationalen Container' in Frage stellen und in Richtung neuer Rahmen und Praktiken kollektiver Erinnerung auf lokalen und globalen Ebenen weisen.

Cosmopolitan Memory (Levy/Sznaider 2001)

Das Konzept des kosmopolitischen Gedächtnisses, welches Daniel Levy und Nathan Sznaider (in einer Linie mit Ulrich Becks Arbeiten zur „Kosmopolitisierung") entwickelt haben, hat sich innerhalb der *memory studies* als einflussreich erwiesen (vgl. z.B. Levy und Sznaider 2001/2007a, 2002, 2007b; Sznaider 2008; Beck et al. 2009). Die Untersuchung gilt als wichtiger Impuls für den „transcultural turn" in den *memory studies* und insbesondere für eine Auseinandersetzung mit Forschungen zu „kosmopolitischen" Erinnerungskulturen (Erll 2011b, 9). Mit ihrem Begriff der „kosmopolitischen Erinnerung" beziehen sich Levy und Sznaider auf einen

> process that shifts attention away from the territorialized nation state framework that is commonly associated with the notion of collective memory. Rather than presuppose the congruity of nation, territory and polity, cosmopolitan memories are based on and contribute to nation-transcending idioms, spanning territorial and linguistic borders. (Levy und Sznaider 2007, 160)

Levy und Sznaider zufolge wird der ‚nationale Container' des konventionellen Konzeptes des kollektiven Gedächtnisses in der zweiten Moderne aufgeweicht. „Distinctive national and ethnic memories are not erased but transformed. They continue to exist, but globalization processes also imply that different national memories are subjected to a common patterning" (Levy und Sznaider 2007, 160). Speziell mit Blick auf die Europäisierung stellen sie fest: „Europeanization develops in accord with common rhythms and periodizations. But in each case, common elements combine with pre-existing idea(l)s to form something new" (Levy und Sznaider 2007, 160).

Kennzeichnend für kosmopolitische Erinnerungskulturen im Sinne von Levy und Sznaider ist insbesondere eine „Identifikation mit den Opfern der ‚Anderen'" (Beck et al. 2004, 448). Der Prozess der Kosmopolitisierung zeigt sich darin, „die Geschichte (und die Erinnerungen) des ‚Anderen' anzuerkennen und in die eigene Geschichte zu integrieren" (Beck et al. 2004, 464–465). Auf diese Weise verschränken sich erinnerungskulturelle Perspektiven und der „Akt der Versöhnung [wird] zum zentralen Erinnerungserlebnis" (Beck et al. 2004, 464–465.). In kosmopolitisierten Erinnerungskulturen wird somit Jeder „zum Opfer, aber auch jeder zum Täter" (Levy und Sznaider 2007a, 10; vgl. auch Beck et al. 2009, 125).

Levy und Sznaiders Konzept des „kosmopolitischen Gedächtnisses" bietet einen ersten Vorschlag dafür, wie Erinnerungskulturen, die über den Nationalstaat hinausweisen, aussehen können und unter welchen strukturellen Bedingungen sie sich entwickeln. Allerdings, weist ihre Untersuchung einige Begrenzungen auf, die innerhalb der *memory studies* bereits kritisch diskutiert wurden. Da das Konzept auf dem Beispiel von Holocaust-Erinnerungen basiert stellt sich, erstens, die Frage, inwiefern es auf andere historische Ereignisse und Themen oder andere geokulturelle und soziale Kontexte übertragen werden kann (vgl. Assmann und Conrad 2010a). Das Konzept ist, zweitens, für seine implizite Normativität kritisiert worden, da kosmopolitische Erinnerungskulturen im Vergleich zum „Narrativ der selbstgerechten Nation" (Beck et al. 2004, 465) als ‚besser' und ‚ethischer' präsentiert werden (Misztal 2010, 38). Drittens, wurde bemängelt, dass die strukturellen Charakteristika des kosmopolitischen Gedächtnisses bei Levy und Sznaider nur vage beschrieben werden: „[...] we still get the impression from their research that the global language about memory exists without a context for framing it. Put another way, we're left wondering about how the new global idiom around memory gets constructed at local level [...]" (siehe auch Ashuri 2007; Conway 2008, 191; Misztal 2010; Reading 2011a). Viertens, wurde festgestellt, dass Levy und Sznaider wie auch Beck nicht näher auf die Rolle von Massenmedien und insbesondere Journalismus eingehen und die Potenziale und Beschränkungen von kosmopolitischer Erinnerung speziell in journalistischer Berichterstattung somit eine Leerstelle bilden (Bisht 2013).

Multidirectional Memory (Rothberg 2009)

Michael Rothberg hat gezeigt, auf welche Weisen die Erinnerung an den Holocaust Diskurse über Dekolonialisierung ermöglicht hat. Der Blick richtet sich auf Fragen von Leid, transkultureller Empathie und politischer Mobilisierung der globalisierten Holocaust-Erinnerung. Anstelle der Vorstellung von kollektivem Gedächtnis als *„competitive* memory – a zero-sum struggle over scarce resources" schlägt Rothberg vor, Gedächtnis als *multidirectional* zu denken: „as subject to ongoing negotiation, crossreferencing, and borrowing; as productive and not privative" (Rothberg 2009, 3). Die Interaktion von verschiedenen historischen Erinnerungen illustriert Rothberg zufolge die produktive, interkulturelle Dynamik von „multidirectional memory" (Rothberg 2009, 3), welches potenziell neue Formen der Solidarität und Gerechtigkeit entstehen lässt (Rothberg 2009, 5). Multidirektionale Erinnerung beschreibt mit anderen Worten einen „unablässigen Verkehr von Gedächtnisinhalten, -medien und -praktiken zwischen Gedächtnisgemeinschaften", der in öffentlichen Arenen stattfindet und bei dem „komplexe mnemonische Verweisstrukturen" (Erll 2012, 150) erfolgen.

Die Stärke von Rothbergs Konzept liegt darin, dass der Begriff des multidirektionalen den dynamischen, cross-referentiellen Charakter von Erinnerung betont. Rothberg weist zudem auf die Bedeutung von öffentlichen Arenen hin, welche die Interaktion von verschiedenen Erinnerungsdiskursen ermöglichen. Damit, so hebt Susannah Radstone hervor, argumentiert Rothberg gegen die verbreitete Ansicht, dass sich Erinnerungsdiskurse notwendiger Weise gegenseitig ausschließen.

> Rothberg's impressive study of the relations between Holocaust memory and decolonialization struggles advances contemporary memory research's engagement with transnational and transcultural theory by developing a critique of the widely held view that different catastrophes and historical traumas are fated to vie for attention in the public sphere. (Radstone 2011, 120).

Da „multidirectional memory" sich jedoch durch Dekontextualisierung und Schematisierung historischer Ereignisse auszeichnet, erscheinen multidirektionale Erinnerungen als die einzig mögliche und eher oberflächliche Form transnationaler Erinnerungskulturen. Zudem vernachlässigt auch Rothberg die spezifische Rolle von Journalismus in seinem Konzept. Dagegen argumentieren wir, dass im Falle journalistischer Berichterstattung die Begrenzung der öffentlichen Arena einen wichtigen Faktor darstellt (de Wolff 2017, 415).

Travelling Memory (Erll 2011)

Astrid Erll hat sich mit verschiedenen Ansätzen transkultureller Erinnerung beschäftigt und ein Konzept des „travelling memory" entwickelt. Sie schlägt vor, „transcultural memory" als einen Oberbegriff für die verschiedenen Konzeptualisierungen zu fassen, welcher in erster Linie eine Forschungsperspektive beschreibt. „Therefore, ‚transcultural memory' seems to me rather a certain *research perspective*, a focus of attention, which is directed towards mnemonic processes unfolding across and beyond cultures. It means transcending the borders of traditional 'cultural memory studies' by looking beyond established research assumptions, objects and methodologies" (Erll 2011b, 9; Herv. i. O.).

Mit ihrem Konzept des „travelling memory" unterscheidet Erll stärker als etwa Levy und Sznaider oder Rothberg zwischen empirischen Beobachtungen und normativen Annahmen. „Travelling memory is a process that scholars can describe; but its outcomes cannot be predicted" (Erll 2011b, 15). Sie bezieht sich dabei auf Aby Warburgs Ansatz der „Mnemogeschichte" sowie auf die anthropologischen Studien von Clifford Geertz zu „travelling culture" und betont damit die „movements" von Gedächtnis und Erinnerungskulturen in synchronen und diachronen Dimensionen. Erlls Ansatz zeichnet sich dadurch aus, dass sie die transkulturelle Dimension von Erinnerung von der normativen Perspektive entkoppelt und auf die spezifischen Routen und Charakteristika von Erinnerungskulturen in ihren global-lokalen Dynamiken fokussiert.

> There is no inherent connection to good or bad, positive or negative, reconciliatory or destructive, enabling or banalizing uses of the past. The idea that (as Levy and Sznaider seem to suggest in a view to Holocaust memory) that there is a 'de-territorialized, transnational and globalizing *and therefore* cosmopolitan memory is thus only partly correct. Not each ‚memory around the globe' will automatically become a veritable ‚global memory'; not every worldwide available object of remembrance will be turned into a cosmopolitan, an ethical, or an empathetic memory. (Erll 2011b, 15; Herv. i. O.)

Wenngleich bestimmte Medien oder Inhalte jeweils gewisse Potenziale aufweisen, sind die konkreten Ausformungen von „travelling memory" Erll zufolge jeweils das Ergebnis von den spezifischen Routen und Kontexten sowie den Anwendungen durch spezifische Akteur:innen und ihren Agenden. Kurz: „It is the localizing aspect of travelling memory which requires a close reading of our material" (Erll 2011b, 15). Neben Trägern, Inhalten, Praktiken und Formen betrachtet Erll auch Medien als eine wichtige Dimension von erinnerungskulturellen *movements* (Erll 2011b, 12). Ihr Konzept bietet daher einen fruchtbaren Ansatz für empirische Studien zu transkulturellen oder transnationalen Erinnerungen insbesondere auch mit Blick auf Medien. Allerdings wird die Bedeutung von Journalismus nicht angesprochen. Zudem gilt es unserer Meinung nach, die Dynamiken von *travelling memory* hinsichtlich Fragen nach Macht und Hegemonie in gegenwärtigen Medienkulturen und öffentlichen Arenen stärker zu adressieren.

Transnational Memory (De Cesari und Rigney 2014)

Chiara de Cesari und Ann Rigney (2014, 4) kritisieren mit Blick auf den *transcultural turn* in den *memory studies*, dass das zugrundeliegende Konzept der Transkulturalität die Frage nach der Bedeutung von (nationalen) Grenzen in Prozessen und Praktiken von Erinnerung vernachlässigt. „[...] transculturality has been applied above all to the study of mobility and flows rather than the social and political factors, as well as cultural ones that may impede them" (De Cesari und Rigney 2014, 4). Das Konzept des *transnational memory* betont dagegen die Bedeutung von „national frameworks alongside the potential of cultural production both to reinforce and to transcend them" (De Cesari und Rigney 2014, 4). Die Beiträge des Bandes widmen sich insbesondere Themen von historischer (Un-)Gerechtigkeit, Menschenrechten und Machtverhältnissen, welche *transnational memory* prägen. Damit demonstrieren die versammelten Fallstudien „new possibilities for examining the interplay and tensions between culture and institutions, and hence for developing a new dialogue between those approaching the field from the Humanities and those approaching it from the Social Science" (De Cesari und Rigney 2014, 4).

De Cesari und Rigney betonen die Ambivalenz, die insbesondere von dem globalisierten Erinnerungsdiskurs um den Holocaust ausgeht: „globally circulating memories and particularly the memory of the Holocaust [...] have helped provide a language in which to articulate other narratives of suffering and loss [...] in an increasingly transnational yet fragmented public sphere" (De Cesari und Rigney 2014, 11). De Cesari und Rigney schlagen vor, dass Untersuchungen von transnational memory von der Frage nach der „circulation" ausgehen sollten, im Gegensatz zu der verbreiteten Vorstellung des „flow" sollte der Fokus dabei jedoch auf den „frictions and blockages in what a discontinuous memory movements" (De Cesari und Rigney 2014, 14) liegen. Eine zentrale Herausforderung sehen die Autor:innen des Bandes in den Rahmungen („scales") und dabei vorgenommenen Hierarchisierungen, (De Cesari und Rigney 2014, 20) die oftmals implizit in Forschungspraktiken bleiben. Die Stärke des Konzeptes liegt darin, dass es gerade die Ambivalenzen von *transnational memory* herausstellt, welches zugleich emanzipatorisch erscheinen und doch von Brüchen, Asymmetrien und Exklusionsmechanismen geprägt sein kann. Mit dieser Ausrichtung eröffnet das Konzept machttheoretische sozialwissenschaftliche Perspektiven, die sich auch für kritische kommunikationswissenschaftliche Untersuchungen zum Verhältnis von transnationaler Erinnerung und Journalismus und insbesondere journalistischen Diskursen um historische Gerechtigkeit anbieten.

2.3 Empirische Beiträge zu grenzüberschreitender Erinnerung in und durch Medien und Journalismus

Empirische Studien zu transkulturellen Formen von Erinnerung in (journalistischen) Medieninhalten fokussieren vorrangig auf (Jahrestagsjournalismus über) kollektive Traumata und dabei v. a. den Holocaust als ‚master narrative' des grenzüberschreitenden Erinnerns (Böhme-Dürr 1999; Levy und Sznaider 2002; Rothberg 2009; Bösch 2010; Assmann 2010). Studien zur journalistischen Erinnerung an den 11. September wurden von Ammann und Grittmann (2013) sowie Ammann (2015) veröffentlicht.

Da ein Großteil der Forschung nicht aus sozialwissenschaftlichen Disziplinen kommt, sind Studien, die klassische Methoden der empirischen Kommunikationsforschung anwenden, weiterhin selten (vgl. für Inhaltsanalysen von Medientexten und Bildern z.B. Ammann und Grittmann 2013; Lohner 2014; Ammann 2015). Zu den zentralen Ergebnissen empirischer Studien zählt die Erkenntnis, dass der transnationale Charakter von durch den Journalismus kommunizierter Erinnerung stark von den erinnerten Ereignissen abhängig ist: Historische Ereignisse, die selbst Medienereignisse (Dayan und Katz 1992) waren, begünstigen dabei transkulturelle bzw. transnationale Formen der Erinnerung: „On a transnational level, media events synchronize the witnessing of worldwide events for a global spectatorship. As this audience transcends the nation, it has the power to critique and challenge national myths and authorities" (Assmann und Conrad 2010a, 4).

Vor diesem Hintergrund gilt der Holocaust als „paradigmatischer Fall" (Beck et al. 2004, 441; Assmann und Conrad 2010a, 4) für die Transnationalisierung von Erinnerung, da er verschiedene Charakteristika aufweist: (1) Transnationale Reichweite und Wirkung des historischen Ereignisses, (2) Emotionaler Gehalt des Ereignisses, (3) Institutionalisierte Erinnerung auf transnationaler Ebene, (4) Ereignis, das den unterschiedlichen Gesellschaften in Europa und der westlichen Welt als absolute Referenz für das Bewusstsein eines gemeinsamen Wertefundaments dient (Lohner 2014, 81).

Auf der anderen Seite konstatiert die (empirische) Forschung aber auch eine Dekontextualisierung bzw. Enthistorisierung der Erinnerung an den Holocaust. Diese wird zur „Gedächtnisreligion", zum „entleerten, inhaltslosen Konstrukt, auf das sich vielleicht alle als gemeinsamen Bezugspunkt beziehen und verständigen können, das aber alles Herausfordernde verloren hat und zum Kitsch wird, weil es der Härte der realen Erfahrungen und antagonistischen Erinnerungen gar nicht mehr angemessen ist" (König 2008, 26; vgl. auch Delanty und Rumford 2005, 99).

In Bezug auf die Erinnerung an 9/11 schlussfolgern Ammann und Grittmann (2013, 383), dass die Pressefotografie „die Idee einer kosmopolitischen Schicksalsgemeinschaft" (Ammann und Grittmann 2013, 383) erzeugt. „Sie basiert auf einer Ikonografie des Mitgefühls mit dem Leiden Anderer als dominantem journalistischem Deutungsmuster" (Ammann und Grittmann 2013, 368). Dabei liegt der Fokus jedoch auf den Betroffenen in den USA: Eine „gemeinsame (...) Identitätskonstruktion, die beispielsweise durch Motive von Trauermomenten in anderen Nationen visualisiert werden könnte" (Ammann und Grittmann 2013, 383) findet nicht statt.

Neben Studien zur journalistischen Erinnerungsberichterstattung fokussiert ein weiterer (empirischer) Forschungszweig auf die Rolle des Internets und von Onlinemedien für die Entwicklung grenzüberschreitender Erinnerung, wenngleich nicht unbedingt mit Bezug zu journalistischen Onlineprodukten: Hoskins (2009, 92) beschreibt die Entwicklung eines „digital network memory" als ein neues Phänomen, das durch die Konnektivität digitaler Technologien und Medien befördert wird (vgl. auch Hoskins 2011 zu ‚connective memory'). Pentzold (2009, 255) bezeichnet die Online-Enzyklopädie Wikipedia aufgrund ihres potenziell globalen Zugangs und ihrer Netzwerkstruktur als „global memory place", an dem eine (potenziell) transnationale, diskursive Produktion erinnernder Inhalte stattfindet.

Reading (2011b, 249) weist darauf hin, dass das über den Einsatz von Smartphones und Digitalkameras erfolgte „public witnessing" im Kontext der Erschießung der iranischen Demonstrantin Neda durch das durch die Digitalisierung geprägte „globital memory field" nicht nur eine schnelle, transmediale und globale Verbreitung erfuhr, sondern auch eine Glokalisierung der erinnernden Diskurse dazu stattfand.

Während die meisten Studien auf Medieninhalte fokussieren, analysieren nur wenige Studien den Zusammenhang zwischen globalisierter Medienproduktion und der Entwicklung transnationaler Erinnerung (bzw. transnationaler Erinnerungsinhalte).

Eine Ausnahme bildet hier Ashuri (2007), die in ihrer Studie (basierend auf dem Konzept der *kosmopolitischen Erinnerung*) den Produktionsprozess der von drei TV-Sendern aus Großbritannien, den Vereinigten Staaten und dem Mittleren Osten koproduzierten Dokumentation ‚The Fifty Year War: Israel and the Arabs' untersucht. Sie verneint dabei die transnationalisierende Wirkung transnationaler Fernsehproduktionen auf die dabei entstehenden erinnernden Medienprodukte. Vielmehr schlussfolgert sie: „Rather than challenging existing collective memories regarding the events depicted, the three co-players in this film project were ‚flagging' those memories that their perceived audiences had already agreed to remember" (Ashuri 2007, 47–49). Ashuris Studie weist insofern darauf hin, dass die (kommerziellen) Produktionsbedingungen sowie das Selbstverständnis von Medienmacher:innen einer Produktion grenzüberschreitend erinnernder Medienangebote entgegenstehen können (vgl. auch Neiger et al. 2011b, 17–18).

2.4 Forschungslücken und zukünftige Herausforderungen

Die vorangegangene Diskussion des Forschungsstands hat gezeigt, dass sich gesellschaftliche Erinnerung dynamisch und transnational bzw. transkulturell gestaltet, und sich die „container-culture" (Erll 2011b, 7) insofern als irreführendes Paradigma erweist. „Transcultural memory" kann dabei als Sammelbegriff einer Forschungsperspektive dienen, die diese Dynamiken sowohl in ihrer diachronen als auch in der synchronen Dimension untersucht. Theoretische Konzepte wie die des „cosmopolitan memory" (Levy und Sznaider), „travelling memory" (Erll) oder „multidirectional memory" (Rothberg) erweisen sich dabei als hilfreiche Modelle, um die cross-referenziellen Erinnerungspraktiken und die damit einhergehenden Globalisierungs- als auch Lokalisierungsprozesse in den Blick zu nehmen. Allerdings betonen diese Konzepte die vergemeinschaftende, identitätsbildende und damit inkludierende Rolle von transkultureller Erinnerung, während Fragen von Exklusion/Ausgrenzung und Machtverhältnissen weitestgehend unberücksichtigt bleiben.[2] Darüber hinaus bleibt die Rolle von Medien und insbesondere journalistischer Erinnerung unterbeleuchtet. Obgleich viele Ansätze der medienbezogenen Erinnerungsforschung die Rolle von Medienöffentlichkeiten betonen, finden die Konzepte von transkulturellen bzw. transnationalen Öffentlichkeiten kaum Eingang in die Erinnerungsforschung.

Der kurze Überblick über die gegenwärtige empirische Forschung zum Verhältnis von transnationalen Erinnerungskulturen und Medien und Journalismus zeigt, dass die Studien auch hier auf Identitätsbildung und kollektive Erinnerung, Inklusion und transnationale Solidarität fokussieren und weniger auf Ausgrenzung und Kämpfe um Anerkennung des/der ‚Anderen'. Ebenso lässt sich in Bezug auf die Literatur zur transkulturellen bzw. transnationalen Erinnerung die Tendenz festhalten, so kritisiert etwa Pawas Bisht, die (utopischen) Potenziale der mediatisierten Verbindungen von Erinnerung über zu betonen und dabei die empirische Untersuchung von den Begrenzungen, Widersprüchen und Ungleichheiten zu vernachlässigen, welche das Feld prägen (Bisht 2013, 14). Ebenso bleibt die Analyse der länder- und kulturübergreifenden journalistischen Aushandlung von konflikthafter Vergangenheit, zumal jenseits des Holocaust und jenseits ‚westlicher' Medien, weitestgehend aus. Ebenso lässt sich für integrierende Perspektiven plädieren, die jenseits einer Entweder-oder-Logik sowohl „transkulturelle Verflechtungen" und „lokalen Verortungen" (Schoon 2016) von Erinnerungs- und journalistischen Praktiken adressieren.

Eine weitere Herausforderung ergibt sich aus den angewandten Methoden bisheriger Forschung: Da ein Großteil der Forschung auf Medieninhalte fokussiert, ergibt sich eine Forschungslücke in Bezug auf die strukturellen Produktionsbedingungen von potenziell für transkulturelle Erinnerungspraktiken relevanten journalistischen Inhalten. Zukünftige Forschung sollte daher, z. B. über die Durchführung von Interviews mit Journalist:innen, auch die Selektions- und Produktionskontexte untersuchen.

Mit dem „transcultural turn" muss außerdem die Frage nach den Orten (*locations*) und der Verortung (*locatedness*) von Erinnerung neu gestellt werden, wie Susannah Radstone betont: „Though it might seem paradoxical, it is from the perspective of the

---

2 Vgl. de Wolff (2017) für eine ausführlichere kritische Diskussion der Konzepte „Cosmopolitan Memory" und „Multidirectional Memory" aus postkolonialer Perspektive.

‚transnational' and the ‚transcultural' that we are reminded of the significance of memory's locatedness" (Radstone 2011, 117). Während zahlreiche Studien Erinnerungsorte und spezifische lokale Kontexte untersuchen, bleibt die Verortung von Erinnerungsagent:innen Radstone zufolge innerhalb der *memory studies* eher unbeachtet.

3. Neue Forschungsansätze

In diesem Kapitel werden nun zwei von den Autorinnen dieses Beitrags durchgeführte Forschungsprojekte vorgestellt, die die oben identifizierten Lücken und Herausforderungen Forschungslücken adressieren und zum Ziel haben, neue Perspektiven in Bezug auf transnationale Erinnerung im Journalismus aufzuzeigen – sowohl in Bezug auf Theorie, methodische Ansätze und empirische Fallstudien.

3.1 Transnationale bzw. europäisierte Erinnerungsöffentlichkeiten (Lohner 2014)

Ein theoretisches Konzept, das journalistische Erinnerung in den Mittelpunkt rückt und dabei auf Europäisierung als einen Spezialfall der Transnationalisierung fokussiert, entwickelt Lohner (2014) in ihrer Dissertation. Auf der Basis einer kritischen Diskussion der vorliegenden theoretischen und empirischen Erkenntnisse aus der gesellschaftlichen bzw. medialen Erinnerungsforschung, der vorliegenden Überlegungen zu grenzüberschreitenden Erinnerungen jenseits der Nation, der europabezogenen Identitäts- und Öffentlichkeitsforschung sowie der Journalismusforschung wird argumentiert, dass insbesondere theoretische Modelle zur Europäisierung von (Medien-) Öffentlichkeiten einen geeigneten konzeptionellen, analytischen wie methodischen Rahmen für die (empirische) Analyse europäisierter medialer Erinnerungskommunikation bieten. Europäisierte Öffentlichkeiten werden dabei verstanden als Netzwerk von mehrfach differenzierten Öffentlichkeiten, zwischen denen sich kommunikative Verdichtungen bilden (Weßler et al. 2008). Vor diesem Hintergrund sind auch spezifische mediale Erinnerungsöffentlichkeiten möglich, definiert als die Themen- bzw. Teilöffentlichkeiten, in denen gesellschaftliche Erinnerungspraktiken kommuniziert werden.

Die Studie konzipiert die Europäisierung von Erinnerungsöffentlichkeiten – und der journalistischen Erinnerung als ein Teil davon – folglich als kontext- bzw. ereignisabhängigen, pluralen, graduellen und mehrdimensionalen Prozess innerhalb der übergeordneten Europäisierung von Öffentlichkeit. Analytisch unterschieden werden vier Europäisierungsdimensionen, die kommunikative Verdichtungen in Bezug auf Themen, Akteur:innen, Argumentation und identitäre Bezüge beschreiben.

(1) Als Grundvoraussetzung für eine Europäisierung wird die „gegenseitige Beobachtung" definiert, die beinhaltet, dass sich die verschiedenen (nationalen, loka-

len) Erinnerungsöffentlichkeiten auf einer *thematisch-inhaltlichen Ebene* füreinander öffnen, also gegenseitig „beobachten". Empirisch ist dann zu untersuchen, inwieweit in den jeweiligen Öffentlichkeiten nicht nur Erinnerungsthemen der (sub-)nationalen Geschichte kommuniziert werden, sondern auch potenziell europäische Erinnerungsthemen, -ereignisse bzw. -anlässe und solche anderer europäischer Nationen Aufmerksamkeit finden (Lohner 2014, 105–106).

(2) Europäisierte Partizipation und Interaktion: Zur Europäisierung gehört in einer zweiten Dimension, dass es zu einem Austausch zwischen den verschiedenen Erinnerungsöffentlichkeiten kommt, indem nicht nur nationale bzw. gruppenspezifische Perspektiven auf gesellschaftliche Erinnerungsanlässe und -fragen vermittelt werden, sondern auch die anderer europäischer Gesellschaften. Damit ist die Akteur:innenebene der Erinnerungskommunikation und ihrer potenziellen Europäisierung angesprochen. Empirisch geht es um die Frage, wessen Perspektive zu Erinnerungsfragen vermittelt wird, wer in der Berichterstattung zu Wort kommt und zu wem spricht (Lohner 2014, 106–107).

(3) Diskursive Auseinandersetzung: Auf einer qualitativ-inhaltlichen Ebene erfordert Europäisierung im Verständnis des Modells zusätzlich, dass in dem Interaktionsprozess eine breite diskursive Auseinandersetzung stattfindet, in deren Verlauf die verschiedenen Perspektiven bzw. Erinnerungskonstruktionen nicht nur kommuniziert, sondern dialogisch und argumentativ diskutiert und reflektiert werden, um eine tatsächliche Verständigung über gemeinsam geteilte Erinnerung(en) zu erreichen (Lohner 2014, 107–108).

(4) Integration: Schließlich bedeutet Europäisierung im Verständnis des Modells in Bezug auf eine vierte, die Art und Weise der Kommunikation betreffende Dimension, dass über den Perspektivwechsel hinaus auch eine ‚Perspektivübernahme' erfolgt. Die Perspektiven bzw. Erinnerungen der ‚Anderen' werden ‚kognitiv-reflexiv' und ‚emotional-affektiv' in den eigenen Voraussetzungszusammenhang der Gegenwart integriert. Es wird eine kollektive, gesamteuropäische (Erinnerungs-)Gemeinschaft konstruiert, indem auf Europa bezogene Identitätsbezüge kommuniziert werden.

Auf dem Analysemodell aufbauend untersucht die Arbeit den aktuellen Europäisierungsgrad journalistischer Erinnerung anhand von 87 empirischen Indikatoren (Lohner 2014, 156–173). Diese empirische Analyse erfolgt am Beispiel der journalistischen Berichterstattung zum 20-jährigen Jubiläum der „Europäischen Wende" (d.h. der demokratischen Umbruchbewegungen in den Staaten des Warschauer Pakts in den Jahren 1989–1991) als einem zentralen Ereignis in der jüngeren gesamteuropäischen Geschichte. In einer standardisierten Text- und Bildinhaltsanalyse wird die Erinnerung der deutschen und französischen Qualitätstageszeitungen *Süddeutsche Zeitung, Frankfurter Allgemeine Zeitung, Le Monde* und *Le Figaro* verglichen.

Die empirischen Ergebnisse zeigen zum einen, dass es sich bei der beobachteten Transnationalisierung um eine Europäisierung und keine Globalisierung der Erinnerung an die Europäische Wende handelt. Diese ist als „ereignisspezifische ‚Wendeeuropäisierung'" (Lohner 2014, 327) auf die von der Wende unmittelbar betroffenen Räume und Akteur:innen fokussiert und hinsichtlich der räumlich-thematischen Ausrichtung und der vermittelten Perspektiven auf einen „Erinnerungskern" (Lohner 2014, 327) hin verdichtet. Bei allen beschriebenen Europäisierungstendenzen bleiben nationale und subnationale Räume, Perspektiven, Kollektive und Rahmungen im Sinne einer „domestizierten Europäisierung" eine zentrale Bezugsebene in der Erinnerung. Als (mehrfach) „segmentierte Europäisierung" variiert die Europäisierung zudem abhängig vom Untersuchungsland und zwischen den einzelnen Zeitungen innerhalb der beiden Länder-Samples sowie abhängig vom erinnerten Teilereignis der Wende (Lohner 2014, 327).

3.2 Post-/koloniale Erinnerungen an den Ovaherero- und Nama-Genozid in der deutschsprachigen Presseberichterstattung (de Wolff 2021)

Das Dissertationsprojekt „Post-/koloniale Erinnerungsdiskurse in der Medienkultur" von de Wolff beschäftigt sich mit den Themen Erinnerung, Journalismus und Post-/Kolonialismus.[3] Der Fokus liegt auf dem öffentlich-medialen Diskurs um den Ovaherero- und Nama-Genozid (1904–1908) in der deutschsprachigen Presseberichterstattung. Das Erkenntnisinteresse richtet sich auf die Frage, wie dieses historische Ereignis seit Anfang der 2000er Jahre öffentlich erinnert wird und wie die Frage der Anerkennung und Entschädigung medial verhandelt wird. Besonders interessiert dabei, inwiefern sich innerhalb des deutschsprachigen nationalen Erinnerungsdiskurses kosmopolitische Perspektiven herausbilden. Der theoretische Bezugsrahmen der Studie verbindet Ansätze aus den *memory studies*, Medien- und Kommunikationswissenschaft sowie postkolonialen Theorien mit anerkennungs- und gerechtigkeitstheoretischen Überlegungen, um eine kritische Perspektive auf die öffentlichen Auseinandersetzungen um die deutsch-namibische Kolonialzeit und ihre Folgen einzunehmen. Auf diese Weise rückt die Studie die Ambivalenzen post-/kolonialer Erinnerungsdiskurse in den Mittelpunkt: sie fragt sowohl nach Aspekten einer mediatisierten Anerkennung als auch nach delegitimierenden Repräsentationsmustern, Exklusion und Machtasymmetrien in der journalistischen Berichterstattung.

Die empirische Untersuchung basiert auf einer qualitativen wissenssoziologischen Diskursanalyse von 469 Artikeln, die zwischen 2001 und 2016 in den Print- und Online-Ausgaben der drei Tageszeitungen *Frankfurter Allgemeine Zeitung, Süddeut-*

---

3 Theoretische Überlegungen und erste Ergebnisse der Analyse sind bereits in verschiedenen Beiträgen veröffentlicht worden (de Wolff 2017; de Wolff und Brink 2018). Die vollständige Studie erschien im November 2021 im Transcript Verlag.

sche Zeitung, taz. die tageszeitung sowie in dem Nachrichtenmagazin *Der Spiegel* und *Spiegel online* und der Wochenzeitung *Die Zeit* und *Zeit online* veröffentlicht worden sind.

In einem ersten Schritt wurden am Material herausragende Anlässe der Berichterstattung im Untersuchungszeitraum als zentrale Diskursereignisse identifiziert. In einem zweiten Schritt wurden in der Feinanalyse entlang von vier ausgewählten Diskursereignissen Problematisierungsweisen, Deutungs- und Repräsentationsmuster herausgearbeitet. Untersucht wurde vor allem mit Blick auf mediale Repräsentationen von Nachfahr:innen der Opfer des Genozids, welche Akteur:innen im medialen Diskurs um den Ovaherero- und Nama-Diskurs wie sichtbar werden und welche Sprechpositionen ihnen zugewiesen wurden. Ein besonderes Interesse richtete sich zuletzt auf die Frage nach den Normen und gesellschaftlichen Bedingungen, welche das Ringen um Anerkennung in der globalisierten Öffentlichkeit strukturieren.

Die Diskursanalyse zeigt, dass unterschiedliche Anlässe größere mediale Resonanz gefunden haben. Bemerkenswert ist zunächst, dass die Einreichung der ersten Sammelklage der Ovaherero an einem US-Gericht im September 2001 vergleichsweise geringe mediale Aufmerksamkeit erhielt, da die Terroranschläge am 11. September die Berichterstattung in diesem Zeitraum dominierten. Insbesondere im Jahr 2004 wurde anlässlich des 100. Jahrestages des Kriegsbeginns im Januar 1904 und der legendären „Schlacht am Waterberg" im August im Sinne des Gedenktagsjournalismus (Ammann 2010) medial an den Ovaherero- und Nama-Genozid erinnert. Im Fokus der journalistischen Aufmerksamkeit stand hier insbesondere die Entschuldigung von Entwicklungsministerin Wieczorek-Zeul, die im Rahmen der Gedenkfeierlichkeiten am Waterberg erstmals eine Entschuldigung gegenüber den Nachfahr:innen der Opfer aussprach und einen „Versöhnungsdialog" initiierte. Auf große öffentliche Aufmerksamkeit stieß auch die Rückgabe von menschlichen Gebeinen an eine Delegation in Namibia in der Berliner Charité im Jahr 2011, die medial als Eklat um die Rede von Staatsministerin Cornelia Pieper konstruiert wurde und somit Skandalisierungswert hatte. Zuletzt provozierten die deutsch-türkischen Auseinandersetzungen um die Anerkennung des Armenien-Genozids im Jahr 2015 eine Debatte um die „Doppelmoral" der Bundesregierung und die noch ausstehende offizielle Anerkennung des Genozids an den Ovaherero und Nama.

In der Berichterstattung werden jeweils verschiedene Rahmungen gesetzt, um die Ereignisse zu problematisieren: so dominieren in Berichten über die Sammelklage eher technische Debatten über die juristischen Erfolgsaussichten; in Berichten über die Entschuldigung von Wieczorek-Zeul wird ein entwicklungspolitisches Problem konstruiert und die Begriffe „Dialog" und „Versöhnung" im Sinne des weiter oben kritisch diskutierten „reconciliation scenario" (Rigney 2012) in den Vordergrund gerückt; über die Rückgabe von Schädeln wird als ein wissenschafts-ethisches Problem geschrieben; im Kontext der Debatte um die Armenien-Resolution wird vor allem ein außenpolitisches Problem konstruiert und an das (Selbst-)Bild der Bundesrepublik als Modell der Vergangenheitsbewältigung appelliert.

Mit Blick auf die sozialen Akteur:innen zeigt die Diskursanalyse, dass Politiker:innen, Repräsentant:innen der Nachfahr:innen der Opfer des Genozids und wissenschaftliche Expert:innen die drei zentralen Gruppen bilden. Dabei werden politische Vertreter:innen der Bundesrepublik gleichzeitig als vermeintliche Problemverursacher:innen und -löser:innen repräsentiert; die medialen Repräsentationen von Nachfahr:innen der Opfer des Genozids sind ambivalent, da sie als Minderheit konstruiert werden, die teils passiv auf Gelder aus der Bundesregierung warte, teils radikalisiert und gewaltbereit sei; wenngleich das Leid und die soziale Ungerechtigkeit sichtbar gemacht werden, werden die Forderungen nach Entschädigung stark personalisiert und damit verbunden zentrale Vertreter:innen der Ovaherero wie insbesondere die *Paramount Chiefs* Kuaima Riruako und Vekuii Rukoro medial in Frage gestellt; eine hohe Deutungsmacht kommt dagegen v. a. (männlichen, *weißen*) Historikern zu, die Fachwissen in den Diskurs einbringen, gegenwärtige politische Debatten bewerten und Sprechpositionen (de)legitimieren. Wie die Studie zeigt, nehmen in dieser Hinsicht auch Journalist:innen selbst eine machtvolle Position als „authoritative storytellers of the past" (Neiger et al. 2011, 7) ein, die es näher zu untersuchen gilt.

Mit Blick auf die Dimension der Transnationalisierung bzw. Kosmopolitisierung lässt sich feststellen, dass in dem journalistischen Erinnerungsdiskurs um den Ovaherero- und Nama-Genozid Perspektiven der Nachfahr:innen der Opfer anerkannt werden. Dominante Narrative über die deutsche Kolonialzeit, die aus Sicht des *weißen* Täterkollektivs lange als bedeutungs- und folgenlos betrachtet wurde (Stichwort „koloniale Amnesie") werden durch diese Gegen-Erinnerung herausgefordert. Nichtsdestotrotz bleiben diese Stimmen marginalisiert und werden meist in die Position der Unterlegenheit gesetzt. Wenn die Ovaherero wiederholt als „Stamm", „Hirtenvolk" oder „Minderheitsvolk" ohne politischen Einfluss und die *Paramount Chiefs* als „Häuptlinge" bezeichnet werden, wird zudem ein westlicher Paternalismus in der journalistischen Berichterstattung re-/produziert.

In dieser Hinsicht demonstriert die Diskursanalyse, dass die journalistische Berichterstattung einen wirkmächtigen Erinnerungsdiskurs hervorbringt, in dem das historische Ereignis des Genozids an den Ovaherero und Nama aufgrund verschiedener aktueller Anlässe medial rekonstruiert wird und gesellschaftliche Relevanz erhält. Dabei werden ‚andere' erinnerungskulturelle Perspektiven von Nachfahr:innen der Opfer aus Namibia und der Diaspora sichtbar und verändern dominante nationale Narrative in der bundesdeutschen Öffentlichkeit. In dem medialen Diskurs wird nichtsdestotrotz ein national gefasstes „wir" konstruiert, teils werden koloniale Deutungsmuster, Differenzkonstruktionen und Schutz- und Abwehrmechanismen auf Seiten des *weißen* Täterkollektivs aktualisiert. Wenngleich sich in Ansätzen also eine Kosmopolitisierung von Erinnerungskultur zeigt, bleiben nationale Parameter im Sinne der machtkritischen Konzeption von *transnational memory* (De Cesari und Rigney 2014) wirkmächtig im post-/kolonialen Erinnerungsdiskurs um den Ovaherero- und Nama-Genozid. Dieser kann in weiten Teilen als nationaler – wenn auch permanent konfliktärer und damit potenziell veränderlicher – Selbstverständigungsdiskurs gelesen werden. Die Arbeit liefert mit diesen Befunden auch gesellschaftspolitische Impulse, weil sie mit dem Aufzeigen der Konflikthaftigkeit journalistischer Diskurse Ansätze zu einer Veränderung der medial-öffentlichen Erinnerung an die Kolonialgeschichte erkennbar macht, die eine an Gerechtigkeit orientierte Anerkennung der Opfer und ihrer Nachfahr:innen ermöglichen kann.

4. Zusammenfassung und Ausblick

Das Ziel dieses Beitrags war es, den *transcultural turn* bzw. *transnational turn* innerhalb der *memory studies* von einer medien- und kommunikationswissenschaftlichen Perspektive zu diskutieren und die Fruchtbarkeit der bestehenden theoretischen Konzepte und empirischen Ansätze für Forschungen speziell zu transnationalen Erinnerungskulturen und Journalismus zu evaluieren.

Wie wir mit Blick auf den Forschungsstand aufgezeigt haben, wird die Bedeutung von Journalismus im Feld der *transcultural memory studies* vernachlässigt. Ebenso bilden kritische Perspektiven auf asymmetrische soziale Formationen und Machtverhältnisse eher Ausnahmen. Mit Blick auf diese Leerstellen haben wir zwei eigene Forschungsprojekte vorgestellt, welche die Untersuchung von transnationalen Erinnerungskulturen aus kommunikationswissenschaftlicher Perspektive mit einem Fokus auf Journalismus verfolgen.

Das Projekt von Lohner (2014) entwickelt ein differenziertes Modell von europäisierten Erinnerungsöffentlichkeiten, das zur Untersuchung der journalistischen Berichterstattung zur Europäischen Wende genutzt und zur empirischen Analyse verschiedener Ereignisse von (potenziell) transnationaler Bedeutung dienen kann. Das Projekt von de Wolff (2021) entwickelt einen diskursanalytischen Ansatz zur Untersuchung der journalistischen Berichterstattung über den Ovaherero- und Nama-Genozid aus kritischer postkolonialer Perspektive. Über Fallstudien zu einzelnen Erinnerungsereignissen hinaus bieten beide Arbeiten theoretisch-konzeptuelle wie auch methodologische Ansätze für empirische Untersuchungen von transnationalen Erinnerungsdiskursen und Journalismus aus kommunikationswissenschaftlicher Perspektive.

Mit Blick auf die eingangs formulierte Frage, wie *transcultural memory studies* und Kommunikationswissenschaft sich gegenseitig bereichern können, stellen wir zusammenfassend fest, dass bestehende Konzeptualisierungen wie „cosmopolitan memory" (Levy und Sznaider 2001), „multidirectional memory" (Rothberg 2009), „travelling memory" (Erll 2011) oder insbesondere „transnational memory" (De Cesari und Rigney 2014) instruktive theoretische Rahmungen bieten, um auf die cross-kulturellen Dynamiken in journalistischen Medientexten zu fokussieren. Die Kommunikationswissenschaft bietet eine große Bandbreite an methodologischen Werkzeugen zur empirischen Untersuchung von Medien und Journalismus, die wiederum das Feld der (transkulturellen) *memory studies* bereichern können. Neben Inhaltsanalyse hat sich z.B. die qualitative Diskursanalyse als produktiver methodologischer Forschungsansatz erwiesen. Zudem bieten bestehende Forschungen zu journalistischen Rollen, Normen und Praktiken fruchtbare und wichtige Einsichten zur Erklärung von Mustern transnationaler Erinnerungskulturen in journalistischen Texten. Wie wir skizziert haben, setzen unsere eigenen Forschungsprojekte, erstens, auf Ansätze des kritischen Kosmopolitismus, um den global-lokalen Dynamiken transnationaler Erinnerungskulturen zu verstehen und einen Rahmen für die empirische Analyse von mediatisierten Anerkennungskämpfen in journalistischen Öffentlichkeiten zu entwerfen.

Zweitens, schlagen wir vor, postkoloniale Theorien und Kritik in Untersuchungen zu transnationalen Erinnerungskulturen einzubinden um eine kritische Perspektive auf post- und neokoloniale Machtverhältnisse in gegenwärtigen internationalen Beziehungen und Medienkulturen einzunehmen und „transcultural memory" mitsamt seinen Begrenzungen zu (re-)lokalisieren.

Drittens, insofern Erinnerung als kommunikative Praxis untersucht wird, schlagen wir vor, theoretische Konzepte zu nutzen, die sich bereits als hilfreich für die Analyse von kommunikativen Verbindungen und Praktiken in transnationalen oder transkulturellen Kontexten erwiesen haben wie Konzepte transkultureller, transnationaler oder europäisierter Öffentlichkeiten.

Viertens, setzen wir darauf, theoretische Konzepte, Methodologien und empirisches Wissen aus der Kommunikationswissenschaft und Journalismusforschung einzubringen, um Prozesse, Praktiken und Bedingungen transnationaler Erinnerungskulturen in und durch den Journalismus näher zu untersuchen.

Fünftens, Radstones (2011) Argument für eine selbstreflexive Forschung innerhalb der *memory studies* folgend, stellen wir fest, dass Forschungen von *transcultural* oder *transnational memory* selbst stets innerhalb spezifischer national geprägter intellektueller und politischer Kontexte zu (re-)lokalisieren sind. In diesem Zusammenhang bieten Ansätze des kritischen Kosmopolitismus und postkoloniale Studien kritische Perspektiven, um die partikulare Positionalisierung und Begrenzungen zugrunde liegender Annahmen und Forschungsagenden zu reflektieren und neue Perspektiven und Forschungsdesigns auszuweisen.

Zuletzt könnte auch die verstärkte Verbindung von Forschung zu transnationalen Erinnerungskulturen und Journalismus mit Forschung zu „Transitional Justice" und Genozidforschung eine aussichtsreiche Überlegung für zukünftige Forschungsarbeiten sein, da journalistische Medien eine der wichtigsten Foren für gegenwärtige öffentliche Auseinandersetzungen um Anerkennung und historische Gerechtigkeit bieten.

5. Literatur

Ammann, Ilona. „Gedenktagsjournalismus. Bedeutung und Funktion in der Erinnerungskultur". *Geschichtsjournalismus. Zwischen Information und Inszenierung*. Hg. Klaus Arnold, Walter Hömberg, und Susanne Kinnebrock. Berlin: LIT, 2010. 153–167.

Ammann, Ilona. „Im Bilde gedacht. Der Gedenktag 9/11 in der deutschen und US-amerikanischen Pressefotografie". *SCM - Studies in Communication Media* 4.4 (2015): 437–454.

Ammann, Ilona, und Elke Grittmann. „Das Trauma Anderer betrachten – Zehn Jahre 9/11 im Bild. Eine empirische Analyse zur rituellen Funktion des Journalismus im transnationalen Gedenken an ein Medienereignis". *Medien und Kommunikationswissenschaft* 61.3 (2013): 368–386.

Annan, Kofi. *The Rule of Law in Conflict and Post Conflict Societies*. New York: United Nations, 2004.

Anderson, Benedict. *Imagined Communities. Reflections on the Origin and Spread of Nationalism*. New York: Verso, 1983.

Ashuri, Tamar. „Television tension: national versus cosmopolitan memory in a co-produced television documentary". *Media, Culture & Society* 29.1 (2007): 31–51.

Assmann, Aleida. „The Holocaust – a Global Memory? Extensions and Limits of a New Memory Community". *Memory in a Global Age. Discourses, Practices and Trajectories*. Hg. Aleida Assmann, und Sebastian Conrad. Basingstoke [u. a.]: Palgrave Macmillan, 2010. 97–117.

Assmann, Aleida, und Sebastian Conrad. „Introduction".*Memory in a Global Age. Discourses, Practices and Trajectories*. Hg. AleidaAssmann, und Sebastian Conrad. Basingstoke [u. a.]: Palgrave Macmillan, 2010a. 1–14.

Assmann, Aleida; Conrad, Sebastian Hg.). *Memory in a Global Age. Discourses, Practices and Trajectories*. Basingstoke [u. a.]: Palgrave Macmillan, 2010b.

Barkan, Elazar.*The guilt of nations. Restitution and negotiating historical injustices*. Baltimore: Johns Hopkins University Press, 2000.

Barkan, Elazar; und Alexander Karn (Hg.). *Taking wrongs seriously. Apologies and reconciliation*. Stanford, Calif: Stanford University Press, 2006.

Beck, Ulrich; Daniel Levy, und Natan Sznaider. „Erinnerung und Vergebung in der Zweiten Moderne". *Entgrenzung und Entscheidung. Was ist neu an der Theorie reflexiver Modernisierung?* Hg. Ulrich Beck, und Christoph Lau. Frankfurt am Main: Suhrkamp, 2004. 440–467.

Beck, Ulrich, Daniel Levy, und Natan Sznaider. „Cosmopolitanization of Memory: The Politics of Forgiveness and Restitution". *Cosmopolitanism in practice*. Hg. Magdalena Nowicka, und Maria Rovisco. Farnham: Ashgate, 2009. 111–127.

Bennett, Jill, und Rosanne Kennedy. *World memory. Personal trajectories in global time*. Houndmills: Palgrave Macmillan, 2003.

Bisht, Pawas. „The politics of cosmopolitan memory". *Media, Culture & Society* 35.1, (2013): 13–20.

Bond, Lucy, und Jessica Rapson (Hg.). *The Transcultural Turn: Interrogating Memory between and beyond bordes*. Berlin: de Gruyter, 2014.

Böhme-Dürr, Katrin. „Wie vergangen ist die Vergangenheit? Holocaust-Erinnerungen in amerikanischen und deutschen Nachrichtenmagazinen". *Massenmedien und Zeitgeschichte*. Hg. Jürgen Wilke. Konstanz: UVK, 1999. 247–259.

Bösch, Frank. „Entgrenzte Geschichtsbilder? Fernsehen, Film und Holocaust in Europa und den USA 1945-1980". *Massenmedien im Europa des 20. Jahrhunderts*. Hg Ute Daniel, und Axel Schildt. Köln, Weimar, Wien: Böhlau, 2010. 413–437.

Buchinger, Kirstin, Claire Gantet, und Jakob Vogel. *Europäische Erinnerungsräume*. Frankfurt am Main: Campus, 2009.

Cesari, Chiara de, und Ann Rigney (Hg). *Transnational Memory. Circulation, Articulation, Scales*. Berlin: de Gruyter, 2014.

Conway, Brian. „Local conditions, global environment and transnational discourses in memory work: The case of Bloody Sunday (1972)". *Memory Studies* 1.2(2008): 187–209.

Craps, Stef; und Michael Rothberg. „Introduction: Transcultural Negotiations of Holocaust Memory". *Criticism* 53.4 (2011): 517–521.

Crownshaw, Richard. „Introduction". *Parallax* 17.4 (2011): 1–3.

Dayan, Daniel, und Elihu Katz. *Media events. The live broadcasting of history.* Cambridge [u. a.]: Harvard University Press, 1992.

Delanty, Gerard, und Chris Rumford. *Rethinking Europe. Social theory and the implications of Europeanization.* London, New York: Routledge, 2005.

Eder, Klaus, und Willfried Spohn. (Hg.) *Collective memory and European identity. The Effects of Integration and Enlargement.* Aldershot: Ashgate, 2005.

Engel, Ulf, Matthias Middell, und Stefan Troebst. (Hg.) *Erinnerungskulturen in transnationaler Perspektive. Memory cultures in transnational perspective.* Leipzig: Leipziger Univ.-Verlag, 2012.

Erll, Astrid. *Memory in culture.* Basingstoke, Hants, New York: Palgrave Macmillan, 2011a.

Erll, Astrid. „Travelling Memory". *Parallax* 17.4 (2011b): 4–18.

Erll, Astrid. „Kultureller Wandel und transkulturelle Erinnerung". *Formen kulturellen Wandels.* Hg. Stefan Deines, Daniel Martin Feige, und Martin Seel. Bielefeld: Transcript, 2012. 141–157.

Erll, Astrid, und Ann Rigney (Hg.). „Cultural Memory Studies after the Transnational Turn". *Memory Studies* 11.3 (2018).

Feindt, Gregor, Félix Krawatzek, Daniela Mehler, Friedemann Pestel, und Rieke Trimçev. „Entangled Memory. Toward a third Wave in Memory Studies". *History and Theory* 53 (2014a): 24–44.

Feindt, Gregor; Félix Krawatzek, Daniela Mehler, Friedemann Pestel, und Rieke Trimçev. *Europäische Erinnerung als verflochtene Erinnerung. Vielstimmige und vielschichtige Vergangenheitsdeutungen jenseits der Nation.* Göttingen: V&R unipress, 2014b.

Frank, Tibor, und Frank Hadler. *Disputed territories and shared pasts. Overlapping national histories in modern Europe.* Houndmills: Palgrave Macmillan, 2011.

Gaete Salgado, Catalina. „Journalistic memory work and transitional justice in Chile: The case of the declassification of the Colonia Dignidad archives in Berlin". *Journalism* (First published online, 2018).

Golčevski, Nenad, Johannes von Engelhardt, und Hajo G. Boomgaarden. „Facing the past: Media framing of war crimes in post-conflict Serbia". *Media, War & Conflict* 6.2 (2013):117–133.

Herfroy-Mischler, Alexandra. „When the past seeps into the present: The role of press agencies in circulating new historical narratives and restructuring collective memory during and after the Holocaust transitional justice". *Journalism* 17.7 (2016): 823–844.

Hoskins, Andrew. „Digital Network Memory". *Mediation, remediation, and the dynamics of cultural memory.* Hg. Astrid Erll, und Ann Rigney. Berlin, New York: De Gruyter, 2009. 91–106.

Hoskins, Andrew. „From connective to collective memory". *On Media Memory: Collective Memory in a New Media Age.* Hg. Motti Neiger, Oren Meyers, und Eyal Zandberg. Houndmills, Basingstoke, Hampshire: Palgrave Macmillan, 2011. 278–288.

Huyssen, Andreas. *Present pasts. Urban palimpsests and the politics of memory.* Stanford: Stanford University Press, 2003.

Kastner, Fatima. „Selbstbeschreibungen ohne Selbst: Gesellschaftliche Umbrüche, Vergangenheitsbewältigung und globale Prozesse normativer Strukturbildung aus systemtheoretischer Perspektive". *Durch Luhmanns Brille. Herausforderungen an Politik und Recht in Lateinamerika und in der Weltgesellschaft.* Hg. Peter Birle, Matias Dewey, und Aldo Mascareno. Wiesbaden: VS, 2011. 75–95.

Kennedy, Rosanne, und Maria Nugent (Hg.). „Scales of Memory". *Australian Humanities Review* 59 (2017).

Kissel, Wolfgang Stephan, und Ulrike Liebert (Hg.). *Perspektiven einer europäischen Erinnerungs-gemeinschaft. Nationale Narrative und transnationale Dynamiken seit 1989*. Berlin: Lit, 2010.

König, Helmut, Julia Schmidt, und Manfred Sicking (Hg.). *Europas Gedächtnis. Das neue Europa zwischen nationalen Erinnerungen und gemeinsamer Identität*. Bielefeld: Transcript, 2008.

Kroh, Jens. *Transnationale Erinnerung. Der Holocaust im Fokus geschichtspolitischer Initiativen*. Frankfurt am Main: Campus, 2008.

Kübler, Elisabeth. *Europäische Erinnerungspolitik. Der Europarat und die Erinnerung an den Holocaust*. Bielefeld: Transcript, 2012.

Lebow, Richard Ned, Wulff Kansteiner, und Claudio Fogu (Hg.). *The Politics of Memory in Postwar Europe*. Durham, London: Duke University Press, 2006.

Leggewie, Claus, und Anne Lang. *Der Kampf um die europäische Erinnerung. Ein Schlachtfeld wird besichtigt*. München: Beck, 2011.

Lenz, Claudia, Jens Schmidt, und Oliver von Wrochem (Hg.). *Erinnerungskulturen im Dialog. Europäische Perspektiven auf die NS-Vergangenheit*. Hamburg: Unrast, 2002.

Lohner, Judith. *Journalistische Erinnerung als Dimension europäisierter Öffentlichkeit: Theoretische Grundlegung und empirische Anwendung am Beispiel der „Europäischen Wende"*. http://ediss.sub.uni-hamburg.de/volltexte/2014/6973. Hamburg: Staats- und Universitätsbibliothek, 2014 (21. Januar 2021).

Levy, Daniel, und Natan Sznaider. *Erinnerung im globalen Zeitalter. Der Holocaust*. Frankfurt am Main: Suhrkamp, 2001.

Levy, Daniel, Natan Sznaider. „Memory Unbound: The Holocaust and the Formation of Cosmopolitan Memory". *European Journal of Social Theory* 5.1 (2002): 87–106.

Levy, Daniel, und Natan Sznaider. *The Holocaust and Memory in the Global Age*. Philadelphia: Temple University Press, 2006.

Levy, Daniel, und Natan Sznaider. *Erinnerung im globalen Zeitalter: Der Holocaust*. Aktualisierte Neuauflage. Frankfurt am Main: Suhrkamp, 2007a.

Levy, Daniel, und Natan Sznaider. „Memories of Europe: Cosmopolitanism and Its Others". *Cosmopolitanism and Europe*. Hg. Chris Rumford. Liverpool: Liverpool University Press, 2007b. 158–177.

Levy, Daniel, und Natan Sznaider. *Memory and Human Rights*. Penn State University Press, 2010.

Levy, Daniel. „Das kulturelle Gedächtnis". *Gedächtnis und Erinnerung. Ein interdisziplinäres Handbuch*. Hg. Christian Gudehus, Ariane Eichenberg, und Harald Welzer. Stuttgart: Metzler, 2010. 93–101.

Liebert, Ulrike, und Henrike Müller. „Zu einem europäischen Gedächtnisraum? Erinnerungskonflikte als Problem einer politischen Union Europas". *Aus Politik und Zeitgeschichte* 4 (2012): 40–48.

Neiger, Motti, Oren Meyers, und Eyal Zandberg (Hg.). *On media memory. Collective memory in a new media age*. Houndmills, Basingstoke, Hampshire, New York: Palgrave Macmillan, 2011.

Misztal, Barbara A. „Collective Memory in a Global Age: Learning How and What to Remember". *Current Sociology* 58.1 (2010): 24–44.

Olick, Jeffrey K., und Joyce Robbins. „Social Memory Studies: From Collective Memory to the Historical Sociology of Mnemonic Practices". *Annual Review of Sociology* 24 (1998): 105–140.

Olick, Jeffrey K. *The politics of regret. On collective memory and historical responsibility*. New York: Routledge, 2007.

Olick, Jeffrey K., Vered Vinitzky-Seroussi, und Daniel Levy (Hg.). *The collective memory reader*. New York: Oxford University Press, 2011.

Pentzold, Christian. „Fixing the floating gap: The online encyclopaedia Wikipedia as a global memory place". *Memory Studies* 2.2 (2009): 255–272.

Radstone, Susannah. „What Place is This? Transcultural Memory and the Locations of Memory Studies". *Parallax* 17.4 (2011): 109–123.

Reading, Anna. „Identity, memory and cosmopolitanism: The otherness of the past and a right to memory?". *European Journal of Cultural Studies* 14.4 (2011a): 379–394.

Reading, Anna. „Memory and Digital Media: Six Dynamics of the Globital Memory Field". *On Media Memory. Collective Memory in a New Media Age.* Hg. Motti Neiger, Oren Meyers, und Eyal Zandberg. Houndmills: Palgrave Macmillan, 2011b. 241–252.

Rigney, Ann. „Reconciliation and remembering: (how) does it work?". *Memory Studies* 5.3(2012): 251–258.

Rothberg, Michael. *Multidirectional Memory. Remembering the Holocaust in the Age of Decolonization.* Stanford: Stanford University Press, 2009.

Schoon, Wiebke. *Lokale Verortungen und (trans)nationale Verflechtungen im Journalismus. Theoretische Perspektiven und Impulse des Kosmopolitismuskonzepts sowie empirische Analysen am Beispiel der Reiseberichterstattung in der ZEIT und der F.A.Z.* http://ediss.sub.uni-hamburg.de/volltexte/2016/7937/Hamburg: Staats- und Universitätsbibliothek, 2016 (21. Januar 2021).

Schwelling, Birgit (Hg). *Reconciliation, civil society, and the politics of memory. Transnational initiatives in the 20th and 21st Century.* Bielefeld: Transcript, 2012.

Sommer, Vivien. *Erinnern Im Internet. Der Online-Diskurs um John Demjanjuk.* Wiesbaden: Springer VS, 2018.

Sznaider, Natan. *Gedächtnisraum Europa. Die Visionen des europäischen Kosmopolitismus. Eine jüdische Perspektive.* Bielefeld: Transcript, 2008.

Vermeulen, Pieter, Stef Craps, Richard Crownshaw, Ortwin de Graef, Andreas Huyssen, Vivian Liska, David Miller. „Dispersal and redemption: The future dynamics of memory studies – A roundtable". *Memory Studies* 5.2 (2012): 223–239.

Weßler, Hartmut, Bernhard Peters, Michael Brüggemann, Katharina Kleinen-v.Königslöw, und Stefanie Sifft. *Transnationalization of Public Spheres.* Basingstoke: Palgrave, 2008.

Wolff; Kaya de. „The *politics of cosmopolitan memory* from a postcolonial perspective: A case study on the interplay of Holocaust memory and the Herero's legal cases and the ongoing struggle for recognition and reparations". *Entangled Memories: Remembering the Holocaust in a Global Age.* Hg. Marius Henderson, und Julia Lange. Heidelberg: Winter Verlag, 2017. 387–427.

Wolff, Kaya de, und Lina Brink. „Kosmopolitismus, Anerkennung und Sichtbarkeit – postkoloniale und feministische Ansätze zur Konturierung einer kritischen Medienkulturforschung". *Anerkennung und Sichtbarkeit. Perspektiven für eine kritische Medienforschung.* Hg. Tanja Thomas, Lina Brink, Elke Grittmann, und Kaya de Wolff. Bielefeld: transcript, 2018. 47–66.

Wolff, Kaya de. *Post-/koloniale Erinnerungsdiskurse in der Medienkultur Der Genozid an den Ovaherero und Nama in der deutschsprachigen Presse von 2001 bis 2016.* Bielefeld: transcript, 2021 (i.E.).

Zelizer, Barbie, und Keren Tenenboim-Weinblatt. (Hg.) *Journalism and Memory. Houndmills*: Palgrave Macmillan, 2014.

Vivien Sommer

9 Erinnerungsjournalismus und neue Sprecher:innen: Grenzverschiebungen in erinnerungskulturellen Debatten

1. Einleitung

Am 19. Februar 2020 werden in der hessischen Stadt Hanau bei einem rechtsterroristischen Anschlag neun Menschen mit Einwanderungsgeschichten erschossen. Ein Tag vor einer geplanten Demonstration am 22. August 2020, an denen der Opfer gedacht werden soll, wird diese von der Stadt Hanau abgesagt. Begründet wird diese Absage mit der Corona Pandemie. Die ursprünglich mit mehreren tausend Teilnehmer:innen geplante Demonstration findet stattdessen als Gedenkveranstaltung in einem sehr viel kleineren Rahmen mit ca. 250 Menschen statt. Die Veranstalter:innen dieser Demonstration, die „Initiative 19. Februar", streamen diese Veranstaltung auch auf ihrem YouTube Kanal und auf ihrer Facebook-Seite. Sowohl über die Absage der großen Veranstaltung seitens der Stadt als auch über das Online-Event des Livestreams wird von großen Nachrichtenportalen wie Spiegel.de, ZEIT Online oder taz.de berichtet. Der Verein „Initiative 19. Februar" selbst initiiert seit seiner Gründung kurz nach dem Anschlag immer wieder erinnerungspolitische Kampagnen in Form von digitalen Gedenkveranstaltungen, um das Vergessen an die Opfer zu verhindern. Unter den Hashtags *#saytheirnames* und *#HanauwarkeinEinzelfall* informieren sie unter anderem auf den Plattformen Twitter und Facebook über Hanau und vernetzen sich dabei auch mit anderen Vereinen, Stiftungen und Angehörigen, die sich erinnerungspolitisch für das Gedenken an die Opfer rechter Gewalt einsetzen.

Der Verein „Initiative 19. Februar" ist exemplarisch für eine Akteursgruppe, die sich als partizipative Sprecher:innen charakterisieren lassen und neben Journalist:innen als neue *Memory Agents* (Erinnerungsagent:innen) auftreten. Diese *Memory Agents* nutzen verschiedene Kommunikationsformen, um ihre Beiträge zu veröffentlichen und damit – wie etwa im beschriebenen Beispiel – in erinnerungskulturellen Debatten das Erinnern an vergangene Ereignisse mitzubestimmen. Diese Form der bottom up Kommunikation in öffentlichen Debatten ist kein neues Phänomen, welches erst durch die fortschreitende digitale Mediatisierung in Erscheinung getreten ist. Allerdings erhöht sich die Bedeutung solcher *Memory Agents* in transmedialen Diskursen, in denen sich Inhalte nicht nur über massenmediale Kanäle, sondern auch auf Social Media Plattformen verbreiten (Seeliger und Sevignanie 2021, 32). Anhand des Beispiels von Hanau lässt sich auch die Transformation von Öffentlichkeit illustrieren, die der Partizipation neuer Sprecher:innen zugrunde liegt. So finden erinnerungskulturelle öffentliche Debatten nicht mehr ausschließlich massenmedial, sondern vielmehr transmedial statt,

d. h. erinnerungskulturelle Beiträge verbreiten sich heute durch verschiedene Kommunikationsformen und -Kanäle. Diese Transmedialität vollzieht sich vor allem durch Konvergenzprozesse von Kommunikationskanälen in online-basierten Angeboten (Rajewski 2002, 13; Hepp 2011, 65; Fraas et al. 2013, 10). So lassen sich mediale Inhalte im Internet in manchen Fällen kaum mehr eindeutig als massenmedial oder interpersonal charakterisieren (Jenkins 2008, 2; Schuegraf 2008, 26). Sprecher:innen beziehen sich dabei häufig auf journalistische Kommunikationsbeiträge, indem sie publizistische Produkte via sozialer Medien verbreiten und kommentieren, letztlich aber auch selbst produzieren (Neuberger 2017; Jarren und Fischer 2021).

Einhergehend mit dem strukturellen Wandel von Öffentlichkeit durch alternative Kommunikationsplattformen abseits von Massenmedien, lassen sich Veränderungen im Hinblick auf Akteursgruppen konstatieren, die in erinnerungskulturellen Debatten als Sprecher:innen auftreten. So verfügen erinnerungspolitische Institutionen wie etwa die Gedenkstätte Auschwitz eigene Profile in sozialen Medien, auf denen sie je nach Kanal erinnerungskulturelle Beiträge veröffentlichen. Aufgrund erhöhter Reaktivität und Interaktivität sind dort öffentliche Diskurse über vergangene Ereignisse nicht mehr ausschließlich von professionellen Journalist:innen und Expert:innen bestimmt (Jenkins et al. 2015; Sommer 2018). Durch die erweiterten Möglichkeiten der Beteiligung, Produktion und Veröffentlichung von Inhalten in sozialen Medien, wird daher insbesondere die Rolle von Journalist:innen durch die Partizipation neuer Sprecher:innen herausgefordert.

Grundsätzlich stellt sich die Frage, wie sich die Funktion von Journalist:innen für das Erinnern verändert, wenn weitere Akteur:innen mittels dem Journalismus ähnlicher Kommunikationspraktiken kollektives Erinnern mitgestalten. Oder wie es John Hartley etwas überspitzt formuliert: „Everyone is a journalist, and journalism is everywhere" (Hartley 2008, 45). Diese Entgrenzung zwischen klassischem Erinnerungsjournalismus und der Kommunikation neuer Sprecher:innen wirft sowohl für die *memory studies* im Allgemeinen als auch die kommunikationswissenschaftliche Erinnerungsforschung im Speziellen neue Fragen auf. Im Zentrum die Frage danach, wie der digitale Medienwandel nicht nur generell erinnerungskulturelle Debatten verändert, sondern auch die Rolle und Funktion von Journalist:innen als sogenannte *Memory Agents* im Angesicht neuer Sprecher:innen (Tenenboim-Weinblatt und Neiger 2020). Besondere Bedeutung kommt dieser Entgrenzung gerade deshalb zu, weil dadurch die zentrale Rolle von Journalist:innen bei der medialen Konstituierung kollektiver Gedächtnisse herausgefordert wird (Zelizer 2008; Zelizer und Tenenboim-Weinblatt 2014). Margreth Lünenborg geht davon aus, dass der Journalismus bereits „seine exklusive Funktion, durch aktuelle und relevante Informationen zur öffentlichen Selbstverständigung beizutragen, unwiderruflich verloren" habe (Lünenborg 2012, 448). Jürgen Habermas formuliert in seinem aktuellen Beitrag zur Transformation von Öffentlichtkeit: „Der Plattformcharakter der neuen Medien erzeugt neben der redaktionellen Öffentlichkeit einen Kommunikationsraum, worin Leser, Hörer und Zuschauer spontan die Rolle von Autoren ergreifen können" (2021, 471). Auch Kategorisierungen wie Graswurzeljournalismus (Gillmor 2006), Citizen Journalism (Allan 2009) oder Netzwerkjournalismus (Bucher und Büffel 2005) sind als Neu-Definitionen entstanden, um eine Auflösung der Grenze zwischen Journalist:innen als Produzent:innen und Informationsvermittler:innen und Rezipient:innen zu charakterisieren.

In diesem Beitrag erläutere ich diese Entgrenzung der etablierten Rolle von Journalist:innen hin zu neuen Sprecher:innen als *Memory Agents* aus einer diskursiven Perspektive. Dabei beschreibe ich erinnerungskulturelle Debatten als Aushandlungsprozesse über die Deutung der Vergangenheit zwischen verschiedenen Sprecher:innengruppen und dabei mit besonderem Fokus auf die Positionen, aus welchen heraus sie sich beteiligen. Dies lässt sich am Beispiel des Vereins für die Opfer von Hanau illustrieren: Sein Auftreten im erinnerungskulturellen Diskurs um das Gedenken der getöteten Menschen beschränkt sich nicht darauf, dass über ihn berichtet wird, sondern die Mitglieder des Vereins eigene Inhalte für ihre jeweiligen Kanäle produzieren, z. B. auf Twitter oder YouTube. Im Hinblick auf eine mögliche Sichtbarkeit und Machtverschiebung durch neue Sprecher:innen liegt der Fokus meines Beitrags auf möglichen Entgrenzungen und Neugrenzziehungen der Funktion von Journalist:innen für das kommunikative Erinnern und Vergessen. Dabei sollen drei aufeinander aufbauende Fragen beantwortet werden:

1) Welche neuen Kommunikationsangebote erweitern die bisherigen journalistischen Angebote in erinnerungskulturellen Diskursen?
2) Wie verändert sich die Rolle von Journalist:innen, wenn neue Sprecher:innenpositionen in erinnerungskulturellen Diskursen besetzt werden?
3) Welche Konstanten und welche Veränderungen lassen sich in der Funktion von Sprecher:innen als *Memory Agents* in erinnerungskulturellen Online-Debatten im Vergleich mit früheren medialen Angeboten bestimmen?

Um diese Fragen zu beantworten, beleuchte ich zunächst einmal die Funktion von Journalist:innen für die Dimensionen der Relevanz, Narration und Archivierung in erinnerungskulturellen Diskursen. Der zweite Teil umfasst eine Reflexion über neue transmediale Kommunikationsformen und die Partizipation neuer Sprecher:innen. Im letzten Teil diskutiere ich abschließend, wie sich die Rolle der *Memory Agents* durch neue Sprecher:innen erweitert hat und sich damit gleichzeitig einige der erinnerungskulturellen Funktionen von Journalist:innen verändern.

2. Erinnerungskulturelle Diskurse als spezifische Form der Wissenskonstituierung

Beschreibt man Erinnern als eine soziale Praxis (Garde-Hansen 2011; vgl. Beitrag 3 in diesem Band), dann bedarf es immer auch Menschen, die als Akteur:innen diese soziale Praxis ausführen. Erinnern kann als ein Prozess beschrieben werden, der als Praxisform sowohl in individuellen Akteur:innen als auch in kollektiven Wissensbeständen verankert ist. Dabei beziehen sich erinnernde Individuen vor allem auf Wissen, welches einen Vergangenheitsbezug aufweist. Davon abzugrenzen ist alltagspraktisches Wissen, welches nicht immer zwingend für Individuen explizierbar ist. Das Erinnern hingegen bezieht sich auf ein Reflexionswissen in Form von Sinnmustern, welches als aktives, episodisches und aktivierbares Wissen charakterisiert werden kann (Dimbath 2014, 33). Bezogen auf eine soziale Gedächtnisdimension sind dies bewusst erschließbare Wissenselemente in Form von Erinnerungen (Dimbath 2014, 135).[1] Indem sich Individuen auf diese Sinnmuster im Erinnern selbst beziehen, sind ihre Erinnerungspraktiken in Form von überindividuellen Sinnmustern in kollektiven Wissensbeständen verankert (Zifonoun 2011; Berek 2014). Sinnmuster, die das Erinnern strukturieren, sind nicht beliebig, sondern werden als erinnerungskulturelle Wissensformate durch Aushandlungs- und Institutionalisierungsprozesse zu sozial relevantem Wissen. Welche erinnerungskulturellen Wissensbestände wie erinnert und durch welche Sprecher:innen kommuniziert werden, wird wiederum in und durch öffentliche Diskurse verhandelt (Sommer 2018, 51).

Diese diskursive Perspektive ermöglicht es, erinnerungskulturelles Wissen als machtvolles Wissen zu beschreiben, durch das bestimmte Deutungen der Vergangenheit wirklich und wahr werden, während andere Deutungen ausgeschlossen bleiben. Bezugnehmend auf das Eingangsbeispiel über das Erinnern an die Opfer des terroristischen Anschlags in Hanau, lässt sich die machtvolle Dimension verdeutlichen: Unter dem Hashtag #HanauwarkeinEinzelfall weisen unterschiedliche Sprecher:innen darauf hin, dass sich dieser Anschlag in eine Vielzahl von rechtextremistischen, rassistischen Taten und Anschlägen in den letzten Jahrzehnten in Deutschland einreiht. Für den 8. Mai, den Jahrestag der Befreiung vom Nationalsozialismus, formierten sich im Jahr 2020 Proteste gegen Rassismus in ganz Deutschland. Ein Aktionsbündnis organisierte und kommunizierte diese Proteste als migrantischen Tag des Widerstands, wobei die Facebook-Seite des Aktionsbündnisses mit „Hanau ist überall – Tag des Widerstands am 8. Mai" betitelt war. Der Anschlag von Hanau wurde also eingebettet in eine größere Debatte, in der es darum geht, dass rechtsextreme Anschläge bisher in Deutschland nicht ausreichend erinnert wurden und damit auch der Kampf gegen Rassismus wenig erfolgreich war.

Solche erinnerungskulturellen Diskurse bilden eine spezifische Form der Wissenskonstituierung und Wissensordnung, deren Besonderheit es ist, sich auf die Vergan-

---

1 Wenn Akteur:innen etwa einen Kommentar zu einem Online-Beitrag posten, der ein vergangenes Ereignis thematisiert, dann ist die Praktik des Tippens dieses Kommentars auf der Computertastatur bestimmt von einem Routinewissen. Dieses Wissen ist irgendwann einmal bewusst erlernt worden, aber durch wiederkehrende routinehafte Anwendung so verinnerlicht, dass es nicht mehr bewusst erinnert wird (Dimbath 2014, 136).

genheit zu beziehen. Dabei formieren sich erinnerungskulturelle Diskurse über Medien, denn Diskurse als kollektive Wissensphänomene sind nicht möglich ohne die Verbreitung und Vermittlung von Kommunikation (Fraas und Klemm 2005, 4). Das jeweilige Medium lässt bestimmte Erinnerungspraktiken in Diskursen wahrscheinlicher werden, d. h. Medien konstituieren einen diskursiven Möglichkeitsraum, in dem Deutungen über die Vergangenheit auf eine bestimmte Art und Weise verbreitet, verhandelt und ausgetauscht werden (Pundt 2008, 131–132; Sommer 2018, 68). Dabei sprechen Diskurse aber nicht für sich selbst, sondern es sind Akteur:innen, die in Diskursen spezifische Sprecher:innenpositionen einnehmen (Keller 2008, 253). Was jedoch nicht heißt, dass jedes Individuum die Möglichkeit hat, im Rahmen von erinnerungskulturellen Diskursen als deutungs- und handlungsfähige/r Sprecher:in aufzutreten. Wer, wie und wann im Diskurs „sprechen" darf, unterliegt ebenso machtvollen Aushandlungsprozessen. Neben Sprecher:innen wie Zeitzeug:innen oder (erinnerungs)politischen Akteur:innen treten auch Journalist:innen in erinnerungskulturellen Debatten auf. Die spezifische Bedeutung von Journalist:innen lässt sich darauf zurückführen, dass wichtige gesellschaftliche Ereignisse vor allem Medienereignisse sind, die Menschen als mediale Sekundärerfahrungen erleben und derer sie sich daher auch kollektiv erinnern können. So betont Carolyn Kitch: „Although the news coverage is not the event itself, the news coverage is the main public memory of the event, affectively and sensorially embedded in audiences' perceptions years later" (Kitch 2018, 173).

3. Journalist:innen als Memory Agents in erinnerungskulturellen Diskursen

Grundsätzlich können Sprecher:innen und Adressat:innen von Diskursen sowohl institutionelle Interessen als auch persönliche Bedürfnisse verfolgen (Keller 2008, 196, 221). Bezogen auf die eigene Sprecher:innenrolle in erinnerungskulturellen Debatten, sind die Interessen und Bedürfnisse von Journalist:innen zunächst einmal nicht zwingend auf das Erinnern ausgerichtet. Während es aus der Perspektive der *memory studies* offensichtlich ist, dass Journalist:innen eine wichtige Rolle bei der Konstituierung von Erinnerungskulturen spielen (Zelizer 1993; Kitch 2005), ist es umgekehrt für Journalist:innen in ihrer Berufspraxis nicht so eindeutig, dass sie dahingehend wichtige Funktionen ausfüllen.[2] Das hängt auch damit zusammen, dass Journalist:innen über

---

2 Davon abzugrenzen ist der Geschichtsjournalismus (Arnold et al. 2010), der in verschiedenen Formaten über historische Themen berichtet und sich als ein Spezialressort charakterisieren lässt.

aktuelle Ereignisse berichten, d.h. ihr zeitlicher Fokus liegt vielmehr auf dem ‚Jetzt'
als auf dem Vergangenen. So unterstreicht Barbie Zelizer:

> Journalists distinguish themselves from those dealing with the past by aspiring to a sense of
> newsworthiness that draws from proximity, topicality and novelty, and they are motivated by an
> ongoing need to fill a depleting news-hole despite high stakes, a frantic pace and uncertain re-
> sources. (Zelizer 2008, 80)

Geht man aber nun von einem diskursiven Verständnis für die Konstituierung von Erinnerungskulturen aus, so kann man aus einer analytischen Perspektive drei Funktionen unterscheiden, die Journalist:innen als *Memory Agents* in erinnerungskulturellen
Debatten erfüllen:

a) Relevanzsetzung/Aktivierung: Journalist:innen produzieren Relevanz, wenn sie
sich entscheiden, über ein bestimmtes Ereignis zu berichten. So beschreibt Barbie Zelizer: „Once journalists begin to make decisions about which stories play in which medium and using which tools for relay, they find themselves squarely in the realm of
memory's work" (Zelizer 2008, 83). Diese Relevanzsetzung ist eine überaus wichtige
Funktion für den gesellschaftlichen Erinnerungsprozess, denn nicht alles, was als Information zur Verfügung steht, kann dann auch tatsächlich erinnert werden (Harcup
und O`Neill 2001). Die Relevanz von Wissensbeständen ist nicht automatisch gegeben,
sodass auch nicht jede Information, die medial verfügbar ist, durch das erinnernde Individuum abgerufen wird. Warum aber wird bestimmtes Wissen über die Vergangenheit erinnert und anderes nicht? Eine Relevanzsetzung vollzieht sich in einem Diskurs: Erst durch ein konkretes Diskursereignis wird ein Anlass geschaffen, sich zu
erinnern. Journalist:innen können diese Relevanz produzieren, weil sie machtvolle
Sprecher:innenpositionen innehaben. In Massenmedien übernehmen Journalist:in-
nen sogenannte Gatekeeper-Funktionen, indem sie Informationen vor der Veröffentlichung filtern. Sie kontrollieren die Schleusen (gates), durch die Inhalte an Rezi-
pient:innen gelangen (Bruns 2009, 106). Damit bestimmen sie, welche Ereignisse als
ausreichend relevant betrachtet werden, um über sie zu berichten und sie damit zu einem späteren Zeitpunkt auch wieder erinnern zu können.

Hinsichtlich der Relevanz von erinnerungskulturellen Beiträgen lassen sich drei
journalistische Kommunikationsformen unterscheiden: Erstere findet sich im Gedenk-
und Jubiläumsjournalismus, in dem über relevante vergangene Ereignisse berichtet
wird, ohne dass es dazu ein aktuelles Ereignis jenseits eines Jahrestages oder eines Jubiläums gibt (Ammann 2010; Hoskins 2010; Ammann und Grittmann 2013; Kilger-Vi-
lenchik 2014). Ein klassisches Beispiel ist etwa der 27. Januar, der Tag der Befreiung
des Konzentrationslagers Auschwitz. Seit 2005 wird er als Internationaler Tag des Gedenkens an die Opfer des Holocaust in mehreren Ländern begangen, um sich an die
Verbrechen der Shoah zu erinnern. Im Zuge dessen erscheinen journalistische Berichte über nationalsozialistische Verbrechen, Zeitzeug:inneninterviews aber auch Reflexionen über die jüngsten Aufarbeitungsversuche des Holocaust in der deutschen und

internationalen Erinnerungskultur. Im Fall dieser erinnerungskulturellen Kommunikation drückt sich die Relevanz über den formalisierten Rhythmus aus, in dem über Jahrestage berichtet wird.

Bei der zweiten Form entsteht Relevanz durch aktuelle Ereignisse, für die Vergangenheitsbezüge ähnlicher Ereignisse als eine Vergleichsfolie herangezogen werden (Edy 1999; Zelizer 2008). Ein Beispiel wäre etwa, wenn bei der Berichterstattung zur Corona Pandemie der Verlauf der Spanischen Grippe zu Beginn des 20. Jahrhunderts als Vergleich erinnert wird. Die Relevanz für diese Form ergibt sich also aus einem gegenwärtigen Ereignis heraus. Mit diesen Vergleichen wird Vergangenheit als erweiterter Kontext für die Gegenwart hergestellt (Kitch 2003; Zelizer 2008), um etwa dem Nachrichtenwert für die Berichterstattung eines gegenwärtigen Themas mehr Tiefe zu geben (Trümper und Broer 2019). Ein Beispiel hierfür ist etwa eine aktuelle Debatte über Gewalterfahrungen von Schwangeren während der Geburt, wenn dabei etwa zeitgleich auf verschiedene vergangene Diskurse über historische Geburtstechniken Bezug genommen wird.

In der empirischen Realität ergeben sich zwischen diesen zwei Formen auch Überschneidungen und Mischformen. So etwa, wenn am 1. Dezember, dem Weltaidstag, jedes Jahr der Menschen gedacht wird, die an dieser Infektion verstorben sind. Dieser Gedenktag hatte aber im Dezember 2020 auch eine Relevanz für die Berichterstattung über die Corona Pandemie, da die vergangene Verbreitung und Bekämpfung des Aids Virus als eine Vergleichsfolie für die gegenwärtige Virusbekämpfung herangezogen wurde.

b) Narration/Storytelling: Wichtig für die Funktion von Journalist:innen als Memory Agents ist nicht nur über *was* berichtet, sondern auch *wie* Erinnerung journalistisch dargestellt wird. In ihren Berichten über Vergangenes konzipieren Journalist:innen Narrationen, die die Vergangenheit auf spezifische Art und Weise einbetten und interpretieren. Dabei schließen sie wiederum an vergangene Narrationen an, die ihnen als „guiding concepts" dienen (Zelizer und Tenenboim-Weinblatt 2014). Mit der Anbindung an erinnerungskulturelles Wissen ergibt sich jedoch für Journalist:innen ein Spannungsverhältnis in der Berichterstattung, wie Margreth Lünenborg unterstreicht: „Fakten, Wahrheit und Realität gelten als gesetzte Referenzpunkte für journalistisches Handeln" (2016, 326). In der Alltags- und Arbeitswelt des Informationsjournalismus gibt es das explizite Gebot, sich den Gegenständen, über die man berichtet, möglichst als neutrale Betrachter:innen zuzuwenden, indem man die „Wirklichkeit abbildet" oder sich zu einer „Verpflichtung der Objektivität" bekennt (Haller 2004, 88–90). Journalist:innen wollen also einerseits einem Objektivitäts- und Neutralitätsanspruch gerecht werden, andererseits können sie aber nicht auf ein vermeintlich „wahres" erinnerungskulturelles Wissen zurückgreifen.

Generell gilt, dass Wissensbestände und damit auch erinnerungskulturelle Wissensbestände keine Abbilder der Vergangenheit sind, sondern aktuelle Themen ebenso wie Erinnerungen immer selektive, soziokulturell geprägte Deutungen und im

Fall von Erinnerungen dann Interpretationen der Vergangenheit sind. Vermeintliche Wahr- und Gewissheiten konstituieren sich dann durch diskursive Aushandlungsprozesse, in denen sich Wissen über die Vergangenheit zu sozial relevantem Wissen verfestigt. Aber die Verfestigungen weisen immer auch eine gewisse Fragilität auf, in dem was und wie erinnert wird. Selbst bei vergangenen Ereignissen, bei denen das erinnerungskulturelle Wissen besonders eindeutig zu sein scheint, kann das vermeintliche Wissen durch erinnerungskulturelle Debatten neu verhandelt werden, da alle Wissensbestände immer auch auf widersprechende Art und Weise gedeutet und interpretiert werden können. Ein Beispiel sind etwa die kontroversen medialen Debatten rund um die Wehrmachtsausstellungen des Hamburger Instituts für Sozialforschung Ende der 1990er und Anfang der 2000er Jahre, welche auf die Täterschaft von Wehrmachtsangehörigen in der Zeit des Nationalsozialismus fokussierten (Meier 2008). Obwohl diese Ausstellungen keine neuen Forschungserkenntnisse aus den Geschichtswissenschaften hinsichtlich der Täterschaft von deutschen Soldaten präsentierten, führten sie doch zu intensiven öffentlichen Debatten über die Rolle der Wehrmacht und deren Anteil an nationalsozialistischen Verbrechen. Während Kritiker:innen der Ausstellungen diese als Verleumdung von unschuldigen Soldaten empfanden, sahen Unterstützer:innen diese als wichtige Aufklärung für die deutsche Öffentlichkeit an.

Angesichts der Fragilität von Wissensbeständen über die Vergangenheit setzen Journalist:innen in ihren erinnerungskulturellen Bezügen spezifische Praktiken der Positionierung ein: Beispielsweise formulieren sie ihre Positionen in abgeschwächter Form, etwa durch Suggestivfragen, jedoch ohne eindeutige abschließende Antworten darauf zu geben. Eine ähnliche Funktion kann die Praxis der stellvertretenden Positionierung innehaben. Durch das Zitieren von ausgewählten Expert:innen positionieren sich Journalist:innen damit auf indirekte Art und Weise (Sommer 2018, 221).[3] Ein Beispiel sind etwa Zeitzeug:innen, die den Holocaust überlebt haben. Deren biographische Erinnerungen werden in journalistischen Formaten als emotionale und authentische Berichte von privaten Erinnerungen präsentiert (Keilbach 2008). Die biographischen Erinnerungen von Zeitzeug:innen in einem professionell-journalistischen Format zu präsentieren, hat mehrere Gründe: Dabei geht es zum einen um einen emotionalen Kontext durch die persönliche Betroffenheit (Gries 2012, 54), zum anderen aber auch um eine authentische Belegfunktion einer Wahrheit über die Verbrechen der Nationalsozia-

---

3 Dies schließt an Hartleys Unterscheidung zwischen einer „institutionalized voice" und einer „accessed voice" an, welche er für TV-Nachrichten bestimmt hat (Hartley 1990, 110). Erstere umfasst Moderator:innen bzw. Nachrichtensprecher:innen, Korrespondent:innen sowie Reporter:innen vor Ort, letztere Expert:innen und/oder Betroffene, die sich in einer Interviewsituation zu einem Sachverhalt äußern. Mit dieser Unterscheidung lagern die TV-News Meinungen, Stellungnahmen und Einschätzungen aus, um ihrem Neutralitätsgebot und ihrem Objektivitätsanspruch zu genügen: „[...]– if the news defines its content as facts and 'hard information', carefully excluding set-ups that look like forums for opinion, then logically, whatever you see on the news is information, is not arbitrary of the reporter or anyone else" (Hartley 1990, 109).

listen (Peltzer und Sommer 2020). Diese Form der Positionierung kann als eine Strategie betrachtet werden, mittels derer Journalist:innen mit dem Spannungsverhältnis von angestrebter Objektivität und fluidem erinnerungskulturellem Wissen umgehen.

c) Archivierung: Eine dritte wichtige Funktion, die Journalist:innen als *Memory Agents* innehaben ist die der Archivierung: Einerseits produzieren sie Beiträge zu bestimmten Ereignissen, die dann für die Öffentlichkeit in Online-Archiven, wie z. B. Zeitungswebseiten oder Mediatheken, mal mehr und mal weniger kostenfrei zugänglich sind. Aber es gibt auch Inhalte, die nur in institutionalisierten Archiven hinterlegt werden, wie etwa in staatlich organisierten Zeitungsarchiven, Bibliotheken, Datenbanken usw., und sowohl für wissenschaftliche Expert:innen als auch für eine interessierte Öffentlichkeit zur Verfügung stehen, um auf diese Beiträge zu einem späteren Zeitpunkt zurückgreifen zu können. Abseits davon führen Medienhäuser aber auch eigene redaktionelle Archive mit Beiträgen und Materialien, auf die nur Journalist:innen zu einem späteren Zeitpunkt zurückgreifen können. Dieser Zugang zu den redaktionellen Archiven lässt sich als exklusiv charakterisieren, da nicht alle Akteur:innen eines erinnerungskulturellen Diskurses direkten Zugang zu diesen gespeicherten Beständen haben, zumindest nicht als Erstbezug zu journalistischem Material. Eine Exklusivität besteht auch dadurch, dass journalistische und institutionelle Akteure entscheiden, welche Inhalte sie aus ihren Archiven in erinnerungskulturelle Diskurse einbringen. So haben Journalist:innen einen exklusiveren Zugang zu zum Teil noch analogen Medienarchiven, die noch nicht digitalisiert bzw. zu denen noch keine Metadaten angelegt wurden. Diese Funktion scheint im Gegensatz zu den beiden anderen genannten Funktionen der Relevanzsetzung und dem Storytelling eine untergeordnete Rolle zu spielen. Aber wenn man erinnerungskulturelle Debatten als machtvolle Diskurse konzipiert, dann ist es ausschlaggebend in der öffentlichen Konstituierung von Erinnerungen, welche Sprecher:innern aus welcher Position heraus (keinen) Zugang zu archivierten Informationen haben. Der Zugang zu Archiven bestimmt ganz grundlegend die Entscheidung, was erinnert wird (Relevanz) und wie erinnert wird (Narration) (Sommer 2022).

Doch die dargelegten Funktionen und die Rolle von Journalist:innen als *Memory Agents* verändern sich durch neue digitale Kommunikationsformen und werden beeinflusst durch neue Sprecher:innen. Welche Änderungen in der Kommunikation im Rahmen von erinnerungskulturellen Debatten konkret einem Wandel unterliegen, soll im folgenden Kapitel dargestellt werden.

4. Transmediale Kommunikationsformen und die Partizipation neuer Sprecher:innen

Mit dem digitalen Medienwandel gehen Veränderungen im Hinblick auf die öffentliche Kommunikation einher, die Auswirkungen auf erinnerungskulturelle Diskurse und daran geknüpfte Erinnerungspraktiken haben: So bietet das Internet auf der Ebene der digitalen Kommunikationstechnologien vielfältige Eingriffs- und Rückmeldemöglichkeiten für Akteur:innen. Zudem sind durch einen niedrigschwelligen Zugang nicht mehr nur professionelle Sprecher:innen in der Lage, erinnerungskulturelle Wissensbestände in Diskurse einzubringen. Digitale Dienste und Plattformen ermöglichen es, Erinnerungen und deren unterschiedliche Interpretationen ohne bzw. mit wenig Zugangsbeschränkungen zu veröffentlichen und zu verbreiten.

Digitale plattformbasierte Kommunikationstechniken erhöhen also das Potenzial neuer Grenzverschiebungen zwischen Individual- und Massenkommunikation (Loosen 2016, 178; Timm 2017, 195). Diese Grenzverschiebungen lassen sich analytisch als Zusammenspiel von veränderten Kommunikationsformen und neuen Sprecher:innenpositionen betrachten. Für Kommunikationsformen lassen sich diese Transformationen als Konvergenzprozesse beschreiben. Durch den digitalen Medienwandel verschmelzen verschiedene Medienfunktionen, wodurch Kommunikationsformen nicht mehr eindeutig voneinander abgrenzbar sind (Neuberger 2017, 551). Konvergente mediatisierte Kommunikationsbewegungen umfassen dabei nicht nur ein Wandern von Beiträgen von einem Medium zum anderen, sondern auch das veränderte Verhalten von Nutzer:innen, denen sich mehr Möglichkeiten bieten, sich Medien anzueignen, Inhalte zu rezipieren und darüber hinaus auch mit ihnen zu interagieren (Jenkins 2008, 2, 18). Insbesondere das Internet lässt sich als konvergentes Hybridmedium beschreiben, es einerseits laufend Kommunikationsformen erweitert, die sich zunehmend ausdifferenzieren, und gleichzeitig dafür sorgt, dass damit verschiedene Medienfunktionen miteinander verschmelzen (Fraas et al. 2012, 19).

Erinnerungskulturelle Diskurse formieren sich durch diskursive Praktiken von verschiedensten Akteur:innen transmedial im Internet, wo das das Zusammenspiel verschiedener konvergierender Medien und Medienarrangements für eine weitreichende Vernetzung sorgt (Fraas et al. 2013, 10). Insbesondere Plattformen sozialer Medien sind dabei einerseits Infrastrukturen für erinnerungskulturelle Beiträge, andererseits auch Arenen, in denen öffentliche Debatten ausgetragen werden (Engelmann 2019; Anastasiadis et al. 2021; Pasch-Colberg 2021). In diesen plattformbasierten Arenen konstituieren sich Teil- und Suböffentlichkeiten, die Themen und Akteur:innen in Debatten sichtbar werden lassen (Sommer 2018, 253; Jarren und Fischer 2021, 368). Bezogen auf Journalist:innen als diskursive Sprecher:innen heißt dies, dass auch andere Akteur:innen die drei Funktionen, die im vorherigen Teil beschrieben wurden, erfüllen können. Sie können in Debatten als partizipative Sprecher:innen auftreten, um diese mitzubestimmen.

Aber wo kommt es nun zu Grenzverschiebungen zwischen neuen Sprecher:innen und Journalis:innen? Ausgangspunkt ist hier die Partizipation, die in erster Linie als eine Möglichkeit der interaktiven Kommunikation und Mitgestaltung in spezifischen kommunikativen Räumen betrachtet werden kann. Neben der Bezeichnung des partizipativen Journalismus zirkulieren auch Begriffe wie Citizen Journalism (Allan 2009), Communitarian oder Public Journalismus (Glasser und Craft 1997), Graswurzeljournalismus (Gillmore 2006) und Netzwerkjournalismus (Bucher und Büffel 2005). Allen Bezeichnungen gemein ist, dass sie eine Grenzverschiebung in öffentlichen Debatten in transmedialen Medienumgebungen und auch den damit einhergehenden Machtverlust von Journalist:innen ausdrücken. In diesem Beitrag wird dieses Phänomen der Grenzverschiebung und Neugrenzziehungen mit der Bezeichnung der partizipativen Sprecher:innen gefasst, da der Fokus hier vor allem auf dem Zusammenspiel von unterschiedlichen Akteur:innen in konvergenten Medienumgebungen liegt. Dabei geht es weniger darum, unterschiedliche Professionalitätsgrade zu vergleichen, sondern auszuloten, inwieweit sich die Funktionen von Journalist:innen als *Memory Agents* verändern, wenn neue Sprecher:innen manche dieser Funktionen, jeweils auf ihre spezifische Art und Weise, ausfüllen.

Partizipative Sprecher:innen sind kein Phänomen, welches erst mit digitalen Kommunikationsmedien aufgetreten ist, wie Engesser (2013) richtig aufzeigt: Analoge Kommunikationsformen für partizipative Sprecher:innen gab es bereits als Heimatzeitungen im 18. und 19. Jahrhundert (Schönhagen 1995), Leser:innenbriefe (Mlitz 2008), Hörer- und Zuschauer:innentelefon (Neumann-Braun 2000), Alternativpresse (Atton und Hamilton 2008), nicht-kommerzieller Rundfunk (Buchholz 1999) und offene Kanäle (Breunig 1999). Dennoch haben sich die Möglichkeiten der Partizipation für Sprecher:innen, die nicht originär aus der Medienindustrie kommen, aufgrund des niedrigschwelligen Zugangs zu digitalen Kommunikationskanälen potenziert. Diese Sprecher:innen sind selbst keine Journalist:innen, setzen aber unter bestimmten Umständen Kommunikationsformen eines partizipativen Journalismus ein.

Partizipativer Journalismus im Internet kann als eine Spezialform von User-Generated Content beschrieben werden, der sich vor allem durch die Intention auszeichnet, Informationen verbreiten zu wollen. So definieren Bowman und Williams partizipativen Journalismus folgendermaßen:

> The act of a citizen, or group of citizens, playing an active role in the process of collecting, reporting, analyzing and disseminating news and information. The intent of this participation is to provide independent, reliable, accurate, wide-ranging and relevant information that a democracy requires. (Bowman und Willis 2003, 9)

Diese Definition lässt sich im Hinblick auf erinnerungskulturelle Debatten erweitern: So hat es etwa schon seit den 1970er Jahren zivile Akteure gegeben, die sich für ein Gedenken und Erinnern an den Holocaust auf lokaler Ebene eingesetzt haben (Wüstenberg 2017). Ein konkretes Beispiel sind die zivilen Gedenkstätteninitiativen der 1980er Jahre, in der bürgerliche Initiativen zumeist auf lokaler Ebene ehemalige Orte nationalsozialistischer Verbrechen als Gedenkorte neu bespielt haben, um an die Opfer des Nationalsozialismus zu erinnern (Knoch 2018). Ein weiteres Beispiel ist die Initiative der Stolpersteine des Künstler Gunter Demnig, welcher seit den 1990er Jahren aktiv ist und an die Opfer des Nationalsozialismus erinnert, indem er vor ihrem letzten selbstgewählten Wohnort Gedenktafeln aus Messing ins Trottoir einlässt. Diese und ähnliche Initiativen lassen sich im Hinblick auf Erinnerungskultur als partizipativ betrachten. Sie hatten für die Erinnerungskultur an den Holocaust eine wichtige Funktion bei der Etablierung von neuen Sprecher:innenpositionen. So unterstreicht Habbo Knoch: „In dieser Phase entwickelte sich der bis heute bestehende dezentrale und vor allem auf kommunaler Ebene stark bürgerschaftlich geprägte Charakter der bundesdeutschen Topographie des Erinnerns" (Knoch 2018, 10). Im Zuge ihrer Professionalisierung seit den 1990er Jahren haben sich viele dieser Initiativen zu erinnerungspolitischen Institutionen entwickelt. Diese zeichnen sich gegenwärtig durch ein professionalisiertes Informationsangebot aus, welches sie auf unterschiedlichen Plattformen, etwa auf ihren Kanälen auf YouTube, Twitter oder ihrer Facebook Fanseite, mit Beiträgen bespielen. Ein prominentes Beispiel hierfür ist etwa die „Shoah Foundation", die seit den 1990er Jahren ein Videoarchiv für Berichte von Überlebenden des Holocaust aufbaut. Laut ihrer Kanalinfo auf YouTube hat sie 55.000 solcher Videos gespeichert. Wobei sich darunter auch editierte Clips befinden, die einem professionell produzierten Online-Beitrag entsprechen, wie er etwa auch von einer TV-Redaktion veröffentlicht werden könnte (Peltzer und Sommer 2020).

Was an diesem Beispiel der Ausbildung erinnerungspolitischer Institutionen aber auch deutlich wird, ist, dass die zu Beginn der 2000er Jahre optimistische Perspektive auf digitale Partizipation und spezifisch auf partizipativen Journalismus empirisch nicht die Entwicklung von digitalen Debattenverläufen widerspiegelt. Wie Quandt betont, ist diese hoffungsvolle Perspektive auf das Potenzial digitaler Partizipation auch auf das naive Verständnis von Bürger:innen und Aktivist:innen als Laienjournalist:innen zurückzuführen: „In most of the forward-looking concepts, the „user" was indeed a projection—either an altruistic democrat in constant Samaritan mode or a particle in a willing workforce contributing to the journalist's own processes as a free resource (Quandt 2018, 37)". Im Anschluss daran ist es sinnvoll partizipative Sprecher:innen nicht als unbezahlte, freiwillige, nicht-professionalisierte Journalist:innen zu betrachten, die die „richtigen" Journalist:innen mit Informationen beliefern oder sie gar ersetzen, sondern sie als Beteiligte zu begreifen, die den erinnerungskulturellen Diskurs vielmehr um neue Sichtweisen und Stimmen ergänzen.

Vor diesem Hintergrund eines komplexen Verständnis von Partizipation in Online-Kommunikation lässt sich für partizipative Sprecher:innen als *Memory Agents* ein breiter Begriff von Partizipation definieren. Partizipation umfasst alle Akteur:innen, die auf unterschiedlichen Professionalisierungsgraden als Sprecher:innen in erinnerungskulturellen Diskursen auftreten. Was die hier als „neue Sprecher:innen" definierten Akteur:innen vereint, ist jedoch, dass die jeweilige Medienarbeit nicht ihr hauptsächlicher Fokus ist. Angelehnt an McMillans (2008) Unterscheidung von Interaktionsmöglichkeiten, lassen sich neue partizipative Sprecher:innen bestimmen als: Nutzer:innen, die in Massenmedien und auf digitalen Plattformen Beiträge kommentieren oder reposten und/oder eigene Beiträge erstellen, wie etwa eigene Videos auf einer Plattform oder sogar eigene Medienformate produzieren. Ein typisches Beispiel wäre etwa ein Weblog, eine Website oder ein YouTube-Kanal.

Auch wenn der Fokus in diesem Beitrag bisher vor allem auf Journalist:innen lag, so ist es wichtig zu unterstreichen, dass es in erinnerungskulturellen Diskursen immer auch schon weitere machtvolle Sprecher:innenpositionen gab. Diese treten zunehmend selbst in der Rolle als neue Memory Agents in sozialen Medien auf. So zum Beispiel Expert:innen für bestimmte historische Ereignisse, die sich im Internet äußern. Aber auch Sprecher:innen, die eher randständige oder gar extremistische Positionen vertreten, wie etwa rechtsnationale Aktivist:innen oder Nachrichtenplattformen, die geschichtsrevisionistische Inhalte produzieren und verbreiten, die sich durch einen hohen Professionalisierungsgrad im Hinblick auf die Qualität ihrer Beiträge auszeichnen (Sommer 2018, 235).

Im folgenden Abschnitt werden nun auf einer konzeptuellen Ebene vor allem Funktionen diskutiert, die partizipative Sprecher:innen ausfüllen können. Dabei soll es darum gehen, mögliche Grenzverschiebungen auszuloten.

5. Neue partizipative Sprecher:innen, neue Funktionen?

Im Folgenden sollen nun die drei Funktionen, die bereits für Journalist:innen ausgeführt wurden, im Hinblick auf das Zusammenspiel von neuen digitalen Kommunikationsformen und partizipativen Sprecher:innen diskutiert werden.

a) Relevanz/Aktivierung: Im Hinblick auf die Relevanzsetzung – also der diskursiven Aushandlung an was sich erinnert wird – bekommen Journalist:innen Konkurrenz durch partizipative Sprecher:innen. Zurückkommend auf das Eingangsbeispiel des Vereins „Initiative 19. Februar", geht es diesem darum, im Diskurs an die Opfer von Hanau mitzubestimmen, wann und wie dieses Ereignis erinnert wird. Was sich bei diesem Beispiel sehr gut aufzeigen lässt, ist, dass es nicht das Ziel dieser Relevanzsetzung bzw. Aktivierung ist, eine Gegenöffentlichkeit in sozialen Medien zu schaffen (Downey und Fenton 2003), sondern die Relevanzsetzung im breiten erinnerungskulturellen Diskurs mitzugestalten. Dieses Potenzial zu partizipieren führt aber nicht zwingend dazu, dass alle Themen, die von neuen Sprecher:innen aufgeworfen und eingebracht werden, gleichberechtigt mit den Beiträgen von Journalist:innen in erinnerungskulturellen Diskursen zirkulieren. Vielmehr ergibt sich ein neues Potenzial, alternative Relevanzsetzungen anzubieten und Aufmerksamkeit für andere Interpretationen und Sichtweisen zu erzeugen. Bruns etwa beschreibt eine online-spezifische

Relevanzsetzung durch das Gatewatching: In Online-Öffentlichkeiten können Informationen durch den erweiterten Zugang zu Mitteln der Medienproduktion jenseits des journalistischen Prozesses veröffentlicht werden. So entstehen „multiple gates", die nicht mehr ausschließlich von Journalist:innen bewacht' werden (Bruns 2009, 109–111) Statt einer Bewachung der eigenen Eingangs- und Ausgangstore, die auf eine Beschränkung des Informationsflusses abzielt (also Gatekeeping im konventionellen Sinne), beschreibt Gatewatching die Beobachtung der Ausgangstore von externen Quellen, mit der Absicht, wichtiges Material zu identifizieren, sobald es verfügbar wird (Bruns 2009, 113). Bruns hat beim Phänomen des Gatewatching vor allem kollaborative Nachrichtenwebsites im Blick, auf denen von Redakteur:innen ausgewählte Informationen veröffentlicht werden, die ihnen Nutzer:innen zugesandt haben oder die ohne weitere Auswertung direkt auf der Website veröffentlicht werden. Gatewatching lässt sich als spezifische Relevanzsetzung für partizipative Sprecher:innen aber noch einmal breiter fassen. Ein Beispiel hierfür sind die verschiedenen Hashtags zum Gedenken an die Opfer des Anschlags in Hanau. So zirkulierten verschiedene Beiträge auf den verschiedenen Plattformen zm Hashtag *#Hanausistüberall*. Durch Praktiken des Likens, Repostens, Verlinkens usw., werden einige Beiträge als besonders relevant markiert. Hinsichtlich der Relevanz und Aktivierung von erinnerungskulturellen Themen kann zunächst einmal jede:r potenziell als partizipative:r Sprecher:in mitwirken, wenn sie oder er möchte (Engesser 2013; Thimm 2017).

Partizipative Sprecher:innen werden in ihrer Funktion Relevanz für Themen zu setzen in einer transmedialen Netzwerköffentlichkeit sichtbar (Sommer 2020), in der kleinere und größere Öffentlichkeiten in einem relationalen und dynamischen Verhältnis integriert sind. Ausgehend von diesem Verständnis, ist es wichtig zu unterstreichen, dass auch partizipative Sprecher:innen in erinnerungskulturellen Debatten machtvolle Positionen mit großer Reichweite innehaben können und damit Einfluss wie professionelle Journalist:innen gewinnen können (Edy 1999).

Die Aufmerksamkeitsverteilung in Online-Debatten lässt sich auch mit dem Konzept des Power-Law beschreiben: Neben schwach verlinkten Knoten im System stehen stark verlinkte und die am stärksten verlinkten Knoten haben die größte Chance, weitere Verlinkungen auf sich zu ziehen (Fraas et al. 2012, 37). Dementsprechend erreichen wenige Sprecher:innen in transmedialen Diskursen auch das größte Publikum. Diese Sprecher:innen sind in erinnerungskulturellen Debatten nicht ausschließlich massenmediale Akteure. So lässt sich beobachten, dass die Akteur:innen, die in ihrer Rolle als partizipative Sprecher:innen eine besonders hohe Reichweite haben, auch jenseits digitaler Kommunikationsformen machtvolle Sprecher:innenpositionen inne haben. Ein prominentes Beispiel ist die bereits erwähnte Gedenkstätte Auschwitz, deren offizieller Twitter-Account *Auschwitz Memorial* inzwischen über eine Millionen Follower hat und die vor allem über das individuelle Schicksal von Opfern, die in Auschwitz ermordet wurden, berichtet. Machtvoll sind aber auch Akteure, die sich durch eine besonders ausgeprägte Vernetzung mit anderen machtvollen Sprecher:innen auszeichnen, wie etwa die schon mehrfach genannte „Initiative 19. Februar", die sich u.a. mit etablierten Stiftungen vernetzt hat, die sich schon seit langem mit dem Gedenken an Opfer von rechtsextremen Gewalttaten auseinandersetzen.

b) Narration/Storytelling: Neue partizipative Sprecher:innen erzählen verglichen mit klassischem Erinnerungsjournalismus nicht zwangsläufig anders, aber die Bandbreite von Narrationen, die Anzahl von Interpretationen und die Vielfältigkeit des Storytellings erhöhen sich durch ihre Positionen sowie durch neue transmediale Kommunikationsformen. Grundsätzlich entsteht durch die neuen Sprecher:innenpositionen in erinnerungskulturellen Debatten eine Mehrstimmigkeit vor allem dadurch, dass die individuelle und kollektive Ebene des Erinnerns enger verknüpft sind (Hoskins 2009, 28; Ferron und Massa 2013; Birkner und Donk 2020). Dadurch verstärkt sich die Wechselseitigkeit von persönlichem und gesellschaftlichem Erinnern in sozialen Medien (van Dijk 2007, 18; Sommer 2018, 240). Das „Wie" der Narration (wie wird was erzählt) richtet sich in diesen Öffentlichkeiten verstärkt nach der jeweiligen Kommunikationsform und dem Kommunikationskanal auf dem erinnerungskulturelle Inhalte geteilt werden. So ist persönliches Erzählen und die dabei entstehende Legitimität des Erinnerns eher bestimmt von der jeweiligen Kommunikationsform und Authentizität von Sprecher:innen, als davon, ob man als professionelle:r Journalist:in in einer redaktionellen Rolle auftritt oder etwa als Augenzeuge oder als Aktivist. Dies wird beispielsweise deutlich an einem Beitrag eines Journalisten, der als Experte für Osteuropa für deutsche Tageszeitungen schreibt: Am Jahrestag des Kniefalls von Willy Brandt am Mahnmal für die Opfer des Warschauer Ghettos berichtete er von seiner Erfahrung mit dem Erinnern an diesen Kniefall in seiner Familie. Als Vertriebene haben sie das Ereignis eher als großen Verrat des damaligen Bundeskanzlers und nicht als große Geste empfunden (Dietz 2010).

Generell bieten Plattformen wie Facebook, Twitter, YouTube und Co. eine Infrastruktur auf der sich Institutionen, massenmediale Akteure, politische Gruppen und individuelle Sprecher:innen an erinnerungskulturellen Debatten sichtbar beteiligen können. Dadurch sind die Inhalte nicht ununterscheidbar, allerdings bewegen sie sich in geteilten Medienumfeldern, was die Grenzen zwischen den Inhalten fließender und ineinander übergehend macht. Beispielsweise hat die Schweizer Zeitung, um an die Menschen zu erinnern, die an Corona gestorben sind, eine interaktive Seite mit digital brennenden Kerzen für alle Verstorbenen eingerichtet. Dieses Anzünden einer Kerze als „virtuelle Trauerkerze" (Offerhaus et al. 2013, 276) wird bisher vor allem als Form der Trauerbekundungen in sozialen Netzwerken geteilt. Sie etabliert sich aber zunehmend ähnlich wie zuvor das Blogformat oder das Produzieren von Clips auch als hybride Kommunikationsform, die sowohl von Journalist:innen als auch von anderen Sprecher:innen eingesetzt werden.

Grenzverschiebungen ergeben sich aber auch dadurch, dass die Positionierung im Rahmen von Aushandlungsprozessen über das, was ‚wirklich' passiert ist, für partizipative Sprecher:innen weniger durch ein journalistisches Neutralitätsgebot bestimmt ist. Oftmals stehen spezifische erinnerungspolitische Motive im Vordergrund, die über eine bestimmte Narration erzählt werden sollen. Ein Beispiel ist hier etwa die Social Media Kampagne *#WeRemember* zum Holocaust-Gedenktag am 27. Januar. Für diese Aktion hatte der Jüdische Weltkongress (WJC) auf seinen Online-Kanälen durch verschiedene Beiträge aufgerufen. Möglichst viele Menschen sollten ein Selfie von sich ins Netz stellen und dabei ein Plakat mit der Aufschrift „I remember" (Ich erinnere) hochhalten. Diese Kampagne richtet sich laut der Beschreibung des WJC gegen das Vergessen, um gegenwärtigem Rassismus und Antisemitismus entgegen zu wirken. Allerdings ist es auch zu eindimensional, professionelle Journalist:innen ausschließlich als neutrale Beobachter:innen zu betrachten (Russel 2017; Camja 2016).

Ein weiterer Aspekt, in dem sich frühere analoge Mediennutzungssituationen von den Beispielen aus transmedialen Netzwerköffentlichkeiten unterscheiden, ist, dass das Aushandeln aufseiten von Leser:innen oder Zuschauer:innen nicht Teil der Öffentlichkeit war. Durch partizipative Sprecher:innen entstehen heute spezifische Formen des Aushandelns, da inzwischen viele digitale Kommunikationsformen die Möglichkeit des Kommentierens bieten. Journalist:innen sind bei diesen Auseinandersetzungen eher zurückhaltend und greifen, wenn überhaupt, eher moderierend in den Kommentaren zu ihren Beiträgen ein (Sommer 2018, 232). Aushandlungsprozesse zwischen neuen partizipativen Sprecher:innen hingegen vollziehen sich nicht selten als Auseinandersetzung, in der Akteur:innen über die „richtige" Version der Vergangenheit diskutieren. Durch die Sichtbarkeit dieser Aushandlungsprozesse, in denen unterschiedliche Interpretationen auch in Konflikt stehen können, entstehen auch Narrationen, welche durch lückenhafte oder uneindeutige Wissensbezüge charakterisiert sind. Partizipative Sprecher:innen können dabei leichter als Journalist:innen Ungewissheit in ihre Narrationen über die Vergangenheit integrieren. Journalist:innen „erzählen" einen unsicheren Wissensbestand, in dem sie in ihren Beiträgen konträre Einschätzungen von Expert:innen oder Berichte von Betroffenen einander gegenüberstellen (Sommer 2018, 234), was von partizipativen Sprecher:innen nicht im gleichen Maße erwartet wird.

c) Archivierung: Die Digitalisierung insgesamt führt zu einer veränderten Archivstruktur, wie etwa Carolyn Kitch illustriert:

Digitization also has revolutionized accessibility, which no longer is limited by geography or institutional access. In these ways, digital archives faithfully preserve the content of historic news media while radically changing the potential circulation of that content (Kitch 2018, 176).

Bedingt durch die technischen Voraussetzungen ist es möglich riesige Datenbestände zu speichern, was auch Einfluss auf das Erinnern hat. Kommunikation und Daten des Erinnerns sind leichter digital zu bearbeiten, zu löschen oder neu zu kombinieren als in analogen Medien (Sommer 2018, 236). Die Stärkung von partizipativen Sprecher:innen transformiert die Funktion des Archivierens im Hinblick auf den Inhalt des gespeicherten Materials und auf den Zugriff auf Archivmaterial. Beispielsweise haben Journalist:innen kein Monopol mehr auf Filmmaterial aus Konflikt- und

Krisengebieten in der ganzen Welt. Stattdessen treten nun Bürgerjournalist:innen, politische Aktivist:innen und Menschenrechtsaktivist:innen als kritische Augenzeug:innen auf, die Ereignisse dokumentieren, kommentieren und erinnern (Allan 2009).

Der Zugriff auf Privataufnahmen ist nicht neu, sondern kam etwa auch schon bei Film- und Fotoaufnahmen der Alliierten aus dem Zweiten Weltkrieg vor, die Soldat:innen bei der Befreiung von nationalsozialistischen Konzentrationslagern erstellten. Allerdings potenziert sich die Fülle des Materials seitdem digitale Aufnahmetechnik sehr viel verbreiteter ist. So ist es inzwischen für die meisten Besitzer:innen eines Smartphones möglich, auch bei größeren öffentlichen Ereignissen, Fotos, Videos und/oder Audioaufnahmen zu produzieren, die dann sowohl auf Plattformen zirkulieren als auch im Journalismus Verwendung finden. Herausfordernd ist dabei, dass dieses Material nicht zwingend nach ethischen Standards und im Sinne einer journalistischen Wahrheitsfindung produziert werden (Andén-Papadopoulos 2013, 343).

Ein weiterer Aspekt, der Archive verändert, ist der der Materialität. Anders als bei vielen massenmedialen Medienprodukten, die in analoger Form oder als physische Datenträger vorliegen, wie Zeitungen oder Audio- und Fernsehaufnahmen, besteht für digitale Angebote oft keine konstante physische Repräsentation (Welker et al. 2010, 4). In der flüchtigen digitalen Kommunikation werden Kommentare als Spam gekennzeichnet, User:innen und deren Beiträge aus Foren oder sozialen Netzwerken gebannt und Videos aufgrund von Urheberrechtsverletzungen gelöscht. Auch ein Artikel einer Online-Zeitung kann nachträglich aktualisiert werden, auch wenn er sich noch Wochen, Monate, sogar Jahre später aufrufen lässt. In ständigem Wandel sind außerdem Kommentare zu solch einem Artikel: In einem Zeitraum von wenigen Stunden bis zu mehreren Tagen verändert sich ihre Quantität. Es kommen neue Kommentare hinzu, andere werden von der Redaktion oder Nutzer:innen gelöscht.

Dennoch können auch partizipative Sprecher:innen Archive anlegen, wie z. B. Websites, auf denen sich Beiträge verlinken und dort auch zu einem späteren Zeitpunkt erneut abrufen lassen. Damit bilden sich zum Teil kleine Archivknotenpunkte, die sehr viel dynamischer und fluider sein können als institutionalisierte Archive. Zu den analogen Medienarchiven von großen Redaktionen haben in der Regel Journalist:innen exklusiveren Zugang, außer Inhalte werden digitalisiert auf Plattformen zugänglich gemacht. Dann können andere Sprecher:innen diese selbst speichern und in eigenen Beiträgen neu kontextualisieren. Dadurch haben partizipative Sprecher:innen auch ohne exklusiven Zugriff auf ein eigenes Medienarchiv, die Möglichkeit älteres Material zu verwenden. Gleichzeitig sind die archivierten Inhalte durch einen hohen Grad an Fragmentierung und Veränderbarkeit bestimmt. In den Archivierungsknotenpunkten liegen die jeweiligen Inhalte häufig nicht in ihrer Ursprungsqualität vor, sondern verkürzt, bearbeitet, ergänzt usw. Exemplarisch für einen derartigen webbasierten Archivknoten wäre ein Account auf der Video-Plattform YouTube, auf dem zum Beispiel Film- und Fernsehbeiträge wiederveröffentlicht werden. So können Sprecher:innen die Vorauswahl von professionellen Redaktionen umgehen und Archivmaterial selbst neu für ihre Beiträge zusammensetzen bzw. diese reformulierend in eigene Produktionen einbetten.

6. Fazit: Konstanten und Veränderungen

Der im Titel aufgeführte Begriff von Grenzverschiebung bezieht sich nicht nur auf eine Erweiterung einer Sprecher:innengruppe in erinnerungskulturellen Debatten durch digitale Kommunikationskanäle und Kommunikationsformen. Vielmehr ermöglicht ein breites Verständnis von partizipativen Akteur:innenensembles, auch zu reflektieren, inwieweit sich „klassischer" Erinnerungsjournalismus als eine soziale Institution durch neue Sprecher:innen verändert, die mediale Praktiken im Internet für die Vermittlung von Wissen über die Vergangenheit einsetzen.

Manche dieser neuen partizipativen Sprecher:innen traten auch vor dem digitalen Medienwandel bereits in erinnerungskulturellen Debatten auf. Sie haben aber mit den sozialen Medien eine erweiterte Bedeutung erlangt, da sich durch ihre öffentliche Beteiligung auch erinnerungskulturelle Debatten verändern. Die unterschiedlichen Beispiele illustrieren, dass verschiedene Dimensionen, Deutungen und Positionen des Gedenkens und Erinnerns an Ereignisse und Menschen sichtbar werden, die zum Teil in gesamtgesellschaftlichen Erinnerungsdiskursen eher marginalisiert waren bzw. deren Geschichten nicht tiefergehend erzählt und erinnert wurden. Die Gegenüberstellung von partizipativen Sprecher:innen und Journalist:innen hat aber auch gezeigt, dass sie sich in ihrer Rolle als Memory Agents nicht als Gegensatzpaar fassen lassen, sondern sich eher Verwebungen in Netzwerköffentlichkeiten aufzeigen lassen.

Grundsätzlich lässt sich konstatieren, dass sich die Formen der Relevanzsetzung – Gedenktage und Vergangenheit als Vergleichsfolie und erweiterter Kontext – in ihrer Struktur auch bei partizipativen Sprecher:innen nicht zwangsläufig von klassischen journalistischen Sprecher:innen unterscheidet. Partizipative Sprecher:innen sind nicht zwingend eine konkurrierende Akteursgruppe zu Journalist:innen. Zum einen waren in erinnerungskulturellen Diskursen Journalist:innen schon immer mit anderen Sprecher:innen in Aushandlungsprozessen konfrontiert, zum anderen sind Journalist:innen selbst auch keine einheitliche Gruppierung. Für den Titel dieses Beitrages lässt sich damit folgendes Fazit ziehen: die Rolle von partizipativen Sprecher:innen führt nicht zu einer grundlegenden Machtverschiebung von Sprecher:innen in Diskursen, es lassen sich aber Grenzverschiebungen im Hinblick auf nun geteilte Funktionen beobachten. Dabei tragen partizipative Sprecher:innen eher zu einer Erweiterung von erinnerungskulturellen Perspektiven bei, die in erster Linie durch Aneignung vielseitiger Kommunikationsformen von Plattformen ermöglicht werden. Deren ökonomischen und damit auch diskursiv strukturierenden Einfluss gilt es im Zusammenspiel mit der Vielfalt an Sprecher:innen in erinnerungskulturellen Debatten weiter zu erforschen.

7. Literatur

Anastasiadis, Mario, Jessica Einspänner-Pflock, und Caja Thimm. „Vereinfachung oder Verflachung? Politische Kommunikation auf und mit Twitter aus Sicht politisch interessierter Nutzerinnen und Nutzer". *Neue Komplexitäten für Kommunikationsforschung und Medienanalyse: Analytische Zugänge und empirische Studien*. Hg. Christian Katzenbach, Christian Pentzold, Siegrid Kannengießer, Marian Adolf und Monika Taddicken. Berlin: Digital Communication Research, 2018. 183–204.

Allan, Stuart. „Histories of Citizen Journalism". *Citizen Journalism: Global Perspectives*. Hg. Stuart Allan, und Einar Thorsen. New York: Peter Lang, 2009. 17–31.

Ammann, Ilona. „Gedenktags Journalismus. Bedeutung und Funktion in der Erinnerungskultur". *Geschichtsjournalismus. Zwischen Information und Inszenierung*. Hg. Klaus Arnold, Walter Hömberg, und Susanne Kinnebrock. Berlin: LIT, 2010. 153–167.

Ammann, Ilona, und Elke Grittmann. „Das Trauma anderer betrachten – Zehn Jahre 9/11 im Bild. Eine empirische Analyse zur rituellen Funktion des Journalismus im transnationalen Gedenken an ein Medienereignis". *Medien & Kommunikationswissenschaft* 3 (2013): 368–386.

Andén-Papadopoulos, Kari. „Media Witnessing and the ‚Crowd-Sourced Video Revolution'". *Visual Communication* 12.4 (2013): 341–357.

Anderson, Chris. *The Long Tail – der lange Schwanz. Nischenprodukte statt Massenmarkt – Das Geschäft der Zukunft*. München: Carl Hanser Verlag, 2007.

Arnold, Klaus, Walter Hömberg, und Susanne Kinnebrock (Hg.). *Geschichtsjournalismus. Zwischen Information und Inszenierung*. Berlin: LIT, 2010.

Atton, Chris, und James F. Hamilton. *Alternative Journalism. Journalism Studies: Key Texts*. London: SAGE Publications Ltd, 2008.

Beck, Klaus, und Jakob Jünger. „Soziologie der Online-Kommunikation". *Handbuch Online-Kommunikation*. Hg. Wolfgang Schweiger, und Klaus Beck. Wiesbaden: Springer VS, 2014. 7–34.

Behrens, Alexander. *Durfte Brandt knien? Der Kniefall in Warschau und der deutsch-polnische Vertrag. Eine Dokumentation der Meinungen*. Bonn: Dietz, 2010.

Berek, Mathias. „Gedächtnis, Wissensvorrat und symbolische Form. Zwei Vorschläge aus Wissenssoziologie und Kulturphilosophie". *Die Sozialität des Erinnerns. Beiträge zur Arbeit an einer Theorie des sozialen Gedächtnisses*. Hg. Oliver Dimbath, und Michael Heinlein. Wiesbaden: Springer 2014. 39–58.

Birkner, Thomas, und André Donk. „Collective Memory and Social Media: Fostering a New Historical Consciousness in the Digital Age?" *Memory Studies* 13.4 (2020): 36–383.

Bosshart, Stefan. *Bürgerjournalismus im Web. Kollaborative Nachrichtenproduktion am Beispiel von „Wikinews"*. Konstanz: UVK, 2017.

Bowman, Shayne, und Chris Willis. *We media. How audiences are shaping the future of news and information*. http://www.hypergene.net/wemedia/weblog.php. Report for the Media Center at the American Press Institute, 2003 (17. Dezember 2020).

Bruns, Axel. „Produtzung: Von medialer zu politischer Partizipation". *Soziale Netze in der digitalen Welt. Das Internet zwischen egalitärer Teilhabe und ökonomischer Macht*. Hg. Christian Bieber, Martin Eifert, Thomas Groß, und Jörn Lamla. Frankfurt a. M. u. a.: Campus-Verlag, 2009. 65–86.

Buchholz, Klaus-Jürgen. „Nichtkommerzielle Lokalradios in Deutschland". *Forschungsjournal NSB*. 12.2 (1999): 77–82.

Bucher, Hans-Jürgen, und Steffen Büffel. „Vom Gatekeeper-Journalismus zum Netzwerk-Journalismus. Weblogs als Beispiel journalistischen Wandels unter den Bedingungen globaler Medienkommunikation". *Journalismus und Wandel. Analysedimensionen, Konzepte, Fallstudien*. Hg. Markus Behmer, Bernd Blöbaum, und Armin Scholl. Wiesbaden: VS Verlag für Sozialwissenschaften, 2005. 85–121.

Camaj, Lindita. „Blurring the Boundaries between Journalism and Activism: A Transparency Agenda-Building Case Study from Bulgaria". *Journalism* 19.7 (2018): 994–1010.

Dimbath, Oliver. *Oblivionismus. Vergessen und Vergesslichkeit in der modernen Wissenschaft.* Konstanz: UVK, 2014.

Edy, Jill A. „Journalistic Uses of Collective Memory". *Journal of Communication* 49.2 (1999): 71–85.

Effing, Robin, Jos van Hillegersberg, und Theo Huibers. „Social Media and Political Participation: Are Facebook, Twitter and YouTube Democratizing Our Political Systems?". *Lecture Notes in Computer Science*. Hg. Efthimios Tambouris, Ann Macintosh, und Hans de Bruijn. Heidelberg: Springer, 2011. 25–35.

Engesser, Sven. *Die Qualität des partizipativen Journalismus im Web. Bausteine für ein integratives theoretisches Konzept und eine explanative empirische Analyse.* Wiesbaden: Springer, 2013.

Engelmann, Ines. „Politische Partizipation im Medienwandel". *Politische Partizipation im Medienwandel*. Hg. Ines Engelmann, Marie Legrand, und Hanna Marzinkowski. Berlin: Digital Communication Research, 2019. 9–25.

Ferron, Michela, und Paolo Massa. „Beyond the Encyclopedia: Collective Memories in Wikipedia". *Memory Studies* 7.1 (2014): 22–45.

Fraas, Claudia, und Michael Klemm. „Diskurse – Medien – Mediendiskurse. Begriffsklärungen und Ausgangsfragen". *Mediendiskurse. Bestandsaufnahme und Perspektiven*. Hg. Claudia Fraas, und Michale Klemm. Frankfurt a. M.: Lang, 2005. 1–8.

Fraas, Claudia, Stefan Meier, und Christian Pentzold. „Zur Einführung: Perspektiven einer interdisziplinären transmedialen Diskursforschung". *Online-Diskurse. Theorien und Methoden transmedialer Online Diskursforschung*. Hg. Claudia Fraas, Stefan Meier, und Christian Pentzold. Köln: Halem, 2013. 7–34.

Frerichs, Stefan. „Journalismus als konstruktives Chaos". *Handbuch Journalismustheorien*. Hg. Martin Löffelholz, und Liane Rothenberger. Wiesbaden: Springer VS, 2016. 191–200.

Garde-Hansen, Joanne. *Media and memory*. Edinburgh: Edinburgh University Press, 2011.

Gillmor, Dan. *We the media: Grassroots journalism by the people, for the people*. Sebastopol, CA: O'Reilly Media, 2006.

Glasser, Theodor L., und Stephanie Craft. „Public journalism and the prospects for press accountability". *Mixed news: The public/civic/communitarian journalism debate*. Hg. Jay. Black. Mahwah, NJ: Lawrence Erlbaum, 1997. 120–134.

Gries, Rainer. „Vom historischen Zeugen zum professionellen Darsteller, Probleme einer Medienfigur im Übergang". *Die Geburt des Zeitzeugen nach 1945*. Hg. Martin Sabrow, und Nobert Frei. Göttingen: Wallstein, 2012. 49–70.

Hall, Stuart. „Kodieren/Dekodieren". *Cultural Studies. Grundlagentexte zur Einführung*. Hg. Roger Bromley, Uwe Göttlich, und Carsten Winter. Lüneburg: Zu Klampen, 1999. 92 –110.

Haller, Michael. „Die Idee des neutralen Beobachters". *Leitbild Unabhängigkeit. Zur Sicherung publizistischer Verantwortung*. Hg. Freimut Duve, und Michael Haller. Konstanz: UVK, 2004. 13–30.

Harcup, Tony, und Deirdre O'Neill. „What Is News?. Galtung and Ruge revisited". *Journalism Studies* 2.2 (2010): 261–280.

Hartley, John. *Understanding News*. London u. a.: Routledge, 1990.

Hartley, John. „Journalism as a human right: The cultural approach to journalism". *Global journalism research: Theories, methods, findings, future*. Hg. David H. Weaver, Andreas Schwarz, und Martin Löffelholz. Malden, MA: Wiley-Blackwell, 2008. 39–51.

Hepp, Andreas. *Medienkultur. Die Kultur mediatisierter Welten*. Wiesbaden: VS, 2011.

Hoskins, Andrew. „Digital network memory". *Mediation, remediation, and the dynamics of cultural memory*. Hg. Astrid Erll. Berlin: de Gruyter, 2009. 91–106.

Hoskins, Andrew. „News and memory: old and new media pasts". *The Routledge Companion to News and Journalism*. Hg. Stuart Alan. London: Routledge, 2009. 460–470.

Jenkins, Henry. *Convergence culture. Where old and new media collide.* New York: New York University Press, 2008.

Jenkins, Henry, Mizuko Ito, und Danah Boyd. *Participatory Culture in a Networked Era: A Conversation on Youth, Learning, Commerce, and Politics.* Cambridge: Polity Press, 2015.

Keilbach, Judith. *Geschichtsbilder und Zeitzeugen. Zur Darstellung des Nationalsozialismus im bundes-deutschen Fernsehen.* München: Lit Verlag, 2008.

Keller, Reiner. *Wissenssoziologische Diskursanalyse. Grundlegung eines Forschungsprogramms.* Wiesbaden: VS, 2008.

Kitch, Carolyn. „Mourning in America: Ritual, Redemption, and Recovery in News Narrative After September 11". *Journalism Studies* 4.2 (2003): 213–24.

Kitch, Carolyn. *Pages From the Past: History and Memory in American Magazines.* Chapel Hill: University of North Carolina Press, 2005.

Kitch, Carolyn. „Journalism as Memory". *Handbook of Communication Science.* Hg. Tim P. Vos. Berlin: Mouton de Gruyter, 2018. 164–181.

Kligler-Vilenchikm, Neta, Yariv Tsfati, und Oren Meyers. „Setting the collective memory agenda: examining main- stream media influence on individuals' perceptions of the past". *Memory Studies* 7.4 (2014): 484–499.

Habbo Knoch. „Gedenkstätten, Version: 1.0". http://docupedia.de/zg/Knoch_gedenkstaetten_v1_de_2018. *Docupedia-Zeitgeschichte*, 2018. (17.12.2020).

Habermas, Jürgen. „Überlegungen und Hypothesen zu einem erneuten Strukturwandel der politischen Öffentlichkeit". *Ein neuer Strukturwandel der Öffentlichkeit?* Hg. Martin Seeliger, und Sebastian Sevignani. Sonderband Leviathan 37. Baden-Baden: Nomos, 2011. 470–500.

Jarren, Otfried. „Medien- und Öffentlichkeitswandel durch Social Media als gesellschaftliche Herausforderung wie als Forschungsfeld". *Wandel der Öffentlichkeit und der Gesellschaft. Gedenkschrift für Kurt Imhof.* Hg. Mark Eisenegger, Linards Udris, und Patrick Ettinger. Wiesbaden: VS Springer, 2019. 349–376.

Jarren, Otfried, und Renate Fischer. „Die Plattformisierung von Öffentlichkeit und der Relevanzverlust des Journalismus als demokratische Herausforderung". *Ein neuer Strukturwandel der Öffentlichkeit?* Hg. Martin Seeliger, Martin, und Sebastian Sevignani. Sonderband Leviathan 37. Baden-Baden: Nomos, 2011. 365–382.

Loosen, Wiebke. „Journalismus als (ent-)differenziertes Phänomen". *Handbuch Journalismustheorien.* Hg. Martin Löffelholz, und Liane Rothenberger. Wiesbaden: VS, 2016. 177–189.

Lünenborg, Margreth. „Die Krise des Journalismus? Die Zukunft der Journalistik! Ein Diskussionsbeitrag zur Reflexivität und Praxisrelevanz von Wissenschaft". *Publizistik.* 57.4 (2012): 445–461.

Lünenborg, Margreth. „Journalismus als kultureller Diskurs". *Handbuch Journalismustheorien.* Hg. Martin Löffelholz und Liane Rothenberger. Wiesbaden: VS Springer, 2016. 325–338.

Meier, Stefan. *(Bild-)Diskurse im Netz. Konzepte und Methode für eine semiotische Diskursanalyse im World Wide Web.* Köln: Halem, 2008.

Mlitz, Andrea. *Dialogorientierter Journalismus. Leserbriefe in der deutschen Tagespresse.* Konstanz: UKV, 2008.

Neuberger, Christoph. „User Participation and Professional Jounalism on the Internet Background and Empirical Evidence". *Journalism and Technological Change. Historical Pespectives, Contemporary Trends.* Hg. Martin Schreiber, und Clemens Zimmermann. Frankfurt a. M./New York: Campus, 2014. 244–263.

Neuberger, Christoph. „Die Rückkehr der Masse. Kollektivphänomene im Internet aus Sicht der Massen- und Komplexitätstheorie". *Medien & Kommunikationswissenschaft* 65.3 (2017): 550–572.

Offerhaus, Anke, Kerstin Keithan, und Alina Kimmer. „Trauerbewältigung online – Praktiken und Motive der Nutzung von Trauerforen". *SWS Rundschau* 53.3 (2013): 275–297.

Paasch-Colberg, Sünje, Christian Strippel, Martin Emmer, und Joachim Trebbe. „From Insult to Hate Speech: Mapping Offensive Language in German User Comments on Immigration". *Media & Communication* 9.1 (2021): 171–180.

Peltzer, Anja, und Vivien Sommer. „Stolpersteine digitaler Erinnerungskulturen. Eine komparative Analyse digitaler Zeitzeugenvideos über den Holocaust". *merz. Medien und Erziehung. Zeitschrift für Medienpädagogik* 20.6 (2020): 74–80.

Pundt, Christian. *Medien und Diskurs. Zur Skandalisierung von Privatheit in der Geschichte des Fernsehens.* Bielefeld: Transcript, 2008.

Quandt, Thorsten. „Dark participation". *Media and Communication* 6.4 (2018): 36–48.

Quandt, Thorsten. „Can we hide in shadows when the times are dark?" *Media and Communication* 9.1 (2021): 84–87.

Rajewsky, Irina O. *Intermedialität.* Tübingen: Francke u. a., 2002.

Russell, Adrienne. *Journalism as Activism. Recording Media Power.* Cambridge: Polity Press, 2017.

van Dijck, José, Thomas Poell, und Martijn de Waal. *The Platform Society – Public Values in an Online World.* Oxford: Oxford University Press, 2018.

Seeliger, Martin, und Sebastian Sevignani. „Zum Verhältnis von Öffentlichkeit und Demokratie. Ein neuer Strukturwandel?". *Ein neuer Strukturwandel der Öffentlichkeit?* Hg. Martin Seeliger, und Sebastian Sevignani. Sonderband Leviathan 37. Baden-Baden: Nomos 2011. 9–42

Schmidt, Jan. „Onlinebasierte Öffentlichkeiten. Praktiken, Arenen und Strukturen". *Online-Diskurse. Theorien und Methoden transmedialer Online-Diskursforschung.* Köln: Halem, 2013, S. 35–56.

Schuegraf, Martina. *Medienkonvergenz und Subjektbildung. Mediale Interaktionen am Beispiel von Musikfernsehen und Internet.* Wiesbaden: VS, 2008.

Sommer, Vivien. *Erinnern im Internet. Der Online-Diskurs um John Demjanjuk.* Wiesbaden: Springer VS, 2018.

Sommer, Vivien. „Diskursanalyse". *Handbuch Soziale Praktiken und Digitale Alltagswelten.* Hg. Heidrun Friese, Marcus Nolden, Gala Rebane, und Miriam Schreiter. Wiesbaden: Springer VS, 2020. 423–434.

Sommer, Vivien. „Medien„ Handbuch Sozialwissenschaftliche Gedächtnisforschung. Hg. Mathias. Berek, Kristina Chmelar, Oliver Dimbath, Hanna Haag, Michael Heinlein, Nina Leonhard, Valentin Rauer, Gerd Sebald. Wiesbaden: Springer VS, 2022. Doi https://doi.org/10.1007/978-3-658-26593-9_14-1

Stichweh, Rudolf. *Inklusion und Exklusion.* Bielefeld: transcript, 2005.

Tenenboim-Weinblatt, Keren. „Journalism as an agent of prospective memory". *On Media Memory: Collective Memory in a New Media Age.* Hg. Mordechai Neiger, Oren Meyers, und Eyal Zandberg. Hampshire: Palgrave Macmillan, 2011. 213–225.

Tenenboim-Weinblatt, Keren. „Bridging collective memories and public agendas: towards a theory of medi-ated prospective memory". *Communication Theory* 23.2 (2013): 91–111.

Tenenboim-Weinblatt, Keren, und Mordechai Neiger. „Journalism and Memory". *Handbook of Journalism Studies, Second Edition.* Hg. Thomas Hanitzsch, und Karin Wahl-Jorgensen. New York und London: Routledge. 420–434.

Thimm, Caja. „Soziale Netzwerke als Arenen politischer Partizipation. Neue Optionen für Demokratie oder aber Datafication, Fragmentierung oder Radikalisierung?". *MedienJournal – Zeitschrift für Medien- und Kommunikationsforschung.* 41.2 (2017): 76–89.

Trümper, Stefanie, und Irene G. Broer. „Non-commemorative memory in news production: Discovering underlying motivations for journalists' memory work". *Memory Studies* 14.2 (2019): 257–274.

Welker, Martin, Carsten Wünsch, Saskia Böcking, Annekatrin Bock, Anne Friedemann, Martin Herbers, Holger Isermann, Thomas Knieper, Stefan Meier, Christian Pentzold, und Eva Johanna Schweitzer. „Die Online-Inhaltsanalyse: methodische Herausforderung aber ohne Alternative". *Die On-*

line-Inhaltsanalyse. Forschungsobjekt Internet. Neue Schriften zur Online-Forschung Band 8. Hg. Martin Welker, und Carsten Wünsch. Köln: Halem, 2010. 9–31.

Wüstenberg, Jenny. *Civil Society and Memory in Postwar Germany*. Cambridge: Cambridge University Press, 2017.

Zelizer, Barbie. „Journalists as Interpretive Communities". *Critical Studies in Mass Communication* 10 (1993): 219–37

Zelizer, Barbie. „Why memory's work on journalism does not reflect journalism's work on memory". *Memory Studies* 1.1 (2008): 79–87

Zelizer, Barbie, und Keren Tenenboim-Weinblatt. „Journalism's Memory Work". *Journalism and Memory*. Hg. Barbie Zelizer, und Keren Tenenboim-Weinblatt. London: Palgrave Macmillan, 2014.

Zifonun, Darius. „Vergessendes Erinnern: Eine Wissenssoziologie des Erinnerns und Vergessens". *Soziologie des Vergessens. Theoretische Zugänge und empirische Forschungsfelder*. Hg. Oliver Dimbath, und Peter Wehling. Konstanz: UVK, 2011. 189–209.

Stefanie Trümper

10 Zeit im erinnernden Journalismus: Eine integrative Betrachtung retrospektiver und prospektiver Erinnerungskonstruktion

1. Einleitung

Zeitbezüge sind essentieller Bestandteil der journalistischen Berichterstattung. Indem der Journalismus Ereignisse und Themen in der Zeit einordnet, erbringt er eine wichtige sozial-verbindliche Orientierungsleistung. Ausgehend davon, dass Journalismus in der Gegenwart, d.h. auf der relativ schmalen Zeitstelle zwischen Vergangenheit und Zukunft operiert, erfüllt er neben der Vermittlung neuester Informationen auch Erinnerungs- und Vorhersagefunktionen. Nicht selten wird dieser Umstand als Opposition wahrgenommen zwischen einem Journalismus, der – bedingt durch technologische und gesellschaftliche Dynamiken – auf Neuigkeit und Tempo getrimmt ist und einem kontextsensitiven Journalismus, der sich in der Berichterstattung über gegenwärtige Ereignisse sowohl auf vergangene als auch zukünftige Ereignisse und Themen konzentriert. Bei der journalistischen Produktion und Repräsentation erinnernder Medieninhalte kommt diese zeitliche Entgrenzung besonders zur Geltung, da die Darstellung von Vergangenheit aber auch jene von Zukunft immer in der Gegenwart stattfindet und mit ihr kontextualisiert wird. Dieser Beitrag fokussiert die zeitlichen Dimensionen im erinnernden Journalismus und synthetisiert Konzepte und Befunde, die für Theoriebildung und -weiterentwicklung sowie für empirische Analysen temporaler Kategorien in der kommunikationswissenschaftlichen Erinnerungsforschung belangreich sind.

Bezugnehmend auf Ansätze und Protagonisten aus Soziologie sowie Zeitungs- und Publizistikwissenschaft der ersten Hälfte des 20. Jahrhunderts, werden im ersten Teil dieses Beitrags die Temporalisierungsstrategien des Journalismus in den Blick genommen. Zunächst zeigt Kapitel 2, dass Journalismus nicht ausschließlich durch die Bezugnahme auf augenscheinlich neue Themen eine gemeinsame Gegenwart konstruiert und so die Gesellschaft synchronisiert, sondern, dass er dabei unweigerlich auf die vermeintlich inaktuellen Zeithorizonte, die Vergangenheit und die Zukunft, rekurrieren muss. Anschließend erfolgt in Kapitel 3 eine Auseinandersetzung mit dem Schlüsselbegriff der Aktualität, welcher ebenfalls auf die zeitliche Einordnungsleistung des Journalismus verweist und damit für die Analyse zeitlicher Dimensionen im erinnernden Journalismus sowohl in Richtung Vergangenheit, wie auch Zukunft prinzipiell anschlussfähig ist.

Ungeachtet der eingangs erwähnten Trias von Vergangenheit, Gegenwart und Zukunft wurde innerhalb der Erinnerungsforschung bis etwa in die 2010er Jahre hinein die Vergangenheit gegenüber der Zukunft privilegiert und infolgedessen Erinnerung oftmals als retrospektive Form und Praxis fokussiert. Daher liegt im zweiten Teil dieses Beitrags das Augenmerk auf dem so genannten *prospective turn* und den damit einhergehenden zeit- und wissenssoziologischen Grundannahmen, dass Prozesse des Erinnerns und damit verbundene Rückgriffe auf Wissensbestände aus der Vergangenheit der Antizipation zukünftiger Entwicklungen dienen. Darauf basierend zeigt Kapitel 4, dass auch innerhalb der kommunikationswissenschaftlichen Erinnerungsforschung ein gesteigertes Interesse an dem prädiktiven Potenzial journalistischer Erinnerungskonstruktion identifizierbar ist.

Inwieweit zeit- und insbesondere zukunftsbezogene Fragestellungen jenseits erinnerungsbezogener Forschung innerhalb der Medien- und Kommunikationswissenschaft an Relevanz gewonnen haben und angesichts fortwährender sozio-technischer und medialer Transformationsprozesse unser theoretisches und praktisches Verständnis von Journalismus zu modifizieren ist, wird abschließend in Kapitel 5 diskutiert.

2. Gedächtnisfunktion, Rekursivität und Zukunftsinteresse: Über die Temporalisierungsstrategien des Journalismus

Erinnerung dient sowohl der individuellen wie auch der gesellschaftlichen Orientierung in der Zeit. Da sie eine selektive und von der jeweiligen Situation in der Gegenwart abhängige (Re-)Konstruktion von vergangenen Wahrnehmungen oder Wissen über die Vergangenheit ist, die zu Zwecken des künftigen Handelns erfolgt, verweist Erinnerung stets auf vergangene, gegenwärtige, aber auch zukünftige Zeithorizonte. Medien und Journalismus spielen bei der Konstruktion von Erinnerung und der damit einhergehenden zeitlichen Orientierung insofern eine wesentliche Rolle, als dass sich Zeitvorstellung und Zeiterleben im Zuge medialer Wandlungsprozesse manifestieren und verändern.

Um die beschriebene zeitliche Einordnungsleistung des Journalismus nachvollziehen zu können und auf den erinnernden Journalismus anzuwenden, lohnt ein Blick in die funktional-strukturelle Systemtheorie, die seit etwa Mitte der 1990er Jahre auch innerhalb der Journalismusforschung im deutschsprachigen Raum Anwendung findet. Seinerzeit entwarf ihr wohl prominentester Vertreter, der Soziologe Niklas Luhmann (1996, 52–81), Massenmedien als gesellschaftliches Funktionssystem und subsumierte darunter – neben Werbung und Unterhaltung – Journalismus bzw. journalistische Kommunikation als einen Programmbereich. Massenmedien wird unter anderem die Funktion zugeschrieben, die Selbstbeobachtung der Gesellschaft zu dirigieren, indem sie Ereignisse oder Themen auf Basis des Codes „Information vs. Nichtinformation" auswählen (Luhmann 1996, 173). Aus dieser Selektionslogik und der Tatsache, dass Massenmedien auf diese Weise die Gesellschaft synchronisieren – also eine gemeinsame Gegenwart erzeugen – leitet Luhmann ebenso die Gedächtnisfunktion der Massenmedien ab. Damit liefert er grundlegende Hinweise, dass Bezugnahmen auf Vergangenes im Kontext journalistischer Informationsproduktion eine zentrale Rolle spielen:

> Die gesellschaftliche *Funktion* [Herv. i. O.] der Massenmedien findet man deshalb nicht in der Gesamtheit der jeweils aktualisierten Informationen (also nicht auf der positiv bewerteten Seite ihres Codes), sondern in dem dadurch erzeugten Gedächtnis. Für das Gesellschaftssystem besteht das Gedächtnis darin, daß man bei jeder Kommunikation bestimmte Realitätsannahmen als bekannt voraussetzen kann, ohne sie eigens in die Kommunikation einführen und begründen zu müssen. (Luhmann 1996, 120)

Gleichzeitig wird der Zusammenhang zwischen Information und der medialen Produktion von Neuigkeiten angesprochen, etwa in Bezug auf die Erzeugung von Irritation oder den Nachrichtenwert „Überraschung" (Luhmann 1996, 58) sowie hinsichtlich des Bedürfnisses nach neuen Informationen in modernen Gesellschaften mit ihren modernen chronometrischen Zeitstrukturen (Luhmann 1996, 43). Das Phänomen der Neuigkeit und damit die These, dass jede Information etwas Neues und Unbekanntes erfordert, wird aber insofern relativiert, als dass es sich dabei eher um ein Konstrukt handelt, also lediglich der Eindruck vermittelt wird,

> [...] als ob das gerade Vergangene noch Gegenwart sei, noch interessiere, noch informiere. Dafür genügt die Andeutung einer Kontinuität, die vom letzten bekannten Stand der Dinge ausgeht und über die Gegenwart hinaus bis in die unmittelbar bevorstehende Zukunft reicht, so daß zugleich verständlich wird, wieso man an der Information interessiert sein kann. Ereignisse müssen als Ereignisse dramatisiert – und in der Zeit aufgehoben werden. (Luhmann 1996, 55)

Interessanterweise reflektiert Luhmann diesen Sachverhalt explizit mit Blick auf den journalistischen Schreib- und Sprachstil und weist darauf hin, dass es eine gängige Strategie des Journalismus ist, altbekannte Themen als neu herauszustellen oder gerade dann Neuigkeiten zu konstruieren, wenn die Ereignislage schlecht ist (Luhmann 2005b [1981], 364; Luhmann 2005c [1990], 168). Dies lässt den Rückschluss zu, dass die in der journalistischen Berichterstattung vorkommenden Neuigkeiten stetig normalisiert bzw. relativiert werden, also der Journalismus im Grunde – sei es im Tagesverlauf oder längerfristig – systematisch auf Vergangenes zurückgreifen muss, um auf diese Weise überhaupt „Neuheiten, Überraschungen und damit Informationswerte ausmachen zu können" (Luhmann 1996, 31). Im System Massenmedien geht es folglich um die stetige und rekursive Verknüpfung von Informationen, d. h., dass Informationen aufeinander aufbauen, also vorangegangene Informationen die Basis für zukünftige Informationen bilden usw. (Luhmann 1996, 58). Neben typischen aus der Nachrichtenwerttheorie bekannten Faktoren (z. B. Überraschung, Konflikt, Nähe), rekurriert Luhmann auf *Aktualität* und *Rekursivität* als potenzielle Kriterien der Nachrichtenauswahl (Luhmann 1996, 68). Unter *Aktualität* wird dabei das Erfordernis gefasst, dass sich Meldungen auf Informationen und Ereignisse konzentrieren, die neu sind und im besten Falle überraschen. Das zweite Erfordernis – jenes der *Rekursivität* – verweist darauf, dass diese Ereignisse in späteren Meldungen wieder aufgegriffen, also re-thematisiert werden, indem sie z.B. in größere narrative Kontexte eingebettet und weitererzählt werden oder als Anlass für die Berichterstattung über ähnliche Ereignisse fungieren. Durch das Wechselspiel von Aktualität und Rekursivität – so könnte man Luhmanns Ausführungen in Bezug auf die journalistische Produktion von Nachrichten interpretieren – wird darüber entschieden, „[...] was als nur situativ bedeutsam, vergessen werden und was in Erinnerung bleiben muss" (Luhmann 1996, 69).

Schließlich sei in diesem Zusammenhang noch auf Luhmanns Werk *Weltzeit und Systemgeschichte* verwiesen, wo er sich mit den Relationen zwischen den drei Zeithorizonten Vergangenheit, Gegenwart und Zukunft befasst. Insbesondere die dort formulierten Gedanken über das Reflexivwerden der Zeitbestimmungen bieten weitere Anknüpfungspunkte, um die journalistische Bezugnahme auf Vergangenes aber auch Zukünftiges aus zeittheoretischer Warte heraus zu reflektieren:

> Historisierung der Zeit bedeutet mithin, daß in den beiden Zeithorizonten der Gegenwart, von der man ausgehen muß, wiederum Gegenwarten mit eigenen Zeithorizonten, nämlich Zukünften und Vergangenheiten, auftauchen, und so weiter mit Iterationsmöglichkeiten, die nicht logisch, sondern nur durch Fragen der Kapazität und der Interessenentfaltung begrenzt werden. Demgemäß sehen wir die Eigenart des modernen ‚Geschichtsbewußtseins' nicht in besonderen Bemühungen um ein *Erkennen* [Herv. i. O.] der Vergangenheit, sondern in der *Verzeitlichung* [Herv. i. O.] der Vergangenheit, und wir vermuten, daß diese aus einem besonderen Interesse an Zukunft folgt. (Luhmann 2005a [1975], 140–141)

Für die Analyse der zeitlichen Dimensionen im erinnernden Journalismus bleibt festzuhalten, dass Massenmedien – und damit folglich auch der Programmbereich Journalismus – die Gesellschaft synchronisieren, indem sie eine gemeinsame Gegenwart erzeugen, von der aus eine Orientierung in Richtung Zukunft erfolgen und Erwartungen ausgeprägt werden können. Massenmedien (im zuvor genannten Sinne) fungieren außerdem als gesellschaftliches Gedächtnis, weil sie durch den stetigen Rückgriff auf Vergangenes mit festlegen, was in Erinnerung bleibt und was dem Vergessen anheimfällt. Ohne die damit einhergehende Zeitreflexivität würde kein Hintergrundwissen bereitgestellt oder fortgeschrieben werden können und schlussendlich entstünden auch keine kommunikativen Anschluss- und Sinnzusammenhänge zwischen Systemen, respektive in der Gesellschaft.

3. Aktualität als Konstruktionsleistung und zeitliche Relationsgröße

Aktualität ist sowohl Merkmal des Journalismus als auch Schlüsselbegriff innerhalb der Kommunikationswissenschaft. In Bezug auf journalistische Inhalte werden mit Aktualität – dies haben die vorangegangenen Ausführungen aufgezeigt – oftmals Ge-

genwärtigkeit und Neuigkeit sowie kurze Zeitspannen zwischen Ereignis und Berichterstattung assoziiert (Neuberger 2010). Als zentrale Leitdifferenz und als Qualitätskri-
terium des Journalismus bemisst sich Aktualität aber keineswegs nur an einem Infor-
mationsgeschäft, welches auf Realzeit getaktet ist oder daran, dass über Ereignisse
zuerst bzw. rasch berichtet wird. Vielmehr verweist Aktualität auf eine wesentliche
Konstruktionsleistung des Journalismus und zwar jene der Einordnung und Verknüpfung von bekannten und neuen Informationen sowie des thematischen In-Bezie-
hung-Setzens verschiedener Ereignisse (fög 2014, 357). Dass Aktualität als *mehrdimen-
sionale* und *relationale Größe* vergleichsweise schwer zu fassen ist, zeigen die
fortwährenden Auseinandersetzungen in der Zeitungs- bzw. Publizistikwissenschaft
sowie der Journalismusforschung (zusammenfassend Neverla 2010, 83–94). Die Un-
schärfe, die diesen Begriff umgibt, äußert sich vor allem darin, dass Aktualität als
Zeitgröße, als *Wirkungsgröße* und als *Wirklichkeitsmaß* betrachtet wird (Scholl und
Weischenberg 1998, 75; Weischenberg 2004, 42). Um Aktualität als *zeitliche Relations-
größe* zu fassen und deren Anwendbarkeit für die Analyse zeitlicher Dimensionen im
erinnernden Journalismus zu verdeutlichen, lohnt ein Blick in folgende publizistik-
bzw. kommunikationswissenschaftliche Schlüsselwerke: *Die unerkannte Kulturmacht*
von Otto Groth (1960), *Grundzüge der Publizistik* von Walter Hagemann (1947) sowie
Kommunikation der Gesellschaft und *Über die Entgrenzung der Publizistik* von Henk
Prakke (1968).

Aus Otto Groths Perspektive geht hervor, dass Aktualität auf eine Gegenwart hin-
deutet, die nicht chronometrisch fixierbar ist, sondern sich zeitlich und inhaltlich aus-
dehnen kann – je nach dem, was seitens des Journalismus und des Publikums als gegenwärtig relevant erachtet bzw. als solches konstruiert wird:

> [...] aktuell ist, was in die Gegenwart fällt oder sonst eine Beziehung zur Gegenwart hat. Aktualität
> erhält ihr subjektives Moment [...] durch das Medium der Gegenwart, die immer eine Gegenwart
> für Menschen ist; denn nur der Mensch erlebt ein Gestern, ein Heute, ein Morgen. Neuheit da-
> gegen ist überhaupt kein Zeitbegriff. (Groth 1960, 171)

Was die Zeithorizonte Vergangenheit und Zukunft anbelangt, führt Groth aus, dass sowohl vergangene aber auch zukünftige Ereignisse und Themen von aktuellem Interesse sein können und, dass der Journalismus solche Relationen durchaus strategisch
einsetzt und auf diese Weise Aktualität inszeniert (Groth 1960, 176). Auf ähnliche relationale Dimensionen von Aktualität hatte bereits Walter Hagemann (1947) aufmerksam gemacht und zwischen verschiedenen Arten von Aktualität differenziert: zum einen die *primäre Aktualität*, welche die unmittelbare Gegenwart benennt und die
annähernde Gleichzeitigkeit von Ereignis und Berichterstattung, wie wir sie insbesondere im Modus der Live-Berichterstattung kennen; zum anderen die *sekundäre Aktualität*, welche impliziert, dass „[...] vergangene und selbst zeitlich weit zurückliegende
oder gar längst vergangene Ereignisse, die an menschlichen Zeitmaßstäben gemessen, zeitlos sind [...] dennoch größte Zeitnähe besitzen [...]" (Hagemann 1947, 16). Interessant ist hierbei, dass Hagemann nicht bei der Aktualisierung vergangener Ereig-

nisse stehen bleibt, sondern diesen Gedanken ebenfalls auf zukünftige Ereignisse ausweitet: „Indem sie der Gegenwart vorausgreifen, können sie trotz aller innewohnenden Ungewißheit zeitnahe im höchsten Sinne des Wortes werden" (Hagemann 1947, 16). An Hagemanns Arbeiten knüpfen jene von Henk Prakke an, der sich dezidiert mit der journalistischen Thematisierung von historischen Ereignissen befasst. Die Geschichte – so sein Argument – sei keine Erfindung der Historiker. Sie sei geboren auf der Suche nach Aktualitätswerten in der Perspektive der menschlichen Vergangenheit (Prakke 1961, 7). Die journalistische Bezugnahme auf Ereignisse, die der ferneren Vergangenheit entstammen, umschreibt er mit *tertiärer Aktualität* (Prakke 1968, 123).

Im weiteren fachgeschichtlichen Verlauf werden die skizzierten zeitlichen Abstufungen in primäre, sekundäre und tertiäre sowie vorausschauende oder prospektive Aktualität innerhalb der Journalismusforschung u.a. von Bernd Blöbaum aufgegriffen. Ihm zufolge bedeutet Aktualität, „ein Ereignis zu konstituieren, das aus der Vergangenheit (vorher) in die Gegenwart überführt wird und damit für die Zukunft relevant werden kann (nachher)" (Blöbaum 1994, 265). Aktualität schaffe eine Bedingung der Möglichkeit für Anschlusskommunikation und -handlungen und um diesen Prozess in Gang zu halten, bedürfe es des Journalismus. Dieser konstruiere Aktualität durch Veröffentlichung. Entsprechend lautet die Konklusion, es könne auf theoretischer Ebene nicht heißen, „daß etwas (eine Information, ein Ereignis) aktuell *ist* [Herv. i. O.]; vielmehr wird etwas durch Veröffentlichung als aktuell *konstruiert* [Herv. i. O.]" (Blöbaum 1994, 265). Auch Günther Rager (1994, 197) betrachtet Aktualität als eine journalistische Konstruktionsleistung und führt die für den Forschungszusammenhang Journalismus und Erinnerung relevante *latente Aktualität* an, die auch als *Hintergrundaktualität* bezeichnet wird (Pöttker 2000, 386). Damit ist gemeint, dass für bestimmte Ereignisse und Themen Aktualität erst geschaffen werden muss, d.h., dass der Journalismus plausibel machen muss, worin der Gegenwartsbezug eines in diesem Falle inaktuellen Ereignisses oder Themas besteht.

Wenngleich die journalistische Thematisierung von Vergangenheit und Zukunft fachgeschichtlich über den Schlüsselbegriff der Aktualität angelegt ist und Erinnerung als Element journalistischer Aktualitätskonstruktion expliziert wurde (Neverla und Lohner 2012; Trümper und Neverla 2013; Trümper 2018, 59–63), so ist das zeitreflexive Potenzial von Aktualität in theoretisch-konzeptioneller wie auch empirischer Hinsicht noch nicht vollends ausgeschöpft worden. Aktualität bildet eine mögliche Grundlage für die kommunikationswissenschaftlich fundierte Analyse zeitlicher Dimensionen im erinnernden Journalismus. Durch die im Begriff angelegte, integrative Betrachtung der Zeitebenen Vergangenheit und Zukunft können sowohl retrospektive wie auch prospektive Komponenten bei der Analyse journalistischer Erinnerungskonstruktion Berücksichtigung finden.

4. Mehr als Retrospektive: Der *prospective turn* in der Erinnerungsforschung und das prädiktive Potenzial des Journalismus

In Studien, die sich auf erinnernde Medieninhalte konzentrieren, steht die Erfassung von Zeitbezügen – insbesondere im deutschsprachigen Raum – in der Tradition der Theorie des kulturellen Gedächtnisses von Jan und Aleida Assmann (1994). Demnach können vergangene Geschehnisse mindestens aus drei zeitlichen Perspektiven in der jeweils definierten Gegenwart thematisiert werden: erstens, indem das interessierende vergangene Ereignis selbst und damit die Vergangenheit im Mittelpunkt steht (Anachronie); zweitens, indem das vergangene Ereignis mit der Gegenwart verbunden wird, etwa durch das rituelle Gedenken, durch Personalisierung in Form von Zeitzeugen oder durch inszenierende Formen der Erinnerung (Diachronie); drittens, indem das vergangene Ereignis mit anderen gegenwärtigen Ereignissen, die nicht Folgeereignisse des vergangenen Ereignisses sind, in Verbindung gebracht wird und zeitlich gesehen die Gegenwart im Mittelpunkt steht (Synchronie) (siehe exemplarisch Klein 1996, 91; Amman und Grittmann 2013; Lohner 2014, 226–230). Mit dieser kulturwissenschaftlichen Zeitebenen-Trias und der daraus resultierenden Einteilung der zeitlichen Strukturen von Erinnerungskulturen geht bei der Analyse journalistischer Erinnerungskonstruktion eine deutliche Fokussierung auf die Vergangenheit und die Gegenwart einher. Dies ist insofern einleuchtend, als dass sich der Journalismus thematisch vorzugsweise auf ‚sicherem‘ Wissensterrain bewegt, was – dies zeigen verschiedene Untersuchungen zum Thema Zeitbezüge in der journalistischen Berichterstattung nahe – eher in der Vergangenheit und Gegenwart als in der Zukunft liegt (siehe u. a. Krzeminski 1987, 378; Bentele 1992; Bell 1995; Siems 2009; Barnhust 2011; Henn und Vowe 2015, 353–354).

Gleichwohl darf daraus nicht geschlossen werden, dass Journalistinnen und Journalisten grundsätzlich abgeneigt sind, zukunftsbezogene Themen in ihre Berichterstattung zu integrieren. Interessanterweise scheint ihnen dabei vor allem der Rückgriff auf die Vergangenheit zu helfen, was daran liegt, dass vergangenheitsbezogenem Wissen seitens des Journalismus eine hohe Verlässlichkeit attestiert wird (Trümper und Broer 2019, 11–12). In der vielfach zitierten und für kommunikationswissenschaftlich ausgerichtete Erinnerungsstudien einschlägigen Typologie von Jill A. Edy (1999) wird sowohl auf den prognostischen Gehalt von Vergangenheitsbezügen hingewiesen wie auch auf die mit dem vergangenheitsbezogenen Wissen verbundene Faktizität. Die Typologie selbst unterscheidet drei Arten bzw. Funktionen der journalistischen Vergangenheitsthematisierung: gedenkende Berichterstattung (Commemorations), historische Analogien (Historical Analogies) und historische Kontextualisierung (Historical Contexts) (Edy 1999, 74–76). Obgleich es bei allen drei Arten in erster Linie darum geht, wie vergangene Ereignisse mit der Gegenwart in Beziehung gebracht werden, attestiert Edy der Vergangenheit auch eine Vorhersagekraft. Konkret verweist sie auf den prognostischen Gehalt von Vergangenheit im Rahmen der Verwendung *historischer Analogien* mit folgender Begründung:

> There seem to be two reasons the past is perceived as having predictive power. First, the fact that the past event really happened (regardless of its subsequent interpretation and reconstruction, and the plausibility of its comparison to the present) makes it appear to be a better predictor than the guesswork of officials or experts. The past is perceived as neutral, unlike educated guesses that may have an agenda behind them. [...]. Second, the idea of the past as predictor draws on the notion that history repeats itself. [...]. (Edy 1999,79)

Hinsichtlich des sich aus historischen Analogien ergebenden prädiktiven Potenzials, also der Überprüfung der Vergangenheit im Lichte der Gegenwart sowie der daran anknüpfenden Auseinandersetzung mit Zukunftserwartungen, fällt Edys Bilanz Ende der 1990er Jahre vergleichsweise nüchtern aus: Der Journalismus bleibe in der Regel bei der Vergangenheitsthematisierung primär auf die Gegenwart fokussiert (ebd.).

Dessen ungeachtet hat die übergeordnete Frage nach der Zukunftsorientierung innerhalb der interdisziplinären Erinnerungs- und Gedächtnisforschung (inklusive der kommunikationswissenschaftlichen Erinnerungsforschung) deutlich an Relevanz gewonnen. Im deutschsprachigen Raum gibt unter anderem der Soziologe und Sozialpsychologe Harald Welzer hierfür einen Anstoß. Sein Kritikpunkt: Die Erinnerungs- und Gedächtnisforschung privilegiere die Vergangenheit gegenüber der Gegenwart und der Zukunft, worin er eine „[...] Verzerrung hin zu retrospektiven Gedächtnisformen und -praktiken" sieht (Welzer 2010b, 8). Folglich weist er auf die Notwendigkeit eines Perspektivenwechsels in Richtung einer „Theorie des Zukunftsgedächtnisses" hin (Welzer 2010a, 23) und plädiert dafür, „Erinnerungskultur in Richtung Zukunft neu zu justieren" (Welzer 2010a, 22). Diesbezüglich rekurriert er auf einen aus seiner Sicht noch „weitgehend unbeachteten Aspekt der Gedächtnistheorie", und zwar, dass Erinnerung der Orientierung in einer Gegenwart zu Zwecken künftigen Handelns dient (Welzer 2010a, 22; Welzer 2010b, 8f.). Damit greift Welzer auf, was in früheren, einschlägigen zeit- und wissenssoziologischen Werken diskutiert worden ist: In der Vergangenheit gemachte Erfahrungen und in die Zukunft gerichtete Erwartungen bedingen einander.

Dies beschreibt beispielsweise der Soziologe Norbert Elias (1984, XX), der Zeit als zentrales Orientierungsmittel erachtet. Ein besonderes Augenmerk legt er auf die soziale Normierung und Standardisierung von Zeit, d.h., die Einordnung von Geschehensabläufen anhand der Zeitmessung (z.B. mittels Uhren, Kalender usw.). Auf diese Weisen lassen sich einerseits Positionen oder Abschnitte in Vergangenheit und Zukunft bestimmen, die andernfalls nicht bestimmbar wären. Andererseits können individuelle Erfahrungen und Erlebnisse mit gesellschaftlichen Ereignissen zusammengebracht werden. In dieser Hinsicht ist Zeit „[...] eine Synthese, mit deren Hilfe Positionen im Nacheinander physikalischen Naturgeschehens, des Gesellschaftsgeschehens und des individuellen Lebenslaufs in Beziehung gebracht werden können" (Elias 1984, XXIV).

Die wissenssoziologische Perspektive von Alfred Schütz (1972, 264) – konkret dessen Konzept der antizipierten Retrospektion – setzt ebenfalls bei der humanspezifischen Fähigkeit an, sich tagtäglich in dem Kontinuum von Raum und Zeit zurechtzufinden. In seinem Essay *Tiresias oder unser Wissen von zukünftigen Ereignissen* zeigt er auf, dass wir uns in unserem Alltagsdenken und -handeln stets auf unsere „Voraus-Erfahrungen" und auf eine in Richtung Vergangenheit und Zukunft ausgedehnte Gegenwart beziehen, die „unsere Erwartungen der zukünftigen Dinge mit unseren Erfahrungen der gewesenen Dinge verbindet" (Schütz 1972, 276). Durch die Weitergabe von Wissen von einer Generation zur anderen in der Lage sind, unsere Zukunft zu gestalten. Entsprechend kann es bei der Betrachtung von Erinnerung folglich nicht nur darum gehen, Wissen und Erfahrungen aus der Vergangenheit zu bewahren und weiterzugeben und sie im Lichte gegenwärtiger Entwicklungen zu reflektieren, sondern sie für Vorentwürfe künftigen Handelns einzusetzen.

Darüber hinaus liefern auch die soziologischen Arbeiten von Barbara Adam (2004, 299) und Helga Nowotny (2008, 113–117) weiterführende Argumente, wie mit und mittels Erinnerung Zukunftsvorstellungen möglich werden. Für beide Autorinnen sind Erinnerungen – verstanden als Relation aus Vergangenheit, Gegenwart und Zukunft – essentiell, um Unsicherheiten, Risiken, Gefahren und dergleichen zu antizipieren, gegenwärtige Krisen zu bewältigen sowie für den Umgang mit unsicherem Zukunftswissen.

Die skizzierten Überlegungen, Zeit als zentrales individuelles wie auch gesamtgesellschaftliches Orientierungsmittel zu betrachten und den Rückgriff auf vergangenes Wissen als Methode der Antizipation zukünftiger Entwicklungen zu verstehen, werden auch im Kontext kommunikationswissenschaftlicher Erinnerungsstudien verschiedenartig aufgegriffen und operationalisiert.

Ausgehend davon, dass kalendarische Angaben in Form zahlenbasierter Verweise ein institutionalisiertes und damit verlässliches sowie intersubjektiv nachprüfbares Bezugssystem, darstellen, gelten sie im Kontext der journalistischen Berichterstattung als ein „Instrument der Wirklichkeitsbeschreibung" (Siems 2009, 307). Entsprechend können mittels Temporalstrukturanalysen Positionen sowie Relationen von Ereignissen oder Themen in Richtung Vergangenheit, Gegenwart und Zukunft erfasst werden. Ein Beispiel hierfür ist die Untersuchung von Harro-Loit und Kõresaar (2010) zu Temporalisierungsstrategien des Gedenktagjournalismus. Basierend auf dem Schema zur Analyse von Zeitstrukturen in Nachrichten von Alan Bell (1995) wird mittels kritischer Diskursanalyse die Nachrichtenberichterstattung im estnischen Fernsehen sowohl an zyklischen Jahrestagen als auch zu einzelnen Jubiläen untersucht. Die Studie zeigt zum einen, wie der Journalismus durch Fokussierung auf bestimmte historische Daten (insb. Jahreszahlen) Zeit komprimiert oder durch Umschreibungen von Zeitspannen ausdehnt und auf diese Weise zeitliche Unterbrechung oder Kontinuität simuliert werden. Zum anderen wird deutlich, wie innerhalb der Berichterstattung verschiedenartig geprägte Zeitvorstellungen (insb. kulturell, gesellschaftlich, historisch und politisch) ineinandergreifen und damit nationale Zeitlichkeit konstruiert wird. Zukunftsbezüge spielen in dieser Analyse indes nur eine untergeordnete Rolle.

Über die zeitliche Ausdehnung journalistischer Erinnerungskonstruktion sowohl in Richtung Vergangenheit als auch Zukunft gibt eine vergleichende Langzeitinhaltsanalyse der Berichterstattung deutscher und niederländischer Tageszeitungen Aufschluss. Im Fokus stehen zwei historische Flutkatastrophen und die Frage, bis zu welchem Grade der Journalismus diese Ereignisse mit anderen historischen oder gegenwärtigen Katastrophenereignissen sowie thematisch verwandten Risikothemen (insb. Klimawandel) in Bezug setzt (Trümper 2018, 244–260; Trümper 2013). Die Befunde zeigen u.a., dass der Journalismus – sofern er im Zuge der Erinnerungskonstruktion auf zukünftige Themen oder potenzielle Ereignisse Bezug nimmt – die Publikationsgegenwart mehrheitlich um eine Dekade ausdehnt. Dies leuchtet insofern ein, als dass diese nähere Zukunft für die Orientierung in der Gegenwart und mit Blick auf künftiges, individuelles aber auch gesellschaftspolitisches Handeln bedeutsam ist. In Richtung Vergangenheit findet eine regelrechte Verdichtung auf die letzten 100 Jahre statt, womit der Journalismus – erinnerungstheoretisch betrachtet – der Logik des „Drei-Generationen-Gedächtnisses" (Assmann 2006, 26) folgt.

Was die Theoriebildung und -weiterentwicklung sowie Operationalisierung hinsichtlich der Identifikation zukunftsbezogener Aspekte in der journalistischen Berichterstattung anbelangt, sind Konzepte wie *mediatisierte, prospektive Erinnerung* (Tenenboim-Weinblatt 2011, 2013) und *nachhaltige Erinnerung* (Trümper und Neverla 2013; Trümper 2018) einschlägig. In den genannten Arbeiten wird jeweils empirisch untersucht, inwieweit die journalistische Erinnerungskonstruktion retrospektiv oder prospektiv ausgerichtet ist und welche Funktionen damit verbunden sind. Ein ähnliches Untersuchungsinteresse verfolgen zwei weitere Studien, von denen sich eine mit dem medialen Katastrophengedächtnis zur Spanischen Grippe in Deutschschweizer Zeitungen befasst (Tratschin 2020) und die andere mit der journalistischen Produktion von Inhalten für ein Website-Projekt über das historische Erbe eines Asbest-Abbaugebiets in Westaustralien (Lindgren 2016). Zusammengenommen zeigen die Befunde der referenzierten Studien und die damit einhergehenden konzeptionellen Überlegungen erstens, dass Zeitbezüge in Richtung Zukunft in der journalistischen Berichterstattung ein probates Mittel darstellen, um auf noch nicht gelöste Probleme sowie die Dringlichkeit politischen oder gesellschaftlichen Handelns aufmerksam zu machen. Zweitens geben sie Aufschluss darüber, dass Journalismus durch die Bezugnahme auf vergangene Ereignisse sowohl zukünftige Gefahren oder Risiken besser veranschaulichen als auch Zusammenhänge zwischen Ursache (Vergangenheit) und Wirkung (Zukunft) erklären kann.

Inwieweit der Journalismus durch das Zusammenspiel retrospektiver und prospektiver Erinnerungskonstruktion dazu beiträgt, dass auf Seiten des Publikums z.B. politische Entscheidungen und Handlungen motiviert, Risiken und Gefahren antizipiert oder Krisen (schneller) bewältigt werden, ist indes eine offene theoretisch wie empirisch spannende Frage – nicht zuletzt für die Risiko- und Krisenkommunikation.

5. Alles eine Frage der Zeit? Über den Relevanzgewinn zeit- und zukunftsbezogener Fragestellungen

Wie eingangs angedeutet lässt sich innerhalb der Medien- und Kommunikationswissenschaft eine wachsende Relevanz zeit- und zukunftsbezogener Fragestellungen beobachten (Bødker und Sonnevend, 2018; Hartmann, Prommer et al. 2019; Lohmeier et al. 2020), die nicht selten durch eine vorangegangene Beschäftigung mit der Themenlinie Medien, Journalismus und Erinnerung motiviert ist. Ebenso scheint die Auseinandersetzung mit Zukunftsthemen respektive medialer Zukunftsorientierung insbesondere aufgrund der zunehmenden Beschleunigung der Medien bedeutsamer zu werden.

Diese Entwicklung tangiert wiederum die weiter oben besprochene Synchronisations- und Integrationsleistung des Journalismus bzw. die Frage, mittels welcher Strategien der Journalismus dieser nachkommt (Kramp und Loosen 2018, 210). Belege dafür, wie medientechnologische Trends die zeitliche Orientierung von Nachrichten (und damit die dahinterliegenden Arbeitsweisen des Journalismus) prägen, liefern drei ineinandergreifenden Studien, deren Urheberinnen und Urheber sich im Vorfeld dezidiert mit medialer- und journalistischer Erinnerung befasst haben (Tenenboim-Weinblatt und Neiger 2015; Neiger und Tenenboim-Weinblatt 2016). Gegenstand dieser Untersuchungen sind medienübergreifende Inhaltsanalysen, welche sich auf die Repräsentation von Zeitbezügen in israelischen und US-amerikanischen Print- und Online-Nachrichtenbeiträgen konzentrieren. Im Ergebnis orientieren sich Nachrichten in Printmedien stärker in Richtung Zukunft, etwa, indem sie bevorstehende Ereignisse thematisieren oder über potenzielle Ergebnisse diskutieren. Eine quantitative Langzeitinhaltsanalyse der Nachrichtenberichterstattung in Israel und den USA (1950 bis 2013) sowie fünf Interviews mit leitenden Redakteuren israelischer Nachrichtenagenturen validieren den Befund einer wachsenden Zukunftsorientierung insbesondere in der Berichterstattung von Printmedien (Tenenboim-Weinblatt und Neiger 2018).

Insgesamt bleibt festzuhalten, dass die Auseinandersetzung mit Zeit im erinnernden Journalismus ebenso vielversprechend wie herausfordernd ist: Zeit und Erinnerung stellen zwei Kategorien dar, die – jeweils für sich genommen – innerhalb der deutschsprachigen Medien- und Kommunikationswissenschaft nur bedingt disziplinär verankert sind. Dies ist für das Fach – sofern man es als Querschnittsdisziplin verstehen mag – nicht untypisch, erfordert aber in Bezug auf Theoriebildung und empirische Forschung entsprechende Auswahlentscheidungen. Folglich stellt auch der vorliegende Beitrag lediglich eine Auswahl an Konzepten und empirischen Befunden dar, die für eine zeittheoretisch-fundierte und integrative Betrachtung retrospektiver und prospektiver Erinnerungskonstruktion im Journalismus hilfreich und zielführend sein können.[1]

Der fachgeschichtliche Blick auf die Gedächtnisfunktion der Massenmedien und den Schlüsselbegriff der Aktualität im ersten Teil dieses Beitrags hat gezeigt, dass die Befassung mit Zeitbezügen sowohl in Richtung Vergangenheit als auch Zukunft in der Medien- und Kommunikationswissenschaft und insbesondere der Journalismusforschung grundsätzlich angelegt ist. Hinsichtlich einer disziplinären Verankerung der Kategorie Erinnerung ist dieses Potenzial jedoch nicht ausgeschöpft und das Verständnis darüber, was Aktualität meint, eher zugunsten der Betonung des Neuigkeits- oder Gegenwartsbezuges verkürzt worden. Um aber eine Basis für sinnstiftende Anschlusskommunikation zu kreieren, ist es schlichtweg erforderlich, dass der Journalismus sowohl an zeitlich zurückliegende Ereignisse erinnert als auch den Blick auf zukünftige Geschehnisse oder Themen lenkt. In beiden Fällen stellt der Journalismus Kontext- und Hintergrundinformation bereit, worin die qualitative Dimension von Aktualität zum Ausdruck kommt.

Transferiert man diese Überlegungen auf die Analyse des erinnernden Journalismus, so leuchtet ein, dass dabei verschiedene Aktualisierungs- bzw. Vergegenwärtigungsstrategien zum Einsatz und damit einhergehend auch verschiedene Erinnerungskonstruktionen mit unterschiedlichen Funktionen zum Vorschein kommen. In dieser Hinsicht kann Aktualität als Scharnier verstanden werden, der kultur- und sozialwissenschaftliche Gedächtnis- und Erinnerungskonzepte integriert und eine kommunikationswissenschaftliche Anschlussfähigkeit in Theorie und Empirie ermöglicht. Spätestens an dieser Stelle löst sich auch die scheinbare Opposition auf, zwischen den auf Kurzfristigkeit getrimmten Aktualitätserwartungen, die an den Journalismus gerichtet werden, und jenen entschleunigenden Aktualitätskonstruktionen, die auf Zusammenhänge zwischen Vergangenheit und Zukunft abzielen.

Der im zweiten Teil dieses Beitrags diskutierte *prospective turn* in der Erinnerungs- und Gedächtnisforschung sowie die dahinterliegenden zeit- und wissenssoziologischen Grundannahmen, dass durch Erinnerung Zukunftsvorstellungen ermöglicht werden, hat letztlich die Zukunftsorientierung der kommunikationswissenschaftlichen Erinnerungsforschung befördert. Überdies wurden Konzepte entwickelt und empirische Befunde hervorgebracht, die sich insbesondere mit prospektiven Erinne-

---

1 Interessante Anknüpfungspunkte bietet beispielsweise die Framing-Forschung. Sie verweist auf den dynamischen und diachronen Charakter von Frames in der Medienberichterstattung und deren Effekte, mit dem Argument, dass Frames mehrere Zeitebenen miteinander verbinden (Entman et al., 2009). In diese Richtung ließen sich Zusammenhänge zwischen medial kommunizierten und historisch gewachsenen bzw. kulturell etablierten Frames wie auch Frames mit prognostischem Gehalt analysieren (für weitere framingtheoretische Anschlussmöglichkeiten siehe Offerhaus und Trümper i.d.B.).

rungselementen befassen und den Journalismus mal in der Rolle eines Erinnerungsagenten und mal in der Rolle eines Prädiktors sehen.

Wie angedeutet, verschieben sich angesichts sozio-technischer Entwicklungen
und der damit einhergehenden Beschleunigung offenbar auch die zeitlichen Orientie-
rungsmuster und Relevanzrahmen (i. S. v. Sinnorientierung) im Journalismus. Galt
lange Zeit die Gegenwart – das Hier und Jetzt – als zentraler journalistischer Bezugspunkt, so ist nunmehr evident, dass der Rückgriff auf Vergangenheit wie auch die Vo-
raussicht auf Zukunft dem Journalismus ermöglichen, jeweils neue Relevanzrahmen
zu konstruieren, diese dem Publikum anzubieten und letztlich auch dessen Aufmerksamkeit entsprechend zu lenken. Dass dadurch das kreative Potenzial hinsichtlich
journalistischer Erzähl- und Darstellungsformen geweckt und herausgefordert wird,
sieht man etwa im Bereich des Datenjournalismus, wo es neben Validierung auch um
Prognosen geht oder anhand des konstruktiven Journalismus, der zukunfts- und lösungsorientierte Themen in den Mittelpunkt seiner Berichterstattung stellt. Ein weiteres Beispiel ist der Longform-Journalismus, der auf die Produktion umfangreicher, i.
d. R. multimedial und interaktiv gestalteter Beiträge, so genannte Langformate, setzt.
Rezipierende können das dramaturgisch aufbereitete Material zeitsouverän entdecken
und sich den Themen entweder im Detail oder in aller Kürze zuwenden. Anhand derlei
Entwicklungen wird deutlich, dass der Journalismus gefordert ist, sowohl zurück als
auch nach vorne zu schauen, denn nur so kann er auch perspektivisch seine Synchro-
nisations- und Integrationsleistung innerhalb der Gesellschaft erfüllen.

Es bleibt spannend, wie das Verhältnis von Journalismus und Erinnerung und damit verbundene zeitbezogenen Fragen weiter untersucht werden. Denkbar wäre, das
theoretische und praktische Verständnis von Journalismus in Richtung eines zeitflexi-
blen oder zeitsouveränen Journalismus zu erweitern. Damit würde ein Journalismus
untersucht werden, der sich dadurch auszeichnet, dass er ebenso strategisch wie ver-
antwortungsvoll verschiedene Zeitbezüge und Berichterstattungsmodi einsetzt. Dementsprechend würde die Orientierung in Richtung Vergangenheit und Zukunft ebenso
zum Tagesgeschäft gehören wie die besagte Echtzeitberichterstattung. Dass ein solches Verständnis von Journalismus wichtiger wird ist anzunehmen, wenn man bedenkt, dass die schmale Zeitstelle der unmittelbaren Gegenwart, um die sich der Journalismus prinzipiell kümmert, im Zuge beschleunigter Medienkommunikation an
Bedeutung verlieren könnte. In eben diesem Sinne kann die kommunikationswissenschaftliche Erinnerungsforschung durchaus helfen, analytische wie auch normative
Konzepte bereitzustellen, die die Bearbeitung zeitbezogener Fragestellungen weiter
befördern.

6. Literatur

Adam, Barbara. „Memory of futures". *KronoScope* 4.2 (2004): 297–315.

Ammann, Ilona, und Elke Grittmann. „Das Trauma anderer betrachten. Zehn Jahre 9/11 im Bild". *Medien- & Kommunikationswissenschaft* 61.3 (2013): 368–386.

Assmann, Aleida. *Der lange Schatten der Vergangenheit. Erinnerungskultur und Geschichtspolitik.* München: Beck, 2006.

Assmann, Aleida, und Jan Assmann. „Das gestern im Heute. Medien und soziales Gedächtnis". *Die Wirklichkeit der Medien. Eine Einführung in die Kommunikationswissenschaft.* Hg. Klaus Merten, Siegfried J. Schmidt, und Siegfried Weischenberg. Opladen: Westdeutscher Verlag, 1994. 114–140.

Barnhurst, Kevin. „The problem of modern time in American journalism". *KronoScope* 11 (2011): 98–123.

Bell, Allan. „News Time". *Time & Society* 4.3 (1995): 305–328.

Bentele, Günter. „Zeitstrukturen in den aktuellen Informationsmedien". *Zeit, Raum, Kommunikation.* Hg. Walter Hömberg, und Michael Schmolke. München: Ölschläger, 1992. 159–176.

Bødker, Henrik, und Julia Sonnevend. „The shifting temporalities of journalism. In memory of Kevin Barnhurst". *Journalism* 19.1 (2018): 3–6.

Blöbaum, Bernd. *Journalismus als soziales System. Geschichte, Ausdifferenzierung und Verständigung.* Opladen: Westdeutscher Verlag, 1994.

Edy, Jill A. „Journalistic Uses of Collective Memory". *Journal of Communication* 4.2 (1999): 71–85.

Elias, Norbert. *Über die Zeit. Arbeiten zur Wissenssoziologie II.* Frankfurt am Main: Suhrkamp, 1984.

Entman, Robert M., Jörg Matthes, und Lynn Pellicano. „Nature, Sources and Effects of News Framing". *Handbook of Journalism Studies,* Hg. Karin Wahl-Jorgensen und Thomas Hanitzsch. New York: Routledge, 2009. 175–190.

fög - Forschungsinstitut Öffentlichkeit und Gesellschaft. Glossar. *Jahrbuch Qualität der Medien (JQM).* Hg. fög - Forschungsinstitut Öffentlichkeit und Gesellschaft. Schweiz. http://www.foeg.uzh.ch/ dam/jcr:ffffffff-db29-f6bc-ffff-ffff9daf1e27/Glossar_Jahrbuch_2014.pdf (11. September 2022). Universität Zürich: Schwabe, 2014. 357–374.

Groth, Otto. *Die unerkannte Kulturmacht. Grundlegung der Zeitungswissenschaft (Periodik). Bd. 1. Das Wesen des Werkes.* Berlin: Verlag Walter de Gruyter & Co, 1960.

Hagemann, Walter. *Grundzüge der Publizistik.* Münster: Regensberg, 1947.

Harro-Loit, Halliki, und Ene Kõresaar. „National temporality and journalistic practice. Temporalising Anniversary Events in Estonian Television News". *Trames* 14.4 (2010): 323–341.

Hartmann, Maren, Elisabeth Prommer, Karin Deckner, und Stephan Görland. *Mediated Time.* Palgrave Cham: Palgrave Macmillan, 2019.

Henn, Philipp, und Gerhard Vowe. „Facetten von Sicherheit und Unsicherheit. Welches Bild von Terrorismus, Kriminalität und Katastrophen zeigen die Medien?". *Medien & Kommunikationswissenschaft* 63.3 (2015): 341–362.

Klein, Ulrike. *Das internationale Medienereignis D-Day. Presse und kollektives Erinnern nach 50 Jahren.* Bochum: Brockmeyer, 1996.

Kramp, Leif, und Wiebke Loosen. „The transformation of journalism: from changing newsroom cultures to a new communicative orientation?". *Communicative figurations. Transforming communications—studies in cross-media research* Hg. Andreas Hepp, Andreas Breiter, und Uwe Hasebrink. Cham: Palgrave Macmillan, 2018. 205–239.

Krzeminski, Michael . *Thematisierung im Hörfunk. Eine empirische Untersuchung der Redaktionsarbeit für aktuelle Berichterstattung in den Hörfunkprogrammen des Westdeutschen Rundfunks.* Frankfurt am Main [u. a.]: Peter Lang, 1987.

Lindgren, Mia, und Gail Phillips. „Asbestos Memories: Journalistic ‚Mediation' in Mediated Prospective Memory". *Memory in a Mediated World: Remembrance and Reconstruction*. Hg. Andera Hajek, Christine Lohmeier, und Christian Pentzold. London: Palgrave Macmillan, 2016. 158–175.

Lohmeier, Christine, Anne Kaun, und Christian Pentzold. „Making time in digital societies: Considering the interplay of media, data, and temporalities – An introduction to the special issue". *New Media & Society* 22.9 (2020): 1521–1527. doi:10.1177/1461444820913555.

Lohner, Judith. *Journalistische Erinnerung als Dimension europäisierter Öffentlichkeit: Theoretische Grundlegung und empirische Anwendung am Beispiel der „Europäischen Wende"*. E-Dissertation. Hamburg: Staats- und Universitätsbibliothek Hamburg, 2014.

Luhmann, Niklas. *Die Realität der Massenmedien. 2., erw. Aufl.* Opladen: Westdeutscher Verlag, 1996.

Luhmann, Niklas. „Weltzeit und Systemgeschichte". *Soziologische Aufklärung 2. Aufsätze zur Theorie der Gesellschaft*. Hg. Niklas Luhmann. Wiesbaden: VS Verlag für Sozialwissenschaften, 2005a [1975]. 128–166.

Luhmann, Niklas. „Veränderungen im System gesellschaftlicher Kommunikation und Massenmedien". *Soziologische Aufklärung 3. Soziales System, Gesellschaft, Organisation*. Hg. Niklas Luhmann, Wiesbaden: VS Verlag für Sozialwissenschaften, 2005b [1981]. 355–368.

Luhmann, Niklas. „Gesellschaftliche Komplexität und öffentliche Meinung". *Soziologische Aufklärung. 5. Konstruktivistische Perspektiven*. Hg. Niklas Luhmann. Wiesbaden: VS Verlag für Sozialwissenschaften, 2005c [1990]. 163–175.

Merten, Klaus. „Aktualität und Publizität. Zur Kritik der Publizistikwissenschaft". *Publizistik* 18.3 (1973): 219–235.

Neiger, Motti, und Keren Tenenboim-Weiblatt. „Understanding journalism through a nuanced deconstruction of temporal layers in news narratives". *Journal of Communication* 66 (2016): 139–160.

Neuberger, Christoph. „ ‚Jetzt' ist Trumpf. Beschleunigungstendenzen im Internetjournalismus". *EndZeitKommunikation: Diskurse der Temporalität*. Hg. Joachim Westerbarkey. Berlin: LIT, 2010. 203–222.

Neverla, Irene, und Judith Lohner. „Gegenwärtige Vergangenheit im Journalismus. Erinnerung als Element in der Konstruktion von Aktualität". *Medien und Journalismus im 21. Jahrhundert. Herausforderungen für Kommunikationswissenschaft, Journalistenausbildung und Medienpraxis*. Hg. Nina Springer, Wolfgang Eichhorn, Johannes Raabe und Hannes Haas. Konstanz [u. a.]: UVK, 2012. 281–303.

Neverla, Irene. „Journalismus in der Zeit – Zeit im Journalismus. Über Aktualität als Leitkategorie". *Vom Vorwort bis zum Friedhofsgespräch. Randlinien gesellschaftlicher Kommunikation. Festschrift für Walter Hömberg*. Hg. Renate Hackel-de Latour, Christian Klenk, Michael Schmolke, und Ute Stenert, Eichstätt. Communicatio Socialis, Beiheft 11, 2010. 83–94.

Nowotny, Helga. *Insatiable curiosity: innovation in a fragile future*. Cambridge, Mass.: MIT Press, 2018.

Pöttker, Horst. Gegenwartsbezüge. Über die Qualität von Geschichtsjournalismus. *Geschichtsjournalismus. Zwischen Information und Inszenierung*. Hg. Klaus Arnold, Klaus, Walter Hömberg und Susanne Kinnebrock. Berlin [u. a.]: Lit, 2010, 31–44.

Prakke, Henk. *Kommunikation der Gesellschaft: Einführung in die funktionale Publizistik*. Münster: Regensberg, 1968.

Prakke, Henk. *Über die Entgrenzung der Publizistik und die Rückblende als publizistisches Moment im Kulturwandel*. (Münsteraner Marginalien zur Publizistik 1). Assen: Van Gorcum, 1961.

Rager, Günther. „Dimensionen der Qualität. Weg aus den allseitig offenen Richter-Skalen". *Publizistik in der Gesellschaft. Festschrift für Manfred Rühl*. Hg. Günter Bentele, und Kurt R. Hesse. Konstanz: Universitätsverlag, 1994. 189–209.

Scholl, Armin, und Siegfried Weischenberg. *Journalismus in der Gesellschaft. Theorie, Methodologie, Empirie*. Opladen [u. a.]: Westdeutscher Verlag, 1998.

Schütz, Alfred. „Tiresias oder unser Wissen von zukünftigen Ereignissen". *Gesammelte Aufsätze II: Studien zur soziologischen Theorie*. Hg. Arvid Brodersen. Den Haag: Martinus Nijhoff, 1972. 259–278.

Siems, Annette. *Zahlen in Medienangeboten. Eine Studie zur Konstitution und Funktion medialer Zahlenwirklichkeit*. Oberhausen: Athena, 2009.

Tenenboim-Weinblatt, Keren, und Motti Neiger. „Print is future, online is past: cross-media analysis of temporal orientations in the news". *Communication Research* 42.8 (2015): 1047–1067.

Tenenboim-Weinblatt, Keren, und Motti Neiger. „Temporal affordances in the news". *Journalism* 19.1 (2018): 37–55.

Tenenboim-Weinblatt, Keren. „Bridging collective memories and public agendas: towards a theory of mediated prospective memory". *Communication Theory* 23.2 (2013): 91–111.

Tenenboim-Weinblatt, Keren. „Journalism as an agent of prospective memory". *On media memory. Collective memory in a new media age*. Hg. Motti Neiger, Oren Meyer, und Edal Zandberg. Hampshire: Palgrave Macmillan, 2011. 213–225.

Tratschin, Luca. „Katastrophenerinnerung im Spannungsfeld zwischen Vergangenheits- und Zukunftsorientierung. Zur Erinnerung der Spanischen Grippe in Deutschschweizer Zeitungen, 1993–2018". *Katastrophen zwischen sozialem Erinnern und Vergessen: Zur Theorie und Empirie sozialer Katastrophengedächtnisse*. Hg. Michael Heinlein, und Oliver Dimbath. Wiesbaden: Springer Fachmedien, 2020. 303–335.

Trümper, Stefanie, und Irene G.B. Broer. „Non-commemorative memory in news production: discovering underlying motivations for journalists' memory work". *Memory Studies* July (2019, online first): doi:10.1177/1750698019863158.

Trümper, Stefanie, und Irene Neverla. „Sustainable Memory. How Journalism Keeps the Attention for Past Disasters Alive". *Studies in Communication/Media (SCM)* 2.1 (2013): 1–37.

Trümper, Stefanie. *Nachhaltige Erinnerung im Journalismus. Konzept und Fallstudie Konzept und Fallstudie zur Medienaufmerksamkeit für vergangene Flutkatastrophen*. Wiesbaden: Springer VS, 2018.

Weischenberg, Siegfried. *Journalistik: Medienkommunikation: Theorie und Praxis Band 1: Mediensysteme – Medienethik – Medieninstitutionen*. 3. Aufl. Wiesbaden: VS Verlag für Sozialwissenschaften, 2004.

Welzer, Harald. „Erinnerungskultur und Zukunftsgedächtnis". *Aus Politik und Zeitgeschichte. Zukunft der Erinnerung* 25.26 (2010a): 16–23.

Welzer, Harald. „Erinnerung und Gedächtnis. Desiderate und Perspektiven". *Gedächtnis und Erinnerung. Ein interdisziplinäres Handbuch* Hg. Christian Gudehus, Ariane Eichenberg und Harald Welzer. Stuttgart [u.a.]: J.B. Melzer, 2010b. 1–10.

7. Literaturempfehlungen

Bell, Allan. „News Time". *Time & Society* 4.3 (1995): 305–328.

Luhmann, Niklas. „Weltzeit und Systemgeschichte". *Soziologische Aufklärung 2. Aufsätze zur Theorie der Gesellschaft*. Hg. Niklas Luhmann. Wiesbaden: VS Verlag für Sozialwissenschaften, 2005 [1975]. 128–166.

Neverla, Irene, und Judith Lohner. „Gegenwärtige Vergangenheit im Journalismus. Erinnerung als Element in der Konstruktion von Aktualität". *Medien und Journalismus im 21. Jahrhundert. Herausforderungen für Kommunikationswissenschaft, Journalistenausbildung und Medienpraxis*. Hg. Nina Springer, Wolfgang Eichhorn, Johannes Raabe und Hannes Haas. Konstanz [u.a.]: UVK, 2012. 281–303.

Welzer, Harald. „Erinnerungskultur und Zukunftsgedächtnis". *Aus Politik und Zeitgeschichte. Zukunft der Erinnerung* 25.26 (2010): 16–23.

Tenenboim-Weinblatt, Keren. „Bridging collective memories and public agendas: towards a theory of mediated prospective memory". *Communication Theory* 23.2 (2013): 91–111.

Trümper, Stefanie. *Nachhaltige Erinnerung im Journalismus. Konzept und Fallstudie zur Medienaufmerksamkeit für vergangene Flutkatastrophen*. Wiesbaden: Springer VS, 2018.

Keren Tenenboim-Weinblatt

11 *Essay* Medial vermitteltes prospektives Gedächtnis *revisited*

1. Einleitung: Retrospektives und prospektives Gedächtnis[1]

Das Gedächtnis ist nicht nur auf die Vergangenheit gerichtet, sondern auch auf die Zukunft. In unserem täglichen Leben sind wir uns dieser Tatsache durchaus bewusst. Sicherlich beschäftigen wir uns mit Erinnerungen an vergangene Ereignisse, aber ein großer Teil unseres Alltags ist oft dem Erinnern daran gewidmet, was wir in naher oder fernerer Zukunft tun müssen: eine Aufgabe bis zu einem bestimmten Datum erledigen, ein Geburtstagsgeschenk für eine Freundin kaufen, unsere Rechnungen bezahlen, verschriebene Medikamente einnehmen und generell unsere Versprechen und Verpflichtungen einhalten. In kognitionspsychologischen Begriffen wird diese Art des Erinnerns als prospektives Gedächtnis bezeichnet, definiert als „remembering to carry out intended actions at an appropriate time in the future" (McDaniel und Einstein 2007, 1). Es wird vom retrospektiven Gedächtnis unterschieden, das sich auf die Erinnerung an vergangene Ereignisse bezieht (zur Unterscheidung siehe Meacham und Leiman 1982; Ellis und Cohen 2008). Für beide Arten des Gedächtnisses verwenden wir üblicherweise externe mnemotechnische Hilfsmittel: Wir nutzen Hilfsmittel wie Fotoalben und verschiedene andere dokumentarische Artefakte für die Erinnerung an die Vergangenheit, während externe Hilfsmittel, die von handgeschriebenen To-Do-Listen bis zu digitalen Erinnerungsbenachrichtigungen reichen, uns bei der Erfüllung prospektiver Gedächtnisaufgaben in unserem privaten Alltag helfen (Jones et al. 2021).

Die Unterscheidung zwischen retrospektivem und prospektivem Gedächtnis ist auch für den öffentlichen Raum und das kollektive Gedächtnis relevant: Neben der Erinnerung an kollektive Vergangenheiten – von traumatischen Ereignissen (z. B. Zweiter Weltkrieg: Zelizer 1998; Olick 2007) bis hin zu feierlichen Ereignissen (z. B. Fall der Berliner Mauer: Sonnevend 2016; Song und Lee 2019) – gibt es auch kollektive To-Do-Listen, die prospektive Gedächtnisaufgaben darstellen (Tenenboim-Weinblatt 2013a). Zu diesen Aufgaben gehört die Notwendigkeit, Zusagen oder Versprechen zu erfüllen, die von gesellschaftlichen Gruppen und ihren Vertreter:innen in verschiedenen Bereichen des öffentlichen Lebens gemacht wurden – von Zusagen für Gesundheitsrefor-

---

1 Deutsche Übersetzung einer überarbeiteten und erweiterten Version des Aufsatzes: Tenenboim-Weinblatt, K. „Bridging collective memories and public agendas: Toward a theory of mediated prospective memory". *Communication Theory* 23.2 (2013): 91–111.

men und Maßnahmen zum Umweltschutz bis hin zu konkreteren Aufgaben wie der Heimholung von Geiseln aus der Gefangenschaft (Tenenboim-Weinblatt 2013a).

Medien spielen eine Schlüsselrolle in Bezug auf sowohl retrospektives als auch prospektives kollektives Erinnern, analog zu der Rolle, die externe mnemotechnische Hilfsmittel zur individuellen Erinnerung spielen. Die Literatur zu Medien und kollektivem Gedächtnis konzentriert sich vorwiegend auf den Gegenwarts-Vergangenheits-Nexus und basiert auf einem Verständnis des kollektiven Gedächtnisses als (Re-)Konstruktion der Vergangenheit entsprechend den gegenwärtigen Bedürfnissen und Anliegen einer Gruppe (Halbwachs 1992/1925) und der Sichtweise, dass Medien zentrale Akteure in diesem Prozess sind (Neiger et al. 2011; Zelizer und Tenenboim-Weinblatt 2014). Der Begriff des prospektiven Gedächtnisses hilft nun, mediale Praktiken in Verbindung mit Gedächtnis so zu beleuchten, wie es allein durch eine retrospektive Perspektive nicht gut möglich wäre. Wenn zum Beispiel (in Anlehnung an Tenenboim-Weinblatt 2013a) eine Schlagzeile auf der Titelseite einer israelischen Zeitung lautet ‚Gilad wurde vergessen' – gemeint ist Gilad Shalit, ein entführter israelischer Soldat –, besteht die primäre Gedächtnisaufgabe nicht darin, sich an das zu erinnern, was bereits geschehen ist, nämlich die Gefangennahme von Shalit. Vielmehr besteht die Hauptaufgabe darin, sich an das zu erinnern, was noch getan werden muss. Wie die Zwischenüberschrift erklärt: „Zwei Monate sind vergangen seit die Regierung vereidigt wurde: das spezielle Regierungskomitee zur Frage des entführten Soldaten ist noch nicht zusammengetreten, der Nachfolger von Ofer Dekel ist noch nicht ernannt worden [Ofer Dekel war der Sonderbeauftragte des Premierministers in der Gilad Shalit-Frage]; und Gilad Shalit ist irgendwo gefangen und wartet immer noch" (*Yedioth Ahronoth*, 25. Mai 2009).

Basierend auf vergangenen Verpflichtungen und Versprechen bezieht sich das kollektive prospektive Gedächtnis also auf die öffentliche Erinnerung an das, was noch zu tun ist, und somit können Medien als Agenten des kollektiven prospektiven Gedächtnisses betrachtet werden. Wie bei allen Arten des kollektiven Gedächtnisses werden auch die Aufgaben des kollektiven prospektiven Gedächtnisses nicht einfach von irgendwoher aus dem öffentlichen Bewusstsein abgerufen, sondern vielmehr konstruiert und sozial verhandelt. Dementsprechend umfasst das vermittelte prospektive Gedächtnis verschiedene Prozesse und Praktiken, durch die kollektive prospektive Gedächtnisaufgaben geformt, verhandelt und durch Medien ermöglicht werden (Tenenboim-Weinblatt 2013a).

Während das retrospektive kollektive Gedächtnis nach wie vor im Mittelpunkt der kommunikations- und gedächtniswissenschaftlichen Literatur steht, hat in den letzten Jahren die Beschäftigung mit dem prospektiven Gedächtnis in den Medien zugenommen (z. B. Hajek, Lohmeier und Pentzold 2016; Smit, Heinrich und Broersma 2017; Kroepsch et al. 2018). In diesem Aufsatz befasse ich mich erneut mit der Konzeptualisierung des vermittelten prospektiven Gedächtnisses und konzentriere mich dabei auf seine Beziehung zum theoretischen Rahmen des Agenda-Settings. Dabei interessiert mich besonders, wie prospektives und retrospektives Gedächtnis im Mediendiskurs interagieren, insbesondere in Bezug auf traumatische Erinnerungen, und welche Rolle das prospektive Gedächtnis innerhalb einer breiteren Agenda zur Untersuchung der Beziehung zwischen Erinnerung und zukunftsorientiertem Diskurs in den Medien spielt.

2. Medial vermitteltes prospektives Gedächtnis und Agenda Setting

Das Konzept des medial vermittelten prospektiven Gedächtnisses stellt eine Brücke zwischen dem theoretischen Rahmen des kollektiven Gedächtnisses und dem des Agenda-Settings dar (Tenenboim-Weinblatt 2013a). Agenda-Setting ist eine der zentralen Theorien zum Verständnis der sozialen Bedeutung von Medien (und hier vor allem der Nachrichtenmedien) und legt nahe, dass die Themen, die von der Öffentlichkeit zu einem bestimmten Zeitpunkt als am wichtigsten wahrgenommen werden (öffentliche Agenden), stark von den Medienagenden beeinflusst werden (siehe McCombs und Shaw 1972; McCombs 2005).

Öffentliche Agenden und kollektive Erinnerungen wurden ursprünglich als Dimensionen mit gegensätzlicher zeitlicher Orientierung definiert (Lang und Lang 1989). In dieser Sichtweise verkörpert der Begriff der öffentlichen Agenda eine Orientierung auf die Zukunft hin, da er sich auf Fragen oder Probleme bezieht, die aus Sicht der Öffentlichkeit „some resolution or response" erfordern, während der Begriff des kollektiven Gedächtnisses, der sich auf „the public awareness of a common past" bezieht, also eine Orientierung auf die Vergangenheit hin darstellt (Lang und Lang 1989, 126). Nach Lang und Lang kann nur durch eine scharfe Trennung der beiden Begriffe deren Klarheit gewahrt werden. Diese dichotome Unterscheidung verdeckt jedoch die komplexen Wechselbeziehungen zwischen den beiden Konzepten, die über das hinausgehen, was Lang und Lang als funktionale Analogie zwischen dem Setzen von vergangenheitsorientierten kollektiven Erinnerungen und dem Setzen von zukunftsorientierten öffentlichen Agenden identifiziert haben (siehe auch Kligler-Vilenchik 2011). Das Aufbrechen des kollektiven Gedächtnisses in seine prospektiven und retrospektiven Dimensionen ermöglicht eine neue und nuanciertere Sicht auf diese Beziehungen und bereichert die Konzeptualisierungen des kollektiven Gedächtnisses wie auch des Agenda-Settings gleichermaßen (Tenenboim-Weinblatt 2013a).

In Bezug auf die Themen, die die öffentliche Agenda und das kollektive prospektive Gedächtnis beschäftigen, können einige Punkte auf der öffentlichen Agenda als Aufgaben des prospektiven Gedächtnisses betrachtet werden. Das heißt, sie stellen Themen oder Aufgaben dar, die in der Vergangenheit entstanden sind, aber geplant wurden, um zu einem bestimmten Zeitpunkt in der Zukunft angesprochen, gelöst oder ausgeführt zu werden. Nicht alle Punkte auf der öffentlichen Agenda sind prospektive Gedächtnisaufgaben (z.B. Nachrichten über Naturkatastrophen), und nicht alle kollektiven prospektiven Gedächtnisaufgaben sind zu einem bestimmten Zeitpunkt auf der öffentlichen Agenda präsent (z. B. die Erreichung von Frieden in verschiedenen Konflikten: Katz 2020). Viele Texte, insbesondere in Nachrichtenmedien, thematisieren jedoch ungeklärte Geschichten, die in der Vergangenheit begannen und ohne Abschluss bleiben, von Rätseln um vermisste Menschen oder Flugzeuge bis hin zu andauernden Kriegen und Gesundheitskrisen (siehe Tenenboim-Weinblatt 2008; Sonnevend 2018; Baden und Stalpouskaya 2020). Solche Fälle werden durch die Medien auf der öffentlichen Agenda und auf der ‚Liste' der kollektiven prospektiven Gedächtnisaufgaben gehalten. Das heißt, Nachrichtenmedien fokussieren nicht nur die Aufmerksamkeit auf diese Themen (ihre Funktion in der Agenda-Setting Theorie), sondern erinnern zudem an kollektive Verpflichtungen, Versprechen und Absichten. Prospektive Erinnerungen stellen somit Handlungsagenden dar (siehe Stalpouskaya 2019).

Eine der häufigsten Möglichkeiten, die Öffentlichkeit und Entscheidungsträger:innen daran zu erinnern, was angegangen werden muss, ist die prominente Platzierung bestimmter Themen auf der Medienagenda. Auf diese Weise werden die mit diesen Themen verbundenen sozialen Verpflichtungen für die Wahrnehmung der Menschen zugänglicher. In diesem Zusammenhang gibt es eine Konvergenz zwischen Mechanismen des prospektiven Gedächtnisses und dem auf Zugänglichkeit basierenden Mechanismus des Agenda-Settings, die mit gedächtnisbasierten Modellen der Informationsverarbeitung verbunden ist (siehe Scheufele und Tewksbury 2007). Gleichzeitig umfassen Erinnerungspraktiken mehr als die reine Generierung von Aufmerksamkeit, die das grundlegende Element in Agenda-Setting-Prozessen darstellt (McCombs 2005). Andere prospektive mnemotechnische Praktiken reichen von offenen Aufforderungen und Appellen, bestimmte Aufgaben nicht zu vergessen (wie das in der Einleitung genannte Beispiel bezüglich Gilad Shalit) bis hin zu weniger expliziten Praktiken, mit denen Medien prospektive Gedächtnisaufgaben konstruieren und aushandeln.

In meiner Studie zur Berichterstattung über Entführungs- und Gefangenschaftsfälle auf der ganzen Welt war zum Beispiel eines der am häufigsten wiederkehrenden Elemente im Mediendiskurs das Messen der Zeit, die seit einer Entführung vergangen war. Dieses diskursive Element erschien in 45 % der 809 Titelseiten, die über die sieben untersuchten Fälle in elf führenden Zeitungen auf der ganzen Welt berichteten.[2]

---

2 Zu den sieben untersuchten Fällen gehören die französischen Journalisten Christian Chesnot von *Radio France Internationale* und Georges Malbrunot von *Le Figaro* (2004 im Irak entführt und vier Monate lang gefangen gehalten); die französische Journalistin Florence Aubenas von *Libération* (2005 im Irak entführt und sechs Monate lang gefangen gehalten); die US-Journalistin Jill Carroll vom *Christian Science Monitor* (2006 im Irak entführt und drei Monate lang gefangen gehalten); der israelische Soldat Gilad Shalit (2006 bis 2011 von der Hamas gefangen gehalten); Ingrid Betancourt, eine ehemalige Präsidentschaftskandidatin in Kolumbien (von 2002 bis 2008 von den FARC gefangen gehalten); US-Militärunternehmer Marc Gonsalves, Tom Howes und Keith Stansell (von 2003 bis 2008 von den FARC gefangen gehalten); und *New York Times*-Journalist David Rohde (2008 in Afghanistan entführt und sieben Monate lang gefangen gehalten). Zu den elf untersuchten Zeitungen gehören: *El Tiempo* in Kolumbien; *Le Monde*, *Le Figaro* und *Libération* in Frankreich; *Yedioth Ahronoth* und *Ha'aretz* in Israel;

Auf 232 Titelseiten, die von den besonders aufmerksamkeitserregenden Fällen der französischen Journalist:innen Florence Aubenas, Christian Chesnot und Georges Malbrunot, des israelischen Soldaten Gilad Shalit und der kolumbianischen Politikerin Ingrid Betancourt berichteten, war die Zeitmarkierung das Hauptthema der Geschichte. Sie reichte von periodischen Markierungen von Jahrestagen oder runden Tageszahlen in der Gefangenschaft (z. B. 100 Tage, 1.000 Tage) bis hin zum täglichen Zählen der Tage, die seit der Entführung vergangen waren. Häufig beinhalteten Schlagzeilen zeitliche Markierungen wie „Malbrunot und Chesnot, seit hundert Tagen als Geiseln im Irak" (*Le Figaro*, 27. November 2004) oder „Morgen sind es fünf Jahre, dass Ingrid Betancourt gefangen gehalten wird" (*El Tiempo*, 22. Februar 2007). Täglich wurden die Geschichten der entführten französischen Journalist:innen in ihren Heimatzeitungen auf den Titelseiten abgedruckt. Während der Gefangenschaft der Journalist:innen war es in *Libération* und *Le Figaro* üblich, sofern es keine andere Titelgeschichte zu diesem Thema gab, die Bilder der Gefangenen auf die Titelseite zu setzen und in der Überschrift die Anzahl der Tage anzugeben, die seit der Entführung vergangen waren (z. B. „Vor 19 Tagen verschwunden", „Vor 69 Tagen entführt").

Auf einer Seite können diese Praktiken des Messens und Markierens der Zeit als eine Strategie angesehen werden, um die Geschichten auf der kollektiven Agenda zu halten, wenn es in solchen Fällen keine anderen berichtenswerten Entwicklungen gibt. In gewissem Sinne ist das Vergehen der Zeit die minimale Veränderung in der Welt, über die als Nachricht berichtet werden kann. Gleichzeitig sind dies Praktiken, die Nachrichtenmedien als Ritualisierungsinstanzen und Erinnerungsagenten positionieren. Die journalistische Praxis, die Zeit zu markieren, die seit dem Auftreten zurückliegender Ereignisse verstrichen ist, insbesondere Jahrestage bedeutender historischer Ereignisse, wurde von Journalismus- und Erinnerungforscher:innen in Bezug auf so unterschiedliche Ereignisse wie die Anschläge vom 11. September, das JFK-Attentat, die Befreiung der Nazi-Konzentrationslager, den Fall der Berliner Mauer, große Naturkatastrophen oder Unabhängigkeitstage untersucht (z. B. Zelizer 1992, 1998; Robinson 2009; Somerstein 2015; Song und Lee 2019; Meyers 2021). In all diesen Fällen übernehmen Nachrichtenmedien die Rolle der Organisation und Ritualisierung kollektiver Zeit (Carey 1989). Es ist jedoch wichtig, zwischen der Markierung der Zeit, die seit dem Auftreten wichtiger historischer Ereignisse vergangen ist, und der Zeit seit dem Beginn laufender, ungelöster Fälle zu unterscheiden – wie beim Beispiel der Entführungsfälle oder dem Zählen der Monate seit dem Beginn der Covid19-Krise. In der letztgenannten Art von Fällen ist das Ritual eher auf Mission ausgerichtet als auf Gedenken (Marvin und Ingle 1999), und die Erinnerung ist primär auf zukünftiges politisches Handeln gerichtet. Das heißt, das Ritual gehört in den Bereich des prospektiven kollektiven Gedächtnisses. Genauer gesagt bezieht es sich auf den Begriff der zeitba-

---

und *The New York Times*, *The Washington Post*, die *LA Times*, *USA Today* sowie der *Christian Science Monitor* in den Vereinigten Staaten.

sierten prospektiven Gedächtnisaufgaben (Ellis 1996; McDaniel und Einstein 2007), bei denen daran erinnert werden soll, die Aufgabe zu einem bestimmten Zeitpunkt oder nach Ablauf einer bestimmten Zeitspanne auszuführen (z. B. ein Buch in 30 Tagen in der Bibliothek zurückgeben).

Zusammengenommen fügen die Erinnerungspraktiken, die mit der Gestaltung kollektiver prospektiver Erinnerungen verbunden sind, dem theoretischen Rahmen des Agenda-Settings eine direktive Dimension hinzu und verwandeln die Agenda von einer „prioritized list of items" (McCombs 2005, 156) in eine kollektive To-Do-Liste. Die Rolle, die Nachrichtenmedien als Agenten des prospektiven Gedächtnisses in Bezug auf ausgewählte Geschichten einnehmen, ist daher eine, die in interventionistischen Journalismuskulturen häufiger zu erwarten ist (siehe Hanitzsch et al. 2019).

3. Das Zusammenspiel von retrospektivem und prospektivem Gedächtnis im Mediendiskurs

Das retrospektive Gedächtnis spielt eine entscheidende Rolle für das kollektive prospektive Gedächtnis. Um eine prospektive Gedächtnisaufgabe durchführen zu können, muss sich zunächst an den Inhalt der Absichten und Verpflichtungen erinnert werden, die in der Vergangenheit gebildet wurden (zur retrospektiven Dimension McDaniel und Einstein 2007, 4). Darüber hinaus sind diese Absichten und Verpflichtungen auf der kollektiven Ebene fast immer mit den prägenden Geschichten, Mythen, Werten, Traditionen und kollektiven Traumata einer Gruppe verbunden.

In Israel beispielsweise basiert die weithin akzeptierte kollektive Verpflichtung zur Rückführung gefangener Soldaten auf einer Kombination aus jüdischen, zionistischen und militärischen Werten oder Mythologien sowie spezifischen Geschichten von ehemaligen Gefangenen (Tenenboim-Weinblatt 2013b). So wurde der Fall des (oben genannten) gefangenen israelischen Soldaten Gilad Shalit im öffentlichen Diskurs mit der Geschichte von Ron Arad verwoben – einem israelischen Soldaten, der 1986 im Libanon gefangen genommen wurde und später spurlos verschwand. Im Laufe der Jahre erlangte Arads Geschichte in Israel den Status eines nationalen Mythos, wobei die Nachrichtenmedien eine wichtige Rolle in diesem Mythisierungsprozess spielten (Tenenboim-Weinblatt 2008). Die Botschaft, dass Shalit sich in einen weiteren Arad verwandeln könnte, wenn nicht sofort Maßnahmen ergriffen werden, um seine Freilassung zu sichern, wurde von der Kampagne für Shalits Freilassung wiederholt und von den israelischen Nachrichtenmedien zu strategischen Zeitpunkten verstärkt. Als z. B. Yuval, Arads Tochter, in den letzten Tagen der Olmert-Regierung (fast drei Jahre nach Shalits Gefangenschaft) das von der Shalit-Familie vor der Residenz des Premierministers aufgestellte Protestzelt besuchte, wurde auf den Titelseiten aller großen israelischen Tageszeitungen mit Schlagzeilen wie: „Yuval Arad: Bringt Gilad zurück, macht nicht den gleichen Fehler wie im Fall meines Vaters" (*Ye-*

dioth Ahronoth, 10. März 2009, S. 1), oder „Lernt vom Fall meines Vaters: Gilad kann immer noch zurückgebracht werden" (*Ma'ariv*, 10. März 2009, S. 1) prominent über den Besuch berichtet. In ähnlicher Weise war ein gemeinsames Interview mit der Frau und der Tochter von Ron Arad in *Yedioth Ahronoth* am vierten Jahrestag von Shalits Gefangenschaft der Aufmacher. Es trug die Überschrift: „Zwischen Ron und Gilad" und die Unterüberschrift: „Ehefrau des vermissten israelischen Luftwaffen-Navigators, Tami Arad: ‚Ich möchte Netanyahu sagen hören, dass es einen Preis gibt, den er nicht für seinen Sohn zahlen würde'; die Tochter Yuval: ‚Mein Vater hätte gerettet werden können. Lasst nicht zu, dass sich die Geschichte wiederholt'" (*Yedioth Ahronoth*, 25. Juni 2010, S. 1).

Die Geschichte von Arad wurde so als erinnernde Mahnung der Öffentlichkeit und der Entscheidungstragenden genutzt, ihre kollektive Verpflichtung zu erfüllen, Shalit nach Hause zu bringen, bevor es zu spät sei. Die Botschaft, die in dieser Art von Titelseiten-Berichterstattung eingebettet ist, ist nicht nur die des „Nie wieder", sondern die Botschaft einer doppelten Reparatur: die Notwendigkeit, in naher Zukunft politische Maßnahmen zu ergreifen, um eine bestehende Situation zu reparieren, die immer noch repariert werden kann, und dadurch vergangene Versäumnisse, die das kollektive Bewusstsein heimsuchen, symbolisch zu reparieren.

Ähnliche diskursive Praktiken, die eine Verflechtung von prospektiven und retrospektiven Erinnerungen beinhalten, lassen sich auch in anderen Kontexten identifizieren, die sich auf kollektive Traumata beziehen. So beobachtete Grusin (2010), dass der vorherrschende zukunftsorientierte Diskurs in den US-Medien nach den Terroranschlägen des 11. Septembers darauf abzielte, die Überraschung und den Schock zu vermeiden, die mit diesem vergangenen Trauma verbunden waren. In jüngerer Zeit wurde das Trauma der US-Demokraten aus dem Jahr 2016, in dem Donald Trump trotz der vorherrschenden Vorhersagen eines überwältigenden Clinton-Sieges zum Präsidenten gewählt wurde, häufig als Erinnerung und Aufruf beschworen, die Wiederholung eines solch unerwarteten Ergebnisses nicht zuzulassen, indem zur Wahlteilnahme mobilisiert wurde (z.B. Battenfeld 2020). Das Zusammenspiel von retrospektiven und prospektiven Erinnerungen in Wahl- und anderen politischen Kontexten ist bislang jedoch noch nicht gründlich untersucht worden.

4. Fazit: Neue Wege in der Erforschung von Medien, Gedächtnis und Zukunft

Wie in diesem Aufsatz argumentiert und gezeigt wurde, erfasst das Konzept des medial vermittelten prospektiven Gedächtnisses eine Facette der komplexen Beziehung zwischen Vergangenheit, Gegenwart und Zukunft im Medien- und Nachrichtendiskurs und schlägt gleichzeitig eine Brücke zwischen dem theoretischen Rahmen des kollektiven Gedächtnisses und dem des Agenda-Settings.

In den letzten Jahren wurde der Begriff des medial vermittelten prospektiven Gedächtnisses von Wissenschaftler:innen angewandt und erweitert, um verschiedene Arten zu erklären, wie Journalist:innen zukunftsgerichtete Erinnerungen für unterschiedliche Zwecke gestalten: von der Kommerzialisierung und dem *branding* von Kriegserinnerungen (Volcic et al. 2014) bis hin zur Erstellung digitaler Aufzeichnungen über vergangenes Unrecht, die künftigen Generationen als lebendige Erinnerung an die Vergangenheit und als Garantie für ein „Nie wieder" dienen werden (Lindgren und Phillips 2016). Eine vielversprechende Forschungsrichtung betrifft die Beziehung zwischen prospektiver Erinnerung und digitaler Kultur. Shifman (2014) argumentierte beispielsweise, dass im Gegensatz zu ikonischen Nachrichtenbildern im alten Medienumfeld, die primär vergangenheitsorientiert sind, Fotos von aktuellen Schlüsselereignissen in der zeitgenössischen digitalen partizipatorischen Kultur weitaus prospektiverer Natur sind, da sie zunehmend als Basis für die Generierung neuer memetischer Versionen angesehen werden. In ähnlicher Weise illustrierten Smit, Heinrich und Broersma (2017) die Beteiligung verschiedener Akteur:innen an der Gestaltung der zukünftigen Erinnerungen an den chemischen Angriff in Ghouta in Syrien durch das Hochladen und Remixen von Zeugenvideos auf YouTube.

In der Tat haben verschiedene Arten von Nachrichten und sozialen Medien unterschiedliche zeitliche Affordanzen (Tenenboim-Weinblatt und Neiger 2018). Diese ermöglichen verschiedene Repräsentationen von Zeit in ihren Narrativen und bedingen unterschiedliche Rollen, die Medien und Plattformen in Bezug auf die öffentliche Zeit spielen. Hinsichtlich des medial vermittelten prospektiven Gedächtnisses sind einerseits traditionelle Nachrichtenmedien in der Kombination ihrer Agenda-Setting-Rolle und ihrer Funktion als Agenten des kollektiven Gedächtnisses positioniert, um als Agenten des kollektiven prospektiven Gedächtnisses zu dienen (Tenenboim-Weinblatt 2013a). Andererseits verfügen neue Medienplattformen über Optionen, die mnemotechnische Praktiken ermöglichen, welche von Nachrichtenmedien üblicherweise nicht unterstützt werden. Dazu gehört zum Beispiel die Nutzung von Instagram für prospektive aktivistische Erinnerungsarbeit (Davidjants und Tiidenberg 2021). Es besteht die Notwendigkeit, die spezifische Art und Weise, in der Affordanzen verschiedene Arten von zukunftsorientierter Erinnerungsarbeit in einer hybriden Medienumgebung bedingen, weiter zu untersuchen.

Bei der Betrachtung der komplexen Beziehungen zwischen Medien, Gedächtnis und Zukunft befasst sich schließlich ein weiterer wichtiger Forschungsbereich mit dem Vorkommen von Vergangenheit in Projektionen über die Zukunft. Wissenschaftler:innen haben begonnen aufzuzeigen, wie Vergangenheit im Konstruieren von Zukunftsszenarien verwendet wird, von der strategischen Nutzung kollektiver Erinnerungen in medial vermittelten Projektionen während politischer Kampagnen (Tenenboim-Weinblatt 2018) bis hin zum starken Rückgriff auf Vergangenheit im prädiktiven Datenjournalismus (Pentzold und Fechner 2020). Es ist jedoch mehr Forschung erforderlich, um die Art und Weise zu verstehen, wie kollektive Erinnerungen bei der Bildung und Rechtfertigung von Zukunftsprojektionen eingesetzt werden. Diese Praktiken und Prozesse zu beschreiben, wie sie von und durch Medien ausgeführt werden, ist eine zukünftige Aufgabe auf der wissenschaftlichen Forschungsagenda.

5. Literatur

Baden, Christian, und Katsiaryna Stalpouskaya. „Maintenance of News Frames: How US, British and Russian News Made Sense of Unfolding Events in the Syrian Chemical Weapons Crisis". *Journalism Studies* 21.16 (2020): 2305–2325.

Battenfeld, Joe. *Democrats haunted by trauma from 2016 nervously watch polls.* https://www.bostonherald.com/2020/10/30/democrats-haunted-by-trauma-from-2016-nervously-watch-polls/. Boston Herald, 30. Oktober 2020 (7. Juli 2021).

Carey, James W. *Communication as culture: Essays on media and society.* Boston: Unwin Hyman, 1989.

Davidjants, Jana, und Katrin Tiidenberg. „Activist memory narration on social media: Armenian genocide on Instagram". *New Media & Society* (2021). Doi: 1461444821989634.

Ellis, Judi. „Prospective memory or the realization of delayed intentions: A conceptual framework for research". *Prospective memory: Theory and applications.* Hg. Maria Brandimonte, Gilles O. Einstein, und Mark A. McDaniel. Mahwah: Lawrence Erlbaum Associates, 1996. 1–22.

Ellis, Judi, und Gillian Cohen. „Memory for intentions, actions, and plans. *Memory in the real world".* Hg. Gillian Cohen, und Martin A. Conway. New York: Psychology Press, 2008. 141–172.

Grusin, Richard. *Premediation: Affect and mediality after 9/11.* New York: Palgrave Macmillan, 2010.

Hajek, Andrea, Christine Lohmeier, und Christian Pentzold (Hg.). *Memory in a mediated world: Remembrance and reconstruction.* London: Palgrave Macmillan, 2016.

Halbwachs, Maurice. *On collective memory.* (L. A. Coser, Hg. und Übersetzung). Chicago: University of Chicago Press, 1992. (Original 1925).

Hanitzsch, Thomas, Folker Hanusch, Jyotika Ramaprasad, und Arrie de Beer (Hg.). *Worlds of journalism: Journalistic cultures around the globe.* New York: Columbia University Press, 2019.

Jones, Winston E., Jared F. Benge, und Michael K. Scullin. „Preserving prospective memory in daily life: A systematic review and meta-analysis of mnemonic strategy, cognitive training, external memory aid, and combination interventions". *Neuropsychology* 35.1 (2021): 123–140.

Katz, Yuval. „Interacting for peace: Rethinking peace through interactive digital platforms". *Social Media+ Society* 6.2 (2020). Doi: 2056305120926620.

Kligler-Vilenchik, Neta. „Memory-setting: Applying agenda-setting theory to the study of collective memory". *On media memory.* Hg. Motti Neiger, Oren Meyers, und Eyal Zandberg. London: Palgrave Macmillan, 2020. 226–240.

Kroepsch, Adrienne, Elizabeth A. Koebele, Deserai A. Crow, John Berggren, Juhi Huda, und Lydia A. Lawhon. „Remembering the past, anticipating the future: Community learning and adaptation discourse in media commemorations of catastrophic wildfires in Colorado". *Environmental Communication* 12.1 (2018): 132–147.

Lang, Kurt, und Gladys E. Lang. „Collective memory and the news". *Communication* 11 (1989): 123–139.

Lindgren, Mia, und Gail Phillips. „Asbestos memories: Journalistic ‚mediation' in mediated prospective memory". *Memory in a mediated world: Remembrance and reconstruction* Hg. Andrea Hajek, Christine Lohmeier, und Christian Pentzold. London: Palgrave Macmillan, 2016. 158–175.

Marvin, Carolyn, und David W. Ingle. *Blood sacrifice and the nation: Totem rituals and the American flag.* New York: Cambridge University Press, 1999.

McCombs, Maxwell. „The agenda setting function of the press". *The press*. Hg. G. Overholster, und K. H. Jamieson. New York: Oxford University Press, 2005. 156–168.

McCombs, Maxwell. „A look at agenda-setting: Past, present and future". *Journalism studies* 6.4 (2015): 543–557.

McCombs, Maxwell, und Donald L. Shaw. „The agenda-setting function of the mass media". *Public Opinion Quarterly* 36.2 (1972): 176–187.

McDaniel, Mark. A., und Gilles O. Einstein. *Prospective memory: An overview and synthesis of an emerging field*. Thousand Oaks: Sage, 2007.

Meacham, Jack A., und Burt Leiman. „Remembering to perform future actions". *Memory observed: Remembering in natural contexts*. Hg. Ulric Neisser. San Francisco: Freeman, 1982. 327–336.

Meyers, Oren. „The critical potential of commemorative journalism". *Journalism*, 2019. Doi: 1464884919865717.

Neiger, Motti, Oren Meyers, und Eyal Zandberg. „On media memory: Editors' introduction". *On media memory*. Hg. Motti Neiger, Oren Meyers, und Eyal Zandberg. London: Palgrave Macmillan, 2011. 1–24.

Olick, Jeffrey K. *The Politics of Regret: On Collective Memory and Historical Responsibility*. New York: Routledge, 2007.

Pentzold, Christian, und Denise Fechner. „Data journalism's many futures: Diagrammatic displays and prospective probabilities in data-driven news predictions". *Convergence* 26.4 (2020): 732–750.

Robinson, Sue. „'We were all there': Remembering America in the anniversary coverage of Hurricane Katrina". *Memory Studies*, 2.2 (2009): 235–253.

Scheufele, Dietram A., und David Tewksbury. „Framing, agenda setting, and priming: The evolution of three media effects models". *Journal of Communication* 57.1 (2007): 9–20.

Shifman, Limor. The cultural logic of photo-based meme genres. *Journal of Visual Culture* 13.3 (2014): 340–358.

Smit, Rik, Ansgard Heinrich, und Marcel Broersma. „Witnessing in the new memory ecology: Memory construction of the Syrian conflict on YouTube". *New Media & Society* 19.2 (2017): 289–307.

Somerstein, Rachel. „Newspapers commemorate 11 September: A cross-cultural investigation". *Journalism* 16.3 (2015): 359–375.

Song, Yunya, und Chin-Chuan Lee. „'Collective memories' of global media events: Anniversary journalism of the Berlin Wall and Tiananmen crackdown in the Anglo-American elite press, 1990–2014". *Journalism* 20.11 (2019): 1460–1479.

Sonnevend, Julia. *Stories without borders: The Berlin Wall and the making of a global iconic event*. New York: Oxford University Press, 2016.

Sonnevend, Julia. „Interruptions of time: The coverage of the missing Malaysian plane MH370 and the concept of 'events' in media research". *Journalism* 19.1 (2018): 75–92.

Stalpouskaya, Katsiaryna. *Automatic Extraction of Agendas for Action from News Coverage of Violent Conflict*. PhD Dissertation. München: LMU München, 2020. https://edoc.ub.uni-muenchen.de/25807/1/Stalpouskaya_Katsiaryna.pdf.

Tenenboim-Weinblatt, Keren. „Fighting for the story's life: Non-closure in journalistic narrative". *Journalism* 9.1 (2008): 31–51.

Tenenboim-Weinblatt, Keren. „Bridging collective memories and public agendas: Toward a theory of mediated prospective memory". *Communication Theory* 23.2 (2013a): 91–111.

Tenenboim-Weinblatt, Keren. „The management of visibility: Media coverage of kidnapping and captivity cases around the world". *Media, Culture & Society* 35.7 (2013b): 791–808.

Tenenboim-Weinblatt, Keren. „Media projections and Trump's election: A self-defeating prophecy?" *Trump and the Media*. Hg. Pablo J. Boczkowski, und Zizi Papacharissi. Cambridge, MA: MIT Press, 2018. 111–118.

Tenenboim-Weinblatt, Keren, und Motti Neiger. „Temporal affordances in the news". *Journalism* 19.1 (2018): 37–55.
Volcic, Zala, Karmen Erjavec, und Mallory Peak. „Branding post-war Sarajevo: Journalism, memories, and dark tourism". *Journalism Studies* 15.6 (2014): 726–742.
Zelizer, Barbie. *Covering the body: The Kennedy assassination, the media, and the shaping of collective memory*. Chicago: The University of Chicago Press, 1992.
Zelizer, Barbie. *Remembering to forget: Holocaust memory through the camera's eye*. Chicago: University of Chicago Press, 1998.
Zelizer, Barbie, und Keren Tenenboim-Weinblatt. „Journalism's memory work". *Journalism and Memory*. Hg. Barbie Zelizer, und Keren Tenenboim-Weinblatt. London: Palgrave Macmillan, 2014. 1–15.

Automatische Übersetzung ins Deutsche
durchgesehen von Anke Offerhaus, Christine Lohmeier und Christian Pentzold.

Karina Horsti

12 *Essay* Visuelles kommunikatives Gedächtnis: Digitale Verbreitung und partizipative Kultur

1. Einleitung

Medial vermittelte visuelle Bilder sind für das öffentliche Gedächtnis von zentraler Bedeutung. Ikonische Bilder lösen oft Erinnerungen an Ereignisse aus. Berühmte Beispiele sind der „Fall" der Berliner Mauer (Sonnevend 2016) und die Ermordung von John F. Kennedy (Zelizer 1992). Öffentlich vermittelte Bilder akkumulieren sich im Laufe der Zeit zu einem mnemotechnischen Horizont, aus dem die objektivierten Bedeutungen in aktuelle Kontexte und Perspektiven übertragen werden und so neue Bedeutungszuschreibungen erhalten (Assmann 1995, 130). Die Anhäufung von visuellen Bildern sollte jedoch nicht als Gedächtnisarchiv behandelt werden – eine Metapher, die eine statische, organisierte und hierarchische Form des Gedächtnisses suggeriert. Insbesondere in der heutigen komplexen Medienlandschaft zirkulieren Fotos und andere Bilder in digitalen und sozialen Netzwerken, wo sie sich vermischen und in neuen Kontexten neu artikuliert werden. Sie bewegen sich über Medienplattformen, Genres und kulturelle Kontexte hinweg. Wie Andrew Hoskins (2009, 91) argumentiert, beschreibt die Metapher eines Netzwerks anstelle eines Archivs besser „the highly mediated and mediatized memory" des digitalen Zeitalters. Das archivierte Gedächtnis wird durch den viel flüssigeren „data transfer" ersetzt (Hoskins 2009, 97).

Durch die Konzentration auf visuelle Bilder im öffentlichen Raum wird in diesem Aufsatz die Beziehung zwischen Medien und Gedächtnis im digitalisierten Zeitalter theoretisiert. Ich entwickle den Begriff des *visuellen kommunikativen Gedächtnisses*, das im gegenwärtigen Kontext maßgeblich von der *digitalen Zirkulation* und der *partizipativen Kultur* geprägt ist. Im Kontext des Visuellen untersuche ich, wie diese beiden zeitgenössischen Prozesse das transformieren, was Aleida und Jan Assmann in den 1990er Jahren als „communicative memory" bezeichnet haben – eine Form des kollektiven Gedächtnisses, die eng mit der Alltagskommunikation verwoben ist (Assmann 1995, 129; siehe auch Pentzold, Lohmeier und Birkner in diesem Band). In den letzten zwei Jahrzehnten hat die mediale Kommunikation in den meisten Teilen der Welt einen deutlich höheren Stellenwert in unserem täglichen Leben eingenommen. Von intimen Beziehungen bis hin zu allen Aspekten des öffentlichen Lebens ist der Alltag medialisiert (Silverstone 2007, 108–118; Livingstone 2009). Darüber hinaus hat die Rolle der Visualität in der Alltagskommunikation zugenommen (siehe z. B. Russmann und Svensson 2017; Schreiber 2020). Die digitalisierte multimodale Kommunikation steht den meisten Menschen zur Verfügung, was sowohl die öffentliche als auch die private Kommunikation und damit auch den Prozess des kommunikativen Gedächtnisses stark geprägt hat.

In diesem Aufsatz entwickle ich den Begriff des visuellen kommunikativen Gedächtnisses im Kontext einer andauernden Katastrophe an Europas Grenzen: die Darstellung der tödlichen Grenz- und Migrantentode und deren mediale Erinnerung. Die anhaltende Massenkatastrophe hat zahlreiche Menschenleben gefordert, seit die Europäische Union in den 1990er Jahren begann, ihre Grenzen zu verschärfen. Aktivisten haben mindestens 45.000 Todesfälle beim Versuch, die europäischen Binnen- und Außengrenzen zu überqueren, gezählt (UNITED 2021). Die tödlichste Grenze Europas, ja der Welt, ist das zentrale Mittelmeer (IOM 2021).

Das Massensterben an Europas Grenzen ist auf dem gesamten Kontinent ein kritisches Thema – in den Gemeinden, die Zeugen der Katastrophe sind, und jenseits der eigentlichen Grenze, in den Zielländern, wo die Gemeinden mit den Überlebenden und Familienangehörigen der Opfer weiterleben. Die andauernde Katastrophe wird wahrscheinlich die Identität von Einzelpersonen und Gemeinschaften in ganz Europa prägen, sie wird wahrscheinlich diejenigen verfolgen, die mit der Erinnerung an die Katastrophe weiterleben. Darüber hinaus ermöglicht mir die Konzentration auf eine laufende Katastrophe die Untersuchung des visuellen kommunikativen Gedächtnisses in zwei Kontexten: dem öffentlichen Gedächtnis und der öffentlichen Gedenkkultur.

Das Thema einer aktuellen Massenkatastrophe erlaubt es mir, das visuelle kommunikative Gedächtnis im Kontext der Soziologie der Zeitlichkeit zu theoretisieren. Barbara Adam (2010) hat argumentiert, dass die Sozialforschung häufig nach Erklärungen für die Vergangenheit sucht, dabei aber nicht immer ausreichend auf die Zukunft des sozialen Lebens achtet – also auf die Tatsache, dass Individuen und Gemeinschaften die *future presents* vorwegnehmen (Adam 2010, 362). Die Gegenwart wird eines Tages Vergangenheit sein, und oft sind sich die Menschen dessen in ihrem Verhalten sich selbst und anderen gegenüber bewusst. Das öffentliche Gedenken erkennt die soziale Bedeutung derer an, denen ein Denkmal gesetzt wird. Rituale und die Errichtung von Gedenkstätten sind nicht nur (Selbst-)Inszenierungen für die Gemeinschaft der Gegenwart, sondern auch für diejenigen, die sich in der Zukunft an die gesellschaftlichen Reaktionen auf die Ereignisse erinnern, derer gedacht wurde. Die andauernde Katastrophe an den Grenzen war – und ist – in der Öffentlichkeit sehr sichtbar und sichtbar gemacht worden. Ihre Darstellung und Erinnerung in der Gegenwart werden eine Rolle für das zukünftige öffentliche Gedächtnis spielen. In Anlehnung an Barbara Adams (2010) Begriff der Gegenwart als Vergangenheit der Zukunft können wir daher argumentieren, dass die Visualität der Todesfälle an den Grenzen, die in der Gegenwart zirkulieren, wahrscheinlich das kommunikative Gedächtnis der Zukunft prägen wird.

Die europäische Öffentlichkeit *weiß, was sie sieht,* und durch die Vermittlung wird sie zu einer vermittelten Zeugin (Frosh und Pinchevski 2009) einer laufenden Massenkatastrophe. Bilder, die die Tödlichkeit der europäischen Seegrenzen in der Öffentlichkeit darstellen, stammen aus mindestens fünf Arten von Quellen: 1) von Militär und Küstenwache sowie der europäischen Grenz- und Küstenwache Frontex; 2) von professionellen Pressefotograf:innen; 3) und zunehmend von Aktivist:innen, humanitären Organisationen und nichtstaatlichen, spendenbasierten Such- und Rettungsteams (SAR); 4) von Einheimischen in den Grenzgebieten sowie 5) von Überlebenden, Familienmitgliedern und Freund:innen der Opfer (siehe z.B. Horsti 2016; Musarò 2017; Giubilaro 2018). In den letzten Jahren hat die Visualität aus nicht-professionellen Quellen zugenommen, da mobile Technologien besser zugänglich geworden sind. Dennoch setzen sowohl staatliche als auch nichtstaatliche Akteure in der Grenzzone professionelle Fotograf:innen bei ihren Operationen ein und verbreiten visuelle Bilder in ihrer öffentlichen Kommunikation. Darüber hinaus kontrollieren diese Stellen auch den Zugang von Journalist:innen und professionellen Fotograf:innen zu den Szenen der Rettung und des Todes auf See. Die Szenen werden von den Schiffen der institutionalisierten Akteure aus aufgenommen – sowohl von Akteuren, die aus einem Sicherheitsauftrag heraus handeln, als auch von solchen, die aus humanitären Gründen handeln. Diese Bilder von den Seegrenzen akkumulieren sich im fließenden und vernetzten Fluss des Bildmaterials in der hybriden Medienlandschaft und können als solche als Spuren und Hinweise für diejenigen dienen, die sich in der Gegenwart und in der Zukunft für das Thema interessieren.

Bilder, die aus verschiedenen Quellen stammen, sind für das kommunikative Gedächtnis in der neuen Medienökologie auf folgende Weise wichtig. Erstens: Obwohl die mächtigsten Nachrichtenorganisationen immer noch den größten Einfluss auf die Bilder haben, die der Öffentlichkeit zur Verfügung stehen, können auch andere professionelle und nicht-professionelle Organisationen und Einzelpersonen zur digitalen Verbreitung von Bildern beitragen, die vom Tod und Überleben an den Grenzen zeugen – und möglicherweise die vorherrschende Darstellung verändern. Dies birgt das Potenzial für eine Demokratisierung der kollektiven Erinnerung an Katastrophen an Europas Grenzen. Zweitens werden Nachrichten und Erinnerungen innerhalb von Gemeinschaften in sozialen Netzwerken geteilt, was bedeutet, dass die Art der Erzählungen, auf die man stößt, auch von den eigenen sozialen Netzwerkkontakten abhängt. Verbindungen zwischen visuellen Bildern und zwischen Öffentlichkeiten und Bildern werden sowohl durch menschliche als auch durch automatisierte Prozesse hergestellt (van Dijck 2013, 13, 26). Die durch Algorithmen ermöglichte Konnektivität bestimmt die Zugänglichkeit zu der riesigen Menge an Material im Internet und in den sozialen Medien. Drittens hat sich die Lebensdauer von Nachrichten, Filmmaterial und Nachrichtenfotografie im Zeitalter der neuen Medien paradoxerweise sowohl verkürzt als auch verlängert. So ist der Journalismus beispielsweise zunehmend mit dem „Jetzt" beschäftigt – damit, so präsent und „live" wie möglich zu sein. Nachrichten, die online veröffentlicht werden, sind nicht unbedingt fertige Produkte, sondern können später weiterverfolgt werden. Es besteht also ein zunehmender Bedarf, neue Nachrichten in den Kreislauf aufzunehmen. Gleichzeitig kann die Öffentlichkeit jedoch viel leichter auf bereits veröffentlichte Nachrichten und Bilder zugreifen als in der vordigitalen Ära. Auch wenn Nachrichtenfotos zunächst nur für kurze Zeit im Online-Nachrichtenfluss auftauchen, können sie leicht über Online-Nachrichtenseiten und die Google-Suche abgerufen und in den sozialen Medien weiterverbreitet werden.

2. Kommunikatives Gedächtnis durch digitale Verbreitung

In *Regarding the Pain of Others* argumentiert Susan Sontag (2003, 22), dass ein einzelnes Foto als „a memory freeze-frame" fungieren kann, indem es zu einer kulturell geteilten Referenz – einem ikonischen Bild – wird, das die Öffentlichkeit sofort mit einer bestimmten Epoche oder einem bestimmten Ereignis in Verbindung bringt (siehe auch Hariman und Lucaites 2007; Zelizer 2010). Im Zeitalter der Informationsüberflutung, so schrieb Sontag (2003, 22) vor zwanzig Jahren, „the photograph provides a quick way of apprehending something and a compact form for memorizing it".

In der heutigen digitalisierten Medienumgebung entsteht die visuelle Ikonizität jedoch nicht unbedingt nur aus einem einzigen „freeze-frame", sondern aus der kontinuierlichen digitalen Weitergabe und Verbreitung ähnlicher Bilder. Die Google-Bildersuche veranschaulicht sehr gut, wie Themen visualisiert werden – wie Cluster von Bildern zu einem visuellen kommunikativen Gedächtnis einer Epoche oder eines Themas beitragen. Während diese digitalen Bildcluster ein „greater whole" (Müller 2020, 2) des Themas – in diesem Fall Migration – schaffen, ist ein digitales Cluster von Bildersuchergebnissen nicht dasselbe wie ein Album oder eine andere kuratierte Auswahl von Bildern. Bildersuchergebnisse sind algorithmische Cluster – produziert durch automatisierte Prozesse, die dennoch von Menschen programmiert und gestaltet werden (Klinger und Svensson 2018). Algorithmen wählen bestimmte Aspekte des gesuchten Themas (angegeben durch ein Stichwort) aus und heben sie hervor (siehe z. B. Kay et al. 2015). Die Suchergebnisse werden von Algorithmen gefiltert, und daher hängt das, was man sieht, von einer Kombination aus menschlichen und technologischen Entscheidungen ab, wie z. B. Popularität, frühere Suchen und Standort. Daher ist es wichtig zu betonen, dass die Ergebnisse nicht für alle gleich sind. Bei meinen Recherchen zu Migrantionskatastrophen im Mittelmeer 2014–2022 habe ich jedoch festgestellt, dass die Begriffe „migrant deaths Europe" und „migration crisis Europe" (bei meinen Recherchen) eine einheitliche Visualität ergeben. Die vorherrschende Visualität ergibt sich aus der Aufzählung – Diagramme und Karten, die quantifizierte Migrant:innenmobilität und Todesfälle darstellen. Andere wiederkehrende visuelle Tropen sind nicht-weiße Menschen in hölzernen Fischerbooten und Schlauchbooten sowie bunte Schwimmwesten.

Während die Boote und Beiboote voller Menschen sind und andere typische Bilder Menschenmassen zeigen, die warten, zelten, laufen und Schlange stehen (siehe z. B. Horsti 2016; Drüeke et al. 2021), ist es wichtig zu bemerken, dass *Artefakte* oft ein spezifischer Fokus oder Anhaltspunkt in Bildern sind, die Migration und Grenzübertritt darstellen. Für das gesteigerte Interesse an Objekten, die den heutigen Grenzübertritt und seine tödliche Gefährlichkeit symbolisieren, mag es mehrere Gründe geben, angefangen bei der Tatsache, dass die Darstellung von Leid anhand von Objekten (wie Schuhen, Kleidern oder Koffern) in Museen, die Völkermorden gewidmet sind, und an Gedenkstätten für Zerstörung und Katastrophen eine gängige Praxis ist (siehe z. B. Violi 2012). Die Objekte, die nach der Zerstörung zurückbleiben, dienen als materielle Zeugnisse der Gewalt. Gedenkstätten und Museumsausstellungen werden jedoch in der Regel erst geschaffen, wenn die Gewalt zumindest in gewissem Sinne vorbei ist: Die Musealisierung findet im „Post-Konflikt"–Moment statt. Das hölzerne Migrant:innenboot, das Schlauchboot oder die orangefarbene Rettungsweste zeugen dagegen von der fortwährenden Gefahr des Grenzübertritts und des Massensterbens (Horsti 2019a).

Während einige professionelle, preisgekrönte Fotografien und Bilder wie die des toten 3-jährigen Alan Kurdi an der türkischen Küste im Jahr 2015 als traditionellere fotografische „Standbilder" entstanden sind, die die sogenannte Flüchtlingskrise darstellen,[1] argumentiere ich, dass im digitalen Zeitalter Erinnerungsstandbilder zunehmend durch die Wiederholung ähnlicher Bilder erzeugt werden. In einem visuellen Kreislauf, in dem sich Menschen, Orte und Situationen ständig verändern, wie es in der medialen Darstellung der gefährlichen Grenze der Fall ist, ist es das Objekt auf einem Foto – das Boot, das Schlauchboot oder die Rettungsweste – das erkennbar bleibt. Das materielle Objekt – und eine digitale Fotografie des Objekts – wird zur Repräsentation der Grenze und ihrer Folgen: Militarisierung, Ausbeutung, humanitäre Rettung, Solidarität, Leid und Tod. Die Herausbildung einer dominanten Visualität beruht also auf der medialen Zirkulation, die ganz allgemein zur dominanten kulturellen Logik geworden ist, welche heute soziale Beziehungen prägt (siehe z. B. Benkler 2006; Jenkins et al. 2013; Valaskivi und Sumiala 2014; Mortensen und Trenz 2016; Horsti 2017a, 2017b; Prøitz 2017).

Die zirkulierende Visualität in den Medien erzeugt den affektiven Wert der abgebildeten Objekte an sich. Sie werden gesammelt und in Museen ausgestellt und in Kunstwerken als Zeichen der Authentizität verwendet. Das Haus der Europäischen Geschichte in Brüssel zeigt eine orangefarbene Rettungsweste, die am Ufer des Mittelmeers gefunden wurde, neben einem Foto, auf dem Grenzsoldaten eine ähnliche Weste in ein Boot voller Migrant:innen werfen. Auf der anderen Seite des Fotos, in der Glasvitrine, befindet sich eine Armbinde von Frontex – der Europäischen Agentur für

---

1 Weitere Beispiele sind Juan Medinas 2004 mit dem World Press Photo ausgezeichnetes Bild einer Bootskatastrophe von Migrant:innen auf den Kanarischen Inseln und sein Foto eines Überlebenden aus dem Jahr 2006, der sich auf allen Vieren an einen Touristenstrand auf den Kanarischen Inseln schleppt (Horsti 2017a, 119–120).

die Grenz- und Küstenwache. Die Rettungsweste ist den Besucher:innen von Nachrichtenfotos (wie dem ausgestellten Foto) und Nachrichtenfilmen, auf denen das Objekt wiederholt zu sehen ist, bekannt. Im Museum können die Besucher:innen über ihre mediale Zeugenschaft von gefährlichen Grenzübertritten nachdenken, während sie Augenzeug:innen des authentischen Objekts werden. Die Rettungsweste fungiert als materielles Zeugnis, das versucht, eine Verbindung zu den Szenen herzustellen, die die Besucher:innen in den Medien miterlebt haben. Ohne die Medienpräsenz würde eine Rettungsweste als Objekt an sich keine Bedeutung oder emotionale Reaktion hervorrufen.

Der chinesische Dissidenten-Künstler Ai Weiwei und der finnische Künstler Timo Wright verwendeten für ihre Installationen ähnliche orangefarbene Westen, die sie auf der griechischen Insel Lesbos gesammelt hatten.[2] Kennzeichnend für diese Installationen war der ekelhafte Geruch von Gussmaterial, der einem sterilen Galerieraum (Wright) und den Säulen des prestigeträchtigen Berliner Konzerthauses gegenübergestellt wurde, durch die geladene Dinnergäste zu einer Gala während der Berlinale-Filmfestspiele gingen (Weiwei). Der affektive Wert, der durch die vermittelte Wiederholung von Bildern gewonnen wurde, auf denen aus dem Mittelmeer gerettete Flüchtlinge ähnliche Schwimmwesten trugen, sowie Bilder von weggeworfenen Schwimmwesten an den Ufern griechischer und italienischer Inseln trugen zur Bedeutungsbildung bei. Der Kontext, in dem das gleiche Objekt – die Rettungsweste – gezeigt wurde, lenkte die Aufmerksamkeit der Betrachter:innen jedoch in unterschiedliche Richtungen. Die Objekte wurden je nach dem diskursiven Kontext, in dem sie ausgestellt und gesehen wurden, auf unterschiedliche Weise wahrgenommen. So löst ein und dasselbe Objekt – eine Rettungsweste – nicht unbedingt dieselbe emotionale und moralische Reaktion aus. Der narrative Kontext des Europäischen Hauses der Geschichte unterscheidet sich von dem der Kunstinstallationen, und so leitet die Rettungsweste die Arbeit der Vorstellungskraft anders. Im Haus der Geschichte werden die Europäer:innen und ihre Institutionen, insbesondere Frontex, als humanitäre Akteure dargestellt, die Leben retten. Die Kunstinstallationen hingegen bieten eine mehrdeutige Identitätsposition für die europäische Öffentlichkeit – die riechenden und schweigenden Massen von Rettungswesten können so interpretiert werden, dass sie eine andere Art von emotionalen und moralischen Registern eröffnen – die der Scham und der ignorierten Verantwortung.

---

2 Timo Wrights Installation *Kharon* zeigte einen Haufen Rettungswesten aus Lesbos in der Anhava Gallery, Helsinki, 2016, und Ai Weiwei schuf mehrere Installationen von Rettungswesten aus Lesbos, eine davon im Konzerthaus in Berlin, im Jahr 2016.

3. Visuelles kommunikatives Gedächtnis durch partizipative Kultur

Im digitalen Zeitalter werden Bilder nicht nur kopiert und als solche geteilt, sondern auch je nach Identität und Politik derjenigen, die sie teilen, verändert (Jenkins et al. 2013; Boudana et al. 2017; Horsti 2017b). Das digitale Format von Bildern ermöglicht heute eine besondere Plastizität – sie sind leichter zu verändern und anzupassen als gedruckte Fotos. Dies erhöht das Ausmaß, in dem Individuen mit Bildern, mit denen sie sich beschäftigen, neue Bedeutungen erzeugen können. Die partizipative Arbeit mit Bildern – zum Beispiel Memes, die auf ikonischen Bildern basieren – kann einerseits das bürgerschaftliche Engagement und das öffentliche kulturelle Verständnis für schwierige Themen wie Gewalt, Massensterben und Krieg fördern. Andererseits können diese Praktiken aber auch die ursprüngliche Bedeutung eines Fotos auflösen und die öffentliche Kultur degradieren (Boudana et al. 2017).

Menschen bearbeiten und nutzen Bilder, die Todesfälle und gefährliche Grenzübertritte zeigen, für eine Vielzahl von politischen Zwecken. YouTube-Nutzer:innen haben Videos erstellt, in denen sie Nachrichtenfotos über Todesfälle und Gefahren an der Grenze aus den Mainstream-Medien mit Musik kombiniert haben (Horsti 2017a). Obwohl es sich bei den Videos nicht um Gedenkstätten handelt, in dem Sinne, dass sie bewusst als Gedenkstätten gedacht wären oder als Gedenkvideos gesucht und angesehen würden (zu Online-Gedenkstätten und -Videos siehe z. B. Knudsen und Stage 2013), tragen sie dennoch eine gedenkende Sensibilität in sich. Einerseits verbreiten die Videos ähnliche Bilder, die die öffentliche Vorstellung von der Grenze dominieren, und tragen so zu einer generischen Visualität bei, einem hegemonialen visuellen Paradigma des Grenzübertritts, das die Handlungsfähigkeit und Moral der europäischen Sicherheits- und humanitären Akteure hervorhebt. Auf der anderen Seite können jedoch die Re-Mediation und die gedenkende Rahmung der Bilder durch emotionale Musik und Zeitlupenästhetik einen kritischen Kommentar und eine alternative Perspektive auf das Thema im Allgemeinen erzeugen (Horsti 2017a).

Ein weiteres Beispiel für eine partizipatorische Kultur sind die zahlreichen kreativen Bearbeitungen von Nachrichtenbildern des Körpers von Alan Kurdi im Jahr 2015. Während das Bild oder sein Motiv in Umlauf gebracht wurde, veränderten die Menschen es – dem Rücken des Jungen wurden Flügel hinzugefügt, seine Figur wurde aus Sand modelliert und er wurde lebendig abgebildet –, aber dennoch blieb der Ursprung des Bildes (das Nachrichtenfoto) identifizierbar. Mette Mortensen (2017) identifiziert zwei Kategorien von Aneignungen der Alan-Kurdi-Fotos: dekontextualisierende und rekontextualisierende Versionen, wobei sie argumentiert, dass die dekontextualisierten Versionen das Motiv (den Jungen und insbesondere seine Pose) isolieren, während die andere Kategorie es mit einem anderen Thema rekontextualisiert. Bei allen Veränderungen gewinnt die Szene ortsspezifische Bedeutungen. Wenn zum Beispiel Aktivist:innen und Künstler:innen die Position des Leichnams in Performances darstellten, war die Bedeutung der Pose nie genau dieselbe. Der Ort und die Art und Weise, wie das Bild der Inszenierung in Umlauf gebracht wurde, waren für die Darstellung von zentraler Bedeutung (Horsti 2019b).

Das Foto von Alan Kurdi ist ein Beispiel für ein Bild, das Eigenschaften aufweist, die es besonders „spreadable" machen (Jenkins et al. 2013). Andere Fotos von Kindern, die während der Migration ertrunken waren, zirkulierten bereits vor dem Alan-Kurdi-Foto im Internet unter Migrationsaktivist:innen. Khaled Barakeh, ein in Deutschland lebender syrischer Künstler, teilte beispielsweise solche Fotos in einem Facebook-Album mit dem Titel „Multicultural Graveyard". Das Foto von Alan Kurdi unterscheidet sich von den Bildern in Barakehs Album: Alan Kurdis Körper sieht nicht wie ein Leichnam aus; er könnte schlafen oder eine Puppe sein. Außerdem herrscht auf dem Foto eine magische Atmosphäre; der Junge sieht jenseitig aus, fast wie ein Engel oder ein Meerestier, das an den Strand gespült wurde. Es gibt ein „punctum" (Barthes 1981) in der Fotografie, das die Aufmerksamkeit der Betrachtenden durchdringt. Es gibt etwas in den visuellen Elementen des Fotos selbst, das die Aufmerksamkeit der Betrachtenden auf sich zieht – auch wenn der:die Betrachter:in nicht weiß, was die Geschichte hinter dem Foto ist. Ich behaupte, dass Fotografien, die „das Punctum" haben, in der heutigen digitalisierten Medienumgebung eher aufgegriffen, geteilt und verändert werden.

In den Worten von W. J. T. Mitchell (1996, 73) scheinen einige visuelle Bilder mehr als andere über „a surprising capacity to generate new directions and surprising twists" zu verfügen. Sie haben eine „personhood" (Mitchell 2005), und die Menschen können diese Art von Bildern als „lebendige" Dinge betrachten. Die Mehrdeutigkeit lädt die Menschen ein und regt sie an, sich mit ihnen zu beschäftigen. Dieser Aspekt ist in der digitalen Netzkultur, in der bestimmte Bilder gefunden und in Umlauf gebracht werden, besonders wichtig. Gefundene Objekte laden dazu ein, sie aufzuheben, zu speichern und in etwas Sinnvolles zu verwandeln. Mitchell (2005, 118) behauptet, dass gefundene Objekte eine Tendenz haben: „once found, to hang around, gathering value and meaning like a sort of semantic flypaper or photosensitive surface". Das Foto von Alan Kurdi ist eindeutig ein solches hängen bleibendes visuelles Bild. Es ist nicht „viral" geworden und hat sich nicht auf natürliche und irrationale Weise repliziert wie ein Virus. Im Gegenteil: Das Alan-Kurdi-Bild bewegte sich durch ‚produzierende Köpfe', durch aktive Konsumenten, die das Bild neu kontextualisierten, veränderten und ihm Bedeutungen hinzufügten (siehe ausführlicher dazu Horsti 2019b).

Der Übergang von einem digitalisierten Foto in den Mainstream-Medien zu einem Element in einer nutzergenerierten Bearbeitung ist typisch für die partizipatorische Netzkultur, in der das Remixen verschiedener Elemente wie Fotos, Texte und Musik die Wünsche der Verbraucheröffentlichkeit in den Mittelpunkt der Kommunikation stellt. Menschen, die sich mit Bildern von gefährlichen Grenzübertritten und Todesfällen beschäftigen, vermitteln ihre Emotionen und ihre politische Haltung zu diesem Thema. Diese Art der Produktion innerhalb der digitalen Zirkulation ist charakteristisch für das, was Yochai Benkler (2006) als „a folk-cultural production model" be-

zeichnet; es handelt sich dabei um eine reflexivere und partizipatorische Kulturproduktion im Vergleich zur kulturellen Massenproduktion. Darüber hinaus ist es von
entscheidender Bedeutung, dass diese Art der volkstümlichen Kreativität neben Menschen auch Maschinen und Algorithmen einbezieht, die die digitale Kultur und die
in ihr geschaffenen Netzwerke stark prägen. Algorithmen sind nicht neutral. Sie be-
vorzugen Popularität und etablierte Verbindungen zwischen gleichgesinnten Medien-
nutzer:innen. Obwohl sie automatisiert sind, werden Algorithmen immer noch von
menschlichen Akteur:innen programmiert und gestaltet (Klinger und Svensson 2018).
Daher ist ein Erinnerungsstoppbild des digitalen Zeitalters weniger ein einzelnes Bild
als vielmehr ein Cluster von Bildern (Müller 2020) – entweder ein digitaler Cluster
ähnlicher Bilder, die von Algorithmen zusammengestellt wurden (wie bei der Google-Bildersuche), oder ein Cluster angeeigneter Bilder (wie Memes), die einige erkenn-
bare Merkmale des Originalfotos aufweisen. Das kommunikative Gedächtnis in der
digitalisierten hybriden Medienumgebung entsteht also vor allem durch die aktive
Auseinandersetzung mit Bildern und das Herstellen von Verbindungen zwischen Bildern.

4. Schlussfolgerung

In diesem Aufsatz habe ich argumentiert, dass Zirkulation und partizipatorische Kultur das visuelle kommunikative Gedächtnis in signifikanter Weise prägen. Digitale
Bilder können wie Fotografien in der vordigitalen Ära zu Gedächtnisstützen werden,
aber es gibt zwei wesentliche Unterschiede in der heutigen Medienlandschaft. Erstens ermöglicht das digitale Format von Bildern und Filmmaterial eine besondere
Plastizität, die das Ausmaß erhöht, in dem Individuen mit öffentlich verfügbaren Bildern neue Bedeutungen erzeugen können. Ein Bild kann ikonisch werden und eine
„compact form of memorizing" (Sontag 2003, 22) an eine Epoche oder ein Ereignis
werden, da es von Plattform zu Plattform zirkulieren muss, indem es von den Menschen genutzt und produziert wird. Das Bild wandelt sich je nach den Affekten und
der Politik derjenigen, die sich mit dem Bild beschäftigen. Die Alan-Kurdi-Fotos und
die Bearbeitungen des Motivs sind ein Beispiel dafür (zur Analyse siehe Horsti
2019b). Zweitens erzeugt die Vervielfältigung von Bildern, die durch neue mobile und
digitale Technologien möglich geworden ist, nicht nur ein einziges Standbild, das eine Epoche oder ein Ereignis repräsentiert, sondern eine digitale Ansammlung ähnlicher Bilder.

Im Fall der gefährlichen Grenzübertritte und des Todes von Migranten an den europäischen Grenzen umfasst die wieder auftauchende Visualisierung Bilder von Booten und Schlauchbooten voller Menschen und Schwimmwesten. Bilder der tödlichen
Grenze und ihrer Folgen – sowohl ursprüngliche als auch bearbeitete – ziehen sich
durch alle Medienplattformen und Genres. Die Motive in den Bildern können rematerialisiert werden, indem Objekte gezeigt werden, die in digital geteilten Bildern auf-

tauchen. Objekte wie hölzerne nordafrikanische Fischerboote, die von „Schleusern" oder „Menschenschmugglern" benutzt werden, sowie Schwimmwesten haben eine Aura der Authentizität, die ihre Ausstellung in Museen und Kunstinstallationen rechtfertigt. Und wiederum verstärken visuelle Bilder, die diese Installationen sowohl in öffentlichen Medien als auch in den sozialen Medien zeigen die affektive Kraft bestimmter materieller Objekte. Eine Rettungsweste, die von einer:m Migranten:in – tot oder lebendig – getragen wird, wird durch die mediale Hyper-Sichtbarkeit bekannt, dann wird sie in einer Museumsausstellung oder einer Kunstinstallation als authentisches Zeugnis einer Katastrophe gezeigt, die wiederum von der Öffentlichkeit fotografiert und geteilt wird. Bedeutungen wandern von einer Plattform und einem Genre zum anderen, von materiellen Artefakten zu digitalisierten Bildern und umgekehrt. Die visuelle kommunikative Erinnerung an eines der wichtigsten Themen im heutigen Europa wird durch Zirkulation und Partizipation erzeugt.

5. Literatur

Adam, Barbara. „History of the future: paradoxes and challenges". *Rethinking History* 14.3 (2010): 361–378.

Assmann, Jan. „Collective memory and cultural identity". *New German Critique* 65 (1995): 125–133.

Barthes, Roland. *Camera lucida: Reflections on photography*. New York: Hill & Wang, 1981.

Benkler, Yochai. *The Wealth of Networks: How Social Production Transforms Markets and Freedom*. New Haven, CT: Yale University Press, 2006.

Boudana, Sandrine, Paul Frosh, und Akiba A. Cohen. „Reviving icons to death: when historic photographs become digital memes". *Media, Culture & Society*, 39.8 (2017): 1210–1230.

Drüeke, Ricarda, Elisabeth Klaus, und Anita Moser. „Spaces of identity in the context of media images and artistic representations of refugees and migration in Austria". *European Journal of Cultural Studies* 24.1 (2021): 160–183.

Frosh, Paul, und Amit Pinchevski. „Introduction: Why Media Witnessing? Why Now?". *Media Witnessing: Testimony in the Age of Mass Communication*. Hg. Paul Frosh, und Amit Pinchevski. Cham: Palgrave, 2009. 1–19.

Giubilaro, Chiara. „(Un)Framing Lampedusa: Regimes of Visibility and the Politics of Affect in Italian Media Representations". *Border Lampedusa: Subjectivity, Visibility and Memory in Stories of Sea and Land*. Hg. Gabriele Proglio, und Laura Odasso. Cham: Palgrave, 2017. 103–117.

Hariman, Robert, und John L. Lucaites. *No Caption Needed: Iconic Photographs, Public Culture, and Liberal Democracy*. Chicago: University of Chicago Press, 2007.

Horsti, Karina. „Visibility without Voice: Media Witnessing Irregular Migrants in BBC Online News Journalism". *African Journalism Studies* 37.1 (2016): 1–20.

Horsti, Karina. „Communicative memory of irregular migration: the re-circulation of news images on You Tube". *Memory Studies* 10.2 (2017a): 112–129.

Horsti, Karina. „Digital islamophobia: The Swedish woman as a figure of pure and dangerous whiteness". *New Media and Society* 19.9 (2017b): 1440 –1457.

Horsti, Karina. „Curating Objects from the European Border Zone: The ‚Lampedusa Refugee Boat'". *The Politics of Public Memories of Forced Migration and Bordering in Europe*. Hg. Karina Horsti. Cham: Palgrave, 2019a. 53–70.

Horsti, Karina. „Refracting the analytical gaze: Studying media representations of migrant death at the border". *Sage Handbook on Media and Migration*. Hg. Kevin Smets, Koen Leurs, Myria Georgiou, Saskia Witteborn, und Radhika Gajjala. Sage, 2019b. 142–155.

Hoskins, Andrew. „Digital network memory". *Mediation, Remediation, and the Dynamics of Cultural Memory*. Hg. Astrid Erll, und Ann Rigney. Berlin: De Gruyter, 2009. 91–106.

IOM. *Missing migrants: Migration within the Mediterranean.* https://missingmigrants.iom.int/region/mediterranean. 2021.

Kay, Matthew, Cynthia Matuszek, und Sean A. Munson. „Unequal Representation and Gender Stereotypes in Image Search Results for Occupations". *Proceedings of the 33rd Annual ACM Conference on Human Factors in Computing Systems (CHI '15)*. Association for Computing Machinery, New York, NY, USA (2015): 3819–3828.

Klinger, Ulrike, und Jakob Svensson. „The end of media logics? On algorithms and agency". *New Media & Society* 20.12 (2018): 4653–4670.

Knudsen, Britta T., und Carsten Stage. (2013) „Online war memorials: YouTube as a democratic space of commemoration exemplified through video tributes to fallen Danish soldiers". *Memory Studies* 6.4 (2013): 418–436.

Livingstone, Sonia. „On the Mediation of Everything: ICA Presidential Address 2008". *Journal of Communication* 59.1 (2009): 1–18.

Mitchell, William J.T. *What do pictures ‚really' want?* Cambridge, MA: The MIT Press, 1996.

Mortensen, Mette. „Constructing, confirming, and contesting icons: The Alan Kurdi imagery appropriated by #humanitywashedashore, Ai Weiwei, and Charlie Hebdo". *Media, Culture & Society* 39.8 (2017): 1142–1161.

Mortensen, Mette, und Hans-Jörg Trenz. „Media morality and visual icons in the age of social media: Alan Kurdi and the emergence of an impromptu public of moral spectatorship". *Javnost – The Public* 23.4 (2016): 343–362.

Musarò, Pierluigi. „Mare Nostrum: The Visual Politics of a Military-Humanitarian Operation in the Mediterranean Sea". *Media, Culture & Society* 39.1 (2017): 11–28.

Müller, Michael R. „Image Clusters: A Hermeneutical Perspective on Changes to a Social Function of Photography". *Forum: Qualitative Social Research* 21.2 (2020): 1–35.

Prøitz, Lin. „Visual social media and affectivity: the impact of the image of Alan Kurdi and young people's response to the refugee crisis in Oslo and Sheffield". *Information, Communication & Society* 21.4 (2017): 548–563.

Russmann, Uta, und Jakob Svensson. „Introduction to Visual Communication in the Age of Social Media: Conceptual, Theoretical and Methodological Challenges". *Media and Communication* 5.4 (2017): 1–5.

Schreiber, Maria. *Digitale Bildpraktiken. Handlungsdimensionen visueller vernetzter Kommunikation.* Wiesbaden: Springer VS, 2020.

Silverstone, Roger. *Media and Morality: On the Rise of the Mediapolis.* Cambridge: Polity, 2007.

Sonnevend, Julia. *Stories Without Borders: The Berlin Wall and the Making of Global Iconic Event.* Oxford: Oxford University Press, 2016.

Sontag, Susan. *Regarding the Pain of Others.* New York: Picador, 2003.

UNITED. *List of refugee deaths.* https://unitedagainstrefugeedeaths.eu/about-the-campaign/about-the-united-list-of-deaths/. 2021.

Valaskivi, Katja, und Johanna Sumiala. „Circulating social imaginaries: Theoretical and methodological reflections". *European Journal of Cultural Studies* 17.3 (2014): 229–243.

Van Dijck, Joanne. *The Culture of Connectivity: A critical history of social media.* Oxford: Oxford University Press, 2013.

Violi, Patrizia. „Trauma Site Museums and Politics of Memory". *Theory, Culture & Society* 29.1 (2012): 36–75.

Zelizer, Barbie. *Covering the Body: The Kennedy Assassination, the Media and the Shaping of Collective Memory*. Chicago: University of Chicago Press, 1992.
Zelizer, Barbie. *About to Die: How news images move the public*. Oxford: Oxford University Press, 2010.

Automatische Übersetzung ins Deutsche
durchgesehen von Christine Lohmeier und Christian Pentzold.

Elke Grittmann

13 Visuelle Erinnerungskommunikation in mediatisierten Öffentlichkeiten

1. Einleitung

Seit der Antike kommt Bildern im europäischen Raum eine wichtige Funktion in Erinnerungsprozessen zu.[1] Wie die Historikerin Frances Yates in ihrer Studie „Art of Memory" (Yates 2001, zuerst 1966) aufzeigt, hat bereits Cicero die Bedeutung von Bildern in Zusammenhang mit Orten für das Erinnern in seinem Werk „De Oratore" überliefert (Yates 2001, 2–3). Cicero verdeutlicht dies an einem Erlebnis des griechischen Dichter Simonides von Ceos, der rund 500 Jahre v.u.Z. gelebt hat. Eines Tages sei der Dichter Simonides zu einem Gastmahl eingeladen worden. Während Simonides kurz vor das Haus gegangen war, weil dort angeblich Besucher auf ihn warteten, stürzte das Dach des Gebäudes ein und begrub die Gesellschaft unter den Trümmern. Nach der Legende wollten die Angehörigen ihre Toten bergen, diese waren jedoch nicht mehr identifizierbar. Simonidis sei jedoch in der Lage gewesen, Sitzordnung und Gesichter zu rekonstruieren, so dass er die Opfer des Unglücks identifizieren konnte. Nach Cicero soll Simonides aufgrund dieses Erlebnisses die Gedächtniskunst erfunden haben (Yates 2001, 11). Orte (loci) und (innere) Bilder (imagines) dienten dazu, Wissen zu ordnen und abzurufen (Yates 2001, 2).[2]

Während bei Cicero bzw. Simonides noch die innere Visualisierung in Bildern die entscheidende (Mnemo-)Technik des Erinnerns bildet, gewinnt mit der Erfindung der Fotografie im 19. Jahrhundert ein neues Medium eine zentrale Bedeutung im privaten wie öffentlichen Erinnern, dem diese, nun medientechnisch gestützte Funktion der Erinnerung und Vergegenwärtigung zugeschrieben wird. So meint die Kommunikationswissenschaftlerin Barbie Zelizer (1998, 5) materielle Fotografien, als sie Ende des 20. Jahrhunderts konstatiert: „Much of our ability to remember depends on images". Die Erfindung hat eine Zäsur dargestellt, die sich aus der gesellschaftlichen und wis-

---

1 Diese Einschränkung auf den europäischen Raum soll deutlich machen, dass sich die Forschung doch weitgehend auf den europäischen Raum bzw. den Global North bezieht. Gerade die Gebrauchsweisen und Zuschreibungen der Fotografie sind sozial und kulturell bedingt und sollen hier nicht universalisiert werden.

2 Dabei ist die Geschichte selbst noch in anderer Hinsicht interessant: Die Erfindung der Mnemotechnik wird mit dem Bedürfnis von Angehörigen, ihre Toten nach einer Katastrophe bergen, identifizieren und bestatten zu können, begründet. Diese Rekonstruktionsfunktion sehen heute professionelle Fotojournalist:innen in ihrem beruflichen Selbstverständnis in Krisen und Konflikten, indem sie beispielsweise Menschenrechtsverletzungen dokumentieren, die einer (späteren) Aufarbeitung dienen können. (Rehfeld 2022).

senschaftlichen Zuschreibung einer spezifischen medialen bzw. medientechnologischen Leistung der Fotografie als Speicher-, Erinnerungs- und Kommunikationsmedium speist. Die Zuschreibung bildet jedoch nur eine Bedingung visueller Erinnerungskommunikation. Die Praktiken und Bedeutungszuschreibungen in der Herstellung, Repräsentation und Distribution von Bildern, die dem Erinnern dienen, vollziehen sich zum andern unter spezifischen medientechnologischen Bedingungen und Strukturen von Öffentlichkeit und gesellschaftlichen Machtverhältnissen. Die aktuelle digitale Transformation hat auch Auswirkungen auf visuelle Kommunikation in öffentlichen Erinnerungsdiskursen. In den vergangenen 20 Jahren und unter den digitalen vernetzten Medienumgebungen haben sich nicht nur die Prozesse der Archivierung, Repräsentation und Ikonisierung visueller Erinnerungskommunikation gewandelt, die Kommunikation zwischen und in den diversen Arenen (Gerhards und Neidhardt 1991) oder Ebenen (Klaus 2017) verändert das (Macht-)Verhältnis öffentlicher, teilöffentlicher und privater visueller Erinnerungskommunikation. Ziel des Beitrags ist es, die bisherigen Ansätze und Konzepte visueller öffentlicher Erinnerungskommunikation in Hinblick auf ihre Tragfähigkeit für eine Erforschung visuellen öffentlichen Erinnerns unter aktuellen digitalen Transformationsprozessen zu prüfen und diese auf ihren Ertrag und ihre Leerstellen zu diskutieren. Die Fotografie ist in der bisherigen Forschung ein bedeutsamer Forschungsgegenstand. Darauf konzentriert sich auch der Beitrag maßgeblich.

Der Beitrag entwickelt zunächst eine Definition von visueller Kommunikation und Erinnern in mediatisierten Öffentlichkeiten. Im ersten Schritt wird die Forschung zu öffentlichen Bildern im sozialen und kollektiven Gedächtnis bis hin zu visueller Erinnerungskommunikation als Teilgebiet der Kommunikationswissenschaft in den inter- und transdisziplinären *memory studies* verortet, indem das Verhältnis von visueller Kommunikation, Erinnern und Öffentlichkeit theoretisch aus einer sozialkonstruktivistischen und diskurstheoretischen Perspektive in Beziehung gebracht wird. Dazu wird der von Smits (2021) eingeführte Begriff des „visual public memory" aus kommunikationswissenschaftlicher Perspektive theoretisch weiterentwickelt, um der Bedeutung von visuellen Kommunikationsprozessen und den technologischen, sozialen und kulturellen Bedingungen im öffentlichen Erinnern stärker Rechnung zu tragen.

Die medien- und kommunikationswissenschaftliche Erforschung öffentlicher visueller Erinnerungskommunikaton hat sich seit den 1990er Jahren zu einem, wenngleich nach wie vor überschaubaren Forschungsgebiet entwickelt. Das zuvor entwickelte Konzept öffentlicher visueller Erinnerungskommunikation dient als analytischer Rahmen, um bisherige Ansätze zu Funktionen, Praktiken und Repräsentationen öffentlichen visuellen Erinnerns systematisch vorzustellen und zu diskutieren. In der Forschung lassen sich drei Schwerpunkte bzw. Perspektiven unterscheiden: 1) Ikonen und Ikonisierung von Bildern, 2) visuelle Re-Aktualisierung von Vergangenheit in der Gegenwart – insbesondere im Kontext von Kommemorationsereignissen – und 3) die Beziehung zu medialen Vorbildern und Bedeutung medialer Kontextualisierung.[3] Der Beitrag konzentriert sich auf die Rolle der Fotografie, die seit ihrer Erfindung im 19. Jahrhundert als Erinnerungsmedium sui generis gilt (Olick 2017), und zeigt im Zwischenfazit nicht nur die Erträge, sondern auch die offensichtlichen Leerstellen auf.[4]

Der seit Beginn des ersten Jahrzehnts des 21. Jahrhunderts beobachtete signifikante Wandel der Institutionen, Strukturen und Praktiken wie Politiken des visuellen Erinnerns in Öffentlichkeiten durch die Entwicklung und Verbreitung digitaler Medientechnologien und die zunehmende Bedeutung der sozialen Medien fordern auch die bisherigen theoretischen Konzeptionen der kommunikationswissenschaftlichen visuellen öffentlichen Erinnerungsforschung heraus. Die Fokussierung auf visuelles Erinnern in journalistischen Medien ist nicht mehr ausreichend. Vor dem Hintergrund veränderter medientechnologischer Bedingungen soll im abschließenden Teil des Kapitels zunächst aufgezeigt werden, wie sich im Zuge der digitalen Transformation auch die Bedingungen und Rahmen visueller öffentlicher Erinnerungskommunikation wandeln. Durch Digitalisierung und dem Bedeutungsgewinn sozialer Medien im letzten Jahrzehnt und infolge von veränderten Prozessen der Verflechtung und Netzwerkbildung erscheint es notwendig, die digitalen Affordanzen für Bildverwendungen, die Re-Visionen, Auslöschungen, algorithmischen Dynamiken und den Einfluss der Intermediäre stärker zu berücksichtigen. Damit verbunden ist auch eine Fokussierung auf Konflikt, Machtstrukturen, Hegemonialität und transnationale Prozesse im visuellen öffentlichen Erinnern, wie sie erste Ansätze und Konzepte bereits aufgreifen. Diese sollen abschließend beispielhaft vorgestellt werden, bevor im Fazit mögliche Perspektiven diskutiert werden.

2. Visual Public Memory – zur Integration von Visueller Kommunikationsforschung und *memory studies*

2.1 Fotografie als Medium des (öffentlichen) Erinnerns – Zuschreibung und Verortung in der Forschung

Keinem Medium wird eine solche Leistung für das Erinnern zugeschrieben wie der Fotografie. Nach Jeffrey Olick (2014, 21) ist die Fotografie „clearly one of the most important media of memory; indeed it can be, and often is, mnemonic at is core. We use

---

3 Ein weiteres, gerade durch die Digitalisierung an Relevanz gewinnendes Themenfeld betrifft Bildarchive und -datenbanken und die Archivierung von Bildern. Ich gehe im Beitrag nur am Rande darauf ein, s. den Beitrag von Leif Kramp in diesem Band.

4 Ich berücksichtige dabei auch einige Arbeiten aus anderen Disziplinen, sofern sie sich mit Fotografie in öffentlicher Erinnerungskommunikation befassen (z.B. Brink 1998, Knoch 2003).

photographs as *aides-mémoire*" (Herv. i.O.). Dabei sei nicht nur die Fotografie mnemonisch, Erinnerung selbst sei „in some ways, photographic" (ebd.). Seit der Erfindung der Fotografie im 19. Jahrhundert wurde ihr die Funktion zugeschrieben, eine Spur der Wirklichkeit zu sein, die durch die analoge Technologie gewährleistet wird. Auch um die Beziehung der Fotografie zum Prozess des Erinnerns zu beschreiben, hält Jens Ruchatz das Konzept der „Spur" („trace") für besonders ertragreich: „What is certified to have been present, but is no more, can be looked at as if it still was. [...] Accordingly, the photographic trace may be the only representation of an event that incorporates its absence" (Ruchatz 2008, 370). Der wissenschaftliche Diskurs über diese Zuschreibung als realitätsbezogenes Medium und die vielfältige theoretische Kritik aus konstruktivistischer, diskurstheoretischer und repräsentationskritischer Perspektive ist inzwischen so breit, dass er hier nicht nachgezeichnet werden kann, auch der Umbruch von der analogen zur digitalen Fotografie löste eine weitere Debatte über die neuen Gebrauchsweisen und Leistungen der Fotografie aus (z. B. Gerling et al. 2018). Fotografie hat aber nach wie vor eine wichtige Funktion in der Erinnerungskommunikation. Wie Fotografie genutzt wird, wie mittels Fotografie erinnert wird, damit haben sich Forschungen aus ganz unterschiedlichen Disziplinen befasst.

Seit gut drei Jahrzehnten erhalten auch visuelle Medien in öffentlichen Erinnerungskulturen und -diskursen verstärkt Aufmerksamkeit im interdisziplinären Feld der *memory studies*. Dazu haben maßgeblich die Literatur-, Kultur- und Medienwissenschaften, Geschichtswissenschaft, die Politikwissenschaft sowie die Kunstgeschichte und die Visual Studies beigetragen. Die Forschung befasst sich vor allem mit dem audiovisuellen Medium Film in Kino und Fernsehen, seltener mit der Fotografie. Anhand ausgewählter Publikationen im deutschsprachigen Raum wird diese Forschung an dieser Stelle kurz skizziert: In den Literatur-, Kultur- und Medienwissenschaften hat beispielsweise Sven Kramer mit dem Herausgeberband „Shoah im Bild" (2003) Studien von Kunst- und Filmhistoriker:innen, Historiker:innen, Literatur- und Medienwissenschaftler:innen zusammengebracht, ebenso Astrid Erll und andere zu verschiedenen historischen Ereignissen und Themen im Film, Fernsehen und Literatur (z. B. Erll und Wodianka 2008) oder Judith Keilbach zum Fernsehen (Keilbach et al. 2019). Historiker:innen wie Gerhard Paul, Annette Vowinckel, Jens Jäger und andere Wissenschaftler:innen, u. a. am Leibniz-Zentrums für Zeithistorische Forschung Potsdam, trugen maßgeblich zur Entwicklung und Begründung der „Visual History" bei, die sich nicht nur aus historischer Perspektive mit dem Beitrag verschiedener visueller Medien, sondern auch mit der Rolle von Fotografien in der öffentlichen Erinnerung beschäftigt[5]. Ebenso finden sich in der Politikwissenschaft oder Soziologie Arbeiten, die sich mit Bildpolitiken und Erinnerung auseinandersetzen, z. B. Lene Hansens Ver-

---

5 Vgl. dazu die einschlägigen Publikationen zur Bildforschung in der Zeitschrift „Zeithistorische Forschungen" (https://zeithistorische-forschungen.de) und den Blog „Visual History" des Leibniz-Zentrums für Zeithistorische Forschung Potsdam (https://visual-history.de/).

öffentlichung zu den Abu Ghraib-Fotos (Hansen 2015) oder Harald Welzers Beitrag in dem von ihm herausgegebenen Band zum „Gedächtnis der Bilder" (1995). Auffällig ist, dass bei den untersuchten Bildern der Fotografie oder Analysen von Filmen eine große öffentliche Resonanz oft als gegeben vorausgesetzt wird oder die Veröffentlichungsweisen von Medieninstitutionen wie Fernsehen, aber auch von Museen und Initiativen in Ausstellungen und Broschüren (z.B. Brink 1998) als wichtige Akteure einer Öffentlichkeit, zum Ausgangspunkt der Überlegungen gemacht werden.

Vor diesem Hintergrund ist zu fragen, welchen Beitrag die Visuelle Kommunikationsforschung für die *memory studies* leistet bzw. leisten kann? Um diese Frage zu beantworten und die bisherigen Ansätze und Erkenntnisse nicht nur systematisch aufzubereiten, sondern auch in Hinblick auf aktuelle Transformationen zu diskutieren, ist die Arbeit an den theoretischen Konzepten und Begriffen notwendig. Dazu sollen im nächsten Schritt zunächst die Konzepte von visueller Kommunikation, Öffentlichkeit und Erinnern erarbeitet und dann zueinander in Beziehung gesetzt werden.

2.2 Visuelle Kommunikation, Erinnern und Öffentlichkeit

Thomas Smits (2021) hat jüngst das Konzept des visuellen öffentlichen Erinnerns/Gedächtnisses (Visual Public Memory) vorgeschlagen, um jenes Feld zu bezeichnen, das sich mit öffentlichen sichtbaren Erzeugnissen befasst, die der Erinnerung dienen. Smits bezieht den Begriff des öffentlichen Erinnerns aus dem kulturwissenschaftlichen Verständnis von öffentlichen kulturellen Institutionen, das Museen, Denkmäler, Ausstellungen einbezieht (ähnlich auch z.B. Assmann 2007, s. ausführlich dazu den Beitrag von Menke und Grittmann in diesem Band), um ihn im weiten Sinne auf alle öffentlich zugänglichen Zeugnisse zu erweitern, die visuell zur Erinnerung beitragen. Konkret analysiert Smits das öffentliche visuelle Erinnern an eine soziale Bewegung der 1960er Jahre u.a. in Zeitungen, Magazinen, Ausstellungen und im Dokumentarfilm. Ausgearbeitet ist das Konzept jedoch nicht. Weder die Frage, was unter Öffentlichkeit zu verstehen ist, noch die Unterscheidung zwischen visuellem Zeugnis/Medium (z.B. Bild) und Sichtbarkeit (z.B. eines Gebäudes) werden behandelt. Um dieses Konzept des Visual Public Memory zu präzisieren, soll hier von „visueller Erinnerungskommunikation in mediatisierten Öffentlichkeiten" gesprochen werden. Das mag recht sperrig klingen, wo die Formel „Memory and Photography" (Shevchenko 2017) weitaus prägnanter daherkommt. Aus kommunikationswissenschaftlicher Perspektive erscheint dieser Begriff jedoch in mehrfacher Hinsicht ertragreich, um ein Feld zu umreißen, das bislang in sehr diversen Konzepten behandelt worden ist, wie im Folgenden argumentiert wird. Dazu werden die Konzepte visuelle Kommunikation, Medien und Öffentlichkeit und Erinnern in Bezug zueinander gebracht.

2.2.1 Ziele und Gegenstand der Visuellen Kommunikationsforschung

Ähnlich wie die kommunikationswissenschaftliche Erinnerungsforschung ist auch die Visuelle Kommunikationsforschung ein jüngeres Forschungsgebiet, das der zunehmenden Visualisierung in mediatisierten Gesellschaften Rechnung trägt. Sie stellt eine „spezifische ‚disziplinäre Bildforschung'" dar (Lobinger und Venema 2019, 2), die als Forschung der Kommunikation in Bildern und der Kommunikation durch Bilder definiert werden kann. Während sich die „Kommunikation in Bildern" auf die Repräsentationen in ihren technischen, materiellen und ästhetischen Dimensionen bezieht, richtet sich das Interesse an der „Kommunikation durch Bilder" auf die sozialen Praktiken, Strukturen und Bedingungen (u. a. politisch, historisch, sozial, technologisch), unter denen kommuniziert wird. Zentraler Gegenstand der Visuellen Kommunikationsforschung sind so genannte „‚Medienbilder' bzw. medial vermittelte Bilder" (Lobinger und Venema 2019, 2), also Bilder, die erstens in materialisierter Form vorliegen oder erscheinen (in diesem Sinn auch digital) und zweitens medial, also mittels Kommunikationsmedien verbreitet werden (z. B. in Zeitung, Werbeflyer, Wahlplakat, Fernsehen, vgl. dazu Lobinger 2012, 68–69).

Die Unterscheidung von Materialität und Verbreitung ist keineswegs trivial, denn sie berührt Grenzen und Entgrenzungen visueller Kommunikation. Der Medienbilderbegriff ist vorrangig in Bezug auf Bilder in Massenmedien genutzt worden und dadurch konnotiert. Mit der Digitalisierung und dem Erfolg sozialer Medien sind neue Möglichkeiten der Bildkommunikation entstanden, sowohl in Hinblick auf die Produktion (z. B. Datenvisualisierung) als auch die Verbreitung. Daher wird hier insgesamt von medialen Bildern gesprochen. Sinnvoll erscheint es auch, die analytische Trennung von Text und Bild beizubehalten, gerade weil Medien nach William J.T. Mitchell nie allein visuelle, sondern stets gemischte Medien sind (Mitchell 2008, 323), eine These, die auch Grundlage der aktuellen multimodalen Kommunikationsforschung und ihrer Unterscheidung verschiedener „modi" bildet.

Eine medienzentrierte Abgrenzung der visuellen Kommunikation ist jedoch nur ein erster Zugang, um die Forschungsgegenstände zu umreißen. Mit dem Begriff der Bildkommunikation – wobei die Betonung auf Kommunikation liegt – lassen sich im Anschluss an Isermann auch die Bedingungen, Strukturen und Praktiken der Produktion, Be- und Verarbeitung/Postproduktion, Präsentation und Distribution von Bildern einschließen (Isermann 2015). Die Visuelle Kommunikationsforschung hat sich als Teilgebiet der Kommunikationswissenschaft vorrangig mit der Bildkommunikation jener gesellschaftlichen Institutionen oder Teilsysteme befasst, die öffentliche Kommunikation maßgeblich bestimmen, wie Massenmedien (Journalismus, fiktionale Angebote), Politik (politische Kommunikation) und Wirtschaft (Werbung und Public Relations), während die Bilderwelten beispielsweise der Kunst, Bildung, Medizin und Wissenschaft oder des Rechts den Gegenstandsbereich der Kultur-, Kunst- oder Medienwissenschaft und anderer Disziplinen bildet.

Die Fotografie hat zudem seit dem 19. Jahrhundert maßgeblich zur Visualisierung der interpersonalen Kommunikation beigetragen, zu den sozialen Gebrauchsweisen der Fotografie hatten Bourdieu et al. bereits wegweisend in den 1960er Jahren ethnografisch geforscht (Bourdieu u. a. 2006 [zuerst 1965]. Doch erst seit Entwicklung der digitalen Medien, der zunehmend digital und medial gestützten Bildproduktion und ihrem Austausch befasst sich auch die Visuelle Kommunikationsforschung verstärkt mit diesen digitalen sozialen Bildpraktiken und -welten (z. B. Schreiber 2020). Das Forschungsgebiet der Visuellen Kommunikationsforschung mag somit zunächst eher durch willkürliche Grenzziehungen geprägt erscheinen, ein entscheidender Bezugsrahmen ist jedoch jener Kommunikationsraum, der den kommunikativen Austausch der Gesellschaft ermöglicht: die Öffentlichkeit.

2.2.2 Das Konzept der mediatisierten Öffentlichkeit

Das Konzept der Öffentlichkeit ermöglicht, ein Modell der *visual public memory studies* zu entwickeln, visuelle Kommunikation und Erinnern aufeinander zu beziehen und zu integrieren. Dieses Modell beinhaltet sowohl eine sozialräumliche als auch eine metaphorische Konzeption von Kommunikationsbedingungen in Gesellschaften (s. dazu ausführlich den Beitrag von Menke und Grittmann in diesem Band). Der Begriff der Öffentlichkeit ist mit Vorstellungen freier Zugänglichkeit von Orten, Themen und Vorgängen, wie beispielsweise Wissensbeständen verbunden (Nuernbergk 2021, 1063), aber auch der diskursiven Auseinandersetzung, der Debatten und Konflikte, die in der Öffentlichkeit ausgetragen werden können. In den wissenschaftlichen Theorien von Öffentlichkeit(en) ist die Möglichkeit offener Kommunikation, kommunikativer Diskurse und die Existenz eines offenen Kommunikationsraums konstitutiv. Die noch unter vor-digitalen Bedingungen entwickelten Öffentlichkeitsmodelle differenzieren zwischen verschiedenen Arenen und Foren (Gerhards und Neidhardt 1991), die die Strukturen von Öffentlichkeiten bilden.

Für die Konzeption von Visual Public Memory ist jedoch die Weiterentwicklung von Klaus (2017) geeigneter, denn sie begreift Öffentlichkeit als einen dynamischen und vernetzten kulturellen wie gesellschaftlichen Selbstverständigungsprozess und betont die Dynamiken von Aushandlung, Deliberation und Konflikt (Klaus 2017, 22). Auch Klaus unterscheidet im Anschluss an das Drei-Ebenen-Modell von Gerhards und Neidhardt (1991, 49–59) die Arenen loser, episodischer Encounter, (organisierter) Versammlungsöffentlichkeiten und institutionalisierter massenmedialer Öffentlichkeit. Klaus erweitert jedoch die Ebenen in mehrfacher Hinsicht: Öffentlichkeit lässt sich nach Klaus als eine Sphäre einfacher, mittlerer und komplexer Ebenen bezeichnen, in denen wiederum eine Vielzahl von kleinen und großen Öffentlichkeiten entstehen, wobei die zivilgesellschaftlichen Gruppen und Gegenöffentlichkeiten in der mittleren Ebene mehr Gewicht erhalten und ihnen eine „Übersetzungsfunktion" (Klaus 2017, 23) zugeschrieben wird. Auch die komplexe Ebene zeichnet sich durch eine Pluralität von

Öffentlichkeiten aus, zu denen nach Klaus auch die Kommunikation von Regierungen, Parlamenten, aber auch „die PR- und Lobbyarbeit großer Unternehmen" zählt (Klaus 2017, 20). Öffentlichkeit konstituiert sich somit über (Teil-)Öffentlichkeiten unterschiedlicher Akteursgruppen, die zugleich durch Macht und Hierarchien geprägt sind. Angesichts der Digitalisierung der Kommunikation hat Klaus eine stärkere Durchlässigkeit der Ebenen in ihr Modell integriert (Klaus 2017, 20).

Unter den Bedingungen digitaler Medienumgebungen ist kritisiert worden, die Ebenen ließen sich „praktisch und analytisch kaum noch klar trennen" (Nuernbergk 2020, 1065), weil strukturelle technische, rechtliche und ökonomische Voraussetzungen, Rollendifferenzierung und Anzahl der Kommunikationsteilnehmenden nicht mehr zur Unterscheidung herangezogen werden könnten (ebd.). Entsprechend sei Öffentlichkeit als „Ergebnis einer *komplexen, netzartigen Struktur vielfacher Teilöffentlichkeiten*" zu verstehen (Nuernbergk 2020, 1065, Herv. i.O.). Die Differenzierung von Ebenen erscheint jedoch keinesfalls obsolet, weil damit auch unterschiedliche Leistungen, Interessen und Ziele dieser Akteur:innen in und für die Öffentlichkeit verbunden sind, mögen sich die Machtverhältnisse auch verschoben haben.

Mit der Digitalisierung wird der Wandel öffentlicher Kommunikation auch deshalb nur unzureichend beschrieben, weil damit allein der (medien-)technologische Prozess im Vordergrund steht. Dieser technologische Prozess stellt jedoch nur eine Seite der Entwicklung dar. Zwar können digitalen Medien und Medieninfrastrukturen ihre „Prägkraft" in Lebenswelten entfalten (Krotz und Hepp 2012, 11) und spezifische Affordanzen erzeugen, wie sich die Kommunikation gestaltet, hängt aber schließlich ebenso vom sozialen bzw. kommunikativen Handeln ab. Im Anschluss an dieses Verständnis von „Mediatisierung" nach Hepp und Krotz (2012) sind daher auch Öffentlichkeiten aktuell als mediatisierte Öffentlichkeiten zu verstehen. Öffentliche Kommunikation und Medien sind wie nie zuvor miteinander verschränkt.

2.2.3 Visuelles Erinnern und mediatisierte Öffentlichkeit(en)

In verschiedenen Ebenen und Teilöffentlichkeiten wird auch Vergangenheit in und durch mediale Bilder rekonstruiert und verhandelt. Dass sich Erinnerung nicht (nur) individuell, sondern auch in sozialen Rahmen formiert, ist eine der wesentlichen Grundannahmen in den *memory studies*. Erinnern ist als ein Prozess zu verstehen, der aus der Gegenwart heraus Vergangenheit rekonstruiert (Erll 2017, 6; vgl. auch Pentzold et al. in diesem Band). Bereits in Maurice Halbwachs' Theorie des kollektiven Gedächtnisses ist die soziale Formierung jener „cadres sociaux" gemeinsamer Erinnerung wesentlich (Halbwachs 1985), in ihnen ermöglicht Erinnern Gruppenbildung und Identitätsbildung.

Die Gedächtnis- und Erinnerungstheorien sind inzwischen um Modelle sozialer, kultureller, kommunikativer Gedächtnisse und Erinnerungen erweitert worden (zum Überblick Erll 2017), die von einigen Autor:innen synomym verwendet werden (dazu

Birkner und Donk 2020). Aus kommunikationswissenschaftlicher Perspektive eröffnet gerade das Konzept des „visuellen öffentlichen Erinnerns" Perspektiven auf jene spezifischen medialen Bilder, die auf unterschiedlichen Ebenen und in unterschiedlichen Foren der Öffentlichkeit(en) erzeugt, publiziert und distribuiert werden und somit in visuellen Kommunikationsprozessen eingebunden sind. Dieses Visual Public Memory charakterisiert im Anschluss an das Modell von Klaus eine Vielzahl von Teilöffentlichkeiten, die sich in unterschiedlichen Ebenen komplexer, mittlerer und einfacher Öffentlichkeiten bewegen. Dabei stellt massenmediale (visuelle) Öffentlichkeit nur eine, wenngleich komplexe Öffentlichkeit dar. Visual Public Memory bzw. visuelle Erinnerungskommunikation in mediatisierten Öffentlichkeiten meint nicht nur Erinnern in Bildern und durch Bilder der massenmedialen Kommunikation, sondern auch visuelles öffentliches Erinnern in beispielsweise politischen, sozialen und wirtschaftlichen Räumen und Interaktionen. Den Blick auch auf die Bedingungen und Praktiken der Kommunikation zu richten, bedeutet auch, die Diskurse, in denen Bilder eingesetzt und gedeutet werden, einzubeziehen.

Wie Zelizer (1998, 7) bereits hervorgehoben hat, prägt visuelles öffentliches Erinnern in der Gegenwart – speziell durch Fotografie – nicht nur jeweils bevorzugte Bedeutungen. Was sichtbar werden kann, hängt ebenso von den Praktiken der Archivierung ab, von den „strategies by which images are made and collected, retained and stored, recycled and forgotten" (Zelizer 1998, 7). Dies unterstreicht, dass visuelle Erinnerungskommunikation seit jeher von Machtstrukturen geprägt und von (ökonomischen) Ressourcen abhängig ist sowie in digitalen Medienumgebungen neuen Dynamiken unterworfen wird.

Auf der Grundlage der Theorien und Konzepte von visueller Kommunikation, medialer Bilder und Öffentlichkeit lässt sich visuelle öffentliche Erinnerungskommunikation auf den drei Ebenen und Teilöffentlichkeiten und deren kommunikative Verflechtungen analytisch differenzieren und gleichzeitig aufzeigen, dass einige Teilöffentlichkeiten und Räume bislang wenig Beachtung in der Forschung gefunden haben, die im Zuge digitaler Medienkommunikation aber an Bedeutung gewinnen. Ausgehend von diesem Verständnis visueller Kommunikation, Öffentlichkeit und Erinnern werden im Folgenden die Theorien und das Forschungsfeld der visuellen öffentlichen Erinnerungskommunikation als Teilgebiet kommunikationswissenschaftlicher Erinnerungsforschung vorgestellt.

3. Von Bildern im kollektiven Gedächtnis zur visuellen öffentlichen Erinnerung – theoretische Perspektiven

Wenn wir uns den einflussreichen theoretischen Konzeptionen zum Verhältnis von Bildern, Erinnern/Gedächtnis und Öffentlichkeit im Zeitverlauf widmen, dann fällt eine bemerkenswerte Übereinstimmung mit den in der kulturwissenschaftlichen Gedächtnis- und Erinnerungsforschung identifizierten „Wellen" der Theoriebildung und empirischen Forschung (dazu u.a. Erll 2017, Merrill 2019) auf. Die Begründung der Kollektiven Gedächtnisforschung wird in der „ersten Welle" nicht nur dem französischen Soziologen Maurice Halbwachs zugeschrieben (Erll 2017), sondern unter anderen auch dem Hamburger Kunst- und Kulturwissenschaftlers Aby Warburg, der mit seinen theoretischen Konzeptionen zu Bild und Gedächtnis und Analysen eine der zentralen theoretischen Grundlagen der Gedächtnis- und Erinnerungsforschung im Global North entwickelt hat.

Eine neue theoretische Auseinandersetzung mit der Funktion von Bildern und kollektivem Gedächtnis ist im Zuge einer verstärkten empirischen Erforschung in dem zweiten „Memory Boom" seit Beginn der 1980er und 1990er Jahren im 20. Jahrhundert zu beobachten. Die Auseinandersetzung mit der Rolle von Vergangenheitskonstruktionen für Identität und Kollektivität von Nationen, die diese Phase prägt, setzt sich auch in den Konzeptionen von Bild/Fotografie und kollektivem Gedächtnis fort. Die Bedeutung von medialen Bildern/Fotografien für ein kollektives Gedächtnis werden maßgeblich im nationalstaatlichen Rahmen diskutiert und auf (journalistische) Massenmedien als zentrale Institutionen dieses Bildgedächtnisses bezogen.

Die „dritte Welle" der *memory studies* befasst sich zunehmend mit den Veränderungen von Erinnerung und Gedächtnis unter den Bedingungen der Digitalisierung und Globalisierung. Dabei lassen sich zwei Stränge unterscheiden: Die Forschung zum „transnational memory" (de Cesari und Rigney 2014) oder „transnational turn" (Erll und Rigney 2018) diskutiert und erforscht (mediale) Erinnerung jenseits nationalstaatlicher und eurozentristischer Konzeptionen; der Wandel durch die Digitalisierung steht im Mittelpunkt der Forschung zum „digital network memory" oder „connective memory" (Hoskins 2009, 2017), die sich auch mit den Dynamiken visueller persönlicher und öffentlicher Erinnerungen befasst (z.B. van Dijck 2011; s.a. die Beiträge von Christina Sanko sowie von Keightley und Clini, beide in diesem Band).

3.1 Aby Warburg: Ikonologie, soziales Gedächtnis und Pathosformeln

Eine der ersten grundlegenden Theorien und ein Forschungsprogramm, das künstlerische wie öffentliche und Alltagsbilder als zentrale Gedächtnismedien und somit Träger eines sozialen Gedächtnisses fasst und analysiert, hat Aby Warburg (1866–1929) entwickelt. Warburg gilt nicht nur als einer der „wichtigsten Stichwortgeber[n] der gegenwärtigen Debatte in den Kulturwissenschaften" (Treml und Weigel 2018, 9), er hat auch der kulturwissenschaftlichen (Bild-)Gedächtnisforschung wichtige Impulse gegeben (z. B. Erll 2017). Es stellt eine Herausforderung dar, sein Forschungsprogramm kurz zusammenzufassen, denn Warburg hat es nicht in einer oder mehreren theoretischen Schriften gebündelt, sondern in über mehr als drei Jahrzehnten verfassten Studien und Analysen sowie dem Projekt der kulturwissenschaftlichen Bibliothek Warburg in Hamburg entwickelt. Eine Vorstellung seines Beitrags für eine Bildgedächtnisforschung soll daher entlang der von ihm geprägten Begriffe bzw. verfolgten Themen seiner Forschung erfolgen: die „Ikonologie" als theoretische Grundlage, das „Nachleben der Antike" als Gegenstand und die „Pathosformeln", „Menomosyne" und „Bilderfahrzeuge" (Warburg 2018) als Konzepte, die diese Forschung leiten. Sie sind hier deshalb ausführlicher behandelt, weil sie auch in der aktuellen Forschung rezipiert werden.

Die von Warburg begründete „Ikonologie", griechisch „Bildkunde", richtet ihr Interesse auf die Bedeutung und Funktion bildlicher Repräsentationen, und damit auf das „*Was* und *Warum* der Darstellung" (Diers 1993, 16, Herv. i. O.). Warburgs Theorie des Bildgedächtnisses, oder man müsste wohl besser sagen: des sozialen und psychischen Gedächtnisses in Bildern und durch Bilder, basiert wesentlich auf der Analyse des „Nachlebens der Antike" in der Kunst der Renaissance. Im Gegensatz zur zeitgenössischen stilgeschichtlichen Perspektive der Kunstgeschichte fasste Warburg Bilder als wesentlichen Beitrag bzw. „Symptom" der Kultur einer Zeit in Gesellschaften (Didi-Huberman 2001), als Dokumente einer „historischen Psychologie des menschlichen Ausdrucks" (Warburg 2018, 396, zuerst 1912/1913).

Warburg hat damit schon früh eine der forschungsleitenden Fragen der Erinnerungsforschung aufgeworfen: warum in einer spezifischen Zeit, einer Gesellschaft bestimmte Bildmotive und künstlerischen Formen aus einer spezifischen Epoche der Kulturgeschichte, einer Vergangenheit wiederbelebt werden und warum es gerade diese sind. Durch das Wiederaufgreifen von künstlerischen Formen und -motiven aus der Antike werden Bilder zu Trägern eines Gedächtnisses. Warburg hat diese Rezeption nicht als rein ästhetische, formalistische Rezeption und als individuelle Wahl der Künstler:innen begriffen, sondern vielmehr als „innere Notwendigkeit", die sich aus dem Ausdruck einer „psychic time" (Didi-Huberman 2001, 621). Sie artikulieren sich nach Warburg insbesondere in leidenschaftlichen Gesten- und Gebärdenmotiven, den sogenannten „Pathosformeln".

Mit dem Begriff der „Pathosformel" hat Warburg die affektive Dimension existenzieller Gebärdendarstellungen[6] benannt, die, so Didi-Hubermann, nicht in Begriffe

---

6 Dazu zählen beispielsweise Motive expressiver Emotionen in Gestik und Mimik, die Leid, Schmerz oder Entsetzen ausdrücken.

einer Semantik von Gebärdenbedeutungen zu übersetzen sei, sondern „in terms of a psychic symptomatology" (Didi-Huberman 2001, 622). In dem nach der Muse der Erinnerung benannten Bildatlas „Mnemosyne" hat Warburg Pathosformeln über Zeiten und Kulturen hinweg zusammengestellt (Warburg 2020). Um zu verstehen, warum Formen zu bestimmten Zeiten, an bestimmten Orten wieder aufgegriffen und verändert werden und in anderen Epochen eben nicht, bedarf es einer Analyse des historischen, sozialen, literarischen und philosophischen wie religiösen Kontextes. Seine von ihm gegründete Bibliothek in Hamburg war entsprechend in vier Etagen von der Abteilung „Bild" über „Orientierung" (Religion, Philosophie), „Wort" (Literatur) und „Handlung" (Geschichte) aufgebaut (Diers 1993, 18). Die Forschung, so formuliert es der Kunsthistoriker und Mitarbeiter Warburgs an der Bibliothek, Fritz Saxl im Jahr 1930, setze sich mit den „Wanderstraßen der Tradition" auseinander, um „allgemeine Schlüsse auf die Funktion des sozialen Gedächtnisses der Menschheit" zu ziehen (Saxl 1930, zitiert nach Diers 1993, 17). Warburg verstand die Bilder als „Bilderfahrzeuge", die durch Zeit, Raum und Kulturen wandern. Damit hat Warburg nicht nur eine inter- und transdisziplinäre Bildforschung begründet, die auch Bilder aus dem Alltag wie Anzeigen, Briefmarken oder Pressefotos als Gegenstand der Analyse wahrgenommen hat. Er hat Kunstwissenschaft zu einer Bildwissenschaft entwickelt, die Kultur als Gesamthorizont betrachtet und in der Folge Bilder problemzentriert über jegliche disziplinäre Grenzen hinweg untersucht. Warburgs Anliegen einer interdisziplinären Bildwissenschaft zeigt sich auch in der Rezeption seiner Konzepte in der kulturwissenschaftlichen Erinnerungsforschung in der „zweiten Welle"[7], in den theoretischen Ansätzen der kommunikationswissenschaftlichen Forschung zu Bildikonen und Ikonisierungsprozessen (3.2) und den Konzepten zur Rolle von Bildern im kollektiven bzw. öffentlichen Gedächtnis und Erinnern (3.3).

3.2 Fotografie als Medium des kollektiven Gedächtnisses und Erinnerns

Die zweite Welle der interdisziplinären wie auch speziell kommunikationswissenschaftlichen Auseinandersetzung mit Bildern im öffentlichen mediatisierten Erinnern seit Ende der 1980er/Anfang der 1990er Jahre im letzten Jahrhundert ist geprägt von

---

7 Warburgs Ikonologie wurde von seinem Hamburger Kollegen Erwin Panofsky mit der Ikonografie/Ikonologie weiterentwickelt, die sich mit der Tradierung von Bildmotiven und ihrer Bedeutung befasst. Vgl. die Rezeption zum Beispiel in den Arbeiten des Historikers Habbo Knoch (2003) zur Fotografie der NS-Verbrechen in den 1950er und 1960er Jahren in Westdeutschland oder Detlef Hoffmanns Studie zu Symbolisierungsstrategien in Bildern von Auschwitz (2003). Das Konzept einer internationalen Entgrenzung durch „Bilderfahrzeuge" ist in den vergangenen Jahren im Zuge des „transnational turn" in den Bildwissenschaften aufgegriffen worden, vgl. z.B. das gleichnamige internationale Forschungsprojekt „Bilderfahrzeuge", (Bilderfahrzeuge, o.D.).

einer starken Referenz zum „Kollektiven Gedächtnis", das nach Maurice Halbwachs rekonstruktiv, sozial geteilt und identitäts- und gemeinschaftsstiftend ist (z. B. Zelizer 1998; Hariman und Lucaites 2007), und zu Pierre Noras Konzept der „Lieux de mémoire", also kollektiver Erinnerungsorte (Hariman und Lucaites 2003). Wie Bilder zur kollektiven Erinnerung beitragen und wie sich diese visuelle Erinnerungskommunikation entwickelt, ist Gegenstand unterschiedlicher Ansätze und Modelle, die ich unter folgenden Begriffen klassifizieren und vorstellen werde: 1. Bildikonen und Ikonisierung, 2. Bildrepräsentation, -Ikonografie und -Ideologie und 3. Revisualisierung und Kontextualisierung.

3.2.1 Bildikonen und Ikonisierung im kollektiven Gedächtnis

Ausgangspunkt der „Bildikonen"-Forschung ist die Beobachtung, dass einige historische Fotos über einen längeren Zeitraum bis hin zu Jahrzehnten in der – medialen – Öffentlichkeit immer wieder gezeigt werden. Als „Ikone" (griech. Eikon = Bild) galten ursprünglich jene Bilder, die eine besondere Verehrung erfahren haben (als Kultbild in der orthodoxen Kirche), Bildikonen wird im heutigen Verständnis ein herausragender Status aufgrund ihrer Berühmtheit zugeschrieben (van Boven und Winkler 2021, 16). Im Kontext kollektiver Erinnerung werden darunter jene historischen Fotografien gefasst, die durch ihre vielfältige Publikation und Rezeption berühmt geworden sind und damit auch das kollektive Gedächtnis prägen. Dabei lassen sich drei Zugänge in der Bildikonenforschung unterscheiden, die teils verknüpft sind: Zum einen werden die Prozesse der Ikonisierung identifiziert, zum anderen Faktoren der Bildästhetik und Metonymie und die dritte Richtung widmet sich der Beziehung von Bild und Kontext. Die Forschung konzentriert sich – wenngleich nicht ausschließlich – auf fotojournalistische Bildikonen und schreibt journalistischen (Massen-)Medien in den Prozessen der Ikonisierung eine zentrale Rolle zu.

Prozessorientierte Faktoren oder Modelle entwickelten Perlmutter (1998), Hariman und Lucaites (2004, 2007) sowie Viehoff (2005). David Perlmutter schreibt den journalistischen Medien eine besondere Bedeutung im Prozess der Ikonisierung zu, indem sie die Bilder sehr schnell bekannt machen, prominent auf Titelseiten zeigen und häufig publizieren (Perlmutter 1998, 11–13). Ähnlich ist die mediale Verbreitung auch bei Hariman und Lucaites entscheidend. Ikonisch sind „those photographic images produced in print, electronic, or digital media that (1) have wide recognition, (2) are understood to be representations of historically significant event, (3) activate strong emotion, identification or response, and (4) are reproduced across a range of media, genres, or topics" (Hariman und Lucaites 2004, 4). Reinhold Viehoff geht davon aus, dass Bilder einen „Kanonisierungsprozess" durchlaufen müssen, um zu „Medienikonen" zu werden (Viehoff 2005, 117). In diesem Prozess unterscheidet er idealtypisch (1) zunächst die „Ritualisierung von Verwendungsweisen" speziell in journalistischen Medien und ihre Verankerung in Archiven (Viehoff 2005, 117). Bilder werden (2) in der Kunst reinszeniert und dann wiederum sekundär in den Medien reproduziert (3); sie finden in Konsum- und Alltagskulturen Verbreitung (4) und diese Bilder werden dann wiederum erneut in den Medien reproduziert. Schließlich werden sie zu Dokumenten der Kommemoration, der Erinnerungskultur (6), die wiederum den Anlass verschiedener medialer Kommemorationen und der Kanonisierung bilden (7) (Viehoff 2005, 118). Dieser Prozess muss nicht chronologisch und auch nicht in allen Stufen durchlaufen werden. Journalistische Medien sind zentral, aber auch die Rezeption in anderen gesellschaftlichen und kulturellen Öffentlichkeiten ist für den Prozess entscheidend.

„Warum gerade diese Bilder?" – diese Frage des Kunsthistorikers Martin Hellmond, die er in seinem gleichnamigen Aufsatz angesichts von im Zeitverlauf wiederkehrenden Bildern im öffentlichen Erinnerungsdiskurs stellt (Hellmond 1999, 35), charakterisiert auch eine Forschungsrichtung zur Rolle historischer Fotografie in öffentlicher, massenmedialer Erinnerung seit den 1990er Jahren. Sie befasst sich mit den ästhetischen Dimensionen und anderen Faktoren als Voraussetzungen für die Ikonisierung. Ob eine Fotografie sich zur Ikone im Bildgedächtnis entwickeln kann, hängt, so die These, von der medialen und öffentlichen Wahrnehmung als auch von der spezifischen Ästhetik ab.

David Perlmutter bezeichnet eine Bildikone demnach auch als „discrete icon", als „single image with a definite set of elements" (Perlmutter 1998, 11). Einig ist sich die Forschung, dass der Eindruck „einer *sichtbaren Evidenz* von Echtheit" (Hellmond 1999, 45, Herv. i. Orig.), die zugeschriebene Authentizität und dokumentarische Funktion (Hariman und Lucaites 2004, 2007, Zelizer 2004, Grittmann und Ammann 2008), eine wesentliche Voraussetzung zahlreicher Bildikonen darstellt. Ebenso wird Bildikonen die Funktion der „Verdichtung" (Hellmond 1999) des Ereigniskontextes und der „Metonymy" (Perlmutter 1998, 17) zugeschrieben: Sie stehen für ein Ereignis, wobei Perlmutter kritisch einwendet, dass dieser Ereignisbezug sich im Laufe der Zeit verändern kann (Perlmutter 1998, 17): „The seeming naturalness of the imposed metonym masks the variability of its context". Die Bedeutung hängt auch vom narrativen Kontext ab (Sonnevend 2013).

Das ikonische Foto wird zur „condensation of events and public culture", zum „lieu de mémoire, a site where collective memory crystallizes" (Hariman und Lucaites 2003, 62). Indem spezifische Bilder ausgewählt, andere – bewusst oder unbewusst – ausgelassen werden, unterstützen sie spezifische nationale Identitätskonstruktionen (Keith 2010; Somerstein 2017, 702). Nach Hellmond (1999) zeichnen sich historische „Referenzbilder" des Krieges als spezifische Form von Ikonen auch durch die Konzentration auf den (tödlichen) Augenblick der Tat aus, die den Ausgang vorwegnimmt. Barbie Zelizer spricht hier von einem Typus von „As if"-Bildern (Zelizer 2010, 18). Auffällig ist auch, dass viele Bildikonen sich durch das Motiv expressiver Gebärden im Sinne von Pathosformeln auszeichnen (Hellmond 1999, Grittmann und Ammann 2008) und bzw. oder durch den Bezug auf bekannte „Vorbilder". Perlmutter bezeichnet diesen Bezug auf geradezu archetypische Themen als „premordiality" im Sinne einer Ursprünglichkeit, die die Motive aufweisen (Perlmutter 1998, 11–20, zur Wiederholung und Vertrautheit vgl. auch Zelizer 2004, 124).

Visuelle Ästhetik allein wird allerdings als nicht hinreichende Erklärungsansatz des Bildikonenstatus betrachtet (Hariman und Lucaites 2004). Dagegen nimmt ein weiterer theoretischer Zugang die Konstruktion von visueller Erinnerung zum Ausgangspunkt und fragt danach, welche Bedeutung Bildikonen in einer jeweiligen zeitlichen Gegenwart zugeschrieben wird (z. B. Knoch 2003). Hariman und Lucaites beziehen sich auf Ideologien und das Konzept des „sozialen Wissens" (social knowledge) und gehen davon aus, dass Bildikonen beides gleichermaßen reproduzieren und kommunizieren (Hariman und Lucaites 2007, 9–10). In ihrer These, Bildikonen hätten „an additional, crucial function: its array of transcriptions manages a basic contradiction or recurrent crisis within society – a deep problem that will already be coded into the picture" (Hariman und Lucaites 2004)[8], klingen Warburgs theoretische Überlegungen zum Verhältnis von Bild, Affekt und Kultur an. Knoch (2003), aber auch Brink (1998), vertreten in ihren Analyse öffentlicher Kommunikation von Fotografien des NS-Verbrechens in den Konzentrationslagern die These, dass die Verwendung historischer Bilder gleichermaßen Ausdruck des Umgangs mit dieser rethematisierten Vergangenheit sei, sowohl die ikonografische Bedeutung als auch die Praktiken und Kriterien der Auswahl und der Präsentation prägen diese visuelle Rethematisierung.

Die Idee der „Bildikone" als Träger eines kollektiven Gedächtnisses ist in zweierlei Hinsicht problematisierbar: Theoretisch stellt sich die Frage, über welchen Zeitraum eigentlich ein Motiv immer wieder zur Erinnerung an ein Ereignis veröffentlicht werden muss, um als „Bildikone" zu gelten. Und reicht es, diesen Status allein an Veröffentlichungen festzumachen? Wie Cohen et al. (2018) in ihrer Studie zur Bekanntheit von zugeschriebenen Bildikonen festgestellt haben, werden manche Bildikonen in der Bevölkerung eben gerade nicht erkannt und kaum erinnert. Auch zwischen den Generationen zeigen sich deutliche Unterschiede (Cohen et al. 2018).

3.2.2 Rituelles visuelles Erinnern: Medienereignisse, Identität und kollektives Gedächtnis

Kommemorationen, vor allem an Jahres- und Gedenktagen, sind zentrale Anlässe der journalistischen Medien, um an die Vergangenheit zu erinnern (Edy 1999; Zelizer 2008; Ammann 2010). Wie Fotografien zur Re-Konstruktion von Vergangenheit in öffentlichen und speziell medialen Kommemorationen beitragen, stellt einen weiteren Schwerpunkt der Forschung dar. Eine der bemerkenswerten Entwicklungen in dieser

---

8 In ihrer Analyse ausgewählter us-amerikanischer Bildikonen kommen sie zum Befund, dass sich in ihnen ein Wandel vom Geist einer liberalen Demokratie zum demokratischen Liberalismus zeigt (Hariman und Lucaites 2007, 18–19).

Forschung öffentlicher (visueller) Erinnerung ist, dass unter den Bedingungen einer verstärkten Globalisierung seit den 1990er Jahren gerade die Frage, wie der Journalismus zu Kommemoration und kollektivem Gedächtnis im nationalstaatlichen Rahmen beiträgt, große Aufmerksamkeit gefunden hat. Aber erst seit gut einem Jahrzehnt haben transnationale Perspektiven an Bedeutung gewonnen (vgl. zur Fotografie z.B. Ammann 2015; Somerstein 2015). Dieses zunächst auf Gesellschaft und Nation als Bezugsrahmen ausgerichtete Forschungsinteresse lässt sich auf drei theoretische Ansätze zurückverfolgen, die für die Forschung zur Bedeutung der Fotografie im öffentlichen Erinnern relevant sind: die Theorien kollektiven Gedächtnisses und nationaler Identität, die Media Event-Theorie und die Theorien zum Verhältnis von Journalismus und Erinnerung. Sie eint die These, dass Medien eine rituelle Funktion in nationalem Gedenken übernehmen und damit nationale Identität prägen können.

Aleida und Jan Assmann haben in ihrer grundlegenden Weiterentwicklung der Theorie des kollektiven Gedächtnisses nach Halbwachs und in Bezug auf Pierre Noras Konzept der (nationalen) „Erinnerungsorte" besonders drei Funktionen von öffentlicher Erinnerung in Bezug auf Nation und Gesellschaft hervorgehoben, die Legitimations-, Delegitimations- und Distinktions- bzw. identitätsstiftende Funktion (Assmann und Assmann 1994, 124–127). Nach Ashuri (2007, 33) hat die Konzeptionalisierung der „nation as a community of shared remembering and shared forgetting" zunehmend in der Forschung Verbreitung gefunden.

Medien nehmen eine gemeinschaftsstiftende und rituelle Funktion bei nationalen Kommemorationsereignissen ein, das haben unter anderem Daniel Dayan und Elihu Katz in ihrer fast zeitgleich entwickelten, einflussreichen „Media Event"-Theorie formuliert (Dayan und Katz 1994). Die rituelle Funktion kann die Erinnerung an die Vergangenheit sogar in den Hintergrund treten lassen (Lorenzo-Dus und Bryan 2011). Während Dayan und Katz allein die Live-Übertragungen im Fernsehen als Media Events definierten, hat die Forschung inzwischen gezeigt, dass auch Printmedien Medienereignisse (mit)erzeugen und mit ihren Narrationen zu nationalen Identitätskonstruktionen beitragen können (z.B. Meyers 2009; Ammann 2015; Somerstein 2015).

Ausgehend von der These, dass Journalismus ein wichtiger, aber lange in der Forschung vernachlässigter „agent of memory" (Kitch 2008, 218) ist, hat die Journalismusforschung die wichtige Funktion des Journalismus für gesellschaftliche Kommemoration als eine Form der Reaktualisierung von Vergangenheit theoretisch begründet (Edy 1999; Kitch 2008; Zelizer 1992, 1998, 2009; vgl. Offerhaus und Trümper in diesem Band). Fotografien mögen historische Dokumente darstellen, sie mögen Medien der Zeugenschaft sein, „the only draft for one type of documentary witness" (Hariman und Lucaites 2014, 131), aber auch innerhalb dieses Kommemorationsjournalismus tragen sie zur Deutung der Vergangenheit, zu Mythen und Erzählungen nationaler Selbstbilder bei. Sie sind in Narrative eingebunden (Meyers 2009), die sich im Laufe der Zeit wandeln, wie die Funktion dieser historischen Bilder selbst (Zelizer 1998, 7)

Eine besondere Leistung kommt Fotografien in der Berichterstattung nach „disruptive media events" (Katz und Liebes 2007, Nossek 2008) zu, also nach Konflikten,

Kriegen, Unglücken oder anderen traumatisierenden Ereignissen. Die Aufnahmen können, wie Barbie Zelizer am Beispiel der Anschläge des 11. September 2011 argumentiert hat, dazu beitragen, das Trauma gemeinschaftlich zu verarbeiten (Zelizer 2002).

Aber nicht nur historische Fotografien tragen zur Konstruktion und Deutung der Vergangenheit bei. Neben „anachronen Bildern" (Ammann und Grittmann 2013) werden auch durch aktuelle Bilder Bezüge von der Vergangenheit zur Gegenwart hergestellt, indem Zeug:innen, Objekte und Erinnerungsereignisse wie beispielsweise Gedenkveranstaltungen und Orte aktuell repräsentiert werden. Neiger, Zandberg und Meyers (2014, 114) sprechen von einem Prozess des „reversed memory", einem „cultural mechanism and journalistic practice of focusing on the present while commemorating a shared past". Diese „diachronen Bilder" (Ammann und Grittmann 2013) stellen somit einen umgekehrten Bezug von der Gegenwart zur Vergangenheit her. Ein spezielles Genre dieser diachronen Strategie fotografischer Kommemoration bildet die „Aftermath Photography": „Capturing the aftermath of war, terrorism and other forms of human suffering, these photographs are distinguished through their imaging of vacant and/or ruined buildings and landscapes, or what David Campany astutely articulates as 'the trace of the trace of the event'" (Tello 2014, 555).

Zur „dritten Welle" der *memory studies* trägt auch die Visuelle Kommunikationsforschung bei, die sich mit der visuellen Berichterstattung transnationaler Medienereignisse befasst.[9] Im Vergleich zur Vergemeinschaftungs- oder identitätsstiftenden Funktion auf nationaler Ebene können sowohl anachrone wie diachrone Bildkommunikation eine „cosmopolitan community" aufrufen, die sich durch visuelle Empathie mit dem Leid der Anderen beschäftigt (Ammann 2015). Blickt man wie Somerstein (2017) jedoch auf die Relevanzzuschreibung und visuellen Frames komparativ, dann zeigt sich, dass die Bedeutung im internationalen Vergleich zwar geteilt werden kann, die Medien aber visuell sehr unterschiedliche Bilder der Erinnerung konstruieren.

3.3 Revisualisierung, Symbolisierung und Kontextualisierung im Erinnerungsdiskurs

Als ein drittes Forschungsgebiet zur visuellen Erinnerungskommunikation in mediatisierten Öffentlichkeiten lassen sich Ansätze und Konzepte zusammenfassen, die sich mit Revisualisierungen, Symbolisierungen und medialen Kontextualisierungen befas-

---

9 Zum Forschungstand und neuen Theorien und Studien, wie sich Erinnerungskommunikation in mediatisierten Öffentlichkeiten auf transnationaler Ebene gestaltet s. den Beitrag von de Wolff und Lohner in diesem Band.

sen, also mit Strategien von Bildbezügen und Bezügen von Texten auf Bilder. Ihnen ist gemein, dass sie sich auf mediale Praktiken der Kontextualisierung konzentrieren.

Bereits in der Bildikonen- und visuellen Kommemorationsforschung ist wiederholt festgestellt worden, dass einzelne Bilder Ähnlichkeiten in Motiv und Komposition zu konkreten ikonischen Vor-Bildern aufweisen (z.B. Brink 1998; Perlmutter 1998; Hellmond 1999; Grittmann und Ammann 2008). Nach Edy und Daradanova beziehen sich Journalist:innen in der Berichterstattung auf Vorgängerereignisse, um ein aktuelles Ereignis einzuordnen, sie bezeichnen diesen Bezug als „Typification" (Edy und Daradanova 2006). Eine solche journalistische Strategie birgt die Gefahr, dass Gemeinsamkeiten überbetont und Differenzen vernachlässigt werden (ebd.). Analog ließen sich auch auf Bildebene Referenzen von Ikonen zu Vorbildern erklären, allerdings ist der Bildbezug so spezifisch und direkt zu einzelnen Bildern, die oft bereits selbst ikonischen Status erlangt haben, dass im Anschluss an Erll und Rigneys Verwendung des Begriffs der Remediatisierung (Erll und Rigney 2009, 4) speziell von einer Revisualisierung gesprochen werden sollte (s.o.). Als ikonografische Tradition, die gleichzeitig auch symbolische Bedeutung mitführt (Brink 1998), lässt sich hingegen der Bezug auf verbreitete Bildtypen verstehen.[10]

Barbie Zelizers Studie „Remembering to Forget" (1998) gilt in vielfacher Hinsicht als Meilenstein im Forschungsfeld. Sie hat sich in ihrer Studie mit der Erinnerung an den Holocaust in Medien vermittels Fotografien aus befreiten Konzentrationslagern befasst (Zelizer 1998). Damit trug sie maßgeblich dazu bei, die Bedeutung des Publikationskontextes für den Beitrag historischer Bilder zum Public und Collective Memory herauszuarbeiten.[11] Heute zählt zu den Grundannahmen der Visuellen Kommunikationsforschung, dass Bilder nicht alleine stehen und der Zusammenhang in der multimodalen Kommunikation beachtet werden sollte. Zelizer vertritt die These einer Dualität von Fotografien, einerseits dokumentarisch zeigen, andererseits symbolische Bedeutung annehmen zu können. Nach Zelizer können in der visuellen Erinnerung in Medien drei Strategien im Zeitverlauf unterschieden werden (Zelizer 1998, 221–225):

1) In den Beschreibungen von Bildern jeweils aktueller Ereignisse wird ein Bezug zum Holocaust hergestellt.
2) Aktuelle Bilder beziehen sich ikonografisch auf Motive, die aus der Berichterstattung über den Holocaust bekannt sind.
3) Historische Fotos des Holocaust ersetzen die Darstellung aktueller Gräueltaten in Kriegen.

---

10 Zum Begriff des Bildtypus vgl. Ammann und Grittmann 2013, Perlmutter bezeichnet diese Bildtypen als „generic icons" (Perlmutter 1998), nach Warburg ließe sich auch von „Bildfahrzeugen" sprechen.

11 Ihre Arbeit wird zuweilen in der Bildikonenforschung eingeordnet, ihr selbst geht es jedoch nicht (allein) um Bildikonen in dem oben definierten Sinn, sie hat in ihrer Studie die (Wieder-)Verwendung der Fotografien und die Herstellung von Bezügen dazu über Jahrzehnte in den Medien analysiert.

Auch in ihrem Buch „About to Die" von 2010 zeigt Zelizer am Beispiel von Still Photos der Ermordung der iranischen Studentin Neda Agha-Soltan bei Protesten in Teheran 2009, wie Bilder weiter zirkulieren und rekontextualisiert werden. Die Praktiken, auch das zeigt die Analyse, haben sich in digitalen Medienumgebungen und gewandelten mediatisierten Öffentlichkeiten jedoch stark verändert. Wie sich das Verhältnis von Fotografie und öffentlichem Erinnern angesichts digitaler Transformationsprozesse beschreiben lässt, soll im Folgenden und letzten Abschnitt dargestellt werden.

4. Digitalisierung und visuelle Erinnerung in neuen mediatisierten Öffentlichkeiten – neue Perspektiven

Die rasante Entwicklung der Digitalisierung hat nicht nur dazu geführt, dass Prozesse und Arbeitsweisen der journalistischen Massenmedien umgestellt und Internet, digitale Medien und Plattformen als Ausspielkanäle enorm an Bedeutung gewonnen (vgl. Menke und Birkner in diesem Band). Die technischen Infrastrukturen und Affordanzen, also die Bedingungen der neuen Medientechnologien, haben Strukturen öffentlicher Kommunikation grundlegend verändert. Auch die visuelle Erinnerungskommunikation wurde durch Smartphones, digitalen Kameraapps und den Erfolg der Sozialen Medien mit ihrer weitgehend freien Zugänglichkeit quasi demokratisiert, neue Akteur:innen können an diesen Öffentlichkeiten einfach partizipieren, die Kommunikationen sind durchlässiger geworden – so der Idealfall (vgl. Smit in diesem Band). In diesen Prozessen ist es auch in und zwischen vormals klar identifizierten Ebenen von Öffentlichkeiten mit diversen Teilöffentlichkeiten und ihrer scheinbar stabilen Architektur zu tektonischen Verschiebungen gekommen – Andrew Hoskins (2009, 91) spricht sogar von einem „crucial paradigmatic shift". Konzepte kollektiver Erinnerung/kollektiven Gedächtnisses sind, wie Andrew Hoskins argumentiert, im Zeitalter digitaler Netzwerke problematisch geworden und bedürfen einer neuen Perspektive: „Contemporary memory is principally constituted neither through retrieval nor through the representation of some content of the past in the present. Rather, it is embedded in and distributed through our sociotechnical practices" (Hoskins 2009, 92). Mediatisierte Erinnerung in digitalen Medienumgebungen wird aufgrund der Dynamiken als eine „digital network memory" oder „connective memory" adäquater bezeichnet (Hoskins 2009, 91). Die Forschung hat infolge auch Theorien und empirische Arbeiten über sozialen Praktiken im Umgang mit Fotografie als Erinnerungsmedium in digitalen Medienökologien weiterentwickelt (s. dazu den Beitrag von Sanko in diesem Band).

In der kommunikationswissenschaftlichen visuellen Erinnerungsforschung zeichnet sich ebenfalls eine kritische Revision bisheriger Modelle und die Entwicklung neuer theoretische Zugänge für eine visuelle öffentliche Erinnerungskommunikationsforschung ab: Edy hat die Befürchtung geäußert, es könne durch die Fragmentierung (von Öffentlichkeiten) zu einem Verlust einer gesellschaftlich geteilten Vergangenheit kommen (Edy 2014). Die Konsequenzen reichen aber sehr viel weiter. Die journalistischen Medien, bis dato als zentrale Institution eines „Collective Memory" in Öffentlichkeiten betrachtet, haben mit der Emergenz der „Social Memories" einen Bedeutungsverlust in Gesellschaften erfahren. Mit der verstärkten Sichtbarkeit von (Teil-)Öffentlichkeiten der mittleren und einfachen Ebene und der Entstehung neuer einflussreicher Akteur:innen wie beispielsweise Influencer:innen, hat auch deren visuelle Erinnerungskommunikation neue Sichtbarkeit und damit auch mehr Macht in Erinnerungsdiskursen erlangt.

1. Bislang marginalisierte Bewegungen und Akteur:innen nutzen digitale vernetzte Bildkommunikation zur Erinnerung, die politischen Zwecken, wie der Forderung nach Gerechtigkeit dient und möglicherweise zukünftigen Aktivismus fördert (Smit et al. 2018, Kitch 2018, Liebermann 2021). Die verstärkte Sichtbarkeit dieser „counter-memories" (Jackson 2021) zeigt einmal mehr, dass das Konzept des „Collective Memory" als national identitätsstiftend nicht greift, und vielmehr als pluraler Selbstverständigungsdiskurs um die Erinnerung an Vergangenheit zu betrachten ist. Die Öffentlichkeiten sind durchlässig, gerade Bilder diffundieren zwischen journalistischen Medien und anderen Öffentlichkeiten und werden dort verändert, neu ausgehandelt, aber auch vergessen (Horsti 2016).

2. Die Digitalisierung hat die Prozesse der Ikonisierung von Fotografien im öffentlichen Diskurs nicht nur verändert (Zelizer 2010), sie hat auch den Charakter und Status in zweierlei Hinsicht durch neue Praktiken der visuellen Bearbeitung und des Teilens von Bildern erschüttert: Schon in journalistischen Kommemorationsberichterstattung stehen nicht mehr einzelne Bilder eines Moments für ein Ereignis, sondern ganze Bildserien, unterschiedliche Perspektiven, die das Ereignis dokumentieren (Dahmen und Miller 2012, Ammann und Grittmann 2013). In den sozialen Medien trägt nun nicht nur die digitale „appropriation" mit zur Ikonisierung bei, sie führt zu neuen Re- und Dekontextualisierungen (Mortensen 2017, vgl. auch den Beitrag von Horsti in diesem Band). Auch die Konkurrenz der Bilder hat zugenommen, die digitalen „hypericons" verlieren schneller ihre Bekanntheit, argumentieren Dahmen et al (2018, 279) in ihrem „network-influence model of iconicity".

Bildikonen erhalten jedoch auch „multiple lives online", indem sie in Memes aufgegriffen, modifiziert und weiterverbreitet werden (ebd.). Diese Memes können somit auch zu subversiven visuellen Trägern des „Counter Memory", für Widerstand und zur Umgehung von Zensur genutzt werden, wie Ibrahim am Beispiel der Memes zur Ikone des „Tank Man"[12] gezeigt hat (Ibrahim 2018). Boudana et al. stellten in der Re-

---

12 So wird jener Mann bezeichnet, der sich am 5. Juni 1989 während der Proteste der Demokratiebewegung in China auf dem Platz des Himmlischen Friedens in Peking nahenden Panzern entgegengestellt hat. Die Aufnahme stammt von dem Fotojournalisten Jeff Widener.

zeption von Bildikonen in Memes jedoch auch fest, dass diese Memes nicht nur für neue Zusammenhänge politisch genutzt werden, sondern durch Eingriffe auch entpolitisiert werden und damit ihre politische wie ethische Bedeutung verlieren können (Boudana et al. 2017, 1228).

3. Die digitalen Möglichkeiten der Bildbearbeitung, aber auch die ungeprüfte Auswahl von Bildern, gefährden den epistemischen Status der Fotografie im Erinnerungsdiskurs. Die Strategien sind vielfältig: Bilder werden nicht nur manipuliert, mittels des Einsatzes von Bildern eines historischen Ereignisses als visueller Nachweis eines anderen Ereignisses tragen diese „image substitutes" zu einer „Visual fake history" bei (Zhukova 2019).

Horsti (2016, 116) hat konstatiert, dass „[t]he new digital network memory (...) will shape vertically rooted cultural memory in ways yet unknown". Wie die ersten Studien zeigen, verändert sich auch der Status der Fotografie als verbürgendes Medium der Erinnerung durch neue Praktiken in mediatisierten Öffentlichkeiten in bisher unbekannter Weise.

5. Fazit

Die Frage, welche Rolle Bildern und insbesondere Fotografien für Erinnerungskommunikation in mediatisierten Öffentlichkeiten zukommt, wie sie Gedächtnis und Erinnerung prägen, war Ausgangspunkt dieses Beitrags. Ich habe argumentiert, dass mit einem Konzept visueller Erinnerungskommunikation in mediatisierten Öffentlichkeiten die Funktion und Prozesse jener in und durch Medien zirkulierenden Bilder, die zur Erinnerung produziert, präsentiert, distribuiert, rezipiert und gespeichert werden, besser beschrieben werden können, als es in bisherigem Bezug auf kollektives, kommunikatives oder kulturelles Erinnern der Fall ist. Diese Konzepte sind nicht obsolet, wie sich gerade am Konzept Kollektiver Erinnerung zeigt, allerdings ist es vorrangig mit nationaler Identitätsbildung in Verbindung gebracht und mit massenmedialem Gedächtnis gleichgesetzt worden. Das Konzept der visuellen öffentlichen Erinnerungskommunikation ermöglicht, unterschiedliche Arenen, Ebenen und Teilöffentlichkeiten, die bislang isoliert behandelt wurden, in ein Feld zu integrieren und gleichzeitig die Forschung um weitere Ebenen und (Teil)-Öffentlichkeiten (z.B. Protestbewegungen) zu erweitern. Erst dadurch ist es möglich, den durch die digitale Transformation ausgelösten Wandel von einer massenmedial geprägten hin zu einer vernetzten visuellen öffentlichen Erinnerungskommunikation sowie die Verflechtungen und die Dynamiken zwischen Öffentlichkeitsebenen innerhalb dieses Feldes zu verstehen.

Ein weites Verständnis öffentlichen Erinnerns hat bereits in der ersten, aber auch in der zweiten Welle der *memory studies* die bildbezogenen theoretischen Ansätze zu (medialen) Bildern und Gedächtnis/Erinnerung geprägt, während die empirische Forschung ihren Gegenstand gerade in der zweiten Welle enger gefasst und sich auf die visuelle Erinnerungskommunikation in der gesellschaftlich bedeutsamen, machtvollen und einflussreichen (Teil-)Öffentlichkeit der journalistischen Massenmedien konzentriert hat. Das hat vermutlich auch forschungsökonomische Gründe, aber gerade die visuellen Erinnerungskonstruktionen in Politik bzw. politischer Kommunikation, in sozialen Bewegungen, von einzelnen Influencer:innen oder Gruppen gestalten, wie anhand der aktuellen Forschung deutlich wurde, die Bilder der Vergangenheit zunehmend mit. Aushandlung und auch Konflikt sind in den visuellen Erinnerungspraktiken stärker in den Vordergrund getreten. Es gibt keine institutionelle Garantie mehr, wer in Erinnerungsdiskursen Deutungsmacht erlangt oder gar hat, wie es unter massenmedialen Bedingungen angenommen wurde. Die Forschung muss sich daher intensiver mit anderen visuellen Öffentlichkeiten und deren Funktionen und Praktiken beschäftigen. Wenngleich sich spezifische Strukturen und Prozesse der visuellen Erinnerung auch in den digitalen Öffentlichkeiten fortgesetzt haben, zeigen sich zum einen Erosionen, die zur Delegitimierung historischer Bilder führen können, aber auch Ermächtigungen bislang marginalisierter Erinnerungsgemeinschaften und neue Vernetzungen der Erinnerungsdiskurse, die nun auch in visueller Erinnerungskommunikation Sichtbarkeit erlangen. In der Forschung wird spätestens jetzt eine Verunsicherung deutlich, die sich auch in den Diskussionen über die weitere Anwendbarkeit bisheriger Ansätze und Konzepte niederschlägt, aber zugleich erste produktive Weiterentwicklungen anstößt.

6. Literatur

Ammann, Ilona. „Im Bilde gedacht. Der Gedenktag 9/11 in der deutschen und US-amerikanischen Pressefotografie". *SCM – Studies in Communication Media* 4.4 (2015): 437–454.

Ammann, Ilona, und Elke Grittmann. „Das Trauma Anderer betrachten – Zehn Jahre 9/11 im Bild. Eine empirische Analyse zur rituellen Funktion des Journalismus im transnationalen Gedenken an ein Medienereignis". *Medien und Kommunikationswissenschaft* 61.3 (2013): 368–386.

Ashuri, Tamar. „Television Tension. National versus cosmoplitan memory in a co-produced television documentary". *Media, Culture & Society* 29.1 (2007): 31–51.

Assmann, Aleida, und Jan Assmann. „Das Gestern im Heute. Medien und soziales Gedächtnis". *Die Wirklichkeit der Medien. Eine Einführung in die Kommunikationswissenschaft*. Hg. Klaus Merten, Siegfried J. Schmidt, und Siegfried Weischenberg. Opladen: Westdeutscher Verlag, 1994, 114–140.

Birkner, Thomas, und André Donk. „Collective Memory and Social Media: Fostering a New Historical Consciousness in the Digital Age?". *Memory Studies* 13.4 (2020): 367–383.

Brink, Cornelia. *Ikonen der Vernichtung. Zum öffentlichen Gebrauch von Fotografien aus Nationalsozialistischen Konzentrationslagern nach 1945*. (Schriftenreihe des Fritz Bauer Instituts, Bd. 14). Berlin: Akademie Verlag, 1998.

Boudana, Sandrine, Paul Frosh, und Akiba A. Cohen. „Reviving icons to death: when historic photographs become digital memes". *Media, Culture & Society* 39.8 (2017): 1210–1230.

Cohen, Akiba A., Sandrine Boudana, und Paul Frosh. „You Must Remember This: Iconic News Photographs and Collective Memory". *Journal of Communication* 68.3 (2018): 453–479.

Dayan, Daniel, und Elihu Katz. *Media Events. The Live Broadcasting of History*. Cambridge: Harvard University, 1994.

Didi-Huberman, Georges. „Dialektik des Monstrums. Aby Warburg and the symptom paradigm". *Art History* 24.5 (2001): 621–645.

Diers, Michael. „Porträt aus Büchern – Stichworte zur Einführung". *IPorträt aus Büchern. Bibliothek Warburg und Warburg Institute. Hamburg – 1933 – London*. Hg. Ders. Hamburg: Dölling und Galitz, 1993. 9–28.

Dülffer, Jost. „Über-Helden – Das Bild von Iwo Jima in der Repräsentation des Sieges. Eine Studie zur US-amerikanischen Erinnerungskultur seit 1945". *Zeithistorische Forschungen/Studies in Contemporary History*, 3.2 (2006): 247–272 (Druckausgabe: 247–272). URL: https://zeithistorische-forschungen.de/2-2006/4451, DOI: https://doi.org/10.14765/zzf.dok-1963.

De Cesari, Chiara, und Ann Rigney (Hg.). *Transnational Memory: Circulation, Articulation, Scales*. Berlin: De Gruyter, 2014.

Edy, Jill A., und Miglena Daradanova. „Reporting through the Lens of the Past. From Challenger to Columbia". *Journalism* 7.2 (2006): 131–151.

Edy, Jill A. „Collective memory in a post-broadcast world". *Journalism and Memory*. Hg. Barbie Zelizer, und Keren Tenenboim-Weinblatt. Basingstoke u. a.: Palgrave McMillan, 2014. 66–81.

Erll, Astrid. *Kollektives Gedächtnis und Erinnerungskulturen. Eine Einführung*. 3. Aktualisierte und erw. Aufl. Stuttgart: J.B. Metzler, 2017.

Erll, Astrid, und Ann Rigney. „Editorial." *Memory Studies* 11.3 (2018): 272–273.

Erll, Astrid, und Stephanie Wodianka (Hg.). *Film und kulturelle Erinnerung. Plurimediale Konstellationen*. Berlin: De Gruyter (Media and cultural memory, 9), 2008.

Galitz, Robert, und Brita Reimers. „Biographische Daten Aby M. Warburgs". *Aby M. Warburg: „Ekstatische Nymphe … trauernder Flußgott". Portrait eines Gelehrten*. Hg. Robert Galitz, und Brita Reimers. Hamburg: Dölling und Galitz, 1995. 242–246.

Gerhards, Jürgen, und Friedrich Neidhardt. „Strukturen und Funktionen moderner (sic!) Öffentlichkeit: Fragestellungen und Ansätze". *Öffentlichkeit. Kultur. Massenkommunikation*. Hg. Stefan Müller-Doohm, und Klaus Neumann-Braun. Oldenburg: Bibliotheks- und Informationssystem der Universität Oldenburg, bis 1991. 31–89.

Gerling, Winfried, Susanne Holschbach, und Petra Löffler. *Bilder verteilen. Fotografische Praktiken in der digitalen Kultur*. Bielefeld: transcript Verlag, 2018.

Gómez Cruz, Edgar, und Asko Lehmuskallio. *Digital Photography and Everyday Life. Empirical Studies on Material Visual Practices*. London und New York: Routledge, 2016.

Grittmann, Elke, und Ilona Ammann. „Ikonen der Kriegs- und Krisenfotografie". *Global, lokal, digital. Fotojournalismus heute*. Hg. Elke Grittmann, Irene Neverla, und Ilona Ammann. Köln: Herbert von Halem Verlag, 2008. 296–325.

Halbwachs, Maurice. *Das Gedächtnis und seine sozialen Bedingungen*. Frankfurt a. M.: Suhrkamp, 1985.

Hansen, Lena. „How Images Make World Politics. International Icons And The Case of Abu Ghraib". *Review of International Studies* 41 (2015): 263–288.

Hariman, Robert. „Predicting the Present. Iconic Photographs and Public Culture in the Digital Media Environment". *Journalism & Communication Monographs* 20.4 (2018): 318–324.

Hariman, Robert, und John Louis Lucaites. *No caption needed. Iconic photographs, public culture, and liberal democracy*. Chicago, Ill.: Univ. of Chicago Press, 2007.

Hariman, Robert, und John Louis Lucaites. „Ritualizing Modernity's Gamble. The iconic photographs of the Hindenburg and Challenger explosion". *Visual Communication Quarterly* (2004): 4–17.

Hariman, Robert, und John Louis Lucaites. „Public Identity and Collective Memory in U. S. Iconic Photography: The Image of „Accidental Napalm". *Critical Studies in Media Communication* 20.1 (2003): 35–66.

Hepp, Andreas, und Friedrich Krotz. „Mediatisierte Welten: Forschungsfelder und Beschreibungsansätze – Zur Einleitung". *Mediatisierte Welten*. Hg. Andreas Hepp, und Friedrich Krotz. Wiesbaden: VS Verlag für Sozialwissenschaften, 2012. 7–23.

Hoffmann, Detlef. „Aktuelle Symbolisierungsstrategien im Umgang mit dem System Auschwitz". *Die Shoah im Bild*. Hg. Sven Kramer. München: Ed. Text + Kritik, 2003. 171–198.

Hoskins, Andrew. „Digital Network Memory". *Mediation, remediation, and the dynamics of cultural memory*. Hg. Astrid Erll, und Ann Rigney. Berlin, Boston, Mass.: De Gruyter (De Gruyter graduate), 2009. 91–108.

Ibrahim, Yasmin. „Tank Man, Media Memory and Yellow Duck Patrol". *Digital Journalism*, 4.5 (2016): 582–596.

Jackson, Sarah J. Making. „#BlackLivesMatter in the shadow of Selma. Collective memory and racial justice activism in U. S. news". *Communication, Culture & Critique* 14 (2021): 385–404.

Katz, Elihu, und Tamar Liebes. „'No more peace!': how disaster, terror and war have upstaged media events". *International Journal of Communication* 1 (2007): 157–166.

Keilbach, Judith, Béla Rásky, und Jana Starek (Hg.). *Völkermord zur Prime-Time. Der Holocaust im Fernsehen*. Wien, Hamburg: New Academic Press, 2019.

Keith, Susan. „Collective Memory and the End of Occupation: Remembering (and Forgetting) the Liberation of Paris in Images". *Visual Communication Quarterly* 17.3 (2010): 134–146.

Kitch, Carolyn. „A living archive of modern protest. Memory-making in the women's March". *Popular Communication* 16.2 (2018): 119–127.

Kitch, Carolyn. „Placing Journalism Inside Memory – And Memory Studies". *Memory Studies* 1.3 (2008): 311–320.

Klaus, Elisabeth. „Öffentlichkeit als gesellschaftlicher Selbstverständigungsprozess und das Drei-Ebenen-Modell von Öffentlichkeit. Rückblick und Ausblick". *Öffentlichkeiten und gesellschaftliche Aushandlungsprozesse: theoretische Perspektiven und empirische Befunde*. Hg. Elisabeth Klaus, und Ricarda Drüeke. Bielefeld: transcript, 2017. 17–37.

Knoch, Habbo. „Die Grenzen des Zeigbaren. Fotografien des NS-Verbrechen und die westdeutsche Gesellschaft 1955–1965". *Die Shoah im Bild*. Hg. Sven Kramer. München: Ed. Text + Kritik, 2003. 87–116.

Lee, Francis LF, und Joseph Man Chan. „Collective Memory Mobilization and Tiananmen commemoration in Hongkong". *Media, Culture & Society* 38.7 (2016): 997–1014.

Lohmeier, Christine, und Christian Pentzold (Hg.). „Special Section: Digital Media – Social Memories". *Media, Culture & Society* 36.6 (2014): 745–747.

Lobinger, Katharina, und Venema Rebecca. „Visuelle Kommunikationsforschung – ein interdisziplinäres Forschungsfeld. Einleitung in das Handbuch Visuelle Kommunikationsforschung". *Handbuch Visuelle Kommunikationsforschung*. Hg. Katharina Lobinger. Wiesbaden: Springer Fachmedien, 2019. 1–20.

Lorenzo-Dus, Nuria, und Annie Bryan. „Dynamics of memory. Commemorating the 2005 London bombings in British television news". *Memory Studies* 4.3 (2011): 281–297.

Merrill, Samuel. „Walking together? The mediatised performative commemoration of 7/7's tenth anniversary". *Journalism* 20.10 (2019): 1360–1378.

Mitchell, William J.T. *Bildtheorie*. Frankfurt a. M.: Suhrkamp Wissenschaft Hauptprogramm, 2008.

Meyers, Oren. „Still Photographs, Dynamic Memories. A Study of the Visual Presentation of Israel's Past in Commemorative Newspaper Supplements". *The Communication Review* 5.3 (2002): 179–205.

Mortensen, Mette. „Constructing, confirming, and contesting icons. The Alan Kurdi imagery appropriated by #humanitywashedashore, Ai Weiwei, and Charlie Hebdo". *Media, Culture & Society* 39.8 (2017): 1142–1161.

Neiger, Motti, Eyal Zandberg, und Oren Meyers. „Reversed Memory: Commemorating the Past Through Coverage of the Present". *Journalism and Memory*. Barbie Zelizer, und Keren Tenenboim-Weinblatt. Basingstoke u. a.: Palgrave McMillan, 2014, S. 113–127.

Nossek, Hillel. „'News Media'–Media Events. Terrorist Acts as Media Events". *Communications* 33 (2008): 315–332.

Nuernbergk, Christian. „Öffentlichkeitskonzepte – Öffentlichkeitstheorie". *Handbuch Medienökonomie*. Hg. Jan Krone, und Tassilo Pellegrini. Wiesbaden: Springer Fachmedien, 2020. 1061–1084.

Olick, Jeffrey K. „Willy Brandt in Warsaw: Event or Image? History or Memory?". *Double Exposure. Memory and Photography*. Hg. Olga Shevchenko. London: Taylor and Francis, 2017. 21–40.

Perlmutter, David D. *Photojournalism and foreign policy. Icons of outrage in international crises*. Westport, Conn.: Praeger (Praeger series in political communication), 1998.

Rehfeld, Nina. „Ich muss das fotografieren. Das ist ein Kriegsverbrechen". Frankfurter Allgemeine Zeitung online. 12.03.2022. https://www.faz.net/aktuell/feuilleton/medien/ukraine-sollte-das-foto-einer-getoeteten-familie-gezeigt-werden-17870978.html.

Ruchatz, Jens. „The Photograph as Externalization and Trace". *Cultural Memory Studies. An International and Interdisciplinary Handbook*. Hg. Astrid Erll, und Ansgar Nünning. Berlin/New York: De Gruyter, 2008. 367–378.

Somerstein, Rachel. „Picturing the past: The Berlin Wall at 25". *International Communication Gazette* 79.8 (2017): 701–721.

Sonnevend, Julia. „Counterrevolutionary Icons". *Journalism Studies* 14.3 (2013): 336–354.

Schreiber, Maria. *Digitale Bildpraktiken. Handlungsdimensionen vernetzter visueller Kommunikation*. Wiesbaden: Springer VS, 2020.

Steinseifer, Martin. „Ereignisbilder. Zum Verhältnis von Indexikalität, Symbolizität und Ikonizität bei Pressefotografien". *Zeigen. Die Rhetorik des Sichtbaren*. Hg. Gottfried Boehm, Sebastian Egenhofer, und Christian Spies. München: Fink, 2010. 411–436.

Smith Dahmen, Nicole, Natalia Mielczarek, und David Perlmutter. „The Influence-Network Model of the Photojournalistic Icon". *Journalism & Communication Monographs* 20.4 (2018): 264–313.

Smith Dahmen, Nicole, und Andrea Miller. „Redefining Iconicity: A Five-Year Study of Visual Themes of Hurricane Katrina". In: *Visual Communication Quarterly* 19.1 (2012): 4–19.

Smit, Rik, Ansgard Heinrich, und Marcel Broersma. „Activating the past in the Ferguson protests: Memory work, digital activism and the politics of platforms". *New media & society* 20.9 (2018): 3119–3139.

Smits, Thomas. „A network of photographs. The visual public memory of the Dutch Provo movement, 1967-2016". *Memory Studies* 15.1 (2022): 184–203.

Tello, Veronica. „The Aesthetics and Politics of Aftermath Photography". *Third Text* 28.6 (2014): 555–562.

Treml, Martin, und Sigrid Weigel. „Einleitung". *Aby Warburg. Werke in einem Band*. Hg. Martin Treml, Sigrid Weigel, und Perdita Ladwig. Frankfurt a. M: Suhrkamp, 2018. 9–30.

van Boven, Erica, und Marieke Winkler. „Introduction. The Construction and Dynamics of Cultural Icons". *The construction and dynamics of cultural icons*. Hg. Erica van Boven, und Marieke Winkler. Amsterdam: Amsterdam University Press (Heritage and memory studies), 2021. 11–24.

van Dijck, José. „Flickr and the culture of connectivity. Sharing views, experiences, memories". *Memory Studies* 4.4 (2011): 401–415.

Viehoff, Reinhold. „Programmierte Bilder. Gedanken zur ritualisierten Zirkelstruktur von Wahrnehmung und Inszenierung durch die Bild(schirm)medien". *Programm und Programmatik. Kultur- und medienwissenschaftliche Analysen*. Hg. Ludwig Fischer. Konstanz: UVK, 2005. 113–131.

Warburg, Aby. *Bilderatlas Mnemosyne. The Original*. Hg. Haus der Kulturen der Welt und The Warburg Institute; Roberto Ohrt und Axel Heil. Ostfildern: Hatje Cantz, 2020.

Warburg, Aby. „Italienische Kunst und internationale Astrologie im Palazzo Schifanoja zu Ferrara (1912/13)“. *Aby Warburg. Werke in einem Band*. Hg. Martin Treml, Sigrid Weigel, und Perdita Ladwig. Frankfurt a. M.: Suhrkamp, 2018. 373–402.

Welzer, Harald (Hg.). *Das Gedächtnis der Bilder. Ästhetik und Nationalsozialismus*, Tübingen: Ed. Diskord, 1995.

Yates, Frances A. *The Art of Memory*. Selected Works, Bd. 3. Reprint. London und New York: Routledge, 2001.

Zelizer, Barbie. *About to die. How news images move the public*. Oxford: Oxford University Press, 2010.

Zelizer, Barbie. „Why Memory's Work on Journalism Does Not Reflect Journalism's Work on Memory“. *Memory Studies* 1.1 (2008): 79–87.

Zelizer, Barbie. „Photography, Journalism and Trauma“. *Journalism after September 11*. Hg. Barbie Zelizer, und Stuart Allan. London: Routledge, 2002. 48–68.

Zelizer, Barbie. „When war is reduced to a photograph“. *Reporting war. Journalism in wartime*. Hg. Allan Stuart, und Barbie Zelizer. London: Routledge, 2004. 115–135.

Zelizer, Barbie. „From the Image of Record to the Image of Memory. Holocaust Photography, Then and Now“. *Picturing the Past. Media, History, and Photography*. Hg. Bonnie Brennen, und Hanno Hardt. Urbana and Chicago: University of Illinois Press, 1999. 98–121.

Zelizer, Barbie. *Remembering to forget. Holocaust memory through the camera's eye*. Chicago, Ill.: University of Chicago Press, 1998.

Zhukova, Ekaterina. „Image substitutes and visual fake history: historical images of atrocity of the Ukrainian famine 1932–1933 on social media“. *Visual Communication* (2019): 1–25.

Leif Kramp

14 Agency, Macht, Bildarchive

1. Einleitung

Wie jedwedes historische Dokument sind auch (audio-)visuelle Medien auf Maßnahmen angewiesen, die auf ihre möglichst dauerhafte Erhaltung abzielen, um sie für die Nachwelt zu erhalten und ihre Funktionalisierung zu ermöglichen. In der Kulturgeschichte haben sich über die Jahrhunderte organisatorische Modelle herausgebildet, die als institutionelle Akteure mit spezifischen Speicherungs- und Funktionalisierungspraxen die Bewahrung von dokumentarischen Zeugnissen organisieren. Mit ihrer zeitüberdauernden Zielrichtung und den entsprechenden Strategien zur Langzeitsicherung setzen sie Maßstäbe für die Kulturerbe-Verwaltung, die nicht nur für traditionelle Überlieferungsarten wie vor allem Schriftgüter in Frage kommen, sondern wurden schrittweise auch für neu emergierende Mediengattungen wie die Fotografie, den Film, das Fernsehen oder auch Webseiten adaptiert. Die Organisations- und Arbeitsprinzipien der Gedächtnisinstitution Archiv haben sich in einem historischen Entwicklungsprozess den unterschiedlichen Produktionskontexten und sektorspezifischen Rahmenbedingungen des betreffenden Bildmediums angepasst und bilden vielfach die Grundlage nicht nur für die historische Forschung und die gesellschaftliche Erinnerungsarbeit, sondern auch für die Gestaltung des aktuellen Medienangebots und Praktiken der Medienaneignung. Im Zuge fortschreitender Digitalisierung und Globalisierung erfährt das Bildarchiv eine enorme Aufwertung im Konzert digitaler Abrufangebote im Internet: Im Zuge der unablässigen Transformation der digitalen Medienumgebung hat sich eine nutzergetriebene Archivkultur herausgebildet, die mit strukturellen Prinzipien der hergebrachten Archivpraxis bricht und neue Herausforderungen für die Bewahrung des (audio)visuellen Medienerbes impliziert.

Im Folgenden wird zunächst das hergebrachte dokument- und schriftzentrierte Archivkonzept mit den Anforderungen der systematischen Bewahrung visueller Medienüberlieferungen zusammengedacht. Dabei rücken insbesondere materielle Besonderheiten von Bildträgern mit Konsequenzen für den archivischen Umgang in den Vordergrund. Es schließt sich eine Diskussion der institutionellen Manifestationen des Bildarchivs an, wobei speziell die Situation bei der Zuständigkeit für die Archivierung von Internet- und Rundfunkpublikationen problematisiert wird. Hieraus ergibt sich als nächstes eine Berücksichtigung der heterogenen Überlieferungslage von (Bewegt-)Bildern in der Medienerbeverwaltung sowie im Anschluss eine Zusammenfassung von Zugangsprinzipien zum Überlieferungsfeld. Eine gesonderte Berücksichtigung erfahren die Herausforderungen bei der Materialerschließung in Bildarchiven, also der erforderlichen Grundlagen für die Zugänglichmachung von Bildarchivalien. Mit dem Fokus auf eine nutzer:innengetriebene Archivkultur wird daraufhin eine jüngere Entwicklungen digitaler Transformationsprozesse besprochen. Zuletzt geht es auch um Online-Mediatheken als redaktionell kuratierte Archivzugänge. Resümierend wird eine Agenda für öffentliche Bildarchive skizziert, die in der digitalen Infrastruktur des Internet mehr denn je gefordert sind, ihre Prinzipien, Konventionen und Geltungsbereiche zu überdenken.

2. Begriff und Besonderheit des Bildarchivs

In den zeitgenössischen Mediengesellschaften wird durch die Anhäufung von historischen Überlieferungen mehr aufbewahrt, als erinnert werden kann. Das Bildarchiv bildet hier prinzipiell keine Ausnahme, wurde jedoch spätestens in der zweiten Hälfte des 20. Jahrhunderts zu einem Ort lebendiger Wiederverwendung und schließlich vor dem Hintergrund übergreifender Trends wie Digitalisierung, Globalisierung und Individualisierung zu einem prozessualen Hybridkonzept von Bewahrung und Nutzung des Medienerbes.

Der Archivbegriff ist eng mit der Perspektive der Unendlichkeit und der Maßgabe des Konservierens und Katalogisierens verwoben (Assmann 2004, 24). Dabei war das Archiv immer weit mehr als ein ‚Lager‘, in dem Aufzeichnungen untergebracht sind: Als fester Ort zur systematischen Bewahrung von Text- und Bildmedien dient es als ein zentrales Instrument gesellschaftlicher Rückvergewisserung: „Wir bedienen uns der Archive als Zeitmaschinen, die Primärquellen füllen die Magazine. Taucht man in sie ein, begibt man sich unweigerlich auf eine Zeitreise. Wenn wir bereit sind, nicht nur in der Gegenwart als funktionierende Organismen zu leben, sondern die Fühler ausstrecken in Hinterlassenschaften früherer Generationen und Gesellschaften und uns wagen, unser bescheidenes Wissen um Vergangenheit und Gegenwart für Zukunftsvisionen zu nutzen, dann werden wir selber zu Zeitmaschinen. So sind Archive das Gedächtnis für jeden Zeitreisenden" (Prescher 2005, 111). Dieses zweifellos metaphorische Archivverständnis unterstreicht allemal, dass auf materiellen Trägern angehäuftes Wissen in Form von Aufzeichnungen jeglicher Art dazu dienen kann, kollektive und kulturelle Erinnerungsbildung zuallererst zu ermöglichen, zu speisen, aber auch mit dem nötigen Engagement möglichst vieler Mitglieder der Gesellschaft lebendig zu erhalten.

Im alltäglichen Sprachgebrauch hat das Archiv eine inflationär zu bezeichnende Begriffskarriere erlebt, die es schwer macht, eine einheitliche Definition zu finden (Ernst 2002, 7). Archive finden sich in jedem Verein, der seine Aktivitäten zu dokumentieren sucht, aber auch in jedem Computer, in jedem Cloudspeicher, selbst in unzähligen Varianten auf dem Markt der wissenschaftlichen Zeitschriftentitel wie „Archiv für ältere deutsche Geschichte" oder „Archiv für zentralasiatische Geschichtsforschung". „Die Facetten des deutschen Archivwesens sind so schillernd, dass es nicht möglich ist, alle Feinheiten zu berücksichtigen", heißt es im Studienbuch „Einführung in die moderne Archivarbeit" (Brenner-Wilczek et al. 2006, 13). Archiv, so scheint es, ist zu einer Allerweltsbezeichnung für die Ansammlung von Vergangenem bzw. der geordneten Bewahrung von Wissen geworden.

Was lässt sich also als übergreifender Merkmalskatalog des Archivs im Wandel der Zeit identifizieren, um den Wert des archivalischen Prinzips für die breitgefächerte Mediengattung Bild vor dem Hintergrund tiefgreifender Mediatisierung in der zunehmend digitalisiert organisierten Gesellschaft zu beschreiben? Bei Jacques Derrida ist das Archiv in seiner ursprünglichen Wortbedeutung als „Haus, Wohnsitz, Adresse" (Derrida 1997, 11) derjenigen Bürger beschrieben, die im alten Griechenland die Geschicke der Politik führten. Bei ihnen daheim wurden die offiziellen Dokumente der Mächtigen deponiert. Die sogenannten Archonten hatten die Aufgabe, die Dokumente zu pflegen, zu erhalten und sie darüber hinaus auch zu interpretieren. Derrida führt das Archiv auf die „dauerhafte Zuweisung einer Bleibe" bzw. der „verbindlichen Ansiedlung" (Derrida 1997, 11) zurück. Kein Archiv also „ohne Draußen" (Derrida 1997, 25), ohne entkörperlichtes Wissen, das durch seine materielle Manifestation nach einem Ort der Verwahrung verlangt. Die Frage der *Lokalisierbarkeit* ist damit nicht nur eng mit dem Wesen des Archivs verbunden, sondern auch eine Grundvoraussetzung für seine Operationen, da verlässliche Verfügbarkeit von Archivmaterial stets mit seiner *zugänglichen Deponierung* einhergeht. Darüber hinaus erweist sich die Funktion des Archivs nach Wolfgang Ernst als *Pragmatik* anschlussfähig, etwas für eine Zeitlang vorzuhalten, um dann unter Umständen in anderen Zusammenhängen interessant zu werden (Ernst 2005, 37). Grundsätzlich ist das Archiv als *Wissensspeicher* einer wie auch immer gearteten Gruppe mit der Sicherung, Auswahl, Konservierung und Verfügbarmachung von Überlieferungen betraut (Brenner-Wilczek et al. 2006, 13). Mit dieser geordneten Vorhaltung von gespeicherten Aufzeichnungen entsteht erst die Möglichkeit der methodischen Überprüfbarkeit des in dem archivierten Material externalisierten menschlichen Gedächtnisses und ist die Grundlage für die Rekonstruktion von gesellschaftlichen oder individuellen Handlungsprozessen. Es wird gar ein „Erinnerungsrecht" (Bischoff 2005, 259) der Gesellschaft proklamiert, eine Art berechtigter kollektiver Erwartung, das gesellschaftliche Erbe auch zukünftig erinnerbar zu erhalten.

Während bei Behörden- oder Unternehmensarchiven traditionell das Provenienzprinzip vor jenem der Pertinenz gilt, also Herkunft vor Sachzusammenhang, trifft dies nur eingeschränkt auf Fernseharchive zu, gleich ob sie in unternehmerische oder gemeinnützige Organisationszusammenhänge eingebettet sind: Bildarchive sehen ihre Aufgabe nicht allein in einer passiven Empfangshaltung, sondern sammeln auch initiativ Material von unterschiedlichen Stellen. Jedoch gilt eine Sammlung erst als solche, wenn unter Ignorierung der Entstehungszusammenhänge allein nach inhaltlichen Gesichtspunkten archiviert wird (Teske 2004, 127). Dies wurde im Laufe der vergangenen Jahrzehnte auch in Bezug auf andere Überlieferungsfelder in die Archivpraxis umgesetzt, um den Bestand an Archivgut mit spezifischen, dem jeweiligen Aufgabenbereich zuzurechnenden Überlieferungen zu ergänzen. Dadurch entstand zumal in der Archiv-Terminologie mit der Eingliederung „archivischen Sammelgut[s]" ein „unbereinigtes Paradox" (Leonhardt 1989, 215): Die Zuständigkeiten, bestimmte Sammlungen anzulegen, sind nirgendwo verbindlich geregelt. Während in der Forschung einerseits angezweifelt wird, dass es sich bei Sammlungen um Archivgut im eigentlichen Sinne handelt, sondern vielmehr um das genaue Gegenteil (Menne-Haritz 1999), plädieren andere Autoren für eine gewichtende Kooperation, um Anstrengungen zu koordinieren und bündeln zu können (Nimz 2005, 317). Typisches Beispiel für archivische Sammlungen sind Nachlässe, in denen Dokumente aus dem Leben und Wirken einer bestimmten Person versammelt sind und nach ihrem Tod als persönliche Sammlung gebündelt werden. Damit hat sich der Archivfokus von einer reinen Beweisfunktion her stark ausgeweitet und differenziert. Den Maßstab bei der Archiv- und Sammeltätigkeit bilden stets der institutionelle Rahmen und die organisationsspezifischen Bedarfskontexte. Dies hat im Detail unterschiedliche Auswirkungen auf die Art und Weise, wie Material Eingang ins Archiv findet. Bei Programmarchiven von Fernsehanstalten beispielsweise werden meist neben den Arbeits- und Produktionsmaterialien aus den Redaktionen des Senders sowie professionellen Mitschnitten von eigenen Live-Sendungen über geregelte Geschäftsbeziehungen auch Inhalte von anderen Sendeunternehmen, Agenturen und Produktionsfirmen bewahrt.

Das traditionelle Archiv sichert Überlieferungen, um vergangene dokumentierte Handlungen auch in Zukunft nachweisbar zu machen. So haben auch Foto-, Film-, Fernseh-, Video- oder Webarchive nicht nur die Aufgabe, Überlieferungen in ihre Bestände aufzunehmen, sondern sie auch möglichst verlustfrei und in kompatibler Form zu erhalten, um sowohl ihre aktuelle als auch zukünftige Nutzbarkeit zu gewährleisten. Dazu waren und sind im analogen Archiv umfangreiche Pflege- und Konservierungsmaßnahmen notwendig. Besonders gefährdete Bild- und Tonträger wie beispielsweise Nitro-Filme oder Magnetbänder werden magaziniert, das heißt in klimaregulierten und vor Feuer, Wasser und weiteren Bedrohungen gesicherten Räumen und mit alterungsbeständigen klimaregulierenden Vorkehrungen gelagert. Eine weitere Maßnahme ist die Wiederinstandsetzung bzw. Restauration beschädigter Archivalien. Die Konservierungsanforderungen richten sich in erster Linie nach der Anfälligkeit der Dokumente, des Alters des Speichermaterials und seiner bisherigen Lagerung. Ziel ist stets eine dauerhafte Langzeitarchivierung bzw. eine Erhaltung „für alle Ewigkeit" (Nimz 2005, 321).

Die möglichst dauerhafte Konservierung kultureller Überlieferungen ist das zentrale Problem aller Gedächtnisorganisationen, die sich der Erhaltung und Nutzbarmachung von Zeugnissen der Vergangenheit verschrieben haben (u. a. Kramp 2019). Bei der langfristigen Bewahrung von digitalen Überlieferungen wird immer mit einem unspezifischen Zeithorizont gearbeitet, der indes maximal ausgedehnt werden soll. Chancen und Risiken speziell der digitalen Langzeitarchivierung halten sich mit Blick auf die Abwägung zwischen einer erleichterten Migration und Verwendbarkeit der Daten in digitalen Produktionsumgebungen auf der einen und dem Verlustrisiko auf der anderen Seite die Waage und erfordern ein ausbalanciertes Vorgehen bei der Erhaltung der Medienüberlieferungen. Der physische Zugang zum Archivmaterial wird zugunsten einer erleichterten Verwaltung und Verfügbarkeit vom virtuellen abgelöst, indem oftmals in erster Linie besonders vom Zerfall bedrohte, unersetzliche Überlieferungen in Form digitaler Surrogate verfügbar gemacht werden. Mit der fortschreitenden Entwicklung von Präservationslösungen für die Verwaltung und Verarbeitung von digitalisierten Überlieferungen liegen die Vorteile in der erweiterten orts- und zeitunabhängigen Zugänglichkeit des Archiv- und Sammlungsgutes, in vereinfachten und beschleunigten Navigations- und Findmöglichkeiten sowie der Kumulation von verschiedenen Dokumentenarten in einer virtuellen Datenbankumgebung. Dies hat auch weitreichende Implikationen für die Zugänglichkeit des Überlieferungsmaterials zur Folge: „Archive können so interaktiv aus der Benutzung neu generiert werden, gleich der Warburgschen Magazinstruktur, die nach Vorgaben der Nützlichkeit entstand und nicht nach einer Idee" (Ernst 2002, 130).

3. Institutionelle Manifestationen des Archivs

Das Archivverständnis orientiert sich auch heute noch vor allem am Archetyp staatlicher Dokumentationsstellen (Brenner-Wilczek et al. 2006, 19), also an der Arbeit von behördlichen Institutionen, deren Aufgabe es ist, Dokumente in Aktenform zu bewahren, welche die gesellschaftspolitische Entwicklung aus der Perspektive des Gesetzgebers und der Verwaltungsorgane festhalten. Das Dokument als historische Überlieferung und physikalische Einheit eines Trägers dokumentarischer Daten (Menne-Haritz 1999, 59) bindet den Archivbegriff eng an die Schriftlichkeit, was der für Jahrhunderte andauernden und auch heute noch festzustellenden Dominanz der Schrift bei der Aufzeichnung nicht allein, aber vor allem staatlicher und administrativer Vorgänge geschuldet ist. Doch auch abseits dieses Archivfeldes spielt die Schrift bei jeglicher anderen Archivoperation eine wesentliche Rolle, egal ob es sich um ein genuin schriftliches Dokument handelt oder nicht: Sie dient der Katalogisierung, der Ordnung der Archivbestände, wird für deren Wiederauffindbarkeit eingesetzt und ermöglicht damit die Zugänglichkeit. Mithilfe von Verschlagwortung und Zusammenfassungen arbeitet das klassische Archiv auch heute noch und bleibt damit schriftfixiert, auch wenn es sich audiovisuellen Überlieferungen widmet.

Für die staatlich organisierte Hinterlegung von Filmen nun ist in Deutschland das Bundesarchiv zuständig: „Durch die Konzentration auf deutsche Filme haben wir nicht ausschließlich das Ziel, herausragende Filme zu sammeln, sondern die deutsche Filmproduktion insgesamt in einer repräsentativen Auswahl abzubilden", heißt es auf der Webseite der Abteilung Filmarchiv (Bundesarchiv o.J.). Zu nennen sind hier insbesondere Filmproduktionen, die nach dem Filmfördergesetz finanziell mit öffentlichen Mitteln unterstützt wurden sowie historische Werke aus dem Besitz des Deutschen Reichs und der DDR. Auch um die Bewahrung visueller Zeitdokumente sorgt sich das Bundesarchiv und hält über zwölf Millionen Bilder, Luftbilder und Plakate zur deutschen Geschichte in seinem Bildarchiv, darunter auch die umfangreichen Fotobestände des Bundespresseamtes. Zudem engagiert sich ein Netzwerk zivilgesellschaftlicher Fotoarchive in Stiftungen, kommunalen Einrichtungen, an Hochschulen und bei freien Kulturträgern für die Bewahrung des fotografischen Dokumentenerbes.

Internetpublikationen erweisen sich wiederum als ebenso ephemer wie die anderen elektronischen Mediengattungen, derer sich keine Archiv- oder Sammelstelle annimmt. Umso notwendiger werden im Rahmen der wenig ausgereiften Sammlungsanstrengungen von Nationalbibliotheken Kooperationen mit eigeninitiierten Online-Initiativen wie dem Internet Archive (www.archive.org), dessen Initiator Brewster Kahle bereits frühzeitig in der Entwicklung des World Wide Web die Historizität der virtuellen Welt erkannt hat. Das Internet Archive arbeitet als gemeinnützige Organisation an der möglichst kompletten Erfassung von Internet-Veröffentlichungen und hat von 1996 bis April 2021 mehr als 553 Milliarden Webseiten aus aller Welt gespeichert. Über 6,7 Millionen kostenfrei zu nutzende Film- und Videotitel weist das dazugehörige Bewegtbildarchiv aus sowie knapp 2,2 Millionen Ausschnitte aus US-amerikanischen Fernsehnachrichtensendungen. Das Internet Archive fungiert somit als Historisierungsmaschine, weil sie die nicht datumsgebunden verfügbaren und damit sozusagen ‚gedächtnislosen‘ Websites durch die archivische Erfassung mit einem chronologischen Raster versieht (Lessig 2004, 108–115). Ein Großteil des Bildbestandes wird allerdings aus rechtlichen Gründen nicht direkt und vollautomatisiert aus dem Netz gesammelt, sondern dem Archiv von Institutionen und Nutzer:innen zur Verfügung gestellt, um sie zentral zu sichern. Voraussetzung für eine erfolgreiche Sammlung ist also ähnlich wie im Falle des Programmfernsehens ein möglichst enger Kontakt zu den Rechteinhaber:innen bzw. Verwalter:innen von digitalen Bildmedien. In Deutschland kooperiert die Deutsche Nationalbibliothek mit dem Internet Archive.

Der Rundfunkbereich hingegen wird von der staatlich organisierten Sammlung von Kulturgut vollständig ausgeblendet. Sowohl das Bundesarchiv als auch die Deutsche Nationalbibliothek schließen die Sammlung von Fernsehprogrammüberlieferungen im weitesten Sinne aus mit dem Verweis, dass die Sender eigene Archive unterhalten (Köhler und Merkel 2006, 1338; Merkel 2008, 2015). Ähnlich verhält es sich mit den Bundesländern: 14 der insgesamt 16 Landesgesetze schließen die öffentlichrechtlichen Rundfunkanstalten vom Geltungsbereich der staatlichen Archivzuständigkeit aus. In den Archivgesetzen Hamburgs und Berlins findet der Rundfunk sogar keinerlei Erwähnung. Entsprechend hoch ist der kulturelle Wert von Programm- und Schriftgut-Beständen in den Senderarchiven sowie in Unternehmensarchiven, Mediensammlungen an Universitäten und Privatsammlungen in Deutschland, welchen durch das Ausbleiben einer staatlichen Rundfunkarchivierung (zentral oder föderal) zwangsläufig eine *endarchivische Kompetenz* bei der Verwaltung dieses zeitgeschichtlich bedeutsamen Teils des kulturellen Erbes und Schaffens zugefallen ist.

Die eigenverantwortliche Handhabung der audiovisuellen Kulturgutsicherung in Deutschland bot bereits häufiger Anlass für Kritik seitens der Wissenschaftsgemeinde, Künstlervereinigungen und Journalisten, wofür die Auftaktdebatte beim Medien-Hearing der Akademie der Künste in Berlin im Jahre 1986 und ihre Funktion als Initialzündung für die Entwicklung einer „Deutschen Mediathek" ein eindrucksvoller Beleg war (Kramp 2005). Die Kritik an der Zurückhaltung landes- und bundespolitischer Stellen macht sich hauptsächlich an den fehlenden Sanktionierungsinstrumenten und einer strukturellen Hilflosigkeit von Staat und Gesellschaft bei institutionellen Verstößen gegen das Gebot der Kulturgutsicherung fest. Während in anderen Bereichen wie der Filmkultur konzertierte Kritik am Fehlen einer gesetzlichen Regelung der Archivierung zumindest in einer Registrierungspflicht für deutsche Kinofilme mündete, die seit Juli 2013 in Kraft ist, bleibt ein wesentlicher Teil der (audio-)visuellen Mediengeschichte der maßgeblichen Kontrolle der Rundfunkanbieter überantwortet.

Die Europäische Konvention zum Schutz des audio-visuellen Erbes und das Zusatzprotokoll zum Schutz von Fernsehproduktionen sieht vor, dass die ratifizierenden Staaten gesetzliche Maßnahmen ergreifen, ihr nationales Film- und Fernseherbe auf Dauer zu bewahren und für die interessierte Öffentlichkeit sowie speziell für Bildungszwecke zugänglich zu machen. Eine Doppelung von bereits bestehenden Vorkehrungen zur Archivierung ist nicht vorgesehen: Der Vertrag lässt die Möglichkeiten einer zentralen oder dezentralen, auch eigenverantwortlichen Regelung gelten. Doch haben sich die deutschen Film- und Fernsehproduzenten, die Filmförderungsanstalt sowie ARD und ZDF schon frühzeitig gegen zusätzliche Archivierungsverpflichtungen über die bereits bestehenden Vorkehrungen hinaus gewandt (vgl. Stellungnahmen unter http://ec.europa.eu/avpolicy/reg/cinema/index_en.htm). Durch die endarchivische Funktion der Archive der Rundfunkanstalten ist die Zuständigkeit im Bereich der Fernsehprogramm-Überlieferung zwar eindeutiger zuzuordnen, doch auch hier fehlen sowohl eine einheitliche Systematik und Kontrolle als auch eine rechtliche Manifestierung des endarchivischen Kompetenzanspruchs, der sich fast ausschließlich auf das subjektive Selbstverständnis der Archivabteilungen der Sender gründet (Hempel 1997, 73). Erst im Jahr 2014 verständigten sich die Intendanzen des öffentlich-rechtlichen Fernsehens über einen einheitlichen Zugang zu ihren Archiven für Forschung und Wissenschaft (Kramp 2015). Als Voraussetzungen wurden jedoch weiterhin u. a. die Qualifikation der forschenden Person (mindestens Dissertationsvorhaben), die zur Verfügung stehenden Kapazitäten im Archiv und eine Bewertung des Forschungsthemas durch das Archivpersonal genannt, was die Autonomie der wissenschaftlichen Arbeit einschränken kann. Einen Rechtsanspruch auf Archivnutzung stellt der Beschluss dezidiert nicht dar.

Als Hindernis für stärkere Anstrengungen seitens staatlicher Einrichtungen zur Bewahrung des Rundfunkerbes wird maßgeblich der Artikel 5 des Grundgesetzes bewertet, der eine Einmischung des Staates in Rundfunkangelegenheiten, also unter anderem auch in die Entscheidungsfindung, was zu archivieren sei, verbietet. Im Gesetzestext heißt es: „Die Pressefreiheit und die Freiheit der Berichterstattung durch Rundfunk und Film werden gewährleistet. Eine Zensur findet nicht statt" (Art. 5 Abs. 1 GG). Gleichzeitig wird darauf hingewiesen, dass „das Grundgesetz keinerlei Aussagen darüber macht, wie die Rundfunklandschaft konkret zu organisieren sei, sondern die Gestaltung dem Gesetzgeber überlässt. Solange Hörfunk und Fernsehen dem Zugriff des Staates entzogen sind und eine möglichst große Meinungsvielfalt garantiert ist, sind viele denkbare Modelle zulässig und praktisch möglich" (Karstens und Schütte 2005, 28). Insbesondere im Hinblick auf die öffentlichen Ordnungsstrukturen für den retrospektiven Umgang mit dem Produktionsaufkommen des Fernsehens lässt das Grundgesetz dem Gesetzgeber also allerhand Freiheiten, um die Bestandssicherung des audiovisuellen Kulturguts sicherzustellen, solange die Fernsehveranstalter in ihrem Handeln unabhängig von staatlichen Einflüssen bleiben.

4. Heterogene Überlieferungslage

So sehr moderne Bildmedien lange in der Debatte um Zustand und Zukunft des kulturellen Gedächtnisses und der gesellschaftlichen Erinnerung als ephemere Kommunikationsinstrumente und damit als zweifelhaft für die zeitenüberdauernde kulturelle Selbstvergewisserung galten, waren sie selbst in Zeiten fehlender oder unwirtschaftlicher Aufzeichnungsmöglichkeiten nie ganz und gar vergessliche Medien. Zwar kann das (audio-) visuelle Medienprodukt selbst nicht als eigenständiges Materialobjekt, sondern nur mittels einer technologischen Prothese (Landsberg 2004), sei es mittels eines Videobandes, eines DVD-Rohlings oder eines Festplattenspeichers, gesammelt und bewahrt werden. Doch hinterließ beispielsweise das Fernsehen schon lange vor dem technischen Kunstgriff, die elektronischen Signale aus dem Äther auf Magnetbänder zu bannen, Spuren: Waren anfangs aufwendige wie teure Filmaufzeichnungen die einzige Möglichkeit, Live-Sendungen einzufangen, weshalb eine Sammlung des Programmaufkommens nur unzureichend gewährleistet werden konnte, waren Fernsehveranstalter seit Beginn des Sendebetriebs jedoch als wirtschaftliche Entitäten gesetzlich verpflichtet, zumindest die schriftlichen Dokumente ihres Geschäftsgebarens zu Nachweiszwecken aufzubewahren. Zunächst wurde also größtenteils im Verborgenen gesammelt. Erst später wurde das Fernsehen zum Objekt und Anlass für breitere dezentrale Sammelanstrengungen. Dennoch sind auch die internen Papiere greifbare Zeugnisse der flüchtigen televisuellen Existenz, abstrakt zwar, doch gleichwohl das Sendegeschehen und seine Hintergründe dokumentierend. Verträge, Geschäftsbriefe, Protokolle usf. zeugen ebenso auf ihre Art von administrativen, kreativen und rezeptiven Prozessen wie das erst später festgehaltene Fernsehbild.

Nichtsdestotrotz gestaltet sich das Sammeln des (audio-)visuellen Medienerbes im Vergleich zu anderen kulturellen Überlieferungsarten als besonders schwierig. Grund hierfür ist vor allem die Komplexität und Heterogenität der Überlieferungslage: Zwar sind Forderungen nach einer Annäherung der Sammlungspraxis an die zentrale und am Gebot der Vollständigkeit ausgerichtete Sammlung von literarischen Neuerscheinungen nicht verstummt (Kramp 2014, 236–237). Eine allumfassende Pflichtabgaberegelung für (audio-)visuelle Medienwerke erscheint angesichts der schieren Menge an produziertem Material als illusorisch. Bereits zu Zeiten des analogen linearen Fernsehbetriebs überstieg der Umfang des ausgestrahlten Programms die Zahl an

Druckpublikationen deutlich. Das Bewegtbildangebot in der digitalen Medienumgebung hat diese Diskrepanz noch um ein Vielfaches gesteigert. Neben den Bildinhalten werden zudem eine große Menge an Metadaten und Kontextmaterialien produziert, die den Überlieferungsbestand umso komplexer werden lassen. Während allein das Schriftgut den geschäftlichen und kreativen Bereich sowie die vielschichtige Dokumentation des Zuschauerfeedbacks umfasst, fallen unter die Realien-Kategorie technische Geräte aus dem Produktions- und Empfangsbetrieb, aber auch Requisiten, Mobiliar und Marketingartikel. Die Fernsehindustrie hat dabei aus wirtschaftlichen programmbezogenen Gesichtspunkten ein besonderes Interesse an der Sammlung von wiederzuverwendendem Material. Doch wurde (und wird) auch auf Akteursebene gesammelt, in der Regel aus autobiographischem Antrieb, wodurch persönliche Unterlagen aus den Senderabteilungen wie z. B. Redaktionen nach dem Ausscheiden von Mitarbeitenden auch kurzerhand mitgenommen werden.

Das Fernsehen ist darüber hinaus auch ein privat-leidenschaftlicher Sammlungsgegenstand, der als gesellschaftliches Medium Begehrlichkeiten weckt, seine unterschiedlichen kreativen Hervorbringungen, aber auch Instrumentarien festzuhalten, damit seine Funktion als Wegbegleiter und Kulminationspunkt autobiographischer Entwicklungen erfüllt werden kann. Bei der Aufarbeitung des dem Publikum zugewandten Fernsehbetriebs spielt die besonders sammlungsaktive Rezipient:innengruppe der Wissenschafts- und Bildungsgemeinde eine wichtige Rolle. Die an Lehr- und Forschungseinrichtungen angelegten Mediensammlungen zeugen von einem hohen Bedarf seitens Akademiker:innen an Bildüberlieferungen (Kramp 2011b, 87–88, 94; Kramp 2014, 238–239). Auf privater Ebene zeigt sich die Sammelleidenschaft für das Fernsehen hingegen besonders eindrücklich am Beispiel von Fans, also spezialisierten Erinnerungsgemeinschaften, die sich durch ihre Hingabe an eine bestimmte Produktion für das gesamte Überlieferungsspektrum innerhalb ihres thematischen Fokus interessieren (Kramp 2011a, 174–189, vgl. auch Garde-Hansen 2011, 120–135).

So facettenreich sich der Medienbetrieb mit seinen komplexen Verwaltungsstrukturen und Geschäftsabläufen darstellt, so zahlenmächtig ist auch das dokumentarische Aufkommen. Es besteht daher im Vergleich zu anderen Sammlungsgebieten ein erhöhter Bedarf an vielsträngigen Auswahlstrategien, um eine hinreichende Dokumentation des Fernsehgeschehens sicher zu stellen und eine erneute Nutzbarmachung für den Programmbetrieb ebenso wie eine wissenschaftliche Aufarbeitung zu ermöglichen. Bei dieser keineswegs leichten Aufgabe stehen Gedächtnisorganisationen vor der großen Herausforderung, sich in ihrer Sammlungstätigkeit klar voneinander abzugrenzen und Kompetenzen herauszubilden, welche ihrer klassischen Funktion gerecht werden, ohne die spezifischen Anforderungen des Sammlungsgegenstandes aufzuweichen. Während Archive traditionell als passive Empfangsstellen gelten, sehen Bibliotheken bzw. deren Mediatheken sowie Museen ihre Aufgabe in der fokussierten (z. B. themenbezogenen) Pflege und deren allgemeine Zugänglichmachung von kuratierten Sammlungen. Solch kuratierende Maßnahmen zum Beispiel in Form von Nachlassverwaltung oder Ausstellungsprojekten haben in der Bewahrung und Aufarbeitung des (audio-)visuellen Medienerbes eine deutliche Aufwertung erfahren und zu einem Konvergieren der zuvor klar getrennten Expertisen der klassischen Gedächtnisorganisationen Archiv, Bibliothek und Museum geführt.

5. Prinzipien des Zugangs

„Ein Archiv ist nicht nur ‚Friedhof' der abgebenden Stelle und damit eine Art Endstation aller Vorgänge, die dort ihr Leben aushauchen", resümiert der Archivwissenschaftler Eckart Henning in seinen einleitenden Bemerkungen zum Handbuch über „Die archivalischen Quellen". Ein Archiv sei vielmehr immer auch ein Ort, in dem wiederbelebt und rekonstruiert werde, ein Fundus im besten Sinne: eine Grundlage, auf der kultureller Sinn konstruiert werden kann. Das Archiv diene damit dem organisationsinternen Informationsaustausch ebenso wie dem gesellschaftlichen, für den die historische Forschung durch die Aufarbeitung der Überlieferungen sorge (Henning 2004, 6). Die Soziologin Elena Esposito weist überdies auf die funktionale Untrennbarkeit der Langzeitsicherung von Überlieferungen und ihrer Zugänglichkeit hin: Erst wenn ein Zugriff auf Archivalien ermöglicht werde, könne man tatsächlich von einem Archiv sprechen (Esposito 2002, 239). Das Archiv als „Medium einer endzeitlichten Gegenwart von Speichern" (Ernst 2002, 39) ist also mit Blick auf die Gedächtnisrelevanz seiner Überlieferungen konstruktiv zu verstehen: Erinnerungen werden nicht in gespeicherter Form vorgehalten, sondern mithilfe der Speicher (re-)konstruiert. Als Fundus von Informations- und Wissensinhalten bildet das Archiv ein „Reservoir möglicher noch nicht aktualisierter Erinnerungsanlässe" und bietet damit „Chancen der Wiederanknüpfung". (Assmann 1999, 409)

Bildarchive sind damit mächtige „Hüter der Erinnerung" (Schulze 2000, 26), denen bei gesellschaftlichen Selbstfindungs- und Orientierungsbemühungen eine zentrale Rolle zukommt. Je komplexer und fragmentierter eine Gesellschaft, desto notwendiger ist eine daraufhin ausgerichtete Archivarbeit, die sich nicht nur als Hintergrund administrativer Prozesse begreift oder einem einseitigen produktiven Ziel widmet, sondern sich den Bedürfnissen der pluralistischen Gesellschaft annähert, wie der Historiker Winfried Schulze fordert. Nur wenn es möglichst vielen Nutzer:innengruppen erlaubt wird, auf Basis ihrer divergierenden Nutzungsintentionen Archivgut für ihre jeweiligen Zwecke zu funktionalisieren, mit Hilfe des Überlieferungsfundus Sinn zu konstruieren und sich damit auf unterschiedliche Weise um den gesellschaftlichen Diskurs verdient zu machen, hat die Gedächtnisorganisation Archiv ihre Funktion erfüllt:

„Bei dieser umfassenden Aufgabe müssen alle Archive zusammenwirken, denn diese Aufgabe ist letztlich unteilbar: Die staatlichen Archive wie die Archive öffentlich-rechtlicher Anstalten, die kommunalen Archive wie die Wirtschaftsarchive, die Archive der Kirchen, Religionswissenschaften und politischen Parteien wie die der großen Stiftungen und anderer Institutionen mit gesellschaftlicher Tiefenwirkung, sie alle haben sich als Teilorte eines großen Erinnerungskontextes zu verstehen, der als solcher freilich erst einmal bewusst gemacht werden müsste. Hier scheint mir noch ein erhebliches Defizit zu bestehen" (Schulze 2000, 27).

Schulze attestiert der stark ausdifferenzierten Archivgemeinde weder ein fehlendes Geschichtsbewusstsein noch eine unzureichende Bewahrungshaltung. Vielmehr hapert es seiner Ansicht nach an der Erkenntnis, dass das Kulturerbe in einem deutlich breiteren Ausmaß als bisher nutzbar gemacht werden müsse für die gesellschaftliche Erinnerungsarbeit. Das Grundproblem der Kulturerbe-Verwaltung liegt demnach in ihrer juristisch-körperschaftlichen, administrativen und ökonomischen Aufspaltung, die zu einem unübersichtlichen Überlieferungsfeld sowie zu einem stark uneinheitlichen Umgang in Bezug auf die Zugangsgewährung zu Archivalien geführt hat. Betrifft dieser fundamentale Kritikpunkt die Archivpraxis im Allgemeinen, äußern sich die Symptome einer eingeschränkten Zugänglichkeit von Archiv- und Sammlungsgütern besonders nachdrücklich bei der Verwaltung des Kulturerbes aus staatsfernen Entstehungszusammenhängen, da hier mit Ausnahme bestimmter gesetzlicher Bewahrungsfristen prinzipiell das Selbstverwaltungsprinzip bei der Archivierung von Überlieferungen zur Anwendung kommt. Dadurch untersteht auch das Zugangsrecht den jeweiligen Reglementierungen der betreffenden Institution, die von Gesetzeswegen her frei entscheiden kann, wem, zu welchem Zweck und unter welchen Bedingungen sie Einblick in ihre Archiv- und Sammlungsbestände gewährt.

Die Kommunikations- und Informationswissenschaftler:innen Ronald Rice, Maureen McCreadie und Shan-Ju Chang unterscheiden insgesamt sechs Konzepte, die bei der Frage nach dem Zugang zu Informationen grundsätzlich unterschieden werden können, jedoch insbesondere auch für die Zugangsproblematik von kulturellen Überlieferungen relevant sind (Rice et al. 2001, 46–47): Von elementarer Bedeutung ist demzufolge der *Zugang zu Wissen*, welches in verschiedenartiger Form zirkuliert und gespeichert vorliegt. Wissensreichtum steigere die Lebensqualität, helfe bei der Entscheidungsfindung, bemächtige zur Kontrolle von Informationsflüssen und verspreche in allen Lebensbereichen vorteilhafte Auswirkungen. Anzumerken ist hier, dass der Zugang zu Wissen bereits bestimmtes Wissen voraussetzt, beispielsweise ob, wo und in welcher Form bestimmte Wissensbestände verfügbar sind und funktionalisiert werden können. Hierfür sind in gesteigert ausgeprägtem Maße *technische Hilfsmittel* dienlich: Technologien und Medien sind also eine weitere Voraussetzung, um Zugang zu Informationen zu erhalten. Dies unterstreicht zum einen die Relevanz von medialen Überlieferungen als historische Quellen, andererseits impliziert dieses Zugangskonzept gleichzeitig eine Benutzungskompetenz in Bezug auf Medien- und Informationstechnologien. Dies führt wiederum zur dritten Kategorie, der *Kommunikation*: Nicht nur wird eine mindestens basale Kompetenz zur Sinnkonstruktion beim Umgang mit Wissensangeboten vorausgesetzt, sondern auch die Fähigkeit und Bereitschaft, auf diese Weise gewonnene Inhalte kommunikativ für sich zu nutzen, um Vorteile im sozialen Miteinander zu generieren. Zugang führt in dieser Hinsicht zu einer gesteigerten Kompetenz, die wiederum den Zugang erleichtert. Der Zugang zu Information wird weiterhin geprägt durch *Kontrolle,* das heißt die Möglichkeit, den Zugang einzuschränken, bestimmte Personen oder Personengruppen zielgerichtet auszuschließen oder Inhalte für eine Nutzung zu sperren. Wer über den Zugang bestimmen kann, kann aus Gründen des Machterhalts, aber auch aus Gründen der Wirtschaftlichkeit nur solchen Nutzungsinteressenten Zugang gewähren, deren Nutzung in Übereinstimmung mit den Zielen der Kontrollinstanz erfolgt, was wiederum eine Verarmung des Utilisierungs- und Interpretationspotenzials der Informationen bedeuten kann. Als fünfte Kategorie nennen die Autoren den *Zugang zu Gütern oder Handelserzeugnissen*, die mit einem sozialen und/oder wirtschaftlichen Wert ausgezeichnet werden. Dieser Wert ist allerdings so lange unbekannt, wie die jeweilige Überlieferung und die enthaltenen Informationen nicht einer Nutzung zugeführt werden. Schlussendlich müssen Bürger:innen, also die allgemeinen Nutzer:innen, Kenntnisse über ihre Zugangsrechte und die Durchsetzungsmöglichkeiten derselben erlangen. Dies setzt Anstrengungen voraus, die Allgemeinheit über die Rechte des Einzelnen aufzuklären und einen öffentlichen Rahmen für ihre Praktizierung zu schaffen.

In Bezug auf das (audio-)visuelle Medienerbe lässt sich feststellen, dass aufgrund der kultur- und medienpolitischen Zurückhaltung trotz eindeutiger Richtungsansagen durch die Politik, die ihren Forderungen nach einem ungeteilten Zugang zu Wissen und Bildung jedoch keine verbindlichen Entscheidungen im Sinne einer stärkeren Öffnung der Archive folgen ließ, keine Modelle gefunden wurden, die einen ausreichend breiten gesellschaftlichen Zugang zum Kulturerbe gewährleisten: Die existierenden Nutzungsmodalitäten der endarchivischen Instanzen der Medienerbeverwaltung widersprechen damit dem gesellschaftspolitischen Anspruch auf einen demokratischen Zugang zum Kulturerbe, wie er bereits seit Jahrzehnten mit der verlässlichen allgemeinen Verfügbarkeit von Druckpublikationen in öffentlichen Gedächtnisorganisationen eingelöst wird und eine wichtige Grundlage für die gesamtgesellschaftliche Erinnerungs- und Bildungsarbeit bildet.

6. Herausforderungen bei der Materialerschließung in Bildarchiven

So offenkundig verschiedenartig und unkalkulierbar die Probleme beim Zugang speziell zum Fernseherbe sind, desto größer sind die Hoffnungen auf Besserung, die allseitig mit fortschreitender Digitalisierung und dadurch auch Virtualisierung der Medienerbeverwaltung verbunden werden. Rapide Kapazitätssteigerungen bei digitalen Cloudspeichern haben zu einer gewaltigen Steigerung der medial gespeicherten Überlieferungsbildung geführt, die bisher ungekannte Anforderungen an die Verwaltung und Selektion digitaler (Bewegt-)Bilder stellt. Dank der Digitalisierung kann aber nicht nur eine bisher ungeahnte Menge an Inhalten gespeichert werden; diese kann auch mittels digitaler Metadaten, wechselseitiger Verknüpfungen von Inhalten und zusätzlicher Kontextinformationen sowie intelligenter Suchinstrumente effektiver als jemals zuvor erschlossen werden. Doch um einen komplexen Archivbestand funktionalisieren zu können, braucht es ebenso ausgereifte Such- und Distributionsmechanismen. Hier stellen digitale Technologien Speicher-, Katalogisierungs- und Auffindungsinstrumente bereit, um den (audio-)visuellen Fundus nutzbar zu machen.

So wertvoll die Qualitäten der Audiovisualität jedoch bei der direkten sinnlichen Vermittlung von Inhalten sein mögen: Bei ihrer archivischen Erschließung bereitet eben diese Form der Medialität die größten Schwierigkeiten. Um die Auffindbarkeit einer Fernsehprogramm-Überlieferung zu gewährleisten, braucht es Hilfsmittel, die eine detaillierte Deskription ermöglichen. (Bewegt-)Bilder können sozusagen nicht für sich sprechen und nicht wie ein Buch oder ein Manuskript aus sich selbst heraus, das heißt auf Basis ihrer eigenen Textlichkeit Zugang zu ihren Inhalten gewähren, sondern erfordern zusätzliche Beschreibungen mit Schlüsselbegriffen, um im analogen wie im digitalen Archiv gesucht und gefunden werden zu können. Aufgrund der inhaltlichen Komplexität des Materials ist die dafür notwendige Gewinnung der „intellektuellen Kontrolle" in Form von aussagekräftigen Katalogeinträgen (Edmondson 1998, 26) kein leichtes Anliegen. Je umfangreicher außerdem die verwalteten Überlieferungsbestände sind, desto aufwendiger sind auch die Anforderungen an effektive Katalogisierungsmethoden.

Die Erstellung sogenannter Metadaten, also Daten, die wiederum bestimmte Zieldaten wie beispielsweise Medienwerke und ihre Inhalte beschreiben und somit dabei behilflich sind, zweckgerichtete Zugänge zu ihnen zu erhalten, erfolgt in der Medienerbeverwaltung größtenteils unter Berücksichtigung der wichtigsten Sendungsdaten, einschließlich der Produktionsangaben sowie einer zusammenfassenden Inhaltsangabe, die in eine digitale Datenbank eingepflegt und somit recherchierbar werden. Sie sind der Schlüssel zu den Bildarchivalien bzw. ihre „Produktverpackungen" (Greco 2008, 37). Das Hauptproblem dieser Form der Katalogisierung liegt in der zwangsläufigen Unvollständigkeit der abstrahierenden Angaben sowie in den damit einhergehenden Beschreibungsproblemen. Deskriptive, technische und administrative Metadaten dienen dazu, ein archiviertes Werk hinreichend zu beschreiben, um es für eine Nutzung bereitstellen zu können. Speziell die deskriptive Erfassung des Inhalts stellt die Bildarchive vor Probleme, da sie durch die Offenheit des hierzu benötigten Vokabulars mit veralteten Schlüsselwörtern zu kämpfen haben, die bei der Katalogisierung früher Bildüberlieferungen eingesetzt wurden, aber kaum oder nicht mehr im aktuellen Sprachgebrauch vorkommen, wodurch das Risiko wächst, dass Rechercheanstrengungen in Gegenwart und Zukunft nicht zu den gewünschten Ergebnissen führen. Die manuelle Eingabe der Metadaten per Hand ist eine ebenso mühsame wie zeitaufwendige Angelegenheit und beansprucht enorme Personalkapazitäten. Zudem kann der heutigen Medienerbeverwaltung durch die uneinheitliche Herausbildung von Erschließungs- und Verwaltungsmethoden übergreifend ein eklatant hohes Maß an Heterogenität mit Blick auf die zur Anwendung kommenden Katalogisierungssysteme attestiert werden. Das Problem der nur schwer herzustellenden Interoperabilität zwischen den unterschiedlichen Metadatenstandards erhält durch den wachsenden

Nutzungsbedarf an archiviertem Fernsehprogramm-Material Gewicht. Mit Hochdruck werden deshalb schon länger Wege der digitalen Wissenserschließung und Wissensweiterverarbeitung erforscht, die unter den Sammelbegriff des Semantischen Netzes („Semantic Web") fallen. Die fortschreitende Enkodierung der Bestände von Bildarchiven in digitale Dateiformate lässt diese Optionen zu wichtigen Alternativen bei der arbeitsintensiven Katalogisierung neuer Programminhalte avancieren.

Bei audiovisuellen Medienüberlieferungen ist die automatische Spracherkennung eine mittlerweile häufig eingesetzte Methode zur Indexierung. Die Technik wurde im vergangenen Jahrzehnt wesentlich weiterentwickelt und ist auch bei sich überlagernden Dialogen, Hintergrundgeräuschen, Sprachfehlern oder starken Dialekten weniger fehleranfällig. Die Beschleunigung technologischer Innovationen dient nicht nur Fachpersonal, sondern auch der Nutzer:innenschaft. Längst gibt es für den Hoffnungsschimmer von Kelly (2008) reale Anwendungen:

> The holy grail of visuality is to search the library of all movies the way Google can search the Web. Everyone is waiting for a tool that would allow them to type key terms, say ‚bicycle + dog,‘ which would retrieve scenes in any film featuring a dog and a bicycle. In an instant you could locate the moment in ‚The Wizard of Oz‘ when the witchy Miss Gulch rides off with Toto. Google can instantly pinpoint desirable documents out of billions on the Web because computers can read text, but computers are only starting to learn how to read images. (Kelly 2008)

Der größte Nutzen liegt angesichts der Vielseitigkeit von Inhalten, ihrer Qualität und der Kontextinformationen in einer cross-medialen Kombination verschiedener inhaltlicher Suchtechnologien (vgl. auch Copaño 2008, 32). Die Schrift wird indessen weiterhin ihre zentrale Rolle bei der Erfassung und Zugänglichmachung von audiovisuellem Archivmaterial behaupten: Sie dient auch in der digitalen Archiv-Infrastruktur als primäres Mittel und Filter zur Ordnung der Überlieferungsbestände (Rubin 2007). Kritiker sehen durch diese allgemein verbreitete Auffassung das Pferd von hinten aufgezäumt: Schriftbasierte Metadaten könnten nicht mehr sein als eine Notlösung, die den Reichtum von audiovisuellen Quellen nur unzureichend erfassen könnten (Ortiz Jr. 2007, 18). Von visuellen Suchmechanismen zur Bild- oder Gesichtserkennung, die zunächst für den Regierungssektor zur Personenidentifizierung unter anderem im Rahmen der Terrorismusbekämpfung vorangetrieben wurden (Heinrich 2007, 256), könnte in Zukunft in breiterem Maße auch die Medienerbeverwaltung profitieren (vgl. u. a. die frühen Experimente von Everingham et al. 2006). Auch wenn die Datenkomplexität mit besonderen Herausforderungen an solche Methoden der automatischen Indexierung verbunden ist, stellt die kombinatorische Auswertung von audiovisuellen Primärquellen und ihren begleitenden Kontextmaterialien die verlässlichste inhaltliche Erfassung einer audiovisuellen Medienüberlieferung in Aussicht. Dadurch, dass sich immer mehr Archiveinrichtungen für integrierte digitale Datenbanksysteme entscheiden, in denen nicht nur das digitalisierte Bewegtbildmaterial, sondern auch Manuskripte, komplette Drehbücher und Produktionsakten sowie Angaben über den Sendeablauf, Schnittlisten, Lizenzverhandlungen oder Verwendungsbeschränkungen digital hinterlegt werden, wird zumindest der potenzielle Nutzen von derlei Erschließungs- und Zugangsinstrumenten ersichtlich. Die hohen Entwicklungskosten werden ein konkretes Einsatzszenario für die Technologie beim Großteil der an der Medienerbeverwaltung beteiligten Institutionen allerdings in naher Zukunft noch nicht sehr wahrscheinlich machen.

7. Zu einer nutzer:innengetriebenen Archivkultur

So sehr sich das Internet zu einer weltumspannenden Distributionsplattform für den nutzer:innenzentrierten Blick auf das Weltgeschehen entwickelt hat, wurden Online-Plattformen zu einem Fanal der Deinstitutionalisierung der massenmedialen Distribution von (Bewegt-)Bildern: Nutzer:innen werden selbst zu (alltäglichen) Produzent:innen von (Audio-)Visionen, als diese nur an Bildschirmen zu konsumieren (Bruns 2008). Der produktiv-kreative Ansporn hat sämtliche Erdteile, Gesellschaftsschichten und Wirtschaftssektoren erfasst und führt dazu, dass sich in den weltumspannenden digitalen Netzen ein Fundus auf Zeit bildet, über dessen Verfügbarkeit keine Prognosen getroffen werden können:

> Will someone begin to archive ‚Youtube‘? My guess is, that it will simply reside on their server. [...] There is so much material out there now that I don't know how it will play into the archival world. I think our purpose still remains the preservation of key archival materials. (Horace Newcomb, zitiert nach Kramp 2011b, 182)

Insofern dass sich in der Online-Plattformökonomie eine quasi prozedural-archivische Funktion in der Vorhaltung von Medienbilder ganz unterschiedlicher Provenienz entwickelt hat, erweist sich die (ggf. sekundäre) strukturelle Ausbildung professioneller Archivstandards in diesem Kontext als defizitär. Im Fall der Plattform Vine, auf der Kurzvideos mit einer Länge von maximal sechs Sekunden veröffentlicht wurden und die sukzessive einen reichhaltigen dokumentarischen und künstlerischen Fundus bildeten, erweist sich die interaktive Dynamik eines generativ wie agil wachsenden Bildkorpus im Netz als trügerisch: Als Vine nach der Firmenübernahme durch Twitter nach nur wenigen Jahren wieder geschlossen wurde, verschwanden auch die Überlieferungen: „[D]as digitale Archiv erfasst nicht alles und benötigt zunehmend selbst Archivierung", schlussfolgert Jancovic (2017, 103). Das im Hinblick auf emergierende Mediengattungen zögerliche Handeln von Gedächtnisorganisationen bzw. der institutionalisierten Archiv- und Sammelpraxis hatte sich einmal mehr wiederholt: Schon in den frühen Jahren des Fernsehens bildete jenes neue Medium einen blinden Fleck und brauchte Jahrzehnte, um sich als kulturell und gesellschaftlich relevanter Archivgegenstand Anerkennung zu verdienen.

Die Ratlosigkeit der Archivgemeinschaft in Bezug auf das versprengte, fluktuierende Feld nutzer:innengenerierter Inhalte erfordert ein zielgerichtetes Vorgehen unter Beteiligung vorhandener Expertisen bei der Archivierung von audiovisuellen Überlieferungen, um ein unkoordiniertes Vorgehen in der Frage nach Zuständigkeiten, methodischen Herangehensweisen, thematischen Foki und technologischen Instrumenten zu vermeiden. Wenn der Medienwissenschaftler Horace Newcomb den Kern eines adäquaten Sammelauftrags in der Auswahl von „key archival materials" sieht, suggeriert er eine Priorisierung, die auch unter Rückbezug auf Erfahrungswerte und Erkenntnisse aus der Archiv- und Sammeltätigkeit von elektronischen Medieninhalten wie des klassischen Fernsehens getroffen werden können. Inwiefern die professionelle Auswahlprinzipien und -werkzeuge der Medienerbeverwaltung tatsächlich auf die große Breite multimedialer Netzpublikationen übertragen werden können oder zumindest Orientierung bei der Kriterienfindung versprechen, muss noch erprobt werden. Die Analyse der praktizierten Herangehens- und Vorgehensweisen, der Prioritätensetzung und der damit verbundenen Schwachstellen und Komplikationen bei der Sammlung von Bildüberlieferungen massenmedialer Institutionen bietet jedoch zahlreiche Anknüpfungspunkte, um die fachspezifischen Kompetenzen von Fernseharchivar:innen und -kurator:innen für die Annäherung an die Eternisierung virtueller Audiovisionen zu nutzen. Schließlich sind diese durch ihre Expertise im Umgang mit elektronischen Medienwerken der Populärkultur dem zeitgenössischen digitalen Überlieferungsaufkommen deutlich näher als Vertreter:innen der Schriftgutbewahrung.

Die Plattformökonomie im Internet hat einen signifikanten Beitrag bei der Transformation der Rezipient:innen zu Produzent:innen von audiovisuellen Werken geleistet. Dies schließt auch das eigenmächtige Speichern, Verändern und Veröffentlichen von (Bewegt-)Bildern ein. Mit nachdrücklicher Experimentierlust und allzu häufig unter Missachtung gesetzlicher Bestimmungen wird überall dort mitgeschnitten, kopiert, bearbeitet und wiederveröffentlicht, wo Medienbilder empfangen bzw. abgerufen werden können. Über so genannte Peer-2-Peer- bzw. Filesharing-Netzwerke wie „BitTorrent", „Gnutella" oder „eDonkey", die gemeinhin als Tauschbörsen bezeichnet werden, werden Filme und Fernsehsendungen in kompletter Länge und hoher Qualität untereinander in Dateiform zum Tausch angeboten – und konturieren ein volatiles Netz von „Piraten"-Archiven (Andersson Schwarz 2015). Diese Systeme stehen im besonderen Fokus der Strafverfolgung, da es sich größtenteils um rechtswidrige Angebote handelt, die in ihrem Umfang der Medienindustrie finanziellen Schaden zufügen. Medienunternehmen hatten lange Zeit Bedenken, ihre Archivgüter über den digitalen Vertriebsweg zugänglich zu machen. Die selbstmotivierte Aktivität des Publikums, das keine Scheu zeigt, die Medienvergangenheit in Wort, Ton und Bild eigenmächtig wiederauferstehen zu lassen, hat hier bereits ein Umdenken angestoßen. Schließlich wurde YouTube nicht durch die Weitsicht der Fernsehindustrie zum Sinnbild einer neuen „Archivkultur" (Kramp 2012), sondern durch eine Graswurzelbewegung aus der Mitte der Mediennutzer:innen, die heute dank digitaler Werkzeuge beim Umgang mit und bei der Weiterverarbeitung und Produktion von Medienproduktionen aktiver sind als jemals zuvor.

Wurden Urheberrechtsverletzungen, die aus der ungenehmigten Veröffentlichung von Medienbildern durch Nutzer:innen im Internet resultieren, anfangs noch weitgehend ignoriert oder blieben unbemerkt, veränderte sich die Lage radikal mit der Übernahme des Videoportals durch den Konzern Google im Jahr 2006. Mittlerweile sorgen sogenannte Upload-Filter dafür, dass urheberrechtlich geschützte Inhalte nicht unkontrolliert von Nutzer:innen veröffentlicht werden können, sollten sie dafür keine Genehmigung haben. Dass derlei Regulierungsmaßnahmen die grundsätzlichen Handlungsprinzipien einer dezentralen und prozeduralen Archivbewegung im Netz durch das Medienhandeln von Nutzer:innen aufhalten, darf angesichts der schieren Vielfalt von Nutzungspraktiken bezweifelt werden. Vielmehr scheinen sich der Markt, aber auch die Regulierung zunehmend den dominanten Formen des Medienhandelns und den Erwartungshaltungen von Mediennutzer:innen zu beugen: Der Zugriff auf Bildarchivalien unterliegt in der digital vernetzten Medienumgebung gänzlich neuen Determinanten. Weder Rechtsvorschriften noch das Marktangebot bestimmen hier vordergründig, welche historischen Überlieferungen im Social Web zirkulieren und rezipiert werden, sondern allen voran der kollaborative wie kommunale Geist des Netzes, unter dessen Ägide Mediensammlungen aus der Verborgenheit der Privatsphäre ans Licht der Öffentlichkeit drängen und in immer neuen Kontexten perpetuiert werden. Mediennutzer:innen sind offenkundig nicht mehr (ausschließlich) angewiesen auf Wiederholungen im laufenden Programm, DVD-Veröffentlichungen, Mitschnittservices oder die Gnade von Archivstellen, um mit (audio-)visuellen Überlieferungen in Kontakt zu kommen, sondern haben sich bis zu gewissem Grad von den institutionellen Zugangsrahmungen emanzipiert, indem sie sich untereinander selbst mit Inhalten versorgen.

Die digitale Vielfalt an Bildern im Internet ist so betörend, dass sich schnell der Eindruck einstellen kann, hier fänden sich komplette Überlieferungsbestände:

> Have you noticed that kids – and many adults, too – think every article ever written and every song ever sung is on the internet? It won't be long now before young people will grow up assuming that every TV program ever made is online, too. That's what they will expect. (Rubin 2007, 1)

Der Schein der Verfügbarkeit weiter Überlieferungsbereiche trügt freilich, da ein Großteil der Archivbestände längst noch nicht digitalisiert wurde. Die Signifikanz der plebiszitären Aktivitäten im Netz liegt daher eher in der unorthodoxen und vielseitigen Bemächtigung der Medienvergangenheit durch die Nutzer:innen. Der Archivbegriff gründet sich im Netz nicht mehr auf einen institutionellen Sammlungsauftrag, kontrollierte Bewahrungsanstrengungen und restriktiven Zugang, sondern auf die *kollektivierte Funktionalisierung* einzelner Medieninhalte. Das Ziel besteht nicht darin, Überlieferungen möglichst originalgetreu und verlustfrei zu erhalten, sondern in der *Bearbeitung, Kommentierung und Zirkulation* derselben im Hier und Jetzt. In den Netzöffentlichkeiten ist die Funktionalisierung des (audio-)visuellen Medienerbes zu einer asynchronen und doch kommunikativ verbundenen Gemeinschaftsaktivität und einer intellektuellen Übung zugleich avanciert: Die Inhalte werden diskutiert und annotiert, persifliert oder reminisziert. Herausgebildet hat sich dadurch eine „Clip-Kultur" (Prelinger 2009, 269), deren deutlichstes Charakteristikum es ist, dass Medienwerke von

Nutzer:innen nicht mehr primär als Produkt wahrgenommen werden, sondern als frei verwendbares Ausdrucksmittel der eigenen Kreativität. Im Vordergrund steht das Motiv, nicht einfach bloßen Zugang zur Medienvergangenheit zu erhalten, sondern sich ihrer zu bedienen, um mittels einzelner als Erinnerungsanlass und somit als mnestische Kristallisationspunkte fungierende Ausschnitte die eigenen Kommunikations- und konkret Vermittlungsziele zu erreichen.

Indem die digitale Infrastruktur des Internets eine starke Ausdifferenzierung von Interessensschwerpunkten und Expertisen bei den Herangehensweisen an die mannigfaltigen Themen und Aspekte der Fernsehgeschichte sowie gleichsam eine optimierte Auffindbarkeit, Verknüpfung und Erreichbarkeit der Datendepots ermöglicht, erweist sich das Netz als praktisches Komplement zu den bestehenden institutionellen Archivdienstleistungen seitens der Medienwirtschaft und von gemeinnützigen Gedächtnisorganisationen. In den seltensten Fällen kann dabei jedoch Kontinuität in der Online-Verfügbarkeit des benutzten Programmmaterials garantiert werden, da die Nutzer:innen ihre digitalisierten Sammlungen der Verfügungsgewalt von Internet-Unternehmen überantworten, die jederzeit eine Löschung durchführen können, zum Beispiel wenn Verdachtsmomente für einen Rechtsverstoß vorliegen. Dennoch suchen und finden Nutzer:innen immer wieder neue Wege, um an gewünschtes Material heranzukommen oder es selbst anzubieten, obgleich damit eine Übertretung gesetzlicher Bestimmungen verbunden ist. Diese Auflehnung gegen geltendes Recht macht die erfindungsreichen und zugangssuchenden Fernsehzuschauer im Netz zu „Cultural Outlaws" (Costello und Moore 2007), die durch die Kriminalisierung ihres Strebens nach kostenfreien Zugängen zum digitalisierten Medienerbe in die Rolle von Aktivist:innen gedrängt werden. Die revolutionäre Formel der neuen Archivkultur im Netz scheint zu lauten: Wenn ein Fernsehwerk erst einmal gesendet ist, gelangt es schnell in die Public Domain. Selbst wenn Rechteinhaber die rigide Löschung und Sperrung von unzulässig abrufbaren Sendungen und Sendungsbestandteilen durchsetzen oder bestimmte Inhalte nur für eine gewisse Dauer online publiziert werden dürfen, werden die besagten Inhalte bald an anderer Stelle wieder online gestellt. Das ständige Auf- und Ableben televisueller Überlieferungsfetzen mutet an wie das ununterbrochene Ringen zwischen Erinnern und Vergessen, ebenso unwägbar, aber auch überraschenden Wiederentdeckungen offen wie das menschliche Gedächtnis:

> Like memory (cultural or personal), YouTube is dynamic. It is an every-changing clutter of stuff from the user's past, some of which disappears and some of which remains overlooked, while new material is constantly being accrued and new asso- ciations or (literally, hypertext) links are being made. The images are often hazy but may suffice to induce recall or to fill in where we could only previously imagine how things were from written or word-of-mouth accounts. (Hilderbrand 2009, 232)

Hilderbrand versteht „YouTube" hier nicht als konkretes Unternehmen, sondern als technizistisch-ästhetisches Konzept einer neuen Spielart von Erinnerungskultur: Denn die von Zuschauer:innen ins Netz hochgeladenen Clips lassen in der Regel die

Aufzeichnungsmodalitäten erkennen, die sich in geringfügiger Bild- und Tonqualität wie beispielsweise in Unschärfen und farblichen Schlieren ausdrücken können, aber auch durch graphische Einblendungen wie Senderlogos, integrierte Programmhinweise oder Laufbänder Rückschlüsse auf den Ausstrahlungs- und die Mitschnittzusammenhang zulassen. Sie werden damit zu einem Zeugnis der zielgerichteten Sammeltätigkeit von Rezipient:innen, welche die institutionelle Zugangshegemonie von Fernsehindustrie und Gedächtnisorganisationen negieren und sich selbst als Auswahl- und Verteilungsagentur entwerfen. YouTube gedieh durch diese rege Beteiligung zigtausender Hobby-Sammler:innen nicht nur zu einem Deonym für nutzer:innengespeiste Videoportale im Internet, sondern auch zu einem Synonym für eine Ästhetik des Zugangs zu kulturellen (Bewegt-)Bildüberlieferungen. Erst durch die von Nutzenden massenhaft vorgenommene Digitalisierung und Segmentierung des auf Videokassetten, optischen Speichermedien, Festplatten oder auch Filmspulen in Privatbesitz befindlichen Medienfundus konnte sich ein neues Archivverständnis bahnbrechen, das einen egalitären und kreativgeleiteten Zugang zur Mediengeschichte suggeriert.

Filme, Videos, Mitschnitte in Stückform, ausgewählt, zusammengestellt und kommentiert von Zuschauer:innen, sind schlechterdings als reines Konsumgut zu bezeichnen, sondern fungieren eher als „building blocks of creative acts or public speech acts" (Gracy 2007, 183). Von Interesse sind daher auch oft nicht die anbietenden Akteur:innen, deren Präsenz durch erkennbar inhärente Rückbezüge auf den ursprünglichen Angebotskontext unübersehbar ist (ob nun das Zählwerk der Sichtkopie eines neuen Kinofilms, das Logo eines Fernsehsenders oder einer Video-Plattform); vielmehr verkommen die (ursprünglichen) Anbieter:innen im Netz zur Unkenntlichkeit, da bei „Mashups" (Mundhenke u. a. 2015) vorrangig die (audio-)visuellen Re-Arrangements im Vordergrund stehen. Im personalisierten Sammlungsfokus steht ein Clip-Reigen, der emotionalen Imperativen folgt und dazu genutzt wird, Befindlichkeiten auszudrücken, eine bestimmte Sicht auf die Geschichte zu untermalen, um aufzuklären, um zu unterhalten, usf. Grundlage für den ungezwungenen Umgang mit den audiovisuellen Medienwerken ist ein verändertes Sozialverhalten, das sich unter dem Vorzeichen der kommunikativen Vernetzung und der egalisierten wie variablen Sender-Empfänger-Relation im Internet herausgebildet hat. Jenkins schlägt daher vor, statt von „personal media" lieber von „communal media" zu sprechen, welche nicht isolieren, sondern einen neuartigen Zugang zur Gemeinschaft ermöglichen und somit für innovative Formen der Vergemeinschaftung prädestiniert sind (Jenkins 2006, 245). Damit remodellieren sich auch die Kontexte des Erinnerns mit und über das (audio-)visuelle Medienerbe: Programminhalte werden in ihrer audiovisuellen Konkretion zu Bezugspunkten der virtuellen Gruppenbildung. So wird Fernsehen nach Jahrzehnten funktionaler Absenz im Sinne eines elektronischen Lagerfeuers wieder als eben dieses benutzt, wenn auch nur in der entkörperlichten Umgebung des Netzes. Schon lange vor der digitalen Medienrevolution haben sich rund um Fernsehbilder Fan-Gemeinschaften und Interessensgruppen gebildet, doch erweist sich erst das Internet mit

seinen zahllosen Artikulationsgelegenheiten und der asynchronen Kommunikationsmodi als ideale Umgebung, um auf breiter gesellschaftlicher Ebene Erinnerungsnetze
zu knüpfen und die Fernsehgeschichte(n) in ihrer unvermittelten Überlieferungsform
als verbindendes Element zu gebrauchen.

8. Online-Mediatheken als redaktionelle Archivzugänge

Am Beispiel des Fernsehens zeigt sich, wie die Medienwirtschaft mit eigenen Angeboten reagiert: Größere Sender setzen auf ein integriertes Programmangebot mit werbe-
oder abonnementfinanzierten Streaming-Inhalten sowohl auf eigenen Plattformen
und Websites als auch gezielt mit Lizenzvereinbarungen externer Dienste wie Netflix,
Amazon Prime und anderen. In Deutschland bieten RTL mit seinem Dienst „TV Now"
(jetzt „RTL+"), ProSiebenSat.1 mit „Maxdome" und ARD und ZDF mit ihren Online-
Mediatheken solche Angebote. Die Erkenntnis, dass es nicht mehr ausreicht, ausschließlich Inhalte zum Abruf bereitzustellen, hat sich ebenfalls durchgesetzt. Zahlreiche Sender (nicht nur) aus Deutschland suchten die Kooperation mit Videoportalen
wie YouTube, Instagram und TikTok, zunächst um mit Clips und Previews für das eigene Programm zu werben, später aber auch um Sendungen in voller Länge kostenfrei
anzubieten und anteilig Werbeerlöse zu erwirtschaften. Eine solche Ausweitung des
Zugangs via Internet beschäftigt auch die Senderarchive, die aber größtenteils von
den Online-Strategien der Sendeleitungen ausgeschlossen sind und allenfalls als Zu-
lieferer von Material fungieren. So unterstehen auch die Online-Mediatheken von ARD
und ZDF nicht den Archivabteilungen, sondern eigenen Redaktionen.

Zwar hat die Medienwirtschaft erfolgreich auf die virtuelle Archivpraxis der Nutzenden reagiert und mittels eigener Angebote und geschäftlicher Zusammenarbeit po-
tente Vertriebsmodelle für den Vertrieb von (audio-)visuellen Medienüberlieferungen
etablieren können. Filmemacher und Filmarchivar Rick Prelinger sieht in dieser Entwicklung eine gläserne Decke bei der Ausbreitung der Archivkultur im Netz:

> It is quite likely that the ownership and content profiles of major online video sites will soon mir-
> ror the corporate taxonomy of the entertainment industry. This means that the quasi-archival
> functions fulfilled by online video sites may be regarded as temporary. (Prelinger 2007, 116)

Prelingers These, dass sich auch im Internet durch geschickte Geschäftsstrategien und
Übernahmen in der Medienwirtschaft ein industrielles Angebotsmonopol manifestieren könnte, das dem selbstgenerativen Archiv der Nutzer:innen ein natürliches Ende
bereitet, korrespondiert mit aktuellen Marktentwicklungen, die darauf hinauslaufen,
dass unautorisierte Materialveröffentlichungen durch Nutzer:innen durch technologische und legislative Maßnahmen zunehmend effektiv unterbunden werden und die
professionell bespielten Plattformen weiter an Popularität gewinnen. Diese Entwick-

lung wäre im Sinne Prelingers bei weitem weniger kritikwürdig, wenn die beobachtete korporative Taxonomie der Unterhaltungsindustrie nicht darauf ausgerichtet wäre, trotz der stark ausgebauten Menge an Abrufangeboten im Internet fast ausschließlich aktuelle und zudem in erster Linie populäre Sendungen online zu stellen. Dies stellt weder einen tiefergreifenden Archivzugang dar, noch können diese Modelle das Potenzial entfalten, die traditionelle Wertschöpfungskette der Medienindustrie neu auszurichten, was aber die Voraussetzung wäre, um die breite wie aktive Hinwendung der allgemeinen Öffentlichkeit zum Fernseherbe zu evozieren (vgl. auch Kramp 2022).

Tabelle 14.1 führt die wesentlichen Zugangsmöglichkeiten zum Medienbilderbe exemplarisch am Beispiel von Fernsehüberlieferungen zusammen:

Tabelle 14.1: Bestehende Zugangsmöglichkeiten zum Medienerbe am Beispiel des Fernsehens (Quelle: Ubois 2005 und eigene Erhebung/Darstellung)

	Auffindbarkeit	*Sichtung*	*Reproduktion*	*Vorführung*
Senderarchive	Nur eigenes Programmaufkommen; Recherchemöglichkeiten werden mit wenigen Ausnahmen nur intern angeboten	Sichtung des Materials ausschließlich vor Ort; Zugang stark restriktiv	Kopierdienstleistungen werden gemeinhin nur für Material angeboten, dessen Rechte vollständig beim Sender liegen	Lizensierung eigenen Materials erfolgt über Verwertungsabteilungen der Sender, Fremdrechte werden grundsätzlich nicht geklärt
Einzelhandel/ Mitschnittdienste	Material beschränkt sich auf Berichterstattung (Mitschnitte) und kommerzielle Einzelveröffentlichungen	Sichtung nur nach kostenpflichtiger Bestellung	Kostenpflichtige Belieferung	Rechteklärung durch den Anbieter möglich
Universitätsarchive/Hochschulmediatheken	Oftmals nur stark selektiv und lückenhaft; Bestände nur vor Ort recherchierbar	Sichtung des Materials ausschließlich vor Ort; Zugang auf Universitäts- oder Fachbereichsangehörige und Gastforschenden beschränkt	Vervielfältigung von Archivbeständen ist in der Regel untersagt	Im Ausnahmefall kann bei der Rechteklärung vermittelt werden
Museen	Selektierte Bestände, leicht aufzufinden und zu recherchieren	Sichtung des Materials ausschließlich vor Ort; unbeschränkter Zugang	Eine Kopienanfertigung wird grundsätzlich ausgeschlossen	Im Ausnahmefall kann bei der Rechteklärung vermittelt werden

Tabelle 14.1: (fortgesetzt)

	Auffindbarkeit	*Sichtung*	*Reproduktion*	*Vorführung*
Fan Clubs/ Privatsammlungen	Sehr kleine, partielle Bestände, schwer zu lokalisieren und zu recherchieren	Keine verlässlichen Möglichkeiten, abhängig von der Bereitschaft der Besitzenden	Abhängig von der Bereitschaft der Besitzenden, rechtlich generell fraglich	Rechteklärung durch die Anbieter unwahrscheinlich
Online-Mediatheken/ Plattformen	Niedrigschwellig, da Online-Datenbanken mittels Metadaten in der Regel leicht recherchierbar, allerdings nur stark eingeschränktes Angebot	Niedrigschwellig, da in der Regel kostenlos oder gegen eine verhältnismäßig geringe Kauf-/Abo-Gebühr	In der Regel nicht notwendig, da die Inhalte für eine bestimmte Zeit abrufbereit sind	Vorführungen für nicht-gewerbliche Zwecke in der Regel problemlos möglich und zulässig (bei geschützten Inhalten mit bestimmten Einschränkungen)

9. Eine Agenda für öffentliche Bildarchive

Archive und Sammlungseinrichtungen, die sich dem (audio-)visuellen Medienerbe angenommen haben, um es in ihrer traditionellen Rolle als Dokumentationsinstanzen und als Anwälte des Zugangs zu pflegen, erscheinen bei oberflächlicher Betrachtung leicht obsolet, wenn Mediennutzer:innen und Medienwirtschaft in einem dynamischen Wechselspiel für und gegeneinander den Weg zu Fernsehprogramm-Überlieferungen bahnen. Doch lassen die bisherigen Entwicklungen vermuten, dass auf absehbare Zeit eine verlässliche Verfügbarkeit einer breiten Materialbasis aus der Fernsehgeschichte für die allgemeine Nutzung im Internet weder vom Markt noch von der sich selbst versorgenden Nutzer:innenschaft geleistet werden kann. Gemeinnützige Gedächtnisorganisationen erfüllen eine Mittlerrolle, sich für eine Stärkung des demokratischen Zugangs zum (audio-)visuellen Medienerbe einzusetzen – durch die herrschenden Beschränkungen seitens der Medienwirtschaft auch und vor allem international. Archiv- und Sammlungsbestände können in der virtuellen Ubiquität von Medieninhalten als Alleinstellungsmerkmal nicht mehr herhalten: „Perhaps the digital context will reduce the intensity historians invest in the archive and perhaps they will less likely fall under the illusion, characteristic of earlier generations, that archives contain the truth of the past" (Poster 2008, 21). Das Internet hat also den bereits beschriebenen Effekt einer möglichen Abwendung der Nutzer:innen von den professionellen Bewahrungsstellen, der aus der attraktiven Leichtigkeit des Zugangs zu einem fraktionellen Bereich des Überlieferungsbestandes erwachsen ist, noch erheblich verstärkt:

> The problem right now is that people really want the information on the fingertips on the internet. Having to come to a facility physically is barrier. The proliferation of something like ‚YouTube' shows that people are posting many things that were hard to find or see before with that regards to copyright. That's the way the young generation likes to do research. (Mark Quigley, zitiert nach Kramp 2011b, 303)

Zudem haben es öffentliche Archive, Bibliotheken und Museen versäumt, sich an der Entwicklung der innovativen Formen von Community- und Content-Portalen zu beteiligen, aus denen eine neue Archivform entstand, die sich jedoch ohne jegliche Beteiligung der Archivgemeinschaft etabliert hat (vgl. auch Prelinger 2007, 115). Fraglich ist, ob Gedächtnisinstitutionen als kulturelle Gatekeeper noch erfolgreich den Kontakt und den Austausch mit der aktiven Nutzer:innenschaft im Virtuellen finden können, um sich ihnen anders als die Fernsehwirtschaft zu nähern, sie also nicht kurzerhand zu übernehmen, um Geschäftsziele zu verfolgen, sondern sie zu engagieren und zu integrieren, um gemeinwohlorientierte Ziele zu erreichen.

Die Informationswissenschaftlerin Karen Gracy glaubt, dass der „soziale Vertrag" zwischen Gesellschaft und Gedächtnisorganisation gerade in Anbetracht der Umwälzungen beim Zugang zu Informationen durch das Internet und der damit einhergehenden Profanisierung im Umgang mit digitalisiertem Überlieferungsmaterial verteidigt werden muss, um weiterhin verlässlich als Grundlage und Akteur der (audio-)visuellen Erinnerungsarbeit an der kulturellen Peripherie zu wirken (Gracy 2007, 187–188). Die hohen Nutzungswerte von (audio-)visuellen Inhalten im Internet legen nahe, dass Chancen und Risiken für die etablierten physischen Archivzugänge nah beieinander liegen. So wird die bisherige prohibitive und umständliche Zugangsweise vor Ort vom netzbasierten Tausch-Prinzip herausgefordert und das Medienerbe nicht mehr in seiner originären Überlieferungsform in der Obhut zertifizierter Bewahrungsinstitutionen zum Maß aller Dinge, sondern als dekontextualisiertes, ausschnitthaftes Rohmaterial für kreative Kommunikationsprozesse. Mit einem von überall aus nutzbaren Abrufangebot ändern sich notgedrungen auch die Zugangsparadigmen innerhalb der Organisationsstrukturen der öffentlichen Verwaltungen des medialen Bildfundus: Die materiellen Gedächtnisorte wandeln sich im übertragenen Sinne zu virtuellen „self-service hold-shelves" (Balas 2006, 39), aus denen sich Benutzer:innen bedienen können: Die Suche und der Abruf elektronischer Datensätze sind nicht mehr auf eine Inanspruchnahme durch Fachpersonal angewiesen, sondern Tag und Nacht, während und außerhalb der Öffnungszeiten eines Archivs, einer Bibliothek oder eines Museums möglich. Die Gefahr, sich selbst durch das eigene Internet-Angebot als physischen Erinnerungsort zu relativieren, ist ebenso nicht von der Hand zu weisen wie das Potenzial, neue Zielgruppen über den Netz-Kanal für die Einrichtung zu begeistern und sie zu einem Besuch vor Ort zu bewegen. So hält sich das Für und Wider der virtuellen Öffnung die Waage, kann einerseits dazu führen, dass sich eine Gedächtnisinstitution nicht mehr durch eine geographisch definierte Gemeinschaft bestimmt, andererseits aber auch zu einer verbesserten Nutzer:innenbindung durch eine womöglich effizientere Zugangsmöglichkeit aus der Ferne.

Im Idealfall ergänzen sich die Funktionen, dies setzt allerdings die Generierung eines attraktiven Profils und klarer Alleinstellungsmerkmale voraus, die auch im Internet die Mission der betreffenden Einrichtung um- bzw. fortzusetzen imstande sind. Hierbei bilden (Bewegt-)Bildinhalte nur einen, wenn auch zentralen Bestandteil, bedürfen aber zudem einer Komplementierung durch Textinhalte, mit deren Hilfe Themen der (audio-)visuellen Mediengeschichte aufbereitet und einzelne Überlieferungen kontextualisiert werden. Inmitten der Angebotsvielfalt im Internet ist ein rein auf Wissensvermittlung angelegtes Konzept nicht mehr ausreichend: Gedächtnisorganisationen müssen sich eingliedern in ein agil wachsendes Wissens- und Gedächtnisnetz ungeheurer Komplexität, in dem sie ihre Stellung nur finden und behaupten können, wenn sie die Regeln des virtuellen Kommunikationsapparates akzeptieren: effiziente Präsentation des Angebots, interaktive Schnittstellen und eine Suchmaschinenkompatibilität, die ihnen im Wettbewerb um die schlagwortfixierte Zuordnung im direkten Vergleich mit anderen populären Wissensangeboten wie Wikipedia, Online-Medien, Blogs und nicht zuletzt den populären Plattformangeboten Nutzer:innen zuführen. Nur auf diese Weise wird es ihnen möglich sein, weiterhin als unabhängige Anlaufstellen für Belange des Medienerbes für gegenwärtige und zukünftige Generationen relevant zu bleiben und ihre kulturhoheitliche Funktion zu legitimieren.

Jürgen Schlegel warnte daher in seiner Funktion als Generalsekretär der Bund-Länder-Kommission für Bildungsplanung und Forschungsförderung sämtliche öffentlichen Einrichtungen der Kulturerbe-Verwaltung, dass die neuen Technologien die Grenzen zwischen Gedächtnisinstitutionen und Datenbanken unscharf werden ließen und appellierte an eine stärkere Besinnung der Gedächtnisinstitutionen auf ihre traditionellen, bereits von Altkanzler Helmut Schmidt herausgestrichenen Stärken als „geistige Tankstellen der Nation" (Schlegel 2006, 221). Wie nie zuvor werden sie – losgelöst von der architektonisch-mächtigen Präsenz ihrer Gebäude – in der virtuellen Medienumgebung über ihre Dienstleistungen definiert: Das zentrale Unterscheidungsmerkmal zu anderen Informationsangeboten im Netz ist demzufolge ihr historischer Bildungsauftrag. So könnte die Transformation von einer elitären Pflege des kulturellen (Bewegt-)Bildfundus zu einem breiten, demokratischen Ansatz gelingen. Anders als Medienunternehmen, die durch ihr profitorientiertes Bias den Konflikt mit dem selbstgenerativen Archiv der Nutzer:innen auf absehbare Zeit nicht überwinden werden können, bietet es sich gerade gemeinnützigen Institutionen an, die partizipationsbereiten Publika für ihre Zwecke zu gewinnen, selbstproduziertes Material zu erstellen und zur Verfügung zu stellen, sich an der Annotation von Datensätzen zu bestimmten Fernsehüberlieferungen zu beteiligen oder sich anderweitig unter dem Zeichen des Allgemeinwohls und des Gemeinschaftsideals für die Belange der Einrichtung zu engagieren. So kann es ihnen gelingen, den längst in andere Sphären der Netzöffentlichkeit abgewanderten Diskurs über die diversen Facetten der Mediengeschichte wieder in ihr Hoheitsgebiet zurückzuholen, ihn zu moderieren, einzugreifen und ihn anzureichern.

10. Literatur

Andersson Schwarz, Jonas. „Honorability and the Pirate Ethic". *A Reader on International Media Piracy*. Hg. Tilman Baumgärtel. Berlin: de Gruyter, 2015. 81–110.

Assmann, Aleida. *Erinnerungsräume. Formen und Wandlungen des kulturellen Gedächtnisses.* München: C.H. Beck, 1999.

Assmann, Aleida. *Das Kulturelle Gedächtnis an der Millenniumsschwelle. Krise und Zukunft der Bildung.* Konstanz: UVK, 2004.

Balas, Janet L. „The Social Ties That Bind". *Computers in Libraries* 26.2 (2006): 39–41.

Bischoff, Frank M. „Maßstäblichkeit historischen Erinnerns. Anmerkungen zur Verbindlichkeit archivarischer Auslesetätigkeit, gestuften Archivwürdigkeit und Bewertungsdokumentation". *Archive und Gedächtnis*. Festschrift für Botho Brachmann. Hg. Friedrich Beck. Potsdam: Verlag für Berlin-Brandenburg, 2005. 253–276.

Brenner-Wilczek, Sabine, Gertrude Cepl-Kaufmann, und Max Plassmann. *Einführung in die moderne Archivarbeit.* Darmstadt: Wissenschaftliche Buchgesellschaft, 2006.

Bruns, Axel. Blogs, *Wikipedia, Second Life, and Beyond: From Production to Produsage.* New York: Peter Lang, 2008.

Bundesarchiv. *Filme und Unterlagen von Filmproduzenten und Filmproduktionsfirmen.* In: bundesarchiv.de, https://www.bundesarchiv.de/DE/Content/Artikel/Anbieten/filmproduktionsfirmen. html, o.J (5. April 2021).

Copaño, Ramón. „Technisch-ökonomische Herausforderungen für audiovisuelle Suchmaschinen". *IRIS Spezial. Die Suche nach audio- visuellen Inhalten.* Hg. Europäische Audiovisuelle Informationsstelle. Baden-Baden: Nomos, 2008. 15–33.

Costello, Victor, und Barbara Moore. „Cultural Outlaws: An Examination of Audience Activity and Online Television Fandom". *Television and New Media* 8.2 (2004): 124–143.

Derrida, Jacques. *Dem Archiv verschrieben. Eine Freudsche Impression.* Berlin: Brinkmann & Bosse, 1997.

Edmondson, Ray. (1998): *A Philosophy of Audiovisual Archiving. Paris: UNESCO.* unesdoc.unesco.org/ images/0011/001131/113127Eo.pdf. 1998 (7. April 2021).

Ernst, Wolfgang. *Das Rumoren der Archive. Ordnung aus Unordnung.* Berlin: Merve, 2002.

Ernst, Wolfgang. „Kybernetik des Archivs – An der Grenze zum Medium". *Archive und Gedächtnis. Festschrift für Botho Brachmann.* Hg. Friedrich Beck. Potsdam: Verlag für Berlin-Brandenburg, 2005. 29–38.

Esposito, Elena. *Soziales Vergessen. Formen und Medien des Gedächtnisses der Gesellschaft.* Frankfurt am Main: Suhrkamp, 2002.

Everingham, Mark, Josef Sivic, und Andrew Zisserman. *„Hello! My Name is... Buffy" – Automatic naming of characters in TV video. Proceedings of the 17th British Machine Vision Conference (BMVC2006), September 2006.* https://www.robots.ox.ac.uk/~vgg/publications/papers/ever ingham06a.pdf, 2006 (7. April 2021).

Garde-Hansen, Joanne. *Media and memory.* Edinburgh: Edinburgh University Press, 2011.

Gracy, Karen F. „Moving Image Preservation and Cultural Capital". *Library Trends* 56.1(2007): 183–197.

Greco, Janet. „Die Zukunft der Inhaltsnavigation". *IRIS Spezial. Die Suche nach audiovisuellen Inhalten.* Hg. Europäische Audiovisuelle Informationsstelle. Baden-Baden: Nomos, 2008. 35–39.

Heinrich, Stephan. *Innere Sicherheit und neue Informations- und Kommunikationstechnologien.* Berlin: Lit, 2007.

Hempel, Wolfgang. „Die endarchivische Kompetenz der öffentlich-rechtlichen Rundfunkanstalten – rechtliche Grundlagen, Anspruch und Realitäten". *Nichtstaatliche und audiovisuelle Überliefe-*

rung. Hg. Robert Kretzschmar, Edgar Lersch, Eckhard Lange, und Dieter Kerber. Stuttgart: Kohlhammer, 1997. 71–80.

Henning, Eckart. „Einleitung". *Die archivalischen Quellen. Mit einer Einführung in die Historischen Hilfswissenschaften. 4., durchgesehene Auflage*. Hg. Friedrich Beck, und Eckart Henning. Köln/Weimar/Wien: Böhlau, 2004. 1–6.

Hilderbrand, Lucas. *Inherent Vice. Bootleg Histories of Videotape and Copyright*. Durham u. a.: Duke University Press, 2009.

Jancovic, Marek. „'Oops! Couldn't find it.' Vine und das Lehren, Piratieren und Bewahren von Amateurmedien". *montage AV* 26.1 (2017): 91–108.

Jenkins, Henry. *Convergence Culture. Where Old and New Media Collide*. New York: New York University Press, 2006.

Karstens, Eric, und Jörg Schütte. *Praxishandbuch Fernsehen. Wie TV-Sender arbeiten*. Wiesbaden: VS-Verlag, 2005.

Kelly, Kevin. „Becoming Screen Literate". *New York Times Magazine*, 07.12 (2008): 8.

Köhler, Horst, und Angela Merkel. „Gesetz über die Deutsche Nationalbibliothek (DNBG) vom 22. Juni 2006". *Bundesgesetzblatt* 1.29 (2006): 1338–1341. Ausgegeben zu Bonn am 30. Juni 2006.

Kramp, Leif. „Happy-End im Trauerspiel? Die Entwicklungsgeschichte der ‚Deutschen Mediathe' und Perspektiven für ein ‚Deutsches Fernsehmuseum'". *Rundfunk und Geschichte* 31.3–4 (2005): 5–19.

Kramp, Leif. *Gedächtnismaschine Fernsehen. Band 1: Das Fernsehen als Faktor der gesellschaftlichen Erinnerung*. Berlin: Akademie-Verlag, 2011a.

Kramp, Leif. *Gedächtnismaschine Fernsehen. Band 2: Probleme und Potenziale der Fernseherbe-Verwaltung in Deutschland und Nordamerika*. Berlin: Akademie-Verlag, 2011b.

Kramp, Leif. „Access to Cornucopia? The Rise of a New Television Archive Culture on the Web". *The New Television Ecosystem*. Hg. Leopoldina Fortunati, und Julian Gebhardt. (2012). 83–104.

Kramp, Leif. „Media Studies without Memory? Institutional, Economic and Legal Issues of Accessing Television Heritage in the Digital Age". *Media Practice and Everyday Agency in Europe*. Hg. Leif Kramp, Nico Carpentier, Andreas Hepp, Ilja Tomanić Trivundža, Hannu Nieminen, Risto Kunelius, Tobias Olsson, Ebba Sundin, und Richard Kilborn. Bremen: edition lumière, 2014. 227–248.

Kramp, Leif. „Zur Situation der Rundfunkarchivierung in Deutschland". *Rundfunk und Geschichte* 41.3–4 (2015): 11–24.

Kramp, Leif. „The complicated preservation of the television heritage in a digital era". *Information Storage: A Multidisciplinary Perspective*. Hg. Cornelia Große, und Rolf Drechsler. Wiesbaden: Springer, 2019. 199–238.

Kramp, Leif. „Die Mediathek als Archivöffner?" *Rundfunk und Geschichte* 48.1–2 (2022): 93–98.

Landsberg, Alison. *Prosthetic memory. The transformation of American remembrance in the age of mass culture*. New York: Columbia University Press, 2004.

Leonhardt, Holm A. „Was ist Bibliotheks-, was Archiv- und Museumsgut? Ein Beitrag zur Kategorisierung von Dokumentationsgut und -institutionen". *Der Archivar* 42.2 (1989): 214–223.

Lessig, Lawrence. *Free Culture*. New York: Penguin Books, 2004.

Menne-Haritz, Angelika. *Schlüsselbegriffe der Archivterminologie. Lehrmaterialien für das Fach Archivwissenschaft. 2., überarbeitete Auflage*. Marburg: Archivschule Marburg, 1999.

Merkel, Angela. „Verordnung über die Pflichtablieferung von Medienwerken an die Deutsche Nationalbibliothek (Pflichtablieferungsverordnung- PflAV) vom 17. Oktober 2008". *Bundesgesetzblatt* Teil I, Nr. 47 (2008): 2013–2015.

Mundhenke, Florian, Fernando Ramos Arenas, und Thomas Wilke (Hg.). *Mashup. Neue Praktiken und Ästhetiken in populären Medienkulturen*. Wiesbaden: Springer VS, 2015.

Nimz, Brigitta. „Die geteilte Erinnerung. Erschließung im Archiv- und Bibliothekswegen." *Archive und Gedächtnis. Festschrift für Botho Brachmann*. Hg. Friedrich Beck. Potsdam: Verlag für Berlin-Brandenburg, 2005. 299–324.

Ortiz Jr., Sixto. „Searching the Visual Web". *Computer* 40.6 (2007): 18–20.

Poster, Mark. „History in the Digital Domain". *Internet – Bildung – Gemeinschaft*. Hg. Friederike von Gross, Winfried Marotzki, und Uwe K. Sander. Wiesbaden: VS-Verlag, 2008. 15–30.

Prelinger, Rick. „Archives and Access in the 21st Century". *Cinema Journal* 46.3 (2007): 114–118.

Prelinger, Rick. „The Appearance of Archives". *The YouTube Reader*. Hg. Pelle Snickars, und Patrick Vonderau. Stockholm: National Library of Sweden, 2009. 268–274.

Prescher, Ina. „Archive als Zeitmaschinen. Probleme der Überlieferung kreativer und transitorischer Prozesse". *Archive und Gedächtnis. Festschrift für Botho Brachmann*. Hg. Friedrich Beck. Potsdam: Verlag für Berlin-Brandenburg, 2005. 107–118.

Rice, Ronald E., Maureen McCreadie, und Shan-Ju L. Chang. *Accessing and Browsing Information and Communication*. Cambridge, Massachusetts: MIT Press, 2001.

Rubin, Nan. *Everything old can be new again*. https://www.thirteen.org/ptvdigitalarchive/files/2009/10/current-article-05-07-rubin.pdf. Current.org, 2007 (7. April 2021).

Schlegel, Jürgen. „Bibliotheken sind die geistigen Tankstellen der Nation – auch in der Wissensgesellschaft". *Aufbruch als Ziel – BID und „Bibliothek 2007"*. Hg. Helmut Rösner. Hildesheim/Zürich/New York: Georg Olms, 2006. 220–222.

Schulze, Winfried. „Wieviel Überlieferung braucht die Geschichte? Überlegungen zur Ordnung des Bewahrens". *Digitale Archive – ein neues Paradigma?* Hg. Andreas Metzing. Marburg: Archivschule Marburg, 2000. 15–35.

Teske, Gunnar. „Sammlungen". *Praktische Archivkunde. Ein Leitfaden für Fachangestellte für Medien- und Informationsdienste Fachrichtung Archiv*. Hg. Norbert Reimann. Münster: Ardey, 2004. 127–146.

Ubois, Jeff. „Finding Murphy Brown: How Accessible are Historic Television Broadcasts?". *Journal of Digital Information* 7.2. https://journals.tdl.org/jodi/index.php/jodi/article/download/172/155. 2005 (7. April 2021).

Christina Sanko

15 Visuelle Kommunikation und kollektives Erinnern im Alltag: Rezeption – Ästhetik – Praktiken

1. Einleitung: Verortung visueller Kommunikations- und Erinnerungsforschung

Die Bezeichnung eines „kollektiven visuellen Gedächtnisses" wird in der sozial- und geisteswissenschaftlichen Erinnerungsforschung oft auf den Kunsthistoriker Aby Warburg und sein Werk *Mnemosyne* (Warburg 2000) aus dem frühen 20. Jahrhundert zurückgeführt. Warburg zeigte in verschiedenen Gemälden wiederkehrende, visuelle und ästhetische Muster auf, die sich über Epochen und Kulturen hinweg ähneln. In dieser wiederholten Verwendung der gleichen Symbole und Bildkonstellationen in Kunstwerken unterschiedlicher Zeitperioden sah Warburg den mnemotechnischen Wert von Bildern (Olick und Robbins 1998, 106; Erll 2017, 16–18). Warbug gilt als einer der Wegbereiter für die Theoretisierung des Visuellen als Dimension kollektiver Erinnerung. In seinen Arbeiten basiert die errinnerungsrelevante Bedeutung des Visuellen auf der Wiederkehr der ästhetischen Beschaffenheit, Symbolik und der Komposition von Bildelementen in Kunstwerken. Zu beachten ist jedoch, dass visuelle Medien in Bezug auf Warburg vor allem Kunstwerke im Sinne von Hochkultur darstellen. Sowohl Kultur- als auch Medienwissenschaftler:innen haben angesichts gegenwärtiger, gesellschaftlicher Kontexte zunehmend die Notwendigkeit konstatiert, Populär- und Alltagskultur in der Erinnerungsforschung zu berücksichtigen (Popular Memory Group 2007 [1982]; Jacke und Zierold 2015, 85).

In postmodernen Gesellschaften sind die Lebenswelten der Menschen von künstlerischen, aber auch standardisierten, kommerziellen, persönlichen und diversen online geteilten Bildern durchdrungen. Komplexer gewordene, digitalisierte Medienumgebungen ermöglichen Individuen als „memory prosumers (productive consumers)" (Reifova et al. 2013, 207) zu agieren. Als solche setzen sie sich aktiv mit Bildern auseinander: sie produzieren und kuratieren ihre eigenen visuellen Inhalte, die ihnen wiederum als Erinnerungsobjekte dienen können. Die Vielzahl mobiler und vernetzter Medientechnologien, Apps, Smartphones und Soziale Medien haben im Alltag der Menschen vielfältige Möglichkeiten geschaffen, in und mit Bildern zu kommunizieren (Schreiber 2017, 37). Dazu gehört auch das Kommunizieren über Erinnerungen. Der vorliegende Beitrag betrachtet das spezifische Schnittfeld von visueller Kommunikation und kollektivem Erinnern im Alltag und zeichnet die Konturen dieses interdisziplinären Forschungsfeldes der *memory studies* und Kommunikationswissenschaft nach.

Visuelle Kommunikation als ein Fachgebiet der Kommunikations- und Medienwissenschaft untersucht die Erstellung, Verbreitung, Auswahl, Präsentation, Rezeption, Aneignung und Bedeutung visueller Medien in den Lebenswelten von Menschen (DGPuK-Fachgruppe Visuelle Kommunikation 2020; ICA Section Visual Communication 2021). In der Betrachtung von Alltagskontexten verschwimmen die Grenzen dieser Forschungsbereiche, da Menschen in der persönlichen Anwendung und Nutzung von Medientechnologien selbst als Produzent:innen, Distributor:innen und Kurator:innen ihrer eigenen Inhalte agieren.

Für die Betrachtung des spezifischen Feldes visueller Kommunikation und kollektiven Erinnerns im Alltag skizziert der Beitrag die Entwicklungen, Kernkonzepte sowie Forschungsleistungen visueller Kommunikations- und kommunikationswissenschaftlicher Erinnerungsforschung und setzt diese in Beziehung zueinander. In einem ersten Schritt wird hierfür visuelle Kommunikation als Forschungsfeld innerhalb der Kommunikations- und Medienwissenschaft verortet. Basierend auf dieser Grundlage werden anschließend die Untersuchungsperspektiven einschlägiger Gedächtniskonzepte der Erinnerungsforschung auf visuelle Kommunikation herausgearbeitet. Diese Untersuchungsperspektiven begründen schließlich drei gemeinsame, zentrale empirische Forschungsstränge visueller Kommunikations- und kommunikationswissenschaftlicher Erinnerungsforschung: (1) die Rezeption vergangenheitsbezogener, standardisierter bzw. massenmedialer Bilder, (2) Ästhetik, formale Eigenschaften und Materialität visueller Medien als Erinnerungstexte und -objekte sowie (3) personalisierte visuelle Medienpraktiken als kommunikative Handlungen kollektiven Erinnerns. Die drei Forschungsstränge zeigen Metaperspektiven des skizzierten Schnittfeldes auf, die angesichts einer von Medienkonvergenz und Hyperkonnektivität gekennzeichneten „new memory ecology" (Hoskins 2011, 2018) an Bedeutung gewinnen und über die Erforschung einzelner Medien hinausgehen. Sie bilden den Kern des interdisziplinären Feldes zur Erforschung visueller Kommunikation und kollektiven Erinnerns im Alltag.

2. Kernkonzepte zur Erforschung visueller Kommunikation und Erinnern im Alltag

Während die Geschichte des Visuellen fast so lang zurück reicht wie die der Menschheit selbst (Fahmy et al. 2014, 7) ist die visuelle Kommunikationswissenschaft ein relativ jung etabliertes Fachgebiet innerhalb der Kommunikations- und Medienwissenschaft. Als Forschungszweig hat sie sich zunächst in den 1990er Jahren in den USA, später auch in Deutschland, institutionell verankert (Perlmutter 2014, xi). Seither beschäftigt sich das Fachgebiet mit der Produktion, Anwendung und Wirkung von Bildern (Perlmutter 2014, xi). Visuelle Kommunikationsforscher:innen betrachten Bilder als entscheidend für die Konstruktion sozialer Realität und das Verständnis des Alltäglichen: Bilder dokumentieren, gestalten und vermitteln Wissen, Erfahrungen und

Ereignisse (Raab 2008; Geise und Lobinger 2012, 319). In diesem Sinne hält auch Perlmutter (2014, xii) fest: „Everything we do and have done [as human beings] has a visual component". Bilder und visuelle Medien sind daher ein integraler Bestandteil der Lebenswelten von Menschen in postmodernen Gesellschaften. Sie bedürfen einer ebenso großen wissenschaftlichen Aufmerksamkeit wie verbale und schriftliche Kommunikate (Geise und Lobinger 2012, 319). „Das Visuelle lässt sich insofern als ein spezifischer Produktions-, Kommunikations-, Funktions- und Wirkungsmodus interpretieren" (Geise und Lobinger 2012, 320), der eigene konzeptionelle und methodische Ansätze erfordert (Smith et al. 2005; van Leeuwen und Jewitt 2010).

Da visuelle Kommunikate in der Regel nicht isoliert auftreten, zeichnet sich das Forschungsfeld der visuellen Kommunikation durch Transdisziplinarität und multimodale Ansätze aus. Visuelle Kommunikationsforschung umfasst einerseits die Untersuchung von spezifischen materiellen Medienobjekten und visuellen Technologien – zum Beispiel Standbilder, insbesondere Fotografie, Film, Kunstwerke und Typografie (Fahmy et al. 2014, 22–26). Andererseits hat die visuelle Kommunikationsforschung ihr Untersuchungsfeld mit fortschreitender Digitalisierung und damit einhergehender Medienkonvergenz und Allgegenwärtigkeit medienvermittelter Bilder im Alltag zunehmend erweitert. Bilder werden nicht nur als bloße Medienobjekte, Repräsentationen und Texte erforscht. In den Fokus rückt zunehmend, wie Menschen mit und durch Bilder handeln. Eine solche Perspektive geht über eine Analyse von Produktionsprozessen, ästhetischen Merkmalen oder Rezeptionsvorgängen hinaus und untersucht, was Menschen tatsächlich mit Bildern in unterschiedlichen alltäglichen und sozialen Kontexten tun (Lobinger und Geise 2012, 20; Jurgenson 2019; Schreiber 2017).

Im sozialkonstruktivistischen Sinne von Berger und Luckmann (1967, 19) ist Alltag eine von Menschen interpretierte, subjektiv bedeutsame Wirklichkeit und verstandene kohärente Welt. Alltag ist ein „primärer Raum" des Menschen, soziale Realitäten zu erfahren (Lingenberg 2015, 110). Bei der Analyse des alltäglichen Gebrauchs von Bildern argumentieren Geise und Lobinger (2012, 320–323), dass visuelle Medien durch ihre materiellen und imaginären Qualitäten subjektive Bedeutung tragen. Dieser eingeschriebene bzw. zugewiesene, subjektiv gemeinte Sinn wird durch die Materialität, Wahrnehmung von und Kommunikation über visuelle Medien potenziell mit anderen teilbar und externalisiert. Werden solche subjektiven Bedeutungen regelmäßig und unabhängig vom „Hier und Jetzt" gegenüber anderen kommuniziert, sprechen Berger und Luckmann (1967, 34–37) von einer „Objektivierung der sozialen Realität". Während sich Berger und Luckmann (1967) ausschließlich auf Sprache als Entäußerung subjektiv gemeinten Sinns beziehen, heben Geise und Lobinger (2012, 322) die Fähigkeit von Bildern hervor, Ausschnitte der Realität sehr präzise abzubilden und somit potenziell ein noch stärkeres Gefühl der Unmittelbarkeit bzw. des Miterlebens von Ereignissen oder Phänomenen erzeugen zu können. Das gilt auch für solche Ereignisse, die Menschen nicht selbst miterlebt haben. Allan und Peters (2020) beziehen dieses Phänomen der suggerierten Unmittelbarkeit auf gesellschaftliche Teilhabe und führen den Begriff „visual citizen" ein. Bürger:innen gelten dann als „visual citizen[s]", wenn sie über digitale Nachrichtenbilder in das öffentliche Leben und politische Debatten eingebunden werden ohne an den Orten des Geschehens physisch präsent gewesen zu sein. Visuelle Medien sind jedoch nicht nur materielle Objekte, die die Form von Bildern annehmen, sondern sie sind auch als Produkte geistiger Vorstellungskraft zu verstehen. Diese „inneren" Bilder zeigen, wie objektivierte Bedeutungen als soziale Realität wahrgenommen werden (Geise und Lobinger 2012, 323). Bildkommunikation zeichnet sich nach Geise und Lobinger (2012, 323) besonders durch diesen wechselseitigen Prozess der Externalisierung subjektiven Sinns und der Internalisierung objektivierter Wirklichkeit aus.

Die zuvor beschriebenen Charakteristika der zeitlichen Transzendenz, der Unmittelbarkeit und reziproken Wirklichkeitskonstruktion von Bildkommunikation im Alltag bilden wichtige Anknüpfungspunkte zwischen visueller Kommunikations- und Erinnerungsforschung. José van Dijck, Annette Kuhn, Alison Landsberg, Michael Pickering und Emily Keightley sind Kommunikations- und Medienwissenschaftler:innen, die mit ihren theoretischen Beiträgen und Konzepten das transdisziplinäre Feld der *memory studies* wesentlich geprägt und ihre Forschungsschwerpunkte u. a. auf visuelle Medien gelegt haben.

2.1 „Mediated memories" (van Dijck 2007)

Mit ihrem Theoriekonzept der „mediated memories" lieferte van Dijck (2007, 2008) eine der frühen Definitionen zur alltäglichen Beziehung von kollektivem Erinnern mit und durch Medien.

> Mediated memories are the activities and objects we produce and appropriate by means of media technologies, for creating and re-creating a sense of past, present, and future of ourselves in relation to others. (van Dijck 2007, 21)

Vor dem Hintergrund zuvor beschriebener Charakteristika der Bildkommunikation lässt sich erkennen, dass van Dijcks (2007, 21) Definition ebenfalls eine mehrfache Dimensionierung des Visuellen zulässt und zwar als Medientechnologie, Objekt und soziales Handeln. Mit der Definition der „mediated memories" lässt sich Erinnern auf den visuellen Schwerpunkt bezogen sowohl im Sinne eines Rezeptionsprozesses als Evozieren innerer Bilder über vergangene Zeiten begreifen, aber auch als Umgang mit und Aneignung von materiellen Bildern als visuelle Zeitdokumente. Für van Dijcks (2007) Theoretisierung ist maßgeblich, dass diese Rezeptions- und Aneignungsprozesse nicht in Isolation stattfinden, sondern dass mediale Objekte und Erinnern als soziales Handeln – auch Bildhandeln – soziale Gefüge und Beziehungen in den Lebenswelten der Menschen abbilden.

2.2 „Memory work" (Kuhn 2000, 2010)

Annette Kuhn (2010) schlug ebenfalls mehrere Dimensionen zur Untersuchung des Visuellen in der Gedächtnisforschung vor, die sich teils mit van Dijcks (2007) decken. Diese beiden Dimensionen beziehen sich auf die (1) materiellen und die (2) performativen Qualitäten der Bildkommunikation. Die erste Dimension bezieht sich auf das Visuelle als Repräsentationsmodus und die spezifischen Eigenschaften eines materiellen Medienobjekts, die Vergangenheitsbezüge konstruieren. Visuelle Medien werden in diesem Sinne sowohl als materielles Erinnerungsobjekt als auch auf inhaltlicher Ebene als Erinnerungstext verstanden (Kuhn 2010, 299) – kollektive Erinnerung wird dann als visuelle Repräsentation oder Erzählung von Ereignissen in Medien untersucht. Das zentrale Erkenntnisinteresse dieser Perspektive besteht darin zu erforschen, was in Bildern dargestellt wird und wie Vergangenheit entlang bestimmter ästhetischer oder narrativer Konventionen repräsentiert wird. Die zweite Dimension in Kuhns (2010) theoretischen Ausführungen ist eine praxis- bzw. handlungsorientierte. Diese Perspektive versteht Erinnern als bewussten, gar hinterfragenden, performativen Akt im Umgang mit visuellen Medien (Kuhn 2010, 298–299). Diese zweite Dimension prägt Kuhns (2000, 2010) viel zitiertes Konzept des „memory work" bzw. der Erinnerungsarbeit.

> Memory work is an active practice of remembering that takes an inquiring attitude towards the past and the activity of its (re)construction through memory. Memory work undercuts assumptions about the transparency or the authenticity of what is remembered, taking it not as 'truth' but as evidence of a particular sort: material for interpretation, to be interrogated, mined, for its meanings and its possibilities. Memory work is a conscious and purposeful staging of memory. (Kuhn 2010, 303)

Diese zweite Perspektive des „memory work" hinterfragt, wie Menschen mit visuellen Medien aktiv umgehen, um sich zu erinnern. Ähnlich wie van Dijcks (2007) „mediated memories" lässt sich auch Kuhns Verständnis der Erinnerungsarbeit mit dem Phänomenbereich des sogenannten Bildhandelns in der visuellen Kommunikationsforschung vereinen. Sie knüpfen damit eng an einen jüngeren Trend der praxisorientierten Ansätze in der visuellen Kommunikationsforschung an (Lobinger und Geise 2012, 22; Lehmuskallio und Goméz Cruz 2016; Schreiber 2017; Burkey 2020).

2.3 „Postmemory" (Hirsch 2012)

Ein drittes wichtiges Gedächtniskonzept, das an der Schnittstelle von visueller Kommunikation und Gedächtnisforschung angesiedelt ist, ist „postmemory" von Marianne Hirsch (2012). Wie auch die zuvor vorgestellten Konzepte „mediated memories" (van Dijck 2007) und „memory work" (Kuhn 2010) betont es die Materialität visueller Medien, aber auch die imaginären Prozesse, die in der Auseinandersetzung mit Bildern, insbesondere Fotografien, stattfinden. „Postmemory" umfasst daher auch die Internalisierungsprozesse objektivierter Wirklichkeiten durch Bildkommunikation (Geise und Lobinger 2012, 323). Diese imaginären, kreativen, inneren Prozesse sind für „postmemory" entscheidend, weil es sich auf kollektives Erinnern nicht selbst erlebter Geschehnisse bezieht.

> Postmemory is a powerful and very particular form of memory precisely because its connection to its object or source is mediated not through recollection but through an imaginative investment and creation. (Hirsch 2012, 22)

Nach dem Kunsthistoriker William J. T. Mitchell versteht Hirsch (2012, 22) Gedächtnis als multimodalen „imagetext, a double-coded system of mental storage and retrieval". Bilder und Narrative bezeichnet sie als Medien eines solchen Gedächtnisses. Nach diesem Verständnis bestehen Erinnerungen immer aus visuellen und verbalen Dimensionen, die in Bildern und durch Narrative verkörpert und über Generationen hinweg vermittelt werden. Hirsch (2012, 272) führt in diesem Zusammenhang die Begriffe „prose pictures" für beschriebene Fotografien und „visual narratives" für Fotografien, die Erzählungen konstituieren, ein.

2.4 „Prosthetic memory" (Landsberg 2004)

Die Aneignung kollektiver Erinnerungen an nicht direkt erlebte Ereignisse durch Medienbilder und visuelle Narrative wird auch in Alison Landsbergs (2004) Konzept des prothetischen Gedächtnisses („prosthetic memory") behandelt. Landsberg (2004, 2) argumentiert in ihrer Arbeit, dass massenmediale Technologien wie Kino und Film die Aneignung von tief gefühlten Erinnerungen an eine selbst nicht gelebte Vergangenheit ermöglichen. Der Erlebnischarakter beim Betrachten von Filmen gilt hier als ein wichtiger Modus und entscheidend für die Aneignung kollektiver Erinnerungen, die nicht auf Selbsterfahrung basieren (Landsberg 2004, 33). Sowohl in Hirschs (2012) als auch in Landsbergs (2004) Gedächtniskonzepten werden die Charakteristiken und die materielle Spezifität von Fotografien bzw. Filmen in den Fokus genommen, um den Zugang und die Vorstellungen über eine nicht erlebte Zeit zu klären.

Während Hirsch (2012) und Landsberg (2004) sich auf das Visuelle als Text und Repräsentation kollektiver Erinnerungen konzentrieren, betonen van Dijcks (2007, 21) Theoritisierungen auch die Handlungsspielräume der Menschen im Umgang mit Bildern und deren Interpretation. Die Frage, wie und welchen subjektiven Sinn Menschen visuellen Medien unabhängig von der Lesart der Forschenden verleihen, bleibt bei Hirsch (2012) und Landsberg (2004) offen.

2.5 „Mnemonic imagination" (Keightley und Pickering 2012)

Die zuvor besprochene, reziproke Dynamik von Externalisierung und Internalisierung subjektiven bzw. objektivierten Sinns in der Bildkommunikation (Geise und Lobinger 2012, 323) prägt die Handlungs- und Interpretationsspielräume von Menschen im Alltag. Für die *memory studies* haben Emily Keightley und Michael Pickering (2012) die kreative und imaginäre Dimension dieser Dynamik als „mnemonic imagination" bezeichnet und konzeptionell weiterentwickelt. In Bezug auf Fotografie argumentieren Keightley und Pickering (2012, 112), dass „mnemonic imagination" notwendig ist, um persönliche Erfahrungen mit sozial gerahmten, kollektiven Erinnerungen und kulturellen Ausdrucksformen in Einklang zu bringen. Mit anderen Worten, die Vorstellungskraft ermöglicht Betrachter:innen, eigene (individuelle) Erfahrungen mit dem bildlich Dargestellten in Beziehung zu setzen. Die visuelle Repräsentation als solche unterliegt selbst wiederum sozialen Konventionen (Kuhn 2002; van Dijck 2007).

Die Besprechung von Kernkonzepten der Erinnerungsforschung, die sich mit visueller Kommunikation auseinandersetzen, zeigt, wie vielschichtig visuelle Medien im Rahmen kollektiver Erinnerungsprozesse konzeptualisiert und untersucht werden. Nicht jedes Konzept setzt ausschließlich an (audio-)visuellen Medien an (vgl. Tab. 15.1). Für Konzepte, welche die Materialität von Erinnerungsobjekten in den Blick nehmen, sind medienspezifische Merkmale bspw. von Fotografien nach wie vor forschungsrelevant. Die Konzepte „mediated memories" und „mnemonic imagination" sind in dieser Hinsicht umfassender, da sie von einem breiteren Medienspektrum ausgehen. Das Konzept „memory work" hat allerdings auch durch erinnerungsforschende Kommunikationswissenschafter:innen eine Weiterentwicklung und breitere Anwendung auf kommunikative Handlungen erfahren (Lohmeier und Pentzold 2014).

Neben einer teils unterschiedlichen Schwerpunktsetzung bezüglich der Gegenstände visueller Kommunikations- und Erinnerungsforschung unterscheiden sich die Konzepte zudem in Hinblick auf einige weitere Merkmale: „postmemory" und „prosthetic memory" zeichnen sich beispielsweise anders als alle anderen vorgestellten Konzepte dadurch aus, dass sie ausschließlich kollektive Erinnerungen behandeln, die auf indirekten Erfahrungen beruhen. Die Konzepte unterscheiden sich außerdem hinsichtlich ihres Fokusierungsgrades auf autobiographische Erfahrungen und der Berücksichtigung nicht-intentionaler, kollektiver Erinnerungen. Die Abgrenzungen zwischen Erkenntnisinteressen an mentalen, kognitiven, formalen, affektiven und sozialen Aspekten kollektiven Erinnerns sind innerhalb dieser Konzepte nicht immer klar gesteckt. Ihre analytischen Ebenen beziehen sich in verschiedenen Konstellationen auf Materialität, Inhalte, Rezeption und Praktiken visueller Kommunikation bzw. Kommunikate. Für die Verwendung oder Weiterentwicklung dieser theoretischen Konzepte innerhalb eigener Forschungsvorhaben ist es essentiell, die unterschiedlichen Dimensionierungen und Analysebenen von kollektiver Erinnerung bzw. kollektiven Erinnerns zu berücksichtigen und aufzugreifen, um die Systematisierung des Forschungsfeldes weiter zu unterstützen.

Tabelle 15.1: Vergleich von theoretischen Konzepten visueller Kommunikations- und Erinnerungsforschung

Konzept	Gegenstand kollektiven Erinnerns und visueller Kommunikation	Merkmale der Erinnerungsprozesse	Analytische Ebene
„mediated memories"	(audio-)visuelle) Medien-technologien, -objekte, Medienhandeln	direkte und indirekte Erfahrungen, hauptsächlich autobiographisch	Materialität Inhalte Praktiken
„memory work"	visuelle Medienobjekte, -texte, performative Akte	direkte und indirekte Erfahrungen, bewusst und intentional	Materialität Inhalte Praktiken
„postmemory"	visuelle Medienobjekte, Narrative	indirekte Erfahrung, hauptsächlich autobiographisch	Materialität Inhalte Rezeption
„prosthetic memory"	(audio-)visuelle Medien, Narrative	indirekte Erfahrung, auch fiktiv	Materialität Inhalte Rezeption
„mnemonic imagination"	(audio-)visuelle Medien, Narrative	direkte und indirekte Erfahrungen, bewusst, auch unbeabsichtigt	Inhalte Rezeption Praktiken

In diesen theoretischen Kernkonzepten an der Schnittstelle von visueller Kommunikations- und Erinnerungsforschung spiegeln sich schließlich zentrale Stränge für die Erforschung des Visuellen in Prozessen kollektiven Erinnerns im Alltag wider. Das Visuelle wird (1) als Rezeptionsmodus, (2) als Repräsentation oder Text und (3) als Handlung oder Praxis konzeptualisiert. Das folgende Kapitel stellt diese drei Forschungsperspektiven anhand exemplarischer, empirischer Studien ausführlicher vor.

3. Visuelle Kommunikation und kollektives Erinnern empirisch erforschen: zentrale Forschungsstränge

Die in Kapitel 2 eingeführten Schwerpunktperspektiven bilden auch zentrale, empirische Forschungsstränge im Schnittfeld von visueller Kommunikations- und kommunikationswissenschaftlicher Erinnerungsforschung ab.

1) Das Visuelle wird als Rezeptionsmodus oder Sinneserfahrung betrachtet. Mentale, kognitive und affektive Verarbeitungsprozesse stehen im Vordergrund des Erkenntnisinteresses. Dieser Forschungsstrang befasst sich insbesondere mit Erinnerung im Sinne des Einprägens von Informationen, Wissen, aber auch der geistigen

Vorstellungskraft seitens der Rezipient:innen. Teilweise wird das Erkenntnisinteresse auch an Fragen des Wirkungspotenzials von (audio-)visuellen Medien auf Erinnerungsprozesse geknüpft, bspw. in Bezug auf die langfristige Aneignung von Wissen über Zeitgeschichte oder Meinungs- und Einstellungsveränderungen. Visuelle Medien werden in diesen Zusammenhängen auch als methodischer Stimulus in Studien verwendet (z. B. Finger 2017).

2) Der zweite Forschungsstrang behandelt visuelle Medien als Text und Repräsentation sowie deren formalen und materiellen Eigenschaften. Über spezifische Inhalte und die Art der Darstellung werden Vergangenheitsbezüge bzw. zeitliche Transzendenzen hergestellt. Forschungsgegenstand ist vornehmlich die Darstellung von Erinnerungen in Bildern, ihre ästhetischen, formalen wie sozial gerahmten Charakteristika, ihre produktionstechnischen Hintergründe und Entstehungskontexte.

3) Der dritte Forschungsstrang erforscht visuelle Kommunikation handlungs- bzw. praxistheoretisch. Hinterfragt wird, wie Menschen mit Bildern agieren und wie diese Teil von alltäglichen Erinnerungsprozessen werden.

Die ersten beiden zentralen Forschungsstränge decken sich mit den von Reinhardt und Jäckel (2005) beschriebenen Beziehungsebenen von Erinnerung und Medien. „Gedächtnisbildung durch Massenkommunikation" (Reinhardt und Jäckel 2005, 96) spiegelt innerhalb der visuellen Kommunikations- und Erinnerungsforschung das wissenschaftliche Interesse an der Frage wider, welche Erinnerungen Bilder hervorbringen. Reinhardt und Jäckel (2005, 96) verstehen Erinnerungen zudem als „Themen in Massenkommunikation". Der analytische Fokus liegt wie im zweiten Forschungsstrang auf der Inhalts- und Repräsentationsebene. Reinhardt und Jäckels (2005) gedächtnistheoretische Annäherung bezieht sich ausschließlich auf Massenkommunikation. Das Schnittfeld visueller Kommunikations- und Erinnerungsforschung reicht jedoch weiter und schließt nutzer:innengenerierte Medieninhalte und Medienpraktiken in die Betrachtung mit ein. Für die dritte Forschungsperspektive lässt sich deshalb analog die Beziehungsebene kollektiven Erinnerns „mit Medien" ergänzen.

3.1 Wie nehmen Menschen vergangenheitsbezogene, öffentliche Bilder wahr? Erkenntnisse der Publikums- und Rezeptionsforschung

Eine erste wichtige, analytische Perspektive betrachtet das Visuelle als spezifischen Rezeptionsmodus, Input und Stimulus. Erinnerungen an Bilder und damit verbundene Ereignisse gehen diesem Verständnis nach auch mit kurz- oder langfristige Medienwirkungen einher. Oft beziehen sich die zu untersuchenden Wirkungen auf die Einprägsamkeit bzw. Abrufbarkeit bestimmter Ereignisse oder auf Wahrnehmungs- und Einstellungsveränderungen in Folge der Betrachtung bestimmter Bilder. Diese Forschungsperspektive wurde bisher vor allem in der Massenkommunikationsforschung eingenommen. Massenmediale Technologien wie die Pressefotografie oder der Film haben eine enorme Zirkulation von Bildern und Narrativen über die Vergangenheit ermöglicht (Landsberg 2004, 2) und in einer Vielzahl von Formaten ihren Weg in die Haushalte postmoderner Gesellschaften gefunden. Teer-Tomaselli (2006, 226), Forscherin im *Global Media Generations*-Projekt argumentiert darüber hinaus, dass das menschliche Gedächtnis regelrecht mit Bildern und Informationen „bombardiert" wird. Gleichzeitig werden öffentliche Bilder als „Vehikel" (Zelizer 1998, 7) kollektiver Erinnerung beschrieben. Kommunikationswissenschaftler:innen und Erinnerungsforschende mit dem Schwerpunkt visuelle Medien haben sich vor allem intensiv mit den Wirkungen von Pressefotografien, Fernsehsendungen und (historischen) Filmen beschäftigt. Wirkungen bedeuten in diesen Forschungszusammenhängen oft langfristige Medieneffekte, gemessen an der Fähigkeit der Menschen, sich an vergangene Ereignisse zu erinnern und diesen Sinn zu verleihen.

Akiba Cohen und Kolleg:innen (2018) untersuchten beispielsweise die Wahrnehmung, Wiedererkennung und Bedeutungen ikonografischer Nachrichtenbilder im Kontext nationaler und internationaler Medienereignisse. Während andere Soziolog:innen davon ausgehen, dass eine höhere mediale Aufmerksamkeit auch eine höhere Wiedererkennungsquote und umfänglicheres Wissen über die dargestellten vergangenen Ereignisse zur Folge haben (Corning und Schuman 2015), machten Cohen und seine Kolleg:innen (2018, 474) für Pressefotografien gegenteilige Beobachtungen. Fotografien, die für gewöhnlich als Bildikonen gelten, wurden von den Studienteilnehmer:innen nicht zwingend als solche erkannt.

Nick Uts Pulitzer-Preis gekröntes Bild von Kim Phucs Flucht vor einem Napalm-Angriff in Südvietnam zählte beispielsweise zu den fünf am wenigsten wiedererkannten, internationalen Fotografien unter den israelischen Befragten (Cohen et al. 2018, 474). Das Ergebnis widerspricht früheren Studien, in denen dasselbe Bild in der kollektiven Erinnerung an den Vietnamkrieg in verschiedenen kulturellen Gruppen einen hohen Wiedererkennungswert hatte (Teer-Tomaselli 2006, 244). Fehlende zeitliche und räumliche Nähe sowie persönliche Relevanz dürften zu diesen unterschiedlichen Befunden zur Erinnerung an solche Medienereignisse und deren Bilder beigetragen haben (Teer-Tomaselli 2006, 241). Cohen und Kolleg:innen (2018, 472) resümieren, dass Bildikonen aus den Nachrichten kaum über Altersgruppen hinweg geteilt würden. Am häufigsten wiedererkannte Bilder stellten Konflikte, Traumata und Triumphmomente dar und waren somit mit negativen oder positiven Emotionen besetzt (Cohen et al. 2018, 474). Insgesamt erkannten ältere, gebildete und historisch interessierte Befragte mehr Bilder wieder. Die Befragten, die hingegen soziale Medien als Hauptnachrichtenquellen nutzten, erzielten niedrigere Wiedererkennungswerte (Cohen et al. 2018, 474). Kultur- und generationsübergreifend entdeckte Teer-Tomaselli (2006, 233) zusätzlich, dass traumatische Ereignisse besonders dann erinnert wurden, wenn sie sich auf prominente Personen wie J. F. Kennedy (siehe auch Zelizer 1992) oder Prinzessin Diana bezogen. Die affektive Dimension der visuellen Rezeption scheint also ein entscheidender Faktor für die Einprägsamkeit und Abrufbarkeit von Ereignissen bzw. einer gemeinsamen Vorstellung über die Welt zu sein. Weitere prominente Bilder im *Global Media Generations*-Projekt (Volkmer 2006), die international von unterschiedlichen kulturellen Gruppen erinnert wurden, waren Darstellungen der Berliner Mauer, des als *Tank Man* bekannten Demonstranten auf dem Platz des Himmlischen Friedens sowie die Entlassung Mandelas aus dem Gefängnis (Teer-Tomaselli 2006, 244). In der aktuelleren Studie von Cohen und Kolleg:innen (2018, 466) waren die bekanntesten internationalen Nachrichtenbilder unter den Befragten Darstellungen von 9/11, die Festnahme Saddam Husseins, das Münchner Olympia-Massaker und der Fall der Berliner Mauer (in dieser Reihenfolge).

Neben Pressefotografien untersuchten weitere kommunikationswissenschaftliche Erinnerungsstudien die Rezeption fiktionaler, historischer Formate (Hofmann et al. 2005; Reifova et al., 2013). Reifova et al. (2013) untersuchten eine populäre, tschechische Fernsehsendung (*Vypravej*), die Zeiten des Staatssozialismus thematisiert. Die Befunde zeigen, dass der audiovisuelle Mix aus fiktionalen und nicht-fiktionalen Elementen in der Serie zwei unterschiedliche Rezeptionseffekte auf die Zuschauer:innen hatte: Die nicht-fiktionalen, dokumentarischen Elemente erzeugten Authentizität und Glaubwürdigkeit des historischen Settings, welches die Zuschauer:innen mit ihren eigenen autobiografischen Erinnerungen verglichen. Der fiktionale Teil – die Familiengeschichte in der Fernsehserie – sorgte hingegen für persönliche Identifikation mit den Protagonist:innen der Serie (Reifova et al. 2013, 207). Weitere Studien erforschten vor allem fiktionale, historische Filme hinsichtlich ihrer langfristigen Medieneffekte auf Geschichtsbewusstsein und politische Einstellungen. So untersuchten beispielsweise Hofmann et al. (2005) die Rezeption des deutschen Kriegsdramas *Der Untergang* (2004) unter Gymnasialschüler:innen. Die empirischen Ergebnisse zeigen, dass die Schüler:innen, die den Film gesehen hatten, weniger negative Emotionen gegenüber Hitler als Protagonisten des Films äußerten und stärker seine menschlichen Eigenschaften in den Vordergrund stellten als diejenigen, die den Film nicht gesehen hatten (Hofmann et al. 2005, 141). Es ist jedoch zu beachten, dass keine detaillierte Analyse der visuellen Elemente des Films vorliegt. Die Forschungsgruppe merkte an, dass der Kinofilm eine realistische und vermenschlichende Darstellung von Hitler als Hauptfigur zeigt (Hofmann et al. 2005, 133). Das Forschungsteam nimmt darüber hinaus an, dass der Film möglicherweise Erzählungen aus Familiengesprächen aktualisiert und in das historische Bewusstsein der Schüler:innen zurückgebracht hat (Hofmann et al. 2005, 142).

In dieser Hinsicht unterstreicht die Studie frühere Erinnerungsstudien von Welzer et al. (2002, 199), die dafür sprechen, dass massenmediale, historische Darstellungen, wie bspw. Filme, Familiengespräche und -geschichten derselben Zeit ergänzen. Bilder ermöglichen also die visuelle Imagination von erzählten Geschichten der Familienmitglieder über die Vergangenheit. Allgemein geht Welzer (1995, 8) davon aus, dass Erinnerungen auf Bilder angewiesen sind. Ohne Bilder würden Erinnerungen abstrakt und vage bleiben (Welzer 1995, 8). Auf Grundlage empirischer Befunde stellen Welzer et al. (2002, 199–200) fest, dass je detaillierter und „eindrucksvoller" vor allem Filme für Befragte waren, desto „reichhaltiger und plastischer" waren auch die persönlichen Schilderungen tradierter Familiengeschichten über denselben historischen Zeitraum.

In ihrer Forschung zum Nationalsozialismus in Deutschland war ein solches visuelles Repertoire nicht nur typisch für die Nachkriegsgenerationen im Sinne des „postmemory" (Hirsch 2012), sondern zeigte sich auch häufig in den Erzählungen von Zeitzeug:innen deutscher NS-Vergangenheit (Welzer et al. 2002, 199). Dieser Befund deutet darauf hin, dass die Vorstellungen über kollektive Vergangenheit auf Grundlage visueller Medien nicht nur selbst nicht erlebte Familiengeschichten ergänzt, sondern auch in eigene autobiographische Lebenserzählungen integriert werden. Dabei werden die Bilder in der Regel ihren ursprünglichen Entstehungskontexten entnommen und imaginativ in der eigenen Wahrnehmung und Erzählung über eben diese Zeit zusammengeführt. Welzer et al. (2002, 199) nennen dieses Phänomen „Wechselrahmung" und führen es auf die Ikonifizierung bestimmter Bilder und der Etablierung eines „sozialen Bildgedächtnisses" zurück. Weitgreifendere Dekontextualisierungen von Bildern wurden auch unter Befragten des *Global Media Generations*-Projektes beobachtet (Teer-Tomaselli 2006, 244). In einigen Fällen hatten die Proband:innen ein bestimmtes Bild mental vor Augen, brachten es jedoch nicht mit dem ursprünglichen historischen Ereignis in Verbindung. Der zeithistorische Kontext ist in einigen Aussagen der Befragten auch gänzlich vage geblieben (Teer-Tomaselli 2006, 244). Neben diesen empirischen Studien widmete Gilles Deleuze (2005) eine ganze philosophische Abhandlung dem Verhältnis von inneren Bildern, Gedächtnis und filmischen Bildern. Während sich sowohl Deleuze (2005) als auch Landsberg (2004) auf das Kino beziehen, ergänzt Garde-Hansen (2011, 63) in einer weiteren Betrachtung, dass Digitalisierung und die Nutzung von Online-Medien die Zugänglichkeit und visuelle Erfahrbarkeit von vergangenen Zeiten intensiviert und vervielfacht haben. Diese Entwicklung machen die „prothetische" (Landsberg 2004) Natur des Gedächtnisses potenziell komplexer, da Menschen in postmodernen Gesellschaften zunehmend mehr digitale Bilder in kürzeren Zeiträumen und unabhängig von zeit-räumlichen Distanzen verarbeiten. Diese Komplexität geht mit entsprechenden Herausforderungen für die rezeptionswissenschaftliche Forschungsperspektive einher.

Der Komplexitätszuwachs visueller Erfahrbarkeit, die zunehmenden Möglichkeiten digitaler Manipulation und Dekontextualisierungen von Bildern erweitern das Spektrum an Interpretations-, Verarbeitungs-, und Wirkungspotenzialen. Darauf deuten auch die Befunde von Cohen und Kolleg:innen (2018) hin, die ikonografische Bilder im Sinne generationsübergreifender, kollektiver Geschichtsverständnisse kaum vorfanden.

Ein weiteres Problem der rezeptionsorientierten Perspektive ist die Multimodalität von visueller Kommunikation. Im Alltag treten Bilder so gut wie nie in Isolation auf: sie werden von anderen kommentiert, mit Über- und Unterschriften versehen oder zusammen mit anderen Bildern gezeigt. Es bleibt deshalb eine Herausforderung, auf der einen Seite Rezeptionsvorgänge allein auf Basis visueller Elemente für Erinnerungsprozesse zu erschließen und auf der anderen Seite daraus Rückschlüsse für komplexere Alltagssituationen zu ziehen. Mit der Differenzierung von Medientechnologien erweitert sich zudem das Spektrum verschiedener digitaler Endgeräte, Anwendungen, nutzer:innengenerierter Inhalte und somit visueller „Versatzstücke" (Welzer et al. 2002, 199), die potenziell Eingang in Erinnerungsprozesse finden – mental und sozial.

Welche Veränderungen eine solch zunehmend differenzierte und stärker visualisierte Medienumgebung für die Rezeption von Vergangenheitsrepräsentationen und für die Internalisierungsprozesse objektivierter Wirklichkeit mit sich bringen, stellt für kommunikationswissenschaftliche Erinnerungsforschung dieser Ausrichtung ein weiteres Forschungsdesideratum dar. Wie stellen wir uns nicht erlebte Ereignisse angesichts neuer Visualiserungstechnologien (Frosh 2018) bildlich vor? Besonders für autobiographische Inhalte oder im Kontext der in den *memory studies* stark vertretenen Erforschung von traumatischen Ereignissen vermag auch ein bisher kaum existenter Brückenschlag zur Medienpsychologie sinnvoll und konstruktiv sein. Eine solche Synergie kann eine stärkere Ausleuchtung affektiver Dimensionen kollektiven Erinnerns durch Bilder vorantreiben.

3.2 Was verleiht Bildern einen zeitlichen Bezug? Ästhetische und formale Merkmale von visuellen Medien als Repräsentationen, Narrative und Texte kollektiver Erinnerungen

Die geisteswissenschaftlich orientierte Forschung zu visueller Kommunikation und kollektiver Erinnerung betrachtet visuelle Medien in der Regel als Texte (Kuhn 2002a, 3) und Repräsentationen von vergangenen Zeiten. Diese Perspektive bildet einen zweiten zentralen Forschungsstrang visueller Kommunikations- und Erinnerungsforschung.

Doch was sind typische Charakteristika visueller Repräsentationen, die eine zeitliche Verortung evozieren? Tatsächlich müssen Bilder nicht notwendiger Weise nur historische Ereignisse abbilden, um im Auge ihrer Betrachter:innen zeitliche Bezüge zur Vergangenheit herzustellen. Empirische Untersuchungen legen jedoch nahe, dass bestimmte ästhetische und formale Eigenschaften visueller Medien den Zugang zu kollektiven Erinnerungen erleichtern und motivieren. Reifova und Kolleg:innen (2013, 207) entdeckten beispielsweise, dass insbesondere visuelle Elemente von Fernsehserien oft als sogenannte „retro signifiers" fungierten. Diese visuellen Elemente erlaubten die zeitlich-historische Verortung der Serie. Neben den Darstellungen von tatsächlichen historischen Ereignissen, stellten auch Alltagsgegenstände wie Kleidung „retro signifiers" dar. Visuelle „retro signifiers" in Form bestimmter dargestellter Ereignisse und Objekte stellten also die zeitliche Verknüpfung während des Seherlebnisses her (Reifova et al. 2013, 206–208).

Abgesehen von der Medienanalyse bestimmter Fernsehserien oder Filme (z.B. Lunt 2017; Landsberg 2004) hat die Fotografie und insbesondere die Familienfotografie innerhalb dieses zweiten Forschungsstranges die größte wissenschaftliche Aufmerksamkeit genossen. Familienfotografien werden als Aufzeichnungen und Evidenz für die Existenz von Familie als soziale Gruppe verstanden (Kuhn 2002b, 49). Sie sind visuelle Formen der Selbstdokumentation und Selbstobjektivierung des Familienlebens (Keppler 1994, 187–188). Häufig zeigen Familienfotos Momentaufnahmen des Familienlebens oder bedeutender Ereignisse wie Familienurlaube oder -feste (Keppler 1994, 186; Rose 2010, 11; Pickering und Keightley 2015, 2; Lehmuskallio und Goméz Cruz 2016, 1). Sie sind stark selektive, bildliche Dokumentationen sowohl des selbst Erlebten als auch des „postmemory" (Hirsch 2012, 21–22). Im Kontext der Erinnerungsforschung werden Fotografien als Gegenstand der visuellen Analyse jedoch nicht als Eins-zu-eins-Visualisierung einer gelebten Realität behandelt, sondern als eine Konstruktion (Garde-Hansen 2011, 34), die auch anfällig für Manipulationen ist (van Dijck 2008, 66). Zur Dekonstruktion von Fotografien berufen sich Forscher:innen häufig auf die Theorien der Fotografie von Roland Barthes (1981) und Susan Sontag (1973). Sie weisen in Bezug auf kollektives Erinnern vor allem auf deren „ghostly quality" und „fleeting nature" hin (Kuhn und McAllister 2006, 1; auch Hirsch 2012, 19; van Dijck 2007, 99–103; Lagerkvist 2018). Die Flüchtigkeit der Lebenserfahrungen wird hier der scheinbaren Beständigkeit des materialisierten Bildobjekts entgegengesetzt (Hirsch 2012, 23). Ähnlich wie in Aby Warburgs (2000) *Mnemosyne*, das oft mit der Idee eines visuellen Gedächtnisses in Verbindung gebracht wird, werden Fotografien als Erinnerungsobjekte und Repräsentationen vergangener Momente als sozial und kulturell eingebettet verstanden. In dieser Einbettung folgen Fotografien bestimmten sozialen, technologischen und ästhetischen Konventionen (van Dijck 2007, 103). In Bezug auf die Familienfotografie stellt Kuhn (2002b, 48–49) beispielsweise fest, dass Bilder von Neugeborenen, obwohl individuell aufgenommen und persönlich unterschiedlich, sich in ihrem Format, ihrer Ästhetik und ihrer Darstellung ähneln. Soziale Kategorien von Geschlecht, Ethnie, Klasse und Nation und ihre ideologischen Zuschreibungen materialisieren sich visuell auch in Familienbildern (Kuhn 2002b, 1, 60; Rose 2010, 11).

Ein weiterer Bereich innerhalb dieses insgesamt stärker semiotisch und geisteswissenschaftlich geprägten Forschungsstranges untersucht Visuelles im Kontext von „Retro-Kulturen" (Parikka 2012) und Nostalgie (Niemeyer 2014; Niemeyer und Keightley 2020). In Niemeyers (2014) Sammelband werden Vergangenheitsbezüge visueller Medien vor allem im Hinblick auf ihre Ästhetik oder Materialität analysiert. So sieht Schrey (2014, 28) die Popularität von Filmen wie *The Artist* (2011) oder *Hugo* (2011) und deren Verwendung ästhetischer Elemente des frühen Kinos wie zum Beispiel des Zelluloid-Filmstreifens als Indiz für Retro-Trends im Zuge der Digitalisierung. Neben klassischen Flashback-Episoden (Niemeyer und Wentz 2014, 135) nutzen zeitgenössische Fernsehserien wie *Californication* (2007–2012) digitale Anwendungen, um die Makel analoger Technologien als ästhetische Elemente zu imitieren, darunter beispielsweise Kratzer, Blendenflecke, schwarze Intervalle oder geringere Framerate, wie sie für 8 mm-Heimvideos typisch sind (Niemeyer und Wentz 2014, 33–34). Diese ästhetischen Unvollkommenheiten verleihen der visuellen Darstellung eine vermeintlich zeitliche Prägung, die den unendlich reproduzierbaren digitalen Bildern zunächst nicht offensichtlich gegeben scheint (Niemeyer und Wentz 2014, 35).

Die Rückkehr zur analogen Ästhetik wurde auch in zeitgenössischen digitalen Familienfotos und -videos beobachtet (Sapio 2014, 40; Bartholeyns 2014). Nachdem er eine Reihe von Foto-Apps untersuchte, kommt Bartholeyns (2014, 65) zu dem Schluss, dass „the goal of imposing a backward-looking aesthetic is to provide a visual sensation of the atmosphere attached to the photographed object or moment". Solche technologisch ermöglichten Optionen der visuellen Manipulation, Remediation, Dekontextualisierung und des Vermischens visuellen Materials, die Empfindungen und Bezüge zur Vergangenheit evozieren, sind zunehmend in den Fokus der wissenschaftlichen Aufmerksamkeit gerückt (Garde-Hansen 2011; Huttunen 2016). Sandrine Boudana et al. (2017) untersuchten zum Beispiel die Web-Zirkulation, Dekontextualisierung und Veränderung ikonografischer Pressefotografien als digitale Memes. Das Forschungsteam argumentiert, dass die historische Autorität und Bedeutung dieser Bildikonen gar ausgehöhlt werden kann. In einer Analyse des *Visual History Archive* der *USC Shoa Foundation* erforschte Paul Frosh (2018) weiterhin, wie die Ästhetik von *Computer Interfaces* bestimmte moralische Reaktionen bei Nutzer:innen fördert. Frosh (2018, 360) sieht in diesem Zusammenhang eine epistemologische Verschiebung in der visuellen Kommunikationsforschung und zwar weg von der Frage, was Bilder bedeuten, hin zu der Frage „wie wird dieser Text oder das Bild antworten?" Dementsprechend betrachtet Frosh (2018, 365) die Browser- und Video-Interfaces des *Visual History Archive* als „sensorimotor invitations into the page design".

Die von Frosh (2018) beschriebenen interaktiven Video-Interfaces und die damit verbundene zügige technologische Weiterentwicklungen zeugt von der Notwendigkeit, Ästhetik und mediale Designelemente weiter zu erforschen. Dies betrifft insbesondere die Frage, wie Vergangenheit im Alltag durch Ästhetik und Design erfahrbarer gemacht wird und kollektives Erinnern bedingt. Eine solche Perspektive schließt auch die Frage ein, wie bestimmte *user experiences* mit Hilfe digitaler Technologien erzeugt werden. In diesem Erkenntnisinteresse überschneiden sich die in Kapitel 3.2. beschriebenen, rezeptionsorientierten mit den folgenden praxistheoretischen Forschungsperspektiven.

3.3 Was machen Menschen mit Bildern? Visuelle Medienpraktiken und kollektives Erinnern

Der dritte und Forschungsstrang der visuellen Kommunikations- und Erinnerungsforschung befasst sich mit Erinnerungspraktiken mit und durch visuelle Medien. Kollektives Erinnern entspricht in diesem Sinne kommunikativen Handlungen im Zusammenhang mit Bildern. Die bisherige Forschung in diesem Bereich hat sich weitgehend auf den persönlichen bzw. Amateur:innengebrauch visueller Medien wie Fotografie und Videofilm konzentriert. In diesem Zusammenhang merken Pickering und Keightley (2013, 98) an:

> Despite this longevity, turning scholarly attention to these personalised uses of visual technologies of remembering has been slow and gradual, not least because it has had to counter the blanket assumption that home-made photos and recordings are inherently trivial in social, cultural and political terms when compared with mainstream visual media. (Pickering und Keightley 2013, 98)

Persönlicher Erinnerung kommt jedoch ebenso politische, historische und globale Bedeutung zu, z. B. in persönlichen Dokumentarfilmen von Migrant:innen, die sich an Zeiten im Exil erinnern (Garde-Hansen 2011, 37). Die persönliche Nutzung und Anwendung visueller Medien wird häufig mit Konzepten des „vernacular memory" (Bodnar 1992) oder des „personal cultural memory" (van Dijck 2007, 6) in Verbindung gebracht. Anders als in der Rezeptionsforschung wird das Visuelle hier nicht nur als Input oder Stimulus für kollektives Erinnern betrachtet, sondern auch als Output eigenen Medien- und Bildhandelns.

Die hier aufgezeigten handlungs- und praxistheoretischen Ansätze zur Erforschung von Bildkommunikation und kollektivem Erinnern in Alltagskontexten lassen sich im Bereich der Medienaneignung verorten. Visuelles beschreibt demnach visuelle Medientechnologien sowie deren Aneignung und Nutzung. Die Aneignung über Medienpraktiken dient im Erinnerungskontext dazu, das eigene Selbst in Beziehung zu anderen in Zeit und Raum zu verstehen (van Dijck 2007; Keightley und Pickering 2014). Der Fokus liegt hier weniger auf Medieninhalten oder -texten. Auch in diesem dritten Forschungsbereich bildet die Fotografie einen Schwerpunkt. In einer Pilotstudie zu „Technologien des Erinnerns" fanden Pickering und Keightley (2015, 1) auf Basis empirischer Ergebnisse heraus, dass analoge und digitale Formen von Fotografie und Musik die relevantesten Medien für kollektives Erinnern im Alltag der Menschen sind. Menschen konstruieren ihre autobiografischen Narrative in und mit Fotografien (Pickering und Keightley 2013, 105). In diesem Zusammenhang unterscheiden Keightley und Pickering (2014) vier grundlegende Arten der alltäglichen Fotonutzung in Bezug auf das Erinnern: das Fotografieren, das Betrachten von Fotos, das Speichern von Fotos und das Teilen von Fotos. Weitere Wissenschaftler:innen wie Keppler (1994; 2001), Langford (2008) und Hirsch (2012) untersuchten auch erweiterte kommunikative Praktiken wie Gespräche und Narrative, die in verschiedenen sozialen Kontexten rundum Fotografien entstehen, z. B. bei Familiengesprächen und -zusammenkünften.

Heim- und Amateurvideos, insbesondere im Familienkontext, bilden einen weiteren Forschungsgegenstand innerhalb dieser Ausrichtung kommunikationswissenschaftlicher Erinnerungsforschung. Der in diesem Zusammenhang im Englischen verwendete Begriff *home mode* geht auf Richard Chalfen (1987) zurück, der in den 1960er und 1970er Jahren Privatfotografien und -videoproduktionen US-amerikanischer Familien untersuchte. Seine Arbeit zeigte, dass Familienvideos vor allem anlässlich von Familienfeiern sowie im Rahmen biografischer Übergangsriten und besonderer Ereignisse gedreht wurden. Sie wurden oft als zukünftige Aufzeichnung für die Kinder verstanden (Chalfen 1987, 137–139). Die Anwendung von Videotechnologie in der Familie erfolgte demnach ereignisbasiert und war sehr selektiv. In der Regel beschäftigten sich die Familien mit der Betrachtung dieser Videos wieder zu späteren familiären Anlässen. Im Gegensatz zu Fotografien können die Bewegtbilder der Amateurfilme umfassender Details und Abläufe eines Ereignisses aufzeichnen. Sie werden deshalb oft als vollständigere Dokumentationen und Erinnerungsobjekte begriffen (Pickering und Keightley 2013, 99). Pickering und Keightley (2013, 101) sehen in Videoaufnahmen deshalb einen wesentliche Bedeutung für gemeinsames Erinnern und Reflektieren über vergangene Zeit sowie für das Wiedererleben von bestimmten Emotionen, die Selbstvergewisserung und Kontinuität geben. Darüber hinaus betont van Dijck (2007, 147) die prospektiven Aspekte des Drehens von Heim- und Amateurvideos, da sie abbilden, was und wie die Familienmitglieder in der Zukunft angesichts konventionalisierter, sozialer Rollen und Normen erinnert werden wollen.

> Cinematic constructions of family-life-in-review are the result of concerted efforts to save and shape our private pasts in a way that befits our publicly formatted present and that steers our projected future. (van Dijck 2007, 147)

In diesem Sinne unterliegen Heim- und Amateurvideos wie -fotografien immer auch sozialen und kulturellen Konventionen, die in und in Anlehnung an öffentliche Darstellungen von Familienleben reproduziert werden. Bisher sind Videos und Filme im Kontext visueller Kommunikations- und Erinnerungsforschung weniger umfassend untersucht als die Fotografie. Das *home movies project* einer Gruppe europäischer Medienhistoriker:innen (z. B. Aasman et al. 2018) ist ein Beispiel für aktuell laufende Forschung in diesem Bereich.

Mit dem Einzug von Internet- und Web 2.0-Technologien in die Haushalte vieler Familien in postmodernen Gesellschaften hat sich das Erkenntnisinteresse bezüglich visueller Medienpraktiken und kollektiven Erinnerns über die ortsgebundene, häusliche Sphäre hinaus erweitert. Holloway und Green (2017) untersuchten beispielsweise Erinnerungspraktiken im Zusammenhang mit Familienfotos und Fotoalben auf der Social-Media-Plattform *Facebook*. Die Autorinnen stellten in ihrer empirischen Studie fest, dass Medienpraktiken des Aufnehmens, „Postens", Kuratierens und Teilens von Familienfotografien auf sozialen Netzwerken in der Regel mit bestimmten Lebensphasen wie z. B. Elternschaft zusammenfallen (Holloway und Green 2017, 359). Ein Unterschied im Vergleich zur analogen Fotografie sei die Vielfalt der Bildschirme, über die Familienbilder zur Verfügung gestellt werden und mit denen sich je nach Mobilität, Endgerät und Nutzungskontext beschäftigt werden könne (Holloway und Green 2017, 361). Das Betrachten und Teilen von Familienfotos war oft tägliche Routine und diente auch dazu, emotional mit abwesenden Familienmitgliedern in Kontakt zu treten. Das „Posten" hingegen war meist auf besondere familiäre Ereignisse beschränkt, die für die familiäre Gemeinschaft Bedeutung hatten (Holloway und Green 2017, 361–362). Diese Befunde unterstreichen frühere Forschungsarbeiten zu Fotografie und Heimvideos, in denen auf die Bedeutung positiv konnotierter, biografischer Ereignisse und neuer Lebensabschnitte durch z.B. Heirat oder Elternschaft als Motivation für visuelle Praktiken und Erinnerungsarbeit hingewiesen wurde (Garde-Hansen 2009; van Dijck 2007; Pickering und Keightley 2013).

Neben positiven Lebensereignissen haben Wissenschaftler:innen im Erinnerungskontext auch Verlusterfahrungen von Menschen in den Blick genommen. Dieses Feld erforscht vor allem das Verhältnis von Bildern und Trauer- oder Gedenkpraktiken im Alltag (Offerhaus et al. 2013; Lagerkvist 2018; Arnold et al. 2018). Myles und Millerand (2016, 239) zeigten in ihrer Ethnografie über eine Gedenkseite auf *Facebook*, dass visuelle Online-Praktiken auch auf bereits existierende Normen und Konventionen des Trauerns zurückgreifen, wie z.B. das Festhalten an verbliebenen Spuren des oder der Verstorbenen, beispielsweise in der Form von Fotografien. In einer *Instagram*-Studie zum Thema Trauern argumentieren Thimm und Nehls (2017, 346) desweiteren, dass das Veröffentlichen von Beerdigungsbildern jungen Trauernden half, ihren Verlust jenseits des engen Familienkreises zu bewältigen. Über *Hashtags* tauschten sie sich innerhalb anonymerer „mini-publics" (Thimm und Nehls 2017, 331–332) aus. Laut Thimm und Nehls (2017, 346) brechen die Bildpraktiken der Jugendlichen auch mit dem sozialen Tabu, über den Tod zu sprechen. Ihre Studie bestätigt frühere Forschungen zu Beerdigungs-Selfies als ein Mittel, Präsenz zu zeigen und emotional schwierige Lebenssituationen zu bewältigen (Meese et al. 2015, 1828). Solche Studien untersuchen nicht nur neue sozio-technische Möglichkeiten visueller Medien, sondern bewerten auch die soziokulturellen Konventionen und ideologischen Grundlagen dieser Erinnerungs- und Bildpraktiken neu.

4. Perspektiven und Ausblick

Der Beitrag hat zunächst visuelle Kommunikation und ihre Relevanz für das Verständnis sozialer Wirklichkeiten des Alltags diskutiert. Der Beitrag hat gezeigt, dass Bildkommunikation, einschließlich ihrer Inhalte, Rezeptions- und Aneignungsprozesse, ein vielschichtiger, integraler Bestandteil kollektiven Erinnerns ist. Diese vielfältigen Dimensionen spiegeln sich sowohl in früheren Konzeptualisierungen von Erinnerung und Medien wider als auch in den drei herausgearbeiteten und systematisierten Forschungssträngen visueller Kommunikations- und Erinnerungsforschung.

Die jüngsten Trends gegenwärtiger Medienumgebungen, die von Digitalisierung und Datafizierung geprägt sind (Couldry und Hepp 2017), stellen eine weitere Herausforderung für die Systematisierung des transdisziplinären Feldes visueller Kommunikations- und Erinnerungsforschung dar. Bereits vor mehr als zehn Jahren stellte sich van Dijck (2007, 51) vor, dass über Medien vermittelte Erinnerungen zu einem „multimodalen Reservoir" werden. Aufgrund dieser Multimodalität können Erinnerungsobjekte nicht auf den Rezeptionsmodus der jeweils vermittelnden Medientechnologie beschränkt werden. Van Dijck ging stattdessen bereits damals davon aus, dass sich auch die Wahrnehmungsmodi, über die wir Erinnerungen konstruieren, und damit auch deren Erfahrbarkeit ändern können (van Dijck 2007, 51). Wie bereits in der visuellen Kommunikationsforschung im Allgemeinen, sind in der Erinnerungsforschung mit Schwerpunkt Bildkommunikation nunmehr multimodale Ansätze gefragt, um die Komplexität visueller Kommunikation und kollektiven Erinnerns empirisch zu erfassen, die theoretisch bereits beschrieben ist. So führt Andrew Hoskins (2018, 8–9) beispielsweise aus, dass

> [t]he new memory ecology is an environment in which hyperconnectivity makes it difficult to reduce media and memory to a single or separate medium or individual, respectively. Instead the mediation of memory is seen as a matter of ongoing set of dynamics: remediation, translation, connectivity, temporality, reflexivity, across and between medias, and their multiple modalities and constant movement. (Hoskins 2018, 8–9)

Das Nachskizzieren der zentralen Forschungsstränge hat jedoch gezeigt, dass der Großteil der Arbeiten zu visueller Kommunikation und kollektivem Erinnern sich bisher weitestgehend auf bestimmte Einzelmedien, Plattformen, etc. konzentriert hat. Während die Profi- und Amateurfotografie, ihre Aneignung und Nutzung innerhalb des transdisziplinären Forschungsfeldes ausgiebig untersucht wurden, bedarf die alltägliche Aneignung von Bewegtbildern sowie die breite Anwendung kreativer Bildbearbeitungssoftware und -apps auf mobilen Endgeräten und in den sozialen Medien noch größerer wissenschaftlicher Aufmerksamkeit. Dies gilt auch für die Untersuchung medienästhetischer und designbedingter Aspekte, die die alltäglichen Auseinandersetzungen mit und Erlebbarkeit von vergangenen Zeiten potenziell verändern (z.B. Frosh 2018). Eine solche Perspektive schließt auch Fragen ein, wie bestimmte *user experiences* mittels digitaler (visueller) Technologien erzeugt werden. Sie schafft stärkere Verbindungenen zwischen Ansätzen der Rezeptions- und praxistheoretischer Forschung. In Zukunft bedarf es deshalb an der Weiterentwicklung crossmedialer Perspektiven innerhalb visueller Kommunikation- und Erinnerungsforschung, die auch die Zusammenhänge unterschiedlicher (visueller) Medienpraktiken in den Blick nehmen und erklären. Während aktuelle Studien zu visuellen Medienpraktiken und kollektivem Erinnern oft dazu neigen, technologischen Neuerungen auf den Grund zu gehen, bleibt es weiterhin eine Notwendigkeit, Kontinuitäten in der Rezeption, Aneignung und Nutzung von visuellen Medien für Erinnerungszwecke zu erforschen (z.B. Keightley und Pickering 2014).

5. Literatur

Aasman, Susan, Andreas Fickers, und Joseph Wachelder. *Materializing Memories: Dispositifs, Generations, Amateurs.* New York: Bloomsbury Academic, 2018.
Allan, Stuart, und Chris Peters. „The Visual Citizen in a Digital News Landscape". *Communication Theory* 30.2 (2020): 149–168.

Arnold, Michael, Martin Gibbs, Tamara Kohn, James Meese, Bjorn Nansen, und Elizabeth Hallam. *Death and digital media*. London and New York: Routledge, Taylor und Francis Group, 2018.

Barthes, Roland. *Camera lucida: reflections on photography*. New York: Hill and Wang, 1981.

Bartholeyns, Gil. „The Instant Past: Nostalgia and Digital Retro Photography". *Media and Nostalgia*. Hg. Katharina Niemeyer. Basingstoke: Palgrave, 2014. 51–69.

Berger, Peter L., und Thomas Luckmann. *The social construction of reality: a treatise in the sociology of knowledge*. New York: Anchor Book, 1967.

Bodnar, John. *Remaking America: Public Memory, Commemoration, and Patriotism in the Twentieth Century*. Princeton, N.J.: Princeton University Press, 1992.

Boudana, Sandrine, Paul Frosh, und Akiba Cohen. „Reviving icons to death: when historic photographs become digital meme". *Media, Culture und Society* 39.8 (2017): 1210–1230.

Burkey, Brant. „Repertoires of Remembering: A Conceptual Approach for Studying Memory Practices in the Digital Ecosystem". *Journal of Communication Inquiry* 44.2 (2020): 178–197.

Chalfen, Richard. *Snapshot: versions of life*. Bowling Green, OH: Bowling Green State University Popular Press, 1987.

Cohen, Akiba, Sandrine Boudana, und Paul Frosh. „You Must Remember This: Iconic News Photographs and Collective Memory". *Journal of Communication* 68.3 (2018): 453–479.

Corning, Amy, und Howard Schuman. *Generations and collective memory*. Chicago: The University of Chicago Press, 2015.

Couldry, Nick, und Andreas Hepp. *The mediated construction of reality*. Cambridge: Polity, 2017.

DGPuK-Fachgruppe Visuelle Kommunikation. *Das Selbstverständnis der Fachgruppe „Visuelle Kommunikation"*. https://www.dgpuk.de/de/selbstverst%C3%A4ndnihtml–7. (15. August 2020).

Deleuze, Gilles. *Kino 2: Das Zeit-Bild*. Frankfurt am Main: Suhrkamp, 2005.

Erll, Astrid. *Kollektives Gedächtnis und Erinnerungskulturen*. Stuttgart: J.B. Metzler, 2017.

Fahmy, Shahira, Mary Angela Bock, und Wayne Wanta. *Visual communication theory and research: a mass communication perspective*. New York, NY: Palgrave Macmillan, 2014.

Finger, Juliane. *Langfristige Medienwirkungen aus Rezipientenperspektive: zur Bedeutung des Fernsehens für mentale und kollektive Repräsentationen des Holocaust*. Baden-Baden: Nomos, 2017.

Frosh, Paul. „The mouse, the screen and the Holocaust witness: Interface aesthetics and moral response". *New Media und Society* 20.1 (2018): 351–368.

Geise, Stefanie, und Katharina Lobinger. *Bilder, Kulturen, Identitäten: Analysen zu einem Spannungsfeld Visueller Kommunikationsforschung*. Köln: Herbert von Halem Verlag, 2012.

Garde-Hansen, Joanne. „MyMemories? Personal Digital Archive Fever and Facebook". *Save as … Digital Memories*. Hg. Joanne Garde-Hansen, Andrew Hoskins, und Anne Reading. Basingstoke: Palgrave, 2009. 135–150.

Garde-Hansen, Joanne. *Media and Memory*. Edinburgh: Edinburgh UP, 2011.

Hirsch, Marianne. *Family Frames: Photography, Narrative and Postmemory*. Cambridge: Harvard UP, 2012.

Hofmann, Wilhelm, Anna Baumert, und Manfred Schmitt. „Heute haben wir Hitler im Kino gesehen". *Zeitschrift für Medienpsychologie* 17.4 (2005): 132–146.

Holloway, Donell, und Leila Green. „Mediated memory making: The virtual family photograph album". *Communications* 42.3 (2017): 351–368.

Hoskins, Andrew. „Memory of the multitude". *Digital Memory Studies*. Hg. Andrew Hoskins. London: Routledge, 2018. 85–109.

Huttunen, Laura. „Remembering, Witnessing, Bringing Closure: Srebrenica Burial Ceremonies on YouTube". *Memory in a mediated world: remembrance and reconstruction*. Hg. Andrea Hajek, Christine Lohmeier, und Christian Pentzold. Basingstoke, Hampshire: Palgrave Macmillan, 2016. 244–260.

ICA Visual Communication Division. *Mission Statement*. https://icavisualcommunicationstudies.com/about/ (31.8.2021).

Jacke, Christoph, und Martin Zierold. „Gedächtnis und Erinnerung". *Handbuch Cultural Studies und Medienanalyse*. Hg. Andreas Hepp, Friedrich Krotz, Swantje Lingenberg, und Jeffrey Wimmer. Wiesbaden: Springer VS, 2015. 79–89.

Jurgenson, Nathan. *The social photo: on photography and social media*. London: Verso Book, 2019.

Keightley, Emily, und Michael Pickering. *The Mnemonic Imagination*. Basingstoke: Palgrave, 2012.

Keightley, Emily, und Michael Pickering. „Technologies of memory: Practices of remembering in analogue and digital photography". *New Media und Society* 16.4 (2014): 576–593.

Keppler, Angela. *Tischgespräche: über Formen kommunikativer Vergemeinschaftung am Beispiel der Konversation in Familien*. Suhrkamp, Frankfurt am Main, 1994.

Keppler, Angela. „Soziale Formen individuellen Erinnerns: die kommunikative Tradierung von (Familien-)Geschichte". *Das soziale Gedächtnis*. Hg. Harald Welzer. Hamburg: Hamburger Ed., 2001. 137–159.

Kuhn, Annette. „A Journey through Memory". *Memory and Methodology*. Hg. Susannah Radstone. Oxford and New York: Berg, 2000. 179–196.

Kuhn, Annette. *An everyday magic: cinema and cultural memory*. London: I. B. Tauris, 2002a.

Kuhn, Annette. *Family Secrets: Acts of Memory and Imagination*. London: Verso, 2002b.

Kuhn, Annette. „Memory texts and memory work: Performances of memory in and with visual media". *Memory Studies* 3.4 (2010): 298–313.

Kuhn, Annette, und Kirsten Emiko McAllister. *Locating memory: photographic act* New York, NY: Berghahn Book, 2006.

Lagerkvist, Amanda. „The media end: digital afterlife agencies and techno-existential closure". *Digital Memory Studies*. Hg. Andrew Hoskins. London: Routledge, 2018. 48–84.

Landsberg, Alison. *Prostethic Memory*. New York: Columbia UP, 2004.

Langford, Martha. *Suspended conversations: the afterlife of memory in photographic albums*. Montreal und Kingston: McGill-Queen's Univ. Press, 2008.

Lehmuskallio, Asko, und Edgar Gómez Cruz. *Digital photography and everyday life: empirical studies on material visual practice* London: Routledge, 2016.

Lingenberg, Swantje. „Überblicksartikel: Aneignung und Alltagswelt". *Handbuch Cultural Studies und Medienanalyse*. Hg. Andreas Hepp, Friedrich Krotz, Swantje Lingenberg, und Jeffrey Wimmer. Wiesbaden: Springer VS, 2015. 109–115.

Lobinger, Katharina, und Stefanie Geise. „Zur Analyse von Bildern, Kulturen und Identitäten: Perspektiven und Herausforderungen der Visuellen Kommunikationsforschung". *Bilder, Kulturen, Identitäten: Analysen zu einem Spannungsfeld Visueller Kommunikationsforschung*. Hg. Stefanie Geise, und Katharina Lobinger. Köln: Herbert von Halem Verlag, 2012. 9–32.

Lunt, Peter. „The media construction of family history: An analysis of ‚Who do you think you are?'". *Communications* 42.3 (2017): 293–307.

Meese, James, Martin Gibbs, Marcus Carter, Michael Arnold, Bjorn Nansen, und Tamara Kohn. „Selfies at funerals: Mourning and presencing on social media platform". *International Journal of Communication* .9 (2015): 1818–1831.

Myles, David und Florence Millerand. „Mourning in a ‚Sociotechnically' Acceptable Manner: A Facebook Case Study". *Memory in a mediated world: remembrance and reconstruction*. Hg. Andrea Hajek, Christine Lohmeier und Christian Pentzold. Basingstoke, Hampshire: Palgrave Macmillan, 2016. 229–243.

Niemeyer, Katharina. *Media and Nostalgia*. Basingstoke: Palgrave, 2014.

Niemeyer, Katharina, und Emily Keightley. „The commodification of time and memory: Online communities and the dynamics of commercially produced nostalgia". *New Media & Society* 22.9 (2020): 1639–1662.

Niemeyer, Katharina, und Daniela Wentz. „Nostalgia is not what it used to be: serial nostalgia and nostalgic television series". *Media and Nostalgia*. Hg. Katharina Niemeyer. Basingstoke: Palgrave, 2014. 129–138.

Offerhaus, Anke, Kerstin Keithan, und Alina Kimmer. „Trauerbewältigung online. Praktiken und Motive der Nutzung von Trauerforen". *SWS-Rundschau*, Sonderheft „Tod und Trauer" 53.3 (2013): 275–297.

Olick, Jeffrey, und Joyce Robbins. „Social Memory Studies". *Annual Review of Sociology* 4 (1998): 105–140.

Parikka, Jussi. *What is Media Archaeology?* Cambridge: Polity, 2012.

Perlmutter, David. „Foreword". *Visual communication theory and research: a mass communication perspective*. Hg. Sharhira Fahmy, Mary Angela Bock, und Wayne Wanta. New York, NY: Palgrave Macmillan, 2014. xi–xii.

Pickering, Michael, und Emily Keightley. *Photography, Music and Memory*. Basingstoke: Palgrave, 2015.

Pickering, Michael, und Emily Keightley. „Vernacular Remembering". *Research methods for memory studies*. Hg. Emily Keightley, und Michael Pickering. Edinburgh: Edinburgh University Press, 2013. 97–112.

Popular Memory Group. „Popular memory: theory, politics, method". *Making histories: studies in history-writing and politics*. Hg. Richard Johnson, Gregor McLennan, Bill Schwarz, und David Sutton. London: Routledge, 2007 [1982]. 205–252.

Raab, Jürgen. *Visuelle Wissenssoziologie: theoretische Konzeption und materiale Analysen*. UVK, Konstanz, 2008.

Reifova, Irena, Gillarova Katerina, und Radim Hladik. „The way we applauded: How popular culture stimulates collective memory of the socialist past in Czechoslovakia – the case of the television serial Vyprávěj and its viewers". *Popular television in Eastern Europe during and since socialism*. Hg. Katalin Lustyik, Timothy Havens, und Aniko Imre. New York [u. a.]: Routledge, 2013. 199–221.

Reinhardt, Jan D., und Michael Jäckel. „Massenmedium als Gedächtnis- und Erinnerungsgeneratoren – Mythos und Realität einer Mediengesellschaft". *Mythen der Mediengesellschaft*. Hg. Friedrich Krotz, und Patrick Rössler. Konstanz: UVK, 2005. 93–112.

Rose, Gillan. *Doing family photography: the domestic, the public and the politics of sentiment*. Farnham, England [u. a.]: Ashgate, 2010.

Sapio, Giuseppina. „Homesick for aged home movies: why do we shoot contemporary family videos in old-fashioned ways?". *Media and Nostalgia*. Hg. Katharina Niemeyer. Basingstoke: Palgrave, 2014. 39–50.

Schreiber, Maria. „Showing/Sharing: Analysing Visual Communication from a Praxeological Perspective". *Media and Communication* 5.4 (2017): 37–50.

Schrey, Dominik. „Analogue nostalgia and the aesthetics of digital remediation". *Media and Nostalgia*. Hg. Katharina Niemeyer. Basingstoke: Palgrave, 2014. 27–38.

Smith, Ken, Sandra Moriarty,Gretchen Barbatsis, und Keith Kenney. *Handbook of visual communication: theory, methods, and media*. Mahwah, N.J.: Lawrence Erlbaum, 2005.

Sontag, Susan. *On photography*. New York: Delta, 1973.

Teer-Tomaselli, Ruth. „Memory and markers: collective memory and newsworthiness". *News in Public Memory*. Hg. Ingrid Volkmer. New York: Peter Lang, 2006. 225–250.

Thimm, Caja, und Patrick Nehls. „Sharing grief and mourning on Instagram: Digital patterns of family memories". *Communications* 42. 3 (2017): 327–349.

van Dijck, José. *Mediated Memories in the Digital Age*. Stanford: Stanford UP, 2007.

van Dijck, José. „Digital photography: communication, identity, memory". *Visual Communication* 7.1 (2008): 57–76.

van Leeuwen, Theo, und Carey Jewitt. *Handbook of visual analysis*. Los Angeles, Calif. [u. a.]: SAGE, 2010.

Volkmer, Ingrid. *News in Public Memory*. New York: Peter Lang, 2006.

Warburg, Aby. M. *Der Bilderatlas Mnemosyne*. Hg. Martin Warnke unter Mitarbeit von Claudia Brink. Berlin: Akad.-Verl., 2000.

Welzer, Harald, Sabine Moller, und Karoline Tschuggnall. *„Opa war kein Nazi": Nationalsozialismus und Holocaust im Familiengedächtnis*. Frankfurt am Main: Fischer-Taschenbuch-Verl., 2002.

Welzer, Harald. *Das Gedächtnis der Bilder: Ästhetik und Nationalsozialismu* Tübingen: Ed. Diskord, 1995.

Zelizer, Barbie. *Covering the Body*. Chicago: Chicago UP, 1992.

Zelizer, Barbie. *Remembering to Forget*. Chicago: Chicago UP, 1998.

Emily Keightley und Clelia Clini

16 *Essay* Familienfotografie, alltägliches diasporisches Gedächtnis und der Umgang mit postkolonialer Erfahrung

1. Fotografie und Verlust

Von allen visuellen Medien wird die Fotografie am häufigsten mit Erinnerung in Verbindung gebracht. Fotografien werden oft als materielle Überbleibsel der Vergangenheit betrachtet, die uns an weit entfernte Orte und Ereignisse führen können, da die Kamera in gewissem Sinn verstanden wird als „an instrument that records what was in front of its lens when the shutter snapped" (Rose 2001, 82). Doch Fotografien sind niemals neutrale Reste von Vergangenheit. Der Prozess des Erinnerns wird stark von den Umständen beeinflusst, unter denen er stattfindet, sowie vom Inhalt und der Zusammensetzung der hierbei genutzten Bilder (Grittmann; Horsti; Sanko, alle in diesem Band). Wie Freund und Thomson (2011) in Erinnerung rufen, ist der epistemische Status der Fotografie als dokumentarisches Zeugnis von dem, „was gewesen ist", seit langem Gegenstand der destabilisierenden analytischen Linse der *Oral History* und der Kulturwissenschaften. Die Anerkennung des konstruierten Charakters der fotografischen Bedeutung folgt Barthes' Unterscheidung zwischen dem *studium* und dem *punctum*, wobei das *studium* das sozial produzierte Wissen widerspiegelt, auf das sich das fotografische Bild beruft, und das *punctum* den Modus seiner Unterbrechung darstellt, bedingt durch den Schock des Erkennens dessen, „was gewesen ist" (1981, 26–27). Wenn wir die fotografische Bedeutung als aktiv im ständigen Oszillieren zwischen Anwesenheit und Abwesenheit, Vergangenheit und Gegenwart, imaginierter und gelebter Erfahrung produziert begreifen, dann ist fotografische Bedeutung das, was außerhalb des Rahmens oder nur implizit innerhalb des Rahmens bleibt. Dies veranschaulichen Annette Kuhns Überlegungen zu ihrem eigenen Familienfoto, das alternative und sogar konfliktreiche Erinnerungen an die Vergangenheit zwischen Familienmitgliedern hervorrufen kann (2003). In den mittlerweile klassischen feministischen Reflexionen und künstlerischen Praktiken, die sich mit den Tropen der häuslichen Fotografie auseinandersetzen (Spence und Holland 1990; Walkerdine 1991; Kuhn 1995), sind es die Abwesenheiten auf dem Familienfoto, das, was sich hinter dem gestellten Lächeln und der adretten Kleidung verbirgt, die den kritischen Einstiegspunkt für intersektionale Reflexionen über alltägliche Erfahrungen von Klasse und Geschlecht bilden. In ihnen wurde die Weiblichkeit der Arbeiterklasse in erster Linie als Defizit konstruiert.

In diesem Essay wollen wir die Art und Weise untersuchen, wie die Fotografie als kritischer Einstieg in eine andere (aber intersektional verbundene) Erfahrung von

Abwesenheit und Verlusten genutzt wird: jene, die aus kolonialen und nachfolgenden dekolonialen Prozessen entstanden ist. Die Anwendung eines interdisziplinären postkolonialen Blicks auf die Analyse mnemotechnischer Praktiken in alltäglicher, identitäts- und kulturbezogener (*vernacular*) Fotografie liegt im Fall von Diasporagemeinschaften besonders nahe. Indem sie sich mit dem Erbe des Kolonialismus auseinandersetzt, legt die postkoloniale Theorie den anhaltenden Einfluss der imperialen Ideologie auf die zeitgenössischen kulturellen, sozialen und wirtschaftlichen Strukturen offen (siehe Hall 1992; Bhabha 1994; Said, 1978). Indem sie einen eurozentrischen Universalismus in Frage stellt und gleichzeitig essentialistische Annahmen über Kulturen und Identität untergräbt, deckt sie Momente des Bruchs und des anti-hegemonialen Widerstands auf. Ziel des Dekolonisierungsprojekts entsprechend wird so das strukturelle Erbe des Kolonialismus beseitigt.

Während die häuslich-private (*domestic*) Fotografie einen reichen Fundus für das Erforschen der Kommunikation von Verlust und Abwesenheit in westlichen Alltagserfahrungen bietet, ist es die öffentliche, institutionelle und formale Fotografie, die am häufigsten im Zusammenhang mit dem britischen Empire und Kolonialismus betrachtet wurde. Seit langem ist bekannt, dass die Fotografie eine Schlüsselrolle bei der formalen Darstellung extremer Ereignisse wie Krieg, Völkermord und Gewalt spielt, und es besteht eine Debatte darüber, inwieweit Fotografie geeignet ist, Formen des Leidens darzustellen, die am Rand des uns Begreifbaren liegen (siehe Sontag 2003; Butler 2007). Dies schließt die Frage ein, inwieweit Bilder des Leidens Teil einer umfassenderen „Politik des Mitleids" (Boltanski 1999, 7; siehe auch Kyriakidou in diesem Band) sind. Mit dieser Debatte ist die Einsicht verbunden, dass die Fotografie und ihre Konventionen auch in die Produktion und Verdinglichung jener Machtstrukturen verwickelt sind, die Ungleichheiten und Formen des Leidens aufrechterhalten. Als Werkzeug des kolonialen Staates fungierte die Fotografie „as a cultural and political medium intricately tied to the establishment and support of colonialist power", und zwar auf vielfältige Weise: „to establish racial stereotypes and markers of inferiority in the depictions by Europeans and Americans of colonized peoples and their homelands" (Hight und Sampson 2002, 1).

Der „colonial gaze"[1] manifestierte sich nicht nur in den formalen fotografischen Praktiken des Staates, die durch das motiviert waren, was Hamilton und Hargreaves den „taxonomic imperative" (2001, 87) der europäischen Kolonisatoren nennen. Mit der zunehmenden Übertragbarkeit und Verfügbarkeit fotografischer Technologien gediehen in den kolonisierten Gebieten auch individuell und lokal geprägte sowie formale Formen der Fotografie. Wie Malavika Karlekar (2005) in ihrem Bericht über die Fotografie in Bengalen nachzeichnet, beinhalteten die lokalen fotografischen Praktiken kreative Auseinandersetzungen zwischen den britisch-kolonialen und den indischen Darstellungstraditionen. Diese sich ständig weiterentwickelnden Praktiken lieferten

---

1 Für eine ausführliche Diskussion des „kolonialen Blicks" siehe Ram (2018). Siehe auch Fanon (1967); Said (1978).

das Rohmaterial für den Inhalt von Volks- und Personenarchiven, die das Leben unter und nach dem Kolonialregime darstellen. Doch so wie der Kolonialismus die Massenbewegung von Völkern auslöste, so sind auch die alltäglichen, identitäts- und kulturbezogenen Fotografien mitgewandert und finden sich in den persönlichen Archiven der in der Diaspora lebenden Menschen. Unter diesen Bedingungen erlangen fotografische Bilder verschiedene Bedeutungen in der Bewegung zwischen Damals und dem Hier und Jetzt. Wie Keightley und Pickering feststellen, ist die Fotografie eine wesentliche Ressource beim Bewältigen von Veränderungen durch Erinnerungsprozesse, insbesondere bei räumlichen Mobilitäten wie der Migration (2015; 2017). Fotografien werden von denjenigen, die sie geerbt haben, auf unterschiedliche Weise in Formen des Erinnerns mobilisiert und dies umfasst immer Prozesse des Wiedereinbettens der Bilder in das Leben des Erinnernden; ein In-Beziehung-Bringen von Vergangenheit und Gegenwart, von fotografischem und erinnerndem Subjekt, das als ein Prozess des „Sich-zu-eigen-Machens" beschrieben wurde (2015, 104).

In diesem Essay werden daher theoretische Perspektiven auf die häusliche Fotografie und ihre mnemotechnische Verwendung mit einer postkolonialen analytischen Linse kombiniert, um zu untersuchen, welche Rolle die Fotografie bei der mnemotechnischen Verarbeitung der postkolonialen Erfahrung diasporischer Gemeinschaften spielt. In diesem Zusammenhang werden sowohl die Konventionen der häuslichen und professionellen Fotografie als auch alltägliche und außergewöhnliche Erfahrungen von Verlust und Abwesenheit einbezogen, vom erwarteten Verlust eines älter werdenden Elternteils bis hin zu den radikalen Brüchen, verursacht durch Krieg und Gewalt. In diesem Beitrag betrachten wir Fotografie gleichsam als Zwischenraum verschiedener Momente: dem Moment der kolonialen Vergangenheit, Momenten der dekolonialen Erfahrung und dem postkolonialen Jetzt. Sie tragen Spuren der kolonialen Vergangenheit, des Leids und der Verluste in sich, die bei der generationenübergreifenden Weitergabe von (post-)kolonialer Erinnerung und Erfahrung auftreten. Anstatt jedoch einfach nur Verlust und Leid oder die Strukturen kolonialer Macht zu markieren, eröffnet die Beschäftigung mit Fotografie auf imaginative Weise das, was Bhabha einen „dritten Raum" genannt hat, der das Entstehen hybrider Subjektpositionen ermöglicht (Rutherford 1990, 211). In ihnen werden Verluste in einem Prozess des „speaking back" zum kolonialen Projekt verarbeitet. In diesem Sinne versuchen wir, Mark Sealys Aufforderung zu folgen und betrachten „cultural work that photographs perform, [...] if we allow them to be articulated from different perspectives or other ways of seeing" (2019, 15). Anhand eines Projekts, das mit einer Gruppe britischer Berufstätiger aus Bangladesch in London durchgeführt wurde, werden wir transkulturelle Formen von Verlust, Abwesenheit und Zugehörigkeit erörtern, die in Migrationsprozessen anzutreffen sind. Unsere Analyse der Auseinandersetzung der Teilnehmenden mit ihren eigenen Familienfotos deutet darauf hin, dass die Fotografie Möglichkeiten des kreativen Erinnerns bietet, die es den Teilnehmenden erlauben, sich mit den Machtungleichheiten, welche die postkoloniale Erfahrung strukturieren, auseinanderzusetzen und darauf zu reagieren, und dass sie Möglichkeiten bietet, transkulturelle Verluste in Erzählungen über persönliche und kollektive Identitäten zu integrieren. Unsere Analyse der Auseinandersetzung der Teilnehmer:innen mit Fotografien wird auch untersuchen, wie die ideologischen Konventionen der häuslichen Fotografie eine Herausforderung für das Verwirklichen dieser Möglichkeiten darstellen, insbesondere für die in Positionen intersektionaler Marginalität.

2. Die Erforschung von (vererbten) Erinnerungen anhand von Familienfotos

Dieser Beitrag basiert auf den Ergebnissen des Forschungsprojekts „Migrant Memory and the Postcolonial Imagination" (MMPI). Das 2017 gestartete MMPI erforscht Erinnerungen an die Teilung Britisch-Indiens im Jahr 1947, an Dekolonisierung und Migration, die in britisch-asiatischen Gemeinschaften in Loughborough und London kursieren. Das Vorhaben basiert auf einer partizipatorischen, kunstbasierten ethnografischen Methode. Wir haben daher mit verschiedenen Gruppen und Kulturprojekten zusammengearbeitet, mit denen wir kreative Aktivitäten rund um die zentralen Forschungsthemen gestalten.[2] In London konzentriert sich unsere Arbeit vor allem auf den Stadtbezirk Tower Hamlets, in dem eine große britisch-bangladeschische Gemeinschaft lebt (32 % der Bevölkerung laut Volkszählung 2011). Die Geschichte der Ansiedlung von Ostbengalen in East London hat ihre Wurzeln in der Kolonialgeschichte. Sie begann mit der Anwerbung von Seeleuten (*lascars*) aus Ostbengalen (dem heutigen Bangladesch) für die Schiffe der East India Company. Es gibt Belege dafür, dass Bengalen bereits im achtzehnten Jahrhundert in East London lebten (Adams 1998, 15–38). Als Reaktion auf die Anwerbung von Arbeitskräften aus den ehemaligen Kolonien durch Großbritannien begannen Ostbengalen jedoch ab den 1950er Jahren, sich dauerhaft in Ostlondon niederzulassen, und insbesondere die Gegend um Brick Lane, Whitechapel und Bethnal Green wurde schließlich als Banglatown bekannt (Gavron 2005, 1).

Im Frühjahr 2019 arbeiteten wir mit Brit Bangla zusammen, einem in London ansässigen Netzwerk britischer Fachleute aus Bangladesch, mit dem wir ein Projekt mit dem Titel „Bengali Britain: Exploring the present through the past" (Bengalisches Großbritannien: Erforschung der Gegenwart durch die Vergangenheit) entwickelten. Das Projekt war als kollektive Erkundung von Familienerinnerungen und ihrer Beziehung zur Geschichte des Empires und des postkolonialen Britanniens konzipiert. Die Zusammenarbeit endete mit einem Kurzfilm und einer öffentlichen Ausstellung, die

---

2 Migrantische Erinnerung und die postkoloniale Imagination: British Asian Memory, Identity and Community After Partition (Loughborough University 2017–2022), wird vom Leverhulme Trust unter Grant [RL-2016-076] finanziert. Siehe Hornabrook, Clini und Keightley (2021) für eine detaillierte Diskussion des kunstbasierten methodischen Ansatzes der Forschung.

am 1. November 2019 im Kobi Nazrul Centre in der Brick Lane eröffnet wurde und die die Wurzeln des heutigen bengalischen Großbritanniens anhand von Familienfotos nachzeichnete. Insgesamt nahmen siebenunddreißig Personen an den Workshops teil, die wir während der Projektlaufzeit organisierten. Eine Kerngruppe von zwölf Personen nahm an der abschließenden Ausstellung teil. Unter den Befragten wurde eine Frau in Britisch-Indien geboren und zog später in das Vereinigte Königreich, ein Mann wurde in Ostbengalen während der pakistanischen Zeit geboren und zog später in das Vereinigte Königreich; alle anderen Teilnehmenden sind im Vereinigten Königreich geboren und aufgewachsen. Das Alter der Teilnehmer:innen reichte von Mitte zwanzig bis Mitte achtzig, mit einem Durchschnittsalter von vierzig Jahren; sechs von ihnen sind männlich und sechs weiblich.

Die folgenden Überlegungen basieren auf einer qualitativen Analyse der ausführlichen Interviews, die wir mit dieser Kerngruppe von Teilnehmenden geführt haben. Mithilfe des Softwarepakets Nvivo suchten wir nach Interviewauszügen, die die Themen „Fotografie", „vermittelte Erinnerung" und „Familienerinnerung" enthalten, und führten dann eine thematische Analyse dieser Auszüge durch, wobei wir Codes wie Verlust und Abwesenheit, Identität, Diaspora, (Auseinandersetzung mit) koloniale(r) Erfahrung miteinander verknüpften. In diesem Essay werden wir uns auf die Auseinandersetzung von fünf Befragten mit ihren Familienfotos stützen, da ihre Reflexionen für die Modi des postkolonialen Erinnerns, die sich in unserer thematischen Analyse herauskristallisierten, bezeichnend sind.

Fotografien können als „Technologien des Erinnerns" (Keightley und Pickering 2014) fungieren: „[F]amily photos and albums can function prosthetically as substitutes for remembering, but they are also used by their compilers and owners as prompts for performances of memory in private, interactive, collective, and sometimes even public, contexts" wie Kuhn beschreibt (2010, 6). Beim Erforschen der historischen Wurzeln des bengalischen Großbritanniens sind Fotografien besonders nützliche Werkzeuge, da sie „links between memory and history" (Keightley und Pickering 2006, 151) herstellen und es den Teilnehmenden ermöglichen, Verbindungen nicht nur zwischen Vergangenheit und Gegenwart, sondern auch zwischen persönlichen und öffentlichen Sphären herzustellen. In einem Kontext, in dem die koloniale Vergangenheit in öffentlichen Diskursen über ein multiethnisches oder multikulturelles Großbritannien[3] und in dem zunehmend polarisierten Diskurs über Migration im Vereinigten Königreich nur selten erwähnt wird, stellt die Suche nach den Wurzeln des bengalischen Großbritanniens, die in der imperialen Vergangenheit liegen, vermittels alltäglich-diasporischen Erinnerns eine Übung in postkolonialer Anamnese dar: „[A] way of resisting the occlusions created by official history, of recovering the traces of another,

---

3 Im Bericht über den Windrush-Skandal schrieb Wendy Williams (2020, 139): „the Windrush scandal was in part able to happen because of public and officials' poor understanding of Britain's colonial history, the history of inward and outward migration".

submerged history in order to create a counter-memory" (Donadey 1999, 139, siehe auch Legg 2011). Das Betrachten von Erinnerungen an die Vergangenheit bietet jedoch nicht nur die Möglichkeit, alternative oder ‚vernachlässigte' Geschichten abzurufen: Im Erinnern geht es ebenso sehr um die Gegenwart und die Zukunft wie um die Vergangenheit, und im Prozess des Erinnerns werden vergangene Ereignisse durch wechselnde persönliche, soziale, kulturelle und politische Erfahrungs- und Erwartungshorizonte interpretiert (Koselleck 2004).

Die für das Projekt Bengali Britain gesammelten Familienfotos reichten von Bildern der Vorfahr:innen, die während der Kolonialzeit in Ostbengalen aufgenommen wurden, über Fotos aus dem Zweiten Weltkrieg und der Zeit in Ostpakistan bis hin zu neueren Familienfotos, die im Vereinigten Königreich aufgenommen wurden. Die Auseinandersetzung der Teilnehmenden mit diesen Bildern führte zu einem Dialog mit der kolonialen Vergangenheit, der eng mit Fragen von Zugehörigkeit und *Britishness* sowie den damit verbundenen sozialen und kulturellen Verlusten und Gewinnen verbunden ist.

Im Folgenden zeichnen wir drei Wege nach, auf denen fotografische Bilder als Vehikel für postkoloniales Erinnern gebraucht werden. Erstens bieten sie die Möglichkeit, Zugehörigkeit über die vom kolonialen Regime errichteten Grenzen zwischen (ehemaligen) Kolonisierenden und Kolonisierten hinweg zu legitimieren und zu verhandeln und dabei die Zuschreibung von Andersartigkeit sowohl an das koloniale Subjekt als auch an die zeitgenössischen postkolonialen Erinnernden zu untergraben. Zweitens: Während Fotografien eine Schlüsselressource für das Herstellen von Gleichheit und das Überwinden der Ungleichheiten des kolonialen Regimes waren, wurden fotografische Bilder für andere Forschungsteilnehmende zu entscheidenden Markern für Verlust und Abwesenheit, die aus kolonialen und dekolonialen Prozessen resultierten. In diesem Sinne helfen Bilder im Erkunden dessen, was in den mit der Dekolonisierung verbundenen Migrationsprozessen verloren ging. Drittens untersuchen wir die Art und Weise, wie das Erzählen in Bezug auf persönliche Fotografien die Aushandlung von Generationenbeziehungen für diejenigen beeinflusst, die in dekolonialen Migrationsprozessen unterschiedlich positioniert waren. Die Bilder bieten gleichzeitig symbolische Ressourcen im Erinnern an generationenübergreifende Interaktionen beim Verhandeln von sozialem und kulturellem Wandel im Laufe der Zeit und für den Umgang mit Reibungen, die zwischen verschiedenen zeitgebundenen Positionalitäten in diesen Prozessen entstehen. Diese drei Themen sollen keine Typologie oder gar eine erschöpfende Liste von Modalitäten des Engagements darstellen, sondern dazu dienen, die komplexe Art und Weise zu beleuchten, in der individuell und lokal geprägte Fotografie in postkoloniale Erinnerungspraktiken eingebettet ist.

3. Zugehörigkeit betonen

Beim Durchblättern eines Familienalbums, das mit einem Foto ihrer Großeltern aus dem Jahr 1893 beginnt, erklärte Asma[4], die in Kalkutta vor der Trennung des heutigen Indiens und Pakistans geboren wurde, beim Anblick des ersten Bilds auf ihren Großvater

> Now my maternal grandfather, whose young age I have shown you, that's him. He joined World War I. [...] He was a doctor, and he came to this country and Europe, so that goes – the connection with this country, in my family coming here.

Das Foto, ein schwarz-weißes Studioporträt des Paares, hat keinen unmittelbaren Bezug zum Krieg an sich, sondern wird als Stichwortgeber verwendet, um die Verbindungen ihrer Familie zu Großbritannien seit der Kolonialzeit zu verdeutlichen. Die Hervorhebung des Dienstes ihres Großvaters als Arzt im Krieg deutet auch auf einen höheren Status hin als der anderer kolonialisierter Soldaten. Sowohl der Kriegsdienst als auch der berufliche Status werden diskursiv eingesetzt, um ein Gefühl der Zugehörigkeit zur britischen Klassenstruktur zu markieren und zu legitimieren. Folglich wird so ein Anspruch auf die britische Zugehörigkeit erhoben, insbesondere um Asmas gegenwärtige Präsenz im Vereinigten Königreich zu legitimieren. Das Foto war für Asma der Einstieg in ein Geflecht an Erinnerungen an ihre Eltern und Großeltern. Sie erklärte, dass ihr Großvater vom Empire für seine Verdienste geehrt worden war: „he received OBE[5] and he also received another ‚Kaiser Hind'. Hind means India. Kaiser is the recruit, special recruit, sort of special mention". Ihre ererbten Erinnerungen an die Kolonialzeit, die beim Betrachten dieses Fotos auftauchten, waren mit einem Gefühl des Stolzes auf ihren Großvater verbunden, der nie über seine Leistungen sprach, weil „he didn't want to show off like that, you know, that I've been this, I have been that". Gleichzeitig eröffneten die Fotos auch eine Diskussion über ihren Vater, der sich der von Gandhi angeführten antikolonialen Kampagne angeschlossen hatte:

> My father was actually involved in one of the movements with Gandhi, because it was non-violent and Gandhi said, ‚Do not use any British item,' so they did the spinning. And spinning their own cloth and I saw that cloth. [...] But then he saw something else. He saw it was getting very violent and he did not like violence, so he came away from the movement.

In ihren Kommentaren erkennt sie seine Opposition gegen die britische Herrschaft an, betont aber gleichzeitig den gewaltlosen Charakter des Widerstands sowie dessen Bedingtheit. Durch ihre Schilderung versöhnt Asma den Dienst ihres Großvaters für

---

4 Die Namen der Teilnehmer:innen wurden in Pseudonyme umgewandelt, um ihre Privatsphäre zu schützen.
5 OBE ist ein „Order of the British Empire" award. Er wurde „established by King George V in 1917 to honour those who had served in a non-combative role and expanded the Order to reward contributions to the Arts, Sciences, Charitable work and Public Service" (Cabinet Office).

Großbritannien mit der Opposition ihres Vaters gegen das koloniale Projekt, indem sie eine Erzählung schafft, die sich auf zeitlich kontinuierliche Motive der Mäßigung und einer berufsständischen Klassenidentität über Generationen hinweg konzentriert. Das durch das Bild stimulierte Erinnern bietet eine Gelegenheit, die Ambivalenzen zu verhandeln, welche die kolonialen und postkolonialen Interaktionen mit Großbritannien kennzeichnen. Zugleich markiert es ihre Position in einem Zwischenraum, in dem, wie Bhabha vorschlägt, Entwicklungsstrategien des Selbst entstehen können. Sie initiieren „new signs of identity, and innovative sites of collaboration, and contestation, in the act of defining the idea of society itself" (1994, 2). Die Prozesse des Erinnerns an die koloniale Vergangenheit durch die Beschäftigung mit persönlichen Fotosammlungen boten unserer Befragten somit die Möglichkeit, eine Position einzunehmen, die Ergebnis von „overlapping territories [and] intertwined histories" (Said 1993) ist und dem ständigen Verhandeln von Vergangenheit und Gegenwart, von öffentlich und privat unterliegt (Rutherford 1990). Mit der Wahl des Fotos und seiner narrativen Ausarbeitung erhebt die Teilnehmerin einen historisch legitimierten Anspruch auf Zugehörigkeit zum Raum des postkolonialen Großbritannien.

4. Abwesenheit reflektieren, Kontinuität konstruieren

Während für einige Teilnehmende persönliche Fotografien das Herstellen historischer Kontinuitäten angesichts der durch Kolonialismus und Dekolonisierungsprozesse verursachten Brüche ermöglichten, erlaubten sie für andere eine direktere und kritischere Auseinandersetzung mit diesen Brüchen und ihren Auswirkungen auf heutige Identitäten. Rabia, eine britische Bangladeschi der zweiten Generation in ihren Dreißigern, bedauerte beim Betrachten eines Familienporträts aus den 1920er Jahren, dass sie nicht in der Lage war, mehr über die Vergangenheit zu erfahren, die sie geerbt hatte: „If I only knew or understood why my mother came to this country, [according to] what legal rules she came over here, it would have given me a lot more understanding about my own identity". Ihre Überlegungen decken sich mit der Beobachtung von Assmann: „memory is the faculty that enables us to form an awareness of selfhood (identity), both on the personal and the collective level" (2008, 109). In diesem Fall ermöglicht das fotografische Bild in seiner Eigenschaft, Vergangenes zu objektivieren, die Vergangenheit der Mutter in direkte Gegenüberstellung mit der veränderten Gegenwart zu bringen, wodurch der vielschichtige und schwer zu erfassende Charakter kolonialer und dekolonialer Prozesse für Familien und Gemeinschaften in den Vordergrund gerückt wird. Besonders auffällig ist in diesem Auszug, dass Rabia auf die „legal rules" bzw. die Bedingungen der Staatsbürgerschaft verweist, nach denen ihre Mutter in das Vereinigte Königreich eingereist war. Dies impliziert, dass das Selbstverständnis der Teilnehmerin und die davon abhängigen Ansprüche auf Zugehörigkeit in der Gegenwart zumindest teilweise auf die Ungewissheit über den formalen Status ihrer Mutter als einreisende Migrantin zurückzuführen sind, die somit keinen objektiv stabilen historischen „Anspruch" auf eine britische Identität hat. Das Potenzial des fotografischen Bildes, einen Sinn für historische Unterschiede zu visualisieren und zu schärfen, regt zu Fragen über soziale und kulturelle Prozesse an, die von einem Moment zum anderen führen und die Erkenntnis eröffnen, dass der dekoloniale Migrationsprozess den Verlust der Fähigkeit mit sich brachte, einen Anspruch auf eine ererbte Identität zu erheben. In diesem Sinne betrachtete Rabia das Familienporträt auf der Suche nach „its meaning and possibilities" (Kuhn 2010, 6), während sie die Abwesenheit des persönlichen und sozialen Wissens, für das es steht, eindringlich erlebte.

Beim Betrachten des Schwarz-Weiß-Fotos, auf dem ein älteres Ehepaar, eine Frau und fünf Kinder in einer Reihe von Stühlen in einem Außenbereich, möglicherweise einem Innenhof, sitzen, erklärte sie:

> It's not very visible but my mum said her uncle had a watch strapped on his leg, "to show the British" –in Bengali the way they say it, it comes across a bit different, so I'm guessing in that period they had resistance or some issues with the British being there, maybe they saw a lot of inequalities, a lot of things that didn't sit well with the local people, and that goes a little bit for example they are all wearing cotton here during that period that was a local product but what was happening during that period, well it looks like they are very proud wearing their local clothes, um but during that period like the Gandhi movement was happening.

Im Gegensatz zu Asma hat Rabia ihr Bild fest in den Kontext der antikolonialen Politik eingeordnet. Die Uhr und die Kleidung, die ihre Familienmitglieder tragen, sind für ihre Lesart von entscheidender Bedeutung, denn sie unterbrechen das, was scheinbar wie jedes andere Familienporträt aussehen könnte, und fungieren als *„punctum"* (Barthes 1981), das die offensichtliche Bedeutung des Fotos unterläuft. In Anlehnung an Hirsch und Spitzer fungiert dieses Foto somit als „point of memory":

> Like the punctum, points of memory puncture through layers of oblivion, interpellating those who seek to know about the past. [...] Points of memory can produce insights that pierce and traverse temporal, spatial and experiential divides. [...] As points of memory, photographs, objects and remnants from the past interpellate the postmemorial subject powerfully. (Hirsch und Spitzer 2006, 246)

Die Auseinandersetzung mit dem alten Familienfoto ermöglichte es Rabia, eine Erzählung des antikolonialen Widerstands zu schaffen, mit der sie stellvertretend verbunden ist. In diesem Sinne hinterfragt sie sich selbst als postmemoriales (und postkoloniales) Subjekt beim Betrachten des Bildes. Darüber hinaus ist ihre Beschäftigung mit diesem Bild eng mit Fragen der Identität und Zugehörigkeit verbunden, da sie eine Verbindung zwischen der antikolonialen Haltung ihrer Familie und ihrer Weigerung, ins Vereinigte Königreich zu ziehen, herstellte:

> So, I'm guessing from this photo, this is my interpretation, that's their form of resistance, so maybe from that and from what I just said about my great uncle putting a watch and I think they always had issues about the British ruling Assam, seeing all the pain that people went through and I think that that stayed with my mum's side, when none actually came when they had the opportunity to come to England, so it was only my mother that came.

Rabias kreative Auseinandersetzung mit ihrem Familienfoto ist ein Beispiel für Erinnerungsarbeit: „an active practice of remembering that takes an inquiring attitude towards the past and the activity of its (re)construction through memory" (Kuhn 2010, 6). In diesem Fall umfasst ihr kreatives Erinnern das Aushandeln ihrer Verbindungen sowohl mit denjenigen, die in Bengalen geblieben sind, als auch mit ihrer Mutter, die nach Großbritannien kam. Die antikolonialen Praktiken ihrer Großfamilie werden implizit mit der Entscheidung ihrer Mutter, das Land zu verlassen, und mit ihrer eigenen daraus resultierenden britischen Herkunft in eine diskursive Beziehung gebracht. Die visuellen symbolischen Spuren des antikolonialen Widerstands stellen stabile Verbindungen zu einer widerständigen bengalischen Identität her, im Gegensatz zu den eher kontingenten und ambivalenten Implikationen des migrantischen Status ihrer Mutter. Ihre Auseinandersetzung mit dem Bild erzeugt durch die Gegenüberstellung von damals und heute Gegenerinnerungen, die zur postkolonialen Anamnese beitragen und ihr die Möglichkeit bieten, auf die dem Kolonialismus innewohnenden Machtungleichheiten und die im Dekolonisierungsprozess entstandenen Abwesenheiten und Lücken einzugehen.

Die Verwendung von Fotografien, um gleichzeitig die durch koloniale und dekoloniale Prozesse verursachten Brüche zu erkennen und ein Gefühl der gelebten Kontinuität über diese Brüche hinweg zu konstruieren, wurde im Interview mit einer anderen Befragten deutlich. Dabei ging es speziell um sich verändernde Grenzen und die Konfiguration des Nationalstaats. Tania, eine Frau in ihren Fünfzigern, brachte ein Foto ihres Vaters aus dem Jahr 1956 mit. Auf diesem Foto, das im damaligen Ostpakistan und heutigen Bangladesch aufgenommen wurde, steht ihr Vater mit einer Gruppe von Menschen unter einem Plakat am Tor eines Gebäudes. Auf dem Plakat steht: „The Islamic Republic of Pakistan Day 23rd March'56. Welcomed by the Young Muslim Physical and Cultural Association (YMPCA)". Die Bedeutung des Fotos kann nicht unterschätzt werden: Der 23. März ist der Tag der Resolution in Pakistan, ein Tag, der an die 1940 verabschiedete „Lahore-Resolution" erinnert, die zur Gründung Pakistans als unabhängiger, von Indien getrennter Staat führte. Als wir dieses Bild betrachteten, teilte uns ein Teilnehmer Folgendes mit:

> There's a photograph in my parents' photo album. I'm not sure where it is now, whether it's an album that I've got or is still in my parents' house, where my dad is a teenage boy about 15 and so this must have been taken in British India, but, you know, same location, same place, Pabna district, where they're standing under a banner – this is in the 1940s – saying something like „independence". But it's – my dad used to always joke: „oh, you know, I was born British, born with a British nationality – this is living in the same place, in Pabna – I was born British, became Indian, became Pakistani, came to this country, became British again.

Dieses Foto weckte also Erinnerungen an ein anderes Foto, das an genau der gleichen Stelle aufgenommen wurde und die Instabilität der nationalen Identität für denjenigen signalisiert, der, in Ostbengalen geboren, zunächst britischer Untertan und später pakistanischer Staatsbürger war (bevor Bangladesch seine Unabhängigkeit erlangte) und er dann nach Großbritannien zog. Bezeichnend ist hier, dass die Praxis alltäglicher Fotografie, obwohl sie sichtbare Spuren kolonialer Regime trägt, sowohl bei der Aufnahme als auch bei der anschließenden Betrachtung kreative Akte des Widerstands zulässt. In diesem Beispiel wird das Bild, oder besser gesagt eine Reihe an Bildern, herangezogen, um ein Gefühl der Kontinuität kultureller Identität und des bürgerlichen Status zu vermitteln, unabhängig vom Wechsel der nationalen Grenzen und geografischen Bezeichnungen. Das Gefühl der eigentümlichen Zirkularität des dekolonialen Prozesses in der narrativen Darstellung untergräbt die bestimmende Macht der verschiedenen Staaten, indem es die Aufmerksamkeit auf die Absurdität der von ihnen produzierten gelebten Erfahrungen lenkt.

5. Generationswechsel navigieren

Zu den Fotoworkshops brachten die Teilnehmenden auch Fotos ihrer Familien mit, die nach der Migration aus Bangladesch in Großbritannien aufgenommen worden waren. Für viele Teilnehmer:innen eröffneten diese Bilder die Möglichkeit, über Generationsunterschiede und Kontinuitäten in der Erfahrung dekolonialer Migrationsprozesse und deren Verhandlung im Prozess des Erinnerns nachzudenken. Die von den Teilnehmenden mitgebrachten Fotografien reichten von Bildern aus den frühen Jahren in London (und den Nachbarstädten) in den 1960er Jahren bis hin zu anderen, die in jüngerer Zeit aufgenommen wurden. Alle Teilnehmenden diskutierten die Bilder mit Blick auf die Aushandlung ihrer individuellen diasporischen Identität und die ihrer Familien. In Anbetracht eines Fotos ihrer Eltern, auf dem sie das Commonwealth Institute in London (das heutige Design Museum) besuchen und auf dem ihr Vater einen dunklen Anzug und eine Krawatte und ihre Mutter einen eleganten Sari trägt, erklärte Tania:

> They [the museum] had exhibitions of all the Commonwealth countries and there used to be an exhibition on Bangladesh. During the school holidays, even though this picture is before I was born, my mum used to take us on a sort of holiday trip, you know, somewhere to take, and we used to „visit Bangladesh". Everything was laid in alphabetical order, so you'd go to Australia and then from Australia, you'd travel to Bangladesh, [...] and they used to have little exhibits, like tableaus of each of the countries.

Für ihre Mutter bedeutete das Institut eine Möglichkeit, London zu verlassen und in einen Mikrokosmos von Bangladesch einzutauchen, eine Verbindung zu ihrem Heimatland aufrechtzuerhalten und das Damals mit dem Heute zu verbinden. Im wahrsten Sinne des Wortes wurde Bangladesch zu einem zentralen Teil Großbritanniens, nicht als ferne ehemalige Kolonie, sondern als gegenwärtige, eingebettete und nicht reduzierbare Präsenz im physischen und imaginären Raum der britischen Hauptstadt. Unsere Teilnehmerin erklärte weiter, dass sie oft um den Unabhängigkeitstag von Bangladesch herum dorthin gingen, wenn die Bangladesh High Commission nach Feierabend eine Party veranstaltete. Sie erinnert sich an diese Partys, weil die Leute dort zusammenkamen und Saris trugen, was sie in ihrem Alltag nicht oft sah, da es in ihrem Viertel nicht viele asiatische Familien gab. Bangladesch als abwesendes Heimatland wird in dem Bild nicht als ein zeitlich und räumlich „anderer" Ort dargestellt, sondern als Teil der gelebten Erfahrung derjenigen, die im Vereinigten Königreich geboren oder aufgewachsen sind. Als sie ein Foto ihrer Mutter kommentierte, auf dem diese in ihrem Garten steht und wie früher einen Sari trägt, bemerkte sie, dass die Kleidung ihrer Mutter ein Symbol des Unterschieds sei: „wearing foreign clothes in a very British setting".

> What I do remember is one of my neighbours [...] during my sort of preschool years, my neighbour saying to my mum, ‚We're going to a nice party. Could you please show me how to wear a sari?' and my mum teaching them how to wear a sari. Then much later on, some school friends of mine wanting to learn how to wear a sari and my parents dressing her up, and then me up in saris, and then getting the jewellery out and my dad taking pictures.

Doch gerade dieses Symbol der Differenz wird als Möglichkeit des Artikulierens von Gemeinsamkeiten und als Objekt der Sehnsucht geschätzt, im Gegensatz zu konventionellen imperialen Visionen der Kolonie und des kolonialen Anderen. In Tanias Schilderung des Bildes eröffnet der Sari als Schlüsselsymbol der *bengaliness* Momente des transkulturellen Austauschs im Vereinigten Königreich, und diese werden im Hinblick auf die Interaktion zwischen den Generationen geschildert, insbesondere die zentrale Rolle ihrer Mutter. Sie kehrt die Exotisierung bengalischer Frauen als koloniale Andere selbstbewusst um, um ihrer Tochter und anderen Gleichaltrigen zu ermöglichen, mit den Grenzen der Zugehörigkeit spielerisch umzugehen.

Die Verwendung von Fotografien zur Konstruktion erinnerter Momente transkultureller Geselligkeit war jedoch bei weitem nicht universell. Fotografien von besonderen Anlässen, insbesondere in Bezug auf die Kleidung, hatten auch das Potenzial, als Bühne für die Artikulation von Spannungen zu dienen, die sich aus den Erwartungen der Generationen, den Symbolen der Differenz und den Reibungen zwischen bengalischen und britischen Identitäten ergaben. Wie Annette Kuhn (1995, 73) feststellt, kommt Familienfotografien von wichtigen Anlässen, bei denen ein Kind in besonderer oder „non-everyday dress" gekleidet ist, eine zeremonielle Qualität zu: „[C]lothes are greater than the wearer". Kuhn beschreibt das Bild, wie sie sich für den Krönungstag von Queen Elizabeth II. herausgeputzt hat, wobei sie die Erwartungen ihrer Eltern, sich hübsch zu machen und zu lächeln, in einem Kleid, das sie zutiefst verabscheute, nicht ganz erfüllte.

> The seven-year-old Annette [...] was meant, of course, to be (or at least pretend to be) delighted with her new outfit; meant to display her delight to the camera, and to the world, in the proper

> manner – namely, by posing properly and smiling nicely. Instead she conformed grudgingly [...].
> At some level, the child in the picture understood all this and felt ashamed.

Eine ähnliche Erfahrung wird von einer unserer Forschungsteilnehmerinnen beschrieben. Aber anstatt eine kritische Reflexion über die erdrückende Natur geschlechtsspezifischer Erwartungen zu eröffnen, die ein weißes Mädchen aus der Arbeiterklasse erfährt, reflektiert die Teilnehmerin darüber, wie ein Moment der Generationenspannung, kulturelle Erwartungen und Schamgefühle durch die postkoloniale Erfahrung erzeugt werden. Naima, eine Frau Anfang dreißig, brachte ein Foto von der Feier zu ihrem sechsten Geburtstag mit, das im Restaurant ihres Vaters aufgenommen wurde. Auf dem Foto steht sie vor ihrer Geburtstagstorte, ihr Vater zu ihrer Linken und ihre Mutter zu ihrer Rechten, die ihr ein Stück Kuchen reicht. Ihre Mutter und ein weiterer weiblicher Gast tragen Saris, während ihr Vater ein weißes Hemd trägt. Sie trägt eine Lehenga, aber, wie sie sich erinnert, war das nicht ihre erste Wahl: „actually, I wore a dress, like a Monsoon[6] type of dress, and then I was told to take it off because someone bought me this as a gift". Sie erklärte, dass sie sich dagegen sträubte, die Lehenga zu tragen, weil asiatische Kleidung für sie ein Zeichen der Andersartigkeit darstellte, die sie nicht verkörpern wollte:

> And at this particular birthday party we had everything. This was the first time me hearing, listening to, Hindi, Bengali music being played live. I remember in particular for the very first time listening to a rendition of happy birthday in Bengali. I thought, „wow, this is actually quite embarrassing". I think most South Asian children and adults can relate to me when I say I did struggle with adapting this dual identity of being South Asian, Bangladeshi in my case, and British. I remember at that birthday party thinking, „I'm so glad none of my white friends are here". That's because I was embarrassed of celebrating my heritage [...] and here I am wearing this lehenga, my mother's wearing the sari and we're eating Desi food. And my aunties are singing, my cousins are singing in Bengali, in Hindi, in English, and I just felt this is quite foreign. But I don't obviously feel that way now, I embrace all of it.

Wenn Familienfotos, wie Rose (2003, 6) vorschlägt, in der Regel aufgenommen werden in „moments seen as cementing family's success", unterstreichen Naimas Erinnerungen, wie „simple recollections of the stuff of everyday life can unlock the placed, embodied and affective maps of memory and identity which are at the heart of diasporic consciousness" (McLoughlin 2013, 16). Ihre Reflexionen über den Rahmen, in dem die Party stattfand – ein Mikrokosmos, der es ihrer Familie und ihren Freund:innen ermöglichte, eine Bengali-Identität zu leben, die sich von der Welt ihrer „weißen Freunde" abhob, mit ihr selbst dazwischen –, machen deutlich, dass Hybridität ein Zustand ist, der „the tension of the opposition" verdeutlicht und „the spaces in between fixed identities through their continuous reiterations" aufzeigt (Drichel 2008, 605). Naimas

---

6 Monsoon ist eine große Bekleidungsmarke, die sich auf modische, formelle Kleider für Frauen spezialisiert hat.

Erinnerungen an ihre Geburtstagsfeier fungieren somit als wichtige Erinnerung an die Schwierigkeiten, die mit dem Aushandeln diasporischer Identität im postkolonialen Raum Großbritanniens einhergehen. Noch bedeutsamer ist vielleicht die Tatsache, dass die Erfahrung der Scham in der Kindheit, an die sie sich erinnert, gebrochen wird durch ihre aktuelle Wertschätzung der Symbole ihrer ererbten bengalischen Kultur. Während für Kuhn das Kindheitsfoto ein Symbol der Enttäuschung über die unterdrückerischen Visionen der idealen Familie bleibt, bietet es für unsere Teilnehmerin die Möglichkeit einer kritischen Reflexion über Enttäuschung und die Möglichkeit einer wiedererwachten Wertschätzung der kulturellen Erinnerungen und des kulturellen Erbes, die der Kolonialismus, die Erfahrungen dekolonialer Migrationen und die Verinnerlichung des Andersseins aktiv auszulöschen versuchten.

Das Vorhandensein von Markern des Imperiums und kolonialer Ungerechtigkeiten in der diasporischen Familienfotografie eröffnete Möglichkeiten einer direkten Auseinandersetzung mit dem Leiden nahestehender Personen, sowohl im Hinblick auf die Anerkennung dieses Leidens als auch auf die Art und Weise, in der es gegenwärtige postkoloniale Identitäten durchdrungen und geprägt hat. Als Naima ein Foto ihres Vaters in seinem Atelier betrachtete, dachte sie darüber nach, dass es für ihren Vater sehr wichtig war, die Verbindung zu seinem kulturellen Erbe aufrechtzuerhalten. Das war jedoch nicht einfach. Auf dem Foto sitzt er an seinem Schreibtisch in seinem Büro, trägt ein beiges Jackett und eine dunkle Krawatte, an der Wand hinter ihm ein Porträt von Scheich Mujibur Rahman und daneben ein Foto von einem Kricketspiel auf dem Lande, darunter die Aufschrift „ENGLAND". Sie erläuterte die Aufschrift wie folgt:

> My grandad came in the '50s, we think 1950s, he came back and forth a lot, so, yeah, there was apparently a lot of racism, you know, there was a lot of working class community, they'd never seen a brown person, you know, and that's why I think that my grandad had to dress in an English suit – you know what I mean? Just felt like we have to show them. [...] With my dad, he was holding on to certain aspects because of his life in Bangladesh, whereas my uncle, his elder brother, he came when he was a child to this country, so, I thought of him as having more English characteristics, I used to call him the Englishmen, the ‚brown Englishman'.

Für die drei verschiedenen Männer, auf die sie sich in diesem kurzen Bericht bezieht, betrachtet Naima den englischen Anzug als Markierung einer Vielzahl von Positionen zu bestimmten Zeitpunkten im dekolonialen Migrationsprozess. Die Art und Weise wie ihr Großvater den Anzug trägt, wird als Zeichen der Unterdrückung interpretiert – ein notwendiger, unfreiwilliger Mechanismus zur Bewältigung seiner ethnopolitisch definierten Position und der rassistischen Behandlung, die wahrscheinlich darauf folgte. Im Bild ihres Vaters werden die britische Umgebung und die englische Kleidung, die er trägt, durch die Gegenüberstellung mit dem Porträt von Scheich Mujibur Rahman unterstrichen, so dass das Bild als Ausdruck seiner anhaltenden Verbindung zu und Verbundenheit mit Bangladesch gelesen werden kann, die Naima selbst teilt. Im Gegensatz dazu wird ihr Onkel (der nicht auf dem Foto zu sehen ist, aber beim Betrachten des Bildes in Erinnerung gerufen wird) als Träger nicht nur englischer Kleidung, sondern auch englischer Haltung und Einstellung interpretiert, was sie damit erklärt, dass er als Kind in das Vereinigte Königreich kam. Naima weist zwar darauf hin, dass sichtbare Merkmale der kulturellen Identität wie Kleidung das Potenzial haben, eine Grenze zwischen der bangladeschischen Diaspora und der weißen Bevölkerung zu ziehen, aber sie zeigt auch Beispiele auf, in denen diese Merkmale der Differenz bewusst getragen oder unfreiwillig vermieden wurden. Die visuelle Gegenüberstellung von dunkler Haut und den Symbolen der *Englishness* wird in ihrer Formulierung „brown Englishman" ausgedrückt. Damit stellt sie eine kritische Reflexion über die Reibung zwischen ethnopolitisch definierten Identitäten und den Vorstellungen von *Englishness* an. Darüber hinaus hinterfragt die Darstellung des Onkels als Brite die Wurzeln des Rassismus, da sie die Differenz des migrantischen Subjekts verleugnet; dies „problematises the signs of racial and cultural priority" (Bhabha 1984, 228), die den Rassismus aufrechterhalten. Naima verwendet Familienfotos, um die sich über die Generationen hinweg verändernden Beziehungen zum Vereinigten Königreich und zum kolonialen Projekt zu erfassen. Familienerinnerungen betonen somit die Instabilität kultureller und nationaler Grenzen über Generationen hinweg, da sie an die Tatsache erinnern, dass, wie Williams anmerkt, „to engage questions of diaspora is to focus on the instability of the signs of national identity" (1999).

6. Schlussfolgerungen: Fotografie und postkoloniale Erinnerung

Wenn, wie Kobena Mercer (1994, 7) feststellt, die Diaspora in Großbritannien als Erinnerung und Überbleibsel seiner historischen Vergangenheit gesehen werden kann, bieten die von den Teilnehmenden gesammelten Bilder und ihre konsistenten Verweise auf das Britische ein starkes Zeugnis der imperialen Wurzeln der heutigen britischen Bevölkerung. Assmann (2008, 111) erklärt, dass „our memory, which we possess as beings equipped with a human mind, exists only in constant interaction not only with other human memories but also with ‚things‘, outward symbols". Als solche sind persönliche Fotografien mächtige ‚Werkzeuge‘ für die postkoloniale Erinnerung, nicht nur in ihrer Darstellung der kolonialen Vergangenheit, sondern auch in der Art und Weise, wie sie die in dekolonialen Prozessen, insbesondere der Migration, eingebetteten Reibungen, Spannungen und Abwesenheiten implizieren. Die kreative Auseinandersetzung mit ihren Familienfotos bot unseren Forschungsteilnehmer:innen die Möglichkeit, die Machtungleichheiten in kolonialer Vergangenheit und postkolonialer Erfahrung auf unterschiedliche Weise zu thematisieren – von relativ einvernehmlichen Konstruktionen der Zugehörigkeit zum Vereinigten Königreich als (post-)koloniale Subjekte bis hin zur Schaffung von Zwischenräumen der Zugehörigkeit nach der Migration. Auf der Suche nach Spuren für das, was auf ihren Familienfotos fehlte, schufen die Befragten Erzählungen des Widerstands, die uns an die Worte von Annette Kuhn (2003, 397) erinnern: „[T]here is little that is really personal or private about either family photographs or the memories they evoke: they can mean only culturally". Familienporträts und Fotos von Familienmitgliedern, die im kolonialen Indien oder im Vereinigten Königreich aufgenommen wurden, bilden die Grundlage für Diskussionen über Identität und Zugehörigkeit, für die Behauptung des Rechts auf Zugehörigkeit als britische Bangladeschis und letztlich für die Schaffung von Gegenerinnerungen. Sie tragen so zum Projekt der postkolonialen Anamnese bei (Legg 2011). Wie Behdad (2000, 76) behauptet: „[T]he postcolonial reading of the memories of the colonial encounter [...] is an exercise in remembering, a recourse to an exercise in memory that history has swept away. Such remembering produces new histories of resistance". Der Argumentation von Hooks folgend ist die Fotografie ein mächtiges Werkzeug in der postkolonialen Erinnerungsforschung:

> Central to that aspect of decolonisation that calls us back to the past and offers a way to reclaim and renew life-affirming bonds. Using these images, we connect ourselves to a recuperative, redemptive memory that enables us to construct radical identities, images of ourselves that transcend the limits of the colonizing eye. (Hooks 2003, 394)

Imran, ein Teilnehmer Mitte zwanzig, betonte die Bedeutung der Materialität von Fotografien als greifbare Zeichen der Vergangenheit und als Schlüsselelemente für den Aufbau eines Identitätsgefühls. In Bezug auf sein eigenes Vorhaben zur Restaurierung alter Familienfotos und Erinnerungsstücke erklärte er, dass diese Gegenstände für ihn eine Möglichkeit darstellen, die Verbindung zu seinen Wurzeln aufrechtzuerhalten. Er zitierte Isbruckers (2018) Blogbeitrag „Past Futures": „[W]e're unwilling immigrants from yesterday pining for the comfort and familiarity of a homeland we can never visit". Seine Überlegungen bestätigen die Beobachtung von Keightley und Pickering (2006, 162), dass „migrant memory and experience have to negotiate of necessity a double dislocation – severance from home and alienation abroad". Wir hoffen, dass wir in diesem Beitrag einen Eindruck davon vermitteln konnten, welche Rolle Fotografien bei diesen Verhandlungen spielen und wie kreativ und kritisch diese Praktiken sind.

Zu Beginn dieses Essays haben wir uns mit der Frage beschäftigt, wie die Fotografie als Erinnerungsmedium in Bezug auf ihr Potenzial zum Vermitteln von Erfahrungsverlust und Abwesenheit konzeptualisiert wurde. Die westliche Wissenschaft hat Einblicke in die ideologischen Imperative der alltäglichen, identitäts-und kulturbezogenen Fotografie gewonnen, die dazu dienten, klassen- und geschlechtsspezifische Formen der Erfahrung im populären Gedächtnis auszulöschen. Postkoloniale Perspektiven auf die Fotografie haben die Konstitution des ‚kolonialen Blicks‘, die Wechselwirkungen zwischen fotografischen Konventionen und Praktiken der Kolonisatoren und Kolonisierten und die daraus resultierende Reproduktion kolonialer Machtstrukturen betont. Die Rolle ererbter Familienfotos, die aus der Kolonialzeit stammen, und ihr mnemotechnisches Potenzial, über das Empire und (post-)koloniale Ungerechtigkeiten zu sprechen, wurden jedoch selten berücksichtigt. Wir haben dargestellt, dass ihr kritisches imaginatives Potenzial, die Politik des Imperiums zu thematisieren und gegenwärtige Formen der Zugehörigkeit zu verhandeln, in den Beziehungen zwischen dem manifesten Inhalt dieser Bilder und den erfahrungsbedingten Abwesenheiten, Diskontinuitäten und dem Schweigen, auf das sie verweisen, in Akten alltäglichen, identitäts-und kulturbezogenen Erinnerns realisiert wird.

7. Literatur

Assman, Jan. „Communicative and Cultural Memory". *Cultural Memory Studies. An International and Interdisciplinary Handbook.* Hg. Astrid Erll, und Ansgar Nünning. Berlin, New York: Walter De Gruyter, 2008. 109–118.

Barthes, Roland. *Camera Lucida. Reflections on Photography.* New York: Hill and Wang, 1981.

Behdad, Ali. „Une Pratique Sauvage: Postcolonial Belatedness and Cultural Politics". *The Pre-Occupation of Postcolonial Studies.* Hg. Afzal-Khan Fawzia, und Seshadri-Crookes Kalpana. Durham: Duke University Press, 2000. 69–85.

Bhabha, Homi. „Of mimicry and man: the ambivalence of colonial discourse". *Discipleship: A Special Issue on Psychoanalysis* 28 (1984): 125–133.

Bhabha, Homi. *The Location of Culture.* London: Routledge, 1994.

Boltanski, Luc. *Distant Suffering: Morality media and politics.* Cambridge: Cambridge University Press, 1999.

Butler, Judith Folter. „Torture and the ethics of photography". *Environment and Planning D: Society and Space* 25 (2007): 951–966.

Cabinet Office. *The Honours Systems of the United Kingdom.* https://honours.cabinetoffice.gov.uk/about/orders-and-medals/. (14.04.2022)

Donadey, Anne. „Between Amnesia and Anamnesis: Re-Membering the Fractures of Colonial History". *Studies in 20th Century Literature* 23.1 (1999): Artikel 8.

Drew, Sarah, und Marilys Guillemin. „From photographs to findings: visual meaning-making and interpretive engagement in the analysis of participant-generated images". *Visual Studies* 29.1 (2014): 54–67.

Drichel, Simone. „The Time of Hybridity". *Philosophy and Social Criticism* 34.6 (2008): 587–615.

Fanon, Frantz. *Black Skin White Masks.* New York: Grove Press, 1967.

Freund, Alexander, und Alistair Thomson (Hg.). *Oral History and Photography.* New York: Palgrave Macmillan, 2011.

Hamilton, Peter, und Roger Hargreaves. *The Beautiful and The Damned: The Creation of Identity in Nineteenth Century Photography.* London: Lund Humphries, Aldershot, in Zusammenarbeit mit der National Portrait Gallery, 2001.

Hight, Eleanor M., und Gary D. Sampson. „Introduction: Photography, ,race' and post-colonial theory"'. *Colonialist Photography: Imag(in)ing Race and Place.* Hg. Eleanor M. Hight, und Gary D. Sampson. London: Routledge, 2002.

Hirsch, Marianne, und Leo Spitzer. „What's Wrong with this Picture? Archival photographs in Contemporary Narratives". *Journal of Modern Jewish Studies* 5.2 (2006): 229–252.

Hooks, Bell. „In Our Glory: Photography and Black Life". *The Photography Reader.* Hg. Liz Wells. London: Routledge, 2003. 387–394.

Horrocks, Christine Kate Milnes, Brian Roberts, und Dave Robinson Narrative (Hg.). *Memory and Life Transitions.* Huddersfield, UK: University of Huddersfield Press, 2002.

Isbrucker, Asher. *Past Futures: Nostalgia in an Age of Escapism.* https://asherkaye.medium.com/past-futures-nostalgia-in-the-age-of-escapism-ab314f50f4f9. Persönlicher Blog. (14.04.2022)

Karlekar, Malavika. *Re-visioning the Past – Early Photography in Bengal*. New Delhi: Oxford University Press, 2005.

Keightley, Emily, und Michael Pickering. „For the Record: Popular Music and Photography as Technologies of Memory". *European Journal of Cultural Studies* 9.2 (2006): 31–34.

Keightley, Emily, und Michael Pickering. „Technologies of memory: Practices of remembering in analogue and digital photography". *New Media and Society* 16.4 (2014): 576–593.

Keightley, Emily, und Michael Pickering. *Memory and the Management of Change*. Basingstoke: Palgrave Macmillan, 2017.

Kuhn, Annette. „Memory texts and memory work: performances of memory in and with visual media". *Memory Studies* 3.4 (2010): 298–313.

Kuhn, Annette. „Remembrance: The Child I Never Was". *The Photography Reader*. Hg. Liz Wells. London: Routledge, 2003. 395–401.

Kuhn, Annette. *Family Secrets: Acts of Memory and Imagination*. London, New York: Verso, 1995.

Legg, Stephen. „Violent memories: South Asian spaces of postcolonial anamnesis". *Cultural memories: the geographical point of view*. Hg. Peter Meusburger, Michael Heffernan, und Edgar Wunder. New York: Springer, 2011. 287–304.

McLoughlin, Sean. „Research Paper WBAC 012 Discrepant Representations of Multi-Asian Leicester: Institutional Discourse and Everyday Life in the ‚Model' Multicultural City". *From Diasporas to Multi-Locality: Writing British Asian Cities*. AHRC Research Network, 2013. 1–53.

Pickering, Michael, und Emily Keightley. *Photography, Music and Memory: Pieces of the Past*. Basingstoke: Palgrave Macmillan, 2015.

Ram, Kalpana. „Gender, Colonialism, and the Colonial Gaze". *The International Encyclopedia of Anthropology* 2018, 1–17.

Rose, Gillian. „Family photographs and domestic spacings: a case study". *Transactions of the Institute of British Geographers* 28.1 (2003): 5–18

Rose, Gillian. *Visual Methodologies. An Introduction to Researching with Visual Materials*. London: Sage, 2001.

Rutherford, Jonathan. „The Third Space. Interview with Homi Bhabha". *Identity: Community, Culture, Difference*. Hg. Jonathan Rutherford. London: Lawrence und Wishart, 1990. 207–221.

Said, Edward. *Culture and Imperialism*. New York: Knopf, 1993.

Said, Edward. *Orientalism*. New York: Pantheon Books, 1978.

Sarkar, Mahua. „Difference in Memory". *Comparative Studies in Society and History* 48.1 (2006): 139–168.

Sealy, Mark. *Decolonising the Camera: Photography in Racial Time*. London: Lawrence und Wishart, 2019.

Sontag, Susan. *Regarding the pain of others* . New York: Farrar, Strauss und Giroux, 2003.

Spence, Jo, und Patricia Holland (Hg.). *Family Snaps: The meanings of domestic photography*. London: Virago, 1990.

Walkerdine, Valerie. *Schoolgirl Fictions*. London: Verso, 1990.

Williams, Bronwyn T. „A State of Perpetual Wandering' Diaspora and Black British Writersin". *Jouvert: A Journal of Postcolonial Studies* 3.3 (1999). https://legacy.chass.ncsu.edu/jouvert/v3i3/willia.htm.

Williams, Wendy. Windrush Lessons Learned Review. Independent Review, Home Department, 2020. https://www.gov.uk/government/publications/windrush-lessons-learned-review.

Zelizer, Barbie. *Remembering to Forget: Holocaust Memory through the Camera's Eye*. Chicago: University of Chicago Press, 1998.

Automatische Übersetzung ins Deutsche
durchgesehen von Christine Lohmeier und Christian Pentzold.

Jefferson Pooley

17 *Essay* Die abnehmende Bedeutung des disziplinären Gedächtnisses: Der Fall der Kommunikationsforschung

1. Einleitung

Als die „insecure science" schlechthin, wie Ian Hacking (1996, 392) es ausdrückt, hat sich die Kommunikationswissenschaft, zumindest in den USA, in einem ungewöhnlichen Maße auf ihre Erinnerungen gestützt. Als Nachzügler, der auf bestehende Berufsausbildungsprogramme an den Rändern der Universität aufgesetzt wurde – durch und durch polyglott – hat die Kommunikationswissenschaft den Klebstoff der Geschichte wohl mehr gebraucht als ihre etablierteren Mitbewerber:innen. So schuf Wilbur Schramm, promovierter Anglist, der zum akademischen Gründer wurde, selbstbewusst einen Ursprungsmythos für die aufstrebende Disziplin. In einer unermüdlichen Reihe von Vorträgen und Publikationen von den frühen 1960er bis in die 1980er Jahre hinein benannte Schramm (z. B. 1963) in einer durchschaubaren Legitimationskampagne vier vermeintliche „Gründer" – allesamt bedeutende Sozialwissenschaftler, keiner von ihnen Kommunikationswissenschaftler (siehe Pooley 2018a).

Schramms Ursprungsmythos entstand zu einem Zeitpunkt – in den frühen 1960er Jahren – als die künftige Disziplin zwar über viele Ziegelsteine, aber keinen Mörtel verfügte: An den US-amerikanischen Journalismusschulen wurden eifrig Promotionsstudiengänge für das Fach eingerichtet, das bis Mitte der 1950er Jahre eine dezidiert interdisziplinäre Konstellation aus zumeist männlichen Soziologen, Politologen und Sozialpsychologen war. Als die Geschichte der vier Gründer zum ersten Mal gedruckt wurde, hatten Schramm und seine Verbündeten bereits einen beachtlichen institutionellen Brückenkopf in den Journalismusschulen errichtet. Sie verfügten über das nötige Gerüst: Doktortitel, Lehrkörper und – was am wichtigsten war – eine wachsende Zahl von Studierenden, die sich für Kompetenzprogramme einschrieben. Was dem Bereich fehlte, war die Legitimität – ein intellektuelles Mandat, welches das solide institutionelle Fundament überbauen konnte. In diesem Kontext des Aufbaus des Feldes *war* der Mythos der vier Gründer von *Bedeutung*: Schramms Quartett waren, um es mit den Worten von Charles Camic zu sagen, legitimierende Vorgänger. Es stimmt zwar, dass Paul Lazarsfeld, Kurt Lewin, Carl Hovland und Harold Lasswell sich selbst nicht als Kommunikationswissenschaftler betrachteten, geschweige denn als Begründer der Disziplin. Es ist auch wahr, dass Schramm – in einem verwegenen Akt der Umdeutung – die vier Namen aus dem Nachruf von Bernard Berelson (1959) für das Feld übernommen hat.[1] Die Tatsache, dass die Entstehungsgeschichte dennoch von dem im Entstehen begriffenen Bereich aufgegriffen wurde, war selbst ein Beweis für ihre Wirksamkeit.

Betrachten wir ein zweites Beispiel aus der US-amerikanischen Kommunikationsforschung: Paul Lazarsfeld und seine Kollegen vom Bureau of Applied Social Research der Columbia University erzählten um die Jahrhundertmitte mit erstaunlichem Durchhaltevermögen eine zweistufige Fortschrittsgeschichte: Naive und impressionistische Forscher der Zwischenkriegszeit, so die Story, hielten an der irrigen Ansicht fest, dass Medien mächtig sind, eine Position, die während und nach dem Zweiten Weltkrieg durch den Empirismus der Columbia Universität ausgehebelt wurde. Die ersten 15 Seiten von Elihu Katz und Lazarsfelds *Personal Influence* (1955) – mit seiner grundlegenden Darstellung zum Übergang von leistungsstarken hin zu begrenzten Wirkungsannahmen – gaben tatsächlich die mnemotechnische Agenda des Feldes für die kommenden Jahrzehnte vor, selbst für lautstarke Kritiker:innen. Die Verbreitung und Dauerhaftigkeit dieser Geschichte hat sich in den bibliografischen Aufzeichnungen eingeprägt und geht eindeutig auf *Personal Influence* als Quelle zurück (siehe Pooley 2006).

Die großen Geschichten von Schramm und Lazarsfeld hatten in den 1960er Jahren und danach einen gemeinsamen Erinnerungsbaldachin für ein Gebiet geschaffen, das sich verzweifelt nach einem intellektuellen Überbau sehnte. Die Zustände haben sich geändert. Ich behaupte in diesem Beitrag, dass eine substanziellere Geschichtsschreibung, die Art, welche Historiker:innen in der jüngeren Zeit beschäftigte, nicht mehr viel zählt – zumindest für eine zutiefst heterogene „post discipline" wie die Kommunikationswissenschaft. Fünfzig Jahre nach Schramms Mythenbildung hat die Geschichte der vier Gründer den größten Teil ihrer Resonanz verloren. Auch von „hypodermic needles" oder „magic bullets" in der Lazarsfeldschen Tonart ist weniger die Rede. Neuere Werke, die sich mit der Geschichte der Disziplin befassen, Bücher, Artikel, sogar Ansprachen von Präsident:innen der großen wissenschaftlichen Fachgesellschaften, finden keinen Widerhall mehr in einem Bereich, der seit den 1960er Jahren mehrstimmiger geworden ist. Die großen Erzählungen über die Vergangenheit des Fachs kursieren nicht mehr. Sie werden zwar immer noch beschworen. Aber viele der jüngsten Bezugnahmen auf diese Erinnerung haben einen anderen Charakter oder zumindest einen anderen Bezugsrahmen: Die Aussagen sind kleinteiliger und lokaler geworden. Teilbereiche und disziplinübergreifende Einheiten sind das jeweils imaginierte Publikum, nicht die „Kommunikationswissenschaft" im Allgemeinen. Mit anderen Worten, der Relevanzhorizont ist deutlich geschrumpft.

---

1 Bernard Berelson veröffentlichte 1959 einen „Nachruf" auf die Kommunikationswissenschaft, in der er den Zustand des Fachs beklagte und ihr Ende nahe sah. Anm. der Hrsg.

Dieses Kapitel konzentriert sich auf den US-amerikanischen Fall, wo das disziplinäre Gedächtnis eine überragende Rolle bei der Etablierung disziplinärer Legitimität spielt – oder gespielt hat. Die Frage nach der Relevanz der Argumente in diesem Beitrag für andere nationale Kontexte ist kompliziert, zum Teil weil die globale Institutionalisierung der Kommunikationsforschung so heterogen war (Simonson und Park 2015, Averbeck-Lietz 2017). Ein weiterer verkomplizierender Faktor ist die Rolle, die das US-Feld als Modell oder zumindest als Beispiel für die disziplinären Formationen vieler Länder gespielt hat. In den Fällen, in denen das US-amerikanische Feld ein bedeutendes Vorbild war, gehen die Wurzeln dieses Einflusses (in vielen Fällen) auf das Projekt des Kalten Krieges zur Verbreitung der „Verhaltenswissenschaften" zurück, das von der Regierung und der Ford Foundation in erheblichem Umfang unterstützt wurde.

In jedem nationalen Fall wurde die Rezeption des US-Modells jedoch durch lokale Belange und sogar die lokale Politik gefiltert. Im Falle Deutschlands beispielsweise war der quantitative Ansatz nach amerikanischem Vorbild eine bequeme Alternative zur nationalsozialistisch geprägten Tradition der *Zeitungswissenschaft* (Löblich 2010). In anderen Kontexten, wie etwa in Lateinamerika in den 1960er und 1970er Jahren, wurde die US-amerikanische Disziplin als definierender *Gegensatz* angesehen – *als* das vereinheitlichende „Andere", gegen das eine Gegendisziplin aufgebaut werden konnte. Die Rolle des Gedächtnisses in bestimmten nationalen Disziplinen ist also nicht nur unverwechselbar, sondern auch auf komplexe und vielfältige Weise mit der hier vorgestellten US-zentrierten Darstellung verwoben. Die Tatsache, dass einige nationale Disziplinen relativ spät auf den Plan traten, ist ein weiterer verkomplizierender Faktor. Das Ergebnis ist, dass die Relevanz und der Stellenwert von Erinnerungsansprüchen heute für keine nationale Disziplin dasselbe Muster widerspiegeln, welches ich für den Fall der USA ausgemacht habe. Das multidisziplinäre Interesse an medienbezogenen Fragestellungen, das durch das Internet geweckt wurde, ist indessen sicherlich überall zu spüren und zu registrieren. Infolgedessen kann die Kommunikationsforschung nirgendwo ein Monopol auf die Untersuchung von Medien und Kommunikation beanspruchen. Die Auswirkungen auf das disziplinäre Gedächtnis eines bestimmten Landes jedoch sind viel schwieriger zu bestimmen.

2. Der schwindende Einfluss des disziplinären Gedächtnisses

Die Hauptursache für die abnehmende Bedeutung des Gedächtnisses ist der zurückgehende institutionelle Einfluss des Fachs auf seine Studienobjekte. Seit dem Einzug des Digitalen in der Mitte der 1990er Jahre ist die ohnehin schon polyglotte Disziplin noch stärker fragmentiert. Und das liegt nicht nur an der internen Vielfalt: Die unausweichliche Bedeutung des Internets und alles, was in seinem digitalen Kielwasser mitschwamm, hat mindestens ein Dutzend anderer Fachgebiete in die Umlaufbahn der

Kommunikationswissenschaft gezogen. Das hat eine Umgestaltung der institutionellen Landschaft zur Folge: Aus einem halbwegs legitimen Nachkriegsneuling, der einen erinnerungspolitischen Klebstoff brauchte, wurde um die Jahrtausendwende ein polydisziplinäres Free-for-All. Das Legitimationsdefizit, das Schramm in den 1960er Jahren antrieb, war im Jahr 2005 nahezu irrelevant. Die akademische Beschäftigung mit Medien und Kommunikation war nicht mehr, nicht einmal zum Schein, durch disziplinäre Mauern begrenzt. Jetzt befassen sich Wissenschaftler:innen aus allen Teilen der Universität mit dem digitalen Leben. Sie arbeiten sogar häufig mit den Forscher:innen zusammen, die eher zufällig in den Fachbereichen für Kommunikationswissenschaft untergebracht sind. Das Ergebnis ist eine Ära, die ich an anderer Stelle (Pooley 2018b) als „post-program" bezeichnet habe, eine Ära, in der die dichte Erzählung des disziplinären Gedächtnisses kaum noch benötigt wird.

Die alten Handlungsstränge tauchen immer noch auf, wenn auch seltener und mit geringerem Einsatz. Die Geschichte der vier Gründer und das von-Machtvollen-zu-begrenzten-Effekten Narrativ werden dem Publikum seit langem in Kurzform geliefert, als verkappte Geschichten in einem Satz. Daran hat sich nichts geändert. Neu ist, dass die alten Geschichten, wenn sie überhaupt auftauchen, in einer entkoppelten Art und Weise beschworen werden, wie eine Doxa ohne Autor:in. Der Kontext der Beschwörung ist darüber hinaus bemerkenswert flach gehalten: Die historischen Bezüge sind versteckt und leisten nichts für die Argumente ihrer Autor:innen. In der früheren Phase des Feldes wurde die Geschichte regelmäßig in großen paradigmatischen Auseinandersetzungen als Rechtfertigung oder zur Schmähung herangezogen. Doch diese feldübergreifenden Auseinandersetzungen um Methoden und Auftrag des Faches stehen nicht mehr im Mittelpunkt des Interesses. Infolgedessen spielen Verweise auf die alten Geschichten nicht mehr die zentrale Rolle, die ihnen einst zugewiesen wurde. Der springende Punkt hierbei ist, dass beide Dynamiken – die Entkopplung und der geringere Einsatz – die beschleunigte Aufspaltung des Fachs widerspiegeln.

Die großen Erzählungen haben also an Einfluss verloren. Die interessantere Entwicklung ist jedoch die neue Allgegenwart *lokaler* Erinnerungsansprüche. Kommunikationswissenschaftler:innen sind in der postdigitalen akademischen Szenerie zunehmend in spezifischen, disziplinübergreifenden Teilbereichen tätig. Diese Konfigurationen haben ihre eigenen Bezugsrahmen: führende Persönlichkeiten, quasi kanonische Werke, gemeinsame Konzepte und regelmäßige Zusammenkünfte. Solche Netze der gegenseitigen Interaktion und des gemeinsamen Wissens nehmen vor allem jenseits der traditionellen Disziplinengrenzen Gestalt an. Einige Bereiche, wie die politische Kommunikation oder die Journalismusforschung, sind relativ stabil, andere, wie die Algorithmenforschung, sind weitaus fließender. In jedem Fall entwickeln und reproduzieren diese transdisziplinären Bereiche ihre eigenen epistemischen Kulturen. Entscheidend für unsere Zwecke ist, dass sie auch einen Bestand an gemeinsamem Wissen schaffen. Und dieses gemeinsame Wissen ist nicht der dicke Stoff des disziplinären Gedächtnisses; er ist flacher, manchmal hauchdünn und unterliegt schnelleren Zyklen des Vergessens.

Die Erinnerung wird immer noch beschworen, angetrieben durch Abgrenzungsversuche und die Konventionen der Literaturbesprechung in wissenschaftlichen Artikeln. Symposien, Buchrezensionen und gelegentliche Aufsätze zur Bestandsaufnahme sind weitere Orte, an denen Erinnerungen geltend gemacht werden. Aber sie sind nicht Teil der Grundlagenlehre, und so wird das Geschichtskapitel aus dem Lehrbuch, vielleicht *das* Gefäß für das disziplinäre Gedächtnis, nur selten vertiefend aufgegriffen. Die Bezugnahmen auf die disziplinäre Erinnerung der Teilbereiche der Kommunikationswissenschaft haben eher die Form von lokalem Wissen. Die „Geschichten", die sie erzählen, sind durch die durchlässigen epistemischen Gemeinschaften begrenzt, an die sie gerichtet sind. In der Praxis bedeutet dies, dass man sich auf die kunterbunten, disziplinübergreifenden Orientierungen der Kolleg:innen einstellen muss.

Eine Folge davon ist, dass die Ansprüche an das Gedächtnis eher *zeitlich begrenzt sind*: Zeiträume von fünf oder zehn Jahren sind die Norm. Diese Art des Erzählens auf lokaler Ebene hat auch den Charakter eines kleinsten gemeinsamen Nenners. Da nur wenig Allgemeingut vorausgesetzt werden kann, beschränken sich die historischen Bezugnahmen auf einen engen gemeinsamen Bezugsrahmen. Kurzgeschichten der Erinnerung – als ,histories-in-a-phrase' – sind in besonderem Maße auf die Unterstellung angewiesen, dass sie als bereits bekannt vorausgesetzt werden können. Es ist diese Grundvertrautheit mit einem gemeinsamen Bestand an intellektueller Erfahrung, den Autor:innen heute nicht mehr als gegeben voraussetzen können. Infolgedessen sind die Ansprüche an das Gedächtnis geringer, ja sogar provinziell geworden. Das lokale Geschichtenerzählen hat die großen, ehrgeizigen Erzählungen teilweise verdrängt – zumindest in der Kommunikationswissenschaft. Wenn die großen Geschichten auftauchen, spielen sie eine belanglosere Rolle. Kurz gesagt, es zeigt sich Erschöpfung mnemotechnischer Energien.

3. Institutionelle Quellen des intellektuellen Vergessens

Um den postdisziplinären Anspruch zu verdeutlichen, sollte man zwischen zwei Formen der Heterogenität unterscheiden. Die Kommunikationsforschung in den USA war von ihrem frühesten organisatorischen Moment an nie geordnet. Das heißt, als Schramm und seine Verbündeten – die so genannten „Bleyer children" – in den späten 1940er Jahren das Projekt des Feldaufbaus in Angriff nahmen, war das organisierte Feld in intellektueller Hinsicht bereits überfrachtet.[2] Bis Mitte der 1990er Jahre – bei

---

2 Willard „Daddy" Bleyer war ein Journalismusforscher an der Universität von Wisconsin, der in der Zwischenkriegszeit eine sozialwissenschaftliche Ausrichtung des Journalismus-Lehrplans der Universität einführte. Einige seiner Studierenden, die manchmal als „Bleyer children" bezeichnet werden,

all ihrem irrwitzigen Wachstum im Laufe der Jahrzehnte – blieb die Kommunikationswissenschaft polyvalent. Das in der Entstehung begriffene Fachgebiet nahm die ganze Zeit über Menschen und Ideen von jenseits seiner undichten Grenzen auf. Aber der Pluralismus war in diesem ersten halben Jahrhundert zu einem großen Teil feldintern. All die Migrant:innen und importierten Ideen wurden in den ohnehin schon kakophonischen Vierteln des Feldes willkommen geheißen, so dass der Lärm mit der Zeit noch lauter wurde. Doch die Unordnung herrschte sozusagen im Inneren des Zelts, während das Feld immer wieder neue Konzepte und Wissenschaftler:innen auf den Plan rief.

Die zweite Art von Heterogenität, die Anfang der 1990er Jahre auftrat, fand *außerhalb* der Kommunikationsforschung statt. Die interne Unordnung war natürlich immer noch da, in ihrer ganzen metastatischen Kraft. Aber die neue Bedeutung des Internets zog auch Wissenschaftler:innen aus anderen Bereichen an. Diesmal wurden sie nicht in den Kommunikationsabteilungen absorbiert. Die Soziolog:innen, Psycholog:innen, politischen Ökonom:innen, STS-Wissenschaftler:innen, Informatiker:innen, sogar Wirtschaftswissenschaftler:innen und Ingenieur:innen – sie führten ihre eigenen Studien zu digitalen Themen durch und unterrichteten diese. Es handelt sich also um eine Heterogenität des Typs zwei, die durch die gemeinsame Zuständigkeit für den Bereich des Digitalen gekennzeichnet ist.

Durch das Prisma der Fragmentierung betrachtet, ist die Institutionalisierungsgeschichte des Feldes also eine Geschichte der internen Heterogenität, die in den letzten zwei Jahrzehnten der externen Heterogenität gewichen ist. Ich will darauf näher eingehen, um die Darstellung mit Details zu untermauern. Seit den späten 1940er Jahren bemühten sich Schramm und seine Mitstreiter erfolgreich um die Einführung von Doktortiteln im Bereich Kommunikationsforschung an bestehenden Journalismusschulen.[3] Im Rahmen dieser Kampagne kolonisierten sie die Association for Education in Journalism (AEJ) und deren Zeitschrift *Journalism Quarterly*. In intellektueller Hinsicht bedeutete dies eine Menge Sozialpsychologie unter dem damals neuen Schlagwort „behavioral sciences". Die Wissenschaft der Pressegeschichte und der First Amendment Studies, die vor der Übernahme durch Schramm betrieben wurde, wurde im besten Fall reduziert. Mit der Ausbreitung der Doktorandenprogramme fügte die typische amerikanische Journalismusschule ihrem Namen den Zusatz „and Mass Communication" hinzu. Die AEJ folgte 1982 diesem Beispiel und taufte sich in AEJMC um – und ein Jahrzehnt später auch ihre Zeitschrift. In der zweiten Hälfte des zwanzigsten Jahrhunderts gab es also eine US-amerikanische „Kommunikationswissenschaft": eine Sozialwissenschaft, die an Journalismusschulen angesiedelt war und von kompetenzorientierten Studierenden getragen wurde.

---

trugen dazu bei, Bleyers Vision an den großen Universitäten zu verbreiten, und setzten sich gemeinsam mit Schramm für einen Doktortitel im Journalismus ein (Rogers und Chaffee 1994).

3 Dieser und die nächsten vier Absätze stützen sich auf Pooley (2016).

Doch zu Schramms Verhaltenswissenschaft gesellten sich ab den 1960er Jahren drei weitere Anwärter auf die Bezeichnung „Kommunikationswissenschaft". Zu Beginn des Jahrzehnts begannen die bestehenden Fachbereiche für Sprache und Rhetorik, insbesondere diejenigen im Mittleren Westen, die den Rundfunk in ihr Lehrangebot aufgenommen hatten, sich in „Communication Studies" oder „Communication Arts" umzubenennen. Diese Abteilungen, die in der Regel in der „Arts and Sciences"-Abteilung ihrer Universität angesiedelt waren, konzentrierten sich auf die Ausbildung in öffentlichem Sprechen. In einigen Studiengängen bildete die Exegese der klassischen Rhetorik den intellektuellen Anker, während andere die Lehre und Forschung auf eine Sozialwissenschaft der zwischenmenschlichen Kommunikation ausrichteten. In jedem Fall versammelten sich die Angehörigen der Sprech- und Rhetoriktradition in einer Fachgesellschaft, der Speech Association of America (SAA), die im Laufe der Zeit in Richtung „Kommunikation" abdriftete: Im Jahr 1970 änderte die Gruppe ihren Namen in Speech Communication Association und ließ dann 1997 den Begriff „Speech" ganz fallen und wurde zur National Communication Association. Die Zeitschriften der Gesellschaft folgten diesem Beispiel.

In den 1960er Jahren beanspruchten also sowohl der Journalismus wie die Sprachwissenschaft die Bezeichnung „Kommunikation" für sich. Im selben Jahrzehnt begann sich eine dritte Kultur um neu gegründete Schulen und Abteilungen für Kommunikation zu formieren: Programme, die weder aus dem Journalismus noch aus der Sprachwissenschaft stammten. Diese genuin kommunikationswissenschaftlichen Programme, die von den Annenberg Schools an der University of Pennsylvania (gegründet 1958) und der University of Southern California (1971) verkörpert wurden, neigten dazu, ein weites, wenn auch weitgehend sozialwissenschaftliches, intellektuelles Netz auszuwerfen. Wissenschaftler:innen aus diesen Programmen haben seit ihrer Gründung 1968 ihre berufliche Heimat in der International Communication Association (ICA) gefunden.[4] Das *Journal of Communication* der ICA hat eine eher ökumenische Rolle als de facto Flaggschiff gespielt, mit regelmäßigen Beiträgen von Wissenschaftler:innen, die auch in Journalismusprogrammen untergebracht sind.

Und dann war da noch der Film: Die „siebente Kunst" zog ihre eigenen Akademiker:innen an, zumeist Geisteswissenschaftler:innen, die in traditionellen geisteswissenschaftlichen Fakultäten untergebracht waren. Obwohl die Society for Cinematologists bereits 1959 gegründet wurde, erlebte die Filmwissenschaft ihren eigentlichen Aufschwung erst Ende der 1960er Jahre, als die Kultur der Wertschätzung des Kinos ihren Höhepunkt erreichte. Die ästhetische Ausrichtung und die Beschäftigung mit medienspezifischen Theorien machten das Fach zu einer sicheren Bank für die Geisteswissenschaften, selbst an Elite-Institutionen – im Gegensatz zu den halbprofessio-

---

4 Wie David W. Park (2020) gezeigt hat, war der ursprüngliche Impuls für die Gründung der Vorgängerorganisation der ICA selbst in der Sprechforschung verwurzelt.

nellen Gegenstücken in der „Kommunikationswissenschaft". Die Society for Cinema Studies (wie sie 1963 umbenannt wurde) fügte ihrem Titel 2004 den Zusatz „& Media" hinzu, und ihre Zeitschrift folgte vor Kurzem diesem Beispiel.

Die US-amerikanische „Disziplin" der Kommunikationswissenschaft war also bereits in den 1970er Jahren vielstimmig, ja „balkanisiert". Die vier verschiedenen Kulturen – die der Sprache, die des Journalismus, die der „genuinen Kommunikationswissenschaft" und die der Filmwissenschaft – beanspruchten dasselbe Terrain, ohne dass es sinnvolle Überschneidungen gab (mit teilweisen Ausnahmen zwischen der im Journalismus verwurzelten und der genuin kommunikationswissenschaftlichen Forschungstradition). In jedem Fall gab es kanonische Werke, Lehrbücher und – was für unsere Zwecke von Bedeutung ist – Ursprungsgeschichten. Wissenschaftler:innen, die in Journalismusschulen untergebracht waren, haben sich zum Beispiel auf Schramms „vier Gründer" gestützt, gepaart mit der Geschichte der erfolgreichen, von Schramm geleiteten Institutionalisierung des Fachs. In den führenden Lehrbüchern der Kommunikationswissenschaft lag der Schwerpunkt auf den Soziolog:innen des Bureau of Applied Social Research an der Columbia University in der Mitte des Jahrhunderts. Die Sprach- und Rhetorikwissenschaften verfolgen das Feld bis ins antike Griechenland zurück, während die Filmwissenschaft eine ausgeprägte filmtheoretische Tradition hat, die mit den europäischen Überlegungen des frühen zwanzigsten Jahrhunderts beginnt.

Der Punkt ist, dass die US-amerikanische Kommunikationswissenschaft, eine vierköpfige Hydra, schon immer zersplittert war. Ihre Bestrebungen nach Kohärenz, die bis in die 1960er Jahre zurückreichen, wurden von der Realität auf dem Campus überrollt. Wenn drei oder vier akademische Einheiten an *einer* Universität den Namen „Kommunikation" für sich beanspruchen, was an öffentlichen Einrichtungen im Mittleren Westen der USA die Regel ist, gibt es keine Aussicht auf eine einheitliche Disziplin. Dennoch war die Heterogenität hausgemacht, intern im Fachgebiet. Während jede der vier Kulturen in den 1970er und 1980er Jahren expandierte, behielten sie ihre geteilte Zuständigkeit für „Kommunikation" bei. Es war zweifelsohne eine problematische Wohngemeinschaft, aber es war *ihr* Haus.

Die ganze Zeit über haben außerdem Wissenschaftler:innen anderer Disziplinen weiterhin Studien über Medien und Kommunikation veröffentlicht, ohne dass es eine wirkliche Verbindung zu einem der vier Kommunikationsbereiche gab. Politikwissenschaft, Soziologie und die anderen „führenden" Sozialwissenschaften haben diese Bereiche nie wirklich aufgegeben. Auch Literaturwissenschaften und andere Geisteswissenschaften schrieben über die neuen und unausweichlich prominenten Massenmedien. Als sich die britischen Cultural Studies in den 1970er Jahren ihren Weg in die britische Universitätslandschaft bahnten, um ein bemerkenswertes Beispiel zu nennen, war die Erforschung der Medien ein orientierungsgebendes Anliegen, eines, das sich in den frühen 1980er Jahren mit großem Elan auf die amerikanischen literaturwissenschaftlichen Studienprogramme ausbreitete. Der wichtige Punkt hierbei ist, dass die Medien- und Kommunikationswissenschaft die Grenzen dessen, was als „Kommunikationsforschung" gilt, seit ihren frühesten disziplinären Bestrebungen überschritten hat.

Doch das World Wide Web und die in seiner Folge popularisierten Anwendungen und Technologien führten eine neue Dimension der Fragmentierung ein, und zwar von außen. Dies bedeutete Heterogenität des zweiten Typs. Die digitale Durchdringung des Alltagslebens, die sich bereits Anfang der 1990er Jahre abzeichnete, zog die Aufmerksamkeit der etablierten Sozialwissenschaften auf sich. Medientechnologien und -institutionen standen natürlich im Mittelpunkt dieser digitalen Durchdringung, auch wenn das alte Etikett „Massenkommunikation" viel von seinem Wert verlor. Für einige Disziplinen wie die Soziologie und die Sozialpsychologie bedeutete die Erforschung des digitalen Lebens die Wiederbelebung eines alten Themas, eines, das bereits Jahrzehnte zuvor weitgehend an den Emporkömmling Kommunikationswissenschaft abgetreten wurde. Für andere, wie die Politikwissenschaft, kanalisierte der digitale Bereich ein bereits starkes Interesse an den Institutionen der Massenmedien. Anthropolog:innen, die sich nur in geringem Maße mit Medien befasst haben, zeigten eine auffällige Neigung für digitale Themen, ganz im Einklang mit der breiteren Hinwendung der Disziplin zu zeitgenössischen westlichen Gesellschaften. Neuere interdisziplinäre Bereiche, insbesondere die Science and Technology Studies (STS), wandten ihr konzeptionelles Instrumentarium auf das digitale Leben an, ebenso wie der verwandte Fachbereich der Bibliotheks- und Informationswissenschaft (LIS) mit seinem Interesse an Bits und Daten.

All dies wurde auf der Ebene von Instituten, Zeitschriften, wissenschaftlichen Gesellschaften und Professur-Denominationen registriert.[5] Ein Indiz dafür war die Umbenennung von Bibliotheksschulen in „iSchool" in den frühen 2000er Jahren. Eine Handvoll Bibliotheksprogramme bildete 2003 eine „I-Schools"-Koalition, und einige dieser Einrichtungen, darunter Syracuse und Berkeley, begannen, die digitale Kurzform in ihren eigenen Werbematerialien zu verwenden. Die „iSchools"-Bewegung, wie sie genannt wurde, war eine Reaktion auf die neue Bedeutung des Digitalen. Der technologische und auch konzeptionelle Zusammenbruch der Unterscheidung zwischen Information und Medien führte in ähnlicher Weise zu einer gegenseitigen Befruchtung in der wissenschaftlichen Literatur beider Bereiche. Diese teilweise Konvergenz spiegelte sich auch auf dem Einstellungsmarkt wider, da seit 2010 mit zunehmender Regelmäßigkeit LIS-Doktorand:innen in Kommunikationsabteilungen angestellt wurden und umgekehrt.

Etablierte Disziplinen und Bereiche – von der Soziologie über LIS bis hin zur Anthropologie – zeigten um die Jahrtausendwende ein neues Interesse am digitalen Leben. Diese disziplinenübergreifende Aufmerksamkeit trug dazu bei, dass eine institutionelle Überlagerung entstand – ohne Loyalität oder auch nur nachvollziehbare Wurzeln zu einer bestimmten disziplinären Tradition. Die Association of Internet Re-

---

5 Dieser und die folgenden fünf Absätze stützen sich auf Pooley (2018b).

searchers (AoIR) zum Beispiel wurde 1999 von einer feldübergreifenden Gruppe von 60 Wissenschaftler:innen gegründet, wobei disziplinärer Agnostizismus der wichtigste Grundsatz der neuen Gruppe war (Witmer 1999, 368). In der Tat proklamierten die Gründer:innen eine Art „Zwischendisziplin" – Internet Studies – mit genug Schwung, um zwei Jahre später einen Trendartikel im *Chronicle of Higher Education* zu verdienen.

Ungefähr zur gleichen Zeit gründeten mehrere US-amerikanische juristische Fakultäten angesichts der zunehmenden Bedeutung des Internets Zentren, die sich mit seiner Erforschung befassten. Angefangen mit dem Center for Law and Technology der UC Berkeley (gegründet 1995), dem bald das Information Society Project in Yale (1997) und das Berkman Center for Internet & Society von Harvard (1997) folgten, setzte sich eine neue institutionelle Form durch. Diese Zentren weiteten ihren intellektuellen Aufgabenbereich schnell über rechtliche Fragen hinaus aus und nahmen Wissenschaftler:innen aus allen Teilen der Mitte der 2000er Jahre entstandenen Internet-Studies-Diaspora als Gastwissenschaftler:innen und Vortragende auf. Die Zentren für Internet und Gesellschaft wurden an denselben Eliteuniversitäten gegründet, die lange Zeit die organisierte Disziplin der Kommunikationswissenschaft gemieden hatten. Die Zentren tendierten stattdessen dazu, außerhalb des Fachbereichssystems zu existieren und Gemeinschaften von umherziehenden Wissenschaftler:innen zu beherbergen, die in anderen Feldern etablierte Positionen innehatten. Das Berkman Center in Harvard ist das paradigmatische Beispiel, aber diese Organisationsform hat sich im ganzen Land und in der ganzen Welt verbreitet.

Andere Formationen, von denen einige dem Internet vorausgingen, aber in seinem Gefolge umfunktioniert wurden, haben ebenfalls zur fächerübergreifenden Verbreitung der Internet Studies beigetragen. Medienlabore, vor allem am MIT, haben neben Ingenieur:innen und Designer:innen auch Geistes- und Sozialwissenschaftler:innen beschäftigt. Forschungsabteilungen von Unternehmen, insbesondere das Social Media Collective von Microsoft Research, stellten ebenfalls Sozialwissenschaftler:innen aus vielen verschiedenen Disziplinen ein. Und schließlich haben sich neue, der Öffentlichkeit zugewandte Forschungszentren wie Data & Society zu einer Handvoll etablierter, auf den Journalismus orientierter Forschungsinstitute gesellt, die angesichts des prekären Berufsstandes die Themen Internet und Demokratie mit neuem Eifer aufgegriffen.

Der Punkt ist, dass Anfang der 2000er Jahre eine interdisziplinäre Infrastruktur – eine dünne Schicht von Zentren, wissenschaftlichen Gesellschaften, Listservs – entstand, um den Ideenaustausch zwischen einer auffallend disparaten Reihe von Fachbereichen und Traditionen zu unterstützen. Es handelte sich um eine Handelszone im Sinne von Peter Galison (1997, Kap. 9), die über dem traditionellen Fachbereichssystem errichtet wurde, aus welchem die Beteiligten jedoch größtenteils stammten. Das Ergebnis war eine institutionalisierte Interdisziplinarität: ein übergreifender Diskurs über digitale Themen, der von Wissenschaftler:innen aus mehr als einem Dutzend Disziplinen getragen wurde. Der gleichzeitige Aufstieg von Smartphones und sozialen

Medien am Ende des Jahrzehnts beschleunigte eine intellektuelle Konvergenz, die bereits im Gange war. Soziologie, Psychologie, Rechtswissenschaft, digitale Geisteswissenschaft, Informationswissenschaft und – ja – Kommunikationswissenschaft beschäftigten sich im neuen Jahrtausend alle mit demselben sozialen Phänomen: der Ausbreitung der digitalen Technologie in alle Ritzen des Alltags. Die schiere Geschwindigkeit des Wandels, das rege Interesse von Stiftungen und anderen Geldgebern und die evidente Realität digitaler Allgegenwart, der „deep mediatization", wie es in einer einflussreichen Formulierung heißt (Couldry und Hepp 2018, Kap. 3), trugen dazu bei, eine Post-Programm-Ära einzuläuten. Dieser akademische Scheideweg, an dem viele vorbeigehen, aber auch viele verweilen, konzentriert sich auf das digitale Leben.

Für unsere Zwecke ist es von Bedeutung, dass die Kommunikationswissenschaft das Teilmonopol verloren hat, das sie einst auf dem Gebiet von Medien und Kommunikation hatte. Der neue, disziplinenübergreifende Pluralismus wurde beispielsweise im Profil des Flaggschiffs der US-amerikanisch geprägten Forschung, dem *Journal of Communication,* registriert: Mehr als die Hälfte der Hauptautor:innen stammte in den letzten zehn Jahren aus Abteilungen und Schulen außerhalb der organisierten Kommunikationsdisziplin (Waisbord 2019, 18–19). Medien und Kommunikation bezeichneten nicht länger eine lose definierte Disziplin, sondern einen gemeinsam besetzten Bereich der Forschung. Wenn die Kommunikationsforschung *bereits* entlang der oben beschriebenen vier internen Linien heterogen war, so hat die postdigitale Landschaft das Feld *noch mehr* verstreut. Dabei handelte es sich um eine Streuung anderer Art: Heterogenität vom Typ zwei, die von außen eingeführt wurde.

Unter diesen Bedingungen kann nur wenig geteilter disziplinärer Bestand vorausgesetzt werden. Silvio Waisbord (2019, 60–61) entwickelte in seiner jüngsten Abhandlung über den „postdisziplinären" Status der Kommunikationswissenschaft dieses Argument aus einer anderen Richtung. Er stellt fest, dass die Glut der paradigmatischen Auseinandersetzungen des Fachs in den letzten Jahrzehnten erkaltet ist. Den „old epistemological and normative *casus belli*", so schrieb er, zögen Wissenschaftler:innen nicht mehr auf die intellektuellen Barrikaden, „as they did in the past". Die Erklärung für diesen Rückgang sieht Waisbord in der jüngsten Welle der Fragmentierung des Fachs. Der „halt to skirmishes" spiegelt, mit anderen Worten, den neuen Pluralismus wider – den „varying degrees of institutionalization of intellectual diversity" – mehr als „any settlement of old differences". Die Leidenschaften sind nach Waisbord durch die (pluralen) Interessen besänftigt worden.

4. Gärungsprozesse im Feld

Eine Möglichkeit, die Fragmentierungsthese zu überprüfen, besteht darin, Momente des *disziplinären Gesprächs* zu vergleichen – mit anderen Worten, Diskurszusammenhänge in denen der Zustand des Fachgebiets das ausdrückliche Thema ist. Der disziplinäre Diskurs kann an vielen Orten auftauchen: zum Beispiel in einer Rede der Präsidenten der ICA oder in Orientierungskursen für Studierende. Ich konzentriere mich hier auf einen besonders ergiebigen Ort für diesen Diskurs: die organisierten Symposien, auf denen sich führende Wissenschaftler:innen versammeln, um über die Vergangenheit, Gegenwart und Zukunft der Disziplin zu diskutieren. Alle Sozialwissenschaften veranstalten von Zeit zu Zeit derartige Zusammenkünfte, zum Teil deshalb, weil sich diese Disziplinen einer paradigmatischen Schließung widersetzen. Solche Symposien sind per definitionem Orte der Reflexivität. Die Frage, oder meine Frage, ist, wie und ob die Geschichte in solchen Momenten aufgearbeitet wird.

Für die US-amerikanisch Kommunikationswissenschaft ist die Sonderausgabe „Ferment in the Field" des *Journal of Communication* aus dem Jahr 1983 die archetypische Sammlung dieser Art. Die „Ferment"-Ausgabe war voll von paradigmatischen Konflikten, von denen einige mit Bezugnahmen auf die Erinnerung der Disziplin ausgetragen wurden. Das *Journal of Communication* feierte das Jubiläum von „Ferment" mit einer Fortsetzung 35 Jahre später, im Jahr 2018. Meine Strategie bestand darin, diese beiden Zusammenstellungen auf ihre Bezüge zum disziplinären Gedächtnis hin zu untersuchen. Der Gedanke war, die Verschiebungen – sofern es welche geben sollte – auszumachen, die die Sonderhefte offenbaren, wenn sie in zeitlicher Abfolge gelesen werden.

Die ursprüngliche Sammlung *Ferment in the Field* war ein Produkt der außergewöhnlichen Herausgeberschaft eines außergewöhnlichen Dekans, George Gerbner von der Annenberg School. Dank Gerbners umsichtiger Lenkung und einer finanziellen Krise der ICA als Eigentümerin des *Journal of Communication* übernahm die Annenberg School 1973 die Kontrolle über das „Flaggschiff" – ein Verwaltungsakt, der erst in den späten 1980er Jahren endete (Ruddock 2018, 85–87). Gerbner war ein verkappter Radikaler, der dennoch für einen politisch konservativen Mäzen, Walter Annenberg, arbeitete. Gemeinsam mit der Chefredakteurin Marsha Siefert vollzog Gerbner eine scharfe Wende hin zu einem ökumenischen, öffentlichkeitsorientierten und manchmal marxistischen Redaktionsmix. Die Sonderausgabe von 1983 erschien im Gefolge des *Methodenstreits* der 1970er Jahre und der Abrechnung mit einem politischen Radikalismus in der Kommunikationswissenschaft, wobei die Debatten über die Neue Weltinformations- und Kommunikationsordnung (NWICO) ein aktuelles Thema in diesem Bereich waren. In den Anweisungen für die eingeladenen Beitragenden war von Geschichte nicht die Rede, aber die 35 Beiträge waren dennoch voller Bezugnahmen auf das disziplinäre Gedächtnis.

Die Sonderausgabe von 2018, die passenderweise den Plural „Ferments in the Field" trägt, erschien unter der Herausgeberschaft von Silvio Waisbord, ähnlich wie Gerbner ein Herausgeber, der sich dafür einsetzt, den Geltungsbereich der Zeitschrift über den quantitativen Mainstream hinaus zu erweitern. Das Sonderheft wurde von zwei Marxisten als Gastherausgeber betreut, die ihre Edition offen mit dem kritischen Geist des Originals von 1983 verbanden (Fuchs und Qui 2018, 219). Wie schon 1983 umfassten die Beiträge das politische Spektrum der Disziplin, wenn auch mit erhöhter

Sensibilität für geografische und andere Differenzlinien. Der Aufruf der Herausgeber zur Einreichung von Beiträgen forderte ebenso wie die Instruktionen, die für das Original ausgegeben worden waren, zu einer feldweiten Reflexion auf – wenngleich nur die Fortsetzung in 2018 explizit zur Reflexion über die Vergangenheit des Fachs einlud (Gerbner 1983; Fuchs und Qui 2016). Die beiden Sonderhefte, die mehr als drei Jahrzehnte auseinanderliegen, sind also vergleichbare Formen der Bezugnahmen auf die Erinnerung und das disziplinäre Gedächtnis, das in ihren jeweiligen Entstehungszusammenhängen in der Disziplin vorherrschte.

Auf der Grundlage eines *close reading* der über fünfzig Aufsätze habe ich jeden Beitrag nach der Tiefe und dem Geltungsbereich seiner geschichtsbezogenen Aussagen klassifiziert. Das Kodierungsschema war so konzipiert, dass jede Art von Musteränderung erfasst werden konnte. Zunächst ermittelte ich das *Ausmaß* des historischen Engagements: Gab es überhaupt irgendwelche erinnerungsbezogenen Aussagen? Wenn ja, waren die Verweise nur kurz, umfangreicher oder sogar der Hauptschwerpunkt des Artikels? Die zweite Untersuchungsdimension zielte auf den Geltungsbereich der historischen Äußerungen ab: Bezog sich der Hauptreferenzpunkt auf eine subdisziplinäre Formation, auf das Feld als Ganzes oder auf beides? Meine Erwartung war natürlich, dass die frühere Ausgabe einen höheren Anteil an Aufsätzen enthalten würde, die durch und durch auf die Geschichte ausgerichtet sind und dass ihr Bezugsrahmen tendenziell das gesamte Feld umfassen würde.

Auf der Grundlage der ersten Kodierungsrunde habe ich eine Reihe von *mnemotechnischen Motiven* identifiziert, also Aussagen über die Vergangenheit des Fachgebiets, die häufig in einem oder beiden Sonderheften erscheinen. Damit meine ich Bezugnahmen auf die Geschichte, die durch Wiederholung eine gewisse verkürzende Vertrautheit erlangen. Es handelt sich dabei um gemeinsame Bezugspunkte – zumindest lässt sich davon ausgehen, dass sie es sind. Sie sind typischerweise von einfachen Narrativen gekennzeichnet, die oft in sloganartigen Phrasen wie „die vier Gründer" zum Ausdruck kommen. Viele der Motive sind dichotomisch angelegt, indem sie eine „Schule" gegen eine andere ausspielen, oder sie werden in einer Stufenfolge dargestellt. Mit nur einer Handvoll Worte – „magic bullet theory" zum Beispiel – wird eine ganze Geschichte heraufbeschworen, und die Lesenden (Kolleg:innen innerhalb des Fachgebiets) sollen die metonymische Schlussfolgerung ziehen. Gelegentlich konzentrieren sich die Motive auf ein bestimmtes Werk – ein bekanntes Buch oder einen Artikel –, das, wenn es erwähnt wird, einen gemeinsamen historischen Bezugspunkt darstellt. Daher bestand meine Strategie in einer zweiten Runde des *close reading* darin, das spezifische Auftreten der in der ersten Runde identifizierten Motive Aufsatz für Aufsatz zu erfassen. Zusammen mit den Bewertungen von Umfang und Ausmaß sollte eine Erhebung der Zitationen in diesen Themenzusammenhängen dazu dienen, Kontinuität oder Wandel über die 35 Jahre der Sonderausgaben hinweg aufzuspüren.

Die Analyse stützt die These, dass sich viel verändert hat, auf verblüffende Art und Weise. In der Tat drücken die beiden Ausgaben völlig unterschiedliche Beziehungen zum disziplinären Gedächtnis aus. Im Jahr 2018 wird viel weniger Geschichte beschworen, und die Behauptungen, die aufgestellt werden, neigen stark zum Subdisziplinären. Das Sonderheft von 1983 ist regelrecht in Erinnerung getränkt und darin mariniert: Die Aufsätze haben einen totemistischen Charakter, die rivalisierenden Ansätze werden in manifestartigen Salven dargelegt, die mit martialischer Rhetorik gespickt sind. Die Ausgabe von 2018 ist dagegen eine Sammlung subdisziplinärer Beiträge, die voneinander abgegrenzt sind. Dies zeigt sich in der zurückhaltenden, ja gedämpften Art der Auseinandersetzung mit der disziplinären Geschichte Im Jahr 2018 gab es nur wenige feldübergreifende Verbindungen zur Vergangenheit; der Ruf nach mnemonischen Tropen war im Gegensatz zu 1983 verschwindend selten.

Betrachten wir das *Ausmaß*, also die Tiefe der Auseinandersetzung mit dem Gedächtnis des Feldes. In der Ausgabe von 1983 waren mehr als ein Drittel der Aufsätze (12 von 35) vollwertige Historien, d. h. sie konzentrierten sich in erster Linie auf die Auseinandersetzung mit der Vergangenheit des Feldes. Weitere 19 Aufsätze – mehr als die Hälfte – waren substanziell mit Vergangenheit befasst, wobei lediglich vier nur als kurze Erwähnung historischer Bezüge eingestuft wurden. Im Jahr 2018 hingegen waren von den 21 Aufsätzen nur drei Beiträge durch und durch historisch (Chakravartty et al. 2018; Splichal und Mance 2018; Walter et al. 2018). Noch aufschlussreicher ist vielleicht die Art ihrer Analyse: Bei allen drei handelt es sich um groß angelegte, quantitative Studien mit Tausenden von Zeitschriftenartikeln, die auf thematische Verbreitung, Zitationsmuster und Ähnliches untersucht wurden. Der narrative Modus – das Erzählen von Geschichten über intellektuelle oder institutionelle Entwicklungen – wird ausgeklammert, selbst in den Abschnitten, die der interpretativen Reflexion gewidmet sind. Die vielen narrativen Geschichten der Ausgabe von 1983 haben kein Pendant – nicht ein einziges Beispiel – in der Kohorte von 2018.

Etwa ein Viertel der Aufsätze aus dem Jahr 2018 (5 von 21) befasst sich wesentlich mit der Geschichte des Fachgebiets, während sie in mehr als die Hälfte der übrigen Aufsätze nur kurz erwähnt wird. (Ein einziger Aufsatz aus dem Jahr 2018, Cooren 2018, stellt keinerlei historische Behauptungen auf). Es gibt also eine signifikante Veränderung, die bei dieser ersten Auswertung zu verzeichnen ist: Fast 90 Prozent (31 von 35) der Beiträge von 1983 sind wesentlich oder primär an der disziplinären Vergangenheit orientiert. Im Jahr 2018 waren es nur noch etwas mehr als ein Drittel (8 von 21 Aufsätzen). Kurzum: Es gab eine deutliche Verflachung rund um die Bezugnahmen auf fachhistorische Erinnerung.

Der Kontrast bei der Frage nach dem *Geltungsbereich* war noch schärfer. Nahezu jeder Beitrag der „Ferment"-Ausgabe von 1983 richtete seinen historischen Anspruch auf das Gesamtfeld. Nur ein einziger Aufsatz – Herbert Gans' (1983) Überlegungen zum Studium des Journalismus – war auf die Geschichte eines Teilbereichs ausgerichtet. Im Jahr 2018 formulierte nur noch die Hälfte der Beiträge feldweite historische Ansprüche, während drei Fünftel der Beiträge Verweise auf die Geschichte eines Teilgebiets enthielten. Im Original von 1983 wurde in einem Aufsatz nach dem anderen die Disziplin als Ganzes adressiert: es war der gemeinsame Modus der Ansprache. Das

Heft von 2018 war in dieser Hinsicht weitaus parochialer, mit einem großen Anteil an Beiträgen, die nach innen orientiert waren und sich an Fachkolleg:innen innerhalb derselben Teildisziplin richteten.

Die historischen Überschneidungen des Fachs mit anderen Disziplinen wie der Soziologie oder der Politikwissenschaft sind 1983 ein fortwährendes Thema. Auch in der Ausgabe 2018 tauchen andere Disziplinen häufig auf, allerdings in einem deutlich anderen Muster: In der späteren Ausgabe wird behauptet, dass andere Disziplinen konstitutive und gleichberechtigte Beteiligte an subdisziplinären Formationen sind, die in Konsequenz als losgelöst von der Kommunikationswissenschaft als solcher erscheinen. Anders ausgedrückt: Die Kommunikationsforschung war 1983 der unhinterfragte Bezugspunkt; andere Disziplinen kommen als Vorläuferinnen, Konkurrentinnen oder Verbündete ins Spiel.

2018 hat sich der Fokus größtenteils hin zu interdisziplinären Formationen verschoben, die nach Darstellung der Autor:innen keine besonderen Wurzeln in der Kommunikationswissenschaft aufweisen. Ein Beitrag zur „Intergroup Communication" widmet sich beispielsweise in einem kurzen historischen Exkurs der eigenständigen Herkunft und Weiterentwicklung dieses Teilgebiets aus der Sozialpsychologie und Soziolinguistik (Gallois et al. 2018, 310). Ein weiterer Beitrag über „postcolonial communication and media studies" orientiert sich an dem, was die Autor:innen als „the larger interdisciplinary terrain of postcolonial studies – populated largely by scholars in literary studies, history and anthropology" beschreiben (Kumar und Parameswaran 2018, 348). In den Aufsätzen aus dem Jahr 2018, die sich mit dem Feld insgesamt befassen, ist spürbar, dass selbst das *geteilte Kuratel* für kommunikations- und medienbezogene Themen noch lange nicht gesichert ist. 1983 stand die Kommunikationswissenschaft als bestimmbarer Bezugspunkt im Zentrum der Erinnerungsbezüge, und dies trotz einer fortschreitenden disziplinären Durchmischung. Im Jahr 2018 erfolgt die Bezugnahme auf die Disziplin als solche vorsichtiger, ja sie ist fast zaghaft geworden.

Vielleicht ist es daher nicht überraschend, dass eines der wenigen mnemotechnischen Motive, die im Jahr 2018 einen nennenswerten Anklang finden, das der *Fragmentierung* ist: die Behauptung, dass sich das Feld im Laufe der Zeit aufgesplittert hat. In der Einleitung der Herausgeber wird beispielsweise der „extraordinary pluralism of our field" hervorgehoben, um die pointilistisch anmutende Verteilung der Beiträge in dem Sonderheft zu rechtfertigen (Fuchs und Qui 2018, 220). Ein anderes Beispiel ist ein Beitrag über „Global Media Studies", in dem nostalgisch darauf verwiesen wird, dass sich Wissenschaftler:innen in den vergangenen Jahrzehnten „grappeled with ,big questions' ". Ein Feld, „in disagreement over big questions", so der Autor weiter, „is more vibrant than a field fragmented into a ,live and let live' ethos, proliferating siloed, disconnected journals" (Kraidy 2018, 342). Die Geschichte der Fragmentierung ist in diesem Sinne die thematische Ausnahme, welche die Regel bestätigt: Mnemotechnische Motive haben in der Ausgabe 2018 einen unbedeutenden Platz, insbesondere im Vergleich zu ihrer bemerkenswerten Präsenz im Jahr 1983. Ein grober Indikator dieser Diskrepanz ist die durchschnittliche Anzahl verschiedener mnemotechnischer Aussagen pro Artikel in beiden Zeiträumen. Die Sammlung von 1983 enthält im Durchschnitt fast dreieinhalb solcher Bezugnahmen pro Artikel, eine Zahl, die im Jahr 2018 auf weniger als eine Bezugnahme pro Artikel gesunken ist.

Abgesehen vom Thema der Fragmentierung (drei Nennungen) waren die einzigen Erinnerungsmotive mit mehr als einer Erwähnung im Jahr 2018 die Internationalisierung des Feldes (vier), die Kluft zwischen „administrative vs. critical research" (drei) und die „Mainstream"- oder „Effekt"-Tradition des Feldes (fünf). Motive, die 1983 prominent waren, d. h. sie wurden damals in sieben oder mehr Aufsätzen erwähnt, wurden 2018 in vielen Fällen überhaupt nicht mehr erwähnt. Auch Entwicklungen *nach* 1983, wie die Debatte zwischen politischer Ökonomie und Cultural Studies oder die abnehmende Bedeutung des Begriffs „*Massen*"-kommunikation, werden 2018 kaum erwähnt (jeweils einmal).

Betrachten wir noch die Verweise auf grundlegende Werke. Im Jahr 1983 beriefen sich sieben Beiträge auf Harold Lasswells (1948, 37) Formel ‚wer sagt was in welchem Kanal zu wem mit welchem Effekt'. Diese Anspielung war 1983 offensichtlich ein Gemeinplatz, ein Grundbestand gemeinsamen disziplinären Wissens. In den meisten Verweisen wird Lasswells Aufsatz nicht zitiert, und in einigen wird nicht einmal sein Name genannt: So klar kann gegenseitiges Verständnis erwartet werden. Gaye Tuchman (1983, 330) nennt den Satz beispielsweise „the famous phrase"; Francis Balle und Idalina Cappe de Baillon (1983, 148) und Tamas Szeckso (1983, 97) berufen sich in ihren Aufsätzen auf „Lasswell's model" bzw. „Lasswell's paradigm", *ohne* ihn zu zitieren, und fordern die Leser:innen auf, die Lücke ‚wer sagt was' selbst zu vervollständigen. Es gibt auch eine fast rituelle Bezugnahme auf Berelsons (1959) Nachruf auf die Kommunikationsforschung in den Aufsätzen aus 1983 in Form einer Reihe von aus einem Vierteljahrhundert stammenden Widerlegungen. Der Grundsatzartikel von Schramm (1983) dreht sich um Berelsons irrige Behauptung des „withering away" der Kommunikationswissenschaft. In sechs weiteren Artikeln wird Berelsons Requiem ebenfalls zitiert, wenn auch nicht in jedem Fall mit dem unverhohlenen Triumphalismus der Schramms Aufsatz innewohnt. Wichtig ist zu betonen, dass keine der beiden Arbeiten – weder jene Lasswells noch jene Berelsons – in den 21 Aufsätzen des Jahres 2018 auch nur einmal vorkommt. Auch ist keine andere Veröffentlichung stellvertretend an ihren Platz getreten.

Das Gleiche gilt für die generischen Kurzverweise, die ‚Geschichten in einem Satz', die 1983 so prominent waren. Die vermeintliche „hypodermic needle"- oder „magic bullet"-Theorie der Medienwirkung aus der Zwischenkriegszeit tauchte damals in acht verschiedenen Aufsätzen auf, nicht ein einziges Mal im Jahr 2018. Der damit verbundene Refrain, dass sich Forschende an der Columbia University Mitte des Jahrhunderts von einer „begrenzten" oder „minimalen" Medienwirkung ausgingen, erscheint in sieben der Aufsätze von 1983, aber nur einmal im Jahr 2018. Das gleiche Muster gilt für andere Thematiken. Das lineare „Sender-Botschaft-Empfänger"-Modell, die „Theorie der Massengesellschaft", der Aufschwung geisteswissenschaftlicher

Ansätze: Jeder dieser Ansätze taucht 1983 sieben- oder achtmal auf, 2018 überhaupt nicht mehr.

Wie das Substantiv „ferment", also Gärung, ausdrücken sollte, fand auf den Seiten des Sonderheftes von 1983 ein erbitterter paradigmatischer Kampf statt. Der amerikanische Mainstream des Faches, unter anderem repräsentiert durch Schramm, Elihu Katz und Ithiel de Sola Pool, wurde von vielen Seiten angegriffen. Zu den nordamerikanischen politischen Ökonomen wie Dallas Smythe, Vincent Mosco und Herbert I. Schiller gesellte sich eine Reihe von europäischen Dissidenten. Der Kampf wurde zum großen Teil durch historische Behauptungen geführt. So waren die Verweise auf die seit langem bestehend ‚Kluft' zwischen ‚administrativer' und ‚kritischer' Forschung Legion – viele der Erwähnungen gehen auf Paul Lazarsfelds (1941) Prägung dieser Unterscheidung zurück. In ähnlicher Weise wurden in den Aufsätzen von 1983 pauschale historische Bezeichnungen zumeist abwertend verwendet. Zahllose Variationen des Themas einer „Mainstream"-Tradition tauchen auf; ein Lexikon der Ablehnung, das Abgesänge vortrug für das „dominant paradigm", die „dominant positivistic tradition" (Mosco 1983, 244), die „positivistic/behavioristic blindness" (Halloran 1983, 274), „behavioral positivists" (Blumler 1983, 168), „behavioral science of communications" (Carey 1983, 311), „liberal pluralists" (Lang und Lang 1983, 139), „traditional sociopsychological concerns" (Katz 1983, 52), eine „behavioral science of communications" (Gans 1983, 180), den „functionalist approach" (Mattelart 1983, 68) und sogar Wortschöpfungen hervorbrachte wie „neopositivists of the functional paradigm" (Rosengren 1983, 200). Allein der Ausdruck „dominant paradigm" taucht in der Sammlung von 1983 ganze 18 Mal auf.

Der Verweis auf den ‚Mainstream' taucht 2018 zwar wieder auf, aber in auffallend anderer Form. Es gibt keine Verweise auf askriptive Schlagwörter wie ‚positivistisch' oder ‚behavioristisch' mehr. In einem Aufsatz ist von der „dominant conceptual analysis" die Rede (Sparks 2018, 390); ein anderer zitiert „a paradigm of communication effects" (Neuman 2018, 369); und ein dritter verweist auf den „professionalized mainstream of communications research" (Murdock 2018, 363). Keiner von ihnen ist stark ablehnend, der dritte jedoch ist aufschlussreich in seiner nachfolgenden Charakterisierung: „professionalized mainstream of communications research", schreibt Graham Murdock (1983, 363), „and its segmentation into largely self-contained subareas". In ihrer Gesamtheit widersetzen sich die Aufsätze dem Aufruf der Herausgeber zu einer Wiederbelebung des kritischen Dissenses. Wenn die alten Debatten überhaupt auftauchen, dann liegt der Akzent auf Aussöhnung und auf der erschöpften Relevanz der Konflikte. Eine der großen quantitativen Zeitschriftenanalysen schließt mit diesem Punkt ab:

> To conclude, the state of research and theory in [dem *Journal of Communication*] suggests that „Ferments in the Field" is somewhat a misnomer, as it wrongfully implies the existence of contemporary tensions regarding epistemological and methodological assumptions. Yet in the post-1990s, there is little evidence for tensions and real synergies between diverse or competing approaches in JOC, with (post-)positivistic, micro-level, mass media research having the clear upper hand. (Walter et al. 2018, 439)

Ein fast identischer Punkt wurde in dem 2018er Aufsatz über die Forschung zur Kommunikationspolitik betont. Das Feld, so argumentieren die Autorin und der Autor, hat erhebliche Fortschritte gemacht, zum Teil dank „leaving the ‚turf wars' between administrative and critical research behind." In der Tat, fügen sie hinzu, gebe es „now a consensus that the separation into these two research traditions has often been misunderstood and overplayed" (Just und Puppis 2018, 329). Von den mnemotechnischen Scharmützeln, die das Sonderheft von 1983 so durchdrungen hat, ist jedenfalls nichts zu spüren. Siebzehn Aufsätze, fast die Hälfte, trugen irgendeine Variante des pejorativen Schlagworts „behavioristisch" / „positivistisch" / „funktionalistisch". In keinem der Aufsätze von 2018 wurden ähnliche Ausdrücke gewählt.

Eine letzte Kontrastachse hat mit dem disziplinären Status selbst zu tun. Eine bezeichnende Ironie des Sonderhefts von 1983 besteht darin, dass sich sowohl Befürworter:innen wie Kritiker:innen einig waren, dass die Kommunikationswissenschaft sozusagen auf der akademischen Bühne angekommen war. Für die Befürworter:innen war der stetige Marsch der Institutionalisierung – die verliehenen Doktortitel, die neuen Studiengänge, die schiere Menge an Aktivitäten – in der Tat ein sehr gutes Zeichen. Schramms (1983, 12–13) Aufsatz ist dahingehend eine unverfrorene Fortschrittserzählung: „At the time of the Founding Fathers, no more than a handful of communication doctorates were given in any year: in 1983, it is likely that one hundred or more will be awarded." Ja, der intellektuelle Fortschritt ist hinter den institutionellen Errungenschaften zurückgeblieben, aber nicht so weit: „I suspect that the better journals in the field and the upper third of the papers would get a good market even from those tough critics, the Founding Fathers." Acht weitere Aufsätze aus dem Band von 1983 unterstrichen das Motiv einer aufstrebenden Disziplin, wobei Kritiken, die sich über die neue Prominenz ärgerten, und diejenigen, die wie Schramm Grund zum Jubeln sahen, gleichmäßig verteilt waren. Ein Beispiel für die Verdrossenheit kommt von Jeremy Tunstall (1983, 92) in seiner Entschlüsselung der US-amerikanischen Kommunikationsforschung: „The fact that a single individual can teach courses in, say, magazine editing and research techniques in social psychology is a tribute to human adaptability, not to a well-conceived academic discipline."

Die Spaltung, die sich duellierenden Reaktionen auf die institutionellen Errungenschaften des Feldes manifestierte, verlief nicht entlang ideologischer Linien. In Gerbners (1983, 361, 362) Epilog zum Beispiel geht es zur Gänze um den disziplinären Forstschritt; die „new critique" wird hierbei als eine frische und wohltuende Etappe betrachtet. „Die Disziplin" ist in der Tat die Protagonistin des Abschlussaufsatzes. „The emergence of communications as an independent and critical discipline using the full range of methodologies is beginning," schrieb er, „to right this imbalance [des Einflusses der Industrie; Anm. der Hrsg.]." Das Heft und die in ihm ausgetragenen Debatten belegten, so Gerbners letzte Zeile, die „vitality of the discipline and to its ability to tackle the critical tasks ahead."

Das „Selfie" von 2018, wie die Herausgeber (Fuchs und Qui 2018, 220) die Ausgabe bedauerlicherweise bezeichneten, hat fast nichts von dem Schwung oder der

Verheißung, die 1983 so spürbar waren. Die Kommunikationswissenschaft ist sozusagen ein Faktum, ein Ort der Beschäftigung und das Etikett an der Tür. Keine:r der Autor:innen schafft es, die Disziplin *als Disziplin* zu behandeln: Sie räumen in ihrem subdisziplinären Blick ein, dass es so ist. Die Disziplin als Ganzes wird, wenn sie beschworen wird, nie – kein einziges Mal in diesem Heft – als eine Geschichte von institutionellem Gewinn oder Verlust beschrieben. Die galoppierende Heterogenität ist ein Thema, das es zu registrieren, zu feiern oder zu beklagen gilt, aber das Gefühl, kurz vor der Vollendung zu stehen, ist 2018 verschwunden.

Als post-disziplinäres Feld braucht die Kommunikationswissenschaft keine Erinnerung mehr, zumindest nicht in der alten, feldumspannenden Form. Die alten Themen und Motive sind nicht mehr anschlussfähig. Die Verweise auf Geschichte und erinnerungsbezogenen Erzählungen waren bloß nützlich, solange sie noch anschlussfähig und verstehbar waren.

Der Aufschwung des Digitalen in der Mitte der 1990er Jahre zersplitterte die vermeintliche Disziplin und riss ihre schwachen und durchlässigen Grenzen vollständig nieder. In der Vielstimmigkeit des neuen Jahrtausends verlor das disziplinäre Gedächtnis jeglichen Halt und jeden Nutzen, den es einmal hatte. Erinnerungsbezüge sind kleinteiliger, begrenzter und (vor allem) weniger wirksam geworden, da ihr zugrundeliegender Bezugspunkt – die Disziplin – jetzt eher einer konzentrierten Essenz in einer disziplinübergreifenden Mischung entspricht. In John Durham Peters' (1986, 544) Scherz war die Kommunikationswissenschaft noch wie Taiwan, das behauptete, ganz China zu sein. Dreißig Jahre später ist der Scherz ein charmanter Anachronismus. Dieser Anspruch ist verschwunden und mit ihm die alte mnemonische Streitlust, im Guten wie im Schlechten.

5. Literatur

Averbeck-Lietz, Stefanie. Hg. *Kommunikationswissenschaft im internationalen Vergleich*. Wiesbaden: Springer VS. 2017.

Balle, Francis, und Idalina Cappe de Baillon. „Mass Media Research in France: An Emerging Discipline". *Journal of Communication* 33.3 (1983): 146–156.

Berelson, Bernard. „The State of Communication Research". *Public Opinion Quarterly* 23.1 (1959): 1–6.

Blumler, Jay G. „Communication and Democracy: The Crisis Beyond and the Ferment Within". *Journal of Communication* 33.3 (1983): 166–173.

Carey, James W. „The Origins of the Radical Discourse on Cultural Studies in the United States". *Journal of Communication* 33.3 (1983): 311–313.

Chakravartty, Paula, Rachel Kuo, Victoria Grubbs, und Charlton McIlwain. „#CommunicationSoWhite". *Journal of Communication* 68.2 (2018): 254–266.

Cooren, François. „Materializing Communication: Making the Case for a Relational Ontology". *Journal of Communication* 68.2 (2018): 278–288.

Couldry, Nick, und Andreas Hepp. *The Mediated Construction of Reality*. New York: John Wiley & Sons, 2018.

Fuchs, Christian, und Jack Linchuan Qiu. „Ferments in the Field: Introductory Reflections on the Past, Present and Future of Communication Studies". *Journal of Communication* 68.2 (2018): 219–232.

Fuchs, Christian, und Jack Linchuan Qiu. *Ferments in the Field: The Past, Present and Futures of Communication Studies*. https://www.icahdq.org/mpage/Ferments. International Communication Association, 25 August 2016 (30. Juli 2020).

Galison, Peter. *Image & Logic: A Material Culture of Microphysics*. Chicago: University of Chicago Press, 1997.

Gallois, Cindy, Bernadette M. Watson, und Howard Giles. „Intergroup Communication: Identities and Effective Interactions". *Journal of Communication* 68.2 (2018): 309–317.

Gans, Herbert J. „News Media, News Policy, and Democracy: Research for the Future". *Journal of Communication* 33.3 (1983): 174–184

Gerbner, George. „The Importance of Being Critical—in One's Own Fashion". *Journal of Communication* 33.3 (1983): 355–362.

Hacking, Ian. „The Looping Effects of Human Kinds". *Causal Cognition: A Multidisciplinary Approach*. Hg. Dan Sperber, David Premack, und Ann James Premack. New York: Oxford University Press, 1996. 351–383.

Halloran, James D. „A Case for Critical Eclecticism." *Journal of Communication* 33.3 (1983): 270–278.

Just, Natascha, und Manuel Puppis. „Moving Beyond Self-Castigation: Let's Reinvigorate Communication Policy Research Now!". *Journal of Communication* 68.2 (2018): 327–336.

Katz, Elihu. „The Return of the Humanities and Sociology". *Journal of Communication* 33.3 (1983): 51–52.

Katz, Elihu, und Paul F. Lazarsfeld. *Personal Influence: The Part Played by People in the Flow of Mass Communications*. Glencoe, IL: Free Press, 1955.

Kraidy, Marwan M. „Global Media Studies: A Critical Agenda". *Journal of Communication* 68.2 (2018): 337–346.

Kumar, Sangeet, und Radhika Parameswaran. „Charting an Itinerary for Postcolonial Communication and Media Studies". *Journal of Communication* 68.2 (2018): 347–358.

Lang, Kurt, und Gladys Engel Lang. „The ‚New' Rhetoric of Mass Communication Research: A Longer View". *Journal of Communication* 33.3 (1983): 128–140.

Lasswell, Harold D. „The Structure and Function of Communication in Society". *The Communication of Ideas*. Hg. Lyman Bryson. New York: Harper & Brothers, 1948. 37–51.

Lazarsfeld, Paul F. „Remarks on Administrative and Critical Communications Research." *Studies in Philosophy and Social Science* 9 (1941): 2–16.

Löblich, Maria. *Die empirisch-sozialwissenschaftliche Wende in der Publizistik- und Zeitungswissenschaft*. Köln: Halem, 2010.

Mattelart, Armond. „Technology, Culture, and Communication: Research and Policy Priorities in France". *Journal of Communication* 33.3 (1983): 59–73.

McLemee, Scott. „Internet Studies 1.0: A Discipline Is Born". *Chronicle of Higher Education* 47.29 (30. März 2001): A24.

Mosco, Vincent. „Critical Research and the Role of Labor". *Journal of Communication* 33.3 (1983): 237–248, https://doi.org/10.1111/j.1460-2466.1983.tb02424.x

Graham Murdock, Media Materialties: For A Moral Economy of Machines, *Journal of Communication* 68:2 (2018): 359–368.

Neumann, W. Russell. „The Paradox of the Paradigm: An Important Gap in Media Effects Research". *Journal of Communication* 68.2 (2018): 369–379.

Peters, John Durham. „Institutional sources of intellectual poverty in communication research." *Communication Research* 13.4 (1986): 527–559.

Pooley, Jefferson. „Fifteen Pages that Shook the Field: *Personal Influence*, Edward Shils, and the Remembered History of Mass Communication Research". *Annals of the American Academy of Political and Social Science* 608.1 (2006): 130–156.

Pooley, Jefferson. „The Four Cultures: Media Studies at the Crossroads". *Social Media+ Society* 2.1 (2016): 1–4.

Pooley, Jefferson. „Wilbur Schramm and the ‚Four Founders' History of US Communication Research". *Communications. Media. Design* 2.4 (2018a): 5–18.

Pooley, Jefferson. *The Post-Program Era: The Rise of Internet & Society Centers—And a New Interdiscipline.* http://culturedigitally.org/2018/03/the-post-program-era-the-rise-of-internet-society-centers-and-a-new-interdiscipline/. Culture Digitally, 5. März 2018b (30. Juli 2020).

Rogers, Everett M., und Steven H. Chaffee. „Communication and Journalism from ‚Daddy' Bleyer to Wilbur Schramm: A Palimpsest". *Journalism Monographs* 148 (1994): 1–52.

Rosengren, Karl Erik. „Communication Research: One Paradigm, or Four?". *Journal of Communication* 33.3 (1983): 185–207.

Ruddock, Andy. „Backstage in the History of Media Theory: The George Gerbner Archive and the History of Critical Media Studies". *KOME: An International Journal of Pure Communication Inquiry* 6.2 (2018): 81–91.

Schramm, Wilbur „Communication Research in the United States". The Science of Human Communication. Hg. Wilbur Schramm. New York: Basic Book, 1963. 1–16

Schramm, Wilbur. „The Unique Perspective of Communication: A Retrospective View". *Journal of Communication* 33.3 (1983): 6–17.

Simonson, Peter und David W. Park. Eds. *The Interdisciplinary History of Communication Study.* London: Routledge. 2015.

Sparks, Colin. „Changing Concepts for a Changing World". *Journal of Communication* 68.2 (2018): 390–398.

Splichal, Slavko, und Boris Mance. „Paradigm(s) Lost? Islands of Critical Media Research in Communication Journals". *Journal of Communication* 68.2 (2018): 399–414.

Tuchman, Gaye. „Consciousness Industries and the Production of Culture". *Journal of Communication* 33.3 (1983): 330–341.

Tunstall, Jeremy. „The Trouble with U. S. Communication Research". *Journal of Communication* 33.3 (1983): 92–95.

Waisbord, Silvio. *Communication: A Post-Discipline.* New York: John Wiley & Sons, 2019.

Walter, Nathan, Michael J. Cody, und Sandra J. Ball-Rokeach. „The Ebb and Flow of Communication Research: Seven Decades of Publication Trends and Research Priorities". *Journal of Communication* 68.2 (2018): 424–440.

Witmer, Diane F. „The Association (of) Internet Researchers: Formed to Support Scholarship in and of the Internet". *Information, Communication & Society* 2.3 (1999): 368–370.

Automatische Übersetzung ins Deutsche
durchgesehen von Christian Schwarzenegger.

Andreas M. Scheu

18 Fachgeschichte als Erinnerungsforschung: Die Beziehung von Fachgeschichte und Fachgedächtnis am Beispiel der deutschen Kommunikationswissenschaft

1. Einleitung: Fachgeschichte als Erinnerungsforschung

Wissenschaftliche Disziplinen sind Denk- (Fleck 1980 [1935]) und Erinnerungskollektive (Pentzold et al. *in diesem Band*). Als Erinnerungskollektive konstituieren sich Disziplinen durch die Vergegenwärtigung von Vergangenheit und damit auch über Prozesse aktiven Erinnerns und Vergessens. Hierbei werden immer auch Grenzziehungen sichtbar, die das disziplinäre Selbstverständnis betreffen: Welche Gegenstände, Theorien und Methoden sollen Eingang in das kollektive Erinnern finden? Welche Entwicklungen und Fachvertreter:innen sind erinnerungswürdig? Wie erinnert sich eine Disziplin – wenn überhaupt – an Konflikte, konträre Perspektiven, (vermeintliche) Fehlentwicklungen oder Außenseiter? Diese exemplarischen Fragen verdeutlichen: Erinnern und Vergessen innerhalb wissenschaftlicher Disziplinen sind aktive Prozesse, denen Entscheidungen individueller und kollektiver Akteur:innen zugrunde liegen.

Solche Entscheidungen werden in der Fachgeschichtsforschung nachvollziehbar gemacht, reflektiert und diskutiert. Nichtsdestotrotz führen diese Entscheidungen auch immer dazu, dass Grenzen gezogen werden zwischen dem, was erinnert, und dem, was nicht erinnert wird. Zudem sind auch relativ einfach anmutende Entscheidungen nie vollkommen neutral. Bereits relativ geradlinige Fragen der Zugehörigkeit von Personen zum Beispiel zu bestimmten Kohorten (Kutsch und Pöttker 1997b; Meyen und Löblich 2007), theoretischen (Scheu 2012) oder methodischen Perspektiven (Löblich 2010) sind nicht unproblematisch. Gerade in einem Querschnittsfach wie der Kommunikationswissenschaft verschwimmen beispielsweise leicht die disziplinären Grenzen. Ist die Zugehörigkeit zur Deutschen Gesellschaft für Publizistik- und Kommunikationswissenschaft (DGPuK) ein guter Indikator für die Fachzugehörigkeit? Welche Personen prägen die „Sozialgestalt" (Averbeck und Kutsch 2002, 57) einer Disziplin? Sind das Personen, die herausragende Ämter übernehmen (Meyen 2012)? Sind es diejenigen, die eine Professur an einem kommunikationswissenschaftlichen Institut innehaben? Oder reicht auch eine Dauerstelle? Sollte vielleicht doch eher der inhaltliche Beitrag zur „Ideengestalt" (Averbeck und Kutsch 2002, 57) der Disziplin zählen?

Grundsätzlich wird hier bereits deutlich, dass der Eingang in das Fachgedächtnis mit akademischem Erfolg korreliert, umgekehrt werden Akteur:innen und Perspektiven oftmals auch deshalb vergessen, weil sichtbare Positionen, Publikationen und andere Quellen fehlen, die als Ansatzpunkte für fachgeschichtliche Forschung genutzt werden könnten.

Die Aufnahme ins Fachgedächtnis kann also als Indikator für Erfolg und Qualität gelten. Es ist deshalb auch umstritten, welche Perspektiven und Personen in das Fachgedächtnis aufgenommen werden sollen und wer darüber entscheiden darf. Das veranschaulicht beispielsweise die Diskussion um die Selektionskriterien des Biografischen Lexikons der Kommunikationswissenschaft (Meyen 2016). Mir selbst hatte ein Kollege von meinem Promotionsthema über kommunikationswissenschaftliche Perspektiven in der Tradition der Kritischen Theorie (Scheu 2012) abgeraten, weil diese Traditionsline dadurch zu Unrecht aufgewertet würde. Grundsätzlich provozieren fachgeschichtliche Publikationen und Vorträge immer wieder engagierte bis hitzige Diskussionen (Meyen 2017). Hier trifft methodisches und an wissenschaftlichen Qualitätskriterien orientiertes Erinnern auf subjektive Erinnerung und mitunter sogar auf strategisches Erinnern bzw. Vergessen.

Im Rahmen der Aktualisierung von Theorien, Methoden und Wissensbeständen sowie der Identifizierung von zentralen Akteur:innen, Institutionen und Entwicklungslinien werden also nicht nur Bestände an überprüften bzw. noch nicht widerlegten „Wahrheiten" kuratiert. Wissenschaftsinternes Erinnern ist genauso wie Wissenschaft selbst soziale Praxis (Bourdieu 1998) und damit potenziell konfliktbehaftet. Innerhalb von Disziplinen wird kontinuierlich darüber verhandelt und gestritten, wo die Grenzen der eigenen Disziplin verlaufen, auf methodischer und theoretischer Ebene, bezogen auf Gegenstände und Ziele, die es wert sind, bearbeitet und erinnert zu werden, und darüber, welche Leistungen und Aktivitäten zu Reputationsgewinnen oder -verlusten unter den Kolleg:innen beitragen (Kuhn 1962). Fachgeschichte kann mit Blick auf die beteiligten Personen (biografische Perspektive auf Fachgeschichte), die intellektuelle Entwicklung einer Disziplin (Fachgeschichte als Ideengeschichte) und die relevanten Institute, Fachgesellschaften und Organisationen (institutionelle Perspektive auf Fachgeschichte) erinnert werden (Averbeck und Kutsch 2002; Löblich und Scheu 2011).

Neben anderen Arten des Erinnerns und Vergessens – zum Beispiel in Form von tradierten Wissensbeständen in Hand- und Lehrbüchern oder Einführungsseminaren, in Form von Jahrestagen und Jubiläen – spielt fachhistorische Forschung eine zentrale Rolle für das Fachgedächtnis. Fachgeschichtliche Forschung ist aktive Erinnerungsarbeit. Sie widmet sich den Individuen, die die Fachentwicklung geprägt haben und weiterhin prägen, der Geschichte von Instituten und Institutionen, die dabei besonders wichtig sind, den theoretischen und methodischen Perspektiven sowie Einflussfaktoren auf unterschiedlichen Ebenen (Löblich und Scheu 2011; Averbeck und Kutsch 2002). Es beeinflussen sich also nicht nur wissenschaftliche Biografien, Ideengeschichte und die Geschichte von Institutionen wechselseitig, die Fachgeschichte ist auch abhängig von internationalen Entwicklungen der Disziplin, Entwicklungen im akademischen Feld und außeruniversitären Entwicklungen. Als Beispiele für solche

Einflüsse auf die deutsche Kommunikationswissenschaft können die Dominanz der US-amerikanischen Forschung, die zunehmende Wettbewerbsorientierung im deutschen Hochschulsystem und medientechnologische Entwicklungen angeführt werden. Alle diese Einflüsse prägen das Fach und seine (Weiter-)Entwicklung (für weitere Beispiele vgl. Löblich und Scheu 2011, 6–11).

Fachgeschichtliche Forschung frischt Erinnerungen auf, aktualisiert sie, deutet sie neu oder sogar um. Fachgeschichtliche Studien bergen mitunter auch Vergessenes und bieten alternative Deutungen der Vergangenheit. Fachgeschichtliches Erinnern macht Vergangenheit aber nicht nur zugänglich für Reflektion, sie wird im Prozess auch konstruiert und stabilisiert. Im weiteren Verlauf findet fachgeschichtliches Erinnern über Publikationen, Vorträge und andere Formen der wissenschaftlichen Kommunikation Eingang in das kollektive Gedächtnis. Gerade dadurch, dass fachhistorische Forschung die Vergangenheit problematisiert, anerkannte Deutungen der eigenen Geschichte hinterfragt und zur Disposition stellt, kontroverse Deutungen der Fachentwicklung anbietet und diskutiert, ist Fachgeschichte aktive Erinnerungsarbeit – und trägt als solche zur Aktualisierung und Konstitution einer gemeinsamen disziplinären Identität bei.

Fachgeschichte ist also einerseits Erinnerungsarbeit, andererseits greift sie dabei oftmals selbst auf Quellen zurück, die auf Erinnerungsleistungen beruhen – zum Beispiel biografische Interviews, Gespräche mit Zeitzeugen, Biografien, Autobiografien (vgl. auch den Beitrag von Koenen und Birkner *in diesem Band*). Solcherart subjektiv geprägte Erinnerungen werden in der fachgeschichtlichen Forschung intersubjektiv nachvollziehbar eingeordnet und systematisch interpretiert und aufbereitet. Die auf diese Weise konstruierten Fachgeschichten können dann wiederum das kollektive Gedächtnis von Disziplinen beeinflussen, indem sie Studierenden, Lehrenden und Forschenden die Auseinandersetzung mit der eigenen Geschichte ermöglichen – im Hinblick auf die eigene wissenschaftliche Sozialisation (Biografien), die Strukturen, in denen sie sich bewegen (Institutionengeschichte) und die theoretischen und methodischen Perspektiven, die sie sich aneignen (Ideengeschichte).

Im Folgenden thematisiert dieser Beitrag zunächst die Bedeutung von Gedächtnis für die kommunikationswissenschaftliche Fachgeschichtsschreibung und umgekehrt die Rolle von fachgeschichtlicher Forschung für das kollektive Gedächtnis der Kommunikationswissenschaft. Aus der Perspektive der kommunikationswissenschaftlichen Fachgeschichtsforschung heraus suche ich nach Anknüpfungspunkten zwischen Fachgeschichtsforschung und *memory studies*. Hierzu werden klassische Funktionen bzw. Leistungen von Fachgeschichte herausgearbeitet und im Hinblick auf ihre Bedeutung im Kontext der disziplinären Erinnerungsarbeit hinterfragt. Fachgeschichtliche Forschung wird als aktive Erinnerungsarbeit betrachtet: Forschende greifen auf Erinnerungen zurück, die über unterschiedlichste Quellen tradiert sind und liefern Ergebnisse, die als Erinnerungs-Ressourcen die Konstitution von Erinnerungskollektiven ermöglichen.

2. Selbstverständnis der kommunikationswissenschaftlichen Fachgeschichtsforschung

Fachgeschichtliche Perspektiven haben (genauso wie historische Perspektiven insgesamt) in der deutschsprachigen Kommunikationswissenschaft an Bedeutung verloren (Meyen 2016), ähnliches gilt für die US-amerikanische Disziplin (vgl. hierzu den Beitrag von Pooley *in diesem Band*). In aktuellen Ausschreibungen für Professuren wird in der Regel nicht nach fachgeschichtlichen Kompetenzen gesucht, spezielle Lehrstühle für die Fachgeschichte der Kommunikationswissenschaft gibt es in Deutschland nicht, die Zahl von Professor:innen, die sich mit Fachgeschichte beschäftigen, ist überschaubar, und entsprechend übersichtlich ist auch die Stellensituation für Promovierende und Postdoktorand:innen.

Um die eigene Position im akademischen Feld zu verbessern, setzt die deutsche Kommunikationswissenschaft spätestens seit der sogenannten sozialwissenschaftlichen Wende (Löblich 2010) ab Mitte der 1950er Jahre auf die Orientierung an der US-amerikanischen Forschung und die Adaption empirischer Methoden aus den Nachbardisziplinen. Auch jüngere Veränderungen im deutschen Hochschulsystem (Scheu und Blöbaum 2019) beeinflussen den Stand der Fachgeschichte innerhalb der deutschen Kommunikationswissenschaft. Dazu gehören zum Beispiel die Umgestaltung der Hochschulen nach dem Modell des New Public Management (Marcinkowski et al. 2014), die Implementierung externer Evaluationsmechanismen, die zunehmende Bedeutung wettbewerbsorientierter Förderung für die Finanzierung und die Reputation von wissenschaftlichen Akteur:innen und damit zusammenhängend die Intensivierung der Wettbewerbssituation wissenschaftlicher Organisationen und Institutionen insgesamt (Meier 2019).

Diese Prozesse wirken sich nachteilig auf die Positionierung fachhistorischer Perspektiven innerhalb der Kommunikationswissenschaft aus. In diesem Zusammenhang bemüht sich nämlich auch die deutschsprachige Kommunikationswissenschaft verstärkt darum, Bezüge zu aktuellen gesellschaftlichen Problemen und Entwicklungen herzustellen und so die eigene gesellschaftliche Relevanz sichtbarer zu machen – diese Bezüge sind mit fachgeschichtlichen Themen schwerer kommunizierbar. Das verspricht Zugang zur derzeit favorisierten Reputationswährung: Drittmittel, insbesondere im Bereich der gesellschaftlich relevanten Grundlagenforschung, vorzugsweise im Rahmen von größeren Forschungsverbünden (Vowe und Meißner 2020). Vor diesem Hintergrund hat die schwache Position der Fachgeschichtsforschung (und der Kommunikationsgeschichte allgemein) innerhalb der deutschsprachigen Kommunikationswissenschaft wohl auch mit Zweifeln daran zu tun, ob historische Methoden und die Analyse fachgeschichtlicher Entwicklungen maßgeblich zur Reputationssteigerung des Faches beitragen können. Eine ähnliche Frage stellt sich sicherlich auch für Forschende, die sich mit Fachgeschichte beschäftigen, bezogen auf die eigene Positionierung innerhalb der Kommunikationswissenschaft.

Die Fachgeschichtsforschung steht deshalb heute wahrscheinlich noch stärker als früher unter dem Druck, die eigene Relevanz zu dokumentieren. Dieser Druck – aber natürlich auch die hohe Verantwortung von Fachgeschichtsforschung als Gatekeeper des Fachgedächtnisses – führt dazu, dass sich fachgeschichtliche Arbeiten vergleichsweise intensiv mit der eigenen Funktion und fachlichen Relevanz auseinandersetzen (müssen). Verweise auf die immanente Relevanz eigener Arbeiten („being important in its own right", Simonson und Park 2016, 1), z. B. aufgrund der Bearbeitung von fachgeschichtlichen Forschungslücken, werden in der Regel durch die Bezugnahme auf meist mehrere weitere Leistungspotenziale im Hinblick auf das Fach, einzelne Forschungsfelder oder Forschende erweitert. Hierbei differenziere ich drei Schwerpunktbereiche: Erstens, die Funktion der *Legitimierung* der Disziplin, einzelner Forschungsfelder oder Methoden und theoretischer Perspektiven; zweitens, die Ermöglichung von *Selbstreflexion und Orientierung* bezogen auf die Disziplin, einzelne Forschungsfelder und Forschende; und drittens, die Leistung, die wissenschaftliche Arbeit anderer Forschungsfelder zu *unterstützen*.

Im Folgenden fasse ich den Leistungskatalog und die Relevanzargumente zusammen, die in fachgeschichtlichen Arbeiten üblicherweise vorgebracht werden, und setze diese in Bezug zum Beitrag fachgeschichtlicher Forschung für das kollektive Gedächtnis der Kommunikationswissenschaft. Ich frage, inwiefern das Selbstverständnis der kommunikationswissenschaftlichen Fachgeschichtsforschung – in Form der wahrgenommenen Leistungen von Fachgeschichte aus Sicht der Forschenden – mit der Perspektive auf Fachgeschichte als Ermöglichung eines disziplinären Gedächtnisses und institutionalisierten Erinnerns (und ggf. Vergessens) in Verbindung gebracht werden kann.

2.1 Legitimierung und Identitätsbildung

Die kommunikationswissenschaftliche Fachgeschichtsforschung erfüllt die zentrale Funktion, über die Konstruktion von Geschichte, Tradition und gemeinsamer Vergangenheit Kontinuität und damit schließlich auch Legitimität zu erzeugen. „A sense of history is important for a discipline in attaining legitimacy" (Bratslavsky 2015, 118). Der Blick zurück auf Entwicklungen und Konflikte in der Geschichte der Kommunikationswissenschaft zeigt, dass es hierbei oftmals auch um die Legitimation der Konfliktparteien, ihrer Standpunkte und Perspektiven geht. Fachtraditionen können und wurden hierbei strategisch eingesetzt und als „Legitimationsgrundlage" (Wiedemann und Meyen 2016, 51) genutzt. Fachgeschichte kann also instrumentalisiert werden und zum Beispiel als Strategie in fachinternen Konflikten oder als „Mittel im Paradigmenstreit" (Meyen 2016) missbraucht werden. Die Kommunikationswissenschaft hat sich mit Hilfe des fachgeschichtlichen Erinnerns und im Bemühen um sowie der Hoffnung auf Legitimität eine „story of origin" geschaffen (Maurantonio und Park 2019, 4). Hierbei geht es um nicht weniger als die eigene Identität (Wiedemann et al. 2018, 11; Löblich und Venema 2020b, 20).

Identitätsbildung erfüllt aber nicht nur den Zweck der Legitimierung, sondern soll auch dazu beitragen, das Fach, Forschungsperspektiven oder Institute zu stabilisieren: „The published histories of communication studies authenticate and, together with the reproduction of compatible ‚key' texts as confirming evidence, help to reinforce the reigning explanation of the field's origins" (Hardt 2008, XI). Fachgeschichte hält die Kommunikationswissenschaft zusammen und bündelt die heterogene Disziplin. Für Simonson und Park zum Beispiel kann die Kommunikationswissenschaft so ganz unterschiedliche Forschungsbereiche, Ansätze und Perspektiven auf Medien und Kommunikation als „family of fields" (Simonson und Park 2016, 1) und damit als lose Einheit wahrnehmen. Wichtig wird das beispielsweise „angesichts einer drohenden Desintegration" (Wilke 2016, 74) oder voranschreitenden Zersplitterung der Fachgemeinschaft in lose oder sogar unverbundene Spezialgebiete (vgl. den Beitrag von Pooley *in diesem Band*). Einer voranschreitenden Desintegration steht das Bemühen entgegen, eine gemeinsame Geschichte zu schaffen, in der für die Zukunftsfähigkeit und Leistungsfähigkeit des Faches wichtigen Perspektiven und Wissensbestände erinnert, Unwichtiges, Fehlentwicklungen und störende Perspektiven hingegen auch vergessen werden können. Andererseits kann gerade das „Wiederausgraben der Themen, Theorien und Arbeitsformen von damals" (Löblich und Venema 2020b, 20) dazu dienen, die Konturen der gegenwärtigen „kognitiven Identität" (Averbeck und Kutsch 2002, 57) des Faches und der darin Forschenden zu schärfen. Zu solchen Ausgrabungsarbeiten der Fachgeschichte kann auch die Beschäftigung mit ausgegrenzten und bewusst oder auch unbewusst aus dem kollektiven Gedächtnis verdrängten Perspektiven und (vermeintlichen) Fehlentwicklungen zählen (Scheu und Wiedemann 2008; Scheu 2012).

Die Dynamik fachgeschichtlichen Erinnerns, Vergessens, Wiedererinnerns und Wiedervergessens eröffnet also Räume zur Identitätsbildung und Legitimierung des Faches, einzelner Forschungsfelder und Perspektiven. Zum Beispiel durch die Konstruktion einer gemeinsamen Vergangenheit in Form eines Gründungsmythos, zum Beispiel aber auch durch das sorgfältige Kuratieren des kollektiven Gedächtnisses, um eine sinnvolle und konkurrenzfähige Narration der eigenen Disziplin, eines Forschungsfeldes oder theoretischen und methodischen Traditionslinie zu kultivieren. Fachgeschichte als methodische und reflektierte Form des disziplinären Erinnerns trägt hierbei dazu bei, dass der Blick in die Vergangenheit nicht blind gegenwärtige Strukturen bestätigt und perpetuiert. Eine solche Bestätigung bis hin zur Verklärung der eigenen Geschichte wird einem Teil der kommunikationswissenschaftlichen Erinnerungskultur zu recht vorgeworfen (Pooley und Park 2008, 1), diese Art der unkritischen Legitimierung kann aber keine Funktion methodischer Fachgeschichtsforschung sein. Eine reflektierte Fachgeschichte hat stattdessen das Potenzial, Strukturentwicklungen kritisch zu betrachten und einzuordnen, Machtverhältnisse zu hinterfragen und vielfältige subjektive Erinnerungen an die Vergangenheit zueinander und mit weiteren Quellen in Beziehung zu setzen. Fachgeschichtliche Forschung wirkt so auch Mythologisierungen disziplinären Erinnerns entgegen (vgl. auch den Beitrag von Schwarzenegger *in diesem Band*) und dekonstruiert diese (Birkner und Schwarzenegger 2016).

Im Zeitverlauf hat die Legitimierungsfunktion von Fachgeschichte an Bedeutung verloren: Pooley argumentiert *in diesem Band*, dass der Rekurs auf fachgeschichtliches Erinnern als Legitimierungsquelle im Zuge der Ausdifferenzierung bzw. „Zersplitterung" des Faches abnimmt. Diese Beobachtung lässt sich ergänzen: Die Ausdifferenzierung des Faches kann nämlich auch als Symptom seiner Akademisierung und Professionalisierung gedeutet werden. Die Kommunikationswissenschaft hat, anders ausgedrückt, ihre Position im akademischen Feld verbessert und an Reputation gewonnen. Eine Legitimierung durch Fachgeschichte ist vor diesem Hintergrund eventuell nicht mehr dringend notwendig. Hinzu kommen die weiter oben angedeuteten Veränderungen im Hochschulbereich, die auch dazu beitragen, dass die Kommunikationswissenschaft ihre Strategie der Legitimierung und Reputationssteigerung umstellt. In diesem Zusammenhang rücken andere Legitimierungsstrategien in den Vordergrund – z.B. Drittmittelakquise und die Betonung der eigenen gesellschaftlichen Relevanz und Problemlösungskompetenz.

2.2 Selbstreflexion und Orientierung

Ein zweiter Strang der Relevanzbegründung fachgeschichtlicher Forschung bezieht sich darauf, dass kommunikationswissenschaftliche Erinnerung zur „Selbstreflexion und zum Verständnis der eigenen Geschichte" (Scheu 2012, 14) beiträgt (vgl. auch Wiedemann et al. 2018; Löblich und Venema 2020b, 19). Diese Leistungsdimension von Fachgeschichte betrifft die Makroebene von Fachtraditionen, die Mesoebene von Forschungsfeldern, Institutionalisierungsprozessen, Institutionen (z.B. Fachgesellschaften) und Fachinstituten, und die Mikroebene individueller Forschenden.

Gerade im Vergleich nationaler Entwicklungslinien bzw. Erinnerungskollektive wird die Orientierungs- und Reflexionsfunktion besonders sichtbar:

> History is a vehicle toward greater collective reflexivity about our own locations, aspirations, and projects within the wider global field. It sheds light on patterns of intellectual hegemony, resistance, and plurality that cut across nations and regions – and the geopolitical struggles that have structured them. (Simonson und Park 2016, 1)

Kommunikationswissenschaft ist eine heterogene Disziplin, die in unterschiedlichen nationalen Kontexten unterschiedliche theoretische, methodische und inhaltliche Schwerpunkte setzt und durch verschiedene Entwicklungslinien geprägt ist. Vergleichende Fachgeschichtsforschung kann diese Heterogenität sichtbar machen und fordert das eigene Fachgedächtnis heraus. Im Ländervergleich wird offensichtlich, dass

die nationalen Disziplingeschichten nicht entlang quasi-evolutionärer Entwicklungslinien verlaufen – auch wenn sie ex-post als solche erinnert werden. Diesen Eindruck
wollen auch die vorliegenden Rückblicke auf die eigene Disziplin in bestimmten Ländern vermeiden. Hier geht es stattdessen um die „Reflexion der gesellschaftlichen Bedingungen wissenschaftlicher Arbeit" (Löblich und Venema 2020b, 20), Abhängigkeiten der Fachentwicklung von Einflüssen auf unterschiedlichen Ebenen (Löblich und
Scheu 2011), zum Beispiel von gesellschaftlichen Zusammenhängen, (wissenschafts-)
politischen Akteur:innen und Entscheidungen, Ansprüchen der Medienpraxis und anderen.

Die Orientierungs- und Reflexionsfunktion von Fachgeschichte wird vor allem
auf individueller Ebene bedeutsam: „It provides insights into the pathways that
brought us to our present ways of doing things as students and scholars of communication" (Simonson und Park 2016, 1). Stefanie Averbeck-Lietz und Maria Löblich
(2017) betonen in ihrer Einführung zum transnationalen und vergleichenden Fach-
geschichtsband „Kommunikationswissenschaft im internationalen Vergleich" ebenfalls die Orientierungsfunktion für einzelne Forschende. In der Gegenüberstellung unterschiedlicher nationaler Fachgeschichten und kommunikationswissenschaftlicher
Erinnerungskulturen können individuelle Forschende Strukturen erkennen, die das
Denken und Handeln internationaler Kolleg:innen prägen. In einem immer stärker international kooperierenden Fach ist es bedeutsam, zu wissen, an welchen Traditionen
sich Kolleg:innen in anderen Ländern orientieren, welche Reputationsmechanismen
in unterschiedlichen nationalen Kontexten bedeutsam sind – warum zum Beispiel
„Kollegen aus den romanischen Ländern eher nicht auf Jahrestagungen der International Communication Association vortragen (und ebenso wenig US-Amerikaner oder
Deutsche auf den Jahrestagungen der französischen Fachgesellschaft SFSIC)" (Averbeck-Lietz und Löblich 2017, 20) – und welche theoretischen und methodischen
Schwerpunkte in unterschiedlichen Ländern Teil des kollektiven Gedächtnisses sind.
Damit trägt fachgeschichtliches Erinnern auch dazu bei, Herrschafts- und Machtver-
hältnisse zu erkennen und zu kritisieren (Scheu 2012).

Innerhalb der eigenen nationalen Scientific Community hilft fachgeschichtliches
Erinnern Forschenden zudem dabei, die eigene Positionierung zu reflektieren. Löblich
und Venema argumentieren in ihrem Buch zur Geschichte der Kommunikationswissenschaft an der Freien Universität Berlin:

> Die Betrachtung dieses Kapitels der Berliner Fachgeschichte regt darüber hinaus dazu an, das ei-
> gene Wissenschaftsverständnis zu reflektieren. Dabei stellt sich die Frage, was Wissenschaft
> überhaupt bewirken soll. Soll sie Gesellschaft verändern oder etablierte Verhältnisse aufrecht-
> erhalten? Dahinter steht die Diskussion, ob politisches Engagement mit wissenschaftlicher Arbeit
> vereinbar ist. (Löblich und Venema 2020b, 20)

Darüber hinaus kann Fachgeschichte auch für die strategische Positionierung – sowohl auf individueller als auch auf kollektiver Ebene – wichtig sein. Zum Beispiel
erlaubt die Beschäftigung mit marginalisierten Perspektiven wie der Traditionslinie

Kritischer Theorie innerhalb der deutschen Kommunikationswissenschaft die Identifizierung von Faktoren, die den Erfolg oder Misserfolg von theoretischen Positionen und individuellen Forschenden beeinflussen (Scheu 2012, 14). Dazu zählen beispielsweise die Kompatibilität von Habitus und Feldstrukturen, die Mechanismen der Zuschreibung wissenschaftlichen Kapitals, Institutionalisierungschancen sowie externe Einflussfaktoren und individuelle Eigenschaften (Scheu 2012, 270–292). Außerdem ermöglicht das fachgeschichtliche Erinnern soziales Vergleichen: „Was musste man auf einer wissenschaftlichen Mitarbeiterstelle früher leisten", „Wie sind die Arbeitsbedingungen zu bewerten im Vergleich zu damals" (Löblich und Venema 2020b, 20)?

2.3 Unterstützung anderer kommunikationswissenschaftlicher Forschungsfelder

Neben Legitimierung (vgl. Abschnitt 2.1) und der Ermöglichung von Selbstreflexion (vgl. Abschnitt 2.2.) erbringt fachgeschichtliche Forschung auch Leistungen, die die Weiterentwicklung anderer kommunikationswissenschaftlicher Forschungsfelder befördern können.

Vor allem wird in der fachgeschichtlichen Literatur hierbei auf die Erhaltung und Erweiterung der Perspektivenvielfalt innerhalb des Faches und seiner Forschungsfelder hingewiesen. Trans- und internationale fachgeschichtliche Arbeiten schützen durch die Thematisierung kultureller und wissenschaftlicher Unterschiede nicht nur vor Fehlinterpretationen von Perspektiven, die in anderen nationalen Kontexten entwickelt wurden (Averbeck-Lietz et al. 2019, 364), sie machen auch auf Forschungstraditionen aufmerksam, „die im eigenen nationalen Kontext vielleicht schon vergessen, aber in anderen Ländern fester Bestandteil der disziplinären Identität sind" (Averbeck-Lietz und Löblich 2017, 20). So hilft die fachgeschichtlich informierte Erinnerung dabei, Scheuklappen und theoretische Engführungen zu vermeiden (Simonson und Park 2016, 1).

Fachgeschichtliches Erinnern macht darüber hinaus Fehl- und Vorurteile sichtbar, bricht die falsche Wahrnehmung von Kohärenz der eigenen Disziplin auf (Pooley und Park 2012, 85–86), erleichtert Forschenden die Auseinandersetzung mit den eigenen blinden Flecken und die Weiterentwicklung der eigenen Forschungsperspektiven (Löblich und Venema 2020b, 20). Fachgeschichte kann so auch als „Ideenquelle" (Lepenies, XXVII) dienen und aktuelle Forschungsarbeiten inspirieren.

Einhergehend mit der zunehmenden Internationalisierung der kommunikationswissenschaftlichen Forschung wird der Austausch über nationale Fachtraditionen hinweg forciert und internationale Kooperationen werden umfangreicher und vielfältiger. Um diese Kooperationen möglichst fruchtbar zu gestalten, ist es wichtig, „andere Forschungstraditionen und ihre Überlappungen mit, aber auch ihre Differenzen zu den eigenen zu kennen" (Averbeck-Lietz und Löblich 2017, 20). Fachgeschichtliche

Forschung leistet hierzu einen Beitrag, steht aber vor der Herausforderung, den eigenen nationalen Fokus zu erweitern (Pooley und Park 2012, 85).

Schließlich trägt Fachgeschichte auch dazu bei, für andere Forschungsfelder relevante Wissensbestände zu kuratieren. Einerseits ergänzt fachgeschichtliches Erinnern hier die typischen Lehr- und Handbuchtraditionen in den einzelnen Forschungsfeldern, andererseits problematisiert sie über den historischen Blick den Prozess, der zur aktuellen Zusammensetzung dieser Wissensbestände geführt hat. Fachgeschichtliches Erinnern macht auf unterschiedlichen Ebenen Einflüsse sichtbar, die erklären können, weshalb bestimmte Theorien, Methoden oder Gegenstandsbereiche erfolgreich sind und zum Beispiel in Lehrbuchbeiträgen erinnert werden, und warum andere wiederum aus dem kollektiven Gedächtnis verschwinden (Scheu und Wiedemann 2008; Wendelin 2008; Löblich 2010; Löblich und Scheu 2011; Scheu 2012; Wiedemann 2012).

3. Die Beziehung von Fachgeschichte und Fachgedächtnis

Mit Blick auf die Funktionen und Leistungen von kommunikationswissenschaftlicher Fachgeschichtsforschung wurde im vorhergehenden Abschnitt gezeigt, wie eng das Selbstverständnis kommunikationswissenschaftlicher Fachgeschichtsforschung mit dem eigenen Beitrag zur Erinnerungsarbeit der Disziplin und dem Fachgedächtnis verknüpft ist. Dieses Verhältnis wird durch die Fachgeschichtsforschung selbst allerdings selten explizit thematisiert.

Dennoch: Die Bezugnahme auf kommunikationswissenschaftliches Erinnern und das disziplinäre Gedächtnis schärft die Leistungsbeschreibung fachgeschichtlicher Forschung (vgl. Abschnitt 2). Legitimierung, Selbstreflexion und auch die Unterstützung anderer Forschungsfelder sind Leistungsdimensionen, die vor allem im Hinblick darauf bedeutsam sind, dass die Fachgeschichte hierbei einen Beitrag zum kollektiven Gedächtnis der Kommunikationswissenschaft liefert. Fachgeschichtliche Forschung ergänzt nicht nur andere Formen des Erinnerns innerhalb der Kommunikationswissenschaft, zum Beispiel Lehr- und Handbücher, Festschriften, Jubiläen oder Nachrufe. Sie kann auch als Filter, Korrektiv und Orientierungshilfe dienen. Im besten Fall liefert Fachgeschichte intersubjektiv nachvollziehbare Erkenntnisse, deren epistemischer Anspruch sich von anderen Formen der Erinnerung unterscheidet, aus denen sich das kollektive Gedächtnis des Faches speist. Im schlechtesten Fall können sich hinter der theoretischen und methodischen Fassade aber natürlich auch strategische und zweckgebundene Narrationen verstecken (für einen kritische Perspektive vgl. z.B. Pooley und Park 2008)

In diesem Zusammenhang stellt sich auch die Frage der Verantwortung von Fachgeschichte aus einem neuen Blickwinkel. Gegenüber anderen Formen disziplinären

Erinnerns sollte sich die Fachgeschichtsforschung durch den Bezug auf wissenschaftliche Qualitätskriterien und damit einen wissenschaftlichen Wahrheitsanspruch auszeichnen. Fachgeschichtliche Studien nehmen als Erinnerungsmedien im kollektiven Gedächtnis der Kommunikationswissenschaft deshalb einen besonderen Stellenwert ein. Dieser Verantwortung wurde die fachgeschichtliche Forschung innerhalb der Kommunikationswissenschaft nicht immer gerecht. 2008 berufen sich Pooley und Park auf James W. Carey und attestieren: „Strictly speaking, there is very little history of mass communication research – at least the sort that takes the field's past as a serious object of study" (Pooley und Park 2008, 1). Über ein Jahrzehnt zuvor hatte Carey festgestellt, dass es streng genommen gar keine Fachgeschichte der Kommunikationswissenschaft gebe (Carey 1997). Immerhin war also bereits 2008 ein – wenn auch geringer – Fortschritt erkennbar und heute hat sich das Forschungsfeld nochmals sehr deutlich weiterentwickelt.

Bei dieser Entwicklung spielt die Abkehr der Fachgeschichtsforschung von ihrer Funktion als Legitimierungsgehilfin eine zentrale Rolle. Fachgeschichtliche Texte haben lange Zeit die Anfänge der Kommunikationswissenschaft mythologisiert, Gründungsväter und -mütter herbeigeschrieben und über große identitätsstiftende Erzählungen die Einheit und Kohärenz des Faches zu konstruieren versucht (vgl. auch den Beitrag von Pooley *in diesem Band*). Zu wenig haben sich frühere Arbeiten an wissenschaftliche Qualitätsstandards und genuinen Erkenntnisinteressen orientiert. Anders ausgedrückt wurde die Geschichte des Faches lange Zeit nicht ernsthaft als Forschungsgegenstand bearbeitet (Pooley und Park 2008).

Im deutschsprachigen Raum und auch international hat sich der Zugang zur Fachgeschichte seitdem deutlich gewandelt. Dieser Wandel zeichnet sich durch die Orientierung an meist sozialwissenschaftlichen oder wissenschaftssoziologischen Theorien und Methoden aus. Dies führt dazu, dass fachgeschichtliche Forschung der besonderen Verantwortung bei der Kuratierung des kollektiven Gedächtnisses der Kommunikationswissenschaft zunehmend gerecht werden kann. Gleichzeitig wird disziplinäres Erinnern in und durch fachgeschichtliche Forschung damit auch streitbar und kritikfähig, intersubjektiv nachvollziehbar und auf methodische Stringenz und theoretische Plausibilität hin überprüfbar. Es wird damit auch schwieriger, Fachgeschichte als Strategie oder Mittel zu verwenden, um Konflikte um theoretische und methodische Perspektiven und Paradigmen auszufechten. Diese Art der kommunikationswissenschaftlichen Relevanz kann und sollte die fachgeschichtliche Forschung nicht einlösen. Demgegenüber scheinen die Leistungen von Fachgeschichte, Selbstreflexion zu ermöglichen und den Fortschritt in anderen Forschungsfeldern zu unterstützen, bedeutender. Gleichzeitig sollte aber nicht vergessen werden, dass die Hauptquelle wissenschaftlicher Relevanz von fachgeschichtlicher Forschung in der Leistung begründet ist, Forschungslücken zu schließen und damit das eigene Forschungsfeld weiterzuentwickeln.

Mit Blick auf die Weiterentwicklung der Fachgeschichtsforschung lädt die Auseinandersetzung mit der Erinnerungsforschung dazu ein, die Bedeutung von Erinnerung im Forschungsfeld zu reflektieren. Das beginnt damit, dass kommunikationswissenschaftliche Fachgeschichtsforschung auf unterschiedliche, meist schriftlich tradierte und immer auch sozial konstruierte Quellen zurückgreift. Darunter auch autobiografische und biografische Quellen (für einen Überblick fachhistorischer Quellen und den Stellenwert autobiografischer Quellen für die Forschung vgl. den Beitrag von Koenen und Birkner *in diesem Band*). Autobiografien und Biografien präsentieren eine jeweils subjektive Perspektive auf die Vergangenheit. Auch in biografischen Interviews und Zeitzeugengesprächen greift die Fachgeschichtsforschung auf subjektive Perspektiven zurück. Erhoben und analysiert werden persönliche Erinnerungen vor allem dann, wenn es um persönliche Einstellungen und Bewertungen der Fachentwicklung geht und um Einblicke in Vorgänge, die nicht in Archivalien, wissenschaftlichen Veröffentlichungen oder den raren Medienberichten über das Fach und seine Entwicklung nachvollzogen werden können. (Auto-)Biografische Quellen bieten einen Zugriff auf subjektive Erinnerungen, die in der fachgeschichtliche Forschung allerdings methodisch reflektiert und in Bezug auf widersprüchliche Informationen und andere Quellenarten intersubjektiv nachvollziehbar gemacht werden müssen.

In der Kommunikationswissenschaft werden gezielt (meistens theoriegeleitete) leitfadengestützte Interviews mit Expert:innen und Zeitzeug:innen geführt, um bestimmte Fragestellungen, zeitliche Phasen, Umbrüche, Leerstellen der Fachgeschichte zu bearbeiten (innerhalb der deutschen Kommunikationswissenschaft stützen sich zahlreiche Arbeiten auf diesen methodischen Zugang, z. B. Meyen und Löblich 2004; Scheu 2005, 2012; Löblich 2010; Wendelin 2011; Meyen 2012; Wiedemann 2012; Löblich und Venema 2020a). Dieses „betreute Erinnern" verläuft in der Regel kontrolliert: Das Forschungsdesign, die Erstellung von Interviewleitfäden und die Datenauswertung und -interpretation orientieren sich an wissenschaftlichen Qualitätskriterien, werden transparent gemacht und reflektiert. Interviews werden mit dem ansonsten zugänglichen Bestand an Quellen und dem Forschungsstand in Beziehung gesetzt und eingeordnet.

Darüber hinaus ist das Genre der wissenschaftlichen Autobiografie in der Kommunikationswissenschaft wenig verbreitet (Kutsch und Pöttker 1997a, 17). Es gibt vereinzelte Ausnahmen (jüngst z. B. Meyen 2020; vgl. auch den Beitrag von Erik Koenen und Thomas Birkner *in diesem Band*). Außerdem liegen Initiativen vor, die diese Tradition aufleben lassen und anstoßen. Kutsch und Pöttker beispielsweise haben autobiografische Rückblicke von „Nestoren" (Kutsch und Pöttker 1997a, 8) des Faches veröffentlicht; Michael Meyen hat sich in unterschiedliche Projekten mit persönlichen Perspektiven von Kolleg:innen auf das Fach beschäftigt. Zusammen mit Maria Löblich hat er (Meyen und Löblich 2007) autobiografische Quellen der Generation produziert und zugänglich gemacht, die den Nestoren nachgefolgt ist. Meyen hat sich mit den Strukturen des Machtzentrums („dominant pole", Meyen 2012) der internationalen Kommunikationswissenschaft beschäftigt, indem er die Fellows der International Communication Association interviewt hat – die Interviews sind öffentlich verfügbar: http://ijoc.org/ojs/index.php/ijoc/article/view/1650/764. Hervorzuheben ist außerdem das von Meyen und Wiedemann gegründete Online-Projekt „Biografisches Lexikon der Kommunikationswissenschaft" (http://blexkom.halemverlag.de), eine Plattform, auf der biografische und autobiografische Quellen gesammelt, archiviert und zugänglich gemacht werden.

4. Zusammenfassung und Ausblick

In diesem Beitrag wurde die Beziehung von kommunikationswissenschaftlicher Fachgeschichtsforschung und disziplinärem Fachgedächtnis beleuchtet. Ausgangspunkt waren hierbei das Selbstverständnis von Fachgeschichte innerhalb der Kommunikationswissenschaft und insbesondere die vielfältigen Leistungen, die die Fachgeschichtsschreibung für sich reklamiert. Betrachtet wurden die Leistungsbereiche Legitimierung, Selbstreflexion und Unterstützung anderer Forschungsfelder. Es wurde gezeigt, dass die Begründung der kommunikationswissenschaftlichen Relevanz von Fachgeschichte eng mit ihrem Beitrag zum kollektiven Fachgedächtnis zusammenhängt, den die einschlägige Forschung als aktive Erinnerungsarbeit leistet. Vor diesem Hintergrund irritiert der Umstand, dass die komplexe Beziehung von Fachgeschichte und Fachgedächtnis bislang kaum thematisiert wird.

Dieser Beitrag nahm den Austausch im DFG-Netzwerk „Kommunikationswissenschaftliche Erinnerungsforschung" zum Anlass, den Blick auf diese Beziehung zu richten. Es wurde die Bedeutung von Fachgeschichte bei der Konstruktion des kommunikationswissenschaftlichen kollektiven Gedächtnisses diskutiert. Aufgrund ihres epistemischen Anspruchs unterscheidet sich Fachgeschichtsforschung von anderen Formen disziplinären Erinnerns. Eine theoretisch und methodisch fundierte Fachgeschichte nimmt einen besonderen Stellenwert für die Konstruktion des Fachgedächtnisses ein.

Damit stellt sich auch die Frage nach der Verantwortung von Fachgeschichte. Die kommunikationswissenschaftliche Fachgeschichtsforschung problematisiert den eigenen Zugriff auf Vergangenheit zunehmend und kontrolliert das eigene Vorgehen über theoretische Fundierung und methodische Reflexion. Kommunikationswissenschaftliche Fachgeschichtsforschung, die ihre besondere Verantwortung im Hinblick auf die Konstituierung des Fachgedächtnisses ernst nimmt, kommt nicht daran vorbei, sich an wissenschaftlichen Qualitätskriterien zu orientieren. Konsequenterweise kann und will diese Art der fachgeschichtlichen Forschung die vielbeschworene Legitimierungsfunktion fachgeschichtlichen Erinnerns nicht erfüllen. Die sozialwissenschaftliche Fokussierung der kommunikationswissenschaftlichen Fachgeschichtsforschung hat zu einer Emanzipierung des Forschungsfeldes und zur Abgrenzung gegenüber strategischen und fachpolitischen Erwartungen an die Fachgeschichtsschreibung beigetragen.

Der Blick auf Fachgeschichte als Erinnerungsforschung fordert zudem auch dazu heraus, die sozialwissenschaftliche Produktion und Analyse von Erinnerungsquellen zu reflektieren. Besonders relevant erscheint hierbei der Zugriff auf (auto-)biografische Quellen und Interviews mit Zeitzeug:innen. Fachgeschichtliche Forschung greift hier auf Erinnerungen in Form unterschiedlichster Quellen zurück, produziert selbst Erinnerungsquellen, zum Beispiel als Zeitzeugeninterviews, und liefert mit den eigenen Studien wiederum Erinnerungsmedien, die die Konstitution von Erinnerungskollektiven prägen. Zum Beispiel kann Fachgeschichte den Blick von Studierenden und Forschenden auf die Vergangenheit des Faches prägen und potenziell auch zukünftige Forschung beeinflussen.

Insgesamt ermöglicht die Bezugnahme auf Konzepte der Erinnerungs- und Gedächtnisforschung, die in diesem Beitrag zusammengefassten Annahmen der Fachgeschichtsforschung aus einem veränderten Blickwinkel zu betrachten. Was die Reflexion der Beziehung von Fachgedächtnis und Fachgeschichte betrifft, wird der weitere Austausch zwischen den Forschungstradition sicher wichtige Impulse setzen können. Perspektivisch könnte eine Auseinandersetzung mit der spezifischen Bedeutung von Fachgeschichtsforschung für das disziplinäre Erinnern fruchtbar sein, die auch auf dem besonderen Wahrheitsanspruch von Fachgeschichtsforschung beruht. Gerade aufgrund dieses Wahrheitsanspruchs muss Fachgeschichtsforschung sich gegen Instrumentalisierungsversuche durch Vertreter:innen bestimmter Perspektiven oder Forschungstraditionen schützen. Fachgeschichtliches Erinnern kann sich so eventuell noch deutlicher gegenüber strategischen Motiven des Erinnerns und Vergessens abgrenzen, die durch die Bezugnahme auf bestimmte Aspekte der Geschichte des Faches und die Ausblendung anderer erzielt werden sollen.

5. Literaturverzeichnis

Averbeck, Stefanie, und Arnulf Kutsch. „Thesen zur Geschichte der Zeitungs- und Publizistikwissenschaft". *medien & zeit* 17.2–3 (2002): 57–66.

Averbeck-Lietz, Stefanie, Fabien Bonnet, Sarah Cordonnier, und Carsten Wilhelm. „Communication studies in France: looking for a "Terre du milieu"?" *Publizistik* 64.3 (2019): 363–380. DOI: 10.1007/s11616-019-00504-3.

Averbeck-Lietz, Stefanie, und Maria Löblich. „Kommunikationswissenschaft vergleichend und transnational. Eine Einführung". *Kommunikationswissenschaft im internationalen Vergleich. Transnationale Perspektiven.* Hg. Stefanie Averbeck-Lietz. Wiesbaden: Springer VS, 2017. 1–29.

Birkner, Thomas, und Christian Schwarzenegger. „Konjunkturen, Kontexte, Kontinuitäten. Eine Programmatik für die Kommunikationsgeschichte im digitalen Zeitalter". *Medien und Zeit* 31.3 (2016): 5–16.

Bourdieu, Pierre. *Vom Gebrauch der Wissenschaft. Für eine klinische Soziologie des wissenschaftlichen Feldes.* Konstanz: UVK, 1998.

Bratslavsky, Lauren. „The Archive and Disciplinary Formation: A Historical Moment in Defining Mass Communications". *American Journalism* 32.2 (2015): 116–137. DOI: 10.1080/08821127.2015.1032865.

Carey, James W. (1997): „The Chicago School and the History of Mass Communication Research". *James Carey: A Critical Reader*. Hg. Eve Stryker Munson, und Catherine A. Warren. Minneapolis, London: University of Minnesota Press, 1997. 14–33.

Fleck, Ludwik. *Entstehung und Entwicklung einer wissenschaftlichen Tatsache: Einführung in die Lehre vom Denkstil und Denkkollektiv*. Frankfurt a. M.: Suhrkamp, 1980 [1935].

Hardt, Hanno. „Foreword". *The History of Media and Communication Research. Contested Memories*. Hg. David W. Park, und Jefferson Pooley (Hg.). New York: Peter Lang, 2008. XI–XVII.

Kuhn, Thomas. *The structure of scientific revolution*. Chicago: University of Toronto, 1962.

Kutsch, Arnulf, und Horst Pöttker. „Kommunikationswissenschaft – autobiographisch. Einleitung". *Kommunikationswissenschaft – autobiographisch. Zur Entwicklung einer Wissenschaft in Deutschland*. Hg. Arnulf Kutsch, und Horst Pöttker. Opladen: Westdeutscher Verlag, 1997a. 7–20.

Kutsch, Arnulf, und Horst Pöttker (Hg.). *Kommunikationswissenschaft – autobiographisch. Zur Entwicklung einer Wissenschaft in Deutschland*. Opladen: Westdeutscher Verlag, 1997b.

Lepenies, Wolf. „Einleitung. Studien zur kognitiven, sozialen und historischen Identität der Soziologie". *Geschichte der Soziologie. Band 1*. Hg. Wolf Lepenies. Frankfurt am Main: Suhrkamp, 1981. I–XXXV.

Löblich, Maria. *Die empirisch-sozialwissenschaftliche Wende in der Publizistik- und Zeitungswissenschaft*. Köln: Herbert von Halem, 2010.

Löblich, Maria, und Andreas M. Scheu. „Writing the history of communication studies: A sociology of science approach". *Communication Theory* 21.1 (2011): 1–22. DOI: 10.1111/j.1468-2885.2010.01373.x.

Löblich, Maria, und Niklas Venema (Hg.). „Regierungszeit des Mittelbaus? Annäherungen an die Berliner Publizistikwissenschaft nach der Studentenbewegung". *Regierungszeit des Mittelbaus? Annäherungen an die Berliner Publizistikwissenschaft nach der Studentenbewegung*. Köln: Herbert von Halem Verlag, 2020a.

Löblich, Maria, und Niklas Venema. „Regierungszeit des Mittelbaus? Eine Einführung". Hg. Maria Löblich, und Niklas Venema. *Regierungszeit des Mittelbaus? Annäherungen an die Berliner Publizistikwissenschaft nach der Studentenbewegung*. Köln: Herbert von Halem Verlag, 2020b.

Marcinkowski, Frank, Matthias Kohring, Silke Fürst, und Andres Friedrichsmeier. „Organizational influence on scientists' efforts to go public: An empirical investigation". *Science Communication* 36.1 (2014): 56–80. DOI: 10.1177/1075547013494022.

Maurantonio, Nicole, und David Park. „Introduction: Remembering Communication History". *Communicating Memory & History*. Hg. Nicole Maurantonio, und David W. Park. New York: Peter Lang, 2019. 1–16.

Meier, Frank. „Trends der Hochschulentwicklung. Der Weg zur wettbewerblichen Organisation". *Forschungsfeld Hochschulkommunikation*. Hg. Birte Fähnrich, Julia Metag, Senja Post, und Mike S. Schäfer. Wiesbaden: Springer VS, 2019. 25–38.

Meyen, Michael. „International Communication Association Fellows: A Collective Biography". *International Journal of Communication* 6 (2012): 2378–2396.

Meyen, Michael. „Quo vadis, Fachgeschichte: Diskussion". *Biografisches Lexikon der Kommunikationswissenschaft*. Hg. Michael Meyen, und Thomas Wiedemann. unter http://blexkom.halemverlag.de/diskussion-fachgeschichte. 2016. Zuletzt abgerufen am 27.06.2022.

Meyen, Michael (Hg.). *Die Aktualität der Fachgeschichte*. Online verfügbar unter https://medienblog.hypotheses.org/360. 2017. Zuletzt abgerufen am 27.06.2022.

Meyen, Michael. *Das Erbe sind wir. Warum die DDR-Journalistik zu früh beerdigt wurde. Meine Geschichte*. Köln: Herbert von Halem, 2020.

Meyen, Michael, und Maria Löblich. *80 Jahre Zeitungs- und Kommunikationswissenschaft in München. Bausteine zu einer Institutsgeschichte*. Köln: Herbert von Halem, 2004.

Meyen, Michael, und Maria Löblich (Hg.). „Ich habe dieses Fach erfunden". Wie die Kommunikationswissenschaft an die deutschsprachigen Universitäten kam". *19 biografische Interviews*. Köln: Herbert von Halem, 2007.

Pooley, Jefferson, und David W. Park. „Introduction". *The History of Media and Communication Research. Contested Memories*. Hg. David W. Park, und Jefferson Pooley. New York: Peter Lang, 2008. 1–15.

Pooley, Jefferson D., und David W. Park. „Communication Research". *The Handbook of Communication History*. Hg. Peter Simonson, Janice Peck, Robert T. Craig, und John P. Jackson, JR. New York, London: Routledge, 2012. 76–90.

Scheu, Andreas M. *Manfred Rühl. Ein Pionier der deutschen Kommunikationswissenschaft. Master-Thesis*. München, Ludwig-Maximilians-Universität, München, 2005.

Scheu, Andreas M. *Adornos Erben in der Kommunikationswissenschaft. Eine Verdrängungsgeschichte?* Köln: Herbert von Halem, 2012.

Scheu, Andreas M., und Bernd Blöbaum. „Strategische Kommunikation von Hochschulen in Governance-Prozessen". *Forschungsfeld Hochschulkommunikation*. Hg. Birte Fähnrich, Julia Metag, Svenja Post, und Mike Schäfer. Wiesbaden: Springer VS, 2019. 247–269.

Scheu, Andreas M., und. Thomas Wiedemann. „Kommunikationswissenschaft als Gesellschaftskritik. Die Ablehnung linker Theorien in der deutschen Kommunikationswissenschaft am Beispiel Horst Holzer [Communication studies as social critique. The rejection of left-wing theories in German communication studies as exemplified by Horst Holzer]". *medien & zeit* 4 (2008): 9–17.

Simonson, Peter, und David W. Park. „Introduction. On the history of communication study". *International History of Communication Study*. Hg. Peter Simonson, und David W. Park. New York, London: Routledge, 2016. 1–24.

Vowe, Gerhard, und Florian Meißner. „Erfolg und Misserfolg von kommunikationswissenschaftlichen DFG-Forschungsverbünden: Bilanz, Faktoren, Konsequenzen". *Publizistik* 65.2 (2020): 151–185. DOI: 10.1007/s11616-020-00575-7.

Wendelin, Manuel. „Kanonisierung in der Kommunikationswissenschaft. Lehrbuchentwicklung als Indikator einer kognitiven Identität". *medien & zeit* 23.4 (2008): 28–36.

Wendelin, Manuel. *Medialisierung der Öffentlichkeit. Kontinuität und Wandel einer normativen Kategorie der Moderne*. Köln: Herbert von Halem, 2011.

Wiedemann, Thomas. *Walter Hagemann. Aufstieg und Fall eines politisch ambitionierten Journalisten und Publizistikwissenschaftlers*. Köln: Herbert von Halem, 2012.

Wiedemann, Thomas, und Michael Meyen. „100 Jahre Kommunikationswissenschaft in Europa: Karl Büchers Einfluss auf die Entwicklung einer akademischen Disziplin". *Die Entdeckung der Kommunikationswissenschaft. 100 Jahre kommunikationswissenschaftliche Fachtradition in Leipzig: Von der Zeitungskunde zur Kommunikations- und Medienwissenschaft*. Hg. Erik Koenen. Köln: Herbert von Halem, 2016. 51–81.

Wiedemann, Thomas, Michael Meyen, und Iván Lacasa-Mas. „100 years communication study in Europe: Karl Bücher's impact on the discipline's reflexive project". *Studies in Communication and Media (SCM)* 7.1 (2018): 7–30. DOI: 10.5771/2192-4007-2018-1-6.

Wilke, Jürgen. „Von der Zeitungskunde zur Integrationswissenschaft. Wurzeln und Dimensionen im Rückblick auf hundert Jahre Fachgeschichte der Publizistik-, Medien- und Kommunikationswissenschaft in Deutschland". *Medien & Kommunikationswissenschaft* 64.1 (2016): 74–92. DOI: 10.5771/1615-634X-2016-1-74.

Erik Koenen und Thomas Birkner

19 Quellen für die fachhistorische Erinnerungsforschung in der Kommunikationswissenschaft: Eine forschungspraktisch-systematische Perspektive

1. Einleitung

Die Frage, wie ein Fach wie die Kommunikationswissenschaft seine eigene Geschichte kollektiv erinnert (Erll 2005), hat viel mit den Quellen zu tun, auf die Fachhistoriker:innen dabei zurückgreifen. Diese Quellen stehen im Fokus des folgenden Beitrags. Als Otto Groth 1928 mit dem ersten Band des Opus magnum *Die Zeitung* seine vierbändige Bestandsaufnahme zeitungskundlichen Wissens eröffnete (Groth 1928–1930; Wagner 2002), ging er in der Einleitung auch auf das ganz praktische Problem der Quellenarbeit seiner Forschungen ein, das „mühevolle Sammeln von Tatsachen", das allein schon „mehr als zwölf Jahre erfordert hat" (Groth 1928–1930, Bd. 1, XII, XIII): „Wer weiß", so Groth (1928–1930, Bd. 1, XIII), „wie schwierig die bibliographischen Angaben zu gewinnen, wie viele Publikationen auch in großen Bibliotheken nicht zu erhalten sind, wie häufig auch wiederholte Anfragen vergeblich gestellt werden, der kann ermessen, wie zeitraubend schon die Vorarbeiten gewesen sind." Weiter schreibt Groth:

> Diese Literatur ist ungeheuer groß und ist so zerstreut, so vieles ist aus dem Tage geboren und mit ihm verschwunden, daß manches trotz großer Mühe nicht zu erhalten war, manches auch nicht die Mühe des Beschaffens lohnte. Was irgendwie Bemerkenswertes zu erlangen war, wurde verwertet. Zehntausende von Zeitungsausschnitten wurden gesammelt. Dazu kamen die ein Vierteljahrhundert alten persönlichen Erfahrungen des Verfassers [...], und zahlreiche noch bleibende Lücken wurden, soweit sich die Möglichkeit einer Ergänzung durch Umfragen bot, auf diese Weise ausgefüllt. (Groth 1928–1930, Bd. 1, IX)

Seine Quellenarbeit reflektierte Groth jedoch nicht bloß als Problem der Infrastrukturen der Quellenrecherche und des Quellenzugangs, der Quellenvielfalt (persönliche Erinnerungen, Fachliteratur, Umfragen, Zeitungen) oder des Quellenverlusts. Er thematisierte zudem das Problem des Arrangierens und der Ordnung des Materials, also des praktischen Umgangs mit dieser ebenso enormen wie komplexen Quellenmenge für „eine möglichst klare und durchsichtige Darstellung" – ein „Plan", der „immer wieder einer Revision unterzogen werden" musste (Groth 1928–1930, Bd. 1, XIII).

Wer fachhistorisch forscht, dem sind die von Groth geschilderten Herausforderungen, Probleme und Schwierigkeiten im Sammeln, Ordnen und Verwerten von Quellen nicht unbekannt. Trotzdem werden Fragen der Quellenpraxis in der Fachgeschichtsschreibung der Kommunikationswissenschaft eher selten eigenständig thematisiert (Kutsch 1983). Wie bei Groth finden sie meist nur kurz in der Einleitung und eingebettet in den Diskussionszusammenhang der Methode und des Vorgehens konkreter fachgeschichtlicher Forschung ihren Platz. Mit diesem Beitrag soll eine systematische Perspektive für die fachhistorische Quellenpraxis entworfen werden. Dabei gilt es zu reflektieren, mit welchen Anliegen, Interessen und Motiven Fachgeschichte erforscht und geschrieben wird und wie dementsprechend Quellen ausgewählt und herangezogen werden. Ausgangspunkt ist also weniger der archivalische Blick auf Quellen, sondern der Beitrag nimmt vielmehr die forschungspraktische Perspektive der fachhistorisch Forschenden ein, die mit einem konkreten Erkenntnisinteresse und mit spezifischen Forschungsfragen an Quellen herantreten:

> Überlieferungen der Vergangenheit besitzen für sich genommen noch keinerlei Aussagekraft. Sie sind tote materielle oder immaterielle Überbleibsel, solange das, was in Archiven, Museen und anderen vergleichbaren Einrichtungen liegt, nicht mit erkenntnisleitenden Fragen konfrontiert wird [...]. [...] Erst Dank forschungsleitender Fragen können Quellen recherchiert und interpretiert werden." (Lersch und Stöber 2008, 289).

Somit ist die Quellenpraxis von Fachhistoriker:innen nicht allein von konkreten materiellen Überlieferungssituationen abhängig, sondern ebenso davon vorgeprägt, welche Eigenheiten ein Fach und seine historische Identität ausmachen und auszeichnen, und „wie Wissenschaftsgeschichte [...] betrieben werden kann, welche Fragen oder Problemlagen die Forschung beschäftigen" (Kutsch 1983, 213; weiter: Bohrmann 2005). Fachliche Fragestellungen und -kategorien, fachpolitische Interessen und Motive sowie übergreifende wissenschaftsgeschichtliche und -soziologische Perspektiven tangieren und steuern also nachdrücklich die Aufmerksamkeit für Quellen genauso wie den konkreten Quellenumgang. Sie entfalten und generieren damit spezielle Praktiken und Prozeduren des „Quellenblicks" (Saxer 2014, 37). Im Sinne der *Metahistory* von Hayden White (1973) leiten „Quellenblicke" die Narration der Erinnerung von Geschichte. Zugleich sind „Quellenblicke" immer ein „Zugriff aus der Gegenwart" (Rüsen 1986, 73) und als solche gerahmt und konstituiert durch sich historisch wandelnde und verschiebende Erwartungen an historische Erinnerung und der jeweiligen gesellschaftlichen Vorstellungen von historischem Erinnern sowie der Funktionen, Modi, Praktiken und Relevanzen entsprechender Vergangenheitskonstruktionen. So schildert Groth (1928–1930, Bd. 1, XIV), dass „der erste Entwurf des Werks seiner Vollendung entgegenging, als die Katastrophe des Jahres 1918 eintrat", und ihn die „folgenden Ereignisse und Entwicklungen abermals zu einer Umarbeitung nötigten". In seiner unmittelbar im zeitlichen Kontext der Niederschlagung des NS-Regimes 1948 erschienenen *Geschichte der deutschen Zeitungswissenschaft* (Groth 1948; Bohrmann 2002) führt Groth „wissenssoziologisch" reflektiert zu solchen „Zeiteinflüssen" bzw. der „Zeit- und Gesellschaftsgebundenheit" (Groth 1948, 6) wissenschaftshistorischen Erkennens sogar noch genauer aus:

Das unbedingte Postulat voraussetzungslosen Erkennens ist in unserer Zeit fragwürdig geworden. Heute ist sich eine streng kritische Forschung bewußt, daß nicht bloß persönliche Schwächen und Befangenheiten, sondern auch die allgemeinen geistigen Strömungen und gesellschaftlichen Erlebnisse die wissenschaftlichen Themen, Begriffe und Theorien fast unwiderstehlich beeinflussen. (Groth 1948, 6)

Unter diesen Annahmen und vor dem Hintergrund sowie mit Beispielen der deutschsprachigen fachgeschichtlichen Forschung zur Kommunikationswissenschaft behandelt der Beitrag für Fachhistoriker:innen relevante praktische Aspekte, Fragen, Herausforderungen und Probleme im Umgang mit Quellen. Im folgenden Kapitel 2 wird zunächst auf das Verhältnis von Fachgeschichte und Quellen eingegangen. In Kapitel 3 werden der Quellenbegriff definiert und fünf fachhistorische Quellengruppen (archivalische, autobiographische und biographische und publizierte schriftliche Quellen, Medien- sowie Sachquellen und Realien) näher erläutert. Kapitel 4 geht auf die Folgen der Digitalisierung für die Quellenlage der Fachgeschichte ein. Kapitel 5 stellt mit dem „kategoriengeleiteten Vorgehen" und der „historischen Deskription" zwei Strategien für eine strukturierte und systematische fachhistorische Quellenauswahl, -bearbeitung und -darstellung vor. Schließlich werden in Kapitel 6 ein Resümee gezogen sowie Perspektiven für die Weiterentwicklung der fachhistorischen Quellenpraxis skizziert.

2. Erinnerung, Fachgeschichte und Quellen

Fachgeschichte wird definiert als disziplinbezogene, originäre wissenschaftshistorische und -soziologische Erkenntnisleistung, die die Entwicklung eines Fachs (auch im Kontext anderer Fächer), vergangenes wissenschaftliches Handeln und Wissenschaft als Institution, Organisation, Praxis und Prozess im historischen Zusammenhang erhellt, in Erinnerung ruft und in diversen Formen ins kollektive Fachgedächtnis einschreibt und speichert. Sie dient so der kontinuierlichen Konstruktion und Reflexion von Fachidentität in ihrer historischen, kognitiven und sozialen Dimension (Lepenies 1981, I–II). Fachgeschichte ist somit wesentlicher Teil kommunikationswissenschaftlicher Erinnerungsarbeit. Die aktuellen und aktivierenden Anlässe und Motive für diese Erinnerungsarbeit können ganz verschieden sein und genauso kann sie ganz unterschiedliche fachhistorisch relevante Dimensionen wie Institute, Personen, Schulen oder Theorien betreffen und fokussieren (vgl. den Beitrag von Christian Schwarzenegger in diesem Band). In der fachlichen Erinnerungspraxis schlägt die Stunde der Fachhistoriker:innen heutzutage vor allem dann, wenn historische Jubiläen anstehen (mit dem 100. Gründungsjubiläum des ersten Fachinstituts in Leipzig 2016 ist die Kommunikationswissenschaft gerade mittendrin in einem Zyklus von Institutsjubiläen; für Leipzig: Koenen 2016; Debatin 2017; für zuletzt Münster: Birkner und Scheu 2019). Zwar schaffen Jubiläen für Fachgeschichte besondere Momente der Aufmerksamkeit und setzen ggf. sogar Forschungsimpulse, eine nachhaltig betriebene Fachgeschichte können sie jedoch nicht ersetzen. Dazu impliziert die Erinnerungslogik des Jubiläums viel zu viele fachpolitische Erwartungen, Interessen und Rituale. Stattdessen sollten Fachgeschichte und fachhistorische Reflexion in fachlichen Erkenntnisprogrammen den Status einer Zentralperspektive einnehmen, aus der kontinuierlich betrieben systematisch fachliche Entwicklungen aufgearbeitet werden und somit nicht bloß erinnerungsrhythmisch immer wieder nur Bekanntes aktualisiert und inszeniert wird, sondern dezidiert das Vergessene und Verschüttete in den Blick kommt. In dieser Weise kann Fachgeschichte eine Art evaluative „Metafunktion für Prozesse wissenschaftlicher Erkenntnisgewinnung" (Runge 2009, 120) erfüllen und u. a. zeigen, dass „der Erkenntnisprozess zumal in den Geistes- und Sozialwissenschaften nicht einfach voranschreitet, sondern schlingenförmig verläuft und oft genug Wiederholungen oder Rückfälle vor schon Erreichtes vorkommen" (Pöttker 2001, 17).

Quellen haben für diese fachhistorische Reflexion eine herausragende Funktion: „Quellen sprechen nicht, sondern schweigen, solange sie nicht [...] zum Sprechen gebracht werden" (Ernst 2001, 468). Es ist somit erst die:der Forschende, die:der sich einer Quelle „mit einem bestimmten Interesse zuwendet und sie durch diese Zuwendung zur Quelle für eine bestimmte Geschichte werden lässt" (Jordan 2010). Umgekehrt wiederum wirken Quellen „begrenzend hinsichtlich der sinnkonstituierenden Erzählzusammenhänge der Geschichte" (Jordan 2010). In diesem Wechselspiel konstituiert sich Fachgeschichtsschreibung im Laufe der stetigen praktischen Arbeit und Auseinandersetzung *mit* Quellen und unter Nutzung sogenannter „kritischer Prüfprogramme" (Stöber 2016, 315) wie Quellenauswahl, -kritik, -interpretation oder -vergleich. Formalisieren lässt sich diese Quellenarbeit kaum. Bereits die „Grundgesamtheit" (Magin und Oggolder 2016, 330) der Quellen ist selten vorab bekannt und zu bestimmen. Quellenpraxis ist somit von Fragestellung zu Fragestellung, von Thema zu Thema „höchst individuell" und das Resultat von u. a. „Fleiß, Findigkeit in der Recherche, Finderglück, Sprach- und Schriftkenntnissen, Wissen um Symbole und ihre zeitgenössischen Bedeutungen, Kenntnis von anderen Quellen und guter Literatur, Verwerfung schlechter Literatur und Ignorierung nicht belastbarer Quellen, geschickter Fragestellungen und vielem anderen mehr – vor allem aber von Zeit" (Stöber 2016, 315–316).

3. Quellenbegriff und fachhistorische Quellengruppen

Fasst man den bisherigen Gedankengang zusammen, dann spielen Quellen im historischen Erkenntnisprozess eine doppelte Rolle: „Die Quellen sind Fundament *und* Mittel des historischen Erkennens. Sie sind es allerdings nicht von vornherein, sondern werden dazu erst in der Reflexion dessen, der sich um Vergangenes forschend bemüht" (Goertz 2007, 19; Hervorhebung im Original). Das bedeutet, dass Quellenaufbereitung, -analyse, und -darstellung nicht unabhängig vom erkenntnissubjektiven Standpunkt der:des Forschende:n zu sehen sind. Fachhistoriker:innen sind wie alle Historiker:innen „an ihren historischen Standort und ihre persönliche Perspektive gebunden": „Sie wählen aus, gewichten, überformen das historische Geschehen mit rhetorischen Mitteln, überführen es in eine narrative Struktur und deuten es damit zugleich" (Erll 2005, 42).

Wie lassen sich nun Quellen definieren und einteilen? In der Geschichtswissenschaft ist die Klassifikation von Quellen nach dem Modus ihrer Überlieferung üblich. Unterschieden wird hier gemeinhin in Anlehnung an Johann Gustav Droysen zwischen Traditionsquellen und sogenannten Überresten (Brandt 2007, 48–64). Als Traditionsquellen gelten Quellen, die „*bewusst*" (Budde 2008, 66; Hervorhebung im Original) dafür geschaffen werden und wurden, um den Nachlebenden Auskunft und Kenntnis über die erlebte Gegenwart zu geben. Unter Überresten werden hingegen Quellen subsumiert, „die unmittelbar – und nicht intentional – aus vergangenen Lebensvollzügen hervorgegangen und übrig geblieben" sind (Budde 2008, 66).

In der geschichtswissenschaftlichen Quellenkunde wird die Bedeutung der Einteilung von Quellen in Tradition und Überrest durchaus kritisch diskutiert. Erstens ist der Charakter und die Definition einer Quelle als Tradition bzw. Überrest ohnehin relativ und hängt vom Blick und dem Erkenntnisinteresse der:des Forschenden und der Bewertung, Interpretation und Kritik der jeweiligen Quelle und dem daraus resultierenden Erkenntnisstatus ab. Zweitens ist der zugeschriebene Status von Quellen als Traditionsquellen hoch problematisch, weil die vom Urheber suggerierte besondere Erinnerungs-, Glaub- und Überlieferungswürdigkeit solcher Quellen zugleich eine hohe „Subjektivität der Tradition" in „*Auswahl*", „*Färbung*" und „*Wertung*" impliziert: „Der Berichterstatter erzählt nur das, was ihm wichtig, interessant, folgenreich oder auch wünschenswert scheint. Er lässt aus oder unterdrückt, wofür er kein Organ oder woran er kein Interesse hat, was ihm unwesentlich oder auch unerwünscht scheint" (Brandt 2007, 62; Hervorhebung im Original). Somit ist die übliche Einstufung von Quellen als Tradition oder Überrest zwar quellenkritisch für die Reflexion des Erkenntnis- und Quellenwerts einer Quelle wesentlich, für das in aller Regel jeglicher Quellenarbeit und -kritik vorangehende Problem der Recherche und Suche nach relevanten Quellen ist sie jedoch eher unerheblich. Winfried Schulze hält diese Unterscheidung „a priori" sogar für „gefährlich", weil sie „möglicherweise die weitere Nutzung präjudizieren kann", und plädiert dafür, „dass alle Quellen den gleichen kritischen Verfahren unterzogen werden müssen, um sie zum Sprechen zu bringen" (Schulze 2010, 46).

Statt für eine starre „Systematik der verschiedenen Quellengruppen" wirbt Schulze für ein weitestgehend offenes Quellenverständnis, das das ganze Spektrum an vielfältigen Gegenständen, Überresten und Texten berücksichtigt, „die uns Auskunft über die Vergangenheit geben können": „Quelle ist alles, worauf unsere Kenntnis des Vergangenen ursprünglich zurückgeht" (Schulze 2010, 46). So einfach wie klar definiert in dieser Weise auch Stefan Jordan: „Als Quelle bezeichnet man demnach alle schriftlichen, dinglichen, akustischen oder visuellen Überreste, die sich als Zeugnis von der Zeitstufe der Vergangenheit, die uns interessiert, bis in die Gegenwart erhalten haben" (Jordan 2005, 49–50). Unseres Erachtens reicht ebenso für die Begründung und Entwicklung einer fachhistorischen Quellenpraxis eine solche recht pragmatische Unterteilung aus, nach der im Folgenden fünf Quellengruppen der Fachgeschichtsschreibung in ihrer Bedeutung und Eigenart, Vielfalt und Relevanz näher beschrieben, erläutert und vorgestellt werden: archivalische Quellen, autobiographische und biographische Quellen, publizierte schriftliche Quellen, Medienquellen sowie Sachquellen und Realien.

3.1 Archivalische Quellen

Archivalische Quellen meinen vor allem ungedrucktes Schriftgut (Akten, Dokumente, Nachlässe), das in unterschiedlichsten für die Geschichte und Entwicklung des Fachs relevanten institutionellen oder personellen Zusammenhängen entstanden ist und bewahrt wurde. Nach Ahasver von Brandt stellen archivalische Quellen „den schriftlichen Niederschlag der Geschäftätigkeit ihrer Zeit dar", sie dokumentieren, „was geschehen, ,gehandelt' worden ist (acta)", und vermitteln so u. a. „das Tauziehen zwischen verschiedenen Interessen, Rücksichten und Machtverhältnissen" (Brandt 2007, 81, 103, 105). Meist gesammelt und vereinigt in Akten sind archivalische Quellen eine jeweils unter chronologischem, personalem oder sachlichem Gesichtspunkt „zusammengefügte Mehrzahl" (Brandt 2007, 103) von einzelnen Schriftstücken. Für die fachhistorische Quellenrecherche sind hier generell Archive unterschiedlichster Ebenen, vom lokalen Universitätsarchiv bis zum Bundesarchiv und den Landes- bzw. Staatsarchiven, interessant. Mit Blick auf die Überlieferungssituation archivalischer Quellen für die frühe Fachgeschichte der Kommunikationswissenschaft konstatiert Arnulf Kutsch im Großen und Ganzen eine durchaus günstige Ausgangslage für Forscher:innen: „Die Aktenüberlieferung in den Universitätsarchiven und in den Hauptstaatsarchiven ist, soweit ich es überblicke, erfreulich gut. Auch die Aufbereitung der betreffenden Bestände kann, soweit ich es von Benutzerseite überhaupt zu beurteilen vermag, als erfreulich bezeichnet werden" (Kutsch 1983, 229). Für die Geschichte des Fachs ab der zweiten Hälfte des 20. Jahrhunderts ist freilich einschränkend hinzuzufügen, dass nach wie vor sehr viel Archivgut Sperrfristen unterliegt und somit unter Verschluss ist.

So offen wie die Quellengruppe archivalische Quellen per Definition gefasst ist, so heterogen und divers sind die darunter fallenden fachgeschichtlich interessanten Bestände und ihr jeweiliger Erkenntniswert. In einer dichten Folge an Studien wurden während eines kleinen fachhistorischen Booms in den 1980er Jahren der geradezu zentrale Stellenwert ungedruckter Quellen für die fachgeschichtliche Forschung hervorgehoben und der Quellenwert einzelner Bestände eingehend eruiert, diskutiert und demonstriert (bspw. Kutsch 1985; Maoro 1987; Große 1989; Klose 1989; Szyszka 1990; Heuser 1994). Bspw. erlauben die Bestände der Instituts- und Personalakten facettenreiche Auskünfte über die komplexen Institutionalisierungsbedingungen, -kontexte und -prozesse des Fachs und seiner Standorte, über die Ausstattung der Institute, Berufungsverfahren, über Etats und Finanzierung, Lehrveranstaltungen, Organisation und Studierendenzahlen, sowie den institutionellen Werdegang einzelner Personen samt ihrer Kommunikation und ihrer Konflikte mit der Verwaltung. Weitere Bestände wie die (aufgrund ihrer Massenhaftigkeit eher selten beachteten) Promotionsakten und -verzeichnisse gestatten wiederum nicht bloß Einblicke in die alltägliche Forschungs- und Lehrpraxis (Fragen, Methoden, Themen, Theorien, Ziele) und bringen uns die Gruppe der Studierenden sehr nahe, sondern sie liefern vermittels der Fachgutachten ebenso einen Eindruck vom internen wissenschaftlichen Diskurs mit Vertreter:innen anderer Fächer (z. B. Kutsch 2002; Meyen 2002; Meyen 2004; Koenen 2019, 552–561). Nachlässe von Fachvereinigungen oder von einzelnen Personen ermöglichen schließlich noch wichtige Erkenntnisse zum wissenschaftlichen Arbeitsalltag oder dem Innenleben wissenschaftlicher Organisationen, die meist weit über den sonst eher formalen Erkenntniswert institutioneller Quellen hinausgehen. Für die Quellenpraxis anschauliche und lehrreiche Beispiele sind hier die auf dem Briefnachlass beruhende Gelehrtenbiographie Karl Büchers von Beate Wagner-Hasel (2011) oder die Forschungen von Arnulf Kutsch (2010) zum *Deutschen Zeitungswissenschaftlichen Verband.*

3.2 Autobiographische und biographische Quellen

Ergänzend und quer zur institutionellen Überlieferung generiert sich der besondere Quellenwert autobiographischer und biographischer Quellen hinsichtlich der tiefergehenden und zum Teil sehr detaillierten Einblicke in die individuellen Lebensgeschichten und -hintergründe einzelner Personen. Freilich sind sie beschränkt auf Aspekte, die bewusst erinnert und weitergegeben werden, sodass gleichzeitig das (bewusst oder unbewusst) nicht Erinnerte, Vergessene oder sogar Verschwiegene mit reflektiert werden muss. Bei Zeitzeug:inneninterviews. ist zudem zu berücksichtigen, dass dabei ja nicht bloß die Erinnerung angeregt wird, sondern genauso die Erinnerung durch Fragen auf spezielle Aspekte gelenkt und gesteuert wird. Potenziell eröffnen diese Quellen trotzdem vielseitige Einsichten in die vielfältigen individuellen Erfahrungen, Ideen, Interessen, Leistungen, Motive, Perspektiven, Strategien und Werte wissenschaftlichen Denkens und Handelns sowie Erkenntnisse über den Einfluss der institutionell vorstrukturierten Handlungs- und Gestaltungsspielräume auf wissenschaftliches Wirken. Im Modus von Quellenkritik und wechselseitigem Quellenvergleich dienen sie somit grundsätzlich da der Ergänzung, wo andere Quellen eher wenig aussagekräftig oder knapp sind. Weiter sind sie für die Erläuterung, Einschätzung, Interpretation, Illustration, Kontrastierung und Validierung der Inhalte und Kontexte von archivalischen Dokumenten oder publizierten Quellen wie wissenschaftlichen Texten nützlich.

Eine beständige „Tradition der autobiographischen Rechenschaft", darauf haben Arnulf Kutsch und Horst Pöttker (1997, 17) hingewiesen, gibt es indes in der Kommunikationswissenschaft nicht. Autobiographien wie von Karl Bücher (1919), Karl d'Ester (1951; 1957) oder (eher vom Rande des Fachs) Alphons Silbermann (1989) sind rar – erst jüngst haben Michael Meyen (2020) und Jürgen Wilke (2022) wieder Versuche einer solchen autobiographischen Selbstreflexion unternommen. Martin Kohli hat dieses weit verbreitete autobiographische ‚Schweigen' mit dem Selbstverständnis moderner Wissenschaft erklärt, welches sich objektiv und streng an der Sache orientiert und das „Reden von sich selber problematisch" sieht (Kohli 1981, 428). Schon Kutsch und Pöttker wollten sich nicht mit dem eklatanten Mangel an (auto-)biographischen Material für die fachgeschichtliche Forschung zufriedengeben und haben ein wichtiges Initial gesetzt, einfach solche „Quellen selbst zu erstellen" (Behmer 2008) und mit Methoden der Oral History die „Menschen als Quellen" (Magin und Oggolder 2016, 328) selbst zum Sprechen bringen.

Schaut man sich die (auto-)biographische Quellenproduktion heute an, so hat in dieser Weise der große Mangel an persönlichen Stimmen ebenso für die fachgeschichtliche Forschung zur Kommunikationswissenschaft zur Folge gehabt, „dass die Oral History heute aus der Forschung nicht mehr wegzudenken ist" (Stöckle 1991, 131). Während Kutsch und Pöttker die sogenannten ‚Nestoren' der Kommunikationswissenschaft nach 1945 noch schriftlich um Auskunft baten und deren Erinnerung lediglich mit „einigen erinnerungs- und darstellungsleitenden Fragen" (Kutsch und Pöttker 1997, 19) anleiteten und unterstützten, haben sich später Michael Meyen und Maria Löblich explizit für das Gespräch mit Zeitzeug:innen entschieden, um die persönlichen Innensichten der nachfolgenden Generation zur Fachentwicklung einzufangen und so eine wichtige „Quelle für die Fachhistoriker von morgen" (Meyen und Löblich 2007, 14) zu produzieren. Erkenntnisperspektivisch werfen diese Interviews noch einmal ein anderes Licht auf die Genese und den Wandel von Fachidentität: „eine Identität, die keineswegs nur ‚aus bewahrten Theorien' besteht, sondern zu der auch die Geschichte der Menschen gehört, die sich entschieden haben, manche Ansätze, Begriffe und Methoden zu tradieren und andere nicht" (Meyen und Löblich 2007, 14). Eine ertragreiche Fortsetzung hat dieser Zugang bis heute in einer ganzen Reihe von fachhistorischen Oral History-Projekten gefunden, die für sehr unterschiedliche Zusammenhänge viele weitere Zeitzeug:innenstimmen des Fachs gesammelt und für die Nachwelt dokumentiert haben (u.a. zu den Institutsgeschichten von München und Berlin: Löblich und Meyen 2004; zu den ICA-Fellows: Meyen 2012; zu Professorinnen: Riesmeyer und Huber 2012; zur DDR-Journalistik: Meyen 2015; Löblich und Venema 2020).

3.3 Publizierte schriftliche Quellen

Unter der vielseitigen Quellengruppe der publizierten schriftlichen Quellen versammeln sich für die fachgeschichtliche Forschung insbesondere die Quellen des wissenschaftlichen Diskurses und Wirkens, also vor allem Fachbücher (Anthologien, besonders Sammel- und Tagungsbände, und monographische Veröffentlichungen) und Fachzeitschriften(-beiträge). Wertvoll sind sie sowohl für Studien zu einzelnen Instituten und Personen sowie für Untersuchungen zu methodischen, theoretischen und thematischen Fachentwicklungen. Fachzeitschriften gibt es international und national für nahezu jeden Gegenstand, jede Erkenntnisperspektive und jedes Forschungsfeld in Hülle und Fülle und sie sind in diesem Sinne sicherlich „das eigentliche Publikationsmedium der Kommunikationswissenschaft" (Löblich 2010, 87), dem zudem ein mehrdimensionaler, quantitativer wie qualitativer Quellenwert zukommt. Neben dem Ort für die alltägliche wissenschaftliche Veröffentlichungstätigkeit sind sie ein wichtiger Ort, wo Fachdebatten und -kontroversen ausgetragen werden. Mit dem *Aviso* (seit 1990) verfügt die *Deutsche Gesellschaft für Publizistik- und Kommunikationswissenschaft* bspw. über eine eigenständige publizistische Plattform, die regelmäßig Platz für fachpolitische Debatten und Diskussionen aller Art bietet. Gerade weil sich in Fachzeitschriften der aktuelle wissenschaftliche Diskurs zeitnah und in all seiner Vielfalt widerspiegelt, gelten sie als zentrale „Barometer" inhaltlicher Fachentwicklung und sind wichtige „Agendasetter und Meinungsführer" (Donsbach et al. 2005, 47, 50) bzw. manchmal sogar Trendsetter für fachliche Erkenntnis- und Forschungsinteressen resp. deren Wandel. Sie geben also „Orientierung über das gesamte Fachgeschehen" (Hohlfeld und Neuberger 1998, 322) und liefern zugleich „permanent einen Statusbericht über den disziplinären Wandel des Fachs" (Koenen und Sanko 2017, 118).

Trotz der stetig steigenden Relevanz von Fachzeitschriften sind Fachbücher (das zeigt schon der Raum für Buchrezensionen, der in vielen Fachzeitschriften unvermindert vorgehalten wird und der seinerseits ein wichtiger Quellenort für die fachliche Diskurs- und Publikationspraxis ist) nach wie vor bedeutsam und für fachhistorisch Forschende eine wichtige Quelle. Mit der fortschreitenden Institutionalisierung des Fachs ist der Buchmarkt stets gewachsen und so war es „in den 1960er Jahren in erster Linie die Neuformierung unter dem Banner der empirischen Massenkommunikationsforschung, die der Disziplin ein bis dahin nicht gekanntes Wachstum einbrachte und auch zu einer Explosion auf dem fachbezogenen Buchmarkt führte" (Eberwein und Pöttker 2005, 51). Eine zentrale Gattung unter den monographischen Fachbüchern sind die Qualifikationsschriften Habilitation und Promotion, die in ihrer dichten Folge sehr lange ein wichtiger „Gradmesser" (Schweiger et al. 2009, 535) für inhaltliche Entwicklungen und Neuorientierungen des Fachs in Forschung und Lehre waren (Spiess 1969). Mit dem Auslaufen der Promotion als erstem akademischen Abschluss seit den 1970er Jahren hin zu heute Bachelor und Master und vorher Diplom oder Magister gibt es zwar für die primäre akademische Qualifikation keine Pflicht mehr zur Publikation – trotzdem gilt nach wie vor: Wer „die thematische und methodische Ausrichtung des Faches in seiner gesamten Breite und Tiefe kennen möchte, muss auch die Abschlussarbeiten im Blick behalten" (Schweiger et al. 2005, 535). Mit solchen Qualifikationsschriften zu forschen, ist nicht bloß wegen ihrer schieren Menge aufwendig, schwierig ist genauso, dass die Aufbewahrung und Zugänglichkeit von Standort zu Standort variiert. Hier hilft zwar die Onlinedatenbank *DGPuK-TRANSFER* (seit 1997), die jedoch lediglich den Anspruch hat, gute und sehr gute Qualifikationsschriften zu dokumentieren, und somit keineswegs repräsentativ und vollständig ist (Schweiger et al. 2005, 536–538).

3.4 Medienquellen

Medien sind eine wichtige Quellengruppe für die fachgeschichtliche Forschung, in der sich öffentlich sichtbar die Legitimation, Relevanz und Resonanz des Fachs, das öffentliche Engagement seiner Vertreter:innen sowie die externe Vermittlung wissenschaftlichen Wissens spiegelt. Mit der medialen Moderne setzten auch im Kontext der Wissenschaft markante Medialisierungsprozesse ein, in deren Folge Forschende und Wissenschaftler:innen vermehrt in Medien und Öffentlichkeit drängten und diese für ihre Interessen nutzten (Koenen und Meißner 2019). Für unser Fach erkannte schon Karl Bücher Öffentlichkeit als bedeutende Ressource und setzte für die öffentliche Verbreitung seiner Ideen einer akademischen Berufsbildung für Journalisten, wie sie dann 1916 in der Gründung des deutschlandweit ersten Instituts für Zeitungskunde in Leipzig umgesetzt und verwirklicht wurden, eine breit angelegte Pressekampagne in Gang (Kutsch 2000, 93–94) – eine „publizistische Aktion" (Lacasa 2008), die übrigens als wichtiges Institutionalisierungsmoment der Leipziger Institutsgründung bis heute unerforscht ist.

Überhaupt hat bislang die Frage der Wissenschaftskommunikation in der fachgeschichtlichen Forschung zur Kommunikationswissenschaft keine besondere Rolle gespielt (Koenen und Pfeiffer 2020). Und ebenso werden Medien kaum systematisch als fachhistorische Quellen herangezogen und genutzt, was sicherlich dem enormen Aufwand entsprechender Recherchen geschuldet ist. Zwar haben viele zeitungskundliche Einrichtungen und Institute Presseausschnittsammlungen und Zeitungsspiegel über das Fach oder ihre Institutsarbeit erstellt oder erstellen lassen (Heide 1927), doch erhalten geblieben und überliefert sind diese in den wenigsten Fällen. So geben bspw. die Nachlässe von Karl Bücher, Emil Dovifat oder Karl d'Ester einen Eindruck davon, wie genau und intensiv diese deutschlandweit die publizistische Berichterstattung über das Fach, ihr Institut und sich selbst verfolgten und dokumentierten. Retrospektiv sind solche Medienquellen in dieser publizistischen Breite und Dichte nur noch schwierig zu ermitteln. Zeitungsportale helfen hier wenig, weil sie nur ausgewählte Zeitungen mit beschränkten Zeitfenstern bereitstellen und selten im Volltext durchsuchbar sind.

Ein instruktives Beispiel, dass sich die Mühe dennoch lohnt, Medien als Quellen für die fachgeschichtliche Forschung zu erschließen, sind die Forschungen von Stephanie Seul (2012) zu *dem* zeitungskundlichen Wissenschaftsevent der 1920er Jahre, der Internationalen Presseausstellung *Pressa*, die 1928 in Köln stattfand (Klose 1986). Seul hat sich für die zeitgenössische Wahrnehmung und Resonanz der *Pressa* interessiert und hierfür eingehend die deutsche und internationale publizistische Berichterstattung gesichtet und recherchiert. Auf dieser Grundlage hat Seul die *Pressa* als „internationales Medienereignis" (Seul 2012, 58) rekonstruiert, das nicht allein mit dem Ersten Kongress der Zeitungswissenschaft erstmals internationale fachliche Diskussionen ermöglichte, sondern in dessen Kontext zudem medienpolitische Themen rund um die gesellschaftliche Rolle der Presse ihren Platz fanden. Ein weiteres Beispiel sind die Studien von Andreas Kübler (1998) und Erik Koenen und Juliane Pfeiffer (2020) zu Emil Dovifat, dem Gründer des Instituts für Publizistik der Freien Universität Berlin. Sie widmen sich anhand einer gründlichen Sichtung der publizistischen Berichterstattung bzw. mit dem Fokus auf die „Publice"-Vorlesungen der öffentlichen Figur bzw. der „publizistischen Persönlichkeit" Dovifat. Dabei werden die institutionellen Effekte seines Wirkens als Wissenschaftskommunikator und „visible scientist" (Weingart 2003, 124) deutlich – Rollen, die er kalkuliert nutzte, um mit einer fast schon omnipräsenten öffentlichen Aufmerksamkeit für sich und sein Institut fortlaufend Akzeptanz, Legitimation, Reputation und Ressourcen zu generieren und zu sichern.

3.5 Sachquellen und Realien

Wie Medien spielen Sachquellen und Realien in der fachgeschichtlichen Forschung momentan noch kaum eine Rolle. Mit dem „practical turn" der Wissenschaftsforschung verschiebt sich jedoch unter Fachhistoriker:innen inzwischen vermehrt die Perspektive weg von den oft nur fokussierten Formalobjekten (Denkmotive, Erkenntnisinteressen, Ideen, Methoden, Theorien), Institutionen und Personen, für deren Erforschung und Rekonstruktion die oben vorgestellten Quellengruppen weitgehend hinreichen, hin zu den weitgehend ignorierten materiellen Grundlagen und Objekten wissenschaftlichen Wirkens und einer hiermit korrespondierenden Fachgeschichte ‚von unten', die von den Dingen und den sich um sie rankenden Infrastrukturen, Ordnungen und Praktiken wissenschaftlichen Wissens ausgeht. Folgt man in dieser Weise etwa Hans-Jörg Rheinbergers Konzept der „Experimental-Epistemologie" (Rheinberger 2001), wonach sich vermittels der Infrastrukturen des Austauschs und der Zirkulation sogenannter epistemischer und technischer Dinge interaktive, wissensproduktive Netzwerke zwischen Forschenden, Objekten und Praktiken herausbilden, so verbindet sich mit dieser Perspektive keineswegs ein Nebeneinander von Dingen und Praktiken vs. Ideen, Institutionen und Personen. Vielmehr ist damit auf die notwendige Verflechtung beider Dimensionen in vermehrten fachgeschichtlichen Forschungen zur Materialität und Praxis der Kommunikationswissenschaft verwiesen (Koenen 2020).

Im Kontrast zu Publikationen als „Endprodukten der Forschung" (Weingart 2003, 67) ermöglichen Sachquellen und Realien Erkenntnisse über die ganz alltäglichen, vielseitigen Forschungs- und Lehrbedingungen sowie die Orte, Praxen und Prozesse wissenschaftlicher Wissensgewinnung. Gegenüber dem fertigen publizierten Wissen werden diese Quellen selten wertgeschätzt und gehen recht schnell verloren. Sie sind insgesamt sehr spärlich erhalten und meist nur sporadisch als Überreste und Spuren überliefert. Mit Medien als fachlichen Materialobjekten ist bspw. in der Kommunikationswissenschaft eine traditionsreiche spezifische Sammlungspraxis verbunden, deren Gestalt, Infrastruktur und Topographie bislang kaum erforscht ist. So waren die ersten Institute für Zeitungskunde lange Zeit nicht bloß Orte fachlicher Institutionalisierung und Organisation, sie wurden zugleich als besondere Lehr-, Lern- und Speicherorte verstanden, die Zeitungen als *die* materielle Grundlage zeitungskundlicher Wissenspraxis bereithielten und in denen sich auf der Grundlage des Materialobjekts Zeitung komplexe Repertoires von protoempirischen (bibliographischen, dokumentarischen, inhaltsanalytischen, statistischen) Praktiken rund um Zeitungsmedien als Wissensdinge herausbildeten (Bohrmann 2004; Koenen 2020). Karl Bücher zum Beispiel organisierte das Leipziger zeitungskundliche Institut entsprechend der Logik naturwissenschaftlicher Wissensproduktion als Labor (Kutsch 2016) und in gleicher Weise sah Martin Mohr das *Deutsche Instituts für Zeitungskunde* (*DIZ*) in Berlin als exklusiven Ort der „„gründlichen Durcharbeitung und Darstellung des Wissensmaterials'", um „„das was bisher Kunde ist' auf die Höhe wissenschaftlicher Forschung und Lehre zu führen" (Heuser 1994, 147; Koenen 2021). Im Zusammenhang des DIZ ist u. a. die Lichtbildsammlung von Emil Dovifat entstanden, die jahrzehntelang in Dovifats populären und öffentlichkeitswirksamen „Publice"-Vorlesungen präsent war und die heute im Studienarchiv des Leipziger Instituts für Kommunikations- und Medienwissenschaft als exemplarische Realienquelle für fachhistorische Forschungen zur Materialität und Praxis der Vermittlung wissenschaftlichen Wissens zur Verfügung steht (Koenen und Pfeiffer 2020).

4. Fachhistorische Quellen im Kontext der Digitalisierung

Infolge und im Zuge der Digitalisierung verändert und verschiebt sich die Quellensituation fachhistorischer Forschung nachhaltig und markant. Beobachten lassen sich fünf systematische Effekte, die in unterschiedlicher Weise die oben diskutierten Quellengruppen betreffen: Erstens erlaubt die Digitalisierung den Transfer analoger Quellen wie Archivalien, Dokumenten oder publiziertem Wissen ins Digitale – gleichzeitig entstehen im Digitalen ganz neue digital geborene Quellengenre (Datenbanken, Fachportale, Social Media). Zweitens versiegen mit der Digitalisierung einige analoge Quellengenre wie bspw. die briefliche Korrespondenz allmählich, die nach und nach aus dem alltäglichen Gebrauch von Wissenschaftler:innen verschwindet. Viel von der üblichen wissenschaftlichen Kommunikation wird in digitale Kontexte verschoben und durch digital geborene Quellengenre wie E-Mail, Kurznachrichten oder Videokonferenzen ersetzt. Damit wandelt sich drittens nicht bloß der Charakter und die Logik solcher Quellen wissenschaftlicher Kommunikation, etwa in Form, Inhalten, Medialität, Multimodalität und Stil, sondern zudem werden diese Quellen viertens in bisher ungekannter Menge und Vielfalt produziert. Paradoxerweise sind diese Quellen nun fünftens trotzdem so fragil, flüchtig und volatil wie nie zuvor, weil ihre Einbettung in digitale Medienumgebungen ebenso wie ihre Menge und Vielfalt große Probleme der Selektion, Sicherung und Speicherung sowie schließlich der langfristigen stabilen Verfügbarkeit mit sich bringt. Um diese „neuen Asymmetrien in Quellenproduktion und -überlieferung" (Patel 2011, 350) zu bewältigen und mit ihnen umzugehen, ist es unbedingt notwendig, dass sich die Quellenpraxis generell epistemologisch, methodisch und technisch auf die markierten komplexen Herausforderungen und Probleme digitaler Überlieferungssituationen einstellt (Balbi 2011; Schwarzenegger 2012, 2014; Föhr 2018).

Praktisch müssen sich Fachhistoriker:innen kontinuierlich die Probleme und Potenziale vergegenwärtigen, die sich mit ehemals analogen, nun vermehrt digitalisierten und digital geborenen Quellen auftun. Allen voran sollte man dennoch nicht zu viel von der Digitalisierung von Akten und Archivalien erwarten und erst recht nicht auf sie warten. Statt Forschung auf Knopfdruck wird die Recherche in Universitätsarchiven noch lange forschungsleitend sein. Sicher liegen einzelne Quellen wie Personal- oder Vorlesungsverzeichnisse vielerorts schon digitalisiert vor. Eine erschöpfende Digitalisierung fachhistorisch relevanter institutioneller Quellen ist jedoch nicht absehbar, dazu sind die notwendigen Kosten und Ressourcen zu hoch. Und selbst wenn einzelne Quellen aus konservatorischen Gründen digitalisiert werden, wird dies selten mit der vielseits erhofften Volltexterschließung einhergehen. Für die (auto-)biographische Forschung ist *BLexKom* (Meyen und Wiedemann, seit 2013) ein Beispiel, wie biographisches Wissen der Kommunikationswissenschaft digital hergestellt, integriert und vernetzt werden kann.

Vor allem bei publiziertem Wissen profitiert die fachgeschichtliche Forschung derzeit von der Digitalisierung. So liegen viele Fachzeitschriften inzwischen komplett digitalisiert und mit Metadaten vor, was potenziell mithilfe des Einsatzes digitaler Methoden und Tools neue Einblicke in die Geschichte wissenschaftliche Diskurse oder der Genese von Praktiken und Netzwerken des Zitierens ermöglicht. Wendet man sich zuletzt dem großen Spektrum digital geborener Quellen zu, so sind die Inhalte und Profile von Social Media-Portalen ein treffendes Beispiel für Quellen zur aktuellen digitalen Öffentlichkeitsarbeit und Wissenschaftskommunikation des Fachs und seiner Vertreter:innen, deren fachhistorische Potenziale noch ausgelotet und für die stabile Quellenpraktiken entwickelt werden müssen (Weingart et al. 2017; Schäfer 2017; Hennig und Kohler 2020; Jünger und Fähnrich 2020).

5. Strategien für die fachhistorische Quellenpraxis

Wie geht man nun mit Quellen praktisch um? Meist hat man es in der fachgeschichtlichen Forschung nicht bloß mit einer Quelle oder nur einer Quellengruppe zu tun, sondern mit sehr heterogenen Quellenkorpora, die sich aus unterschiedlichsten Quellen und Quellengruppen speisen. Quellenvergleich und Quellenvielfalt kennzeichnen die Standardsituation fachhistorischer Quellenpraxis. Quellenvergleich und Quellenvielfalt dienen dabei nicht nur dem Zweck, eine Frage oder ein Thema möglichst erschöpfend und von vielen Seiten zu beleuchten und darzustellen, sie haben zudem entscheidende Funktionen im Rahmen der quellenkritischen „Prüfprogramme" (Stöber 2016, 315). Sie flankieren die eigentliche Quellenkritik, die vor allem die Aussage- und Erklärkraft, die Glaubwürdigkeit und Qualität einer Quelle herausarbeitet und prüft, indem sie systematisch die Gegen- und Parallelüberlieferungen zu Geschehnissen aufspüren und einbeziehen (Quellenvielfalt) und die verschiedenen Quellenüberlieferungen miteinander ergänzen, kombinieren, konfrontieren und kontrastieren (Quellenvergleich).

Um den praktischen Umgang mit Quellenvergleich und Quellenvielfalt für den Forschungsablauf fachgeschichtlicher Forschungen zu operationalisieren, werden im Folgenden zwei in der Fachgeschichtsschreibung entwickelte und historisch-empirisch erprobte (und prinzipiell miteinander kombinierbare) Strategien für eine strukturierte und systematische fachhistorische Quellenauswahl, -bearbeitung und -darstellung vorgestellt. Während sich das „kategoriengeleitete Vorgehen" mit den quellenpraktischen Problemen der systematischen Auswahl und Analyse von Quellen auseinandersetzt, widmet sich die „historische Deskription" eher dem Problem der Narration. Beide Strategien gehen von der Voraussetzung aus, dass auch fachgeschichtliche Forschung intersubjektiv nachprüfbar sein muss und es dafür ein entsprechendes, die Forschung strukturierendes und systematisches Vorgehen braucht.

Das von Maria Löblich entwickelte und in ihren Forschungen zur empirisch-sozialwissenschaftlichen Wende in der Publizistik- und Zeitungswissenschaft exemplarisch eingesetzte „kategoriengeleitete Vorgehen" (Löblich 2008, 2010, 66–93) fokussiert insbesondere die Frage der Quellenauswahl und das Problem, wie für die Fragestellung relevante Informationen systematisch aus den Quellen gewonnen werden können. Für Löblich ist Forschung grundsätzlich theoriegeleitet und entsprechend setzt sie die Theorie auch als primären Ausgangspunkt fachgeschichtlicher Forschung (Löblich 2016). Um theoretische Annahmen, Begriffe und Konzepte systematisch in fachgeschichtliche Forschungen einzubringen, schlägt sie die theoretische Klärung und Übersetzung des Forschungsgegenstandes in Kategoriensysteme vor. Kategoriensysteme bilden somit einen analytischen, sowohl erklärenden wie heuristischen Rahmen, der die einzelnen Forschungsdimensionen abbildet und repräsentiert. In der Forschungspraxis erfüllen Kategoriensysteme so als analytisches Konzept und „theoretisches Gliederungsprinzip des historischen Forschungsprozesses" (Löblich 2008, 450) wichtige Funktionen. Sie sorgen für eine ebenso theoretische wie methodische Fundierung der Forschung und sie lenken und strukturieren im Weiteren die Forschung Schritt für Schritt. In der Quellenpraxis sind sie insbesondere als „Identifzierungs- und Klassifizierungsmittel für die Arbeit mit historischen Quellen" nützlich (Löblich 2008, 450). In dieser Weise können sie schon bei der Quellenauswahl und der Planung von Quellenrecherchen eine wichtige Orientierung geben: „Weil Kategorien das verdichtete Vorwissen und Erkenntnisinteresse verkörpern, können sie die Quellenauswahl mit anleiten, vorausgesetzt, geeignetes Material ist verfügbar" (Löblich 2008, 447). Für die vertiefte Quellenanalyse, die Durchsicht, Filterung und Interpretation der Quellen entsprechend der Fragestellung, spannen unterhalb der quellenidentifizierenden, -ordnenden und -selektierenden Hauptkategorien für die „globalen inhaltlichen Klassifizierungsvorstellungen" (Löblich 2008, 438) weitere Unterkategorien einen fein differenzierten, mehrdimensionalen „Bedeutungsraum" (Löblich 2008, 446) auf, mit dessen Hilfe die Quellen „auf relevante Aspekte hin durchsucht" (Löblich 2008, 449) und in einem interpretativ offenen, trotzdem stets reflektierenden Wechselspiel von theoretischen Annahmen und Kategorien und deren Ausprägung in historischen Quellen nachvollziehbar und systematisch ausgewertet und bearbeitet werden:

> Die Reflexion der Kategorien und das Sich-Einlassen auf die Sprache der Quellen sollte in einem Interpretationsprozess ablaufen, in dem sich theoretisches Vorwissen und die Wahrnehmung historisch einmaliger Sachverhalte gegenseitig strukturieren. (Löblich 2008, 449)

Beispiele, Modelle und Vorlagen für die Adaption und die weitere Ausarbeitung und Entwicklung von Kategoriensystemen für die eigene Forschung finden sich mittlerweile in der Fachgeschichte einige (Averbeck 1999; Averbeck und Kutsch 2002; Meyen und Löblich 2006; Löblich 2008, Löblich und Scheu 2011; Wiedemann 2012). Praktisch erleichtern solche Kategoriensysteme (wie ausgeführt) den fachgeschichtlichen Forschungsprozess und die damit verbundene Quellenpraxis auf mehreren Ebenen: Sie geben dem Forschungsprozess Orientierung, Perspektive und Richtung, sie helfen, diesen zu operationalisieren und übersichtlich zu strukturieren, sie machen die üblicherweise stark subjektive hermeneutische Quellenarbeit intersubjektiv transparent und sie unterstützen schließlich Forschende, sich nicht in der Quellenvielfalt zu verlieren.

Die von Erik Koenen in seinen biographisch-fachhistorischen Forschungen zum Journalisten und Leipziger Zeitungskundler Erich Everth exemplarisch genutzte „historische Deskription" wendet sich speziell dem Problem der methodisch kontrollierten Herstellung eines erkenntnisproduktiven narrativen Gesamtzusammenhangs von Forschungsergebnissen und Quellenvielfalt zu (Koenen 2019, 79–87, 355–361). Damit werden Leistungen und Praxis des in der fachgeschichtlichen Forschung häufig eingesetzten deskriptiv-narrativen Modus, der oft als nur „minder anspruchsvoll", als „vor- oder halbwissenschaftlich", „intuitiv und regelfrei" diskreditiert und kritisiert wird, als Momente einer ebenso legitimen wie „unersetzlichen wissenschaftlichen Grundtätigkeit" reflektiert, deren methodologischer Standort, so Heinz Starkulla jr., die „mittlere Stelle" „zwischen dem Erzählen und dem Erklären" ist (Starkulla 2021,

361, 363). Entgegen der Kritik „produziert" historische Deskription, sofern sie sich nicht in der „Darstellung einzelner Tatsachen" erschöpft, sondern Darstellung und Interpretation eine innere Logik und Systematik verleiht, „Kenntnis von einfachen wie komplexen Einzelsachverhalten" und deren stimmige „Verknüpfung" miteinander (Starkulla 2021, 364, 374). Sie stellt also nicht nur einfach Erzähl-, sondern vielmehr systematisch komplexe narrative Erklär- und Ordnungszusammenhänge für Ergebnisse und Quellen her:

> But a narrative is more than a description; it is a logical organization of material into a chronological sequence for the purpose of explanation. The historian's task is to explain change over time, and this is accomplished by connecting, via narrative, a beginning with an end. The explanatory power of a narrative lies in the causal connection between each step and the following step in the sequence. (Nord 2003, 369)

Praktisch funktioniert die historische Deskription vergleichbar dem „kategoriengeleiteten Vorgehen" – mit dem Unterschied, dass die Deskription primär am zu erforschenden fachgeschichtlichen Phänomen ansetzt und taxonomisch vorgeht. Um „aus dem unübersehbaren Universum möglicher Beobachtungspunkte das herauszuheben, was im gewählten Frageaspekt relevant erscheint", hat Hans L. Zetterberg die systematische Ausdifferenzierung von Dimensionen und Eigenschaften des interessierenden Phänomens in ein sogenanntes „deskriptives Schema" vorgeschlagen: eine forschungsleitende „,Begriffsanordnung'", die den Forschenden „,zu den Phänomenen hinführt, denen er seine Aufmerksamkeit schenken will, und auch in der Reihenfolge, in der er sie untersuchen will [...], mit anderen Worten eine Serie von Begriffen in Form einer Kontrollliste für die Beobachtungen'" (Starkulla 2021, 367, 375). Mithilfe deskriptiver Schemata und Kategoriensystemen betriebene und geschriebene, systematisch quellenbasierte und -durchdrungene Fachgeschichte ist somit mehr als die Aneinanderreihung von Daten, Fakten, Ereignissen und Personen. Ihr Ziel ist stattdessen, die Entwicklung eines Fachs, wissenschaftliches Handeln und Wissenschaft als Institution, Organisation, Praxis und Prozess mit diversen strukturellen Kopplungen zur Gesellschaft zu erklären und in das ‚große Ganze' einzuordnen und mit der historisch-systematischen Deskription, Identifikation und Rekonstruktion der komplexen Dimensionen und Konstellationen von Wissenschaft explizit „theoriegenerierende Forschung" (Krotz 2005) zu leisten.

6. Resümee und Perspektiven

Vor dem Hintergrund der deutschsprachigen fachgeschichtlichen Forschung zur Kommunikationswissenschaft haben wir für Fachhistoriker:innen relevante Aspekte, Fragen und Probleme der praktischen Quellenarbeit diskutiert, wichtige Quellengruppen näher erläutert und für eine methodologisch und theoretisch reflektierte, d. h. systematische Quellenpraxis als Basis und Voraussetzung fachhistorischer Forschung plädiert. Die Kommunikationswissenschaft ist von Beginn an ein Fach im steten Wandel und ebenso wandelt sich ihre Fachgeschichtsschreibung kontinuierlich, beschäftigt sich mit neuen fachhistorischen Fragestellungen, folgt neuen Forschungsinteressen und Herausforderungen (wie der Digitalisierung oder der Materialität und Praxis von Forschung) und entwickelt neue „Quellenblicke" (Saxer 2014, 37) auf bereits bearbeitete oder neue Aspekte und die überlieferten Überreste des Fachs und von wissenschaftlichem Handeln und Tun.

Nicht erst aufgrund der gerade entstehenden neuen digitalen Quellensituationen sollten sich Fachgeschichtsschreibung und fachhistorische Quellenpraxis jedoch vermehrt für das Versiegen von Quellengenres sowie Quellensicherung und -überlieferung interessieren. Sicherlich passiert (wenn man Quellenverluste einkalkuliert) die Überlieferung von Quellen mehr oder weniger von selbst. Gerade im Angesicht der tiefgreifenden Digitalisierung wissenschaftlicher Praxis sollte Fachgeschichtsschreibung allerdings nicht von diesem Ende her denken. Vielmehr sollten Fachhistoriker:innen aktiv den steten Wandel von Fachkultur und Fachpraxis im Blick haben, in diesen Zusammenhängen alte und neue Quellen entdecken und eruieren, und sich im Weiteren für deren nachhaltige Bewahrung, Erschließung und Sicherung für künftige Fachhistoriker:innen engagieren und Praktiken der Überlieferung in die fachhistorische Quellenpraxis integrieren.

7. Literatur

Averbeck, Stefanie. *Kommunikation als Prozess. Soziologische Perspektiven in der Zeitungswissenschaft 1927–1934*. Münster: Lit, 1999.

Averbeck, Stefanie, und Arnulf Kutsch. „Thesen zur Geschichte der Zeitungs- und Publizistikwissenschaft 1900–1960". *Medien&Zeit* 17.2–3 (2002): 57–66.

Balbi, Gabriele. „Doing media history in 2050". *Westminster Papers in Communication and Culture* 8.2 (2011): 133–157.

Behmer, Markus. „Quellen selbst erstellen. Grundzüge, Anwendungsfelder und Probleme von Oral History in der medien- und kommunikationsgeschichtlichen Forschung". *Kommunikationsgeschichte. Positionen und Werkzeuge. Ein diskursives Hand- und Lehrbuch*. Hg. Klaus Arnold, Markus Behmer, und Bernd Semrad. Berlin: Lit Verlag, 2008. 343–361.

Birkner, Thomas, und Andreas Scheu. „Konflikte, Theorien, Perspektiven – Forschung zur Fachgeschichte. Werkstattbericht aus einem Forschungsseminar zu 100 Jahren Kommunikationswissenschaft in Münster". *Medien&Zeit* 34.1 (2019): 57–64.

Bohrmann, Hans. „Otto Groth, Die Geschichte der deutschen Zeitungswissenschaft (1948)". *Schlüsselwerke für die Kommunikationswissenschaft*. Hg. Christina Holtz-Bacha, und Arnulf Kutsch. Wiesbaden: Westdeutscher Verlag, 2002. 170–172.

Bohrmann, Hans. „Wissenschaft muss sich für Zeitungen engagieren. Die Abwicklung der Institutsarchive offenbart ein infrastrukturelles Dilemma". *Publizistik* 49.4 (2004): 471–475.

Bohrmann, Hans. „Was ist der Inhalt einer Fachgeschichte der Publizistikwissenschaft und welche Funktionen könnte sie für die Wissenschaftsausübung der Gegenwart besitzen?" *Publizistikwissenschaft und öffentliche Kommunikation. Beiträge zur Reflexion der Fachgeschichte*. Hg. Edzard Schade. Konstanz: UVK, 2005. 151–182.

Brandt, Ahasver von. *Werkzeug des Historikers. Eine Einführung in die Historischen Hilfswissenschaften*. Stuttgart: W. Kohlhammer, [17]2007.

Budde, Gunilla. „Quellen, Quellen, Quellen…". *Geschichte. Studium – Wissenschaft – Beruf*. Hg. Gunilla Budde, Dagmar Freist, und Hilke Günther Arndt. Berlin: Akademie Verlag, 2008. 52–69.

Bücher, Karl. *Lebenserinnerungen. Bd. 1: 1847–1890*. Tübingen: H. Laupp, 1919.

Debatin, Bernhard. „Der schmale Grat zwischen Anpassung und Integration. Kritische Anmerkungen aus Anlass des 100-jährigen Jubiläums der deutschen Kommunikationswissenschaft". *Publizistik* 62.1 (2007): 7–23.

Donsbach, Wolfgang, Torsten Laub, Alexander Haas, und Hans-Bernd Brosius. „Anpassungsprozesse in der Kommunikationswissenschaft. Themen und Herkunft in den Fachzeitschriften ‚Publizistik' und ‚Medien & Kommunikationswissenschaft' ". *Medien & Kommunikationswissenschaft* 53.1 (2005): 46–72.

Eberwein, Tobias, und Horst Pöttker. „Die Entwicklung des publizistik- und kommunikationswissenschaftlichen Buchmarkts in der Bundesrepublik Deutschland. Ein Versuch anhand des Rezensionsteils der ‚Publizistik' ". *50 Jahre Publizistik*. Hg. Christina Holtz-Bacha, Arnulf Kutsch, Wolfgang R. Langenbucher, und Klaus Schönbach. Wiesbaden: VS Verlag für Sozialwissenschaften, 2006. 47–72.

Erll, Astrid. *Kollektives Gedächtnis und Erinnerungskulturen. Eine Einführung*. Stuttgart, Weimar: J. B. Metzler, 2005.

Ernst, Wolfgang. „Quellen". *Gedächtnis und Erinnerung. Ein transdisziplinäres Lexikon*. Hg. Nicolas Pethes, und Jens Ruchatz. Reinbek b. Hamburg: Rowohlt Taschenbuch Verlag, 2001. 467–469.

d'Ester, Karl. *Schwarz auf Weiss. Ein Leben für die Jugend, die Wissenschaft und die Presse*. München: Verlag Pohl & Co., 1951.

d'Ester, Karl. *Der Traum eines Lebens. Ein Deutsches Institut für Internationale Presseforschung und ein Weltpressemuseum. Ein Beitrag zur Geschichte der internationalen Zeitungswissenschaft*. Ingolstadt: Donau Kurier Verlag, 1957.

Föhr, Pascal. „Historische Quellenkritik im Digitalen Zeitalter". Phil. Diss. Universität Basel, 2018. https://edoc.unibas.ch/64111/1/F%C3 %B6hr_Pascal-Historische_Quellenkritik_im_Digitalen_Zeitalter-2018.pdf (30. September 2021).

Goertz, Hans-Jürgen. „Geschichte – Erfahrung und Wissenschaft. Zugänge zum historischen Erkenntnisprozess". *Geschichte. Ein Grundkurs*. Hg. Hans-Jürgen Goertz. Reinbek b. Hamburg: Rowohlt Taschenbuch Verlag, 2007. 19–47.

Große, Alfried. *Wilhelm Kapp und die Zeitungswissenschaft. Geschichte des Instituts für Publizistik- und Zeitungswissenschaft an der Universität Freiburg i. Br. (1922–1943)*. Münster, New York: Waxmann Verlag, 1989.

Groth, Otto. *Die Zeitung. Ein System der Zeitungskunde (Journalistik). 4 Bde.* Mannheim, Berlin, Leipzig: J. Bensheimer, 1928–1930.

Groth, Otto. *Die Geschichte der deutschen Zeitungswissenschaft. Probleme und Methoden*. München: Dr. Konrad Weinmayer, 1948.

Heide, Walther. „Zeitungssammlungen und -sammelstellen in Deutschland. Eine inhaltliche und bibliothekstechnische Übersicht". *Zeitungswissenschaft* 2.1, 2.2., 2.3, 2.5, 2.7 (1927): 4–6, 20–21, 37–39, 69, 101.

Hennig, Anne, und Sarah Kohler. „Einflussfaktoren bei der Social-Media-Nutzung in der Wissenschaftskommunikation". *Publizistik* 65.4 (2020): 593–615.

Heuser, Joachim. *Zeitungswissenschaft als Standespolitik. Martin Mohr und das „Deutsche Institut für Zeitungskunde" in Berlin*. Münster, Hamburg: Lit, 1994.

Hohlfeld, Ralf, und Christoph Neuberger. „Profil, Grenzen und Standards der Kommunikationswissenschaft. Eine Inhaltsanalyse wissenschaftlicher Fachzeitschriften". *Publizistik* 46.2–3 (1998): 313–332.

Hüttenberger, Peter. „Überlegungen zur Theorie der Quelle". *Die Interpretation historischer Quellen. Schwerpunkt: Neuzeit.* Hg. Bernd-A. Rusinek, Volker Ackermann, und Jörg Engelbrecht. Paderborn, München, Wien, Zürich: Ferdinand Schöningh, 1992. 253–265.

Jordan, Stefan. *Einführung in das Geschichtsstudium.* Stuttgart: Reclam, 2005.

Jordan, Stefan. „Vetorecht der Quellen". *Docupedia-Zeitgeschichte,* 2010. https://docupedia.de/zg/Vetorecht_der_Quellen (30. September 2021).

Jünger, Jakob, und Birte Fähnrich. „Does really no one care? Analyzing the public engagement of communication scientists on Twitter". *New Media and Society* 22.3 (2020): 387–408.

Klose, Hans-Georg. „Die Kölner ‚Pressa' 1928 im Spannungsfeld von politischer Repräsentation und fachwissenschaftlicher Institutionalisierung". *Von der Zeitungskunde zur Publizistik. Biographisch-institutionelle Stationen der deutschen Zeitungswissenschaft in der ersten Hälfte des 20. Jahrhunderts.* Hg. Rüdiger vom Bruch, und Otto B. Roegele. Frankfurt/Main: Haag + Herchen, 1986. 197–233.

Klose, Hans-Georg. *Zeitungswissenschaft in Köln. Ein Beitrag zur Professionalisierung der deutschen Zeitungswissenschaft in der ersten Hälfte des 20. Jahrhunderts.* München, New York, London, Paris: K. G. Saur, 1989.

Koenen, Erik. *Die Entdeckung der Kommunikationswissenschaft. 100 Jahre kommunikationswissenschaftliche Fachtradition in Leipzig: Von der Zeitungskunde zur Kommunikations- und Medienwissenschaft.* Köln: Herbert von Halem, 2016.

Koenen, Erik. *Erich Everth – Wissenstransformationen zwischen journalistischer Praxis und Zeitungskunde. Biographische und fachhistorische Untersuchungen.* Berlin: Lit, 2019.

Koenen, Erik. „Experimentalsysteme und epistemische Dinge. Anregungen für eine Geschichte von Materialität und Praxis der Kommunikationswissenschaft". *Medien&Zeit* 35.3 (2020): 30–34.

Koenen, Erik. *Martin Mohr: Zeitung und neue Zeit. Vorschläge und Forderungen zur wissenschaftlichen Lösung eines sozialen Grundproblems. München und Leipzig 1919.* Baden-Baden: Nomos, 2021.

Koenen, Erik, und Mike Meißner. Historische Perspektiven der Hochschulkommunikation. *Forschungsfeld Hochschulkommunikation.* Hg. Birte Fähnrich, Julia Metag, Senja Post, und Mike S. Schäfer. Wiesbaden: Springer VS, 2019. 39–59.

Koenen, Erik, und Juliane Pfeiffer. „Dovifats Dias. Historische Perspektiven der Wissenschaftskommunikation der Kommunikationswissenschaft". *Publizistik* 64.4 (2020): 523–543.

Koenen, Erik, und Christina Sanko. „Die Mediengesellschaft und ihre Wissenschaft im Wandel. Disziplinäre Genese und Wandelprozesse der Kommunikationswissenschaft in Deutschland 1945–2015". *Kommunikationswissenschaft im internationalen Vergleich. Transnationale Perspektiven.* Hg. Stefanie Averbeck-Lietz. Wiesbaden: Springer VS, 2017. 113–159.

Kohli, Martin. „‚Von uns selber schweigen wir.' Wissenschaftsgeschichte aus Lebensgeschichten". *Geschichte der Soziologie. Studien zur kognitiven, sozialen und historischen Identität einer Disziplin. Bd. 1.* Hg. Wolf Lepenies. Frankfurt/Main: Suhrkamp, 1981. 428–465.

Krotz, Friedrich. *Neue Theorien entwickeln. Eine Einführung in die Grounded Theory, die Heuristische Sozialforschung und die Ethnographie anhand von Beispielen aus der Kommunikationsforschung.* Köln: Herbert von Halem, 2005.

Kübler, Andreas. „Emil Dovifat und das Institut für Publizistik". *Emil Dovifat. Studien und Dokumente zu Leben und Werk.* Hg. Bernd Sösemann. Berlin: Walter de Gruyter, 1998. 325–403.

Kutsch, Arnulf. „Zeitungskundliche Dissertationen in Leipzig 1916 bis 1926". *Karl Bücher – Leipziger Hochschulschriften 1892–1926.* Hg. Erik Koenen, und Michael Meyen. Leipzig: Leipziger Universitätsverlag, 2002. 135–200.

Kutsch, Arnulf. „Zur Bedeutung von Archivalien für die Historiographie der Zeitungswissenschaft". *Entwicklungsperspektiven zukünftiger Informationssysteme.* Hg. Fachgruppe Presse-, Rundfunk- und Filmarchivare im Verein Deutscher Archivare. München K.G. Saur, 1983. 213–232.

Kutsch, Arnulf. *Rundfunkwissenschaft im Dritten Reich. Geschichte des Instituts für Rundfunkwissenschaft der Universität Freiburg.* München, New York, London, Paris: K. G. Saur, 1987.

Kutsch, Arnulf, und Horst Pöttker. „Kommunikationswissenschaft – autobiographisch. Einleitung“. *Kommunikationswissenschaft – autobiographisch. Zur Entwicklung einer Wissenschaft in Deutschland.* Hg. Arnulf Kutsch, und Horst Pöttker. Opladen: Westdeutscher Verlag, 1997. 7–20.

Kutsch, Arnulf. *Karl Bücher – Schriftenverzeichnis.* Leipzig: Leipziger Universitätsverlag, 2000.

Kutsch, Arnulf. „Karl Bücher und seine akademischen Schüler. Zur Einführung“. *Karl Bücher – Leipziger Hochschulschriften 1892–1926.* Hg. Erik Koenen, und Michael Meyen. Leipzig: Leipziger Universitätsverlag, 2002. 11–48.

Kutsch, Arnulf. „Die Entstehung des Deutschen Zeitungswissenschaftlichen Verbandes“. *Jahrbuch für Kommunikationsgeschichte* 12 (2010): 121–144.

Kutsch, Arnulf. „Professionalisierung durch akademische Ausbildung. Zu Karl Büchers Konzeption für eine akademische Journalistenausbildung“. *Die Entdeckung der Kommunikationswissenschaft. 100 Jahre kommunikationswissenschaftliche Fachtradition in Leipzig: Von der Zeitungskunde zur Kommunikations- und Medienwissenschaft.* Hg. Erik Koenen. Köln: Herbert von Halem, 2016. 82–123.

Lacasa, Ivan. „Zeitungswissenschaft als publizistische Aktion? Karl d'Ester, Emil Dovifat, Erich Everth“. *Medien&Zeit* 23.4 (2008): 4–8.

Lepenies, Wolf. „Studien zur kognitiven, sozialen und historischen Identität der Soziologie. Einleitung“. *Geschichte der Soziologie. Studien zur kognitiven, sozialen und historischen Identität einer Disziplin. Bd. 1.* Hg. Wolf Lepenies. Frankfurt/Main: Suhrkamp, 1981. I–XXXV.

Lersch, Edgar, und Rudolf Stöber. „Quellenüberlieferung und Quellenrecherche“. *Kommunikationsgeschichte. Positionen und Werkzeuge. Ein diskursives Hand- und Lehrbuch.* Hg. Klaus Arnold, Markus Behmer, und Bernd Semrad. Berlin: Lit Verlag, 2008. 289–322.

Löblich, Maria. „Ein Weg zur Kommunikationsgeschichte. Kategoriengeleitetes Vorgehen am Beispiel Fachgeschichte“. *Kommunikationsgeschichte. Positionen und Werkzeuge. Ein diskursives Hand- und Lehrbuch.* Hg. Klaus Arnold, Markus Behmer, und Bernd Semrad. Berlin: Lit Verlag, 2008. 433–454.

Löblich, Maria. *Die empirisch-sozialwissenschaftliche Wende in der Publizistik- und Zeitungswissenschaft.* Köln: Herbert von Halem, 2010.

Löblich, Maria. „Theoriegeleitete Forschung in der Kommunikationswissenschaft“. *Handbuch nicht standardisierte Methoden in der Kommunikationswissenschaft.* Hg. Stefanie Averbeck-Lietz, und Michael Meyen. Wiesbaden: Springer VS, 2016. 67–79.

Löblich, Maria, und Andreas Scheu. „Writing the history of communication studies. A sociology of science approach“. *Communication Theory* 21.1 (2011): 1–22.

Löblich, Maria, und Niklas Venema. *„Regierungszeit des Mittelbaus?“ Annäherungen an die Berliner Publizistikwissenschaft nach der Studentenbewegung.* Köln: Herbert von Halem, 2020.

Magin, Melanie, und Christian Oggolder. „Quellen historischer Forschung in der Kommunikationswissenschaft“. *Handbuch nicht standardisierte Methoden in der Kommunikationswissenschaft.* Hg. Stefanie Averbeck-Lietz, und Michael Meyen. Wiesbaden: Springer VS, 2016. 319–334.

Maoro, Bettina. *Die Zeitungswissenschaft in Westfalen 1914–1945. Das Institut für Zeitungswissenschaft in Münster und die Zeitungsforschung in Dortmund.* München, New York, London, Paris: K. G. Saur, 1987.

Meyen, Michael. „Zeitungskundliche Dissertationen in Leipzig 1916 bis 1926“. *Karl Bücher – Leipziger Hochschulschriften 1892–1926.* Hg. Erik Koenen, und Michael Meyen. Leipzig: Leipziger Universitätsverlag, 2002. 135–200.

Meyen, Michael. „Promovieren bei Karl d'Ester. Ein Beitrag zur Frühgeschichte der Zeitungswissenschaft in Deutschland“. *80 Jahre Zeitungs- und Kommunikationswissenschaft in München. Bau-*

steine zu einer Institutsgeschichte. Hg. Michael Meyen, und Maria Löblich. Köln: Herbert von Halem, 2004. 28–45.

Meyen, Michael. „The Founding Parents of Communication: 57 Interviews with ICA Fellows. An Introduction". *International Journal of Communication* 6 (2012): 1451–1882.

Meyen, Michael. „Journalistik in der DDR. Leipziger Biographien". *Biografisches Lexikon der Kommunikationswissenschaft*. Hg. Michael Meyen, und Thomas Wiedemann. Köln: Herbert von Halem, 2015. http://blexkom.halemverlag.de/journalistik-in-der-ddr/ (30. September 2021).

Meyen, Michael. *Das Erbe sind wir. Warum die DDR-Journalistik zu früh beerdigt wurde. Meine Geschichte*. Köln: Herbert von Halem, 2020.

Meyen, Michael, und Maria Löblich. *80 Jahre Zeitungs- und Kommunikationswissenschaft in München. Bausteine zu einer Institutsgeschichte*. Köln: Herbert von Halem, 2004.

Meyen, Michael, und Maria Löblich. *Klassiker der Kommunikationswissenschaft. Fach- und Theoriegeschichte in Deutschland*. Konstanz: UVK, 2006.

Meyen, Michael, und Maria Löblich. „Die ‚Jungtürken' in der Kommunikationswissenschaft. Ein biografischer Zugang zur Geschichte und Identität des Fachs". *„Ich habe dieses Fach erfunden." Wie die Kommunikationswissenschaft an die deutschsprachigen Universitäten kam. 19 biografische Interviews*. Hg. Michael Meyen, und Maria Löblich. Köln: Herbert von Halem, 2007. 7–32.

Meyen, Michael, und Thomas Wiedemann. *Biografisches Lexikon der Kommunikationswissenschaft*. Köln: Herbert von Halem, 2013–2021. http://blexkom.halemverlag.de/ (30. September 2021).

Nord, David Paul. „The Practice of Historical Research". *Mass Communication Research and Theory*. Hg. Guido H. Stempel, III, David H. Weaver, und G. Cleveland Wilhoit. Boston: Allyn & Bacon, 2003. 362–385.

Patel, Kiran Klaus. „Zeitgeschichte im digitalen Zeitalter. Neue und alte Herausforderungen". *Vierteljahrshefte für Zeitgeschichte* 59.3 (2011): 331–351.

Pöttker, Horst. „Öffentlichkeit als gesellschaftlicher Auftrag. Einleitung". *Öffentlichkeit als gesellschaftlicher Auftrag. Klassiker der Sozialwissenschaften über Journalismus und Medien*. Hg. Horst Pöttker. Konstanz: UVK, 2001. 9–31.

Rheinberger, Hans-Jörg. *Experimentalsysteme und epistemische Dinge. Eine Geschichte der Proteinsynthese im Reagenzglas*. Göttingen: Wallstein Verlag, 2001.

Riesmeyer, Claudia, und Nathalie Huber. *Karriereziel Professorin. Wege und Strategien in der Kommunikationswissenschaft*. Köln, Herbert von Halem 2012.

Runge, Anita. Wissenschaftliche Biographik. *Handbuch Biographie. Methoden, Traditionen, Theorien*. Hg. Christian Klein. Stuttgart, Weimar: J. B. Metzler, 2009. 113–121.

Rüsen, Jörn. *Grundzüge einer Historik. Bd. 2: Rekonstruktion der Vergangenheit. Die Prinzipien der historischen Forschung*. Göttingen: Vandenhoeck & Ruprecht, 1986.

Saxer, Daniela. *Die Schärfung des Quellenblicks. Forschungspraktiken in der Geschichtswissenschaft 1840–1914*. München: De Gruyter Oldenbourg, 2014.

Schäfer, Mike S. „Wissenschaftskommunikation Online". *Forschungsfeld Wissenschaftskommunikation*. Hg. Heinz Bonfadelli, Birte Fähnrich, Corinna Lüthje, Jutta Milde, Markus Rhomberg, und Mike S. Schäfer. Wiesbaden: Springer VS, 2017. 275–296.

Schulze, Winfried. *Einführung in die Neuere Geschichte*. Stuttgart: Eugen Ulmer, [5]2010.

Schwarzenegger, Christian. „Exploring Digital Yesterdays. Reflections on New Media and the Future of Communication History". *Historical Social Research* 37.4 (2012): 118–133.

Schwarzenegger, Christian. „Herausforderungen des digitalen Gestern. Kommunikationsgeschichte und die Quellen einer gegenwärtigen Zukunft". *Das Gedächtnis des Rundfunks. die Archive der öffentlich-rechtlichen Sender und ihre Bedeutung für die Forschung*. Hg. Markus Behmer, Birgit Bernard, und Bettina Hasselbring. Wiesbaden: Springer VS, 2014. 403–415.

Schweiger, Wolfgang, Patrick Rademacher, und Birgit Grabmüller. „Womit befassen sich kommunikationswissenschaftliche Abschlussarbeiten? Eine Inhaltsanalyse von ‚DGPuK-TRANSFER' als Beitrag zur Selbstverständnisdebatte". *Publizistik* 54.4 (2009): 533–552.

Seul, Stephanie. „ ‚Trägerin des europäischen Gemeinschaftsgedankens – lebendige Magna Charta des Friedens'. Die politische Dimension der PRESSA Köln 1928 und ihr Widerhall in der zeitgenössischen deutschen und internationalen Presse". *Die PRESSA. Internationale Presseausstellung Köln 1928 und der jüdische Beitrag zum modernen Journalismus. Bd. 1.* Hg. Susanne Marten-Finnis, und Michael Nagel. Bremen: Edition Lumière, 2012. 57–104.

Silbermann, Alphons. *Verwandlungen. Eine Autobiographie.* Bergisch Gladbach: Gustav Lübbe Verlag, 1989.

Spiess, Volker. *Verzeichnis deutschsprachiger Hochschulschriften zur Publizistik 1885– 1967.* Berlin: Volker Spiess, 1969.

Starkulla jr., Heinz. „Wissenschaftliche Deskription. Zwischen ‚Dataismus' und Theoriebau". *Qualitative Methoden der Kommunikationswissenschaft.* Hg. Hans Wagner, und Philomen Schönhagen. Baden-Baden: Nomos, [3]2021. 361–378.

Stöber, Rudolf. „Historische Methoden in der Kommunikationswissenschaft. Die Standards einer Triangulation". *Handbuch nicht standardisierte Methoden in der Kommunikationswissenschaft.* Hg. Stefanie Averbeck-Lietz, und Michael Meyen. Wiesbaden: Springer VS, 2016. 303–318.

Stöckle, Frieder. „Zum praktischen Umgang mit Oral History". *Oral History. Mündlich erfragte Geschichte.* Hg. Herwart Vorländer. Göttingen: Vandenhoeck & Ruprecht, 1990. 131–158.

Szyszka, Peter. *Zeitungswissenschaft in Nürnberg (1919–1945). Ein Hochschulinstitut zwischen Praxis und Wissenschaft.* Nürnberg: Verlag der Kommunikationswissenschaftlichen Forschungsvereinigung, 1990.

Wagner, Hans. „Otto Groth, Die Zeitung (1928–1930)". *Schlüsselwerke für die Kommunikationswissenschaft.* Hg. Christina Holtz-Bacha, und Arnulf Kutsch Wiesbaden: Westdeutscher Verlag, 2002. 167–170.

Wagner-Hasel, Beate. *Die Arbeit des Gelehrten. Der Nationalökonom Karl Bücher (1847–1930).* Frankfurt/Main, New York: Campus, 2011.

White, Hayden. *Metahistory. The Historical Imagination in Nineteenth-Century Europe.* Baltimore: Johns Hopkins University Press, 1973.

Weingart, Peter. *Wissenschaftssoziologie.* Bielefeld: Transcript Verlag, 2003.

Weingart, Peter, Holger Wormer, Andreas Wenninger, und Reinhardt F. Hüttl. *Perspektiven der Wissenschaftskommunikation im digitalen Zeitalter.* Weilerswist: Velbrück Wissenschaft, 2017.

Wiedemann, Thomas. *Walter Hagemann. Aufstieg und Fall eines politisch ambitionierten Journalisten und Publizistikwissenschaftlers.* Köln: Herbert von Halem, 2012.

Wilke, Jürgen. *Erlebtes und Erforschtes. Erinnerungen.* Bremen: Edition Lumière, 2022.

Christian Schwarzenegger

20 Zwischen Geschichte und Erinnerung: Funktionen, Aktualisierung und Aktivierung fachinterner Erinnerung für das Fach Kommunikationswissenschaft

Die sprichwörtlichen Schultern von Riesen sind es, von denen aus Wissenschaftler:innen auf die Welt blicken (Merton 1993). Im Zuge ihrer wissenschaftlichen Sozialisation werden sie mit bisherigem wissenschaftlichem Wissen vertraut gemacht, in die Logiken und Prämissen spezifischer Perspektiven auf die Welt sowie in die Selbstverständlichkeiten ihres thematischen Feldes oder ihrer akademischen Disziplin eingeweiht, bis sie diese selbst verinnerlicht haben. In den Begrifflichkeiten der Wissenschaftstheorie von Ludwik Fleck (2012), wie dieser sie in seinem Werk ‚Die Entstehung und Entwicklung einer wissenschaftlichen Tatsache' geprägt hat, werden Wissenschaftler:innen im Zuge ihrer Ausbildung mit einem spezifischen ‚Denkstil' vertraut gemacht. Dieser beinhaltet, was als Problem anerkannt, als Problemlösungsverfahren praktiziert sowie als wissenschaftliches Wissen akzeptiert werden kann. Durch diesen kollektivierten Denkstil können die so akademisch Sozialisierten auch als Angehörige eines ‚Denkkollektivs' ausgewiesen werden. Allerdings geht es im Zuge einer solchen sozialisierenden Eingemeindung in dieses Kollektiv nicht nur um Verfügungsgewalt über gegenwärtige Betrachtungsweisen und Lösungsansätze, sondern auch um die Aneignung einer Herleitung und einer Selbsterzählung einer Wissenschaft als eine Wissenschaft, die tut was sie tut, weil sie auf bestimmten fachhistorischen Pfaden dorthin gelangt ist, wo sie dann im jeweiligen Heute augenblicklich steht. In diesem Sinne sind wissenschaftliche Felder oder Disziplinen nicht nur Kollektive des Denkens und der gemeinschaftlichen Problemlösung vermittels – typischerweise – systematischer regelgeleiteter Verfahren, sondern auch Erinnerungskollektive. Es handelt sich bei Wissenschaftsdisziplinen um Gemeinschaften, in denen implizit oder explizit historisches Wissen über die Ursprünge des eigenen Denkens geteilt wird, wie auch Erinnerungsgemeinschaften, in denen kollektivierte Erinnerungen an die eigenen fachlichen Wurzeln und Traditionen hergeleitet, erzählt und bisweilen auch mystifizierend verklärt werden. Es sind daher relevante Fragen der fachhistorischen Auseinandersetzung mit der Erinnerung wissenschaftlicher Disziplinen an sich selbst, zu untersuchen, welches Wissen und welche Erinnerung an das eigene Kollektiv in welchen Kontexten, in welchen Formen und Formaten, durch welche Akteur:innen im Heute aktiv weitergegeben, implizit mitgetragen oder aktiv beschworen werden. Welche Riesen und Held:innen aus der Vergangenheit sind es, auf deren Schultern sich ein Fach im Heute selbst verortet? Dieser Beitrag setzt sich mit Kontexten, Formen und Akteur:innen der impliziten und expliziten fachhistorischen Erinnerungsarbeit in der

Kommunikationswissenschaft auseinander und bietet dabei einen Überblick über unterschiedliche Erscheinungsformen, sowie Ein- und Ausschlusslogiken, nach denen Erinnerung aktiviert und Fachgeschichtsschreibung praktiziert werden. In diesem Zusammenhang wird die universitäre Lehre als eine zentrale Vermittlungsinstanz sowohl expliziter wie auch und vor allem impliziter fachhistorischer Erinnerung besprochen. Darüber hinaus diskutiert der Beitrag Limitationen und Möglichkeiten von Fachgeschichte in der umkämpften Grauzone zwischen fachhistorisch gesichertem Wissen und gelebter Erinnerungspraxis bzw. -kultur. Auch fragt der Beitrag nach den Funktionen der Erinnerung im Heute und den Gründen, warum es zu Konflikten rund um die (fachhistorische) Erinnerung in einer Disziplin kommen kann. Nicht zuletzt thematisiert der Beitrag, dass die Auseinandersetzung mit den unterschiedlichen Traditionen und Transformationen wissenschaftlicher Disziplinen auch ein Element von akademischer Boundary Work (Gieryn 1983). In einer solchen Grenzziehungsarbeit wird nicht nur zwischen wissenschaftlichen und nicht-wissenschaftlichen Befassungen mit bestimmten Themen unterschieden, sondern auch das oftmals wechselhafte Verhältnis von wissenschaftlichen Disziplinen gegenüber ihren akademischen Nachbarn zu verhandeln (Schwarzenegger et al. 2020) und die eigene Stellung und das eigene Selbstverständnis im „fan of disciplines" (Zelizer 2016) abzustecken.

1. Implizite Wege zur Fachgeschichte und Erinnerung an das Fach

Generell lassen sich fachhistorische Zugänge und kommunikationswissenschaftliche Erinnerungsarbeit auf inhaltlicher Ebene (Schlüsselwerke, Texte, Kanonisierungen), auf personeller Ebene (wissenschaftliche Biographien und Werkvorstellungen) sowie auf institutioneller bzw. organisationaler Ebene (Geschichte(n) von Instituten oder Fachgesellschaften) beschreiben, wobei es mithin auch wichtig ist, neben einem veränderlichem Kern des Faches auch die umgebenden wissenschaftlichen Disziplinen und Einflusssphären (von Vorgänger- oder Nachbardisziplinen) zu berücksichtigen (Löblich und Scheu 2011).

Formen der Kanonisierung von Texten, sind – wie etwa auch literaturwissenschaftliche Debatten zur Kanonbildung veranschaulichen – immer mit einem Ringen um Deutungshoheit und einer offenen oder verdeckten Artikulation von Machtverhältnissen verbunden (ausführlicher dazu der Beitrag von Andreas Scheu in diesem Handbuch). Beispielgebend für daraus resultierende Debatten im Kontext der Kommunikations- und Medienwissenschaft kann der Band ‚Canonic Texts in Media Research' angeführt werden, der von Elihu Katz, John Durham Peters, Tamar Liebes und Avril Orloff (2003) herausgegeben wurde. Bereits im Untertitel ihrer Publikationen fragen die Herausgebenden ob es kanonische Texte in der Medien- und Kommunikationsforschung überhaupt gibt oder geben sollte, nur um dann nach einer Meinung zum eigenen Vorschlag der in dem Band versammelten Texte zu fragen. *Are there any?*, *Should there be?*, *How about these?* lauten die drei Fragen, die bereits auf dem Cover des Buches an die Leser:innen gerichtet werden. In der Einleitung zeigen die Herausgeber:innen, dass sie sich der Gefahren ihres Unterfangens vollauf bewusst sind und formulieren: „even without the *double n*, canons are explosive" (Katz et al. 2003, 1). Woher diese explosive Würze rührt, die einer Kanonisierung innewohnt, lässt sich ebenfalls an dem beispielhaften Band relativ leicht festmachen. Denn als Benchmark, um in diesen Kanon aufgenommen zu werden, wurde eine „continued relevance", also anhaltende Relevanz und Wichtigkeit für die in den ausgewählten Texten dargestellten Ansätze und Positionen als Kriterium gesetzt. Damit dient ein solcher Band nicht nur der würdigenden Erinnerung an bisherige Leistungen, sondern die Erinnerung wird als vorwärtsgerichtete und zukunftsgestaltende Bezugsgröße gesetzt. Die kanonisierte kommunikationswissenschaftliche Erinnerung wird somit zu einer Grundlage der Verständigung darüber, was im kommunikationswissenschaftlichen Heute gelesen werden sollte, von Angehörigen des Kollektivs gekannt werden muss und von anderen innerhalb des Feldes als bekannt vorausgesetzt werden darf. Gerade in dieser zukunftsgerichteten Funktion, die die Erinnerung an Klassiker hier erfüllt, wird deutlich, dass die dialektische Verbindung von Erinnern und Vergessen in der Aktualisierung und Bewahrung der Fachgeschichte auch ein wissenschaftspolitisches Machtinstrument ist. Die strittige Auswahl der Titel, denen bleibende Relevanz attestiert werden kann, sind dabei das eine Element – ihre Kehrseite, also die Fülle jener Titel, die eben gerade nicht ausgewählt worden sind, ist das andere. Denn auch wenn sich jede Auswahl expressis verbis als eine Auswahl unter auch möglichen anderen darstellt und positioniert, können doch all jene auch möglichen Perspektiven und Texte, denen das Attribut anhaltender Relevanz durch die Auswahl nicht zuteil wird, zugleich als legitim durch fachliche Autoritäten für das akademische Vergessen freigegeben gelesen werden. Projekte, die sich als Initiative zur Kanonisierung begreifen oder eine Auswahl von Schlüsselwerken identifizieren und präsentieren, die entweder einem Fach (Schlüsselwerke der Kommunikationswissenschaft (Holtz-Bacha und Kutsch 2002), einem wissenschaftlichen Themengebiet – etwa der Medienwirkungsforschung (Potthoff 2016) –,wissenschaftlichen Perspektiven – etwa der Geschlechterforschung (Löw und Mathes 2005) oder der Cultural Studies (Hepp et al. 2009) –, oder auch konkreten Theorieangeboten – etwa dem Konstruktivismus (Pörksen 2011)– gewidmet sind, tragen explizit zu diesen Markierungen von ‚erinnerungswürdig' oder ‚getrost zu vergessen' bei. Neben der Auswahl und Attribuierung von Wissen von fortgesetzter Wichtigkeit erfüllen solche Bände zusätzlich noch eine zweite Markierungsfunktion, indem sie dokumentieren, wer in der Position ist, um kompetent und legitim als Sprecher:in zu diesem Erinnerungsdiskurs beizutragen und die kanonischen Texte oder Schlüsselwerke inhaltlich zu beschreiben. Die Abbildung von Relevanzzuschreibungen innerhalb des Feldes und für das Feld wird dadurch publizistisch verdoppelt. Als Rezensent:in eines solchen Werkes aufzutreten schließlich, gibt dann die Statuszuschreibung an die Autor:innen der Rezensionen weiter.

In ähnlicher Weise bedient auch die Zusammenstellung von Einführungs- und Lehrbüchern in die Kommunikationswissenschaft das Fortschreiben eines Erinnerungskollektivs als eine Auswahl dessen, was gekannt werden muss, um die Kommunikationswissenschaft zu kennen und dessen, ohne das man ganz gut auch in der Lage ist, Kommunikationswissenschaft zu verstehen und zu betreiben. Die akademische Lehre wird damit sowohl implizit wie auch explizit zu einer der wichtigsten Vermittlungsinstanzen von disziplinärer Erinnerung und Fachgeschichte gleichermaßen; nicht zufällig, schließlich ist das Studium die Grundstufte der Sozialisation in das Denkkollektiv.

Solche Selektionen, wie sie für die Edition von Lehr- und Einführungsbüchern charakteristisch sind, sind zumindest partiell auch auf Mythen gebaut. Das Prinzip, das hier im Zusammenspiel von Bewahrung und Aktualisierung von fachhistorischem Wissen und Erinnern beschrieben wurde, setzt sich aber auch im kleineren Maßstab fort und kann in unterschiedlichen Graden und mit unterschiedlicher Sichtbarkeit und Reichweite der Deutungsmacht auch in Einführungs- und Überblicksvorlesungen bis sogar hinein in die Auswahl von Seminarlektüre nachvollzogen werden. Immer wird zumindest implizit mitgearbeitet an der Konstruktion eines Denkkollektivs und einer Erinnerungsgemeinschaft ‚Kommunikationswissenschaft‘. Es sind damit aber auch und gerade nicht in erster Linie die wissenschaftlichen Debatten und inhaltlichen Diskussionen, die Erinnerungen und Mythenbildung fortschreiben, sondern es sind die Hörsäle, Seminarräume und Kurslektüren, in denen implizite Erinnerungsarbeit geleistet wird, als kommunikationswissenschaftlich relevant signiertes Wissen normalisiert wird und eine Kanonisierung von Wissensbeständen und Denktraditionen betrieben wird.

Die Erinnerungsarbeit kann sich aber auch kritisch mit bestimmten Forschungstraditionen oder Teildisziplinen innerhalb eines akademischen Feldes auseinandersetzen und dabei bestimmte Aspekte problematisieren oder kritisch hinterfragen. Auch konkrete theoretische Annahmen oder Modelle können so adressiert werden und kritisch historisch nachverfolgt werden. Dabei kann sich mitunter eine Kluft zwischen historisch belegbaren Anwendungs- und Nutzungskontexten bzw. -szenarien auf der einen Seite und der Funktionalität des Erinnerns an vermeintlich dominante oder einen Zeitgeist prägende (Theorie- oder Methoden-) Ansätze auf der anderen Seite zeigen. So haben beispielsweise Frank Esser und Hans-Bernd Brosius (Esser und Brosius 1998, 2000) sich in einer fachhistorischen Erkundung auf die Suche nach dem Stimulus-Response Modell in der Geschichte der Medienwirkungsforschung begeben und dabei festgestellt, dass sie im Wesentlichen angetreten waren, um ein Phantom zu jagen. Ähnlich wie das auch für die Metaphern der ‚Hypodermic Needle‘- oder ‚Magic Bullet‘-Modelle (Sullivan 2009), mit der Medienwirkungen den Wirkungsbetroffenen quasi injiziert würden, geschehen ist, werden triviale Stimulus-Response Modelle vor allem dazu herangezogen, um sich – obwohl kaum jemals wirklich so in Gebrauch – an ihnen als Strohmänner abzuarbeiten (Sproule 1989; Lubken 2008). So simpel waren Wirkannahmen tatsächlich höchst selten, aber sich vom Mythos des naiven S-R-Modells abzuheben, erlaubt es, bestimmte Forschungen als simplizistisch zu diskreditieren und somit die Fortschrittlichkeit alternativ gewählter – dann meist eigener – Ansätze und Perspektiven zu unterstreichen. Die Erinnerung an die vermeintlich rückständigen Ansätze der Vergangenheit aktualisiert damit eine faktisch falsche Erinnerung an die historische Wirkungsforschung, um im gegenwärtigen Diskurs wissenschaftliche Rendite erzielen zu können. Auch in solchen Konstellationen dient die Erinnerung an die Kommunikationswissenschaft der Vergangenheit dazu, eine Markierung (von Differenz) vorzunehmen, und damit zu akzentuieren, wo man sich selbst verortet; das kann auch Zugehörigkeitsansprüche transportieren und Abgrenzungsbestrebungen gegenüber anderen (Lagern) ausdrücken.

Kanonisierungen, Schlüsselwerke und Einführungstexte in das Fach wie auch in einzelne Bereiche daraus sind also, so sollen diese Ausführungen verdeutlichen, nicht irgendwie neutrale Vermittlungsleistungen, die einen kompakt aufbereiteten Überblick über Themen-, und Gegenstandsbereiche sowie Denktraditionen liefern können, sondern sind auch implizite oder explizite Orientierungsinstanzen, die einen Zugang zur Welt des Faches und in weitere Folge der vom Fach empirisch untersuchten sozialen Realitäten eröffnen. Erinnerung an die Geschichte und die Traditionen des Faches wird selbst dort, wo sie beiläufig und ohne gezielte Auseinandersetzung damit vermittelt wird oder sogar da, wo sie faktisch falsch sein kann – das zeigt der Hinweis auf die Mythenbildungen – funktional, in Sinne einer oftmals prägenden wissenschaftlichen Sozialisation.

Die eben beschriebenen Formen der Vermittlung von historischem Bewusstsein für das Fach und Erinnerung an das Fach erfolgen stark in Kontexten, die sich nicht deklariert als Arenen der fachgeschichtlichen Debatte zu erkennen geben oder gar selbst als solche verstehen. Neben der Aktualisierung von kommunikationswissenschaftlicher Fachgeschichte in diesen oft impliziten und beiläufigen Wegen findet freilich auch eine konkrete und auch als solche bezeichnete Auseinandersetzung mit der Geschichte des Faches bzw. jener des Feldes Kommunikationswissenschaft statt.

2. Kommunikationswissenschaftliche Erinnerungsarbeit als Kontext und Resultat fachhistorischer Forschung

2.1 Wo beginnt Kommunikationswissenschaft?

Im Gegensatz zu den beschriebenen, nicht zuletzt durch die Lehre breiter disseminierten jedoch oft impliziten Selbsterzählungen und Beiträgen zur Identitätsarbeit des Faches in den oben genannten Textgattungen, ist die explizitere Variante der Fachgeschichtsschreibung und kommunikationswissenschaftlichen Erinnerungsarbeit in der Tendenz eher auf ein kleineres und speziell interessiertes Publikum gerichtet. Die

Kommunikationswissenschaft ist als Fach zu klein und zu jung, um sich eigenständig Spezialist:innen leisten zu können, die sich nur mit der Geschichte des eigenen Faches beschäftigen, wie das in anderen etablierten und größeren Disziplinen sehr wohl der Fall ist. Auch ist historisches Argumentieren und Denken in der Kommunikationswissenschaft im institutionellen Momentum eher im Rückgang oder Abbau begriffen, sodass eine zusätzliche Engführung auf die Fachgeschichte erst recht Schwierigkeiten haben muss, institutionellen Boden zu finden. Die Auseinandersetzung mit der Geschichte der Kommunikationswissenschaft ist, wie Jürgen Wilke (2010) das für eine Sammeledition eigener fachhistorischer Beiträge exemplarisch dargelegt hat, eher etwas, das nebenbei passiert, „ohne einen Schwerpunkt der eigenen wissenschaftlich Arbeit" zu bilden. Das ist auch die Art, wie viele Beiträge zur Geschichte der Kommunikationswissenschaft im deutschsprachigen Raum entstanden sind und bis heute entstehen. In diesem Sinne sind es vielfach auch gerade stärker individuelle wissenschaftliche Erinnerungen und Erfahrungen, die kollektiviert werden, überlieferte Erlebnisse und szenische Episoden sowie vereinzelt miterlebte – mal als schrullig, mal als charismatisch gelesene Auftritte – Altvorderer, die noch auf Tagungen erscheinen, die das Bild von der Vergangenheit prägen. Hans Bohrmann (1997) hat in seinem Beitrag zur Geschichte des Faches seit 1945 hervorgehoben, dass Fragen nach der Geschichte des Faches jahrzehntelang nicht gestellt wurden: „Erst Ende der 70er Jahre begann eine langsame Annäherung an das Thema, wobei biographische Fragestellungen zunächst dominierten und die organisatorische Struktur der Fachinstitute erst danach bearbeitet wurde" (Bohrmann 1997, 51).

Beiträge zur kommunikationswissenschaftlichen Fachgeschichtsschreibung als Fundament für eine kommunikationswissenschaftliche Erinnerungsarbeit in der Disziplin sehen sich dabei verschiedenen Herausforderungen gegenüber, die mit der Verfasstheit des Feldes, der zunehmenden Internationalisierung der Scientific Community und der fachwissenschaftlichen Debatte wie auch der Transformation und Entwicklung des Faches über die Zeit hinweg zu tun hat. Grundlegende Momente, die es für fachgeschichtliche Beiträge wie auch für die Erinnerung an die Entwicklung der Kommunikationswissenschaft zu klären gilt, ist dabei die begründete Entscheidung, ab wann und worauf bezogen die Entwicklung beschrieben wird bzw. ab wann und anhand welcher Parameter ein Erinnerungsgegenstand ‚Kommunikationswissenschaft' angenommen wird.

2.2 Institutionalisierung und Institute der Kommunikationswissenschaft

Die erste Herausforderung liegt hier bereits darin zu entscheiden, ob eine Geschichte der Kommunikationswissenschaft erst ab einem bestimmten Grad an Institutionalisierung beginnt oder ob bereits lose organisierte intellektuelle Wurzeln eines Faches, die logisch immer weiter zurück reichen müssen, als eine disziplinäre Verankerung den

Ausgangspunkt dafür bilden. Die „Entdeckung der Kommunikationswissenschaft" (Koenen 2016) im Zuge bzw. in Folge der Gründung des Instituts für Zeitungskunde in Leipzig im Jahr 1916 „markiert den Beginn der fachlichen Institutionalisierung der Zeitungskunde und ist institutionelle Wurzel der kommunikationswissenschaftlichen Fachtradition in Deutschland" (Koenen 2016) und kann somit einen sinnvollen Ausgangspunkt für die Erinnerungsarbeit an das Fach und innerhalb des Faches liefern.

Die intellektuellen Wurzeln, der ersten zeitungswissenschaftlichen Schritte, die am Leipziger Institut getätigt wurden, lagen aber – selbsterklärend – außerhalb dessen, was später Zeitungswissenschaft, Publizistikwissenschaft und schließlich eine empirisch-sozialwissenschaftlich gewendete Kommunikationswissenschaft (Löblich 2010) werden sollte. Karl Bücher (Wiedemann und Meyen 2016) war Nationalökonom, sein Nachfolger Erich Everth (Koenen 2019) nicht nur Journalist, sondern auch studierter Kunsthistoriker. Wie weit zurück und über den „Gründungsinitial" (Koenen 2016) hinaus sollte also eine Erinnerung an Disziplinen gehen? Nur soweit, wie es notwendig ist, um die unmittelbare Rolle im oder den Eintritt in den institutionellen Kontext nachvollziehen zu können, oder noch weiter? Die auf Institute und Institutionalisierungsschritte gerichtete Rekonstruktion der kommunikationshistorischen Fachgeschichte bringt die Vorteile mit sich, dass sie entgegen anderen, noch zu besprechenden Varianten, relativ klar abgrenzbare Bezugspunkte, Grenzmarkierungen und Reichweiten hat.

Ein Institut wurde üblicherweise zu einem bestimmten Zeitpunkt und aus einem Anlass gegründet, was oftmals mit einem Gründungsakt einhergeht, und auch institutionalisierte Erinnerungsereignisse – etwa zu Jahrestagsfeiern – nach sich ziehen kann. Nicht umsonst sind die Bände zur Geschichte des Leipziger Instituts (Koenen 2016), aber auch Ausstellungen und Publikationen zur Geschichte des Instituts in Münster (Birkner und Scheu 2019) oder auch zur Publizistikwissenschaft an der FU Berlin (Löblich und Venema 2020) anlässlich von Jubiläen der jeweiligen Häuser erschienen. Zur Aktualisierung der Erinnerung an den bedeutsamen Gründungsakt trägt auch bei, dass diese Erinnerungsanlässe teils auch als Begründungen herangezogen wurden, um die Jahrestagungen der DGPuK im Jubiläumsjahr an den entsprechenden Standorten stattfinden zu lassen. Ein Jubiläum war auch der Anlass für Michael Meyen und Manuel Wendelin, um „Neue Bausteine zu einer Geschichte des Münchener Instituts für Kommunikationswissenschaft" (Meyen et al. 2008) zusammenzutragen. In diesem Fall war es aber der 70. Geburtstag eines zentralen Akteurs des Instituts – Wolfgang R. Langenbucher – der den Anstoß bzw. Aufhänger für die fachgeschichtliche Erinnerungsarbeit lieferte. Institutsgeschichten bieten gegenüber anderen Formen der Fachgeschichtsschreibung den Vorteil, dass sich verhältnismäßig leicht und relativ klar abstecken lässt, wer dem Institut einmal in welcher Rolle und Funktion angehört hat – solange die Akten aufbewahrt, zugänglich und überhaupt dokumentiert sind (vgl. dazu das Kapitel zur Quellenlage in der Fachgeschichtsschreibung in diesem Handbuch von Koenen und Birkner). Ebenso lassen sich auch vom Institut als einem festen Anker ausgehend Verbindungen, Partnerschaften und Konkurrenzverhältnisse oder Konfliktlinien zu anderen Institutionen aufdröseln. Nicht zuletzt bezogen auf letztere kann wieder das Spannungsverhältnis zwischen historischer Faktizität und erinnerungskultureller Aufladung sichtbar werden. Rund um die Konkurrenz zwischen Instituten und damit verbundenen Schulenbildungen bzw. konkurrierenden Varianten Kommunikationswissenschaft zu denken, lassen sich Legendenbildungen und Mythisierungen ausmachen.

Gleichzeitig ist aber, nicht zuletzt als eine Konsequenz der zunehmenden Internationalisierung der Wissenschaftslandschaft, eine abnehmende Bedeutung der Rolle einzelner Institute in ihrer Prägekraft für die Kommunikationswissenschaft angenommen worden (Schwarzenegger et al. 2019) Gerade innerhalb größerer Institute verlagert sich auch die Außenwahrnehmung je nach Interessenslage weg von der Gesamtinstitution und hin zu der die Binnendifferenzierung nach Forschungsgruppen, Labs oder anderen Subeinheiten, die ihrerseits wiederum stark mit externen Referenzgruppen und Dialogpartnern in relevanten Subfeldern im Austausch stehen; die Wahrnehmung des Gesamtinstituts kann so überlagert werden. Zu stark ist zudem die (auch durch Rahmenbedingungen des Berufsfeldes erzwungene) Mobilität der Wissenschaftler:innen und zu international orientiert der Fachdiskurs, als dass die Sonderwege und Eigenheiten von Instituten noch im selben Maße bestimmend wirksam werden könnten, wie sie das früher gewesen sind.

2.3 Akteur:innen und Persönlichkeiten der Kommunikationswissenschaft

Ebenfalls ein lokalisierbares Zentrum für den Ausgangspunkt einer Fachgeschichtsschreibung bieten biographische Werke, bzw. Arbeiten, die die Biographie und das Schaffen einzelner prägender Akteur:innen oder Akteursgruppen nach (kollektiv-)biographischen Merkmalen in den Fokus rücken. Nicht selten sind biographische Annäherungen wie etwa biographische Interviews auch Bauelemente einer Institutsgeschichte, was verdeutlichen kann, dass die unterschiedlichen Gattungen und Typen der Fachgeschichtsschreibung jeweils nicht exklusiv und trennscharf für sich stehen. Auch wenn es um Autobiographien oder Biographien von Wissenschaftler:innen aus der Kommunikationswissenschaft geht, macht sich die Kleinheit und relative Jugend des Faches bemerkbar. Es sind nur wenige ‚herausragende' Persönlichkeiten, denen die Aufmerksamkeit biographischer Befassung zuteilwurde, mitunter wie etwa im Falle von Elisabeth Noelle-Neumann durchaus auch konfliktreich. In diesen wenigen Fällen handelt es sich typischerweise um Riesen des Faches und prägende Figuren, die entweder qua Status oder Position oder Leistung das Fach in bestimmter Hinsicht prägen konnten.

Ein Beispiel hierfür bietet die kollektivbiographische Untersuchung auf Basis von Interviews der ICA Fellows, also jenes illustren und hochexklusiven Kreises von innerhalb der International Communication Association als die prägenden und verdienstvollsten Persönlichkeiten der Fachdisziplin ausgezeichneten Wissenschaftler:innen (Meyen 2012). Für biographisch orientierte Traditionen der Fachgeschichtsschreibung in Deutschland gibt es mehrere Zentren, auch wenn sich einzelne Protagonisten dieser Zentren dagegen verwehren würden, damit auch eine Art der Schulenbildung betrieben zu haben. Eines dieser biographisch orientierten Zentren der Fachgeschichtsschreibung lag in Leipzig, rund um die Forschungsaktivitäten von Arnulf Kutsch und auch Stefanie Averbeck-Lietz, ein weiteres in München rund um den Lehrstuhl von Michael Meyen. Gerade am Standort München sind unter Betreuung Meyens eine Reihe von biographisch orientierten und theoretisch an Bourdieu ausgerichteten Dissertationen und sonstige Forschungsarbeiten entstanden, die teilweise zentrale Protagonisten der Fachentwicklung thematisierten, sich aber auch teils absichtsvoll vergessenen Protagonisten des Faches zuwandten. Beispielhaft hier etwa Walter Hagemann, einem nach dem Zweiten Weltkrieg als Münsteraner Professor wichtigen Proponenten des Wiederaufbaus der Publizistikwissenschaft in der BRD, der sich schließlich politisch im Konflikt zwischen BRD und DDR exponierte und in die DDR flüchtete (Wiedemann 2012). Auch die Dissertation von Andreas Scheu, der sich mit einer „Verdrängungsgeschichte" befasst hat und verschiedenen Gründen nachspürt, warum „Adornos Erben" – also Vertreter:innen kritischer Theoriepositionen – in der deutschsprachigen Kommunikationswissenschaft stark marginalisiert oder ausgegrenzt bzw. anderswo, etwa in den USA, erfolgreich werden konnten (Scheu 2012) setzt sich mit tendenziell eher vergessenen Akteursgruppen der Fachgeschichte auseinander.

Während wir es also in vielen – gerade auch den impliziten in der akademischen Sozialisation vorherrschenden – Erinnerungszusammenhängen mit der Konfrontation mit einer Positivgeschichte zu tun haben und die Geschichten jener, die das Fach prägen konnten und in entscheidender Position tätig waren, referiert wird, bieten Arbeiten wie jene Wiedemanns oder Scheus einen Beitrag zu einer Art Negativgeschichte der Kommunikationswissenschaft, die deren Ausschlusslogiken und Verdrängungsmechanismen unter spezifischen politischen und wissenschaftlichen Bedingungen nachvollziehbar machen (man denke hierzu etwa an die Frage von Emigration und Vertreibung nach 1933 und den Einfluss dieser Verdrängung aus dem Fach im deutschsprachigen Raum, aber auch für die Entwicklung des Faches in Zielländern der Vertriebenen, speziell den USA). Neben der Veranschaulichung der konkret geschilderten Biographien leisten biographisch-orientierte Arbeiten damit auch gute Ansatzpunkte zur Erinnerung daran, dass gerade auch nichtwissenschaftliche Faktoren und gesellschaftspolitische wie auch soziale Faktoren zum wissenschaftlichen Erfolg (innerhalb von Disziplinen) entscheidend beitragen. Biographische Zugänge zur Disziplin Kommunikationsgeschichte können gerade auch in diesem Sinne erhellend gelesen werden, nämlich indem sie in Erinnerung rufen, welche Logiken des Ausschlusses im Fach gegolten haben und welche Marginalisierung(serfahrung)en Wissenschaftler:innen dadurch erdulden mussten.

Neben Wissenschaftler:innen, die ob ihrer politischen Positionierung oder nicht mehrheitsfähiger wissenschaftlicher Perspektiven nicht als prägende Figuren von nachhaltiger Relevanz betrachtet worden sind, betreffen Marginalisierungen in der Wissenschaftsgeschichte vor allem Frauen. Dass es neben den mystifizierten männlichen Gründungsfiguren (vgl. den Essay von Jefferson Pooley in diesem Band) auch „founding mothers" (Rowland und Simonson 2014) und weibliche Pionierleistungen (Klaus und Seethaler 2016) gegeben hat, die Kommunikationswissenschaft überhaupt erst ermöglicht und geformt haben, ist eine vergleichsweise jüngere Diskussion, die erst zu einer Erweiterung des historischen Wissens und der praktizierten Erinnerung führen muss. Eine „feministische Fachgeschichtsschreibung" (Thiele 2015) steht in weiten Teilen noch aus. Eine solche würde sich mithin neben der wichtigen Sichtbarmachung der wenigen Frauen, die in der frühen Phase des Faches wirken konnten, auch darum bemühen müssen in Fachgeschichten die Ausschlussprinzipien und Logiken der Marginalisierung zu problematisieren, die abbildbare Geschlechterverhältnisse in den Universitäten und Forschungsanstalten zur Folge hatten, und Geschichte auch als Kritik an dem, was war und teils gezielt verhindert wurde, zu verstehen. Zu den tendenziell vergessenen und nur wenig in der gegenwärtigen Lehre oder Fachdebatte aktualisierten Aspekten der Fachgeschichte gehört auch die Medien- und Kommunikationsforschung in der DDR. Wenige Ausnahmen bilden hierzu auch wieder Beiträge, die entweder im Kontext des Bandes zur Leipziger Institutsgeschichte (Koenen 2016) oder in einem thematisch gewidmeten Feature auf BlexKomm (Merziger 2020) erschienen sind. Die Kommunikationswissenschaft der DDR wird wenig erinnert bis aktiv vergessen. Einen wiederum eigenen und speziellen Weg der kommunikationswissenschaftlichen Fachgeschichtsschreibung zur DDR, der sich mit kollektiver, disziplinärer wie auch individueller Erinnerungsarbeit kreuzt, wurde abermals von Michael Meyen vorangetrieben. In seinem Buch „Das Erbe sind wir" (Meyen 2020), im Untertitel „Meine Geschichte" benannt, arbeitet er in Teilen autobiographisch seine persönlichen Erfahrungen mit der akademischen Journalist:innen-Ausbildung in der ehemaligen DDR auf, verbindet diesen sehr persönlichen Blick und lebensgeschichtliche Wahrnehmungen mit einer fachhistorischen Rekonstruktion der „zu früh beerdigt[en]" DDR-Journalistik und einer wissenschafts- wie auch gesellschafts- und medienpolitischen Argumentation dazu, inwiefern die entgegen der Gängelung der DDR-Führung kultivierten journalistischen Maxime auch dem heutigen Journalismus helfen könnten. Die bereits angesprochenen kontroversen Momente zwischen wissenschaftlicher Geschichtsschreibung und persönlicher Erinnerung werden hier durch einen solchen stark auf eigene Erfahrungen bezogenen Themenfokus und durch den Fachhistoriker als Protagonisten der Fachgeschichte noch einmal zugespitzt sichtbar. Sei es durch persönliche Betroffenheit in dem Band vorkommender anderer Akteur:innen, die Infragestellung, ob eine solche Perspektive nicht zwangsläufig zu subjektiv sein müsste, u. a. um wissenschaftlichen Ansprüchen zu genügen. Gleichzeitig zeugt die Ambition des Buches auch von der prinzipiellen Potenz der Begegnung von durch Erinnerung aktualisierter und kontextualisierter Fachgeschichte als kritische Kommentierung zum aktuellen Zustand des Faches Kommunikationswissenschaft und der durch die Kommunikationswissenschaft beobachteten Gesellschaftsfelder andererseits. Im Anschluss an Hanno Hardt ist das fachhistorische Erinnern auch unmittelbare Auseinandersetzung mit der jeweiligen Gegenwart und fördert eine (kritische) Reflexion der eigenen historischen Lage und Bedingungen:

> Reproduktionen der Vergangenheit sind stets Sache der Gegenwart, die sich um der Emanzipation und des Fortschritts Willen erinnern muss, um nicht am Vergessen zu scheitern. Fachgeschichte als Interpretation vergangener wissenschaftlicher Praxis oder politischer Ambitionen ist unmittelbarer Ausdruck dieser Gegenwärtigkeit und bereichert mit jeder neuen Interpretation das Verständnis der eigenen historischen Situation. (Hardt 2002, 34)

Die Konfrontation von Fachgeschichte und Erinnerung im Heute eröffnet damit einen Möglichkeitsraum für Kritik und Interpretation.

Insgesamt ist im deutschsprachigen Raum die Aufmerksamkeit für biographisch orientierte Fachgeschichtsschreibung und auch Erinnerungsarbeit aktuell stark mit dem Biographischen Lexikon der Kommunikationswissenschaft (BlexKomm) verbunden, das von Michael Meyen und Thomas Wiedemann seit 2013 herausgegeben und iterativ erweitert wird. Wie auch schon zuvor für die Auswahl von Werken, Texten und Studien diskutiert, ist auch die Frage, welche Personen als relevante Akteur:innen in ein Lexikon aufzunehmen sind, kontrovers. Meyen und Wiedemann argumentieren, dass sie einen breiten Zugang gewählt haben, der neben den Lehrstuhlinhaber:innen, Professor:innen und Habilitierten auch Personen einschließt, die einen fachlich relevanten Fußabdruck über die Dissertation hinaus hinterlassen haben. Spätestens hier setzt dann also ein Element an, das sich nicht mehr an harten Fakten allein festmachen lässt. Nicht auf BlexKomm bezogen, aber die potenziell konfliktbehaftete und die nicht ohne gehöriges Rauschen zu ziehenden Grenzen für die Aufnahme von Akteur:innen in fachgeschichtliche Abhandlungen als erinnerungswürdig und geschichtsträchtig hat Martina Thiele so formuliert zusammengefasst:

> Was ist mit den Studierenden und den anderen Wissenschaftlern und Wissenschaftlerinnen, die vielleicht keinen eigenen Lehrstuhl hatten, aber das Fach durch ihre Forschung und Lehre prägten? Was ist mit denen, die nicht im deutschsprachigen Raum geblieben sind, sondern anderswo wissenschaftlich tätig waren? (Thiele 2015, 77)

2.4 ‚Clash of memories': Fachgeschichte und Erinnerung als Gegenstand von Kontroversen

Neben den Aufnahmekriterien und Grenzziehungen, die im Spannungsfeld zwischen inklusivem Anspruch und Pragmatik definiert werden müssen, kommt als weiterer Konfliktherd zur fachhistorischen Diskussion dann noch hinzu, dass die lexikalische Erfassung und Verwissenschaftlichung von individuellen Lebensläufen gerade dann problematisch wird, wenn in einem kleinen Fach Protagonist:innen miteinander bekannt sind, unterschiedlich miteinander in Verbindung stehen und oftmals generationenübergreifend Lehrer:innen und Schüler:innenverhältnisse, anderweitige Abhängigkeiten, Freundschaften oder Abneigungen bestanden haben. Die Einbeziehung von (noch aktiven) Persönlichkeiten in die Fachgeschichte durch die Fachgeschichtsschreibenden enthebt die Persönlichkeit und ihre Stellung damit einem Erinnerungs-Repositorium von geteilten oder konfliktreichen Wahrnehmungen und Einstellungen gegenüber diesen Persönlichkeiten und ihrer Rolle und hegemonialisiert eine Les- bzw. Darstellungsart der Rolle dieser Person als Geschichte. Gerade wenn Personen und Persönlichkeiten prominent wahrgenommen worden sind, mit vielen anderen Akteur:innen Berührungspunkte oder Überschneidungen aufweisen oder schlichtweg streitbar oder umstritten waren, kann bereits die Ambition, eine Version der Erinnerung gegenüber anderen zu privilegieren zu einem ‚clash of memories' führen und die Legitimation, die Absichten oder das Vermögen und die wissenschaftliche Lauterkeit der Fachgeschichtsschreibenden in Zweifel ziehen.

So können auch die durch Erinnerung aktivierte Vergangenheit und gegenwärtige Bewertungen und Deutungen der Fachgeschichte, manchmal auch zu hitziger Auseinandersetzung mit der Geschichte des Faches führen kann. Ein wichtiges Beispiel im deutschsprachigen Kontext bietet dazu die sogenannte *Aviso*-Debatte und ihre Folgeerscheinungen. Horst Pöttker hatte sich im Fachorgan der DGPuK dem *Aviso* im Jahr 2001 unter dem Titel „Mitgemacht, weitergemacht, zugemacht. Zum NS-Erbe der Kommunikationswissenschaft in Deutschland" mit der seiner Einschätzung nach unzureichenden Aufarbeitung des nationalsozialistischen Erbes durch die Fachgemeinschaft befasst und ihr dabei erhebliche Versäumnisse attestiert. Illustriert hatte er dies speziell auch am Beispiel der einflussreichen Elisabeth Noelle-Neumann. Das *Aviso*-Stück löste heftige Reaktionen aus, die in Teilen sowohl Pöttkers Ausführungen generell jegliche Wissenschaftlichkeit absprachen oder sich an argumentativen Details abarbeiteten wie auch den damaligen Redakteur des *Aviso* Michael Haller der Kompetenzüberschreibung und des Vertrauensbruches gegenüber der DGPuK ziehen. „Es ist bemerkenswert, mit welcher Selbstverständlichkeit dem Redakteur und dem Autor des *Aviso*- Textes eigennützige Motive, fragwürdiger biographischer Hintergrund oder einfach Unfähigkeit nachgesagt wurden" erinnerte sich Pöttker (Pöttker 2002, 5–6) später.

Die hitzige Kontroverse – die neben der Fach- auch die Medienöffentlichkeit erreichte – führte schließlich zu einer frühen Onlinedebatte auf der DGPuK-Webseite, einer Tagung der Fachgruppe Kommunikationsgeschichte, zu einer Themenausgabe von *Medien&Zeit* und zu einer erweiterten und ergänzten Fassung dieser Beiträge in einem anspielungsreich „Die Spirale des Schweigens" (Duchkowitsch et al. 2004) benannten Sammelband. Schließlich hat Pöttker die Debatte in seinem eigenen Band „Abgewehrte Vergangenheit. Beiträge zur deutschen Erinnerung an den Nationalsozialismus" (2005) noch einmal – nach seiner Sicht und Erinnerung – aufgearbeitet und darin u.a. thematisiert, „Wie die deutsche Kommunikationswissenschaft sich heute vor ihrer Vergangenheit schützt" (Pöttker 2005, 193–205; Pöttker 2002). Dass das Aufrühren dieser Thematik nicht nur wohlwollende Reaktionen nach sich ziehen und auch auf Ablehnung und Widerstand stoßen würde, war absehbar und wurde – obschon von der Heftigkeit der Auseinandersetzung überrascht – wohl auch in Kauf genommen. „Die Lebensdienlichkeit der Geschichtswissenschaft (einschließlich der Fachgeschichte) ist freilich nicht die eines Kissens, um es sich im Alltag bequem zu machen" (Pöttker 2002, 11), schrieb Pöttker dazu später. „Ihre Lebensdienlichkeit ist an die Qualität der Wahrheit gebunden. Wahrheit ist keine Substanz, der man ein für alle Mal habhaft werden könnte, sondern ein Prozess der Suche, der an das Prinzip unbeschränkter Kommunikation (Öffentlichkeit) gebunden ist" (Pöttker 2002, 11).

In der Fachgeschichtsschreibung sollte man nun nicht zuvorderst den Schiedsrichter suchen, der heute zu beurteilen hat, welche im Konflikt vorgebrachten Argumente wie stichhaltig gewesen sind, ob in bestem Wissen vorgebracht oder von möglichen Interessen geleitet; Fachgeschichte kann aber – ähnlich wie auch die Auswahl und Bearbeitung von Schlüsselwerken gezeigt hat – aus dem Verlauf der Debatte Muster und Netzwerke, Verbindungen und Oppositionen, Markierungen von Zugehörigkeit und Differenz ausmachen.

3. Entgrenzung und Internationalisierung der Fachgeschichte

Während es im nationalen Bezugsrahmen, trotz manch genannter Widrigkeiten und einer oft schwierigen Quellenlage, noch verhältnismäßig klare Ausgangslagen für das Schreiben einer Fachgeschichte gibt, stellt sich dies beträchtlich schwieriger dar, wenn es darum geht, eine internationale Geschichte der Kommunikationswissenschaft zu schreiben. Generell sind nicht nur Fachgeschichten, sondern auch Kommunikationsgeschichte wie auch Erinnerungsforschung und Erinnerungskultur stark im nationalen Rahmen betrieben worden, da sich durch inter- oder transnationale Zugänge auch die möglichen Perspektiven, Deutungen und Bewertungen multiplizieren können. Handwerkliche Schwierigkeiten, etwa Quellen in bestimmten Sprachen nutzen und auswerten zu können, kommen dann noch hinzu. Für eine internationale Fachgeschichtsschreibung ist es erst einmal schon schwierig festzuhalten, was eigentlich der Gegenstand ist, an den in den jeweiligen nationalen Kontexten als Vergleichsbasis erinnert werden soll. Medien- und Kommunikationswissenschaft wurde und wird in verschiedenen Ländern mit unterschiedlichen Terminologien betrieben.

Das disziplinäre Abgrenzungsstreben und Grenzwirrwarr wie es etwa zwischen der Medienwissenschaft und der Kommunikationswissenschaft im deutschsprachigen Raum besteht, kann für andere Kontexte völlig sinnlos bleiben, da Demarkationen anders verlaufen und disziplinäre Selbstverständnisse anders gestaltet sein können. Neben dem starken Fokus auf nationale Geschichten ist die Auseinandersetzung mit der Geschichte der Kommunikationswissenschaft insgesamt rund um die Gründungserzählungen des Faches im amerikanischen und im europäischen Kontext fokussiert und beschreibt von dort aus wirksame Einflüsse, die bisweilen auch als US-Hegemonie (Simonson 2015) bzw. möglicherweise auch Amerikanisierung unter dem Deckmantel der Internationalisierung (Wiedemann und Meyen 2016) beschrieben worden sind. Wie Peter Simonson und John Durham Peters festgehalten haben:

> most histories have been national, with disproportionate attention devoted to North America and Western Europe. These emphases are not unwarranted, for the field established itself first on either side of the North Atlantic, was disseminated outward from there, and with a few exceptions remains best established in those regions today. (Simonson und Peters 2014)

Peter Simonson und Dave Park haben für ihren Versuch eine ‚International History of Communication Study'(Simonson und Park 2015) herauszugeben, einen organisatorischen Dreischritt unternommen, um sich dem so unterschiedlich gewachsenen Feld anzunähern. Dabei nehmen sie neben nationalen Geschichten und dem Wirken konkreter Personen auch die Verbreitung von Ideen und Ansätzen und die Rolle von internationalen Organisationen in den Blick. Ihr Buch beinhaltet dementsprechend einen Abschnitt, der sich neuen Theorien und deren transnationalen Verbreitung widmet, einen der sich mit der Rolle von internationalen Organisationen befasst und schließlich nach geographischen Merkmalen und Kontinenten organisierte Beiträge, die exemplarische Perspektiven auf Europa, Asien, Nordamerika, Lateinamerika sowie Afrika und den Mittleren Osten werfen.

Gerade diese Struktur zeigt aber auch auf, dass manche dieser Grenzziehungen sich nicht als klar für sich stehende Erinnerungseinheiten oder geschichtlich autonom zu sehende Blocks begreifen lassen. Der in der Sektion zu Nordamerika platzierte Beitrag über eine Pionierin der Kommunikationsforschung, die österreichische Emigrantin Herta Herzog (Klaus und Seethaler 2015) illustriert bspw., dass gerade dort wo Blöcke unterlaufen, aufgebrochen oder durch neue Ideen irritiert worden sind, Erinnerungswürdiges geschehen ist. Die einzelnen Beiträge einer solchen internationalen Geschichte sind dann zwar faszinierend und je nach Interessenslage auch mit Gewinn zu lesen, aber sie vermitteln nur eingeschränkt ein wirklich kohärentes Bild der historischen Entwicklungen ihres so vielfältigen Gegenstandsbereiches. Ebenfalls nach geographischen Gesichtspunkten aber noch stärker dem internationalen Austausch und der Zirkulation von Ideen und Konzepten verpflichtet, ist der transnational vergleichende Band ‚Kommunikationswissenschaft im internationalen Vergleich', den Stefanie Averbeck-Lietz herausgegeben hat, angelegt (Averbeck-Lietz 2016). Hier werden in verschiedenen, getrennten Teilen europäische Entwicklungen und außereuropäische Entwicklungen thematisiert. Der Ausgangspunkt der Betrachtungen liegt dabei typischerweise auf nationalen Fällen und exemplarischen transnationalen Verflechtungen, Einflüssen und Verbindungen, die rund um den nationalen Fall dargelegt werden. Pooley und Schwarzenegger haben beispielsweise nachgezeichnet, wie das Konzept der Public Sphere nach Habermas mit zeitlicher Verspätung in den angloamerikanischen Diskurs eingegangen ist – weil es erst 1989 die erste Übersetzung des Strukturwandels der Öffentlichkeit gab – und zudem die

Rezeption in der amerikanischen Kommunikationswissenschaft nicht direkt, sondern über den Umweg von Nachbardisziplinen erfolgte (Pooley und Schwarzenegger 2016). Dieses Beispiel kann zugleich auch verdeutlichen, dass gerade im internationalen Kontext und für die frühen Jahre und Jahrzehnte der Kommunikationswissenschaft gesprochen – ob im Zuge der zunehmend normalen internationalen Orientierung und Kooperationen des Faches dies auch eine Änderung nach sich ziehen wird, ist noch offen – die Differenz zwischen Geschichte und Erinnerung größer wird. Die Rezeptionsgeschichte, die Selbstverständlichkeiten und Irritationen im Umgang mit dem Habermas'schen Öffentlichkeitsideal und Jahrzehnte ihrer Verarbeitung, die im deutschsprachigen Kontext intensiv erinnert werden, spielen für den amerikanischen Diskurs dazu keine wirkliche Rolle. Umgekehrt sind die Pfade, auf denen die Public Sphere nach Amerika kam, zunächst nicht Teil einer deutsch oder europäisch geteilten Erinnerung daran.

Generell kann die *History of ideas, schools of thoughts*, also der Ideen-, Begriffs- und Konzeptgeschichte als die am schwierigsten zu fassende Dimension von fachgeschichtlicher Auseinandersetzung beschrieben werden. Anders als Institutionen, Organisationen, Nationen oder Personen sind Ideen nicht eindeutig zu lokalisieren und zu vergleichen und zudem auch nicht in sich stabil, sondern veränderlich. Das gilt zwar auch für Personen in ihrem biographischen Verlauf, die aber dennoch als die Einheit einer Person begriffen werden. Kommunikationswissenschaftliche Begriffe hingegen können im Lauf der Zeit und über kulturelle Kontexte hinweg ganz Unterschiedliches bezeichnet und gemeint haben; dieselben Begriffe können für unterschiedliche Ideen gestanden haben wie auch ganz verschiedene Begriffe gleiche Phänomene bezeichnet haben können. Nachgezeichnet werden solche Transformationen von Konzepten u. a. in dem Buch ‚Digital Roots'(Balbi et al. 2021), in dem sowohl Phänomene und die sie beschreibende Konzepte dies- und jenseits der Scheide von analog und digital untersucht werden, wie auch der Bedeutungswandel von Konzepten seit der oder im Zuge der fortschreitenden Digitalisierung nachgezeichnet wird. Einzelne Begriffe in der Anthologie, wie etwa Fandom, können dann wiederum verdeutlichen, dass hier etwa zwischen dem Westen und Asien Unterschiede in Verständnis und Bewertung von Phänomenen einhergehen, die es tatsächlich auch herausfordernd machen, die Zugänge unter demselben Begriff als vermeintlich gleich zu diskutieren.

Gerade solche Diskrepanzen zeigen ein weiteres Problem der Ideen- und Begriffsgeschichte auf, da diese nämlich häufig einseitig als von (in der Fachgeschichte hegemonialen) Zentren aus in Peripherien diffundiert verfolgt werden oder auf die Zirkulation erfolgreicher Konzepte innerhalb und zwischen den Zentren abzielen. Erst allmählich, aber auch in Zuge einer De-Westernisierung, erwächst auch Interesse und Sensibilität dafür, dass durch den internationalen Ideenaustausch oftmals auch (lokale) Ansätze verdrängt wurden und Ideen nicht gleichberechtigt ausgetauscht werden konnten. Ein ganz besonderes und explizit auf die Fach- und Disziplinengeschichte gerichtetes Unterfangen hat im Jahr 2021 auf internationaler Ebene seinen Ausgang genommen. Mit dem Open Access Journal „The History of Media Studies" ist ein auf Fachgeschichtsthemen spezialisiertes Publikationsorgan erschienen, das mit David Park, Jefferson Pooley und Peter Simonson auch von zentralen Figuren des bisherigen Fachgeschichtsdiskurses als Herausgebern verantwortet wird. Die Mission des Journals wird beschrieben als „dedicated to scholarship on the history of research, education, and reflective knowledge about media and communication – as expressed through academic institutions; through commercial, governmental, and non-governmental organizations; and through „alter-traditions" of thought and practice often excluded from the academic mainstream". Die Fachzeitschrift möchte also auch explizit Alternativentwürfen von Geschichte und abweichenden Narrativen Raum bieten, d. h. auch die Grauzone zwischen Geschichte und Erinnerung zu explorieren. Gleichzeitig zeigt sich bereits am Namen der Publikation die oben beschrieben Konfliktträchtigkeit und Uneindeutigkeit vergleichbarer Unterfangen. Denn mit dem Namen Media Studies wird als deutschsprachiger Bezugsrahmen eigentlich assoziativ ein anderes Fach abgerufen. In der Launch-Ausgabe des Journals sind mit Beiträgen von Maria Löblich (Löblich 2021) zur kollektiven Identität der Kommunikationswissenschaft, von Thomas Wiedemann und Michael Meyen zur Dringlichkeit einer biographisch orientierten Fachgeschichte (Wiedemann und Meyen 2021) sowie Stefanie Averbeck-Lietz (Averbeck-Lietz 2021) über eine Fachgeschichte der Methodenentwicklung, auch etablierte Stimmen aus dem deutschsprachigen Erinnerungsdiskurs vertreten. Wie sich das Journal entwickeln wird, ob auch andere Autor:innen aus dem deutschsprachigen Raum dort eingehen werden bzw. ob es Wissenschaftler:innen aus dem deutschsprachigen Raum geben wird, die ihre Version von Fachgeschichte dort erzählen möchten, oder sich gar durch den institutionellen Rahmen eines Peer-Reviewed Journals dazu stimulieren lassen, fachhistorisch zu arbeiten und zu argumentieren, ist derzeit noch offen.

4. Geschichte braucht Erinnerung

Es ist eine trügerische Annahme, dass die Geschichte abgeschlossen hinter uns liegt und nur die gegenwärtige Zukunft möglichen Veränderungen und Gestaltungsspielräumen unterworfen ist. Die Kommunikationswissenschaft ist ein Fach im rasanten und stetigen Wandel (Schwarzenegger et al. 2019), das sich in Verbindung mit Änderungen in Medienentwicklung, Gesellschaft und Möglichkeiten sowie Methoden der Forschung auch fortlaufend neu anpasst und zur je „neuesten Kommunikationswissenschaft" formt (Pentzold et al. 2018) Die Geschichte der akademischen Disziplin Kommunikationswissenschaft ändert sich im Zuge dieses andauernden Wandels des Faches ebenfalls, allerdings weniger durch abenteuerliche Zeitverschiebungen und Zeitreiseparadoxa, wie man sie aus der Populärkultur kennt. Die Geschichte der Kommunikationswissenschaft ändert sich, weil das Fach im Laufe seiner Entwicklung neue Liaisonen eingegangen ist, neue Nachbarn und neue Freunde im Fächer der Disziplinen gefunden und aus diesen neue Wissensbestände, Theorien(fragmente), Methoden und Lösungsverfahren importiert hat.

Mit den sich verändernden Erkenntniszielen, dafür notwendigen Ansätzen und Verfahrensweisen der Wissenschaft ändert sich aber auch die potenzielle Ahnengalerie und der Stammbaum, der heute wichtigen und das Fach in seiner aktuellen Form prägenden Einflussgrößen; und zwar unabhängig davon, ob man die Grenzverschiebungen rund um die Kommunikationswissenschaft als durch eine Expansion des eigenen Faches oder ein Heranrücken und Andocken anderer Disziplinen beschreibt (Schwarzenegger et al. 2020). Freilich, die Gründungsgeschichte der Institute und die Anfänge der Institutionalisierung eines Faches Kommunikationswissenschaft in Deutschland und international ändern sich dadurch nicht. Aber es wird für künftige Fachgeschichtsschreibung mithin relevant werden zu überlegen und zu entscheiden, ob man heute aktuelle Einflüsse, wie sie aus dem Bereich der Informatik bzw. aus den Computational Social Sciences prägend in das Fach vorstoßen, einfach als Deus Ex Machina, erst ab diesem Zeitpunkt auch als fachhistorisch relevanten Aspekt der Kommunikationswissenschaft begreifen will, oder ob bzw. inwiefern es auch notwendig sein wird, genealogisch deren je eigenen Wurzeln nachzuspüren. Wie bereits für die weiter als bis zur Institutionalisierung eines universitären Faches zurückreichenden intellektuellen Wurzeln einer Disziplin ausgeführt, haben auch heute aktuelle neue Ansätze, Strömungen und Verbündeten eine eigene Genese und Geschichte, die prägend dafür gewesen sein kann, warum und in welcher Form ihr Einfluss dann in der Kommunikationswissenschaft platzgreifen konnte.

Gleichzeitig würde eine übermäßige Verästelung und genealogische Herleitung jedes neuen Impulses, der heute in der Kommunikationswissenschaft relevant wird, das Unterfangen einer Disziplinengeschichte wohl ins Absurde führen und in Komplexität ersticken. Damit Geschichte aber nicht erkaltet und in Wissensenklaven vor sich hin modert, ist ihre Verbindung mit Erinnerung ganz entscheidend. Einer Fachgeschichte, die dem Fach zwar eine Gründungserzählung zu bieten hat, die aber nicht mehr hinreichend anschlussfähig bleibt an das, was Kommunikationswissenschaft im gegenwärtigen Jetzt tut und nicht mehr die Pfade, Interessen und Qualifikationen reflektieren kann, mit denen Wissenschaftler:innen einer gegenwärtigen und zukünftigen Kommunikationswissenschaft in dieses Fach gekommen sein werden, könnte genau dadurch erkalten und weithin funktionslos werden. Man würde dann zwar weiterhin Riesen des Faches erinnern, aber eventuell nicht mehr jene, auf deren Schultern eine neuere Kommunikationswissenschaft ruht. Diese Problematik reflektiert sowohl die Ausdifferenzierung und Spezialisierung einer wissenschaftlichen Disziplin nach innen, wie auch die sich verwandelnden Grenzziehungen nach außen. Der Kern der Geschichte eines Faches ist identitätsstiftend und für die wissenschaftliche Sozialisation funktional, solange ein Bezug zur akademischen Sozialisation und zur gelebten Praxis eines wissenschaftlichen Denkkollektivs, auch in Abgrenzung zu anderen, sinnvoll hergestellt und aufrechterhalten werden kann. Akademische Erinnerung braucht in diesem Sinne fachhistorisches Wissen, und die dient Geschichte als

Resonanzrahmen, Kontrast und Korrektiv zur Erinnerung. Um aber lebensdienlich, zweckmäßig und relevant zu bleiben, braucht Geschichte auch aktive Erinnerung.

5. Literatur

Averbeck-Lietz, Stefanie (Hrsg.). *Kommunikationswissenschaft im Internationalen Vergleich Transnationale Perspektiven*. VS Verlag für Sozialwissenschaften, 2016.

Averbeck-Lietz, Stefanie. „Challenges of Doing Historical Research in Communication Studies: On the Necessity to Write a Methodologically Informed History of the Methods of Communication Studies". *History of Media Studies* 1 (2021).

Balbi, Gabriele, Nelson Ribeiro, Valérie Schafer, und Christian Schwarzenegger (Hrsg.). *Digital roots: historicizing media and communication concepts of the digital age* (Studies in digital history and hermeneutics 4). Berlin; Boston: De Gruyter, 2021.

Birkner, Thomas. und Andreas Matthias Scheu. „Konflikte, Theorien, Perspektiven – Forschung zur Fachgeschichte. Ein Werkstattbericht am Beispiel von 100 Jahre Kommunikationswissenschaft in Münster". *Medien & Zeit* 34.1 (2019): 57–64.

Bohrmann, Hans. „Zur Geschichte des Faches Kommunikationswissenschaft seit 1945". *Massenkommunikation*. Hg. Hermann Fünfgeld, und Claudia Mast. Wiesbaden: VS Verlag für Sozialwissenschaften, 1997. 51–67.

Esser, Frank, und Hans-Bernd Brosius. „Mythen in der Wirkungsforschung: Auf der Suche nach dem Stimulus-Response-Modell". *Publizistik* 43.4 (1998): 341–361.

Esser, Frank, und Hans-Bernd Brosius. „Auf der Suche nach dem Stimulus-Response-Modell. Ein kritischer Beitrag zur Geschichtsschreibung der Medienwirkungsforschung". *Publikums- und Wirkungsforschung*. Hg. Angela Schorr. Wiesbaden: VS Verlag für Sozialwissenschaften, 2000. 55–70.

Fleck, Ludwik. *Entstehung und Entwicklung einer wissenschaftlichen Tatsache: Einführung in die Lehre vom Denkstil und Denkkollektiv*. Hg. Lothar Schäfer, und Thomas Schnelle. 9. Aufl. Frankfurt am Main: Suhrkamp, 2012.

Gieryn, Thomas F. „Boundary-Work and the Demarcation of Science from Non-Science: Strains and Interests in Professional Ideologies of Scientists". *American Sociological Review* 48.6 (1983): 781.

Hardt, Hanno. „Am Vergessen scheitern Essay zur historischen Identität der Publizistikwissenschaft. 1945–1968". *Medien & Zeit* 17.2–3 (2002): 34–39.

Hepp, Andreas, Friedrich Krotz, und Tanja Thomas (Hg.). *Schlüsselwerke der Cultural Studies*. Wiesbaden: VS Verlag für Sozialwissenschaften, 2009.

Holtz-Bacha, Christina, und Arnulf Kutsch (Hg.). *Schlüsselwerke für die Kommunikationswissenschaft*. Wiesbaden: VS Verlag für Sozialwissenschaften, 2002.

Katz, Elihu, John Durham Peters, Tamara Liebes, und Avril Orloff (Hg.). *Canonic texts in media research: are there any? should there be? how about these?* Cambridge; Malden, MA: Polity Press, 2003.

Klaus, Elisabeth, und Josef Seethaler. „Crossing the Borders: Herta Herzog's Work in Communication and Marketing Research". *The International History of Communication Study*. Hg. Peter Simonson, und David W. Park. London: Routledge, 2015. 237–255.

Klaus, Elisabeth, und Josef Seethaler (Hg.). *What do we really know about Herta Herzog? exploring the life and work of a pioneer of communication research*. New York: Peter Lang, 2016.

Koenen, Erik (Hg.). *Die Entdeckung der Kommunikationswissenschaft: 100 Jahre kommunikationswissenschaftliche Fachtradition in Leipzig: von der Zeitungskunde zur Kommunikations- und Me-*

dienwissenschaft (Theorie und Geschichte der Kommunikationswissenschaft Band 14). Köln: Herbert von Halem Verlag, 2016.

Koenen, Erik. *Erich Everth-Wissenstransformationen zwischen journalistischer Praxis und Zeitungskunde: biographische und fachhistorische Untersuchungen* (Kommunikationsgeschichte Band 31). Münster: Lit, 2019.

Löblich, Maria. *Die empirisch-sozialwissenschaftliche Wende in der Publizistik- und Zeitungswissenschaft* (Theorie und Geschichte der Kommunikationswissenschaft 7). Köln: Herbert von Halem, 2010.

Löblich, Maria. „Collective Identity and the History of Communication Studies". *History of Media Studies* 1 (2021).

Löblich, Maria, und Andreas Matthias Scheu. „Writing the History of Communication Studies: A Sociology of Science Approach". *Communication Theory* 21.1 (2011): 1–22.

Löblich, Maria, und Niklas Venema (Hg.). *„Regierungszeit des Mittelbaus"?: Annäherungen an die Berliner Publizistikwissenschaft nach der Studentenbewegung*. Köln: Herbert von Halem, 2020.

Löw, Martina, und Bettina Mathes (Hg.). *Schlüsselwerke der Geschlechterforschung*. Wiesbaden: VS Verlag für Sozialwissenschaften, 2005.

Lubken, Deborah. „Remembering the Straw Man: The Travels and Adventures of Hypodermic". *The History of Media and Communication Research: Contested Memories*. Hg. David W. Park, und Jefferson Pooley. New York: Peter Lang, 2008. 19–42.

Merton, Robert King. *On the shoulders of giants: a Shandean postscript*. Chicago: University of Chicago Press, 1993.

Merziger, Patrick. „Sozialisten – Journalisten – Wissenschaftler? Die Geschichte der Leipziger Journalistik in der DDR". *Biografisches Lexikon der Kommunikationswissenschaft*. Hg. Michael Meyen, und Thomas Wiedemann. Köln: Herbert von Halem, 2020.

Meyen, Michael. „The Founding Parents of Communication: 57 Interviews with ICA Fellows". *International Journal of Communication* 6 (2012): 1451–1459.

Meyen, Michael. *Das Erbe sind wir: warum die DDR-Journalistik zu früh beerdigt wurde: meine Geschichte*. Köln: Herbert von Halem, 2020.

Meyen, Michael, und Manuel Wendelin (Hg.). *Journalistenausbildung, Empirie und Auftragsforschung: neue Bausteine zu einer Geschichte des Münchener Instituts für Kommunikationswissenschaft: mit einer Bibliografie der Dissertationen von 1925 bis 2007: für Wolfgang R. Langenbucher zum 70. Geburtstag* (Theorie und Geschichte der Kommunikationswissenschaft Bd. 5). Köln: Herbert von Halem, 2008.

Pentzold, Christian, Christian Katzenbach, Sigrid Kannengießer, Monika Taddicken, und Marian Adolf. „Die „neueste Kommunikationswissenschaft": Gegenstandsdynamik und Methodeninnovation in Kommunikationsforschung und Medienanalyse". *Neue Komplexitäten für Kommunikationsforschung und Medienanalyse: Analytische Zugänge und empirische Studien (Digital Communication Research*. Hg. von Christian Pentzold, Christian Katzenbach, Sigrid Kannengießer, Monika Taddicken, und Marian Adolf. Berlin: Digital Communication Research, 2018.

Pooley, Jefferson D., und Christian Schwarzenegger. „Faulty Reception: The Institutional Roots of U. S. Communication Research's Neglect of Public Sphere Scholarship". *Kommunikationswissenschaft im Internationalen Vergleich Transnationale Perspektiven*. Hg. Stefanie Averbeck-Lietz. Wiesabden: VS Verlag für Sozialwissenschaften, 2016.

Pörksen, Bernhard (Hg.). *Schlüsselwerke des Konstruktivismus*. Wiesbaden: VS Verlag für Sozialwissenschaften, 2011.

Potthoff, Matthias (Hg.) *Schlüsselwerke der Medienwirkungsforschung*. Wiesbaden: Springer, 2016.

Pöttker, Horst. „Momente einer Debatte Wie die deutsche Kommunikationswissenschaft sich heute vor ihrer Vergangenheit schützt". *Medien & Zeit* 17.2–3 (2002): 4–11.

Pöttker, Horst. *Abgewehrte Vergangenheit: Beiträge zur deutschen Erinnerung an den Nationalsozialismus* (Öffentlichkeit und Geschichte 1). Köln: Herbert von Halem, 2005.

Rowland, Allison L., und Peter Simonson. „The Founding Mothers of Communication Research: Toward a History of a Gendered Assemblage". *Critical Studies in Media Communication* 31.1 (2014): 3–26.

Scheu, Andreas M. *Adornos Erben in der Kommunikationswissenschaft: eine Verdrängungsgeschichte?* (Theorie und Geschichte der Kommunikationswissenschaft 11). Köln: Herbert von Halem, 2012.

Schwarzenegger, Christian, Erik Koenen, und Thomas Wiedemann. „Treiber und Taktgeber der Kommunikationswissenschaft im historischen Wandel. Momentaufnahmen einer immerwährenden Debatte". *Medien & Zeit* 34.1 (2019): 2–5.

Schwarzenegger, Christian, Katharina Lobinger, und Gabriele Balbi. „Academic traditions in communication: Expanding the field and redrawing the boundaries. ECREA 2018 special panel report". *Studies in Communication Sciences* 19.2 (2020).

Simonson, Peter. „Communication and Media Studies, History since 1968". *The International Encyclopedia of Communication*, 1–8. Hg. Wolfgang Donsbach. Chichester, UK: John Wiley & Sons, 2015.

Simonson, Peter, und David W. Park (Hg.). *The International History of Communication Study*. London: Routledge, 2015.

Simonson, Peter, und John Durham Peters. „Communication and Media Studies, History to 1968". *The International Encyclopedia of Communication*. Hg. Wolfgang Donsbach. Chichester, UK: John Wiley & Sons, 2014.

Sproule, J. Michael. „Progressive propaganda critics and the magic bullet myth". *Critical Studies in Mass Communication* 6.3 (1989): 225–246.

Sullivan, Larry. „Hypodermic Needle Model". *The SAGE Glossary of the Social and Behavioral Sciences*. Hg. Larry Sullivan. Thousand Oaks: Sage, 2009.

Thiele, Martina. „Gesehen werden. Lebenswege und Karrieren von Kommunikationswissenschaftlerinnen der Aufbaugeneration – ein Beitrag zur feministischen Fachgeschichtsschreibung". *Feministische Studien* 33.1 (2015): 75–89.

Wiedemann, Thomas. *Walter Hagemann: Aufstieg und Fall eines politisch ambitionierten Journalisten und Publizistikwissenschaftlers* (Theorie und Geschichte der Kommunikationswissenschaft 12). Köln: Herbert von Halem, 2012.

Wiedemann, Thomas, und Michael Meyen. „Internationalization Through Americanization: The Expansion of the International Communication Association's Leadership to the World". *International Journal of Communication* 10 (2016): 1489–1509.

Wiedemann, Thomas, und Michael Meyen. „Biographical Encyclopedia of Communication Study: Fostering Historiography and Memory in the Field". *History of Media Studies* 1 (2021).

Wilke, Jürgen. *Personen, Institutionen, Prozesse: fachgeschichtliche Beiträge zur Kommunikationswissenschaft und Medienforschung* (Theorie und Geschichte der Kommunikationswissenschaft 6). Köln: Herbert von Halem, 2010.

Zelizer, Barbie. „Communication in the Fan of Disciplines: The Fan of Disciplines". *Communication Theory* 26.3 (2016). 213–235.

Irene Neverla

21 *Essay* Im weiteren Blick: Transdisziplinäre Inspirationen für kommunikationswissenschaftliche Erinnerungsforschung

Meine Anregung für die kommunikationswissenschaftliche Erinnerungsforschung ist es, gezielt über den Rand zu blicken, transdisziplinär zu denken, und als Erkenntnisquelle andere Forschungsfelder zu nutzen. Mit transdisziplinärem Denken meine ich mehr als die Hinzufügung von Theorien aus kultur,- und sozialwissenschaftlichen Disziplinen, vielmehr eine enge integrative Verflechtung zwischen Kommunikationswissenschaft und anderen Disziplinen, und dies in beide Richtungen (Karmasin et al. 2014), und womöglich auch inklusive wahrnehmungspsychologischer und lebenswissenschaftlicher Forschung. Als Erkenntnisfeld mit übertragbaren Fragestellungen und Befunden denke ich konkret an die Klimaforschung und an die Pandemieforschung, die beide per se bereits transdisziplinär angelegt sind. Beide Forschungsgegenstände sind Phänomene von längerer Dauer, denen historische Dimensionen inhärent sind.

Als Kernfrage könnte man formulieren: Wie lernen Gesellschaften? Dabei ist Lernen nicht als Erlernen bloßen Faktenwissens zu verstehen, sondern im Sinne der Wahrnehmung und Deutung von relevanten Problemfeldern der Gegenwart und Vergangenheit, die auch prospektiv in die Zukunft gerichtet sind. Diese Frage, die sich auf die Klima- und die Pandemieforschung bezieht, kann auch eine Leitplanke kommender kommunikationswissenschaftlicher Erinnerungsforschung darstellen.

Wie lernen Gesellschaften? Es ist dies eine Frage, deren Bedeutung jüngst im Zuge der Covid19-Pandemie deutlich wurde. Was wissen wir aus medizinisch-wissenschaftlichen Erkenntnissen, an denen intensiv gearbeitet wird, die auch modifiziert und revidiert werden müssen, was wissen wir aus sozialwissenschaftlicher Forschung, und welche Schlussfolgerungen lassen sich konkret für individuelles Verhalten und kollektive Maßnahmen ziehen? Über welches Wissen verfügen wir im kollektiven Gedächtnis (oder haben es vergessen) über historische Pandemien wie die Spanische Grippe, Cholera, Pest, Pocken und deren Verläufe und unterschiedlich erfolgreiche Bekämpfung? Ein Beispiel ist der Umgang mit Impfungen – die von Beginn an umstritten waren, Vielen als bedrohlich galten, in Teilen der Bevölkerung zu heftigen Protestbewegungen führten, trotz unbestrittener Erfolge. Wie spiegeln sich Widerstand und Akzeptanz im Journalismus und in den fiktionalen Medien? Im unter drastischem Druck verlaufenen Lernprozess zur Covid19-Pandemie spielen Verarbeitung durch Erinnern, Gedächtnisbildung oder auch Vergessen beachtliche, aber vielleicht zu wenig beachtete Rollen. Ob es zu einer Aufwertung des historischen Wissens über Pandemien kommt, das im kulturellen Gedächtnis gespeichert sein mag, gegenüber dem Gegenwartsbezug, der manchmal sehr nüchtern und fern (in Expert:innendiskussionen), manchmal vielleicht auch sehr emotional berührend (in Berichten über Erkrankte und Tote) erscheinen mag; wie weit sich also der „retrospektive" Vergangenheitsbezug auch zu einem „prospektiven" (Trümper 2018) erweitert und vertieft, wäre eine höchst relevante Fragestellung.

Mindestens genauso dringlich stellen sich im Hinblick auf die Klimakrise Fragen nach Lernprozessen und politischen Konsequenzen, auf der Basis von Erinnern, Gedächtnisbildung und Vergessen. Fakten zur Erderwärmung legt die Klimaforschung seit über vier Jahrzehnten vor und geht seit Jahrzehnten mit wachsender Dringlichkeit und Warnstufe an die Öffentlichkeit. Die digitalen und traditionellen Archive der Klimaforschung, des UNO-Weltklimarats, der Medien sind übervoll mit einschlägigen, zum Teil hoch komplexen Materialien. Der Journalismus hat diesen kumulativen Erkenntnisprozess der Wissenschaft und ihrer Publikationen begleitet – nicht immer ausreichend und optimal, gelegentlich mit irreführenden Schwerpunktsetzungen (*false balance*), aber doch beständig über die Jahrzehnte hinweg (Neverla 2020). Der gesellschaftliche Lerneffekt ist sehr beschränkt. Die vergangenen Jahre belegen interessanterweise, dass die junge Generation mehr gelernt hat als die ältere Generation, im Sinne von Wissen, Bewusstsein und politischem Gestaltungswillen, wie die weltweite Protestbewegung Fridays for Future zeigt. Die Wissensverarbeitung und Gedächtnisbildung der jüngeren Generationen sind wohl auch deutlich „prospektiver" auf die Zukunft gerichtet als bei den Akteur:innen im politischen System, wo vielleicht Erkenntnis, aber keine zeitnahe Umsetzung erkennbar sind, Erinnerung und Gedächtnis also eher „retrospektiv" verharren. Was wir hier auch erkennen könnten, ist die Bedeutung sinnlich wahrnehmbarer Erfahrungen (heiße, trockene Sommer, drastische Temperaturanstiege, Landschaften unter Feuer) und emotional gefärbter Medienangebote (Filme und Dokus wirken stärker als die täglich eher nüchtern gehaltenen Nachrichten, zumal im Zuge bloß habitueller Mediennutzung). Offenbar bedarf es wahrnehmbarer, stärker affektiv getragener Eindrücke, am besten sinnlich erfahrbar, die „Planetary Carambolage" indizieren (Gruszka et al. 2020), um die politische Bewegung gegen die Klimakrise anzustoßen und wirksam zu machen.

Wie also verlaufen die Lernprozesse zur Klima-Krise in den Stufen der Generierung, Verbreitung und Akzeptanz von Wissen, das primär naturwissenschaftlich gewonnen wird, und dessen Konsequenzen vielfältiger Veränderungen oder gar Umbrüchen im Alltag bedarf, ebenso wie einer globalen, völligen Neustrukturierung des Wirtschaftssystems und einer Neuorientierung im Umgang mit der Natur? Welche Institutionen sind hier in welcher Form beteiligt – Wissenschaft, Medien im weitesten Sinn, Politik, Bildungsinstitutionen, Familie? Welche Rolle spielen diese Institutionen in den Generierungs,- Vermittlungs,- Diffusions- und Entscheidungsprozessen und wie interagieren sie miteinander? Allen voran interessieren hier natürlich „die Medien", sowohl die traditionellen journalistischen Medien wie auch die Intermediären und die kommerziell nicht gebundenen Social Media der halb-öffentlichen und privaten Sphären. Es ist offensichtlich, dass in jeder Komponente dieser Prozessabläufe Wissensverarbeitung auf Erinnern und Gedächtnisbildung basiert, aber auch notwendiges Vergessen einschließt. Wie genau die Komponenten und ihr Zusammenspiel wirken, dazu bedarf es noch vielfältiger Forschung.

Eine qualitative Studie mittels medienbiographischer Interviews in Hamburg an der Jahreswende 2012/13 hat im Rahmen eines kleinen Samples gezeigt, welche bedeutende Rolle Eigenerfahrungen im Zusammenspiel mit vor allem fiktionalen Medienangeboten im Gedächtnis und damit als Grundlage für Klimasensibilität spielte (Lörcher 2019). Von hier aus wären weitere Forschungsarbeiten zu entwickeln: Wie entstehen typologisch individuelle (biographische) Erinnerungen und kollektives Gedächtnis zur Klima-Krise, mit welchen Wahrnehmungsprozessen und welchen Verhaltenspotenzialen sind sie verbunden? Es könnten Forschungsdesigns mit triangulierter Methodik eingesetzt werden, etwa in Verbindung von (medien-)biographischen Interviews, über lange Zeiträume hinweg angelegte Inhaltsanalysen von journalistischen Berichten und fiktionalen Angeboten sowie rekonstruktiven Interviews mit Medienpraktiker:innen zu ihren eigenen Produkten im jeweiligen historischen und redaktionell-kulturellen Rahmen, und letztlich einer Analyse der politischen Diskurse und Entscheidungen in relevanten Zeiträumen.

Die Beispiele sollten zeigen: Forschungsfragen, Befunde und Erkenntnisse aus transdiziplinären Gebieten wie der Klimaforschung und der Pandemieforschung bzw. aus der Kommunikation bezogen auf solche Forschungsgegenstände sind auch vielversprechend für die kommunikationswissenschaftliche Erinnerungsforschung. Sie könnten jedoch zudem zu breiter angelegten Forschungsperspektiven führen, gesellschaftsanalytisch fundiert und last not least gesellschaftskritisch ausgerichtet sein, und so insgesamt mit wichtigen Impulsen die Kommunikationswissenschaft bereichern.

1. Literatur

Gruszka, Katharzyna, Manuel Scholz-Weckerle, und Ernest Aigner. „Planetary Carambolage: The evolutionary political economy of technology, nature and work". *Review of Evolutionary Political Economy* 1 (2020): 273–293. Open Access. https://doi.org/10.1007/s43253-020-00030-3.

Karmasin, Matthias, Matthias Rath, und Barbara Thomaß (Hg.). *Kommunikationswissenschaft als Integrationsdisziplin*. Wiesbaden: Springer VS, 2014.

Lörcher, Ines. „Al Gore, Eltern oder Nachrichten?". *Klimawandel im Kopf. Studien zur Wirkung, Aneignung und Online-Kommunikation*. Hg. Irene Neverla, Monika Taddicken, Ines Lörcher, und Imke Hoppe. Wiesbaden: Springer VS, 2019. 77–128.

Neverla, Irene. „Der mediatisierte Klimawandel. Wie Wissenschaft Klimawandel publiziert, Journalismus Klimawandel (re-)konstruiert und Online-Kommunikation Proteste mobilisiert". *Osnabrücker Beiträge zur Sprachtheorie. Schwerpunktheft: Klima in der Krise. Kontroversen, Widersprüche und Herausforderungen in Diskursen über Klimawandel* 97 (2020): 139–166.

Trümper, Stefanie. *Nachhaltige Erinnerung im Journalismus. Konzept und Fallstudie zur Medienaufmerksamkeit für vergangene Flutkatastrophen*. Wiesbaden: Springer VS, 2018.

III Entwicklungen

Joanne Garde-Hansen

22 *Essay Liquid memory*: Soziale Gedächtnistechnologien und die Umwelt

1. Einleitung

In diesem Beitrag beziehe ich mich auf das brasilianische Konzept der „social memory technology" als Leitidee eines *Museu da Pessoa* (auf Deutsch: Museums der Person oder Museum des Menschseins). Das Konzept verknüpft Dimensionen des Nicht-Menschlichen, sprich die Umwelt, das Erinnern und Vergessen von Umweltrisiken sowie Resilienzfaktoren, um Kommunikation in einem sich verändernden Klima zu ermöglichen (Worcman und Garde-Hansen 2016). Mit Blick auf den Problemkomplex rund um Klima, Bevölkerung und Wirtschaft lässt sich feststellen, dass Kommunikation, die aus der Rückbesinnung auf die Vergangenheit entsteht, paradoxerweise zum eigentlichen Möglichkeitsraum wird, der neue Erfahrungen und Chancen für neues Wissen bietet. Diese Möglichkeiten beruhen auf technischen, sozialen und kulturellen Ermöglichungsstrukturen (*affordances*) sowie auf Rechten, z. B. das kulturelle Recht, erinnert zu werden, Zugang zur eigenen persönlichen und sozialen Geschichte zu haben, und das Recht der Umwelt, nicht vergessen zu werden. Wo können solche Rechte auf das Vermitteln der Skalierbarkeit und vielfältigen Aspekte sozialen Gedächtnisses gesichert und praktiziert werden? Welche Kommunikationstechnologien und -praktiken sind notwendig, um sicherzustellen, dass vermittelte Erinnerungen so produziert und zirkuliert werden, dass Inklusion, Zugänglichkeit und Partizipation gefördert werden?

Das 1991 in São Paulo, Brasilien, gegründete *Museu da Pessoa* (Museum der Person und auch Museum des Menschseins) ist eine staatlich unabhängige Institution. Es ist ein virtuelles und kollaboratives Museum für Lebensgeschichten, das darauf abzielt, Erinnerungen aufzuzeichnen. Durch die Erschaffung digitaler Informationsquellen, durch Online-Kommunikation und die Verbindung zwischen Menschen auf der ganzen Welt, bleiben Erinnerungen erhalten und werden anderen zugänglich gemacht. Das *Museu da Pessoa* hat sein Konzept und seine Methode des Aufbaus, der Organisation und des Teilens von Erinnerungen auch jenseits der Mauern des Museums publik gemacht. Die kulturelle Einrichtung fungiert als frühes und wichtiges Beispiel für den Schutz des Rechts der einzelnen Person auf die Bewahrung der eigenen Geschichte. Ihr Ziel ist es, das Erzählen und Teilen von individuellen Geschichten mittels internetgestützter Kommunikation zu bewahren und weiterzugeben.

Obwohl die *social memory technology* – gleichermaßen Methode und Praxis, die später in diesem Beitrag noch genauer erläutert wird –, ohne jegliche IT verwendet werden kann, sind digitale Umsetzungen ein wesentliches Element des Konzeptes. Das *Museu da Pessoa* war von Anfang an als ein virtuelles Museum geplant. Zu Beginn wurde es mit Hilfe von CD-ROMs, Datenbanken und Videokabinen umgesetzt, um Autorenschaft und Zusammenarbeit zu fördern. Im Jahr 1996 veröffentlichte das *Museu da Pessoa* seine erste Website. Früher gab es unter traditionellen Museen und anderen relevanten Akteuren und Institutionen die Tendenz, die Logik traditioneller Kommunikationssender zu reproduzieren (mithin ein Ansatz des kollektiven Gedächtnisses, der danach strebte, eine imaginierte Gemeinschaft Brasiliens, eine homogene brasilianische Kultur und eine durch nationale Mehrheit definierte Modernität zu verstehen und zu reproduzieren). Heute ist das Museum vollständig in ein globales Netzwerk von Museen, sozialen Gedächtnisprojekten und Initiativen integriert. Es dient als riesiges Archiv von persönlichen Geschichten, von Quilombo bis zu indigenen Völkern, von multikulturellen Städtern bis zum ehemaligen Präsidenten Luiz Inácio ‚Lula' da Silva. Im *Museu da Pessoa* stehen die Mächtigen neben den Marginalisierten, den Migranten, den Alten und den Jungen; die Außergewöhnlichen (Paulo Freire[1]) Seite an Seite mit den Gewöhnlichen.

Vor dem Hintergrund eines Handbuchs, das sich auch mit der Vielfalt an Geräten, Technologien, Formaten und Formen (von materiell bis virtuell) befasst, stellt das Museum einen Zugang zum sozialen Gedächtnis in Form unzähliger verborgener Leben und Geschichten dar. Es ist nicht einfach, solche Leben und Geschichten zu dokumentieren. Sie sind schwer zu (er-)fassen, unscheinbar und unterliegen im Laufe der Zeit einer kulturellen Entwertung. In diesen Fällen sind die journalistische Aufarbeitung der Vergangenheit, die Medienbilder im öffentlichen und privaten Gedächtnis und die Bestrebungen (kommunikationswissenschaftlicher) Gedächtnisforschung nicht in der Lage, die Erinnerungen und Geschichten jener Menschen zu erfassen, die außerhalb der Standards kommunikativen Erinnerns liegen. Sie bleiben im Verborgenen. Es stellt sich die Frage, welche Kommunikationsmittel und -praktiken notwendig sind, um ein Recht auf Erinnerung zu gewährleisten (wobei dieses Recht von Menschen artikuliert wird und ebenso die nicht-menschlichen Rechte der Umwelt im Kontext eines sich verändernden Klimas ansprechen könnte).

Es ist kein Zufall, dass die Arbeit erinnerungskultureller Akteure in Brasilien weitere Kreise in der Gedächtnisforschung zieht, gerade eingedenk der Überschwemmungen, Dürren, Umweltverschmutzung und Abholzungskrisen, die Brasilien in den letzten Jahrzehnten erfahren hat. Das materielle Kulturerbe und die Weltkulturstätten der UNESCO, die Linie des Europarats zu Erinnerung an die Verbrechen an die Roma, der Holocaust-Gedenktag oder das Nelson Mandela Centre for Memory sind Beispiele für die Umsetzung einer transnationalen kulturellen Erinnerungspolitik. Allerdings berücksichtigen nur wenige von ihnen die Umwelt oder den Klimawandel bei der Ein-

---

1 Paulo Freire war ein international anerkannter brasilianischer Pädagoge. Er wurde 1921 in Recife, Brasilien, geboren. Im Jahr 1947 begann er mit analphabetischen Erwachsenen im Nordosten Brasiliens zu arbeiten und entwickelte eine Arbeitsmethode, mit der das Wort „Bewusstseinsbildung" in Verbindung gebracht wird (siehe die Website des Paulo Freire Instituts für weitere Informationen über einige seiner zentralen Ideen (www.freire.org)).

bindung des digitalen und kulturellen Gedächtnisses in eine breitere (kontinentale und globale) Wirtschaft. Statt den Fokus des folgenden Beitrages auf die Bewahrung und den Schutz lokaler und nationaler kultureller Praktiken und Administration zu legen, steht hier die Zirkulationen von Erinnerungen, die Hoskins (2018, 85) als das „memory of the multitude" bezeichnet hat, im Mittelpunkt. Dies bedeutet auch die Einbeziehung einer Vielzahl nicht-menschlicher Themen, in denen die „natürliche Welt" erinnernd produziert wird.

2. Zur Kommunikation des Umweltgedächtnisses

In seinem aktuellen Artikel „The Poverty of Memory" stellt Matthew Allen Folgendes fest:

> Interrogating the intersections between memory and economy opens dialogue to radically develop and expand the conceptual resources that define the field and build authority for commenting and intervening upon pressing social issues. This means continuing to engage with topics that are productively becoming mainstream within the field, such as public remembrance and memorial management, memory entrepreneurship, dark tourism and nostalgia industries. (Allen 2016, 371)

Ein Bereich der Ökonomie, der heute als „Natur-Kapital" (die Naturgüter und -dienstleistungen von Boden, Wasser und Bäumen) oder „Umwelt" bezeichnen wird, vernachlässigt, dass Natur auch ein Gedächtnis menschlicher und nicht-menschlicher Aktivitäten umfasst. Gleichzeitig werden aber Themen wie unser Zugang zu kulturellen Erinnerungen an Umweltrisiken und unsere Überlebensfähigkeit zu wichtigen Themen der Medien- wie der Gedächtnisforschung. Mangelnde Erinnerungen an Wasser zum Beispiel oder das Vergessen auch des archivalischen Potenzials von Wasser bleibt nicht ohne Konsequenzen, sondern hat konkrete Auswirkungen auf Fragen von Resilienz und sozialer Gerechtigkeit: Vernachlässigte Geschichten über Hochwasserrisikomanagement verhindern Lernprozesse (Garde-Hansen et al. 2016), verborgene Implikationen der kulturellen Produktion auf Kosten maritimer Lebensräume werden durch spektakuläre Darstellungen des Wassers auf der Leinwand verschleiert (Vaughan 2019) und das Ignorieren von Flüssen als quasi Persönlichkeiten mit eigenen Rechten rekolonialisiert sowohl kulturelles Gedächtnis wie Umwelt (Tanasescu 2017). Wenn wir den Begriff „Naturkapital" beibehalten wollen, um Ressourcen wie Wasser (Überschwemmungsgebiete, Auffangbecken, Stauseen, Regenfälle, Flüsse usw.) zu beschreiben und die Ereignishaftigkeit von Wasser durch mediale Klischees (Überschwemmung, Dürre, Sturm) zu definieren, dann müssen sich Wertigkeiten ändern, um keine Gedächtnislücke im Wissen von Laien und Expert:innen über diese Umwelt aufreißen zu lassen.

Ein wachsender Bereich der Erinnerungsforschung befasst sich mit der Beziehung zwischen dem Gedächtnis und dem Anthropozän. So beschäftigen sich Craps et al.

(2018) mit der Fluidität von Erinnerungen für die Ermöglichung von Zukünften in einer Zeit der Endlichkeit und des Risikos.

> Whether the future emplotted is (post-)apocalyptic and characterized by socio-economic and ecological collapse and species extinction, or one of resilience, adaptability, and sustainability, or somewhere in between, such fictions stage cultural memories of the Anthropocene and so an aetiology of the conditions that are imagined in the future but which are unfolding in the present of this literature's production and consumption. (Craps et al. 2018, 501)

Erinnerungen an Wasser werden durch zunehmend global vernetzte Menschen über Medien und Kommunikationsgeräte (und durch Social Mapping, Tagging, Caching und GIS) vermittelt. Diese Menschen erinnern sich an Wasser in und unter Städten, Straßen und dem Land, in dem sie leben; oder – alternativ – sie vergessen es. So lassen sich zwei unterschiedliche Beziehungen zwischen Medien, Erinnerung und Wasser herstellen. Erstens machen Medientexte und ihre Bilder/Diskurse wasserbezogene Ungleichheiten selbst in Zeiten einer gemeinsamen globalen Katastrophe wie der Covid-19-Pandemie im Jahr 2020 sichtbar (z. B. überschwemmte Gemeinden in Großbritannien, die sich nicht selbst in sicheren Häusern isolieren können, oder afroamerikanische Frauen und Kinder, denen das Wasser wegen Nichtbezahlung in Detroit, USA, abgestellt wurde, ohne Grundrecht auf frei fließendes Wasser).[2] Zweitens können Kommunikationstechnologien (ähnlich wie Wasser in Flüssen, Meeren und Ozeanen) global zirkulieren und nationale Grenzen überschreiten, trotz aller Bemühungen, sie zu kanalisieren, zu verwalten und zu kontrollieren. Wasserungleichheiten, Wasserkrisen und Wasserpolitik werden innerhalb der nationalen Medien und öffentlichen Sphären des kollektiven Gedächtnisses thematisiert, während „[...] a new cultural and political force of digitally fostered values of unbridled commentary, open access, freedom of information, the ‚right to know' the immediacy of instant search and confessional culture", so Hoskins (2018, 3), alle „feed on and provoke the restless past".

Transnationale Gedächtnisstudien (wobei ihr ‚transnationales' und ‚transkulturelles' Element durch neue Forschung immerzu weiter ausdefiniert wird) werden wichtig sein, um weltweite Herausforderungen der Klimawandels, der Pandemie sowie von Migration, Armut und globalem Kapitalismus zu bewältigen. In der Zwischenzeit muss das persönliche Gedächtnis des vermeintlich „souverän" erinnernden menschlichen Individuums (das zentral ist für modernistische Paradigmen) in Einklang gebracht werden mit dem Recht von nicht-menschlichen Personas erinnert zu werden, also der Umwelt (insbesondere Flüssen, Meeren und Ozeanen), mitsamt der Vielzahl miteinander verbundener Personen und Objekte, die gleichsam zu einem „Internet" des Erinnerns und Archivierens geworden sind. Im Folgenden führe ich Erinnerungsstudien

---

2 Es ist erwähnenswert, dass Covid-19 im Jahr 2020 in wasserbezogenen Metaphern beschrieben wurde, worauf der Schriftsteller Damian Barr per Twitter hinwies: „We are not all in the same boat. We are all in the same storm" – dies in vielen verschiedenen Arten von Booten, manche ohne Ruder. Siehe Peggy Norman 23. April 2020 „What Comes After the Coronavirus Storm?" *The Wall Street Journal.*

und Wasserstudien aus einer medienwissenschaftlichen Perspektive zusammen, welche sich bisher nur wenig mit Hydrologie, wasserwirtschaftlicher Forschung und kommunalen Wasserproblemen beschäftigt hat.

Es gibt ein schmales Rinnsal von Analysen zu Repräsentationen von Wasser, von Erkundungen medial vermittelter wasserbezogener Identitäten und der medialen Erinnerungen an Flut, Dürre, Hitzewelle, Eis, Schnee und Sturm (siehe Escobar und Demeritt 2014; Cook 2015; Garde-Hansen et al. 2016; Garde-Hansen 2021). Solche Analysen im Kontext von Nachrichtenereignissen (z. B. Hochwasserkatastrophe), Blockbustern (z. B. Katastrophen- und Horrorfilmen) oder Öko-Dokumentationen fokussieren zwangsläufig eher traumatische Wasserereignisse als alltägliche sozial und medial vermittelte Erinnerungen an Wasser. Medien- und Erinnerungsstudien bieten eine stark interdiziplinäre Perspektive für Forschungsprojekte, die das soziale Gedächtnis in Debatten um kulturelles Erbe und extremes Wetter, nostalgische Repräsentationen des Meeres, der Küste und der Ozeane sowie die Archivierung von Erinnerungen an Überschwemmungen und Dürren untersuchen. Hinzu kommen neue materialistische Ansätze zur Medienproduktion, die mahnend an die natürlichen Ressourcen erinnern, aus denen (digitale) Medien produziert werden.

In unserem UK *Drought Risk and You* Projekt (www.dryproject.co.uk) und unserem brasilianischen *Narratives of Water* Projekt (siehe Rothberg und Garde-Hansen 2019) wählten wir einen ‚wissenschaftlich-narrativen integrativen Ansatz‘ in Verbindung von Erinnerungsstudien und Umweltkommunikation. Dieser ist nicht so trocken, wie er klingt (indem er das Hydrologische und das Kulturelle zusammenführt). Er kann auf einer Reihe von Skalen operieren: in politischer, professioneller sowie lokaler Praxis, auf Gemeinschaftsebene und in Bezug auf persönliche, sozio-kulturelle Erfahrungen. Einfach ausgedrückt bedeutet es, dass Geschichten und Erinnerungen an Wasser helfen können, lokales, historisches Wasserwissen über die Erfahrungen, Auswirkungen und Anpassungsstrategien von Gemeinschaften mit Umweltrisiken aufzubauen. Im Zusammenspiel mit wissenschaftlicher Forschung (Daten, Katastrophenrisikomanagement-Dashboards, Messgeräte, Planung von Mess- und Frühwarnsystemen) zirkulieren Erzählungen als mündliche Geschichten, in Formen der Erinnerungsarbeit, in Gemeindearchiven, visuellen Medien oder Online-Kommunikation innerhalb von Gruppen in sozialen Medien. All diese Erinnerungen und Geschichten bereichern das Expert:innenwissen über den Umgang mit Wasser bzw. stellen Gegenerzählungen dar.

Der Ansatz der ‚sozialen Gedächtnistechnologie‘ des *Museu da Pessoa* wurde in unseren jüngsten wissenschaftlich-narrativen integrativen Ansatz zur Kommunikation von Risiko und Vorsorge im britisch-brasilianischen *Waterproofing Data* Projekt (2019–2022) eingebaut. Er geht davon aus, dass Datenpraktiken kulturelle Praktiken sind.[3] Der Ansatz der ‚sozialen Erinnerungstechnologie‘ bietet einen ausgesprochen

---

3 Siehe https://warwick.ac.uk/fac/arts/schoolforcross-facultystudies/igsd/waterproofingdata/.

persönlichen, mit wenigen Ressourcen auskommenden und partizipativen Beitrag zum aktuellen Erinnerungsboom, zur wachsenden Kulturerbe-Industrie, zur Entwicklung einer kulturellen Erinnerungspolitik sowie zur wissenschaftlichen Beschäftigung mit zukünftigen Risiken vermittels vergangener Erfahrungen. Die vier Prinzipien einer ‚sozialen Gedächtnistechnologie' werden im Folgenden skizziert. Sie sind eng mit Klimaanpassungsstrategien verbunden, die versuchen, gefährdete Gemeinschaften in ihrer Wahrnehmung eines Ortes, ihren Erfahrungen von Umweltungerechtigkeiten und Umweltveränderungen einzubinden:

> *Prinzip 1. Die Idee, dass Individuen als Hauptakteure eines globalen sowie lokalen (vermittelten) Erbes betrachtet werden können und sollen – durch die Erzählung ihrer Lebensgeschichte.*

> *Prinzip 2. Das Recht jeder Gruppe, ihr eigenes Gedächtnis zu produzieren (diese Entwicklung in Brasilien und vielen Entwicklungsländern im 21. Jahrhundert gleicht der impliziten und expliziten Erinnerungspolitik und der Fokussierung auf das alltägliche Gedächtnis von Menschen in entwickelten Regionen der Welt).*

> *Prinzip 3. Die Praktiken und die Ergebnisse von Gemeinschaften und Einzelpersonen, die ihre Erinnerungen, Lebensgeschichten und ihr Erbe (re-)produzieren, sollten offen, transparent und inklusiv sein.*

> *Prinzip 4. Das (Re-)Konstruieren und wiederholte Bezugnehmen auf Vergangenheit in der Gegenwart als persönliche Erinnerung sollen die Möglichkeit zu Veränderungen auf sozialer, kultureller und theoretischer Ebene bieten.*

Vor diesem Hintergrund verbinden sich Initiativen in den Naturwissenschaften mit sozialwissenschaftlichen Ansätzen, um zu einem tieferen öffentlichen und kulturellen Engagement mit Wasser (siehe Holliman und Jensen 2009), einer Würdigung populärer Medien und nationaler Repräsentationen von Wasser (siehe Cusack 2007) sowie einer Steigerung des öffentlichen Verständnisses von Umweltrisiken zu gelangen und die kulturelle Bedeutsamkeit von Wasser zu unterstreichen.

Die vier oben genannten Prinzipien haben sich sowohl aus der akademischen Forschung als auch den Kontexten der angewandten sozialen Praxis entwickelt, in denen ein *Diskurs der Unterdrückten* gepflegt wurde. In Brasilien geschah dies durch das Wirken von Paulo Freire (1972) und Augusto Boal.[4] Die Hinwendung zu Erinnerungen der Bevölkerung war Teil einer breiteren lateinamerikanischen Diskussion über das Schaffen von Erinnerungen, um sozialen Wandel zu fördern. Im britischen Kontext wurde das Museum teilweise von der Oral History-Bewegung, der Arbeit von Paul Thompson, Autor von *The Voice of the Past: Oral History* (2000), und seiner Methodik beeinflusst.

---

4 Augusto Boal wurde 1931 in Rio de Janeiro geboren. Er war ein brasilianischer Dramatiker, der das Theater der Unterdrückten schuf, eine Form des interaktiven Theaters, das das Leben verändern soll, indem die Zuschauer zu Darsteller:innen werden und Lösungen für soziale Probleme aufführen.

Das Konzept der sozialen Gedächtnistechnologie fördert aktives Erinnern unter Einbeziehung von Spannungen, Bewegungen und Mobilitäten. Im globalen Norden, im angloamerikanischen und europäischen Kontext also, werden indessen die Bedingungen von Erinnerungsprojekten selten von den Gemeinschaften selbst bestimmt, die diese Projekte oft gar nicht initiieren. Sie sind *nicht* basisorientiert, sondern institutionengesteuert. Daraus ergeben sich drei Hauptrisiken der Erinnerungsarbeit und Erinnerungsforschung für Projekte, in denen ich beteiligt war und bei welchen es darum ging, persönliche Erinnerungen zu kommunizieren, um Möglichkeiten für sozialen und kulturellen Wandel zu schaffen. Sie stellen die Frage, ob Klima, Demografie und Wirtschaft Gefahr laufen, zum Dreiklang eines risiko-aversen Denkens zu werden. Außerdem ist zu überlegen, ob „Entschleunigung" und Verlangsamung im Allgemeinen in die soziale Imagination einsickern und ob sie zu zunehmenden konservativen Haltungen gegenüber dem Erinnern zum Zwecke sozialen und ökologischen Aktivismus führen.

Risiko 1) *Institutionalisierung*: Einerseits sind Institutionen notorisch langsam im Wandel. Andererseits wurde ab den 1990er-Jahren mit der Entbürokratisierung versucht, diese Entwicklung zu beschleunigen (technologisch und sozial, zuletzt angetrieben durch die Verlagerung von Arbeit ins Homeoffice). Doch mit zunehmender Geschwindigkeit geht ein Verlust des institutionellen Gedächtnisses einher; eine Zerstreuung der Kulturarbeiter:innen weg von den öffentlichen Räumen und Gemeinschaftsbüros kann Vergessen erzeugen. Da es in Großbritannien kein nationales, online zugängliches und digitales „Museum der Person" wie das *Museu da Pessoa* gibt, sind die Gemeinschaften gezwungen, vielfältige Partnerschaften mit (öffentlichen und privaten) Organisationen und Plattformen auf Projektbasis einzugehen. Die hier vorangebrachten Erinnerungsprojekte in Großbritannien und Europa, die oft unkoordiniert und nicht vernetzt sind, bedeuten für Gedächtnisforscher:innen – „charting the mnemonic practices of all ages and places" – dafür sensibel zu sein, inwiefern Erinnern hier bloßen Schablonen folgt; „turning into a mere ‚stencil'", wie Erll warnt: „we add yet another site of memory" (2011, 4). Diese Erinnerungsorte sitzen hinter den Mauern von Institutionen und Organisationen und fühlen sich nicht immer so an, als gehörten sie allen.

Risiko 2) *Geld und Methodik*: Es ist wichtig, über die grundlegende Ökonomie von Erinnerungsprojekten nachzudenken, wie z. B. in Großbritannien mit seinem Heritage Lottery Fund, oder auf transnationaler Ebene die Projekte des Europarates *Route to Culture* oder der UNESCO. Diese werden von sozialen Gemeinschaften nicht als neutrale Geldgeber gesehen. Sie sind ideologisch aufgeladen (mit Werten rund um das kollektive Gedächtnis), die zum Beispiel nicht gut mit einigen *black and minority ethnic communities* übereingehen (z. B. steht die inhärente Idee des Glücksspiels des Heritage Lottery Fund im Widerspruch zum muslimischen Glauben). Ebenso sind die Methoden und der Einsatz von Medien im Verlauf der einzelnen Projekte, die zur Erfassung des Kulturerbes verwendet werden, sowie die Nutzung von persönlichen Daten nicht neutral. Gleiches gilt für die kulturelle Arbeit, die notwendig ist, um Methoden der Erinnerungsforschung durchzuführen, die sich stark auf prekäre wissenschaftliche Tätigkeiten sowie technologischen Veränderungen stützt und politische Umwälzungen bzw. Proteste zu ihrer Legitimation heranzieht.

Risiko 3) *Kosmo-Optimismus*: Schließlich werden viele meiner eigenen Veranstaltungen und Aktivitäten zur Erinnerungsarbeit (z. B. Workshops zum digitalen Geschichtenerzählen oder zum Kulturerbe im Fernsehen, Gruppenarbeiten zur Erinnerung an Überschwemmungen oder das *Barton and Tredworth Hidden Lives* Projekt[5]) von einer Mehrheit älterer, weißer, männlicher und weiblicher (tatsächlich sehr oft weiblicher) Teilnehmenden dominiert, die „auftauchen", um ihre Gemeinschaft zu repräsentieren, die sie durch kosmopolitischere Vorstellungen kulturellen Erbes bedroht sehen. Sie haben die Zeit, die für eine Teilnahme wichtigen Ressourcen und das Wissen über Kulturerbe, fühlen sich aber von einer neoliberalen und multikulturellen Agenda entrechtet.

Ich habe beobachtet, dass wir uns mehr anstrengen müssen, um bei Gedenkveranstaltungen nicht immer dieselbe Bevölkerungsgruppe zu treffen. Ich befürchte, dass dies die vielfältigen Mitglieder der *black and minority ethnic community* ausschließt, die das Gefühl haben, *nicht* zu einem Ort zu gehören oder deren Erfahrungen mit der Umgebung, in der sie leben, im Vergleich zu denen, die schon länger dort leben, nicht relevant oder legitim sind.

Mit diesen drei Risiken im Hinterkopf sind Transformationen des Erinnerungskontextes erforderlich und das (manchmal langsame) Erinnern aller Mitglieder der Gemeinschaft, wozu ein Ansatz, der einen „Bezug zum Ort" statt Identitätspolitik herstellt, hier dienlich ist. Dabei müssen auch das langsamere Erinnern verschiedener Gemeinschaften im Verhältnis zum Tempo digitaler Kommunikation sowie die reale Kosten- und Nutzenverteilung des Vermittelns von Erinnerung durch digitale Medien überdacht werden.

3. Der kulturelle Wert von Fluterinnerungen

Materialien wie Stein, Bronze und Holz halten Erinnerungen an langsame Transformationsprozesse fest. Durch die beschleunigten Veränderungen, die in Texten, Bildern und Medien gespeichert werden, wurden aber diese langwierigen und nachhaltigen Lernprozesse zum Leben mit Umweltveränderungen vergessen. Eine neue Form der Umwelterinnerung erfordert einen interdisziplinären Austausch zwischen Kunst und Wissenschaft, aber auch zwischen Forschenden und unterschiedlichen Gruppierungen, Medienorganisationen und Kulturschaffenden. Dieses Ansinnen entfaltet sich vor dem Hintergrund aktueller Naturkatastrophen (siehe Robinson 2009). Museen in Brasilien, wie auch das *Museu da Pessoa*, haben eine klare Agenda entwickelt, welche

---

5 Siehe https://www.bartonandtredworth.org.uk/.

die Erinnerung an langsame und schnelle Veränderungen – insbesondere hinsichtlich der verschiedenen Temporalitäten eines sich verändernden Klimas – erfassen kann.

Ich argumentiere, dass Menschen und Technologien in ihrer Beziehung zueinander natürlich gegebene, disruptive, aber auch ermächtigende Fähigkeiten entwickeln können. „The really subversive element of Ecology [...]", sagt Evernden, „[...] rests not on any of its more sophisticated concepts, but on its most basic premise: inter-relatedness. But the genuinely radical nature of that proposition is not generally perceived, even, I think, by ecologists. To the western mind, *inter-related* implies a causal connection [...] but what is actually involved is a genuine *intermingling* of parts of the ecosystem. There are no discrete entities" (1996, 93). Im Einklang mit dieser Prämisse haben Medientheoretiker:innen und -praktiker:innen eine radikale Transmedialität innerhalb und zwischen Medienformen postuliert. Das wiederholte Aufgreifen von wasserbezogenen Geschichten und Themen und das neue Interesse der wissenschaftlichen Gemeinschaft am Storytelling schaffen die Bedingungen für jene Konvergenz medialer Formen und Inhalte. Sie äußert sich in Form eines „digital hydro-citizenship", welches auch das retrospektive Erzählen von Geschichten beinhaltet. Es setzt den Zugang zu Archiven, Ressourcen, Finanzierungsmöglichkeiten, Kulturschaffenden und Medientechnologien voraus, die das *Museu da Pessoa* in sein Modell als Plattformmuseum eingebaut hat.

Der Ansatz des *Museu da Pessoa* ist ein Zusammenführen von Menschen, also das Gedächtnis vieler. Es ist in seinen Kommunikationsstrukturen nicht hierarchisch und schafft eine Art kulturellen Gedächtnisspeicher, auf den Erfahrungen mit Wasser bezogen werden können. Das bedeutet hinsichtlich des Peer-to-Peer-Gefühls, dass persönliche Geschichten Teil eines gemeinsamen sozialen Gedächtnisses werden. Die Erinnerungsarbeit, die ich mit brasilianischen Forschenden und Praktiker:innen (mit dem *Museu da Pessoa*, im Projekt *Narratives of Water* und im Projekt *Waterproofing Data*) durchgeführt habe, umfasste Treffen zwischen verschiedenen gesellschaftlichen Sphären –Universität, NGOs, Schulen, religiösen Organisationen, Wasserbehörden und Katastrophenrisikomanagement. Es stellte so auch ein Treffen zwischen Theorie, Politik, Industrie und Praxis dar. Die Vielfalt der Erfahrungen (sowie die Gemeinsamkeiten und Unterschiede zwischen unseren Kontexten) verdeutlichte, wie diese Methodik des Austauschs persönlicher, beruflicher, gemeinschaftlicher und organisatorischer Erinnerungen an Klimaveränderungen auf kreative Weise für eine Vielzahl von Gruppen (von Unternehmen bis zu ländlichen Frauennetzwerken, von jungen Menschen bis zu Migrant:innen) genutzt werden kann.

Den Kern sozialer Gedächtnistechnologie bildet eine Form der Kommunikation (ein Dialog) zwischen Forschenden und den Teilnehmenden in Projekten sowie zwischen den Teilnehmenden in ihren Gemeinschaften, die nur als Peer-to-Peer beschrieben werden kann. Peer-to-Peer ist ein grundlegender Modus der Erinnerungsarbeit, der sich in Brasilien bereits einige Jahre vor der Entstehung des *Museu da Pessoa* in den 1990er Jahren etablierte und erst kürzlich, mit dem Einfluss des Internets, in Großbritannien und Europa Einzug gehalten hat. Angesichts einer sich schnell verändernden globalen medialen Ökologie ist es nur folgerichtig, dass wir uns an unsere Verbundenheit mit den ökologischen Ressourcen erinnern, die unsere Fähigkeit bedingen, unsere Lebensgeschichten weltweit sozial und technologisch in Verbindung zu anderen zu setzen.

> Rather than seeing culture as a resource to be used economically, as the creative economy of cultural industries traditions generally do, the argument would be to see 'economic' resources from water to housing to green spaces in cultural terms, to help understand what they mean to people and hence how they can be valued in terms other than the economic – or through a radical rewriting of the definition of the economic. (Bell und Oakley 2015, 157–158)

In meiner eigenen Forschung habe ich einige dieser kleinen Geschichten mit und um wasserbezogene Erfahrungen durch unterschiedliche Medien, durch Kunst, Literatur, Musik und Fotografie eingefangen. In der Zusammenarbeit mit Hydrolog:innen in Großbritannien und Brasilien, hat sich der soziale Gedächtnistechnologie-Ansatz zur Untersuchung von Wasser als produktiv erwiesen. Angefangen mit meinem Beitrag zum AHRC *Living Flood Histories* Projekt (2011), in dem eine App entwickelt wurde, um persönliche Fluterfahrungen zusammenzutragen, führte dies zum ESRC *Sustainable Flood Memories* Projekt (2013–2016), das auf Erinnerungen an die britischen Sommerüberschwemmungen von 2007 basierte (als Twitter und Facebook noch in den Kinderschuhen steckten und lokale Nachrichtenorganisationen, Radio und Fernsehen die Erinnerungen vermittelten). Ein Projekt zum Wissensaustausch mit der britischen Umweltbehörde erweiterte das digitale Geschichtenerzählen über Überflutungen in Großbritannien, indem DIY-Erzählungen über Flusseinzugsgebiete mit ihren je eigenen wasserbezogenen Erfahrungen ausgetauscht werden konnten.

Bei unseren Recherchen für das Projekt *Sustainable Flood Memories* entdeckten wir, dass zur Unterstützung des Erinnerns viele Sphären des sozialen und kulturellen Gedächtnisses zusammenwirken: Häuser, Gärten, Straßen, Geschäfte, Kirchen, Flussufer, städtische Infrastruktur und Artefakte. Diese Sphären wurden alle zunehmend mediatisiert – mit Hilfe von Fotografie, Heimvideo, Rundfunkmedien, sozialen Medien und insgesamt dem Internet wandelten sie sich zu einem sozialen und technologischen *Gedächtnisspeicher* für Flutwissen, der von Journalist:innen, Bürger:innen, Gemeinden und Archiven mobilisiert werden konnte. Mit Blick auf das Vergessen zeigten sich unserer Teilnehmer:innen jedoch ebenso versiert darin, ein wasserbezogenes Ortsgefühl auszulöschen, z. B. durch die Änderung von Straßennamen, das Entfernen von Hochwassermarken, eine Unlust, sich mit Bildern von Flut zu befassen, und durch den Verlust von Archivbildern und -filmen: Erinnerung und Amnesie griffen ineinander.

Von Connerton (2008) wird Vergessen definiert als Verdrängung, Amnesie, Annullierung, Auslöschung und geplante Obsoleszenz, also als signifikanter Bereich menschlichen Lebens, in denen einige Gemeinschaften sich abseits der Hochwasserrisiko-Narrativen zu bewegen scheinen und gegen ein nachhaltiges Hochwasser-Gedächtnis arbeiten, worüber wir an anderer Stelle geschrieben haben (siehe Garde-

Hansen et al. 2016; McEwen et al. 2016). Ein Großteil der oben genannten *media-water-memory Forschung*, die durch einen sozialen Gedächtnistechnologie-Ansatz untermauert wird, versucht, Verständigungsräume einer multidisziplinären Wasserforschung zu schaffen, die zunehmend miteinander verbunden sind und dennoch in ihren eigenen Diskursbereichen bleiben werden, wenn Medien, Gedächtnis und Wasser nicht in eine Art des Denkens *mit der Umwelt* integriert werden.

Medien- und Erinnerungsforschung, die sich Wasser und Narrativen widmet, um die veränderliche mediale Dokumentation und Reflektion von Hochwasser und Dürre sowie die Erinnerungen und das Erzählen über Wasser zu verstehen, muss sich auf die Verbindungen und Reibungen zwischen verschiedenen soziodemografischen Gruppen konzentrieren, die mit einem quasi wasserreichen oder einem sozusagen trockenen Ortssinn leben. Die Aufgabe besteht darin, die diversen, an diese verschiedenen Umgebungen geknüpften Erinnerungen als Ressourcen für zukünftiges Handeln zu sammeln und bereitzustellen. Ausgangs- und Endpunkt müssen die Menschen sein: Als „immaterielles Kulturerbe" (siehe Worcman und Garde-Hansen 2016) und als Geschichtenerzähler:innen mit einer gesteigerten Fähigkeit, Medien als soziale Technologie für Kommunikation und Erinnerung zu nutzen. Wie ich kürzlich im Kontext des Medienerbes geschrieben habe:

> In a landscape transformed by online media and culture; interactive film, television and radio; and faster, mobile internet, the viewer formerly known as the audience will want the most memorable aspects of their mediated lives available, accessible and possessable. (Gorton und Garde-Hansen 2019, 42)

Die Fähigkeit dieser auf das Wasser bezogenen Gedächtnisforschung, unser Verständnis und unseren Respekt vor Wasser, seine Bewegung durch gebaute, natürliche, kanalisierte, vernachlässigte und verschmutzte Landschaften zu beeinflussen, ist also nur möglich, wenn Wassergeschichten von und für Gemeinschaften gespeichert werden. Um die Bedeutung der Auswirkungen des Klimawandels vollständig zu verstehen, werden wir Bedingungen brauchen, die Erinnern, Archivieren und Wiederherstellen verlangen und hervorbringen. Wir werden auch kultur- und medienpolitische Arbeit als gut ausgestattete und entlohnte Erinnerungsarbeit innerhalb neuer Organisationskulturen benötigen, die sowohl Gemeinschafts- als auch Umweltgedächtnisse wertschätzen. Allen argumentiert in diesem Sinn:

> Remembrance implies work. It requires bodies and objects moving, performing and interacting to achieve a memorial composition. Participants in remembrance practices undertake a material and immaterial work of weaving their emergent experiences as part of the overall composition of the event. A material management of space, objects and bodies structures experiences of participation. The organisers of remembrance practices, memory choreographers, are responsible for designing and assembling these infrastructures of experience. (Allen 2014, 28)

Erinnerungen an Wassergeschichten wurden monumentalisiert, vielleicht nicht immer in Stein und Bronze, wohl aber in Gedenktafeln, Gedenkveranstaltungen, Museumsausstellungen und durch Archivbestände, die an Überschwemmungen, Dürre und Sturm gemahnen. Es gibt physische Manifestationen des Wassererbes (Ingenieurbauwerke, maritime Artefakte, historische Wassertechnologien und Sammlungen von Erinnerungsstücken für Fischerei, Freizeit und Wasserlandwirtschaft). Einige dieser Wassererinnerungen prägen die Landschaft als Hochwassermarken, restaurierte Kanalboote, alte Flussmauern und Brücken, Schiffsmuseen und Statuen von Seefahrern. Die meisten Wassererinnerungen sind lebendige Erinnerungen, sie sind nicht greifbar und werden vergessen.

Hier bieten die Medienumgebungen etwas, was wir positiv konnotiert als *Erinnerungsblasen* bezeichnen könnten. In ihnen bewegen sich Bürger:innen, die Zeugen von Umweltschäden sind, die Familienerinnerungen für künftige Generationen weitertragen und Geschichten von aktiver Hilflosigkeit und Heldentum tradieren. Noch wichtiger für viele meiner Forschungsteilnehmenden sind die visuellen, anderen vorzeigbaren Belege, dass die eigene Privatsphäre (das eigene Zuhause, die eigene Erinnerung) nun mit Wasser und Geschichten von extremem Wetter verbunden ist. Vermittlungen von Überschwemmungen als Familiengeschichten offenbaren auch die zugrunde liegenden Ökonomien von Wasser und Erinnerung. Denn es besteht eine enge, komplexe und nicht-lineare Beziehung zwischen Erinnerung, Erbe und Identität. In unserer Forschung zu Hochwassermedien und Erinnerung haben wir ein versteckt gelebtes Gedächtnis aufgedeckt, das einerseits eine Umweltkompetenz in Richtung Resilienz und andererseits in Richtung Prekariat bezüglich des Speicherns von Erinnerungen zeigt. Unsere Arbeit lieferte auch Belege für eine Sichtweise, die eine demokratischere Form des Erbes anerkennt, die den „Geist lokaler Orte" und die „kleinen Leute" anstelle der „großen Gesellschaft" betont (Samuel 1994, 158).

Formelle und inoffizielle Hochwassermarken an Gebäuden und Häusern sind eine Methode des Festhaltens von Wassergeschichte. Nicht nur durch offizielle und inoffizielle Hochwassermarken, die an einer Klostermauer (eine von vielen Markierungen im Laufe der Jahrhunderte) als Erinnerung für alle, die sie besuchen, angebracht wurden, sondern auch an der Wand des Bauernhauses als Familienerinnerung für zukünftige Generationen. Gebaute Mauern, Dämme, Hochwasserschutzsysteme, eine zusätzliche Schicht von Ziegeln, Sandsäcke, erhöhte Türschwellen, Steckdosen in Hüfthöhe, ein Loch in der Wand in Bodennähe, um das Wasser abzulassen – all das materialisiert eine Umweltkompetenz, die uns daran „erinnern" soll, dass die Flut ihre Spuren hinterlassen wird. Wassererinnerungen werden in mehreren und miteinander verbundenen Sphären erzählt, die durch Medien vernetzt werden können. Persönliche und kollektive Erinnerungen an Überschwemmungen und Überschwemmungsrisiken aus Medien und Archiven spielen eine bedeutende und oft zu wenig erforschte Rolle für das Gefühl von Bereitschaft des Einzelnen, der Gemeinschaft oder der Gesellschaft. Anekdotische Erinnerungen zeigen Traditionen des Geschichtenerzählens, des informellen Erinnerns, das innerhalb von Familien vererbt wird, und sie verweisen auf die Herausforderungen von materieller Persistenz und Vergänglichkeit in einer zunehmend digitalisierten Gesellschaft. In einer Gemeinschaft, die durch ihr Wassererbe definiert ist, ist ein dynamisches Zusammenspiel von aktivem Erinnern und aktivem Vergessen am Werk. Daher ist es nicht die Memorialisierung, die gefeiert wird, sondern der „Memorialismus" (Dicks 2000); es sind Versuche lokaler Gemeinschaften, ihr eigenes Erbe zu schaffen und zu erhalten.

Es gibt kollektive Erinnerungen an Wasser, die von nationalen und internationalen Institutionen vermittelt werden (z. B. Nachrichtenagenturen, Filme, Radiosendungen, Literatur, Dokumentarfotografie). Sie verweise auf den konzeptionellen Rahmen des kollektiven Gedächtnisses von Halbwachs (1992), da sie das Zutun einer Gruppe erfordern, damit die Gesamtheit des Ereignisses sinnvoll und verständlich in eine einzige Aufzeichnung gebracht werden kann. Als kollektive Erinnerungen können sie auch, wie er vorschlägt, von der gelebten Erfahrung einer Gemeinschaft und ihres wasserreichen oder trockenen Ortsgefühls abgekoppelt werden. Darüber hinaus führt die zunehmende Vernetzung von Kollektiven durch digitale Medien dazu, dass Wassergeschichten in neue und unterschiedliche Richtungen und auf miteinander verbundenen Skalen zwischen persönlicher, lokaler, nationaler und globaler Ebene wandern.

Meine Erkundung des auf Wasser bezogenen Erzählens hat meine Herangehensweise an Medien- und Erinnerungsstudien grundlegend verändert und herausgefordert. Die Zirkulation von Wasserthemen in einem globalen Narrativ des Klimawandels, die kulturellen Nischen, in denen über nationale Grenzen hinweg hydrologisch vergleichbare Gemeinschaften verbunden sind, und die gemeinsamen Geschichten von Wasser (sein Überfluss und seine Knappheit), stehen in Kontakt zu Mediengeschichte, Medienerbe, kulturellem Wert und Kulturpolitik. Dies bricht Unterscheidungen zwischen Wissenschaft und Erzählung, Daten und Geschichte, nicht-menschlich und menschlich auf. So bezieht die Vermittlung von Wassergeschichten auch Feststellungen zum chemischen Profil des Wassers und der Personalität eines Flusses ein. Somit öffnet das Erinnern an Wasser viele neue Fragen kommender Gedächtnisforschung. Wie trägt das Wasser zur sozialen Mentalität von Gemeinschaften bei, die es bewohnen, sich daran erinnern, es vergessen, vernachlässigen oder nähren? Erinnert sich der Fluss am Ende immer noch daran, wo er einst schlängelte? Was können wir vom Wasser lernen, das genährt oder vernachlässigt, erinnert oder vergessen wurde? Wenn wir die Stadt aus der Perspektive des urbanen Flusses betrachten, was sehen wir dann? Dies sind einige der Fragen, die einen sozialen gedächtnistechnologischen Ansatz für Medien und Wasser bilden.

4. Fazit

Wir befinden uns vielleicht an einem Wendepunkt – nicht nur in der Gewässerchemie, in der die Gesundheit eines Flusses die Landnutzung und menschliches Verhalten widerspiegelt, sondern auch im Geschichtenerzählen über Wasser und in unserer Aufmerksamkeit für kulturelle und kollektive Erinnerungen an Wasser. Eine zu starke Fokussierung auf die wissenschaftliche Beschäftigung mit Wasserknappheit, -bedarf und -management versieht Wasser mit ökonomischen Werten auf Kosten kultureller und sozialer Werte. Allon und Soufolis (2006) argumentieren ähnlich, dass der ökologische Instrumentalismus der aktuellen ressourcenzentrierten Ansätze in Australien „[...] social and cultural differences associated with different habits, expectations, meaning and practices of water use" ignoriert (2006, 46). Hier geht es darum, dass das, was wir als „den Fluss", „das Meer", „den Ozean" oder „Wasser" verstehen und produzieren, sich von Kultur zu Kultur unterscheidet. Was für eine städtische Gemeinschaft eine lebensbejahende Ressource ist, ist für eine andere krankmachend und verschmutzt. Wasserpraktiken sind im Bereich der verkörperten Routinen und häuslichen Tätigkeiten, sogar der kulturellen und medialen Produktion, verankert und können nur innerhalb eines viel breiteren „unordentlichen Terrains" verstanden werden. Hier ist Wasser ins Verhältnis zu persönlichen, sozialen, zivilgesellschaftlichen, lokalen und nationalen Identitäten zu bringen (Allon und Soufolis 2006, 46).

Wie kann eine „ökonomische Ressource" wie Wasser (die weitgehend von der Ökonomie gerahmt wird) in kultureller Hinsicht neu bewertet werden, um zu verstehen, was Wasser in der Stadt oder auf dem Land für Menschen bedeutet? Wie kann, metaphorisch gesprochen, die Liquidität der vermittelten Geschichten und Erinnerungen an Wasser neu verteilt werden? In Brasilien zum Beispiel (wie auch in anderen Teilen des Globalen Südens) werden „many cultural pursuits that have hitherto been described as ‚intangible cultural heritage' [UNESCO 2005], whether ceremonies, rituals, spiritual practices", als „continuous with an economy which includes a wide range of non-commercial cultural practices" gesehen (Bell und Oakley 2015, 157). In ähnlicher Weise verwendeten Salvaggio et al. (2014) in den USA die *value-belief-norm theory*, um Beziehungen zwischen dem Wissen der Menschen über Dürre und Wasserknappheit, allgemeinen Umwelteinstellungen und Handlungsabsichten herzustellen. Diese ortsbezogenen Studien sind von entscheidender Bedeutung, da der lokale Kontext erheblich beeinflusst, wie Menschen Bedeutungen über Wasser, Umwelt und ihre Reaktionen auf Knappheit konstruieren.

Außerdem sind transkulturelles Gedächtnis oder kulturelles Gedächtnis und Erbe (im Kontext des Klimawandels) möglicherweise zu allgemein oder nicht konkret genug, um politische Relevanz zu haben. Mit seinem Schwerpunkt auf kommunikativem Gedächtnis, sozialer Technologie, Kreativität sowie Inklusion und sozialer Wohlfahrt gewährleistet das *Museu da Pessoa* die Beteiligung von Akteuren aus den Rändern und Peripherien. Es fördert das Teilen von Erinnerungen der Allgemeinheit und arbeitet zugleich mit größeren Organisationen zusammen. Die Arbeit mit problematischen Erinnerungen steht im Mittelpunkt dieses brasilianischen Ansatzes. Er unterstreicht, dass Politik, Gedächtnisinstitutionen und Wissenschaft eng zusammenarbeiten müssen; „transnationale Erinnerung" darf kein Euphemismus für europäische Gemeinsamkeit oder „Einheit in der Vielfalt" sein. Wie Jasper Chalcraft und Gerard Delanty in ihrem Beitrag „Can Heritage be Transnationalised? The Implications of Transnationalism for Memory and Heritage in Europe and Beyond" (2015) der EU-Plattform Cultural

Base festhalten: „[...] common ground today in contexts of complexity and pluralisation can only consist of zones of intersection. This requires a rethinking of the notion of unity and the idea of a shared culture".[6] Darüber hinaus sollten Akademiker:innen, die unter „Kosmo-Optimismus" leiden, enger mit Museen wie dem *Museu da Pessoa* zusammenarbeiten. Sie ringen mit Stereotypen und befassen sich mit Unterhaltungen in sozialen Medien, mit der Presse und dem populären Diskurs über das Erbe von Eliten. Darauf bezogen empfiehlt das Projekt *Cultural Base* in einem seiner ersten Berichte aus dem Jahr 2016: „[...] if there are other bold self-critical narratives emerging in memory institutions, we need to seek out and study more of them, and to understand the processes of intellectual exchange and commissioning which help give birth to them". Dies würde voraussetzen, dass die Gedächtnisforschung selbst neue kulturelle und soziale Werte annimmt, das Nicht-Menschliche neu bewertet und damit gleichzeitig anzuerkennen, dass auch ihm die Fähigkeit zukommt, sich zu erinnern.

5. Literatur

Allen, Matthew J. „The poverty of memory: For political economy in memory studies". *Memory Studies* 9.4 (2016): 371–375.

Allon, Fiona, und Zoë Sofoulis. „Everyday Water: cultures in transition". *Australian Geographer* 37.1 (2006): 45–55.

Bell, David, und Kate Oakley. *Cultural Policy*. London: Routledge, 2015.

Chalcraft, Jasper, und Gerard Delanty. *Can Heritage be Transnationalised? The Implications of Transnationalism for Memory and Heritage in Europe and Beyond*. https://culturalbase.eu/en/theo retical-framework/cultural-memory/memory-and-heritage. Cultural Base: Memory and Heritage, 2015 (20. Dezember 2020).

Connerton, Paul. „Seven types of forgetting". *Memory Studies* 1 (2008): 59–71.

Cook, Bernie. *Flood of Images, Media, Memory and Hurricane Katrina*. Austin, TX: University of Texas Press, 2015.

Cusack, Tricia. *Riverscapes and National Identities*. Syracuse: Syracuse University Press, 2010.

Dicks, Bella. *Heritage, Place and Community*. Cardiff: University of Wales Press, 2000.

Escobar, Maria P., und David Demeritt. „Flooding and the framing of risk in British Broadsheets, 1985–2010". *Public Understanding of Science* 23.4 (2014): 454–471.

Freire, Paulo. *Pedagogy of the oppressed*. London: Penguin Education, 1972.

Evernden, Neil. „Beyond Ecology: Self, Place and the Pathetic Fallacy". *The Ecocriticism Reader: Landmarks in Literary Ecology*. Hg. Cherryl Glotfelty und Harold Fromm. Athens GA: University of Georgia Press, 1996. 92–104.

Garde-Hansen, Joanne, Lindsey McEwen, Andrew Holmes, und Owain Jones. „Sustainable flood memory: remembering as resilience". *Memory Studies* 10. 4 (2017): 384–405.

---

6 Die soziale Plattform Cultural Base (2015–2017) hatte zum Ziel, einige der wichtigsten Debatten und Kontroversen rund um Kultur, Erbe und Erinnerung zu identifizieren und zu analysieren, insbesondere in Bezug auf das Erbe und die europäischen Identitäten des kulturellen Gedächtnisses. Siehe https:// culturalbase.eu/en/theoretical-framework/cultural-memory/memory-and-heritage.

Garde-Hansen, Joanne, Lindsey McEwen, und Owain Jones. „Towards a memo-techno-ecology: mediating memories of extreme flooding in resilient communities". *Social Memory in a Mediated World: Remembering in troubled times*. Hg. Andrea Hajek, Christine Lohmeier, und Christian Pentzold. Basingstoke: Palgrave Macmillan, 2016. 55–73.

Halbwachs, Maurice. *On Collective Memory*. Chicago, MI: University of Chicago Press, 1992.

Holliman, Richard, und Eric Jensen. „Investigating science communication to inform science outreach and public engagement". *Investigating Science Communication in the Information Age: Implications for public engagement and popular media*. Hg. Richard Holliman, Elizabeth Whitelegg, Eileen Scanlon, Sam Smidt, und Jeff Thomas. Oxford: Oxford University Press, 2009. 55–71.

Hoskins, Andrew. „Memory of the multitude: the end of collective memory". *Digital Memory Studies: Media Pasts in Transition*. Hg. Andrew Hoskins. New York: Routledge, 2018. 85–109.

McEwen, Lindsey, Joanne Garde-Hansen, Andrew Holmes, Owain Jones, und Franz Krause. „Sustainable flood memories, lay knowledges and the development of community resilience to future flood risk". *Transactions of the Institute of British Geographers* 42.1 (2016): 14–28.

Robinson, Sue. „ ,We were all there': Remembering America in the Anniversary coverage of Hurricane Katrina". *Memory Studies* 2.2 (2009): 235–253.

Rothberg, Daniel, und Joanne Garde-Hansen. „Narratives and Memories for Resilience: Exploring the Missing Link between Engagement and Water Governance in Brazil and the United Kingdom". *Brasiliana* 8.1–2 (2019): 263–284.

Salvaggio, Marko, Robert Futrell, Christie D. Batson, und Barbara G. Brents. „Water scarcity in the desert metropolis: how environmental values, knowledge and concern affect Las Vegas residents' support for water conservation policy". *Journal of Environmental Planning and Management* 57.4 (2014): 588–611.

Samuel, Raphael. *Theatres of Memory*. Band 1. London: Verso, 1994.

Tanasescu, Mihnea. „When a river is a person: from Ecuador to New Zealand, nature gets its day in court". *Open Rivers: Rethinking Water, Place and Community*. https://editions.lib.umn.edu/openrivers/article/when-a-river-is-a-person-from-ecuador-to-new-zealand-nature-gets-its-day-in-court/ 2017 (01. Dezember 2020).

Vaughan, Hunter. *Hollywood's Dirtiest Secret: The Hidden Environmental Costs of the Movies*. New York: Columbia University Press, 2019.

Automatische Übersetzung ins Deutsche
durchgesehen von Christine Lohmeier und Christian Pentzold.

Rik Smit

23 Die Plattformisierung des Erinnerns

1. Einführung

Journey ist eine Tagebuch-App[1], die im Google Play Store erhältlich ist. Mit über einer Million Downloads ist sie eine der beliebtesten mobilen Softwareanwendungen ihrer Art. Laut dem Klappentext der Entwickler:innen im Store bietet die App ein „sanctuary for your mind and soul", und sie „helps increase your positive energy, be more grateful and [have] a calmer mind by building healthy thinkings [*sic*] through journaling". Darüber hinaus behaupten ihre Schöpfer, mehr als nur ein Journal oder Tagebuch anzubieten: „we're your own motivational coach and happiness trainer. Let's embark on a fabulous journey of self-improvement today" (Journey 2020). Auch wenn die Versprechungen und Ambitionen von *Journey* groß sind, kommen ähnliche Apps diesen Ambitionen ebenfalls nahe. *Diaro* (2019, über 1 Million Downloads) zum Beispiel kommt mit der Einladung: „preserve your special memories, store personal moments & memories or keep track of your life [...] It can be used as a great universal diary" und *Journal It!* (2019, 100.000+ Downloads) „[c]ombines bullet journal, diary, habit tracker, mood tracker, and planner in one app, Journal it! is one place to record, track, and plan for all aspect [*sic*] of your life".

Wie aus diesen Aussagen hervorgeht, handelt es sich bei den Tagebuch-Apps um ein hybrides Genre von Apps, die die Logik und die Funktionen von Technologien wie Self-Tracking, Bullet-Journaling, Foto-Journaling, Self- oder Life-Writing und Life-Logging beinhalten. Es gibt Hunderte solcher Apps in den Google Play und Apple App Stores, und ihre Themen und Zielgruppen decken ein breites Spektrum ab. Es gibt Tagebuch-Apps für Teenager und Kinder, Mütter und Väter, Essen und Reisen. Es gibt Tagebuch-Apps mit konventionellen Namen wie „*Secret Diary*" und „*Dearest Diary*" und thematische Tagebuch-Apps wie „*Cute Rose Gold Diary*" und „*Unicorn Diary with Lock*". Es gibt tatsächlich einen „long tail for apps" (Manovich 2013, 17) und das Genre der Tagebuch-Apps umfasst selbst wiederum unzählige Angebote.

Solche Apps stellen jedoch nur eine mögliche Gattung digitaler Technologien neben anderen dar, die sich mit unseren Erinnerungen befassen, ob sie nun privat und persönlich, öffentlich und kollektiv sind, oder was sonst noch an Erinnerungen zwischen diesen heuristischen Dichotomien liegt. Soziale Medien, Apps und andere digitale Dienste erleichtern zunehmend die persönliche und kulturelle Erinnerungsarbeit.

---

1 Ich folge Matviyenko und Miller (2014, xvii–xviii) in ihrer Definition von Apps: „an abbreviated software application—figuratively and literally, linguistically and technically; apps are small programs—pieces of software designed to apply the power of a computing system for a particular purpose".

Als Technologien des Erinnerns (Van House und Churchill 2008) strukturieren und steuern sie solche Prozesse, bis zu dem Punkt, an dem sich Plattformen *mit* und *für* uns erinnern (Prey und Smit 2019). Sie sind „platforms of memory" (Smit 2018). Plattformen sind jedoch nicht ‚nur' technische Infrastrukturen, die aus Code, Algorithmen und Schnittstellen bestehen. Sie sind auch kommerzielle Unternehmen, die Teil der Bemühungen des ‚Überwachungskapitalismus' (Zuboff 2019) sind, Erfahrungen in Verhaltensdaten zu verwandeln, die verpackt und an Dritte verkauft werden können. Mit anderen Worten: Plattformen sind keine neutralen Vermittler bei der Konstruktion von Erinnerung, ob es sich nun um kulturelle Erinnerung handelt, die auf YouTube geteilt werden, oder um autobiografische Erinnerungen, die einer Tagebuch-App anvertraut werden. Daher verweben sich Politik und Praktiken der Erinnerung allmählich aber sicher mit dem, was Gillespie (2010) als „politics of platforms" bezeichnet hat.

Dieses Kapitel untersucht diese ‚Plattformisierung' (Helmond 2015; Nieborg und Poell 2018) der Gedächtniskonstruktion, indem es der Frage nachgeht, wie die wirtschaftlichen, staatlichen und infrastrukturellen Logiken von Plattformen und Apps in die digitale Erinnerungsarbeit hineinreichen und diese beeinflussen. Das heißt, genau wie andere Medien vor ihnen, verflechten sich Plattformen zunehmend und auf spezifische Weise mit digitaler Erinnerungsarbeit und umfassen sie. Derart geprägte Erinnerungsarbeit habe ich an anderer Stelle definiert als „the transfer and reconstruction of knowledge and experience of the past into the present and future [...] through and by specific practices, technologies, and cultural forms and, often, for specific goals" (Smit 2020).

In Anlehnung an die ursprüngliche Konzeptualisierung von Plattformisierung wird in diesem Kapitel argumentiert, dass Plattformen – die Gruppe der gleichzeitig vage erfassbaren und konkret wirkmächtigen digitalen Medientechnologien/Unternehmen – den Prozess der Gedächtniskonstruktion durch ihre technologischen Infrastrukturen, Schnittstellen und Geschäftsmodelle bedingen. Plattformisierung, so wird argumentiert, trägt zur Quantifizierung, Metrifizierung und Datafizierung des Gedächtnisses bei und damit dazu, wie Erinnern sowohl für die algorithmische Verarbeitung vorbereitet wird als auch das Produkt dieser Verarbeitung ist. Dies, so argumentiere ich, unterscheidet die Plattformisierung von der Mediation (Erll und Rigney 2009; Lohmeier und Pentzold 2014) bzw. Mediatisierung des Gedächtnisses (Hoskins 2014), während sie gleichzeitig eine Erweiterung solcher Prozesse darstellt. Das Kapitel soll einen Überblick über die Literatur zu diesem Thema geben und eine Brücke zwischen der Erinnerungsforschung und der kritischen Plattform-, App- und Softwareforschung schlagen – ein dringend notwendiger erkenntnistheoretischer Schritt in diesem Feld.

Um es gleich vorweg zu nehmen, dies bedeutet nicht, dass die Kategorien „Erinnern" und „Technologie" vormals getrennt waren. Wie verschiedene Theoretiker:innen von Technologie, Gedächtnis und Kognition (z. B. Stiegler 2011; Chun 2011; Hayles 2012) argumentiert haben, ko-konstruieren menschliche und ‚nicht-menschliche' Akteur:innen Gedächtnis, und Erinnerungen waren schon immer teilweise in Objekten, Orten und unserer (technologischen) Umgebung angesiedelt. Das heißt, Erinnern war schon immer ein *verteilter* Prozess, der sich nicht ‚nur‘ im Kopf, sondern auch ‚in der freien Natur‘ abspielt (Barnier und Hoskins 2018). Doch wie Stiegler zeigt, wird die Ära der Mnemotechniken allmählich von einer Ära der Mnemotechnologien abgelöst – jenen technologischen Systemen, die automatisch für uns erinnern und dem mnemotechnischen Objekt ihre eigene Logik einschreiben (Stiegler 2010; Lemmens und Stiegler 2011; Prey und Smit 2019). Was ich die ‚Plattformisierung des Erinnerns‘ nenne, ist also ein nächster Schritt in der „systematic industrialization of human memory and cognition through digital technologies" (Lemmens und Stiegler 2011, 33–34). Das Ergebnis ist die Kolonisierung unserer persönlichen und kollektiven Vergangenheit zu kommerziellen Zwecken und eine zunehmende Abhängigkeit von den Kolonisatoren.

Um dieses Argument zu entwickeln, gliedert sich das Kapitel in zwei Hauptteile. Erstens werden die Begriffe Plattform und Plattformisierung erörtert. Außerdem wird erklärt, was die Plattformisierung des Erinnerns bedeutet und wie sie sich zur Mediatisierung verhält. Das Wort ‚Plattform‘ ist begrifflich problematisch und beinhaltet eine Reihe von Bedeutungen. Darüber hinaus muss der Begriff der Plattformisierung, der sich hauptsächlich auf die Kulturindustrie und die kulturelle Produktion bezieht, in gewissem Maße neu angeeignet werden, damit er im Zusammenhang mit Erinnerungsprozessen hilfreich ist.

Zweitens wird zur Veranschaulichung des Prozesses der Plattformisierung und zur Untermauerung der im ersten Teil des Kapitels aufgestellten Behauptungen ein „critical walkthrough" (Light et al. 2018) durch die Tagebuch-App *Journey* durchgeführt. Dieser Teil verfolgt ein doppeltes Ziel. Zum einen wird gezeigt, wie die Plattformisierung von Erinnerungen qualitativ untersucht werden kann. Zum anderen soll gezeigt werden, *wie* Erinnerungen quantifiziert, metrifiziert und datiert werden, wenn sie in die formatierte Struktur einer Plattform, einer App oder einer anderen algorithmusgesteuerten Software eingehen. Das heißt, Erinnerungen oder vielmehr „memory objects" (Jacobsen 2020) werden in diesem Prozess „algorithm ready" (Gillespie 2014) und „programmable" (Chun 2011) gemacht. In der Logik des Computers sind Erinnerungen sowohl der ‚Input‘ als auch der ‚Output‘ solcher algorithmischen Prozesse, aber Erinnerungen werden in diesem Prozess in etwas anderes verwandelt. Dies, so die Schlussfolgerung des Kapitels, hat und wird in Zukunft noch mehr Einfluss darauf haben, wie wir und unsere Technologien mit unserer Vergangenheit umgehen. Je mehr sich unser Alltag digitalisiert, desto mehr werden wir von der Infrastruktur des ‚Plattformkapitalismus‘ (Srnicek 2017; Zuboff 2019) und den Algorithmen abhängen, die uns helfen, unserer Vergangenheit einen Sinn zu geben.

2. Plattform

Wie Gillespie (2010, 348) gezeigt hat, ist der Begriff Plattform diskursiv höchst problematisch und begrifflich unscharf. „The term 'platform,'", schreibt er, „has emerged recently as an increasingly familiar term in the description of the online services of content intermediaries, both in their self-characterizations and in the broader public discourse of users, the press and commentators". Das heißt, der Begriff ist mehr oder weniger zu einem frei flottierenden Signifikanten geworden, dem je nach Kontext eine neue Bedeutung verliehen werden kann. Trotzdem oder gerade deswegen hat er sowohl semantische als auch symbolische Kraft, weil der Begriff vier Bedeutungsbereiche besetzt hat: den rechnerischen, den architektonischen, den figurativen und den politischen Bereich.

Die rechnerische, auf Computer und ihre Funktionsweise abhebende Bedeutung des Wortes ist die jüngste. Als technischer Begriff bezieht er sich ursprünglich auf „an infrastructure that supports the design and use of particular applications, be they computer hardware, operating systems, gaming devices, mobile devices or digital disc formats" und ebenso auf „online environments that allow users to design and deploy applications they design or that are offered by third parties" (Gillespie 2010, 349). Letzteres kommt einer Definition des Begriffs ‚Plattform' des Politökonomen Nick Srnicek nahe:

> At the most general level, platforms are digital infrastructures that enable two or more groups to interact. They therefore position themselves as intermediaries that bring together different users: customers, advertisers, service providers, producers, suppliers, and even physical objects. More often than not, these platforms also come with a series of tools that enable their users to build their own products, services, and marketplaces. (Srnicek 2017, 43)

In der älteren, architektonischen Bedeutung wurde ‚Plattform' allgemein zur Beschreibung von durch Menschen errichtete oder natürlich entstandene physische Strukturen verwendet, unabhängig davon, ob diese nutzungsoffen oder für einen bestimmten Zweck bestimmt waren (Gillespie 2010, 349). Sowohl die rechnerische als auch die architektonische Bedeutung deuten darauf hin, dass eine Plattform genutzt werden kann, um darauf ‚aufzubauen' oder die Grundlage für weitere Aktivitäten zu schaffen.

Von dieser wörtlichen, denotativen Bedeutung entwickelte sich das Wort zu etwas, das im übertragenen Sinne verwendet werden kann. Es wurde zu einem Synonym für „opportunity, action and insight", und „we might describe our entry-level job as a 'platform' for climbing the corporate ladder" (Gillespie 2010, 350). Schließlich kann sich Plattform auch auf „the issues a political candidate or party endorses" verweisen, und Politiker:innen werden oft gefragt, wie sie zu einem politischen Thema ‚stehen' (Gillespie 2010, 350). Diese verschiedenen semantischen Dimensionen des Wortes ‚Plattform' machen es für die Öffentlichkeitsarbeit und das Marketing in verschiedenen Branchen interessant, denn „it suggests a progressive and egalitarian arrangement, promising to support those who stand upon it [...] 'platform' could suggest a lot while saying very little" (Gillespie 2010, 351).

Die letztgenannte Bemerkung weist genau darauf hin, wo die Politik der Plattformen ansetzt. Plattformen – im Sinne der digitalen technologischen Infrastruktur – sind keine neutralen Vermittler, auch wenn das der Begriff suggeriert. Das Ziel von Plattformen wie Facebook, YouTube und Instagram ist es, sich nahtlos in unseren Alltag einzugliedern und zur Gewohnheit zu werden; sie sind nicht unsichtbar, sondern scheinen in unseren Interaktionen mit den Inhalten und anderen Nutzenden ,auf' ihnen keine Rolle zu spielen. Plattformen sind habituelle Medien, und „our media matter most when they seem not to matter at all", wie Chun (2016, 1) betont. Oder wie Morris und Murray (2018, 8), aufbauend auf der Arbeit von Chun (2016), es ausdrücken: „[a]s software becomes habit, it waffles between conscious routine and unconscious action, between the voluntary and the involuntary, the creative and the mechanical, and thus becomes a prime locus of power". Mit anderen Worten: Wenn ein Medium sich als neutraler Vermittler präsentiert, übt es Politik aus, denn Medien sind immer schon mit Repräsentation, Selektion und der Gestaltung von kommunikativen Akten beschäftigt. Plattformen sind die neueste Ergänzung einer langen Liste von Medien, die behaupten, eine ungefilterte und unvoreingenommene Version der Realität zu liefern, und schon das Wort selbst unterstützt dieses Projekt. Dies ist auch Teil von Zuboffs (2019) überzeugendem Argument zum ,Überwachungskapitalismus', der unsere alltäglichen Aktivitäten verfolgt und diese als Datenprofile an Dritte verkauft. Es ist eine Binsenweisheit, dass unsere Daten das neue Öl sind, und so wie Öl Plattformen benötigt, um abgebaut zu werden, gilt dies auch für Daten.

In ihrem sehr einflussreichen Artikel über die Plattformisierung in der Kulturindustrie schreiben Nieborg und Poell (2018) in Anlehnung an Gillespie (2010), die diskursive Macht von Plattformen „obfuscates as much as it reveals. It obscures how social media and other digital services, labeled as platforms, not just facilitate socioeconomic, cultural, and political interaction, but very much organize and steer this interaction" (Nieborg und Poell 2018, 4276). Technisch gesehen bestehen Plattformen aus Computercode und Algorithmen und sind daher programmierbar, um bestimmte Ergebnisse zu erzielen. Wie eine wachsende Zahl wissenschaftlicher Arbeiten zeigt, hat dies Auswirkungen darauf, wie wir uns mit unserer persönlichen, kollektiven, privaten und öffentlichen Vergangenheit auseinandersetzen. Plattformen wie Facebook, YouTube, Twitter und Reddit werden von ihren Nutzenden angeeignet und fungieren als „platforms of memory" (Smit 2018) für und durch ihre Nutzenden. Diese reichen von Aktivist:innen (Smit et al. 2018; Merrill, Keightley und Daphi 2020) über Kriegszeug:innen (Smit et al. 2017) bis hin zu Fans der Popkultur (De Kosnik 2016; Burgess et al. 2019; Esteve del Valle und Smit 2021).

Es stimmt, dass „[t]he platform has emerged as a new business model, capable of extracting and controlling immense amounts of data" (Srnicek 2017, 6), und dass Code und Algorithmen dies ermöglichen. Allerdings, so Gillespie (2010, 351) „[p]latforms' are 'platforms' not necessarily because they allow code to be written or run, but because they afford an opportunity to communicate, interact or sell". Das heißt, dass Plattformen – um eine andere infrastrukturelle Metapher zu verwenden – die Bühne für menschliche Praktiken (z. B. Gedächtnispraktiken) bilden, die zu bestimmten kulturellen Formen führen (z. B. ein Erinnerungsobjekt wie ein Foto mit einem bestimmten Filter). Allerdings interagieren die Nutzenden nur selten direkt mit einer Plattform, sondern eher mit Apps, die von oder für eine Plattform entwickelt wurden.

Anwendungssoftware – oder Apps – kann Teil der Infrastruktur von Plattformen sein oder auf dieser aufbauen, unabhängig davon, ob es sich um Hardware- oder Softwareplattformen handelt. Es geht dabei um bestimmte Arten von Software, die den Benutzenden bei der Durchführung einer bestimmten Tätigkeit helfen sollen. Textverarbeitungsprogramme und Webbrowser sind Apps, ebenso wie E-Mail oder ein Media Player. Nieborg und Helmond (2019) konzeptualisieren die Zugriffe von Nutzenden auf Plattformen durch Anwendungssoftware als „platform instances". So schreiben sie im Fall von Facebook, dass „individual platform instances serve as stand-alone derivatives that each provide a distinct 'view' of the platform as a whole and offer different functionalities tailored to distinct user groups. Each platform instance contributes to Facebook's overall data work while simultaneously engaging in its own" (Nieborg und Helmond, 199). Um Plattformen oder Plattformisierung zu untersuchen – ein Begriff, dem sich dieses Kapitel als Nächstes zuwenden wird –, ist es daher sinnvoll zu untersuchen, wie ihre Macht durch und von Apps verdinglicht und ausgeübt wird, ein Unterfangen, das im empirischen Teil dieses Kapitels weiterverfolgt wird.

3. Plattformisierung

In ihrer bahnbrechenden Arbeit über die Plattformisierung des Webs definiert Helmond (2015, 5) den Prozess als „the rise of the platform as the dominant infrastructural and economic model of the social web and the consequences of the expansion of social media platforms into other spaces online". Ihre Konzeptualisierung des Begriffs beschreibt den Aufbau einer rechnerischen Infrastruktur, auf der andere Akteur:innen ihre Software und Dienste aufbauen können. Auf diese Weise erweitert sich eine Plattform als vernetzte Technologie, die aus verschiedenen ,Instanzen' besteht, kontinuierlich. Wie Plantin und andere (2018, 307) betonen, sind große Plattformen wie Google, Apple und Facebook zu den „modern-day equivalents of the railroad, telephone, and electric utility monopolies of the late 19th and the 20th centuries" geworden. Genau wie bei der Eisenbahn und dem Telefon wird die Infrastruktur umso attraktiver, je mehr Menschen sie nutzen und je mehr Dienste auf der Grundlage der Infrastruktur geschaffen werden können. (Diese Prozesse werden in der Wirtschaftswissenschaft allgemein als direkte und indirekte Netzwerkeffekte bezeichnet). Darüber hinaus sind Plattformen miteinander verbunden und haben ein „ecosystem of connective media" geschaffen, das zu einer „transformation from networked communication to 'platformed' sociality, and from participatory culture to a culture of connectivity" geführt hat

(Van Dijck 2013, 4–5). Das heißt, fast alle unsere sozialen Online-Interaktionen und Online-Praktiken werden direkt oder indirekt durch eine Plattform unterstützt.

Dieses Argument aufgreifend und erweiternd, argumentieren Nieborg und Poell (2018, 4276): „[C]ultural production is progressively 'contingent on,' that is, *dependent on* a select group of powerful digital platforms". Das bedeutet, dass Kulturproduzent: innen zunehmend von Big Tech, auch bekannt als GAFAM (Google, Apple, Facebook, Amazon und Microsoft), abhängig sind, die nicht nur infrastrukturelle Unterstützung bieten, sondern auch Einblicke in das (Medien-)Konsumverhalten und die Zirkulation von kulturellen Gütern ermöglichen. Dies führt zur zweiten Verwendung des Wortes ‚contigent' in ihrer Theoretisierung: „Products and services offered and circulated via digital platforms are contingent in the sense that they are malleable, modular in design, and informed by datafied user feedback, open to constant revision and recirculation" (2018, 4276). Diese algorithmusgestützte Feedbackschleife beeinflusst zunehmend, was wir sehen, hören oder lesen, vom neuesten Podcast bis zur nächsten Netflix-Serie. Gillespie (2014, 192) sieht dies als eine entstehende Wissenslogik; sie „depends on the proceduralized choices of a machine, designed by human operators to automate some proxy of human judgment or unearth patterns across collected social traces". Diese ‚algorithmische Logik' ersetzt langsam aber sicher eine traditionelle ‚redaktionelle Logik', die sich auf die Entscheidungen von Expert:innen stützt, in der Kulturindustrie und darüber hinaus (Nieborg und Poell 2018, 4280).

Unter Berücksichtigung dieser doppelten Kontingenz definieren Nieborg und Poell Plattformisierung als „the penetration of economic, governmental, and infrastructural extensions of digital platforms into the web and app ecosystems, fundamentally affecting the operations of the cultural industries" (2018, 4276). Um Plattformisierung zu untersuchen, so argumentieren sie, sollten Forschende nicht nur auf das technische Medium achten, sondern auch darauf, wie die größeren Marktstrukturen, die Plattform-Governance und die materiellen Infrastrukturen der Kulturproduktion zusammenwirken.

Dies eröffnet auch Wege zur Untersuchung der Plattformisierung von Erinnerungsarbeit als Prozess sowohl des kulturellen Konsums als auch der Produktion. Wenn wir uns die Arbeiten von Helmond, Nieborg und Poell für die Zwecke der Erinnerungsforschung zu eigen machen, können wir fragen: Wie wirken sich die miteinander verknüpften wirtschaftlichen, staatlichen und infrastrukturellen Dimensionen digitaler Plattformen – oder, genauer gesagt, Plattforminstanzen – auf Erinnerungsarbeit aus? Welche Rolle spielen Daten und die algorithmische Logik dabei, wie wir unsere persönliche und kollektive Vergangenheit darstellen und in die Zukunft übertragen? Welchen Sinn geben uns weitgehend computergestützte Prozesse, und wie machen wir uns durch sie ein Bild von unserem vergangenen Selbst? Welche Folgen hat die Plattformisierung unserer Erinnerungsarbeit, um den Begriff von Van Dijck (2013) zu wiederholen. Obwohl solche Fragen zu ehrgeizig sind, um sie auf diesen Seiten zu beantworten, zielt der empirische Teil dieses Kapitels darauf ab, vorsichtige Schritte in dieses entstehende Forschungsfeld zu unternehmen. Zuvor sollen jedoch einige strukturelle Aspekte der Plattformisierung des Gedächtnisses skizziert werden.

4. Die Plattformisierung des Erinnerns

Die Plattformisierung des Erinnerns kann als ein nächster Schritt innerhalb der Mediatisierung des Erinnerns betrachtet werden (Hoskins, 2014). Couldry und Hepp (2017, 7), die sich mit dem Konzept der „deep mediatization" befassen, schreiben, dass „the ways in which we make sense of the world phenomenologically become necessarily entangled with the constraints, affordances and power-relations that are features of media as infrastructures of communication". In Übereinstimmung damit argumentiert Hoskins (2014, 662), die Mediatisierung des Erinnerns umfasse „the process of shifting interconnected individual, social, and cultural dependency on media, for maintenance, survival, and growth". Mit anderen Worten: Couldry, Hepp und Hoskins betonen wie Nieborg und Poell, dass Individuen, Kulturen und Gesellschaften zunehmend von den Medien *abhängig* werden. Wenn Mediatisierung diese wachsende Kontingenz beschreibt, warum brauchen wir dann das Konzept der Plattformisierung? Die Antwort liegt in der Tatsache begründet, dass Plattformen als Softwareanwendungen, aber auch als Datenunternehmen mit spezifischen Geschäftsmodellen, zu „media of media" (Manovich, 2013) geworden sind: Sie stellen die Infrastruktur bereit, auf der andere Medien operieren können. Dies macht die Plattformisierung gleichzeitig zu einem spezifischeren und umfassenderen Objektiv, durch das wir die Gedächtniskonstruktion betrachten können. Aber, um es noch einmal zu sagen, wir sollten Plattformen nicht nur als Software betrachten, die aus Code besteht. Plattformen sind auch kommerzielle Unternehmen mit spezifischen Geschäftsmodellen, sie haben spezifische Visionen und Weltanschauungen und sie schöpfen aus spezifischen Diskursen und tragen zu diesen bei. Mit anderen Worten, sie sind durch und durch ideologisch.

Was bedeutet der Ausdruck ‚Plattformisierung des Erinnerns' unter Berücksichtigung all dieser Aspekte? In erster Linie bedeutet er eine zunehmende Abhängigkeit von Plattformen und den vielen darauf aufbauenden Anwendungen für die Art und Weise, wie wir uns mit unserer Vergangenheit auseinandersetzen – Nieborgs und Poells erste Verwendung des Wortes Kontingenz. Von der Archivierung von Dokumenten in Google Drive bis zum Austausch von Erinnerungen mit Freund:innen auf WhatsApp sind wir von Plattform-Infrastrukturen abhängig. Von der automatischen Erstellung von „Memories"-Videos auf einem iPhone bis hin zu Facebooks Jahresrückblick oder seiner „An diesem Tag"-Funktion sind wir von den Algorithmen der Plattformen abhängig. Von der Erstellung von Wiedergabelisten mit den auf Video aufgenommenen Schritten unserer Kinder auf YouTube bis hin zum Gedenken an ein verstorbenes Familienmitglied auf Instagram nutzen wir die Schnittstellen und Möglichkeiten der Plattformen.

Zweitens können die Spuren, die wir bewusst oder unbewusst auf Plattformen hinterlassen, jederzeit und in jeder Form auftauchen. Wie Schwarz es treffend formuliert hat:

> Our memory does not rely merely on bodily neuronal networks and material objects but also on the structures of databases that store the growing number of digital memory objects and on the design of algorithms that mediate their retrieval, that is, the structure regulating our interaction with them. (Schwarz 2014, 17)

Gedächtnisobjekte sind formbar und revidierbar, denn sie durchlaufen einen Übersetzungsprozess (Zuboff 2019), wenn sie in die formatierte Struktur einer Plattform oder Softwareanwendung gelangen: Sie werden zu Daten. Diese zweite Bedeutung von Kontingenz im Sinne von Nieborg und Poell trägt zur Datafizierung des Erinnerns bei und damit dazu, wie Erinnerungen gleichzeitig für die algorithmische Verarbeitung vorbereitet und zum Produkt dieser Verarbeitung werden. Letztlich läuft dies auf die Quantifizierung eines im Wesentlichen qualitativen, erfahrungsbezogenen Prozesses hinaus. Sie macht Erinnerungen plattformfähig (Gillespie 2014), um eine personalisierte Erfahrung der Vergangenheit zu ermöglichen. Die dafür entwickelte Technologie bezeichnen die Forscher:innen von Facebook als „memory products" (Konrad 2017) und ordnen Erinnerungsobjekte in einen unternehmerischen und kommerziellen Diskurs ein. Wenn jeder einzelne Aspekt des täglichen Lebens mediatisiert ist, wird die Herstellung solcher ‚Erinnerungsprodukte' eventuell ein lukratives Geschäft werden oder einen Wettbewerbsvorteil schaffen.

Wie können wir die in den vorangegangenen Abschnitten skizzierten Prozesse untersuchen? Nieborg und Poell (2018, 4281) behaupten: um zu verstehen, „how the platformization of cultural production unfolds we need to untangle the mutual articulation of market arrangements, infrastructures, and governance of content production, distribution, and advertising". Während sie sich auf große Marktstrukturen, politisch-ökonomische Arrangements und groß angelegte technologische Infrastrukturen konzentrieren, kann die Forschung auch untersuchen, wie sich diese Dynamiken innerhalb einer einzelnen App oder Plattform manifestieren oder abspielen. In Anlehnung daran kann ein Ansatz zur Plattformisierung des Erinnerns untersuchen, wie 1) das Geschäftsmodell, 2) die Funktionen, Möglichkeiten und Schnittstellen und 3) die Regulierung und Governance einer Softwareanwendung die Erinnerungskonstruktion wechselseitig beeinflussen. Zu diesem Zweck wird in diesem Kapitel ein „critical walkthrough" (Light, Burgess und Duguay, 2018) einer beliebten Tagebuch-App, *Journey,* durchgeführt, die im App Store und Google Play Store erhältlich ist und die Cloud-Dienste von Google nutzt. Diese Methode wurde gewählt, um im Detail zu zeigen, wie sich die Plattformisierung des Erinnerns innerhalb einer App auswirkt. Außerdem lässt sich die Methode gut mit Nieborgs und Poells vielschichtigem Ansatz zur Plattformisierung verbinden. Im Folgenden werde ich das Verfahren skizzieren.

5. Kritische Betrachtung von Tagebuch-Apps

In ihrem Artikel, in dem sie das Verfahren erörtern, schreiben Light, Burgess und Duguay (2018, 882), dass „[t]he walkthrough method is a way of engaging directly with an app's interface to examine its technological mechanisms and embedded cultural references to understand how it guides users and shapes their experiences". Als solche bietet sie einen (von vielen) Ansatzpunkten für die Erforschung von Apps und Plattformen. Die Methode hat eine lange Geschichte im Softwaredesign, in der Entwicklung von Benutzeroberflächen und in der Überprüfung von Technologien, um zu verstehen, wie Nutzende mit einer Software oder einem System umgehen (Dieter et al. 2018, 4–5).

In ihrem Übersichtsartikel über verschiedene Arten der Erforschung von Apps machen Dieter und andere (2018, 8) eine wichtige Anmerkung dazu, was genau der Untersuchungsgegenstand der Walkthrough-Methode ist: „Apps are first and foremost operational media; they are applications, things for doing. Importantly, apps are designed with behaviors – not meanings – in mind. App developers aim to get their users to do specific things – to change their behavior – and the walkthrough method can be used to reflect this behavioral focus". Daher konzentriert sich ein Walkthrough auf die Interaktion einer Nutzerin (der Forscherin oder einer Forschungspersona) mit der Benutzeroberfläche einer App, da dies „specific inquiries into the *conditions* of possibilities for user practices" (Dieter et al. 2018, 4; Hervorhebung R.S.) ermöglicht.

Light, Burgess und Duguay (2018) schlagen drei Dimensionen vor, die bei einem Walkthrough von Apps untersucht werden sollten: 1) die Umgebung der erwarteten Nutzung, 2) der technische Walkthrough und 3) die Bewertung von Hinweisen auf unerwartete Praktiken im Zusammenhang mit der App. Ihr Ansatz betrachtet die Benutzeroberfläche als einen kulturell geprägten Möglichkeitsraum. Bei der Erforschung des Umfelds der erwarteten Nutzung konzentriert sich der Forscher auf drei Komponenten. Erstens die *Vision* (Zweck, Zielnutzerbasis und Nutzungsszenario), die vor allem in Werbematerialien, App-Beschreibungen und Info-Seiten zum Ausdruck kommt; zweitens das *Betriebsmodell* (Geschäftsstrategie, Zahlungsmodelle, Datenaustausch), das durch die (experimentelle) Nutzung erfasst werden kann; drittens die *Governance* (Nutzerverwaltung und Regulierung zur Aufrechterhaltung des Betriebsmodells), die durch die Untersuchung der Nutzungsbedingungen (Terms of Service, ToS) und der häufig gestellten Fragen (Frequently Asked Questions, FAQs) der App ermittelt werden kann (Light et al. 2018, 889–891).

Der technische Walkthrough ist die zweite Dimension des Walkthrough. „It involves the researcher engaging with the app interface, working through screens, tapping buttons and exploring menus. Walking through the app requires the researcher assume a user's position while applying an analytical eye to the process of acquiring the app, registering, accessing features and functionalities and discontinuing use" (Light et al. 2018, 891). In diesem Schritt geht es also darum, die App eine Zeit lang zu nutzen, um ihre alltägliche Nutzung und ihre Auswirkungen auf das Verhalten zu erfahren. Wichtig in dieser Phase ist die Bewertung dessen, was die Autor:innen als „mediator characteristics" bezeichnen, wie z.B. die Gestaltung der Benutzeroberfläche, Funktionen und Merkmale, textliche Inhalte und Formen sowie symbolische Darstellungen (Light et al. 2018, 891–892). Die dritte und letzte Dimension des Walkthrough umfasst die Bewertung von Hinweisen auf unerwartete Praktiken im Zusammenhang mit der App. Ziel ist es, „insight into how users, and even outside developers, reconfigure an app's relations to challenge, extend and break free from its environment of expected use" zu erhalten (Light et al. 2018, 895).

Im Folgenden werde ich eine weit verbreitete Tagebuch-App, *Journey*, durchgehen. Diese Tagebuch-App wurde ausgewählt, weil sie mehr als eine Million Mal heruntergeladen wurde, auf Apple- und Android-Geräten genutzt werden kann, eine große Nutzer:innenbasis hat (basierend auf mehr als 75.000 Bewertungen und Hunderten von Rezensent:innenbewertungen) und weil sie beispielhaft für das Genre der Tagebuch-Apps ist – viele Entwickler:innen haben ihre Funktionen und ihr Aussehen kopiert. Außerdem wurde sie von 2016 bis 2020 mit den Google Editor's Choice Awards ausgezeichnet, was ihren hohen Status im Genre der Tagebuch-Apps verdeutlicht. Über einen Zeitraum von einem Monat (Februar 2019) haben eine Forschungsassistentin und ich diese App täglich genutzt und dabei das oben beschriebene Protokoll befolgt. Wir machten Screenshots und Feldnotizen, speicherten diese in einer kollaborativen Cloud-Anwendung und diskutierten wöchentlich unsere Nutzung der App. Außerdem haben wir die Nutzungsbedingungen von *Journey* und die Bewertungen der App in den Datensatz aufgenommen. Schließlich fügten wir Reddit-Diskussionen über die App in den Datensatz ein, um die Reaktionen der Nutzenden zu erfassen. Das Ergebnis war ein multimodaler Datensatz, den wir als Grundlage für den Walkthrough verwendet haben.

6. Wie aus Erinnerungen Daten werden

Im Folgenden wird ein systematischer Überblick über den durchgeführten Walkthrough gegeben. Ich habe mich jedoch dafür entschieden, Light, Burgess und Duguays methodischer Aufteilung der App-Nutzung zu folgen, um zu zeigen, wie Erinnerungen (und damit das Selbst) von den Entwickler:innen der App als Daten *wahrgenommen* und durch Registrierung, Eingabe und alltägliche Nutzung in Daten *verwandelt* werden. Schließlich zeigt dieser systematische Ansatz, wie Nutzende *sich* die Art und Weise, wie *Journey* ihre Erinnerungen in Daten verwandelt, *aneignen* und diskutieren. Das heißt, es wird gezeigt, wie Erinnerungen und Gedächtnisobjekte ‚plattformisiert' werden, um sie für die algorithmische Verarbeitung vorzubereiten.

6.1 Die Umgebung der erwarteten Nutzung

Vision

Was sind der Zweck, die Zielgruppe und die Einsatzszenarien von *Journey*? *Journey* befindet sich in der Kategorie Lifestyle im Google Play und Apple App Store und listet sieben Hauptgründe auf, warum Nutzende es als täglichen Begleiter gebrauchen sollten. Sie sollten *Journey* zu folgenden Zwecken installieren: „find a place to keep daily reflections privately [*sic*]; pour your feelings/brain dump; keep a [*sic*] affirmation and gratitude list; maintain a journaling routine; get out of a depression; calm the thoughts in your mind; track the achievements you've made in your life" (Journey 2020). Darüber hinaus verspricht die App, den Fokus und die Konzentration zu erhöhen, zu besserem Schlaf zu führen, Stress zu bewältigen, Ängste zu beruhigen und Meditation zu unterstützen, Glück zu steigern, einen gesünderen Geist, bessere Gewohnheiten sowie höhere Motivation zu schaffen (Journey 2020). Two App Studio, das Unternehmen aus Singapur, das *Journey* entwickelt hat, ist da knapper in seiner Selbstvorstellung: „Hey, we're Two App Studio. We make great Apps", heißt es auf ihrer Website, auf der eine ‚Über uns'-Seite fehlt (2AppStudio 2020).

Journey ist eindeutig von der Positiven Psychologie (Csikszentmihalyi 2014) und der Quantified-Self-Bewegung (Lupton 2016) inspiriert und sieht Selbstverbesserung als Glücksprojekt. Die Einblicke in die Stimmung, die Aktivitäten, die Fitness und die sozialen Aktivitäten der Nutzenden werden miteinander in Beziehung gesetzt (Wann hatte ich schlechte Laune und welche Aktivitäten habe ich dann gemacht? Mit wem habe ich mich getroffen und hat sich dadurch mein Fitnessprogramm verändert?). Letztlich zielen sie auf Interventionen ab: Was kann ich ändern, um mich besser zu fühlen, besser zu schlafen oder motivierter zu sein? Diese Interventionen beabsichtigen wiederum, ein ‚besserer Mensch' zu werden. Man kann sich das als eine algorithmische ‚Wenn-dann'-Logik vorstellen (Bucher 2018): Wenn ich mehr von X mache, wird das zu einer besseren Stimmung führen. Diese prozedurale Argumentation funktioniert natürlich am besten, wenn die Nutzenden die App kontinuierlich füttern, und genau dazu fordert die App sie durch Push-Benachrichtigungen ständig auf. „Carry your diary in your pocket", heißt es in einem der Werbesprüche im Google Play Store (Journey 2020), und die Taschen der Nutzenden brummen häufig, wenn sie die Push-Benachrichtigungen für diese App einschalten. *Journey* stellt sich vor, dass die Nutzenden alles aufzeichnen, was sie tun, egal wo sie hingehen, im Gegensatz zu der jahrhundertealten Praxis, sich am Ende des Tages hinzusetzen und sich selbst oder anderen die Ereignisse und Gefühle des Tages zu erzählen – eine meditative, langsame, reflektierende Gewohnheit. Technologisch unterstützt wird dies durch automatisches Geotagging und die einfache Markierung von Aktivitäten und Personen. *Journey* richtet sich eindeutig an vielnutzende vielbeschäftigte Smartphone-Nutzer:innen mit einer breiten Basis an plattformbasierten Interaktionspartner:innen. Die visuellen Themen und das Design sind unaufdringlich und geschlechtsneutral. Die App stützt sich auch auf bestehende Literatur zur Selbstverbesserung, wie ihre

Website zeigt, auf der „the 7 best self-improvement books of all time" und Blogbeiträge des Journal-Coaches zum Thema positives Denken vorgestellt werden.

Interessanterweise stehen die Versprechen, die *Journey* in seinem Werbematerial macht, in direktem Zusammenhang mit der Selbstverbesserung und nicht mit der Veränderung der gesellschaftlichen Bedingungen, die Konzentrationsmangel, schlechten Schlaf, hohen Stresspegel, Ängste, Unglücklichsein, ungesunde Gedanken, schlechte Angewohnheiten und mangelnde Motivation verursachen. Das Werbematerial der App (die Website und die Werbetexte im Store) stellt das Selbst als ein Glücksprojekt dar. Darüber hinaus kann die Technologie von *Journey* bei diesem Projekt helfen, indem sie „throwback"- und „often together"-Collagen, Auto-Tagging und Auto-Synchronisation über verschiedene Geräte hinweg erstellt. Mit anderen Worten: *Journey* positioniert sich selbst als eine Tagebuchtechnologie, die dazu beitragen kann, dass man sich selbst besser fühlt, und die Funktion erfüllt die App am besten, wenn Nutzende sie vollständig in ihr tägliches Leben integrieren. Die idealtypische Nutzerin von *Journey* wäre jemand, welche die App gewohnheitsmäßig einsetzt und sich dadurch – so der techniksolutionistische Traum – glücklicher fühlt. Wichtig ist, dass in dieser Vision Erinnerungen Dinge sind, die sauber in (Meta-)Informationen zerlegt werden können, damit sie in das System der App passen. Das System kann nur dann aussagekräftige Stimmungsübersichten, „throwbacks" und „often together"-Collagen erstellen, wenn die richtigen Metadaten mit den Tagebucheinträgen verknüpft sind.

Betriebsmodell

Journey arbeitet auf der Grundlage eines Freemium-Geschäftsmodells. Die Basis-App ist kostenlos und erweiterte Funktionen und Dienste können freigeschaltet werden, wenn der Nutzer ein monatliches (3,99 $) oder jährliches Abonnement (29,99 $) abschließt oder 89,99 $ für einen lebenslangen Premium-Zugang bezahlt (diese Preise schwanken und oft gelten saisonale Rabatte). Zu den Funktionen, die durch die Zahlung freigeschaltet werden, gehören Google Fit Session oder Health Kit Session (Verknüpfung der App mit den Fitness-Tracking-Geräten von Apple oder Google), tägliche inspirierende Zitate, tägliche E-Mail-Erinnerungen zum Hinzufügen von Einträgen, Verfassen eines Eintrags in einer E-Mail, Zugriff auf mehrere Plattformen, Sichern von Einträgen in Microsoft Word und per PDF, Integration mit der Produktivitäts- und Workflow-App Zapier und mehrere Farbthemen. Neben diesen zusätzlichen Funktionen ermöglicht die Premium-Version auch die Anwendung von Schrifteffekten, Farben, Überschriften, Zeichnungen und verschiedenen anderen Bearbeitungsoptionen. Kurz gesagt, die Premium-Version von *Journey* zielt darauf ab, die App weiter in den Alltag zu integrieren und die Einträge attraktiver zu gestalten. Die Nutzenden werden immer wieder mit Pop-up-Fenstern konfrontiert, die diese Optionen anpreisen. Dieses Betriebsmodell legt nahe, dass *Journey* Teil einer größeren Industrie ist, die Glück durch kommerzielle technische Produkte verkauft (Davies 2016).

Governance

„An app's governance", schreiben Light, Burgess und Duguay (2018, 890), „involves how the app provider seeks to manage and regulate user activity to sustain their operating model and fulfill their vision". Im Fall von *Journey* läuft dies auf häufige Benachrichtigungen zum Upgrade auf die Premium-Version hinaus. Das Betriebsmodell von *Journey* dreht sich darum, dass die Nutzenden ein Upgrade durchführen und für eine bessere App bezahlen. Außerdem funktioniert die App einfach besser, je mehr Erinnerungen als Daten ihr zur Verfügung gestellt werden. Die Vision von *Journey* – Nutzende, welche die App in ihren Alltag integrieren, erhalten Einblicke in ihre Aktivitäten und Stimmungen und können dadurch bewusste Entscheidungen darüber treffen, was sie ändern sollten, um glücklicher zu werden und ein besseres Leben zu führen – wird vor allem durch Erinnerungen an das Hinzufügen von Einträgen in die App und das Einfügen von Standortdaten und „moods" zum Ausdruck gebracht (siehe den Abschnitt über die alltägliche Nutzung unten).

6.2 Der technische Durchgang

Das technische Walkthrough erfordert, dass Forschende eine Nutzerperspektive einnehmen, während sie gleichzeitig eine kritische Haltung gegenüber den erwähnten *mediator characteristics* der App bewahren. Diese umfassen die Gestaltung der Benutzeroberfläche, Funktionen und Merkmale, Textinhalt und Tonfall sowie symbolische Darstellung (Light et al. 2018, 891). Im Folgenden wird eine Nutzerperspektive übernommen, indem das Pronomen "wir" verwendet und die App als neugierige, aber kritische Nutzende erkundet wird.

Anmeldung

Nach dem Herunterladen der App aus dem Google Play oder Apple App Store, sehen wir einen blauen Bildschirm mit der Illustration einer Frau, die in einer ruhigen Umgebung auf einen Laptop schaut, und einen Hund neben sich hat. Das Farbschema und die Illustrationen von *Journey* sind in einem sanften Pastellton gehalten und die Benutzeroberfläche ist schlicht, einfach und funktional – es ist klar, wo wir etwas anklicken müssen. Unter dieser Illustration befindet sich ein Text, der lautet: „Your life companion. Journey is a place to keep your memories and confide in privately [*sic*]". Nach dem nächsten Klick erscheint die folgende Meldung: „Safe & Private. Your journal belongs to you. Add passcode to keep your diary private". Diese Versicherung, dass unsere Erinnerungen sicher und durch einen Passcode geschützt sind und dass es sich um einen privaten Raum handelt, nimmt uns zwar nicht ganz das Gefühl, dass ‚jemand oder etwas uns beobachtet', aber wir beschließen, weiterzumachen. Die Nutzenden können dann auf „Add passcode" oder "Skip" klicken. Dazu gibt es eine Illustration im gleichen neutralen Stil, die einen Mann zeigt, der an einem Zaun entlanggeht und dabei auf sein Smartphone schaut. Als Nächstes sehen wir einen Bildschirm mit dem Text „Keep Your Memories Forever. It's free to sync your memories & see them on any of the devices. Journey stores your entries in Google Drive". Wir können nun auf drei Links klicken: „Link Account", „later" oder, in kleiner Schrift, „Privacy Policy". In der Rolle der Forschenden interessieren wir uns für die letztgenannte Option und klicken sie an.

Unter „Collection and Use" von Daten in der Datenschutzerklärung (die auch die Terms of Service der App ist) erfahren wir, dass *Journey* folgende Daten sammelt: Kontaktinformationen wie E-Mail-Adresse, Name und Geschlecht und Geräteinformationen wie Gerätemodell und Betriebssystemversion des Geräts und dass Two App Studio diese Informationen verwendet, um Forschung und Analysen zur Produktverbesserung durchzuführen. Warum die Entwickler:innen dafür unseren Namen und unser Geschlecht benötigen, bleibt unklar. In der Richtlinie wird auch versprochen, dass die Entwickler:innen die Nutzerdaten nicht an Dritte weitergeben, es sei denn, dies sei gesetzlich vorgeschrieben, im Rahmen von Betrugsermittlungen von den Behörden gefordert oder mit der vorherigen Zustimmung der Nutzenden. Im Abschnitt „Security" des Dokuments heißt es, dass die Entwickler:innen die Sicherheit personenbezogener Daten zwar ernst nehmen, aber "no method of transmission over the internet, or method of electronic storage, is 100 % secure. Therefore, we cannot guarantee its absolute security".

Nicht ganz beruhigt von diesem Dokument, entscheiden wir uns dennoch, mit einem Klick auf die Schaltfläche „later" fortzufahren und so die Verknüpfung zwischen Google Drive und der App zu überspringen. (Als wir später versuchen, uns für die Desktop-Version zu registrieren, erfahren wir, dass entweder ein Google-Konto oder ein registriertes *Journey*-Konto erforderlich ist, um *Journey* zu nutzen). Ein feierlicher Glockenschlag ertönt und eine Nachricht wird angezeigt: „Congratulations! You can start using Journey. Journey is also available on desktop & online web". Wir drücken auf „Ok, got it" und machen weiter. Auf der nächsten Seite werden wir zum ersten Mal mit der Aufforderung konfrontiert: „Unlock the best digital journal", indem wir für die Premium-Version bezahlen. Wir lehnen ab und betreten die Benutzeroberfläche der App, wo wir unseren „Journal-Coach" treffen, der uns durch die App führt und uns zum Schreiben unseres ersten Eintrags gratuliert. (Der Tagebuch-Coach, so erfahren wir später, ist eine kostenpflichtige automatische Hilfsfunktion, um die Gewohnheit des Tagebuchschreibens aufzubauen und aufrechtzuerhalten.)

Alltäglicher Gebrauch

Im täglichen Gebrauch erleben wir *Journey* als eine einfach zu bedienende Tagebuch-App. Am unteren Rand der Benutzeroberfläche der App können wir auf fünf Symbole klicken: Journey (unsere durchsuchbaren Einträge); Calendar (auf dem die Einträge gelb markiert sind); Medien (Fototagebucheinträge); Atlas (eine Weltkarte, die anzeigt, wo die Einträge gemacht wurden, wenn sie mit Geotags versehen sind). Das Symbol unten rechts mit der Bezeichnung Today bietet: eine statistische Übersicht über die Anzahl der Einträge pro Monat, die in einem Diagramm dargestellt wird; ein Stimmungsdiagramm, das unseren „average mood" über die letzten 30 Tage oder 12 Monate anzeigt; eine Übersicht „what makes me feel...", die Aktivitäts- und Stimmungsdaten mit Querverweisen anzeigt; drei kostenpflichtige Optionen (Journal-Coach, Throwback und Health Kit oder Google Fit-Sitzung). Im Einstellungsmenü oben rechts können wir allgemeine Einstellungen wie die Schriftart für Einträge ändern, aber auch „auto add location" (standardmäßig aktiviert) und mit Siri (Apple) oder Google Assistant verbinden und eine Erinnerung zum Schreiben eines Eintrags festlegen. Unter dem Hilfe-Menü sind wir nur einen Fingertipp von Facebook, Instagram und Twitter entfernt, *Journeys* bevorzugten Kommunikationsmitteln mit uns. Es ist klar, dass die App die Infrastruktur der großen Plattformen nutzt, wenn nicht sogar darauf aufbaut.

Die unbezahlte Version der App ermöglicht es uns, Einträge zu schreiben und hinzuzufügen: Fotos aus der Fotobibliothek unseres Geräts, Zeichnungen (innerhalb der App erstellt), Standort-Tags, Wetter-Tags, Aktivitäts-Tags (Essen, Laufen, Radfahren usw.), Stimmungs-Emoticons (sehr glücklich, glücklich, neutral, traurig, sehr traurig) und personalisierte Tags. Wenn wir die App kostenpflichtig upgraden würden, bekämen wir Zugang zum Hinzufügen von Audio und zum Audio-zu-Text-Tool der App. Nachdem wir die App ein paar Tage lang genutzt haben, stellen wir fest, dass wir die meisten Funktionen der App nicht nutzen können, wenn wir die Verknüpfung mit Google Drive überspringen und nicht für die App bezahlen. Unsere Einträge werden nicht geräteübergreifend synchronisiert, nicht automatisch in einer Cloud gespeichert und unsere Einträge sind einfach gehalten (wir haben das Gefühl, dass wir mit Stift, Papier und farbigen Markern mehr erreichen könnten).

Wird *Journey* jeden Tag genutzt, wird klar, dass die App 1) Erinnerungen in Daten umwandelt, 2) Erinnerungen mit Daten anreichert und 3) diese Daten in verschiedenen Visualisierungen darstellt. Was den ersten Punkt betrifft, stellt sich die Frage, ob wir Tagebucheinträge und Fotos überhaupt als Erinnerungen bezeichnen können, etwas, das Jacobsen (2020, 2) verneint. Solche Einträge „are better conceptualized as 'memory objects': objects that set the stage for various acts of remembering as well as various engagements with and reactions to these media objects. As traces of memory, [they] evoke and set the stage for remembering, yet cannot be reduced to memories as such". Ein solches Verständnis macht es möglich, einen Reiseeintrag als eine relationale Einheit zu sehen, die interpretiert und mit neuer Bedeutung gefüllt wird. Das gilt natürlich für jeden Tagebucheintrag. Der Unterschied besteht darin, dass die Einträge in *Journey* auch von Algorithmen verarbeitet werden. Die Verwendung einer Plattform oder App für das Führen eines Tagebuchs fügt neben den qualitativen schriftlichen, visuellen etc. Daten zwei weitere Datenebenen hinzu: quantitative Daten und Metadaten. Es geht also nicht darum, dass wir längere Texte oder ähnliches hinzufügen können. Der Punkt ist, wie diese Einträge dann verarbeitet und uns wieder präsentiert werden.

Am deutlichsten wird dies, wenn die App sich für uns erinnert oder neue Erinnerungsobjekte für uns erstellt, indem sie Diagramme unserer Stimmungen erstellt und uns einen Überblick darüber verschafft, „What makes me feel [very happy, happy, neutral, sad, very sad]". Wichtig dabei ist, dass dies von der „classificatory imagination" seiner Designer und Programmierer abhängt (Beer 2013, 46; Jacobsen 2020, 12). Bei der Verwendung der Option „add mood" von *Journey* ist diese Vorstellungskraft, wie wir bei der Verwendung dieser Funktion erfahren haben, begrenzt und reduzierend: Stimmungen sind natürlich viel vielfältiger als entweder sehr glücklich oder sehr traurig und die drei Stimmungen dazwischen. Die formatierte Oberfläche und die Funktionen von *Journey* schaffen Dateneingabepunkte, die die App verarbeiten kann, d.h. lesen, aggregieren, querverweisen und in anderer Form darstellen kann. Bei der Nutzung der App hatten wir das Gefühl, dass wir von der App dazu angehalten werden, Einträge zu verfassen, die in die Infrastruktur der App ‚passen', um die Funktionen der App voll nutzen zu können. Dies steht im Einklang mit dem, was Cotter (2019, 902) über Algorithmen bemerkt: „they parameterize rather than determine behavior". Das ist genau das, was wir erlebt haben, als wir *Journey* einen Monat lang nutzten. Die Form unserer ‚Eingabe'-Erinnerungen oder Gedächtnisobjekte musste in die Form der App passen, was zu ‚Ausgabe'-Erinnerungen führte, die (halb-)automatisch in datenreduzierter Form (Diagramme, Übersichten usw.) wiedergegeben wurden. Mit anderen Worten, wir traten in eine Feedbackschleife ein, die es uns ermöglichte, unsere täglichen Erfahrungen und Gedanken *in Bezug auf die* App zu betrachten. Wir hatten das Gefühl, dass unsere Erinnerungen klassifiziert wurden. Bowker und Star (1999) erinnern uns daran, dass immer dann, wenn etwas (oder jemand) von etwas (oder jemandem) klassifiziert wird, die Klassifizierenden ihre Macht über das Klassifizierte oder die Klassifizierten behaupten und wiederherstellen. So spielt sich die Macht der Plattform auf einer kleinteiligen, alltäglichen Ebene ab, während wir eine App benutzen.

6.3 Unerwartete Praktiken

Nachdem wir die App beendet hatten – ein einfacher Vorgang, der nicht zu einer erneuten Teilnahme führte – beobachteten wir den Bewertungsbereich im Google Play Store für *Journey* und den Subreddit[2] r/journeyapp, um nach unerwarteten Praktiken zu suchen. Dies geschah auf unsystematische, explorative Weise, um die Nutzung und die Reaktionen auf die App zu erfassen. In zukünftigen Forschungsvorhaben

---

2 Reddit sieht sich selbst als die erste Seite des Internets. Es ist ein kollaboratives Forum, das Raum für Diskussionen über buchstäblich alles bietet, solange diese mit den Nutzungsbedingungen der Plattform übereinstimmen.

könnte eine systematischere Analyse von Nutzerbewertungen eine wertvolle Ergänzung zur Walkthrough-Methode sein, insbesondere da dieser Schritt der Methode von Light et al. (2018) nicht vollständig ausgearbeitet wurde. Der Subreddit war nicht sehr aktiv und hatte nur etwa 40 Mitglieder; Unterstützung für die App wurde zum Ausdruck gebracht oder die Diskussionen drehten sich um Fragen zu den Funktionen. Auch die Entwickler:innen der App tauschten sich über dieses Subreddit mit den Nutzenden aus. Interessanterweise gab es eine Reihe von Threads, in denen es darum ging, der App bestimmte Funktionen hinzuzufügen, z. B. zusätzliche Erinnerungen für bestimmte Aufgaben, eine Handschriftoption oder Offline-Zugriff. Dies gilt auch für den Bewertungsbereich in Google Play: Viele der über 80.000 Kommentare hier enthalten entweder Komplimente, fordern neue Optionen oder betreffen technische Probleme. Eine Bewertung im Google Play Store lautet: „I install multifuel [*sic*] fires for a living and I have to keep records of each job. I am not sure the developer has realized the potential of this app for my type of work but I can tell you this app is amazing. I can keep a record of everything so easily. Pictures and wording with a great search facility. It works faultlessly and saves me a fortune in time and ink". Solche unerwarteten Verwendungszwecke spiegeln unsere eigenen Erfahrungen wider: Wir haben die App als Einkaufsliste und auch als tägliche Aufgabenliste verwendet. Die meisten Journey-User:innen schienen die App jedoch so zu nutzen, wie es von den Entwickler:innen erwartet wurde, und in den Bewertungen und Reddit-Beiträgen ist eine deutliche Begeisterung zu erkennen.

7. Diskussion und Schlussfolgerung: Die Folgen der Plattformisierung des Erinnerns

Die wichtigsten Ergebnisse der kritischen Durchsicht von *Journey* betreffen die Kontingenz der App, in beiden Verwendungen des Begriffs durch Nieborg und Poell. *Journey* baut wesentlich auf die infrastrukturelle Unterstützung durch Google und Apple. Die offensichtlichste Form der Abhängigkeit besteht darin, dass die App nur im Google Play Store oder Apples App Store heruntergeladen werden kann bzw. per Google-Anmeldung in der Desktop-Version. Außerdem funktioniert die App besser und bietet mehr Optionen, wenn sie mit Google Drive, dem Terminkalender oder Siri verbunden ist. Zweitens werden Erinnerungen, oder besser gesagt, Erinnerungsobjekte, kontingent, wenn sie in die formatierte Struktur von *Journey* gelangen: Sie werden zu Daten, die von der App sortiert, reorganisiert und in verschiedenen Formen neu präsentiert werden können. Diese Form des Übersetzens (Zuboff 2019) bereitet Erinnerungen darauf vor, algorithmisch verarbeitet zu werden. Mit anderen Worten, sie werden einer algorithmischen Logik unterworfen, die die Art und Weise verändert, wie wir unsere autobiografischen Gedächtnisobjekte konstruieren und mit ihnen interagieren. Diese Datafizierung des Erinnerns ist eine der vielen Konsequenzen, die sich daraus ergeben, dass Plattformen – und die auf ihnen aufbauenden Anwendungen – gewohnheitsmäßig in unseren Alltagsroutinen und -praktiken verankert werden.

In diesem abschließenden Abschnitt möchte ich argumentieren, dass drei Versprechen sowohl die Triebfeder als auch das Ergebnis der Plattformisierung des Erinnerns sind und in Anwendungen wie *Journey* quasi ,eingeschlossen' sind. Erstens gibt es das Versprechen, dass eine instrumentelle, aufgabenorientierte Sicht auf das Gedächtnis den Lebensstil der Nutzenden verbessert und ihre Produktivität erhöht. Zweitens versprechen diese Apps Erkenntnisse über das Selbst durch die Objektivierung und Quantifizierung vergangener Erfahrungen und Gefühle. Drittens: Hinter dem Design und der beabsichtigten Nutzung dieser Apps steht eine Ideologie der ,überwachungskapitalistischen' technologischen Utopie: das Versprechen der totalen Erinnerung.

Was das erste und zweite falsche Versprechen betrifft, so scheinen Selbstfürsorge und Selbsterkenntnis, die durch das Hinterfragen der eigenen Vergangenheit entstehen, eher zu einem Instrument als zu einem Ziel an sich geworden zu sein. Wie Greenfield etwas polemisch formuliert:

A not-insignificant percentage of the population has so decisively internalized the values of the market for their labor that the act of resculpting themselves to better meet its needs feels like authentic self-expression. They are willing to do whatever it takes to reengineer the body so it gets more done in less time, is easier and more pleasant to work with – to render themselves, as the old Radiohead lyrics put it, 'calm fitter, healthier and more productive,' and in so doing transform themselves into all-but-fungible production units, valued only in terms of what they offer the economy. (Greenfield 2018, 35)

Selbstreflexivität ist Teil der Erfahrung des Lebens in hochmodernen, kapitalistischen Gesellschaften, um mit Unsicherheit, Risiko und dem Verlust traditioneller Normen umzugehen (Giddens 1991; Lupton 2016, 46). Ein Teil davon ist die „reinvention of the self", bei der es um „transformation for the sake of personal growth, achievement, career success, health or wellbeing" geht (Lupton 2016, 47). Die Entwickler:innen von Tagebuch-Apps scheinen auf diesen Transformationsdrang zu reagieren. Apps instrumentalisieren das Tagebuchschreiben und damit auch die Selbstfürsorge und Selbsterkenntnis, indem sie behaupten, persönliches Wachstum zu fördern, Ziele zu erreichen, sowohl in der Freizeit als auch bei der Arbeit produktiver zu sein und die allgemeine Gesundheit und das Wohlbefinden zu steigern. Sie erreichen dies rhetorisch, aber auch praktisch, indem sie sich auf die Aura der Objektivität und die breitere gesellschaftliche Orientierung hin zu Quantifizierung, algorithmische Logik und Datenpositivismus (oder deren Konformität mit diesen Prozessen) stützen.

Das Versprechen einer instrumentellen, quantifizierbaren Sicht auf das Erinnern (das uns zu besseren, produktiveren Menschen machen soll) geht Hand in Hand mit einem dritten, noch größeren Versprechen, nämlich dem der totalen Erinnerung. Dieses Versprechen, eigentlich eine Ideologie, wird in Werbematerialien beschworen und in den Ansichten darüber, was die Informationstechnologie leisten kann und soll.

Wenn *Journey* auf seiner Facebook-Seite (2020) schreibt, dass es „your memory vault" sei und dass es dabei helfe, „to record your beautiful memories, major milestones and *everlasting legacy, which live on for a lifetime and beyond*" [Hervorhebung R.S.], dann behauptet es, dass es *uns* in einem Datenformat erfassen kann und dass unser Gedächtnis ein Rechenproblem ist, das durch die richtige Software gelöst werden kann. Dies zeigt, dass Software nicht unparteiisch und objektiv ist, sondern dass alle möglichen Entscheidungen, Urteile und Zwänge in das Design von Software und die Algorithmen einfließen, die für sie konstitutiv sind (Kitchin 2017, 4). Software ist ein soziokulturelles Produkt – oder ein soziokultureller Prozess, da sie kontingent ist –, das seinerseits auch andere soziokulturelle Produkte und Prozesse beeinflusst. Wie Neff und Nafus (2016, 27) es treffend formulieren: „Engineers must contend with the brute facts of circuitry, but they also have their own social imaginations. There are many 'visions' circulating within the technology-building community, and these visions inform what eventually makes it to the marketplace". Empirisch wurde in diesem Kapitel versucht zu zeigen, dass das Vorhaben „taking apps seriously" (Morris und Murray 2018, 2) solche Imaginationen und Visionen zu Tage fördert und dass Tagebuch-Apps den bestehenden soziokulturellen und technologischen Kontext widerspiegeln und ergänzen, genau wie jede andere Erinnerungstechnologie vor ihnen. Es ist jedoch wichtig, sich daran zu erinnern, dass Apps „atomizing and disaggregating lived experience [...] into metrics that can then be re-aggregated divest from the messiness of lived experiences and in ways that can be plotted against standardized data visualizations" (Thornham 2019, 8). Es stimmt, dass einerseits gelebte Erfahrungen und Erinnerungen an sie nicht in einem Computersystem oder -medium erfasst werden können. Andererseits gibt es so etwas wie ein unvermitteltes Gedächtnis nicht (Prey und Smit 2019; Smit 2020). Das Gedächtnis ist ein verteilter und relationaler Prozess, der immer situiert und in bestehende soziale und kommunikative Umgebungen eingebettet ist. Heute gibt es eine ganze Reihe neuer Akteure, die die Gedächtniskonstruktion und die Art und Weise, wie wir uns selbst wahrnehmen, erleichtern und gestalten. Dazu gehören in zunehmendem Maße Plattformen, die Erinnerungen als Daten generieren, verarbeiten und auswerten.

8. Danksagungen

Ich möchte meiner Forschungsassistentin Isidora Cvetkovska für ihre Hilfe bei der Sammlung der Daten für dieses Kapitel und die großartigen Diskussionen mit ihr während des Forschungsprozesses danken.

9. Literatur

Barnier, Amanda. J., und Andrew Hoskins. „Is there memory in the head, in the wild?". *Memory Studies* 11.4(2018): 386–390. https://doi.org/10.1177/1750698018806440.

Beer, David. *Popular culture and new media: The politics of circulation.* Basingstoke: Palgrave MacMillan, 2013.

Bowker, Geoffrey C., und Susan L. Star. *Sorting things out: Classification and its consequences.* London Cambridge: The MIT Press, 1999.

Bucher, Taina. *IF...THEN: Algorithmic power and politics.* Oxford: Oxford University Press, 2018.

Burgess, Jean, Peta Mitchell, und Felix Victor Münch. „Social media rituals: The uses of celebrity death in digital culture". *A networked self and birth, life, death.* Hg. Zizi Papacharissi. New York: Routledge, 2019. 224–239.

Chun, Wendy H. K. *Programmed visions: Software and memory.* Cambridge, MA: MIT Press, 2011.

Chun, Wendy H. K. *Updating to remain the same: Habitual new media.* Cambridge, MA: MIT Press, 2016.

Cotter, Kelley. „Playing the visibility game: How digital influencers and algorithms negotiate influence on Instagram". *New Media & Society* 21.4 (2019): 895–913. https://doi.org/10.1177/1461444818815684.

Couldry, Nick, und Andreas Hepp. *The mediated construction of reality.* Malden, MA: Polity Press, 2017.

Csikszentmihalyi, Mihaly. *Flow and the foundations of positive psychology: The collected works of Mihaly Csikszentmihalyi.* Cham: Springer, 2014.

Davies, William. *The happiness industry: How the government and big business sold us well-being.* London & New York: Verso, 2016.

De Kosnik, Abigail. *Rogue archives: Digital cultural memory and media fandom.* Cambridge, MA: MIT Press, 2016.

Diaro: Tagebuch, Journal, Notizen und Mood Tracker. https://play.google.com/store/apps/details?id=com.pixelcrater.Diaro. 2020 (7.10.2021).

Dieter, Michael, Carolin Gerlitz, Anne Helmond, Nathaniel Tkacz, Fernando van der Vlist, und Esther Weltevrede. „Store, interface, package, connection: Methods and propositions for multi-situated app studies". *Medien der Kooperation Working Paper* 4 (2018): 1–16.

Erll, Astrid ,und Anne Rigney. *Mediation, Remediation und die Dynamik des kulturellen Gedächtnisses.* Berlin: W. de Gruyter, 2009. https://doi.org/10.1515/9783110217384.

Esteve del Valle, Marc und Rik Smit. „*Moonwalking* together: Tracing Redditors' digitalmemory work on Michael Jackson". *Convergence: The International Journal of Research into New Media Technologies.* https://doi.org/10.1177/13548565211003878.

Gillespie, Tarleton. The politics of ‚platforms'. *New Media & Society* 12.3 (2010): 347–364.

Gillespie, Tarleton. „The relevance of algorithms". *Media technologies: Essays on Communication, Materiality, and Society.* Hg. Tarleton Gillespie, Pablo J. Boczkowski, und Kirsten A. Foot. Cambridge, MA: MIT Press, 2014. 167–193.

Giddens, Anthony. *Modernity and self-identity: Self and society in the Late Modern Age.* Cambridge: Polity, 1991.

Greenfield, Adam. *Radical technologies: The design of everyday life.* London & New York: Verso, 2018.

Hayles, Nancy K. *How we think: Digital media and contemporary technogenesis.* Chicago: University of Chicago Press, 2012.

Helmond, Anne. „The Platformization of the Web: Making Web Data Platform Ready". *Social Media + Society,* 1.2 (2015). doi:10.1177/2056305115603080.

Hoskins, Andrew. „The mediatization of memory". *The mediatization of communication.* Hg. Knut Lundby. Berlin: De Gruyter Mouton, 2014. 661–679.

Jacobsen, Benjamin N. „Sculpting digital voids: The politics of forgetting on Facebook". *Convergence*. Online First (2020): 1–14. https://doi.org/10.1177/1354856520907390

Journal it! – Tagebuch, Journale, Notizbuch. https://play.google.com/store/apps/details?id=org. de_studio.diary. 2019 (7.10.2021).

Journey: Diary, Journal. https://play.google.com/store/apps/details?id=com.journey.app&hl=nl. 2021 (7.10.2021).

Journey – Self-Care Journal. https://www.facebook.com/journeycloud. 2020 (7.10.2021).

Kitchin, Rob. „Thinking critically about and researching algorithms". *Information, Communication & Society* 20.1 (2017): 14–29. https://doi.org/10.1080/1369118X.2016.1154087.

Konrad, Artie. *Facebook memories: the research behind the products that connect you with your past*. https://research.fb.com/blog/2017/09/facebook-memories-the-research-behind-the-products-that-connect-you-with-your-past/. Facebook Research 2017 (7.10.2021)

Lemmens, Pieter, und Bernard Stiegler. „‚This system does not produce pleasure anymore'. Ein Interview mit Bernard Stiegler". *Krisis* 1 (2011): 33–41.

Light, Ben, Jean Burgess und Stefanie Duguay. „The walkthrough method: an approach to the study of apps". *New Media and Society* 20.3 (2018): 881–900. https://doi.org/10.1177/146144481 6675438.

Lohmeier, Christine, und Christian Pentzold. „Making mediated memory work: Cuban-Americans, Miami media and the doings of diaspora memories". *Media, Culture and Society*, 36.6 (2014): 776–789. https://doi.org/10.1177/0163443713518574.

Lupton, Deborah. *The quantified self*. Malden, MA: Polity Press, 2016.

Manovich, Lev. *Software takes command: Extending the language of new media*. Bloomsbury, 2013.

Matviyenko, Svitlana, und Miller, Paul D. *The imaginery app*. Cambridge, MA: MIT Press, 2014.

Morris, Jeremy W., und Sarah Murray. „Introduction". *Appified: culture in the age of apps*. Hg. Jeremy W. Morris, und Sarah Murray. Ann Arbor: University of Michigan Press, 2018.

Neff, Gina, und Dawn Nafus. *Self-Tracking*. Cambridge, MA: The MIT Press, 2016.

Nieborg, David B., und Thomas Poell. „The platformization of cultural production: Theorizing the contingent cultural commodity". *New Media & Society* 20.11 (2018): 4275–4292. https://doi.org/ 10.1177/1461444818769694.

Nieborg, David. B., und Anne Helmond. „The political economy of Facebook's platformization in the mobile ecosystem: Facebook messenger as a platform instance". *Media, Culture, and Society* 41.2 (2019): 196–218. https://doi.org/10.1177/0163443718818384.

Plantin, Jean-Christophe, Carl Lagoze, Paul N. Edwards, und Christian Sandvig. „Infrastructure studies meet platform studies in the age of Google and Facebook". *New Media & Society* 20.1 (2018):293–310. doi:10.1177/1461444816661553.

Prey, Robert, und Rik Smit. „From personal to personalized memory: Social media as mnemotechnology". *A networked self and birth, life, death*. Hg. Zizi Papacharissi. New York und London: Routledge, 2019. 209–223.

Schwarz, Ori. „The past next door: neighbourly relations with digital memory artefacts". *Memory Studies* 7.1 (2014): 7–21. https://doi.org/10.1177/1750698013490591.

Srnicek, Nick. *Platform Capitalism*. Cambridge, Malden, MA: Polity Press, 2017.

Stiegler, Bernard. *For a new critique of political economy*. Malden, MA: Polity, 2010.

Smit, Rik. *Platforms of Memory: Social Media and Digital Memory Work*. Unveröffentlichte Dissertation, University of Groningen, Groningen, The Netherlands, 2018.

Smit, Rik. „*Connective memory work on* Justice for Mike Brown". *Social movements, cultural memory and digital media: Mobilising mediated remembrance*. Hg. S. Merrill, E. Keightley, und P. Daph. New York: Palgrave Macmillan, 2020. 85–108.

Smit, Rik, Ansgard Heinrich, und Marcel Broersma. „Activating the past in the Ferguson protests: Memory work, digital activism and the politics of platforms". *New Media & Society* 20.9 (2018): 3119–3139. https://doi.org/10.1177/1461444817741849.
Smit, Rik, Marcel Broersma und Ansgard Heinrich. „Witnessing in the new memory ecology: Memory construction of the Syrian conflict on YouTube". *New Media & Society* 19.2 (2017): 289–307.
Thornham, Helen. „Algorithmic vulnerabilities and the datalogical: early motherhood and tracking-as-care regimes". *Convergence* 25.2 (2019): 171–185. https://doi.org/10.1177/1354856519835772.
Van Dijck, José. *The culture of connectivity: A critical history of social media*. Oxford: Oxford University Press, 2013.
Van House, Nancy, und Elizabeth Churchill. „Technologies of memory: key issues and critical perspectives". *Memory Studies* 1.3 (2008): 295–310.
2AppStudio. https://2appstudio.com/. 2020 (7.10.2021).

Automatische Übersetzung ins Deutsche
durchgesehen von Manuel Menke und Christian Pentzold.

Manuel Menke und Thomas Birkner

24 Digitales Erinnern: Eine Synthese anhand der analytischen Kategorien Speichern, Datafizierung, Vernetzung und Affektivität

1. Einleitung

Die technologische Entwicklung und Aneignung neuer Medien haben weitreichende Folgen für die Art und Weise, wie Individuen, Gemeinschaften und Gesellschaften erinnern. Der Blick auf die Gegenwart zeigt, dass sich mit der Durchdringung heutiger Gesellschaften mit vielseitig einsetzbaren digitalen Medien neue Erinnerungspraktiken etabliert haben, um Vergangenes festzuhalten und zugänglich zu machen. Das Internet und die Digitalisierung haben seit den 1990ern Erinnern zunehmend multimedialer, vernetzter und inklusiver gemacht (Garde-Hansen et al. 2009) und damit den „Zusammenhang von Kommunikation, Gedächtnis und Medien" (Assmann und Assmann 1994, 114) in heutigen Erinnerungskulturen weitreichend verändert. Das stellt klassische Institutionen gesellschaftlicher Erinnerungsarbeit, die vormals überwiegend für die Archivierung und Verbreitung von vermeintlich Erinnernswertem zuständig waren, vor neue Herausforderungen. Technologischer Fortschritt und neue Formen von Öffentlichkeit im Internet haben das Repertoire an medialen Erinnerungspraktiken erweitert und neue Räume für Erinnerungsdiskurse geschaffen, in denen auch ohne Zutun des Journalismus oder von Museen, Archiven etc. Erinnerungen in medienvermittelter, nutzer:innengenerierter Alltagskommunikation ko-konstruiert und sichtbar werden (Özkul und Humphreys 2015; Robards et al. 2018).

Mit dem Zusammenspiel dieser technologischen und erinnerungskulturellen Veränderungen befassen sich die „Digital Memory Studies", die Andrew Hoskins (2014, 50) beschreibt als „an emergent interdisciplinary perspective that draws upon a historical view of the contemporary intersecting developments of individual, social, and cultural memory [...] and the impact of digital hyperconnectivity in remaking even long 'settled' pasts and in recasting uncertain futures". Im vorliegenden Beitrag sollen, aus einer kommunikationswissenschaftlichen Perspektive, bisherige Ansätze und Erkenntnisse zusammengetragen werden, die dieses Zusammenspiel zwischen Digitalisierung und Erinnern von Individuen und Kollektiven konzeptualisieren und hinsichtlich seines Einflusses auf die gegenwärtige und zukünftige Erinnerungskultur einordnen. Dabei haben sich vier analytische Kategorien in der Literatur hervorgetan, die nachfolgend in den Blick genommen werden. Auch wenn damit nicht alle aktuell diskutierten Dimensionen repräsentiert sind, kristallisieren sich bei der Lektüre der Literatur diese vier als bedeutungsvoll heraus, weil ihnen besonderer Einfluss auf das Erinnern mit und in digitalen Medien zugesprochen wird: Speichern, Datafizierung,

Vernetzung und Affektivität. Diese analytischen Kategorien sind nicht als trennscharf zu verstehen, sondern als ineinandergreifend, denn die Sichtbarwerdung der *Affektivität* digitalen Erinnerns setzt *Vernetzung* in digitalen Öffentlichkeiten voraus. Die Kommunikation über Vergangenheit in diesen Öffentlichkeiten wiederum basiert auf der *Speicherung* digitaler Objektivationen von Erinnerung sowie der *Datafizierung* alltäglicher digitaler Spuren. Diese Spuren stellen eine „Repräsentation sozialen Lebens in computerisierten Daten" (Hepp 2016, 229) dar und ermöglichen in entsprechender Aufbereitung ebenfalls Erinnern. Mit „Objektivationen" ist hier gemeint, dass Vergangenes z. B. in Form von Sprache, Text, Fotos oder Videos externalisiert wird und damit überhaupt erst Gegenstand von Kommunikation über Erinnerung werden kann (Knoblauch 2017, 155).

Wir führen diese analytischen Kategorien ein, um das Feld des digitalen Erinnerns entlang der von uns identifizierten Schwerpunktsetzungen in der Literatur aufzuspannen. Damit erhalten sie eine Doppelfunktion, denn sie dienen einerseits der Sensibilisierung für zentrale Phänomene der Digitalisierung und deren Einfluss auf gesellschaftliches Erinnern, deren Analyse sich die *Digital Memory Studies* widmen, und andererseits leiten sie unseren analytischen Zugang zum digitalen Erinnern in diesem Beitrag. Mit unserer Auswahl wird den vier analytischen Kategorien der Vorzug gegeben, die wir aktuell und im Rahmen dieses Beitrags als besonders bedeutungsvoll erachten. Andere denkbare analytische Kategorien des digitalen Erinnerns wären z. B. der zunehmende Einfluss visuell geprägter digitaler Kommunikation (Hand 2016), des digitalen Verhandelns von Erinnerungen an global erlebbare Ereignisse (Reading 2011) oder der politischen und technologischen Rahmenbedingungen des digitalen Erinnerns in Ländern, in denen freie Meinungsäußerung und Opposition unterdrückt werden (Gustafsson 2019; Bayramoğlu 2021).

Unsere Aufmerksamkeit kommt jedoch gerade diesen vier Kategorien zuteil, weil sie an sehr grundlegenden sozio-technologischen Aspekten der Digitalisierung ansetzen und darüber hinaus an bereits lange vor der Digitalisierung eingeführte Schwerpunkte der Erinnerungsforschung anschließen: *Speichern* als Voraussetzung medienvermittelter Erinnerung und Archivierung (Assmann 2001; Garde-Hansen et al. 2009; Moss 2017). *Datafizierung* als eine sozio-technologische Erweiterung der analogen textlichen und (audio-)visuellen Objektivation von Erinnerungen und deren Kanonisierung (Erll und Nünning 2004; Assmann 2008; Esposito 2016). Technologische sowie soziale *Vernetzung* als Voraussetzung der medialen Verbreitung von Erinnerungen und der Entstehung kollektiver Gedächtnisse (Assmann 1988; Baer 2001; Erll und Nünning 2004; Zierold 2006). Und nicht zuletzt *Affektivität* als eines der Unterscheidungsmerkmale zwischen Geschichte als analytisch-kritischer Auseinandersetzung mit dem Vergangenen und Erinnern als lebendige, gruppenbezogene und damit auch affektive Konstruktion des Vergangenen durch Erinnerungsgemeinschaften (Halbwachs 1991 [1952]; Nora 1989; Wang 2008).

2. Digitales Erinnern und Medienwandel

Bevor wir uns den vier analytischen Kategorien widmen, ist zu betonen, dass Veränderungen im Zuge der Digitalisierung *nicht* allein als das Resultat technologischen Wandels verstanden werden können, der vermeintlich mit jeglichen Kontinuitäten bricht und das gesellschaftliche Erinnern von Grund auf revolutioniert. Vor einem solchen technikdeterministischen Denken wird nicht umsonst seit langem gewarnt (Joerges 1988), denn es blendet den gestaltenden Einfluss menschlichen Handelns durch die Aneignung von Medientechnologie aus (Göttlich 2008). In der Kommunikationswissenschaft wird Digitalisierung deshalb auch überwiegend als wechselseitiger Wandel zwischen Technologie, Kultur und Gesellschaft verstanden und nicht bloß als das Speichern von Informationen in Nullen und Einsen (Brennen und Kreiss 2016; Hepp 2016).

Sicherlich lassen sich kommunikationshistorisch einige medientechnologische Zäsuren aufzeigen, die einschneidende Transformationen gesellschaftlichen Erinnerns beförderten, letztlich aber erst im Zusammenspiel zwischen Technologie, Aneignung und Institutionalisierung ihre gestaltende Kraft entfalteten (Zierold 2006, 164). Der Buchdruck, die Zeitung, der Fotoapparat oder das Fernsehen sind solche Technologien, bei deren Verwendung auch neue Praktiken des Erinnerns entstanden, die medienbezogene Kommunikation über Vergangenheit nachhaltig beeinflussten. Das liegt hauptsächlich daran, dass Vergangenheit mithilfe dieser Medien vielseitig und in neuen Formen objektiviert und repräsentiert werden konnte, z. B. schriftlich oder audio-visuell, was eine der Voraussetzungen ist, sie der Körperlichkeit des erinnernden Individuums zu entheben und zu speichern, zu editieren sowie (öffentlich) kommunizieren zu können (Erll 2017, 135). Neben neuen Technologien und Praktiken ist die Institutionalisierung von Medien als weiterer wichtiger Einflussfaktor des Medienwandels auf das Erinnern zu nennen. Traditionelle Institutionen wie der private und der öffentlich-rechtliche Rundfunk sowie die Presse nehmen bis heute wichtige Funktionen wahr, wie das Herstellen von Öffentlichkeit und das Erreichen eines dispersen Publikums (Donges 2013; Neuberger 2013), die auch das gesellschaftliche Erinnern ermöglichen und formen (s. auch Beitrag von Offerhaus und Trümper in diesem Band). Es sind diese Funktionen, die es Massenmedien bis heute erlauben, maßgeblich an der Konstruktion und Kommunikation von „Relevanzrahmen" des gesellschaftlichen Erinnerns mitzuwirken (Assmann und Assmann 1994, 114).

Die Stellung dieser Institutionen des gesellschaftlichen Erinnerns wird durch die Digitalisierung herausgefordert (Jarren 2016). Digitale Öffentlichkeiten transformieren die medialen Partizipationsstrukturen des gesellschaftlichen Erinnerns nachhaltig zu Gunsten alltäglicher medienvermittelter Kommunikation ‚von unten' (Menke 2019; s. auch Beitrag von Menke und Grittmann in diesem Buch). Damit setzt sich eine Entwicklung fort, die Hubert Knoblauch (1999, 735) als Folge einer zunehmenden „Entinstitutionalisierung" in (spät)modernen Gesellschaften sieht, in welchen sich auch das kollektive Gedächtnis zunehmend „aus den statischen Institutionen des tradierten Wissens in die dynamischen Prozesse der Kommunikation [verlagert]". Das Internet trägt außerdem dazu bei, öffentliches Erinnern zu pluralisieren, denn wie Knoblauch bereits für schriftliche und elektronische Kommunikation feststellte, ist auch bei digitaler Kommunikation abseits traditioneller Institutionen davon auszugehen, dass sie „ihre eigenen Traditionen, Konventionen und Institutionen" ausbildet (Knoblauch 1999, 735). Elena Esposito (2013, 91) kommt zu einem ähnlichen Schluss, wenn sie über medienvermitteltes Erinnern schreibt, dass „[d]ie Kommunikation sich explizit an die Kommunikation selbst [wendet] und eine eigene Form von Gedächtnis [entwickelt], desto komplexer und ausgearbeiteter, je komplexer die Kommunikationstechnologien sind, die sie realisieren".

Die kommunikationswissenschaftliche Erinnerungsforschung hat es demnach bei der Digitalisierung mit einem sozio-technologischen Medienwandel zu tun, den es hinsichtlich seines Einflusses auf das individuelle und gesellschaftliche Erinnern zu untersuchen gilt. Wichtig ist dabei, dass diese beiden Ebenen näher aneinander gerückt sind, weil Individuen aktiv an digitalen Öffentlichkeiten teilnehmen oder sie teilweise auch erst durch ihre alltägliche Kommunikation entstehen lassen. Hoskins (2014, 51) spricht von der „circulation of the self" als herausragendem Merkmal der Digitalisierung, weil Menschen im Internet, abseits von zugangsbeschränkten massenmedialen Öffentlichkeiten, mit ihren Erinnerungen, Sichtweisen und Emotionen in Erscheinung treten und potenziell ein globales Publikum erreichen können.

Im Folgenden soll entlang der vorgestellten analytischen Kategorien dargelegt werden, was die in der Literatur diskutierten sozio-technologischen Prämissen der Digitalisierung sind, unter denen Erinnern heute stattfindet. Im Zentrum der Forschung stehen dabei das Verhältnis von Erinnern und Vergessen unter den Bedingungen digitaler *Speicherung* und *Datafizierung* (Sick 2004; Zierold 2006, 154–189; Assmann 2006; Esposito 2013; Esposito 2017) sowie *Vernetzung* und *Affektivität* digitaler öffentlicher Kommunikation im Internet (van Dijck 2007; Garde-Hansen et al. 2009; Keightley und Schlesinger 2014; Hoskins 2017; Sommer 2018; Menke 2019).

2.1 Speichern als analytische Kategorie digitalen Erinnerns

Bei einer ersten Betrachtung scheint mit der Digitalisierung das Erinnern enorm erleichtert worden zu sein, denn es gibt nur noch wenige technische Restriktionen bei der Kommunikation und Speicherung von Objektivationen des Vergangenen. Das vermeintliche Problem des Vergessens, dem die Menschheit erst durch Mnemotechniken und dann zunehmend durch Medien mit Speicherkapazitäten entgegengewirkt hat (Esposito 2016), ist damit auf den ersten Blick endgültig gelöst. An Speicherkapazität mangelt es kaum mehr. Doch das digitale Erinnern scheint durch die Möglichkeiten des unbegrenzten Speicherns mehr vom Problem des Vergessens als dem des Erinnerns geprägt zu sein, weshalb seine Rolle nachfolgend näher beleuchtet werden soll (s. auch den Essay von Hoskins in diesem Band).

Aufgrund der enormen Speicherkapazitäten für digitales Erinnern hat die alte Frage, ob es eigentlich erstrebenswert ist, nicht mehr zu vergessen, zu neuer Diskussion geführt. In der Erinnerungsforschung wird das klar verneint und gleichzeitig argumentiert, dass Erinnern nicht mit Speichern gleichzusetzen ist und weiterhin der Umgang mit Erinnerung sowohl psychologisch als auch gesellschaftlich auf das Vergessen angewiesen ist (Ricœur 2004; Mayer-Schönberger 2011; Frick-Salzmann 2017), um sinnvoll zu selektieren und priorisieren. Damit ist das Vergessen trotz technologischen Wandels und digitalen Speicher- und Archivierungsmöglichkeiten weiterhin zentraler Bestandteil menschlicher und gesellschaftlicher Sinnstiftung und erinnerungskultureller Tradierung (Assmann 2016). Neu ist, dass das Vergangene durch seine digitale Objektivation meist direkt gespeichert wird, öffentlich zugänglich(er) ist und durch benutzerfreundliche Interfaces niederschwellig erneut abgerufen und erinnert werden kann, anstatt dass es gar nicht oder in nur schwer zugänglichen Archiven und Medien dokumentiert ist.

Konfrontiert mit dem Kommunikationsaufkommen heutiger Gesellschaften und der indifferenten Speicherung nahezu aller Kommunikation im Internet, verwundert es folglich nicht, dass in Debatten über digitales Erinnern insbesondere das Vergessen und sein Nutzen in den Fokus gerückt sind. Mehr denn je gilt, dass „[d]er Gesellschaft Inhalte verfügbar [sind], die keiner denkt, die aber dennoch nicht ‚vergessen' werden" (Esposito 2013, 91). Aleida Assmann argumentierte schon vor einiger Zeit, dass eine Maschine zwar speichern, aber nur Menschen auch erinnern könnten (Assmann 2001, 15). Ergänzend ließe sich sagen, dass die Maschine zwar löschen, aber nur Menschen vergessen können (Chun 2008). Es hat sich gezeigt, dass das dauerhafte Speichern insbesondere dann zum Problem wird, wenn Interessenkonflikte darüber bestehen, ob etwas langfristig im Internet zugänglich sein soll und welche Gefahren von einem Internet ausgehen, dass alles Gespeicherte aus der Vergangenheit jederzeit zugänglich machen kann.

Ein Beispiel dafür ist die Diskussion um das „Recht auf Vergessenwerden", das 2018 als „Recht auf Löschung" Eingang in die EU Datenschutz-Grundverordnung gefunden hat und die Durchsetzung von Löschungen personenbezogener Daten gewährleistet. Dieses Recht geht auf ein Urteil zurück, das Google unter bestimmten Umständen zur Löschung von Links zu Webseiten mit persönlichen Daten verpflichtet (Singer und Beck 2019). Das dahinterliegende Grundproblem des Vergessens unter Bedingungen des Digitalen beschäftigt die Erinnerungsforschung aber auch über diese konkrete rechtliche Fragestellung hinaus (Ghezzi et al. 2014; Tirosh 2017). Ein anderes Beispiel ist das Feature *Facebook Memories* (Migowski und Fernandes Araújo 2019; Humphreys 2020), das laut Facebooks Hilfebereich zwar nicht deaktiviert werden kann, aber „[d]u festlegen [kannst], was du unter Erinnerungen siehst, indem du Personen oder Daten verbirgst, an die du nicht erinnert werden möchtest" (Meta 2022).

Beide Fälle verdeutlichen das Spannungsfeld digitaler Erinnerungskultur zwischen Plattformen, die nach bestimmten Logiken und Interessen operieren, und der

Autonomie der Nutzenden beim Speichern und Löschen von Inhalten über ihre Vergangenheit sowie der Gewährung oder Verhinderung von Zugriffen Dritter auf diese Daten. Das Speichern passiert heute oft unbemerkt in Form digitaler Spuren des alltäglichen kommunikativen Handelns, was so lange unbemerkt passiert, wie diese Daten auf Servern archiviert werden und es zu keiner Irritation hinsichtlich ihrer Verwendung kommt. Sobald aber eine Weiterverarbeitung stattfindet und Menschen oder Algorithmen diese Daten verwenden, erhält das Gespeicherte neue Relevanz im Erinnern (Hoskins 2014, 54). Das kann geschehen, wenn z.B. alte Tweets von Politiker:innen in neuen Kontexten Brisanz erhalten, frühere Posts auf Facebook vom potenziellen Arbeitgeber durchsucht werden oder Fotos verstorbener Angehöriger durch den Algorithmus auf der Timeline auftauchen. Schon in den frühen Arbeiten der Assmanns zum kulturellen Gedächtnis ist diese Unterscheidung verankert, wenn zwischen dem Speicher- und dem Funktionsgedächtnis unterschieden wird. Darin ist das Gespeicherte zwar potenziell verfügbar, rückt aber erst dann in das Bewusstsein und erhält seine Funktion, wenn ihm im Akt des Erinnerns ein (neuer) Sinn beigemessen wird (Assmann 1999, 137). In der Literatur der Erinnerungsforschung besteht weitgehend Einigkeit darüber, dass Erinnern ein mediatisierter Konstruktionsprozess des Vergangenen unter den Bedingungen der Gegenwart ist (Hoskins 2001, 335; Sebald und Weyand 2011, 174). In der soziologischen Forschung wird außerdem darauf verwiesen, dass Erinnern immer in sozialen Bezugsrahmen stattfindet und von diesen abhängig Erinnerung konstruiert wird (Halbwachs 1991 [1950]; Dimbath 2013). Daraus resultiert, dass auch das, was digital gespeichert und erinnert wird, stets in Aushandlung ist und sich mit den Bedürfnissen und Sichtweisen wandelt, die in der Gegenwart und abhängig von den Lebenswelten der Erinnernden bestehen.

2.2 Datafizierung als analytische Kategorie digitalen Erinnerns

Das Erinnern in einem digitalen, mit Objektivationen des Vergangenen überfüllten Kosmos ist eine zweite, in der Literatur als Herausforderung diskutierte Veränderung. Sie stellt sich heute im alltäglichen Umgang mit digitaler Kommunikation und digitalen Archiven, die z.B. durch gezieltes digitales Handeln oder unbewusste digitale Spuren im Internet entstehen. Man denke nur an das eigene Fotoarchiv auf dem Smartphone, in dem Fotos von persönlich bedeutsamen Lebensereignissen zwischen unzähligen als weniger relevant erachteten Bildern untergehen oder an endlose Timelines mit hunderten Posts pro Tag, die das nachträgliche Auffinden individuell herausragender Momente erschweren. Abhilfe bietet teils mit künstlicher Intelligenz ausgestattete Software, die in der Lage ist, solche Post oder Bilder zu klassifizieren und meist unbemerkt Daten zu generieren, welche Erinnernswertes leichter auffindbarer machen.

Solche Formen der Datafizierung zeigen sich in unterschiedlichsten Zusammenhängen, wenn z.B. digitale Objektivationen wie Posts oder Bilder analysiert und dabei

Daten zum Inhalt generiert werden, wenn solche Objektivationen mit Meta-Daten, wie z. B. Zeitpunkt und Ort der Entstehung, klassifiziert werden oder wenn digitale Spuren Nutzender von Algorithmen verwendet werden, um digitale Objektivationen gezielt und angepasst an den Kontext der Nutzung oder die Bedürfnisse Nutzender verfügbar zu machen. Datafizierung hat dabei stets zum Ziel, „machine-readable quantifiable data for the purpose of aggregation, analysis, and anticipation of human behavior and social interaction" zu generieren (Koenen et al 2021, 137).

So zeigen beispielsweise Jacobsen und David (2021a, 43) am Beispiel der *Facebook Memories*-Funktion, wie Facebook zum Zweck der Datafizierung zuerst eine Klassifikation von Posts entwickelte, um erinnernswerte Nachrichten identifizieren zu können, und in einem zweiten Schritt weitere durch Nutzende erzeugte Daten verwendet, um automatisiert zu entscheiden, „what to surface, to whom and when".

In Anbetracht der Weiterentwicklung solcher Algorithmen und künstlicher Intelligenz auf diversen Plattformen, scheint es nicht unbedingt ein zentrales Problem zu sein, im wachsenden Kosmos digitaler Objektivationen das Vergangene für das Erinnern zu priorisieren, zu selektieren und auffindbar zu machen. Schon im Rückblick auf die Erfindung des Buchdrucks in der frühen Neuzeit stellt Esposito (2016, 335) fest, dass mit neuen Technologien stets auch neue Systeme des Auffindens entwickelt werden mussten, wie beispielsweise schon die Indexierung in Bibliotheken und Archiven, die es basierend auf entsprechenden Datenbanken erlaubte, gezielt Wissen – und damit auch Vergangenes – ausfindig zu machen, ohne dafür vorab die Inhalte bereits erinnern können zu müssen. Wie es heute auch für Suchmaschinen gilt, reichte es anhand der Daten über die Bestände zu wissen, welche Kategorie oder Schlagwörter gesucht werden müssen. Datafizierung ist also per se nicht neu und lässt sich historisch auch in vor-digitalen Zeiten finden (Koenen et al. 2021). Dank dieser Systeme wird die Sorge vor der Unbeherrschbarkeit des Vergangenen im Internet von Esposito daher ebenfalls als eher unbegründet betrachtet:

> Das Problem der Menschen, die alles erinnern, war aber nicht der Überschuss an Daten als solcher, sondern die daraus folgende Unfähigkeit, damit umzugehen. Damit hat das Web aber anscheinend keine Schwierigkeiten: Zusammen mit den Techniken, um Daten zu sammeln und zu vermehren, verwendet nämlich das Netz eine Reihe von Techniken, um sie auszuwählen und zu klassifizieren, also schließlich zu vergessen. (Esposito 2013, 97)

Die Auffindbarkeit digitaler Objektivationen des Vergangenen stellt demnach weniger eine Herausforderung dar, als die Kontrolle über die Regeln ihrer Archivierung und die sensiblen, erinnerungsrelevanten Daten selbst. Hervorgehoben wird in der Literatur daher auch vielmehr der Einfluss der Datafizierung auf individuelles und gesellschaftliches Erinnern, der es erlaubt, Vergangenes basierend auf analysierten Inhalten, digitalen Spuren und Nutzungsmustern personalisiert auszuwählen und zu präsentieren (Sluis 2010; Schwarz 2014; Esposito 2017; Lambert et al. 2018). Es ist kein Zufall, dass in dem vorangegangenen Zitat das Web als agierendes Subjekt beschrieben wird und die Nutzenden unerwähnt bleiben. Durch diese Verschiebung drängt sich aber die Frage nach dem Verhältnis von Macht und Autonomie von Plattformen und deren Betreiber:innen auf der einen und Nutzenden auf der anderen Seite auf. Wenn Erinnern von zweckgerichteten Algorithmen abhängt, deren Entscheidungsregeln den Nutzenden unbekannt sind, dann bleibt wenig Kontrolle darüber, was einem wann als erinnernswert präsentiert wird (Breiter und Hepp 2018; Jacobsen und Beer 2021a). Das bedeutet nicht, dass abseits des Internets alle Kontrolle über Erinnernswertes und Erinnerungsanlässe bei den Erinnernden liegt. Von Dritten selektiertes und kuratiertes Erinnern gibt es z. B. auch bei Inhalten in klassischen Massenmedien, jedoch nicht derart personalisiert und automatisiert, wie es durch Algorithmen und Datafizierung möglich ist (Steiner et al. 2019).

Wichtig erscheint es hinsichtlich der Autonomie digitalen Erinnerns daher, analytisch zwischen stärker fremd- und selbstbestimmter Auseinandersetzung mit datafizierter Erinnerung zu unterscheiden. Zur ersten Kategorie gehören dann Features digitaler Medien, die Nutzenden algorithmisiert und basierend auf ihren digitalen Spuren Posts, Bilder und Videos aus der Vergangenheit nach ihren eigenen Regeln präsentieren, weil das z. B. Interaktion, Verweildauer oder Bindung an die Plattform verspricht (Prey und Smit 2018). Dabei kann es aber auch dazu kommen, dass Erinnerungen ausgelöst werden, die für Erinnernde in der Gegenwart unerwünscht und schmerzlich sein können, wie z. B. bei Bildern von verstorbenen Angehörigen, die zum Zeitpunkt ihrer Veröffentlichung viel Interaktion generierten (Migowski und Fernandes Araújo 2019, 61). Stärker selbstbestimmtes Erinnern hingegen unterscheidet sich durch die intendierte Auseinandersetzung mit Vergangenheit durch Nutzende, bei der auch Daten situativ und gezielt für das Erinnern mit Medien eingesetzt werden können und sich darüber digitale Erinnerungspraktiken etablieren (s. auch den Beitrag von Rik Smit in diesem Band). Diese hier vorgenommene Unterscheidung von Fremd- und Selbstbestimmung über Daten des Erinnerns hat eher konzeptuellen Charakter, denn wie die Forschung zeigt, sind beide Modi meist miteinander verschränkt, wenn Erinnern auf Plattformen z. B. sowohl durch das gezielte und selbstbestimmte Teilen als auch durch das algorithmisierte Kuratieren von Erinnerungen stattfindet (Lambert et al. 2018; Smit 2018; Jacobsen und Beer 2021a).

2.3 Vernetzung als analytische Kategorie digitalen Erinnerns

Digitale Medien haben nicht nur die niederschwellige Objektivation von vergangenen Ereignissen zur alltäglichen Praxis vieler Menschen werden lassen, sondern diese auch in neue digitale Öffentlichkeiten im Internet eingehen lassen. Dort können sich Menschen nicht nur kreativ mit sich und ihrer Vergangenheit auseinandersetzen, sondern ihre Beziehung zu Kultur und Gesellschaft anhand „mediatisierter Erinnerungen" verhandeln (van Dijck 2004, 273) (s. auch den Beitrag von Menke und Grittmann in diesem Band). Viele Menschen sind dadurch zu Chronist:innen ihres Lebens geworden, deren Erlebnisse öffentlich für sie selbst und andere nicht nur situativ, sondern auch rückblickend, zugänglich sind.

Diese Form der öffentlichen Dokumentation lag lange Zeit in den Händen von darauf spezialisierten Institutionen. Barbie Zelizer (2008, 79) bezeichnet den Journalismus beispielsweise als „institution of mnemonic record", weil er als Nebenprodukt der täglichen aktuellen Berichterstattung öffentliche Versionen des Vergangen produziert und damit kollektive Gedächtnisse von Gesellschaften maßgeblich prägt. Darüber hinaus macht er aber auch aktiv durch Geschichts- und Gedenktagsjournalismus auf Vergangenes und seine Relevanz aufmerksam (Arnold et al. 2010). Dass sich diese Form der gesellschaftlichen Selbstbeobachtung mithilfe digitaler Medien auch auf individuelle Alltagserinnerung ausweitet, bedeutet eine Integration neuer Stimmen und Positionen in die Erinnerungskultur, die in der kommunikationswissenschaftlichen Erinnerungsforschung durchaus als eine Zäsur betrachtet wird (Reading 2011; Gudmundsdottir 2014; Hoskins 2017; Smit 2018; Sommer 2018; Menke 2019).

Die Dokumentation des täglichen Geschehens hat durch die niederschwellige Partizipation in neuen Medien zugenommen, wodurch die Menge an Objektivationen zu einem beachtlichen Kommunikationsaufkommen führt. Allein das Ausmaß an Fotos, Videos und Texten in Messengern und Statusmeldungen ist beachtlich. Die Zunahme dieser Kommunikation spiegelt die Folgen eines „networked individualism" wider, den Rainie und Wellman (2019) auf die in sozialen Medien kultivierten und gleichzeitig fragmentierten persönlichen Netzwerke zurückführen, die an die Stelle früherer traditionell enger Netzwerke getreten seien. Die Entwicklung des „networked individualism" ist jedoch nur die digitale Realisierung dessen, was Hitzler (1998) bereits als „posttraditionale Vergemeinschaftung" bezeichnet hat. Beiden Ansätzen liegt zugrunde, dass das Bedürfnis und bisweilen die Notwendigkeit der Vergemeinschaftung bzw. Vernetzung, um sich heute mit der Gesellschaft in Bezug zu setzen, darauf zurückgeht, dass klassische gesellschaftliche Institutionen an Bindungskraft verloren haben. Nicht ohne Grund legt auch Knoblauch seinen Ausführungen zum „kommunikativen Gedächtnis" das Konzept der „geschwätzigen" Gesellschaft zugrunde, in der Kommunikation über die Vielzahl ausdifferenzierter Lebenswelten nötig geworden ist, die vormals unter dem Dach gemeinsamer Institutionen mit vergleichbaren Lebensentwürfen vereint waren (Knoblauch 1996, 18). Vernetzung zum Zweck der Kommunikation reflektiert entsprechend die Verfasstheit moderner Gesellschaften, was in der kommunikationswissenschaftlichen Erinnerungsforschung auch als „connective turn" (Hoskins 2011, 19) und „hyperconnected memory culture" diskutiert wird (Kalinina und Menke 2016, 59).

Insbesondere mobile Medientechnologien haben diese Vernetzung noch stärker in den Alltag hineingetragen. Das Smartphone als Tool ermöglicht es, mobil, multimedial und vernetzt zu erinnern und kommt daher bei vielen digitalen Erinnerungspraktiken zum Einsatz (Özkul und Humphreys 2015). Sensoren in mobiler Technologie erlauben es außerdem, Daten über Menschen, ihre Position, ihr Verhalten und ihren

Körper zu erfassen, die für bestimmte Erinnerungspraktiken relevant werden, wie z. B. beim „geotagging" während eines historischen Audio-Stadtrundgangs, beim „lifelogging", d. h. dem Archivieren von Tätigkeiten einer Person, oder beim Verknüpfen eines Posts mit dem Ort der Aufnahme (Özkul und Humphreys 2015; Frith und Kalin 2016). Es sind solche Alltagserinnerungen, die in digitale Öffentlichkeiten eingehen und zu eben der Zunahme von Kommunikation und Vernetzung von Perspektiven über Vergangenheit beitragen, die digitale Erinnerungskultur heute auszeichnen.

Nicht zu vergessen ist, dass diese Vernetzung über individuelle Erinnerungspraktiken hinausgeht und auch viele weiterhin aktive traditionelle Erinnerungsinstitutionen betrifft. Neben den massenmedialen Inhalten über Vergangenheit, die auf Webseiten, in Mediatheken und Sozialen Netzwerken verfügbar sind, tragen z. B. auch Museen, NGOs, Unternehmen und politische Organisationen durch ihre digitale Kommunikation über Vergangenheit zur Vernetzung gesellschaftlichen Erinnerns bei (Dimbath et al. 2016; Moss 2017; Kohle 2018). Einerseits erlaubt dies zentralen Institutionen in Erinnerungsdiskursen, neue Wege der Kommunikation und Partizipation zu nutzen, um relevant zu bleiben und Aufmerksamkeit für wichtige Erinnerungsprojekte zu erzeugen. Andererseits büßen diese Institutionen an Autorität ein, denn im Internet bleiben ihre Narrative nicht unwidersprochen. So konnte die Forschung zeigen, dass sich politisch engagierte Akteur:innen diesen Narrativen auch mit ihren eigenen Lesarten des Vergangenen in digitalen Gegenöffentlichkeiten entgegenstellen (Zamponi 2013; Menke und Kalinina 2019; Merrill et al. 2020).

2.4 Affektivität als analytische Kategorie digitalen Erinnerns

Gegenüber den zuvor behandelten eher technisch angelegten Kategorien geht es im Folgenden um eine Dimension des Erinnerns, die zwar durch die Digitalisierung salienter geworden ist, aber schon immer Teil des Erinnerns war: Emotionen. In der Sozialpsychologie wurde beispielsweise der Einfluss von Emotionen auf das Erinnern untersucht, um herauszufinden, wie das emotionale Erleben eines Moments dessen Erinnerbarkeit und konkrete Erinnerung beeinflusst oder wie ein emotionaler Zustand in der Gegenwart das Erinnern von Vergangenem verändert. Dahinter steht letztlich die Frage, wie Menschen emotional (dys)funktional ihre Vergangenheit erinnern. Forschung zum autobiographischen Erinnern hat gezeigt, dass emotional erlebte vergangene Ereignisse detailreicher erinnert werden (St. Jacques und Levine 2007; Holland und Kensinger 2010). Studien legen aber auch nah, dass schlechteres autobiographisches Erinnern der Unterdrückung und Vermeidung negativer Emotionen dienen kann und darauf aufbauend im Zusammenhang mit Depressionen steht (Bahk und Choi 2018).

Emotionen haben aber nicht nur psychologische Funktionen beim Erinnern, sondern sind Bestandteil nahezu jeder Kommunikation über Vergangenheit. Das liegt daran, dass Erinnerungen für Individuen, Gruppen und Gesellschaften von gegenwärtiger Bedeutung sind und Teil der Auseinandersetzung mit der eigenen Existenz und Identität (Neiger 2020). Unter diesen Gesichtspunkten überrascht es auch wenig, dass in der deutschen kultur- und sozialwissenschaftlichen Erinnerungsforschung Emotionen häufig in Form von Schuld und Trauma im Kontext der Erinnerung an den Nationalsozialismus erforscht wurden (Assmann 2004; Kühner 2008; Spitta und Rathenow 2009). Das Erinnern an den Holocaust, seine Opfer und die Täter:innen geht mit einer emotionalen Auseinandersetzung mit der deutschen Verantwortung und Schuld einher, die auch tief in viele Familiengeschichten hineinreicht (Welzer et al. 2002; Assmann und Brauer 2011). Aber abseits solcher geschichtsträchtiger Themen sind Emotionen, mehr oder weniger explizit, Bestandteil der Erinnerungsforschung und sind auch in der Forschung der *Digital Memory Studies* omnipräsent.

Doch bevor wir einige Beispiele aus der empirischen Forschung des digitalen Erinnerns vorstellen, möchten wir darlegen, warum wir uns bei der Benennung der analytischen Kategorie für den Begriff der Affektivität statt den der Emotion entschieden haben, der bis hier im Zentrum stand. Dafür wollen wir die Begriffe vorerst voneinander unterscheiden, wohlwissentlich, dass darüber in den verschiedenen Disziplinen sehr unterschiedliche Ansichten bestehen. Wir wollen uns hier Döveling und Kolleginnen (2018, 2) anschließen, die Emotionen als eine diskursiv konstruierte kulturelle Praktik verstehen und Affektivität bzw. affektive Kommunikation vielmehr als situatives, kontextuelles und relationales Handeln, das im Kern dem Ziel der Vergemeinschaftung und Herstellung emotionaler Zugehörigkeit dient. Das Besondere an sozialen Netzwerken ist nun, dass sie durch ihre „emotionale Architektur" (Wahl-Jorgensen 2018) affektive Kommunikation fördern, weil dieser mehr Aufmerksamkeit zukommt und sie damit verstärkt geteilt und prominenter angezeigt wird. Studien haben gezeigt, dass affektive Kommunikation deshalb virulenter ist, weil Algorithmen gezielt Inhalte fördern, die situativ Emotionen auslösen und dadurch affektive Anschlusskommunikation erzeugen (Garde-Hansen und Gorton 2013; Sampson et al. 2018).

Auch wenn mit den daraus entstehenden „affective publics" (Papacharissi 2015) und „affective digital cultures" (Döveling et al. 2018, 2) Probleme wie negative Kommunikationskultur und Polarisierung verbunden sind, können sie auch genauso das gemeinsame digitale Erinnern ermöglichen. Affektive digitale Kulturen erlauben gerade im Kontext des Erinnerns bedeutungsvolle Verbindungen zu anderen Menschen über Vergangenheit herzustellen (Smit 2018; Menke und Kalinina 2019). Hoskins (2014, 53) spricht daher auch von einem „new feeling of agency – an affective hyperconnectivity", denn Erinnerung könne über digitale Endgeräte, Netzwerke und Archive affektiv im Moment sowie im kommunikativen Austausch mit anderen geformt, erweitert, gespeichert, organisiert und gelöscht werden. Letztlich sind affektive Kommunikation und Emotionen aber miteinander verwoben. Die Beteiligung vieler Menschen an affektiver Kommunikation in sozialen Netzwerken führt auch dazu, dass Emotionen in Debatten verstärkt ausgedrückt und verhandelt werden (Garde-Hansen und Gorton 2013; Lünenborg 2019).

Neben diesen konzeptionellen Überlegungen, wie Digitalisierung und Affektivität miteinander zusammenhängen, gibt es auch konkrete empirische Forschung. Ein Forschungsfeld umfasst beispielsweise den Tod und die kollektive Kommemoration von Verstorbenen im Internet auf virtuellen Friedhöfen oder durch Erinnerungs-Posts in sozialen Netzwerken (Offerhaus 2016; Wagner 2018; Zeitler 2018). Regelmäßig zu beobachten ist die affektive digitale Kultur der Kommemoration bei Berühmtheiten, deren Fans online um sie trauern und an sie erinnern (Burgess et al. 2018). Ein anderes Forschungsfeld befasst sich mit dem Phänomen der Nostalgie, d.h. mit der affektiven Zuwendung zu einer idealisiert erinnerten Vergangenheit, für die eine „bittersüße" Sehnsucht empfunden wird (Sedikides et al. 2015, 190). Dieser Schwerpunkt auf Nostalgie hat zwei Gründe: Zum einen ist Nostalgie omnipräsent in der Populärkultur, wo sie sich als Mittel der Kommodifizierung bewährt hat, weil die damit hergestellte emotionale Verbindung zum Kauf und Konsum von Inhalten und Produkten bewegt (Davis 1977; Cross 2015; Niemeyer und Keightley 2020). Zum anderen erlangte Nostalgie in der Debatte über das Erstarken des Populismus Prominenz, weil sie unter anderem 2016 in der Brexit-Kampagne und im US-Wahlkampf Donald Trumps gezielt evoziert und politisch instrumentalisiert wurde (Kenny 2017; Scherke 2018). Es lassen sich auch Beispiele in Deutschland finden, wie die „Wende 2.0" (Online-)Kampagne der AfD im Thüringer Landtagswahlkampf 2019 (Menke und Wulf 2021). Aber auch in einfachen Online-Communities setzen sich Mitglieder politisch und nostalgisch mit ihrer Vergangenheit auseinander, wie es z.B. in überaus erfolgreichen DDR- und Ostalgie-Gruppen bei Facebook der Fall ist (Menke und Kalinina 2019).

Die Forschung zu Nostalgie hat gezeigt, dass nostalgisches Erinnern ein Bedürfnis erfüllt, das insbesondere in Zeiten starken Wandels entsteht und in vielseitigen Erinnerungspraktiken Ausdruck findet. Nostalgie fungiert dabei als Ressource im Umgang mit Wandel, weil sie neben Trauer über Verluste auch Wohlbefinden und Geborgenheit erzeugt (Wildschut et al. 2006). Einen eigenen Schwerpunkt bildet dabei die medienpsychologische Erforschung von Nostalgie. In einer Reihe von Studien konnte beispielsweise gezeigt werden, dass Computerspiele zu nostalgischem Empfinden beitragen und positive Effekte auf das Wohlbefinden und Gemeinschaftsgefühl haben können (Wulf et al. 2018; Wulf et al. 2019; Wulf et al. 2020; Wulf und Baldwin 2020). Darüber hinaus hat sich gezeigt, dass Nostalgie für Musik, Filme und Medientechnologien der Kindheit und Jugend auch Anlass für die Entstehung affektiver digitaler Kultur und Erinnerungsgemeinschaften ist (Felzmann 2010; Hörtnagl 2016; Schrey 2017; Menke 2019). Hier treten die verschiedenen Ebenen in Erscheinung, die von Digitalisierung berührt sein können. Nicht nur die affektive Kommunikation über Vergangenes anhand digitaler Medien (Jacobsen und Beer 2021b), sondern auch digitale Medien selbst können zum Gegenstand des Erinnerns werden, um sich mediennostalgisch mit Vergangenheit auseinanderzusetzen und dadurch einen Umgang mit medialem Wandel zu finden (Böhn 2010; Niemeyer 2014; Lizardi 2015; Menke 2017; Menke 2019).

3. Die Zukunft des digitalen Erinnerns

Da Prognosen über Wandel stets unsicher und insbesondere technologische Innovationen kaum vorhersagbar sind, sind Aussagen über die Zukunft des digitalen Erinnerns kaum sinnvoll zu treffen. Interessanter scheint es daher, sich entweder mit aktuellen Innovationen zu befassen, die bereits in ersten Ansätzen digitales Erinnern verändern oder mit Imaginationen, die gesellschaftlich zirkulieren und dadurch zumindest Einblick in das heute Denk- und Vorstellbare geben. Wir möchten mit letzterem beginnen und uns mit der Populärkultur einer Quelle solcher Imaginationen zuwenden. Dafür greifen wir die Science Fiction als ein Beispiel heraus, die sich mit Szenarien dazu befasst, wie sich Erinnern unter Bedingungen des technologischen Wandels verändern könnte und welche Folgen dabei für Gesellschaften zu erwarten wären. Solche popkulturellen Werke werden immer wieder in der kulturwissenschaftlichen Erinnerungsforschung analysiert, weil sie utopische und dystopische Szenarien entwerfen und darüber gesellschaftliche Hoffnungen und Sorgen hinsichtlich der Zukunft des Erinnerns widerspiegeln (Jenkins 2019; Koepnick 2009). Ein besonders eindrückliches Beispiel ist die Episode „Das transparente Ich" (engl. „The Entire History of You") der Serie „Black Mirror", in der Menschen ein Implantat in der Iris tragen, mit dem sie alles, was sie je gesehen haben, erneut für sich und andere abspielen können. Die omnipräsente Zugriffsoption auf die Vergangenheit erlaubt es, Erlebnisse nie zu vergessen und immer wieder gleich zu durchleben, sorgt aber auch für zwischenmenschliche Konflikte, die durch das Ausbleiben des Vergessens entstehen (Jenkins 2019).

Auch wenn das Implantat (noch) nicht in dieser Form existiert, hat doch das Smartphone aus ähnlichen Gründen das Interesse der kommunikationswissenschaftlichen Erinnerungsforschung geweckt. Ganz im Sinne des Medienbegriffs Marshall McLuhans (1994 [1964]), kann das Smartphone als eine Medientechnologie charakterisiert werden, die das Gedächtnis „erweitert", Vergangenheit fortlaufend archivierbar und jederzeit abrufbar macht sowie durch Praktiken des digitalen Erinnerns körpernah und mobil in den Alltag einbindet (Hand 2016). Wenn auch die Technologie nicht invasiv im Sinne eines Implantats ist, so ist das Smartphone doch ein ständiger „digitaler Begleiter" in unserer Gegenwart geworden (Carolus et al. 2019). Nutzende stehen mit ihm in einer intimen Beziehung, weil in den Fotoalben, Chatverläufen, Kontakten, Bookmarks etc. ein Teil der persönlichen Geschichte festgehalten ist und über soziale Netzwerke verhandelt werden kann (Hand 2016). Das digitale Dokumentieren alltäglicher Ereignisse in sozialen Netzwerken überführt diese aus der Gegenwart in eine kommunizierbare Vergangenheit, die damit gleichzeitig der Selbstrepräsentation und der Narration der eigenen Lebensgeschichte dient (Gudmundsdottir 2014). Dabei verfolgt die Forschung auch die zunehmende Bedeutung visueller Kommunikation im Internet, wie z. B. die Literatur zu digitalen Fotofiltern und Retrostyles zeigt (Bartholeyns 2014; Caoduro 2014; Schrey 2017). Das Smartphone steht damit wie keine andere Technologie für die affektive digitale Erinnerungskultur der Gegenwart und wird diese auch in Zukunft weiterhin prägen.

Andere Bereiche technologischen Wandels stehen hingegen noch am Anfang und es ist unklar, wie sie zukünftiges Erinnern verändern werden. Erste Arbeiten beschäftigen sich beispielsweise mit der Frage, ob das „Internet der Dinge" nicht nur alltägliches Erinnern transformiert, wenn z. B. ein smarter Kühlschrank daran erinnert, Milch nachzubestellen (oder das sogar selbst tut), sondern auch neue Akteurskategorien nötig werden. So heißt es bei Giaccardi und Plate (2017, 71): „With the Internet of Things, connected objects develop the ability to remember their lives, to speak to humans of where they have been and what they have seen, heard, and experienced". Die technologische Entwicklung im Bereich der künstlichen Intelligenz (KI), die auch in smarten Objekten zum Einsatz kommt, wirft die kontroverse Frage danach auf, ob in Zukunft tatsächlich nur der Mensch als erinnerndes Subjekt betrachtet werden kann. Dabei muss nicht einmal darüber philosophiert werden, ab wann eine KI so etwas wie ein Verständnis von Vergangenheit haben könnte und ob das überhaupt möglich ist. Wenn Menschen beim gemeinsamen Erinnern mit einer KI nicht mehr zwischen Menschen und KI unterscheiden (können), folgen daraus viele für die Erinnerungsforschung relevante Fragestellungen: Wer initiiert Erinnern? Wie wird Vergangenheit zwischen Mensch und KI konstruiert? Was geschieht, wenn erinnerte Vergangenheiten in Konflikt miteinander stehen? Welche Rolle spielen Emotionen beim Erinnern zwischen Mensch und KI? Auf welche (intimen) Daten der Vergangenheit sollte KI Zugriff haben? Etc. (Giaccardi und Plate 2017, 71).

Ein erstes Forschungsfeld, in welchem sich diese erinnerungskulturelle Transformation zeigt, sind Chatbots. Sie treten mit Menschen in Interaktionen, die zwischenmenschlichen Konversationen gleichen. Das gelingt besonders dann, wenn Bots Informationen aus vorangegangenen Interaktionen oder anderweitig erzeugte Daten ihres Gegenübers „erinnern" und die Konversation damit als empathisch und authentisch empfunden wird (Zhao 2006, 406). Für Steve Jones (2014, 247) bedeuten diese Entwicklungen, „[a]lgorithms and computers make use of (...) memories of us, to further processes of interaction, communication, for a variety of purposes, ranging from the informational to commercial, from entertainment to education". In verschiedensten Gesellschaftsbereichen wird KIs bereits eine soziale Bedeutung zugeschrieben und in dieser Funktion werden sie wohl auch zunehmend an der kommunikativen Konstruktion des Vergangenen beteiligt sein (Giaccardi und Plate 2017, 72). Aus der zunehmenden Beteiligung von vermeintlich zwischenmenschlich interagierenden KIs am digitalen Erinnern ergeben sich gesellschaftliche Potenziale und Risiken: Was bedeutet es für individuelles und gesellschaftliches Erinnern, wenn KIs Kommunikation mit und über Vergangenheit beispielsweise nicht für die von Jones (2014) erwähnten Bildungszwecke oder zur Unterhaltung nutzen, sondern um Vertrauen und emotionale Zugehörigkeit herzustellen, die Menschen empfänglicher für Produktempfehlungen macht oder es KIs ermöglicht, politische Einstellung zu beeinflussen? Ob solche Bedenken berechtigt sind, wird sich zeigen müssen, aber für eine kritische Erforschung von Innovationen im Bereich des digitalen Erinnerns, wird sicherlich auch in Zukunft Bedarf sein.

4. Synthese und Ausblick

Synthetisiert man nun die vier vorgestellten analytischen Kategorien, dann fügt sich damit ein Bild des digitalen Erinnerns, das dessen Besonderheiten vor dem Hintergrund der Digitalisierung hervorhebt. Erinnern ist digital vernetzter geworden und die mit ihm verbundenen alltagsweltlichen Emotionen haben durch affektive Kommunikation in digitalen Öffentlichkeiten mehr Sichtbarkeit erhalten als es zuvor in anderen medialen Öffentlichkeiten der Fall war. Traditionelle Institutionen gesellschaftlichen Erinnerns wurden damit nicht verdrängt, denn viele von ihnen sind ebenfalls aktiv an Erinnerungsarbeit im Internet beteiligt. Doch affektive Kommunikation zwischen Nutzenden im Internet hat insbesondere das alltägliche lebensweltliche Erinnern in unterschiedlichen digitalen Gemeinschaften zu einem festen Bestandteil heutiger Erinnerungskultur gemacht.

Ermöglicht wird das durch Aneignung digitaler Technologien der Vernetzung; von der Hardware (z. B. Smartphones, Laptops, Sprachassistenten, Internet der Dinge) bis zur Software (z. B. Apps, Webseiten, soziale Netzwerke, Chatbots). Wie dargelegt, sind das Speichern und die Datafizierung zwei Kernelemente, die nicht nur die Funktionalität von Plattformen und vernetzter Kommunikation gewährleisten, sondern direkten Einfluss auf das digitale Erinnern haben. Neue Fragestellungen zum Verhältnis von Erinnern und Vergessen sowie der Kontrolle über unsere Datenspuren ergeben sich aus der Nutzung dieser digitalen Infrastruktur für das Erinnern. Das digitale Erinnern hat neuen Akteur:innen, die diese Infrastruktur zur Verfügung stellen, Zugang und Einfluss auf gesellschaftliches Erinnern verschafft und gleichzeitig Nutzenden viele Möglichkeiten eröffnet, digitale Technologie kreativ und durchaus auch subversiv für gemeinsames Erinnern zu verwenden.

Die Auseinandersetzung mit künstlicher Intelligenz im Zusammenhang mit digitalem Erinnern hat deutlich gemacht, wie relevant zukünftiger Medienwandel für das gesellschaftliche Erinnern ist und wie dynamisch sich das Forschungsfeld auch in Zukunft entwickeln wird. Denn es umfasst entsprechend nicht nur Untersuchungen davon, *was* heute in digitalen Medienumgebungen erinnert wird. Es geht darüber hinaus auch darum zu ergründen, *wie* technologische Innovationen digitales Erinnern ermöglichen oder auch limitieren. Das schließt die Erforschung von Wandel mit ein, z. B. in Form von digitaler Infrastruktur, Algorithmen und künstlicher Intelligenz, die Einfluss darauf haben, wie Erinnern digital praktiziert, organisiert, kontrolliert und strukturiert wird. Nicht zuletzt leitet sich daraus auch eine kritische Forschungsperspektive darauf ab, wer die Macht und die Mittel hat, Vergangenes online zugänglich zu machen und öffentlich zu verbreiten (Van House und Churchill 2008)

Ein abschließender Gedanke: Die Zukunft des Erinnerns ist für die Forschung auch deshalb nicht einfach zu antizipieren, da gerade die Bestimmung dessen, was einmal als bedeutsam und bewahrenswert betrachtet werden wird, in der Gegenwart meist schwer zu leisten ist. Wenn sich die Relevanzrahmen in der Zukunft ändern, dann kann es sein, dass später als wichtig erachtete Objektivationen von Vergangenem beispielsweise nie archiviert wurden und sowohl die Gesellschaft als auch die Erinnerungsforschung keinen Zugriff mehr darauf haben (Schwarzenegger 2012). Diese Herausforderung trifft besonders auf das digitale Erinnern und seine Gemeinschaften im Internet zu. Die Vielzahl an Inhalten über Vergangenheit, wie z. B. Erinnerungstext und -konversationen, digitale Spuren, Bilder und Videos, ganze Webseiten etc., für spätere Forschung zu archivieren, scheint ein unmögliches Unterfangen zu sein, weil wir es letztlich mit einer Fragmentierung zutun haben, in der Bedeutungszuschreibungen innerhalb der einzelnen digitalen Gemeinschaften stattfinden. Keine übergeordnete Institution mit Ressourcen arbeitet an der Bestimmung dessen, was für die Zukunft überliefert werden sollte, und kümmert sich um seine Archivierung, wie es beispielsweise Museen und Archive des nationalen kulturellen Gedächtnisses tun. Der schnelle Wandel von Plattformen und die Flüchtigkeit von Kommunikation an bestimmten Orten im Internet führt außerdem dazu, dass Gemeinschaften sich schnell bilden können, aber sich auch genauso schnell auflösen, weiterziehen oder ihre Datenspuren und Kommunikation durch Einwirken der Plattformbetreiber verschwinden. Eine digitale Gemeinschaft in einem sozialen Netzwerk, die heute erforscht wird, kann im nächsten Jahr schon verschwunden sein. Ableiten lässt sich daraus, dass die kommunikationswissenschaftliche Erinnerungsforschung Fragestellungen zum Zusammenhang zwischen Erinnern und fortschreitender Digitalisierung nachgehen sollte, die über einzelne digitale Phänomene hinausgehen und grundsätzliche Erkenntnisse dazu beitragen, wie die Digitalisierung und die Aneignung technologischer Innovationen das Erinnern und die jeweils gegenwärtigen Erinnerungskulturen prägen und welche gesellschaftlichen Folgen das auch abseits des Internets hat.

5. Literatur

Arnold, Klaus, Walter Hömberg, und Susanne Kinnebrock (Hg.). *Geschichtsjournalismus: zwischen Information und Inszenierung*. Münster: Lit, 2010.

Assmann, Aleida. „Canon and Archive". *Cultural memory studies: an international and interdisciplinary handbook*. Hg. Astrid Erll, Ansgar Nünning, und Sara Young. Berlin; New York: De Gruyter, 2008. 97–109.

Assmann, Aleida. *Erinnerungsräume: Formen und Wandlungen des kulturellen Gedächtnisses*. München: C.H. Beck, 1999.

Assmann, Aleida. *Formen des Vergessens*. Göttingen: Wallstein Verlag, 2016.

Assmann, Aleida. „Persönliche Erinnerung und kollektives Gedächtnis in Deutschland nach 1945". *Erinnern: Arbeitstagung zum Thema Erinnern am 31. Januar und 1. Februar 2003 in Freiburg*. Hg. Wolfram Mauser, und Joachim Pfeiffer. Würzburg: Königshausen & Neumann, 2004. 81–92.

Assmann, Aleida. „Speichern oder Erinnern? Das kulturelle Gedächtnis zwischen Archiv und Kanon". *Speicher des Gedächtnisses. Bibliotheken, Museen, Archive*. Hg. Moritz Csáky, und Peter Stachel. Wien: Passagen Verlag, 2001. 15–29.

Assmann, Aleida. „The printing press and the internet: From a culture of memory to a culture of attention". *Globalization, cultural identities, and media representations*. Hg. Natascha Gentz, und Stefan Kramer. Albany: State University of New York Press, 2006. 11–24.

Assmann, Aleida, und Jan Assmann. „Das Gestern im Heute. Medien und soziales Gedächtnis". *Die Wirklichkeit der Medien*. Hg. Klaus Merten, Siegfried J. Schmidt, und Siegfried Weischenberg. Wiesbaden: VS Verlag für Sozialwissenschaften, 1994. 114–140.

Assmann, Aleida, und Juliane Brauer. „Bilder, Gefühle, Erwartungen: Über die emotionale Dimension von Gedenkstätten und den Umgang von Jugendlichen mit dem Holocaust". *Geschichte und Gesellschaft* 37.1 (2011): 72–103.

Assmann, Jan. „Kollektives Gedächtnis und kulturelle Identität". *Kultur und Gedächtnis*. Hg. Jan Assmann, und Tonio Hölscher. Frankfurt am Main: Suhrkamp, 1988. 9–19.

Baer, Alejandro. „Consuming History and Memory through Mass Media Products". *European Journal of Cultural Studies* 4.4 (2001): 491–501.

Bahk, Yong-Chun, und Kee-Hong Choi. „The Relationship between Autobiographical Memory, Cognition, and Emotion in Older Adults: A Review". *Aging, Neuropsychology, and Cognition* 25.6 (2018): 874–892.

Bartholeyns, Gil. „The Instant Past: Nostalgia and Digital Retro Photography". *Media and nostalgia: yearning for the past, present and future*. Hg. Katharina Niemeyer. London: Palgrave Macmillan, 2014. 51–69.

Bayramoğlu, Yener. „Remembering Hope: Mediated Queer Futurity and Counterpublics in Turkey's Authoritarian Times". *New Perspectives on Turkey* 64 (2021): 173–195.

Böhn, Andreas. „Mediennostalgie als Techniknostalgie". *Techniknostalgie und Retrotechnologie*. Hg. Andreas Böhn, und Kurt Möser. Karlsruhe: KIT Scientific Publishing, 2010. 149–166.

Breiter, Andreas, und Andreas Hepp. „Die Komplexität der Datafizierung: zur Herausforderung, digitale Spuren in ihrem Kontext zu analysieren". *Neue Komplexitäten für Kommunikationsforschung und Medienanalyse: Analytische Zugänge und empirische Studien. Digital Communication Research 4.* Hg. Christian Katzenbach, Christian Pentzold, Sigrid Kannengießer, Marian Adolf, und Monika Taddicken. Berlin: Digital Communication Research, 2018. 27–48.

Brennen, J. Scott, und Daniel Kreiss. „Digitalization". *The International Encyclopedia of Communication Theory and Philosophy*. Hg. Klaus Bruhn Jensen, Eric W. Rothenbuhler, Jefferson D. Pooley, Robert T. Craig, J. Scott Brennen und Daniel Kreiss. Hoboken, NJ: Wiley, 2016. 1–11.

Burgess, Jean, Peta Mitchell, und Felix V. Muench. „Social Media Rituals: The Uses of Celebrity Death in Digital Culture". *A Networked Self and Birth, Life, Death*. Hg. Zizi Papacharissi. New York: Routledge. 2018. 224–239.

Caoduro, Elena. „Photo filter apps: Understanding analogue nostalgia in the new media ecology". *Time and Technology in Popular Culture, Media and Communication* 7.2 (2014): 67–82.

Carolus, Astrid, Jens F. Binder, Ricardo Münch, Catharina Schmidt, Folrian Schneider, und Sarah L. Buglass. „Smartphones as Digital Companions: Characterizing the Relationship between Users and Their Phones". *New Media & Society* 21.4 (2019): 914–938.

Chun, Wendy Hui Kyong. „The Enduring Ephemeral, or the Future Is a Memory". *Critical Inquiry* 35.1 (2008): 148–171.

Cross, Gary S. *Consumed nostalgia: memory in the age of fast capitalism*. New York: Columbia University Press, 2015.

Davis, Fred. „Nostalgia, Identity and the Current Nostalgia Wave". *The Journal of Popular Culture* 11.2 (1977): 414–424.

Dimbath, Oliver, Hanna Haag, Nina Leonhard, und Geral Selbald. „Einleitung: Gedächtnisse der Organisationen und die Organisation der Gedächtnisse". *Organisation und Gedächtnis. Über die Vergangenheit der Organisation und die Organisation der Vergangenheit.* Hg. Nina Leonhard, Oliver Dimbath, Hanna Haag, und Gerd Sebald. Wiesbaden: Springer, 2016. 1–14.

Dimbath, Oliver. „Soziologische Rahmenkonzeptionen. Eine Untersuchung der Rahmenmetapher im Kontext von Erinnern und Vergessen". *Formen und Funktionen sozialen Erinnerns*. Hg. Nina Leonhard, Oliver Dimbath, Hanna Haag, und Gerd Sebald. Wiesbaden: Springer, 2016. 25–48.

Donges, Patrick. „Klassische Medien als Institutionen". *Medien als Institutionen und Organisationen.* Hg. Matthias Künzler, Franziska Oehmer, Manuel Puppis, und Christian Wassmer. Baden-Baden: Nomos, 2013. 87–96.

Döveling, Katrin, Anu A. Harju, und Denise Sommer. „From Mediatized Emotion to Digital Affect Cultures: New Technologies and Global Flows of Emotion". *Social Media + Society* 4.1 (2018): 205630511774314.

Erll, Astrid. *Kollektives Gedächtnis und Erinnerungskulturen.* Stuttgart: J.B. Metzler, 2017.

Erll, Astrid, und Ansgar Nünning (Hg.). *Medien des kollektiven Gedächtnisses. Konstruktivität, Historizität, Kulturspezifität.* Berlin; New York: De Gruyter, 2004.

Esposito, Elena. „Algorithmic Memory and the Right to Be Forgotten on the Web". *Big Data & Society* 4.1 (2017): 205395171770399.

Esposito, Elena. „Die Formen des Web-Gedächtnisses. Medien und soziales Gedächtnis". *Formen und Funktionen sozialen Erinnerns.* Hg. René Lehmann, Florian Öchsner, und Gerd Sebald. Wiesbaden: Springer, 2013. 91–103.

Esposito, Elena. „Tools to Remember an Ever-changing Past". *Forgetting Machines: Knowledge Management Evolution in Early Modern Europe.* Hg. Alberto Cevolini. Boston: Brill, 2016. 335–344.

Meta. Facebook Erinnerungen – Hilfebereich. https://www.facebook.com/help/1056848067697293/?helpref=hc_fnav&rdrhc. Unternehmenswebseite (18. März 2022).

Felzmann, Sebastian. „Playing Yesterday: Mediennostalgie und Videospiele". *Techniknostalgie und Retrotechnologie.* Hg. Andreas Böhn und Kurt Möser. Karlsruhe: KIT Scientific Publishing, 2010. 197–216.

Frick-Salzmann, Annemarie. *Gedächtnis: Erinnern und Vergessen.* Wiesbaden: Springer, 2017.

Frith, Jordan, und Jason Kalin. „Here, I Used to Be: Mobile Media and Practices of Place-Based Digital Memory". *Space and Culture* 19.1 (2016): 43–55.

Garde-Hansen, Joanne, Andrew Hoskins, und Anna Reading (Hg.). *Save as...Digital Memories.* Houndmills, Basingstoke, Hampshire; New York: Palgrave Macmillan, 2009.

Garde-Hansen, Joanne, und Kristyn Gorton. *Emotion online: Theorizing affect on the internet.* Houndmills, Basingstoke, Hampshire; New York: Palgrave Macmillan, 2013.

Ghezzi, Alessia, Ângela Guimarães Pereira, und Lucia Vesnić-Alujevic (Hg.). *The Ethics of Memory in a Digital Age. Interrogating the Right to Be Forgotten.* London: Palgrave Macmillan, 2014.

Giaccardi, Elisa, und Liedeke Plate. „How Memory Comes to Matter. From Social Media to the Internet of Things". *Materializing memory in art and popular culture.* Hg. László Munteán, Liedeke Plate, und Anneke Smelik. New York: Routledge, 2017. 65–88.

Göttlich, Udo. „Zur Kreativität des Handelns in der Medienaneignung: Handlungs- und praxistheoretische Aspekte als Herausforderung der Rezeptionsforschung". *Theorien der Kommunikations- und Medienwissenschaft.* Hg. Carsten Winter, Andreas Hepp, und Friedrich Krotz. Wiesbaden: VS Verlag für Sozialwissenschaften, 2008. 383–399.

Gudmundsdottir, Gunnthorunn. „The Online Self: Memory and Forgetting in the Digital Age". *European Journal of Life Writing* 3 (2014): VC42–54.

Gustafsson, Karl. „Chinese Collective Memory on the Internet: Remembering the Great Famine in Online Encyclopaedias". *Memory Studies* 12.2 (2019): 184–197.

Halbwachs, Maurice. *Das kollektive Gedächtnis.* Frankfurt am Main: Fischer, 1991. (Original 1952)

Hand, Martin. „Persistent Traces, Potential Memories: Smartphones and the Negotiation of Visual, Locative, and Textual Data in Personal Life". *Convergence: The International Journal of Research into New Media Technologies* 22.3 (2016): 269–286.

Hepp, Andreas. „Kommunikations- und Medienwissenschaft in datengetriebenen Zeiten". *Publizistik* 61.3 (2016): 225–246.

Hitzler, Ronald. „Posttraditionale Vergemeinschaftung: Über neue Formen der Sozialbindung". *Berliner Debatte Initial* 9.1 (1998): 81–89.

Holland, Alisha C., und Elizabeth A. Kensinger. „Emotion and Autobiographical Memory". *Physics of Life Reviews* 7.1 (2010): 88–131.

Hörtnagl, Jakob. „"Why? Because It's Classic!". Negotiated knowledge and group identity in the retrogaming-community "Project 1999"". *medien & zeit* 31.4 (2016): 40–49.

Hoskins, Andrew. „Anachronisms of Media, Anachronisms of Memory: From Collective Memory to a New Memory Ecology". *On Media Memory Collective Memory in a New Media Age*. Hg. Mordechai Neiger, Oren Meyers, und Eyal Zandberg. Basingstoke,; New York: Palgrave Macmillan, 2011. 278–288.

Hoskins, Andrew. „Memory of the multitude. The end of collective memory". *Digital memory studies: media pasts in transition*. Hg. Andrew Hoskins. New York: Routledge, 2017. 85–109.

Hoskins, Andrew. „New Memory: Mediating History". *Historical Journal of Film, Radio and Television* 21.4 (2001): 333–346.

Hoskins, Andrew. „The mediatization of memory". *Mediatization of communication*. Hg. Knut Lundby. Berlin; Boston: De Gruyter, 2014. 661–667.

Humphreys, Lee. „Birthdays, Anniversaries, and Temporalities: Or How the Past Is Represented as Relevant through on-This-Date Media". *New Media & Society* 22.9 (2020): 1663–1679.

Jacobsen, Ben, und David Beer. *Social Media and the Automatic Production of Memory. Classification, Ranking and the Sorting of the Past*. Bristol: Bristol University Press, 2021a.

Jacobsen, Ben, und David Beer. „*Quantified Nostalgia: Social Media, Metrics, and Memory.*" Social Media + Society 7.2 (2021b): 1–9.

Jarren, Otfried. „Nicht Daten, sondern Institutionen fordern die Publizistik- und Kommunikationswissenschaft heraus: Zu Andreas Hepps Beitrag ,Kommunikations- und Medienwissenschaft in datengetriebenen Zeiten' (Publizistik, Heft 3, 2016)". *Publizistik* 61.4 (2016): 373–383.

Jenkins, Henry. „Enhanced Memory: ,The Entire History of You'". *Through the Black Mirror*. Hg. Terence McSweeney, und Stuart Joy. Cham: Springer, 2019. 43–54.

Joerges, Bernward (Hg.). *Technik im Alltag*. Frankfurt am Main: Suhrkamp, 1988.

Jones, Steve. „People, Things, Memory and Human-Machine Communication". *International Journal of Media & Cultural Politics* 10.3 (2014): 245–258.

Kalinina, Ekaterina, und Manuel Menke. „Negotiating the Past in Hyperconnected Memory Cultures: Post-Soviet Nostalgia and National Identity in Russian Online Communities". *International Journal of Media & Cultural Politics* 12.1 (2016): 57–72.

Keightley, Emily, und Philip Schlesinger. „Digital Media - Social Memory: Remembering in Digitally Networked Times". *Media, Culture & Society* 36.6 (2014): 745–747.

Kenny, Michael. „Back to the Populist Future?: Understanding Nostalgia in Contemporary Ideological Discourse". *Journal of Political Ideologies* 22.3 (2017): 256–273.

Knoblauch, Hubert. „Das kommunikative Gedächtnis". *Grenzenlose Gesellschaft?*. Hg. Claudia Honegger, Stefan Hradil, und Franz Traxler. Wiesbaden: VS Verlag für Sozialwissenschaften, 1999. 733–748.

Knoblauch, Hubert. *Die kommunikative Konstruktion der Wirklichkeit*. Wiesbaden: Springer, 2017.

Knoblauch, Hubert (Hg.). *Kommunikative Lebenswelten: zur Ethnographie einer geschwätzigen Gesellschaft*. Konstanz: UVK, 1996.

Koenen, Erik, Christian Schwarzenegger, und Juraj Kittler. „Data(fication): ,Understanding the World Through Data' as an Everlasting Revolution". *Digital Roots*. Hg. Gabriele Balbi, Nelson Ribeiro, Valérie Schafer, und Christian Schwarzenegger. Berlin; Boston: De Gruyter, 2021. 137–156.

Koepnick, Lutz. „Unvergesslich? Science-Fiction und die Zukunft der Erinnerung". *Frosch und Frankenstein. Bilder als Medium der Popularisierung von Wissenschaft*. Hg. Bernd Hüppauf, und Peter Weingart. Bielefeld: transcript, 2009. 407–426.

Kohle, Hubertus. *Museen digital: Eine Gedächtnisinstitution sucht den Anschluss an die Zukunft*. Heidelberg: Heidelberg University Publishing, 2018.

Kühner, Angela. *Trauma und kollektives Gedächtnis*. Gießen: Psychosozial-Verlag, 2008.

Lambert, Alex, Bjorn Lansen, und Michael Arnold. „Algorithmic Memorial Videos: Contextualising Automated Curation". *Memory Studies* 11.2 (2018): 156–171.

Lizardi, Ryan. *Mediated Nostalgia: individual memory and contemporary mass media*. Lanham, MD: Lexington Books, 2015.

Lünenborg, Margret. „Affective Publics". *Affective societies: key concepts*. Hg. Jan Slaby, und Christian von Scheve. London; New York: Routledge, 2019. 319–329.

Mayer-Schönberger, Viktor. *Delete: The Virtue of Forgetting in the Digital Age*. Princeton: Princeton University Press, 2011.

McLuhan, Marshall. *Understanding media: the extensions of man*. Cambridge, MA: MIT Press, 1994.

Menke, Manuel. *Mediennostalgie in digitalen Öffentlichkeiten: Zum kollektiven Umgang mit Medien- und Gesellschaftswandel*. Köln: Herbert von Halem, 2019.

Menke, Manuel. „Seeking Comfort in Past Media: Modeling Media Nostalgia as a Way of Coping With Media Change". *International Journal of Communication* 11 (2017): 626–646.

Menke, Manuel, und Ekaterina Kalinina. „Reclaiming Identity: GDR Lifeworld Memories in Digital Public Spheres". *Communicating memory & history*. Hg. Nicole Maurantonio, und David W. Park. New York: Peter Lang, 2019. 243–261.

Menke, Manuel, und Tim Wulf. „The Dark Side of Inspirational Pasts: An Investigation of Nostalgia in Right-Wing Populist Communication". *Media and Communication* 9.2 (2021): 237–249.

Merrill, Samuel, Emily Keightley, und Prika Daphi (Hg.). *Social Movements, Cultural Memory and Digital Media: Mobilising Mediated Remembrance*. Cham: Springer, 2020.

Migowski, Ana Lúcia, und Willian Fernandes Araújo. „ ‚Looking Back' at Personal Memories on Facebook: Co-Constituitive Agencies in Contemporary Remembrance Practices". *Journal of Aesthetics & Culture* 11.1 (2019): 56–63.

Moss, Michael. „Memory institutions, the archive and digital disruption?". *Digital memory studies: media pasts in transition*. Hg. Andrew Hoskins. New York: Routledge, 2017. 253–279.

Neiger, Motti. „Theorizing Media Memory: Six Elements Defining the Role of the Media in Shaping Collective Memory in the Digital Age". *Sociology Compass* 14.5 (2020): 1–11

Neuberger, Christoph. „Onlinemedien als Institutionen". *Medien als Institutionen und Organisationen*. Hg. Matthias Künzler, Franziska Oehmer, Manuel Puppis, und Christian Wassmer. Baden-Baden: Nomos, 2013. 97–116.

Niemeyer, Katharina (Hg.). *Media and nostalgia: yearning for the past, present and future*. Basingstoke; New York: Palgrave Macmillan, 2014.

Niemeyer, Katharina, und Emily Keightley. „The Commodification of Time and Memory: Online Communities and the Dynamics of Commercially Produced Nostalgia". *New Media & Society* 22.9 (2020): 1639–1662.

Nora, Pierre. „Between Memory and History: Les Lieux de Mémoire". *Representations* 26.Frühling (1989): 7–24.

Offerhaus, Anke. „Begraben im Cyberspace. Virtuelle Friedhöfe als Räume mediatisierter Trauer und Erinnerung". *Die Zukunft des Todes*. Hg. Thorsten Benkel. Bielefeld: transcript, 2016. 339–364.

Özkul, Didem, und Lee Humphreys. „Record and Remember: Memory and Meaning-Making Practices through Mobile Media". *Mobile Media & Communication* 3.3 (2015): 351–365.

Papacharissi, Zizi. *Affective publics: sentiment, technology, and politics*. Oxford: Oxford University Press, 2015.

Prey, Robert, und Rik Smit. „From Personal to Personalized Memory. Social Media as Mnemotechnology". *A Networked Self and Birth, Life, Death*. Hg. Zizi Papacharissi. New York: Routledge, 2018. 209–223.

Rainie, Lee, und Barry Wellman. „The Internet in Daily Life: The Turn to Networked Individualism". *Society and the Internet*. Hg. Lee Rainie, und Barry Wellman, Oxford: Oxford University Press, 2019. 27–42.

Reading, Anna. „Memory and Digital Media: Six Dynamics of the Globital Memory Field". *On Media Memory Collective Memory in a New Media Age*. Hg. Mordechai Neiger, Oren Meyers, und Eyal Zandberg. Basingstoke; New York: Palgrave Macmillan, 2011. 241–252.

Ricœur, Paul. *Gedächtnis, Geschichte, Vergessen*. Übersetzt von Hans-Dieter Gondek, Heinz Jatho, und Markus Sedlaczek. München: Fink, 2004.

Robards, Brady, Sian Lincoln, Benjamin C. Pinkard, und Jane Harris. „Remembering Through Facebook: Mediated Memory and Intimate Digital Traces". *Digital Intimate Publics and Social Media*. Hg. Amy Shields Dobson, Brady Robards, und Nicholas Carah. Cham: Springer, 2018. 75–91.

Sampson, Tony D., Stephen Maddison, und Darren Ellis (Hg). *Affect and social media: emotion, mediation, anxiety and contagion*. London; New York: Rowman & Littlefield, 2018.

Scherke, Katharina. „Nostalgie und Politik". *Zeitschrift für Politik* 65.1 (2018): 81–96.

Schrey, Dominik. *Analoge Nostalgie in der digitalen Medienkultur*. Berlin: Kulturverlag Kadmos, 2017.

Schwarz, Ori. „The Past next Door: Neighbourly Relations with Digital Memory-Artefacts". *Memory Studies* 7.1 (2014): 7–21.

Schwarzenegger, Christian. „Exploring Digital Yesterdays - Reflections on New Media and the Future of Communication History". *Historical Social Research* 37.4 (2012): 118–133.

Sebald, Gerd, und Jan Weyand. „Zur Formierung sozialer Gedächtnisse". *Zeitschrift für Soziologie* 40.3 (2011): 174–189.

Sedikides, Constantine, Tim Wildschut, Clay Routledge, Jamie Arndt, Erica G. Hepper, und Xinyue Zhou. „To Nostalgize: Mixing Memory with Affect and Desire". *Advances in Experimental Social Psychology* 51.1 (2015): 189–273.

Sick, Franziska. „Digitales Recht und digitales Gedächtnis". *Medium und Gedächtnis: von der Überbietung der Grenze(n)*. Hg. Franziska Sick, und Beate Ochsner. New York: Peter Lang, 2004. 43–69.

Singer, Reinhard, und Benjamin Beck. „Das »Recht auf Vergessenwerden« im Internet". *JURA - Juristische Ausbildung* 41.2 (2019): 125–135.

Sluis, Karina. „Algorithmic Memory? Machinic Vision and Database Culture". *New Media and the Politics of Online Communities*. Hg. Aris Mousoutzanis, und Daniela Riha. Oxford: Inter-Disciplinary Press, 2010. 227–236.

Smit, Rik. *Platforms of memory: social media and digital memory work*. Groningen: University of Groningen, 2018.

Sommer, Vivien. „Mediatisierte Erinnerungen. Medienwissenschaftliche Perspektiven für eine Theoretisierung digitaler Erinnerungsprozesse". *(Digitale) Medien und soziale Gedächtnisse*. Hg. Gerd Sebald, und Marie-Kristin Döbler. Wiesbaden: Springer, 2018. 53–79.

Spitta, Juliane, und Hanns-Fred Rathenow. *Trauma und Erinnerung*. Herbolzheim: Centaurus, 2009.

St. Jacques, Peggy L., und Brian Levine. „Ageing and Autobiographical Memory for Emotional and Neutral Events". *Memory* 15.2 (2007): 129–144.

Steiner, Miriam, Melanie Magin, Birgit Stark, und Pascal Jürgens. „Aus Versehen informiert?". *Meinungsbildung in der Netzöffentlichkeit*. Hg. Patrick Weber, Frank Mangold, Matthias Hofer, und Thomas Koch. Baden-Baden: Nomos, 2019. 17–36.

Tirosh, Noam. „Reconsidering the ‚Right to Be Forgotten' – Memory Rights and the Right to Memory in the New Media Era". *Media, Culture & Society* 39.5 (2017): 644–660.

van Dijck, José. *Mediated memories in the digital age*. Stanford: Stanford University Press, 2007.

van Dijck, José. „Mediated Memories: Personal Cultural Memory as Object of Cultural Analysis". *Continuum* 18.2 (2004): 261–277.

Van House, Nancy, und Elizabeth F. Churchill. „Technologies of Memory: Key Issues and Critical Perspectives". *Memory Studies* 1.3 (2008): 295–310.

Wagner, Anna J. M. „Do Not Click ‚Like' When Somebody Has Died: The Role of Norms for Mourning Practices in Social Media". *Social Media + Society* 4.1 (2018): 205630511774439.

Wahl-Jorgensen, Karin. „The Emotional Architecture of Social Media". *A Networked Self and Platforms, Stories, Connections.* Hg. Zizi Papacharissi. New York: Routledge, 2018. 77–93.

Wang, Qi. „On the Cultural Constitution of Collective Memory". *Memory* 16.3 (2008): 305–317.

Welzer, Harald, Sabine Moller, und Karoline Tschuggnall. *Opa war kein Nazi: Nationalsozialismus und Holocaust im Familiengedächtnis.* Frankfurt am Main: Fischer Taschenbuch, 2002.

Wildschut, Tim, Constantine Sedikides, Clay Routledge, und Jamie Arndt. „Nostalgia: Content, Triggers, Functions". *Journal of Personality and Social Psychology* 91.5 (2006): 975–993.

Wulf, Tim, Nicholas D. Bowman, John A. Velez, und Johannes Breuer. „Once upon a Game: Exploring Video Game Nostalgia and Its Impact on Well-Being". *Psychology of Popular Media* 9.1 (2020): 83–95.

Wulf, Tim, James A. Bonus, und Diana Rieger. „The Inspired Time Traveler: Examining the Implications of Nostalgic Entertainment Experiences for Two-Factor Models of Entertainment". *Media Psychology* 22.5 (2019): 795–817.

Wulf, Tim, Nicholas D. Bowman, Diana Rieger, John A. Velez, und Johannes Breuer. „Video Game Nostalgia and Retro Gaming". *Media and Communication* 6.2 (2018): 60–68.

Wulf, Tim, und Matthew Baldwin. „Being a kid again: Playing Pokémon Go contributes to wellbeing through nostalgia". *Studies in Communication and Media* 9.2 (2020): 241–263.

Zamponi, Lorenzo. „Collective Memory and Social Movements". *The Wiley-Blackwell Encyclopedia of Social and Political Movements.* Hg. David A. Snow, Donatella Della Porta, Bert Klandermans, und Doug McAdam. Oxford: Blackwell, 2013. 1–4.

Zeitler, Anna. „#MediatedMemories: Twitter und die Terroranschläge von Paris im kollektiven Gedächtnis". *(Digitale) Medien und soziale Gedächtnisse.* Hg. Gerd Sebald, und Marie-Kristin Döbler. Wiesbaden: Springer, 2018. 123–141.

Zelizer, Barbie. „Why Memory's Work on Journalism Does Not Reflect Journalism's Work on Memory". *Memory Studies* 1.1 (2008): 79–87.

Zhao, Shanyang. „Humanoid Social Robots as a Medium of Communication". *New Media & Society* 8.3 (2006): 401–419.

Zierold, Martin. *Gesellschaftliche Erinnerung: eine medienkulturwissenschaftliche Perspektive.* Berlin; New York: De Gruyter, 2006.

Maria Kyriakidou

25 Die moralische Hierarchie des Erinnerns: Fernes Leid, Kosmopolitanismus und Mediengedächtnis

1. Einleitung[1]

Die Berichterstattung über das Leid anderer Menschen steht im Mittelpunkt öffentlicher Debatten bezüglich des moralischen Potenzial von Medien für das Entstehen grenzüberschreitender Solidarität. Bei der Berichterstattung über Katastrophen, politischer Krisen und humanitärer Unglücke fordern westliche Medien ihr Publikum häufig dazu auf, moralische Urteile über das erlebte Leid zu fällen, gelegentlich auch darauf zu reagieren und schließlich ihre moralische Vorstellungskraft zu erweitern und ihr Verantwortungsgefühl gegenüber weit entfernten Anderen zu stärken. Dieses moralische Potenzial der Medien wirft kritische Fragen über das Engagement des Publikums und eine übermäßige Gewöhnung an das Leiden in fernen Ländern auf (Moeller 1999; Cohen 2001; Tester 2001).

Im Folgenden befasse ich mich mit diesen Fragen, indem ich die Auseinandersetzung des Publikums mit fernen Anderen untersuche, genauer gesagt, wie räumlich entfernte Menschen und ihr Leid ausgehend von medial vermittelten Geschichten von Zuschauenden erinnert werden. Dabei gehe ich von der Annahme aus, dass medial vermittelte Erinnerungen insofern eine moralische Dimension haben, als sie diskursive Ressourcen eröffnen, auf die Zuschauende im Verstehen anderer relevanter Ereignisse, denen sie über Medien begegnen, zurückgreifen können. Medienberichte prägen so das Verständnis des Publikums von der Welt und ermöglichen gleichzeitig die Auseinandersetzung mit dem Schmerz anderer. Vor diesem Hintergrund werden im Verlauf des Kapitels mediale Erinnerungspraktiken als analytische Kategorie für die Erforschung der moralischen Auseinandersetzung von Medienrezipierenden mit fernem Leid eingeführt. Medienerinnerung wird hier als die diskursive publikumsseitige Rekonstruktion von Erinnerungen an Ereignisse definiert, die durch Medien geteilt und erlebbar gemacht werden. Der Fokus auf die diskursive Ebene betont die Praxis des Erinnerns, die weit mehr ist als eine bloße Reproduktion von Medienberichten über Leid. Als rekonstruktive Auseinandersetzung mit Medienberichten über menschliches Leid bezieht sich mediales Erinnern auf den Prozess des Umwandelns von me-

---

1 Deutsche Übersetzung von M. Kyriakidou „Distant Suffering in Audience Memory: The Moral Hierarchy of Remembering." *International Journal of Communication* 8 (2014): 1474–1494.

dial vermittelten Erinnerungen an fernes Leid in diskursiv konstituierte und ausgehandelte Geschichten. Besonders interessant an diesen Geschichten ist nicht das, woran erinnert wird, sondern vielmehr, wie die Geschichten zusammengesetzt sind. Dies wirft Licht auf die sozialen Diskurse und Ressourcen, die Menschen bei der Rekonstruktion ihrer Erinnerungen einsetzen, sowie auf die kulturellen und moralischen Bedeutungen, die ihnen zugeschrieben werden.

Das Kapitel bietet erstens eine empirische Grundlage für die bisher weitgehend theoretisch geführten Debatten über den Umgang des Publikums mit Nachrichten fernen Leids. Zweitens werden mit Fokus auf die Praxis des Erinnerns die Aneignungen, (Neu-)Interpretationen und (Neu-)Artikulationen von Mediendiskursen durch das Publikum untersucht. Hierbei wird zudem die wechselseitige Beziehung zwischen Medientexten und Publika (Livingstone 1993, 7) veranschaulicht. Somit geht der Beitrag über Medienrezeption hinaus und betrachtet den Kontext alltäglicher Diskurse, in den Menschen eingebunden sind, während sie über fernes Leid sprechen.

Dieser Beitrag erwächst aus einem grösseren Projekt, in dem untersucht wurde, wie das Nachrichtenpublikum seine moralische Handlungsfähigkeit gegenüber dem Leiden entfernter Anderer konstruiert (Kyriakidou 2011). Sowohl die Konzepte von Nachrichten als auch deren Publikum haben sich seitdem weiterentwickelt, was auf die Entwicklung der Medientechnologien und die Art und Weise zurückzuführen ist, wie diese von Zuschauenden genutzt werden, um sich zu informieren (Schrøder 2014). Allerdings ist das Publikum in all seinen Ausprägungen im Hinblick auf Nachrichten über Katastrophen und menschlichen Leid immer noch zu wenig erforscht (Kyriakidou 2021) und die Frage des Erinnerns wird in diesem Forschungsfeld immer noch übersehen. Dieses Kapitel soll daher auch als Aufforderung zu weiteren einschlägigen Forschungsarbeiten verstanden werden.

2. Berichterstattung über Katastrophen und die Hierarchien von Leben und Orten

Die Bedeutung von Katastrophen als Ereignisse, die häufig die Nachrichten füllen, wurde bereits in der frühen Medienforschung erkannt. Bei der Untersuchung der journalistischen Kriterien von Nachrichtenwerten stellten Galtung und Ruge (1965) die westliche Voreingenommenheit bei internationalen Nachrichten heraus, wonach Ereignisse, die Elitenationen und -personen betreffen, mit größerer Wahrscheinlichkeit in die Nachrichten gelangen, während über Länder „niedrigeren Ranges" vor allem in Krisen- und Katastrophenzeiten und nur dann berichtet wird, wenn sie eine Reihe von Kriterien erfüllen, um als nachrichtenwürdig zu gelten. Solche Hierarchien in der Berichterstattung über internationale Nachrichten sind seither Gegenstand zahlreicher wissenschaftlicher Debatten und Untersuchungen (Adams 1986; Singer et al. 1991). Ein gemeinsames Thema dieser Studien ist die Beobachtung, dass die Schwere einer

Katastrophe, gemessen an der Zahl der Opfer, nur am Rande das Ausmaß der Berichterstattung erklären kann; organisatorische Faktoren und soziale und kulturelle Affinitäten spielen eine wichtige Rolle für die Berichterstattung über ausländische Katastrophen (Adams 1986).

So kommt eine von der Mediaanalyse-Agentur CARMA veröffentlichte Studie zu dem Schluss: „[T]here appears to be no link between the scale of a disaster and media interest in the story" (CARMA 2006, 6). Aus der Studie geht des weiteren geht hervor, dass Hurrikan Katrina, obwohl er rund 2000 Menschenleben forderte, weitaus mehr Aufmerksamkeit erhielt als das Erdbeben in Kaschmir, dessen Opferzahl sich 80000 näherte. Diese Diskrepanz wird auf „Western self-interests" bei der Berichterstattung über verschiedene Regionen der Welt zurückgeführt (CARMA 2006, 5).

Empirisch fundierte Studien zur Vermittlung von Leid in der Ferne haben die Rolle von Mediendarstellungen unterstrichen, die das Publikum gegenüber den Opfern in der Ferne unterschiedlich positionieren, indem sie verschiedene Anforderungen an deren politische und emotionale Sensibilität stellen (Chouliaraki 2006; Joye 2009). Chouliaraki, die eine semiotische Analyse zur Untersuchung von Fernsehnachrichten über fernes Leid durchführte, identifiziert demnach drei „regiments of pity", die auf drei Arten der Berichterstattung beruhen: „Abenteuer", „Notfall" und „Ekstase" (Chouliaraki 2006). Diese Arten von Nachrichten stellen unterschiedliche moralische Ansprüche an das Publikum: Nachrichten in der Form von Abenteuern registrieren nur Informationen, ohne Emotionen hervorzurufen (Chouliaraki 2006, 106), Notstandsnachrichten bieten „a frame of action to the spectators themselves" (Chouliaraki 2006, 119) und ekstatische Nachrichten konstruieren eine Identifikationsbeziehung zwischen Zuschauenden und Leidenden (Chouliaraki 2006, 175).

Trotz der impliziten Annahme, dass moralische Hierarchien des Leidens in der Medienberichterstattung für die Art und Weise, wie sich Publika mit den verschiedenen Ereignissen auseinandersetzen, von Bedeutung sind, bleibt die Frage weitgehend unerforscht, wie sich das Publikum zu fernem Leid tatsächlich verhält. In einigen bemerkenswerten Beispielen hat Höijer (2004) die Komplexität der Publikumsreaktionen auf Nachrichten über Leiden und die Abhängigkeit des Mitgefühls von visuellen Darstellungen veranschaulicht, während Seu (2010), die sich auf die Frage des Publikumshandelns bzw. Nicht-Handelns gegenüber humanitären Kampagnen konzentrierte, die verschiedenen Arten der diskursiven Distanzierung vom Leiden anderer Menschen untersucht hat. Auch Scott (2014, 3) hat die medial vermittelten Begegnungen von Menschen mit fernem Leid durch eine Vielzahl von Programmen untersucht und ist zu dem Schluss gekommen, dass diese Begegnungen meist lediglich „indifference and solitary enjoyment" beinhalten.

Der vorliegende Beitrag zielt darauf ab, diesen Forschungsstrang weiterzuführen. Gleichzeitig geht er über Situationen der Medienrezeption und den Fokus auf einzelne Ereignisse hinaus und beschäftigt sich damit, wie Medienberichte über Leid in Publikumsdiskursen transformiert werden und inwieweit diese moralische Hierarchien widerspiegeln, die denen ähneln, die die einschlägige Forschung den

Medientexten zugeschrieben hat. In dieser Hinsicht ist es wichtig zu untersuchen, wie Medienberichte über fernes Leid im Gedächtnis der Zuschauenden transformiert werden.

3. Moralische Dimensionen medialer Erinnerung

Die zentrale Bedeutung des Gedächtnisses als moralische globalisierende Kraft wurde im Konzept des „kosmopolitischen Gedächtnisses" erfasst, das als Grundlage für die Bildung moralischer Interdependenzen und transnationaler Solidaritäten dienen soll (Levy und Sznaider 2002). Der Holocaust wurde ausgiebig als Inbegriff eines solchen Ereignisses diskutiert, dessen weltweit geteilte Erinnerungen für die Konstruktion eines globalen moralischen Raums von zentraler Bedeutung sind, in welchem weit entfernte Menschen Teil einer gemeinsamen globalen Vergangenheit werden und „new cosmopolitan sensibilities and moral-political obligations" entstehen (Levy und Sznaider 2002, 103; siehe auch Zelizer 1998; Levy und Sznaider 2006). Levy und Sznaider (2002) sehen die elektronischen Medien an vorderster Front dieser Veränderungen, da sie ein gemeinsames Bewusstsein fördern und den Zuschauenden auf der ganzen Welt moralische Vorschläge unterbreiten. In einem vergleichenden Projekt über globale Mediengenerationen untersuchten Volkmer (2006) und ihre Kolleg:innen die Art und Weise, wie medienbezogene Erinnerungen eine gemeinsame Grundlage für die Wahrnehmung der Welt formulieren können. Die Autor:innen argumentieren, dass prägende, über Nachrichten vermittelte Erinnerungen wie der Vietnamkrieg, die Mondlandung oder der Tod von Prinzessin Diana einen Rahmen für aktuelle, generationsspezifische Formen der Weltwahrnehmung bilden.

Medien spielen als weit verbreitete und genutzte diskursive Ressourcen eine doppelte Rolle bei der Konstruktion öffentlich geteilter Erinnerungen. Erstens bieten sie ein Reservoir an vermittelten Erfahrungen, die das ‚Rohmaterial' für die Konstruktion einer erinnerten Vergangenheit darstellen; zweitens sind sie Teil der „social definition of worthiness vis-à-vis remembrance" (Irwin-Zarecka 1994, 164). Die differenzierte Aufmerksamkeit der Medien und das ungleiche Ausmaß der Berichterstattung über Ereignisse ist ein Beispiel dafür. Die Medien stellen dem Publikum nicht nur Erfahrungen zur Verfügung, an die sie sich erinnern sollen, sondern auch die Ressourcen, um diese Erfahrungen und künftige Erfahrungen der gleichen Art zu interpretieren. Als solche sind sie „technologies of memory" (Sturken 1997, 10) – kulturelle Ressourcen, die bei der Konstruktion, Besetzung und Rekonstruktion des öffentlichen Gedächtnisses eine Rolle spielen (Garde-Hansen 2011).

Arbeiten zum Thema Medien und Gedächtnis sind wesentlich von Halbwachs' (1992) Überlegungen zum kollektiven Gedächtnis beeinflusst. Das Konzept des kollektiven Gedächtnisses betont die wechselseitige Abhängigkeit zwischen Individuum und Gesellschaft und weist darauf hin, dass Menschen ihre Erinnerungen durch diese interaktive Beziehung konstruieren (siehe Pentzold, Lohmeier und Kaun, in diesem

Band). Einzelne Individuen, so argumentiert Halbwachs, sind nur dann zum Erinnern fähig, wenn sie sich in einen sozialen Gedächtnisrahmen einordnen (Halbwachs 1992, 38). Diese kollektiven Rahmen, auf welche Menschen zurückgreifen, um ein Bild der Vergangenheit zu rekonstruieren, spiegeln die in einer Gesellschaft vorherrschenden Wissensordnungen. Wenn Einzelne sich erinnern, dann rufen sie Vergangenheit nicht einfach aus dem Gedächtnis ab, sondern rekonstruieren sie aktiv in der jeweiligen Gegenwart (Halbwachs 1992, 40). Mit anderen Worten: Die Art und Weise, wie sich Menschen an vergangene Ereignisse erinnern, reflektiert die Art und Weise, wie sie als Mitglieder einer sozialen Gruppe über die Gegenwart denken. Das kollektive Gedächtnis als „a set of ideas, images, feelings about the past ... is best located not in the minds of individuals, but in the resources they share" (Irwin-Zarecka 1994, 4).

Der sozial konstruierte Charakter des Publikumsgedächtnisses wird in diesem Kapitel anhand der Praxis des medialen Erinnerns untersucht. Dabei konzentriert sich der Beitrag auf das Erinnern als diskursiven Prozess (siehe Pentzold, Lohmeier und Birkner, in diesem Band). Diskurs wird hier als die soziale Praxis der Bedeutungsproduktion durch Sprachgebrauch verstanden, die an der Schnittstelle von Texten, Prozessen und ihren sozialen Bedingungen, sowohl situativ als auch institutionell, stattfindet (Fairclough 2001, 21). Es handelt sich um eine intertextuelle Praxis, insofern als ihre Artikulation durch eine Mischung von Genres und Texten konstituiert wird (Fairclough 1992). Publikumsdiskurse des Erinnerns werden so als intertextuelle Praktiken betrachtet, die beim (Nach-)Erzählen von Mediengeschichten auf eine Vielzahl von Ressourcen zurückgreifen. Einige davon sind explizit intertextuell, was sich in Verweisen auf Bilder und Berichte über Katastrophen zeigt, während andere, wie in der Analyse gezeigt wird, auf die persönlichen Erfahrungen der Zuschauenden zurückgreifen. Die Untersuchung der diskursiven Rekonstruktionen von Mediengeschichten über Leid bietet Einblicke in die Aneignung und Rekontextualisierung von Medientexten im Alltag und in die Veränderungen, die sie durchlaufen, wenn sie aus dem Kontext der Medienvermittlung in den des Medienkonsums übergehen (Fairclough 1995).

Der intertextuelle Charakter des Erinnerns wird auch von der diskursanalytisch geprägten Sozialpsychologie hervorgehoben, die das Erinnern als einen Prozess des Verbreitens von Diskursen, persönlichen und kollektiven, vergangenen und gegenwärtigen, beschreibt: Erinnern ist „a single task through which we construct a discourse that allows us to objectify our experience" (Achugar 2008, 7). Dieser Ansatz betont vor allem die Abhängigkeit der Praxis des Erinnerns von den kommunikativen Umständen, in denen sie stattfindet (Middleton und Edwards 1990, 11). Erinnern, wie es vermittels bestimmter Formen des diskursiven Sprechens artikuliert wird, ist konstruktiv und handlungsorientiert; *konstruktiv*, weil es eine bestimmte Version von Ereignissen liefert, und *handlungsorientiert*, weil diese Version von Ereignissen darauf abzielt, etwas zu tun, zum Beispiel zu argumentieren, zu rechtfertigen oder ein Argument zu kontern (Edwards und Stokoe, 2004). Erinnern als soziale Praxis basiert auf diskursiv erfolgenden Ausführungen, Umstellungen und sogar Auslassungen von Aussagen bzw. Aussagezusammenhängen. In diesem Zusammenhang sind Erinnern und Vergessen zwei Aspekte derselben Praxis des Konstruierens von Erinnerung. Sie sind flexible Praktiken, die bedingt sind durch den kommunikativen Kontext, in dem sie stattfinden (Middleton 1997).

In diesem Sinne wird das Erinnern von Geschichten über weit zurückliegendes Leid nicht nur zu einer Praxis des Erinnerns, sondern auch des Urteils über die erinnerten Ereignisse. Es ist eine reflexive Artikulation von Vergangenheit, die mit persönlichen Reaktionen verbunden ist (Edwards und Potter 1992). Das Erinnern als Nacherzählung von Ereignissen, die durch Medien miterlebt wurden, wird durch die moralische Bewertung gefiltert, die Menschen mit dieser Erfahrung verbinden. Erinnerungen werden so „not only the simple act of recall but social, cultural, and political action at its broadest level" (Zelizer 1998, 3). Da die diskursive Praxis des medialen Erinnerns in einen kollektiven sozialen Rahmen eingebettet ist, veranschaulicht sie gleichzeitig, wie sich die Menschen in die Perspektive der Gruppe einordnen, der sie angehören (Halbwachs 1992). Dies ist häufig, wie weiter unten erörtert wird, die Nation. Das Erinnern wird so zu einem Faktor und Indikator für soziale Zugehörigkeit und Solidarität sowie für die normative Ordnung und die moralischen Imperative, die solchen sozialen Beziehungen zugrunde liegen (Irwin Zarecka 1994, 9). Durch die Artikulation ihrer vermittelten Erinnerungen konstruieren Menschen Versionen von Ereignissen und positionieren sich selbst in Bezug auf die soziale Welt und im Verhältnis zu anderen (van Dijck 2007).

Erinnern in den Medien ist daher eine Praxis mit moralischer Bedeutung, da es die moralischen Bindungen der Zuschauenden zum Ausdruck bringt und sie in Beziehung zu weit entfernten anderen setzt, deren Anwesenheit auf dem Bildschirm Anspruch auf ihre Sensibilität erhebt. Sie veranschaulicht auch die moralischen Möglichkeiten globaler Medien, zur Entstehung postnationaler Solidaritäten beizutragen, da es sich letztlich um das Einbetten von Mediengeschichten in einen breiteren Bedeutungsrahmen handelt, den die Zuschauenden zum Verständnis der lokal erfahrbaren und medial vermittelten Welt nutzen.

4. Medienerinnern als soziale Praxis

Das Kapitel stützt sich auf empirisches Material aus Fokusgruppendiskussionen mit griechischen Medienrezipierenden, um die moralische Natur medialer Erinnerungspraxis zu veranschaulichen. Insbesondere untersuche ich, wie sich das griechische Publikum an Katastrophen erinnert, die sich an weit entfernten Orten ereignet haben, über die aber in den griechischen Medien ausführlich berichtet wurde. Die Analyse stützt sich auf zwölf Fokusgruppen, an denen insgesamt 47 Personen teilnahmen. Die Teilnehmenden unterscheiden sich hinsichtlich ihres Geschlechts und waren in zwei Altersgruppen unterteilt: jüngere Menschen in ihren 20ern und ältere Menschen in ihren 40ern und 50ern. Sie unterscheiden sich auch in Bezug auf ihren Bildungshintergrund und ihren Beruf als Indikatoren für sozioökonomischen Status. Um die Gruppenvielfalt zu maximieren, wurden gezielte Stichproben gezogen und die Teilnehmenden durch die Schneeballsystem-Methode rekrutiert. Die Gruppen waren homogen und bestanden aus Gleichaltrigen, eine Entscheidung, die auf der Grundlage getroffen wurde, dass die Diskurse in gleichaltrigen Gruppen, die dem Forschungsumfeld vorausgehen, eher die alltäglichen Umstände widerspiegeln (Sasson 1995, 20). Die Methode der Fokusgruppen wurde unter der Prämisse angewandt, dass in der Diskussion Alltagsdiskurse lebendiger artikuliert, verhandelt und veranschaulicht werden (Billig 2002, 16).

Neben den Erinnerungen der Medienrezipierenden an weit zurückliegende Katastrophen wurden in den Diskussionen zwei weitere Themen untersucht: die Einstellung der Teilnehmenden zu wohltätigem Engagement und ihr allgemeines Mediennutzungsverhalten, die aber im Rahmen des Beitrags nicht eingehender berücksichtigt werden. Die Diskussionen wurden durch Fragen zu drei großen Katastrophen ausgelöst: dem asiatischen Tsunami von 2004 und Hurrikan Katrina in New Orleans 2005 sowie das Erdbeben in Kaschmir von 2005. Trotz ihrer offensichtlichen Unterschiede wurden die drei Ereignisse ausgewählt, weil sie sich zum Zeitpunkt der Untersuchung (im Sommer 2006) ereignet hatten, weil sie eine große Zerstörungskraft hatten und weil die Medien ausführlich über sie berichteten. Die Diskussionen erstreckten sich auf viele andere Ereignisse und Themen, die die Teilnehmenden für relevant hielten. Der Schwerpunkt lag hier auf der Art und Weise, wie Ereignisse im diskursiven Prozess des media-gestützten und informierten Erinnerns konstruiert werden. Beim Erzählen von Leidensgeschichten konstruierten die Zuschauenden gleichzeitig eine moralische Hierarchie des Erinnerns. Diese spiegelt die differenzierte Bedeutung wider, die die Teilnehmenden den erinnerten Geschichten beimaßen, sowie ihr moralisches Engagement für die leidenden Opfer. Diese Hierarchie besteht aus Ereignissen, die die Teilnehmenden vergessen hatten, solchen, die sie ikonisch in Erinnerung hatten, und anderen, die sie dazu brachten, über ihr Handeln als moralische Akteure nachzudenken.

5. Banales Leiden

Von den drei Ereignissen, die als Ausgangspunkt für die Diskussionen dienten, schienen der Hurrikan Katrina und das Erdbeben in Kaschmir, die im August bzw. Oktober 2005 stattgefunden hatten, aus dem Gedächtnis der Zuschauenden verschwunden zu sein. Diese ‚Abwesenheit' wird hier als ebenso wichtig erachtet wie die Erzählungen über andere Ereignisse; Abwesenheit ist „just as socially constructed as memory itself, and with an equally strong intervention of morally as well as ideologically grounded claims to truth" (Irwin-Zarecka 1994, 116). Die Erforschung der Praxis des medialen Erinnerns setzt daher die gleichzeitige Untersuchung von Praktiken des Vergessens voraus (siehe Hoskins, in diesem Band). Vergessen stellt keine Leerstelle im Gedächtnis des Publikums dar; vielmehr ist von enormer Bedeutung, *wie* diese Ereignisse, an die sich die Teilnehmenden angeblich nicht erinnern konnten, diskutiert wurden. Durch die Konstruktion der Bedeutung dieser scheinbar vergessenen Ereignisse in den Diskussionen zogen die Zuschauenden andere Katastrophen und ähnliche Ereignisse entweder bewusst als Bezugspunkte heran oder brachten sie unabsichtlich durcheinander. Die Art und Weise, wie Teilnehmende diese Assoziationen während des Erinnerns herstellen, ist bezeichnend für die unterschiedliche Art und Weise, in der sie sich selbst in Bezug auf spezifische Ereignisse und das Leid der weit entfernten Anderen insgesamt positionieren.

5.1 Hurrikan Katrina: Erinnern durch Stereotype

Charakteristisch für die meisten Diskussionen über den Hurrikan Katrina war, dass die Erinnerungen der Betrachtenden nicht ohne weiteres ausgelöst wurden. Wurden den Fokusgruppenteilnehmer:innen Fotos der Ereignisse gezeigt, identifizierten sie die Katastrophe häufig zunächst als Überschwemmung oder sogar als Hurrikan, aber nur wenige Teilnehmende konnten die Katastrophe konkret benennen. Der Name Katrina kam den meisten Befragten bekannt vor, aber selbst dann konnten sich nur wenige an Einzelheiten der Katastrophe erinnern.

In den Erzählungen der Teilnehmenden über Hurrikan Katrina gab es zwei Hauptelemente: die Konstruktion der Ereignisse als politisches Versagen der US-Regierung und, eng damit verbunden, die Einordnung des Hurrikans als nationale Katastrophe. Beide Aspekte waren Ausdruck eines antiamerikanischen Diskurses, der in der griechischen Kultur weit verbreitet und fest verwurzelt ist (Calotychos 2004). Der Fokus auf die Untätigkeit der US-Regierung aufgrund ihres angeblichen Rassismus und die Konstruktion der Opfer als ‚arme schwarze Amerikaner' waren charakteristisch für solche antiamerikanischen Diskurse in den Erinnerungen an den Hurrikan Katrina, wie der folgende Auszug zeigt:

> Simos: Sie wussten, dass es kommen würde! Und sie haben die Städte evakuiert.
> Tina: Sie haben nicht evakuiert! Oder besser gesagt, sie haben sie im letzten Moment gewarnt, und nur die reichen Weißen konnten gehen, während die extrem armen Schwarzen nirgendwo hingehen konnten.
> (Mann und Frau, in den 20ern, Mittelschicht, Fokusgruppe 1)

Die Erzählung ist eine Kombination aus Bildverweisen und politischer Analyse des Ereignisses. Die Opfer werden als Akteure konstruiert, die von der bevorstehenden Katastrophe *wussten*. Im Verlauf der Diskussion wurde die Verantwortung – und die Schuld – den Behörden zugeschoben. Die Erzählung beinhaltet auch eine Darstellung von Rassismus, da nur die ‚weißen Reichen' der Katastrophe entkommen wären. Ähnliche politische Auffassungen von der Katastrophe kamen auch in anderen Diskussionen zum Ausdruck.

Interessanterweise schien ein solcher antiamerikanischer Diskurs die Erzählungen der Teilnehmerinnen zu prägen, die zunächst zugaben, sich nicht an viel über den

Hurrikan Katrina zu erinnern. Im folgenden Auszug findet eine Gruppe junger Frauen, die angab, sich nicht an den Hurrikan als spezifische Katastrophe zu erinnern, dennoch eine Gelegenheit, ein Urteil über die Vereinigten Staaten insgesamt zu fällen.

> Giota: Aber selbst dort, weißt du was? Mir ist aufgefallen, dass ihre Häuser in den USA wie Fälschungen sind! Sie sollten lernen, wie man ein Haus baut! . . . In den Filmen, die ich sehe, sind ihre Häuser so! Du weißt schon, wie die Fertighäuser aussehen! . . . Ich meine, da sind keine Ziegel, kein Zement, nichts! Was könnte der Hurrikan ihnen denn sonst antun?! Nicht, dass es ihnen recht geschieht, darf man nicht sagen, aber...
> (Frau, in den 20ern, Arbeiterklasse, Fokusgruppe 7)

Da sich die Betrachtende nicht an die konkrete Katastrophe erinnert, zieht sie andere Medienbilder heran, um sie zu rekonstruieren – dies sind allgemeine Bilder von Wohngebäuden in den Vereinigten Staaten, in diesem Fall aus Filmen. Vor allem aber ist in ihren Aussagen ein latenter Antiamerikanismus zu erkennen, der den Opfern die Verantwortung zuschiebt, obwohl sie ihre Voreingenommenheit nicht leugnet („Nicht dass es ihnen recht geschieht ..."). Breitere kulturelle und politische Diskurse mit nationalem Fokus treten in die Diskussion über fernes Leid ein und werden eingesetzt, um die Erinnerungslücken in der Praxis des medial gestützten Erinnerns zu füllen.

Neben dem Rückgriff auf kulturelle Stereotypen, um sich einen Reim auf die Katastrophe zu machen, nutzten die Diskutierenden auch eine andere Strategie, um ihre Erinnerungslücken über das Hurrikanereignis zu füllen, nämlich die Verwendung einschlägiger Medienbilder von Überschwemmungen. Das Zusammenspiel zwischen den tatsächlichen Ereignissen und ihren Stereotypen wird in dem folgenden Zitat deutlich, in dem die Teilnehmerinnen, nachdem sie zugaben, sich nicht an den konkreten Hurrikan erinnern zu können, begannen, ähnliche Bilder zu beschreiben:

> Olga: Die Überschwemmungen waren sehr ... die Straßen waren mit Schlamm bedeckt, und das hier [zeigt ein Foto von Menschen, die auf den Dächern der Häuser sitzen] ... das wurde sehr oft gezeigt! Sie haben es immer wieder gezeigt! Der Schlamm!
> Daphne: Und das Boot, die Leute, die auf dem Boot reisen und versuchen zu entkommen ... OK, also, da drüben ...
> Chrysa: Aber das war nicht von diesem einen bestimmten, sondern... Aber normalerweise, wenn wir solche Katastrophen sehen, wegen Wirbelstürmen und so, ist es so. Boote, Menschen, die versuchen zu fliehen, jemand, der auf das Dach geklettert ist... Aber ich kann mich nicht an diese spezielle Katastrophe erinnern.
> (Frauen, in den 40er und 50er Jahren, Mittelschicht, Fokusgruppe 4)

Das Ereignis wird über eine Sammlung unbestimmter Bilder beschrieben, die von einer der Teilnehmerinnen der breiteren Kategorie des Hurrikans als Katastrophe zugeordnet werden, verbunden mit einem Repertoire ähnlicher Bilder. Hier geht es um die Besonderheit des besprochenen Ereignisses – Hurrikan Katrina – das im Gedächtnis der Betrachtenden verblasst zu sein scheint und mit ähnlichen medial vermittelten Ereignissen assoziiert wird. Ähnlich äußert sich auch der folgende Teilnehmer auf die Frage, was ihm von der konkreten Katastrophe in Erinnerung geblieben ist:

> Alex: In den Vereinigten Staaten, New Orleans ... Daran kann ich mich nicht erinnern. Erstens kann ich mich nicht daran erinnern, weil es viele Tornados gegeben hat, viele Katastrophen wegen Tornados in den USA, und ich kann mich nicht erinnern. Ich bringe sie alle durcheinander, weil es so viele gab! Wenn ich die Nachrichten sehe, höre ich von einem Tornado, einer Katastrophe, einem Wirbelsturm, aber ich kann mir den Namen nicht merken.
> (Mann, 25 Jahre, Arbeiterklasse, Fokusgruppe 9)

Der Teilnehmer hat das Bedürfnis, seine Unfähigkeit, sich an den konkreten Hurrikan zu erinnern, mit der Häufigkeit ähnlicher Ereignisse in den Vereinigten Staaten zu rechtfertigen, über die in den Medien berichtet wird. Die Besonderheit der einzelnen Katastrophen geht in den austauschbaren Bildern von Tornados, Katastrophen und Hurrikans verloren. Die Erinnerungen an den Hurrikan Katrina wurden also nicht nur als inneramerikanische Angelegenheit, sondern durch den Rückgriff auf Stereotype und ähnliche Medienbilder rekonstruiert.

5.2 Kaschmir: Die Erinnerung an individuelle Geschichten

Eine ähnliche Praxis des Rückgriffs auf ein Repertoire an Medienbildern und schabloneartigen Berichten zeigte sich in größerem Umfang bei der Rekonstruktion des Kaschmir-Erdbebens, das nur wenige Monate nach Katrina und mit weitaus größerer Zerstörungskraft und Zahl der Todesopfer stattfand. Nur in einigen Gesprächen konnte das Erdbeben als spezifische Katastrophe in Erinnerung gerufen werden; der folgende Austausch war typisch:

> Können Sie sich an irgendetwas über das Erdbeben in Kaschmir erinnern?
> Dina: Damals sind viele Menschen gestorben...
> Litsa: Ich denke, es muss ... es muss so gewesen sein, dass in zehn ...
> Dina: War es etwa sieben bis acht auf der Richter-Skala, war es nicht so?
> Peni: Und geschah es etwa zur gleichen Zeit, als in Ägypten ein Erdbeben stattfand?
> Litsa: Aber ist das nicht vor einem Jahr passiert?
> Ja.
> Litsa: Ja, ich erinnere mich. Und es muss tatsächlich so gewesen sein, dass sie nach zehn, dreizehn Tagen ein kleines Kind gefunden haben und sie haben es, wenn ich mich recht erinnere, lange gezeigt...
> Peni: Aber ist das nicht auch bei dem Erdbeben in der Türkei passiert?
> Dina: Aber ich kann mich an nichts erinnern.
> (Frauen, in den 40er und 50er Jahren, Arbeiterklasse, Fokusgruppe 2)

Es ist offensichtlich, dass sich die Zuschauerinnen nicht nur auf das konkrete Erdbeben beziehen, sondern vielmehr auf Bilder ähnlicher Medienberichte zurückgreifen. Sie versuchen, die Ereignisse zu rekonstruieren, auch wenn sie zugeben, dass sie sich „an nichts mehr erinnern können". Die Geschichte des geretteten Kindes scheint auch eher mit Erdbeben im Allgemeinen in Verbindung gebracht zu werden als mit dem in Kaschmir.

Kinder und Mütter sind häufig Gegenstand von Leidensbildern; sie stellen „ideal victims" (Moeller 1999, 107) der formelhaften Berichterstattung über ähnliche Katastrophen dar. Diese Bilder werden im Laufe der Zeit im öffentlichen Diskurs in einer Weise wiederverwendet, die es schwierig macht, zwischen verschiedenen Ereignissen zu unterscheiden. Dies wird im folgenden Auszug deutlich, in dem die Teilnehmenden die Austauschbarkeit der Medienbilder von Erdbeben diskutieren.

> Gerasimos: Es gibt so viele [Erdbeben], dass sie nicht mehr registriert werden.
> Sofia: Aber die Szenen sind immer die gleichen. Die Häuser stürzen ein, weil die Bauarbeiten nicht gut sind...
> (Mann und Frau, in den 50ern, Mittelschicht, Fokusgruppe 11)

Die Austauschbarkeit von Erdbebenbildern zeigte sich auch in einem anderen Aspekt der Diskussionen über Kaschmir: der Konzentration auf persönliche Geschichten von Überlebenden. In dem folgenden Ausschnitt löste die Diskussion über das Kaschmir-Erdbeben einen lebhaften Austausch von Geschichten über menschliches Leid aus, das durch andere Erdbeben verursacht wurde:

> Giota: Erinnert ihr euch an ein Erdbeben – ich weiß nicht mehr, in welchem Land –, bei dem eine Frau gefunden wurde, die...
> Maria: War das nicht in Griechenland?
> Vicky: Die Fabrik?
> Maria: Ja, die Fabrik von Ricomex!
> Vicky: In Athen![2]
> Giota: Und sie war tagelang da ...
> Vicky: Ja, sie hatten eine Frau gerettet, ja, ja, ja...
> Giota: Erinnerst du dich? Wie hat sie überhaupt überlebt?!

Die Teilnehmerinnen diskutierten weiter über den Zusammenbruch der Ricomex-Fabrik und kamen dann auf ähnliche Geschichten zurück, an die sie sich erinnern konnten:

> Giota: Und dann gab es noch einen, mit einem kleinen Jungen, Andreas[3], ich weiß nicht, wo. . . . Und es hat Tage gedauert, bis sie ihn aus den Trümmern geholt haben, aber am Ende haben sie ihn gerettet.
> Vicky: Ich erinnere mich an etwas anderes in Armenien[4] ... eine Mutter, die mit ihrem Kind eingeklemmt war, und um es zu retten, hatte sie sich in die Finger abgeschnitten...

---

2 Die Teilnehmenden sprechen die Zerstörung der Ricomex-Fabrik während des Erdbebens in Athen im September 1999 an. Der Zusammenbruch des Gebäudes forderte 39 Menschenleben und zahlreiche Verwundete.

3 Andreas Bogdanos, ein 8-Jahre alter Junge, der nach einem starken Erdbeben 1995 in Aigio, Griechenland, aus den Trümmern seines Elternhauses gerettet wurde. Die Rettungsaktion dauerte mehr als 20 Stunden und wurde von den griechischen Medien permanent begleitet.

4 Die Teilnehmerin scheint auf ein Erdbeben zu verweisen, dass sich 1988 in dem Gebiet um Spitak, Armenien, ereignete.

Gíota: Ja, und sie fütterte das Kind!

...

Maria: Und dann noch eine Geschichte, dass jemand seinen eigenen Urin trinkt, um zu überleben. Aber es ist so entsetzlich! Unter den Trümmern zu sein und niemand findet dich!
(Frauen, in den 20ern, Arbeiterklasse, Fokusgruppe 7)

Ähnliche Geschichten von Überlebenden wurden in anderen Fokusgruppendiskussionen erwähnt, z. B. von einer Frau, die „eingeschlossen war und einen Monat später gefunden wurde ... und es gab eine Packung Nudeln und sie überlebte mit trockenen Nudeln" (Georgia, 56, Mittelschicht, Fokusgruppe 5).

Aufgrund ihrer emotional fesselnden Natur haben diese menschlichen Geschichten über individuelles Leid einen bleibenden Einfluss auf das Gedächtnis der Zuschauenden. Was jedoch in den Diskussionen verloren geht, ist die Besonderheit des Kontexts, in dem diese Geschichten stattfinden. Das Gespräch wird zu einem Austausch von Geschichten über bestimmte Fälle schrecklichen Leidens, bei dem die Kategorien von Zeit und Raum völlig zusammenbrechen und die Historizität des Ereignisses verschleiert wird. Susan Sontag (2003, 89) äußert sich in ähnlicher Weise zu fotografischen Bildern des Leidens. „The problem", so argumentiert sie, „is not that people remember through photos, but that they remember only the photos". Dies „eclipses other forms of understanding and remembering". Das bedeutet nicht, dass erschütternde Bilder ihre Schockwirkung verlieren, aber „they are not much help if the task is to understand" (2003, 89). Auf die gleiche Weise werden erschütternde Geschichten bestimmter Betroffener von den Teilnehmenden in medialen Erinnerungspraxis rekonstruiert, aber sie entbehren ihrer soziohistorischen Umstände, die ein besseres Verständnis der Zwangslage der Betroffenen ermöglichen würden. Das Lokale (Erdbeben in Athen) wird mit dem Fernen (Erdbeben in Armenien) verwoben, und die Diskussion über das Aktuelle (Kaschmir) bringt Bilder der Vergangenheit zum Vorschein. Diese Assoziationen deuten darauf hin, dass das Thema menschlichen Leids durch Erdbeben als Interpretationskategorie für eine Reihe unterschiedlicher Ereignisse gebraucht wurde. Gleichzeitig verdeckt dieser Prozess der Kategorisierung die Besonderheiten einzelner Ereignisse.

6. Wirbelstürme, Erdbeben und die Banalität des Leidens

Bei der diskursiven Nacherzählung des Erdbebens in Kaschmir und des Hurrikans Katrina verwiesen die Teilnehmenden der Fokusgruppen auf Medienbilder von Traumata, die sich im Laufe der Zeit zu einem breiteren Interpretationsrahmen angesammelt haben, auf den zurückgegriffen werden kann, um sich einen Reim auf ähnliche Ereignisse zu machen. Diese diskursiven Rahmen werden über einen langen Zeitraum erworben, in dem ähnliche Medienbilder und -darstellungen wahrgenommen werden. Sie prägen das Verständnis nachfolgender medial vermittelter Katastrophen (Kitzinger 2000). Ereignisse werden in diesem Zusammenhang „de-evented" (Silverstone 2007, 62); sie verlieren in gewisser Weise ihre Einzigartigkeit und werden Teil eines breiteren diskursiven Rahmens. Sie fallen in „frames that they provide for each other as well as those that, in the media's own imaginary, lie close at hand in the present and popular reservoir of dramatic images" (Silverstone 2007, 63). Sie werden aus ihrem spezifischen Kontext herausgelöst und durch eine Art osmotischem Prozess Teil ähnlicher medialer Erzählungen (Kitzinger 2000, 76).

Diese Wiederverwendung von Bildern in Publikumsdiskursen in einer Weise, welche die Einzigartigkeit der Katastrophe verschleiert, hat erhebliche latente moralische Auswirkungen auf die Auseinandersetzung der Zuschauenden mit dem Leiden anderer, die weit entfernt sind. Katastrophen wie Wirbelstürme und Erdbeben werden von ihnen als erwartbar, unauffällig und alltäglich dargestellt. Im folgenden Auszug erklären Teilnehmerinnen, dass sie sich nicht an Hurrikan Katrina erinnern können:

> Maria: Sie haben das nicht so sehr gezeigt wie den Tsunami!
> Giota: Ich sage Ihnen, der Tsunami ist Jahre her, und es fühlt sich an, als ob er gerade erst stattgefunden hätte. Wirbelstürme und Erdbeben sind dagegen ... ein typisches Phänomen, sie sind alltäglich. Das ist der Grund.
> (Frauen, in den 20ern, Arbeiterklasse, Fokusgruppe 7)

Die fehlende Einzigartigkeit oder Neuartigkeit von Katastrophen wie Wirbelstürmen und Erdbeben werden hier als argumentative Strategie eingesetzt, um die Tatsache zu rechtfertigen, dass sich die Zuschauenden nicht so leicht und lebhaft an den Hurrikan Katrina erinnern wie an den Tsunami in Asien.

Durch die Beschreibung von Wirbelstürmen und Erdbeben als ‚typisch' und ‚gewöhnlich' konstruieren die Zuschauenden auch das Leiden, das diese Katastrophen mit sich bringen, als gewöhnlich, erwartet und letztlich banal. Cohen beschreibt die ‚Normalisierung' und ‚Routinisierung' des Leidens als den Verlust der potenziellen Auswirkungen des Leidens aufgrund der Vertrautheit der Zuschauenden damit. Die Vertrautheit basiert auf „the memory trace that 'this is just the sort of thing that's always happening in places like that'" (Cohen 2001, 189).

Wobei dies nicht notwendigerweise so verstanden werden muss, als ob die Zuschauenden den Sinn für konventionelle Definitionen von Normalität verlieren und emotional gefühllos werden würden gegenüber dem Leiden anderer, wie es die These der Mitleidsmüdigkeit (*compassion fatigue*) impliziert (Moeller 1999). Vielmehr geht es hier darum, dass bestimmte Gebiete als stärker von Katastrophen betroffen und die dort lebenden Menschen als anfälliger für Traumata konstruiert werden, wie in den folgenden Auszügen deutlich wird, in denen Teilnehmende über das Erdbeben in Kaschmir nachdenken:

> Vivi: Etwas, worüber ich immer nachdenke, wenn so etwas passiert, ist, warum es immer die armen Leute trifft! Die ärmsten Menschen, die ärmsten Orte. (Frau, 40 Jahre, Arbeiterklasse, Fokusgruppe 5)

> Fanis: Wo immer ein armer Mensch ist ... da trifft es ihn!
> Stelios: Überall, wo es arme Menschen gibt, folgt ihnen ihr schlechtes Schicksal, ja! Dort trifft es sie, ja!
> (Männer, in den 20ern, Arbeiterklasse, Fokusgruppe 9)

Die Teilnehmer fällen hier ein moralisches Urteil, indem sie ihre Frustration über die scheinbare Ungerechtigkeit zum Ausdruck bringen, dass Katastrophen immer die Unglücklichsten träfen. Gleichzeitig aber normalisieren die Diskutierenden durch die Verwendung von Gemeinplätzen in der griechischen Sprache („Wo immer es arme Menschen gibt, folgt ihnen ihr schlechtes Schicksal") quasi das Auftreten von Katastrophen an bestimmten Orten und für bestimmte Menschen.

Die Ereignisse verschwimmen mit den Medienbildern – also den Mitteln, mit denen sie eigentlich in Erinnerung gerufen werden sollten (Zelizer 1998, 202). Die Schablonenbilder bieten den Zuschauenden einen kontextuellen Rahmen, um den Ereignissen, deren Zeugen sie sind, einen Sinn zu geben. Gleichzeitig untergraben sie jedoch die Ereignisse, die sie kontextualisieren, indem sie die Komplexität jedes einzelnen Ereignisses zu einer Reihe ähnlicher Bilder zusammenfassen (Zelizer 1998, 226). Was hier auf dem Spiel steht, ist das Verständnis des Publikums für die Besonderheiten einer bestimmten Katastrophe, welches wiederum eine umfassende moralische Auseinandersetzung mit der erlebten Situation ermöglichen kann. In dem Maße, wie das Leiden nicht mehr als konkretes Ereignis erlebt wird, wird es durch historische, erinnerte Erfahrungsmuster verdrängt, die das Verständnis der fernen Anderen klischeehaft prägen (Chouliaraki 2006, 43).

7. Ikonisches Leiden

Während Wirbelstürme und Erdbeben in der Erinnerungspraxis des Publikums als banal konstruiert wurden, wurden zwei Katastrophen – der Tsunami in Südasien 2004 und die Terroranschläge vom 11. September 2001 – als beispielhafte Erinnerungen an globale Katastrophen diskutiert. Die Außergewöhnlichkeit dieser Ereignisse bezieht sich auf ihre ‚Neuartigkeit', wie sie von den Teilnehmenden genannt wurde, und steht im Gegensatz zur ‚Alltäglichkeit' von Erdbeben und Wirbelstürmen. Dies bildete auch die Grundlage für ihre Aufnahme in breitere Diskurse, wodurch sie schließlich als ‚ikonische Ereignisse' im öffentlichen Gedächtnis verankert wurden. Mit ‚*ikonisch*' werden hier Ereignisse bezeichnet, die mehr bedeuten als ihre einzelnen Bestandteile und eine mythische Bedeutung erlangen, indem sie universelle Konzepte, Emotionen und Bedeutungen repräsentieren (Sturken und Cartwright 2001, 36).

Der Tsunami und der 11. September 2001 wurden vor allem im Zusammenhang mit der Berichterstattung über diese Ereignisse in Erinnerung gerufen, bei der es sich größtenteils um Amateuraufnahmen handelte, die die Ereignisse direkt nach ihrem Eintreten zeigten. Die Implikationen dieser Art der Berichterstattung für das Publikum waren zweifach. Erstens wurden die Ereignisse durch die Verwendung von unbearbeitetem Filmmaterial auf eine nahezu unmittelbare, intensiv emotionale Weise miterlebt, als wären die Zuschauenden am Ort des Leidens anwesend. Zweitens waren diese Bilder aufgrund ihres spektakulären Charakters und der damit verbundenen Neuartigkeit beeindruckend und dominierten die Diskussionen. Im folgenden Auszug wird der Tsunami im Indischen Ozean als ein unvorstellbares Spektakel in Erinnerung gerufen, das die Zuschauenden „noch nie in ihrem Leben gesehen hatten":

> Tina: Am Anfang konnten wir es zwar als Bild sehen, aber ich konnte es nicht begreifen ... Haben Sie das auch gefühlt?
> Simos: Ich habe so gemacht [bewegt sich, als ob er sich schützen wollte], um der Welle auszuweichen!
> (Gelächter)
> Simos: Es war eine Show! Es war eine beeindruckende Welle, die alle mitgerissen hat!
> (Frau und Mann, in den 20ern, Mittelschicht, Fokusgruppe 1)

Das Gefühl der Unmittelbarkeit der Leidensszene wird durch die vermeintliche Bewegung des Betrachters, der Welle auszuweichen, ausgedrückt. Die emotionale Eindringlichkeit der Bilder von der Tsunami-Katastrophe wird durch die Verwendung der Verben *begreifen* und *fühlen* zum Ausdruck gebracht. Dieses intensive emotionale Engagement hängt nicht nur mit der gefühlten Unmittelbarkeit des Erlebnisses zusammen, sondern auch mit dem außergewöhnlichen Charakter des Ereignisses, einer „Show", deren Erinnerung auf „beeindruckenden" Bildern beruht.

Der Angriff auf das World Trade Center am 11. September wurde auch in den Medien dargestellt: „Bilder von brennenden und fallenden Menschen von den Türmen" und von Flugzeugen, die in die Türme einschlagen. Im folgenden Auszug wird die Gruppe gebeten, zu erklären, warum der 11. September das Ereignis war, das ihnen als erstes in den Sinn kommt, wenn sie an das Konzept der ‚globalen Katastrophen' denken:

> Nikos: Es war das Schrecklichste!
> Sotiris: Ja, das war etwas, was noch nie zuvor passiert war!
> Nikos: Zusammen mit dem Tsunami, glaube ich. Nein, es war sogar die ganze Geschichte ... Zunächst einmal ist es keine Naturkatastrophe!
> Sotiris: Es war wie ein Film! Man sieht es und kann es nicht glauben! Als ob es eine Fälschung wäre! (Männer, in den 20ern, Arbeiterklasse, Fokusgruppe 10)

Ähnlich wie der Tsunami wird der 11. September als etwas Außergewöhnliches beschrieben, „etwas, das noch nie zuvor passiert ist", und der Angriff wird als „terror spectacle" (Kellner 2003), als „Film", konstruiert.

Ein Hauptmerkmal des Artikulierens von Erinnerungen an ikonische Katastrophen ist die Anwesenheit der Zuschauenden in der Erzählung der Ereignisse, sozusagen als einer Art emotionaler Immersion. Die Verwendung des affektiven Vokabulars in den oben genannten Auszügen ist ein Hinweis auf diese emotionale Positionierung der Betrachtenden. Das Erinnern an die Katastrophen wird zu einem emotionalen Unterfangen, das sich eher auf Instanzen affektiver Intensität stützt als auf eine Erzählung von Fakten und Ereignisabläufen. Es ist diese affektive Wirkung, die der Auslöser für die Erinnerungen der Zuschauenden an die beiden Ereignisse zu sein scheint. Sie ist auch ein Element, das die beiden Ereignisse in der kollektiven Erinnerung der Zuschauenden miteinander verbindet. Sie entziehen sich damit individueller Bedeutungszuschreibungen und werden zu Bezugspunkten, die sich gegenseitig rahmen und Vergleichspunkte zu anderen Momenten medial vermittelten Leidens bilden.

Ein besonderes Merkmal dieser emotionalen Art des Erinnerns war die Konstruktion der beiden Ereignisse als „Flashbulb Memories" – eine „mixture of personal circumstances and historical events in memory" (Pennebaker und Banasik 1997, 5). Flashbulb Memories beschreiben die Situation, in der sich die Zuschauenden nicht nur an das Ereignis selbst erinnern, sondern auch an ihre persönliche Situation, als sie zum ersten Mal davon hörten. Dies wird am besten in dem folgenden Ausschnitt veranschaulicht, in dem die Gruppe beginnt, über den 11. September zu sprechen:

> Maria: Ich saß in den Prüfungen und lernte mit eingeschaltetem Fernseher! Und während ich las, hatte ich den Fernseher eingeschaltet, auf stumm. Und als ich die Augen aufmachte, sah ich ein Flugzeug im Fernsehen, und ich sagte: „Was ist hier los, willst du uns verarschen?!" Ich sage „OK", ich will gerade wieder anfangen, da sehe ich wieder, ein zweites! Ich lasse die Bücher fallen! (lacht) Ich war schockiert!
> (Frau, in den 20ern, Arbeiterklasse, Fokusgruppe 7)

Ähnlich schilderten andere Teilnehmende, wie sie am Nachmittag des 11. September 2001 ferngesehen haben und plötzlich mit dem unfassbaren Anblick des Einsturzes der Zwillingstürme konfrontiert wurden. Auch der Tsunami in Südostasien wurde, wenn auch nicht so häufig, von einigen Teilnehmenden wie ein Blitzlichtgewitter erinnert, wie das folgende Zitat beschreibt:

> Dimitris: Nun, ich komme ins Haus – hören Sie sich das an – ich komme nach Hause und drehe mich plötzlich um, ich hatte nichts bemerkt, meine Schwester war auch da, und ich drehe mich um und sehe den Fernseher, auf dem Bildschirm war in diesem Moment eine riesige Welle zu sehen, wissen Sie, es gab Leute, die das Ereignis mit einer Kamera aufgenommen hatten, und sie zeigten das in den Nachrichten, eine riesige Welle, und ich sage: „Was ist das?" Ich wusste es nicht ... Zunächst einmal wusste ich nicht einmal, was „Tsunami" bedeutet. (Mann, 27 Jahre, Mittelschicht, Fokusgruppe 8)

Die Betrachtenden positionieren sich gleichsam in einer unvermittelten Beziehung zum Ort des Leidens. Durch die Verwendung zeitlicher Bezüge („während ich las", „drehe mich plötzlich um") beschreiben die Teilnehmenden das Spektakel des Leidens als „an immediate reality" (Chouliaraki 2006, 40), als ob sich die Ereignisse vor ihren Augen abspielten, in einer Form von „instantaneous proximity" (Chouliaraki 2006, 164).

In einer Mischung aus vermitteltem und autobiografischem Gedächtnis erinnern sich die Zuschauenden nicht nur lebhaft an die Bilder der Katastrophe, sondern auch an ihre genaue Situation zu dem Zeitpunkt, als sie von dem Ereignis erfuhren. Nach Pennebaker und Banasik (1997) haben Menschen solch lebhafte Erinnerungen in Bezug auf Flashbulb Memories, gerade weil sie sich selbst als unmittelbare Zeugen in das Ereignis einbeziehen können und sich somit in einen historischen Kontext stellen. Die Betrachtenden erzählen hier nicht nur von den Ereignissen, sondern auch von sich selbst, wie sie die Ereignisse beobachten. Konfrontiert mit einem Spektakel, mit einer Katastrophe, die sie nicht begreifen können und die sie noch nie zuvor erlebt haben, versuchen die Zuschauenden, ihren Erfahrungen einen Sinn zu geben durch eine Form von „reflexive contemplation", indem sie sich in das Spektakel der Katastrophe hineinversetzen, indem sie sich selbst beim Betrachten der Katastrophe ‚beobachten' (Chouliaraki 2006, 175).

Genau diese Positionierung der Betrachtenden als unmittelbare Zeugen des Ereignisses und damit als Teil eines historischen Kontextes macht den Tsunami und den 11. September zu Ikonen des kollektiven Gedächtnisses. Es handelt sich um Ereignisse, durch die sich die Betrachtenden mit globalen Zusammenhängen auseinandersetzen und darüber reflektieren; sie tun dies jedoch, indem sie sich selbst als Teilnehmende an den Ereignissen sehen, während diese sich entfalten. Diese Hinwendung zur eigenen Position und dem eigenen Erleben und die Betonung des Spektakulären machen die Ereignisse in der Erinnerung ikonisch, verschleiern aber die moralische Beziehung zwischen den Zuschauenden und den Leidtragenden. Während also Erdbeben und Wirbelstürmen in der medialen Erinnerung normalisiert und banalisiert werden, indem das damit verbundene Leid dekontextualisiert und in seiner Historizität suspendiert wird, verhindern bei ikonischen Katastrophen deren intensive Emotionalität und Spektakularität eine eingehendere Auseinandersetzung.

8. Kosmopolitisches Leiden

Alle Fokusgruppen erinnerten sich lebhaft an eine andere Katastrophe: das Erdbeben in der Türkei 1999. Das Erdbeben ereignete sich in İzmit, im Nordwesten der Türkei, und forderte über 17.000 Opfer. Die geografische Nähe zu Griechenland machte das Erdbeben berichtenswert, und die umfangreiche Berichterstattung in den Medien wurde von zahlreichen Hilfszusagen begleitet. Dem Erdbeben folgte weniger als einen Monat später ein starkes Erdbeben in Athen, das zwar von wesentlich geringerem Ausmaß und zerstörerischer Kraft war, aber dennoch zu den stärksten gehörte, die Griechenland in der jüngeren Geschichte erlebt hat. Der anschließende Austausch von Unterstützung zwischen den beiden Ländern wurde von den Medien als „Greek-Turkish earthquake diplomacy" bezeichnet (Ker-Lindsay, 2000), ein Symbol für die scheinbare Überwindung der gegenseitigen Feindschaft zwischen den beiden Nachbarländern.

Das Erdbeben in der Türkei scheint in seinem komplizierten Status als nahes und zugleich fernes Ereignis einzigartig zu sein. Es ist näher als alle anderen diskutierten Katastrophen, weil es ein Nachbarland betrifft. Außerdem ist es mit einem Ereignis von nationaler Bedeutung verbunden, dem Erdbeben in Griechenland. Gleichzeitig bleibt es aber auch fern, weil es sich in einem anderen Land ereignet hat; diese Distanz wird durch die historisch feindlichen Beziehungen zwischen Griechenland und der Türkei noch verstärkt.

Es war bemerkenswert häufig der Fall, dass die Teilnehmenden die Diskussion auf das Erdbeben von İzmit lenkten, wenn sie nach ihren Erinnerungen an das Erdbeben in Kaschmir gefragt wurden. Der folgende Auszug ist ein Beispiel für diese Tendenz:

> Erinnern Sie sich an etwas über das Erdbeben in Pakistan?
> Maria: Nein! Nichts!
> Vicky: Nur über das Erdbeben in der Türkei!
> Wie kommt das?
> Vicky: Ich weiß es nicht...
> Giota: Es fällt einem mehr auf, weil es ein Nachbarland ist, nicht wahr?
> Vicky: Vielleicht.
> Maria: Über die Griechen, die dorthin gegangen sind und geholfen haben, und es wurde über griechisch-türkische Freundschaft und so etwas gesprochen.
> (Frauen, in den 20ern, Arbeiterklasse, Fokusgruppe 7)

Zwei miteinander zusammenhängende Gründe können als Grundlage für diese Präsenz des türkischen Erdbebens von 1999 im Gedächtnis des Publikums angesehen werden. Erstens wird es aufgrund seiner geografischen Nähe als relevanter und damit eindrücklicher beschrieben. Zweitens wird der Katastrophe eine symbolische Bedeutung zugeschrieben, da sich das Erdbeben in Athen kurze Zeit später ereignete und ein medialer und politischer Diskurs der Katastrophendiplomatie zwischen den beiden Ländern folgte. Die Zuschauenden scheinen diesen Diskurs in ihrer Erinnerung an die Ereignisse zu reproduzieren. Wie es eine Teilnehmerin ausdrückte:

> Dimitra: Was mir von diesem Ereignis in Erinnerung geblieben ist, abgesehen von den Werten der Richter-Skala und so, ist, dass wir ständig über die Beziehungen zwischen Griechenland und der Türkei sprachen und dass Griechenland viel geholfen hat.
> (Frau, 54 Jahre, Mittelschicht, Fokusgruppe 5)

Im Gegensatz zu den zuvor besprochenen Katastrophen wird das türkische Erdbeben kaum in Form von visuellen Bildern des Leids erinnert, weder in dem oben beschriebenen Schablonenformat noch in spezifischen Bildern und Berichten, wie im Falle der ikonischen Katastrophen des Tsunami und des 11. Septembers. Vielmehr scheint es, als dass das Erdbeben von İzmit 1999 in breitere nationale und politische Diskurse eingebettet ist. Es wird nicht nur als Katastrophe, sondern vielmehr als ein Ereignis von politischer Bedeutung für die nationale Gemeinschaft konstruiert. Gleichzeitig wurde das Erdbeben oft als exemplarischer Fall für den überwältigenden Charakter des medial vermittelten Leids und sein angebliches Potenzial angeführt, Menschen über geografische und kulturelle Grenzen hinweg unter der Idee einer gemeinsamen Humanität zu verbinden, wie im folgenden Auszug deutlich wird:

> Litsa: Ich habe nach dem Erdbeben in der Türkei Hilfe in die Türkei geschickt.
> Dina: Natürlich, es ist ein Nachbarland!
> Litsa: Und ich sage das, weil ich es interessant finde ... Ich betone die Tatsache, dass es in der Türkei war, weil wir Christen sind, ich weiß nicht, ob man das schreiben kann, sie sind...
> Popi: Muslime!
> Peni: Türken!
> Litsa: Es waren Türken! Ich meine, eine andere Religion und Feinde, sozusagen. Aber das war mir egal, es hat mich nicht gestört ... Es war mir völlig egal! Der Mensch fühlte für den Menschen, ohne sich darum zu kümmern, was und wer sie [die Opfer] sind. (Frauen, in den 40er und 50er Jahren, Arbeiterklasse, Fokusgruppe 2)

Das Erdbeben in der Türkei wird im kollektiven Gedächtnis der Zuschauenden als „landmark" (Halbwachs 1992, 61) konstruiert, in dem Sinne, dass es die Überwindung nationaler Feindseligkeiten und individueller Vorurteile angesichts menschlichen Leids symbolisiert. Gleichzeitig positionierten sich die Befragten als Mitglieder einer nationalen Gemeinschaft, wenn sie der Katastrophe gedenken. Als solche identifizieren sie sich im Gegensatz zu den türkischen Opfern, die immer noch als „andere", als „andere Religion", ja sogar als „Feind" definiert werden, um die Bedeutung solcher Kategorisierungen angesichts der Dringlichkeit des menschlichen Leids zu negieren. Die Anerkennung der Grenzen des Andersseins geht Hand in Hand mit dem Diskurs gemeinsamer Humanität, um das ‚Sowohl-als-auch'-Prinzip der kosmopolitischen Erfahrung zu veranschaulichen (Beck 2006, 57): „[T]here arises a space of overlapping but incompatible frames of reference and meanings" (Beck 2002, 33).

Der nationale Kontext wird hier als „social framework of memory" (Halbwachs 1992, 38) verwendet, in den sich die Teilnehmenden einordnen. Dem Erdbeben von İzmit wird eine Bedeutung zugeschrieben, die über seine Natur als Fall von fernem Leid hinausgeht; es wird im Erinnern als ein Ereignis von nationaler Bedeutung und daher von unmittelbarer Bedeutung für die Lebenswelten der Zuschauenden konstruiert. Es wird zu einem „critical incident" im kollektiven Gedächtnis, weil es einen Moment darstellt, „by means of which people air, challenge and negotiate their own standards of action" (Zelizer 1992, 4). Das Erdbeben in der Türkei im Jahr 1999 ist ein solcher Moment, in dem die Zuschauenden ihre moralische Handlungsfähigkeit gegenüber dem Leid der weit entfernten Anderen aushandeln, in diesem Fall als Mitglieder einer nationalen Gemeinschaft, die aufgefordert werden, traditionelle Feindseligkeiten zu überwinden, um für den „Feind" zu fühlen.

In diesem Zusammenhang zeigt sich, dass kosmopolitische Verbundenheit als reflexive Auseinandersetzung mit den fernen Anderen im medialen Erinnern nur vermittels eines nationalen Rahmens erreicht wird. In der hier erörterten Hierarchie des Erinnerns ist das Erdbeben in der Türkei das einzige Ereignis, das als Meilenstein moralischer Verbundenheit zwischen Zuschauenden und Betroffenen konstruiert wird, bei dem sich die Zuschauenden mit den Unglücklichen sowohl als Andere als auch als Mitmenschen auseinandersetzen. Die Anerkennung der gemeinsamen Humanität ist in diesem Fall an die nationale Anerkennung geknüpft.

9. Schlussfolgerung

Mediales Erinnern als rückbezügliche diskursive Rekonstruktion des Publikums angesichts medial vermittelten Leids ist ein komplexer Prozess an der Schnittstelle miteinander verflochtener Praktiken des Erinnerns und Vergessens. Dieser Prozess konstruiert eine moralische Hierarchie des Leidens im kollektiven Gedächtnis. Am unteren Ende dieser Hierarchie stehen viele als Katastrophen gemeldete Ereignisse wie Wirbelstürme und Erdbeben, die im Gedächtnis des Publikums *nicht mehr vorkommen* und an die in Form medialer Schablonen erinnert wird, die die Berichterstattung über ähnliche Katastrophen kennzeichnen. In diesem Fall wird das Leid anderer als unvermeidlich, erwartbar und letztlich als banal beschrieben. Nur wenige Ereignisse werden in der Praxis des Erinnerns als *ikonisch* konstruiert. Trotz oder gerade wegen des intensiven emotionalen Eintauchens von Zuschauenden in den Schauplatz der Katastrophe verlagert sich bei der Erinnerung an diese Katastrophen der Schwerpunkt weg vom Leid und hin zu den eigenen Emotionen. Das Erdbeben in İzmit im Jahr 1999 schließlich steht in einer gedachten moralischen Hierarchie des Gedenkens an fernes Leid ganz oben. Es wurde in der Erinnerung der Zuschauenden als ein Moment tatsächlichen *kosmopolitischen Engagements* mit den Leidenden konstruiert, deren Andersartigkeit anerkannt und gewürdigt, aber durch die Konstruktion der Opfer als Subjekte moralischer Sorge und Solidarität überwunden wird.

Die moralische Hierarchie des Erinnerns an fernes Leid spiegelt in gewisser Hinsicht die Hierarchien von Ort und Leben in westlichen Medienberichten über Katastrophen wider. Ähnlich wie Chouliarakis Regime des Mitleids konzentrieren sich das ‚banale Erinnern' ‚gewöhnlicher' Katastrophen und das ‚ekstatische Erinnern' ikonischer Katastrophen auf die persönlichen Gefühle der Zuschauenden und letztlich auf die Vorstellungskraft eines gemeinschaftlichen Publikums. Nur bei der Erinnerung an das Erdbeben in der Türkei nähern sich die griechischen Zuschauenden einer kosmopolitischen Haltung an, bei der die Betroffenen sowohl als Andere als auch als Grund für Engagement anerkannt werden, ähnlich wie bei der Kategorie der „emergency news" (Chouliaraki 2006, 2008). Im Gegensatz zu dieser Typologie war jedoch die Identifikation mit den westlichen Opfern nicht die Grundlage für eine emotionale Beteiligung der Zuschauenden an 9/11 und dem Tsunami in Asien. Was diese Ereignisse zu Ikonen machte, war das Gefühl des vermittelt-unvermittelten Miterlebens des Todes von anderen. Gleichzeitig wurde die kosmopolitische Solidarität mit leidenden Opfern, in diesem Fall den Opfern des Erdbebens von İzmit, durch einen nationalen Rahmen des Erinnerns ausgedrückt. Die Untersuchung der Erinnerungen der Zuschauenden als Ausdruck ihrer moralischen Auseinandersetzung mit fernem Leid zeigt, dass sie moralische Hierarchien des Ortes und des Lebens reproduzieren, die denen ähneln, die von den Medien konstruiert werden, wenn auch nicht auf unmittelbare Weise. Diese Hierarchien spiegeln sowohl die vorherrschenden Arten der Medienberichterstattung als auch, was ebenso wichtig ist, lokale und nationale Verständnisrahmen wider.

10. Literatur

Achugar, Mariana. *What we remember: The construction of memory in military discourse*. Amsterdam: John Benjamins, 2008.

Adams, William C. „Whose lives count? TV coverage of natural disasters". *Journal of Communication* 36.2 (1986): 113–122.

Beck, Ulrich. „The cosmopolitan society and its enemies". *Theory, Culture & Society* 19.1-2 (2002): 17–44.

Beck, Ulrich. *Die kosmopolitische Vision*. Cambridge: Polity, 2006.

Billig, Michael. *Talking of the royal family*. London: Routledge, 2002.

Calotychos, Vangelis. „The beekeeper, the icon painter, family and friends: ‚November 17' and the end of Greek history". *Anti-americanism*. Hg. Andrew Ross, und Kristin Ross. New York: New York University Press, 2004. 179–195.

CARMA. *The CARMA report on Western media coverage of humanitarian disasters*. http://www.ima gingfamine.org/images/pdfs/carma_%20report.pdf. CARMA, European Office, 2006.

Chouliaraki, Lilie. *The spectatorship of suffering*. London: Sage, 2006.

Chouliaraki, Lilie. „Symbolic power of transnational media: Managing the visibility of suffering". *Global Media and Communication* 4.3 (2008): 329–351.

Cohen, Stanley. *States of denial: Knowing about atrocities and suffering*. Cambridge: Polity, 2001.

Edwards, Derek, und Jonathan Potter. *Discursive psychology*. London: Sage, 1992.

Edwards, Derek, und Elizabeth H. Stokoe. „Discursive psychology, focus group interviews and participants' categories". *British Journal of Developmental Psychology* 22.4 (2004): 499–507.

Fairclough, Norman. „Discourse and text: Linguistic and intertextual analysis within discourse analysis". *Discourse Society* 3.2 (1992): 193–217.

Fairclough, Norman. *Media discourse*. London: Arnold, 1995.

Fairclough, Norman. *Language and power*. Essex: Pearson Education, 2001.

Galtung, Johan, und Mari H. Ruge. „The structure of foreign news the presentation of the Congo, Cuba and Cyprus crises in four Norwegian newspapers". *Journal of Peace Research* 2.1 (1965): 64–90.

Garde-Hansen, Joanne. *Media and memory*. Edinburgh: Edinburgh University Press, 2011.

Halbwachs, Maurice. *On collective memory*. Chicago: University of Chicago Press, 1992.

Höijer, Birgitta. „The discourse of global compassion: The audience and the media reporting of human suffering". *Media, Culture & Society* 26.4 (2004): 513–531.

Irwin-Zarecka, Iwona. *Frames of Remembrance: The dynamics of collective memory*. New Brunswick: Transaction Books, 1994.

Joye, Stijn. „The hierarchy of global suffering: A critical discourse analysis of television news reporting on foreign natural disasters". *Journal of International Communication* 15.2 (2009): 45–61.

Kellner, Douglas. „September 11, spectacles of terror and media manipulation: A critique of jihadist and Bush media politics". *Logos* 2.1 (2003): 86–102.

Ker-Lindsay, James. „Greek-Turkish rapprochement: The impact of disaster diplomacy?". *Cambridge Review of International Affairs* 14.1 (2000): 215–232.

Kitzinger, Jenny. „Media templates: Patterns of association and the (re)construction of meaning over time". *Media, Culture & Society* 22.1 *(2000):* 61–84.

Kyriakidou, Maria. *Watching the pain of others: Audience discourses of distant suffering in Greece.* http://etheses.lse.ac.uk/472/. Unveröffentlichte PhD Thesis. The London School of Economics and Political Science (LSE), 2011.

Kyriakidou, Maria. „The audience of humanitarian communication". *Routledge Handbook of humanitarian communication.* Hg. Lilie Chouliaraki, und Anne Vestergaard. London: Routledge, 2021. 89–103.

Levy, Daniel, und Natan Sznaider. „Memory unbound: The Holocaust and the formation of cosmopolitan memory". *European Journal of Social Theory* 5.1 (2002): 87–106.

Levy, Daniel, und Natan Sznaider. *The Holocaust and memory in the global age.* Philadelphia: Temple University Press, 2006.

Livingstone, Sonia M. „The rise and fall of audience research: An old story with a new ending". *Journal of Communication* 43.4 (1993): 5–12.

Middleton, David. „The social organization of conversational remembering: Experience as individual and collective concerns". *Mind, Culture, and Activity* 4.2 (1997): 71–85.

Middleton, David, und Derek Edwards. *Collective remembering.* London: Sage, 1990.

Moeller, Susan D. *Compassion fatigue: How the media sell disease, famine, war, and death.* London: Routledge, 1999.

Pennebaker, James W., und Becky L. Banasik. „On the creation and maintenance of collective memories: History as social psychology". *Collective memory of political events: Social psychological perspectives.* Hg. James W. Pennebaker, Dario Paez, und Bernard Rime. Mahwah: Lawrence Erlbaum, 1997. 3–19.

Sasson, Theodore. *Crime talk: How citizens construct a social problem.* New York: Transaction Publishers, 1995.

Scott, Martin. „The mediation of distant suffering: An empirical contribution beyond television news texts". *Media, Culture & Society* 36.1 *(2014):* 3–19.

Seu, Irene B. „Doing denial: Audiences' reactions to human rights appeals". *Discourse and Society* 21.4 (2010): 438–457.

Schrøder, Kim C. „News media old and new: Fluctuating audiences, news repertoires and locations of consumption". *Journalism Studies* 16.1 (2015): 60–78.

Silverstone, Roger. *Media and morality: On the rise of the mediapolis.* Cambridge: Polity, 2007.

Singer, Eleanore, Phyllis Endreny, und Marc B. Glassman. „Media coverage of disasters: Effect of geographic location". *Journalism & Mass Communication Quarterly* 68.1–2 (1991): 48–58.

Sontag, Susan. *Regarding the pain of others.* New York: Farrar, Straus and Giroux, 2003.

Sturken, M. *Tangled memories: The Vietnam War, the AIDS Epidemic, and the Politics of Remembering.* Berkeley, CA: University of California Press, 1997.

Sturken, Marita, und Lisa Cartwright. *Practices of looking: An introduction to visual culture.* Oxford: Oxford University Press, 2001.

Tester, Keith. *Compassion, morality, and the media.* Buckingham: Open University Press, 2001.

Van Dijck, José. *Mediated memories in the digital age.* Stanford: Stanford University Press, 2007.

Volkmer, Ingrid. (Hg.). *News in public memory: An international study of media memories across generations.* New York: Peter Lang, 2006.

Zelizer, Barbie. *Covering the body: The Kennedy assassination, the media, and the shaping of collective memory.* Chicago: University of Chicago Press, 1992.

Zelizer, Barbie. *Remembering to forget: Holocaust memory through the camera's eye.* Chicago: University of Chicago Press, 1998.

Automatische Übersetzung ins Deutsche
durchgesehen von Christian Pentzold und Anne Kaun.

Philipp Seuferling

26 Medien und (post)migrantisches Erinnern

1. Einleitung

Im Jahr 2017 eröffnete in Deutschland das erste „Virtuelle Migrationsmuseum". Geschaffen vom DOMiD e.V. in Köln (Dokumentationszentrum und Museum über die Migration in Deutschland) bietet das Online-Museum Einblicke in Migrationsgeschichte in Deutschland seit 1945. Nach dem Download des Museums als App oder Programm erwartet die Besucher:innen ein digitaler, immersiver Spaziergang durch neun „Gebäude". Diese dienen als repräsentative Erinnerungsorte von Migrationserfahrungen, z.B. Amt, Bahnhof, Fabrik oder Wohnheim, und gliedern sich in drei Zeitebenen: 1945–1973, 1973–1989, 1989–2017; getrennt also durch den Anwerbestopp und die Wiedervereinigung als historische Wendepunkte. In den Gebäuden erzählen verschiedene Objekte aus der Sammlung des DOMiD-Archivs Migrationsgeschichte(n): Gebrauchsgegenstände, Interviews, Briefe oder Filme. Auf der Homepage beschreiben die Macher:innen die Absicht des Museums wie folgt:

> Ziel [...] ist es aufzuzeigen, wie Migration unsere Gesellschaft, unsere Geschichte und unser Zusammenleben prägt. Das Thema Migration wird aus der Perspektive einer Einwanderungsgesellschaft betrachtet und Wissen über verschiedene Formen und Typen der Migration vermittelt. Das Museum setzt Impulse für ein neues multiperspektivisches Geschichtsnarrativ, das möglichst vielen Menschendie Teilhabe an der Geschichte ermöglicht und auch diejenigen zu Wort kommen lässt, die bis heute wenig gehört wurden. (Virtuelles Migrationsmuseum 2020)

Aus dieser Perspektive entwirft das *Virtuelle Migrationsmuseum* ein Narrativ des Erinnerungsortes „Migration" in Deutschland nach 1945, das sich auszeichnet durch explizite Partizipation migrantischer Stimmen an Geschichtserzählungen, und dadurch einer bedingungslosen Anerkennung von Migration als essentiellen Bestandteil, als „Normalfall" von Gesellschaft. So funktioniert das Museum als Medium (Putnam 2001), genauer gesagt bedient sich die Ausstellung einer eklektischen Ansammlung an Medien und Kommunikationsangeboten, und bietet in der Kombination narrativisierte Zugänge zu Geschichte, Gegenwart und Zukunft von Migration in Deutschland. Während parallel in Köln das „Haus der Einwanderungsgesellschaft" als Europas größtes Migrationsmuseum entsteht, bedient sich das *Virtuelle Migrationsmuseum* nicht Architektur und physischen Objekten als Form, sondern greift zu digitalen Technologien und Medienformen, um Geschichte(n) und Erinnerungen rund um Einwanderung öffentlich zu erzählen. Es ist ein digitales Erinnerungsmedium von Migration.

Beispielhaft illustriert dieses Museumsprojekt Zusammenhänge und Wechselspiele verschiedener Begriffe, welche im Zentrum dieses Kapitels stehen: Medien als Technologien, Artefakte, Institutionen und Praktiken der Kommunikation; Erinnerung als sozial relevante Relationen zu und Aktualisierungen von Vergangenheit und Verhandlung von Zukunft; und Migration als sozial verhandeltes Phänomen, welches Fragen von Zusammenleben aufwirft. Verschiedene Akteur:innen, die Macher:innen des Museums, Migrant:innen als Produzent:innen von kommunizierten Erinnerungen, und andere Beteiligte, wie massenmediale Berichterstattung, verhandeln hier wie Medien, Migration, und Erinnerung einander ermöglichen und Bedeutung verleihen. In welcher Relation stehen Medien und Kommunikation zu sozialen und kulturellen Erinnerungsprozessen und gesellschaftlichen Verhandlungen von Migration? Und wie formen und bedingen Medien migrantisches Erinnern?

1.1 Deutschland postmigrantisch 2021?

Die diskursive Landschaft der späten 2010er Jahre rund um das Thema Migration in Deutschland, in welche sich das Museum situiert, weist komplexe Auseinandersetzungen und Transformationen auf. Nach dem „langen Sommer der Migration 2015" (Hess et al. 2016) und der sog. „Flüchtlingskrise"[1], geprägt gleichermaßen von kosmopolitischer Solidarität und xenophober Ablehnung, sind Diskussionen über Grenzen der Zugehörigkeit und über Vergangenheit und Zukunft von Migration in Deutschland allgegenwärtig. Regelmäßige Debatten über Rassismus, z. B. unter dem Hashtag #MeTwo des Aktivisten Ali Can im Sommer 2018, oder zu Gewalt und Rechtsextremismus in Polizei und Gesellschaft, u. a. im Rahmen von #BlackLivesMatter, stehen dem Einzug der AfD in den Bundestag 2017, tödlichen Terrorangriffen gegen Migrant:innen in u. a. Halle, Hanau oder durch den NSU gegenüber. Wulf Kansteiner (2020) diagnostiziert diese Situation als „kosmopolitisches Dilemma" in Deutschland und Europa: der erinnerungspolitische Konsens solidarischer, kosmopolitischer Vergangenheitsbewältigung in Reaktion auf den Nationalsozialismus befinde sich in einer Phase der Auflösung, schlichtweg dadurch dass er unglaubwürdig und unvereinbar geworden sei mit faktischer Migrationspolitik an Europas Grenzen. Das Mittelmeer als tödlichstes Meer der Welt passt nicht zu einer offiziellen selbstreflexiven, anti-rassistischen Erinnerung an den Holocaust.

In dieser Gemengelage stellt das *Virtuelle Migrationsmuseum* als eine diskursive, erinnerungspolitische Artikulation dar. Die digitale Ausstellung interveniert, und zwar mithilfe migrantischer Erinnerung „from below". Sie erkennt die Zentralität von kommunikativer, medienvermittelter Erinnerung, basierend auf dem „migrant archive" (Appadurai 2019), auf medienbasierten, sozialen Praktiken der Erinnerung. Arjun Appadurai beschreibt migrantische Erinnerungspraktiken der Selbstarchivierung als „hy-

---

1 Der Begriff steht in Anführungszeichen, da er den Ursprung der Krise bei Geflüchteten verankert. Stattdessen wären „Solidaritätskrise" oder „Aufnahmekrise" passendere Alternativen, um die Gründe der Krisensituation zu fassen.

per-valued" (Appadurai 2019, 561), im Versuch, gebrochene Kontinuitäten der Migrationserfahrung zwischen Vergangenheit und Zukunft zu versöhnen, als Individuen, Gruppen, oder Gesellschaften. Ohne es explizit zu erwähnen, kann das Museum somit als partizipative Medienpraktik mit „postmigrantischem" Auftrag verstanden werden. Dieser Begriff entwirft ein visionär-kritisches Gesellschaftsverständnis, das Migration als unumkehrbare Ausgangslage anerkennt, auf der Suche nach einem „gemeinsamen Raum der Diversität jenseits von Herkunft" (Langhoff 2011). Als Paradigmenwechsel verlässt und problematisiert der Begriff Unterscheidungen von Migrant:innen und „Einheimischen", und erkundet historisch-erinnerte sowie zukünftige Räume von Vielfalt, Differenz, Ambivalenz und Antagonismen (Hill und Yildiz 2015). Die Frage ist nicht mehr, „ob" Migration Gesellschaft prägt, sondern „dass" und „wie", ausgehend von den postmigrantischen Lebenswirklichkeiten eines großen Teils der Gesellschaft. Gleichsam ist nicht eine homogenisierende Integration das Ziel, sondern eine plurale Anerkennung von Ambivalenzen, Konflikten und Antagonismen und die Bildung von Allianzen. Von postmigrantischen Gesellschaften zu sprechen, bedeutet die oft konfliktreiche Aushandlung von Migration als gesellschaftsbildend anzuerkennen. Somit kann der Begriff gleichzeitig ein empirisch-analytisches Werkzeug sein, als auch eine gesellschaftspolitische und normative Perspektive ausdrücken (Foroutan 2015).

Wie dieses Kapitel zeigen wird, führt eine postmigrantische Perspektive unweigerlich zu Prozessen von Medien, Kommunikation und kulturellem und sozialem Erinnern und bietet zugleich einen hilfreichen kritischen Kontext für die kommunikationswissenschaftliche Erinnerungsforschung. Postmigrantische Gesellschaftsentwürfe und Zustände sind grundsätzlich medial verhandelt, und speisen sich aus Prozessen der sozialen und kulturellen Erinnerung, Vorstellungen von Vergangenheit, Gegenwart und Zukunft. Dieses Erinnern wiederum basiert auf individuellen und sozialen Praktiken rund um Medientechnologien von Akteur:innen in postmigrantischen Gesellschaften.

1.2 Aufbau des Kapitels

Der vorliegende Handbuchbeitrag orientiert sich an einer postmigrantischen Perspektive und schafft einen Überblick über die Potenziale und kritischen Perspektiven auf die Verknüpfungen und Wechselspiele von Medien und Kommunikation, (Post-)Migration, und Erinnerung. Welche Rolle spielen Medien als Praktiken, Technologien und Institutionen in postmigrantischer Erinnerung? Wie eröffnen Medienumgebungen disruptive Räume für neue postmigrantische Erinnerungskulturen? Und wie reproduzieren sie hegemoniale, rassistische und nationalistische Geschichtsnarrative und -kulturen?

Ausgehend von diesen Fragen ist der Beitrag wie folgt aufgebaut. In einem kontextualisierenden Abschnitt wird zunächst der konzeptuelle Zusammenhang von Migration, Erinnerung und Medien diskutiert (2.). Im Anschluss daran werden in zwei weiteren Abschnitten theoretische und empirische Zugänge zur Erforschung medien-vermittelter Erinnerung an Flucht und Migration erläutert: einerseits als kritische Analyse von Diskursen und Repräsentationen (3.), und andererseits als Medienpraktiken und Anwendungen von Medientechnologien zur migrantischen Erinnerung (4.). Eine Engführung von sowohl Diskursen als auch Medienpraktiken des migrantischen Erinnerns führt schließlich zu einer Diskussion über die zukünftige Rolle medienbasierter Erinnerung für eine postmigrantische Zukunft (5.).

2. Medien – Migration – Erinnerung

Um die Dimensionen von Medienpraktiken und -repräsentationen in postmigranti-scher Erinnerung besser einordnen zu können, sollen zunächst einige konzeptuelle Zusammenhänge von Migration und medienvermitteltem Erinnern aufgezeigt werden.

Migration ist fundamental mit kommunikativen Projekten des Erinnerns verbun-den. In der westlichen Moderne wird meist der Westfälische Frieden als historische Wurzel des sozial konstruierten Phänomens „Migration" gesehen. Die Regelungen, die 1648 in Münster und Osnabrück von den europäischen Kriegsteilnehmern aus-gehandelt wurden, sollten zur Grundlage für eine politische Ordnung des Kontinents und dessen Überwachung von Mobilität werden. Souveräne Staaten, alle mit gleichem Stimmrecht, einigten sich auf eine Friedensordnung – die Grundlage für den moder-nen Nationalstaat war gesetzt, nämlich die Kombination von Souveränität und Terri-torialität, auf welcher die Konstruktion von Nationen ihren Lauf nehmen konnte (sie-he z. B. Oltmer 2016). Die Verknüpfung von Herkunft, Ethnizität, Sprache, Kultur, Religion und territorialer Mobilitätskontrolle („Blut und Boden") prägte fortan und bis heute das Selbstbild und die Vorstellungswelten von nationalen Gemeinschaften (Appadurai 2019). Dies ist eine langfristige diskursive Grundbedingung moderner westlicher Gesellschaften, um hegemoniale Macht und Zusammenhalt in industriali-sierten, kapitalistischen Massengesellschaften zu erhalten (Anderson 1991; Bauman 2004). Gleichzeitig bildete sich dadurch die Grundlage für globale Grenz-, Mobilitäts-und Staatsbürgerschaftsregime, die in imperialistischen, rassistischen Kolonialpro-jekten verwirklicht wurden, und bis heute internationales Recht prägen (siehe zur Ge-nealogie von kolonialen und heutigen EU-Mobilitätsregimen Vigneshwaran 2020).

In Distinktion zu nationalistischen Gesellschaftsentwürfen von abgeschlossenen „container cultures" und der „national order of things" (Malkki 1995) öffnete sich je-doch ein liminaler Raum: denn was passiert mit Menschen *zwischen* vermeintlich ho-mogenen Nationen, oder solchen, die „wechseln"? Das Phänomen „Migration" wurde notwendig, um diese Gruppen zu erfassen und zu kontrollieren. Nationalstaaten funk-tionieren nur durch Grenzen, und wer die Grenzen des Systems überschreitet, wird zur/m Migrant:in. Die Verknüpfung von Herkunft, Sprache, Aussehen, Ethnizität, Re-ligion und Kultur mit diesen Grenzen erzeugt demnach Migration über nationale, kul-turelle und soziale Trennlinien – symbolische und physische Grenzen. Appadurai

(2019, 558) bezeichnet diese Parameter als „fixed starting points" von grenzziehenden, nationalen Narrativen. Sie verhindern sowohl Anerkennung von migrantischen Identitäten, und produzieren gleichzeitig Trauma, Vertreibung und Flucht. Staaten haben es sich zur Aufgabe gemacht, Grenzen zu erschaffen, und Mobilität zu kontrollieren und zu überwachen: gewaltsam materialisiert im Massengrab Mittelmeer, an der USA-mexikanischen „Wall", in gigantischen Flüchtlingslagern, oder in jeder Asylunterkunft und im Anhörungsraum des Ausländeramts.

Zu Migrant:innen und Geflüchteten werden also jene Personen gemacht, die aus dem System fallen und zwischen nationalen Rechtsregimen aufgerieben werden, wie Hannah Arendt (1956) oder Giorgio Agamben (1995) einschlägig aus philosophischer Perspektive diskutieren. Dieser politische Erschaffungsprozess, das „making of the modern refugee" (Gatrell 2013), ist unweigerlich verknüpft mit Prozessen von medienvermittelter Kommunikation, sowie Projekten des sozialen und kulturellen Erinnerns. Lilie Chouliaraki und Myria Georgiou (2019) sehen Grenzen als Überlappung von sowohl symbolischen, wie auch materiellen/territorialen Praktiken, und weisen mit dem Begriff „digital border" auf die Rolle digitaler Technologien hin: zur Zirkulation von exkludierenden Narrativen und Diskursen, sowie als technologische Infrastrukturen zur Grenzüberwachung und Verwaltung. Auf Diskursebene haben kulturelle Akte von Selbsterzählung rund um den Begriff Migration, also sämtliche diskursive Prägungen in z. B. Literatur, Film und Fernsehen, Nachrichten oder Zeitungen, oder auch Museen (wie in der Einleitung erwähnt), über Jahrzehnte und Jahrhunderte globalen Grenzregimen Vorschub geleistet, also Inklusion und Exklusion und Grenzen von physischer und sozialer Mobilität verhandelt und ermöglicht. Erinnerungskulturelle und mediatisierte Narrative von Zugehörigkeit, über Herkunftsmythen, Ethnien, Rassismus, Kolonialismus und Vorstellungen von Teilhabe und „cultural citizenship" bilden den Nährboden für fortlaufend ausgetragene Konflikte und die von Politiker:innen vorgeschlagenen Lösungsansätze. Spätestens seit Benedict Andersons (1991) Studie zu *Imagined Communities* ist klar, dass die Geschichte des Nationalstaats auch eine Geschichte von Medien ist; von Medien als sozialen Institutionen, sowie als Technologien der Zirkulation und Speicherung von Information, die Synchronisierung und imaginäre Verbindungen von Gemeinschaften in Zeit und Raum ermöglichen. Das Aufkommen von Zeitungen im 17. Jahrhundert, bis hin zur Etablierung von digitalen Medien heute, formen und bedingen als technologische und institutionelle Umgebungen diese gesellschaftlichen Diskurse und die Möglichkeiten zur Teilhabe und zur Verhandlung von symbolischen Grenzen darin. Genauso beruht der Nationalstaat als narratives Konstrukt auf Prozessen von kulturellem und sozialem Erinnern, auf der ständigen Aktualisierung und Aktivierung von kulturellem Gedächtnis, Verweisen auf Erinnerungsorte, sowie Verklärung und Nutzung von Vergangenheitsreferenzen zu Identitätsbildung, wie die zentralen Werke der kulturwissenschaftlichen Gedächtnisforschung gezeigt haben (Nietzsche 1874; Halbwachs 1992 [1925]; Assmann 1995; Nora 1996).

Auch hierin sind wiederum Medien zentrale Technologien zur Speicherung und Verbreitung von kulturellem Gedächtnis und Erinnerungsprozessen. Eine technologie-fokussierte Mediengeschichte, z. B. nach Harold Innis (1951), zeigt, wie Medien immer schon auch Kulturtechniken des Erinnerns waren: als Inskriptionen von Bedeutung, um Durabilität zu gewährleisten, z. B. durch „time-biased" Medien, wie Schrift, Steintafeln, oder Buchdruck. Aber auch, um Mobilität, und dadurch Macht über Raum zu erlangen, was die Aufgabe von „space-biased" Medien, wie Zeitungen, Rundfunk oder dem Internet wurde. Medien als Technologien und Institutionen ermöglichen demnach eine Arrangierung von zeitlichen und räumlichen Grenzen, von Mobilität von Menschen, und von Transportabilität von Bedeutung und Inhalt. So sind Medien als Erinnerungswerkzeuge und -techniken auch immer schon mit Migration verbunden – durch Praktiken von Grenzziehungen und Vergemeinschaftungen, als auch durch Praktiken, die Vorstellungen und Bedeutungen in Zeit und Raum mobilisieren. Astrid Erll (2011) versteht dieses Potenzial als „travelling memory", wonach Erinnerung immer in Bewegung ist (und sein muss), zwischen Medienformen, Individuen und Gruppen. Medien und Migrant:innen werden Träger von reisender Erinnerung: „Travel, migration and transmigration, flight and expulsion, and various forms of diaspora lead to the diffusion of mnemonic media, contents, forms and practices across the globe" (Erll 2011, 12). Sich wandelnde Medientechnologien bieten demnach immer neue Formen des „migrant archive" (Appadurai 2019) von Individuen und Gruppen, während gleichzeitig mit dem Aufkommen moderner Massenmedien entsprechende Öffentlichkeiten als nationale Arenen entstanden, die Zugehörigkeiten, Inklusion und Exklusion diskursiv verhandelten. Diese individuellen wie auch kollektiven Medienpraktiken der Erinnerung sind natürlich stets selektiv, d. h. inkludieren immer das Gegenstück „Vergessen". Paul Ricoeur (2004, 412–456) unterscheidet hierbei zwischen der tatsächlichen Auslöschung von Spuren und dem revidierbaren Vergessen. Letztere Perspektive verdeutlicht erneut die Selektivität von Erinnern, worin die aktive Nicht-Kommunizierung von Erinnerung Akte von Vergessen bildet. Gleichzeitig ist Vergessen notwendig (alles zu erinnern ist schlichtweg unmöglich und unerträglich), was gleichzeitig Formen des Vergessens (und Erinnerns) hervorbringt, die Ricoeur (2004, 457) als Vergebung bezeichnet. Letztendlich finden also in Medienpraktiken und Diskursen über Vergangenheit Verhandlungen, Manipulationen und Selektionen von Erinnerung und Vergessen statt.

In der Triangulation dieser Prozesse – Migration, medienvermittelte Kommunikation, und soziales und kulturelles Erinnern – ergibt sich ein Feld, welches letztendlich ganz fundamental die Formen des friedlichen Zusammenlebens betrifft. Welche Rolle spielen mediale Erinnerungskulturen in Gesellschaften, die grundlegend durch Migration, aber auch Rassismus und Xenophobie, charakterisiert sind? Und wie kann diese neu gedacht werden – postmigrantisch, bei migrantischer Lebenswirklichkeit ansetzend, und offen für Ambiguitäten und Antagonismen? Wie kann mit entstehenden Konflikträumen umgegangen werden? In den folgenden zwei Abschnitten sollen medien- und kommunikationswissenschaftliche Zugänge zu diesen Fragen aufgezeigt werden, einerseits ausgehend von Forschung zu Repräsentationen und deren Potenzialen und Problematiken (3.), und andererseits zu Formen des (post-)migrantischen Erinnerns als Medienpraktiken (4.).

3. Postmigrantische Erinnerungskulturen

Ein offensichtlicher Ansatzpunkt, um Erinnerungskulturen rund um Migration zu verstehen, sind Medienrepräsentationen, deren Erforschung auch den Schwerpunkt in kommunikationswissenschaftlicher Erinnerungsforschung bildet. Wie Joanne Garde-Hansen (2011, 3) schreibt, werden Medien oft „the first draft of history" genannt. Medienformen, seien es Massenmedien oder andere individuellere Technologien, narrativisieren Geschichte. Durch Sprache und Text, Symbole und Bilder, wird Geschichte öffentlich erzählt und kommuniziert – doch wessen Geschichte und mit welchen Konsequenzen?

3.1 Repräsentationen

Ein Forschungsfeld, das sich medienvermittelten Erzählungen von Migration widmet, nimmt die Analyse von Repräsentationen und Diskursen als Ausgangspunkt: Erzählungen, Verbildlichungen, Vertonungen, Vergegenständlichungen von Migrationen und deren Geschichte(n). Im Sinne von Stuart Hall (1996) sind Medien (meist Massenmedien) zentrale Vehikel und Plattformen für Repräsentationen als Räume von migrantischen Identitäten, die hier nicht gespiegelt, sondern aktiv (re)produziert und verhandelt werden. Für Hall war besonders das Kino ein Raum, in dem Subjektpositionen formuliert werden. In seinem Essay *Cultural Identity and Diaspora* diskutiert Hall (1990) die Zusammenhänge von Identität und diasporischem Erinnern durch Medienrepräsentationen, wie z. B. Film. Ausgehend von postkolonialen Kontexten der Karibik argumentiert Hall, dass kulturelle Identitätskonstruktionen von *Schwarzen*, kolonialisierten Subjekten keine Erinnerungsprojekte sind, die archäologisch die „echte", geraubte und verlorene Geschichte und Herkunft ausgraben. Viel mehr entsteht kulturelle Identität in Praktiken der Erinnerung, die in dynamischen, nicht fixierten Repräsentationen die verschiedenen Temporalitäten von Diaspora, Metropole und afrikanischem Ursprung hybridisiert. Dadurch werden die Repräsentationsregime der europäischen Kolonialisierer, sowie die Formen von Positionierung und Subjektivierung des kolonialen „Anderen" sichtbar. Schlussendlich wird Identität nicht in Repräsentationen gespiegelt, sondern darin immer neu konstruiert. „[They] thereby enable us to discover places from which to speak" (Hall 1990, 237).

Die Frage danach, wer „spricht", stellt auch Gayatri Chakravorty Spivak (2003) in ihrem berühmten Essay *Can the subaltern speak?*, und öffnet eine postkoloniale Perspektive auf die Subjektposition des Subalternen, und Möglichkeiten der Artikulation. Myria Georgiou (2019) griff jüngst diese Frage auf und zeigte unter dem Titel *Does the subaltern speak?*, wie Geflüchtete und Migrant:innen im digitalen Europa durch Initiativen für eine Stimme kämpfen, doch diese Repräsentationen oft strukturell kein Gehör oder Anerkennung finden.

Von einem solchen kritischen Begriff der Repräsentation haben Medien- und Kommunikationswissenschaftler:innen Darstellungen von Migrant:innen in diversen Medien erforscht.[2] Für Hall stellte die Produktion von Medienrepräsentationen durch migrantische/koloniale Subjekte selbst ein emanzipatorisches Potenzial dar, um neue Erzählungen hervorzubringen. Dies wirft die Frage auf, welche Repräsentationen und Narrative von Migration tatsächlich produziert werden, und welche Akteure hierbei zu Wort kommen und die Narrative formen. Daniela Berghahn (2020) gab hier jüngst einen Überblick über die Darstellung von migrantischen Familien im europäischen Film. Brigitte Hipfl (2019) hat sich ebenfalls im Bereich Film mit Darstellungen von Migrationserlebnissen in Österreich beschäftigt, und affektiven Potenziale von Filmen ausgelotet, postmigrantische Narrative zu öffnen.

Auch wenn die Repräsentationsanalyse, Hall folgend, immer Verhandlungen von Geschichte und Zukunft sind, verbleibt ein spezifischer Fokus auf Erinnerung, unter Anwendung des konzeptuellen Vokabulars der *memory studies*, weitestgehend ein Desideratum. Im Falle von Museen haben Karina Horsti und Klaus Neumann (2017) zwei Ausstellungen in Canberra und Lampedusa verglichen, die Todesopfern von irregulärer Migration übers Meer gedenken. Diese Memorialisierungen eröffnen Erinnerungsdiskurse des Gedenkens sowohl für direkte Angehörige, sowie auf einem breiteren nationalen Niveau der Aufnahmegesellschaften. Doch auch dieser Fall beschäftigt sich mit gegenwärtigen Migrationen. Speziellere Analysen von medialer Verhandlung und Darstellung *historischer* Migrationen lassen sich im deutschen Kontext vor allem zur Flucht und Vertreibung der Deutschen nach dem Zweiten Weltkrieg finden, z.B. die Arbeiten von Alina Laura Tiews (2017) und Maren Röger (2011) zu filmischen Erinnerungen und Narrativisierungen von Flucht und Vertreibung der Deutschen in West- und Ostdeutschland (für einen breiten Überblick zu Medien und Praktiken der Erinnerung an den Erinnerungsort „Flucht und Vertreibung", siehe Scholz et al. 2015). Außerdem diskutiert Wulf Kansteiner (2018) erinnerungspolitische Verhandlungen von Migration in Deutschland anhand der Krimiserie *Tatort* (ebenfalls zum Genre Krimi und der prekarisierenden und othernden Darstellung von Migrant:innen, siehe Hipfl 2018). Gerade solche reduzierenden, stereotypisierenden Repräsentationen, die von Rassismus und Exklusion geprägt sind, prägen historisch Erinnerungskulturen rund um dem Begriff Migration, und stehen dadurch postmigrantischen Visionen im Weg. Die genannten Studien sind Beispiele für kritische Ansätze, um Problematiken von verzerrenden Darstellungen und der Selektivität von Erinnern und Vergessen sichtbar zu machen. Ein Desiderat wäre in diesem Bereich sicherlich ein breiterer Blick auf verschiedene Medienformen, in denen Migrationsgeschichte diskursiv verhandelt wird, jenseits von Film und Fernsehen, beispielsweise in journalistischen Produkten, Radio

---

2 In einem weiteren Kontext kann hier auch Forschung zu journalistischen und massenmedialen Repräsentationen von Migrant:innen und Geflüchteten generell genannt werden. Im Kontext der sog. „Flüchtlingskrise" von 2015 entstand ein wachsendes Feld kritischer Forschung: siehe Chouliaraki und Zaborowski 2017; Berry et al. 2015.

oder sozialen Medien. Außerdem wäre eine breite Analyse dessen, *welche* Migrationserfahrungen Eingang in Mediendiskurse und Vorstellungswelten deutscher Geschichte gefunden haben, sicher einsichtsreich.

Generell können derartige Analysen, die konzeptuell von medienvermittelter Erinnerung ausgehen, Repräsentationen über die Frage von hybriden Identitäten hinaus politisieren. Mediatisierte Migrationsgeschichte wird hier als erinnerungspolitische Form von „uses of the past" verstanden, und verdeutlicht so die gezielte Narrativisierung von Geschichte, und Aktivierung von kulturellem Gedächtnis. Welche Konsequenzen, Möglichkeiten und Problematiken solche Zu-Hilfe-Nahmen von Migrationsgeschichte haben, wird im nächsten Abschnitt diskutiert.

3.2 Postmigrantische Potenziale: moralische Zuschauerschaft

In seinem berühmten Aufsatz zum *Nutzen und Nachtheil der Historie für das Leben* wies bereits Nietzsche (1874) einerseits auf die Problematiken der Instrumentalisierung von Geschichtswissenschaft hin, die andererseits im Gegensatz zu produktiven Möglichkeiten der Ermächtigung stehen. In diesem Sinne wurde auch jüngst im Bereich Migration die Aktivierung von eigenen Migrationserfahrungen, z. B. die der vertriebenen Deutschen nach dem Zweiten Weltkrieg, als willkommene Möglichkeit gesehen, um Empathie und Willkommenskultur für Geflüchtete heute zu stützen. Eine solche Verwendungen von Vergangenheit kann verschiedene Implikationen haben: sie kann als problematische Instrumentalisierung von verzerrten Analogien und Vergleichen wirken, worin Geschichte und Gegenwart verharmlost und/oder dramatisiert werden (siehe zu Flucht: Ahonen 2018). Gleichzeitig bergen jedoch solche Vergleiche das Potenzial, Empathie und Verständnis zu schaffen. Im Falle von Flucht diskutiert Stephan Scholz, ob ein solcher „Schicksalsvergleich" (Scholz 2016) von deutschen Heimatvertriebenen und Geflüchteten 2015 zur „Willkommenskultur" beigetragen hat. Uta Rüchel (2017) greift dieses Argument auf und macht deutlich, wie Erinnerungskulturen, z. B. an Flucht und Vertreibung oder die Wende, den Umgang mit Geflüchteten heute prägen, was sich schon allein daran zeigt, dass unter freiwilligen Engagierten während der sog. „Flüchtlingskrise" Nachfahren von Heimatvertriebenen signifikant höher vertreten waren.

Wiederum sind Medien hier zentrale Akteure. So zeigen Wagner und Seuferling (2020) im Fall von schwedischen und deutschen Dokumentarfilmen über Flucht, wie die Verflechtung von vergangener und heutiger Migration durch Medienrepräsentationen neue Vorstellungen ermöglichen und „time-travelling"-Erinnerungsangebote (Erll 2011) machen kann, die grenzbehaftete „container culture"-Narrative in Frage stellen. Dagmar Brunow (2016) geht von einer ähnlichen Prämisse aus, und zeigt wie existierendes Archivmaterial als „archival intervention" genutzt werden kann, um transkulturelle Narrative in Dokumentarfilmen zu schaffen und dem aktiven Vergessen entgegenzuwirken. Karina Horsti (2019) versteht diese Form von kosmopolitischer Solidarität als „archival activism", gezeigt im Falle des *Archivio delle memorie migranti* in Italien.

Solche Ansätze arbeiten heraus, wie Medien durch dynamische Prozesse von „premediation" und „remediation" (siehe Erll und Rigney 2011) Bedeutungen von Geschichte und Erinnerung immer wieder neu verhandeln, jedoch auf bekannte anschlussfähige Schablonen und Muster (siehe zu „journalistic templates" auch: Zelizer 2002) zurückgreifen, um Wiedererkennbarkeit, Transfer und Verflechtung von Narrativen zu ermöglichen. Besonders Symbole und Narrativelemente, wie Boote, das Mutter-Kind-Motiv, oder Fluchterzählungen, können als Versatzstücke fungieren, die Erfahrungen verschiedener Epochen und Generationen verknüpfen. Über Medienprodukte hinaus sind hier auch „plurimedialen Netzwerke" von Interesse, also die medialen Verhandlungen und Bedeutungszuschreibungen um ein Erinnerungsmedium herum, z. B. Rezensionen zu einem Film oder einer Museumsausstellung (Erll und Rigney 2011).

Wie diese Studien zeigen, verbirgt sich ein postmigrantisches Potenzial in Erinnerungskulturen, die verschiedenen Migrationsgeschichten neu zusammendenken. Dieser Ansatz ist nicht ganz neu in den *memory studies*. Michael Rothberg (2009) argumentiert mit dem Begriff „multidirektionales Erinnern", dass der Austausch und die diskursive Verknüpfung von Erinnerungskulturen zwischen Gruppen und sozialen Strukturen zu Solidarität führen kann. Anhand der Analyse von afroamerikanischer Diasporaerinnerung und jüdischer Holocausterinnerung in den Vereinigten Staaten zeigt Rothberg: „[m]emories are not owned by groups – nor are groups 'owned' by memories" (Rothberg 2009, 6); sie sind vielmehr „complex acts of solidarity in which historical memory serves as a medium for the creation of new communal and political identities" (Rothberg 2009, 11). Ähnlich arbeitet Astrid Erll (2011) mit dem bereits genannten Begriff „travelling memory" heraus, wie durch konstante Prä- und Remediation Erinnerungsformen und -inhalte reisen, zwischen Medien, Gruppen, Kulturen und Nationen – was zu transkulturellen Erinnerungskulturen führen kann. Letztendlich können hier Vergangenheitsrepräsentationen „against the archival grain" (Stoler 2009), ein Begriff aus postkolonialer Historiographie, entstehen, scheinbar vergessen gemachte marginalisierte Stimmen sichtbar und hörbar machen und damit Migrationserinnerung aktiv verändern und inklusiver machen.

Diese Ansätze sind von einem postmigrantischen Optimismus geprägt; von der Überzeugung, dass Medien letztendlich die Macht besitzen, Vorstellungen von Vergangenheit, Gegenwart und Zukunft so zu formen, dass transkulturelle Solidarität entstehen kann, Grenzen hinterfragt und überschritten werden, und Antagonismen sichtbar gemacht und bearbeitet werden. Hier knüpfen medien- und kommunikationswissenschaftliche Diskussionen an, die nach den Wirkungen von kosmpolitischen, solidarischen Mediendiskursen fragen. Roger Silverstone (2007) bietet hierfür den normativ geprägten Begriff der „Mediapolis": Medien sind als omnipräsente, unausweichliche Umgebungen einer globalisierten Welt zu verstehen, worin mediale Repräsentationen die Nutzer:innen immer in ein moralisches Verhältnis zu anderen positionieren. Somit konstituieren Medien für Silverstone eine „moralische Öffentlichkeit" (Silverstone 2007, 15), die durch das Bezeugen und die Sichtbarmachung von „anderen" Subjekten konstant zu ethischen Stellungnahmen zwingt. Lilie Chouliaraki

(2006) nennt in der Konsequenz die notwendige Reaktion des Publikums „moralische Zuschauerschaft", insbesondere in Relation zum Leid des „Anderen". Im Bezug zum Fluchtgeschehen 2015 haben hierzu Maria Kyriakidou (2015), oder auch Peter Dahlgren (2016), Publikumsdiskurse zu moralischen Reaktionen auf das medienvermittelte Leid des Anderen („distant suffering") untersucht.

Silverstone führt somit von der Hall'schen Kritik und dem multidirektionalen Potenzial von migrantischen Vergangenheitsrepräsentationen einen Schritt weiter: zu einer postmigrantischen Erinnerungs-Mediapolis, wenn man so will. Diese ist geprägt von Kakophonie und Polyphonie, und chaotischer Multivokalität, von digitalen und sozialen Medien verstärkt (siehe hierzu auch Schwarzenegger und Lohmeier 2020). Doch sie bietet durch die Vielstimmigkeit nicht nur die Wahrnehmung und Konfrontation mit alternativen Narrativen, der Geschichte von „Anderen", vom subalternen Subjekt, sondern auch Möglichkeiten der Partizipation von unten, und dadurch den postmigrantisch-normativen Raum für Anerkennung, Allianz und Ambiguität (Foroutan 2015). Diese kritische Perspektive kann als Analysewerkzeug den Blick auf Mediendiskurse schärfen. Als Messlatte macht die Frage nach Räumen der Anerkennung sichtbar, wie die konkrete Erinnerungs-Mediapolis aussieht: Welche Stimmen kommen zu Wort? Welche Geschichten können wie erzählt werden? Welche Räume und „Politiken des Zuhörens" gibt es (Dreher 2010)? Welche Perspektiven bleiben stumm, oder werden verzerrt, rassistisch dargestellt? Denn gleichzeitig werden in der Vielstimmigkeit jene Narrative sichtbar, die Grenzziehungen aufrechterhalten, Geschichte stark entstellen, und für revisionistische politische Zwecke instrumentalisieren. Gerade in den professionell mediatisierten Erinnerungspolitiken der Neuen Rechten werden diese Antagonismen, problematischen Verzerrungen, und Kämpfe des Erinnerns und Vergessens, deutlich (Levi und Rothberg 2018; Wasilewski 2019).

4. Postmigrantische Medienpraktiken des Erinnerns

4.1 Migrantisches Erinnern: Technologien und Praktiken

Wie eingangs erläutert, sind Erinnerungsmedien jedoch nicht nur als Diskurse, Narrative und Repräsentationen zu verstehen, sondern involvieren auch die Dimension von Praktiken: von Technologien und deren Anwendungen in kulturellen und sozialen Handlungskontexten[3]. Die postmigrantische Perspektive weiterdenkend, setzen Medienpraktiken des migrantischen Erinnerns somit beim erinnernden Migrant:innen-

---

3 Die Mediennutzungsforschung hat hier ein weitreichendes Vokabular entwickelt, um Relationen zwischen Menschen und Medientechnologien zu beschreiben. Ich beziehe mich hier auf Medienpraktiken / „media practices" im Sinne von Nick Couldry (2004), als integratives Konzept, das Medien als soziale Handlungen mit und um Technologien herum versteht.

Subjekt an. Arjun Appadurai (2019, 561–562) fasst die Relevanz von Erinnerungspraktiken in Kontexten von Migration wie folgt zusammen:

> [M]emory becomes hyper-valued for many migrants, the practices through which collective memory is constructed are especially subject to cultural contestation and to simplification. Memory, for migrants, is almost always a memory of loss. But since, most migrants have been pushed out of the sites of official/national memory in their original homes, there is some anxiety surrounding the status of what is lost, since the memory of the journey to a new place, the memory of one's own life and family world in the old place, and official memory about the nation one has left have to be recombined in a new location. Migration tends to be accompanied by a confusion about what exactly has been lost, and thus of what needs to be recovered or remembered. This confusion often leads to a deliberate effort to construct a variety of archives, ranging from the most intimate and personal (such as the memory of one's earlier bodily self) to the most public and collective, which usually take the form of shared narratives and practices. (Appadurai 2019, 561–562)

Die Praktiken, die Appadurai beschreibt, sind fundamental mit Medientechnologien verknüpft. Ob gewaltsame Flucht und Vertreibung aus der Heimat, oder organisierte Arbeitsmigration – die Erfahrung von Umsiedlungen impliziert räumliche sowie zeitliche Brüche in der Biographie. Die entstandenen Unstimmigkeiten zwischen Vergangenheit, Gegenwart und Zukunft werden mit medienvermittelter Erinnerung bearbeitet, und neu verhandelt. Emily Keightley und Michael Pickering (2017) nennen diesen Vorgang „management of change", und beschreiben, wie in Situationen von räumlicher Veränderung – vom Umzug bis hin zu Migration oder Flucht – Medien als „vehicles of memory" (Keightley und Pickering 2014) agieren. Musik, Fotografie, oder Tagebücher ermöglichen „mnemonic imagination" (Keightley und Pickering 2012), oder den mühsamen Bewältigungsprozess von Erinnerungsarbeit, bei dem Vorstellungen über Vergangenheit, Gegenwart und Zukunft immer wieder neu imaginiert werden. Individuelles, sowie soziales Erinnern sind verknüpft, und „first-hand" und „second-hand experiences" (Keightley und Pickering 2012) werden durch Medien und Imagination kulturell verhandelt und konstruiert. Diese Perspektive auf medienvermitteltes Erinnern, stark aus kulturwissenschaftlichen Ansätzen kommend, eignet sich gut, um die Instabilitäten und Dynamiken von Migrationskontexten, und dessen „travelling memory" zu fassen. Gleichzeitig betonen Keightley und Pickering, dass individuelles und kollektives Erinnern immer zwei Seiten derselben Medaille sind: wie also die Diskurse und Repräsentationen, die im vorangegangenen Abschnitt betrachtet wurden, gespeist werden und verflochten sind mit individuellen Praktiken der Erinnerung – und umgekehrt.

Eine Reihe von Forschungsarbeiten hat die Relevanz von solchem individuellen, kulturellen Erinnern in den Blick genommen. Was José van Dijck (2007) „personal cultural memory" nennt, ist natürlich nicht weniger relevant in Kontexten von Migration: „the acts and products of remembering in which individuals engage to make sense of their lives in relation to the lives of others and to their surroundings, situating themselves in time and place" (van Dijck 2007, 6). Diese Erinnerungsmedienpraktiken sind immer individuell und kulturell zugleich – und abhängig von sich wandelnden Medientechnologien: aus dem Schuhkarton mit Familienfotos wird eine Cloud-basierte Onlinedatei. Christine Lohmeier und Christian Pentzold (2014) zeigen im Falle der kubanischen Diaspora in Miami[4] wie „mediated memory work" Teil von Vergemeinschaftung in der Diaspora ist, deren Mitglieder durch Medien Verknüpfungen zu kubanisch-amerikanischen Orten, Objekten, Traditionen oder Handlungen aufbauen (Lohmeier und Pentzold 2014, 787). Community-Archive oder Blogs werden, wie die Autoren zeigen, zu wichtigen Erinnerungsmedien in der kubanischen Diaspora, durch welche Geschichten und Objekte, und dadurch Zugehörigkeiten, gespeichert und sozial aktualisiert und reproduziert werden können. Einen ähnlichen Ansatz, doch auf der Ebene von Familien, wählt Rieke Böhling in ihrer Arbeit zu Migrant:innenfamilien, v.a. der sog. „Gastarbeiter" in Deutschland, und deren Erinnerungsmedienpraktiken (Böhling und Lohmeier 2020). Lynda Mannik (2011) arbeitet anhand einer historischen Fotosammlung die Rolle von Fotografie in Fluchterinnerungen heraus. Der Bildbestand des estnischen Geflüchtetenschiffs SS Walnut, welches 1948 von Schweden nach Kanada übersetzte, bietet für Manniks Analyse eine Echtzeit-Dokumentation des Fluchtschicksals, eine aktive Produktion von Erinnerung während der Flucht, welche sie als „refugee gaze" beschreibt: „a way of looking at the ordering of knowledge about refugee movement by those experiencing this type of movement" (Mannik 2011, 26). Der Fotobestand zeigt nicht nur die Rolle von Erinnerungsproduktion durch Dokumentation während Migrationserfahrungen, sondern auch danach: bis heute identifizieren sich die Überlebenden als Gruppe anhand der Fotos, die zentrale Bestandteile von Wiedersehenstreffen in Kanada sind. Liisa Malkki (1997) nennt dies „accidental communities of memory", zufällige Vergemeinschaftungen, die in chaotischen Fluchtkontexten besonders häufig auftreten. Ebenfalls historisch zeige ich in einer vorherigen Publikation (Seuferling 2020), wie in Lagern für Geflüchtete und Displaced Persons im direkten Nachkriegsdeutschland Medienpraktiken der Erinnerung zentrale Bestandteile der Lager- und Fluchterfahrungen waren. Auch hier entstanden zufällige Lagergemeinschaften, und Medientechnologien verhandelten Relationen zu Vergangenheit, Gegenwart und Zukunft. Fotos und Objekte aus der Heimat, Fotoalben als Dokumentationen des Lagerlebens, Kinovorführungen mit Filmen aus und über die Heimat sind hier Beispiele für Medien des „management of change": Medien versichern verloren gegangen kulturelle Wurzeln, sowie ermöglichen neue Narrative über die Gegenwart und eine imaginierte Zukunft. Bis heute lässt sich dieser hohe Stellenwert von Erinnerungsmedien in Fluchtkontexten verfolgen. Koen Leurs (2017) nennt Smartphones von Geflüchteten „pocket archives": sie speichern ganze Identitäten und sind ebenso mobil, wie ihre Besitzer:innen.

---

4 Siehe hierzu auch Kapitel 6 in Christine Lohmeier (2014).

4.2 Forschungsethik und Action Research

Die genannten Studien sind beispielhaft für Ansätze der migrantischen Erinnerungsforschung, die zu ethnographischen, anthropologischen und historiographischen Methoden greifen. Eine generelle methodologische Debatte in Forschung mit und über Migrant:innen und Geflüchteten betrifft die Forschungsethik, bzw. der Frage „for whose benefit", wie Nisha Thapliyal und Sally Baker (2018) diskutieren. Besonders bei vulnerablen und marginalisierten Gruppen, wie Geflüchteten, stellen sich komplexe ethische Fragen zu Schutz und Unversehrtheit der Forschungsteilnehmer:innen, die in einem ungleichen Machtverhältnis zu den Forscher:innen stehen, z.B. in ethnographischen Interviews mit Geflüchteten.

Jenseits von übergreifenden Codes und Regeln von guter Forschungsethik, möchte ich hier auf die besondere Prekarität von migrantischem Erinnern und Zeugenschaft hinweisen. Die eigene Fluchtgeschichte erzählen, glaubhaft Zeugnis ablegen über Schicksale, Traumata und Erfahrungen von Flucht, Vertreibung und Migration, sind genau jene sozialen, kommunikativen Praktiken, die einen Geflüchteten zu einem Geflüchteten machen. Die Identität, sowie der gesetzliche Status, hängen von einer erfolgreichen Vermittlung dieser Erinnerungen und der eigenen Vergangenheit ab. Ob in Asylanhörungen oder in kulturellen Prozessen der Identitätsbildung und neuen Selbsterzählung in Prozessen von Ankommen und Integration, sind kommunikative Praktiken der Erinnerung und Zeugenschaft (auch „media witnessing" genannt) zentral, wenn nicht unumgänglich, um in geschaffene gesetzliche Rahmen zu passen und Anerkennung zu finden.[5]

Vor diesem Hintergrund stellt sich also umso mehr die Frage, wie ethische Forschung zu Erinnerung und Geflüchteten aussehen kann. Die Frage „for whose benefit" aufgreifend, finden sich Forschungsprojekte, die im weitesten Sinne auf Ansätze der „Action Research" und partizipative, interventionistische Methoden zurückgreifen. Karina Horsti (2017) befasst sich mit medienvermitteltem Gedenken und Erinnerung an Flucht und Grenzen, besonders im Mittelmeer als Grenzzone und Massengrab für Geflüchtete. Im kollaborativen Kunst- und Forschungsprojekt „Remembering Lampedusa" hat das Projektteam fünf Kurzfilme mit Überlebenden der Schiffskatastrophe vor der Küste Lampedusas am 3. Oktober 2013 produziert. In Überlappung von Kunst und Forschung theorisiert das Projekt das „Nachleben" von Katastrophen: „a disaster's afterlife is constituted by its continuing and transforming presence in different domains from social relationships to cultural productions, memorialization and politics. A disaster does not end with the burial of the victims but it continues to live on, and as life itself, the memory of the disaster transforms and travels across geographical and cultural boundaries" (Remembering Lampedusa 2020). Mit jugendlichen Ge-

---

5 In Seuferling (2020) beschreibe ich dies als „obligatory remembering".

flüchteten in den Niederlanden arbeitet Koen Leurs (2017) in einem „participatory action research"-Projekt zur Nutzung von digitalen Technologien. In der Erkundung von Smartphones als „pocket archives" – also Identitätsprojekte durch Erinnerung – erprobte Leurs eine Kombination aus Interviews, der Zeichnung von „internet maps", aber auch einen „co-research"-Prozesses: die Jugendlichen nahmen im Amsterdam Museum Imagine Identity and Culture an einem Abendessen und Fokusgruppen teil, und diskutierten und kuratierten ihre Social-Media-Profile, die auf eine Wand projiziert wurden. Außerdem produzierten und redigierten die Teilnehmenden selbst aus ihren vorhandenen „pocket archives" Videos und erlangten somit mehr Einfluss über die eigene Repräsentation in der Studie.

Als drittes Beispiel für Action Research soll das Projekt „Doing Memory" (Lorenz et al. 2021) genannt werden, welches sich mit sozialem Erinnern an rechte und rassistische Gewalt in Deutschland nach 1945, besonders in den 1990ern, beschäftigt. Ausgehend vom Konzept der „postmigrantischen Gesellschaft" möchten die Forschenden aktiv dem Vergessen entgegentreten, Opfern und Überlebenden der Gewalttaten Gehör verschaffen, und post-migrantische Öffentlichkeiten von Anerkennung her denken. Zur Aufgabe wird hier, einen Erinnerungsraum für Rassismus und rechte Gewalt in Deutschland zu schaffen jenseits von Holocaust- und Nationalsozialismus-Erinnerungskulturen. Zu den Interventionen gehören Theaterprojekte, Fokusgruppen mit Journalist:innen und Überlebenden, und eine Webdokumentation.

Diese Studien und Projekte zeigen einen kleinen Ausschnitt aus methodologischen und theoretischen Ansätzen, um Medienpraktiken der Erinnerung in Migrationskontexten zu fassen. Sicher gilt es hier, weitere Möglichkeiten ethischer und inklusiver Forschung zu erkunden und zu entwickeln. Auch Methoden können und sollten postmigrantisch gedacht werden, fragen „for whose benefit", und eigene Positionen als Forscher:innen konsequent reflektieren.

4.3 Zurückfordern und Zirkulieren: postmigrantisch Erinnern

Medientechnologien und soziale Praktiken um sie herum sind in vielerlei Dimensionen relevant für migrantisches Erinnern: für das Herstellen von temporaler Kohärenz, die Aktivierung von kulturellem Gedächtnis zur Vergemeinschaftung in der Diaspora, Gedenken an und Bewältigung von traumatischen Erfahrungen, oder auch die narrativisierte Erschaffung einer Identität als Migrant:in, die auf der Zeugenschaft von bestimmten Erfahrungen von Brüchen in Zeit und Raum beruht. Doch in der Beschreibung dieser Mannigfaltigkeit von Medienpraktiken gilt es Vorsicht walten zu lassen, die auch andere Mediennutzungsforschung von Migrant:innen betrifft: nämlich die Gefahr, Migrant:innen und Geflüchtete erneut zu „othern", auszugrenzen, indem differenzierende Beschreibungen vorgenommen werden, die vermeintliche Andersartigkeiten und Spezifitäten herausarbeiten. Vor allem die genannten Action-Research-Projekte versuchen, diese Falle zu umgehen.

Doch der Begriff der „postmigrantischen Gesellschaft", der diesen Beitrag rahmt, führt zu der Frage, welche Potenziale ein Fokus auf migrantische Erinnerungspraktiken dennoch birgt. Denn „postmigrantisch" verweist auf eine Anerkennung, Nicht-Hinterfragung, doch Akzeptanz von Unterschiedlichkeit. Wie Migrant:innen erinnern (und auch selektieren und vergessen), muss also verstanden, anerkannt und gehört werden. Zwei kurze Beispiele zeigen, warum. Sarah Bishop (2018) beschreibt, wie un-dokumentierte Immigrant:innen in den Vereinigten Staaten zu storytelling als Form von Aktivismus greifen, also ihre Geschichten und Erinnerungen öffentlich machen, um Mediendiskurse und deren exkludierenden Narrative „zurückzufordern". Ähnlich zeigt Karina Horsti (2016), wie Geflüchtete, die eine Mittelmeerüberquerung überlebt haben, Amateur-Produktionen, Remixes und andere kulturelle Produktionen erstellen, um alternative Repräsentationen von irregulärer Migration zu schaffen. Solche Remixes beinhalten oft Nachrichtenbildmaterial, das neu zusammengeschnitten und mit Bedeutung versehen wird, um alternative Positionen zu „re-zirkulieren". Ins Zentrum rücken dadurch „practices of vernacular commemoration and its convergence with more institutionalized and professional media and memory practices" (Horsti 2016, 1).

Diese Perspektiven von „zurückfordern" und „zirkulieren" führen zu den Schnittstellen von einerseits individuellen Medienpraktiken und Nutzungen von Technologien, und andererseits Repräsentationen, Diskursen und Partizipation in medialen Öffentlichkeiten. Welche Perspektiven diese Engführung bietet, soll nun abschließend diskutiert werden.

5. Erinnern *in der* und *an die* postmigrantische Gesellschaft

Erinnerung ist ein kultureller Prozess, der nicht nur Vergangenes allein betrifft, sondern die Verknüpfung von Vergangenheit, Gegenwart und Zukunft. In diesen Temporalitäten positioniert kulturelles Erinnern uns alle als Subjekte. Für „migrant archives" stellt Appadurai (2019, 558) fest: „archives are not only records of the past but are also maps for the future". Letztendlich geht es bei Erinnerung also mindestens genauso viel um Zukunft, wie um Vergangenheit, um die Zukunft von individuellen Migrant:innen und deren Lebensprojekten, um diasporische Communities, sowie um die Zukunft von ganzen Gesellschaften. Doch wie sieht diese Zukunft aus in postmigrantischen Gesellschaften?

Eine Perspektive, die dieser Beitrag versucht hat herauszuarbeiten ist es, mediale Repräsentationen und Diskurse zusammenzudenken mit Praktiken der migrantischen Erinnerung auf der Mikro- und Mesoebene. Ähnlich beschreiben die *memory studies* diesen Gegensatz auch mit den Begriffen „vernacular memory" im Unterschied zu „official memory" (Mihelj 2013). Dieser Beitrag hat sich diesen verschiedenen Ebenen von migrantischer Erinnerung aus dem Blickwinkel von Medien genähert. Medien sind hier als ein Dachbegriff zu verstehen, der „vernacular" und „official" überspannt: von massenmedialen Repräsentationen bis hin zu Anwendungen von Medientechnologien im Alltag. Ein breiter Medienbegriff vermag es, diese Dimensionen von Medienpraktiken abzudecken und zusammenzudenken. Aus medientheoretischer Sicht tun sich hier Wegweiser auf, wie medienvermittelte Erinnerung in der postmigrantischen Gesellschaft konzeptualisiert werden kann. Zusammenfassend möchte ich hier auf zwei Dimensionen hinweisen: ein holistischer Blick auf „Medienpraktiken" und medientechnologischer Wandel.

Zunächst führt ein integrierter Blick auf Repräsentationen und Nutzungen zum Begriff der „media practices" (Couldry 2004) oder „Medienpraktiken" auf Deutsch (Dang-Anh et al. 2017). Mithilfe soziologischer Handlungstheorie versucht dieser Begriff, text-dezentriert zu arbeiten und soziale Handlungen in Orientierung zu Medien beschreibbar zu machen. Aus diesem Blickwinkel wird deutlich, wie Akteur:innen in und durch Medien erinnern: die soziale Handlung des kulturellen Erinnerns wird zur Medienpraktik. Das Beispiel des *Virtuellen Migrationsmuseums* aus der Einleitung ist eine Verschmelzung von Medienpraktiken, wo die Ebenen von individuellem Erinnern und gesellschaftlichen Repräsentationen und Diskursen verschwimmen: „vernacular" Objekte und Geschichten werden auf einer digitalen Plattform zusammengestellt, und in ein größeres Narrativ eingebettet, in eine Repräsentation der postmigrantischen Gesellschaft. Die Integration von genau solchen Medienpratiken des Erinnerns des migrantischen Subjekts selbst setzt akteurszentriert an, und formt postmigrantische Erinnerungskulturen. Ein Blick auf Praktiken rund um Medien schärft diesen Blick: wer sind die Akteur:innen des medienvermittelten Erinnerns, und wieviel Agency haben sie über Vergangenheitsdiskurse? Dieser Blick „von unten" prägt den Ansatz der Medienpraktiken ganz zentral – nicht zuletzt Forschung zu Aktivismus, Widerstand und kreativen Praktiken bedient sich häufig dieser theoretischen Perspektive. Gerade deshalb kann der Begriff hilfreich sein im Verständnis von postmigrantischem Erinnern.

Zweitens ist der Wandel von Medientechnologien zentral. Das *Virtuelle Migrationsmuseum* ist Ausdruck eines technologischen Wandels von Medien der Erinnerung: der Digitalisierung. Andrew Hoskins (2011) beobachtet einen „connective turn" in Erinnerungskulturen und -praktiken durch digitale Medientechnologien: „the glut of media is also a glut of memory; the past is everywhere: media ghosts memory. And if this metaphor is too easy, too cheap, it is nonetheless fair reflection on what mediated memory has become. Pervasive, accessible, disposable, distributed, promiscuous" (Hoskins 2011, 19). Erinnerung war immer an Medientechnologien gebunden, und verändert sich somit mit ihnen. Praktiken der Erinnerung passen sich an diese Medienumgebungen an, und alte und neue Medien vermischen und remediieren sich mit Erinnerungsbedeutung, wie z.B. im *Virtuellen Migrationsmuseum*. Gerade die Einflüsse der Digitalisierung ermöglichen spannende neue Fragestellungen zur Veränderung postmigrantischen Erinnerns, doch sollten immer auch im historischen Zusammenhang von Medienwandel betrachtet werden.

Der Beitrag hat letztendlich gezeigt, wie die Medienpraktiken verschiedener Akteur:innen und sich wandelnde Medientechnologien postmigrantisches Erinnern prägen und formen. Eingangs wurde diskutiert, wie Grenzen und Nationen Erinnerungsprojekte sind – und dadurch Projekte, die nicht nur die Vergangenheit bearbeiten, sondern immer auch die Zukunft imaginieren. Erinnerungskulturen erforschen heißt also auch immer, Zukunftsvisionen zu erforschen. Gerade im Bereich Migration ist dies von höchster politischer Relevanz, denn wie kann diese Zukunft aussehen, und wer entscheidet das? Schlussendlich gilt es also nicht nur die Formen, Techniken und Praktiken des migrantischen Erinnerns zu erforschen, also das Erinnern *in* der postmigrantischen Gesellschaft. Genauso ist mit Blick auf eine friedliche Zukunft ganz zentral, *an* die postmigrantische Gesellschaft zu erinnern: an die Omnipräsenz von Vielfalt, an Migration als Normalzustand von Gesellschaft und Geschichte, an Migrationserfahrungen in nationalen Geschichtsnarrativen, und diese kritisch zu hinterfragen oder zu widerlegen.

6. Literatur

Agamben, Giorgio. *Homo Sacer: Sovereign power and bare life*. Stanford: Stanford University Press, 1998.

Ahonen, Pertti. „Europe and Refugees: 1938 and 2015–2016". *Patterns of Prejudice* 52.2–3 (2018): 135–148.

Anderson, Benedict. *Imagined Communities. Reflections on the Origin and Spread of Nationalism*. London: Verso, 1991.

Appadurai, Arjun. „Traumatic Exit, Identity Narratives, and the Ethics of Hospitality". *Television and New Media* 20.6 (2019): 558–565.

Arendt, Hannah. *The Origins of Totalitarianism*. London: Penguin, 2017

Assmann, Jan. „Collective Memory and Cultural Identity". *New German Critique* 65 (1995): 125–133.

Bauman, Zygmunt. *Waste Lives. Modernity and its Outcasts*. Cambridge: Wiley, 2004.

Berry, Mike, Inaki Garcia-Blanco, und Kerry Moore. (2015). *Press coverage of the refugee and migrant crisis in the EU: A content analysis of five European countries*. http://www.unhcr.org/56bb369c9.html (26. April 2022).

Bishop, Sarah C. „'Nobody Can Take Our Story': Competing Representational Narratives of Immigrants without Legal Status". *Communication & Society* 31.3 (2018): 159-173.

Böhling, Rieke, und Christine Lohmeier. „On ‚Storing Information' in Families: (Mediated) Family Memory at the Intersection of Individual and Collective Remembering". *Information Storage. A Multidisciplinary Perspective*. Hg. Cornelia S. Große, und Rolf Drechsler. Cham: Springer Nature Switzerland, 2020. 161– 177.

Brunow, Dagmar. *Remediating Transcultural Memory. Documentary Filmmaking as Archival Intervention*. Berlin, Boston: De Gruyter, 2015.

Chouliaraki, Lilie. *The spectatorship of suffering*. London: SAGE, 2006.

Chouliaraki, Lilie, und Myria Georgiou. „The digital border: Mobility beyond territorial and symbolic divides". *European Journal of Communication* 34.6 (2019): 594–605.

Chouliaraki, Lilie, und Ralf Zaborowski. „Voice and community in the 2015 refugee crisis: A content analysis of news coverage in eight European countries". *International Communication Gazette* 79.6–7 (2017): 613–635.

Couldry, Nick. „Theorising media as practice". *Social Semiotics* 14.2 (2004): 115–132.

Dahlgren, Peter. „Moral Spectatorship and Its Discourses: The „Mediapolis" in the Swedish Refugee Crisis". *Javnost* 23.4 (2016): 382–397.

Dang-Anh, Mark, Simone Pfeifer, Clemens Reisner, und Lisa Villioth (Hg.). „Medienpraktiken. Situieren, Erforschen, Reflektieren". *Navigationen* 17.1 (2017).

van Dijck, José. *Mediated memories in the digital age*. Stanford, CA: Stanford University Press, 2007.

Dreher, Tanja. „Speaking up or being heard? Community media interventions and the politics of listening". *Media, Culture and Society* 32.1 (2010): 85–103.

Erll, Astrid. „Travelling memory". *Parallax* 17.4 (2011): 4–18.

Erll, Astrid, und Ann Rigney (Hg.). *Mediation, Remediation, and the Dynamics of Cultural Memory*. Berlin: Walter de Gruyter, 2009.

Foroutan, Naika. „Die postmigrantische Perspektive: Aushandlungsprozesse in pluralen Gesellschaften". *Postmigrantische Visionen. Erfahrungen – Ideen – Reflexionen*. Hg. Marc Hill, und Erol Yildiz. Bielefeld: transcript, 2018. 15–28.

Garde-Hansen, Joanne. *Media and Memory*. Edinburgh: Edinburgh University Press, 2011.

Gatrell, Peter. *The Making of the Modern Refugee*. Oxford: Oxford University Press, 2013.

Georgiou, Myria. „Does the subaltern speak? Migrant voices in digital Europe". *Popular Communication* 16.1 (2018): 45–57.

Halbwachs, Maurice, und Lewis A. Coser. *On collective memory (The heritage of sociology)*. Chicago: University of Chicago Press, 1992.

Hall, Stuart. „Cultural Identity and Diaspora". *Identity: Community, Culture, Difference*. Hg. Jonathan Rutherford. London: Lawrence & Wishart, 1990. 222–237.

Hall, Stuart (Hg.). *Representation: Cultural Representations and Signifying Practices*. London: Sage, 1996.

Hill, Marc, und Erol Yildiz (Hg.). *Postmigrantische Visionen. Erfahrungen – Ideen – Reflexionen*. Bielefeld: transcript, 2018.

Hipfl, Brigitte. „Exploring Films' Potential for Convivial Civic Culture". *Media and Participation in Post-Migrant Societies*. Hg. Tanja Thomas, Merle-Marie Kruse, und Mirjam Stehling. Lanham, MD: Rowman & Littlefield, 2019. 61–77.

Hipfl, Brigitte. „Migrantinnen im Fernsehkrimi. Othering und Normalisierung von Prekarisierung". *Kommunikationswissenschaftliche Gender Studies. Zur Aktualität kritischer Gesellschaftsanalyse*. Hg. Ricarda Drüeke, Elisabeth Klaus, Martina Thiele, und Julia Goldmann. Bielefeld: transcript, 2018. 239–257.

Horsti, Karina. „The mediated commemoration of migrant deaths at European Borders". http://www.lse.ac.uk/media-and-communications/assets/documents/research/working-paper-series/EWP46.pdf 2017 (4. August 2021).

Horsti, Karina. „Temporality in cosmopolitan solidarity: Archival activism and participatory documentary film as mediated witnessing of suffering at Europe's borders". *European Journal of Cultural Studies* 22.2 (2019): 231–244.

Horsti, Karina, und Klaus Neumann. „Memorializing mass deaths at the border: two cases from Canberra (Australia) and Lampedusa (Italy)". *Ethnic and Racial Studies* 42.2 (2019): 141–158.

Hoskins, Andrew. „Media, Memory, Metaphor: Remembering and the Connective Turn". *Parallax* 17.4 (2011): 19–31.

Innis, Harold. *The Bias of Communication*. Toronto: Toronto University Press, 1951.

Kansteiner, Wulf „Unsettling Crime. Memory, Migration, and Prime Time Fiction". *Migration. Changing Concepts, Critical Approaches*. Hg. Doris Bachmann-Medick, und Jens Kugele. Berlin: de Gruyter, 2018. 141–166.

Kansteiner, Wulf. „Das kosmopolitische Dilemma. Migration, digitale Medien und Erinnerungspolitik in Deutschland". *Demokratisierung der Deutschen. Errungenschaften und Anfechtungen eines*

Projekt. Hg. Tim Schanetzky, Tobias Freimüller, Kristina Meyer, Sybille Steinbacher, Dietmar Süß, und Annette Weinke. Göttingen: Wallstein Verlag, 2020. 422–441

Keightley, Emily, und Michael Pickering. „The Mnemonic Imagination and Second- Generation Migrant Experience". *Handbook of Imagination and Culture.* Hg. Tania Zittoun, und Vlat P. Glaveanu. Oxford: Oxford University Press, 2018. 167–186.

Keightley, Emily, und Michael Pickering. *Memory and the Management of Change. Repossessing the Past.* Basingstoke: Palgrave Macmillan, 2017.

Keightley, Emily, und Michael Pickering. „Technologies of memory: Practices of remembering in analogue and digital photography". *New Media and Society*, 16.4 (2014): 576–593.

Keightley, Emily, und Michael Pickering *The mnemonic imagination: remembering as creative practice.* Basingstoke: Palgrave Macmillan, 2012.

Kyriakidou, Maria. „Media witnessing: exploring the audience of distant suffering". *Media, Culture & Society* 37.2 (2015): 215–231.

Langhoff, Shermin. „Die Herkunft spielt keine Rolle – ‚Postmigrantisches' Theater im Ballhaus Naunynstraße". *Bundeszentrale für politische Bildung.* https://www.bpb.de/gesellschaft/bildung/kulturelle-bildung/60135/interview-mit-shermin-langhoff 2011 (4. August 2021).

Leurs, Koen. „Communication rights from the margins: politicising young refugees' smartphone pocket archives". *International Communication Gazette* 79.6–7 (2017): 674–698.

Levi, Neil, und Michael Rothberg. „Memory studies in a moment of danger: Fascism, postfascism, and the contemporary political imaginary". *Memory Studies* 11.3 (2018): 355–367.

Lohmeier, Christine, und Christian Pentzold. „Making mediated memory work: Cuban- Americans, Miami media and the doings of diaspora memories". *Media, Culture and Society*, 36.6 (2014): 776–789.

Lohmeier, Christine. *Cuban Americans and the Miami media.* Jefferson, NC: McFarland & Company, 2014.

Lorenz, Matthias N., Tanja Thomas, und Fabian Virchow (Hg.). *Rechte Gewalt erzählen. Doing Memory in Literatur, Theater und Film.* Stuttgart: J.B. Metzler, 2021.

Malkki, Liisa. „Refugees and Exile: From ‚Refugee Studies' to the National Order of Things". *Annual Review of Anthropology* 24 (1995): 495–523.

Malkki, Liisa. „News and Culture: Transitory Phenomena and the Fieldwork Tradition". *Antrhopological Locations. Boundaries and Grounds of a Field Science.* Hg. Akhil Gupta, und James Ferguson. Berkeley: University of California Press, 1997.

Mannik, Lynda. *Photography, Memory, and Refugee Identity: The Voyage of the SS Walnut, 1948.* Vancouver: UBC Press, 2011.

Mihelj, Sabina. „Between official and vernacular memory". *Research Methods for Memory Studies.* Hg. Emily Keightley. Edinburgh: Edinburgh University Press, 2013.

Nietzsche, Friedrich. *Vom Nutzen und Nachtheil der Historie für das Leben.* Leipzig: Reclam, 1874/ 2009.

Nora, Pierre, und Lawrence D. Kritzman. *Realms of memory: Rethinking the French past. Vol. 1, Conflicts and divisions.* New York: Columbia University Press, 1996.

Oltmer, Jochen (Hg.). *Handbuch Staat und Migration in Deutschland seit dem 17. Jahrhundert.* Berlin: De Gruyter, 2016.

Putnam, James. *Art and artifact: the museum as medium.* London: Thames & Hudson, 2001.

Remembering Lampedusa. *Afterlife of a disaster at Europe's borders. Research project by Karina Horsti.* https://rememberinglampedusa.com/#1542656692878-0e82ca49-f144 2020 (4. August 2021).

Ricoeur, Paul. *Memory, History, Forgetting.* Chicago, London: The University of Chicago Press, 2004.

Röger, Maren. *Flucht, Vertreibung und Umsiedlung. Mediale Erinnerungen und Debatten in Deutschland und Polen seit 1989.* Marburg: Herder, 2011.

Rothberg, Michael. *Multidirectional memory : remembering the Holocaust in the age of decolonization.* Stanford: Stanford University Press, 2009.

Rüchel, Uta. *Verschwiegene Erbschaften: Wie Erinnerungskulturen den Umgang mit Geflüchteten prägen.* BoD – Books on Demand, 2019.

Scholz, Stephan. „Willkommenskultur durch ‚Schicksalsvergleich'. Die deutsche Vertreibungserinnerung in der Flüchtlingsdebatte". *APuZ* 66.26–27 (2016): 40–46.

Scholz, Stephan, Maren Röger, und Bill Niven (Hg.). *Die Erinnerung an Flucht und Vertreibung. Ein Handbuch der Medien und Praktiken.* Paderborn: Ferdinand Schöningh, 2015.

Schwarzenegger, Christian, und Christine Lohmeier. „Reimagining memory: digital media and a new polyphony". *Reimagining Communication: Experience.* Hg. Michael Filimowicz, und Veronika Tzankova. London: Routledge, 2020. 132–146.

Seuferling, Philipp. „Hopeful and Obligatory Remembering: Mediated Memory in Refugee Camps in Post-War Germany". *Mediální studia* 14.1 (2020): 13–33.

Silverstone, Roger. *Media and morality: on the rise of the mediapolis.* Cambridge: Polity Press, 2007.

Spivak, Gayatri Chakravorty. „Can the Subaltern Speak?". *Die Philosophin* 14.27 (2003): 42–58.

Thapliyal, Nisha, und Sally Baker. „Research with former refugees: Moving towards an ethics in practice". *The Australian Universities' Review* 60.2 (2018): 49–56.

Tiews, Alina Laura. *Fluchtpunkt Film. Integrationen von Flüchtlingen und Vertriebenen durch den deutschen Nachkriegsfilm 1945–1990.* Berlin: be.bra wissenschaft verlag, 2017.

Vigneswaran, Darshan. „Europe Has Never Been Modern: Recasting Historical Narratives of Migration Control". *International Political Sociology* 14 (2020): 2–21.

Virtuelles Migrationsmuseum. *Über das Museum.* https://virtuelles-migrationsmuseum.org/ueber-das-museum/ 2020 (4. August 2021).

Wagner, Hans-Ulrich, und Philipp Seuferling. „Uses of the Past in Refugee Documentaries in Sweden and Germany. Conceptualising entangled histories of media, memory, and migration." *Media History*, 26.1 (2020): 91–104.

Wasilewski, Krysztof. „US alt-right media and the creation of the counter-collective memory". *Journal of Alternative and Community Media* 4 (2019): 77–91.

Zelizer, Barbie. „Photography, Journalism, and Trauma" *Journalism After September 11.* Hg. Barbie Zelizer, und Stuart Allan. London, New York: Routledge, 2002. 55–74.

Andrew Hoskins

27 *Essay* Das vergessene Vergessen

1. Einleitung

Das individuelle menschliche Gedächtnis wird seit langem durch die Speicher-, Darstellungs-, Reproduktions- und Verbindungskapazitäten von Medien und Technologien, die außerhalb unserer selbst liegen, unterstützt und getragen. Medien geben dem Gedächtnis Substanz, Bedeutsamkeit und Lebendigkeit. Gleich welche akademische Disziplin – die Chancen stehen gut, dass Medien als Ergänzung und Erweiterung des Gedächtnisses über die Zeit hinweg verstanden werden. Im Zeitalter digitaler Medien und Technologien haben sich diese mnemonischen Anleihen und Referenzen noch vermehrt, etwa wenn davon die Rede ist, das Gedächtnis sei vernetzt, verbindend oder algorithmisch (siehe auch Menke und Birkner, in diesem Band).

Denken wir aber die Annahmen des *memory boom* im 20. Jahrhundert bezüglich der Verflechtung von Medien und Erinnern in das 21. Jahrhundert weiter, erzeugen wir damit nicht Missverständnisse und stellen irreführende Fragen über die Natur und den Einfluss von Medien und Technologien auf die Vergangenheit? Unterschätzen wir nicht hierbei den radikalsten und einflussreichsten Aspekt bei der Gestaltung der Vergangenheit, nämlich das Vergessen, bzw. stellen ihn ins Abseits? Wie können wir Vergangenheiten bestimmen und einen Sinn geben, die größtenteils über Prozesse des Erinnerns definiert und erklärt wurden? Wie gehen wir mit den Anliegen all derer um, die von den dominanten Erinnerungsnarrativen einer Gruppe oder Gesellschaft marginalisiert oder ausgeschlossen sind, ohne die Möglichkeit, mit etablierten Erinnerungen zu konkurrieren? Die überwältigende Bedeutung, die dem Streben nach Erinnerung um jeden Preis beigemessen wird, und die Mechanismen, die diesem Streben gewidmet sind, vertiefen nur die Kluft zwischen denjenigen, die sich bereits geäußert haben, und denjenigen, die schon verstummt sind. Ist es nicht Zeit für den Untergang des Gedächtnisses und den Aufstieg des Vergessens?

Zu diesem Zweck möchte ich das Vergessen als den bestimmenden Modus unserer Beziehung zur Vergangenheit vorstellen, nicht als den stillen Partner der Erinnerung. Um dies zu erreichen, betrachte ich das Vergessen ganzheitlich, als eine Verbindung zwischen individuellen, sozialen und kulturellen Bereichen, und als immer dynamisch. Ich gehe davon aus, dass die digitalen Medien heute der wichtigste Einflussfaktor darauf sind, wie und warum Individuen, Gesellschaften und Organisationen vergessen.

Mein Ansatz beruht darauf, Vergessen – also dessen Stellung und Möglichkeiten – als ein Paradox zu behandeln: Vergessen muss vermieden werden, obwohl es leicht ist; es ist notwendig und doch unmöglich. Gerade weil es ein Übermaß an Vergangenheit gibt, die gegenwärtig gemacht wird – die Gesellschaften werden zunehmend von erinnerungskulturellen Angeboten überschwemmt und den digitalen Spuren des Selbst heimgesucht – wird Vergessen dringlich. Die Vergangenheit scheint riesig, doch unsere algorithmische Gegenwart ist unmöglich erfass- und für die Zukunft bewahrbar. In diesem Beitrag nehme ich den Kern dieses Puzzles in den Blick: Digitale Infrastrukturen und Kulturen der Partizipation, die neue und unvorhersehbare Verflechtungen zwischen Menschen und Maschinen begünstigen und paradoxe Herausforderungen des Vergessens und Nicht-Vergessen-Werdens mit sich bringen.

Zunächst lässt sich sagen, dass digitale Medien einen Haufen an Spuren hinterlassen. Je sozial aktiver wir durch das Erstellen, Editieren, Posten, Verbreiten, Verlinken, Liken, Kombinieren und Korrigieren von digitalen Inhalten sind, je mehr wir zu Teilnehmenden *an* Medien werden, desto mehr hinterlassen unsere Verstrickungen Spuren von uns selbst. Diese Spuren führen zu einer tiefgreifenden Verunsicherung über unsere Lebenswelt, darüber, wie, wann und wo wir wahrgenommen werden, von wem und zu welchem Zweck. Das ist ein nicht zu vergessendes Problem der Kontrolle über uns selbst und die Gesellschaft.

Gleichzeitig liefert die Konnektivität digitaler Netzwerke und sozialer Medien eine in der Geschichte noch nie dagewesene Perspektive. Wie Kelly (2005) aus der Sicht des Vor-Smartphone-Zeitalters sagt: „Only small children would have dreamed such a magic window could be real". Aber es ist ein seltsames Fenster, mehr wie bei Alice im Wunderland: Je mehr wir es ansehen, desto mehr verändern wir, was uns gezeigt wird und was wir sehen können. Das algorithmische Gedächtnis ist ein Widerspruch in sich, da das, was wir suchen, durch unsere Suche (und die anderer) verändert wird, während wir Archive unseres Selbst anlegen.

Darüber hinaus sind das Verarbeiten und Verwalten der Vergangenheit mittels digitaler Aufzeichnungen auch der Fokus privater Organisationen bzw. staatlicher Einrichtungen mit ihren uneinheitlichen sowie unzureichenden Versuchen, ein *digital dark age* zu verhindern. Dies ist zugleich ein Kontrollproblem über die Möglichkeiten von Individuen und ganzen Gesellschaften, sich selbst wahrzunehmen, was auch die Option des Vergessens einschließt.

In diesem Essay möchte ich daher einige der Paradoxien des digitalen Vergessens offenlegen. Ich argumentiere, dass die Vergangenheit „zerbrochen" (Hoskins 2022) ist, da sie nicht mehr die Gewissheit, Stabilität und Sicherheit der Erinnerung bietet, wie sie früheren Epochen innewohnte. Dort geschah dies entweder durch die Kontinuität bzw. Wiederholung von Vergangenheit (etwa als Idee, dass wir eine konkrete Katastrophe überleben können, so wie wir es durch andere geschafft haben – quasi die Resilienz derer, die schon durch Feuer gegangen sind) oder durch die Distanz, die verstrichene Zeit eröffnet (gemäß dem Motto: Wir konnten uns *nie* vorstellen, so zu leben – haben wir nicht Fortschritte gemacht!). Die Erinnerung hilft uns, weiterzugehen, wie Eelco Runia (2014, 9) sagt: „The more we commemorate what we did, the more we transform ourselves into people who did not do it". Indessen scheint es heutzutage wenig Konsens in der Erinnerungspraxis darüber zu geben, wie Vergangenheit gezeigt bzw. gesehen werden sollte.

Die zerbrochene Vergangenheit ist diejenige, die hin- und hergerissen ist zwischen einer verallgemeinerten *Hinwendung zu* als auch einer *Abwendung von* dem, was vorher war. Es gibt einen neuen destruktiven „Erinnerungsboom" (Huyssen 2003; Winter 2006; Hoskins und O'Loughlin 2010), der sich ironischerweise in einer „Post-Trust"-Ära (Happer und Hoskins 2021) von jeder Art von vergangener Realität löst. Und diese Entwicklungen können nur als verschränkt mit den digitalen Medien und Technologien verstanden werden, die Erinnerung aufnehmen, anstoßen, fördern, archivieren, verdecken und auslöschen. Ist es möglich, dieses unaufhaltsame Vehikel der Erinnerung zu stoppen und die Infrastruktur des Vergessens sichtbar zu machen, durch die sich die Vergangenheit bewegt, zunehmend außerhalb der Kontrolle von Individuen wie auch von Gedächtnisinstitutionen?

2. Interdisziplinäre Arbeiten über das Vergessen

Ein Teil meines Interesses am Vergessen besteht darin, dass eines der Paradoxa des Erfolgs des SAGE *Journal of Memory Studies*[1] darin besteht, dass seit dessen Start im Jahr 2008 der am meisten heruntergeladene und am häufigsten zitierte Artikel das Vergessen zum Thema hat. Paul Connertons (2008) „Seven types of forgetting" ist im Wesentlichen eine Taxonomie der kulturellen und sozialen (nicht der individuellen) Formen des Vergessens (Connerton ist Sozialanthropologe). Ich habe lange über den phänomenalen Erfolg dieses Artikels gerätselt. Vielleicht liegt es daran, dass es eine übersichtliche und zugängliche Darstellung ist. Zumindest zum Teil liegt es jedoch daran, dass im Vergleich zu der öffentlichen, organisationsseitigen und wissenschaftlichen Aufmerksamkeit, die dem Erinnern zuteil wird, das Interesse, sich dem Vergessen in einer Publikation zu widmen, gering war, und der Beitrag sozusagen Pionierarbeit leistete und dazu beitrug, das Thema zu popularisieren.

Nachdem das Gedächtnis früher mehr oder weniger ausschließlich in den Bereich der Psychologie fiel, ist es in den letzten Jahren immer mehr in den Mittelpunkt der Untersuchungen einer erstaunlichen Vielfalt von Disziplinen gerückt, darunter Geschichte, Soziologie, Kommunikations- und Medienwissenschaft, Kulturwissenschaft, Philosophie, Politik und internationale Beziehungen, Geographie und so weiter. Erwartbar variieren die Art und Weise, wie das Gedächtnis in diesen Disziplinen angegangen und konzeptualisiert wird, manchmal in einem Ausmaß, dass man sagen könnte, der Begriff sei bedeutungslos geworden. Tulving beispielsweise geht es um dieses Problem in seinem schelmisch betitelten Text „Are there 256 kinds of memory?", das von Roediger und Wertsch (2008) in ihrem Aufsatz „Creating a new discipli-

---

1 Ich bin Gründungs-Chefredakteur des SAGE *Journal of Memory Studies*: https://journals.sagepub.com/home/mss.

ne of memory studies" aufgegriffen wird, in welchem sie sich mit der Frage „What is memory?" auseinandersetzen (Brown 2008, 263–265).

Roediger und Wertsch weisen darauf hin, dass gerade die Allgegenwart in Kombination mit der Eingängigkeit des Begriffs „Gedächtnis" Schwierigkeiten bereitet: „The problem is that the subject is a singular noun, as though *memory* is one thing or one type, when in actuality, the term is almost always most useful when accompanied by a modifier" (2008, 10). Obwohl dies eine Herausforderung für ein gemeinsames bzw. geteiltes Verständnis von Gedächtnis ist, stellt es in Anbetracht der umfänglichen, weit zurückgehenden und facettenreichen Geschichte mnemonischer Konzepte, Theorien, empirischer Forschung und Metaphern (einschließlich natürlich derer, die in verschiedene Medien eingebettet sind) vielleicht sogar ein angenehmes Problem dar, zumindest wenn man es mit Konzepten des Vergessens vergleicht.

Vergessen genießt nicht den Vorzug eines breiten, öffentlichen und wissenschaftlichen Rahmens, in dem die Auseinandersetzung mit Gedächtnis stattfindet (wie übertrieben breit er auch sein mag). Obwohl es in den Sozial- und Geisteswissenschaften einige einflussreiche Typologien des Vergessens gibt (Connerton 2008; A. Assmann 2014a; Rieff 2016), die dessen Formen und auch seine Unsichtbarkeit und zugeschriebene Wichtigkeit im Vergleich zum Gedächtnis berücksichtigen, so haben diese den starken Fokus des Feldes der *memory studies* nicht vom Erinnern auf das Vergessen verlagert. In der Psychologie gibt es etablierte Theorien des menschlichen Vergessens, die auf den Arbeiten von Ebbinghaus (1913) aus dem Jahr 1895 aufbauen, einschließlich der Ideen von „Zerfall" und „Interferenz" (Dewar et al. 2007).

Dennoch steht das Vergessen in den meisten öffentlichen Formen der Vergangenheitsbeschäftigung an zweiter Stelle. Eine Erklärung dafür bietet Draaisma (2015, 3) an: „The language games that have developed around memory are inventive and vivid. The language of forgetting is poor by comparison. For a start, the verb ‚to forget' has no accompanying noun. What you remember is called a memory, but what you forget is called a – – ?". Das Vergessen wird, wenn überhaupt, oft erst im Nachhinein betrachtet, also als etwas, das dem Erinnern untergeordnet ist, daraus folgt oder als selbstverständlich angesehen wird. In öffentlichen Debatten und in der wissenschaftlichen Auseinandersetzung wird das Vergessen zudem nicht nur als das Stiefkind des Gedächtnisses behandelt, sondern auch oft als ein Zustand angenommen, der das Gegenteil des Erinnerns darstellt. Darüber hinaus wird das Vergessen routinemäßig als etwas betrachtet, das nach Möglichkeit vermieden werden sollte, während das Erinnern oft als ein an sich lohnenswertes Bestreben angesehen wird.

Annahmen über den inhärenten moralischen Wert des Erinnerns wurden verschiedentlich in Frage gestellt (Connerton 2008), doch ist David Rieff mit seinem Buch *In Praise of Forgetting* (2016) vielleicht der radikalste Kritiker. Darin fordert er Exponent:innen des Kanons der *memory studies* (u. a. Margalit, Ricoeur und Nora) heraus, die für den politischen und moralischen Wert und die Notwendigkeit des Erinnerns argumentieren. Diesen Verfechter:innen des Erinnerns stellt er die Frage: „What if they are wrong?" (2016, 56). In einer späteren Arbeit erklärt er dazu:

> There is something unhelpfully Manichaean about the discourse of the partisans of ‚memory at all costs' in that for all intents and purposes they present remembrance as the party of the light struggling against the party of darkness that is forgetting, which is seen as memory's immoral anti-principle, best shunned by all decent human beings. (Rieff 2019, 60)

Um die Möglichkeiten und Vorzüge des Vergessens in vollem Umfang zu berücksichtigen, müssen wir also den Tendenzen einer „sacralization of memory" (Rieff 2019, 60) entgegenwirken.

Für mich hat sich diese Sakralisierung in eine „radicalisation of memory" (Hoskins 2022) verkehrt, denn während Gesellschaften ihre Vergangenheit schon immer im Lichte gegenwärtiger Bedürfnisse umgestaltet haben, wird die Vergangenheit heute zunehmend als Waffe der Polarisierung, Spaltung und Ausgrenzung beschworen und paradoxerweise zugleich verdrängt. Ein Beispiel dafür sind die Reaktionen auf die individuelle und institutionelle Mitschuld an Fällen sexuellen Missbrauchs in Großbritannien (Hoskins 2015) oder der Kampf um das Vermächtnis und das Fortbestehen bzw. Nichtbestehen der rassistisch geprägten Vergangenheit einer Reihe von Ländern, darunter beispielsweise Frankreich, Deutschland, Japan, Großbritannien und die USA[2].

Doch die Radikalisierung des Gedächtnisses muss – wie alle Epochenbrüche des Gedächtnisses – auch im Kontext der Medien einer Zeit gesehen werden. Ein wesentlicher Motor der Radikalisierung des Gedächtnisses sind digitale und soziale Medien, mittels deren die *post trust*-Ära eingeläutet wurde. So haben algorithmisch bedingte hermetische Informationssphären und digitale Partizipationsmöglichkeiten eine neue verletzliche Medienökologie geschaffen, in der die einstigen „Mainstream"-Kulturen der Herkunft, des Vertrauens und der Autorität über Nacht ins Wanken gerieten. Diese Implosion des Vertrauens trübt immer mehr die Darstellungen von Ereignissen in den politisch einseitigen und verstellten Blicken gegenwärtiger Initiativen. Unter diesen Umständen müssen Historiker:innen zunehmend lauter auftreten, auch und gerade in Verteidigung ihrer eigenen Disziplin.

Neben der tiefgreifenden Radikalisierung des Vergessens, wonach etwa bestimmte Denkmäler fallen oder bestehen bleiben sollen, haben digitale Technologien grundsätzlich die überkommene Beziehung zwischen Repräsentation und dem Fortbestehen von Vergangenheit erschüttert, indem sie Menschen aus diesem Prozess herausnehmen. In einer Hinsicht erzwang der „connective turn" (Hoskins 2011a, 2011b) – die plötzliche Fülle, Durchdringung und Unmittelbarkeit digitaler Medien, Kommunikationsnetzwerke und Archive – eine neue, in der Geschichte beispiellose Sicht auf die Vergangenheit. Doch in anderer Hinsicht verschleiert die alltägliche, kontinuierliche

---

2 „‚Defending history' is complicated in the US", Sammlung von Reaktionen von Historiker:innen auf Charlottesville, https://edition.cnn.com/2017/08/19/opinions/historians-confederate-statues-opinion-roundup/index.html

und fast zwanghafte Konnektivität – das alltägliche digitale Knüpfen von Verbindungen, die den Nutzenden auch den Komfort eines Gefühls der Kontrolle vermitteln – die umfassende Konvergenz von Kommunikationsvorgängen und Komplettarchivierung. Damit macht sie zugleich die algorithmischen Prozesse undurchsichtig, die eine neue Art des digitalen Vergessens formen. Dies untergräbt die einst relativ gleichmäßige und vorhersehbare „decay time" (Hoskins 2013), also den Prozess, durch den Gesellschaften vergessen, indem das lebendige Gedächtnis von Generationen vergeht und die Medien verschwinden, die dazu beigetragen haben, ihre Erinnerungen und die Erinnerung an sie zu erhalten.

So betrachtet verband sich in der Verfallszeit der Rundfunkära mit Vergangenheit eine eigene Wertigkeit, die sie zum Gegenstand sorgfältiger Ausgrabung, Re-Imagination und Darstellung machte (siehe Kaun; Kramp, beide in diesem Band). Und es waren diese Medien, die ihren Höhepunkt an Erinnerungskraft im ausgehenden 20. Jahrhundert mit dem Massenmarkt für den Audio- und Videokassettenrekorder erreichten, wobei es aber auch schon Anzeichen des Verfalls gab. Es scheint also seltsam zu sein, zu sagen, dass es diese Medien des Verfalls, der Verfallszeit, waren, die den zeitgenössischen Erinnerungsboom begründeten, dessen archivarische Tendenzen von Prinzipien der Knappheit und der Begrenzung des Raums angetrieben wurden. Doch heutige Archive sind ein eigenständiges Medium, das übergeht „from archival space into archival time", befreit durch, wie Ernst (2004) schreibt, die „dynamics of permanent data transfer". Dabei erwachsen neue Unsicherheiten und Risiken im Verschieben der Verfallszeit, insbesondere ausgehend von emergenten Phänomenen. Emergenz definiere ich dabei als das massiv gesteigerte Potenzial (und damit Ungewissheit) von Mediendaten, aufzutauchen, entdeckt und/oder verbreitet zu werden. Dies geschieht, wenn es passiert, zu unvorherbestimmten und unvorhersehbaren Zeiten irgendwann nach dem Moment ihrer Aufzeichnung, Archivierung oder ihres Verlustes, was dann das, was wir über eine Person, einen Ort oder ein Ereignis wissen oder zu wissen meinen, übersteigen und verändern kann.

Darüber hinaus wird das eigentliche Herstellen von Erinnerungen durch menschliche Erfahrung, Zeugenschaft und all die Darstellungsformen, die genutzt werden, um das zu bewahren, was zu einer Zeit als eine wichtige und/oder nutzbare Vergangenheit angesehen werden kann, in zunehmend datafizierten Gesellschaften rückgängig gemacht. Wenn immer weniger Menschen am Verarbeiten und Archivieren der Erfahrungen im Jetzt beteiligt sind (auch wenn Nutzende scheinbar vollkommen mit dem Erfassen und Teilen beschäftigt sind), wird dies in 50 Jahren zu einer Art posthumanen Vergangenheit führen? Die algorithmische Verarbeitung der Vergangenheit durch Social Media-Apps, -Plattformen und -Archive automatisiert zunehmend die Speicherung, Sortierung und Zugänglichkeit von dem, was selbst Apple als „memories" bezeichnet[3].

---

3 https://support.apple.com/en-gb/HT207023.

Wenn es heißt, dass das menschliche Gedächtnis dadurch gestärkt oder zumindest verändert wird, dass es aus dem Kopf in die Welt und ihre Medien und wieder zurück „hinausgetragen" wird, dann ist das Internet sicherlich das Medium, das unser Erinnerungsvermögen erweitert, aber auch bedingt und in etwas verwandelt, das jenseits menschlichen Verstehens und unserer Vorstellungskraft liegt.

3. Blockade

Nach der konnektiven Wende wird unsere Beziehung zur Vergangenheit oft als ein Überfluss an Erinnerung charakterisiert (siehe Kelly 2005). Doch statt ein neues goldenes Zeitalter der Archive und des Erinnerns einzuläuten, produzieren heutige digitale Gesellschaften mit ihrem Überfluss an Information und geteilten Botschaften stattdessen massenhaftes Vergessen.

Es geht nicht nur darum, dass digitale Existenz und die Verschiebung vom Zutrauen in die Suchfunktionen unserer Maschinen hin zur Abhängigkeit, das beeinträchtigt, was einmal aktives Gedächtnis war, ein menschliches Gedächtnis, das hart arbeiten musste, um eine Kontinuität von Vergangenheit – der Identität, des Ortes, der Beziehungen – aufrechtzuerhalten. Vielmehr induzieren zu viele Informationen und die damit einhergehende Überlastung und Ablenkung nicht nur Vergessen im Sinne einer Auslöschung, also als Verlust oder Abwesenheit, sondern eine *Blockade*. So gesehen eröffnet das Vergessen einen Blick auf das paradoxe Rätsel des scheinbaren digitalen Überflusses und der Verfügbarkeit von Informationen und Daten im Gegensatz zu ihrer Zugänglichkeit. Im Folgenden wende ich mich dieser Beziehung zwischen Erinnern und Vergessen zu.

Wenn wir Erinnern als dynamisch ansehen, als ein Produkt von Verbindungen (statt statisch und stabil) mit dem *Potenzial*, abgerufen zu werden, dann kann das Vergessen als eine Art Blockade oder Störung dieser Verbindung aufgefasst werden. Um zu verstehen, was das bedeutet, ist es nützlich, sich die innovative interdisziplinäre Arbeit von Neuropsycholog:innen wie Martin Conway und der Künstlerin Shona Illingworth anzusehen. Hier ist ein Auszug aus einem Gespräch zwischen Conway und Illingworth, in dem es um das „Connectome" (eine Karte neuronaler Verbindungen im Gehirn) geht[4]:

---

4 Shona Illingworth ‚The Amnesia Museum' Ausstellung im Rahmen von ‚Lesions in the Landscape', Foundation for Art and Creative Technology (FACT) 18. September–22. November 2015.

MEMORY
Is distributed through different networks
In the brain
When you remember
The activation
INTERLOCKS across these networks
And a memory is
CONSTRUCTED
It doesn't really
EXIST
until it becomes interconnected in a
DYNAMIC
Act of remembering

Conway, Illingworth und Catherine Loveday arbeiten schon seit mehreren Jahren mit Claire.[5] Nach einem Schädel-Hirn-Trauma im Alter von 44 Jahren kann sich Claire an vieles aus ihrer Vergangenheit nicht mehr erinnern, keine neuen Erinnerungen mehr behalten und keine Person mehr erkennen – nicht einmal sich selbst. Claire leidet an retrograder Amnesie, anterograder Amnesie und Propsopagnosie. Ich erinnere mich lebhaft daran, Claire getroffen zu haben, obwohl es höchst unwahrscheinlich ist, dass sie sich an mich erinnern wird. Sich auf das Vergessen auf dieser alltäglichen Ebene zu konzentrieren, macht deutlich, wie grundlegend das Gedächtnis für unser Selbstverständnis und unsere gesamte soziale Existenz ist. Claire leidet an einer Läsion – einer Art Narbengewebe – die auch Neuronen jenseits dieses Schadensbereichs daran hindert zu feuern; sie bekommen nicht die Signale, die sie früher von anderen Neuronen oder neuronalen Netzwerken erhielten, und so werden auch sie verändert.[6]

Conway, Loveday und Illingworth haben Claire mit der SenseCam ausgestattet – einer kleinen Kamera mit Sensoren, die um den Hals getragen wird und bei jeder Bewegung oder alle 30 Sekunden Bilder aus dem Blickwinkel der Kamera aufnimmt. Wenn Claire diese Bilder betrachtet, löst ein Bild gelegentlich den Zugang zu einer plötzlichen Flut von intensiven Erinnerungen an ein Ereignis aus, an das sie sich sonst nicht erinnern könnte.

Diese wichtige Arbeit hebt das Erinnern als einen dynamischen Prozess hervor, aber auch als einen, der anfällig dafür ist, durch Störungen und Blockaden beschädigt, verhindert oder begrenzt zu werden.

Daneben existieren seit langem etablierte psychologische Theorien des menschlichen Vergessens. Dazu formuliert zum Beispiel Saul McLeod diese einleitenden Gedanken aus der Psychologie:

---

5 https://thepsychologist.bps.org.uk/volume-28/july-2015/lesions-landscape.
6 Shona Illingworth ‚The Amnesia Museum' Ausstellung.

1. Proaktive Interferenz (pro=vorwärts) tritt auf, wenn man eine neue Aufgabe nicht lernen kann, weil man eine alte Aufgabe bereits gelernt hat. Wenn das, was wir bereits wissen, mit dem interferiert, was wir gerade lernen – wo alte Erinnerungen neue Erinnerungen stören.

2. Retroaktive Interferenz (retro=rückwärts) tritt auf, wenn man eine zuvor gelernte Aufgabe aufgrund des Lernens einer neuen Aufgabe vergisst. Mit anderen Worten: Späteres Lernen interferiert mit früherem Lernen – wobei neue Erinnerungen alte Erinnerungen stören.[7]

Ich bin daran interessiert, wie diese Arten des Vergessens sinnvoll in das Denken über Blockaden im sozialen oder kulturellen Gedächtnis übertragen werden können. Ich werde gleich auf die „proaktive Interferenz" zurückkommen, aber zuerst möchte ich die „retroaktive Interferenz" betrachten.

Diese Idee der Überladung, der Ablenkung, ist klar mit digitaler Kommunikation und Konsum verbindbar. Wie Albert Borgmann (2010) erklärt: „Whatever we have summoned to appear before us is crowded by what else is ready to be called up. When everything is easily available, nothing is commandingly present". In den Medienökologien des zwanzigsten Jahrhunderts, der gerade vergehenden Gegenwart, war der zur Verfügung stehende Informationsfluss durch die Tagesmedien – Fernsehen, Radio, Presse – begrenzt. Der Medienkonsum war vergleichsweise limitiert. Aber heute ist unsere Gegenwart nicht nur durch das scheinbar grenzenlose Angebot an Informationen, sondern auch durch die verwirrenden Möglichkeiten, selbst zu produzieren, zu teilen und zu veröffentlichen, übersättigt. Die momentane Gegenwart, also das, was gesehen oder nicht gesehen, kommentiert oder ignoriert wird, wird zunehmend von Algorithmen bestimmt. Dies erzeugt eine ganz andere Struktur des Wissens und des Erlebens von Ereignissen. Die digitale Aufzeichnung des Lebens und der darin stattfindenden Ereignisse unterscheidet sich grundlegend vom Aufzeichnen von Ereignissen im vordigitalen Zeitalter. Dies verändert ihre Verfasstheit und ihr Potenzial, gesehen oder nicht gesehen zu werden, zu überleben bzw. zu überdauern. Ich würde also sagen, dass wir dabei sind, eine algorithmische Vergangenheit zu erleben. Die Vergangenheit wird bedingt durch die algorithmische Verengung von Information, Wissen und letztlich Leben. Das gegenwärtige Phänomen der digitalen politischen Polarisierung bildet so gesehen eine Entfremdung von der Vergangenheit, eine Form des sozialen Vergessens.

In diesem Sinn beobachtet Tony Judt (2009, 5), dass der Zugang der Menschen zu Informationen im späten zwanzigsten Jahrhundert über die Tagesmedien sehr begrenzt war: „[W]ithin any one given state, nation or community they were all likely to know the same things". Heute scheinen eine solche kollektive Vertrautheit und ein kollektives Gedächtnis viel schwieriger vorstellbar zu sein, denn trotz der digitalen Informationsflut atomisieren die unbegrenzten Möglichkeiten des Filterns und Anpassens Zugang und Erfahrung.

---

7 https://www.simplypsychology.org/proactive-and-retroactive-interference.html.

Vielleicht ist dies ein seltsames Ergebnis, wenn man bedenkt, dass das Hauptkriterium für die algorithmische Auswahl und Kuratierung Popularität ist – die Links, Likes, Empfehlungen einer hochaktiven digitalen Menge. Aber gerade das ist es, was ich „sharing without sharing" nenne (Hoskins 2019). Individuen und Gruppen empfinden sich in einer Reihe von geteilten Praktiken wie dem Posten, Verlinken, Liken, Aufnehmen, Swipen, Scrollen, Weiterleiten usw. digitaler Medieninhalte als *aktiv* und sind sich doch kaum der Algorithmen bewusst, die diese Praktiken untermauern und gestalten. Und es sind Algorithmen, die das Teilen befördern und die perverserweise zugleich die Bandbreite der Inhalte einschränken, die geteilt werden können, auch wenn sie durch die vorherrschende Ästhetik von Plattformen in vertraute Darstellungsformen gebracht werden.

Ich behaupte also, dass Algorithmen als einer der Hauptmechanismen des Vergessens im digitalen Zeitalter funktionieren. Der digitale Tsunami unterbricht alte Erinnerungen, indem er sie blockiert, indem er Ereignisse auf neue und unerkennbare Weise filtert, da wir nicht verstehen, wie Algorithmen und die von ihnen gemachten Eingriffe funktionieren. Zumindest in früheren Medienökologien gab es ein breiteres Verständnis davon, wie Informationen produziert, aufgezeichnet, gefiltert werden. Dagegen gibt es eine Ungewissheit über die Grundlage des Entstehens algorithmischer Vergangenheit.

Zugleich funktionieren Algorithmen auch in der Kategorie der „proaktiven Interferenz" (siehe oben), wo alte Erinnerungen neue Erinnerungen stören. Die meisten heutzutage formulierten Ansätze zum Erinnern behandeln es als einen aktiven Prozess, bei dem die Vergangenheit in der Gegenwart rekonstruiert wird. Das, woran wir uns erinnern, ist also kein mehr oder weniger genaues Abbild der Vergangenheit, sondern eher eine Neuformulierung oder Neupräsentation vergangener Ereignisse, die wesentlich durch den Kontext des Abrufs geprägt ist.

Diese Sichtweise des Erinnerns als „Aktivieren" der Vergangenheit in der Gegenwart lässt sich bis zu den Schriften von Frederic Bartlett (1932) zurückverfolgen, der einen großen Einfluss auf die Psychologie des Gedächtnisses hatte. Bartlett behauptete, dass der Schlüsselprozess des Erinnerns das Einführen der Vergangenheit in die Gegenwart beinhaltet, um einen „reaktivierten" Ort des Bewusstseins zu erzeugen:

> Remembering is not the re-excitation of innumerable fixed, lifeless and fragmentary traces. It is an imaginative reconstruction, or construction, built out of the relation of our attitude towards a whole active mass of organised past reactions or experience. (Bartlett 1932, 213)

Aber zunehmend wird diese „attitude" zu einer „mass of organised past reactions or experience" unsichtbar und routinemäßig durch die Arbeitsweise von Algorithmen in kritischem Maße manipuliert. So hemmt die Vergangenheit die Bildung neuer Erinnerungen eher, als dass sie ihr hilft.

Molly Sauter (2017) zum Beispiel identifiziert drei „ ‚memory' systems", wie sie sie nennt. Dies sind erstens ‚prädikative Texte', die sich etwa in den Formulierungsvorschlägen unserer Messenger-Dienste zeigen oder der Autocomplete-Funktion von

Google. Zweitens nennt sie „Erinnerungsdatenbanken" wie Facebook Memories oder Timehop, die solche Bilder oder Ereignisse aus der Social-Media-Timeline darstellen, welche als bedeutsam erachtet werden. Drittens unterscheidet sie ‚Datendoppelgänger', vor allem für Anzeigen, die auf Nutzende abzielen auf der Basis dessen, was sie sich zuvor im Internet angesehen oder gekauft haben. Und Kernstrategie dieser Modelle ist, wie Sauter (2017, Abs. 4) treffend formuliert: „Those whose past is legible will be exhorted to repeat it".

Die zu einem bestimmten Zeitpunkt gebräuchlichen Medien haben immer schon geprägt, wie die Erfahrungen eines Tages erinnert oder vergessen werden. Die Entwicklungen von Medien und allgemein Technologien im Laufe der Zeit transformieren diesen Prozess, indem sie die Art und Weise, wie Vergangenheit repräsentiert und repräsentierbar ist, ständig verändern, das Alte neu sehen oder es durch Altern und Verfall von Medienformaten unzugänglich machen. Heute jedoch ist der historische Prozess des Sammelns und Verarbeitens und Archivierens nicht abgeschlossen und erfolgreich beendet, sondern eher an den Punkt seines eigenen Scheiterns angelangt. Denn das Internet ist die Technologie, die unsere Unfähigkeit deutlich macht, alles zu erfassen, denn es ist das erste Medium, das tatsächlich größer ist als wir, für menschliche Mittel unermesslich.

Außerdem hat das Gedächtnis, wie wir es heute verstehen, in all seinen äußeren Erscheinungsformen als Daten, Informationen, Aufzeichnungen, Archive und so weiter nicht einfach in einem vordigitalen, Vor-Social Media-Zeitalter existiert. Es gibt also eine alte Vergangenheit, ein altes Gedächtnis, das zum wiederholten Male auszugraben, zu entdecken und abzurufen ist, während es digitalisiert, übersetzt, hochgeladen und neu gesehen oder verloren wird. Es ist dies eine Vergangenheit, die im heutigen Gebrauch und Missbrauch geformt wird. Gleichzeitig gibt es die digital geborene Gegenwart, ein digital erlebtes Leben, von genuin digitalen Aufzeichnungen, Objekten, Beziehungen und so weiter, die nie außerhalb dieser Ära existierten.

Gegenwärtige Erfahrungen fühlen sich erst dann völlig real an, wenn sie festgehalten und geteilt werden, da wir eine immer größer werdende Anzahl von Geräten, Plattformen, Apps und Diensten nutzen, um die Details und Kleinigkeiten unseres Lebens, unserer Erfahrungen, Bewegungen und Gedanken aufzuzeichnen, als einer Art „self-paparizzization" für unsere Freunde, Familie und abonnierten Öffentlichkeiten (Merrin 2021). Die Einbettung der Lebensentfaltung in solche Medien führt zu einer tiefen Verunsicherung über die Möglichkeiten sowohl des Erinnerns als auch des Vergessens. Eine Folge davon ist ein neuer Kampf zwischen Befürworter:innen eines „Rechts auf Vergessenwerden"[8] (wir werden von unseren digitalen Spuren heimgesucht) und jenen, die ein „digitales dunkles Zeitalter"[9] (Veralterung von Soft- und Hardware) fürchten.

---

8 https://gdpr.eu/right-to-be-forgotten/ .
9 https://www.bbc.co.uk/news/science-environment-31450389.

Die routinemäßige, alltägliche *self-paparizzization* findet jedoch innerhalb einer digitalen Medienökologie statt, in der maschinelles Lernen und Algorithmen den Einzelnen zunehmend die Kontrolle über die Bilder und persönlichen Daten entziehen, die sie aufnehmen und teilen. Stattdessen können wir von einem posthumanen Archiv sprechen, in dem solche Daten eine neue Kraft erlangen – ‚operativ' werden – als Teil einer neuen automatisierten Verfolgung. Bilder sind zu einer Waffe geworden, was ihre Funktion als Vermittler oder Gestalter der Vergangenheit verändert. Es sind nicht nur ihre repräsentativen oder festgelegten Qualitäten (zwischen Betrachtenden, Fotografierenden und Bild – siehe zum Beispiel die Arbeit von Azoulay 2008), die für ihre Verbreitung, Wirkung oder Lebensdauer von Bedeutung sind, sondern ihr Anteil an einer breiteren datenbasierten Medienökologie, in der sie maschinell extrahiert, verbunden, genutzt und geteilt werden können, um neue Erinnerung zu schaffen.

Das posthumane Archiv setzt dann die Medien einer Ära und ihre durch Vergangenes vorgeprägte Zukunft einer Reihe von potenziell unendlichen Verwendungen und Missbräuchen aus. Trevor Paglen (2016) erklärt dazu zum Beispiel: „In the machine-machine visual landscape the photograph never goes away. It becomes an active participant in the modulations of … life, with long-term consequences".[10] Und er sagt weiter: „Images have begun to intervene in everyday life, their functions changing from representation and mediation, to activations, operations, and enforcement".[11]

Die vergleichsweise stille Revolution im Feld der militärischen und militarisierten Daten und KI-Anwendungen, von der Paglen schreibt, in der sich digitale Bilder als Medien jenseits menschlicher Wahrnehmung und Erinnerung bewegen, wird jedoch gerade durch den Glauben an eine partizipative digitale Ökologie verdeckt. So mag sich der Bilderreichtum wie Transparenz anfühlen und ermöglicht doch genau den gegenteiligen Effekt, um von der algorithmischen Kuratierung und der Abnahme der Privatsphäre abzulenken (Hoskins und Illingworth 2020).

Es ist daher nicht verwunderlich, dass Messaging-Apps und Videoaufnahme- bzw. Videosharing-Apps, welche die Aussicht auf eine definitive Begrenzung der Existenz und Verfügbarkeit einer gesendeten Nachricht, eines Bildes oder eines Videos bieten, wie Snapchat, TikTok oder das inzwischen eingestellte YikYak, immer beliebter werden. Sie bieten die Gewissheit von Privatsphäre durch die zeitliche Begrenzung ihrer Existenz in der Welt. Allerdings ist das, was als privat oder in seiner Verbreitung oder Sichtbarkeit als begrenzt gedacht und angenommen wurde, potenziell offen für die Verbreitung und Nutzung gemäß potenziell anstehender Veränderungen der Software und der Plattform. Darüber hinaus sind alle diese Medien anfällig dafür, auf jedem Gerät, auf dem sie erscheinen, mittels Screenshots bildlich festgehalten zu werden (Frosh 2019).

---

10 https://thenewinquiry.com/invisible-images-your-pictures-are-looking-at-you/.
11 https://thenewinquiry.com/invisible-images-your-pictures-are-looking-at-you/.

Insgesamt ist die Verlagerung auf die algorithmische Vergangenheit und die Art und Weise, wie sie ,lesbar' gemacht wird, von entscheidender Bedeutung, denn sie prägt, was in Zukunft auffindbar und nutzbar sein wird. Diese Beziehung ähnelt der Funktionsweise des menschlichen Gedächtnisses. So argumentierten zum Beispiel Conway, Loveday und Cole (2016), dass unsere individuellen Erinnerungen das formen, was wir in der Zukunft als plausibel erachten. Sie schreiben von einem „remembering-imagining system".

Eine zentrale Spannung des digitalen Vergessens besteht also darin, dass wir auf der einen Seite eine neue kulturelle und politische Kraft des digital geförderten Werts von Offenheit haben: ungezügelte Kommentare, offener Zugang, Informationsfreiheit, das „Recht zu wissen", Unmittelbarkeit der sofortigen Suche und Bekenntniskultur sowie die Aufzeichnung von allem. Und doch operieren Algorithmen gleichzeitig dergestalt, dass sich neue Mensch-Maschine-Beziehungen formen, die die Vergangenheit verengen oder schlicht wiederholen. Das erwartete datafizierte Selbst ist Produkt repetitiver digitalen Interaktionen: „Be more like the cliché of you", wie Sauter (2017) es ausdrückt.

Allgemeiner gesprochen formt die Entwicklung des Social Media-Archivs die Grenzen zwischen Vergessen und Nicht-Vergessenwerden neu. Zum Beispiel sind Inhalte, die auf Facebook aus dem Jahr 2007 hochgeladen wurden, dort als Kommentare für ein begrenzteres und eingeschränkteres Publikum, möglicherweise nicht für die hyperkonnektive Version der Plattform aus den 2020er Jahren geeignet. Wie Dino Grandoni erklärt: „some Facebookers rediscovered years-old conversations they had had between their old Walls and their friends' Walls, which read like private conversations".[12] So wird das, was einst unter der Kontrolle der stetigen Verfallszeit des menschlichen Vergessens und verfallender Medien stand, immerzu durch die Entwicklung von Apps und Social Media-Plattformen überformt, die Teil einer neuen Infrastruktur von Gesellschaft sind.

4. Offenheit und Archive

Heute ist das Individuum zu einer hybridisierten Chiffre seiner Vergangenheit geworden, das den Fluss an Medien- und Kommunikationsinhalten sichtet, und damit zugleich den Aufstieg des Post-Humanen markiert. Das Zentrum der eigenen Medienwelt mit scheinbar unbegrenzter Auswahl und Information zu sein, bietet ein Gefühl der Kontrolle über die Erinnerung. Dieses Gefühl beinhaltet eine neue Haltung gegenüber der eigenen Vergangenheit und der Vergangenheit anderer in digitaler Form, aber

---

12 http://www.huffingtonpost.com/2013/07/31/facebook-on-this-day_n_3683035.html siehe auch: http://www.huffingtonpost.com/2012/09/24/facebook-bug-private-messages-timeline_n_1909813.html (beide abgerufen am 13. April 2015).

auch im weiteren Sinne von Vergangenheit als etwas, das sich gut verstecken, löschen oder wegwerfen lässt, wenn es nicht mehr den aktuellen Bedürfnissen entspricht. Dazu gehört auch die Löschung digitaler Archive aus einer Reihe von Gründen unter dem Vorwand ihrer Komplexität, ihres Umfangs oder ihrer unsicheren Eigentumsverhältnisse bzw. Herkunft. Informationsüberflutung ist ein zunehmend bequemer Deckmantel, um unbequeme Aspekte der Vergangenheit außer Reichweite zu bringen. Es sind die individuellen und organisatorischen Erwartungen an den Status, das Eigentum und die Aufrechterhaltung der vorherrschenden und aufkommenden digitalen Vergangenheiten, die an der Spitze eines neuen Kampfes darüber stehen, wer das Recht hat, grundlegende Aufzeichnungen der Kommunikation zu verstecken, zu behalten oder zu löschen, einschließlich der gesamten neuen Kultur des Messagings. Zum Beispiel hat sich die digitale Mitmachkultur mit einer solchen Geschwindigkeit entwickelt, dass die Fähigkeit zu kontrollieren, was erfasst und archiviert wird und was nicht, eine ganz neue ethische Krise in Bezug auf die Steuerung und den Besitz von pseudo-privater-öffentlicher und persönlich-offizieller Kommunikation ausgelöst hat. Als Beispiele sei nur auf Hillary Clinton sowie auf mehrere Mitglieder der Trump-Administration verwiesen, die private E-Mail-Konten für offizielle Angelegenheiten des Weißen Hauses nutzten.[13]

Es gibt eine Kluft zwischen denen, die die Kontrolle über ihre persönlichen Informationen verloren haben, die sie digitalen Kommunikationssystemen anvertraut haben, sodass sie gehackt und gegen sie verwendet werden, und denen, die die Kontrolle über ihre digitalen Spuren haben. Die App Snapchat wurde beispielsweise als eine Art Garant für die Verfallszeit der gesendeten Inhalte entwickelt und bietet damit eine seltene Eingrenzung eines Publikums, eine Art Geheimhaltung, in einer Ära, die von der Viralität sozialer Medien bestimmt wird. Doch Snapchats Sicherheit des Vergessens, die durch eine technologische Lösung erreicht wird, wurde als brüchig entlarvt, als im Januar 2014 der Dienst gehackt und Benutzernamen und Telefonnummern von 4,6 Millionen Snapchat-Konten heruntergeladen und vorübergehend online gestellt wurden.[14] Andersherum wurde eine größere individuelle Kontrolle über Blackberry Messenger durch die Randalierenden während der Londoner Unruhen im Jahr 2011 ausgeübt. Es sei auch an die alltäglichen bis hin zu kriminellen Nutzungsweisen von Messenger-Apps mit end-to-end-Verschlüsselung wie Telegram erinnert oder an die Mitarbeitenden von US-Präsidenten Trump im Weißen Haus, die *Confide* nutzten, eine Kommunikations-App, die Nachrichten löscht, sobald sie von Empfangenden geöffnet wurden.

Der Besitz, der Zugang und die Manipulation digitaler Spuren im hybriden persönlichen/öffentlichen Raum der sozialen Medien ist eines der zentralen Themen der

---

13 https://www.theguardian.com/us-news/2017/sep/26/ivanka-trump-jared-kushner-staff-private-email-official-white-house-work.

14 Snapchat-Hack betrifft 4,6 Millionen Nutzer, http://www.bbc.co.uk/news/technology-25572661.

post trust-Archivierungsära. Jedoch prägen für mich die digitalen Werte von Offenheit den Kreislauf des Vergessens noch auf andere Weise. Die Erwartung, dass digitale Materialien und Aufzeichnungen für immer verfügbar sein werden, führt zu einer Nachlässigkeit beim Kuratieren und Archivieren – der Verantwortung für das Aufbewahren und Bewahren wird ein begrenzter Wert beigemessen, was natürlich den wahrscheinlichen Umfang dessen verringert, was in der Zukunft zugänglich und nutzbar sein wird.[15] Im Vergleich zu Papier sind digitale Aufzeichnungen stärker gefährdet, gerade weil sie nicht als Aufzeichnungen wahrgenommen werden. Die Vergänglichkeit des Webs und von Kommunikationsmedien, die jederzeit und überall verfügbar sind, begünstigt die Ansicht, dass sie nicht Teil des öffentlich Aufzuzeichnenden sind.[16]

Während digitale Medien also neue Möglichkeiten für eine reiche zukünftige Erinnerung und Geschichte des Alltags von Individuen, Organisationen, Regierungen usw. bieten, bringen sie auch neue Risiken mit sich. Auf einer Ebene entsteht das Risiko des digitalen Vergessens durch mangelhafte Archivierungskulturen und -praktiken, technologische Veralterung und durch die schiere Menge und Komplexität von Medieninhalten, die ständig in Bewegung zu sein scheinen und massenhaft gebraucht, also kommentiert, verlinkt, geliked, auf Instagram gepostet, bearbeitet und re-tweeted, werden. Doch dieses lebende Archiv fördert einen Irrglauben an Erreichbarkeit als Konstante. In vielen Organisationen werden beispielsweise E-Mails routinemäßig an verschiedene Empfänger kopiert, ohne Gedanken an ihre potenzielle zukünftige Existenz und ihren Wert bzw. mit der Annahme, dass jemand anderes sicher eine Version aufbewahren wird.

In einer anderen Hinsicht erklärte der kurzzeitige Kommunikationschef des Weißen Hauses Anthony Scaramucci (2017) einen Tag nach seiner Ernennung (auf Twitter): „Full transparency: I'm deleting old tweets. Past views evolved & shouldn't be a distraction. I serve @POTUS agenda & that's all that matters". Trotz Scaramuccis krasser Ironie ist der Punkt der Fortentwicklung wichtig im Hinblick auf die Fähigkeit des massenhaften Aufzeichnens, Akkumulierens und der Verfügbarkeit digitaler und hybrider, also persönlich-öffentlicher Aufzeichnungen, menschliche Zeitorientierungen durcheinander zu bringen. Scaramucci wollte die Spuren einiger seiner früheren linksgerichteten Ansichten verwischen, da diese mit denen seines neuen Chefs, Präsident Trump, kollidieren könnten. Aber das lebendige Archiv der sozialen Medien verwickelt uns alle mit unserer sich verändernden Vergangenheit, die wir einst viel leichter hinter uns lassen konnten.

Es gibt also einen neuen Kampf des Vergessens, der Privatsphäre und des Eigentums, der von neuen digitalen Kommunikationsformen ausgefochten wird, insbeson-

---

15 https://archivesofwar.gla.ac.uk/are-we-losing-the-history-of-warfare-by-andrew-hoskins/.
16 Wendy Hui Kyong Chun (2008, 148) argumentiert, dass die digitalen Medien die Vorstellung von Dauerhaftigkeit umformen in ein „enduring ephemeral, creating unforeseen degenerative links between humans and machines".

dere denjenigen, die Bereiche des Privaten und des Öffentlichen in ihren anwachsenden Archiven zunehmend verwässern.

Die digitale Ideologie der Offenheit ermöglicht es zudem neuen Gatekeepern, Macht auszuüben, ohne Rechenschaft ablegen zu müssen, wenn es um die Neugestaltung historischer Erzählungen von Organisationen geht, da Inhalte oft unbemerkt gelöscht werden können. Im weiteren Sinne sind historische Aufzeichnungen von Organisationskulturen besonders anfällig für Umgestaltung, wenn sie zum Teil durch soziale Medien getragen werden. Zum Beispiel identifizierte Muira McCammon (2020) eine Reihe von Löschungen der US Joint Task Force Guantanamo @JTFGTMO, deren Tweets von 1097 im August auf 509 im November 2016 fielen.

Die ultimativen Filter der Informationswelt, die Plattformen und Suchmaschinen, die Bild- und Videosharing-Websites, ermöglichen neue Wege, Informationen zu sichten und zu sortieren, zu verstecken und zu bewerten. Die Vergangenheit wird entlang neue Informationshierarchien gefiltert. Als Reaktion auf den Skandal um die Verbreitung russischer Desinformationen im Internet sagte der CEO von Google beispielsweise, dass Google seine Ranking-Algorithmen so anpassen werde, dass russische Desinformationen schwieriger zu finden seien. Er bestritt aber, so weit zu gehen, die beiden Nachrichtenseiten zu verbieten. „We don't want to ban the sites. That's not how we operate," sagte Schmidt, „I am strongly not in favour of censorship. I am very strongly in favour of ranking. It's what we do".[17] Dies ist mithin eine außergewöhnliche Aussage: Der Gatekeeper-in-Chief hat entschieden, *einige* Fehlinformationen durchzulassen, aber sie komplett zu verbieten, ist einfach „not how we operate". Diese Art der Entscheidung zeigt die enorme Macht weit über die jeder russischen Troll-Armee hinaus.

Wie also formt diese neue Struktur von Erfahrung und Wissen das, was erinnert und vergessen wird? Soziale Medien zum Beispiel, als eine Art lebendiges Archiv, eine sich ständig weiterentwickelnde Aufzeichnung des Alltäglichen, widersetzen sich unseren traditionellen Kategorien und Gewissheiten über die Herkunft, den Besitz, die Dauer und den Verfall von Medien. Ernst fasst die Verschiebung treffend zusammen, wenn er feststellt:

> Although the traditional function of the archive is to document an event that took place at one time and in one place, the emphasis in the digital archive shifts to regeneration, (co-) produced by online users for their own needs. (Ernst 2013, 95)

Und genau das, die Idee nutzer:innengenerierter Bedürfnisse, untergräbt Vertrauen – vor allem, wenn das lebendige Archiv der sozialen Medien, das wie kein anderes Archiv sowohl persönlich als auch öffentlich ist, Verzerrungen, Manipulationen und die

---

17 https://www.theguardian.com/technology/2017/nov/21/google-de-rank-russia-today-sputnik-combat-misinformation-alphabet-chief-executive-eric-schmidt.

Kuratierung entlang von Gewohnheiten ermöglicht. Oder anders ausgedrückt: Diese digitalen, umfassenden öffentlichen Archive machen die Vergangenheit, die Erinnerung und die Geschichte, anfällig für Hackerangriffe in großem Stil.

Zum Beispiel strömen Informationen aus dem, was wir als partizipativen Krieg bezeichnen könnten, über das implodierte Schlachtfeld aus, hypervernetzt in einer Myriade von Möglichkeiten mit allen Seiten, Opfern, Milizen, Umstehenden, Journalist:innen, die alle ihre Versionen der Ereignisse auf Facebook, YouTube, WhatsApp hochladen. Das Problem der Wahrheit des Krieges wird tatsächlich durch zu viele Informationen verschärft.

Über Nacht ist das digitale Archiv also zu einer kritischen technologischen und kulturellen Kraft zwischen individuellem und gesellschaftlichem Erinnern und Vergessen geworden, die das Erinnern jeder Art von sinnvoller Kontrolle durch Individuen und die Gesellschaft entzieht. Das Archiv ist somit ‚abgestürzt‘, da das Digitale die Herkunft, die Verantwortlichkeiten und die potenzielle Wiedergutmachung für Versionen der Vergangenheit verwischt, wenn sie gehackt, manipuliert und für eine Reihe von Zwecken neu konfiguriert wurden.

5. Fazit

In diesem Essay habe ich vorgeschlagen, dass das Vergessen bei jeder Auseinandersetzung mit dem Wesen der Vergangenheit und ihres Gebrauchs und Missbrauchs, denen sie in der Gegenwart ausgesetzt ist, in den Vordergrund gestellt werden muss. Es kann nützlich sein, sich vorzustellen, wie die Vergangenheit als eine Art latente Ressource gegenwärtig gemacht wird, mit dem Potenzial, wieder aufzutauchen – oder auch nicht. So ist das Vergessen dann nicht nur oder nicht hauptsächlich eine Angelegenheit des „Auslöschens" und der Abwesenheit, sondern auch eine Angelegenheit der Existenz von etwas Latentem, des Potenzials, Erinnerung zu werden, des Zugangs zu dem, was Paul Ricoeur (2004, 414) „oubli de reserve" nennt.

Wie Aleida Assmann (2008, 99) darstellt, sind kulturelle Gedächtnisinstitutionen in Bezug auf das, was gezeigt wird (der Kanon), und das, was verborgen ist (das Archiv), konfiguriert. Dem folgend stellen Dessingue und Winter (2016, 4) fest: „Archives entail an element of silence which carries the potential of being disclosed". Wenn eine solche Offenlegung oder Enthüllung das ist, was wir Erinnerung nennen können, dann sind es die Praktiken des Schweigens und der Blockade, die einer näheren Untersuchung bedürfen, um neben dem Erinnern das Vergessen stärker als bisher als Teil des Herstellens von Vergangenheit zu betrachten.

Es gibt eine Vergangenheit, die plötzlich verfügbar gemacht und durch eine Kombination aus technologischer Exposition, Konnektivität und Digitalisierung neu belebt wird. Entscheidend ist jedoch, *wie* dieser technologische Impuls den gegenwärtigen Wunsch, diese Vergangenheit umzukehren und weiterzuentwickeln, verstärkt oder mit ihm kollidiert. Ablenkung und Blockade – und dazu gehört eine Menge! –

fungieren als der Hauptmechanismus des Vergessens in unserer Zeit, inmitten der *post trust*-Informations- und Konnektivitätsüberlastung.

Vergessen wird hier, wie eine Obsession mit der Vergangenheit von der angemessenen Beschäftigung mit den Themen unserer Zeit ablenkt, indem sie als Motivation benutzt wird, die Gegenwart zu vermeiden. Dazu gehören paradoxerweise auch Versuche, eher materielle Formen der Vergangenheit auszulöschen, die sich nicht so gut mit den sozialen, kulturellen und politischen Sitten der 2020er Jahre vertragen. Die Ironie besteht darin, dass während in den USA oder in Großbritannien ein neuer ‚Kulturkrieg' ausgetragen wird, unter anderem über das Fortbestehen öffentlicher Statuen von Männern, die zu Recht für ihre rassistischen Taten und ihre Rolle in der Sklaverei als verwerflich anerkannt werden, die Gefahr besteht, dass diese Aktionen von der rassistischen Gegenwart und Zukunft ablenken, die sich online und außer Sichtweite entwickeln und dies in einem Ausmaß, dass alle Aussichten auf Blockade oder Löschung schwinden.

Gleichzeitig nährt die grundsätzlich archivarische Gegenwart, in der die Leichtigkeit und der Zwang der Konnektivität, die Aufzeichnung von allem und die vielfältigen Verbindungen des *networked self* eine Fetischisierung der totalen Erinnerung (durch Life-Tracking und Life-Journaling) hervorbringt – den Mythos des Digitalen als Realität der eigenen Vergangenheit (siehe auch den Beitrag von Smit, in diesem Band)

Dies verleiht dem digitalen Leben den Charakter von etwas, das leicht zu kontrollieren ist, das durch eine Reihe von Apps und Programmen nutzbar gemacht werden kann. Es hat den Anschein von etwas, das leicht zu löschen ist. Es ist also kein Wunder, dass die alltägliche Kommunikation über Messaging-Apps, Texte, Tweets und E-Mails Teil eines neuen Kampfplatzes der Privatsphäre geworden ist: über den Besitz und die Kontrolle eigener digitaler Spuren und die Chancen auf ein Nicht-Vergessen-Werden. Heute hat das digitale Leben die Trennung zwischen öffentlichem und privatem Selbst grundlegend überwunden. Und je sichtbarer wir werden, desto rechenschaftspflichtiger sind wir: über unsere Meinungen, Gewohnheiten und Handlungen. Wir sind von einer relativ risikofreien Broadcast-Ära des Medienkonsums als Publikum zu einem Zustand der Verstrickung in ein lebendiges öffentliches Archiv, einer ungehemmten Vernetzung des Selbst übergegangen. Daraus ergibt sich eine neue Grauzone des Gedächtnisses, in der wir in und durch Daten besser bekannt sind als wir uns selbst kennen – das „unremembered self" (Hoskins und Halstead 2021).

Algorithmen greifen kuratierend in unsere Kommunikationsströme ein, sind Teil einer neuen Unsichtbarkeit, ja Teil des Schweigens, von dem Autor:innen wie Ricœr, Winter und Dessinge schreiben; sie sind damit ein Element des größeren Potenzials des Offenbarwerdens sowie des größeren Risikos der Emergenz, wie ich es genannt habe. Die Aussichten für die Zukunft des Gedächtnisses hängen also zunehmend von den digitalen Infrastrukturen des Vergessens ab, die nicht sichtbar sind. Gleichzeitig sind digitale Plattformen anfälliger für technologischen, politischen und ökonomischen Wandel, durch Verschiebungen in Bezug auf Zugänglichkeit, Kontrolle, Eigentum und Veralterung. Diese verdrängen einige der Gewissheiten des Verfalls, die mit materielleren Formen des Erinnerns, des Erfassens, Speicherns, Archivierens und Darstellens verbunden sind.

Zusammengefasst fügt die algorithmische Vergangenheit Rieffs These über die Vorzüge des Vergessens eine ganz andere, gewichtige Dimension hinzu. Wie ich gezeigt habe, ist das Vergessen als eine Art unvermeidlicher Seinszustand im digitalen Zeitalter immer unwahrscheinlicher. Stattdessen bewohnen wir heute einen unsicheren und riskanten Raum zwischen Vergessen und Erinnern, in dem die Vergangenheit auf neue und unvorhersehbare Weise verschlossen wird, um unsere Zukunft neu zu formen.

6. Literatur

Azoulay, Ariella. *The Civil Contract of Photography*. New York: Zone Books, 2008.

Bartlett, Frederic C. *Remembering: A Study in Experimental and Social Psychology*. Cambridge: Cambridge University Press, 1932.

Borgmann, Albert. „Orientation in technological space". *First Monday* 15.6–7 (2010). http://firstmonday.org/ojs/index.php/fm/article/view/3037/2568.

Brown, Steven D. „The quotation marks have a certain importance: Prospects for a ‚memory studies'". *Memory Studies* 1.3 (2008): 261–271.

Chun, Wendy Hui Kyong. „The Enduring Ephemeral, or the Future Is a Memory". *Critical Inquiry* 35.1 (2008): 148–171.

Connerton, Paul. „Seven Types of Forgetting". *Memory Studies* 1.1 (2008): 59–70.

Conway, Martin A., Catherine Loveday, und Scott N. Cole. „The remembering-imagining system". *Memory Studies* 9.3 (2016): 256–265.

Dewar, Michaela, Yuriem F. Garcia, Nelson Cowan, und Sergio Della Sala. „Delaying interference enhances memory consolidation in amnesic patients". *Neuropsychology* 23.5 (2009): 627–634.

Draaisma, Douwe. *Forgetting: Myths, Perils and Compensations* (Übersetzt von Liz Waters). New Haven: Yale University Press, 2015.

Ebbinghaus, Hermann. *Memory: A contribution to experimental psychology* (Übersetzt von Henry A. Ruger und Clara E. Bussenius). New York: Teachers College Press, 1913.

Ernst, Wolfgang. „The Archive as Metaphor" *Open* 7 (2004): 46–53.

Ernst, Wolfgang. *Digital Memory and the Archive*. Minneapolis: University of Minnesota Press, 2013.

Frosh, Paul. *The Poetics of Digital Media*. Cambridge: Polity Press, 2019.

Happer, Catherine, und Andrew Hoskins. „Hacking the Archive: Media, memory, and history in the post-trust era". *Post Truth Archives*. Hg. Michael Moss, und David Thomas. Oxford: Oxford University Press, 2021.

Hoskins, Andrew. „7/7 and Connective Memory: Interactional trajectories of remembering in post-scarcity culture". *Memory Studies* 4.3 (2011a): 269–280.

Hoskins, Andrew. „Media, Memory, Metaphor: Remembering and the connective turn". *Parallax* 17.4 (2011b): 19–31.

Hoskins, Andrew. „Editorial: The End of Decay Time". *Memory Studies* 6.4 (2013): 387–389.

Hoskins, Andrew. „Editorial: Memory Shocks". *Memory Studies* 8.2 (2015): 127–130.

Hoskins, Andrew. *Breaking the Past*. Oxford University Press, 2022.

Hoskins, Andrew, und Ben O'Loughlin. *War and media: the emergence of diffused war*. Cambridge, Polity Press, 2010.

Hoskins, Andrew, und Shona Illingworth. „Inaccessible war: media, memory, trauma and the blueprint". *Digital War* 1.1–3 (2020): 74–82.

Hoskins, Andrew, und Huw Halsted. „The new grey of memory: Andrew Hoskins in conversation with Huw Halstead". *Memory Studies* 14.3 (2021): 675–685.

Huyssen, Andreas. *Present Pasts: Urban Palimpsests and the Politics of Memory*. Stanford: Stanford University Press, 2003.

Judt, Tony. *Reappraisals: Reflections on the Forgotten Twentieth Century*. London: Vintage Books, 2009.

Kelly, Kevin. „We are the web". *Wired*, 2005. http://www.wired.com/wired/archive/13.08/tech.html.

McCammon, Muira. „Tweeted, deleted: An exploratory study of the US government's digital memory holes". *New Media & Society* 2020. https://journals.sagepub.com/doi/abs/10.1177/14614448 20934034.

Merrin, William. „Hyporeality, The Society of the Selfie and Identification Politics". *MAST – The Journal of Media Art Study and Theory* 2021.

Roediger III, Henry L., und James V. Wertsch. „Creating a New Discipline of Memory Studies". *Memory Studies* 1.1 (2008): 9–22.

Rieff, David. *In Praise of Forgetting: Historical Memory and its Ironies*. Yale: Yale University Press, 2016.

Rieff, David. „…And if there was also a duty to forget, how would we think about history then?". *International Review of the Red Cross* 101.1 (2019): 59–67.

Runia, Eelco. *Moved by the Past: Discontinuity and Historical Mutation*. New York: Columbia University Press, 2014.

Sauter Molly. „Instant Recall. How do we remember when apps never forget ?". *Real Life* (2017). http://reallifemag.com/instant-recall/ (27. Juni 2021).

Winter, Jay. *Remembering War: The Great War Between Memory and History in the Twentieth Century*. New Haven: Yale University Press, 2006.

Automatische Übersetzung ins Deutsche
durchgesehen von Christian Pentzold.

Sachregister